Vaticano II

Mensagens, discursos e documentos

Tradução: Francisco Catão

Dados Internacionais de Catalogação na Publicação (CIP)
(Câmara Brasileira do Livro, SP, Brasil)

Concílio Vaticano (2. : 1962-1965)
 Vaticano II : mensagens, discursos e documentos / tradução Francisco Catão. – 2. ed. – São Paulo : Paulinas, 2007.

Título original: Enchiridion Vaticanum.
ISBN 978-85-356-2052-8

1. Concílio Vaticano (2. : 1962-1965) 2. Documentos oficiais 3. Ecumenismo I. Título.

07-4786   CDD-262.52

Índice para catálogo sistemático:
1. Concílio Vaticano 2º : Documentos   262.52

Título original da obra
ENCHIRIDION VATICANUM - Documenti del Concilio Vaticano II
© Centro Editoriale Dehoniano, Bologna, 1985.

2ª edição – 2007
8ª reimpressão – 2024

Direção-geral: *Flávia Reginatto*

Editora responsável: *Vera Ivanise Bombonatto*

Tradução: *Francisco Catão*

Coordenação de revisão: *Marina Mendonça*

Revisão: *Leonilda Menossi*

Direção de arte: *Irma Cipriani*

Gerente de produção: *Felício Calegaro Neto*

Editoração eletrônica: *Manuel Rebelato Miramontes*

Nenhuma parte desta obra pode ser reproduzida ou transmitida por qualquer forma e/ou quaisquer meios (eletrônico ou mecânico, incluindo fotocópia e gravação) ou arquivada em qualquer sistema ou banco de dados sem permissão escrita da Editora. Direitos reservados.

Cadastre-se e receba nossas informações
paulinas.com.br
Telemarketing e SAC: 0800-7010081

Paulinas
Rua Dona Inácia Uchoa, 62
04110-020 – São Paulo – SP (Brasil)
📞 (11) 2125-3500
✉ editora@paulinas.com.br
© Pia Sociedade Filhas de São Paulo – São Paulo, 1998

Apresentação

No dia 11 de outubro de 1962, João XXIII abria o Concílio Vaticano II com um discurso que passaria à história, quer pelo otimismo demonstrado em relação ao mundo tal como é, quer pela visão de que a mudança nas expressões da fé se havia tornado uma urgência pastoral, e em nada comprometia a substância da verdade revelada.

Traduzir os textos dos discursos pronunciados nas sessões solenes e os documentos promulgados pelo Concílio tornou-se tarefa imperativa. Com a profunda evolução por que passaram o mundo e a Igreja nessas últimas décadas, sendo a história movida sempre pelo Espírito Santo, nos é hoje possível, com um recuo mínimo, mas já apreciável, ler melhor certos textos, que pareciam então envolvidos em polêmicas completamente ultrapassadas e se tornaram germens de questões centrais, com que se acham profundamente comprometidos todos os cristãos, na virada do milênio. Os melhores intérpretes do Vaticano II, aliás, enfatizam hoje o evento como tal, cujo alcance só aos poucos se vai tornando mais nítido. O próprio João Paulo II remete ao Concílio, em quem vê a preparação remota da Igreja para o Terceiro Milênio.

Traduziu-se diretamente do texto latino da 10ª edição do primeiro volume *Enchiridion Vaticanum*, publicado pelas Edições Dehonianas de Bolonha, 1976. Seu texto foi por sua vez tirado dos *Discorsi e Messagi* e das *Constitutiones, Decreta, Declarationes, cura et studio Secretariae generalis Concilii Oecumenici Vaticani II*, Roma, Typis Polyglottio Vaticanio, 1966. Nesta edição, as mensagens, os discursos e os documentos são apresentados em ordem cronológica. Daí uma variação importante dos números marginais, adotados por edições que agrupam diferentemente os documentos.

Procurou-se, na tradução, oferecer um texto facilmente acessível ao leitor brasileiro de hoje. As muitas falhas que certamente serão notadas, se comunicadas, poderão ser corrigidas nas próximas edições. O importante é encontrar a forma de fazer repercutir o pensamento e o espírito do Vaticano II na problemática que hoje vivemos.

As sessões do Concílio

Foram dez as sessões do Concílio Ecumênico. A de abertura foi a única celebrada no pontificado de João XXIII (1958-1963). Todas as outras se fizeram sob o pontificado de Paulo VI (1963-1978). Enumerando-as:

I   sessão de abertura, 11.10.1962;
II   abertura da segunda fase, 29.9.1963;
III encerramento da segunda fase, com a aprovação e promulgação da Constituição sobre a Liturgia (*Sacrossanctum Concilium*) e do Decreto sobre os meios de comunicação (*Inter mirifica*);
IV   abertura da terceira fase, 14.9.1964;
V   encerramento da terceira fase, aprovação e promulgação da Constituição sobre a Igreja (*Lumen gentium*) e dos Decretos sobre as Igrejas Orientais (*Orientalium Ecclesiarum*) e sobre o ecumenismo (*Unitatis redintegratio*), 21.11.1964;
VI   abertura da quarta fase, 14.9.1965;
VII aprovação e promulgação dos Decretos sobre o episcopado (*Christus Dominus*), os religiosos (*Perfectae caritatis*), a formação sacerdotal (*Optatam totius*) e das Declarações sobre a educação (*Gravissimum Educationis*) e as religiões não-cristãs (*Nostra aetate*), 28.10.1965;
VIII aprovação e promulgação da Constituição sobre a Revelação (*Dei Verbum*) e o Decreto sobre o apostolado dos leigos (*Apostolicam actuositatem*), 18.11.1965;
IX   aprovação e promulgação da Declaração sobre a liberdade religiosa (*Dignitatis humanae*), dos Decretos sobre as missões (*Ad Gentes*) e sobre os padres (*Presbiterorum Ordinis*), assim como da Constituição Pastoral sobre a Igreja no mundo de hoje (*Gaudium et spes*), 7.12.1965;

O nome *sessões* designa também os quatro períodos conciliares, nos anos sucessivos em que os bispos estiveram reunidos em Roma, de 1962 a 1965:

I   11.10 — 8.12.1962, em que nada foi aprovado nem promulgado;
II   29.9 — 4.12.1963, em que se aprovaram dois documentos;
III 14.9 — 21.11.1964, em que se aprovaram três documentos;
IV   14.9 — 8.12.1965, em que se aprovaram onze documentos;

Siglas Bibliográficas

AAS	= *Acta Apostolicae Sedis*. Roma 1909 ss;
ASS	= *Acta Sanctae Sedis*. Roma 1865-1908;
Cchr	= *Corpus Christianorum*, collectum a monachis OSB abbatiae S. Petri in Steenbrugge. Turnholt 1953 ss;
CIC	= *Codex Iuris Canonici;*
COD	= *Conciliorum Oecumenicorum Decreta.* Ed. Centro di Documentazione; Instituto per le scienze religiose, Bologna. Herder, 1962;
Coll. Lac.	= *Actorum et Decretorum Ss. Conciliorum recentiorum Collectio Lacensis*. Friburgo in Br. 1870 ss;
CSEL	= *Corpus Christianorum Ecclesiasticorum Latinorum*. Vienna 1866 ss;
Denz.	= Denzinger-Schönmetzer, *Enchiridion Symbolorum, Definitionum et Declarationum* de rebus fidei et morum. Herder 1963, ed. 32ª;
EB	= *Enchiridion Biblicum*, ed. 4ª, Napoli-Roma 1961;
Funk	= F. X. Funk, *Patres Apostolici*, 2 vol., Tubinga 1901;
GCS	= *Die Griechischen Christlichen Schriftsteller der ersten Fahrhunderte*, Lipsia 1897 ss;
Hartel	= Edição crítica inclusa no *CSEL;*
Harvey	= Sancti Irenaei ep. Lugdunensis ll. quinque adversus haereses, ed. W. W. Harvey, 2 voll., Cambridge;
Mansi	= J. D. Mansi, *Sanctorum Conciliorum et Decretorum collectio nova...* Lucca 1748-1752, 6 voll. Continuata da I. B. Martin e L. Petit sotto il titolo *Sacrorum Conciliorum nova ct amplissima collectio...* Firenze-Venezia-Parigi-Lipsia 1759-1927, 53 vol;
MGH	= *Monumenta Germaniae Historica* (dal 500 al 1500). Hannover-Berlino 1826 ss;
Patr. Or.	= *Patrologia Orientalis,* ed. R. Graffin, F. Nau, Parigi 1903 ss.
PG	= *Patrologia cursus completus...* Series graeca et orientalis, ed. J. P. Migne. Parigi 1857-1886;
PL	= *Patrologiae cursus completus...* Series latina, ed. J. P. Migne. Parigi 1844-1864;

Sagnard = edição crítica em *Sources chr;*
Sources chr. = *Sources chrétiennes,* ed. H. de Lubac, J. Daniélou. Parigi 1941 ss;
T. u. U. = *Texte und Untersuchungen zur Geschichte der altchristlichen Literatur.* Lipsia 1882 ss;

Índice Geral

Apresentação 3
As sessões do Concílio 4
Siglas bibliográficas 5

I – Discursos e mensagens

1. *Humanae salutis*	1*-23* 11
2. *Consilium*	24* 19
3. Mensagem radiofônica de João XXIII	25*-25* 20
4. Discurso de abertura do Concílio	26*-69* 27
5. Mensagem do Concílio ao mundo	70*-84* 35
6. Discurso de João XXIII	85*-98* 38
7. Discurso de encerramento do primeiro período	99*-132* 40
8. Discurso de abertura do segundo período	133*-201* 45
9. Discurso de encerramento do segundo período	202*-234* 60
10. Discurso de abertura do terceiro período	235*-269* 68
11. Discurso de Paulo VI	270*-276* 77
12. Discurso de encerramento do terceiro período	277*-325* 79
13. Discurso de abertura do quarto período	326*-358* 89
14. *Nuntius Evangelii pacis*	359*-364* 98
15. Discurso de Paulo VI na ONU	365*-397* 99
16. Discurso depois da viagem à ONU	398*-410* 106
17. Discurso na sétima sessão	411*-426* 109
18. Discurso na oitava sessão	427*-447* 112
19. Homilia na nona sessão	448*-465* 118
20. Homilia no encerramento do Concílio	466*-475* 125
21. Mensagem do Concílio à humanidade	476*-531* 128
22. *In Spiritu Sancto*	532* 136

II – Constituições

1. *Sacrosanctum Concilium* (Liturgia)	1-244 141
2. *Lumen Gentium* (Igreja)	284-456 185
3. *Dei Verbum* (Revelação)	872-911 345
4. *Gaudium et Spes* (Igreja e mundo)	1319-1644 470

III – Decretos

1. *Inter Mirifica* (Meios de Comunicação Social) 245-283 176
9. *Orientalium Ecclesiarum* (Igreja orientais católicas) 457-493 248
2. *Unitatis Redintegratio* (Ecumenismo) 494-572 259
3. *Christus Dominus* (Bispos) 573-701 277
4. *Perfectae Caritatis* (Vida Religiosa) 702-770 301
5. *Optatam totius* (Formação sacerdotal) 771-818 314
6. *Apostolicam actuositatem* (Leigos) 912-1041 359
7. *Ad gentes* (Atividade missionária da Igreja) 1087-1242 400
8. *Presbyterorum ordinis*
   (Ministério e a vida sacerdotal) 1243-1318 440

IV – Declarações

1. *Gravissimum educationis* (Educação Cristã) 819-852 329
2. *Nostra aetate* (Religiões não cristãs) 853-871 340
3. *Dignitatis humanae* (Liberdade religiosa) 1042-1086 387

V – Índices

1. Índice das citações bíblicas 553
2. Índice das fontes 567
3. Índice das autocitações do Vaticano II 577
4. Índice analítico 579

I
Discursos pontifícios
e
mensagens do Concílio

I
Discursos pontifícios
e
mensagens do Concílio

I - Discursos e decretos anteriores à abertura do Concílio

CONSTITUIÇÃO APOSTÓLICA *HUMANAE SALUTIS*

Convocação do Concílio Ecumênico Vaticano II

João, Bispo, servo dos servos de Deus, para perpétua memória

Introdução

O autor da salvação humana, Cristo Jesus, antes de subir aos céus, incumbiu os apóstolos de levar a luz do Evangelho a todos os povos. Como fundamento e garantia de seu ministério, prometeu-lhes: "Estarei convosco todos os dias, até o fim dos séculos" (Mt 28,20).   1*

A alegre e contínua presença de Cristo nunca deixou de se manifestar viva e eficazmente na santa Igreja. Faz-se sentir, sobretudo, nos momentos em que a sociedade e as comunidades humanas em geral experimentam as mais rudes tempestades. Especialmente nessas ocasiões, a esposa de Cristo brilha como mestra da verdade e ministra da salvação. Mostra a todos a força do amor, da oração e da paciente aceitação, pela graça de Deus, das dificuldades e enfermidades que nos são conaturais. São dons divinos de valor inestimável, vividos pelo próprio Deus, que, num momento solene de sua existência, pôde declarar: "Tenham confiança, eu venci o mundo" (Jo 16,33).   2*

Dolorosas constatações

A Igreja sabe quantas são as tensões que caracterizam o convívio humano em nossa época e deseja atenuá-las. A humanidade caminha para uma nova ordem mundial. Abre-se assim, para a Igreja, um leque imenso de possibilidades de ação, como já aconteceu nas mais graves crises da história. O que se exige da Igreja é que anime a comunidade humana, com a força perene e   3*

divina do Evangelho, num mundo que se gloria de seus progressos técnicos e científicos, embora sofra de profunda carência ética, que procura sanar independentemente de Deus.

Temos advertido nossos contemporâneos de que os bens espirituais diferem dos materiais. No entanto, a atenção que a eles consagram é menor do que a volúpia com que se lançam à conquista dos bens materiais. Buscam os prazeres, com a intensidade que lhes proporciona o desenvolvimento tecnológico. Pior ainda, cedem em grande número ao recém-implantado ateísmo militante, que atua em âmbito internacional.

Motivos de confiança

4*   Com tais preocupações e sofrimentos, damos conta da necessidade de maior vigilância e tomamos consciência mais aguda da gravidade de nossos deveres de ofício. Há quem não veja senão trevas envolvendo este mundo. Nós, pelo contrário, colocamos inteira e inabalável confiança no Salvador do gênero humano, que de maneira nenhuma abandona os seres humanos mortais por ele remidos. Preferimos ouvir Cristo nos chamar a atenção para os "sinais... dos tempos" (Mt 16,3), que em meio à escuridão deixam transparecer indícios inequívocos de uma era mais auspiciosa para a Igreja e para o gênero humano.

Apesar de tudo, as sucessivas guerras, os danos causados por inúmeras doutrinas perniciosas e a dureza dos sofrimentos impostos a grandes parcelas da humanidade em nossa época não deixaram de ter sua utilidade, como advertência. O próprio desenvolvimento técnico, que tornou os seres humanos ainda mais temíveis, com armas capazes de se entredestruírem, contribuiu a seu modo para que se pusessem, com a maior ansiedade, questões fundamentais. Assim, só fez aumentar as interrogações do ser humano sobre si mesmo e o reconhecimento de que nossas faculdades limitadas não conseguirão jamais obter a paz, alcançar os bens espirituais e o estágio cultural elementar de amadurecimento, que é indispensável ao convívio social, ainda que imperfeito.

Nas atuais circunstâncias, os seres humanos individualmente, os diversos grupos de pessoas e cidadãos e as próprias nações são todos levados a se relacionar de maneira mais amiga uns com os outros, colaborando em torno de objetivos comuns, para chegar a um mínimo resultado.

Tal disposição tem um grande significado para a ação apostólica da Igreja, que se exercerá com maior facilidade e penetração quanto maior for o número de pessoas que, antes mesmo de aceitá-la como Igreja, considerarem mais favoravelmente suas orientações, pela própria lição dos fatos.

Atual vitalidade da Igreja

A Igreja nunca assistiu com indiferença à evolução dos povos, aos progressos da ciência e da técnica, às profundas mudanças na vida das sociedades humanas. A tudo acompanha com grande interesse. Sempre resistiu a toda espécie de materialismo ou às doutrinas que abalavam os fundamentos da fé. Empreendeu ainda os maiores esforços para haurir de seu seio forças que a sustentassem em seu apostolado, na piedade e na sua atuação nos mais variados setores da atividade humana. Isto, primeiro graças ao trabalho dos clérigos, que se foi tornando cada vez mais capaz, tanto doutrinária como humanamente falando. Depois, graças ao empenho dos leigos, que aos poucos foram merecendo maior confiança da Igreja e desempenhando um ofício que, aliás, lhes é próprio, auxiliam em muito a hierarquia no cumprimento de sua missão. 5*

Acontece que os terríveis sofrimentos que hoje assolam inúmeras comunidades cristãs evidenciam melhor a grandeza de pastores, sacerdotes e leigos em grande número que, por sua constância na fé, sustentam toda espécie de sofrimentos e dão exemplo de força extraordinária, comparável, sob todos os aspectos, aos gloriosos feitos registrados com letra de ouro nos anais do cristianismo antigo.

Por isso, ao mesmo tempo que nos surpreende uma humanidade sob tantos aspectos nova, esperamos poder contemplar uma Igreja também profundamente modificada, muito mais perfeita: mais unida, enriquecida por uma doutrina mais fecunda e brilhando com a beleza de uma santidade mais intensa, de forma a estar preparada para todos os grandes combates da fé que se travam em nossos dias.

Concílio Ecumênico Vaticano II

Tendo diante dos olhos, desde o primeiro momento de nosso pontificado, de um lado a comunidade humana mais unida, mas sofrendo de uma grande carência de bens espirituais e, de outro, a Igreja de Cristo, cheia de vida e capaz de produzir tantos frutos, julgamos fazer parte de nosso ministério apostólico – a que chegamos exclusivamente por vontade da Providência, sem qualquer mérito de nossa parte – procurar envidar todos os esforços para que a Igreja venha a contribuir, pelo trabalho de seus filhos, na busca de soluções idôneas para os grandes problemas humanos de nossa época. 6*

Por isso, obedecendo a uma espécie de instinto do alto ou a uma voz interior, julgamos ter chegado o momento de proporcionar à Igreja Católica e a toda família humana a oportunidade de um novo Concílio Ecumênico, continuando a série dos vinte primeiros, que tanto contribuíram no decurso dos séculos para o florescimento da graça divina entre os fiéis e para o progresso do cristianismo.

A alegria que tal notícia suscitou no mundo inteiro entre os católicos, as ininterruptas preces que toda a Igreja tem elevado a Deus nessa intenção, em todo o globo terrestre, os estudos que já se fizeram em vista da preparação de tão significativa assembléia, a atenção e a expectativa que o Concílio desperta entre os cristãos separados da comunhão romana, tudo isso constitui um conjunto de indícios inequívocos da grandeza e da oportunidade de tal evento.

7* O Concílio Ecumênico acontece felizmente num momento em que a Igreja se dedica a robustecer sua fé com forças renovadas e a reencontrar novos caminhos de unidade. Sente, ao mesmo tempo, que não a impulsionam unicamente o cumprimento de seus deveres, em vista de se tornar mais eficaz como Igreja e tornar mais santos os seus filhos, mas também as exigências de maior brilho para a verdade cristã e para a renovação profunda de suas instituições.

O que está em jogo é a juventude sempre irradiante de nossa mãe Igreja, chamada a estar presente em todos os acontecimentos humanos e a se renovar constantemente com o passar dos séculos, adquirindo em cada época ou circunstância um novo brilho e enriquecendo-se com novos méritos, apesar de permanecer sempre a mesma, refletindo sempre a imagem de Jesus Cristo, que a ama e a protege como esposo.

8* Vivemos num momento privilegiado para celebrar um Concílio. Em todas as latitudes fazem-se enormes e generosos esforços para restaurar a unidade visível entre todos os cristãos, de acordo com o desejo expresso do divino Salvador. O Concílio ajudará a colocar em evidência os pontos principais da doutrina; será uma demonstração excepcional do amor que nos une a todos, possibilitando aos cristãos separados ocasião única de melhor perceberem o caminho da unidade e de prosseguirem uma frutuosa aproximação entre todos.

9* Por último, há que se considerar que a humanidade vive na incerteza de um terrível conflito, que a marca profundamente e a apavora. O Concílio Ecumênico oferecerá a todos os humanos de boa vontade, uma grande ocasião de pôr em prática o desejo de paz e de promover atitudes efetivas nesse sentido. A paz verdadeira faz parte dos bens do espírito e procede de uma ordem superior, que só se verifica quando as mentes e as consciências humanas se deixam conduzir pela luz que vem de Deus, criador e redentor de todo o gênero humano.

Programa de trabalho do Concílio

10* Os frutos que tanto esperamos do Concílio Ecumênico, a que nos referimos com freqüência, só serão alcançados se houver, da parte de todos, o maior empenho, multiplicando-se as consultas, os estudos e os trabalhos preparatórios propriamente ditos. Serão tratados problemas de doutrina e de vida, questionar-se-ão as instituições e a moral cristã em face das realidades em que se vive, tendo em vista a utilidade do corpo místico de Cristo e suas funções sagradas, relacionadas com a vida divina, consultando-se as Escrituras Sagradas, a Tradição, os sacramentos e as orações da Igreja, a disciplina, as obras de caridade e assistenciais, o apostolado leigo e as iniciativas missionárias.

A ordem das coisas divinas se relaciona e repercute de maneira eficaz na **11***
esfera das coisas humanas, temporais, pelas quais, infelizmente, os humanos se interessam com exclusividade e para as quais se voltam todas as suas preocupações. Nossa encíclica *Mater et magistra* versou as questões relativas à esfera das coisas temporais, usando uma expressão empregada por Inocêncio III no célebre 4º Concílio de Latrão (1215). Embora a Igreja não tenha por objetivo realidades terrestres, não se pode desinteressar, enquanto caminha, dos bens temporais e do trabalho que os produz.

A Igreja sabe quanto significam para sustento e defesa das almas imortais as condições peculiares em que vive cada ser humano em busca da salvação eterna. Iluminada pela luz de Cristo, sabe também quanto pode contribuir para que os seres humanos se conheçam em profundidade. É capaz de levá-los a melhor compreenderem quem são, a grandeza de sua dignidade como seres humanos e os fins a que devem tender. Daí a presença da Igreja, tanto de fato como de direito, nas questões que atualmente agitam a humanidade, propondo sua doutrina a respeito da sociedade, da família, da educação e do trabalho, que abrange toda a sociedade humana e todos os problemas referentes a esses temas. Aliás, em virtude dessa mesma doutrina, a Igreja goza de prestígio. Sua palavra tem grande autoridade no que diz respeito às exigências da moralidade, do direito e dos deveres de cada cidadão e da sociedade em geral, junto às pessoas destituídas de preconceito.

Esperamos, assim, que as deliberações do Concílio Ecumênico, além de **12***
proporcionarem maior brilho à sabedoria cristã e fortalecerem intimamente os corações com maior ardor, tragam também luz e força para todo o conjunto das atividades humanas.

Convocação do Concílio

Em 25 de janeiro de 1959 foi anunciada pela primeira vez a celebração **13***
do Concílio Ecumênico. Lançávamos então uma primeira semente, com mão trêmula e coração apertado. Contando com o auxílio divino, começamos a enfrentar os graves e múltiplos problemas que coloca a preparação de um Concílio. Quase três anos são passados. Sob o influxo da graça divina, a pequena semente tornou-se árvore promissora. Olhando para o longo

caminho percorrido, agradecemos imensamente a Deus, que nos permitiu fazer da melhor maneira tudo que foi necessário, como se devia e em plena concórdia.

14* Antes de estabelecer os temas a serem tratados no Concílio, solicitamos o conselho prudente e sábio dos cardeais, dos bispos de todo o mundo, da Cúria Romana, dos superiores gerais das ordens e congregações religiosas, das universidades católicas e das faculdades eclesiásticas. Um ano inteiro foi consagrado a essas consultas tão importantes, que mostraram os principais aspectos a serem estudados.

15* Constituíram-se então várias comissões a que confiamos o trabalho de elaborar os projetos referentes à doutrina e à disciplina, dentre os quais escolheríamos os que haveriam de ser propostos ao Concílio.

16* Com grande alegria lhes anuncio que tais projetos estão para ser publicados, graças ao trabalho ilustre, à colaboração dos cardeais, bispos, prelados, teólogos, canonistas, homens de ciência e peritos de todo o mundo.

17* Confiados no auxílio do divino Redentor, princípio e fim de todas as coisas, nas preces de sua augusta Mãe, a bem-aventurada Virgem Maria e de são José, a quem confiamos desde o início a realização deste importante evento, julgamos ter chegado o momento de convocar efetivamente um novo Concílio Ecumênico.

18* Depois de ouvir o parecer de suas eminências, os cardeais da Igreja, em virtude da autoridade de nosso Senhor Jesus Cristo, dos santos apóstolos Pedro e Paulo e da nossa própria, anunciamos, determinamos e convocamos para o próximo ano de 1962 o Concílio Ecumênico Vaticano II, a ser celebrado na Basílica Patriarcal do Vaticano, nos dias que a Providência divina nos conceder fixar.

19* Queremos, pois, e ordenamos que estejam presentes ao Concílio Ecumênico todos os cardeais, os veneráveis patriarcas, os primazes, arcebispos e bispos de todas as partes do mundo, quer residentes, quer titulares, bem como todos os eclesiásticos que de direito devem assistir ao Concílio Ecumênico.

Convite à oração

20* Antes de concluir, queremos pedir a todos os fiéis individualmente e ao povo cristão em geral, que se empenhem em prol do Concílio. Peçam a Deus todo-poderoso, na oração, que continue, na sua infinita bondade, a sustentar essa iniciativa, agora em vias de se efetivar, para que venha a se realizar com todo o esplendor que lhe é devido. A oração comum, que nasce da fé, seja acompanhada pela penitência, que a torna ainda mais aceitável a Deus. Oração e penitência resultam numa vida cristã mais fiel, que torna a todos, desde agora, mais dóceis ao cumprimento das disposições e dos decretos conciliares.

Tais exortações se dirigem ao clero, tanto secular como regular, de todas as partes do mundo, bem como a todos os fiéis. Dirigimo-nos, porém, de maneira especial às crianças, cuja inocência e cujas orações têm tanto valor junto de Deus. Dirigimo-nos também aos enfermos e aos que sofrem, persuadidos de que suas dores e sua vida, como uma hóstia, em virtude da cruz de Cristo, são oferecidas como fonte de salvação e de santificação para toda a Igreja universal. **21***

Pedimos insistentemente a todos os cristãos separados da Igreja Católica que orem a Deus, pois é de esperar que o Concílio também para eles seja frutuoso. Temos a certeza de que inúmeros desses filhos são hoje trabalhados por um desejo profundo de unidade e de paz, de acordo com a doutrina de Cristo e com a oração que fez ao Pai. Sabemos que o anúncio do Concílio foi motivo de grande alegria para muitos e que não foram poucos os que se dispuseram a orar a Deus por um feliz resultado, pensando em enviar delegados de suas respectivas comunidades para se dar conta dos trabalhos que se desenrolarão durante o Concílio. São notícias alvissareiras, que nos enchem de alegria e de esperança, tanto que já organizamos um secretariado para cuidar especialmente desses assuntos. **22***

Que se possa dizer hoje, da família cristã, o que outrora se verificara com os apóstolos, em Jerusalém, depois da ascensão de Cristo: a Igreja recém-nascida, num mesmo sentimento de unanimidade e concórdia, rodeava Pedro, como ovelhas, orando por ele e com ele. **23***
Digne-se o Espírito de Deus acolher os afetuosos votos que diariamente lhe são feitos em todas as partes do globo: "Renova o nosso tempo com tuas maravilhas, como num novo Pentecostes. Concede à santa Igreja que, com Maria, Mãe de Jesus, conduzida por Pedro, prostra-se em oração unânime e perseverante, para que se dilate o Reino do divino Salvador, Reino de verdade e de justiça, Reino de amor e de paz. Amém".[1]

Queremos que esta constituição fique estabelecida desde agora para sempre, para que a observação pelos que de direito do que nela está determinado garanta a sua efetiva aplicação.

---

[1] *AAS* 51 (1959), p. 832.

Em virtude da eficácia desta constituição, tudo que a ela se oponha fica definitivamente derrogado. Se alguém por qualquer autoridade, consciente ou inconscientemente, prescrever o contrário, saiba que é inteiramente nulo e inválido.

A ninguém é lícito transgredir ou modificar tais documentos de nossa vontade e desta constituição. O decreto agora publicado tem valor igual ao de exemplares manuscritos ou impressos com o carimbo de um dignatário eclesiástico ou de um tabelião de fé pública. Quem desprezar na totalidade ou em parte nossos decretos estará sujeito às penas de quem desobedece ao Sumo Pontífice.

Dado em Roma, junto a são Pedro, em 25 de dezembro de 1961, festa do nascimento de nosso Senhor Jesus Cristo, quarto ano do nosso pontificado.

JOÃO XXIII

(seguem-se as demais assinaturas)[2]

---

[2] *AAS* 54 (1962), pp. 5-13.

CARTA APOSTÓLICA DADA *MOTU PROPRIO CONCILIUM*

Fixação da data de abertura do Concílio

Na constituição apostólica *Humanae salutis*, do dia 25 de dezembro de 1961, determinamos que neste ano corrente de 1962 reunir-se-ia o Concílio Ecumênico, em cuja realização pensamos constantemente e que corresponde à expectativa de todos os cristãos.

24*

Agora, depois de madura reflexão e para dar tempo a todos que devem estar presentes no Concílio, determinamos e estabelecemos que tenha início no dia 11 de outubro deste ano de 1962. Escolhemos essa data em especial pela memória do Concílio de Éfeso, que tanta importância teve na história da Igreja.

Na iminência de tão importante reunião voltamos a insistir junto a todos os nossos filhos que intensifiquem as orações a Deus para que conceda o bom êxito deste evento em que estamos empenhados com todos os nossos irmãos e filhos muito amados diretamente envolvidos na sua preparação, juntamente com todo o clero e povo cristão que tanto o espera. São imensos os frutos que esperamos do Concílio, em particular que a Igreja, esposa de Cristo, cresça nas graças que lhe são dadas e as comunique em abundância a todos os seres humanos.

Esperamos também que os povos todos, contemplando Cristo, "luz para a revelação a todas as gentes" — especialmente os que vemos, angustiados, vítimas de sofrimentos, discórdias e conflitos tão mortíferos — alcancem a verdadeira paz, depois de reconhecerem e observarem reciprocamente os deveres mais elementares da justiça e da religião.

Depois de todas essas considerações, por iniciativa própria e com base na nossa autoridade apostólica, determinamos e estabelecemos que o Concílio Ecumênico Vaticano II comece no dia 11 de outubro deste ano.

Tudo que aqui se estabelece por iniciativa nossa ordenamos e estatuímos, independentemente de qualquer disposição em contrário.[1]

Dado em Roma, junto a são Pedro, em 11 de fevereiro de 1962,
festa de purificação da Virgem Maria,
quarto ano de nosso pontificado.
JOÃO XXIII

---

[1] *AAS* 54 (1962), pp. 65-66. Texto integral do *motu proprio*.

MENSAGEM RADIOFÔNICA A
TODOS OS FIÉIS CATÓLICOS, A UM MÊS DA ABERTURA DO CONCÍLIO*

11 de setembro de 1962

25*a A um mês da abertura oficial do Concílio Ecumênico, uma grande expectativa brilha nos olhos e no coração de todos os filhos da Igreja, santa e abençoada.
Durante três anos de preparação, uma equipe de pessoas selecionadas, de todas as regiões e de todas as línguas, unida pelos mesmos sentimentos e pelos mesmos objetivos, criou importante acervo de elementos de ordem doutrinária e pastoral, para ser apresentado aos bispos do mundo inteiro, reunidos na nave da Basílica Vaticana, em vista da mais sábia possível aplicação, hoje, do magistério evangélico de Cristo, que há vinte séculos ilumina a humanidade salva por seu sangue.

25*b
Estamos prontos, graças a Deus. As palavras proféticas de Jesus, pronunciadas a propósito da consumação dos séculos, confortam-nos neste momento histórico para a Igreja, em que se dá um grande passo para frente e para cima: *Levate capita vestra, quoniam appropinquat redemptio vestra*: "Ergam a cabeça, pois se aproxima a hora de sua libertação".[1]

Um grande passo para frente e para cima
25*c
Do ponto de vista de sua preparação espiritual, o Concílio Ecumênico, a algumas semanas de sua abertura, merece o comentário feito pelo Senhor: *Videte... omnes arbores: cum producunt iam ex se fructum, scitis quoniam prope est aestas. Ita et vos... scitote quoniam prope est regnum Dei*: "Vejam as árvores, quando começam a brotar, sabe-se que o verão está perto. Assim... saibam também vocês que o Reino de Deus está próximo".[2]

25*d
Regnum Dei! Palavras que exprimem bem o que pretendem ser os trabalhos do Concílio. *Regnum Dei* significa e realmente é a *Ecclesia Christi*:

---
* *Radiomessagio ai fedeli di tutto il mondo un mese prima dell'inizio del Concilio ecumenico*. Embora não figure na edição oficial do Concílio, publicamo-la aqui em tradução do italiano, dada a importância que adquiriu para a história do Concílio.
[1] Lc 21,28.
[2] Ib. 30-31.

una, sancta, catholica et apostolica, que Jesus, Verbo de Deus feito homem fundou há vinte séculos e conserva até hoje, vivificando-a com sua presença e sua graça, renovando sempre a cada momento, em seu favor, todos os seus antigos prodígios, de tal forma que, através dos tempos, mesmo ásperos e difíceis, por montes e vales, a Igreja tenha sempre podido vencer espiritualmente, em todas as situações e circunstâncias: a verdade sobrepujando o erro, o bem vencendo o mal, o amor e a paz prevalecendo sobre as divisões e os desentendimentos.

Bem e mal, pólos de contradição, estarão sempre presentes no futuro, pois dependem do arbítrio humano, que pode escolher e terá sempre a possibilidade de se transviar. Mas a vitória final e eterna em cada alma escolhida, e no conjunto das almas escolhidas em todos os povos, será sempre de Cristo e de sua Igreja.

Vitalidade interior permanente

25*e

Pensemos no simbolismo do círio pascal. A liturgia no-lo faz declarar como sendo *lumen Christi*. A Igreja de todas as partes da terra responde então: *Deo gratias, Deo gratias*, como a dizer: Sim, *lumen Christi, lumen Ecclesiae, lumen gentium*.

Que outra coisa é um Concílio Ecumênico senão a renovação desse encontro de Cristo ressuscitado, Rei glorioso e imortal, irradiando, por intermédio da Igreja, salvação, alegria e esplendor sobre todo o gênero humano?

À luz desse encontro ganha sentido o que dizia o salmista: "Levanta sobre nós a luz de tua face, Senhor! Encheste de alegria meu coração": *Extolle super nos lumen vultus tui, Domine! Dedisti laetitiam in cor meum*.[3]

O Concílio é a alegria da Igreja de Cristo!

Atividade apostólica

25*f

A razão de ser do Concílio — como foi acolhido, está sendo preparado e esperado — é continuar, ou melhor, retomar de maneira mais enérgica, a resposta do mundo ao testamento do Senhor, formulado nas palavras que solenemente pronunciou apontando para o horizonte: *Euntes ergo – docete omnes gentes — baptizantes eos in nomine Patris et Filii et Spiritus Sancti — docentes eos servare omnia quaecumque mandavi vobis*: "Vão e ensinem a todos os povos, batizando-os em nome do Pai, do Filho e do Espírito Santo e instruindo-os em tudo que lhes mandei observar".[4]

25*g

A Igreja quer ser entendida pelo que realmente é, em sua estrutura interior

---

[3] Cf. Sl 4,7-8.
[4] Mt 28,19-20.

25*h
— vitalidade *ad intra*, dizemos — encarregada de proporcionar, antes de tudo a seus filhos, os tesouros da fé que ilumina e da graça que santifica, de acordo com as palavras finais do Evangelho, que acabamos de referir. Exprimem, de fato, as principais funções da Igreja: vivificar, ensinar e pregar.

Encarada do ponto de vista de sua vitalidade *ad extra*, isto é, em face das exigências e das necessidades dos povos — visto que os acontecimentos humanos se orientam mais para a valorização e o gozo dos bens terrestres — a Igreja se sente no dever de honrar sua doutrina e suas responsabilidades a respeito do *sic transire per bona temporalia, ut non amittamus aeterna*: "passar pelos bens temporais de forma a não perder os eternos".[5]

O exercício dessa responsabilidade cristã de viver como ser humano entre os seres humanos e como cristão entre os cristãos faz com que mesmo os que não são cristãos apreciem o bom exemplo e alimentem o desejo de se tornarem cristãos.

Aqui reside a porta de passagem de toda atividade exterior, mas apostólica, da Igreja, em que se fundam e se tornam vigorosas as palavras: *docentes eos servare omnia quaecumque mandavi vobis*: "instruindo-os em tudo que lhes mandei observar".

25*i
O mundo precisa de Cristo, mas é a Igreja que deve levar Cristo ao mundo.

O mundo enfrenta graves problemas, para os quais procura, às vezes com angústia, um caminho de solução.

É claro que um imoderado desejo de resolvê-los na base do imediatismo, embora corretamente, pode-se tornar um obstáculo à difusão da verdade total e da graça que santifica.

O ser humano busca o amor da família no lar doméstico. Pão para si e para os seus mais próximos, mulher e filhos. Alimenta o desejo e percebe o dever de viver em paz no seio de sua comunidade nacional e com todos os outros seres humanos. É sensível à atração das coisas espirituais e deseja, em profundidade, instruir-se e crescer. Cioso de sua liberdade, não hesita porém em aceitar os limites legítimos a seu exercício, para corresponder melhor a seus deveres sociais.

25*j
A serviço do ser humano, tornado filho adotivo de Deus

Tais problemas sempre preocuparam a Igreja. Ela voltou a estudá-los atentamente, e o Concílio Ecumênico poderá chegar a propostas de solução em linguagem clara, com base na dignidade do ser humano e em sua vocação cristã.

Assim, por exemplo: a igualdade fundamental de todos os povos no exer-

---

[5] Cf. oração "colecta" do 3º domingo depois de Pentecostes.

cício dos direitos e deveres em face da família universal das nações; a defesa efetiva do caráter sagrado do matrimônio, que requer dos esposos um amor consciente e generoso, fonte da procriação, considerada sob o aspecto religioso e moral, no contexto das grandes responsabilidades sociais, no tempo e na eternidade.

25*k

As doutrinas contaminadas pelo indiferentismo religioso, atéias, que negam a ordem sobrenatural, ignoram a providência na história e exaltam de maneira exagerada o indivíduo, com o risco de subtraí-lo às suas responsabilidades sociais, merecem a palavra corajosa e generosa da Igreja, que já se fez ouvir no importante documento que é o *Mater et magistra*, em que se retomou o pensamento de dois milênios de cristianismo.

25*l

Outro ponto luminoso: pensando nos países subdesenvolvidos, a Igreja se apresenta e quer realmente ser a Igreja de todos, em particular, a Igreja dos pobres.

Toda ofensa e violação do quinto e do sexto preceitos do santo Decálogo; 25*m
o não fazer caso dos empenhos decorrentes do sétimo preceito; as misérias da vida social, que clamam por vingança ao conspecto de Deus: tudo deve ser claramente relembrado e deplorado. É dever de todo homem, e dever premente do cristão, avaliar o supérfluo de acordo com a medida das necessidades alheias, e vigiar atentamente, para que a administração e a distribuição dos bens criados seja feita em benefício de todos.

Isso é o que se denomina difusão do senso social e comunitário, algo imanente no cristianismo autêntico; e seja tudo proclamado com absoluto vigor.

O que dizer das relações entre Igreja e sociedade civil? Vivemos diante 25*n
de um mundo político novo. Um dos direitos fundamentais a que a Igreja não pode renunciar é o da liberdade religiosa, que não consiste simplesmente em liberdade de culto.

Essa liberdade é reivindicada e ensinada pela Igreja, que por ela continua a sofrer penas angustiantes em muitos países.

A Igreja não pode renunciar a essa liberdade, dado que é congênita com o 25*o
serviço que lhe cumpre realizar. Tal serviço não se posiciona como corretivo e complemento do que outras instituições devem fazer, ou do que se apropriaram, mas constitui elemento essencial e insubstituível do desígnio da Providência, para introduzir o homem no caminho da verdade. Verdade e liberdade são as pedras do edifício sobre o qual se eleva a civilização humana.

25*p   Decorridos 17 anos do fim da Segunda Guerra Mundial, o Concílio Ecumênico está para reunir-se. Pela primeira vez na história, os padres do Concílio pertencerão, na realidade, a todos os povos e nações, e cada um deles irá trará contribuições de inteligência e de experiência, para curar e sanar as cicatrizes deixadas pelos dois conflitos que mudaram profundamente a feição de todos os países.

25*q   As mães e os pais de família detestam a guerra: a Igreja, mãe de todos, indistintamente, irá alçar, ainda uma vez, a conclamação que brota do fundo dos séculos e de Belém, e de sobre o Calvário, para que se propague em suplicante preceito de paz, que anteceda os conflitos das armas: paz, que deve encontrar no coração de cada homem suas raízes e sua garantia.

25*r   É natural que o Concílio, em sua estrutura doutrinal e na ação pastoral que promove, queira exprimir o anseio dos povos em percorrer o caminho da Providência assinalado a cada qual, para cooperar no triunfo da paz, tornando mais nobre, mais justa e meritória para todos a existência terrena.

Uma existência terrena mais nobre, justa e meritória para todos

25*s   Os bispos, pastores do rebanho de Cristo *ex omni natione quae sub coelo est* – de todas as nações debaixo do céu"[6], relembrarão o conceito de paz não apenas em sua expressão negativa, ou seja, a abominação dos conflitos armados; mas muito mais, em suas exigências positivas, que requerem de todo homem conhecimento e prática constante dos próprios deveres: hierarquia, harmonia e serviço dos valores espirituais abertos a todos, posse e emprego das forças da natureza e da técnica, com o escopo exclusivo da elevação do teor de vida espiritual e econômica dos povos.

Convivência, coordenação e integração são propósitos nobilíssimos que ecoam nos consensos internacionais e induzem à esperança, infundindo coragem.

O Concílio visará a exaltar, de formas ainda mais sagradas e solenes, as aplicações mais profundas da fraternidade e do amor, que são exigências naturais do homem, impostas ao cristão como regra de relacionamento entre homem e homem, entre povo e povo.

Domínio espiritual da cátedra apostólica

O mistério da divina Providência, através do qual a celebração iminente do Concílio Ecumênico Vaticano II, uma vez mais, patenteia e exalta, numa

---
[6] Cf. At 2,5

luz incomparável, a realização do serviço e do domínio espiritual da cátedra apostólica, colocado acima do destino da humanidade por inteiro! Prudêncio, antigo poeta cristão, cantava a justo título, em seus tempos, o triunfo do divino Redentor, no ato de assinalar em Roma o ponto central da nova história do universo, que de Cristo havia tomado inspiração e nome.[7]

Durante esta preparação para o Concílio, foi possível fazer uma constatação. Os preciosos anéis da cadeia de amor que já desde os primeiros séculos da era cristã a graça do Senhor havia estendido aos vários países da Europa e do mundo então conhecido, a título de perfeição da unidade católica, e que, por circunstâncias diversas, pareceram em seguida reduzir-se e, na realidade, foram divididos, apresentam-se agora à atenção de todos quantos não são insensíveis ao sopro novo que o projeto do Concílio suscita aqui e acolá, em ansiosa aspiração de fraterna e nova reunião nos braços da comum antiga mãe, *sancta et universalis mater Ecclesia* – a santa e universal Igreja. Isso é motivo de serena complacência e avança na dianteira a primeira cintila, que vocês presidem para a preparação do encontro mundial.   25*u

Oh! alegria da petição litúrgica: *Ut cuncto populo christiano pacem et unitatem largiri digneris.* Oh! alegria superabundante nos corações, à leitura do capítulo XVII de são João: *Ut omnes unum sint. Unum*: de pensamentos, de palavras e de obras.   25*v

Admirável harmonia de preparação individual e coletiva

O antigo cantor das gestas gloriosas do cristianismo[8], retornando ao motivo que o incitou à cooperação universal da justiça e da fraterna convivência entre todos os povos, gosta de lembrar a todos os filhos da Igreja, com incisiva eficácia, que em Roma estão sempre à espera os dois príncipes do apostolado: Pedro e Paulo. Paulo, o grande vaso de eleição especialmente reservado ao anúncio do Evangelho aos povos que não o haviam ainda recebido; o outro, Simão Pedro, há vinte séculos assentado na primeira cátedra, com poderes para abrir e fechar as portas do céu – para abrir, vocês o compreendem, filhos diletos, para abrir as portas na vida presente e pela eternidade.   25*w

Com palavras aladas, voltando-se para os ídolos pagãos: deixem o seu lugar; deixem o povo de Cristo em perfeita liberdade. É Paulo quem os expulsa. É o sangue de Pedro e de Paulo que grita contra vocês.

---

[7] Cf. Prud., Peristeph. hymn. II; vv. 461-470: PL 60,324.
[8] Cf. ibid.

25*y   Com maior brandura, o humilde sucessor de Pedro e de Paulo no governo e no apostolado da Igreja Católica, nesta vigília da reunião conciliar, tem o prazer de dirigir-se a todos os seus filhos de todas as terras, do Oriente ao Ocidente, de todos os ritos, de todas as línguas, com a oração do 12º domingo depois de Pentecostes. Não se poderiam colher expressões mais felizes e correspondentes a melhor harmonia de preparação individual e coletiva, e de súplica pelo sucesso do Concílio Ecumênico.

25*z   Queremos todos, e do mundo inteiro, repeti-las e fazê-las repetir com insistência, nestas semanas de 11 de setembro a 11 de outubro, dia da abertura da grande Assembléia Conciliar. Essas vozes parecem vir do céu. Elas dão a entonação do canto coral do Papa, dos bispos, do clero e do povo. Eleva-se um cântico único, possante, harmonioso e penetrante: *lumen Christi, Deo gratias!* Essa luz resplandece e resplandecerá pelos séculos: sim, *lumen Christi, Ecclesia Christi, lumen gentium.*

"Deus onipotente e misericordioso! É de sua graça que desce aos fiéis o dom de podê-lo servir com dignidade e alegria. Concede que consigamos caminhar rapidamente e sem qualquer embaraço rumo ao cumprimento das tuas promessas. Assim te imploramos de todos os pontos da terra e do céu. Pelos méritos de Cristo Jesus, de todos Mestre e Salvador. Amém. Amém."[9]

---

[9] Cf. Dom. XII post. Pent., Coll.

Discurso do papa João XXIII *Gaudet Mater Ecclesia*
na abertura solene do Concílio

11 de outubro de 1962

Veneráveis irmãos,

A Igreja, mãe de todos nós, muito se alegra neste dia tão desejado, em que se iniciam solenemente os trabalhos do Concílio Ecumênico, aqui reunido, por dom especial da Providência divina, junto ao sepulcro de Pedro e sob os auspícios da Virgem Mãe de Deus, de cuja maternidade divina celebramos hoje a festa. 26*

Concílios Ecumênicos na Igreja

Os vinte Concílios Ecumênicos, bem como os inúmeros concílios provinciais e regionais celebrados no decurso dos tempos, manifestam todos o vigor da Igreja Católica e brilham em sua história como focos de luz. 27*

O humilde e recentemente nomeado sucessor do primeiro dentre os apóstolos, que neste momento lhes fala, quis convocar esta Assembléia Geral para mais uma afirmação do magistério eclesiástico, que nunca há de falhar e perseverará até o fim dos tempos, chamado agora a se manifestar de maneira extraordinária, por intermédio do Concílio, em face dos erros, necessidades e oportunidades que oferece a atualidade. 28*

Ao inaugurar este Sínodo universal, o Vigário de Cristo que lhes fala se volta para o passado e ouve a voz encorajadora daqueles que se empenharam em confirmar os ânimos através dos séculos. Compraz-se em lembrar a atuação dos sumos pontífices, desde a antiguidade até os tempos mais recentes. Recorda igualmente os testemunhos significativos e veneráveis transmitidos pelos muitos Concílios do Oriente e do Ocidente, desde o século IV até hoje, através de toda a Idade Média e dos tempos modernos. 29*

Essa continuidade mostra, no seu conjunto, o triunfo da sociedade divina e humana que é a Igreja de Cristo, que recebe tudo do divino Redentor: seu nome, os dons de sua graça e a força que a sustenta.

Tudo isto é motivo de alegria espiritual, mas não nos deve levar a esquecer os sofrimentos e as dificuldades que obscureceram a história destes dezenove séculos. Foi, e até hoje é verdade, o que o velho Simeão disse profeticamente a 30*

Maria: "Este menino será ao mesmo tempo a ruína e a ressurreição de muitos... verdadeiro sinal de contradição" (Lc 2,34). Quando adulto, Jesus mostrou saber como os seres humanos agiriam no futuro em relação a ele: "Quem vos escuta, a mim escuta" (Lc 10,16) disse, acrescentando as misteriosas palavras conservadas por Lucas: "quem não está comigo é contra mim; quem não recolhe comigo, dispersa" (Lc 11,23).

31* Passados vinte séculos, pouco mudaram as graves questões que enfrenta a humanidade. Jesus Cristo continua a ocupar lugar central na história e na vida humanas. Quem a ele adere e à sua Igreja participa, de sua luz, suavidade, harmonia e paz. Quem o rejeita e combate, afasta-se de sua Igreja, cai na confusão e na disputa, expõe-se ao crescente risco de guerra.

32* Todas as vezes que se celebraram concílios ecumênicos na Igreja, a verdade por eles evidenciada aproveitou aos seres humanos, famílias e sociedade, mostrando-lhes o caminho certo, estimulando-os espiritualmente e ajudando-os a tomar posição em face dos bens eternos e verdadeiros.

33* É o que nos ensinam esses vinte séculos de cristianismo, registrados nos documentos do magistério extraordinário da Igreja, os concílios ecumênicos, em textos de extraordinária importância, conservados nas bibliotecas romanas e do mundo inteiro.

Motivos e origem do Concílio Ecumênico Vaticano II

34* O que motivou e está na origem deste grande acontecimento, a razão por que decidimos reuni-los aqui, como já nos referimos diversas vezes com toda humildade, foi uma experiência pessoal.

A primeira idéia do Concílio nos veio de repente, de maneira quase inesperada. Referimo-nos a ele diante dos cardeais, no dia 25 de janeiro de 1959,* na Basílica Patriarcal de São Paulo, via Ostiense. No mesmo instante todos se sentiram tocados, como se houvesse brilhado um raio de luz divina, manifestado na serenidade de todos os semblantes. Como um rastilho de pólvora a idéia conquistou logo o mundo inteiro e toda a humanidade começou a depositar grandes esperanças no Concílio.

---

* No dia 25 de janeiro de 1959, em sua alocução aos cardeais, o Papa assim se expressou: "Veneráveis irmãos e diletos filhos! Tremendo de emoção, humildemente, mas com firmeza de propósito, anunciamo-lhes a dupla decisão de celebrar um Sínodo diocesano em Roma e um Concílio Ecumênico, na Igreja universal. Não é preciso que lhes dê, diletos filhos, grandes e abundantes justificativas da significação histórica e jurídica que virão a ter, quando realizados, esses dois acontecimentos" (*AAS* 51 [1959], p. 68).

Durante três anos trabalhou-se em sua preparação, para estabelecer com precisão e de maneira ampla, o que, em nossa época, é mais conveniente à fé, à prática religiosa e ao revigoramento das comunidades cristãs, especialmente a católica. **35***

Esse tempo de preparação foi uma primeira grande graça. **36***

Iluminada pela luz do Concílio, a Igreja já cresceu espiritualmente, haurindo novas forças para enfrentar o futuro. Corrigindo-se e abrindo, com sabedoria, novas perspectivas, faz com que os homens e as mulheres de nossa época, as famílias e as nações voltem-se, mais fácil e prontamente, para as coisas do alto. **37***

É dever de consciência dar graças máximas ao Doador de todos os bens e, com alegria, proclamar glória ao Cristo Senhor, Rei invicto e imortal de todos os tempos e nações. **38***

O momento oportuno para celebrar o Concílio

Gostaria ainda, veneráveis irmãos, de lembrar-lhes, para aumento de nossa alegria, as circunstâncias favoráveis que cercam a abertura desse Concílio, hoje por todos querido. **39***

Como pudemos constatar no exercício cotidiano de nosso ministério, chegam-nos dolorosamente aos ouvidos considerações feitas por diversas pessoas, guiadas por preocupações de ordem religiosa, sem dúvida, mas nem sempre fruto de uma apreciação correta dos fatos ou de um juízo prudencial mais elaborado. São pessoas que só vêem desastres e calamidades nas condições em que atualmente vive a humanidade. Lamentam os tempos em que vivemos em comparação com o passado. Parecem desconhecer a história, que é mestra da vida. Imaginam que na época dos Concílios passados tudo corria às mil maravilhas no que concerne à doutrina cristã, aos costumes e à liberdade da Igreja. **40***

Temos o dever de discordar desses profetas da miséria, que só anunciam infortúnios, como se estivéssemos no fim do mundo. **41***

No momento histórico em que vivemos, a sociedade parece entrar numa nova ordem. Devemos estar prontos para reconhecer os misteriosos desígnios da Providência, que juntamente com todos os seres humanos, leva-nos a alcançar objetivos que ultrapassam nossas próprias expectativas, e tudo dispõem para o bem da Igreja, inclusive as dificuldades que atravessamos. **42***

43*   É fácil convencer-se disso. Basta considerar que a sociedade está de tal maneira envolvida com suas questões políticas e econômicas, que nem mais liga para as questões espirituais, de que se ocupa o magistério da Igreja. Isto não é certo, e deve ser desaprovado. Tem, porém, pelo menos, a vantagem de deixar a Igreja mais livre do que no passado, quando os governos se intrometiam demais nos negócios espirituais. Basta consultar a história para ver que os próprios Concílios Ecumênicos, escritos com letras de ouro nos fastos da Igreja, freqüentemente foram celebrados em meio a grandes dificuldades e sofrimentos, por ingerência do poder civil.

44*   Reconhecemos que ainda hoje muito sofremos com a ausência de vários bispos queridos, detidos por causa de sua fé em Cristo, para cuja vinda a Roma criaram-se tantos impedimentos. Recordamo-los aqui e oramos a Deus por eles, com prece cheia de fervor. No entanto, para nossa consolação, alimentamos a firme esperança de que a Igreja, libertada hoje dos impedimentos profanos do passado, possa se fazer ouvida, por sua própria voz, cheia de majestade e grandeza, a partir desta Basílica Vaticana, em que nos achamos reunidos, como num novo cenáculo dos apóstolos.

Principal finalidade do Concílio: defesa e difusão da doutrina

45*   O Concílio deve cuidar sobretudo de conservar e propor de maneira mais eficaz o depósito da doutrina cristã.

46*   A doutrina envolve o homem inteiro, feito de alma e corpo, e nos orienta, peregrinos nesta terra, para a pátria celeste.

47*   Mostra como devemos viver, individual e socialmente, no cumprimento dos deveres de cidadãos da terra e do céu, para alcançar o fim a que Deus nos chama. Todos os seres humanos, individual e socialmente, devem buscar sempre os bens celestiais e servir-se das coisas terrenas, sem que seu uso prejudique sua vocação à eterna beatitude.

48*   Jesus estabeleceu que se "busque primeiro o Reino de Deus e sua justiça" (Mt 6,33). "Primeiro" indica o sentido em que se devem orientar nossas forças e pensamentos, embora, de acordo com outras palavras da mesma disposição divina, "tudo será dado, por acréscimo" (Mt 6,33). Verificou-se sempre na Igreja que aqueles que se preocupam antes de tudo com a obtenção da perfeição evangélica realizam também um trabalho importante para a sociedade civil, tanto por seu exemplo de vida como por suas iniciativas salutares, ditadas pela caridade, que contribuem eficazmente para sustentar e desenvolver o que a sociedade tem de mais importante e de mais nobre.

Para que esta doutrina alcance os diversos aspectos da atividade humana, **49*** individual, familiar e social, a Igreja deve se manter fiel ao patrimônio da verdade recebida do passado, e, o mesmo tempo, estar atenta ao presente e às novas formas de vida introduzidas pela modernidade, que abrem perspectivas inéditas ao apostolado católico.

Por isso a Igreja precisa levar em conta as extraordinárias invenções atuais **50*** do engenho humano e os enormes progressos do conhecimento, avaliando-os devidamente, sem deixar de lembrar aos seres humanos que acima das coisas visíveis está Deus, fonte de toda sabedoria e de toda beleza. Cumprindo a disposição divina de dominar a terra (cf. Gn 1,28), não se esqueçam os seres humanos do preceito divino de "adorar somente a Deus e a ele somente servir" (Mt 4,10; Lc 4,8), para que o fascínio das coisas que passam não se converta em obstáculo ao verdadeiro progresso.

Como promover a doutrina nos dias de hoje

Que se espera do Concílio Ecumênico do ponto de vista doutrinário? **51*** Nada mais claro:

O 21º Concílio Ecumênico, com base na prática eficaz e de grande valor **52*** daqueles que cultivam devidamente as ciências sagradas e a ação apostólica, quer transmitir a doutrina católica integral, sem restrições nem desvios que, apesar das dificuldades e diferentes maneiras de ver, é patrimônio comum de todos, rico tesouro para quem o explora com boa vontade e compreensão, embora muitos não o reconheçam.

Nosso dever, porém, além de conservar os preciosos tesouros do passado, **53*** leva-nos, com alegria e coragem, a insistir no que hoje exigem os tempos, continuando a caminhada desses vinte séculos de Igreja.

Portanto, o principal objetivo do trabalho conciliar não é o de discutir **54*** princípios doutrinais, retomando o que padres e teólogos, antigos e novos, ensinaram, que todos sabemos e está profundamente gravado em nossas mentes.

Para isso não seria preciso um Concílio Ecumênico. Hoje, é necessário que **55*** toda a doutrina cristã, integralmente, sem nenhuma omissão, seja proposta de um modo novo, com serenidade e tranqüilidade, em vocabulário adequado e num texto cristalino, como se procurou fazer em Trento e no Vaticano I, e como ardentemente desejam todos os cristãos católicos e apostólicos.

A doutrina é sempre a mesma, mas é preciso que seja mais ampla e profundamente conhecida para ser melhor assimilada e contribuir positivamente para a formação das pessoas. A doutrina certa e imutável, à qual o fiel é chamado a aderir pela fé, deve pois ser investigada e exposta pela razão, de acordo com as exigências da atualidade.

Uma coisa é o depósito da fé, as verdades que constituem o conteúdo doutrinário propriamente dito. Outra, o modo como são expressas, mantendo-se sempre o mesmo sentido e a mesma verdade. Deve-se dar grande importância a essa maneira de exprimir e buscá-la com toda a paciência necessária, mostrando em que se baseia uma expressão porventura nova, como e por que convém ao magistério hoje, especialmente por razões pastorais.

Como combater os erros

56* Ao iniciar-se o Concílio, é mais evidente do que nunca que a verdade do Senhor permanece eternamente. Com o suceder dos séculos, os erros e as opiniões se anulam, dissipando-se como névoa ao nascer do sol.

57* A Igreja, no passado, sempre se opôs aos erros e os condenou com grande severidade. Agora, porém, a esposa de Cristo prefere recorrer ao remédio da misericórdia a usar as armas do castigo. Em face das necessidades atuais, julga mais conveniente elucidar melhor sua doutrina do que condenar os que dela se afastam.

Não que faltem doutrinas enganadoras, opiniões e conceitos perigosos, contra os quais é preciso se precaver. Os erros de hoje, porém, são tão evidentemente contrários às normas da honestidade e provocam resultados tão funestos, que os próprios seres humanos estão mais propensos a condená-los do que a segui-los, como acontece no que diz respeito ao desprezo de Deus, à confiança cega nos progressos da técnica e à idéia de que o bem dependeria apenas de fatores materiais. Hoje em dia se dá cada vez maior importância à dignidade da pessoa e fazem-se grandes esforços para defendê-la. A experiência ensinou, sobretudo, que não basta a violência externa, a força das armas ou a opressão política para resolver as grandes questões humanas.

58* Nesse contexto, a Igreja Católica, ao levantar no Concílio o **fanal** da verdade religiosa, quer se mostrar mãe amantíssima de todos. Boa, paciente, cheia de misericórdia e de bondade, inclusive para com os filhos que dela se separaram. Ao gênero humano, oprimido sob tantas dificuldades, a Igreja fala como Pedro, ao pobre que lhe pedia esmolas: "Não tenho ouro nem prata, mas te dou o que tenho: em nome de Jesus Cristo nazareno, levanta e anda" (At 3,6). Aos seres humanos de hoje a Igreja não oferece riquezas caducas, nem promete a felicidade terrena. Compartilha com eles os bens da graça divina, os quais, elevando-os à dignidade de filhos de Deus, constituem defesa e sustento para que levem todos uma vida mais humana. Abre as fontes abundantes de sua doutrina para que, iluminados pela luz de Cristo, possam entender em profundidade o que realmente são, sua eminente dignidade, e o fim que devem acima de tudo buscar na vida. Além disso, por intermédio de seus filhos, a Igreja estende seu amor a todos, pois nada é tão eficaz nem tão apropriado como o amor, para eliminar pela raiz toda dissensão, promover a concórdia, a paz e a fraternidade entre todos.

A promoção da unidade entre os cristãos e de toda a família humana

O empenho da Igreja em promover a verdade, de acordo com a disposição divina de "salvar todos os seres humanos e conduzi-los ao conhecimento da verdade" (1Tm 2,4) provém da convicção de que, somente alicerçados na integridade da doutrina revelada, alcançarão a inabalável unidade espiritual, que merece verdadeiramente o nome de paz e que corresponde à eterna salvação. **59***

Infelizmente não se conseguiu ainda essa unidade visível entre os cristãos. A Igreja Católica julga seu dever empenhar-se com afinco na realização desse grande mistério da unidade, que Jesus Cristo pediu instantemente ao Pai, na vigília de seu sacrifício. No entanto, vive em paz, tendo consciência de estar intimamente unida às súplicas de Cristo, unindo-se com alegria, na oração, aos outros cristãos e desde já usufruindo dos frutos que daí brotam para todos. **60***

Se observarmos com atenção a unidade que Jesus Cristo pediu para sua Igreja, ela se apresenta sob um tríplice aspecto: unidade dos católicos entre si, que deve ser a mais completa e servir de exemplo para todas as outras; unidade de oração e desejo, em uníssono com todos os cristãos, separados desta Sé Apostólica; unidade, enfim, de estima recíproca e de respeito para com a Igreja católica, manifestada por aqueles que professam religiões não-cristãs.

É lastimável que, embora Cristo tenha remido por seu sangue todos os seres humanos, uma enorme parte do gênero humano não participe ainda das fontes divinas de graça que jorram na Igreja Católica. Em virtude da luz com que a Igreja Católica é chamada a iluminar todos os seres humanos e de sua unidade universal, valem as palavras de são Cipriano a seu respeito: "A Igreja do Senhor, banhada em luz, difunde seus raios por toda a terra. Uma só é a luz universal que faz brilhar a unidade do corpo. Seus ramos estendem sua fecundidade a toda a terra, como rios caudalosos, que brotam porém de uma cabeça única, de uma só origem, como abundante prole de uma só mãe. Dela nascemos, somos todos alimentados com seu leite e animados pelo seu espírito".[2] **61***

---

[2] *De Catholicae Ecclesiae Unitate*, 5.

Veneráveis irmãos,

62* Tais são os objetivos do Concílio Ecumênico Vaticano II. Reunidas as principais forças da Igreja e aplicadas em tornar o anúncio da salvação cada vez mais acessível a todos, para que o acolham com alegria, abre-se e se aplaina o caminho para a unidade da humanidade, base necessária para que a sociedade terrena se construa à imagem da celeste, "que tem por rainha a verdade, por lei a caridade e por característica a eternidade".[3]

Conclusão

63* Finalmente, veneráveis irmãos no episcopado, dirigimos a palavra "de coração aberto para vocês" (2Cor 6,11), como diz o apóstolo Paulo. Estamos reunidos na Basílica Vaticana, eixo da história da Igreja. Vive-se aqui, neste momento, uma ampla aliança entre o céu e a terra, junto ao sepulcro de Pedro, e aos túmulos de grande número dos nossos antecessores, cujas cinzas como que exultam.

64* O início de um concílio é para a Igreja como o nascer de um dia luminoso. Brilha a aurora! Dardejam os primeiros raios de sol. Tudo respira santidade e é motivo de alegria. Contemplamos as estrelas que acentuam a majestade deste templo, vocês, na expressão do apóstolo João.[4] Por seu intermédio, as Igrejas que lhes foram confiadas brilham como luzeiros em torno do sepulcro do príncipe dos apóstolos.[5] Ao mesmo tempo vemos dignatários e representantes de suas respectivas nações, dos cinco continentes da terra, que acorreram a Roma e aqui estão presentes, cheios de respeito e de esperanças.

65* Pode-se na realidade dizer que céu e terra se unem para celebrar o Concílio. Aos santos do céu compete proteger-nos. Aos fiéis, orar a Deus. A todos vocês, ser dóceis aos impulsos do Espírito, dedicando-se com alegria a corresponder às expectativas e às necessidades de seus muitos povos. Para que tudo seja bem-sucedido, é indispensável que entre nós haja serenidade de ânimo e paz, harmonia fraterna, moderação nas iniciativas, respeito no confronto e sabedoria em todas as deliberações.

66* Que seus esclarecimentos e iniciativas não apenas brilhem aos olhos de todos, mas correspondam às ingentes esperanças, que o mundo inteiro deposita em nossas mãos.

---

[3] S. Agostinho, *Epist. CXXXVIII*, 3.
[4] Cf. Ap 1,20.
[5] Cf. *ibid*.

Ó Deus onipotente, desconfiando de nossas forças, em ti depositamos toda 67* a esperança. Vela com bondade sobre estes pastores de tua Igreja. Que tua luz suprema ilumine as decisões que vamos tomar, as leis que vamos estabelecer. Ouve as preces que te dirigimos numa só fé, numa só voz e num único espírito.

Ó Maria, auxílio dos cristãos, auxílio dos bispos, cujo amor manifestou-se ultimamente de modo particular no templo de Loreto, em que se venera o 68* mistério da encarnação, faz com que tudo dê certo e seja bem-sucedido, na alegria. Intercede por nós junto a Deus, em união com teu esposo José, com os apóstolos Pedro e Paulo e com os santos João Batista e João Evangelista.

A Jesus Cristo, nosso querido Redentor, Rei imortal de todos os povos e de todos os tempos, o amor, o poder e a glória pelos séculos dos séculos. Amém.[6] 69*

Mensagem enviada à humanidade pelos membros do Concílio Ecumênico Vaticano II, com assentimento do soberano pontífice

3ª reunião geral
20 de outubro de 1962

A todos os seres humanos e nações enviamos nossas saudações, com a paz 70* e o amor que Jesus Cristo, Filho de Deus vivo, trouxe ao mundo e confiou à sua Igreja.

Por isso, sucessores dos apóstolos, aqui estamos reunidos, por decisão 71* do santo padre João XXIII, orando em união com Maria, mãe de Jesus, e formando um só corpo em torno da cabeça, o sucessor de Pedro.

Brilhe a face de Jesus Cristo

Sob a conduta do Espírito Santo, queremos descobrir, nesta reunião, o que 72* fazer para nos renovarmos, tornando-nos cada dia mais fiéis ao Evangelho de Cristo e procurando como exprimir a verdade de Deus, íntegra e pura, para que os seres humanos de hoje a entendam e a acolham na liberdade.

---

[6] *AAS* 54 (1962), pp. 785-795.

73* Como pastores, desejamos satisfazer a todos que buscam a Deus, "para que o encontrem (...) pois não está longe de cada um de nós" (At 17, 27).

74* Desta forma, obedecendo à vontade de Cristo, que se entregou à morte "para que venha a seu encontro uma Igreja gloriosa, sem mancha nem ruga (...), mas santa e imaculada[1], empenhamo-nos com todas as nossas forças, responsáveis pelo povo a nós confiado, para que com a nossa renovação, por nosso intermédio, brilhe a face de Jesus Cristo, "iluminando-nos com a claridade de Deus"[2].

Deus amou tanto o mundo...

75* Cremos que o Pai amou o mundo a ponto de dar seu Filho para salvá-lo. Libertou-nos da escravidão do pecado, reconciliou, em si mesmo, todas as coisas e "obteve a paz, por intermédio de seu sangue"[3], fazendo com que "nos chamem, e realmente o sejamos, filhos de Deus". Deus ainda nos dá o seu Espírito, para vivermos a vida de Deus, amando-o e aos irmãos, por sermos um em Cristo.

76* Aderir a Cristo não significa fugir aos deveres e às dificuldades deste mundo, pois a fé, a esperança e a caridade de Cristo nos impelem ao serviço de nossos irmãos. Nisto seguimos o exemplo do divino Mestre, que "veio para servir e não para ser servido" (Mt 20, 28). Por isso a Igreja não foi feita para dominar, mas para servir. Ele deu a vida por nós, nós a devemos dar por nossos irmãos.[4]

77* Na esperança de que os trabalhos do Concílio contribuam para tornar mais intensa e clara a luz da fé, ficamos na expectativa de uma verdadeira renovação espiritual, que desperte também maior empenho na promoção dos bens humanos, no progresso científico e tecnológico, em seu aprofundamento e sua difusão.

Impelidos pelo amor de Cristo

78* Viemos de todas as nações do globo. Trazemos no coração as angústias de todos os povos, suas dificuldades corporais e morais, seus sofrimentos, desejos e esperanças. Voltamo-nos para todas as espécies de ansiedade que assaltam hoje os seres humanos. Pensamos em primeiro lugar nos mais humildes, mais pobres e mais fracos. Seguindo a Cristo, temos compaixão da multidão faminta, miserável, ignorante, considerando aqueles que, por falta do devido apoio, ainda não têm uma vida humana digna.

---

[1] Cf. Ef 5, 27.
[2] Cf. 2Cor 4, 6.
[3] Cf. Cl 1, 20.
[4] Cf. 1Jo 3, 16.

Durante os nossos trabalhos, o que diz respeito ao ser humano e contribui para o desenvolvimento de uma verdadeira comunhão entre os seres humanos, será sempre prioritário. "Somos impelidos pelo amor de Cristo" (2Cor 5, 14), pois "como pode estar a caridade de Cristo naquele que vê seu irmão passar necessidade e não lhe dá atenção?" (1Jo 3, 17). **79***

Duas questões importantes que nos são propostas

Em sua mensagem radiofônica do último dia 11 de setembro na abertura do Concílio, João XXIII insistiu em dois pontos: **80***

Primeiro, a paz. Ninguém quer a guerra. Todos desejam ardentemente a paz, sobretudo a Igreja, que é a mãe de todos. Os sumos pontífices nunca deixaram de proclamar sua opção pela paz e estiveram sempre dispostos a fazer todo o esforço necessário para mantê-la. A Igreja procura reunir todos os povos e cultivar a reciprocidade entre eles, tanto do ponto de vista material como espiritual. O atual Concílio, extraordinário do ponto de vista da diversidade de etnias, nações e línguas, é um testemunho brilhante do amor fraterno: proclama-nos todos irmãos, apesar da enorme diversidade de povos e de nações que existe entre nós. **81***

Depois, a justiça social. A doutrina da recente encíclica *Mater et magistra* mostra como o mundo de hoje tem necessidade da Igreja para denunciar as injustiças e as desigualdades econômicas, restaurar uma verdadeira ordem social de acordo com os princípios evangélicos e tornar a vida humana mais digna do ser humano. **82***

A força do Espírito Santo

Faltam-nos os recursos materiais. Não podemos contar com o poder político. Colocamos, porém, nossa confiança inteiramente na força do Espírito de Deus, prometido à Igreja por Nosso Senhor Jesus Cristo. **83***

Além de nossos irmãos, a que servimos como pastores, convocamos com toda a humildade e ardor todos os cristãos e até todos os homens de boa vontade, "que Deus quer salvar e fazer chegar ao pleno conhecimento da verdade"[5], para colaborar conosco, na construção de uma civilização mais fraterna. Deus quer que desde agora, pela caridade, o seu reino esteja presente na terra, prefigurando o reino celestial.

---

[5] Cf. 1Tm 2, 4.

84*   No meio deste mundo que está tão longe da paz e que vive sob a ameaça das conseqüências do progresso técnico, nem sempre em harmonia com as exigências éticas supremas, brilhe a luz da grande esperança em Jesus Cristo, nosso Salvador.[6]

DISCURSO DO PAPA JOÃO XXIII
NA 36ª REUNIÃO GERAL

7 de dezembro de 1962

Veneráveis irmãos,

85*   É uma grande alegria saudá-los hoje, reunidos aqui na Basílica de São Pedro, para o encerramento da primeira sessão do Concílio Vaticano II.

86*   A invocação mariana do *Angelus*, que acaba de ser recitada, como no término de todas as reuniões gerais, nos é particularmente cara. Foram dois meses de muito trabalho.

87*   Pode-se agora dizer claramente que estive todo o tempo junto a vocês. Primeiro pelas orações que fizemos, confiantes, ao Senhor todo-poderoso, do qual tudo provém. Depois pela atenção com que, cheios de alegria, nos consagramos a seus trabalhos.

88*   Por isso, hoje aproveitamos a oportunidade para lhes manifestar nosso agradecimento. Vocês mostraram sua preocupação verdadeiramente pastoral na maneira de dirigir reuniões e grupos, ao escrever, ao falar e ao opinar de mil maneiras. Foi-nos assim possível ouvir, praticamente, a voz de todos os católicos que em todas as partes da terra os observam cheios de esperança e com tantas expectativas.

89*   Graças também a vocês, foi o amor na verdade que prevaleceu em todos os encontros, pelo que também muito agradecemos a Deus.

---

[6] *AAS* 54 (1962) pp. 822-824.

Convém agradecer também pelo maravilhoso espetáculo que deu ao mundo a Igreja una, santa, católica e apostólica. 90*

Desde o dia 11 de outubro, em que os prelados católicos, revestidos de suas insígnias, entraram solenemente conosco no recinto conciliar, até a cerimônia marcada para amanhã, a Igreja docente esteve unida de modo todo especial, começando a buscar maneiras de formular a fé e os costumes que permitam alcançar os objetivos para os quais se reuniu o Concílio Ecumênico. 91*

Que dizer do espetáculo da última quarta-feira? Emocionados, estivemos com todos vocês, reunidos na praça de São Pedro. Foi um encontro festivo, cheio de unção, extraordinário exemplo para todos os fiéis presentes. 92*

Foi a reunião do pai com os filhos. Todos vocês, irmãos no episcopado, reunidos com o pai do céu, para rezarmos juntos. Vocês tiveram ocasião de exprimir todos os seus desejos e intenções e juntos agradecemos de coração ao Cristo Jesus e à sua doce mãe. 93*

Seja-nos permitido dizer, ainda uma vez, obrigado pela expressão de seu amor. 94*

Com emoção aguardamos agora a cerimônia de amanhã, em torno do túmulo do Apóstolo, antes de nos despedir de vocês, que partem para as suas respectivas dioceses, encerrados os trabalhos desta primeira sessão. Nesta cerimônia, que desde já atrai a atenção de todos os fiéis, prestaremos homenagem piedosa à Virgem Imaculada Mãe de Deus e nossa, para que nos assista sempre com sua bondade. Que auxiliados por ela e por todos os santos, honremos o nosso ministério e o exerçamos de maneira digna e frutuosa, que significa, desde a mais alta antiguidade, tornar o Evangelho de Cristo cada vez mais conhecido pelos nossos contemporâneos, a fim de que o abracem com alegria em todas as regiões em que habitam. 95*

O objetivo do Concílio foi esse, essa a nossa grande esperança de pastor. 96*

Veneráveis irmãos, é tudo que tenho no mais íntimo do coração para lhes dizer hoje, para os tornar participantes do que diz o salmista: "Como é bom e gratificante estarem reunidos os irmãos!" (Sl 132, 1). 97*

Alegre por torná-los a ver amanhã e invocando sobre todos a misericórdia do alto, concedemo-lhes a todos a bênção apostólica.[1] 98*

---
[1] *AAS* 55 (1963) pp. 33-35.

Discurso de João XXIII
no encerramento do primeiro período do Concílio

8 de dezembro de 1962

99* A primeira sessão do Concílio Ecumênico Vaticano II começou com a celebração litúrgica da maternidade divina de Maria. Encerra-se hoje, na festa da Imaculada Conceição da Virgem, em que brilham, de modo particular, as insignes glórias da Mãe de Deus e dos seres humanos.

100* Há uma relação mística especial da celebração de hoje com a que ocorreu no dia 11 de outubro, inaugurando o Concílio. Todas duas são motivo de grandes ações de graça a Deus, nosso Senhor.

101* Além disso, o dia de hoje lembra também, de maneira sutil, a inauguração do Concílio Vaticano I, pelo nosso antecessor, Pio IX.

102* Essas coincidências de data têm seu sentido: mostram como os grandes eventos da Igreja se passam sob a materna proteção de Maria.

103* O Concílio, na verdade, é um ato de fé em Deus e um ato de obediência às suas leis, que valorizam ao máximo o divino mistério da redenção, em que "o Verbo se fez carne e nasceu da virgem Maria". Festeja-se hoje a Virgem Imaculada, "nascida da raiz de Jacó, de que brotou uma flor"[1], para nossa grande alegria e a cujo desabrochar assistimos, de modo especial neste tempo do Advento.

104* Ao deixar a Basílica de S. Pedro, de volta às suas dioceses — em que desempenham seu ofício de pastores — os prelados dos cinco continentes recordar-se-ão do que viveram aqui. Com forças renovadas e após madura reflexão olharão para o futuro à luz do qual se deve traçar o caminho para efetivamente realizar tudo que foi bem-começado.

105* Chamamos atenção para três pontos: o começo, o desenrolar e os frutos que se esperam do Concílio Ecumênico, para que a fé, a santidade e o apostolado irradiem na Igreja e na sociedade civil.

---

[1] Cf. Is 11, 1.

O começo do Concílio ainda nos impressiona. Uma multidão de bispos aqui reunida, como nunca se viu antes na história, vindos de todo o mundo. A Igreja "una, santa, católica e apostólica" brilhando diante da humanidade inteira, no exercício de sua missão ininterrupta, demonstrando sua força, na flexibilidade e na serenidade de suas instituições. Convém lembrar também a presença dos chefes de Estado, representando seus respectivos povos. Permitam-me repetir ainda uma vez a admiração com que pessoas de todas as proveniências saudaram a abertura do Concílio. Recebemos mensagens de todos os lugares, falando do empenho, do respeito e do apoio a tal acontecimento. 106*

O início do Concílio

O trabalho dos padres conciliares começou no memorável 11 de outubro. Terminado esse primeiro tempo, convém considerar de mais perto alguns dados. 107*

Na primeira sessão, a porta foi se abrindo aos poucos, antes que se chegasse ao âmago das questões. Era o começo. Alegres, os padres foram entrando lentamente na medula da problemática levantada, seguindo os caminhos de Deus. Foi preciso que os irmãos vindos de longe e reunidos nessa velha Sé caíssem em si. Precisavam se encontrar e se olhar nos olhos, para se dar conta do que realmente estava ocorrendo. Foi preciso compartilhar experiências quanto à significação que pudessem ter as muitas coisas e pessoas dos mais diversos lugares, na perspectiva da missão apostólica. 108*

É fácil compreender que, para que se chegasse a um consenso mais amplo, foi preciso um certo tempo, abordando na caridade as questões polêmicas, sem se deixar surpreender pela diversidade de opiniões. 109*

Deus ajudou para que a verdade se evidenciasse a todos, em plena liberdade dos filhos de Deus, que deve ser cultivada na Igreja. 110*

Não foi por acaso que se começou o trabalho pelo projeto da liturgia, que trata das relações entre Deus e os seres humanos. Elas devem assentar-se sobre os sólidos fundamentos da revelação e do magistério, em vista do bem das almas, à luz de uma reflexão serena e madura, profunda e sem pressa, como deve acontecer, inclusive nas relações entre os simples seres humanos. 111*

Cinco outros projetos foram propostos e discutidos. As razões alegadas foram de grande valia. Resolveu-se acertadamente que deviam ser submetidos a profundas revisões, antes de serem aprovados. Fica assim muito trabalho por fazer. 112*

A continuação do Concílio

113* Voltamo-nos então para o trabalho a ser desenvolvido nos próximos nove meses de intervalo, depois que todos voltarem às suas dioceses. Será um trabalho silencioso, mas não menos importante.

114* Vendo-os de volta a suas dioceses, alegra-nos saber que levaram, de Roma a todos os povos, testemunhos de confiança e de amor e que vão se unir às nossas preces para que se realize o que está escrito no Livro do Eclesiástico de Simão, o sumo sacerdote, "de pé, junto ao altar, cercado por uma coroa de irmãos" (Eclo 50, 13).

115* Tudo que fazemos depende da oração e da concórdia entre os irmãos.

116* Esse trabalho comum não se interrompe. Nas atuais circunstâncias, diferentemente do passado, a atividade desenvolvida nos intervalos das sessões será ainda mais importante, por causa da facilidade das comunicações, que aproxima as pessoas e muito contribui para o apostolado.

117* Constituímos por isto uma nova comissão de cardeais e bispos, representantes de toda a Igreja, para não interromper os trabalhos conciliares. Sua função será presidir e coordenar os trabalhos dos próximos meses, em articulação com as comissões conciliares, satisfazendo às exigências básicas para que o trabalho do Concílio seja bem-sucedido. Assim, o Concílio continuará nos nove meses de intervalo previstos.

118* Cada bispo, por sua vez, apesar dos deveres pastorais, deverá examinar e meditar os projetos e outras matérias que lhe forem enviados. Dessa forma, a próxima sessão, marcada para setembro, quando todos estarão de volta a Roma, seguirá um ritmo mais rápido, em bases mais sólidas, especialmente por poder aproveitar muita coisa que já foi tratada nesta primeira sessão. Poderemos assim, talvez, chegar ao fim tão esperado dos trabalhos no próximo ano, em que se celebra o quarto centenário da conclusão do Concílio de Trento, ao festejar o Natal de Nosso Senhor Jesus Cristo, para a glória do Verbo de Deus, que se fez carne, permitindo-nos que o víssemos e o adorássemos.

Os frutos que se esperam do Concílio

119* Voltando-nos para as luminosas perspectivas que se abrem no futuro, com base na confiança que tivemos e na intensa atividade desenvolvida, enchemo-nos de esperança, antegozando os resultados que tivemos quando convocamos o Concílio e lhe apontamos os objetivos: "que a Igreja, firme na fé, consistente na esperança e ardente na caridade, reencontre seu vigor juvenil de tal forma que, guiada por leis santíssimas, se torne cada vez mais eficaz na dilatação do Reino de Cristo[2].

Embora não se disponha ainda, é óbvio, das normas conciliares, que só serão promulgadas no fim do Concílio, pode-se ir enumerando desde já os frutos produzidos. **120***

Deus quis que tais frutos não se limitassem à Igreja católica, mas alcançassem também nossos outros irmãos cristãos e até um grande número de pessoas que, embora ainda não sejam cristãs, fazem questão de manter seu patrimônio religioso antigo, recebido dos ancestrais.

Tais pessoas nada têm a temer da luz do Evangelho, que como aconteceu muitas vezes no passado, pode contribuir fortemente para o desenvolvimento do senso religioso e civil que lhes é peculiar.

Temos a sensação, até mesmo a certeza, de que em breve vocês participarão dessas mesmas preocupações. **121***

Então será preciso que em todos os campos de atuação da Igreja, inclusive na área social, observe-se o que tiver sido estabelecido pelo Concílio Ecumênico, obedecendo-se às suas normas com generosidade, e prontamente[3]. **122***

Este trabalho de pregar a sã doutrina cristã e cumprir fielmente as determinações do Concílio é de primeira importância. Exigirá dos pastores grande empenho e estreita união de forças. Para realizá-lo, será preciso recorrer aos sacerdotes tanto seculares como religiosos, às congregações religiosas e aos leigos, de acordo com a capacidade e os meios de cada um. Que todos correspondam alegre e fielmente ao que se estabeleceu no Concílio. **123***

Será como um novo Pentecostes, que dará muitos frutos à Igreja e a desenvolverá em todas as áreas. Crescerá o reino de Cristo na terra. O anúncio da redenção se fará ouvir por toda parte com maior intensidade e cheio de suavidade, confirmando os direitos de Deus todo poderoso, num clima maternal de afeto e estímulo salutares, reforçando os laços fraternos da paz, prometida aos homens de boa vontade. **124***

Veneráveis irmãos, é tudo que sentimos, emocionados, tudo que esperamos e pedimos em nossas orações. Terminados os trabalhos desta primeira sessão, na iminência de voltarem às suas terras e aos queridos rebanhos que lhes **125***

---

[2] Carta autógrafa *ad Germanie Episcopos*, 11.1.1962.
[3] Cf. a oração *ad Spiritum pro Concilio Oecumenico*.

foram confiados, exprimimo-lhes nossos melhores sentimentos, desejando que transmitam aos sacerdotes e fiéis nossa saudação cheia de benevolência, como intérpretes de nossos melhores votos. Alegra-nos retomar, neste instante, as palavras com que nosso antecessor Pio IX se dirigiu certa vez aos bispos, no Concílio Vaticano I: "Vejam, caros irmãos, como é bom e agradável caminhar juntos, com o mesmo consenso na casa do Senhor. Sejam assim as suas caminhadas de sempre. Como Jesus Cristo Nosso Senhor deu aos apóstolos a paz, também o vigário de Cristo, embora indigno, dá-lhes a paz em seu nome. A paz que elimina todo temor. A paz que não dá atenção às palavras tolas. Que esta paz os acompanhe em todos os dias de suas vidas"[4].

126* Nos meses que passamos reunidos, experimentamos juntos a verdade dessas palavras de Pio IX.

127* Como sabem, resta-nos ainda um longo caminho a percorrer. O supremo pastor da Igreja pensa em cada um de vocês, empenhados nos trabalhos pastorais que, na realidade, são o objetivo do Concílio. Há três aspectos que marcam o Concílio: seu magnífico início, que abriu as portas numa determinada direção, a continuação dos trabalhos que serão desenvolvidos com entusiasmo nos próximos meses, e os frutos tão desejados de fé, esperança e amor, que esperamos se multipliquem para toda a família humana. Esses três aspectos denotam bem a importância do Concílio.

128* Grandes responsabilidades e trabalhos nos esperam, mas Deus nos há de sustentar na caminhada.

129* Que a Virgem Maria, imaculada, esteja sempre conosco. Seu castíssimo esposo José, igualmente, padroeiro do Concílio Ecumênico, cujo nome acaba de ser introduzido no cânone da missa. Acompanhe-nos aquele a quem foi confiada a sagrada família de Nazaré. Assistam-nos também são Pedro e são Paulo, juntamente com são João Batista e todos os pontífices, pastores e doutores da Igreja de Deus.

130* Estamos na principal basílica da família cristã, junto ao sepulcro do Príncipe dos apóstolos, mas é bom lembrar, também, a catedral da diocese de Roma, a Basílica Lateranense, mãe e cabeça de todas as Igrejas, consagrada ao divino Salvador. Ao rei imortal e invisível dos séculos e dos povos sejam dados glória e poder pelos séculos sem fim[5].

---

[4] Mansi, 1869-1870, pp. 165, 158.
[5] Cf. 1Tm 1, 17; Ap 1, 6.

Neste momento de grande emoção e alegria, tendo o céu aberto sobre nos- 131*
sas cabeças, oramos para que o brilho celestial nos envolva e nos encaminhe na esperança inabalável e na constância sobrenatural da fé, para a alegria da paz imperturbável.

Iluminados pela luz do alto, enquanto esperamos seu retorno, saudamos 132*
a todos com o beijo santo[6], implorando sobre vós a riqueza dos dons divinos, de que é penhor a nossa bênção apostólica[7].

DISCURSO DE PAULO VI NA ABERTURA DO SEGUNDO PERÍODO DO CONCÍLIO

29 de setembro de 1963

Saudamo-vos, caríssimos irmãos em Cristo, que convocamos de todas as 133*
partes da terra, como membros da hierarquia da santa Igreja católica! Convidados, viestes livremente participar conosco da segunda sessão do Concílio Ecumênico Vaticano II, que hoje se inicia, sob os auspícios de são Miguel Arcanjo.

Que o nome "Igreja", que significa congregação ou convocação, aplique-se 134*
plenamente a esta importante reunião de homens ilustres que vêm de todas as regiões da terra, orientais e ocidentais, meridionais e setentrionais.

Aliás, o termo está adquirindo novos significados, ao considerarmos que realiza o que diz a Escritura: "Pela terra inteira correu sua voz, suas palavras repercutiram até os limites do orbe terrestre" (Rm 10, 18; Sl 18, 5)!

Brilham com nova luz as misteriosas notas da Igreja una e católica, como a confessamos!

Resulta que a Igreja se manifesta na sua universalidade e somos levados a pensá-la não apenas sob o enfoque de sua origem apostólica, espelhada e celebrada por esta assembléia, senão igualmente de sua finalidade, de tornar santos todos os seres humanos, pelo que se esforça a Igreja de Deus. As notas

---

[6] Cf. Rm 16, 16.
[7] *AAS* 55 (1963) pp. 35-41.

próprias da Igreja são manifestas. A esposa de Cristo as tem estampadas em sua face. Entusiasma-nos o mistério do corpo místico de Cristo que se nos revela, enche-nos a alegria que escapa aos olhos profanos de "habitarem juntos e unânimes os irmãos" (Sl 132, 1). Convém por isso, neste começo de sessão, considerar alguns aspectos desse acontecimento humano-divino. Estamos reunidos num novo cenáculo, ilustre não pelo tamanho, embora enorme, senão pelas pessoas nele congregadas. Está certamente presente a Virgem Maria, Mãe de Cristo. Também o sucessor de Pedro apóstolo, que é último pelo tempo e pelos méritos, mas está investido da mesma autoridade e da mesma função. Presentes estão vocês, veneráveis irmãos, como os apóstolos, herdeiros autênticos do Colégio Apostólico. Unidos pela mesma fé e pelo mesmo amor, oremos juntos. Não há dúvida de que, juntos, somos enriquecidos pelo dom do mesmo Espírito Santo, aqui presente, inflamando-nos, ensinando-nos e sustentando-nos. Ouvem-se aqui as muitas línguas, de todos os povos. Aqui está reunida a Igreja, que continua firme sua caminhada de 20 séculos. O exército apostólico de todo o mundo vem aqui beber da fonte que o sacia da sede das lutas passadas e o desperta para um desejo ainda maior de combate. Daqui se parte para o mundo e para os tempos que hão de vir, com objetivos que transcendem os limites da terra e de todos os tempos.

135*   Saudamo-vos, veneráveis irmãos. Quem assim os recebe é o menor de todos, servo dos servos de Deus, embora encarregado das chaves decisivas que Cristo confiou a Pedro. Ele lhes agradece pelo testemunho de obediência e de confiança. Acolhendo-os, quer lhes demonstrar a disposição de orar, falar, deliberar e atuar em conjunto. No início desta segunda sessão do grande sínodo, damos testemunho ao Deus imortal de que não alimentamos, em nosso coração, nenhum intuito de dominação, nem buscamos firmar nosso próprio poder. Move-nos o desejo e a determinação de cumprir o mandamento divino, que nos constitui entre os irmãos como pastor supremo. O mandato que recebemos requer de vocês o que faz a nossa alegria e coroa[1], ou seja, a comunhão entre os santos, sua fidelidade para conosco, sua união de coração conosco e sua colaboração conosco, no mesmo trabalho. Por nossa parte devemos o que constitui nossa alegria, veneração, estima, confiança e caridade para com todos vocês.

136*   Tínhamos a intenção, segundo o costume, de escrever-lhes uma primeira encíclica. Mas por que comunicar por escrito, pensamos, se a oportunidade única do Concílio Ecumênico nos permite fazê-lo de viva voz? Não é possível, porém, nessa ocasião, querer dizer tudo o que queremos. Será mais fácil

---

[1] Cf. Fl 4, 1.

escrever. Mas podemos antecipar alguma coisa nesta alocução conciliar, fruto de nosso ministério pontifical. Que este discurso tenha pois o peso de uma encíclica, que lhes será enviada, se Deus o permitir, depois de devidamente elaborada.

Em memória de João XXIII

Depois de saudá-los, devemos apresentar-nos. Há muito pouco tempo assumimos a função pontifical. Estamos em seu início. Todos sabem que no último dia 21 de junho, por coincidência feliz, festa do Sagrado Coração de Jesus, o Colégio Cardinalício, que nos alegra ver aqui presente, exprimindo-nos seu obséquio e sua veneração, sem atender à nossa fraqueza e indignidade, quis eleger-nos à Sé episcopal de Roma e, portanto, ao supremo pontificado da Igreja universal. 137*

Sempre que pensamos nisso, vem-nos à mente a figura de nosso antecessor, de feliz e imortal recordação, João XXIII, a quem muito amamos. Todos que, como nós, o vimos ocupando esta Sé, recordamos sua figura doce e sacerdotal. No dia 11 de outubro do ano passado, ao inaugurar a primeira sessão do Concílio Ecumênico Vaticano II, pronunciou aquele discurso que foi visto não só pela Igreja, mas por todo o mundo, como verdadeira profecia relativa aos nossos tempos. Suas palavras ressoam ainda em nossos ouvidos. Recordamo-nos perfeitamente das orientações que traçou para o Concílio. Continuam em pleno vigor, afastando-nos do espírito toda hesitação e libertando-nos de todo desânimo diante dos obstáculos que vão surgindo no caminho. 138*

Caro e venerável papa João! Obrigado! É mérito seu que este Concílio esteja sendo guiado por uma espécie de instinto divino. Você obrigou a Igreja a abrir novos caminhos e prorromper em novas fontes, até então ocultas, para irrigar a terra com a graça de Cristo. Nenhum objetivo terreno o moveu. Nenhuma circunstância particular o demoveu, deixando-se guiar pelas intenções de Deus. Penetrando fundo nas tenebrosas e amargas necessidades atuais, você decidiu reatar o fio do Concílio Vaticano I, que havia sido rompido. Sua atitude desfez as inúmeras incompreensões que se haviam apoiado nesse último Concílio, como se bastasse o poder supremo do pontífice romano, conferido por Cristo, para governar a Igreja, por reconhecimento do próprio Concílio, tornando vão, de agora em diante, o concurso dos concílios ecumênicos.

Você, papa João, além de reunir como irmãos os sucessores dos apóstolos, convidou-os a deixar de lado suas preocupações pessoais e empenho administrativo, para que em uníssono com o pontífice supremo formassem um só 139* corpo e se beneficiassem de seu vigor e de seu equilíbrio, "a fim de que o sagrado depósito da doutrina cristã se consolide e seja proposto aos nossos contemporâneos de maneira mais consistente"[2].

A este já por si mesmo nobilíssimo objetivo do Concílio, papa João, você acrescentou um outro, mais urgente ainda e mais salutar do que o primeiro, denominado pastoral: "o principal objetivo do trabalho conciliar não é discutir princípios doutrinais(...), o necessário, hoje, é propor toda a doutrina cristã, de acordo com as exigências da atualidade"[3].

Além disso, no que respeita ao magistério eclesiástico, papa João, você confirmou a posição segundo a qual a doutrina cristã não é verdade a ser buscada unicamente pela razão, ainda que à luz da fé, mas palavra de vida, que gera uma atitude concreta. O ensino da Igreja, pois, não se limita à condenação dos erros, que lhe contrariem os ensinamentos, mas concerne também à vida. O magistério da Igreja não é pois teórico nem puramente negativo. Por isso, o concílio deve demonstrar também o poder e a força da doutrina de Cristo, como ele mesmo, aliás, o proclamou: "As palavras que lhes disse são espírito e vida" (Jo 6, 64).

140* Não esqueceremos nenhuma das normas que você, papa João, como primeiro dentre os padres deste Concílio, estabeleceu com tanta sabedoria, dentre as quais lembramos: "... Nosso dever, porém, além de conservar os preciosos tesouros do passado, leva-nos, com alegria e coragem, a insistir no que hoje exigem os tempos, continuando a caminhada destes 20 séculos de Igreja". Por isso "... deve-se buscar uma expressão adequada à realidade da fé, ainda que nova, mas sempre mostrando como e por que tal expressão convém hoje ao magistério, especialmente por razões pastorais"[4].

141* Que também não fique esquecida a questão de primordial importância da unidade de todos os que crêem em Cristo e que desejam pertencer à sua Igreja, que você, papa João, indicou, abrindo paternalmente a porta a todos. Foi você que estabeleceu que se celebrasse esta segunda sessão do Concílio Ecumênico, que você havia convocado e inaugurado. Que continuemos, pois, o caminho que você abriu segundo seus propósitos e como pediu a Deus em preces incessantes.

O princípio, o andamento e o fim do Concílio

142* Caminhemos pois, irmãos. Convite óbvio, que nos traz à mente um outro pensamento, cuja gravidade e importância nos obrigam a mencionar, embora já seja, provavelmente, do conhecimento de todos.

---

[2] *AAS* 54 (1962) p. 790. *Enchiridion Vaticanum I*, 45*.
[3] *Ibid.*, pp. 791-792; *Enchiridion Vaticanum I*, 54* e 55*.
[4] *Ibid.*, pp. 791-792, *Enchiridion Vaticanum I*, 55*.

Por onde vamos começar? E em que direção seguir, levando mais em conta **143*** as leis divinas do que as razões até agora expostas? Finalmente, para onde nos levará o caminho seguido? Esse fim, enquanto estamos na terra, consentâneo com o tempo e as circunstâncias desta vida, deve ser sempre encarado como relativo ao último fim do ser humano, que só se alcançará depois de terminada a peregrinação terrestre.

Essas três questões, fáceis de compreender em si mesmas, intelectualmente, **144*** são da maior importância e só têm uma resposta, que deve ser lembrada neste momento solene, e repetida nesta reunião, em que consideramos a salvação de todo o mundo. Tal resposta é Cristo. Dissemos bem: Cristo, nosso princípio, nosso chefe e nosso caminho; Cristo, nossa esperança e nosso fim.

Que este Concílio Ecumênico tenha sempre presente o laço uno e múlti- **145*** plo, firme e flexível, secreto e manifesto, estreito e suavíssimo, que nos une a Cristo, de que vive a santa Igreja, isto é, todos nós, unidos com Cristo, de quem provimos, por quem vivemos e para quem caminhamos.

Nesta reunião não brilhe outra luz senão Cristo, que é luz do mundo. Não busquem os nossos ânimos outra verdade senão as palavras do Senhor, nosso único mestre. Não se tenha outro empenho senão o de obedecer fielmente a seus preceitos. Em nada se confie senão naquele que sustenta a nossa fraqueza, quando lhe relembramos suas palavras: "Estarei convosco todos os dias, até o fim dos séculos" (Mt 28, 20).

Pudéssemos, neste momento solene, dirigir-nos a Nosso Senhor Jesus **146*** Cristo de maneira menos indigna! Recorremos então às palavras da liturgia: "Somente a Cristo queremos conhecer — com pureza e simplicidade de espírito —, cantando, lhe imploramos com lágrimas: Presta atenção a nossos sentimentos"![5] Ao pronunciarmos estas palavras, aos nossos olhos espantados e temerosos, apresenta-se Jesus, majestoso, em vestes reais, como nas suas basílicas, veneráveis irmãos orientais, ou como o Pantocrator, das basílicas ocidentais. Muitas vezes identificamo-nos com nosso predecessor Honório III, que adora Cristo, na ábside da Basílica de são Paulo fora dos muros, num maravilhoso mosaico. Figura significativa. O pontífice, em dimensões reduzidas, prostrado, com o corpo quase estendido, beija os pés do Senhor. Este, de dimensões gigantescas, como mestre majestoso, preside à multidão reunida na basílica, imagem da Igreja, e ora por ela.

Reproduz-se a cena. Não mais em imagem de parede, desenhada ou pintada, mas na realidade de nossa sessão, que reconhece Cristo como princípio e fonte, de que jorram, para todos os seres humanos, a redenção e a Igreja.

---

[5] *Breviário Romano*, hino de Laudes, sexta-feira.

Que reconhece também a Igreja como sendo Cristo na terra, mantendo com ele misteriosa continuidade espiritual. Como se brilhasse aos olhos da mente a visão do Apocalipse descrita por João: "Mostrou-me um esplêndido rio de água viva, como um espelho, descendo do trono de Deus e do Cordeiro" (Ap 22, 1).

147* Parece-nos oportuno que este concílio parta da recordação dessa imagem, melhor ainda, sua mística celebração. Proclame em primeiro lugar que Jesus Cristo Nosso Senhor é a Palavra encarnada, Filho de Deus e Filho do homem, redentor do mundo, isto é, esperança do gênero humano. Mestre supremo, pastor e pão da vida, nosso pontífice e nossa hóstia, mediador único entre Deus e os seres humanos, salvador da terra, rei que vem no século futuro. Celebração que declara também que fomos divinamente chamados por Cristo para sermos seus discípulos, apóstolos, testemunhas, ministros e legados seus. Ao mesmo tempo, juntamente com todos os fiéis, seus membros, formando o imenso corpo místico, que é ele próprio, em virtude dos sacramentos da fé e da esperança, que o foram através de todas as idades e situações humanas. Somos sua Igreja, sociedade ao mesmo tempo espiritual e visível, fraterna e hierárquica, hoje temporal, mas, em breve, eterna.

148* Veneráveis irmãos, basta pensar um momento que Cristo é verdadeiramente nosso criador e cabeça, embora invisível, e que dele recebemos tudo que somos, formando o "Cristo total", de que fala santo Agostinho e toda a doutrina da Igreja, para se saber claramente em que bases se assenta este Concílio e quais são seus objetivos, que se podem resumir em quatro, por uma questão de clareza: a noção ou, melhor, a consciência da Igreja, sua renovação, a restauração da unidade entre todos os cristãos e o diálogo da Igreja com os homens de nosso tempo.

Definir melhor a noção de Igreja

149* Não há dúvida de que a Igreja deseja e até se reconheça obrigada por necessidade intrínseca e por dever a dizer claramente o que pensa de si mesma. Todos conhecemos as ricas imagens com que se descreve a natureza da Igreja nas Escrituras. Construção de Cristo, casa de Deus, templo ou tenda de Deus, seu povo, rebanho, vinha, campo, cidade, finalmente, esposa de Cristo e seu corpo místico.

A riqueza de todas essas imagens levou a Igreja, aqui na terra, a se considerar como uma sociedade visível e hierárquica, ao mesmo tempo que animada por uma força invisível. A encíclica *Mystici corporis*, de nosso predecessor Pio XII, preencheu, de certo modo, o desejo da Igreja de dizer o que é, mas, ao mesmo tempo, acirrou a necessidade de exprimi-lo de maneira mais clara e ainda mais completa. O Concílio Vaticano I já se propusera tal objetivo, a que se consagraram muitos estudiosos, dentro e fora da Igreja católica, movidos pelos mais diversos motivos, como a intensificação da vida social sob a égide da laicidade, o aumento da comunicação entre os seres humanos, a necessidade de julgar as diversas confissões cristãs de acordo com a revelação divina etc.

Não é de admirar que, passados quase 20 séculos de sua fundação, tendo a Igreja católica crescido tanto, por toda parte, não se saiba ainda, exatamente, em que consista, tal como foi estabelecida por Jesus Cristo e começada pelos apóstolos, mesmo entre os que formam as comunidades que se denominam cristãs e se consideram Igreja, pois seu mistério é da ordem das coisas divinas, que sempre poderão ser melhor conhecidas e explicadas. 150*

O espírito humano progride conhecendo e raciocinando. Parte das verdades que experimenta, elabora conceitos racionais, e abre caminhos cada vez mais acessíveis e eficazes. Vai dialeticamente de umas para outras verdades. Quando estuda uma realidade múltipla, passa de uma certeza inicial para a consideração de outros aspectos, desenvolvendo os conhecimentos que possui, como o demonstra a história. 151*

Parece ter chegado o momento de explorar melhor a verdade a respeito da Igreja de Cristo, assimilá-la e exprimi-la, não do ponto de vista dogmático, nem por intermédio de novos enunciados ou solenes definições, mas expondo com a indispensável clareza o que declara a seu respeito o magistério da Igreja. 152*

A consciência que a Igreja tem de si mesma é fonte luminosa quando se apega firmemente às palavras e ensinamentos de Cristo e recebe as indicações comprovadas da santa Tradição, secundando as luzes interiores do Espírito, que parece hoje pedir da Igreja que se esforce por se dar a conhecer pelos seres humanos como realmente é. 153*

Julgamos estar este Concílio preparado para que o espírito de verdade ilumine os órgãos da Igreja docente, de maneira que possam propor uma doutrina mais clara sobre a natureza da própria Igreja e, portanto, a esposa de Cristo procure melhor se conhecer nele, movida inteiramente por seu amor, e descubra tanto o que é chamada a ser como o caminho para participar do brilho de seu fundador. 154*

O principal tema desta segunda sessão do Concílio Ecumênico será a Igreja. Indagar-se-á qual a sua natureza íntima e como exprimir sua definição na linguagem corrente, de maneira a precisar o que realmente é e esclarecer seu múltiplo mandato em função da salvação. 155*

156* A teologia tem muito que progredir. Os irmãos separados observam atentamente essa evolução que, como desejamos ardentemente, pode abrir novos caminhos à unidade entre os cristãos.

157* Dentre as muitas questões que se há de tratar no Concílio, ressalta a que lhes diz diretamente respeito, como bispos da Igreja de Deus. Depositamos grande esperança neste debate. Depois das declarações do Concílio Vaticano I sobre o pontífice romano, deve-se aprofundar a doutrina do episcopado, de suas funções e de seus laços com Pedro. Consolidar-se-ão assim as bases doutrinárias de nossa própria função e do ministério apostólico que exercemos. O ministério universal, embora dotado por Cristo da plenitude do poder, como se sabe, precisa do apoio e da garantia vindos dos irmãos no episcopado, sob formas e modos a serem estabelecidos, tornando-nos mais fortes e fazendo com que possamos contar com um auxílio tanto mais eficaz quanto mais consciente.

158* Explicitada a doutrina do episcopado, será preciso discutir a composição do corpo visível e místico de Cristo, ou seja, da Igreja militante, peregrina na terra, dos sacerdotes, religiosos, fiéis e irmãos separados, chamados a nela se integrar plenamente.

159* A ninguém escapa a importância e a significação desse trabalho teológico do Concílio, em que a Igreja irá alimentar sua consciência de Igreja, tornar manifesta sua força, sua alegria e sua capacidade de gerar santidade. Que Deus realize estas nossas esperanças!

A renovação da Igreja católica

160* Esperanças que se referem também ao outro tema principal do Concílio: a renovação da Igreja, como se diz.

161* A renovação, tal como a entendemos, decorre da consciência que a Igreja tem de estar unida a Cristo. Vê-se como num espelho, reflexo da imagem de Cristo. Assim que percebe alguma sombra ou defeito em sua veste nupcial, procura logo fazer o que é preciso para afastá-los. Busca, acima de tudo, corrigir-se, renovar-se, para se tornar o mais fiel possível a seu modelo divino, cujos traços procura seguir sempre, com o maior empenho.

162* Recordemo-nos das palavras de Cristo, em sua oração sacerdotal, na iminência de seus sofrimentos e morte: "Santifico-me por eles, para que sejam também eles santificados pela verdade" (Jo 17, 19).

O Concílio Ecumênico Vaticano II, na nossa opinião, deve buscar e adotar **163*** o modo de viver querido por Cristo. Só então, realizando esse trabalho de santificação íntima, pode a Igreja manifestar ao mundo a sua face, possibilitando-lhe dizer: quem me vê, vê Cristo, da mesma forma que disse o Senhor: "quem me vê, vê o Pai" (Jo 14, 9).

Por isso o Concílio Ecumênico pode ser considerado uma nova primavera, **164*** que desperta forças e virtudes imensas, até agora não manifestadas na Igreja. O objetivo declarado do Concílio é retomar normas canônicas e ritos litúrgicos, restabelecendo-os em seu antigo vigor. Quer dizer, o Concílio procura reforçar a perfeição e a santidade antigas, que somente podem conferir a imitação de Cristo e a união mística com ele, no Espírito Santo.

Busca-se a renovação da Igreja, é claro. Mas cuidado. Isto não quer dizer **165*** que pensamos ter a Igreja católica se afastado, em algum ponto maior, da vontade de seu fundador. Verifica-se ao contrário, com alegria, sua fidelidade a Cristo, em tudo que há de mais importante, assim como sua plena disposição de corrigir os erros eventuais, provenientes da fraqueza humana. A renovação pois, a que visa o Concílio, não é uma revolução na Igreja, nem uma ruptura com suas tradições, no que têm de mais vigoroso e venerável; pelo contrário, é uma tentativa de melhor respeitar a tradição, despindo-a de formas caducas e mentirosas, em favor de modos mais genuínos e fecundos de vivê-la.

O próprio Jesus dizia aos discípulos: "Eu sou a verdadeira vide, meu Pai, **166*** o agricultor. Todo galho que não der frutos será cortado, e o que der frutos, podado, para que dê ainda frutos melhores" (Jo 15, 1-2). Palavras do Evangelho que ajudam a mostrar em que consiste a perfeição que a Igreja hoje deseja e persegue. Trata-se de uma perfeição de vitalidade interior e exterior. Ao Cristo vivo deve corresponder uma Igreja viva. Como a fé e a caridade são o princípio de tal vida, é claro que não se deve privar a fé de nada que a alimente, tornando mais eficaz a instrução e a educação cristãs. Intensifiquem-se, pois, os estudos e se cultive sempre com maior empenho a verdade divina, que é fonte de toda renovação. Reconheça-se um lugar de honra à prática da caridade. Uma "Igreja de amor" é o que devemos desejar, se quisermos que ela possa realmente renovar a si mesma e ao mundo que a rodeia, por difícil e trabalhoso que seja. Sabemos que a caridade é a fonte e a rainha de todas as virtudes cristãs, da humildade, da pobreza, da piedade, da dedicação, da coragem de professar a verdade, da justiça inspirada no amor, enfim, de tudo que é necessário para que o ser humano se renove.

Por isso, o campo de ação do Concílio Ecumênico é extremamente vasto. **167*** Nele, a sagrada liturgia ocupa lugar central. Dela se tratou longamente na primeira sessão, de forma que esperamos poder chegar agora a uma conclusão.

Os padres conciliares hão de se empenhar com o mesmo afinco nos outros temas, mas é de se temer que o tempo não seja suficiente e que tenhamos de encarar ainda, além dessa, uma outra sessão.

A restauração da unidade de todos os cristãos

168* A terceira razão pela qual foi convocado este Concílio por nosso predecessor João XXIII, talvez a principal, se as encararmos do ponto de vista espiritual, refere-se aos "outros cristãos", que embora creiam em Cristo – constatamo-lo com alegria! – não podem ainda ser contados entre aqueles com quem estamos inteiramente unidos pelo vínculo da caridade perfeita. É a unidade, de que deveriam participar em virtude do batismo e que lhes oferece a Igreja católica e que natural e ardentemente desejam em seu coração.

169* No seio das comunidades cristãs separadas, verificam-se hoje acontecimentos que demonstram o consenso em torno de dois aspectos da maior importância: a consciência de que a Igreja de Cristo deve ser e é una, e de que esta unidade, ao mesmo tempo invisível e histórica, não se alcança senão pela unidade da fé, da participação nos mesmos sacramentos e sob a coerência de um regime eclesiástico unificado, embora se admita a pluralidade de discursos, de ritos e de tradições, as características privilegiadas de cada lugar ou região, a diversidade dos caminhos espirituais, das organizações legítimas e das diferentes formas de viver, segundo a liberdade de cada um.

170* Que pensa e que pode fazer o Concílio em relação a esses numerosos grupos de irmãos separados e à diversidade na unidade? Também por essa razão é um concílio todo especial. Visa à plena ecumenicidade, à inteira universalidade, pelo menos de desejo, na oração e na sua preparação. Hoje brilha a esperança. Quem sabe, amanhã, contemplaremos a realidade! Ao mesmo tempo que o Concílio convoca, conta e reúne no aprisco de Cristo as ovelhas que lhe pertencem, abre as portas, chama e deseja que venham, quanto antes, todas que ainda não estão no seu redil. Este Concílio tem a peculiaridade de chamar, esperar e confiar que um dia participarão todos da mesma ecumenicidade.

171* Com todo respeito, dirigimo-nos agora aos delegados das comunidades cristãs separadas da Igreja católica e por elas enviados para participar desta assembléia solene como seus representantes, na qualidade de observadores.

172* Com alegria, saudamo-los de coração.

173* Agradecemo-lhes por terem vindo.

Por seu intermédio enviamos nossa mensagem de amor paterno e fraterno **174***
às veneráveis comunidades cristãs que representam.

Embarga-se-nos a voz, palpita-nos o coração, pela sua proximidade que é **175***
para nós um alívio e uma doce esperança, compensadora da tristeza e da dor
que sempre nos causou sua separação.

Se alguma culpa tivemos nessa separação, pedimos a Deus perdão com **176***
toda humildade. Perdoem-nos os irmãos se julgarem terem sido por nós ofendidos. De nossa parte estamos inteiramente dispostos a não levar em conta
as ofensas feitas à Igreja católica e a esquecer a dor causada pela separação
e por tantas dissenções que se prolongaram no tempo.

Que o Pai celestial receba com benignidade nossos propósitos e nos restitua **177***
a paz verdadeiramente fraterna com todos.

Ficam de pé questões graves e de fato complicadas, bem o sabemos. De- **178***
vem porém ser estudadas, tratadas e resolvidas. Queremos que isto se faça
o quanto antes, pois o amor de Cristo nos pressiona, sabendo embora que
são inúmeras as condições que se requerem para que se possa resolver esses
problemas e dirimir todas as questões e que tais condições ainda não estão
realizadas. Contudo, não hesitamos em esperar com tranqüilidade o momento
feliz em que se possa finalmente chegar à reconciliação perfeita.

No entanto, gostaríamos de chamar a atenção dos observadores aqui pre- **179***
sentes para alguns aspectos da unidade da Igreja a ser obtida com os irmãos
separados, para que os façam saber às comunidades que representam. Também
para que nossa voz chegue a outras comunidades cristãs que não vieram a
esse Concílio, apesar de terem sido convidadas. Embora sejam aspectos já
conhecidos, julgamos salutar lembrá-los aqui.

Nosso discurso é absolutamente pacífico e totalmente sincero. Nada há **180***
de insidioso nem esconde qualquer interesse terreno. Antes de tudo aderimos de maneira clara e firme à fé, que julgamos divina. Nela não vemos
nenhum impedimento que venha a ser compartilhado consensualmente
por nós e por todos os irmãos separados. É a verdade divina, princípio de
unidade, não de separação. Nem queremos que a fé seja motivo de disputa
de uns com os outros.

Depois, tratamos com todo o respeito devido à herança religiosa recebida **181***
dos antigos, que nos é comum a todos, que os próprios irmãos separados
conservaram e, em parte, cultivam até hoje. Aprovamos com alegria os estudos que se fazem procurando lealmente evidenciar os tesouros autênticos

de verdade e de vida espiritual dos irmãos separados, de maneira a tornar mais claras as razões que nos aproximam uns dos outros. Esperamos que também eles, movidos pelos mesmos motivos, procurem conhecer melhor nossa doutrina, percebam a coerência que deriva do depósito da Revelação e tenham uma idéia mais exata de nossa história e de nossa vida, para que possam compará-las com a sua.

182* Seja-nos permitido confessar ainda que estamos conscientes das enormes dificuldades que impedem a realização da unidade tão desejada, mas que colocamos em Deus toda a nossa esperança. Por isso oramos e trabalhamos com afinco para dar inequívoco testemunho de vida cristã e de verdadeira caridade fraterna. Se a realidade não corresponder à nossa esperança nem às nossas expectativas, lembrar-nos-emos destas palavras de Cristo, cheias de consolação: "O que é impossível aos homens é possível a Deus" (Lc 18, 27).

Diálogo da Igreja com os homens de hoje

183* Finalmente, um dos objetivos do Concílio é estabelecer uma espécie de ponte, para estar em contato com o mundo contemporâneo. É um aspecto surpreendente da realidade da Igreja! Quanto mais se revigora internamente, por ação do Espírito Santo, distingue-se e se dissocia da sociedade profana em que está inserida, mais se torna fermento vivificador e instrumento de santificação do mundo, melhor descobre e se confirma em sua função missionária, pois seu principal dever, segundo o mandato recebido, é anunciar com alegria o Evangelho a todo o gênero humano, qualquer que seja a condição em que se encontre.

184* Certamente, veneráveis irmãos, já o experimentastes. No início da primeira sessão, entusiasmados com o discurso de João XXIII, levastes a assembléia conciliar a manifestar, logo a toda a humanidade o anúncio da salvação, da fraternidade e da esperança, dirigindo-lhes a palavra com todo o empenho. Fato único, mas cheio de significação! Prorrompe inopinadamente o dom da profecia, por assim dizer, feito à Igreja, como aconteceu a são Pedro no dia de Pentecostes, que falou de repente, num significativo discurso ao povo. Também vós, em lugar de cuidar das coisas da Igreja, tratando do que é vosso, apressaste-vos em falar do que concerne a toda a família humana, dirigindo-vos a todos os seres humanos.

185* Resulta que uma das características deste Concílio é a caridade, ampla e intensa, o amor que pensa nos outros antes de cuidar de si, a caridade universal de Cristo!

A caridade nos dá ânimo. Aos nossos olhos, a vida humana nos dias de **186*** hoje causa mais medo do que tranqüilidade, mais tristeza do que alegria, incita, antes, a fugir dos perigos e a combater os erros, do que a cultivar a confiança e a amizade.

Considere-se a realidade, sem omitir os ataques que tem sofrido este **187*** mesmo Concílio. Seremos cegos a ponto de não ver o desinteresse que de muitos modos se manifesta? Onde estão nossos irmãos que vivem em países em guerra com a Igreja? Em que condições sobrevive a Igreja nessas terras? Se o que se vê já é tão grave, que dizer do que não se sabe a respeito dos bispos, dos religiosos, das virgens consagradas e da enorme multidão de fiéis que sofrem ameaças, vexações, dificuldades e discriminação por causa de sua fidelidade inquebrantável a Cristo e à Igreja?

Muito nos entristece e faz sofrer constatar que, em certos países, a liberdade religiosa e outros direitos humanos fundamentais são violados por princípios e mecanismos que não admitem nenhuma diversidade política, racial ou religiosa. Lamentamos também as dificuldades por que passam, em muitos lugares, aqueles que nada mais fazem do que praticar livre e honestamente sua religião. Em lugar, porém, de censurar os responsáveis por esses desmandos, preferimos exortá-los humanamente, com sinceridade, a que abandonem tais práticas. Por que continuar atacando sem motivo a religião católica? Os cristãos católicos não são inimigos ou traidores, mas cidadãos honestos e trabalhadores.

Aproveitamos a ocasião para saudar com amor os católicos que sofrem pela fé e assegurar-lhes que, de maneira toda especial, oramos a Deus por eles.

Não pára aqui nossa tristeza. Ao considerar a família humana, angus- **188*** tiam-nos outras calamidades, como o ateísmo que se espalhou pelo mundo, perturba a ordem das coisas, no que diz respeito à cultura, os costumes e à vida social e a vai aos poucos arruinando. À medida que se desenvolvem as ciências, diminui o conhecimento de Deus e, por conseguinte, o autêntico conhecimento de quem é o ser humano! O extraordinário aperfeiçoamento dos recursos tecnológicos acentua, no ser humano, sentimentos de solidão, tristeza e desespero.

Muito teríamos que dizer a respeito das causas, complexas e lamentáveis, **189*** que estão na raiz da situação atual da humanidade. Não hoje, porém. Por enquanto, é o amor que nos sustenta o coração e anima toda a Igreja, reunida em concílio. Com a máxima compreensão, encaramos nosso tempo, cheio de aspectos contraditórios, mas significativos, e nos esforçamos para que receba a mensagem de amor, salvação e esperança que lhe é dirigida por parte de Cristo, pois "Deus não enviou seu Fillho ao mundo para julgá-lo, mas para salvá-lo" (Jo 3, 17).

190* Saiba o mundo que a Igreja o encara com muito amor e com admiração, com o desejo não de dominar, mas de servir, em vez de desprezá-lo, quer torná-lo mais digno, longe de condená-lo, oferece-lhe apoio e salvação.

191* O Concílio torna manifesto a todos que a Igreja olha com especial carinho certos grupos humanos, como os pobres, os miseráveis e os sofredores, os oprimidos pela fome e pela dor e os encarcerados. Está especialmente atenta àquela parte da humanidade que sofre e chora. Sabe que estes são os que lhe pertencem, por direito evangélico, e se alegra por isso ao repetir a palavra do Senhor: "Venham todos a mim" (Mt 11, 28).

192* Olha também para os intelectuais, escritores, cientistas e artistas. Presta-lhes a homenagem a que fazem jus, empenhando-se em tirar proveito de sua experiência, sustentar o esforço de seu engenho, proteger-lhes a liberdade e facilitar a seus ânimos por vezes inquietos e atormentados o acesso às pacíficas paragens da palavra e da graça divinas.

193* Olha para os operários, para a dignidade de sua pessoa e de seu trabalho, suas legítimas reivindicações, a necessidade por que ainda passam, para que melhorem suas condições de vida e cresçam espiritualmente, a fim de que possam cumprir o seu papel na sociedade, com espírito reto e cristão. Referimo-nos à missão de fundar uma nova ordem, em que os homens sejam livres e se reconheçam uns aos outros como irmãos. A Igreja, mãe e mestra, está a seu lado.

194* Olha para os governantes. Em lugar de admoestá-los com rigor, como se costuma fazer, a Igreja prefere hoje exortá-los com confiança: Coragem, governantes! Podeis hoje satisfazer às grandes aspirações de vossos povos: o alimento, a educação, a ordem social e a dignidade que convêm a cidadãos livres e pacíficos, desde que tenhais presente quem é o ser humano, como ensina abundantemente a sabedoria cristã. Agindo em comum, segundo as exigências do amor e da justiça, podeis proporcionar a paz, que é o maior de todos os bens, que todos tanto desejam e por cuja proteção e promoção a Igreja tanto se empenha. Podeis assim contribuir hoje de forma direta e eficaz para tornar a humanidade inteira uma única família. Deus esteja convosco!

195* Olha, ainda, a Igreja para o amplo horizonte além de suas próprias fronteiras. Como delimitar seu amor, reflexo do amor de Deus Pai, que a todos distribui seus bens[6] e amou o mundo a ponto de por ele entregar seu Filho único?[7] O olhar da Igreja enxerga além de seus próprios acampamentos as

---

[6] Cf. Mt 5, 45.
[7] Cf. Jo 3, 16.

outras religiões, que mantêm vivo o senso e o conhecimento do Deus único, criador, providente, sumo e transcendente em relação a todas as coisas naturais, que prestam culto a Deus com atos de piedade sincera, na raiz de práticas e doutrinas que regulam os costumes e as relações sociais.

Lamentavelmente, a Igreja católica percebe lacunas, defeitos e erros nessas religiões, mas não pode deixar de olhá-las com a maior atenção, para que tenham a certeza de que procura julgar com objetividade tudo que têm de verdadeiro, bom e humano, favorecer tudo que, no mundo de hoje, possa dar testemunho do sentido e do culto devido a Deus — que deve ser levado necessariamente em conta pela sociedade civil — e se colocar desse modo na primeira linha dos que defendem corajosamente os direitos de Deus e dos seres humanos. **196***

Olha finalmente a Igreja para todos os campos da atividade humana. A juventude, cheia do desejo de viver e de se afirmar. Os povos novos que reivindicam a liberdade e a independência, com plena consciência de seus direitos. As multidões que, envolvidas pelo turbilhão da sociedade, não conseguem sequer uma palavra de tranqüilidade para seu espírito. A todos a Igreja dirige sua mensagem de esperança, oferecendo-lhes a luz da verdade, da vida e da salvação e anunciando que Deus "quer salvar a todos e a todos conduzir à luz da verdade" (1Tm 2, 4). **197***

Veneráveis irmãos, é grande e grave a missão que nos foi confiada de administrar a salvação. Foi para cumpri-la dignamente que aqui nos reunimos. Orientem-nos e confortem-nos a firmeza e a fraternidade de nossa união. Sede-nos propícia a comunhão com a Igreja do céu. Assistam-nos os santos que são cultuados em cada diocese e nas diversas famílias religiosas. Todos os anjos e santos, especialmente S. Pedro e são Paulo, são João Batista e, de modo especial, são José, declarado patrono desse Concílio. Auxilie-nos o poderoso carinho materno da Virgem Maria, que invocamos em preces insistentes. Sob a presidência de Cristo, que tudo contribua para a maior glória de Deus, em hora da Trindade Santíssima, cuja bênção ousamos pedir para todos, em nome do Pai, do Filho e do Espírito Santo[8]. **198***

Saudamos cordialmente os cristãos da tradição oriental, em grego, na língua dos primeiros Concílios Ecumênicos e dos grandes padres e doutores da fé, Basílio Magno, Gregório Nisseno, Gregório, o Teólogo, João Crisóstomo, Cirilo de Alexandria, João Damasceno e tantos outros que iluminaram o mundo e são até hoje a glória do pensamento cristão. **199***

---

[8] *AAS* 55 (1963) pp. 841-859.

200* Irmãos das santas Igrejas do Oriente, oramos e trabalhamos para a glória de Deus e para a dilatação de seu reino, na fé e no amor.

201* Saudamos também os cristãos eslavos e lhes garantimos nosso desejo de orar e de trabalhar pela glória de Deus e pela difusão de seu reino na fé e no amor[9].

Discurso de Paulo VI no encerramento do segundo período do Concílio

4 de dezembro de 1963

Veneráveis irmãos,

202* É tempo de encerrar esta segunda sessão do Concílio.

203* Há muito tempo que, pastores, estais ausentes de vossas sedes, em que o exercício de vossa função reclama vossa presença, conselho e animação. Começa a se tornar pesado, duro e longo o tempo que dedicais ao Concílio, suas celebrações, os estudos que requer e as reuniões de que deveis participar. Começa o Advento, tempo em que nos preparamos para recordar anualmente o solene, piedoso e sempre admirável Natal do Senhor Jesus Cristo. Nenhuma preocupação, por mais santa e sublime que seja, se deve antepor à celebração do inenarrável mistério do Verbo encarnado. Festejamo-lo lá onde fomos colocados pela Providência divina, para exercer o ministério pastoral, comunitário e sacerdotal.

Agradecimentos

204* Precisamos de novo interromper a seqüência destas assembléias conciliares. Saudemo-nos fraternalmente uns aos outros. De novo, cedemos ao tempo que vem e vai. Afastamo-nos uns dos outros depois de haver fraternalmente discutido coisas sublimes e usufruído de dias e acontecimentos tão felizes.

---

[9] Os números 199* e 200* foram pronunciados em grego e o 201* em esloveno. Constam da *AAS, l. c.*

Antes, porém, agradeçamos a Deus pelos benefícios que nos concedeu em todo esse tempo e pelas ocasiões que nos proporcionou. Agradecemos igualmente a todos os que participaram desta sessão conciliar e de algum modo colaboraram para sua realização: aos padres conciliares, ao conselho de presidência, à comissão de coordenação, aos moderadores das diversas sessões e, de modo especial, ao secretário geral, às diversas comissões, aos peritos, à imprensa e à televisão, a todos os que trabalharam na Basílica do Vaticano, aos que hospedaram os padres conciliares e lhes prestaram toda espécie de serviço. Especial agradecimento aos padres que contribuíram para a organização deste evento, ajudaram fraternalmente aos bispos mais pobres, permitindo que tomassem parte no Concílio, socorreram as grandes necessidades da Igreja e as vítimas das recentes catástrofes.

205*

Antes de encerrar os trabalhos, convém recordá-los brevemente, observando seu encaminhamento e seus resultados. Não se pode esgotar o assunto, pois muita coisa do Concílio pertence à esfera da graça e da intimidade do coração de cada um, sob certo aspecto inacessível. Além disso, muitos trabalhos ainda não estão maduros, nem podem dar frutos: são sementes que hão de germinar no futuro e, com o auxílio divino, chegar ao pleno resultado.

206*

Objetivos parcialmente alcançados

Não convém deixar esta sala sem lembrar os benefícios divinos aqui recebidos, e que são manifestos. Felizmente o Concílio já alcançou alguns dos objetivos que se havia proposto.

207*

Visava a que a Igreja aprimorasse a consciência que tem de si mesma e se conhecesse melhor. Ora, realizam-se entre os pastores e os doutores grandes esforços para explicitar o mistério que dá origem à Igreja e lhe comunica seu modo de ser. Não se chegou ainda a um resultado final, mas a própria dificuldade que se encontra nesse estudo mostra-lhe a profundidade e a amplidão e nos convida a todos a nos associarmos a essa busca, de forma a melhor compreender e sermos capazes de melhor exprimir o mistério da Igreja. O esforço que se faz nesse sentido tem pelo menos a vantagem de orientar para Cristo nosso espírito e o dos fiéis que acompanham esses trabalhos, pois é dele que tudo provém e a que tudo se refere, segundo o que diz são Paulo: "Reconciliar nele todas as coisas" (Cl 1, 20). Cresce assim a nossa alegria de participar do corpo místico de Cristo e alimentar nosso amor recíproco, substância e sustento de toda a Igreja.

Alegremo-nos pois, veneráveis irmãos! A Igreja nunca teve tão nítida consciência de si mesma como nos dias de hoje. Nunca amou Cristo com tão grande amor. Nunca procurou imitá-lo com tanta assiduidade, tanta alegria e vontade tão unânime. Nunca se empenhou tanto em desempenhar seu papel de Igreja.

Alegremo-nos, veneráveis irmãos! Aprendemos a nos conhecer e a nos falar. Ontem ainda vivíamos como estranhos, agora, como amigos. Experimentamos a verdade da palavra de Paulo, que assim descreve a Igreja: "Portanto já não sois estrangeiros nem estais de passagem, mas vos tornastes concidadãos dos santos e familiares de Deus, edificados sobre o fundamento dos apóstolos e dos profetas, de que o Cristo Jesus é a pedra angular" (Ef 2, 19-20).

Desde agora pode-se adivinhar o progresso de que se beneficiará o direito canônico. Progresso no sentido de que reconheça a dignidade de cada um dos membros da Igreja e dos que nela exercem qualquer função, aumentando-lhes a responsabilidade. Assim, o poder sagrado que estrutura a Igreja, por intermédio da ordem hierárquica, há de ser reforçado, por causa da exigência intrínseca do amor, da união e das relações interpessoais.

Por isso o Concílio é um grande evento, dom especialíssimo de Deus à sua Igreja, e nos entusiasma sempre que nele pensamos.

208*   Voltando a considerar o Concílio, em que tomastes parte de maneira tão ativa, assídua e persistente, de novo temos motivo de nos alegrar. O espetáculo da Basílica repleta, com sua venerável e numerosa presença, enche-nos de admiração, piedade e alegria. Alegramo-nos também com a presença dos observadores, que gentilmente responderam ao nosso convite para participar dos trabalhos do Concílio. Alegramo-nos paternalmente com os auditores que em silêncio, mas com muita atenção, seguiram os nossos debates. Representam como filhos caríssimos a multidão inumerável dos católicos leigos empenhados como auxiliares das autoridades hierárquicas da Igreja, na promoção do reino de Deus. Tudo isto, neste momento e neste lugar, adquire significado profundo, fala por si mesmo, orientando-nos para a contemplação das coisas do alto e sustentando nossa esperança.

209*   Alegramo-nos igualmente com as perspectivas que nosso Concílio abre e os rumos que vai tomando.

210*   Convém entretanto chamar atenção para uma dupla maneira de proceder. O trabalho do Concílio tem sido grande, e completa a liberdade de ação. Esses dois aspectos merecem ser sublinhados. Nós mesmos quisemos fazê-lo assim, para que o Concílio se torne um monumento durável e exemplar para o futuro. Num de seus momentos mais significativos, a Igreja opera intensa e livremente, manifestando, desse modo, a melhor forma de agir em nossos dias.

211*   Embora sejam muitas e diversas as opiniões sobre o Concílio, não nos perturbamos, pois é mais do que evidente que os argumentos colocados foram todos da maior importância e profundidade, fruto de intenso estudo e demonstração de total liberdade.

A constituição sobre a liturgia

Da discussão árdua e complexa, surge um primeiro fruto, relativo à sagrada liturgia. Foi o primeiro assunto tratado e é reconhecidamente da maior importância, quer pela sua natureza, quer pelo lugar que ocupa na Igreja. O documento chegou à maturidade e hoje o promulgamos solenemente. É motivo de grande alegria. Basta recordar sua preeminência, pois Deus vem sempre em primeiro lugar, e nosso dever primordial é orar. A liturgia sagrada é a fonte original do relacionamento com Deus, pois, por seu intermédio, a vida divina nos é comunicada. É a escola por excelência da vida espiritual. O dom primordial, que caracteriza o povo cristão, inseparável da fé e da oração. É o principal convite feito a todos os seres humanos, para que soltem suas línguas em autênticas e santas preces, para que participem da força que revigora os corações, quando cantamos louvores a Deus e proclamamos nossa esperança diante dos seres humanos, por Jesus Cristo, no Espírito Santo.

212*

Não queremos deixar de sublinhar o lugar de honra que ocupa o culto divino entre os cristãos orientais e o cuidado com que celebram os santos ritos, tendo a liturgia sido sempre, para eles, a escola da verdade e a fornalha do amor cristão.

213*

Era importante que o Concílio conservasse esses valores capazes de despertar e alimentar a vida da Igreja, que é, antes de tudo, uma sociedade religiosa, comunidade orante, povo que floresce pela pureza da consciência e pelo empenho religioso, alimentado pela fé e pela graça do alto. Ao simplificarmos algumas formas de culto, tornando-as mais compreensíveis aos fiéis e mais de acordo com a maneira moderna de se exprimir, não visamos de modo algum reduzir os tempos de oração, pospô-los a outros modelos mais atuais de atividade e pastoreio, nem suprimir algo de sua venerável e significativa dignidade, mas, simplesmente, ser fiéis a tradições litúrgicas mais puras, mais de acordo com sua própria natureza, mais adequadas às suas fontes de verdade e de graça e, finalmente, para que melhor contribuam para a riqueza espiritual dos povos.

214*

Para tanto, exigimos que ninguém viole as regras da oração pública na Igreja, introduzindo modificações ou novidades de sua própria vontade. Ninguém tem o direito de interpretar a seu bel-prazer a constituição sobre a sagrada liturgia hoje promulgada, antes que sejam publicadas as normas práticas e aprovadas as modificações a serem introduzidas pelos conselhos estabelecidos pelo documento conciliar. Que a oração da Igreja ressoe por toda a terra como uma só voz, sem que se ouse perturbá-la ou modificá-la.

215*

O decreto sobre os meios de comunicação

216* Um segundo fruto do Concílio, de não menor importância, é o decreto sobre o que se costumou designar como instrumentos ou meios de comunicação social, que torna patente a capacidade da Igreja de unir vida interior e exterior, contemplação e ação, oração e apostolado. O Concílio mencionou diversas orientações e diferentes modos de agir a respeito dos instrumentos e documentos usados como meios de ação pastoral ou de entretenimento dos católicos em todo o mundo.

217* Contamos também entre os frutos do Concílio os diversos poderes que, em virtude da finalidade pastoral de nossas assembléias, foram confiados aos bispos, especialmente àqueles que usufruem de jurisdição ordinária.

218* Melhor. Como sabeis, o Concílio trabalhou muito. Tratou ainda de questões da maior importância, pelas inúmeras conseqüências que têm, que hão de ser devidamente definidas e promulgadas, quando melhor amadurecidas.

219* Ficaram ainda por ser discutidas muitas outras questões, a se abordar na terceira sessão, que se reunirá no outono do próximo ano e nos permitirá, quem sabe, chegar ao fim. Não desagrada termos durante todo esse tempo o espírito fixo em problemas tão graves. Confiamos nas respectivas comissões, na esperança de que saberão tirar proveito das diversas intervenções dos padres conciliares, especialmente nas assembléias gerais, colocá-las em ordem e abreviá-las, de sorte que as próximas discussões, mantendo-se sempre a liberdade, se possam fazer com maior rapidez.

A propósito da revelação e da colegialidade

220* Assim, por exemplo, na questão da revelação divina. O Concílio busca preservar o depósito sagrado das verdades por Deus reveladas, contra erros, abusos e dúvidas, que vêm à tona a partir de exigências subjetivas. O estudo da Sagrada Escritura, das obras dos padres e dos doutores deve seguir o caminho palmilhado pelos bons autores católicos, que acolhem fielmente o magistério da Igreja, que se mostram capazes de usar os recursos de que hoje dispomos e de avançar corajosa, prudente e fielmente.

221* A mesma coisa acontece com a questão do episcopado, grande e complexa. Tornou-se a mais importante deste Concílio Ecumênico Vaticano II, quer pela maneira como foram abordados os assuntos, quer pelo alcance que tem por si mesma. Não a queremos de modo algum evitar, sendo a conseqüência natural do Concílio Vaticano I. Sem negar, mas, pelo contrário, confirmando, como decorrentes de Cristo, as prerrogativas reconhecidas ao sumo pontífice, dotado de toda a autoridade necessária ao governo universal da Igreja, este Concílio procura esclarecer, de acordo com a doutrina autêntica de Jesus Cristo Nosso Senhor e da tradição, a natureza e a função do episcopado, instituído por Deus, estabelecer quais são os seus poderes e o modo de os bispos o exercerem, individual e colegialmente. Dessa forma se reconhece plenamente a dignidade do ofício episcopal na Igreja de Deus, não como se fosse uma instituição que tenha sua própria base jurídica, distinta portanto, do pontificado supremo de Pedro ou, ainda pior, a ele contraposta, quando na realidade, é uma forma sujeita a esse mesmo pontificado e dele participante, como ele e com ele ordenada ao bem comum da Igreja. Com isso, a estrutura hierárquica da Igreja se consolida, em lugar de se enfraquecer. A ação conjunta se intensifica, em lugar de se diluir. A eficácia apostólica cresce em lugar de diminuir e a caridade arde em lugar de arrefecer. Por isso fazemos votos para que o Concílio esclareça o mais possível e resolva tão importante questão.

O texto a respeito da bem-aventurada Virgem Maria

Esperamos enfim que se resolva da melhor maneira possível a questão 222* do texto que trata da bem-aventurada Virgem Maria, reconhecendo unanimemente, com toda piedade, o lugar singularíssimo que a mãe de Deus ocupa na santa Igreja, objeto principal deste Concílio. Lugar eminente, depois de Cristo, mas muito próximo de todos nós, a ponto de a podermos chamar de "mãe da Igreja", para sua honra e consolo nosso.

Além das já abordadas pelo Concílio, restam ainda muitas outras questões 223* levantadas, que devem ainda ser tratadas. Não as aprofundaremos, para que possam ser brevemente resolvidas na próxima sessão conciliar. Assim, o Concílio não terá dificuldade em se pronunciar sobre o que é mais importante, para que depois os textos sejam redigidos segundo as normas, pelas respectivas comissões a serem constituídas depois do Concílio, encarregadas de estabelecer os códigos, tanto da Igreja latina como da oriental. Para esses trabalhos os bispos nos serão de grande ajuda, sob novas formas institucionais ditadas pela necessidade ou pela natureza das exigências da Igreja. Queremos contar com os bispos do mundo inteiro e ter como peritos os melhores religiosos das diversas ordens, como aconteceu nas comissões preparatórias do Concílio. Em união com os cardeais, contribuirão com seu conselho e trabalho na elaboração dos decretos gerais do Concílio e no estabelecimento das normas particulares mais oportunas, sem prejuízo da autoridade do pontífice romano, tal como foi definida no Concílio Vaticano I. A prudência, fruto da experiência, nos ajude, com a graça de Deus, a tornar eficaz a ação piedosa e dedicada dos bispos, em benefício de toda a Igreja.

224*   Ao concluir esta sessão do Concílio Ecumênico, sublinhamos sua importância, considerando tudo que aconteceu. Realizou-se um grande trabalho. Foram concluídos os dois primeiros documentos e adiantado sensivelmente o estudo das outras questões. O Concílio deu provas da liberdade que há na expressão das mais diversas opiniões. Comprovou o consenso sobre o que é mais importante, embora passível de diversas opiniões. Mostrou firme adesão às verdades dogmáticas que pertencem ao tesouro da doutrina católica. Nutriu a caridade de todos, que não deve jamais ser rompida pelos que se dedicam ao estudo, fazendo profissão de ser fiéis à verdade. Visou sempre aos objetivos pastorais confessos deste Concílio. Escolheu e preferiu sempre as expressões que ajudassem a aproximar os irmãos separados. Finalmente, em tudo o que fez, orou a Deus, fonte e princípio de toda autêntica esperança.

225*   Terminada esta sessão, passamos a considerar o que ainda falta e nos damos conta da responsabilidade de tornar a Igreja cada vez mais capacitada a anunciar ao mundo sua mensagem de verdade e de salvação.

226*   Não esquecemos em momento algum o mundo atual, nem diminuiu nosso amor por todo o gênero humano. A busca de uma caridade cada vez mais eficaz deve ser a preocupação por excelência de cada um, ao voltar para seus respectivos afazeres.

227*   Antes mesmo de abordar as grandes questões atuais do apostolado, já sabemos todos como resolvê-las. A clareza da doutrina da Igreja e o exemplo de muitos irmãos já nos fizeram ver o caminho. Não podeis desde agora, voltando para vossos países, tomar medidas pastorais mais efetivas e levar aos fiéis a que tendes acesso palavras mais eloqüentes de exortação e de consolo? Não podemos, desde agora, em preparação para a próxima sessão conciliar, intensificar nossa vida espiritual e nos tornar mais dóceis à voz divina? Não podeis levar ao vosso clero a mensagem de uma caridade mais intensa e, aos leigos, saudações e exortações mais cheias de confiança? Entusiasmar a juventude? Proporcionar às pessoas mais instruídas novos aspectos de considerar a verdade? Aos operários e artífices, maior testemunho de esperança e de amor? Fazer ver aos pobres e aos pequeninos que a bem-aventurança evangélica é, antes de tudo, deles?

228*   Estamos persuadidos de que uma maior diligência no exercício de nossa função sagrada fará com que este Concílio, por vontade divina, dê efetivamente muitos frutos salutares de vida cristã.

229*   Tomo a liberdade de vos anunciar, ainda, uma decisão há muito tomada, que comunico hoje, oficialmente, a esta especial e significativa assembléia.

A peregrinação à terra santa

Tão convencidos estamos de que o resultado do Concílio depende da intensificação de nossa oração e do fervor de nossas práticas piedosas, que, depois de muita oração e de madura reflexão, resolvemos fazer uma peregrinação aos lugares santos, em que viveu Nosso Senhor Jesus Cristo.

230*

Com o auxílio divino contamos ir à Palestina no próximo mês de janeiro, recordar os principais mistérios de nossa salvação nos lugares santos em que Cristo nasceu, viveu, morreu e, uma vez ressuscitado, subiu aos céus, isto é, a encarnação e a redenção. Visitaremos aquela terra venerável em que andou são Pedro e à qual nunca mais voltou nenhum dos seus sucessores. Cheios de humildade e por pouco tempo, dedicar-nos-emos à oração, à penitência e à renovação espiritual, para oferecer a Cristo sua Igreja, com o objetivo de fazer voltar a ela, una e santa, os irmãos separados; e imploraremos à misericórdia divina a paz, tão frágil nos dias que correm; oraremos, enfim, ao Cristo Senhor, pela salvação de todo o gênero humano. Que a santa Virgem Maria nos sirva de guia no caminho, e nos protejam, no céu, os apóstolos Pedro e Paulo, com todos os santos.

231*

Assim como nos lembraremos de vós nessa peregrinação, pedimo-vos, veneráveis irmãos, que vos lembreis de nós em vossas preces, para o bom êxito do Concílio, a glória de Cristo e o bem da Igreja.

232*

A todos agradecemos e de todos nos despedimos. Aos observadores, ainda uma vez, agradecemos com todo o respeito. Aos auditores, saudamos, assim como a todos que oraram ou trabalharam para o Concílio.

233*

Nosso pensamento se volta, agora, com amor, mas com tristeza, para todos os irmãos no episcopado que estão ausentes e que sofrem. Gostaríamos de abraçá-los. Suas orações e seus sofrimentos contribuíram fortemente, estamos certos, para o êxito desta segunda sessão. Acompanhamo-los com nossa contínua e paterna lembrança, encorajando-os a perseverar na fidelidade a Cristo e à Igreja e abençoando-os. Renovamos de maneira permanente nossa bênção apostólica, cheia dos favores do céu, a todas as famílias de fiéis, iluminados com a claridade do Cristo redentor; e oramos para que todos os humanos de boa vontade sejam felizes e participem dos bens da salvação.[1]

234*

---

[1] *AAS* 56 (1964) pp. 31-40.

Discurso de Paulo VI
na abertura do terceiro período do Concílio

14 de setembro de 1964

Veneráveis irmãos e diletos filhos,

235*   Sob o signo da santa cruz, em cuja honra acabamos de celebrar a eucaristia, começa hoje a terceira sessão do Concílio Ecumênico Vaticano II. Aqui está a Igreja, pois somos a Igreja.

Somos a Igreja como membros do corpo místico de Cristo. Deus nos concedeu o dom inestimável de sua graça, a fé, o batismo e o amor que nos constituem, de modo visível, o santo povo de Deus.

Somos a Igreja como ministros, sacerdotes marcados na ordenação com o caráter específico, que nos destina a esse ofício e nos comunica admiráveis, embora tremendos poderes, e nos torna membros da ordem hierárquica, chamada a assumir os ministérios e ir propagando e realizando, pelos tempos afora, a missão salvadora de Cristo.

Somos a Igreja também na qualidade de mestres da fé, pastores de almas e dispensadores dos mistérios de Deus (1Cor 4, 1). Representamo-la, não como delegados eleitos pelos fiéis a quem servimos, mas como pais e irmãos, agindo em nome das comunidades e das pessoas que nos foram confiadas. Reunidos em assembléia, associados a todos vós e como vosso irmão, convocamos todos, na forma do direito, como bispo de Roma, para que aqui viésseis segundo o conselho da Providência, de sorte que o sucessor de Pedro, reunido piedosamente em torno do túmulo do apóstolo, com toda humildade, mas na certeza de sua função, atue como governante da Igreja católica, vigário de Cristo e servo dos servos de Deus.

Unidade, santidade e apostolicidade da Igreja

236*   Como pessoas e como funções, constituímos a totalidade da Igreja. Baseados nisto, declaramos ecumênico este Concílio.

Celebram-se aqui a unidade e a catolicidade, notas da Igreja, que manifestam seu vigor e dão testemunho de sua capacidade de reunir fraternalmente em seu seio todos os seres humanos, admitindo a diversidade das formas de culto, as muitas línguas, os variadíssimos tipos de liturgia e de piedade, as diferenças profundas em tudo que constitui a vida das nações, a sociedade, a instrução e a doutrina. Sem detrimento da diversidade natural e legítima, a Igreja a todos reúne na unidade.

Celebra-se aqui a santidade da Igreja, pois se implora a misericórdia **237***
de Deus, para que não leve em conta as fraquezas e os erros dos pecadores que se reconhecem tais, porque os que aqui exercemos o ministério sagrado bem sabemos que podemos contar com as "incalculáveis riquezas de Cristo"[1], os admiráveis dons da salvação e da santificação, com que enriquecemos todos os seres humanos e, finalmente, porque temos consciência de que outra coisa não nos é proposta senão que "preparemos para o Senhor um povo perfeito"[2].

Celebra-se aqui, finalmente, a apostolicidade, também uma das notas da **238***
Igreja. Maravilhosa prerrogativa. Sabemos por experiência como é grande nossa fragilidade, confirmada pela história, e que afeta todas as instituições humanas, mesmo as mais resistentes. No entanto, também conhecemos a natureza e a perenidade do mandato de Cristo aos apóstolos, que chega até nós. Humilhados e estupefatos, vemos como a Igreja resistiu inexplicavelmente aos séculos, manteve-se viva e sempre capaz de encontrar em si mesma as forças indispensáveis para de novo florescer.

Aplicam-se aqui as palavras de Tertuliano: "O simples nome de cristão **239***
merece a maior consideração. Como é impressionante ver gente de todas as partes reunirem-se em torno da fé em Cristo! Como é bom e alegre ver juntos tantos irmãos!"[3].

Estando aqui a Igreja, está também o Espírito Paráclito, prometido por **240***
Cristo aos apóstolos, em vista da edificação da Igreja, ao declarar: ..."Pedirei ao Pai e ele lhes dará um outro Paráclito, que permanecerá convosco para sempre; o Espírito da verdade, que o mundo não pode acolher, pois não o vê nem o conhece, mas vocês o conhecem, pois estará com vocês e em vocês..." (Jo 14, 16-17).

Cristo prometeu e várias vezes ensinou que a instituição apostólica e o Espírito haveriam de realizar seus objetivos, propagando o reino em todos os tempos e lugares e reunindo todos os seres humanos na Igreja, seu corpo místico, como plenitude de si mesmo, enquanto não voltasse triunfante no fim dos séculos.

O apostolado, sob o aspecto externo e objetivo, edifica o corpo material **241***
da Igreja, e lhe atribui uma estrutura visível e social. O Espírito Santo, porém, age interiormente, não só no íntimo de determinadas pessoas, mas também na comunidade, por ele movida, vivificada e santificada.

---

[1] Cf. Ef 3, 8.
[2] Cf. Lc 1, 17.
[3] *De ieiuniis*, 13 (*PL* 2, 1024).

242*   Contudo, o apostolado, que se transmite pela sucessão hierárquica, e o Espírito de Jesus, que ordinariamente usa esta mesma instituição como instrumento, no ministério da palavra e dos sacramentos, agem simultaneamente. No dia de Pentecostes estiveram admiravelmente imbricados, dando início à magnífica obra do Senhor Jesus, presente não mais de forma visível, mas por intermédio dos apóstolos e de seus sucessores, "a quem delegou a continuidade de sua obra, como pastores"[4]. Ambos, apostolado e Espírito, embora diferentemente, mas unidos, dão testemunho de Cristo e sustentam sobrenaturalmente a ação apostólica[5].

243*   Será que ainda hoje vigora esse aspecto da ação redentora de Cristo? Sem dúvida, veneráveis irmãos. É preciso crer que continua a vigorar por intermediação nossa, pois quem nos faz capazes é Deus, que "nos tornou ministros de uma aliança nova, não da letra, mas do Espírito... que dá a vida"[6].

244*   Quem disso duvidasse, esvaziaria a fidelidade de Cristo, que o prometeu, contrariaria o mandamento apostólico dele recebido, destituiria a Igreja de uma propriedade sua proveniente da palavra de Deus e que não lhe pode faltar, comprovada, aliás, pela experiência de tantos séculos.

245*   O Espírito está aqui, não para enriquecer de graça sacramental a obra que nós, reunidos em Concílio, estamos para cumprir, mas para iluminar e dirigir o que é feito no sentido de se tornar útil para a Igreja e para toda a humanidade. O Espírito está aqui. Nós o invocamos, acolhemos e seguimos. O Espírito está aqui. Relembremos a doutrina, que nos assegura sua efetiva presença, para de novo, de maneira absoluta e quase inefável, termos a percepção de estar em comunhão com o Cristo vivo, pois é o Espírito que a ele nos une. Consideremo-lo também no intuito de estarmos preparados e atentos à sua presença, com a sensação irrecusável de nossa miséria e de nosso vazio, que nos torna humildes, da necessidade de lhe implorar misericórdia e auxílio, ouvindo no íntimo do coração a palavra do Apóstolo, como se fosse dirigida a cada um de nós: "... tendo sido investidos deste ministério por misericórdia, não desanimemos (2Cor 4, 1). Nesse tempo de concílio somos convidados a uma total docilidade interior, a acolher a palavra de Deus como filhos, com o coração inteiramente aberto, a orar e a amar com todo empenho, deixando que o mais intenso ardor espiritual nos inflame o coração. Aplicam-se a este evento as palavras cheias de poesia de santo Ambrósio: "Bebamos alegres, deixando-nos sobriamente embriagar pelo Espírito"[7]. Tal seja nossa experiência nesses tempos de concílio!

---

[4] Cf. *Missal Romano,* Prefácio dos Apóstolos.
[5] Cf. 1Pd 1, 12.
[6] Cf. 2Cor 3, 6.
[7] *PL* 16, 1411.

O perfil e a missão dos pastores na Igreja

Uma sucessão de fatos e de acontecimentos nos fez ver melhor, a nós que representamos a Igreja e de quem ela recebe a vida, o que Cristo pensou e quis ao instituí-la e o que os padres, pontífices e doutores, com grande sabedoria, piedade e fidelidade, disseram a seu respeito, no decorrer dos séculos. É preciso que a Igreja se defina e que de sua autoconsciência autêntica brote a doutrina que o Espírito lhe infundiu, de acordo com a promessa do Senhor: "O Espírito Santo Paráclito, que o Senhor enviará em meu nome, vos ensinará todas as coisas e lhes sugerirá tudo que lhes tenho a dizer" (Jo 14, 26).

246*

Completar-se-á, desta forma, a doutrina que o Concílio Vaticano I tencionava expor. Interrompido por circunstâncias exteriores, não pôde definir senão a primeira parte, a respeito, como sabeis, do sumo pastor da Igreja, o pontífice romano e de suas prerrogativas supremas, no que diz respeito ao primado de jurisdição e à infalibilidade no ensino, concedidos por Jesus Cristo ao apóstolo Pedro, como a seu vigário visível e terreno, assim como a todos os que o viessem suceder em função tão excelsa e de tanta responsabilidade.

247*

Para que se complete a doutrina e se torne manifesto o pensamento de Cristo a respeito de sua Igreja, de sua natureza e de sua função, é preciso ter presente que os bispos, a maioria dos que aqui estão presentes, veneráveis padres, inclusive nós mesmos, somos sucessores dos apóstolos, reverendíssimos irmãos, por graça da divina vontade.

248*

O Concílio vai tratar de muitas outras coisas, mas é este o problema central e mais grave, que requer toda prudência. Pela posição que tomar a respeito, o Concílio ficará conhecido na posteridade. Há diversas controvérsias teológicas a resolver sobre a natureza e a função do pastorado na Igreja. É preciso discutir e chegar a uma conclusão sobre o que é o episcopado, como fruto da ação do Espírito Santo. Descrever as relações da Sé Apostólica com os bispos. Mostrar que as instituições e formas eclesiais do episcopado, tanto do Oriente como do Ocidente, apesar de suas características próprias, são da mesma natureza. Manifestar aos fiéis católicos e aos cristãos separados a verdadeira natureza da ordem hierárquica a que se refere a palavra da Escritura: "O Espírito Santo colocou os bispos no governo da Igreja" (At 20, 28), conferindo-lhes efetiva autoridade, de que não se pode duvidar, os quais, contudo, devem-se esforçar para servir aos irmãos com humildade e paciência, como convém a pastores, ministros da fé e do amor.

249*

A Igreja diante de Cristo e da humanidade

250*   Tais preocupações se tornam mais agudas tanto em nosso espírito como também no vosso, veneráveis irmãos, estamos certos, pois o Concílio Ecumênico, nesta terceira sessão, dentre outras, vai ter que esclarecer e declarar a doutrina relativa à natureza e ao mandato da Igreja. Precisará retomar e concluir o que começou a estudar nas duas primeiras sessões, dando continuação e levando a bom termo os trabalhos do Concílio Vaticano I. A Igreja quer melhor se contemplar a si mesma, na mente de Jesus Cristo, seu divino fundador, e interrogar-se a respeito de sua identidade. É uma forma de prestar homenagem à sabedoria e ao amor, professando-lhe fidelidade e obséquio e melhor se capacitando para cumprir a missão salvadora que lhe foi confiada.

251*   Ninguém pense que a Igreja assim procede para se comprazer em si mesma, esquecendo-se de Cristo, de quem tudo recebeu e a quem tudo deve, ou do gênero humano, para cujo serviço foi criada. A Igreja está entre Cristo e a sociedade humana, mas não se interpõe de forma alguma como obstáculo, não se considera fim em si mesma. Pelo contrário, visa a ser inteiramente de Cristo, em Cristo e para Cristo, dos seres humanos, entre os seres humanos e para os humanos, humilde e significativo intermediário entre o divino Salvador e a humanidade, para proteger e desenvolver a verdade e a graça da vida sobrenatural.

252*   No momento atual, com o desenrolar da história, todos esses aspectos se tornaram da maior gravidade e urgência, pois a consideração da Igreja toca num ponto de importância máxima para nós e para vós, o problema da constituição hierárquica da Igreja e da origem, natureza, função e poder da hierarquia sagrada, a saber, do episcopado, como já dissemos, a parte mais alta e mais insigne do que "o Espírito Santo estabeleceu (...) para dirigir a Igreja de Deus" (At 20, 28).

O sucessor de Pedro e o episcopado

253*   Acreditamos pois ser fiéis à inspiração da divina Providência, nesta histórica celebração, ao vos honrarmos, veneráveis e amados irmãos no episcopado, da mesma forma que Nosso Senhor quis honrar aos apóstolos juntamente com Pedro.

254*   Os padres do Concílio Ecumênico Vaticano I definiram e declararam os poderes únicos e supremos conferidos por Cristo a Pedro e transmitidos a seus sucessores. Sua declaração não tinha nenhuma intenção de diminuir em nada a autoridade dos bispos, sucessores dos apóstolos. Se assim fosse tornar-se-ia inútil e contraproducente a convocação de outro concílio ecumênico, a que se reconhecesse poder supremo sobre toda a Igreja.

Este Concílio, sendo igualmente ecumênico, é pois a confirmação do ante- **255***
rior, em que se definiram as prerrogativas do sumo pontífice, embora tenha por
principal objetivo descrever e dignificar as prerrogativas episcopais. Saibam
todos que a convocação deste concílio, por nosso predecessor João XXIII,
assim como sua confirmação, por nossa parte, foram livres e espontâneas,
com plena consciência de que teria por tema o episcopado. Nem poderia ser
de outra forma. Além da estreita conexão que existe entre as duas doutrinas,
há ainda nosso desejo explícito de proclamar a glória, o mandamento, os méritos e a amizade dos irmãos que participam da função de ensinar, santificar
e governar a Igreja de Deus.

Seja-nos permitido repetir, fazendo nossas as palavras de nosso antigo e **256***
santíssimo antecessor, de memória imortal, são Gregório Magno, ao escrever a
Eulógio, bispo de Alexandria: "Minha honra é a da Igreja universal. É a força
consolidada de meus irmãos. Serei verdadeiramente digno de honra, quando
se prestar a todos a homenagem que lhes é devida"[8].

A integridade da verdade católica exige hoje que a doutrina relativa ao **257***
romano pontífice, com sua clareza meridiana, seja articulada com a declaração
explícita da dignidade e das funções do episcopado. Descrever tal dignidade
e tais funções será o dever do Concílio Ecumênico, que outra coisa não busca senão interpretar corretamente o pensamento de Jesus Cristo, tal como o
demonstram as fontes da revelação e a doutrina católica.

De nossa parte desde já nos alegramos em reconhecer os bispos como
irmãos, chamando-os de seniores como o apóstolo Pedro e considerando-nos
co-seniores, participantes da mesma designação[9]. Nossa alegria é estar com
aqueles que, nas palavras do apóstolo Paulo, podemos considerar co-participantes de "nossas tribulações e de nossas consolações"[10]. Nosso empenho
é testemunhar, em relação a eles, nossa veneração, estima, caridade e união
espiritual. Nosso dever, reconhecê-los como mestres, pastores e santificadores
do povo cristão, "dispensadores dos mistérios de Deus"[11], testemunhas do
Evangelho, ministros do Novo Testamento, esplendor da glória do Senhor[12].

Por sermos sucessores de Pedro e termos pleno poder sobre toda a Igreja, **258***
somos de fato seu chefe, mas sem nenhuma diminuição de vossa autoridade.
Pelo contrário: somos os primeiros a reconhecê-la. Se por razões inerentes
à nossa missão apostólica, reservamo-nos algo que de algum modo limita a

---

[8] 8, 30; *PL* 77, 933.
[9] Cf. 1Pd 5, 1.
[10] Cf. 2Cor 1, 4.7.
[11] Cf. 1Cor 4, 1.
[12] Cf. 2Cor 3, 6-18.

autoridade episcopal, será sempre de forma bem definida, dentro de limites preestabelecidos e em vista, como o sabeis, do bem da Igreja e de sua unidade. A necessidade de um comando supremo aumenta na medida da amplidão do catolicismo, da gravidade dos perigos e das crescentes exigências do povo cristão, na diversidade de tempos e de circunstâncias em que vivemos, ou ainda, seja-nos permitido acrescentar, na medida em que a melhoria das facilidades de comunicação justamente o possibilitam. A unidade central do poder eclesiástico, que será sempre exercida com toda moderação e compensada pela participação e pelo ministério que se reconhecerão aos pastores locais, não deve ser interpretada como fruto do desejo de dominar, mas como um verdadeiro serviço, condizente com a natureza una e hierárquica da Igreja, que constitui o ornamento, a força e a beleza que Cristo lhe prometeu e de fato outorgou no decorrer dos tempos.

Realidade da comunhão hierárquica

259*   A esse respeito, lembremo-nos das palavras de nosso antecessor Pio XII, dirigidas a uma reunião de bispos: "A união e a devida comunicação de todos com a Santa Sé não provêm do desejo de obrigar nem de coagir ninguém a caminhar junto, mas é de direito divino e decorre da própria natureza constitutiva da Igreja de Cristo"[13].

260*   Esta norma em nada esvazia a autoridade episcopal. Pelo contrário, reforça-a não apenas em cada um dos bispos individualmente, como no conjunto do colégio episcopal. Muito admiramos e desejamos sejam preservadas as características próprias da sagrada hierarquia! Em sua origem está o amor de Cristo, a ser completado, difundido e transmitido de maneira íntegra e frutuosa através dos tempos, como tesouro sagrado da fé, do exemplo, dos mandamentos e dos carismas que Cristo deixou à sua Igreja como herança. A hierarquia é que gera a comunidade dos fiéis e lhe confere a devida estrutura. Por causa da hierarquia a Igreja é chamada de mãe e mestra. Por seu ministério nos são comunicadas as riquezas sacramentais. Sob sua liderança oramos a Deus. É ela que promove e sustenta as obras de caridade cristã. Colocados no ápice do governo dessa instituição, não podemos senão dedicar-lhe todo o nosso cuidado, nossa confiança e nossa proteção. Do contrário, negligenciaríamos nossa própria defesa. Haveria dever mais urgente, mais grave e mais grato que o de proteger a liberdade e a dignidade da hierarquia sagrada nos diversos países? Por acaso não se sabe que esta foi a luta dos soberanos pontífices em todos os momentos de sua história, especialmente nos dias que correm, nas quais as tribulações chegam ao paroxismo?

---

[13] *AAS* 46 (1954) p. 676.

Outro argumento em favor do episcopado católico seria lembrar como são significativos e válidos para a dignidade cristã e para a expansão da caridade os vínculos da comunhão hierárquica que unem os bispos à Sé apostólica. A Sé apostólica precisa de vós, veneráveis irmãos! Habitando as mais diversas regiões da terra, tornais a Igreja de fato católica e mostrais que é indispensável um centro e princípio da unidade de fé e de comunhão, papel que desempenha esta cátedra de Pedro. Contamos incessantemente com vossa ação, para ilustrar a face da Sé apostólica e não deixar que nada lhe falte em momento algum de fraqueza humana, na história. Pelo contrário, conserve-se sempre fiel na fé, dê os melhores exemplos por sua ação e seja confortada nas suas tribulações. **261***

Assim, na expectativa de que vossas reuniões declararão a doutrina da função episcopal, prestamo-lhes desde agora nossa homenagem fraterna, até mesmo paterna, e lhes rogamos, do fundo do coração, que exprimais vosso assentimento. Que neste Concílio, o consenso e o entendimento existentes entre as diversas ordens hierárquicas da Igreja, em união vital de fé e de amor, tornem-se mais profundos, mais fortes e mais santos, para a glória de Cristo, a paz da Igreja e a iluminação de todo o universo. **262***

Muita coisa teríamos ainda a dizer a esse respeito e a propósito de muitas outras questões que serão tratadas no Concílio, não fosse abusar de vossa paciência. **263***

Mas neste momento, desta basílica, não podemos deixar de saudar com especial benevolência todas as comunidades eclesiais a que pertenceis. Vêm-nos à mente, em primeiro lugar, os sacerdotes, espalhados por todas as partes da terra, que amamos e reverenciamos como autênticos e preciosos auxiliares dos bispos. Os religiosos empenhados em se conformar a Cristo e em serem úteis a seus irmãos. Os leigos e católicos em geral, que colaboram com a sagrada hierarquia para edificação da Igreja e prestam serviço a toda a sociedade. Todos os que sofrem na alma ou no corpo, os pobres e os perseguidos, que não saem de nosso pensamento, principalmente os que não tiveram nem a liberdade de comparecer ao Concílio. **264***

Saudamos depois os auditores, cuja nobreza de sentimentos e notáveis méritos tanto admiramos. Saudamos com alegria nossas filhas, as auditoras. É a primeira vez que mulheres participam de um concílio. Reconheçam os auditores e auditoras, no acolhimento que lhes damos, nossa disposição paterna de acolher todos os seres humanos e o desejo que alimentamos de que se corrobore a paz em que vive a sociedade cristã, unida no amor e na ação, em mútua colaboração. **265***

O papa traz em seu coração todos os cristãos

266* Saudamos finalmente os digníssimos e ilustres observadores. Há três sessões conciliares que estais presentes. Agradecemo-vos e reiteramos o testemunho de nossa vontade e efetivo empenho em poder um dia superar todos os impedimentos, suspeitas e desacordos que constituem ainda obstáculos para que estejamos numa mesma Igreja, compartilhando os mesmos sentimentos e formando "um único coração e uma só alma"[14].
No que depende de nós estamos dispostos a tentar tudo que é possível. A unidade é para nós um objetivo maior. Dedicar-lhe-emos o melhor de nós mesmos e o tempo que for necessário. Isto é uma novidade se compararmos com o passado lamentável em que se consumaram as diversas divisões. Enquanto as questões vão amadurecendo, alimentamos a esperança de um resultado feliz e amigável. É coisa tão importante, que está certamente nos segredos de Deus e não nos resta senão piedosa e humildemente suplicar para que sejamos dignos de tamanha graça, lembrando as palavras do Apóstolo, que se fez "tudo a todos"[15] (1Cor 9, 22), para que o Evangelho chegasse a todos os povos, adotando uma atitude de grande indulgência, que em nossos dias mereceria o apelativo de "pluralismo prático", recordando ainda que o mesmo Apóstolo nos exorta a "manter a unidade do espírito no vínculo da paz", pois "um só é o Senhor, uma só a fé, único o batismo e um só Deus, Pai de todos. Por isso, com absoluta fidelidade à única Igreja de Cristo, procuremos conhecer e avaliar tudo que se passa nas diversas comunidades cristãs que ainda estão separadas da nossa, verificando o que é verdadeiro e positivo.
Da mesma forma, pedimos a essas comunidades que conheçam melhor a fé e o modo de viver católicos, que não se ofendam com esse convite, mas vejam nisto o desejo fraterno de que participem o quanto antes da plenitude da verdade e do amor, a plenitude a que se refere o preceito de Cristo, que, independentemente de nossos méritos, ao mesmo tempo nos alegra e nos enche de responsabilidade, e que será mais evidente quando os cristãos participarem dela.

267* No entanto, veneráveis e ilustres hóspedes, que participais desta assembléia solene na qualidade de observadores, sede portadores de nossas saudações às diversas comunidades cristãs a que pertenceis e que representais. Ao mesmo tempo pensamos em todas as comunidades cristãs que não enviaram representantes. Abraçamos numa oração única e num mesmo amor todos os membros que estão ainda separados da integridade plena e visível do corpo místico de Cristo. Nesse empenho de amor e de piedade, crescem ao mesmo tempo nossa dor e nossa esperança. Ó Igrejas distantes de nós, como estais próximas!

---
[14] Cf. At 4, 32.
[15] Cf. Ef 4, 3.5-6.

Igrejas com que sonhamos, cheios de benevolência! Igrejas que desejamos, a ponto de perder o sono! Igrejas de nossas lágrimas, que tanto desejamos abraçar e honrar com o amor de Cristo! Cheguem até vós as palavras cheias de amor, que emanam desse eixo de unidade, que é o túmulo de Pedro, apóstolo e mártir, e desse Concílio Ecumênico inspirado na paz e no amor. Por muito tempo continuaremos separados, a reconciliação está ainda distante. Sabei, contudo, que já estais no nosso seio. Que a misericórdia de Deus ouça os nossos votos e satisfaça nossos desejos e esperanças!

Voltamo-nos finalmente para a sociedade em que vivemos, que nos encara com favor, com displicência e até com hostilidade. Saudamo-los mais uma vez, como já o fizemos da gruta de Belém, empenhando-nos para que a Igreja esteja a serviço da salvação espiritual e da prosperidade civil dos seres humanos e que gozemos todos da paz e da verdadeira felicidade. **268***

Exortando-os a orar em comum ao Espírito Paráclito, abrindo oficialmente a terceira sessão deste Concílio Vaticano II, em nome do Senhor, confiantes na proteção da santíssima Virgem Maria, dos santos apóstolos Pedro e Paulo, damos a todos, com amor, a bênção apostólica[16]. **269***

Discurso de Paulo VI na 116ª Congregação Geral

6 de novembro de 1964

Caríssimos, sabei que muitas vezes desejamos intervir nas reuniões do Concílio, que celebrais nesta Basílica Vaticana. **270***

Resolvemos então presidir ao menos a uma de vossas congregações gerais e escolhemos aquela em que ides discutir o projeto referente às missões. A razão foi por certo a grande importância do tema de que hoje vos ocupais. **271***

Nós, sucessores de Pedro, e vós, dos apóstolos, ouvimos hoje de modo particularmente intenso o mandamento de Cristo: "Ide pelo mundo inteiro e pregai o Evangelho a toda criatura" (Mc 16, 15), de que depende a salvação **272***

---

[16] *AAS* 56 (1964), pp. 805-816.

do mundo. Dentre outros, o objetivo deste Concílio é de encontrar novos caminhos, novos modos de agir e novo ânimo para que o Evangelho seja divulgado de maneira mais ampla e mais eficaz.

273*   O projeto que tendes em mãos trata dessa questão. Quanto pudemos avaliar, há muita coisa excelente no que se refere às matérias tratadas, aos argumentos aduzidos e à ordem em que são apresentados. Por isso achamos que será fácil aprová-lo, apesar de algumas passagens que deverão ser aperfeiçoadas. Que os sensatos conselhos, as ações analisadas, as orientações e modos de agir aí indicados contribuam para traçar um caminho eficaz para o Reino de Deus neste mundo a fim de que a semeadura evangélica venha a produzir muitos frutos.

274*   Agrada-nos, sobretudo, a lembrança constante de que toda a Igreja deve ser missionária, de sorte que cada fiel o seja também, de espírito e efetivamente, na medida do possível. Que todos aqueles que foram cumulados com o dom inefável da fé, iluminados com o esplendor do Evangelho, tornados participantes do sacerdócio régio e contados entre os filhos da Igreja, povo santo, dêem graças a Deus pelos benefícios recebidos, orem e contribuam generosamente em auxílio e para o sustento dos que anunciam o Evangelho. Nada é tão salutar aos seres humanos nem melhor contribui para a glória de Deus, na difusão da fé, do que o apostolado missionário, dentre todos o mais excelente e o mais eficaz, e os corajosos esforços que se fazem nesse sentido, numa nobre emulação da devoção, cheia de confiança na Providência e generosa na distribuição de benefícios. "Teu benfeitor quer que sejas generoso. Ele te dá o que tens e quer que o retribuas, quando diz: 'dai e vos será dado'"(Lc 6, 38)[1].

275*   No entanto, o campo evangélico, mesmo quando bem cultivado, só se torna fecundo e se reveste de frutos quando chove a graça divina. Por isso, às esmolas e obras pias devem-se acrescentar preces fervorosas a Deus pelas missões. "Ó Deus, queres que todos os seres humanos sejam salvos e alcancem o conhecimento da verdade. Envia, te pedimos, operários para tua messe, dá-lhes proclamar com confiança a palavra de Deus, para que o teu conhecimento se difunda e seja acolhido, a fim de que todos os povos te reconheçam como único Deus verdadeiro, que enviaste o teu Filho Jesus Cristo Senhor nosso"[2].

276*   Antes de concluir esta breve fala, saudamos de bom grado todos os padres conciliares que trabalham pelo reino de Cristo nas regiões mais longínquas.

---

[1] S. Leão Magno, sermão XVII, *PL* 54, 181.
[2] *Missal Romano*, missa da propagação da fé.

Assim como a eles se dirige nosso agradecimento, por seu intermédio chegue também a todos os sacerdotes e missionários de ambos os sexos, catequistas e auxiliares, bem como a todos que os auxiliam e que sustentam suas iniciativas.

Que a bênção apostólica que damos a todos venha confirmar esses nossos generosos propósitos.

"Abençoe-nos Deus, nosso Deus, abençoe-nos Deus, e o temerão todos os recantos da terra" (Sl 66, 8)[3].

DISCURSO DE PAULO VI NO ENCERRAMENTO DO TERCEIRO PERÍODO DO CONCÍLIO

21 de novembro de 1964

Veneráveis irmãos,

Depois de dois meses cheios de atividade e de vida fraterna, agradecemos a Deus pela feliz celebração deste Concílio Ecumênico Vaticano II, cuja terceira sessão encerramos hoje com esta reunião solene e sagrada. Realmente devemos louvar a Deus, recordando e proclamando-lhe graças por nos ter especialmente concedido estar presentes e atuantes neste evento histórico, desempenhando até o papel principal, atribuindo, porém, a Deus, felizes e com humildade, toda a sua força, significação e plenitude.

277*

Convém ouvir, como se fossem a nós dirigidas, as palavras do Senhor: "Felizes vossos olhos, que vêem, e vossos ouvidos, que ouvem" (Mt 13, 16). Voltam-se para nós os olhos da Igreja, representada por seus pastores, aos quais estão unidos seus rebanhos. Aqui está a Igreja, que se reuniu por graça de Deus, respondendo ao nosso apelo. Aqui está a hierarquia católica, incumbida de constituir e dirigir o santo povo de Deus. Reuniu-se agora numa única Sé, alimentada por um só espírito, em prece conjunta, numa só fé e num único amor, de boca e de coração.

Magnífica reunião, que não cessamos de admirar nem esqueceremos jamais, realizada em busca da glória do Pai, do Filho e do Espírito Santo,

---
[3] *AAS* 56 (1964), pp. 998-999.

com o objetivo maior de celebrar o anúncio da revelação e lhe perscrutar a mais autêntica e mais profunda significação. Assembléia de pessoas que não se reúnem para alcançar vantagens ou interesses próprios, distintos uns dos outros, mas inteiramente empenhadas em dar testemunho da mesma verdade divina. Somos todos seres humanos, portanto, fracos e sujeitos a errar, mas temos a certeza de poder alcançar a verdade que supera todas as controvérsias. Somos todos homens de nossa época e filhos de nossos respectivos países, mas, por nossa função, encarregados de superar os limites do tempo e do lugar em que vivemos e assumir a salvação espiritual de todos os seres humanos, nossos irmãos. Somos pessoas, com vontade firme e inflamadas por um amor maior do que nós mesmos, num impulso que poderia parecer temerário, mas que exprime a confiança tranqüila no sentido da história e da vida humana, de que Cristo é a fonte de todo vigor, de toda grandeza, de toda beleza e da perfeita unidade. Somente Cristo! É admirável, veneráveis irmãos, que estejais presentes. Admiram-se os seres humanos que nos contemplam de fora. Haverá espetáculo mais religioso? Mais edificante? Mais solene?

Completa-se o Vaticano I

278* Nossa alegria é ainda maior se consideramos esta sessão conciliar que estamos encerrando. Vêm-nos à mente os assuntos discutidos e o que ficou estabelecido. Discutimos e declaramos a doutrina da Igreja, completando assim o ensinamento do Concílio Vaticano I. Refletimos sobre o mistério da Igreja e sobre o desígnio de Deus que presidiu à sua constituição.

279* Ainda uma vez repitamos: demos graças a Deus por este feliz resultado. Que a alegria tome conta de nossos corações. Daqui por diante ser-nos-á mais fácil entender o que pensa Deus do corpo místico e deste conhecimento, deduzir normas mais claras e mais seguras para a vida da Igreja e haurir as forças necessárias para nos empenharmos na busca da salvação de todos os seres humanos, intensificando a esperança no crescimento do reino de Cristo no mundo. Bendigamos, pois, ao Senhor!

280* Seria demasiado longo relembrar tudo que foi feito. Com piedade e afinco estudou-se tudo que diz respeito à verdade, de acordo com o que está contido na santa Bíblia e na autêntica tradição da Igreja. Deu muito trabalho distinguir o que é primordial e indispensável à Igreja, imutável e firme, daquilo que, por sua própria natureza, está sujeito a evolução e progresso. Finalmente, procurou-se focalizar o mistério da Igreja e iluminar a vida do corpo místico de Cristo em todas as suas partes, relativamente a todas as suas funções e a todos os fins a que está ordenado.

Mas o ponto mais difícil do trabalho espiritual desenvolvido foi, sem 281* dúvida alguma, a questão do episcopado. Seja-nos por isso permitido agora um breve comentário à nossa posição.

Queremos confessar uma única coisa: Fomos nós que quisemos que esta 282* doutrina fosse tão amplamente estudada e discutida e que se chegasse a uma conclusão bastante clara. Era indispensável completar o Concílio Ecumênico Vaticano I. Era o momento oportuno. Constituía uma exigência do desenvolvimento dos estudos teológicos, da expansão da Igreja Católica em todo o planeta, das questões que a Igreja enfrenta no dia-a-dia de sua atividade pastoral e até uma solicitação de muitos bispos de que se esclarecesse a doutrina referente a seu ministério. Convinha pois fazê-lo. Levando em conta as explicações acrescentadas, a declaração do sentido em que as palavras foram usadas e a determinação do peso teológico da doutrina proposta, segundo a mente do Concílio, não hesitamos nem um momento sequer em promulgar a constituição sobre a Igreja.

O melhor comentário a esta promulgação é de que não se modificou a 283* tradição. Queremos o que Cristo quis. Permanece a Igreja o que sempre foi. Ensinamos o que foi a Igreja durante séculos. Antes, apenas se vivia o que agora se exprime de maneira clara. O que antes dava lugar a considerações várias, discussões e até controvérsias, é agora doutrina certa. Reconheçamos que soou a hora em que brilha a doutrina, segundo o conselho providente de Deus. Precedeu-a longa e lenta evolução, mas hoje brilha cheia de força, provoca novos desenvolvimentos, aumenta-nos as forças, torna mais cheias de vida as instituições eclesiais.

Convém lembrar o lugar de honra que a constituição atribui ao povo de 284* Deus. É com a maior alegria que vemos solenemente reconhecida a dignidade de todos os nossos irmãos e filhos, que formam o povo santo. O ministério da hierarquia tem por finalidade e está todo voltado para sua vocação, santificação, governo e eterna salvação. É também um grande consolo observar o que se estabelece nesta Constituição a vosso respeito, irmãos no episcopado. Como ficamos felizes de ver declarada solenemente vossa dignidade, celebradas vossas funções e reconhecido vosso poder! Como agradecemos a Deus por ter tido a felicidade de proclamar a dignidade sagrada de vosso ministério e de prestar a devida honra à plenitude de vosso sacerdócio, tornando manifestos os vínculos que nos unem a vós, veneráveis e amados irmãos.

Não hesitamos em confirmar com toda piedade, como já o fizemos em 285* documento solenemente por nós publicado, a função primária, singular e universal, confiada pelo Cristo Senhor a Pedro e transmitida a seus sucessores, isto é, aos pontífices romanos, ofício que hoje, embora imerecidamente, desempenhamos. É preciso reconhecê-la na sua plenitude, respeitá-la e reverenciá-la. Afirmamo-lo, não por causa da dignidade que nos confere, pois tal função nos causa antes temor do que desejo de exercê-la, senão em virtude da honra devida às palavras de Cristo, da fidelidade à sagrada tradição e ao magistério da Igreja, do serviço prestado à unidade mesma da Igreja, da eficácia e da coerência na sua ação e da preservação do próprio governo eclesial.

Era preciso reconhecer clara e decididamente as prerrogativas do pontificado supremo no momento mesmo em que se resolvia a questão da autoridade episcopal, para que se envidenciasse que tal autoridade em nada as prejudica, mas, pelo contrário, coaduna-se perfeitamente com o poder do vigário de Cristo e cabeça do colégio episcopal, segundo o direito constitutivo da Igreja.

286* Em virtude da íntima articulação entre episcopado e primado, decorrente da própria natureza da Igreja, o episcopado constitui um corpo único e homogêneo, sujeito ao poder do bispo que é o sucessor de são Pedro, mas esse poder, longe de lhe ser estranho, é da mesma natureza que o episcopado, só que o preside como sua cabeça e centro. Por isso, nosso poder é o vosso, alegramo-nos com seu reconhecimento, proclamamos-lhe a grandeza e procuramos levá-lo à perfeição.

287* O reconhecimento do poder da função episcopal e de sua eficácia só faz aumentar entre nós a comunhão de fé, de caridade, de responsabilidade e de mútuo apoio. A ratificação e proclamação de vossa autoridade não nos faz temer nenhuma diminuição ou redução da nossa. Pelo contrário, sentimo-nos mais fortes com a união que nos torna irmãos. Mais bem dispostos a governar a Igreja, ao saber que é também a preocupação de cada um de vós. Mais confiantes no apoio de Jesus Cristo, por estarmos associados em seu nome, em busca de uma união cada vez maior entre nós.

Inaugura-se uma nova época para a Igreja

288* Não é fácil prever agora qual será o resultado prático da explicitação desta doutrina, mas é claro que resultará num grande aprofundamento espiritual e terá inevitável repercussão nas instituições canônicas. O Concílio Ecumênico será concluído na próxima quarta sessão. Para que seus decretos sejam postos em execução, serão criadas diversas comissões pós-conciliares, das quais os bispos serão chamados a participar ativamente. Terão então em vista as questões de interesse geral que vêm constantemente surgindo em nossa época. Tanto melhor preparados estaremos para enfrentá-las quanto pudermos contar com alguns de vós, veneráveis irmãos, que venham deliberar conosco durante certo tempo, contribuindo com o apoio de sua presença, o auxílio de vossa prudência nos negócios, a garantia de vosso conselho e o sufrágio de vossa autoridade. A participação dos bispos no governo da Igreja facilitará também a reformulação da cúria romana, levando em conta a experiência pastoral das diversas dioceses. Seu funcionamento, já tão eficaz pela fidelidade com que o serviço é prestado, poderá ser aperfeiçoado ainda mais, graças aos bispos provenientes das mais diferentes regiões, que, movidos pela caridade, hão de colaborar com sua sabedoria.

Na prática, a variedade dos estudos e a multiplicação das deliberações 289* podem causar alguma dificuldade. Às vezes é mais fácil encontrar a forma de agir quando não são tantas as possibilidades levantadas. Mas se essa visão do episcopado corresponde melhor à índole monárquica e hierárquica da Igreja e faz-nos dividir convosco nossas responsabilidades, com prudência e caridade haveremos de vencer as dificuldades, no que se refere às implicações daí decorrentes para a administração eclesiástica.

Esperamos que a doutrina sobre o mistério da Igreja, esclarecida e pro- 290* clamada pelo Vaticano II, comece desde logo a dar resultados benéficos para a humanidade em geral e especialmente para os católicos. Torna-se mais claro o verdadeiro perfil da esposa de Cristo. Os fiéis se dão melhor conta da beleza de sua mãe e mestra, compreendem como é, a um só tempo, simples e magnífica na sua instituição. Adivinham o milagre que podem ser consideradas sua história de fé, sua vida social e a excelência de suas leis, em contínuo desenvolvimento. Na Igreja se articulam os aspectos divino e humano. A humanidade dos que crêem em Jesus reflete o desígnio da encarnação e a realização da redenção, segundo o pensamento de Agostinho, pois é a manifestação do Cristo total, nosso Salvador.

Os primeiros a se alegrarem com tal espetáculo são os religiosos, homens 291* e mulheres que se dedicaram única e totalmente à busca da perfeição cristã. São os membros mais importantes da Igreja, seus filhos caríssimos e ardorosos defensores.

Alegrem-se igualmente nossos irmãos e filhos que vivem em países onde 292* até hoje não há verdadeira e justa liberdade religiosa. Recusa-se ou restringe-se o acesso à Igreja, denominada do "silêncio" ou das "lágrimas". A manifestação do que é a Igreja só lhes trará alegrias, ajudá-los-á a suportar as dificuldades e os confirmará no testemunho de fé, em que se assemelham a Cristo vítima, na redenção da humanidade.

A Igreja está aberta a todos

Alimentamos ainda a esperança de que tal doutrina da Igreja seja acolhida 293* de modo equânime e benevolente, em Cristo, por parte dos irmãos separados. Como gostaríamos que a doutrina exposta de maneira ampla no esquema do ecumenismo, aprovado igualmente pelo Concílio, despertasse-lhes no espírito um fermento de amor que os levasse a ver melhor e a reconhecer que estão a caminho da comunhão conosco e a se tornar nossos iguais, por graça de Deus.

Por enquanto, esta mesma doutrina nos faz ver com grande alegria, no perfil da Igreja, que seu amor supera todos os obstáculos e continua crescendo; sua catolicidade, como se diz, longe de reprimir qualquer movimento sadio, se expande sempre e nos convida a ir mais além. Por isso nos seja permitido exprimir aos observadores aqui presentes, representantes das Igrejas ou confissões cristãs separadas de nós, nossa saudação reverente, testemunhando-lhes o agradecimento por terem vindo participar das congregações conciliares e pelos votos que têm feito por seu sucesso.

294* Gostaríamos também que a doutrina da Igreja trouxesse alguma luz e alegria para o mundo em que vive e em que está situada, pois é sua vocação ser um farol para as nações[1], a fim de que todos sigam com segurança o caminho da verdade e da vida. A doutrina do Concílio, como todos podem se dar conta, ao mesmo tempo que respeita as exigências mais severas da teologia que a Igreja ensina e prega, não deixa de levar em consideração o gênero humano, que converge para os mesmos objetivos da Igreja ou que, com ela, se ocupa das mesmas realidades históricas e sociais. A Igreja é para o mundo. Não reivindica para si nenhuma autoridade terrena, senão a que lhe permite melhor amar e servir os seres humanos.

295* A Igreja santa, que se esforça por aperfeiçoar seus sentimentos e sua unidade, não se afasta das preocupações e do modo de ser das pessoas com as quais convive. Procura conhecê-las melhor, para melhor compreendê-las e mais profundamente participar de suas angústias e de suas legítimas aspirações, e sustentar seus esforços em vista do desenvolvimento, da liberdade e da paz.

296* Voltaremos a esse tema na última sessão do Concílio, ao estudarmos o projeto sobre "A liberdade religiosa", que não houve tempo de tratar nesta sessão, e, além disso, o projeto sobre "A Igreja no mundo atual", que porá um fecho ao Concílio, como já foi decidido nesta sessão, sendo pois este o trabalho que nos espera na quarta e última sessão.

Maria, mãe da Igreja

297* Dito isto, antes de terminar, nosso pensamento se volta para algo mais suave.

---

[1] Cf. Is 5, 26.

Não podemos deixar, veneráveis irmãos, de pensar na santíssima Virgem **298***
Maria, com a sinceridade e a gratidão de filhos, que nos alegramos de ter
como protetora do Concílio, testemunha de nossos trabalhos e amabilíssima
conselheira, pois o Concílio foi colocado sob a proteção sua e de são José[2].

No mesmo espírito, no ano passado, reunidos na Basílica Liberiana[3], **299***
quisemos honrar a ilustre mãe de Deus, aí venerada na imagem em que é
chamada "salvação do povo romano".

A honra que neste ano o concílio quer prestar a Maria é muito maior e **300***
mais significativa. Hoje, a promulgação da constituição sobre a Igreja, com
um capítulo inteiro sobre Maria, permite-nos afirmar que esta terceira sessão
termina num grande hino de louvor à mãe de Deus.

Primeiro nos comove o fato de que um concílio ecumênico tenha consti- **301***
tuído um verdadeiro corpo doutrinal católico sobre o lugar que a santa Virgem
Maria ocupa no mistério de Cristo e da Igreja.

Aliás, o Concílio atua assim de maneira perfeitamente coerente com seus **302***
objetivos de descrever o perfil da santa Igreja, inseparável da Virgem Maria,
sua "porção mais importante, melhor, principal e entre todas seleta"[4].

A Igreja não é só hierarquia, liturgia, sacramentos e sistema institucional. **303***
O que a Igreja tem de próprio, constitui sua força e está na raiz de sua ação
santificadora dos seres humanos, é a união mística com Cristo. Ora, é impossível pensar sequer nesta união, independentemente de Maria, mãe do Verbo
Encarnado, intimamente associada por Cristo à realização de nossa salvação.

Ao olhar pois para a Igreja, a alma, num ato de amor, contempla as mara- **304***
vilhas que Deus operou em sua santa mãe, de tal forma que o conhecimento
da Virgem Maria foi sempre um precioso subsídio para entender o mistério
de Cristo e da Igreja.

Considerando os laços que unem intimamente Maria à Igreja, tão bem **305***
indicados na constituição conciliar, somos levados, neste momento solene e
tão oportuno, a cumprir o voto expresso na conclusão da sessão anterior, voto
que é também de muitos outros padres conciliares, que pedem que o Concílio,
de maneira expressa, proclame o papel maternal que Maria desempenha em
relação ao povo cristão.

---

[2] *AAS* 53 (1961) pp. 37s, 211ss; 54 (1962), p. 727.
[3] S. Maria Maior, construída no lugar em que nevara milagrosamente no dia 5 de agosto de 932 e onde o papa Libório havia edificado a então igreja de S. Maria das Neves.
[4] Ruperto de Deutz, *In Apoc*.1. VII c.12; *PL* 169, 1043.

Em conseqüência, pareceu-nos conveniente que nesta assembléia pública atribuíssemos a Maria o título de honra, pedido de inúmeras partes do orbe católico, por nós acolhido de bom grado e que exprime com admirável brevidade o que o Concílio reconheceu à mãe de Deus.

306*   Por conseguinte, para a glória da santa Virgem Maria e para nossa consolação; declaramos Maria santíssima mãe da Igreja, isto é, mãe de todo o povo cristão, tanto dos fiéis como de seus pastores, que a chamam ternamente de mãe. Estabelecemos pois que sob este suavíssimo nome, o povo cristão honre cada vez mais a mãe de Deus, dirigindo-lhe preces instantes.

307*   Trata-se de um título absolutamente comum entre o povo cristão. Os fiéis e individualmente a Igreja se dirigem a Maria chamando-a principalmente de mãe. É um título que faz parte da mais autêntica piedade marial, pois se funda na própria maternidade divina do Verbo, que está na base de tudo que é Maria.

308*   Assim como é a causa da íntima relação de Maria com Cristo e de sua presença na obra da salvação por ele realizada, a maternidade divina está também na raiz das relações que Maria mantém com a Igreja. Maria se tornou mãe de Cristo quando Cristo assumiu a natureza humana em seu seio virginal. Nesse mesmo instante, o corpo místico de Cristo, que é a Igreja, estava unido à cabeça. Por isso, Maria, mãe de Cristo, é ao mesmo tempo mãe de todos os fiéis e de todos os pastores, por conseguinte, mãe da Igreja.

309*   Por isso nós, embora indignos e fracos, mas cheios de confiança e de amor filial, voltamos o olhar para Maria. Ela nos deu, no passado, Jesus, fonte de toda graça. Ela não poderá nunca deixar de socorrer maternalmente a Igreja, especialmente neste momento em que a esposa de Cristo procura tornar manifesto seu papel na história da salvação.

310*   Para sustentar e fomentar essa confiança, convém considerar a vinculação estreita do gênero humano com sua mãe celestial. Embora cumulada dos maiores e mais significativos dons divinos, para ser digna mãe do Verbo Encarnado, Maria permanece muito próxima de todos nós, como filha de Adão e nossa irmã, portadora da nossa mesma natureza. Foi preservada do pecado em vista dos méritos futuros de Cristo, mas viveu uma vida de fé exemplar, a ponto de ser saudada no Evangelho como "bem-aventurada porque acreditou".

311*   Foi, nesta vida, expressão perfeita do discípulo de Cristo, espelho de todas as virtudes, no seu agir, merecedora de todas as bem-aventuranças proclamadas por Jesus. Por isso, a Igreja, ao desenvolver suas inúmeras maneiras de viver e de agir, segue sempre o exemplo da mãe de Deus, que mostra como imitar perfeitamente a Cristo.

A devoção a Maria

Por que, depois da promulgação da constituição sobre a Igreja, achamos por bem ainda declarar Maria mãe de todos os fiéis e de todos os pastores, ou seja, mãe da Igreja? É que esperamos que o povo cristão recorra a Nossa Senhora com inteira confiança e com maior fervor, prestando-lhe o devido culto.

312*

Ouvindo nosso predecessor João XXIII, começamos o Concílio nesta assembléia "com Maria, mãe de Jesus". Também com Maria, mãe da Igreja, nos despedimos agora.

313*

Em sinal de gratidão pelo auxílio maternal recebido no decurso desta sessão, procurai, veneráveis irmãos, proclamar o nome e a honra de Maria junto ao povo cristão, propô-la como exemplo de fé, de pronta docilidade a todo impulso da graça celestial e de perfeita conformidade, por amor, à vida de Cristo. Desta forma, unidos sob o nome de Maria, sejam os fiéis todos testemunhas da fé, sigam a Cristo Jesus, cultivem o amor aos pobres, busquem a justiça e preservem a paz. Como já o dizia o grande santo Ambrósio: "Tenha cada um a disposição de Maria para louvar o Senhor; que em todos, como em Maria, exulte o Espírito de Deus"[5].

314*

Fique, porém, bem claro que Maria, humilde serva do Senhor, depende inteiramente de Deus e do Cristo Jesus, nosso único mediador e redentor. Não deve pairar nenhuma dúvida sobre a verdadeira natureza do culto devido à Virgem Maria, especialmente nas regiões em que os irmãos separados são mais numerosos. Mesmo quem não pertence à Igreja católica deve poder perceber, sem dificuldade, que a devoção a Maria não está voltada para a pessoa de Maria, mas consiste em contar com ela para ir mais fácil e concretamente a Cristo, unindo-se, por seu intermédio, ao Eterno Pai, com o vínculo do amor, no Espírito Santo.

315*

Voltemo-nos agora para Maria, em oração como Concílio Ecumênico e como Igreja, para que se encurtem os tempos da união entre todos os servidores de Cristo. Contemplamos o mundo inteiro, na imensidade de seus problemas, a que está atento este Concílio Ecumênico. Já o nosso predecessor, de feliz memória, Pio XII, teve a inspiração de consagrar solenemente o mundo ao coração imaculado de Maria. Apraz-nos lembrar hoje este feliz evento. Por isso, resolvemos enviar uma rosa de ouro, por especial delegação, ao santuário de Fátima, não só pela significação que tem para o povo português, que sempre muito estimamos, mas também por ser ele um marco para toda a família católica.

316*

---

[5] S. Ambrósio, *Exp. in Luc.* 2, 26: *PL* 15, 1642.

Nessa mesma linha, confiamos à proteção da mãe celestial todo o gênero humano, com suas dificuldades e angústias, suas aspirações e suas grandes esperanças.

Oração a Nossa Senhora

317*   Virgem Maria, mãe de Deus, ilustre mãe da Igreja, a ti confiamos toda a Igreja, em especial, o Concílio Ecumênico.

318*   Tu, que tão prazerosamente por nós és chamada de "auxílio dos bispos", toma sob tua proteção o exercício do ministério de todos os pastores, juntamente com os sacerdotes, os religiosos e os que pertencem à categoria de leigos, assim como todos os que com eles cooperam nos árduos encargos pastorais.

319*   Tu, que pelo próprio Salvador, teu Filho, foste dada ao discípulo amado, na cruz, como mãe amantíssima, lembra-te do povo cristão a ti então confiado.

320*   Lembra-te de todos os teus filhos, soma às suas preces teu poder e tua força junto a Deus, conserva-lhes íntegra e constante a fé, corrobora-lhes a esperança e inflama seu amor.

321*   Lembra-te dos que estão angustiados, passam necessidade e correm graves perigos, especialmente dos que são perseguidos ou estão presos por causa da fé católica. Obtém para eles a força e a esperança de alcançar em breve a liberdade.

322*   Olha com benignidade para nossos irmãos separados. Tu, que geraste Cristo, ponte e artífice da unidade entre Deus e os seres humanos, busca a nossa unidade.

323*   Templo de luz, sem sombra alguma nem jamais escurecido, ora a teu Filho, que nos reconcilia com o Pai[6], para que trate nossos erros com misericórdia, afaste-nos de toda disputa e nos conceda a alegria de nos amarmos como irmãos no fundo do coração.

324*   Virgem mãe de Deus, recomendamos todo o gênero humano ao teu imaculado coração, que nos leva a reconhecer no Cristo Jesus nosso único e verdadeiro Salvador. Afasta as calamidades causadas por nossos pecados, dá a todos a paz, que é fruto da verdade, da justiça, da liberdade e do amor.

---

[6] Cf. Rm 5, 11.

Finalmente, permite que toda a Igreja, nesta grande celebração do Concílio 325* Ecumênico, possa cantar solenes louvores à misericórdia de Deus, um hino de ação de graças, hino de alegria e de exultação, ao todo-poderoso, que agiu por teu intermédio, ó clemente, ó piedosa, ó doce Virgem Maria!

DISCURSO DE PAULO VI NA ABERTURA DO QUARTO PERÍODO DO CONCÍLIO

14 de setembro de 1965

Veneráveis irmãos,

Alegra-nos abrir, neste momento, o quarto período do Concílio Ecumênico 326* Vaticano II.

Louvado e agradecido seja Deus, Pai Onipotente, por Jesus Cristo, seu 327* Filho e nosso Salvador, no Espírito Santo Paráclito, que sustenta e governa a santa Igreja e que nos conduziu com sucesso a esta última convocação conciliar. Guiados por seu conselho supremo, a que tudo está sujeito, começamos por aderir total e firmemente às palavras divinas, viver fraternalmente no consentimento pleno à fé católica e nos dedicar então, com liberdade e empenho, às questões relativas à religião, especialmente à natureza e à função da Igreja de Deus. Assim, tendo progredido em comum, poderemos estreitar os laços de comunhão com os irmãos cristãos, ainda separados; poderemos, com toda sinceridade, fazer chegar ao mundo o anúncio do amor e da salvação; poderemos enfim, com humildade e firme esperança, apesar de nossa indignidade, obter que a misericórdia de Deus nos conceda os auxílios necessários ao desempenho de nossa função pastoral, com amor, alegria e dedicação.

Alegria na Igreja

Quão magnífico está sendo o Concílio! Alegra-nos celebrar a unidade da 328* Igreja visível nesta cerimônia grandiosa. Além dos aspectos palpáveis, unidade

---

[7] AAS 56 (1964) pp. 1007-1018.

no íntimo de nossas almas, no conhecimento recíproco que nos trouxe o Concílio, nas ocasiões em que oramos ou discutimos em comum, nas trocas de idéias que tivemos e nas conclusões unânimes a que chegamos. Com empenho e alegria, visamos sempre à unidade, esforçando-nos para alcançar o resultado belíssimo e certo, correspondente à suprema exortação feita por Cristo aos apóstolos.

A realização de tão magnífica reunião, repetimos, nos alegra a alma, reunião esta antecipadamente prevista para esta época do ano, na basílica construída em memória de Pedro apóstolo, fundamento da Igreja visível, em que já se realizaram as três primeiras sessões e em que começa agora a quarta. A hierarquia católica exprime assim, na prática, confirma e dá exemplo dos laços de concórdia e mútuo entendimento que podem ser conseguidos entre os seres humanos, apesar de sua grande variedade e dos graves desentendimentos que os divide em partidos opostos. É a manifestação, aos olhos de todos, da misteriosa catolicidade que nos caracteriza.

329* Recordamo-nos, a propósito, das palavras do grande Doutor, nosso antigo e santo antecessor, Leão Magno: "Ao ver reunida a multidão dos que comigo participam do sacerdócio, percebo que reunida até mesmo os anjos a admiram"[1].

330* Alegre-se conosco toda a Igreja, de que somos pastores e representantes, unida na mesma compreensão e nos mesmos sentimentos, pois se sentirá tanto mais ardorosa quanto mais se deixar compenetrar pela unidade.

331* Magnífico, o Concílio! Aproveitando o ritmo de sessões sucessivas, que nos vai acostumando à novidade desta reunião tão oportuna e de tanta importância, exortamos a não perder de vista o alcance e o que tem de admirável nossa celebração. Pelo contrário, o costume e a repetição destas sessões devem contribuir para nos tornar mais capazes e empenhados em captar a grande e variada significação mística deste evento. Que nenhum de nós se deixe, neste momento, vencer pela negligência, nem misture com outros sentimentos da vida cotidiana as lições que se podem neste momento único aprender. Deve ficar claro — permita-nos lembrar — que nesta reunião não deve prevalecer nosso interesse individual, pois está conosco Cristo, em cujo nome nos reunimos[2] e que nos acompanha em nossa caminhada terrestre[3].

Ouvir o Espírito Santo

332* Neste último período conciliar, buscar o pleno assentimento interior é gravíssimo dever de cada um, de acordo com seu modo de ser moral e es-

---
[1] *Sermo* II, no aniversário de sua eleição: *PL* 54, 143.
[2] Cf. Mt 18, 20.
[3] Cf. Mt 28, 20.

piritual. Não hesitemos, apesar das muitas ocupações que nos assaltam, em consagrar o tempo devido à meditação, para que nossa mente se incline com docilidade à ação íntima de Deus e a ela se conforme. A graça opera sempre nesse sentido, mas de maneira especial quando está em jogo o bem da Igreja, como no Concílio. Pois é onde se aplica, por excelência, a palavra de Paulo, ao dizer que somos "cooperadores de Deus" (1Cor 3, 9), não por conquista nossa, como se conferíssemos eficácia à própria ação divina, mas por esperarmos que nosso tênue e insignificante agir seja confortado e revigorado pela força de Deus.

Na sua conclusão, bem o sabemos, o Concílio adotará a ousada expressão dos apóstolos: "Pareceu (...) ao Espírito Santo e a nós" (At 15, 28). É preciso pois nos esforçarmos não só por unir nossa ação à do Espírito, mas para nos ajustarmos em profundidade ao Espírito, deixar que sua ação ilumine, corrobore e santifique a nossa. Sabemos o que significa essa exigência. No Apocalipse, por sete vezes se advertem os anjos das Igrejas, denominação que é dada aos seus pastores: "Ouça quem tem ouvidos para ouvir o que o Espírito diz às Igrejas"[4].

Nos próximos dias, últimos do Concílio, é importante abrir cada vez mais os ouvidos à voz secreta do Paráclito, para que o Espírito Santo derrame em nossos corações o amor, a sabedoria e a capacidade de julgar com retidão, que brota da ciência profunda, dom precioso pelo qual a mente tem acesso a Deus, que torna expressão de amor tudo que pensa e faz. O amor, nascido de Deus, transforma-se em amor que leva a Deus, à sua contemplação e à plena união com ele.

Tríplice ato de amor: a Deus, à Igreja e à humanidade

Tal progresso no amor deve-se tornar a característica peculiar desta última parte do Concílio. Precisamos fazer de tudo para experimentarmos, nós mesmos, esse progresso a fim de que este tempo de plenitude da Igreja adquira toda a significação e eficácia a que é chamado. Animados pela caridade, deixemo-nos guiar unicamente pelas verdades que queremos colocar em plena luz e pelo que visamos estabelecer, como foi anunciado como lídima expressão do amor, pelo próprio Concílio, que se apresenta como instrumento da mais alta e valiosa autoridade pastoral. É a caridade que nos guia em busca da verdade, tanto da doutrina como das normas a estabelecer, de acordo com o que dizia santo Agostinho: "Bem algum é realmente conhecido senão o que se ama"[5]. 333*

Para imprimir essa característica de amor ao Concílio, basta considerar a tríplice dimensão do amor ardente: para com Deus, para com a Igreja e para com o gênero humano. 334*

---

[4] Cf. Ap 2, 7; 3, 22.
[5] *De diversis quaest.*, 83: *PL* 40, 24.

Na esfera da luz divina

335*   Comecemos por nos voltarmos para nós mesmos. A convocação do Concílio não nos colocou, precisamente, em tensão, na perspectiva de um esforço espiritual a ser feito? Sacudiu-nos do torpor da rotina do dia-a-dia e despertou-nos para uma consciência maior de nossa vocação divina e de nossa função, estimulando forças latentes e inflamando-nos com o espírito de profecia, próprio da Igreja de Deus. Mostrou-nos a necessidade e o dever de professar abertamente nossa fé, celebrar louvores a Deus, aderir mais profundamente a Cristo e proclamar no mundo o mistério da revelação e da redenção. Não está a caridade na raiz de tudo isso? Alçados a esta espécie de tribuna, de que se contempla o mundo obnubilado pela dúvida e pela indiferença religiosa, aproximamo-nos da luz de Deus. Esse enriquecimento espiritual faz emergir a nós e a nossos companheiros e todos os seres humanos, nossos irmãos, com quem convivemos, acima da terra, das coisas em que estamos embaraçados e como que perdidos, para contemplar o brilhante sol da vida, como está escrito, "vida que era a luz dos seres humanos" (Jo 1, 4).Na alegria, no espírito e na verdade, falamos como filhos a Deus nosso Pai, cheios de humildade. Cantando e chorando o louvamos, por sua grande glória, manifestada ainda mais hoje, pela extensão de nossos conhecimentos. Dizemos-lhe nossa felicidade, por nos ter revelado seu nome, seu reino e sua vontade. Não lhe escondemos a nossa dor pelos sofrimentos do mundo, provenientes dos graves desmandos e da imensidade de nossa miséria. Fortalecidos, porém, como nunca, pelo vigor com que nos sentimos impulsionados a ser os defensores do espírito, responsáveis pelos destinos humanos e arautos de uma esperança que não falha. Isto não é porventura a caridade, a que se refere a Escritura quando diz que "acreditamos na caridade, que Deus manifesta em nós"? (1Jo 4, 16).

336*   Dentre os acontecimentos atuais, o Concílio é o evento em que se afirmam de maneira extraordinária o prestígio e a luz, a humanidade e a sublimidade da religião, vinda, não dos homens, mas revelada por Deus e constituída, acima da natureza, pelo amor do Pai inefável, por seu Filho e nosso irmão Jesus Cristo, no Espírito Santo, fonte da vida, e que envolve todo o gênero humano.

O ímpeto pastoral do coração de Cristo

337*   Eis o segundo aspecto da caridade, característica do Concílio. Ao apontá-lo, percebemos que não estamos sozinhos. Formamos um povo, o povo de Deus. A Igreja católica. Sociedade única, ao mesmo tempo visível e espiritual. O Concílio salienta que nossa Igreja é uma sociedade fundada na unidade da fé e na universalidade do amor. Falar de uma sociedade humana é questão histórica de primeira importância, embora jamais realizável, como no caso de Babel, de que constatamos hoje a dolorosa realidade. Contudo, a universalidade nos é essencial, se bem que só a podemos afirmar em princípio, reconhecendo, no máximo, a virtualidade de se tornar um dia efetiva.

Sabemos, entretanto, que a solução de que dispomos não falhará, pois consiste na comunhão que nos une e à qual exortamos a todos, para vantagem ou em favor deste ou daquele indivíduo ou comunidade particular, senão com base no princípio religioso imutável do amor: amor para com todos os seres humanos, não por seus méritos ou em proveito nosso, mas por causa do amor com que Deus nos ama a todos. Nunca, desde o tempo em que era "um só coração e uma só alma" (At 4, 32), a Igreja afirmou, viveu e celebrou, pediu e desejou tanto integrar a unidade mística que Cristo lhe concedeu quanto na celebração deste Concílio.

Foi bom que fizéssemos esta experiência da unidade que nos constitui a todos uma família, um povo de Deus, o corpo místico de Cristo, ao tratarmos dos tempos tão turbulentos em que vivemos, na perspectiva até de dias piores, quando assistimos populações, que perderam toda esperança, empenharem-se em lutas implacáveis contra o convívio universal das nações. Foi excelente reunirmo-nos, sentirmo-nos irmãos, intercambiando o ósculo da paz; numa palavra, amando-nos uns aos outros como Jesus nos amou.

Aqui se manifesta o amor recíproco, o que confere à história desse Concílio uma nota particular. Quem deseja descrever o que é a Igreja, que a observe sob esse ângulo, nos tempos que correm, em que a ameaçam tantos perigos. Como agiu a Igreja em meio à tempestade? Amou, é a única resposta a dar. Amou com espírito pastoral, como o reconhecem todos, embora não seja fácil avaliar a profundidade e a intensidade desse amor, cuja confissão Cristo arrancou três vezes do peito ardente e penitente de Pedro: "Disse Jesus a Simão Pedro: "Simão, filho de João, tu me amas mais do que estes?". "Sim, Senhor, tu sabes que eu te amo", e Jesus lhe disse então: "Apascenta os meus cordeiros" (Jo 21, 15). O mandamento de lhe apascentar o rebanho, brotado do amor de Cristo, vale ainda hoje: é o que sustenta esta Sé. Vale aliás também para vós, veneráveis irmãos, pois é a base de vossas respectivas Sés. Temos hoje talvez uma consciência nova e mais vívida dessa realidade. O Concílio afirma que a Igreja é sociedade baseada no amor e por ele governada. **338***

Enquanto se celebrava o Concílio, a Igreja, pode-se dizer, amava. Amava com espírito missionário. Todos sabem que no Concílio a Igreja ordenou a cada um de seus verdadeiros filhos que, para serem apóstolos, amassem. Fez de tudo para que o empenho apostólico fosse levado ao máximo, alcançando todos os seres humanos de todas as nações e de todos os estratos sociais. Proclamou, como gostaríamos que se proclamasse sempre, a universalidade do amor, com intensidade superior às forças dos que se lhe opõem ou dele exigem uma dedicação total. **339***

340* Celebrando o Concílio Vaticano II, a Igreja também amava, com amor ecumênico, abrindo-se com ternura e bondade a todos os irmãos cristãos, que ainda não comungam inteiramente conosco, na Igreja una, santa, católica e apostólica.

341* O ponto que mais se discutiu no Concílio, e sempre com grande emoção, foi, sem dúvida, a grave questão de como recobrar a unidade de todos os cristãos, querida por Cristo. Discutiram-se as dificuldades que ainda existem e alimentou-se a esperança, que nunca se apaga. Não é este um grande sinal de caridade, veneráveis irmãos, reverendos e caros observadores?

Amor sobrenatural a todos os seres humanos hoje

342* Não se pode querer que o Concílio, reunido em nome de Cristo e de sua Igreja, com características e objetivos bem precisos, trate de tudo, tenha querido excluir ou ignorar os muitos problemas que nem aborda, especialmente quando nada ou pouco têm a ver conosco, que formamos a Igreja, o Reino de Deus, sem, aliás, nenhum mérito nosso.

343* Na realidade não é assim. O amor, que nos sustenta em comunhão, não nos separa dos demais seres humanos, impede-nos de nos considerar alheios ao que se passa no mundo, preocupados unicamente com o que nos interessa. Proveniente de Deus, o amor nos ensina a buscar a universalidade. A verdade a que aderimos nos impele a amar, como nos exorta o Apóstolo: "Realizar a verdade no amor" (Ef 4, 15). O Concílio dá grande importância a esse amor, que entende ser o nosso dever de ofício. São Paulo o deixa perceber quando recorre ao conceito de pressão, ao dizer que "o amor de Cristo nos pressiona" (2Cor 5, 14). Sentimo-nos compelidos a abraçar todo o gênero humano com nosso amor. Devemo-lo realmente a todos[6]. Neste mundo, a Igreja não é fim em si mesma, mas está a serviço de todos os seres humanos. Empenha-se de coração em tornar presente Cristo a todos os seres humanos, a cada mulher e a cada homem. É mensageira do amor e artífice da verdadeira paz, segundo as palavras de Cristo, ao dizer que "veio incendiar a terra" (Lc 12, 4 9). Para realizá-lo de maneira pública precisa da Igreja; e o Concílio lhe oferece especial oportunidade.

344* Pode-se então dizer que a história da salvação, história terrena do amor divino, encaminha-se hoje para o desenlace? Como não reconhecer que o Concílio tornou a Igreja mais consciente de si mesma, dos misteriosos desígnios de Deus, que "amou o mundo" (Jo 3, 16), e da natureza de seu papel, que sempre se mostrou capaz e bastante vigoroso para suscitar os germes de um novo ânimo a ser comunicado à sociedade?

---

[6] Cf. Rm 1, 14.

O Concílio, além disso, oferece novas perspectivas a cada um de nós e 345* a todo o mundo. Que podemos fazer, que pode fazer a Igreja senão contemplá-las e abraçá-las?[7] A sessão que está começando versará principalmente sobre os problemas do mundo, por isso requer muito amor para com os seres humanos tais quais são nos dias de hoje, como são e da forma que vivem, onde quer que se encontrem.

Não é o que sentem e o que fazem os que procuram servir a humanidade 346* de um ponto de vista completamente diverso, com poder, riqueza, ideologias, disputas, vantagens privadas. A Igreja prega o amor. O Concílio deve ser a manifestação pública e solene do amor para com a sociedade dos seres humanos. Cristo está conosco para que realmente o seja.

Os irmãos na aflição

De repente vêm-nos à mente pensamentos muito diversos desta suave 347* manifestação de benevolência humana e cristã, aberta a todos os indivíduos e sociedades humanas. A experiência de fato nos ensina que o amor, como tudo mais que é humano, talvez até mesmo principalmente o amor, é sempre causa também de negligência, repugnância e desprezo. Não há evento mais triste nem tão lamentável como a morte de Cristo na cruz, cuja causa foi, ao mesmo tempo, seu amor e o ódio de seus inimigos. A arte de amar é muitas vezes arte de sofrer.

Com a Igreja é a mesma coisa. Deixará ela de amar por causa dos riscos 348* e das dificuldades em que incorre?

Ouvi de novo as palavras de são Paulo: "Quem nos separará do amor de 349* Cristo?" (Rm 8, 35). Recordai as adversidades a que alude o Apóstolo, como que numa provocação, para mostrar que nada nos deveria separar do amor de Cristo. O Concílio tem pedido a Deus para participar da alegria dos primeiros apóstolos[8], se for preciso suportar ainda alguma ofensa por causa de Jesus.

Já é enorme a ofensa feita ao Concílio em sua paz, quando se impede injustamente que até aqui venham, veneráveis irmãos, muitos dos que deveriam estar conosco. É sinal de que até hoje permanecem, em muitos países, medidas vexatórias de opressão contra a Igreja católica, que se procura erradicar e destruir. Ao lembrá-lo, enche-nos a alma de tristeza, considerando como o mundo ainda está longe de alcançar a verdade, a justiça, a liberdade e o amor, numa palavra, a paz, para usar a terminologia de nosso antecessor, João XXIII[9].

---

[7] Cf. Mc 10, 21.
[8] Cf. At 4, 41.
[9] Cf. enc. *Pacem in terris*, 11 de abril de 1963: *AAS* 55 (1963), p. 303.

Invocação em favor da paz no mundo

350*   Fiéis às orientações do Concílio, procuramos fazer jus às duas exigências do amor, primeiro universal, voltado especialmente para os irmãos que enfrentam dificuldades. Que os anjos de Deus os façam saber que os saudamos, voltando para eles nossas mentes e envolvendo-os com nosso maior amor! Para seu consolo, saibam que seu exemplo é uma glória para a Igreja. Procurem, pois, fazer com que seu amor pela Igreja não se apague com as lágrimas, mas até se reforce com a esperança.

351*   O amor dirige-se também aos que atacam Cristo e sua Igreja causando medo e dificuldades aos servidores de Deus. Tratemo-los com humildade e amor, como nos ensinou Jesus: "Amai vossos inimigos (...), orai pelos que vos perseguem e caluniam" (Mt 5, 44). O Concílio segue esse ensinamento. Deseja alimentar sentimentos de bondade e paz mesmo para com aqueles que preconceituosamente agem contra a religião ou injustamente atacam a Igreja. Em lugar de condená-los, recomenda-os a Deus na oração. Oremos com amor a Deus, veneráveis irmãos, para que se digne estender a todos a misericórdia, a fim de que seja completo o triunfo do amor.

352*   Também a paz triunfe entre os seres humanos! Nos dias de hoje, duros conflitos entre os povos a ensangüentam e a dilaceram, quando justamente mais se tem necessidade de paz. Não podemos deixar de exprimir, neste momento, o desejo ardente de que cessem as guerras e voltem a reinar o respeito mútuo e a concórdia entre os povos, para que antes de tudo e definitivamente triunfe a paz.

353*   Terminamos aqui nosso discurso, que quis apenas esclarecer melhor e reforçar a significação desta última sessão. Como pudestes observar, não entramos em nenhum dos argumentos que serão discutidos. Este silêncio significa uma verdadeira declaração. Silenciamos para que nossas palavras não venham, eventualmente, a pesar indevidamente na expressão de vossas opiniões.

354*   Mas há coisas sobre as quais não podemos silenciar. Primeiro, agradecer de coração a todos que trabalharam nas comissões e subcomissões, com competência e aplicação, como se poderá logo ver nos esquemas que adquiriram forma mais bem elaborada. Alguns serão submetidos a vosso voto, mas todos foram objeto de estudo, que tomou muito tempo e exigiu muito trabalho, merecedores de louvor e ação de graças.

A instituição do "sínodo dos bispos"

355*   Depois, alegramo-nos em vos dar a notícia, em primeira mão, da criação, em breve, de acordo com as aspirações e desejos expressos do Concílio, de um sínodo dos bispos, composto na sua maioria de bispos das conferências episcopais das diversas nações, nomeados com nossa aprovação. O pontífice romano o convocará em função das necessidades da Igreja, para poder contar com o conselho e o auxílio dos sagrados pastores todas as vezes que lhe parecer oportuno, tendo em vista a utilidade e o bem comum da Igreja.

Inútil acrescentar que este auxílio dos bispos é reclamado em vista do bem da Santa Sé e de toda a Igreja, especialmente em função dos trabalhos cotidianos da Cúria Romana, a que mais uma vez agradecemos, reconhecendo a importância dos serviços que presta, de que precisamos tanto, em nossa solicitude apostólica, como cada um dos bispos, em suas respectivas dioceses.

Maiores informações e as normas do novo sínodo dos bispos serão dadas a conhecer assim que possível, no Concílio. Mas não quisemos declinar a honra nem a alegria de vo-lo anunciar, como nova demonstração de confiança e de união fraterna. Recomendamos esta nova instituição, em que depositamos tanta esperança, ao patrocínio da Virgem Maria.

A visita do papa às Nações Unidas

Finalmente gostaria de aludir ao que já sabeis, nossa decisão de aceitar 356* o convite do Conselho das Nações Unidas para irmos à sua sede em Nova Iorque, na comemoração de seu vigésimo aniversário de fundação. A viagem será feita durante esta quarta sessão, mas será muito rápida, se Deus quiser, com o objetivo de levar aos que ali se encontrarão reunidos nossa mensagem de paz. Confiamos que vós todos nos apoieis nessa missão. Queremos que nossa voz seja a expressão da vossa, pois o encargo apostólico vos foi confiado como também a nós, para anunciar e rezar pela concórdia, pela justiça, pelo amor fraterno e pela paz entre os seres humanos, amados por Deus e cheios de boa vontade.

Não posso terminar sem vos saudar a todos em Cristo, irmãos nossos, 357* presentes neste Concílio e vindos tanto do Oriente como do Ocidente.

Especial testemunho de obséquio e benevolência seja reconhecido aos 358* membros do corpo diplomático. Saudamos todos os observadores, a quem muito agradecemos. É para nós uma alegria e uma honra tê-los aqui presentes. Fazemos questão de que não duvidem de nossa sinceridade. Saudamos também os auditores e as auditoras, bem como os peritos e todos aqueles que prestam serviço e colaboram na celebração do Concílio, especialmente a imprensa, o rádio e a televisão. Recebam todos a nossa bênção apostólica[10].

---

[10] *AAS* 57 (1965) pp. 794-805.

Mensagem *Nuntius Evangelii Pacis* enviada por Paulo VI à Assembléia das Nações Unidas[1]

359* Como mensageiros do Evangelho da paz, atravessamos o oceano para estar presentes a esta grande assembléia das Nações Unidas. Poderíamos vos falar e dizer o que pensamos por intermédio de legados ou de muitas outras maneiras. Mas quisemos vir pessoalmente e vos falar de viva voz para comprovarmos pelos fatos a atenção e importância que damos aos vossos trabalhos.

360* Constituís uma assembléia de paz, para promover entre os povos que legitimamente representais a concórdia pacífica, a segurança, a ajuda mútua e para protegê-los contra as ameaças e perigos sempre renascentes da violência e da guerra. Não há outro caminho para se alcançar o bem público do gênero humano senão o que abraçastes e que consiste na observância do direito, da liberdade corretamente entendida, da dignidade da pessoa, afastando-se a criminosa loucura da guerra e a violência destruidora dos poderosos. A respeitável organização que constituístes, na sua forma, não poderia ir melhor. Seria desumano e maldoso querer danificá-la.

361* "Tal é o bem da paz, que nada há de tão bom, mesmo entre os bens terrenos, nada mais desejável, nada melhor"[2].

362* Vosso empenho, diligência e paciência nunca serão bastantes em favor de vossa organização e de seu desenvolvimento. Ela precisa ser verdadeiramente querida e amada. Bem sabemos que seu caminho passa às vezes por grandes apertos e dificuldades, antes de chegar a algum entendimento. Contai sempre com nosso apoio, empenho e encorajamento.

363* Exprimimos nossos votos de paz, congratulações e apoio em nome dos membros do Concílio Ecumênico Vaticano II, atualmente reunidos em Roma. Contai com o constante apoio da Igreja católica em vossa busca da paz com justiça, seu suporte espiritual, seu empenho e suas orações. Nada lhe é tão importante quanto alimentar a chama do amor fraterno entre os seres humanos e promover entre todos a mais perfeita colaboração.

364* Que o Deus da paz lhes seja sempre propício, pelos esforços que fazeis em prol de tão nobre causa[3].

Roma, 4 de outubro de 1965, terceiro ano do nosso pontificado.

papa PAULO VI

---

[1] O secretário-geral leu esta mensagem na 140ª Congregação Geral, dia 1º de outubro de 1965.
[2] S. Agostinho, *De civit. Dei*, XIX, 11.
[3] *AAS* 57 (1965), pp 897-898.

Discurso de Paulo VI
na Assembléia das Nações Unidas[1]

4 de outubro de 1965

Ao usar da palavra diante deste auditório, único no mundo, queremos em primeiro lugar exprimir nossos agradecimentos ao senhor Thant, vosso secretário geral, que nos convidou a visitar as Nações Unidas por ocasião do vigésimo aniversário desta instituição mundial para a paz e para a colaboração entre todos os povos da terra. 365*

Agradecemos também ao senhor presidente da assembléia, Amintore Fanfani, que desde o primeiro dia de seu mandato tem sido tão amável para conosco. 366*

Obrigado a todos, aqui presentes, por vossa bondosa acolhida. Saudamos a cada um de vós, cordial e respeitosamente. Vossa amizade nos convidou e nos admitiu nesta reunião. É como amigo que aqui viemos. 367*

Além de nossa homenagem pessoal, somos portadores da homenagem do Concílio Ecumênico Vaticano II, atualmente reunido em Roma, de que são eminentes representantes os cardeais que nos acompanham. 368*

Em seu, como em nosso nome, honrosas saudações a todos! 369*

Simplicidade e grandeza deste encontro

Este encontro, como bem o sabeis, reveste-se de uma dupla característica: simplicidade e grandeza. Simplicidade porque lhes fala um homem como vós, vosso irmão, mas dentre os mais pequenos, pois sois representantes de Estados soberanos; e ele — se estais dispostos a considerá-lo desse ponto de vista — não representa senão minúscula soberania temporal, quase puramente simbólica. É o mínimo necessário para poder exercer com liberdade sua missão espiritual e certificar aqueles com que trata de que não está sujeito 370*

---

[1] O santo padre, concordando com a proposta feita pelo cardeal Aquiles Liénard, em nome dos membros do Concílio, determinou que este discurso, pronunciado em francês, fosse inserido nos Atos do Concílio.

a nenhuma injunção política deste mundo. Não tem nenhuma ambição de poder temporal e não compete jamais convosco. De fato, nada temos a pedir e nenhuma questão a levantar. No máximo, queremos poder servir-vos com desinteresse, humildade e amor, no que é de vossa competência.

371* Esta, a primeira declaração que vos fazemos. Como vedes, é tão simples, que pode parecer insignificante a esta assembléia, habituada a tratar de assuntos extremamente importantes e difíceis.

372* No entanto, como dizíamos e vós mesmos o sentis, este momento está marcado por um toque de especial grandeza, para nós e para vós.

373* Primeiro para nós! Sabei quem somos. Independentemente da opinião que possais ter sobre o pontífice de Roma, conheceis nossa missão: somos portadores de uma mensagem para toda a humanidade. Falamos não somente em nosso nome pessoal e da grande família católica, mas também em nome de nossos irmãos cristãos, que compartilham os sentimentos que aqui exprimimos, especialmente daqueles que nos encarregaram explicitamente de ser seus intérpretes. Como o mensageiro que ao termo de longa viagem entrega a carta que lhe foi confiada, temos plena consciência de que neste momento, por breve que seja, realiza-se um desejo alimentado no coração há vinte séculos. Há muito tempo estamos a caminho, através de uma velha história. Celebramos, neste momento, o epílogo da longa caminhada em busca do diálogo com o mundo inteiro, que começou quando nos foi ordenado: "Ide, levai a boa-nova a todas as nações!" Ora, sois vós agora os seus representantes.

374* Permiti que vos diga: temos para cada um de vós uma mensagem, mensagem feliz.

Solene ratificação moral

375* 1. Nossa mensagem é, em primeiro lugar, ratificação moral e solene de vossa instituição. Inspiramo-nos em nossa experiência histórica. Como "perito em humanidade", avalizamos vossa organização em nome de nossos últimos predecessores, de todo o episcopado católico, e em nosso próprio nome, convencidos que estamos de que, na civilização moderna, as Nações Unidas representam o caminho obrigatório para a paz mundial.

376* Ao dizê-lo, temos consciência de ser a voz dos mortos e dos vivos. Dos mortos que tombaram nas muitas guerras passadas, sonhando com a concórdia e a paz no mundo. Dos vivos, sobreviventes que condenam em seus corações todos os que tentarem recomeçá-las. Mas também dos vivos ainda jovens, que caminham confiantes no futuro melhor. Fazemo-nos igualmente voz dos pobres, dos deserdados e miseráveis, dos que buscam a justiça, lutam pela dignidade de viver, pela liberdade, pelo bem-estar e pelo progresso. Os povos se voltam todos para as Nações Unidas como para sua última esperança de concórdia e de paz. Ousamos trazer aqui, juntamente com o nosso, seu voto de honra e de esperança. Por isso, é grande este momento.

Uns e outros

2. Estais plenamente conscientes, bem o sabemos. Escutai então o restante de nossa mensagem. Está inteiramente voltado para o futuro. Que o edifício que construístes não se transforme jamais em ruínas. Precisa ser constantemente aperfeiçoado e adaptado às exigências do mundo atual. Constituís uma etapa no desenvolvimento da humanidade. Para não voltar mais atrás, é preciso avançar. 377*

A pluralidade dos Estados, que não podem mais ignorar-se uns aos outros, requer uma forma de coexistência pacífica simples e fecunda. Primeiro, reconhecei-vos uns aos outros como distintos. Não sois vós que conferis existência aos Estados, mas sois vós que os qualificais capazes de participar da assembléia ordenada dos povos e das nações, conferindo-se assim, a cada comunidade nacional soberana, um reconhecimento de grande valor moral e jurídico, garantindo-lhe a cidadania internacional. Já aqui temos um grande serviço prestado à causa da humanidade: a definição e o reconhecimento dos sujeitos nacionais participantes da comunidade mundial, com base numa condição jurídica que os torne respeitáveis e os integre no sistema ordenado e estável da vida internacional. Sancionais assim o grande princípio de que as relações entre os povos devem ser reguladas pela razão, pela justiça, pelo direito e pela negociação, e não pela força, nem pela violência, pela guerra, pelo medo ou pelo domínio. 378*

É assim que deve ser. Permiti que vos felicitemos por terem tido a sabedoria de facultar o acesso a esta assembléia as povos jovens e aos Estados que somente há pouco tempo alcançaram a independência e a liberdade nacionais. Sua presença é prova da universalidade e da magnanimidade que inspiram os princípios desta instituição. 379*

Eis nosso elogio e nosso anelo, com base não em princípios alheios, mas a partir do próprio gênio de vossa organização. 380*

Uns com os outros

3. Vosso estatuto vai ainda mais longe. Nossa mensagem o acompanha. Existis e trabalhais para unir as nações e associar os Estados. Adotemos a fórmula, para unir *uns com os outros*. Sois uma associação. Ponte entre os 381*

101

povos. Rede de relações entre Estados. Quase diríamos que sois caracterizados, na ordem temporal, pelo que a Igreja católica procura ser na espiritual: única e universal. Nada se pode conceber de mais alto no plano natural, na construção ideológica da humanidade. Vossa vocação é levar todos a se confraternizarem. Não apenas alguns, mas todos os povos. Difícil? Sem dúvida. Mas é a vossa tarefa nobilíssima. Quem não vê nisso o caminho para o estabelecimento de uma autoridade mundial, capaz de agir eficazmente nos planos jurídico e político?

382* Repetimos aqui o nosso voto: prossegui! Diríamos mais: procurai reunir os que se afastam e encontrar um meio de conduzir ao pacto da fraternidade, com lealdade e honra, os que dele ainda não participam. Procurai que o desejem os que ainda estão fora e que venham a merecer a confiança de todos, contando com vossa generosidade. Vós que tendes o privilégio e a honra de participar desta assembléia da comunidade humana pacífica, escutai-nos: não permiti jamais que seja conspurcada ou traída a recíproca confiança que vos une e vos permite operar tão grandes coisas.

Nunca um acima do outro

383* 4. A lógica desse propósito, inscrito na estrutura de vossa organização, leva-nos a completá-lo com outras fórmulas. Por exemplo: que nenhum dos membros de vossa organização se considere superior aos outros: *nunca um acima do outro*. É a fórmula da igualdade. Sabemos que há diversos fatores a considerar, além da simples pertença à vossa organização. Mas não há dúvida de que a igualdade é um deles, não que sejais iguais, mas deveis aqui agir como iguais. Pode ser que para alguns dentre vós seja um ato de grande virtude. Permiti que vo-lo declare, como representante de uma religião que anuncia a salvação operada por intermédio da humildade de seu divino fundador. É impossível ser fraterno quando não se é humilde. O orgulho, muitas vezes aparentemente inevitável, é que está na raiz das tensões e das disputas de prestígio, da busca de hegemonia, do colonialismo e do egoísmo, de tudo, enfim, que destrói a fraternidade.

Nunca uns contra os outros

384* 5. Eis que chegamos ao ápice de nossa mensagem. Primeiro negativamente: é a palavra que esperais de nós e que não podemos pronunciar sem consciência de sua gravidade e de sua solenidade: "nunca uns contra os outros", nunca, nunca mais! A Organização das Nações Unidas nasceu precisamente com este objetivo: contra a guerra e pela paz. Ouvi as palavras de um grande desaparecido, John Kennedy, proferidas há quatro anos: "Ou a humanidade acaba com a guerra, ou a guerra acabará com a humanidade". Não é necessário alongarmo-nos a respeito da finalidade de vossa organização. Basta lembrar que o sangue de milhões de pessoas, tantos e inauditos sofrimentos, massacres inúteis e terríveis ruínas sancionam o pacto que vos une e o transformam num juramento que mudará a história futura: guerra, nunca mais, nunca mais nenhuma guerra! Paz. A paz deve guiar os destinos de todos os povos e da humanidade inteira!

Graças a vós, glória a vós, que há 20 anos trabalhais pela paz, por cuja causa ilustres vítimas foram sacrificadas! Graças a vós e glória a vós pelos conflitos que evitastes e pelos que resolvestes. Os resultados de vossos esforços em favor da paz, até os dias mais recentes, mesmo quando não inteiramente eficazes, merecem que nos façamos intérpretes do mundo inteiro exprimido-vos felicitações e agradecimentos. 385*

Construir a paz

Realizastes e realizais, senhores, uma grande obra. Ensinais aos seres humanos a paz. A ONU é a grande escola em que se recebe essa educação. Aqui estamos na sua "aula magna". Quem participa se torna aluno e ao mesmo tempo mestre na arte de construir a paz. Quando deixais esta sala sois vistos como arquitetos e construtores da paz. 386*

Como bem o sabeis, a paz não se constrói somente com política e equilíbrio de forças e interesses. Constrói-se com o espírito, as idéias e as obras da paz. Trabalhais nesta grande obra. Mas estais apenas começando. Será que um dia o mundo mudará a mentalidade particularista e belicosa que até hoje predomina na história? É difícil prevê-lo, mas fácil perceber que é preciso se orientar imediatamente para uma nova história, pacífica, plenamente humana, que Deus prometeu aos homens de boa vontade e cujos caminhos aí estão, traçados diante de vós, sendo o primeiro, o desarmamento. 387*

Se quereis ser irmãos, deixai que as armas vos caiam das mãos. Não se pode amar com armas na mão. As armas, a começar pelas mais terríveis que hoje a ciência moderna vos colocou em mãos, antes mesmo de causar vítimas, provocam sonhos maus, alimentam sentimentos perversos, criam pesadelos e desconfianças, sustentam sombrias resoluções. Exigem despesas enormes. Impedem projetos de solidariedade e de trabalho útil. Falseiam a psicologia dos povos. Enquanto o homem for fraco, volúvel e mau como se tem mostrado freqüentemente, serão, infelizmente, necessárias as armas defensivas. Mas vós, com coragem e valor, sois levados a estudar outros meios de garantir a segurança da vida internacional, sem recurso às armas. Eis um objetivo digno de vossos esforços, que os povos de vós 388* esperam. Eis o que é preciso obter. Para tanto, que cresça a confiança unânime em vossa instituição, bem como em vossa autoridade. Será então possível atingir tal meta. Conquistareis o reconhecimento de todos os povos, aliviados das enormes despesas com armamentos, livres do pesadelo da guerra sempre iminente.

389*   Alegramo-nos de saber que muitos de vós considerastes favoravelmente o convite que fizemos em dezembro último, em Bombaim, pela causa da paz, a todos os Estados: consagrar em benefício dos países em desenvolvimento ao menos uma parte da economia que se fizesse com a redução dos armamentos. Renovamo-lo aqui, com a confiança que nos inspiram vossos sentimentos de humanidade e de generosidade.

Uns pelos outros

390*   6. Falar de humanidade e de generosidade é apelar para um outro princípio constitutivo das Nações Unidas, o aspecto positivo do ápice a que nos referimos: além de conjurar os conflitos entre Estados, trabalha-se aqui para tornar os Estados colaboradores uns dos outros: "uns pelos outros." Além de facilitar a coexistência entre as nações, dais um passo à frente, digno de nosso elogio e de nosso apoio: organizais a colaboração fraterna entre os povos. Instaura-se aqui um sistema de solidariedade que leva toda a família dos povos a apoiar unanimemente objetivos de alta significação civilizadora, para o bem de todos e de cada um.

É o que há de mais belo na Organização das Nações Unidas, sua face humana mais autêntica, o ideal com que sonha a humanidade em sua peregrinação histórica, a grande esperança do mundo, ousaríamos acrescentar, o reflexo do desígnio de Deus — desígnio transcendente e cheio de amor — para o progresso da sociedade humana na terra, em que se espelha a mensagem evangélica que, por isso, de celeste que é, torna-se terrena. Repercute aqui a voz de nossos predecessores, em particular a do papa João XXIII, cuja mensagem *Pacem in terris* ecoou entre vós de maneira tão honrosa e significativa.

Direitos e deveres humanos

391*   Proclamais aqui os direitos e deveres humanos fundamentais, a dignidade do ser humano e sua liberdade, a começar pela liberdade religiosa. Sentimos que sois os intérpretes do que há de mais alto na sabedoria humana, diríamos quase seu caráter sagrado. Trata-se antes de tudo da vida humana, que é sagrada. Ninguém pode ousar violá-la. Em vossa assembléia, o respeito à vida, mesmo no que se refere ao grave problema da natalidade, deve encontrar sua mais lídima afirmação e sua mais firme defesa. Vossa tarefa é fazer com que o pão seja suficientemente abundante para toda a humanidade, sem favorecer o controle artificial da natalidade. Seria irracional adotá-lo, sob pretexto de diminuir os convivas no banquete da vida.

Mas não basta alimentar os famintos: é preciso assegurar a cada ser humano uma vida conforme a sua dignidade. É o que vos esforçais por fazer. Corresponde ao anúncio profético que tão bem se aplica à vossa instituição: "Fundirão suas espadas para fazer arados e suas lanças, para transformá-las em foices" (Is 2, 4). Não procurais empregar as prodigiosas energias da terra e as magníficas invenções da ciência para produzir não mais instrumentos de morte, mas instrumentos de vida, em vista de uma nova era para a humanidade? **392***

Sabemos com que intensidade e eficácia crescentes a Organização das Nações Unidas e os organismos mundiais que dela dependem trabalham para ajudar os governos que têm necessidade de acelerar seu progresso econômico e social. **393***

Sabemos com que ardor vos empenhais em vencer o analfabetismo e em difundir a cultura no mundo, a dar a todos uma assistência sanitária apropriada e moderna, em colocar a serviço dos seres humanos os maravilhosos recursos da ciência, da técnica e da organização, o que é esplêndido e merece o elogio e o apoio de todos, a começar pelo nosso. **394***

Gostaríamos de dar o exemplo, apesar da pequenez de nossos recursos e de sua insignificância prática, decorrente de seu pequeno alcance significativo. Gostaríamos de contribuir para um novo desenvolvimento de nossas instituições contra a fome no mundo e em favor de suas principais necessidades, pois é assim que se constrói a paz. **395***

Construir na base de princípios espirituais

7. Uma última palavra ainda, senhores. O edifício que construís não repousa sobre bases puramente materiais e terrenas, pois, nesse caso, estaria construído sobre a areia. Fundamenta-se em nossas consciências. Sim, é chegado o momento da "conversão", da transformação pessoal, da renovação interior. Devemo-nos habituar a pensar de modo novo o ser humano, sua vida em comum, seu caminhar na história e os destinos do mundo, de acordo com a palavra de são Paulo: "Revestir o homem novo criado por Deus, segundo a justiça e a santidade da verdade" (Ef 4,23). **396***

Chegou a hora em que se impõe uma parada, um momento de recolhimento e de reflexão, quase de oração. Repensemos nossa origem comum, nossa história e destino comuns. Nunca como hoje, nesta época marcada pelo progresso, foi tão necessário apelar para a consciência moral humana. O perigo não vem nem do progresso nem da ciência, que poderão, ao contrário, resolver alguns dos grandes problemas da humanidade, quando bem utilizados. O verdadeiro perigo está no ser humano, que dispõe de instrumentos cada dia mais poderosos, tanto para sua ruína, quanto para suas maiores conquistas.

397*   Numa palavra, o edifício da civilização moderna deve ser construído sobre a base de princípios espirituais, os únicos capazes de sustentá-lo, de iluminá-lo e de animá-lo. Estes indispensáveis princípios de sabedoria superior, por sua vez, pelo menos é convicção nossa, fundam-se na fé em Deus. O Deus desconhecido de que falava são Paulo no Areópago? Desconhecido daqueles que, sem o saber, o procuravam e o tinham perto de si, como acontece a tantos no nosso século?... Para nós, porém, e para todos os que acolhem a inefável revelação que Cristo nos fez dele, é o Deus vivo, Pai de todos os seres humanos[2].

Roma, 4 de outubro de 1965
papa PAULO VI

Discurso de Paulo VI,
na 142ª congregação geral do Concílio,
de volta da viagem à ONU

5 de outubro de 1965

Veneráveis irmãos,

398*   A viagem que fizemos além do oceano, graças a Deus, aqui termina, onde começou. Levamos à assembléia extraordinária das Nações Unidas a saudação e a mensagem de paz a nós confiada pelo Concílio. Falamos aos membros dessa organização mundial, que dirigem mais de cem países no mundo inteiro, confirmamos sua vontade comum de concórdia e de paz e os exortamos a continuar o trabalho começado há 20 anos, para acabar com as guerras e procurar resolver com honra e dignidade os conflitos surgidos

[2] AAS 57 (1965) pp. 877-885.

entre os povos, buscando remédios para as necessidades e para os males que ainda constituem obstáculo a uma cidadania plena entre os seres humanos. Lembramos que para levar adiante tão graves iniciativas se requer um trabalho contínuo, com base na sabedoria que provém de Deus e que nos foi comunicada por Cristo.

Não temos necessidade de vos dizer como fomos bem recebidos, com que **399***
atenção fomos ouvidos, com que emoção nos cercaram, a amabilidade que não só eles, mas todos os filhos da metrópole americana, nos demonstraram. A televisão divulgou amplamente todas essas imagens que chegaram até vós como se estivésseis presentes num evento duplamente singular: o pontífice romano pela primeira vez visita a terra encontrada há quase cinco séculos por Cristóvão Colombo associando-a ao mundo civil, e o sucessor de Pedro, como vigário de Cristo, participa da assembléia suprema dos responsáveis por quase todas as nações da terra, reunidos para ouvir o chefe da Igreja católica.

A viagem foi rapidíssima. Ficamos pouquíssimo tempo naquele continente. **400***
Mas sua finalidade é da mais alta significação, digna de nosso pleno empenho: a causa da paz no mundo.

Agradecemos a Deus, veneráveis irmãos, por ter nos permitido anunciar **401***
a paz, de certa forma, a todo o mundo. O anúncio do Evangelho, até então, nunca havia sido feito a auditório mais amplo, permiti-nos acrescentar, mais preparado para ouvi-lo e ainda mais ávido. Nunca tal anúncio uniu tão intimamente a voz cheia de misericórdia do céu com a voz tão suplicante da terra, manifestando que o mistério do conselho divino a respeito da humanidade corresponde aos mais íntimos anseios da família humana. Nunca o papel mediador da Igreja entre Deus e os seres humanos foi tão claramente proposto, em consonância com o desígnio divino e com a forma de apresentá-lo aos seres humanos nos dias de hoje.

Lamentamos que o protagonista de tão significativo evento tenha sido **402***
nossa humílima pessoa (mas não é que Deus, para que lhe seja atribuída a glória das grandes coisas comemoradas na história, escolhe sempre ministros que nenhuma proporção têm com sua grandeza?). Lamentamos, mas por isso mesmo alegra-nos considerar o valor profético de nosso anúncio: em nome de Cristo pregamos a paz a todos os seres humanos.

403*
Damo-nos conta de uma conseqüência subjetiva dessa missão, com a qual queremos encerrar essa viagem.

Sabeis que as palavras proferidas são um grave compromisso para quem **404***
as profere. Para que os deveres lembrados por quem os profere possam ser

considerados pelos outros, é preciso que ele comece por dar o exemplo. Que valor tem a palavra se não é comprovada pelos fatos de quem a pronunciou e pelo esforço em torná-la efetiva?

405* A autoridade das palavras vem da verdade, de que é como o eco ou a imagem, mas nas coisas humanas é tanto mais eficaz quanto aquele que a pronuncia a põe em prática. A voz anuncia o Evangelho, mas é o que persuade as almas. Daí a gravidade de havermos anunciado a paz. A Igreja católica assumiu a responsabilidade maior de se colocar a serviço da causa da paz, desde que a defendemos com nossas palavras.

406* Não é nossa nem vossa intenção ou propósito empenharmo-nos em negócios políticos ou econômicos, em cuja esfera própria deve ser realizada a paz civil. Mas podemos e devemos contribuir para que a paz civil seja estabelecida e conte com o sustento moral e da caridade, que se exprime de maneira real e efetiva no cumprimento dos deveres.

407* Não é justamente o que está fazendo o Concílio, ao procurar tornar eficazes e salutares as relações entre a Igreja e o mundo? Contribuímos para a paz de maneira válida e eficaz, na medida em que nos convencemos de que se baseia na justiça, de que devemos ser os patronos. A sociedade humana precisa de justiça. Cristo quer que a desejemos e que dela tenhamos sede. Sabemos que a justiça progride lentamente, à medida que avança a sociedade. Não é de modo algum perfeita nem absoluta. Vai parecendo insuficiente à consciência, que busca sempre aperfeiçoá-la das falhas que ainda pesam sobre o gênero humano. Tais progressos, quando sobem à consciência dos cidadãos ou das nações, podem constituir graves ameaças à paz. Tudo isso é sabido. Somos exortados, porém, a buscar os remédios, para estabelecer comunicação com o sentimento dos povos que progridem civilmente, fazendo-os compreender nossa verdadeira caridade para com os "pobres", que são a maioria da população, sempre com maior socilitude, eficácia e generosidade.

408* Todas essas considerações giram em torno da religião e da ética. Nossa fé deve-se colocar a serviço da caridade, tanto no diálogo ecumênico, como no diálogo a respeito das coisas espirituais e sociais, com todos os seres humanos de boa vontade, de todas as religiões. É este o caminho da paz apontado pelas nossas orientações.

409* Meditemos no que dissemos e aconselhamos, para tornarmos eficaz a palavra, fortificada pelo exemplo de autênticos defensores da paz, que deve ser o objetivo de todos nós. Que Deus nos conceda testemunhar pela ação o que testemunhamos com palavras.

Vós todos, que assumistes conosco o "ministério da reconciliação" (2Cor **410***
5, 18) e vós, representantes das nações aqui presentes e vós, digníssimos
observadores, desejai conosco a paz, orando e agindo em seu favor. Concedendo-lhes a bênção apostólica, pedimos a Deus que a paz esteja com todos
vós (Rm 15, 33)[1].

HOMILIA DE PAULO VI
PRONUNCIADA NA SÉTIMA SESSÃO DO CONCÍLIO

28 de outubro de 1965

Veneráveis irmãos e diletos filhos,

Acabastes de ouvir as palavras do Apóstolo a respeito da ação que o Cristo **411*** Senhor, do alto dos céus, continua a exercer na Igreja. Ação, como dizemos, não apenas de conservação do que fez na terra, mas de nova edificação, que comporta o progresso e o crescimento, como ele próprio anunciou na célebre passagem do Evangelho em que se atribui a ação edificadora dos desenvolvimentos orgânicos e coerentes do edifício que fundou sobre a pedra por ele próprio escolhida e tornada apta a sustentar tão grande construção. "Edificarei", diz ele, "minha Igreja" (Mt 16, 18). E são Paulo, na carta aos Efésios que acaba de ser proclamada: "Ele mesmo deu a uns serem apóstolos, a outros evangelistas, a outros ainda pastores e doutores, a fim de levar os santos à perfeição, para edificação do corpo de Cristo, até que cheguemos todos juntos à unidade na fé e no conhecimento do Filho de Deus, no estado de adultos, à estatura de Cristo, em sua plenitude" (Ef 4, 11-13).

Esta ação divina, quando nossa sensibilidade espiritual está bem aguçada, **412*** pode ainda hoje ser percebida, se a considerarmos humanamente em seus resultados, e a encararmos como um dado de nossa experiência. Torna-se então possível ver realizada a palavra profética de Cristo: "Realiza-se hoje esta Escritura, para vós que ouvis" (Lc 4, 21).

---
[1] *AAS* 57 (1965) pp. 894-896.

413* De fato, o que está acontecendo nesta basílica? O Concílio Ecumênico, como sabeis, representa toda a santa Igreja de Deus. Depois de muitos estudos e repetidas orações, promulgaram-se três decretos de grande importância, relativos à vida da Igreja, a respeito da função episcopal, da vida religiosa e da instituição sacerdotal. A estas leis solenes, acrescentaram-se duas declarações igualmente importantes, sobre a educação cristã e as relações da Igreja com os que não professam religiões cristãs.

Não há necessidade de nos referirmos ao conteúdo desses documentos, que vós tão bem conheceis, nem de insistir na sua importância ou seu alcance, que marcaram toda a terra, durante muito tempo, nem mesmo em seus efeitos que esperamos sejam sobremaneira salutares no futuro da vida das almas e da Igreja. Cada um de vós já avaliou as diversas partes admiráveis de que se compõem.

414* Depois de sua promulgação queremos apenas lembrar sua utilidade para nosso próprio ministério e de que modo deva ser pensado, levando em consideração os princípios agora promulgados pela Igreja, que nos proporcionam uma grande tranqüilidade de ânimo. Tais orientações, que afetam aspectos determinantes e enormes responsabilidades de nosso cargo, foram certamente inspiradas pelo Espírito Santo. São fruto de sua íntima sabedoria, que o levou a no-las propor a fim de que sejam seguidas com atenção e amor. Constituem uma espécie de novo conjunto de deveres, que não vêm onerar, mas sustentar, permitindo-nos experimentar a plenitude, a segurança e a alegria, que realmente merecem o nome de vida.

415* A Igreja vive! Eis a prova: seu sopro, sua voz e seu canto. Vive a Igreja!

416* Não foi para isso, veneráveis irmãos, que viestes ao Concílio Ecumênico? Para sentir a Igreja viver, atribuir-lhe uma vida ainda mais intensa, tirar-lhe o aspecto de velha e renovar o vigor de sua contínua juventude através dos tempos, que hoje passa tão depressa, no ímpeto de rápidas e profundas mudanças, exigindo cada vez mais da ação de Cristo, isto é, da Igreja. Mas é uma necessidade que vai além das simples exigências históricas a que se limita o chamado "relativismo", que encara a Igreja de um ponto de vista exclusivamente humano, é uma necessidade decorrente do que é e sempre será a Igreja, de sua própria natureza. A Igreja é o que Cristo quer que seja, em continuidade com sua autêntica tradição, mas ele a vai tornando dia a dia mais capaz de ser salvação para o mundo, de acordo com as novas maneiras de ser da sociedade humana.

Por isso viestes. Nestes momentos finais do Concílio percebemos, por experiência, que a Igreja está viva. Ela pensa. Fala. Ora. Cresce. Edifica-se.

417* Deliciemo-nos com o que há de admirável em tudo isso. Consideremos a messianidade da Igreja. Ela procede de Cristo e leva a Cristo. Participamos de sua caminhada e de sua ação, em vista da perfeição final. Firma-se, cresce, renova-se e se santifica. Se bem observamos, o esforço que faz em vista da perfeição é a expressão de seu amor por Cristo Nosso Senhor. Por Cristo é fiel a si mesma, mantém-se viva e fecunda, obediente ao chamado do esposo divino, que a orienta. Sustentam esse movimento sua índole ministerial e seu vigor apostólico, o exercício da função de que Cristo quis dotar o seu corpo místico e social e que se manifesta na eficácia da ação hierárquica apostólica e pastoral. É o que se deduz da graça e da autoridade do próprio Senhor, que mantém, perpetua, transmite e usa o poder ministerial, fazendo crescer o povo de Deus, tanto interiormente, pela vida e pela santidade, como visivelmente, qual sociedade na história.

No que diz respeito à sua natureza e poder apostólicos, celebramos um dos momentos mais ricos e mais significativos. Consideremo-lo, não por nossos méritos, mas graças à ação de Cristo e em vista de sua glória, que em seu nome e em virtude do Espírito Santo sobre nós derramado, faz-nos colaborar, como humildes ministros e mediadores, para o engrandecimento da família de Deus, da Igreja, num trabalho de edificação, ainda não terminado. **418***

Tudo isto acontece na festa dos apóstolos Simão e Judas Tadeu, cujos nomes são comemorados no Evangelho que acabamos de ouvir. Palavras que não prometem facilidade e felicidade à atividade apostólica, mas mostram a dificuldade e o sofrimento reservados ao seu exercício. **419***

Convém lembrar ainda que comemoramos hoje o aniversário da eleição de nosso antecessor, o papa João XXIII, que convocou o Concílio movido por uma inspiração especial. **420***

Mencionemos ainda os bispos caríssimos que conosco concelebram neste altar, representantes das regiões em que se cerceia ou se anula inteiramente a liberdade de pregar o Evangelho. Alguns deles são testemunhas dos sofrimentos reservados aos discípulos de Cristo. Por esta celebração sacrificial que nos une, manifestemos nosso amor e nossa solidariedade a estes irmãos, a estas Igrejas e a seus países, que nos estão a lembrar com ânimo forte o que sofreram, e cuja presença nos inflama ainda mais a caridade. **421***

Saudemos também os irmãos no episcopado aqui presentes, provenientes de nações em que a falta de paz é causa de tantas lágrimas, tanto sangue e tanta destruição, em que se temem ainda coisas piores, desejando que uma ordem justa restitua felizmente a concórdia e a paz em suas terras. **422***

A todos vós, caríssimos irmãos em Cristo, seus apóstolos e pastores, arautos de seu Evangelho e construtores de sua Igreja, na comunhão desta festa a que **423***

assistis e de que participais, queremos demonstrar nosso amor e vos rogar que, juntamente conosco, vos mantenhais concordes e unânimes na fidelidade aos novos decretos conciliares, para a edificação da santa Igreja de Deus.

424*   Deus, misticamente presente, em breve presente sacramentalmente, corrobore e santifique o exercício de nosso dever apostólico e pastoral, tornando-o útil, para alegria de toda a comunidade do clero, dos religiosos e dos fiéis, que venha a refletir um amor renovado, que é estabelecido por Cristo, o objetivo do ministério hierárquico.

425*   Queremos que esta manifestação da face da Igreja, dotada de uma beleza nova, seja considerada pelos amados irmãos cristãos ainda separados da plena comunhão conosco. Considerem-na também os seguidores de outras religiões, especialmente os judeus, parentes nossos em Abraão, não mais objetos de reprovação ou de desconfiança, mas de respeito, de amor e de esperança.

426*   De fato a Igreja caminha, mantendo-se firme na verdade e na fé, desenvolvendo e propagando a justiça e o amor. De fato a Igreja vive[1].

Discurso de Paulo VI
pronunciado na oitava sessão do Concílio

18 de novembro de 1965

427*   Reúne-se o Concílio em sessão pública, 20 dias antes de seu término, para a promulgação dos importantes documentos que já conheceis, oferecendo-nos também ocasião de tratar convosco de assuntos referentes aos resultados deste evento eclesiástico maior, que com tanto trabalho celebramos em quatro etapas, por quatro anos seguidos.

428*   Não falaremos hoje da importância do Concílio — no que concerne à religião, à doutrina, ao bem das almas, ao despertar pastoral e à sua signifi-

---
[1] AAS 57 (1965), pp. 899-903.

cação histórica. Nada diremos do mistério de sabedoria e de graça, que nos é hoje proposto e às gerações vindouras. Não mencionaremos as novidades que trazem tanto para a vida interior da Igreja, quanto para o seu modo de tratar os seres humanos, de lhes vir em socorro das necessidades e de se posicionar em tudo que lhes diz respeito. Nisto, cada um de nós tem o seu jeito de ver, sua opinião e sua postura. Aliás já tratamos desses assuntos em outros discursos e na exortação apostólica publicada no dia 4 deste mês. Não vamos agora falar do Concílio no seu conjunto, sendo bastante lembrar que, com vossa presença e colaboração, seguiu o caminho devido, de conformidade com as normas, livre, pacífico, solene, assíduo, frutuoso e particularmente salutar. Foi o maior Concílio até hoje celebrado, o mais abrangente, cujos trabalhos foram mais intensos e mais pacíficos, que tratou dos mais variados assuntos, da maneira mais aberta possível. Deliberou a respeito da vida da Igreja, dos irmãos cristãos que ainda não fazem plenamente parte de sua comunhão, das religiões não-cristãs e, em geral, de toda a sociedade humana, cujas questões e problemas o Concílio nos deu a oportunidade de conhecer melhor, de compreender suas amplas e intrincadas implicações e de melhor estimar sua importância para a prosperidade, para a paz e para a salvação.

Louvores sejam dados unicamente a Deus, nosso Pai, suprema bondade, por Jesus Cristo, nosso único e amantíssimo Senhor, no Espírito Santo, dulcíssimo sustento nosso, cujo amor nos alimenta, dirige e apóia. Louvado seja Deus.

Os organismos para aplicação do Concílio

Queremos pensar apenas no que diz respeito à conclusão do Concílio. **429***
Fim que será o princípio de muita coisa, a começar pela aplicação do que foi definido nas constituições e decretos conciliares. Os conselhos constituídos com esse objetivo merecem absoluta prioridade, se quisermos realmente tornar efetivo o Concílio. Três conselhos pós-conciliares já foram instituídos, no que se refere à sagrada liturgia, à revisão do Código de Direito Canônico e às resultantes do decreto sobre os assim chamados meios de comunicação social. Antecipamo-nos além disso à publicação do "Decreto sobre a função pastoral dos bispos na Igreja" ao anunciar a constituição do desejado sínodo dos bispos*, que esperamos poder convocar no próximo ano, de acordo com a vontade de Deus, a não ser que sejam tantos os trabalhos que tenhamos de adiá-lo para 1967, quando celebraremos o centenário do martírio de Pedro apóstolo, de acordo com o costume introduzido por nosso antecessor Pio IX.

---

* Cf. *CD*, 5; *EV* 1, 581.

430*   Faremos de tudo para que não se demorem a constituir os conselhos exigidos quer por determinação explícita do Concílio, quer por necessidade dos trabalhos por ele requeridos[1]. Novos organismos serão também instituídos para prestar os serviços criados por lei, no Concílio, e exigidos pela renovação da Igreja.

Por nossa parte temos o propósito de priorizar tudo que resulta do Concílio em vista de tornar efetivo o que foi começado, continuando o trabalho já desenvolvido, de maneira exemplar, pelos três secretariados, que se tornaram insignes pela atividade que desenvolvem: em primeiro lugar, o que se ocupa de promover a unidade na Igreja entre os cristãos; o que se ocupa de estabelecer relações com as religiões não-cristãs; e, finalmente, o que se ocupa dos não-fiéis. Que Deus confirme nossos propósitos e nos conceda os auxílios de que precisamos para satisfazer a essas novas necessidades.

431*   Mas tudo isso requer tempo. Se tanto a renovação como a criação dos diversos organismos eclesiásticos forem feitas gradualmente como se deve, não se atribua isto a qualquer infidelidade aos princípios aqui enunciados, mas ao cuidado de evitar um crescimento súbito e exagerado da administração com o conseqüente desperdício inútil de recursos.

432*   Não queremos, de modo algum, aumentar a centralização hierárquica. Desejamos que os bispos participem da execução das leis do Concílio. Haveremos de fazer apelo à sua colaboração a fim de melhor cumprirmos nosso ofício apostólico no que diz respeito à Igreja universal.

Deve-se atribuir uma eficácia renovada aos grupos de bispos e às conferências episcopais na importante reelaboração do direito canônico. Assim como acolhemos de bom grado e promovemos o surgimento dessas instituições, esperamos que venham a contribuir para o desenvolvimento salutar e digno da Igreja católica em todos os países e regiões do mundo, como esperamos também que os membros do corpo místico de Cristo, longe de se separarem ou se distanciarem uns dos outros, articulem-se cada vez mais profundamente entre si e constituam uma unidade de comunhão fraterna. Tudo faremos nesse sentido. Contamos enfim com as instituições que compõem o governo central da Igreja, a começar pela cúria romana, que prestam valioso serviço a todo o conjunto do corpo eclesial.

Méritos da cúria e seu progressivo aperfeiçoamento

433*   No que diz respeito à cúria, pemiti-nos recomendá-la, agradecidos, à vossa benevolência, no fim desta suprema celebração ecumênica, em que a Igreja

---

[1.] Cf. *CD* 44: *EV* 1, 699-701.

católica renovou suas forças espirituais e fortaleceu sua disciplina. De fato, se a Igreja católica se mostra hoje tão vigorosa, como nos alegra constatá-lo, pela graça de Deus, deve-se em grande parte à diligente atuação desse instrumento apostólico. Seria engano pensar que tal instrumento está envelhecido, tornou-se inepto, busca unicamente seus próprios interesses ou está corrompido. Pelo contrário, damos testemunho da qualidade dos serviços que presta. Os vícios outrora apontados nessa instituição humana, que nasceu por força das necessidades do exercício do pontificado romano, para sua utilidade, já não se verificam, graças a Deus. Seu fervor religioso, o amor verdadeiro para com Cristo Jesus, a fidelidade, obediência e empenho em servir à Igreja, a alegria com que a vêem progredir e a diligência que a cúria romana demonstra ao atuar na Igreja e ao dirigi-la tornam-na não apenas capaz de cumprir seu oneroso encargo, mas, por certo, digna da confiança de toda a Igreja.

Não queremos com isso dizer que a cúria não possa melhorar. Tudo que é humano e está sujeito ao tempo pode facilmente se tornar vicioso e caduco. Aliás, os defeitos humanos são tanto mais manifestos e censuráveis quanto mais alto a pessoa está colocada e quanto mais é solicitada a dar testemunho de sua santidade cristã. No que nos diz respeito, não só o reconhecemos, como desejamos nos aplicar na devida renovação da cúria romana, conforme a norma do parágrafo nove do decreto que acaba de ser promulgado sobre "o ministério pastoral dos bispos". Procuraremos imbuí-la cada vez mais do autêntico Espírito de Jesus Cristo, a fim de que se deixem penetrar por ele todos os que têm a honra de prestar serviço à cúria romana. 434*

Desejamos ainda, veneráveis irmãos, certificar-vos de que, apesar de nossos inumeráveis empenhos, não postergamos em nada as medidas a serem tomadas neste sentido. Já foram iniciadas as consultas e os estudos ora em curso para a renovação da cúria romana. Confessamos, porém, não haver razões mais graves para lhe modificar radicalmente a estrutura, desde que se assegure uma certa rotatividade dos diversos oficiais. Há, porém, necessidade de simplificar e aperfeiçoar muitos procedimentos. Procurar-se-á sobretudo estabelecer e propor normas mais claras, de que depende o inteiro funcionamento desse instituto. Às vezes parece que esta renovação se faz muito devagar ou só parcialmente, mas é preciso ter o máximo respeito às pessoas, do que depende, aliás, o sucesso de toda renovação. 435*

Para confirmar o que dizemos com um exemplo, notai que em breve serão publicadas as normas pelas quais se regerá a mais importante de todas as congregações romanas, a do santo ofício. 436*

A atitude a tomar no pós-Concílio

437* No entanto, veneráveis irmãos, preocupemo-nos menos com esse tipo de mudanças e correções e demos prioridade à reforma moral e espiritual, que nos assemelha ao divino Mestre e nos torna mais capazes de exercer as tarefas que nos cabem. Devemos antes de tudo procurar nossa autêntica santificação e maior capacitação para anunciar o Evangelho a nossos contemporâneos.

438* É de grande interesse pensar na atitude a tomar no pós-Concílio. Durante a celebração conciliar pôde-se observar três atitudes. Primeiro: o entusiasmo, bastante justificado. O anúncio da convocação do Concílio surpreendeu, despertou alegria e esperança, foi recebido como um sonho quase messiânico do que se esperava e do que parecia não se poder esperar, envolveu-nos a todos como uma primavera.

À medida que o Concílio se foi desenvolvendo e se multiplicavam as questões e as dificuldades, o ânimo foi também mudando. Mas é próprio do trabalho conciliar, que foi imenso, graças a seus membros, às comissões e a outros grupos menores, como as subcomissões, em que os peritos atuaram intensamente, com muito trabalho e com grande sabedoria. Foi nesse sentido, como expressão de nosso reconhecimento, que convidamos alguns a se associarem a nós nesta celebração do divino sacrifício.

439* Mas ao mesmo tempo, especialmente por parte dos meios de divulgação, tudo era ou se acreditava ser posto em questão. Tudo parecia difícil e complicado. A tudo se censurava com igual vigor e tudo se buscava modificar, com grande impaciência. As opiniões contrastantes provocaram angústia, temor, ousadia e comportamentos arbitrários. Aqui e ali chegou-se a duvidar dos próprios princípios da verdade e da autoridade, até que o Concílio começou a fazer ouvir sua voz suave, mas ponderada e solene. Ao terminar, agora anuncia, em palavras breves, mas significativas, a forma que deve assumir a vida da Igreja.

440* Apresenta-se então um terceiro momento: que fazer? Como receber os decretos do Concílio e colocá-los em prática? Cada um deve posicionar-se pessoalmente. As discussões terminaram. É chegada a hora de abrir o espírito e procurar compreender. À aragem do solo seguiu-se a cultura do campo, de maneira ordenada e útil. Agora, deve-se levar a Igreja a se conformar às novas disposições do Concílio. Todas elas trazem de novo à consciência da Igreja maior fidelidade à admirável unidade e à caridade mais ardente com que todos se devem manter, desenvolver e santificar, em comunhão com a Igreja hierárquica.

É chegado o momento da verdadeira acomodação às novas necessidades, **441*** prenunciada por nosso antecessor João XXIII. Não queria ele, com esses termos, designar o que alguns lhe atribuíram posteriormente, resultado de um total *relativismo* na Igreja, análogo ao da sociedade civil, abrangendo dogmas, leis, instituições e costumes. Sua inteligência aguda e firme teve sempre presente, na base de seu pensamento, a estabilidade doutrinária e estrutural, característica da Igreja. A palavra acomodação designa outra coisa, ou seja, a prática efetiva do que o Concílio propõe e das santas normas por ele publicadas.

Levando em consideração uma visão nova e mais psicológica da Igreja, **442*** o caminho a ser trilhado parece-nos ser o seguinte: clero e fiéis têm o dever espiritual precípuo de renovar sua vida e atividade de acordo com as exigências do Senhor Jesus. Para tanto, irmãos e filhos nossos, isto é, todos os que amamos a Cristo e à Igreja, somos chamados a professar a verdade, no sentido em que Cristo e os apóstolos no-la transmitiram. Mas devemos também, além disso, empenharmo-nos em estudar as disciplinas eclesiásticas na busca da unidade, aproximando e unindo os espíritos sem nada forçar, e confirmando assim, pela confiança recíproca e pela assistência a todas as necessidades, que somos membros de um mesmo corpo.

Em memória de dois grandes papas

Para facilitar esta renovação espiritual da Igreja, recordamos as palavras **443*** e os exemplos de dois papas recentes: Pio XII e João XXIII, que tanto bem fizeram à Igreja e a toda a humanidade. Ordenamos, por isso, que se iniciem os processos que permitam contar entre os bem-aventurados tão piedosos chefes da Igreja, como já o pediram, aliás, inúmeras vozes. Além de tributar-lhes as honras dos que estão no céu e facilitar a perpetuação do patrimônio doutrinal que deixaram, isto viria confirmar que o culto que lhes é prestado deve-se exclusivamente à sua santidade, para a glória de Deus e proveito da Igreja. Desta forma também nos será proposta e aos tempos vindouros uma imagem legítima sua, que nos é tão cara. Não é um processo rápido, todos o compreendem, mas dispomos que seja feito de maneira célere e regular, na esperança de que Deus nos faça alcançar o que desejamos.

A próxima conclusão do Concílio Ecumênico nos recomendaria fazer **444*** a soma de todos os resultados até agora obtidos, tanto doutrinais, contidos nos luminosos e ricos documentos oferecidos à Igreja universal, cheios de verdade e de vida, como referentes à caridade, que nos reuniu aqui, provenientes de todos os cantos da terra, para que nos conhecêssemos melhor, rezássemos juntos a Deus, nos dedicássemos às coisas do Concílio e deliberássemos, professando juntos nossa fidelidade a Jesus Cristo e ao seu

Evangelho e aumentando nosso amor de uns para com os outros e para com os irmãos separados, para com os pobres, os doentes no corpo e na alma, os que atuam no mundo doutrinária e praticamente, enfim, para com toda a sociedade dos seres humanos. Falta-nos porém tempo, mesmo para fazer um brevíssimo resumo de tudo. Mas não faltarão oportunidades, nem a nós nem aos nossos pósteros.

445* Por enquanto concluímos sugerindo apenas, para perpétua memória deste Concílio, que se construa em Roma, onde as necessidades pastorais o reclamam, um templo em honra de Maria, mãe da Igreja, de que ela mesma é a primeira filha bem-aventurada, plena dos dons celestiais.

446* Em segundo lugar anunciamos a intenção de promulgar um jubileu especial para toda a Igreja, no fim do Concílio, até a próxima festa de Pentecostes, para que se anunciem por toda parte a verdade e a caridade proclamadas no Concílio e para que os fiéis sejam confirmados na sua consciência de estar em comunhão e na unidade com seu pastor diocesano. Nessa ocasião serão todos convidados a participar do "sacramento da reconciliação"[2], que será aberto a todos os seres humanos de boa vontade. O anúncio e as normas do jubileu serão em breve promulgados.

447* Antes de terminar nosso discurso e concluir a sessão que celebramos, agradecemos de coração a todos os presentes e vos saudamos no Senhor, suplicando por vós em seu santíssimo nome.

DISCURSO DE PAULO VI
PRONUNCIADO NA NONA SESSÃO CONCILIAR

7 de dezembro de 1965

Veneráveis irmãos,

448* Encerramos hoje o Concílio Vaticano II. Concluímo-lo na plenitude de nossa força e de sua validade, como o demonstra vossa presença maciça, o

---
[2.] Cf. 2Cor 5, 18.
[3.] *AAS* 57 (1965), pp. 978-984.

testemunha a sanção consistente de vosso voto, o confirma o término legítimo dos trabalhos conciliares e o proclama a unidade de nossas mentes e vontades.

Embora muitas das questões levantadas durante o Concílio ainda não tenham resposta, o Concílio não termina por esvaziamento. Pelo contrário. O entusiasmo é ainda maior do que aquele com que começou, e vai permitir, com o auxílio divino, procurar soluções para o que ainda ficou em aberto.

Nosso Concílio transmite à posteridade a imagem da Igreja representada nesta assembléia: os pastores reunidos, professando a mesma fé, irradiando o mesmo amor, unidos uns aos outros pela oração, pela disciplina e pela alegria e, o que é ainda mais admirável, no desejo de se consagrar inteiramente à vida da Igreja e à salvação do mundo, como Cristo, Mestre e Senhor nosso.

Além dessa imagem da Igreja, o Concílio transmite à posteridade o patrimônio de sua doutrina e de seus preceitos, como depósito recebido do próprio Cristo e mantido pelos povos mais variados através dos séculos, entranhado em sua vida, como o sangue, e expresso em suas atitudes, como foi-nos possível analisá-lo, integrá-lo e ordená-lo numa grande síntese. Esse legado vivo, fruto da verdade e graça divinas, é capaz de vivificar todos os humanos que o acolham favoravelmente e nele se inspirem.

O tema desta nossa última fala seria, precisamente, tentar exprimir o que foi **449*** e o que, de fato, fez o Concílio. Requereria porém muito tempo e atenção. Não ousaríamos propô-lo neste fim de sessão. Preferimos acenar para a gravidade dos problemas atuais, que contribuem ao mesmo tempo para nossa humildade e para avivar nossos ânimos. Começando por nós mesmos, perguntemo-nos: qual a significação religiosa do Concílio, entendendo por religiosa a nossa atitude em face de Deus? Por que existe a Igreja? Em que crê? O que espera? O que ama? O que faz?

Podemos realmente dizer que contribuímos para a glória de Deus? Que **450*** buscamos acima de tudo? Conhecê-lo e amá-lo? Quanto progredimos na dedicação à sua contemplação? No empenho em celebrá-lo? Na arte de torná--lo conhecido dos seres humanos, tal como convém a pastores, mestres nos caminhos que a ele conduzem?

Que assim tenha sido é o que realmente pensamos, pois foi essa sua **451*** intenção primeira e o principal motivo que nos levou a celebrar o Concílio. Ressoam ainda nesta Basílica de são Pedro as palavras de nosso predecessor João XXIII, principal autor do Concílio, na sua abertura: "O Concílio deve cuidar sobretudo de conservar e propor de maneira mais eficaz o depósito da doutrina cristã (...) Jesus estabeleceu que se "busque em primeiro lugar o reino de Deus e sua justiça, (isso) indica o sentido em que se devem orientar nossas forças e pensamentos"[1].

452* Tudo que aconteceu foi decorrência desse primeiro propósito. Para demonstrá-lo, basta considerar o tempo em que vivemos. Na nossa época os seres humanos estão muito mais preocupados com o domínio do mundo do que com a busca do reino de Deus. Essa atitude se tornou uma constante, com base nas expectativas do que um dia poderá alcançar o progresso das ciências. A consciência plena e o exercício ilimitado da própria liberdade são considerados o principal valor da pessoa que transcende a ordem das coisas naturais. O "laicismo" é tido como fruto do progresso e manifestação da sabedoria de vida, que deve presidir à organização da sociedade. Consideram-se formas supremas da razão, doutrinas absurdas e que eliminam toda esperança. As grandes religiões de todos os povos sofrem perturbações e mutações jamais suspeitadas.

Neste contexto celebrou-se o Concílio, para o louvor de Deus, em nome de Cristo, sob a ação do Espírito Santo, "que a todos perscruta" e que anima incessantemente a Igreja "para conhecermos os dons de Deus "[2], ou seja, para que a Igreja conheça a vida do ser humano e do mundo, sob todos os seus aspectos. Graças ao Concílio chama-se atenção para uma visão teocêntrica e teológica, como se diz, da natureza humana e do mundo, em contraste com os que os julgam estranhos ou alheios à razão. O Concílio abraçou o reconhecimento da existência de Deus, que o mundo julga absurdo, mas há de se considerar um dia, como o esperamos, expressão de sabedoria e caminho de salvação.

De fato, Deus existe. Vive. É pessoal. Providência cheia de toda bondade. Bom, em si mesmo e para com todos nós. Criador. Verdade e felicidade nossa. Quando o ser humano procura fixar em Deus a mente e o coração, contemplando-o, vive a ação mais perfeita e completa que lhe é própria, e que se situa, ainda hoje, no ápice de toda a atividade humana.

453* Dizem alguns que o Concílio pouco se ocupou das verdades divinas, voltando-se mais para a Igreja, sua natureza, sua estrutura, seu trabalho ecumênico, sua ação apostólica e missionária. Antiquíssima religião, a Igreja, no Concílio, teria apenas procurado melhor exprimir o que pensa de si mesma, melhor conhecer-se, melhor definir sua natureza e suas normas.

Num certo sentido é verdade. Mas esse auto-reconhecimento da Igreja não é seu objetivo final. Não visa unicamente a mostrar resultados temporais de seu gênio. Voltando-se para si mesma e penetrando no íntimo de sua consciência

---

[1] AAS 54 (1962), p. 790; EV 45* e 48*.
[2] Cf. lCor 2, 10-12.

de Igreja, não se compraz em conhecer-se melhor, com os instrumentos da psicologia e da história das religiões, nem em estabelecer o direito e as normas que presidem à sua atividade, mas visa sempre a compreender-se melhor, como fruto eficaz da palavra de Cristo, no Espírito Santo; perscrutar o mistério da presença e da ação de Deus em si mesma, para se alimentar cada dia mais com a misteriosa luz da fé, firmada na sabedoria de Deus, e se deixar inflamar pelo amor, que a leva a cantar incessantemente louvores a Deus, pois "cantar é próprio de quem ama, como o lembra Santo Agostinho"[3].

Nesse sentido, torna-se claro o propósito religioso do Concílio, perceptível em todos os documentos por ele promulgados sobre a revelação divina, a liturgia, a Igreja, os sacerdotes, os religiosos e os leigos. Em todos é patente a inspiração espiritual rica, límpida e pura, que no seio da Igreja brota do contato vivo com Deus vivo e se derrama sobre as terras áridas do nosso mundo.

Mas isto não nos dispensa de sublinhar o imenso alcance religioso do Concílio, **454***
que procurou captar em profundidade o que se passa hoje no mundo. Em nenhum outro momento de sua história a Igreja havia sentido tal necessidade de melhor conhecer a sociedade em que vive, para estar presente, avaliar corretamente, dirigir-se a ela e a servir por intermédio do anúncio do Evangelho, ao mesmo tempo que a ela associar-se e acompanhá-la em suas céleres mutações.

A atitude nascida dos últimos tempos, especialmente no século passado, que levou a Igreja a se distanciar do mundo profano, o que contraria o papel salvador e primário que é chamada a desempenhar em todos os tempos, foi objeto de constante e profunda consideração durante todo o Concílio. Alguns foram até levados a desconfiar de que tenha havido uma certa complacência excessiva ou valorização demasiada dos valores atuais da sociedade, acusando o Concílio de um certo "relativismo" em relação às modas e maneiras humanas de pensar e de agir, em detrimento da fidelidade à herança recebida dos antigos. Teria assim o Concílio faltado à religião, que deveria manter na sua integridade. Mas são acusações totalmente infundadas, se analisarmos melhor o que foi feito e em que espírito.

Prevaleceu no Concílio a religião do amor. Por isso, ninguém o pode **455***
acusar de irreligioso ou antievangélico. Basta lembrar que o próprio Cristo nos ensinou que "todos nos hão de reconhecer como seus discípulos se nos amarmos uns aos outros"[4]. Lembrar, também, as palavras do Apóstolo, de que "a religião pura e imaculada diante de Deus Pai consiste em visitar os órfãos e as viúvas em seus sofrimentos e se conservar puro das coisas deste século" (Tg 1, 27), ou ainda: "Quem não ama seu irmão que vê, como amará a Deus, que não vê?" (1Jo 4, 20).

---
[3] *Serm.* 336: *PL* 38, 1472.
[4] Cf. Jo 13, 35.

456* De fato, reunida no Concílio, a Igreja deu grande atenção a si própria, não por si mesma ou apenas por causa de suas relações com Deus, mas sobretudo por causa do ser humano, tal como ele se vê nos dias de hoje: o ser humano existente, empenhado em progredir, convencido não só de sua dignidade, mas de que é o centro do mundo, e que se afirma, sem pejo, princípio e razão de todas as coisas. O fenômeno humano, como hoje se diz, com todas as suas características, foi considerado pelos membros do concílio, que são também homens, cheios de amor e preocupados com todos, de quem se consideram irmãos e pastores. O Concílio focalizou o ser humano que se queixa de suas desgraças, mas que no passado e no presente se acha superior aos outros, por isso mesmo, sempre forte e frágil, é ambicioso e feroz. O ser humano displicente, que ri e chora de si mesmo. O ser humano frágil e versátil, que se embrenha na pesquisa científica, que pensa e ama, sua no trabalho, esperando sempre que algo aconteça, para ir além de si mesmo — *filius accrescens* (Gn 49, 22), como diz a Bíblia latina. O ser humano, que a religião considera sagrado por causa da inocência de sua infância, do mistério de sua pobreza e do tamanho de seus sofrimentos. Ser humano que ora só se ocupa de si mesmo, ora cuida dos outros; volta-se para o passado, que proclama glorioso, ou para o futuro, com que sonha. Ser humano às vezes criminoso, outras, santo. O humanismo leigo se mostrou de tal forma grandioso que, por assim dizer, desafiou o Concílio.

Terá havido no Concílio uma estranha convergência da religião, culto a Deus que criou o ser humano, com a religião, culto ao ser humano, criado por Deus? Confrontaram-se? Lutaram, uma contra a outra? Anatematizaram-se? Isto poderia até ter acontecido, mas não aconteceu. Prevaleceu a norma da velha parábola do Samaritano, em sua acepção espiritual, adotada pelo Concílio. O Concílio se caracterizou por um grande amor para com os seres humanos. Descobriram-se e consideraram-se as grandes necessidades humanas, tanto mais graves quanto afetam todo o planeta, como as abordou o Concílio. Louvai-o pelo menos por isso, admiradores da humanidade de nossos dias, que rejeitais as verdades transcendentes, mas sois capazes de reconhecer o que se faz em favor da humanidade. Estamos profundamente empenhados, mais até do que muitos outros, em favor dos seres humanos.

457* Que viu esta assembléia de tão grande no ser humano e o que procurou manifestar, iluminada por Deus? Considerou as duas faces de sempre: a fraqueza e a dignidade de todo ser humano. Sua maldade congênita, a que nunca escapa, e sua bondade inestinguível, decorrente de sua dignidade. Ao falar do ser humano, o Concílio foi mais sereno do que severo, tudo interpretando da melhor forma possível. Colocou em relevo muitos aspectos admiráveis do ser humano nos dias de hoje, rejeitando sem dúvida os erros, como convém à caridade, que se inspira na verdade, mas admoestando os que erram, segundo o preceito da observância e do amor fraternos. Para os males diagnosticados apontou sempre os remédios, comportando-se mais como mensageiro de esperança e de confiança do que como argüidor de infortúnios. Não só destacou o que se pode observar de bom, mas lhe atribuiu toda a honra, confirmando e procurando, dessa forma, resgatar a integridade do ser humano.

Vejamos alguns exemplos: o Concílio admitiu, na liturgia, inúmeras línguas existentes, para melhor exprimir tanto a palavra de Deus aos seres humanos quanto o louvor que devemos ao Altíssimo. Reconheceu ao homem como tal uma série de direitos em relação ao que lhe transcende a própria natureza. Fez progredir a consciência do que o ser humano mais profundamente aspira, como viver de acordo com a dignidade de sua pessoa, gozando da liberdade, usufruindo da educação, da justiça e da paz, como benefícios sociais de um estado renovado. Convidou todos os seres humanos a acolher a luz do Evangelho, pela voz dos pastores, empenhados na seara sagrada. 458*

Recordemo-nos brevemente de todas as questões relativas à promoção humana, abordadas pelo Concílio. Não que tenha querido resolver a maioria dos problemas, pois muitos deles requerem estudos mais amplos. Tratou-os, porém, de forma geral, deixando aberta a porta a aprofundamentos posteriores.

Convém lembrar que a Igreja não quis definir nada dogmaticamente, por força de seu magistério extraordinário, embora seja claro que a consciência dos seres humanos deve se conformar com a doutrina contida nos diversos documentos conciliares. 459*

Dialogando com os seres humanos, a Igreja não renuncia à sua autoridade, embora adote formas de comunicação mais fáceis e amigas, numa atitude pastoral. Quer ser ouvida e compreendida por todos. Fala à inteligência, adotando modos de dizer próprios das comunicações pacíficas entre os seres humanos, que são muito mais eficazes, tanto por causa da prática habitual, como da maior sensibilidade que demonstram uns para com os outros. Numa palavra, a Igreja procura sempre empregar a linguagem mais apropriada às pessoas a quem se dirige.

Há ainda um outro ponto: toda a riqueza desta doutrina visa unicamente servir ao ser humano, em todas as circunstâncias de sua vida, especialmente nas suas fraquezas e necessidades. A Igreja se reconhece como servidora do gênero humano. Na medida em que as celebrações do Concílio Ecumênico tornaram mais clara e vigorosa a consciência de suas funções, mais ela se deu conta da natureza ministerial de seu magistério e de seu encargo pastoral. Mais ela se tornou desejosa de efetivamente servir. 460*

Será que tudo isso que dissemos do Concílio, e que podemos ainda acrescentar para sublinhar sua importância humana, não mostra que, ao celebrá-lo, a Igreja se deixou influenciar pela cultura contemporânea, exclusivamente 461*

voltada para o ser humano? Não. A Igreja não se desviou de seus objetivos. Antes, alargou suas perspectivas. Quem apreciar devidamente a preocupação do Concílio com as coisas humanas e temporais deve reconhecer que foi devido à sua solicitude pastoral que o Concílio quis fosse sua nota característica. Deve reconhecer também que em nenhum momento perdeu seu caráter estritamente religioso, quer em função da perspectiva do amor, sempre presente — e onde está o amor, está Deus! — quer em virtude da conexão íntima das coisas temporais com os bens espirituais, religiosos e eternos, sempre confirmada e aprofundada pelo Concílio.

Voltando-se para o mundo e para os seres humanos, a Igreja não deixa de estar orientada para o reino de Deus. Nossos contemporâneos, habituados a julgar a importância das coisas humanas pelas vantagens que oferecem, devem reconhecer o valor e o alcance do Concílio, pelo menos pelas vantagens humanas que trouxe. Ninguém pode duvidar da utilidade da religião que, ao celebrar o Concílio, sua assembléia máxima, declara estar principalmente voltada para o bem da humanidade. A religião católica e a vida humana estão de tal forma unidas e voltadas para o bem dos seres humanos que pode ser considerada a vida do gênero humano.

Em primeiro lugar, por causa da elevação e da perfeição da doutrina sobre o próprio ser humano, que é um mistério para si mesmo. Essa doutrina, aliás, vem de Deus. Para conhecer a verdade do ser humano, na sua totalidade, é preciso se colocar do ponto de vista de Deus. Lembremo-nos aqui das palavras inflamadas de santa Catarina de Sena: "Na tua natureza, Deus eterno, conheço a minha".

Depois, a religião católica é vida porque aponta para o fim supremo da natureza humana, conferindo-lhe uma plenitude de sentido.

É vida, ainda, por conter a suprema lei da vida, que lhe confere toda a força misteriosa que tem de divinizá-la.

462* Veneráveis irmãos e diletos filhos, todos os que aqui estais presentes, se lembrarmos que no rosto de todos os seres humanos, especialmente quando marcado pelas lágrimas e pela dor, brilha a face de Cristo[5], Filho do Homem, e que na face de Cristo se deve reconhecer o rosto do Pai celeste, de acordo com a passagem de João: "quem me vê, vê o Pai" (Jo 14, 9), nossa forma de ver as coisas humanas se torna cristã e voltada para Deus, a ponto de podermos dizer também que é preciso conhecer o ser humano para conhecer a Deus.

463* Não seria então missão deste Concílio, voltado especialmente para o ser humano, propor ao mundo de hoje um caminho de libertação e de salvação? Não nos ensina o Concílio a amar os seres humanos de maneira simples,

---

[5] Cf. Mt 25, 40.

nova e direta, para aprendermos a amar a Deus? Amar os seres humanos, não como instrumento ou ocasião, mas realmente como fim, para que alcancemos o fim supremo e transcendente da vida humana. O Concílio se mostra assim plenamente religioso na sua totalidade, nada mais sendo do que um convite, ardente e amigo, para que o gênero humano, pelo caminho do amor fraterno, encontre a Deus, "de quem se afastar é cair, para quem se voltar é levantar-se, em quem permanecer é ficar firme (...) a quem voltar é reviver e em quem habitar é viver"[6].

No fim do Concílio Ecumênico alimentamos a esperança de que ele se torne a alavanca da renovação humana e religiosa, que o inspirou e animou, renovação também nossa, veneráveis irmãos e padres conciliares, renovação de todo o gênero humano que aprendemos a amar mais intensamente e a melhor servir. **464***

Para tanto invocamos nossos intercessores, são João Batista e são José, padroeiros do Concílio Ecumênico, os santos apóstolos Pedro e Paulo, fundamentos e protetores da Igreja, juntamente com santo Ambrósio, cuja festa hoje celebramos, tanto na Igreja Oriental como Ocidental, rogando o auxílio de Nossa Senhora, mãe de Cristo, a que chamamos também de mãe da Igreja. Todos unidos em uma só voz, agradeçamos unanimemente a Deus, vivo e verdadeiro, uno e supremo, Pai, Filho e Espírito Santo. Amém[7]. **465***

Homilia solene de Paulo VI
no encerramento do Concílio

8 de dezembro de 1965

Senhores cardeais! Veneráveis irmãos!
Representantes do povo! Senhores da cidade de Roma!
Autoridades e cidadãos de todas as partes do mundo!
Observadores de tantas e tão diversas denominações cristãs!
Fiéis e filhos aqui presentes e todos os que na terra estais unidos na fé e no amor!

---

[6] S. Agostinho, *Sol*.I, 3: *PL* 32, 870.
[7] *AAS* 58 (1966), pp. 51-59.

466*   Daqui a pouco, no fim da missa, ouvireis algumas mensagens que no encerramento de seus trabalhos o Concílio Ecumênico envia a várias categorias de pessoas, representando as diversas formas em que hoje se exprime a vida humana. Ouvireis também a leitura de nosso decreto oficial, declarando o encerramento do Concílio Vaticano II.
Agora é o momento das saudações. Depois não vamos falar mais. Terminou o Concílio. Dissolve-se esta assembléia extraordinária.

467*   A saudação que vos dirigimos tem uma significação especial. Vamos apenas indicá-la, não para nos distrair da oração, mas para reforçar a atenção que prestais a esta celebração.

468*   Saudação, antes de tudo, universal. Dirige-se a todos que assistis e participais dos sagrados ritos, a vós, irmãos no episcopado, a vós, pessoas representativas e a vós, povo de Deus. Estende-se porém a todos, alcança o mundo inteiro. Como poderia ser de outra forma, já que o Concílio foi ecumênico, universal? Como o som do sino lançado nos ares alcança a todos e a cada um no âmbito de suas ondas sonoras, nossa saudação se dirige a todos e a cada um. Ressoa no ouvido de todos dos que a acolhem e dos que não a acolhem. A partir deste centro católico romano ninguém é inatingível. Todos, em princípio, serão atingidos. Para a Igreja católica não há estranhos, excluídos ou distantes. Todos os que ouvem nossa saudação considerem-se convidados, chamados, presentes. O coração de quem ama bem sabe que todo amado está presente! Neste momento, em virtude de nosso mandato apostólico e pastoral universal, amamos a todos, realmente a todos!

469*   Reafirmemo-lo a todos os fiéis e de coração aberto, no momento ausentes, que estais presentes em espírito, com vossa oração. O papa pensa em cada um de vocês e com vocês celebra este instante de comunhão universal.

470*   Repetimo-lo a vós que sofreis, prisioneiros de vossa enfermidade, pois se vos faltasse o conforto desta saudação intencional, redobrada seria a vossa dor, com o acréscimo da solidão espiritual.

471*   Dirigimo-nos especialmente a vós, irmãos no episcopado, que não faltastes ao Concílio por vossa culpa e deixais agora no nosso grupo, mais ainda no coração de todos e no nosso, um vazio, que nos faz a todos sofrer e que denuncia a injustiça que vos tolhe a liberdade. E se fosse somente esta, de vir livremente ao Concílio! Saudamo-vos irmãos, até hoje reduzidos injustamente ao silêncio, oprimidos e privados dos direitos sagrados legítimos a que faz jus todo ser humano honesto. Quanto mais vós! Com vossos fiéis e com todos que participam de vossa penosa situação! Que o mundo civil tome consciência!

Finalmente, nossa saudação universal se dirige também àqueles que não nos conhecem, não nos compreendem, não acreditam que lhes sejamos úteis nem necessários, não nos consideram amigos, ou mesmo, pensando fazer o bem, nos combatem! Saudemo-los sincera, mas discretamente, na esperança e, especialmente hoje, acreditai-o, com grande amor.

Esta é a nossa saudação. Mas prestai atenção. Considerai a diferença 472* que existe entre a nossa saudação e as saudações que se costumam fazer na vida profana, que servem para encerrar uma relação ou um colóquio. Nossa saudação, pelo contrário, visa a reforçar, ou, se for o caso, despertar uma relação espiritual, da qual tira toda força e todo sentido. Não é uma saudação de despedida, mas de amizade, que se reforça ou mesmo nasce. Saudação que desejaria penetrar no coração de cada um como hóspede cordial e dizer-vos, no silêncio interior de vosso espírito, a palavra habitual e inefável do Senhor: "Deixo-vos a paz, dou-vos a minha paz, não porém como a dá o mundo" (Jo 14, 27). Cristo tem um modo único e secreto de falar aos corações. Nossa saudação visa a uma relação superior. Mais do que uma troca bilateral de palavras entre nós, seres humanos desta terra, envolve a presença do próprio Senhor, invisível, mas atuante no seio das relações humanas, reclama e suscita bens de outra ordem, a começar pela caridade, tanto em quem saúda como em quem é saudado.

Eis a nossa saudação. Sirva para reacender a chama do amor divino em 473* nossos corações e alimentar os princípios, doutrinas e propósitos estabelecidos no Concílio, que assim, inflamados pela caridade, operem na Igreja e no mundo a renovação de pensamento, atividades, costumes, força moral, alegria e esperança que foram os objetivos do Concílio.

Saudação idealizada? Sonho? Poesia? Hipérbole convencional e vazia 474* como em geral acontece em nossos discursos? Não. Ideal, mas não irreal. Prestai atenção ainda um instante. Quando voltamos nossos pensamentos e desejos para uma concepção ideal da vida, caímos facilmente na utopia, na caricatura retórica, na ilusão e na desilusão. O ser humano aspira à perfeição ideal e total, mas não a alcança por si mesmo, nem na idéia nem muito menos na realidade, experimentalmente, como bem o sabemos. É o drama do homem decaído.

Observai, porém, o que se passa nesta manhã. Encerramos o Concílio Ecumênico e festejamos Maria santíssima, mãe de Cristo, por conseguinte, mãe de Deus e nossa. Reconhecemo-la imaculada! Inocente, estupenda, perfeita, mulher, ao mesmo tempo ideal e real, criatura em que a imagem de Deus se reflete com absoluta limpidez, sem nenhuma sombra, como em todas as outras criaturas humanas.

475* Mulher humilde, nossa irmã, mas, ao mesmo tempo, nossa mãe celestial e rainha, espelho nítido e sagrado da infinita beleza. Não seria precisamente este o ponto ideal em que se devem fixar nossos olhos no fim desta longa ascensão conciliar e de nossa saudação? Não seria este o marco inicial dos trabalhos pós-conciliares? A beleza de Maria é nossa inspiração. A esperança que nos conforta.

Irmãos e filhos, senhores que nos escutais: é o que pensamos, para nós e para vós, é a nossa maior e, que Deus o queira, mais eficaz saudação![1]

MENSAGENS DO CONCÍLIO À HUMANIDADE*

Veneráveis irmãos

476* Chegou a hora da dispersão. Daqui a pouco deixais a assembléia conciliar para ir ao encontro da humanidade e levar-lhe a boa-nova do Evangelho de Cristo, da renovação desse mesmo Evangelho de Cristo e de sua Igreja; para isso trabalhamos juntos durante quatro anos.

477* Momento único, de significação e riqueza incomparáveis! Para esta reunião universal, neste marco privilegiado do tempo e do espaço, convergem presente, passado e futuro.

Passado, por estar reunida aqui a Igreja de Cristo, com sua tradição, sua história, seus concílios, doutores e santos...

Presente, porque nos deixamos para ir ao encontro do mundo de hoje, com suas misérias, dores e pecados, mas, ao mesmo tempo, com seus prodigiosos sucessos, valores e virtudes.

Futuro, que já está presente no apelo imperioso dos povos por mais justiça, em seu desejo de paz e em sua sede mais ou menos consciente de uma vida mais alta, aquela, precisamente, que a Igreja de Cristo lhes oferece.

478* É como se ouvíssemos, vindo de todas as partes do mundo, um surdo e imenso rumor, a interrogação de todos aqueles que olham para o Concílio e se perguntam ansiosos: nada tendes a nos dizer? A nós, governantes? A nós, intelectuais, trabalhadores e artistas? A nós, mulheres? A nós, jovens, doentes e pobres?

---

* Terminada a missa, o santo padre confirmou as mensagens a serem enviadas às diversas categorias de pessoas. Texto original em francês.
[1] *AAS* 58 (1966) pp. 5-8. Original em italiano.

Não ficarão sem respostas as vozes que nos questionam. Há quatro anos **479*** o Concílio trabalha em favor de todos os seres humanos. A *Constituição da Igreja no mundo de hoje*, ontem promulgada sob os aplausos da assembléia, foi elaborada pensando em todos.

De nossa longa meditação sobre Cristo e sua Igreja deve brotar agora **480*** uma primeira palavra anunciadora de paz e de salvação para as multidões que esperam. Antes de se dissolver, o Concílio quer desempenhar a função profética de traduzir em mensagens breves e numa linguagem mais acessível a "boa-nova" para o mundo, que alguns de seus intérpretes mais autorizados vão agora dirigir em vosso nome a toda a humanidade.

Aos governantes

Neste momento solene, como membros do 21º Concílio Ecumênico da **481*** Igreja católica, antes de nos separar, depois de quatro anos de oração e de trabalhos, tendo plena consciência de nossa missão para com a humanidade, dirigimo-nos com respeito e confiança aos que detêm em suas mãos o destino dos povos e a todos os depositários do poder temporal.

Sem restrições, declaramos honrar vossa autoridade e soberania, respeitar **482*** vossa função, reconhecer vossas justas leis e apreciar o trabalho tanto daqueles que as elaboram como dos que as aplicam. Temos entretanto algo de sacrossanto a vos dizer: somente Deus é grande. Somente Deus é princípio e fim. Somente Deus é a fonte de vossa autoridade e o fundamento de vossas leis.

Sois chamados, na terra, a ser os promotores da ordem e da paz entre os **483*** seres humanos. Não esqueçais, porém, que Deus, vivo e verdadeiro, é o Pai de todos os seres humanos. Cristo, seu Filho eterno, no-lo veio manifestar, mostrando que somos todos irmãos. Tornou-se, assim, o grande artífice da ordem e da paz na terra, pois é ele que conduz a história humana, o único que tem o poder de falar aos corações e incliná-los a renunciar às paixões desordenadas que estão na origem da guerra e de todas as infelicidades. É ele quem abençoa o pão da humanidade, santifica-lhe o trabalho e o sofrimento, dá-lhe alegrias que estão além do vosso poder e a reconforta nas dores que não podeis consolar.

Na vossa sociedade terrestre e temporal, Cristo constrói misteriosamente **484*** sua sociedade espiritual e eterna, sua Igreja. Que lhes pede essa Igreja, que em breve fará dois mil anos de vicissitudes de toda espécie nas suas relações com os poderes da terra? Pede-lhes liberdade. Liberdade de crer e de pregar a fé. Liberdade de amar a Deus e de servi-lo. Liberdade de viver e de levar aos seres humanos sua mensagem de vida. Nada tendes a temer. Como a de seu mestre, a ação misteriosa da Igreja, sem afetar em nada vossas prerrogativas, preserva o ser humano de sua fatal caducidade, transfigura-o, conferindo-lhe esperança, verdade e beleza.

485*   Permiti que Cristo exerça essa ação purificadora na sociedade! Não torneis a crucificá-lo. Seria um sacrilégio, pois é o Filho de Deus. Um suicídio, pois é o Filho do Homem. Deixai-nos, como seus humildes ministros, difundir por toda parte, sem colocar obstáculos, a "boa-nova" do Evangelho da paz, que foi objeto de nossas meditações durante o Concílio. Vossos povos serão os primeiros a se beneficiar, pois a Igreja forma cidadãos leais, amigos da paz e do progresso.

486*   Neste dia solene em que se encerram os trabalhos do 21º Concílio Ecumênico, a Igreja vos oferece, por nosso intermédio, sua amizade, seus serviços, suas energias espirituais e morais. Dirige a todos vós sua mensagem de salvação e bênção. Acolhei-a com o mesmo coração sincero e alegre que a envia e a transmite a todos os vossos povos!

Aos intelectuais e cientistas

487*   Saudamos, de maneira especial, aos pesquisadores da verdade, homens e mulheres intelectuais e cientistas que estudam o ser humano, o universo e a História, saudamos a vós, peregrinos da luz, e aos que, cansados ou decepcionados com os resultados, pararam à beira do caminho.

488*   Por que esta saudação especial? Porque todos aqui presentes, bispos e membros do Concílio, buscamos a verdade. Durante os últimos quatro anos, foi este o objeto constante de nossos esforços: uma análise mais atenta e o aprofundamento da mensagem da verdade confiada à Igreja, com a maior docilidade possível ao Espírito de verdade.

489*   Seria impossível esquecê-los. Vossos caminhos são os nossos. Consideramo-nos associados à vossa vocação de pesquisadores, participantes de vossas lutas, admiradores de vossas conquistas e, quando é preciso, consoladores, em vossas dificuldades e fracassos.

490*   Temos pois uma mensagem especial para vós: continuai a pesquisar sem descanso, sem nunca desesperar da verdade! Lembrai-vos da palavra de um de vossos grandes companheiros, santo Agostinho: "Procuremos sempre com o desejo de encontrar e encontremos sem nunca abandonar o desejo de procurar ainda mais". Felizes os que, possuindo a verdade, continuam a procurá-la, para renová-la sempre, aprofundá-la e comunicá-la aos outros. Felizes os que, mesmo sem a ter ainda encontrado, buscam-na de coração sincero: que procurem as luzes de amanhã com as que têm hoje, até alcançarem a plenitude da luz!

Mas não o esqueçais: pensar é uma grande coisa, mas antes disso é um dever. Infeliz de quem fecha os olhos à luz! Pensar é também uma responsabilidade. Infeliz de quem obscurece o espírito com mil artifícios que o deprimem, tornam-no fátuo, enganam-no e o deformam! O princípio fundamental de todo trabalho intelectual e científico é o esforço de pensar corretamente. 491*

Com este objetivo, sem perturbar-vos os passos nem ofuscar-vos o olhar, queremos oferecer-vos nossa lâmpada misteriosa: a fé. Quem no-la confiou foi o Mestre soberano do pensamento, de que somos humildes discípulos. Somente ele podia dizer: "Sou a luz do mundo, o caminho, a verdade e a vida". 492*

Esta palavra vos concerne. Graças a Deus, em momento algum como no nosso, percebeu-se a possibilidade de um acordo profundo entre a verdadeira ciência e a verdadeira fé, ambas servidoras da única verdade. Não crieis obstáculos a esse feliz encontro! Deixai-vos iluminar pela luz para captar a verdade, toda a verdade! São os votos, o estímulo e a esperança que vos querem exprimir, antes de se separarem, os membros do Concílio vindos do mundo inteiro e reunidos em Roma. 493*

Aos artistas

Dirigimo-nos agora a todos vós, artistas. Seduzidos pela beleza, procurais servi-la, como poetas e literatos, pintores, escultores, arquitetos, músicos, artistas de teatro e de cinema... A todos a Igreja do Concílio reconhece como amigos, por serem amigos da verdadeira arte. 494*

Há muito que a Igreja celebrou essa aliança. Construístes e decorastes inúmeros templos, celebrastes os dogmas e enriquecestes a liturgia. Ajudastes a traduzir a mensagem divina da Igreja na linguagem das formas e das figuras e a tornar perceptível o mundo invisível. 495*

Hoje, como ontem, a Igreja tem necessidade dos artistas e se volta para vós. Por nosso intermédio vos incita a não romper nossa antiga e tão fecunda aliança! Não vos recuseis a servir à verdade divina! Não vos fecheis ao sopro do Espírito! 496*

O mundo em que vivemos tem necessidade de beleza, para não soçobrar no desespero. Como a verdade, a beleza alegra o coração humano e resiste, como fruto precioso, à usura do tempo, une as gerações e as faz comungar numa mesma admiração. Tudo isso é resultado de vossas mãos... 497*

498*   Que sejam mãos puras e desinteressadas! Sois guardiãs da beleza no mundo. Libertai-vos pois dos gostos efêmeros e sem verdadeiro valor, não vos deixeis embaraçar pela busca de expressões estranhas e pouco convenientes.

499*   Sempre e em toda parte, sede dignos de vosso ideal e sereis dignos da Igreja, que por nosso intermédio vos dirige hoje sua mensagem de amizade, de saudação, de graça e de bênção.

Às mulheres

500*   Dirigimo-nos agora a vós, mulheres de todas as condições, que constituís a metade da humanidade: filhas, esposas, mães e viúvas, como também virgens consagradas e celibatárias.

501*   A Igreja se orgulha de ter engrandecido e libertado a mulher, de ter contribuído para que se tenha imposto no decurso dos séculos pela diversidade de seus caracteres e pela sua radical igualdade com o homem.

502*   É chegada, porém, a hora de se realizar plenamente a vocação da mulher, que desfruta hoje, na sociedade, de influência e poder jamais alcançados no passado.

503*   Por isso mesmo, nesta fase de profundas mudanças sociais, as mulheres, impregnadas do espírito do Evangelho, podem-se tornar o sustentáculo da humanidade.

504*   Vós vos caracterizastes sempre, mulheres, pela guarda do lar, o amor das fontes e pelo cuidado com o berço. Estais sempre junto ao mistério da vida nos seus começos. Acompanhais de perto os que sofrem, num mundo em que a técnica ameaça desumanizar a doença e a morte. Reconciliais os seres humanos com a vida. Cuidai do futuro de nossa espécie, é o que vos pedimos. Retende a mão daqueles que, num momento de loucura, ameaçam destruir a civilização.

505*   Esposas, mães de família, primeiras educadoras do gênero humano na intimidade dos lares, transmitis a vossos filhos e filhas as tradições de vossos pais, preparai-os para o futuro imperscrutável. Lembrai-vos de que, por intermédio de seus filhos, a mãe pertence a um futuro que talvez não venha sequer a conhecer.

506*   Celibatárias, sabei que vos é possível cumprir vossa vocação de dedicação aos outros. A sociedade vos reclama. As famílias não podem viver sem o apoio dos que não têm família.

Sobretudo vós, virgens consagradas, num mundo em que o egoísmo e a busca do prazer fazem a lei, sois as guardiãs da pureza, do desinteresse e da piedade. Jesus, que reconheceu ao amor conjugal toda a sua plenitude, exaltou igualmente a renúncia ao amor humano, quando feita em nome do amor infinito e a serviço de todos os seres humanos. 507*

Mulheres que sofreis, que estais ao lado da cruz como Maria, vós que tantas vezes na história destes aos homens a força de lutar até o fim, de testemunhar até o martírio, ajudai-os ainda hoje a empreender com audácia o que vale a pena e a ter paciência nas dificuldades. 508*

Vós que sabeis tornar doce, terna e acessível a verdade, ajudai a fazer com que o espírito do Concílio penetre nas instituições, nas escolas, nos lares e na vida de todo dia. 509*

Mulheres do mundo inteiro, cristãs ou não, a vida vos é confiada neste momento decisivo da história da humanidade. Salvai a paz no mundo! 510*

Aos trabalhadores

Durante o Concílio os bispos católicos dos cinco continentes refletiram, dentre outras questões, sobre os graves problemas que colocam à consciência da humanidade as condições econômicas e sociais do mundo contemporâneo, a coexistência das nações, a questão armamentista, os problemas da guerra e da paz. Temos plena consciência da incidência que têm sobre a vida concreta dos trabalhadores e trabalhadoras do mundo inteiro as soluções que se dêem a estes problemas. Desejamos por isso vos dirigir uma mensagem de confiança, paz e amizade. 511*

Filhos caríssimos, ficai certos, antes de tudo, que a Igreja conhece vossos sofrimentos, vossas lutas e vossas esperanças, tem em grande apreço vossas virtudes, como a coragem, a dedicação, a consciência profissional e o amor à justiça. A Igreja reconhece plenamente os imensos serviços prestados por cada um de vós ao conjunto da sociedade, às vezes nas tarefas mais obscuras e mais desprezadas. A sociedade o reconhece e agradece por nosso intermédio. 512*

Nestes últimos anos a sociedade deu grande atenção aos problemas extremamente complexos do mundo do trabalho. A repercussão que tiveram junto a vós as encíclicas pontifícais demonstra a sintonia da alma do trabalhador com a dos mais altos responsáveis espirituais. 513*

O papa João XXIII, que muito enriqueceu o patrimônio da Igreja nessa área, falou-vos ao coração. Foi uma demonstração viva, em sua pessoa, do 514* grande amor da Igreja pelos trabalhadores, assim como pela verdade, pela justiça, pela liberdade e pela caridade em que se funda a paz no mundo.

515*   Queremos também nós dar testemunho do amor da Igreja por vós e dizer-vos com toda sinceridade: a Igreja é vossa amiga. Confiai nela! No passado, tristes mal-entendidos alimentaram durante muito tempo a desconfiança e a incompreensão entre nós. Com isso sofreram tanto a Igreja como a classe operária. Chegou a hora da reconciliação. A Igreja do Concílio vos convida a celebrá-la com ela.

516*   A Igreja vos procura entender sempre melhor. Mas também vós deveis procurar compreender melhor o que é a Igreja para vós, trabalhadores, que sois os principais artesãos das prodigiosas transformações do mundo de hoje, pois, como o sabeis, se não as anima um sopro espiritual, contribuirão antes para a infelicidade do que para a felicidade da humanidade. O ódio não salva o mundo! O pão da terra somente não sacia a fome da humanidade!

517*   Acolhei, pois, a mensagem da Igreja. Acolhei a fé que ela vos oferece para iluminar vosso caminho: a fé do sucessor de Pedro e dos dois mil bispos reunidos no Concílio, a fé de todo o povo cristão. Que ela vos ilumine! Que ela vos guie! Que ela vos faça conhecer Jesus Cristo, vosso companheiro, o salvador de toda a humanidade.

Aos pobres, aos doentes e a todos que sofrem

518*   Irmãos que sofreis de tantas maneiras diversas, o Concílio tem para todos vós uma mensagem especial.

519*   O Concílio sente vossos olhos fixados nele, implorando, brilhantes de febre ou abatidos pela fatiga, olhares questionadores, que buscam em vão o porquê do sofrimento humano e perguntam com ansiedade quando ou de onde virá o conforto.

520*   Irmãos caríssimos, sentimos profundamente repercutir em nossos corações de pais e de pastores vossos gemidos e vossas queixas. Cresce nossa dor quando pensamos que não vos podemos dar a saúde corporal nem diminuir vossas dores físicas, que médicos, enfermeiros e todo pessoal da saúde procuram aliviar o mais possível.

521*   Temos, porém, algo de mais profundo e mais precioso a vos oferecer: a única verdade capaz de responder ao mistério do sofrimento e vos trazer um consolo que não seja ilusório: a fé e a união com o homem das dores, com Cristo, Filho de Deus, crucificado por nossos pecados e para nossa salvação.

Cristo não suprimiu o sofrimento. Não quis suprimir o mistério, mas nos fez compreender ao menos seu valor. 522*

Vós que sentis mais pesadamente o peso da cruz, que sois pobres e abandonados, vós que chorais e sois perseguidos por causa da justiça, vós, de quem não se fala, os desconhecidos que sofreis, tende coragem: sois os preferidos do reino de Deus, reino de esperança, de felicidade e de vida. Sois os irmãos de Cristo sofredor e com ele salvais o mundo! 523*

Eis a idéia que tem o cristão do sofrimento, a única que traz a paz. Sabei que não estais sozinhos, separados, abandonados ou inutilizados. Sois os chamados por Cristo, sua imagem viva e transparente. Em seu nome o Concílio os saúda com amor, vos agradece e vos dá a certeza da amizade e da assistência da Igreja, que vos abençoa. 524*

Aos jovens

A vós, jovens, moços e moças do mundo inteiro, o Concílio quer dirigir sua última mensagem. Sois vós que haveis de receber a tocha das mãos dos mais velhos, para viver num mundo de gigantescas transformações históricas. Vós haveis de recolher o que há de melhor no exemplo e no ensino de vossos pais e mestres, para formar a sociedade de amanhã, em que vos haveis de salvar ou com a qual acabareis por perecer. 525*

Durante quatro anos a Igreja procurou rejuvenescer-se, para melhor responder às perspectivas de seu fundador, o grande vivente, Jesus Cristo, eternamente jovem. No fim desta significativa "revisão de vida", volta-se para vós, jovens, para quem, sobretudo por meio do Concílio, procurou acender uma luz que ilumine o vosso futuro. 526*

A Igreja quer que a sociedade que constituís respeite a dignidade, a liberdade, o direito das pessoas, que sois vós. 527*

Quer sobretudo que esta sociedade deixe desabrochar seu tesouro, antigo e sempre novo: o tesouro da fé, em cujas benéficas luzes vossas almas se possam banhar livremente. A Igreja tem confiança de que assim encontrareis tanta força e tanta alegria, que não sereis mais nem mesmo tentados, como alguns de vossos antecessores, de ceder às seduções das filosofias do egoísmo e do prazer, do desespero e do nada. Diante do ateísmo, fenômeno revelador do cansaço e do envelhecimento, sabereis afirmar vossa fé na vida e no que lhe confere sentido: a certeza da existência de um Deus justo e bom. 528*

529*   Em nome de Deus e de seu Filho Jesus, exortamo-vos a dilatar vossos corações nas dimensões do mundo, a ouvir o apelo de vossos irmãos e de colocar com ousadia a seu serviço todas as vossas energias.

530*   Lutai contra todo egoísmo. Impedi que se desenvolvam os instintos de violência e de ódio, que estão na raiz das guerras e de tantas misérias. Sede generosos, puros, respeitosos e sinceros. Construí com entusiasmo um mundo melhor que o dos mais velhos!

531*   A Igreja vos olha com confiança e amor. Rica de um longo passado que continua vivo, a caminho da perfeição humana no tempo e da realização final da história e da vida, a Igreja é a juventude do mundo. Ela possui o que torna fortes e atraentes todos os jovens, a saber, a faculdade de se alegrar com o que começa, de se dar sem medida, de se renovar sempre e ser capaz de sempre recomeçar, em vista de novas conquistas. Olhai para ela e vereis brilhar nela a face de Cristo, verdadeiro herói, humilde e sábio, profeta da verdade e do amor, companheiro e amigo dos jovens. Saudamo-vos de fato em nome de Cristo, vos exortamos e vos abençoamos.[1]

CARTA APOSTÓLICA DE ENCERRAMENTO DO CONCÍLIO ECUMÊNICO

Paulo VI para perpétua memória

532*   Reunido e animado pelo Espírito Santo, sob o patrocínio da bem-aventurada Virgem Maria, que proclamamos mãe da Igreja, de são José, seu ínclito esposo, e dos santos apóstolos Pedro e Paulo, o Concílio Ecumênico Vaticano II deve ser considerado entre os mais importantes eventos da Igreja, tanto pelo número de padres conciliares, como pelo fato de que vieram à cátedra de Pedro de todas as partes da terra, inclusive dos lugares em que só recentemente se implantou a hierarquia. Foi ainda impressionante o número de assuntos tratados com aplicação e precisão, durante as quatro sessões. Finalmente,

---

[1] *AAS* 58 (1966), pp. 8-18.

foi de toda conveniência haver tratado das novas necessidades criadas pela atual situação do mundo, visando em primeiro lugar à utilidade pastoral e, com grande caridade, esforçando-se para falar aos cristãos, ainda separados da comunhão com a Sé apostólica, bem como para se dirigir fraternalmente a todos os seres humanos.

Tendo sido finalmente visto agora, com a graça de Deus, tudo que deveria examinar o Concílio Ecumênico, aprovados por deliberação sinodal as constituições, decretos e declarações por nós devidamente promulgados, resolvemos encerrar oficialmente este Concílio que foi convocado por nosso antecessor João XXIII no dia 25 de dezembro de 1961, por ele aberto no dia 11 de outubro de 1962 e por nós continuado, depois de sua piedosa morte.

Ordenamos e preceituamos que tudo aquilo que foi estabelecido pelo Concílio seja religiosa e santamente observado por todos os fiéis, para a glória de Deus, a honra da santa mãe Igreja, para a tranqüilidade de todos e para a paz.

Decretamos que a presente carta apostólica seja sempre válida e eficaz, produzindo plenamente seus efeitos. Deve ser acolhida por todos a que diz respeito agora ou virá a dizer respeito no futuro. Assim se deve pensar e definir, sendo inválido e sem valor desde agora tudo que por qualquer pessoa contrariá-la ou pretender torná-la vã, seja consciente, seja involuntariamente.

Dado em Roma, junto a S. Pedro, sob o anel do pescador, no dia 8 de dezembro, festa da Imaculada Conceição de Nossa Senhora, no ano de 1965, terceiro de nosso pontificado.[1]

Papa PAULO VI

---

[1] *AAS* 58 (1966), pp. 18-19.

II
Constituições, decretos e declarações

PAULO BISPO
SERVO DOS SERVOS DE DEUS
JUNTAMENTE COM OS PADRES DO CONCÍLIO
PARA PERPÉTUA MEMÓRIA

Constituição *Sacrosanctum Concilium* sobre a Sagrada Liturgia

PROÊMIO

1. O objetivo do Concílio é intensificar a vida cristã, atualizando as instituições que podem ser mudadas, favorecendo o que contribui para a união dos fiéis em Cristo e incentivando tudo que os leva a viver na Igreja. Em vista disso, julga dever se ocupar especialmente da liturgia, que precisa ser restaurada e estimulada. **1**

2. A liturgia no mistério da Igreja

2. A liturgia, em que "a obra de nossa redenção se realiza",[1] especialmente pelo divino sacrifício da eucaristia, contribui decisivamente para que os fiéis expressem em sua vida e manifestem aos outros o mistério de Cristo e a natureza genuína da verdadeira Igreja. Ela é, ao mesmo tempo, humana e divina, visível, mas dotada de bens invisíveis, presente ao mundo, mas peregrina, de tal forma que o que nela é humano está subordinado ao que é divino, o visível ao invisível, a ação à contemplação e o presente à futura comunhão que todos buscamos.[2] Dia após dia, liturgia vai nos transformando interiormente em templos santos do Senhor e morada espiritual de Deus,[3] até a plenitude de **2**

---

[1] *Missal Romano*, oração sobre as oferendas do IX domingo depois de Pentecostes.
[2] Cf. Hb 13, 14.
[3] Cf. Ef 2, 21-22.

141

Cristo,[4] de tal forma que nos dá a força necessária para pregar Cristo e mostrar ao mundo o que é a Igreja,[5] como a reunião de todos os filhos de Deus ainda dispersos,[6] até que se tornem um só rebanho, sob um único pastor.[7]

3. A constituição sobre a liturgia e os diversos ritos

3 O Concílio, para restaurar e estimular a liturgia, julga dever lembrar certos princípios e estabelecer determinadas normas.

4 Entre tais princípios e normas há o que se pode e deve aplicar não só ao rito romano como a todos os outros. Contudo, as normas práticas visam unicamente ao rito romano, a não ser que, por sua própria natureza, digam também respeito igualmente a outros ritos.

4. O valor de todos os ritos

5 4. Fielmente de acordo com a tradição, o Concílio declara que para a santa madre Igreja todos os ritos legitimamente reconhecidos são igualmente dignos de respeito, devem ser observados e promovidos, de acordo com sua tradição específica, para que sejam fortalecidos e valorizados nas condições em que se vive hoje.

Capítulo I

Princípios gerais
I. Natureza e importância da liturgia na vida da Igreja

5. A obra da salvação

6 5. Deus "quer que todos os homens sejam salvos e alcancem o reconhecimento da verdade" (1Tm 2, 4). "Falou outrora aos pais, pelos profetas, de muitos modos e maneiras" (Hb 1, 1). Quando veio a plenitude dos tempos, enviou seu Filho, Verbo encarnado, ungido pelo Espírito Santo, para evangelizar os pobres e curar os corações feridos,[8] como "médico do corpo e da alma",[9] mediador entre Deus e os homens.[10] Sua humanidade, unida à pessoa do Verbo, foi o instrumento de

---

[4] Cf. Ef 4, 13.
[5] Cf. Is 11, 12.
[6] Cf. Jo 11, 52.
[7] Cf. Jo 10, 16.
[8] Cf. Is 61, 1; Lc 4, 18.
[9] S. Inácio de Antioquia, *Ad Ephesios*, 7,2: ed. F. X. Funk, *Patres Apostolici*I, Tübingen 1901, p. 218.
[10] Cf. 1Tm 2, 5.

nossa salvação. Em Cristo "realizou-se nossa perfeita reconciliação e nos foi dado acesso à plenitude do culto divino".[11]

Cristo Senhor, especialmente pelo mistério pascal de sua paixão, ressurreição dos mortos e gloriosa ascensão, em que "morrendo destruiu a nossa morte e, ressuscitando, restaurou-nos a vida",[12] realizou a obra da redenção dos homens e, rendendo a Deus toda glória, como foi prenunciado nas maravilhas de que foi testemunha o povo do Antigo Testamento. Do lado de Cristo, morto na cruz, brotou o admirável mistério da Igreja.[13]   7

6. A obra da salvação continua na Igreja, pela liturgia

6. Como foi enviado pelo Pai, também Cristo enviou os apóstolos no Espírito Santo, para pregar o Evangelho a toda criatura,[14] anunciando que o Filho de Deus, por sua morte e ressurreição, nos libertou do poder de satanás[15] e da morte, fazendo-nos entrar no reino do Pai. Ao mesmo tempo que anunciavam, realizavam a obra da salvação pelo sacrifício e pelos sacramentos, através da liturgia. Pelo batismo, os homens são inseridos no mistério pascal de Cristo, participando de sua morte, de sua sepultura e de sua ressurreição,[16] recebem o espírito de adoção, como filhos, "no qual clamamos: Abba, Pai" (Rm 8, 15) e se tornam os verdadeiros adoradores que o Pai procura.[17] Todas as vezes que participamos da ceia do Senhor, anunciamos a sua morte, até que venha.[18] No próprio dia de Pentecostes, em que a Igreja se manifestou ao mundo, "os que receberam a palavra de Pedro foram batizados e perseveravam na doutrina dos apóstolos, na partilha do pão e nas orações... louvando a Deus e sendo estimados por todo o povo" (At 2, 41-47). Desde então, a Igreja nunca deixou de se reunir para celebrar o mistério pascal, lendo o "que dele se fala em todas as escrituras" (Lc 24, 27), celebrando a eucaristia, "em que se representa seu triunfo e sua vitória sobre a morte",[19] dando igualmente graças a "Deus pelo dom inefável" (2Cor 9, 15) em Cristo Jesus, para louvor de sua glória (Ef 1, 12), na força do Espírito Santo.   8

---

[11] *Sacramentarium Veronese (Leonianum)*: ed. Mohlberg, Roma, 1956, n. 1265, p. 162.
[12] *Missal Romano*, prefácio pascal.
[13] Cf. S. Agostinho, *Enarr. in Ps.*, 138. 2; *CChr*. 40 Turnholti 1956, p. 1991; oração depois da segunda leitura do Sábado Santo, no *Missal Romano*, antes da restauração da Semana Santa.
[14] Cf. Mc 16, 15.
[15] Cf. At 26, 18.
[16] Cf. Rm 6, 4; Ef 2, 6; Cl 3, 1; 2Tm 2, 11.
[17] Cf. Jo 4, 23.
[18] Cf. 1Cor 11, 26.
[19] Conc. de Trento, sess. XIII, 11.10.1551, decreto *De ss.Eucharist*, c. 5: Concilium Tridentinum, *Diariorum, Actorum, Epistolarum, Tractatuum nova collectio*, ed. Soc. Goerresianae, t. VII, Friburgo em Brisgau, 1961, p. 202.

7. A presença de Cristo na liturgia

9   7. Para realizar tal obra, Cristo está sempre presente à sua Igreja, especialmente nas ações litúrgicas. Presente ao sacrifício da missa, na pessoa do ministro, "pois quem o oferece pelo ministério dos sacerdotes é o mesmo que então se ofereceu na cruz",[20] mas, especialmente presente sob as espécies eucarísticas. Presente, com sua força, nos sacramentos, pois, quando alguém batiza é o próprio Cristo que batiza.[21] Presente por sua palavra, pois é ele quem fala quando se lê a Escritura na Igreja. Presente, enfim, na oração e no canto da Igreja, como prometeu "estar no meio de dois ou três que se reunissem em seu nome" (Mt 18, 20).

10   Cristo age sempre e tão intimamente unido à Igreja, sua esposa amada, que esta glorifica perfeitamente a Deus e santifica os homens, ao invocar seu Senhor e, por seu intermédio, prestar culto ao eterno Pai.

11   Com razão se considera a liturgia o exercício do sacerdócio de Cristo, em que se manifesta por sinais e se realiza a seu modo a santificação dos seres humanos, ao mesmo tempo que o corpo místico de Cristo presta culto público perfeito à sua cabeça.

12   Toda celebração litúrgica, pois, como obra de Cristo sacerdote e de seu corpo, a Igreja, é ação sagrada num sentido único, não igualado em eficácia nem grau por nenhuma outra ação da Igreja.

8. Liturgia na terra e no céu

13   8. Na liturgia da terra, participamos, e, de certa maneira, antecipamos a liturgia do céu, que se celebra na cidade santa, a Jerusalém para a qual caminhamos, em que Cristo, sentado à direita do Pai, é como que o ministro das coisas santas e do verdadeiro tabernáculo.[22] Juntamente com todos os anjos do céu, cantamos um hino de glória ao Senhor. Celebrando a memória dos santos, esperamos participar um dia de seu convívio. Vivemos na expectativa do salvador, Nosso Senhor Jesus Cristo, até o dia em que se tornar manifesta a nossa vida e tomarmos parte, com ele, em sua glória.[23]

---

[20] Conc. de Trento, sess. XXII, 17.9.1562, Doutrina *De ss. Missae sacrificio*, c. 2: Concilium Tridentinum, *ed. cit.*, t. VIII. *Actorum* pars V, Friburgo em Brisgau, 1919 p. 960.
[21] Cf. S. Agostinho, *In Ioannis Evangelium*, Tr. VI, c. I, n. 7: *PL* 35, 1428.
[22] Cf. Ap 21, 2; Cl 3, 1; Hb 8, 2.
[23] Cf. Fl 3, 20; Cl 3, 4.

9. A liturgia não é, porém, a única atividade da Igreja

9. A sagrada liturgia não é a única atividade da Igreja, pois, antes de ter acesso à liturgia é preciso ser conduzido à fé e se converter. "Como invocar se não crêem? Como crer, se não ouvem? Como ouvir, sem pregador? Como haverá pregação sem missão?" (Rm 10, 14-15).

Por isso, a Igreja anuncia a salvação aos que não crêem, para que todos os homens reconheçam a Deus, o verdadeiro, e seu enviado, Jesus Cristo, convertam-se e façam penitência.[24] Já aos que crêem, deve pregar a fé e a penitência, administrar os sacramentos, ensinar a observar tudo que Cristo ordenou,[25] estimular à prática da caridade, da piedade e do apostolado, que mostram que os fiéis não são deste mundo, mas estão aqui como luz do mundo, para glorificar ao Pai diante dos homens.

10. A liturgia é o cume e a fonte da vida da Igreja

10. Mas a liturgia é o cume para o qual tende toda a ação da Igreja e, ao mesmo tempo, a fonte de que promana sua força. Os trabalhos apostólicos visam a que todos, como filhos de Deus, pela fé e pelo batismo, se reúnam para louvar a Deus na Igreja, participar do sacrifício e da ceia do Senhor.

A liturgia também leva os fiéis a serem "unânimes na piedade", depois de participarem dos "sacramentos pascais",[26] para que "na vida conservem o que receberam na fé".[27] A liturgia renova e aprofunda a aliança do Senhor com os homens, na eucaristia, fazendo-os arder no amor de Cristo. Dela, pois, especialmente da eucaristia, como de uma fonte, derrama-se sobre nós a graça e brota com soberana eficácia a santidade em Cristo e a glória de Deus, fim para o qual tudo tende na Igreja.

11. Que o coração acompanhe as palavras

11. Mas para que seja plena a eficácia da liturgia, é preciso que os fiéis se aproximem dela com as melhores disposições interiores, que seu coração acompanhe sua voz, que cooperem com a graça do alto e não a recebam em vão.[28] Cuidem, pois, os pastores que, além de se observarem as exigências de validade e liceidade das celebrações, os fiéis participem da liturgia de maneira ativa e frutuosa, sabendo o que estão fazendo.

[24.]Cf. Jo 17, 3; Lc 24, 47; At 2, 38.
[25.]Cf. Mt 28, 20.
[26.]*Missal Romano*, oração depois da comunhão da Vigília Pascal e do Domingo da Ressurreição.
[27.]*Missal Romano*, oração de terça-feira da oitava pascal.
[28.]Cf. 2Cor 6, 1.

12. Liturgia e oração pessoal

19 12. A vida espiritual não se resume à participação na liturgia. Chamado a orar em comum, o cristão não deve deixar também de entrar em seu quarto, para orar ao Pai no segredo do coração.[29] Pelo contrário, seguindo o conselho do Apóstolo, deve orar sem cessar.[30] Pelo mesmo Apóstolo, somos advertidos de que devemos levar sempre em nossos corpos os sinais da morte de Cristo, para que também a sua vida se manifeste, um dia, em nossos corpos mortais.[31] Pedimos, por isso, ao Senhor, no sacrifício da missa, que "aceite a hóstia da oblação espiritual e nos torne, a nós mesmos, uma oferenda eterna".[32]

13. Outras práticas de piedade

20 13. Recomendam-se vivamente as práticas de piedade do povo cristão, desde que estejam conformes às leis e normas da Igreja, mas especialmente quando se fizerem por mandato da Sé apostólica.

21 As práticas recomendadas pelos bispos são especialmente dignas de louvor, desde que se façam segundo o costume e os livros legitimamente aprovados.

22 Devem-se harmonizar com os tempos litúrgicos e se articular com a liturgia, pois dela derivam e são destinadas a conduzir o povo à liturgia, que é muito superior a todas as práticas.

II. Formação e participação litúrgicas

14. Sua necessidade

23 A Igreja deseja ardentemente que todos os fiéis participem das celebrações de maneira consciente e ativa, de acordo com as exigências da própria liturgia e por direito e dever do povo cristão, em virtude do batismo, como "raça eleita, sacerdócio régio, nação santa e povo adquirido" (1Pd 2, 9; cf. 2, 4-5).

24 14. Procure-se, por todos os meios, restabelecer e favorecer a participação plena e ativa de todo o povo na liturgia. Ela é a fonte primeira e indispensável do espírito cristão. Os pastores de almas devem, pois, orientar para ela toda sua a ação pastoral.

---

[29] Cf. Mt 6, 6.
[30] Cf. 1Ts 5, 17.
[31] Cf. 2Cor 4, 10-11.
[32] *Missal Romano*, oração sobre as oferendas, segunda-feira na oitava de Pentecostes.

Para que isto aconteça, é indispensável que os próprios pastores estejam 25
profundamente imbuídos do espírito e da força da liturgia, tornando-se
capazes de ensiná-la aos outros. Deve-se, pois, antes de tudo, dar uma boa
formação litúrgica aos clérigos. Por isso, o Concílio decidiu estabelecer
o que segue.

15. Os professores de liturgia

15. Os professores que ensinam liturgia nos seminários, nas casas religio- 26
sas de estudo e nas faculdades teológicas, devem ter sido formados em um
instituto especializado.

16. O ensino da liturgia

16. Nos seminários e nas casas religiosas de estudo, a liturgia deve ser 27
considerada matéria indispensável e prioritária. Nas faculdades, ser contada
entre as matérias principais, ensinada tanto do ponto de vista teológico e
histórico, como do ponto de vista espiritual, pastoral e jurídico. Além disso,
os professores das outras disciplinas, especialmente de teologia dogmática,
Sagrada Escritura, teologia espiritual e pastoral, devem estudar o mistério
de Cristo e da história da salvação a partir das exigências intrínsecas de sua
disciplina, para tornar clara a unidade da formação sacerdotal e sua conexão
com a liturgia.

17. Formação litúrgica dos candidatos ao sacerdócio

17. Os clérigos nos seminários e nas casas religiosas devem adquirir uma 28
formação litúrgica da vida espiritual, sendo devidamente introduzidos na
compreensão dos ritos sagrados e deles participando plenamente, de sorte
a estarem imbuídos do espírito da sagrada liturgia, através das celebrações
litúrgicas e de outros exercícios de piedade. Aprendam também a observar
as leis litúrgicas de maneira que a vida nos seminários e nas casas religiosas
esteja profundamente marcada pelo espírito da liturgia.

18. Auxílio aos sacerdotes encarregados da cura das almas

18. Os sacerdotes que trabalham na vinha do Senhor, tanto seculares 29
como religiosos, disponham do suporte necessário para exercer a liturgia de
maneira a entender sempre o que estão fazendo e a viver uma vida litúrgica
em comunhão com os fiéis que lhes foram confiados.

19. Formação litúrgica dos fiéis

19. Também os fiéis devem participar da liturgia, interior e exteriormente, de acordo com sua idade, condição, gênero de vida e grau de cultura religiosa. Os pastores atuem pacientemente nesse sentido, sabendo que é um dos principais deveres de quem é chamado a dispensar fielmente os mistérios de Deus. Nesse particular, conduzam o seu rebanho não só com palavras, mas também com o exemplo.

20. Os meios audiovisuais e a liturgia

20. As transmissões dos atos litúrgicos pelo rádio e pela televisão, especialmente da missa, sejam feitas de maneira discreta e decorosa, sob a direção e patrocínio de pessoas idôneas, designadas pelo bispo.

III. A reforma litúrgica

21. A Igreja deseja fazer quanto antes uma reforma litúrgica geral, para que o povo cristão aproveite melhor as riquezas de graça contidas na liturgia. Há, na liturgia, uma parte imutável, de instituição divina, e outras sujeitas a modificações, que podem e devem variar no decurso do tempo, desde que apresentem aspectos menos apropriados à natureza íntima da própria liturgia ou que se tenham tornado obsoletos.

Nesta reforma, os textos e os ritos devem vir a exprimir com clareza as realidades santas que significam, para que o povo cristão as perceba com maior facilidade, na medida do possível, e possa participar plena e ativamente da celebração comunitária.

O Concílio estabelece, pois, as seguintes normas gerais.

a) Normas Gerais

22. A regulamentação litúrgica compete à hierarquia

22. §1. Na Igreja, a regulamentação da liturgia compete unicamente à autoridade, isto é, à Sé apostólica e, segundo a norma do direito, aos bispos.

§ 2. Em virtude do direito e dentro dos limites estabelecidos, a regulamentação da liturgia compete também às diversas assembléias episcopais territoriais, legitimamente estabelecidas.*

---

* As normas estabelecidas *ad interim* (provisoriamente) no que diz respeito às conferências episcopais nacionais ou territoriais, pela constituição *Sacrossanctum Concilium*, n. 22, §

§ 3. Ninguém mais, nem mesmo um sacerdote, seguindo a própria inspi- 37
ração, pode acrescentar, tirar ou mudar alguma coisa na liturgia.

23. Tradição e evolução

23. A modificação de cada uma das partes da liturgia deve estar sempre 38
baseada em rigorosos estudos teológicos, históricos e pastorais, para que se
mantenha a tradição e se abram os caminhos para uma legítima evolução.
Considerem-se também as leis gerais da estrutura e do espírito da liturgia, a
experiência, as modificações já introduzidas e, finalmente, aquelas que provêm
de indultos já obtidos. Nenhuma inovação seja introduzida senão em função
da utilidade da Igreja, com base em exigências reconhecidamente verdadeiras
e com toda a cautela, procurando novas formas, que provenham como que
organicamente das antigas.

Evitem-se também, quanto possível, grandes diferenças entre ritos de 39
regiões vizinhas.

24. A Bíblia e a liturgia

24. A Escritura desempenha papel de primordial importância na celebração 40
litúrgica. Fornece as leituras e é explicada na homilia. Cantam-se os salmos,
cuja inspiração e sentimento se prolongam nos hinos e orações litúrgicas,
conferindo significação às mais diferentes ações. Quando se procura, pois,
reformar a liturgia, fazê-la evoluir e adaptá-la, é preciso cuidar para que se
conserve, suave e vivo, o gosto pela Sagrada Escritura, que caracteriza a
tradição dos ritos, tanto orientais como ocidentais.

25. Revisão dos livros litúrgicos

25. Revejam-se, quanto antes, os livros litúrgicos das diversas regiões, 41
com o auxílio de peritos e de acordo com os bispos.

b) Normas da ação litúrgica da hierarquia e da comunidade

26. As ações litúrgicas não são ações privadas, mas celebrações da Igreja, *sacra-* 42
mento da unidade, povo santo reunido ordenadamente em torno do bispo[33].

---

2 (Ench. 36), pelo *motu proprio Sacram liturgiam*, n. X e pela instrução *Inter oecumenici* deixaram de vigorar depois do decreto *Christus Dominus* e do *motu proprio Ecclesiae sanctae*, que regulamentaram o funcionamento das conferências episcopais (cf. *Responsio* da pontifícia comissão para a interpretação dos decretos do Concílio Vaticano II, de 5.2.1968: *AAS* 60 (1968), p. 362, (N. d. R.).

[33] S.Cipriano, *De cath. eccl. unitate*, 7; ed. G. Hartel, em *CSEL*,t. III, 1. Viena, 1868, pp. 215-216. Cf. *Ep*. 66, n. 8, 3; ed. cit. t. III, 2. Viena 1871, pp. 732-733.

43 São, pois, ações de todo o corpo da Igreja, que lhe dizem respeito e o manifestam, interessando a cada um dos membros de maneira diversa, segundo a variedade das ordens, das funções e da participação efetiva.

27. Preferência dada à celebração comunitária

44 27. Sempre que o rito, por natureza, comportar uma celebração comum, com a presença e efetiva participação dos fiéis, deve-se estimulá-la, na medida do possível, dando-lhe preferência à celebração privada.

45 Isso vale para administração dos sacramentos e sobretudo para celebração da missa, sem que se conteste a natureza pública e social, mesmo da missa privada.

28. A dignidade na celebração

46 28. Em todas as celebrações litúrgicas, ministro e fiéis, no desempenho de sua função, façam somente aquilo e tudo aquilo que convém à natureza da ação, de acordo com as normas litúrgicas.

47 29. Os acólitos, leitores, comentadores e cantores exercem um verdadeiro ministério litúrgico. Desempenhem, pois, as suas funções com devoção e ordenadamente, como convém à dignidade do ministério e ao que o povo de Deus deles exige, com todo o direito.

48 Desde cedo, portanto, estejam todos imbuídos do espírito da liturgia e sejam devidamente iniciados no desempenho correto de seus respectivos papéis.

30. Participação ativa dos fiéis

49 30. Para promover a participação ativa do povo, recorram-se a aclamações, respostas, salmodias, antífonas, cânticos, assim como a gestos ou atitudes corporais. Nos momentos devidos, porém, guarde-se o silêncio sagrado.

50 31. Na revisão dos livros litúrgicos, as rubricas devem prever também as ações dos fiéis.

32. Liturgia e classes sociais

51 32. Ninguém pode ser colocado em evidência nas celebrações, cerimônias ou festas litúrgicas, a não ser em vista das funções ministeriais que exerce, da ordem a que pertence e da reverência que se deve, de acordo com a norma litúrgica, às autoridades civis.

c) NORMAS DIDÁTICAS E PASTORAIS

33. Embora vise principalmente ao culto da divina majestade, a liturgia 52 contém muitos elementos de instrução para o povo.[34] Na liturgia, Deus fala a seu povo e Cristo anuncia o Evangelho. O povo responde com cânticos e com oração.

O sacerdote preside à assembléia em nome de Cristo. As preces que dirige a 53 Deus são feitas em nome do povo e de todos os presentes. Os sinais usados para manifestar as coisas invisíveis foram escolhidos por Cristo e pela Igreja. Todos esses sinais visam à "nossa instrução", não apenas quando se lê "o que foi escrito" (Rm 15, 4), mas também quando a assembléia ora, canta ou age, alimentando a participação dos fiéis e lhes despertando o espírito para Deus, a fim de que lhe prestem um culto consciente e dele recebam todas as riquezas da graça.

Observem-se pois, na reforma litúrgica, as seguintes normas gerais. 54

34. Características do rito

34. O rito deve se caracterizar por uma nobre simplicidade, ser claro 55 e breve, evitar as repetições, estar ao alcance dos fiéis e não necessitar de muitas explicações.

35. Bíblia, pregação e catequese litúrgicas

35. Para tornar claro o nexo entre palavra e rito: 56

1) restaure-se o uso abundante, variado e bem distribuído da sagrada 57 Escritura nas celebrações litúrgicas;

2) indique-se nas rubricas o lugar apropriado à fala, como parte da ação 58 litúrgica, no contexto do rito, cuidando que se exerça com a maior fidelidade o ministério da pregação. Esta, por sua vez, deve se basear na Escritura e na própria liturgia, sendo anúncio das maravilhas de Deus na história da salvação e do mistério de Cristo, que está sempre presente, de maneira ativa, especialmente nas celebrações litúrgicas;

3) a catequese seja feita em continuidade com a liturgia. Nos próprios 59 ritos, se necessário, devem-se inserir breves admoestações do sacerdote ou de outro ministro competente, a serem feitas em momentos oportunos, com palavras previamente estabelecidas, ou ditas no mesmo espírito;

---

[34] Cf. Conc. de Trento, sess. XXII, 17.9.1562. Doutrina *De ss. Missae sacrif.*, c. 8: *Concilium Tridentinum*, ed. cit. t. VIII, p. 961.

60 4) promovam-se celebrações da palavra de Deus nas vigílias das grandes festas, em certos dias da quaresma e do advento, nos domingos e dias santos, principalmente nos lugares em que não há sacerdotes. Nesse caso a celebração pode ser presidida por um diácono ou por outro delegado do bispo.

36. A língua litúrgica

61 36. § 1. Conserve-se o latim nos ritos latinos, salvo exceção de direito.

62 § 2. Como, porém, na missa, na administração dos sacramentos e em outras partes da liturgia o emprego do vernáculo é, em geral, de grande utilidade para o povo, deve-se ampliar o seu uso, a começar pelas leituras e admoestações, em certas orações e cânticos, segundo as normas que se estabelecerão abaixo, a respeito de cada um desses aspectos.

63 § 3. Mantidos esses princípios, compete às autoridades eclesiásticas territoriais, a que se referiu acima, artigo 22 § 2, caso seja oportuno, de acordo com os bispos das regiões vizinhas que falam a mesma língua, decidir a respeito do uso do vernáculo, com a aprovação e confirmação da Sé apostólica.

64 § 4. A tradução do latim para uso litúrgico deve ser aprovada pela autoridade eclesiástica territorial competente.

d) Normas provenientes da índole e tradições do povo

65 37. A Igreja não pretende impor a uniformidade litúrgica. Mostra-se flexível diante de tudo que não esteja vinculado necessariamente à fé e ao bem de toda a comunidade. Interessa-lhe manter e incentivar as riquezas e os dons das diversas nações e povos. Tudo, pois, que não estiver ligado indissoluvelmente a erros ou superstições deve ser levado em consideração, conservado e até promovido, podendo mesmo, em certos casos, ser assimilado pela liturgia, desde que esteja em harmonia com o modo de ser e o verdadeiro espírito litúrgico.

66 38. Mantida a unidade substancial do rito romano, admitem-se, na própria revisão dos livros litúrgicos, legítimas variações e adaptações aos diversos grupos, regiões e povos, principalmente nas missões, devendo-se prever essas variações na estrutura dos ritos e nas rubricas.

67 39. Compete à autoridade eclesiástica territorial, de acordo com o art. 22 § 2, definir essas modificações, dentro dos limites das edições oficiais dos livros litúrgicos, especialmente no que respeita à administração dos sacramentos, aos sacramentais, às procissões, à língua litúrgica, à música e à arte sagradas, segundo as normas fundamentais desta constituição.

40. Nas dioceses e paróquias

40. Como, porém, em certos lugares ou circunstâncias se requer uma modifi- 68
cação mais profunda da liturgia e, portanto, mais difícil, fica estabelecido que:

1) O assunto seja levado quanto antes à autoridade competente, de acordo 69
com o art. 22 § 2, que decidirá com prontidão e prudência o que se pode e é
oportuno admitir no culto divino, em continuidade com as tradições e a índole
de cada povo. Peça-se então à Sé apostólica autorização para introdução das
adaptações julgadas úteis e necessárias.

2) Para que a adaptação seja feita com a devida prudência, a Sé apostólica 70
dará poderes à autoridade territorial competente para que, conforme o caso,
permita e oriente sua introdução em determinados grupos julgados aptos, a
título de experiência.

3) Como a aplicação das leis litúrgicas sobre as adaptações encontra 71
especiais dificuldades nas missões, deve-se formar, o quanto antes, peritos
nesse assunto.

IV - A vida litúrgica nas dioceses e paróquias

41. O bispo seja tido como grande sacerdote em seu rebanho, de que deriva 72
e, de certa maneira, depende a vida dos seus fiéis, em Cristo.

Todos devem dar a máxima importância à vida litúrgica da diocese, em 73
torno do bispo, nas catedrais. Estejam persuadidos de que a principal manifestação da Igreja é a participação plena e ativa de todo o povo de Deus
nessas celebrações litúrgicas, especialmente na mesma eucaristia, na mesma
oração e em torno do mesmo altar, sob a presidência do bispo, cercado de seu
presbitério e de seus ministros.[35]

42. Mas o bispo não pode estar sempre presente à sua Igreja, nem presidir 74
o rebanho em toda parte. É preciso por isso que se constituam comunidades
de fiéis. Entre essas, têm especial relevo as paróquias locais, organizadas em
torno de um pastor que faz as vezes do bispo. São elas que, de certa forma,
representam a Igreja visível existente no mundo.

A vida litúrgica paroquial deve manter, no espírito e na prática, estreita relação 75
com o bispo, tanto por parte dos fiéis como pelo clero. A celebração da missa dominical é a principal expressão e o sustento do espírito paroquial comunitário.

---

[35]Cf. S. Inácio de Antioquia, *Ad magn.*, 7; *Ad philad.*, 4; *Ad smirn.*, 8: ed. F. X. Funk, cit.
I, pp. 236, 266, 281.

V. A pastoral litúrgica

76   43. O interesse pela valorização e pela restauração da liturgia é sinal de disposições providenciais de Deus. É uma passagem do Espírito pela sua Igreja. Caracteriza e constitui o modo religioso de viver e de sentir, em nossa época.

77   Para favorecer o desenvolvimento da pastoral litúrgica o Concílio decide o seguinte:

44. Comissão litúrgica nacional

78   44. A autoridade territorial eclesiástica competente, de acordo com o art. 22 § 2, deve constituir uma comissão litúrgica que conte com o auxílio de pessoas qualificadas em ciência litúrgica, música, arte sacra e pastoral. A comissão procurará manter um instituto de pastoral litúrgica, que inclua leigos especialistas nessas matérias. Compete à mesma comissão, sob a autoridade eclesiástica territorial acima mencionada, conduzir a pastoral litúrgica em sua área e promover os estudos e as experiências necessárias, sempre que se tratar de propor adaptações à Sé apostólica.

45. Comissão litúrgica diocesana

79   45. Nos mesmos moldes, se constitua em cada diocese uma comissão litúrgica para promover a ação litúrgica sob a orientação do bispo.

80   Pode ser conveniente constituir uma comissão única, de várias dioceses, para se chegar a um entendimento comum sobre o que fazer.

46. Comissões de música e arte sacras

81   46. Além da comissão litúrgica, podem ser criadas uma comissão de música e outra de arte sacra.

82   Mas é preciso então que estas três comissões trabalhem em perfeito entendimento e, freqüentemente, reúnam-se numa mesma comissão.

Capítulo II
O mistério eucarístico

47. A missa, sacrifício e banquete pascal

47. Na última ceia, na noite em que seria traído, nosso Salvador instituiu o sacrifício eucarístico do seu corpo e sangue, que perpetuaria o sacrifício da cruz durante os séculos, até que voltasse. Legou assim à sua Igreja, como à esposa amada, o memorial de sua morte e ressurreição: sacramento de piedade, sinal de unidade, vínculo da caridade[1] e banquete pascal, "em que se toma Cristo, em que a mente se enche de graça e em que nos é dado o penhor da glória futura".[2]

48. A participação ativa dos fiéis

48. A Igreja procura fazer com que os fiéis estejam presentes a este mistério, não como estranhos ou simples espectadores, mas como participantes conscientes, piedosos e ativos. Devem entender o que se passa, instruir-se com a palavra de Deus e alimentar-se da mesa do corpo do Senhor. Dar graças a Deus, sabendo que a hóstia imaculada, oferecida não só pelas mãos dos sacerdotes, mas também pelos fiéis, representa o oferecimento cotidiano de si mesmos até que se consuma, pela mediação de Cristo, a unidade com Deus e entre si,[3] e Deus venha, enfim, a ser tudo em todos.

49. Para que o sacrifício da missa alcance seus objetivos pastorais, inclusive na forma com que é celebrado, o Concílio, tendo em vista sobretudo as missas a que acorre o povo, nos domingos e dias festivos, resolve:

50. Reforma do ordinário da missa

50. As diversas partes da missa devem ser revistas, de maneira que a natureza de cada uma e sua íntima interconexão sejam mais claras, facilitando a participação piedosa e ativa de todos os fiéis.

Os ritos devem ser simplificados, mantendo-se a sua substância. Deixem-se de lado as repetições, que se introduziram com o tempo ou foram acrescentadas sem grande utilidade. Desde que sejam necessárias, ou mesmo simplesmente oportunas, recuperem-se algumas normas antigas dos santos padres, que foram aos poucos desaparecendo.

---

[1] Cf. S. Agostinho, *In Ioannis Evangelium Tractatus XXVI*, c. 6, n. 13; PL 35, 1613.
[2] *Breviário Romano*, festa do Corpo de Deus, II Vésperas, ant. do Magnificat.
[3] Cf. S. Cirilo de Alexandria, *Commentarium in Ioannis Evangelium*, liv. 11, capp. 11-12: *PG* 74, 557-565; especialmente 564-565.

51. Ampliar o espaço da Bíblia

51. Quanto mais a palavra de Deus for oferecida aos fiéis, maior acesso terão aos tesouros da Bíblia. Por isso, deve-se ler uma parte bem maior das Escrituras, nos espaços litúrgicos que lhes são reservados cada ano.

52. A homilia

52. A homilia é a exposição dos mistérios sagrados e das normas da vida cristã, a partir dos textos sagrados, no decurso do ano litúrgico. Recomenda-se vivamente a sua prática, como parte integrante da liturgia. Nas missas dos domingos e festas de preceito, com a presença do povo, não se deve omiti-la.

53. A "oração dos fiéis"

53. Restaure-se a oração comum ou dos fiéis, depois do evangelho e da homilia, especialmente nos domingos e dias de festa. O povo que dela participa ore publicamente pela Igreja, pelos governantes, pelos que passam necessidade e pela salvação de todos os homens.[4]

54. O latim e o vernáculo na missa

54. As línguas vernáculas podem ser usadas nas missas celebradas com o povo, especialmente nas leituras e na oração comum. Também nas partes que dizem respeito ao povo, de acordo com as circunstâncias locais, conforme o artigo 36 desta constituição.

Não se abandone porém completamente a recitação ou o canto em latim, das partes do ordinário da missa que competem aos fiéis.

Caso em alguns lugares seja recomendável ampliar o uso do vernáculo, observe-se o que foi prescrito no artigo 40 desta constituição.

55. A comunhão sob as duas espécies

55. Recomenda-se vivamente a perfeita participação na missa, que inclui a comunhão do corpo do Senhor, consagrado no mesmo sacrifício, depois de o sacerdote haver comungado.

---

[4] Cf. 1Tm 2, 1-2.

Mantidos os princípios doutrinários estabelecidos no concílio de Trento,[5] 95
pode-se conceder aos clérigos, religiosos e leigos, a comunhão sob as duas
espécies, nos casos a serem definidos pela Sé apostólica e de acordo com o
que estabelecerem os bispos, como, por exemplo, aos clérigos, nas missas em
que são ordenados, aos religiosos, na missa de sua profissão e aos neófitos,
na missa logo depois do batismo.

56. A unidade da missa

56. A missa consta de duas partes: a liturgia da palavra e a liturgia eu- 96
carística. Estão de tal maneira unidas entre si que constituem um único ato
de culto. O Concílio recomenda que os pastores, em sua catequese, insistam
junto aos fiéis na importância de participar da missa inteira, nos domingos
e dias festivos.

57. A concelebração

57. §1 — Na concelebração se torna manifesta a unidade do sacerdócio. 97
Ela permanece até hoje em uso tanto no Oriente como no Ocidente. Por isso,
o Concílio decidiu estender o direito de concelebrar nos seguintes casos:
 1º a) na Quinta-feira Santa, tanto na missa do crisma como na missa 98
vespertina;
 b) nas missas conciliares, sinodais e nas assembléias episcopais; 99
 c) na missa da bênção de um abade. 100

 2º Além disso, com a anuência da autoridade a quem compete julgar da 101
oportunidade da concelebração:
 a) na missa conventual ou na missa principal de uma igreja, quando a uti- 102
lidade dos fiéis não requer a celebração individual de todos os sacerdotes;
 b) nas missas celebradas por ocasião de quaisquer reuniões de sacerdotes, 103
religiosos ou leigos.

 §2. 1º Compete ao bispo estabelecer as normas para a concelebração na 104
diocese.

 2º Todo sacerdote tem, porém, o direito de celebrar individualmente, não 105
porém ao mesmo tempo, na mesma igreja nem na Quinta-feira Santa.

58. Estabeleça-se o rito da concelebração tanto no pontifical como no 106
missal romano.

[5.] Sess. 21, 16.7.1562. *Doctrina de Communione sub utraque specie et parvulorum*, capp.
1-2, cann. 1-3: Concilium Tridentinum, *ed. cit.*, t. 8, p. 698-699.

Capítulo III

Os outros sacramentos e os sacramentais

59. A natureza dos sacramentos

59. Os sacramentos se destinam à santificação dos seres humanos, à edificação do corpo de Cristo e, finalmente, ao culto que se deve a Deus. Como sinais, visam também à instrução. Requerem a fé, mas também a alimentam, sustentam e exprimem, com palavras e coisas, merecendo, por isso, ser chamados sacramentos da fé. Conferem a graça, mas também dispõem os fiéis a recebê-la frutuosamente, prestar o devido culto a Deus e exercer a caridade.

É de suma importância que os fiéis entendam os sinais sacramentais e freqüentem assiduamente os sacramentos, instituídos para sustento da vida cristã.

60. Os sacramentais

60. Além disso, a Igreja instituiu os sacramentais. São sinais sagrados que têm certo parentesco com os sacramentos, significando efeitos espirituais que a Igreja obtém por suas preces. Dispõem as pessoas a participarem dos efeitos dos sacramentos e a se santificarem nas diversas circunstâncias da vida.

61. A liturgia dos sacramentos e dos sacramentais coloca o ser humano em relação com o mistério pascal da morte e da ressurreição de Cristo, em quase todas as ocasiões da vida. Do mistério pascal derivam a graça e a força com que se santificam os fiéis bem-dispostos. Todo uso honesto das coisas materiais pode assim ser orientado para a santificação das pessoas e para o louvor de Deus.

62. A reforma dos ritos sacramentais

62. Com o correr dos tempos, muita coisa se inseriu nos ritos dos sacramentos e dos sacramentais, que os torna pouco transparentes às pessoas de hoje. Deve-se pois reformulá-los, adaptando-os à nossa época. O Concílio estabelece as seguintes reformas:

63. A língua

63. Na maioria das vezes é importante que o povo entenda o que se diz na administração dos sacramentos e dos sacramentais, devendo-se pois ampliar o uso do vernáculo, de acordo com as seguintes normas:

a) Na administração dos sacramentos e dos sacramentais, pode-se empregar 113
o vernáculo, de acordo com o artigo 36 desta constituição;

b) prevejam-se ritos particulares, adaptados às necessidades de cada região, 114
inclusive no que diz respeito à língua, numa nova edição do ritual romano, a
ser preparada pela autoridade territorial competente, de acordo com o artigo
22 § 2, desta constituição, aprovada pela Sé apostólica e aplicada na região
em questão. Nesses novos rituais ou coleções de ritos, constem as instruções
do ritual romano referentes aos aspectos pastorais, às rubricas e à importância
social de cada rito.

64. O catecumenato

64. Restaure-se o catecumenato dos adultos, em diversos níveis, de acordo 115
com a autoridade local. As etapas do catecumenato podem ser santificadas
por diversos ritos, aptos a manifestar seu espírito.

65. Reforma do rito batismal

65. Nas regiões de missão, especialmente de tradição cristã, podem-se 116
admitir elementos de iniciação próprios de cada povo, desde que possam se
articular com o rito cristão, de acordo com os artigos 37 § 40 desta constituição.

66. Reforma do rito batismal

66. Reformem-se os ritos do batismo de adultos, tanto o breve como o 117
solene, levando em conta a restauração do catecumenato. No missal romano
se insira uma missa especial "Na administração do batismo".

67. Reforme-se o rito do batismo das crianças, adaptando-o à condição 118
infantil e enfatizando a participação e os deveres dos pais e padrinhos.

68. De acordo com a autoridade local, sejam previstas adaptações quan- 119
do há um grande número de crianças a batizar. Estabeleça-se também um
ritual mais simples, que possa ser usado especialmente nas terras de missão,
inclusive por catequistas ou leigos, quando há perigo de morte, na falta de
sacerdote ou diácono.

69. O assim chamado "rito para suprir as cerimônias omitidas numa criança 120
já batizada" seja substituído por outro, em que se mostre de maneira mais clara
e convincente que a criança, batizada no rito breve já é membro da Igreja.

121   Estabeleça-se igualmente um rito para a admissão na comunhão da Igreja católica dos convertidos já validamente batizados.

122   70. Fora do tempo pascal, pode-se benzer a água batismal no próprio rito do batismo, com uma fórmula mais simples.

71. Reforma do rito da crisma

123   71. O rito da confirmação deve ser revisto no sentido de manifestar melhor a conexão desse sacramento com o conjunto da iniciação cristã. É conveniente pois, fazer, pois a renovação das promessas do batismo preceder a administração da crisma.

124   A confirmação pode ser administrada na missa. Em caso contrário, deve-se prever uma fórmula de introdução.

72. Reforma do rito da penitência

125   72. O rito e as fórmulas do sacramento da penitência devem ser revistos de maneira a manifestar mais claramente a natureza e os efeitos do sacramento.

73. A unção dos doentes

126   73. A "extrema-unção", que é melhor chamar de "unção dos doentes", não é propriamente o sacramento daqueles que estão nos últimos momentos da vida. Deve ser recebida oportunamente, desde que o fiel esteja em perigo de morte, por causa da doença ou da idade.

127   74. Além dos ritos específicos da unção dos doentes e do viático, prepare-se um ritual conjunto em que se faça a unção depois da confissão e antes da recepção do viático.

128   75. O número das unções é variável segundo as circunstâncias. Revejam-se as orações pertencentes ao rito da unção dos enfermos, de maneira que estejam adaptadas às condições pessoais de cada doente que recebe o sacramento.

76. Reforma do rito da ordenação

129   76. Reveja-se o rito tanto das cerimônias quanto dos textos das ordenações. A alocução do bispo no início de cada ordenação ou consagração pode ser feita em vernáculo.

130   Na consagração episcopal, todos os bispos presentes podem impor as mãos.

77. Reforma do rito do matrimônio

77. O rito do matrimônio, atualmente constante no ritual, deve ser revisto e enriquecido de maneira a expressar melhor a graça do sacramento e a realçar os deveres dos cônjuges.

"O Concílio deseja vivamente que se mantenham de fato os costumes louváveis de cada lugar"[1] na celebração do sacramento do matrimônio.

A autoridade territorial competente, de acordo com o artigo 22, § 2 e com o artigo 63 desta constituição, tem a faculdade de estabelecer um rito próprio para o matrimônio, em consonância com os usos e costumes locais de cada povo, desde que se mantenha a exigência da presença de um sacerdote, que receba o consentimento dos nubentes.

78. O matrimônio seja habitualmente celebrado na missa, depois da leitura do Evangelho e da homilia, antes da oração dos fiéis. A oração pela esposa pode ser dita em língua vernácula, depois de corrigida no sentido de acentuar o dever recíproco de fidelidade.

Quando se celebrar fora da missa, leia-se antes a epístola e o Evangelho da missa pelos esposos e, em todos os casos, seja dada a bênção nupcial.

79. Reforma dos sacramentais

79. A reforma dos sacramentais obedeça aos princípios gerais de participação fácil, consciente e ativa dos fiéis, atendendo às necessidades próprias do nosso tempo. Na revisão dos rituais, conforme o artigo 63, podem ser introduzidos novos sacramentais, em vista das necessidades atuais.

As bênçãos reservadas sejam reduzidas ao mínimo, e sempre em favor dos bispos ou dos que gozam de autoridade, segundo o direito.

Sejam previstos sacramentais que, ao menos em circunstâncias especiais, possam ser administrados por leigos, dotados das qualidades indispensáveis para tanto.

80. A profissão religiosa

80. Reveja-se o rito da consagração das virgens que se encontra no pontifical romano.

---
[1] Conc. Trid., sess. 24, 11.11.1563. Decreto *De reformatione*, c. 1: Conc. Trid. *ed. cit.* t. 9, *Actorum*, parte 6, Friburgo em Brisgau, 1924, p. 969. Cf. *Rituale Romanum*, t. 8, c. 2, n. 6.

140   Elaborem-se ritos para a profissão religiosa e para a renovação dos votos, conferindo maior unidade, sobriedade e dignidade à profissão ou renovação dos votos durante a missa, sem prejuízo dos direitos particulares.

141   É louvável que a profissão seja feita durante a missa.

81. Reforma dos funerais

142   81. As exéquias devem exprimir melhor o caráter pascal da morte cristã e corresponder o melhor possível, mesmo no que diz respeito à cor, às exigências e tradições de cada região.

143   82. Reveja-se o rito de sepultamento das crianças e se componha uma missa própria.

Capítulo IV
O ofício divino

83. O ofício divino, obra de Cristo e da Igreja

144   83. Ao assumir a natureza humana, Cristo Jesus, sumo sacerdote do Novo e Eterno Testamento, introduziu nesse exílio terrestre o hino que eternamente se canta no céu. Unindo-se a toda a estirpe humana, a associa ao seu próprio cântico de louvor.

145   Continua a exercer este seu papel sacerdotal através de sua Igreja, que louva o Senhor sem interrupção e ora pela salvação de todo o mundo, não apenas na celebração da eucaristia, mas especialmente no desempenho do ofício divino

146   84. A tradição antiga organizou o ofício divino de maneira a consagrar ao louvor divino todo o tempo do dia e da noite. Os sacerdotes e todos os que na Igreja são oficialmente dedicados a esta função e os próprios fiéis que adotam essa forma comprovada de oração, ao se dedicarem convenientemente a este admirável cântico de louvor, são a voz da esposa, que fala ao esposo, ou mesmo a oração do próprio Cristo, que se dirige ao Pai, através de seu corpo.

147   85. Todos que prestam esse serviço cumprem uma obrigação da Igreja e participam da mais elevada honra da esposa de Cristo, pois, dedicando-se ao louvor divino, apresentam-se diante do trono de Deus em nome da Igreja mãe.

86. Valor pastoral do ofício divino

86. Os sacerdotes empenhados no ministério pastoral devem se dedicar ao louvor das horas, com tanto maior fervor quanto mais consciência tiverem da admoestação do Apóstolo: "Orai sem interrupção" (1Ts 5, 17). Somente o Senhor pode tornar eficaz e consolidar o trabalho que fazem, como ele mesmo o disse: "sem mim, nada podeis fazer" (Jo 15, 5) e os apóstolos disseram, ao instituírem os diáconos: "Nós nos dedicaremos inteiramente à oração e ao serviço da palavra" (At 6, 4). 148

87. Para que o ofício divino seja melhor desempenhado e de modo mais perfeito por todos os sacerdotes ou outros membros da Igreja, o Concílio, dando prosseguimento às iniciativas já felizmente tomadas pela Sé apostólica, resolveu estabelecer o seguinte: 149

88. A reforma das horas

88. O ofício tem por objetivo a santificação do dia. As horas devem, pois, corresponder ao tempo que indicam. Levem-se também em conta as condições da vida moderna, especialmente para aqueles que se dedicam ao apostolado. 150

89. Normas para a reforma do ofício divino

89. Na sua reforma, observem-se as seguintes normas: 151
a) Laudes, como oração da manhã, e vésperas, como oração da tarde, sejam consideradas as horas mais importantes e venham a constituir como que os dois eixos do ofício cotidiano, de acordo com venerável tradição de toda a Igreja. 152

b) Completas seja concebida de forma a constituir de fato o fim do dia. 153

c) Matinas, embora continue a ser considerada, no coro, hora noturna, seja constituída de maneira a poder ser recitada a qualquer hora do dia, com redução da salmodia, em favor de leituras mais longas. 154

d) Prima seja supressa. 155

e) Terça, sexta e noa sejam conservadas no coro, mas fora dele deve-se poder escolher uma delas, de acordo com o período do dia em que se recita. 156

90. O ofício divino e a vida de oração

90. O ofício divino, oração pública da Igreja, é fonte de piedade e alimento da oração pessoal. Exortamos os sacerdotes e todos que participam do ofício 157

divino a desempenhá-lo de maneira que sua mente concorde com sua voz. Para alcançar tais objetivos, cultivem melhor sua formação litúrgica e bíblica, especialmente no que se refere aos salmos.

158 Na reforma a ser feita, procure-se tornar mais acessível e aberto a todos o tesouro venerável e secular do ofício romano.

91. Os salmos

159 91. Para que se possa melhor observar as horas, tal como foi proposto no artigo 89, os salmos, em lugar de serem distribuídos no decurso de uma semana, sejam dispostos num espaço maior.

160 A revisão do saltério, já iniciada, seja terminada, de acordo com o latim cristão, com o uso litúrgico, inclusive no canto, e com toda a tradição da Igreja latina.

92. As leituras

161 92. No que respeita às leituras observe-se o seguinte:
162 a) A leitura da Sagrada Escritura deve permitir um acesso mais amplo ao tesouro da palavra divina;

163 b) as leituras dos padres, dos doutores e escritores eclesiásticos sejam melhor escolhidas;

164 c) os atos dos mártires e vidas de santos correspondam à verdade histórica.

93. Os hinos

165 93. Procure-se, quando conveniente, restaurar a forma antiga dos hinos, eliminando o que se inspira na mitologia ou tem pouca relação com a piedade cristã. Adotem-se, eventualmente, outros hinos, pertencentes ao tesouro da tradição.

94. A recitação das horas

166 94. Na recitação das horas canônicas, procure-se respeitar o tempo a que cada uma delas corresponde, o que não só contribui para a santificação do dia, como facilita a obtenção dos frutos espirituais da própria recitação.

95. A obrigação do ofício divino

95. As comunidades obrigadas ao coro, além da missa conventual, estão 167
igualmente obrigadas à recitação coral diária do ofício divino no coro.

a) As ordens de cônegos, os monges e monjas e todos os religiosos que 168
pelo direito ou pelas constituições estão obrigados ao coro estão também
obrigados a todo o ofício.

b) Os capítulos das catedrais ou colegiados estão obrigados às partes do 169
ofício impostas pelo direito comum ou particular.

c) Todos os membros dessas comunidades, que têm as ordens maiores ou 170
são professos solenes, exceto os irmãos conversos, devem recitar privadamente
as horas de que estiveram ausentes no coro.

96. Os clérigos não obrigados ao coro, desde que acedam às ordens maio- 171
res, devem rezar o ofício em comum ou em particular, diariamente, de acordo
com o artigo 89.

97. Defina-se oportunamente, nas rubricas, a substituição do ofício por 172
determinadas celebrações litúrgicas.

Em casos particulares, por justa causa, a autoridade pode dispensar os 173
seus súditos da recitação de todo o ofício ou de uma parte dele, ou ainda,
substituí-lo por outra prática.

98. Os religiosos que recitam parte do ofício em virtude de suas consti- 174
tuições participam da oração pública da Igreja.

O mesmo se diga dos que recitam um pequeno ofício, por determinação 175
das constituições, desde que seja concebido de maneira análoga ao ofício e
devidamente aprovado.

99. A recitação do ofício em comum

99. O ofício é a voz da Igreja e de todo o corpo místico de Cristo, 176
em louvor público a Deus. Embora não estejam obrigados, os clérigos
devem estar convencidos de que convém recitar em comum ao menos
uma parte do ofício, quando moram juntos ou participam de uma reunião
comum.

177   Todos os que recitam o ofício no coro ou em comum devem exercer essa função de maneira perfeita, tanto no que diz respeito à devoção interior quanto à execução externa.

178   É sempre conveniente também cantar o ofício, no coro ou em comum.

100. A participação dos fiéis no ofício divino

179   100. Os pastores procurem celebrar em comum, na igreja, as principais horas, pelo menos as vésperas, nos domingos e dias festivos. Recomenda-se que os leigos recitem o ofício, em comum com os sacerdotes, entre si ou mesmo individualmente.

101. A língua usada no ofício

180   101. § 1) A tradição secular do rito latino usa o latim, que deve ser adotado pelos clérigos na recitação do ofício. A autoridade local tem, entretanto, a faculdade de adotar o vernáculo, observadas, em cada caso, as disposições do artigo 36, para aqueles clérigos que encontram no latim um verdadeiro obstáculo à recitação do ofício.

181   § 2) As monjas e os religiosos ou religiosas podem ser autorizados pelo superior competente a recitar o ofício em vernáculo, mesmo no coro, desde que se use uma tradução devidamente aprovada.

182   § 3) Todo clérigo que recite o ofício junto com os fiéis ou com os religiosos a que se refere o § 2 cumpre sua obrigação, desde que o texto seja devidamente aprovado.

Capítulo V

O ano litúrgico

102. O mistério de Cristo presente no decurso do tempo

183   102. A Igreja tem por função comemorar a obra salvadora de seu divino esposo, em determinados dias, no decurso de cada ano. Toda semana, no domingo, justamente denominado dia do Senhor, celebra a ressurreição, como o faz uma vez por ano, juntamente com a paixão, na grande solenidade pascal.

184   Mas o mistério de Cristo se desdobra por todo o ciclo anual, desde sua encarnação e nascimento até a ascensão, pentecostes e a expectativa, cheia de esperança, da vinda do Senhor.

Relembrando assim os mistérios da redenção, a Igreja coloca os fiéis em 185
contato com a riqueza das virtudes e méritos de seu Senhor, que se torna de
certa maneira presente a todos os tempos, e lhes abre o acesso à plenitude da
graça da salvação.

103. Celebrando o ciclo anual dos mistérios de Cristo, a Igreja venera, com 186
amor peculiar, a bem-aventurada mãe de Deus, Maria, que está intimamente
associada à obra salutar de seu Filho. Em Maria brilha, na sua expressão máxima, o fruto da redenção, e nela se contempla, como em imagem puríssima,
tudo que se pode desejar e esperar.

104. No ciclo anual, a Igreja inseriu igualmente a memória dos mártires e 187
de outros santos, que chegaram, por muitos caminhos, à perfeição, por graça
de Deus, alcançaram a salvação eterna, e hoje cantam, no céu, louvor sem
fim a Deus, intercedendo por nós.

Na festa natalícia dos santos, a Igreja proclama o mistério pascal, vivido 188
por aqueles que sofreram e foram glorificados com Cristo, propõe aos fiéis o
seu exemplo, de se deixar inteiramente levar ao Pai, por Cristo, e pede a Deus
graças, em vista de seus méritos.

105. Nas diversas épocas do ano, de acordo com a Tradição, a Igreja vai 189
educando os fiéis, com práticas religiosas e exercícios corporais, instruções,
exortações, obras de penitência e de misericórdia.
Por isso o Concílio decide o que segue. 190

106. Revalorização do domingo

106. Por tradição apostólica, que remonta ao próprio dia da ressurreição do 191
Senhor, a Igreja celebra o mistério pascal no oitavo dia da semana, que veio a ser
convenientemente denominado domingo, isto é, dia do Senhor. Nesse dia, os fiéis
devem se reunir para ouvir a palavra de Deus e participar da eucaristia, dando graças
a Deus, "que nos fez renascer para uma esperança viva, ressuscitando Jesus Cristo
dentre os mortos" (1Pd 1, 3). O domingo é o principal dia de festa. Como tal deve
ser proposto com convicção aos fiéis, para que se torne um dia de alegria e de
descanso. É o fundamento e o cerne do ano litúrgico. Nenhuma outra celebração,
a não ser de primeiríssima importância, lhe deve passar à frente.

107. Reforma do ano litúrgico

107. A reforma do ano litúrgico deve restaurar os costumes e a disciplina 192
dos diversos tempos, de acordo com as exigências da vida de hoje. Reforce-

se sua natureza original, para alimentar a piedade dos fiéis na celebração dos mistérios da redenção cristã, especialmente do mistério pascal. Quando forem necessárias adaptações especiais a determinadas circunstâncias locais, observem-se as normas dos artigos 39 e 40.

193   108. Chame-se atenção dos fiéis, em primeiro lugar, para os domingos em que se celebram os mistérios da redenção, no decurso do ano. O próprio do tempo deve suplantar as festas dos santos, a fim de que se celebre o ciclo anual em sua integridade.

109. A quaresma

194   109. O tempo quaresmal comporta dois aspectos: a memória ou preparação do batismo e a penitência. Nesse tempo dediquem-se os fiéis, com maior afinco, a ouvir a palavra de Deus e à oração, preparando a celebração do mistério pascal na liturgia e na catequese litúrgica, que devem vir a ser valorizadas. Portanto,

195   a) acentuem-se os aspectos batismais da liturgia quaresmal, resgatando alguns elementos tradicionais, que foram abandonados;

196   b) o mesmo se diga de certos aspectos penitenciais. A catequese deve chamar atenção para as conseqüências sociais do pecado, juntamente com a consideração da natureza própria do pecado, que deve ser detestado. Não se deixem também de lado nem a ação penitencial da Igreja, nem a oração pelos pecadores.

197   110. Além de interna e individual, a penitência quaresmal deve ser externa e social. As práticas penitenciais, porém, devem ser aptas ao tempo, ao lugar e às condições de cada fiel, sendo estabelecidas pelas autoridades territoriais, nos termos do artigo 22.

198   Mantenha-se, porém, o jejum da Sexta-feira Santa e, eventualmente, também do sábado, para que se chegue com entusiasmo às alegrias do domingo da ressurreição.

111. As festas dos santos

199   111. Os santos são tradicionalmente venerados na Igreja, através de suas relíquias e imagens. As festas dos santos proclamam as maravilhas de Cristo manifestadas por seus servidores e oferecem ocasião para os fiéis contemplarem o seu exemplo.

Para que as festividades dos santos não suplantem a comemoração dos mistérios da salvação, muitas delas, de caráter particular, passem a ser celebradas unicamente nas igrejas, nações ou famílias religiosas respectivas, só se estendendo à Igreja universal as festas que têm, realmente, importância universal. **200**

Capítulo VI

A música sacra

112. Dignidade da música sacra

112. Dentre todas as expressões artísticas, a música tradicional da Igreja é de inestimável valor, pois o canto sagrado, que acompanha o texto, é parte indispensável da liturgia solene. **201**

As Escrituras,[1] os padres e os papas, especialmente Pio X, no nosso tempo, enalteceram o canto sagrado e tudo fizeram para favorecer o uso da música sacra no serviço do culto. **202**

A música sacra é tanto mais santa quanto mais intimamente se articula com a ação litúrgica, contribuindo para a expressão mais suave e unânime da oração ou conferindo ao ritual maior solenidade. No entanto, a Igreja aprova todas as formas de arte, devidamente qualificadas, e as admite no culto divino. **203**

Observando as normas e preceitos da tradição eclesiástica e da disciplina e levando em conta a finalidade da música sacra, que é a glória de Deus e a santificação dos fiéis, o Concílio estabelece o seguinte: **204**

113. A liturgia solene

113. A ação litúrgica ganha em nobreza quando o serviço divino se celebra com solenidade e é cantado tanto pelos ministros quanto pelo povo, que dele participa ativamente. **205**

No que diz respeito à língua, observe-se o estabelecido no art. 36; quanto à missa, no art. 54; quanto aos sacramentos, no art. 63 e quanto ao ofício divino, no art. 101. **206**

114. O tesouro que representa a música sacra deve ser conservado e desenvolvido com o maior carinho. Promova-se a formação de coros, especialmente **207**

---
[1] Cf. Ef 5, 19; Cl 3, 16.

junto às catedrais. Os bispos e demais pastores procurem fazer com que os fiéis, no papel que lhes cabe, participem ativamente de todas as celebrações litúrgicas, de acordo com o estabelecido nos artigos 28 e 30.

115. A formação musical

208   115. É muito importante que se ensine e se pratique a música nos seminários, nas casas de noviciado e de estudos dos religiosos de ambos os sexos e, igualmente, nas instituições e escolas católicas. Para que tal objetivo seja alcançado, deve-se cuidar com empenho da formação de professores de música.

209   Eventualmente, criem-se também institutos superiores de música sacra.

210   Aos músicos e cantores, a começar pelas crianças, seja dada, ao mesmo tempo, uma boa formação litúrgica.

116. O canto gregoriano e o canto polifônico

211   116. A Igreja reconhece o canto gregoriano como próprio da liturgia romana. Por isso, na ação litúrgica, tem indiscutivelmente prioridade sobre todos os outros.

212   Não se excluem, porém, de modo algum, as outras formas de música sacra, especialmente a polifonia, desde que correspondam ao espírito da ação litúrgica, segundo as normas do art. 30.

213   117. Termine-se a edição padrão dos livros de canto gregoriano e se prepare uma edição mais crítica dos livros já editados depois da restauração de são Pio X.

214   Convém que seja preparada uma edição mais simples, para uso das igrejas menores.

118. Os cânticos religiosos populares

215   118. Os cânticos religiosos populares devem ser cultivados, de modo que nas manifestações de piedade, e mesmo nas ações litúrgicas, de acordo com as normas e exigências rituais, possa-se ouvir a voz do povo.

119. A música sacra nas missões

216   119. Em muitas regiões, especialmente nas missões, o povo tem uma tradição musical própria, que desempenha um papel relevante, tanto na sua

vida social como religiosa. É preciso lhe dar a devida importância e um lugar de destaque no culto, tanto para favorecer o desenvolvimento de sua religiosidade, como para que o culto esteja realmente ajustado à sua realidade, de acordo com o espírito dos artigos 39 e 40.

Por isso, na educação musical dos missionários, faça-se o possível para que sejam capazes de assumir a tradição musical do povo, tanto nas escolas como nas celebrações religiosas. 217

120. O órgão e outros instrumentos musicais

120. O órgão de tubos ocupa lugar de destaque na Igreja latina, como instrumento musical tradicional, cujo som dá um brilho particular às cerimônias da Igreja e ajuda a mente a se elevar a Deus. 218

Os demais instrumentos, de acordo com a autoridade territorial competente, segundo as normas dos artigos 22, § 2, 37 e 40, e com seu consentimento, podem ser admitidos, desde que adaptados à dignidade do templo e contribuam, de fato, para a edificação dos fiéis. 219

121. A missão dos compositores

121. Os que fazem música, imbuídos do espírito cristão, considerem uma verdadeira vocação cultivar e desenvolver o tesouro da música sacra. 220

Componham melodias que tragam de fato as características da música sacra e possam ser cantadas não só pelos grandes coros, mas também pelos mais modestos e que se adaptem à participação de todos os fiéis. 221

As letras devem estar de acordo com a doutrina católica e ter como fonte de inspiração a Sagrada Escritura e a liturgia. 222

Capítulo VII

A arte e os objetos sagrados

122. A dignidade da arte sacra

122. A arte sacra é a expressão máxima da arte religiosa, que, por sua vez, faz parte das artes liberais, consideradas dentre as mais altas realizações do engenho humano. Por sua natureza, está voltada para a manifestação da beleza 223

divina em formas humanas, para o louvor e a glória de Deus, não tendo senão o objetivo de orientar piedosamente para Deus a mente humana e contribuir para sua conversão.

224 Por isso, como mãe ilustre, a Igreja sempre favoreceu as artes liberais e os artistas, pelo serviço que prestam, para que sejam dignas, decorosas e belas as coisas utilizadas no serviço divino, como sinais e símbolos das realidades do alto. Além disso, como juíza, a Igreja procurou sempre discernir, entre as obras artísticas, as que mais convinham à fé e às exigências da piedade tradicional, sendo, por isso, aptas a servir ao culto.

225 A Igreja olhou sempre com o maior cuidado pelos objetos do culto, para que fossem dignos e decorosos, analisando todas as modificações de material, de forma e de ornamentação e admitindo inovações, de acordo com o progresso da técnica, no decurso do tempo.

226 Os padres conciliares resolveram então o seguinte:

123. Admitem-se todos os estilos artísticos

227 123. A Igreja não tem nenhum estilo próprio. De acordo com o espírito dos povos, as condições e as necessidades dos vários ritos e das diversas épocas, admitiu uma grande diversidade de formas, que constituem hoje o seu tesouro artístico. A arte deve ser livremente exercida na Igreja, segundo as tendências dos nossos tempos, de todos os povos e de todas as regiões, desde que se ponha a serviço da honra e da dignidade dos templos e das celebrações religiosas, participando assim, com sua própria voz, do concerto admirável de glória que os grandes homens do passado vêm entoando, com fé, através dos séculos.

228 124. Ao promover e favorecer a arte sacra, as autoridades locais devem visar à beleza nobre, mais do que à suntuosidade. Diga-se o mesmo no que se refere às vestes sagradas e aos paramentos.

229 Os bispos devem afastar das igrejas e lugares sagrados os trabalhos dos artistas que contrariam a fé, os costumes ou a piedade cristã, ou que ofendam o senso religioso, pela impropriedade das formas, pela insuficiência da arte, ou por sua mediocridade ou dissimulação.

230 As novas igrejas devem ser apropriadas às celebrações litúrgicas com a participação ativa dos fiéis.

231 125. Mantenha-se o costume de propor nas igrejas imagens sagradas à veneração dos fiéis, mas em pequeno número e corretamente dispostas, para não induzir os fiéis em erro, nem causar estranheza ao povo cristão.

126. Na apreciação das obras de arte, as autoridades locais devem consultar 232
a comissão diocesana de arte sacra e, se for o caso, outros peritos e até mesmo
as comissões a que se referem os artigos 44, 45 e 46.

As autoridades locais devem velar para que os objetos do culto e de valor 233
e a decoração das igrejas não se deteriorem nem sejam vendidos.

127. A formação dos artistas

127. Os bispos, pessoalmente, ou com o auxílio de sacerdotes capazes, 234
que gostem de arte, devem trabalhar junto com os artistas, para que adquiram
o espírito da arte e da liturgia sagrada.

Recomenda-se também que se criem escolas ou academias de arte sacra 235
para formar artistas, nas regiões em que for necessário.

Todos os artistas que quiserem servir à santa Igreja, para a glória de 236
Deus, lembrem-se de que imitam, de certa maneira, a Deus criador e de que
as obras de arte, no culto católico, destinam-se à edificação dos fiéis e à sua
instrução religiosa.

128. Revisão da legislação sobre a arte sacra

128. Deve-se rever quanto antes, de acordo com o artigo 25, os cânones 237
e estatutos eclesiásticos, bem como os livros litúrgicos, no que se refere ao
quadro exterior do culto, especialmente à edificação das igrejas, forma e construção dos altares. Reveja-se igualmente tudo quanto diz respeito à dignidade
e segurança do tabernáculo eucarístico, à disposição conveniente e lugar de
honra do batistério, às imagens, à decoração e modo de ornamentação. O
que não estiver de acordo com a restauração da liturgia deve ser corrigido ou
abolido, mantendo-se ou introduzindo-se o que convém.

Aos organismos episcopais de cada território se atribui a faculdade de 238
tudo adaptar às necessidades e costumes locais, especialmente quanto à
matéria e à forma das vestes e objetos sagrados, de acordo com o artigo 22
desta constituição.

129. A formação artística do clero

129. Durante os cursos de filosofia e teologia, os clérigos estudem também 239
a história da arte sacra e sua evolução, os princípios que devem ser observados
na arte sacra, de maneira que aprendam a dar o verdadeiro valor aos venerá-

veis monumentos da Igreja, a conservá-los e se tornem capazes de orientar os artistas na realização de suas obras.

130. As insígnias pontificais

240   130. O uso das insígnias pontificais deve ser reservado às pessoas que têm o caráter episcopal ou gozam de alguma jurisdição especial.

APÊNDICE

Declaração a respeito da reforma do calendário

Considerando o peso que tem o desejo de muitos, que querem fixar a festa 241
de Páscoa num determinado domingo e tendo estudado com atenção todos os argumentos em favor de uma reforma do calendário, o Concílio chegou às seguintes conclusões:

1. O Concílio não se opõe a que a festa da Páscoa se fixe em determinado 242
domingo do calendário gregoriano, desde que haja um acordo entre todos os interessados, especialmente dos irmãos separados da comunhão com a Sé apostólica.

2. O Concílio também não se opõe a iniciativas em favor do estabeleci- 243
mento de um calendário perpétuo pela sociedade civil.

Em face dos diversos sistemas propostos para estabelecer um calendário 244
perpétuo na sociedade civil, a Igreja requer, unicamente, que se conserve a semana de sete dias, com o domingo, sem que se insiram outros dias, quebrando o ritmo semanal, de tal forma que se conserve intacta a sucessão das semanas, a não ser por razões especiais, a respeito das quais a Sé apostólica se reserva o direito de opinar oportunamente.

Tudo o que consta nessa constituição obteve parecer favorável dos padres conciliares. Nós, em virtude do poder apostólico que nos foi delegado, juntamente com os padres conciliares, no Espírito Santo, aprovamos, decidimos e estatuímos o que foi estabelecido em Concílio, e mandamos que seja promulgado, para a glória de Deus.

Roma, junto a S. Pedro, 4 de dezembro de 1963.
Eu, PAULO, *bispo da Igreja Católica.*

(seguem-se as assinaturas dos padres conciliares)

PAULO BISPO

SERVO DOS SERVOS DE DEUS

JUNTAMENTE COM OS PADRES CONCILIARES

PARA PERPÉTUA MEMÓRIA

Decreto *Inter mirifica* sobre os meios de comunicação social

1. Significação dos termos

245   1. O engenho humano, usando as forças naturais, por disposição divina, alcançou maravilhosas conquistas técnicas nos dias de hoje. Sendo mãe, a Igreja se preocupa de maneira toda especial com o que se relaciona mais diretamente com a mente humana: a comunicação das maneiras de ser e de pensar, que foram imensamente facilitadas pelos caminhos jamais suspeitados que se abriram, para transmitir toda espécie de mensagens. Dentre esses, merecem especial atenção os meios que atingem não apenas indivíduos isolados, mas a multidão no seu conjunto, toda a sociedade humana. Destacam-se, entre eles, a imprensa, o cinema, o rádio, a televisão e outros do mesmo gênero, que se denominam meios de comunicação social.

2. Por que o Concílio trata disso

246   2. A Igreja, como mãe, sabe que esses meios, se usados corretamente, prestam um enorme serviço ao gênero humano, dão eminente contribuição para o lazer e o cultivo dos espíritos e ajudam a propagar e a tornar mais consistente o reino de Deus. Mas sabe também que esses mesmos meios podem ser usados contra os propósitos do Criador e contribuir para a degradação dos seres humanos. A Igreja sofre ao constatar que os males que afligem a sociedade em que vivemos muitas vezes são decorrência do mau uso desses meios.

247   Por isso o Concílio reclama com insistência que os Sumos Pontífices e os bispos cuidem desse setor de primordial importância e julga seu dever tratar

das principais questões que os meios de comunicação social levantam hoje. Espera que a doutrina e as normas por ele estabelecidas sejam úteis não apenas aos fiéis, mas a toda a comunidade humana.

Capítulo I

Normas para o correto uso dos meios de comunicação social

3. Os deveres da Igreja

3. Constituída para fazer chegar a todos os seres humanos a salvação de Cristo, Nosso Senhor, a Igreja católica se vê premida pela necessidade de evangelizar. Compete-lhe anunciar a salvação por todos os meios, inclusive pelos meios de comunicação social, lembrando aos seres humanos como usá-los devidamente. 248

A Igreja tem pois um direito radical de possuir e usar desses meios como úteis à educação cristã e ao seu trabalho em vista da salvação das almas. Os pastores têm a incumbência de formar e orientar os fiéis no uso desses meios, em vista de seu próprio aperfeiçoamento e de toda a família humana. 249

Aliás, compete especialmente aos leigos animar esses meios com o espírito cristão, para que correspondam às grandes expectativas da comunidade humana e aos objetivos divinos. 250

4. A lei moral

4. O correto uso desses meios requer o conhecimento das normas éticas que os regulam e sua fiel observância prática. Considere-se o que se comunica em cada um desses meios, de acordo com sua própria índole, assim como todas as circunstâncias que o cercam, como a finalidade, as pessoas, o lugar, o tempo e tudo o mais que lhe pode afetar a moralidade ou até lhe conferir uma conotação inteiramente nova. Chama-se especial atenção para o que cada um deles tem de próprio, especialmente seu poder, por exemplo, tão grande que se impõe irresistivelmente à maioria dos seres humanos, despreparados para lhe oferecerem resistência. 251

5. O direito à informação

5. É extremamente necessário que todos tenham a consciência formada para o uso desses meios, especialmente em relação a determinadas questões, hoje em dia mais discutidas. 252

253   A primeira delas é a questão da informação, ou seja, da busca e da divulgação de notícias.
      Com o progresso da sociedade e os estreitos vínculos de dependência recíproca que hoje nos prendem uns aos outros, a informação se tornou indispensável. A comunicação pública e imediata do que acontece dá a conhecer melhor e de maneira contínua o que se passa, contribuindo para o bem comum e para o proveito de toda a sociedade.
      Reconhece-se por isso o direito à informação a respeito de tudo que afeta a condição humana, individual ou social. Mas o correto exercício deste direito exige que a comunicação, quanto ao seu objeto, seja sempre verdadeira e íntegra, observadas as exigências da justiça e da caridade. Quanto ao modo, a comunicação deve ser honesta e conveniente, respeitando escrupulosamente as leis morais, o legítimo direito e a dignidade das pessoas, tanto na investigação como na divulgação. Nem sempre o saber é de utilidade, pois "só a caridade edifica" (cf. 1Cor 8, 1).

6. Arte e moral

254   6. A segunda questão refere-se às relações entre os direitos da arte e as normas morais.
      As grandes discussões a respeito provêm, em geral, das diversas concepções da ética e da estética. O Concílio mantém o primado absoluto da ordem moral objetiva relativamente a todos os outros setores do agir humano, inclusive o artístico, apesar de sua reconhecida nobreza.
      A ordem moral envolve a totalidade do ser humano como criatura racional, chamado a uma vocação transcendente. Precisa ser seguida íntegra e fielmente, para que o ser humano se realize plenamente e alcance a beatitude.

7. Como lidar com o mal moral

255   7. Falar, descrever ou representar o mal, mesmo nos meios de comunicação social, pode ajudar a conhecer melhor o ser humano, a compreendê-lo em maior profundidade, manifestando assim e exaltando a grandeza da verdade e do bem, graças à obtenção de determinados efeitos dramáticos. No entanto, para que seja mais útil do que perniciosa, tal representação do mal deve estar particularmente atenta a evidenciar as exigências morais, especialmente quando se trata de coisas que merecem de per si o respeito, ou que facilmente incitam o ser humano, enfraquecido em conseqüência do pecado, ao mal.

8. A opinião pública

256   8. A opinião pública goza hoje de um peso e de uma autoridade extraordinários em todos os setores da vida humana, tanto pública como privada. É

pois indispensável que todos os membros da sociedade cumpram estritamente seus deveres de justiça e de caridade no uso dos meios de comunicação social, a fim de que estejam a serviço da formação e manifestação de uma opinião correta a respeito de todos e de tudo.

9. Deveres dos receptores

9. Todos os receptores, isto é, leitores, espectadores e ouvintes, que 257 usam livremente os meios de comunicação, têm o dever estrito de escolher e favorecer claramente o que há de melhor do ponto de vista da virtude, da ciência e da arte.

Devem igualmente evitar o que lhes causa, ou a outrem, prejuízo espiritual, proporciona ocasiões para tanto ou impede a divulgação do que é bom e sadio, o que habitualmente se consegue evitando subvencionar os meios de comunicação que agem unicamente em função do lucro e do próprio enriquecimento.

Para cumprir esses deveres, os usuários devem se informar do que pen- 258 sam as pessoas competentes e seguir sua orientação, procurando formar sua consciência de maneira a resistir às tentações de facilidade e favorecer o que realmente vale a pena.

10. Deveres dos jovens e de seus pais

10. Os mais jovens devem se habituar a usar com moderação e disciplina os 259 meios de comunicação social, procurando estudar melhor e aprofundar o que viram, ouviram ou leram, com o auxílio de educadores e pessoas competentes, para alcançar um conhecimento sólido a respeito. Lembrem-se os pais de que é seu dever impedir que entrem no lar ou cheguem às mãos de seus filhos espetáculos e publicações prejudiciais à fé e aos bons costumes.

11. Deveres dos autores

11. Mas as principais exigências morais no que diz respeito aos meios de 260 comunicação social recaem sobre os jornalistas, escritores, autores, diretores, editores, programadores, distribuidores, vendedores e críticos, todos, enfim, que participam da produção e da transmissão. A importância e a gravidade dessas exigências são evidentes, na atual conjuntura, pois todos eles, informando ou provocando, podem induzir a humanidade ao bem ou ao mal.

Compete-lhes satisfazer às exigências econômicas, políticas e artísticas 261 de modo a favorecer e nunca prejudicar o bem comum. Só o conseguirão, aliás, associando-se uns aos outros, adotando em comum, se necessário, uma declaração das exigências éticas a serem respeitadas na profissão e acatando as imposições das leis morais no que diz respeito ao exercício de sua arte.

262 Lembrem-se sempre de que a maioria dos leitores e dos espectadores é composta de jovens. Precisam de livros e espetáculos que ofereçam um divertimento honesto e capaz de contribuir para a elevação do espírito. Cuidem especialmente para que as comunicações relativas à religião sejam feitas, com o devido respeito, por pessoas capazes e competentes.

12. Deveres da autoridade civil

263 12. A autoridade civil tem responsabilidade particular nesse setor, pois os meios de comunicação visam ao bem comum. Em virtude de sua função, compete-lhe defender e proteger a autêntica liberdade de informação, indispensável ao progresso social, especialmente no que diz respeito à liberdade de imprensa. Compete-lhe ainda promover a religião, a cultura e as artes e resguardar os legítimos direitos dos receptores. Compete ainda à autoridade civil apoiar as iniciativas que, embora extremamente úteis à juventude, não se podem sustentar sozinhas.

264 Finalmente esses mesmos poderes públicos devem proteger a saúde dos cidadãos, por meio de uma legislação adequada e que venha efetivamente a ser cumprida. Devem evitar que o mau uso dos meios de comunicação prejudique os costumes públicos ou o progresso da sociedade. Esse papel de vigilância em nada diminui a liberdade dos indivíduos ou dos grupos, principalmente quando eles não oferecem verdadeiras garantias contra o mau uso desses meios de comunicação.

265 Dedicar-se-á especial cuidado em proteger os jovens contra as publicações e espetáculos que lhes são nocivos.

Capítulo II

Os meios de comunicação social e o apostolado

13. A ação dos pastores e dos fiéis

266 13. Todos os filhos da Igreja colaborem com espírito verdadeiramente comunitário na utilização dos meios de comunicação social para o apostolado. Façam-no sem demora e com o maior empenho, pois se trata de uma tarefa urgente, na qual devem se antecipar às iniciativas contrárias, especialmente nas regiões em que o progresso religioso e a moral mais o exigem.

Empenhem-se os pastores, sem demora, nesse setor, tão intimamente **267** conexo com o dever de pregar. Os leigos que participam do uso desses meios procurem dar testemunho de Cristo, em primeiro lugar, exercendo suas funções com competência e ardor apostólico, mas também ajudando diretamente na ação pastoral da Igreja, do ponto de vista de suas capacidades técnicas, econômicas, culturais e artísticas.

14. Iniciativas dos católicos

14. Promova-se, antes de tudo, a boa imprensa. Para imbuir os leitores do **268** espírito cristão, seja criada e desenvolvida uma imprensa católica que, sob a direção direta da autoridade eclesiástica ou de pessoas católicas, proponha, sustente e defenda pública e explicitamente o que está de acordo com o direito natural e com a doutrina católica, divulgue os eventos relativos à vida da Igreja, interpretando-os corretamente. Admoestem-se os católicos da necessidade de ler e difundir a imprensa católica para formar cristãmente sua opinião e a das pessoas com quem convivem.

A produção e a exibição de filmes para divertimento honesto, pro- **269** veito cultural e artístico, especialmente dos jovens, sejam favorecidas e promovidas, com a efetiva ajuda de todos. Para tanto, é necessário apoiar os produtores e distribuidores de confiança, por intermédio da crítica e da concessão de prêmios aos melhores, facilitando a distribuição às salas católicas e associadas.

Apóiem-se igualmente as boas transmissões radiofônicas e os bons **270** programas de televisão, especialmente os que favorecem a vida familiar. Tenha-se especial empenho na promoção das emissões católicas, que levam os ouvintes e telespectadores a participar da vida da Igreja e a assimilar as verdades religiosas. Onde for oportuno, cuide-se de estabelecer emissoras católicas, que, no entanto, devem primar pela qualidade e pela eficácia dos seus programas.

Aconselha-se enfim que a nobre e antiga arte do teatro, hoje muito difun- **271** dida pelos próprios meios de comunicação, contribua para a formação humana e moral dos espectadores.

15. A formação dos autores

15. Tudo isso requer pessoal especializado no uso desses meios para o **272** apostolado. É indispensável pensar em formar desde cedo sacerdotes, religiosos e leigos que desempenhem tais tarefas.

273   É preciso começar por preparar os leigos do ponto de vista doutrinário, moral e técnico, multiplicando escolas, institutos e faculdades de comunicação, em que jornalistas, autores, cineastas, radialistas, comunicadores de televisão e todo o pessoal necessário recebam uma formação imbuída do espírito cristão, especialmente no que concerne à doutrina social da Igreja. Os artistas de teatro devem ser instruídos e apoiados para que sua arte aproveite a todos. Preparem-se igualmente críticos literários, de cinema, rádio e televisão, capazes de se impor profissionalmente, que saibam e tenham a coragem de levar em conta os princípios morais cristãos em suas apreciações.

16. A formação dos receptores

274   16. O uso correto dos meios de comunicação social à disposição dos receptores de diversas culturas e idades exige que estes sejam formados e treinados para tirar o devido proveito, especialmente quando se trata de jovens. Nas escolas católicas, pois, de todos os níveis, nos seminários e outros grupos de leigos, difundam-se quanto possível os princípios cristãos a serem seguidos na escolha e recepção dos diversos programas.

17. Meios e subsídios

275   17. Não é admissível que os filhos da Igreja assistam passivamente à resistência ou esvaziamento da palavra da salvação por impedimentos técnicos e obstáculos colocados pelos meios de comunicação social. Por isso o Concílio insiste no dever de apoiar e promover as revistas e periódicos católicos, os filmes e as emissoras de rádio e de televisão que têm por objetivo a difusão da verdade, a defesa da Igreja e a promoção da sociedade humana. Convida também as associações e as pessoas que dispõem de grandes recursos técnicos e econômicos a se colocar generosamente a serviço desses meios de comunicação social, tornando-se o sustento da cultura e do apostolado.

18. Dia anual

276   18. Para reforçar o variado apostolado da Igreja por intermédio dos meios de comunicação social celebre-se anualmente, nas dioceses do mundo inteiro, um dia dedicado a ensinar aos fiéis seus deveres no que diz respeito aos meios de comunicação, a se orar pela causa e a recolher fundos para as iniciativas da Igreja nesse setor, segundo as necessidades do mundo católico.

19. Um secretariado especializado

19. O sumo pontífice, no exercício de sua ação pastoral junto aos meios de 277
comunicação social, crie um secretariado especializado da santa Sé[1].

20. A competência dos bispos

20. Os bispos devem vigiar, promover e orientar, em suas respectivas 278
dioceses, todas as obras e iniciativas relativas ao apostolado público, inclusive
quando tomadas ou dirigidas por religiosos isentos.

21. Secretariados nacionais

21. Visto que o apostolado eficaz no âmbito nacional requer a unidade de 279
orientação e de forças, o Concílio decide e estabelece que se instituam secretariados nacionais de imprensa, cinema, rádio e televisão, com a respectiva dotação de recursos. É função desses secretariados cuidar da formação da consciência dos fiéis que usam desses meios, orientar e proteger tudo que seja feito nesse setor pelos católicos.

A direção do secretariado nacional seja dada a um bispo ou a uma comis- 280
são de bispos, mas devem participar também desse secretariado leigos de boa
formação católica e tecnicamente capazes.

22. Uma associação internacional

22. Como, porém, a eficácia desses meios ultrapassa as fronteiras nacio- 281
nais e alcança todos os cidadãos do mundo, as iniciativas nacionais devem-se
dar as mãos, para cooperar também no âmbito internacional. Cada um dos
secretariados coopere ativamente com sua respectiva associação católica
internacional. Só à santa Sé compete aprovar tais associações internacionais,
que dela dependem inteiramente.

---

[1] Acolhendo com voto favorável a idéia de um *secretariado de imprensa e espetáculos*, os padres conciliares pedem reverentemente ao sumo pontífice que as funções e a competência desse secretariado para todos os meios de comunicação social, sem excluir a imprensa, faça-se com a participação de especialistas, inclusive leigos, de diversos países.

Conclusão

23. Diretório pastoral

282   23. Para tornar efetivos esses princípios e normas relativos aos meios de comunicação social, o Concílio estabelece que a santa Sé, com o apoio do secretariado de que fala o nº 19, deve promulgar uma instrução pastoral, com a assessoria de peritos de várias nações.

24. Exortação final

283   24. O Concílio espera que todos os filhos da Igreja generosamente ponham em prática estas suas disposições, para que o uso dos meios de comunicação social não lhes traga prejuízo. Pelo contrário, à maneira do sal e da luz, possam dar fecundidade à terra e iluminar o mundo. Além disso, convida todos os homens de boa vontade, começando pelos que controlam os meios de comunicação social, a se orientar unicamente pelo bem da sociedade humana, cujos destinos dependem cada vez mais desses meios. Dessa forma, as invenções modernas, a exemplo dos antigos monumentos artísticos, glorificarão o nome do Senhor, cumprindo-se o que diz o Apóstolo: "Jesus Cristo ontem, hoje e para sempre" (Hb 13, 8).

Tudo o que se estabeleceu neste decreto foi aprovado pelos padres conciliares. Nós, em virtude do poder apostólico que nos foi confiado por Cristo e em conjunto com todos os veneráveis padres conciliares, no Espírito Santo, aprovamos, decidimos e estatuímos, ordenando que sejam promulgadas essas normas conciliares para a glória de Deus.

Roma, junto a S. Pedro, 4 de dezembro de 1963.
Eu, PAULO, *bispo da Igreja Católica.*

(seguem-se as demais assinaturas)

PAULO BISPO

SERVO DOS SERVOS DE DEUS

EM UNIÃO COM OS PADRES CONCILIARES

PARA PERPÉTUA MEMÓRIA

Constituição dogmática *Lumen Gentium* sobre a Igreja

CAPÍTULO I

O mistério da Igreja

1. A Igreja, sacramento em Cristo

1. O Concílio deseja ardentemente iluminar todos os homens com a claridade de Cristo, luz dos povos, que brilha na Igreja, para que o Evangelho seja anunciado a todas as criaturas (cf. Mc 16, 15). 284

A Igreja é em Cristo como que o sacramento ou o sinal e instrumento da união com Deus e da unidade de todo o gênero humano.

Insistindo no tema dos concílios anteriores, ela quer manifestar, tanto aos fiéis como ao universo inteiro, com redobrado vigor, sua natureza e sua missão universal.

Nos dias de hoje, os homens estão profundamente ligados uns aos outros pelos laços sociais, pela interdependência técnica e pela cultura. Torna-se então mais urgente o dever que tem a Igreja de promover a unidade perfeita de todos, em Cristo.

2. O desígnio do Pai: salvar a todos

2. Por livre desígnio de sabedoria e bondade, o Pai eterno criou o mundo e chamou mulheres e homens a participarem da vida divina. Embora tenham pecado em Adão, Deus não os abandonou, proporcionando a todos o apoio 285

indispensável à salvação, em vista do Cristo redentor, "imagem do Deus invisível e primogênito de toda criatura" (Cl 1, 15). De fato, desde sempre o Pai "previu e predestinou todos os escolhidos a se tornarem conformes a imagem de seu Filho, primogênito entre muitos irmãos" (Rm 8, 29). Ao mesmo tempo, estabeleceu que todos os fiéis a Cristo se reunissem na santa Igreja. Diz-se, por isso, que a Igreja foi esboçada desde as origens do mundo, preparada de modo admirável pela aliança antiga, que está na base da história de Israel,[1] constituída nesses últimos tempos, manifestada pelo dom do Espírito Santo, mas que só estará terminada no fim dos séculos.

É o que ensinam os santos padres quando dizem que "todos os justos, do primeiro ao último, desde Abel"[2] ou mesmo desde Adão, estarão reunidos formando a Igreja, junto ao Pai.

3. A missão e a obra do Filho

3. Veio o Filho, enviado pelo Pai que, através dele, nos escolheu desde antes da criação e nos predestinou à adoção filial, pois havia decidido nele ordenar tudo a si (cf. Ef 1, 4-5, 10). Cristo cumpriu a vontade do Pai, inaugurou na terra o reino dos céus, revelou-nos o seu mistério pessoal e realizou a redenção pela obediência.

A Igreja, reino de Cristo, desde já misteriosamente presente no mundo, cresce pela força de Deus. Sua origem e desenvolvimento são simbolizados pelo sangue e pela água que jorraram do lado aberto de Jesus crucificado (cf. Jo 19, 34), como foi predito pela palavra do Senhor a respeito de sua morte na cruz: "Levantado da terra, atrairei a mim todas as coisas" (Jo 12, 32).

Todas as vezes que se celebra no altar o sacrifício da cruz, em que se "imola Cristo, nossa Páscoa" (1Cor 5, 7), realiza-se a obra da redenção. Representa-se ao mesmo tempo e se realiza pelo sacramento do pão eucarístico, a unidade dos fiéis, que constituem um só corpo em Cristo (cf. 1Cor 10, 17).

Todos os homens, aliás, são chamados a esta união com Cristo, que é a luz do mundo, de quem procedemos, por quem vivemos e para quem tendemos.

4. O Espírito que santifica a Igreja

4. Depois que o Filho terminou a obra que o Pai lhe confiara (cf. Jo 17, 4), o Espírito Santo foi enviado, no dia de Pentecostes, como fonte perene de santificação da Igreja, dando assim, aos que crêem em Cristo, acesso ao Pai

---

[1] Cf. S. Cipriano, *Epist. 64, 4*; *PL* 3, 1017; *CSEL* (Hartel) III B, p. 720. - S. Hilário de Poitiers, *In Mit.* 23, 6; *PL* 9, 1047. - S. Agostinho, *passim*. - S. Cirilo de Alexandria, *Glaph. in Gen.* 2, 10: *PG* 69, 110 A.
[2] S. Gregório Magno, *Hom. in Evang.*, 19, 1: *PL* 76, 1154 B. Cf. S. Agostinho, *Serm.* 341, 9, 11: *PL* 39, 1499s. S. João Damasceno, *Adv. Iconocl.*, 11: *PG* 96, 1357.

(cf. Ef 2, 18). É o Espírito da vida, fonte que jorra para a vida eterna (cf. Jo 4, 14; 7, 38-39), pois por ele o Pai dá vida aos homens mortos pelo pecado e, em Cristo, ressuscitará seus corpos mortais (cf. Rm 8, 10-11).

O Espírito habita na Igreja e no coração dos fiéis como num templo (cf. 1Cor 3, 16; 6, 19), em que ora e dá testemunho de que são filhos adotivos (cf. Gl 4, 6; Rm 8, 15-16 e 26). Leva a Igreja à verdade plena (cf. Jo 16, 13) e a unifica na comunhão e no ministério. Com os diversos dons hierárquicos e carismáticos, a instrui, dirige e enriquece com seus frutos (cf. Ef 4, 11-12; 1Cor 12, 4; Gl 5, 22). Rejuvenesce a Igreja com a força do Evangelho, renova-a continuamente e a conduz à união consumada com seu esposo.[3] Por isso o Espírito e a esposa dizem ao Senhor Jesus: "Vem" (cf. Ap 22, 17).

A Igreja é pois "o povo unido pela unidade mesma do Pai, do Filho e do Espírito Santo".[4]

5. O reino de Deus

5. O mistério da santa Igreja se manifesta pois desde a sua própria fundação. O Senhor Jesus deu início a sua Igreja pregando a boa-nova, isto é, a vinda do reino de Deus, prometido há séculos pelas Escrituras. "Os tempos se cumpriram, o reino de Deus está iminente" (Mc 1, 15; cf. Mt 4, 17).

Esse reino se torna visível aos olhos humanos por intermédio da palavra, dos atos e da presença de Cristo.

A palavra do Senhor se compara à semente lançada ao campo (Mc 4, 14). Os que a ouvem com fé e aderem ao pequeno rebanho de Cristo (Lc 12, 32) recebem o reino. Daí por diante a semente germina e cresce, até o momento da colheita (cf. Mc 4, 26-29).

Os milagres de Cristo também comprovam que o reino de Deus chegou à terra: "Se pela mão de Deus expulso os demônios, é que o reino de Deus chegou até vocês" (Lc 11, 20); cf. Mt 12, 28).

Mas, acima de tudo, o reino se manifesta na própria pessoa de Cristo, Filho de Deus e Filho do Homem, que veio "para servir e dar sua vida para a redenção de muitos" (Mc 10, 45).

Depois de morrer na cruz por todos os seres humanos, Jesus ressuscitou, aparecendo como Senhor, Cristo e sacerdote para sempre (cf. At 2, 36; Hb 5, 6; 7, 17-21). Derramou então nos seus discípulos o Espírito prometido pelo Pai (cf. At 2, 33).

---

[3]Cf. S. Irineu, *Adv. Haer.* III, 24, 1: *PG* 7, 966 B; Harvey 2, 131; ed. Sagnard, *Sources chrétiennes*, p. 398.

[4.] S. Cipriano, *De oratio Dom.* 23: *PL* 4, 553; Hartel III A, p. 285. - S. Agostinho, *Serm.* 71, 20, 33: *PL* 38, 463s. - S. João Damasceno, *Adv.Iconocl.* 12: PG 96, 1358 D.

A Igreja foi assim enriquecida pelos dons do seu fundador. Procurando observar fielmente seus preceitos de caridade, humildade e abnegação, recebe a missão de anunciar e de promover o reino de Cristo e de Deus junto a todos os povos. Constitui pois, a Igreja, o germe e o início do reino na terra. Enquanto vai crescendo, aspira de todo coração pela consumação do reino e deseja, com todas as sua forças, unir-se a seu rei na glória.

6. As imagens da Igreja

291 6. Da mesma forma que a revelação do reino foi proposta, no Antigo Testamento, por intermédio de diversas figuras, a natureza íntima da Igreja nos é manifestada através de várias imagens, provenientes tanto da vida pastoril ou agrícola, como do trabalho de construção e até da família e do matrimônio, já preparadas nos livros dos profetas.

292 A Igreja é, por exemplo, um *redil*, cuja única porta indispensável é Cristo (Jo 10, 1-10). É também um rebanho, que tem o próprio Deus por pastor (cf. Is 40, 11; Ez 34, 11ss). As ovelhas, embora sob o cuidado de pastores humanos, são incessantemente conduzidas e alimentadas pelo próprio Cristo, bom Pastor e príncipe dos pastores (cf. Jo 11, 10; 1Pd 5, 4), que deu a vida por elas (cf. Jo 10, 11-15).

293 A Igreja é ainda *lavoura* ou campo de Deus (1Cor 3, 9). Cresce nesse campo a oliveira antiga, de que os patriarcas foram a raiz santa e na qual se faz a reconciliação entre judeus e cristãos (Rm 11, 13-26). Foi plantada pelo agricultor celeste como vinha toda especial (Mt 21, 33-43 e par; cf. Is 5, 1ss). A verdadeira vide é Cristo, de quem provém a vida e a fecundidade dos ramos, que somos nós, os quais, na Igreja, permanecemos em Cristo, sem o qual nada podemos fazer (Jo 15, 1-5).

294 Muitas vezes, a Igreja é também denominada *construção* de Deus (1Cor 3, 9). O próprio Senhor se comparou à pedra rejeitada pelos construtores e que se tornou principal alicerce (Mt 21, 42; At 4, 11; 1Pd 2, 7; Sl 117, 22). Sobre ele se constrói a Igreja, a começar pelos apóstolos (cf. 1Cor 3, 11), com toda firmeza e coesão. Essa construção recebe várias denominações: casa de Deus (1Tm 3, 15), em que mora com sua *família*, moradia de Deus, no Espírito (Ef 2, 19-22), tenda de Deus no meio dos homens (Ap 21, 3) e especialmente *templo* santo, de que são imagem os edifícios de pedra que os santos padres exaltam e a liturgia justamente compara com a Cidade Santa, a Nova Jerusalém.[5] Nós a

---

[5] Cf. Orígenes, *In Mt.* 16, 21; PG 13, 1443 C. - Tertuliano, *Adv.Marc.* 3,7: *PL* 2, 357 C; *CSEL* 47, 3, p. 386. - Quanto aos documentos litúrgicos, cf. *Sacramentarium Gregorianum*, *PL* 78, 160 B, ou C. Hohlberg, *Liber Sacramentorum Romanae Ecclesiae*, Roma,

constituímos na terra como pedras vivas (cf. 1Pd 2, 5). João a contempla desde o céu, no momento em que Deus estará operando a renovação do universo, como cidade santa, "vestida como uma noiva para o seu esposo" (Ap 21, 1s).

Finalmente a Igreja, que é a "Jerusalém do alto" e "nossa mãe" (Gl 4, 26; cf. Ap 12, 17) é apresentada como a *esposa* sem mancha do cordeiro imaculado (cf. Ap 19, 7; 21, 2 e 9; 22, 17), que "Cristo amou... e pela qual se entregou, para santificá-la" (Ef 5, 25-26), unindo-a a si de maneira indissolúvel, "alimentando-a e protegendo-a" (Ef 5, 29) incessantemente e desejando tê-la unida a si, purificada e obediente, no amor e na fidelidade (cf. Ef 5, 24), que, finalmente, cumula dos bens celestiais para sempre, para compreendermos o amor de Deus e de Cristo por nós, que tudo ultrapassa (Ef 3, 19). Enquanto caminha na terra, longe do Senhor (cf. 2Cor 5, 6), a Igreja está como que exilada. Busca e experimenta as coisas do alto, onde Cristo está sentado à direita de Deus, onde a vida da Igreja está escondida com Cristo em Deus, até que seu esposo apareça revestido de glória (cf. Cl 3, 1-4). **295**

7. A Igreja, corpo de Cristo

7. Ao se unir com a natureza humana e ao superar a morte, com sua própria morte e ressurreição, o Filho de Deus resgatou a humanidade e a transformou numa nova criatura (cf. Gl 6, 15; 2Cor 5, 17). Ao comunicar assim seu Espírito a seus irmãos, provenientes de todos os povos, constituiu, misticamente, um corpo para si. **296**

Nesse corpo a vida de Cristo, que sofreu e foi glorificado, comunica-se aos fiéis, pelos sacramentos, de maneira não perceptível, mas real.[6] **297**

Pelo batismo nos tornamos semelhantes a Cristo: "De fato, fomos todos batizados num único Espírito, para constituir um só corpo" (1Cor 12, 13). O rito batismal representa e realiza nossa comunhão na morte e na ressurreição de Cristo: "Fomos sepultados com ele pelo batismo, na morte"; se pois "fomos enxertados em sua morte, participaremos também de sua ressurreição" (Rm 6, 4-5).

Ao participarmos do pão eucarístico, que é realmente Corpo do Senhor, entramos todos em comunhão com ele e entre nós. "Há um só pão, embora muitos, somos um só corpo, todos os que participamos do mesmo pão" (1Cor 10, 17). Tornamo-nos membros desse corpo (cf. 1Cor 12, 27) e "membros uns dos outros" (Rm 12, 5).

Assim como são muitos os membros do corpo humano, mas o corpo é um só, também os fiéis (cf. 1Cor 12, 12). Na edificação do corpo de Cristo **298**

1960, p. 111, XC: "Deus que pela união de todos os santos uns aos outros constrói para ti moradia eterna...". Hino *Urbs Ierusalem beata*, do Breviário monástico e *Coelestis urbs Ierusalem*, do Breviário romano.

[6.] Cf. S. Tomás de Aquino, *Summa Theol.* III, 62, a. 5, ad 1.

há igualmente diversidade de membros e de funções. O Espírito é sempre o mesmo, que distribui os seus dons segundo sua generosidade, as necessidades do ministério e a utilidade da Igreja (cf. 1Cor 12, 1-11). Dentre esses dons, está, em primeiro lugar, a graça dos apóstolos, a cuja autoridade o próprio Espírito submeteu todos os outros carismas (cf. 1Cor 14). Esse mesmo Espírito, com seu vigor, entretém e anima o amor, princípio de unidade do corpo e garantia da articulação interna dos membros. Assim, quando um sofre, todos sofrem; quando um é gratificado, todos se alegram com ele (cf. 1Cor 12, 26).

299   A cabeça do corpo é Cristo. Imagem do Deus invisível, nele foram criadas todas as coisas. Existe antes de tudo e tudo nele subsiste. Ele é a cabeça do corpo, que é a Igreja. É o princípio. O primogênito dentre os que morreram, que detém o primado sobre todos (cf. Cl 1, 15-18). Domina as coisas do céu e da terra, com a grandeza do seu poder. Com a supereminente perfeição de sua atuação, cumula todo o corpo com a plenitude de seus bens (cf. Ef 1, 18-23).[7]

300   Todos os membros devem assemelhar-se a ele, até que Cristo neles se forme (cf. Gl 4, 19). Por isso, revivemos os mistérios de sua vida, assemelhando-nos a ele, morrendo com ele e ressuscitando, até chegarmos a reinar com ele (cf. Fl 3, 21; 2Tm 2, 11; Ef 2, 6; Cl 2, 12 etc.). Sendo ainda peregrinos na terra, seguimos as suas pegadas na tribulação e na perseguição, associamo-nos a seus sofrimentos como o corpo à cabeça, participando da paixão para participar também de sua glorificação (cf. Rm 8, 17).

301   A partir de Cristo, dele "recebendo o alimento e a coesão, através de todos os laços e articulações, o corpo inteiro cresce para Deus" (Cl 2, 19). O próprio Cristo distribui ininterruptamente os dons do ministério a seu corpo, a Igreja, graças aos quais prestamos serviço uns aos outros, para crescer em direção a ele, nossa cabeça, praticando a verdade, no amor (cf. Ef 4, 11-16).

302   Para nos renovarmos constantemente nele (cf. Ef 4, 23), deu-nos o seu Espírito, o mesmo e único Espírito que anima a cabeça e os membros, dá vida, unifica e move o corpo inteiro, a ponto de os santos padres chegarem a compará-lo à alma, princípio da vida que dá consistência ao corpo.[8]

---

[7] Cf. Pio XII, enc. *Mystici Corporis*, 29.6.1943, *AAS* 35 (1943), p. 208.
[8] Cf. Leão XIII, enc. *Divinum illud*, 9.5.1897: *ASS* 29 (1896-1897) p. 650 - Pio XII, enc. *Mystici corporis*, l.c. pp. 219-220; Dz 2288 (3808). - S. Agostinho, *Serm.* 268, 2: *PL* 38, 1232 e outras muitas passagens. - S. João Crisóstomo, *In Eph.*, Homilia 9, 3: *PG* 62, 72. - Dídimo de Alexandria, *Trin.* 2, 1: *PG* 39, 449ss. - S. Tomás de Aquino, *In Col.* 1, 18, lição 5: Ed. Marietti II, 46: "Assim como a unidade do corpo vem da alma, a unidade da Igreja vem do Espírito Santo".

Cristo amou sua Igreja como sua esposa, tornando-se modelo do esposo 303
virtuoso que ama sua esposa como a seu próprio corpo (cf. Ef 5, 25-28). A
Igreja, por sua vez, é submissa à sua cabeça (ib. 23-24). Como "a plenitude
da divindade habita em Cristo, corporalmente" (Cl 2, 9), ele dota a Igreja,
seu corpo e complemento (cf. Ef 1, 22-23), com seus dons divinos, a fim de
que progrida e alcance a plenitude de Deus (cf. Ef 3, 19).

8. Igreja, realidade visível e espiritual

8. Mediador único, Cristo constituiu sua santa Igreja, comunidade de fé, 304
esperança e caridade, como realidade visível na terra, de que garante a continuidade[9], para a todos levar a verdade e a graça.

Sociedade hierarquicamente estruturada e corpo místico de Cristo, grupo visível de pessoas e comunidade invisível, Igreja terrestre, mas ao mesmo tempo cumulada de bens celestiais, não pode ser considerada duas coisas, mas uma única realidade complexa, composta de dois elementos, o humano e o divino.[10]

Compara-se pois, em profundidade, com o mistério do Verbo encarnado. Assim como a natureza humana, assumida pelo Verbo divino qual instrumento vivo da salvação, o serve, estando-lhe intimamente unida, a realidade social da Igreja está a serviço do Espírito de Cristo, que a anima, em vista do crescimento do corpo (cf. Ef 4, 16).[11]

Assim é a única Igreja de Cristo, que professamos no Credo ser una, santa, 305
católica e apostólica.[12] Cristo ressuscitado a entregou aos cuidados de Pedro (cf. Jo 21, 17), confiou-a a ele e aos demais apóstolos, para ser difundida e governada (cf. Mt 28, 18ss) e a estabeleceu para sempre como alicerce e coluna da verdade (cf. 1Tm 3, 15).

Constituída e estabelecida assim como sociedade, neste mundo, a Igreja subsiste na Igreja Católica, governada pelo sucessor de Pedro e pelos bispos, em comunhão com ele.[13] Todavia, fora de sua realidade visível, encontram-se muitos elementos de santidade e de verdade. São riquezas autênticas da Igreja de Cristo. Verdadeiros apelos à unidade católica.

---

[9] Cf. Leão XIII, enc. *Sapientiae Christianae*, 10.1.1890: *ASS* 22 (1889-1890), p. 392. - O mesmo, enc. *Satis cognitum*, 29.6.1896: *ASS* 28 (1895-1896) pp. 710 e 724ss. - Pio XII, enc. *Mystici corporis*, l.c., p. 199-200.
[10] Cf. Pio XII, enc. *Mystici corporis*, l.c., p. 221ss. - Id. enc. *Humani generis*, 12.8.1950: *AAS* 42 (1950), p. 571.
[11] Cf. Leão XIII, enc. *Satis cognitum*, l. c., p. 713.
[12] Cf. *Symb. apostol.*: Dz 6-9 (10-30); *Symb. Nic.-Const.* Dz 86 (150). col. *Prof. fidei Trid.*: Dz 994 e 999 (1862-1868).
[13] É chamada "Sancta (catholica apostolica) Romana Ecclesia", em *Prof. fidei Trid.*, l. c. e Conc. Vat. I, sessão III, Const. Dogmática *Dei Filius*: Dz 1782 (3001).

306 Ora, assim como Cristo realizou a obra da redenção na pobreza e na perseguição, a Igreja é também chamada a trilhar o mesmo caminho, para comunicar aos homens os frutos da salvação. Cristo, "que existia na condição divina, aniquilou-se, assumindo a condição de servo" (Fl 2, 6-7), por nossa causa "se tornou pobre, embora fosse rico" (2Cor 8, 9). Assim também a Igreja, apesar dos recursos necessários ao cumprimento de sua missão, não cresce em função do sucesso, mas da humildade e da abnegação que venha a proclamar, inclusive pelo exemplo.

Cristo foi enviado pelo Pai "para evangelizar os pobres e aliviar os corações feridos" (Lc 4, 18), "buscar e salvar os que se haviam perdido" (Lc 19, 10). Da mesma forma, a Igreja envolve com amor todos os que sofrem. Reconhece nos pobres e nos desvalidos a imagem de seu fundador, pobre e sofredor, empenha-se em combater a pobreza e se coloca a serviço dos pobres, como a serviço de Cristo.

"Santo, inocente e imaculado" (Hb 7, 26), Cristo jamais pecou (cf. 2Cor 5, 21). Veio se oferecer unicamente pelos pecados dos outros (cf. Hb 2, 17). A Igreja, porém, tendo em seu seio pecadores, é ao mesmo tempo santa e está em constante purificação, não deixando jamais de fazer penitência e de buscar sua própria renovação.

307 "A Igreja caminha entre as perseguições do mundo e as consolações de Deus"[14], anunciando a cruz e a morte do Senhor até que ele venha (cf. 1Cor 11, 26). Manifestar-se-á então em plena luz a força do Senhor ressuscitado que a sustenta e a faz superar com paciência e amor todas as aflições e dificuldades internas ou externas. Assim, a Igreja revela fielmente ao mundo o mistério de Cristo, embora de maneira velada.

Capítulo II

O povo de Deus

9. Nova aliança e novo povo

308 9. Todo aquele que pratica a justiça é acolhido por Deus (cf. At 10, 35), em qualquer situação, tempo ou lugar. Deus quis entretanto santificar e salvar os homens não como simples pessoas, independentemente dos laços sociais que os unem, mas constituiu um povo para reconhecê-lo na verdade e servi-lo na santidade.

---

[14] S. Agostinho, *De Civ. Dei*, XVIII, 51, 2: *PL* 41, 614.

Escolheu então Israel como seu povo, fez com ele uma aliança e o foi instruindo gradativamente. Manifestou-se-lhe revelando sua vontade através da história e santificando-o para si.

Tudo isso, porém, era preparação e prenúncio da nova aliança, perfeita, a ser realizada em Cristo, Revelação plena, que seria selada pelo próprio Verbo de Deus encarnado. "Virão os dias, diz o Senhor, que farei com a casa de Israel e com a casa de Judá uma nova aliança... Colocarei minha lei em seu peito e a escreverei em seu coração. Serei o Deus deles e eles serão o meu povo... Porque todos, grandes e pequenos, me conhecerão" (Jr 31, 31-34).

Foi Cristo quem instituiu essa nova aliança, testamento novo, firmado com seu sangue (cf. 1Cor 11, 25), reunindo judeus e pagãos na unidade de um só povo, não segundo a raça, mas segundo o Espírito: o povo de Deus. Os fiéis renascem em Cristo pela palavra de Deus vivo (cf. 1Pd 1, 23), que não está sujeita à corrupção como o está a geração humana. Renascem não da carne, mas pela água e pelo Espírito Santo (cf. Jo 3, 5-6). Constituem, assim, uma raça eleita, sacerdócio régio, nação santa e povo adquirido (...) que antes não era povo, mas se tornou povo de Deus (1Pd 2, 9-10).

Cristo é a cabeça desse povo messiânico. "Foi entregue à morte pelos **309** nossos pecados, mas ressuscitou, para nos tornar justos (cf. Rm 4, 25). Seu nome reina agora gloriosamente no céu, acima de todo nome. A condição desse povo messiânico é a da dignidade e da liberdade dos filhos de Deus, em cujo coração habita, como num templo, o Espírito Santo. Sua lei é o mandamento novo: amar assim como Cristo nos amou (cf. Jo 13, 34). Seu objetivo, o reino de Deus iniciado na terra pelo próprio Deus e destinado a crescer até o fim dos séculos. Deus então o consumará com a vinda de Cristo, nossa vida (cf. Cl 3, 4) e a "libertação da criatura da escravidão da corrupção, para participar da liberdade e da glória dos filhos de Deus" (Rm 8, 21).

É verdade que o povo messiânico não reúne, de fato, todos os homens. Às vezes parece até não ser senão um grupo insignificante. Mesmo assim é princípio eficaz de unidade, esperança e salvação para todo o gênero humano. Cristo o estabeleceu na comunhão da vida, do amor e da verdade. Assumiu-o como instrumento de redenção universal e o estabeleceu como luz do mundo e sal da terra (cf. Mt 5, 13-16), enviando-o a todo o universo.

Caminhando no deserto, Israel merece, desde então, o nome de Igreja de **310** Deus (cf. Esd 13, 1; Nm 20, 4; Dt 23, 1). Da mesma forma, o novo Israel, que caminha na história, em direção à cidade futura que não passa (cf. Hb 13, 14), pode ser chamado Igreja de Cristo (cf. Mt 16, 18), pois foi adquirido com seu sangue (cf. At 20, 28) e Cristo o cumulou de seu Espírito, dotando-o de todos os recursos necessários ao convívio social visível. Deus constituiu como Igreja a reunião de todos os que reconhecem Jesus como autor da salvação, princípio de unidade e de paz. A Igreja é assim, para todos e para cada um dos homens em particular, o sacramento visível da unidade da salvação:[1] estende-se a todas as latitudes e penetra toda a história humana, sem deixar de transcender a todos os tempos e limites.

A Igreja se alimenta da força da graça de Deus que lhe foi prometida pelo Senhor e caminha assim através de muitas tentações e sofrimentos. Apesar da fraqueza da carne, não deixará de ser fiel a seu Senhor, como esposa digna. Renova-se constantemente sob a ação do Espírito Santo, até que chegue, através da cruz, ao dia sem ocaso da ressurreição.

10. O sacerdócio comum

311   10. O Cristo Senhor, constituído pontífice dentre os homens (cf. Hb 5, 1-5) fez do novo povo "um reino de sacerdotes para Deus, seu Pai" (Ap 1, 6; cf. 5, 9-10). Os batizados são consagrados pela regeneração e pela unção do Espírito Santo. Todas as ações dos cristãos são como hóstias oferecidas: proclamam a força daquele que nos libertou das trevas para vivermos na sua luz admirável (cf. 1Pd 2, 4-10). Sendo assim, todos os discípulos de Cristo se oferecem como hóstia viva, santa e agradável a Deus (cf. At 2, 42-47), testemunham Cristo em toda parte e a todos que procuram dão a razão de sua esperança na vida eterna (cf. 1Pd 3, 15).

312   Há uma diferença de essência e não apenas de grau entre o sacerdócio comum dos fiéis e o sacerdócio ministerial ou hierárquico. Contudo, ambos participam a seu modo do mesmo sacerdócio de Cristo e mantêm, por isso, estreita relação entre si[2] O sacerdócio ministerial, em virtude do poder sagrado que o caracteriza, visa à formação e governo do povo sacerdotal, realiza o sacrifício eucarístico em nome de Cristo e o oferece, em nome do povo. Os fiéis, por sua vez, em virtude de seu sacerdócio régio, tomam parte na oblação eucarística.[3] Exercem contudo seu sacerdócio na recepção dos sacramentos, na oração e na ação de graças, no testemunho da vida santa, na abnegação e na prática da caridade.

11. O exercício do sacerdócio comum nos sacramentos

313   11. A índole sagrada e a constituição orgânica da comunidade sacerdotal se efetivam nos sacramentos e na prática cristã. Incorporados à Igreja pelo

---

[1] Cf. S. Cipriano, *Ep.* 69, 6: *PL* 3, 1142B; Hartel 3B, p. 754: "inseparabilis unitatis sacramentum".
[2] Cf. Pio XII, aloc. *Magnificate Dominum*, 2.11.1954: *AAS* 46 (1954) p. 669; enc. *Mediator Dei*, 20.11.1947: *AAS* 39 (1947), p. 555.
[3] Cf. Pio XI, enc. *Miserentissimus Redemptor*, 8.5.1928: *AAS* 20 (1928), p. 171s. - Pio XII, aloc. *Vous nous avez*, 22.9.1956: *AAS* 48 (1956) p. 714.

batismo, os fiéis recebem o caráter que os qualifica para o culto. Por outro lado, renascidos como filhos de Deus, devem professar a fé que receberam de Deus, por intermédio da Igreja.[4]

O sacramento da confirmação os vincula ainda mais intimamente à Igreja e lhes confere de modo especial a força do Espírito Santo. Daí a obrigação maior de difundir e defender a fé, pela palavra e pelas obras, como verdadeiras testemunhas de Cristo.[5]

Participando do sacrifício eucarístico, fonte e ápice de toda a vida cristã, os fiéis oferecem a Deus a vítima divina e se oferecem com ela.[6] Juntamente com os ministros, cada um a seu modo, têm todos um papel específico a desempenhar na ação litúrgica, tanto na oblação como na comunhão. Alimentando-se todos com o corpo de Cristo, demonstram de maneira concreta a unidade do povo de Deus, proclamada e realizada pelo sacramento da eucaristia.

Os fiéis que procuram o sacramento da penitência obtêm da misericórdia **314** de Deus o perdão da ofensa que lhe fizeram. Ao mesmo tempo, se reconciliam com a Igreja, que ofenderam ao pecar e que contribui para sua conversão pelo amor, pelo exemplo e pelas orações.

Pela sagrada unção dos enfermos e pela oração dos sacerdotes, a Igreja inteira recomenda os doentes ao Senhor, para seu alívio e salvação (cf. Tg 5, 14). Exorta-os a se unirem livremente à paixão e à morte de Cristo (cf. Rm 8, 17; Cl 1, 24; 2Tm 2, 11-12; 1Pd 4, 13), dando assim sua contribuição para o bem do povo de Deus.

Os fiéis marcados pelo sacramento da ordem são igualmente constituídos, em nome de Cristo, para conduzir a Igreja pela palavra e pela graça de Deus.

Finalmente, os fiéis se dão o sacramento do matrimônio, manifestação e participação da unidade e do amor fecundo entre Cristo e sua Igreja (cf. Ef 5, 32). Ajudam-se mutuamente a se santificar na vida conjugal, no acolhimento e na educação dos filhos. Contam, por isso, com um dom específico e um lugar próprio ao seu estado de vida, no povo de Deus.[7] A família procede dessa união. Nela nascem os novos membros da sociedade humana que, batizados, se tornarão filhos de Deus pela graça do Espírito Santo e perpetuarão o povo de Deus através dos séculos. A família é uma espécie de igreja doméstica. Os pais são os primeiros anunciadores da fé e devem cuidar da vocação própria de cada um dos filhos, especialmente da vocação sagrada.

---

[4] Cf. S. Tomás, *Summa Th*. III, 63, 2.
[5] Cf. S. Cirilo de Jerusalém, *Catech*. 17, *de Spiritu S.*, II, 35-37: *PG* 33, 1009-1012. - Nicolau Cabasilas, *De vita in Christo*, livro 3, *de utilitatis chrismatis*: *PG* 150, 569-580; S. Tomás, *Summa Th*. III, 65, 3 e 72, 1 e 5.
[6] Cf. Pio XII, enc. *Mediator Dei*, 20.11.1947: *AAS* 39 (1947), especialmente p. 552s.
[7] 1Cor 7, 7: "Cada um tem de Deus o seu próprio dom. (ídion chárisma), um de um modo, outro de outro". Cf. S. Agostinho, *De dono persev.*, 14, 37: *PL* 45, 1015s. "Como a continência, também a castidade dos casados é um dom de Deus."

315 Todos os fiéis, de qualquer estado ou condição, de acordo com o caminho que lhes é próprio, são chamados pelo Senhor à perfeição da santidade, que é a própria perfeição de Deus e, por isso, dispõem de tais e de tantos meios.

12. O senso da fé e os carismas no povo de Deus

316 12. O povo santo de Deus participa da função profética de Cristo. Dá o testemunho vivo de Cristo, especialmente pela vida de fé e de amor, e oferece a Deus a hóstia de louvor como fruto dos lábios que exaltam o seu nome (cf. Hb 13, 15). O conjunto dos fiéis ungidos pelo Espírito Santo (cf. 1Jo 2, 20.27) não pode errar na fé. Esta sua propriedade peculiar se manifesta pelo senso sobrenatural da fé, comum a todo o povo, "desde os bispos até o último fiel leigo",[8] demonstrado no acolhimento universal a tudo o que diz respeito à fé e aos costumes. O senso da fé é despertado e sustentado pelo Espírito de verdade. Graças a este senso, o povo de Deus, seguindo fielmente o magistério sagrado, não obedece a uma palavra humana, mas à palavra de Deus (cf. 1Ts 2, 13) "transmitida aos fiéis de uma vez por todas" (Jd 3). A ela adere firmemente, entende-a em profundidade e a aplica melhor à própria vida.

317 Mas não é só pelos sacramentos e pelos ministérios que o Espírito Santo santifica, dirige e fortalece o povo de Deus. "Distribuindo os seus dons a cada um, conforme quer" (1Cor 12, 11), o Espírito Santo distribui graças especiais aos fiéis das mais variadas condições, tornando-os aptos e dispostos a assumir os trabalhos e funções úteis à renovação e ao maior desenvolvimento da Igreja, de acordo com o que está escrito: "Cada um recebe o dom de manifestar o Espírito, para utilidade de todos" (1Cor 12, 7). Todos esses carismas, dos mais extraordinários aos mais simples e mais difundidos, devem ser acolhidos com ação de graças e satisfação, pois correspondem às necessidades da Igreja e lhe são úteis. Não se deve porém cobiçar temerariamente os dons extraordinários nem esperar deles, com presunção, frutos significativos nos trabalhos apostólicos. A apreciação sobre os dons e seu exercício ordenado no seio da Igreja pertence aos que a presidem, que têm especial mandato de não abafar o Espírito, mas tudo provar e reter o que é bom (cf. 1Ts 5, 12.19-21).

13. Unidade e universalidade do povo de Deus

318 13. Todas as pessoas são chamadas a formar o povo de Deus, que não conhece limites nem de tempo nem de espaço. Abrangendo todos os homens de todos os recantos do universo e de todos os tempos, mantém sua unidade.

---

[8] Cf. S. Agostinho, *De Praed. Sanct.*, 14, 27: *PL* 44, 980.

Como povo único, cumpre o desígnio de Deus, que criou uma única natureza humana e decidiu reunir na unidade todos os seus filhos dispersos (cf. Jo 11, 52). Foi esta a missão do Filho, estabelecido por Deus herdeiro de todas as coisas (cf. Hb 1, 2), mestre, rei e sacerdote de todos os homens, cabeça dos filhos de Deus, constituídos como povo novo e universal. Neste mesmo sentido, Deus enviou o Espírito de seu Filho, senhor e vivificador, que é princípio de reunião e unidade de toda a Igreja, bem como de todos os fiéis, na doutrina dos apóstolos, na união fraterna, na eucaristia e em todas as orações (cf. At 2, 42).

O povo de Deus está em todas as nações da terra. Em todas elas vivem cidadãos do reino celestial, distinto dos reinos terrestres. Os fiéis dispersos pelo mundo entram em comunicação uns com os outros pelo Espírito Santo. "Quem está em Roma sabe que os que estão na Índia são seus irmãos".[9] O reino de Cristo não é deste mundo (cf. Jo 18, 36). Por isso a Igreja ou o povo de Deus, que o constitui, não reivindica nenhum bem temporal das nações em que está, mas, pelo contrário, estimula e assume tudo que há de bom nas riquezas, bens e costumes de cada povo. Ao assumir, purifica, fortalece e eleva, lembrando-se estar do lado do Rei, a que todos os povos foram dados como herança (cf. Sl 2, 8) e a cuja cidade trazem todos dons e presentes (cf. Sl 71 [72], 10; Is 60, 4-7; Ap 21, 24). Esse caráter de universalidade do povo de Deus é um dom do Senhor, que a Igreja católica procura sempre salvaguardar, abrindo-se a toda a humanidade e a todos os seus bens, encabeçada por Cristo, na unidade do seu Espírito.[10]

Em virtude desta catolicidade, cada uma das partes traz seus dons às outras e a toda a Igreja, somam-se umas às outras e ao todo, numa recíproca comunhão, fruto da mesma inspiração comum. Assim, o povo de Deus não só provém de povos diversos, como se compõe de enorme variedade. Entre seus membros há diversidade de funções. Alguns exercem o ministério sagrado em benefício de seus irmãos. Dentre esses, há os que levam uma vida de acordo com sua ordenação e muitos outros que, professando a vida religiosa, buscam a santidade de maneira mais estrita, servindo de exemplo e estímulo para seus irmãos. Além disso, dentro da comunhão eclesial, há Igrejas particulares, que vivem segundo suas próprias tradições, sem nenhuma diminuição do primado da cátedra de Pedro, que preside a todos,[11] procura proteger a legítima diversidade e fazer com que as particularidades, em vez de prejudicar, contribuam para a unidade. Por isso formam-se entre as partes da Igreja inúmeros laços de comunhão íntima, tanto no que toca aos bens espirituais, como no que

---

[9] S. João Crisóstomo, *In Io.*, Homilia 65, 1: *PG* 59, 361.
[10] Cf. S. Irineu. *Adv. Haer.* III, 16, 6; III, 22, 1- 3: PG 7, 925C-926A e 955C-958A; Harvey, 2, 87s e 120-123; Sagnard, ed. *Sources chrétiennes*, pp. 290-292 e 372ss.
[11] Cf. S. Inácio de Antioquia, *Ad Rom.*, Prefácio: ed. Funk, I, p. 252.

concerne à colaboração apostólica e até aos auxílios temporais. O povo de Deus é chamado a entrar em comunhão, bem como as próprias Igrejas, segundo a palavra do Apóstolo: "Cada um viva de acordo com a graça recebida e coloquem-se todos a serviço uns dos outros, como bons administradores das muitas formas de graça que Deus lhes concedeu" (1Pd 4, 10).

321 Todos os seres humanos são chamados à unidade católica do povo de Deus, prenúncio da paz universal. Pertencem ou pertencerão a esta unidade os fiéis católicos, todos os que crêem em Cristo e, até mesmo, todos os homens, pois são chamados à salvação, pela graça de Deus.

14. Os fiéis católicos

322 14. O Concílio se dirige primeiramente aos fiéis católicos. A Sagrada Escritura, articulada com a Tradição, ensina que a Igreja peregrina é necessária à salvação. Com efeito, Cristo é o mediador único da salvação. Ele está presente no mundo, em seu corpo, que é a Igreja. Foi ele mesmo que insistiu na necessidade da fé e do batismo (cf. Mc 16, 16; Jo 3, 5), estabelecendo assim a necessidade da Igreja, de que o batismo é a porta. No entanto, se desconhecerem a necessidade da Igreja fundada por Deus, por intermédio de Jesus, mesmo os homens que se recusam a acolhê-la ou a permanecer nela podem se salvar.

323 Pertencem plenamente à sociedade eclesial aqueles que vivem segundo o Espírito de Cristo, acolhem todas as disposições da Igreja e todos os meios de salvação por ela instituídos, sob a direção do soberano pontífice e dos bispos, unidos pelos laços da profissão de fé, dos sacramentos, das normas eclesiásticas e da comunhão. Não se salvam, porém, aqueles que, embora pertencendo à Igreja, não perseveram no amor. Estão no seio da Igreja apenas pelo "corpo", não pelo "coração".[12] Lembrem-se entretanto, todos os membros da Igreja, que a ela pertencem não por méritos próprios, mas pela graça de Cristo. Se não lhe correspondem pelos pensamentos, palavras e ações, também não se salvarão e serão até julgados com maior rigor.[13]

324 Os catecúmenos que, graças ao Espírito Santo, desejam profundamente entrar na Igreja, já estão ligados a ela por esse mesmo desejo. A Igreja já os trata como mãe, dedicando-lhes todo amor e atenção.

---

[12] Cf. S. Agostinho, *Bapt. c. Donat.* V, 28, 39: *PL* 43, 197: "É bastante claro ao que se refere quando diz dentro e fora. Dentro, no coração, não simplesmente no corpo". Cf. ib., III, 19, 26: *PL* 43, 152; V, 18, 24: *PL* 43, 189. *In Io., Tract.* 61, 2: *PL* 35, 1800 e *passim.*
[13] Lc 12, 48: "A quem muito se deu muito será pedido". Cf. Mt 5, 19-20; 7, 21-22; 25, 41-46; Tg 2, 14.

15. A Igreja e os cristãos não-católicos

15. A Igreja se reconhece unida a todos os batizados, que se denominam cristãos, mesmo quando não professam a integridade da fé ou não se mantêm em comunhão com o sucessor de Pedro.[14] São muitos os que, em suas Igrejas ou comunidades eclesiais, veneram a Sagrada Escritura como norma de fé e de vida, demonstram um zelo religioso autêntico, crêem com amor em Deus Pai onipotente e em Cristo, Filho de Deus salvador,[15] são marcados pelo batismo, que os une a Cristo, acolhem e reconhecem até mesmo outros sacramentos. Alguns contam com verdadeiros bispos, celebram a eucaristia e mantêm especial devoção para com a virgem mãe de Deus.[16] A tudo isso acrescente-se a participação nas orações e demais benefícios espirituais, a presença atuante e santificadora da graça e de outros dons espirituais, até mesmo, em alguns casos, o testemunho do martírio. Em todos os discípulos de Cristo, o Espírito suscita o desejo e as boas ações, para que um dia alcancem a união, nos termos em que Cristo a estabeleceu.[17] A Igreja não cessa de orar, esperar e agir para obter essa união, exortando seus filhos a se purificar e renovar espiritualmente, para que a luz de Cristo brilhe cada vez mais na face da Igreja.

325

16. A Igreja e os não-cristãos

16. Os que ainda não receberam o Evangelho mantêm, com o povo de Deus, um relacionamento diversificado.[18] Primeiro o povo a que foram dados os testamentos e as promessas, a cuja raça pertenceu Cristo, por nascimento (cf. Rm 9, 4-5). Povo escolhido com amor, definitivamente, pois os dons e vocação divinos nunca voltam atrás (cf. Rm 11, 28-29). A salvação alcança também aqueles que reconhecem o criador, antes de tudo os muçulmanos, que se filiam à fé de Abraão e conosco adoram a Deus, único e misericordioso, juiz de todos os homens no último dia. Mas Deus também não está longe daqueles que o buscam como a um desconhecido, através de suas sombras e imagens, pois a todos dá vida, inspiração e tudo o mais (cf. At 17, 25-28) e, como salvador, os quer salvar a todos, (cf. 1Tm 2, 4). Todos os que buscam a Deus sinceramente, procuram cumprir a sua vontade, conhecida através da

326

---

[14] Cf. Leão XIII, carta apost. *Praeclara gratulationis*, 20.6.1894: *ASS* 26 (1893-1894), p. 707.
[15] Cf. Leão XIII, enc. *Satis cognitum*, 29.6.1896: *ASS* 28 (1895-1896), p. 738; enc. *Caritatis studium*, 25.7.1898: *ASS* 31 (1898-1899), p. 11: Pio XII, aloc. *Nell'alba*, 24.12.1941: AAS 34 (1942), p. 21.
[16] Cf. Pio XI, enc. *Rerum Orientalium*, 8.9.1928: *AAS* 20 (1928) p. 287; Pio XII, enc. *Orientalis Ecclesia*, 9.4.1944: *AAS* 36 (1944), p. 137.
[17] Cf. Instrução da Sagrada Congregação do Santo Ofício, 20.12.1949: *AAS* 42 (1950), p. 142.
[18] Cf. S. Tomás de Aquino, *Summa Theol.* III, q. 8, a. 3, ad 1.

consciência, e agem sob o influxo íntimo da graça, podem obter a salvação.[19] A providência divina não priva dos auxílios necessários à salvação aqueles que, sem culpa expressa, ainda não alcançaram o conhecimento de Deus e procuram seguir o caminho do bem, não sem assistência da graça divina. A Igreja interpreta como preparação evangélica tudo que neles há de bom e de verdadeiro,[20] dom daquele que ilumina todas as pessoas a fim de que tenham vida. Os seres humanos são muitas vezes enganados pelo Maligno. Com raciocínios vazios trocam a verdade de Deus pela mentira e servem à criatura em lugar do Criador (cf. Rm 1, 21.25). Vivendo e morrendo sem Deus, expõem-se ao eterno desespero. Por isso a Igreja, para a glória de Deus e salvação desses homens e mulheres, empenha-se nas missões, de acordo com o preceito do Senhor: "Pregai o Evangelho a todas as criaturas." (Mc 16, 15)

17. O caráter missionário da Igreja

17. Assim como foi enviado pelo Pai, o Filho enviou os apóstolos (cf. Jo 20, 21) dizendo: "Vão e façam com que todos os povos se tornem meus discípulos, batizando-os em nome do Pai, do Filho e do Espírito Santo, e ensinando-os a observar tudo que ordenei a vocês. Eis que eu estarei com vocês todos os dias, até o fim do mundo" (Mt 28, 19-20). A Igreja recebeu esse mandato de anunciar a verdade da salvação até os confins da terra, desde o tempo dos apóstolos (cf. At 1, 8). Neste sentido faz suas as palavras de Paulo: "Ai de mim se não evangelizar!" (1Cor 9, 16). Por isso não cessa de enviar pregadores, até que se constituam as novas Igrejas, capazes de continuar a obra da evangelização. O Espírito Santo a impele a cooperar no cumprimento do desígnio de Deus, que constituiu Cristo como princípio de salvação para todo o mundo. Pela pregação do Evangelho, a Igreja procura despertar nos ouvintes a fé e levá-los a proclamá-la, prepara-os para o batismo e os livra da escravidão do erro, incorpora-os a Cristo, para que nele cresçam até sua plenitude. Trabalha para descobrir tudo que há de bom na mente e no coração das pessoas, em seus ritos e em sua cultura. Não visa destruir, mas procura tudo sanar, elevar e aperfeiçoar para a glória de Deus, confusão dos demônios e felicidade dos homens. Todos os discípulos de Cristo têm obrigação de propagar a fé.[21] Embora todos possam batizar, só os sacerdotes podem celebrar o sacrifício eucarístico para a edificação do corpo, realizando a profecia: "Desde o Oriente até o Ocidente, é grande o meu nome entre as nações. Em todo lugar se sacrifica e se oferece uma oferta pura em seu nome"

---

[19] Cf. Carta da Sagrada Congregação do Santo Ofício ao arcebispo de Boston: Dz 3869-72.
[20] Cf. Eusébio de Cesaréia, *Praeparatio Evangelica*, 1, 1: *PG* 21, 28AB.
[21] Cf. Bento XV, carta apost. *Maximum illud*: *AAS* 11 (1919) p. 440, especialmente 451ss. - Pio XI, enc. Rerum Ecclesiae: AAS 18 (1926), pp. 68-69. - Pio XII, enc. *Fidei donum*, 21.4.1957: *AAS* 49 (1957), pp. 236-237.

(Ml 1, 11).²²A Igreja ora e trabalha para que a plenitude do universo passe a ser povo de Deus, corpo do Senhor, templo do Espírito Santo e para que toda honra e toda glória sejam dadas ao Criador de todas as coisas em Cristo, cabeça do universo.

Capítulo III

A constituição hierárquica da Igreja: o episcopado

18. Proêmio

18. Para conduzir o povo de Deus e, sob todos os aspectos, fazê-lo crescer, **328** o Cristo Senhor instituiu em sua Igreja diversos ministérios, que concorrem para o bem de todo o corpo. Os ministros dispõem do poder sagrado para servir seus irmãos, a fim de que todos os que pertencem ao povo de Deus participem da verdadeira dignidade cristã e alcancem a salvação, caminhando para o mesmo objetivo, em harmonia e liberdade.

Em continuidade com o Vaticano I, o Concílio declara e ensina que Jesus **329** Cristo, pastor eterno, edificou sua Igreja enviando os apóstolos como ele mesmo fora enviado pelo Pai (cf. Jo 20, 21). Determinou igualmente que os bispos, sucessores dos apóstolos, fossem pastores na Igreja, até o fim dos séculos. Além disso, para assegurar a unidade do episcopado, estabeleceu que Pedro presidisse aos apóstolos, constituindo-o, para sempre, princípio e fundamento visível da unidade de fé e comunhão.¹ O Concílio reafirma junto a todos os fiéis e declara, como doutrina em que se deve crer firmemente, a instituição, a perpetuidade, a importância e a razão do primado do pontífice romano e de seu magistério infalível. Nessa mesma linha, professa e declara, diante de todos, a doutrina segundo a qual os bispos são sucessores dos apóstolos, que dirigem a casa do Deus vivo, juntamente com o sucessor de Pedro, vigário de Cristo² e cabeça visível de toda a Igreja.

19. Vocação e instituição dos doze

19. O Senhor Jesus, depois de orar ao Pai, chamou a si os doze, que ele **330** mesmo escolhera para estar com ele e serem enviados a pregar o reino de

---

²² Cf. *Didachè*, 14: ed. Funk, I, p. 32. — S. Justino, *Dial.*, 41: *PG* 6, 564. S. Irineu, *Adv. Haer.*, IV, 17, 5: *PG* 7, 1023; Harvey, 2, p. 199s. — Conc. de Trento, sessão 22, cap. 1: Dz 939 (1742).
¹ Cf. Conc. Vat. I, sessão IV, const. dogm. sobre a Igreja de Cristo, *Pastor aeternus*: Dz 1821 (3050).
² Cf. Conc. de Florença, decreto *Pro Graecis*: Dz 694 (1307) e Conc. Vat. I, ib.: Dz 1826 (3059).

Deus (cf. Mc 3, 13-19; Mt 10, 1-42). Instituiu-os como apóstolos (cf. Lc 6, 13) formando um grupo estável, cuja presidência ele mesmo confiou a Pedro (cf. Jo 21, 15-17). Enviou-os como participantes do seu poder, primeiro aos filhos de Israel e, depois, a todos os povos (cf. Rm 1, 16), para tornarem esses povos seus discípulos, santificá-los e governá-los (cf. Mt 28, 16-20; Mc 6, 15; Lc 24, 45-48; Jo 20, 21-23). Propagariam a Igreja, governá-la-iam, servindo-a, com a assistência do Senhor, durante todo o tempo, até a consumação dos séculos (cf. Mt 28, 20). No dia de Pentecostes, os apóstolos foram plenamente confirmados nessa missão (cf. At 2, 1-36), conforme a promessa do Senhor: "O Espírito Santo descerá sobre vocês e dele receberão força para serem minhas testemunhas em Jerusalém, em toda a Judéia e Samaria, e até os extremos da terra" (At 1, 8). Pregando em toda parte o Evangelho (cf. Mc 16, 20), acolhido pelos ouvintes, graças ao Espírito Santo, os apóstolos reúnem a Igreja universal, que o Senhor baseou neles e edificou sobre Pedro, o primeiro dentre eles, tendo sempre Cristo como principal alicerce (cf. Ap 21, 14; Mt 16, 18; Ef 2, 20).[3]

20. Os bispos, sucessores dos apóstolos

331   20. A missão divina confiada por Cristo aos apóstolos se estende até o fim dos séculos (cf. Mt 28, 20), pois o Evangelho que devem transmitir alimenta continuamente a vida da Igreja. Os apóstolos cuidaram por isso de instituir seus sucessores nessa sociedade hierarquicamente organizada, que é a Igreja.

332   Para que a missão a eles confiada continuasse depois de sua morte, não só recorreram a auxiliares seus para o ministério,[4] como também pediram a seus cooperadores imediatos, numa espécie de testamento, que desempenhassem a função por eles exercida e levassem a bom termo o trabalho começado.[5] Confiaram-lhes assim o rebanho inteiro sobre o qual o Espírito Santo os havia colocado como pastores da Igreja de Deus (At 20, 28). Dessa forma, escolheram e ordenaram homens que, quando morressem, passassem a outros igualmente provados o seu ministério.[6] Entre os diversos ministé-

---

[3] Cf. *Liber sacramentorum*, prefácio nas festas de são Matias e são Tomé: *PL* 78, 51 e 152: Cf. Cod. Vat. latino 3548, f. 18. - S. Hilário, *In Ps.* 67, 10: *PL* 9, 450: *CSEL* 22, p. 286. - são Jerônimo, *Adv. Iovin.*, 1, 26: *PL* 23, 247A. - S. Agostinho, *In ps.* 86, 4: *PL* 37, 1103. - são Gregório Magno, *Mor. in Job*, 28, 5: *PL* 76, 455-456. - Primásio, *Comm. in Apoc.*, 5: *PL* 68, 924BC. - Pascásio Radberto, *In Mt.* 58, c. 16: *PL* 120, 561C. - Cf. Leão XIII, Carta *Et sane*, 17.12.1888: *ASS* 21 (1888), p. 321.
[4] Cf. At 6, 2-6; 11, 30; 13, 1.14.23; 20, 17; 1Ts 5, 12-13; Fl 1, 1; Cl 4, 11 e passim.
[5] Cf. At 20, 25-27; 2Tm 4, 6s. comparar com 1Tm 5, 22; 2Tm 2, 2; Tt 1, 5; S. Clemente Rom., *Ad Cor.*, 44, 3; ed. Funk, I, p. 156.
[6] Cf. S. Clemente Rom., *Ad Cor.*, 44, 2; ed. Funk I, p. 154.

rios exercidos desde os primeiros tempos da Igreja, segundo a tradição e por sucessão ininterrupta,[7] ocupa o primeiro lugar a função episcopal, herdada dos apóstolos.[8] Como diz santo Irineu, a tradição apostólica se manifesta[9] e se conserva[10] em todo o mundo através dos bispos e de seus sucessores, instituídos pelos apóstolos.

Os bispos assumem pois o serviço da comunidade com o auxílio dos presbíteros e dos diáconos.[11] Presidem o rebanho em lugar de Deus,[12] como pastores, mestres da doutrina, sacerdotes do culto sagrado e ministros que governam.[13] A função que o Senhor confiou a Pedro, primeiro dos apóstolos, para ser transmitida a seus sucessores, permanece igualmente para sempre e sem interrupção,[14] como a própria função dos apóstolos de conduzir a Igreja. Por isso o Concílio ensina que os bispos, por instituição divina, sucedem aos apóstolos,[15] como pastores da Igreja. Quem os ouve, ouve a Cristo e quem os despreza, despreza a Cristo e àquele que o enviou (cf. Lc 10, 16).[16]

333

21. A consagração episcopal

21. O Senhor Jesus é o pontífice supremo. Como tal, está presente no meio dos fiéis por intermédio dos bispos, assistidos pelos sacerdotes. O Senhor Jesus está sentado à direita do Pai, mas nem por isso se distancia do colégio dos bispos[17] por cujo ministério, principalmente, faz chegar a todos os povos a palavra de Deus e administra aos seus os sacramentos da fé. Por intermédio do exercício da função paterna dos bispos (cf. 1Cor 4, 15), Cristo incorpora novos membros a seu corpo, pela regeneração celestial. Por intermédio de sua sabedoria e prudência, dirige e orienta o povo do Novo Testamento na

334

---

[7] Cf. Tertuliano, *Praescr. Haer.*, 32: *PL* 2, 52 - Santo Inácio de Antioquia, toda a obra.
[8] Cf. Tertuliano, *Praescr. Haer.*, 32: *PL* 2, 53.
[9] Cf. S. Irineu, *Adv. Haer.*, III, 3, 1: *PG* 7, 848A; Harvey 2, 8; Sagnard, p. 100 "manifestada".
[10] Cf. S. Irineu, *Adv. Haer.*, III, 2, 2: *PG* 7, 847: Harvey 2, 7; Sagnard, p. 100: "é conservada", Cf. ib. IV, 26, 2: col. 1053; Harvey 2, 236, e IV, 33, 8: col. 1077; Harvey 2, 262.
[11] S. Inácio de Antioquia, *Philad.*, prefácio; ed. Funk, I, p. 264.
[12] S. Inácio de Antioquia, *Philad.*, 1, 1; *Magn.*, 6, 1; ed. Funk, I, pp. 264 e 234.
[13] S. Clemente Rom., l.c., 42, 3-4; 44, 3-4; 57, 1-2: ed. Funk I, 152.156.171s, - S. Inácio Antioq. *Philad.*, 2; *Smyrn.*, 8; *Magn.* 3; *Trall.* 7; ed. Funk I, p. 265s.282.232.246s etc. - S. Justino, *Apol.* 1, 65; *PG* 6, 428. - S. Cipriano, o conjunto das cartas.
[14] Cf. Leão XIII, enc. *Satis cognitum*, de 29 de junho de 1896: *ASS* 28 (1895-1896), p. 732.
[15] Cf. Conc. de Trento, sessão 23 Decreto *De sacr. Ordinis*, c. 4: Dz 960 (1768). - Conc. Vat. I, sessão 4 const. dogm. *Pastor aeternus*, c.3: Dz 1828 (3061) - Pio XII, enc. *Mystici corporis*, 29 de junho de 1943: *AAS* 35 (1943) pp. 209 e 212. - Código de Direito Canônico, can. 329 par. 1.
[16] Cf. Leão XIII, Carta *Et sane*, de 17.12.1888: *ASS* 21 (1888), p.321s.
[17] Cf. S. Leão Magno, *Serm.*, 5, 3: *PL* 54, 154.

peregrinação para a felicidade eterna. Os pastores escolhidos para cuidar do rebanho do Senhor são ministros de Cristo e dispensadores dos mistérios de Deus (cf. 1Cor 4, 1). A eles foram confiados o testemunho do Evangelho da graça de Deus (cf. Rm 15, 16) e o serviço do Espírito e da justiça, na glória (cf. 2Cor 3, 8-9).

335 Os apóstolos receberam do próprio Cristo especial comunicação do Espírito Santo (cf. At 1, 8; 2, 4; Jo 20, 22-23) para o exercício de funções muito importantes. Eles próprios, por sua vez, comunicaram esse dom espiritual a seus coadjuvantes, pela imposição das mãos (cf. 1Tm 4, 14; 2Tm 1, 6-7). Até hoje esse mesmo dom é transmitido pela consagração episcopal.[18] O Concílio ensina que a consagração episcopal confere a plenitude do sacramento da ordem, expressão máxima do ministério sagrado e sumo sacerdócio, de acordo com o costume litúrgico da Igreja e com a palavra dos santos padres.[19] A consagração episcopal confere as funções de santificar, ensinar e governar, que, porém, só têm valor e só podem ser exercidas em comunhão com a cabeça e com os demais membros do colégio episcopal. É o sentido da imposição das mãos e das palavras da consagração que conferem a graça do Espírito Santo[20] e imprimem o caráter sagrado[21] de acordo com a tradição expressa nos ritos litúrgicos, tanto no Oriente como no Ocidente. Os bispos desempenham o papel do próprio Cristo e agem em seu nome,[22] de maneira eminente e significativa. Compete-lhes agregar os novos eleitos ao corpo episcopal, pelo sacramento da ordem.

22. O colégio dos bispos e sua cabeça

336 22. São Pedro e os demais apóstolos, por determinação do Senhor, formavam um único colégio apostólico. Por razão semelhante, o pontífice romano,

---

[18] Conc. de Trento, sess. 23, c. 3, que cita 2Tm 1, 6-7 para demonstrar que a ordem é verdadeiro sacramento: Dz 959 (1766).
[19] Na *Trad. Apost.*, 3; ed. Botte, *Sources chrétiennes*, p. 27-30, se atribui ao bispo o primado do sacerdócio. Cf. *Sacramentarium Leonianum*, ed. C. Mohlberg, *Sacramentarium Veronense*, Roma, 1955, p. 119: "ao ministério do sumo sacerdote... Realiza em teus sacerdotes a totalidade de teu mistério"... Idem, *Liber sacramentorum Romanae Ecclesiae*, Roma, 1960, pp. 121-122: "Concede-lhes, Senhor, a Sé episcopal para dirigir tua Igreja e todo o povo". Cf. *PL* 78, 224.
[20] Cf. *Trad. Apost.*, 2; ed. Botte, p. 27.
[21] Cf. Conc. de Trento, sess. 23, c. 4, ensinando que o sacramento da ordem confere caráter indelével: Dz 960 (1767). - Cf. João XXIII, aloc. *Jubilate Deo*, 8.5.1960: *AAS* 52 (1960), p. 466. - Paulo VI, Hom. na Basílica Vaticana, 20.10.1963: *AAS* 55 (1963), p. 1014.
[22] S. Cipriano, *Epist.* 63, 14: PL 4, 386; Hartel, III B, p. 713: "O sacerdote age em lugar de Cristo". - S. João Crisóstomo, *In 2 Tim.*, Hom. 2, 4: *PG* 62, 612: "O sacerdote é símbolo de Cristo". - S. Ambrósio, *In Ps.*, 38, 25-26: *PL* 14, 1051-1052; *CSEL* 64, 203-204. - Ambrosiaster, *In 1 Tim.* 5, 19: *PL* 17, 479C e *In Eph.* 4, 11-12: *PL* 17, 387C. - Teodoro de Mopsuestia, *Hom. Catech.*, XV, 21.24: ed. Tonneau, pp. 497 e 503. - Hesíquio de Jerusalém, *In Lev.* 2, 9, 23: *PG* 93, 894 B.

sucessor de Pedro, e os bispos, sucessores dos apóstolos, estão unidos entre si. Há uma regra antiqüíssima segundo a qual os bispos do mundo inteiro se comunicavam uns com os outros e com o bispo de Roma, estabelecendo entre si um laço de unidade e de paz,[23] reuniam-se em concílios[24] para decidir em comum a respeito das coisas mais importantes[25] e resolver de acordo com o parecer da maioria.[26] Manifestava-se assim com clareza a índole e a estrutura colegial da ordem episcopal, como provam os concílios ecumênicos celebrados através dos séculos. O antigo uso de chamar vários bispos para participar da elevação de um novo eleito ao sumo sacerdócio já indicava, a seu modo, essa mesma índole e estrutura colegiais. O novo membro da ordem episcopal é constituído em virtude da consagração sacramental e da comunhão hierárquica com a cabeça e com os membros do respectivo colégio.

Esse colégio, o corpo dos bispos, não tem nenhuma autoridade senão em conjunto com o pontífice romano, sucessor de Pedro e cabeça do colégio, que mantém integralmente a autoridade do primado sobre todos os pastores e fiéis. Em virtude de sua função de vigário de Cristo e pastor de toda a Igreja, o pontífice romano tem o poder supremo e universal, que pode exercer sempre, livremente. A ordem episcopal, sucessora do colégio apostólico no magistério e no governo pastorais, por intermédio da qual o corpo apostólico mantém sua continuidade, é sujeito do poder supremo e pleno sobre toda a Igreja, em conjunto com sua cabeça, o romano pontífice, e jamais sem ele.[27] Esse poder só é portanto efetivamente exercido em consenso com o pontífice romano. O Senhor estabeleceu unicamente Simão como pedra e portador das chaves na Igreja (cf. Mt 16, 18s), constituindo-o pastor de todo o rebanho (cf. Jo 21, 15ss) e conferindo-lhe a função de ligar e desligar (cf. Mt 16, 19). Estas funções são atribuídas ao colégio apostólico somente quando unido à sua cabeça (cf. Mt 18, 18; 28, 16-20).[28] O colégio episcopal exprime a variedade e a universalidade do povo de Deus, enquanto reunido sob uma cabeça única. Os bispos que dele participam, desde que mantenham fielmente o primado e o principado da cabeça, exercem um poder próprio para o bem de seus fiéis e, até mesmo, de toda a Igreja, na força do Espírito Santo, que mantém vigorosa sua estrutura orgânica e seu recíproco entendimento. O poder

337

---

[23] Cf. Eusébio, *Hist. Eccl.*, V, 24, 10: *GCS* II, 1 p. 495; ed. Bardy, *Sources chrétiennes*, II, p. 69. Dionísio, em Eusébio, *ib.* VII, 5, 2: *GCS* II, 2, p. 638; Bardy, II, p. 168s.
[24] Cf. os antigos concílios, Eusébio, *Hist. Eccl.*, V, 23-24: *GCS* II, 1, p. 488s; Bardy II, p. 66ss e passim. - Conc. Niceno, can. 5: *COD* p. 7
[25] Cf. Tertuliano, *De Ieiunio*, 13: *PL* 2, 972B; *CSEL* 20, p. 292, linhas 13-16.
[26] Cf. S. Cipriano, *Epist.* 56, 3: Hartel, III B, p. 650; Bayard, p. 154.
[27] Cf. Relatório oficial, Zinelli, no Conc. Vat. I: Mansi 52, 1109C.
[28] Cf. Conc. Vat. I, Esquema da const. dogm. II, *de Ecclesia Christi*, c. 4: Mansi 53, 310. Cf. Relatório Kleutgen, sobre o esquema revisto: Mansi 53, 321B-322B e declaração de Zanelli: Mansi 53, 1110A. Veja também S. Leão Magno, *Serm.*, 4, 3: *PL* 54, 151A.

supremo deste colégio sobre toda a Igreja se exerce de maneira solene nos concílios ecumênicos, que nunca se verificam sem o acordo ou, pelo menos, a aceitação do sucessor de Pedro. Convocar, presidir e confirmar tais concílios é prerrogativa do pontífice romano.[29] Os bispos do mundo inteiro exercem o poder colegial, quando chamados pela cabeça do colégio ou quando esta, pelo menos, aprova, acolhe e confere caráter colegial a uma ação conjunta de bispos dispersos pelo mundo.

23. A relação entre os bispos no seio do colégio

338   23. A união colegial se manifesta igualmente nas relações recíprocas dos diversos bispos entre si e com a Igreja universal. O pontífice romano, sucessor de Pedro, é princípio e fundamento visível da unidade, tanto dos bispos como do conjunto dos fiéis.[30] Cada um dos bispos, por sua vez, é princípio e fundamento da unidade, em suas respectivas Igrejas particulares[31] com as quais e por meio das quais, à imagem da Igreja universal, se forma a única Igreja católica.[32] Por isso, cada bispo representa a sua Igreja e, em união com o papa, a Igreja universal, unida pelo vínculo da paz, do amor e da unidade.

339   À frente de sua Igreja particular, o bispo exerce o governo pastoral sobre a porção do povo de Deus que lhe foi confiada, mas não sobre as outras Igrejas ou sobre a Igreja universal. Como membros do colégio episcopal e legítimos sucessores dos apóstolos, os bispos devem se preocupar com toda a Igreja, por disposição e preceito do próprio Cristo.[33] Apesar de não exercerem, sob esse aspecto, nenhum ato de jurisdição, contribuem imensamente para o bem da Igreja universal. Todos os bispos devem promover e defender a unidade da fé e da disciplina comum a toda a Igreja e ensinar aos fiéis o amor do corpo místico de Cristo, especialmente dos membros mais pobres, dos doentes e dos que sofrem perseguição por causa da justiça (cf. Mt 5, 10). Devem apoiar todas as iniciativas da Igreja, especialmente no que se refere ao aumento da fé, para que a luz da verdade plena brilhe para todos os homens. Quando dirigem bem a própria Igreja, como porção da Igreja universal, cooperam eficazmente para o bem de todo o corpo místico, que é, precisamente, o conjunto de todas as Igrejas.[34]

---

[29] Cf. *Código de Direito Canônico*, can. 222 e 227.
[30] Cf. Conc. Vat. I, const. dogm. *Pastor aeternus*: Dz 1821 (3050s).
[31] Cf. S. Cipriano, *Epist.*, 66, 8: Hartel III, 2, p. 733: "O bispo na Igreja e a Igreja no bispo".
[32] Cf. S. Cipriano, *Epist.*, 55, 24: Hartel, p. 642, linha 13: "Uma só Igreja em todo o mundo, composta de muitos membros". - *Epist.*, 36, 4: Hartel, p. 575 linhas 20-21.
[33] Cf. Pio XII, enc. *Fidei Donum*, 21.4.1957: *AAS* 49 (1957), p. 237.
[34] Cf. S. Hilário de Poitiers, *In Ps.* 14, 3: *PL* 9, 206; *CSEL* 22, p. 86. - S. Gregório Magno, *Moralia*, IV, 7, 12: *PL* 75, 643C. - Pseudo-Basílio, *In Is.*, 15, 296: *PG* 30, 637C.

Cristo confiou aos pastores, em conjunto, a função de anunciar o Evangelho   340
ao mundo inteiro, como lembrou o papa Celestino aos padres do Concílio de Éfeso.[35] Na medida, pois, em que o exercício de sua função específica lhe permite, o bispo deve se associar aos outros e ao sucessor de Pedro, especialmente encarregado da enorme responsabilidade de propagar a religião cristã.[36] Os bispos devem, por isso, se empenhar com todas as forças em favor das missões, contribuindo com operários para a messe e com toda espécie de auxílios espirituais e materiais, quer por si mesmos, quer suscitando a cooperação generosa dos fiéis. Devem também, inspirados por uma caridade sem limites, prestar alegremente auxílio fraterno às outras Igrejas, especialmente às mais próximas e às mais pobres.

A divina providência quis que, desde o tempo dos apóstolos e de seus   341
sucessores, várias Igrejas, em determinadas regiões, se associassem entre si, ao longo da história, formando grupos organicamente estruturados, tanto do ponto de vista disciplinar, como no que concerne às práticas litúrgicas e ao patrimônio teológico e espiritual, respeitadas sempre a unidade da fé e a constituição da Igreja universal. Alguns desses conglomerados, especialmente as antigas Igrejas patriarcais, como verdadeiras mães na fé, geraram filhas com as quais mantêm até hoje um vínculo estreito de caridade, quer na vida sacramental, quer no respeito mútuo dos direitos e dos deveres recíprocos.[37] A variedade dessas Igrejas locais, unidas entre si, é prova evidente da catolicidade da Igreja indivisa. Nos nossos dias, as conferências episcopais podem desempenhar esse papel diversificado e fecundo, exprimindo, de maneira concreta, o sentimento de colegialidade.

24. O ministério episcopal

24. Os bispos são sucessores dos apóstolos. Do Senhor, a quem foi dado   342
todo o poder no céu e na terra, receberam a missão de ensinar todos os povos e de pregar o Evangelho a toda criatura, para que todos alcancem a salvação, pelos caminhos da fé, do batismo e do cumprimento dos mandamentos (cf. Mt 28, 18ss; Mc 16, 15s; At 26, 17s). Para o cumprimento desta missão, Cristo prometeu o Espírito Santo aos apóstolos e o enviou efetivamente no

---

[35] Cf. S. Celestino, *Epist.*, 18, 1-2, ao Conc. de Éfeso: *PL* 50, 505AB; Schwartz, *Acta Conc. Oec.*, I, 1, 1, p. 22. Cf. Bento XV, carta apost. *Maximum illud*: *AAS* 11 (1919) p. 440. - Pio XI, enc. *Rerum Ecclesiae*, 28.2.1926: *AAS* 18 (1926) p. 69. - Pio XII, enc. *Fidei Donum*, l.c.
[36] Cf. Leão XIII, enc. *Grande munus*, 30.9.1880: *ASS* 13 (1880) p. 145. Cf. *Cód. Dir. Can.* c. 1327 e 1350 parágr. 2.
[37] Sobre o direito das sés patriarcais, Cf. Conc. Niceno, can. 6, a respeito de Alexandria e de Antioquia, e can. 7, a respeito de Jerusalém: *COD*, p. 8. - Conc. Lateranense IV, em 1215, Const. V, *De dignitate Patriarcharum*: ib. p. 212. - Conc. Ferrara-Florença ib. p. 504.

dia de Pentecostes, de modo que, pela virtude do Espírito, se tornaram suas testemunhas diante das nações, dos povos e dos reis, até as extremidades da terra (cf. At 1, 8; 2, 1ss; 9, 15). A função que o Senhor confiou aos pastores do seu povo é um verdadeiro serviço, denominado, na Bíblia, diaconia ou ministério (cf. At 1, 17.25; 21, 19; Rm 11, 13; 1Tm 1, 12).

343 A missão canônica dos bispos pode ser conferida segundo os costumes legítimos, aceitos pelo poder supremo e universal da Igreja, ou segundo as leis reconhecidas ou promulgadas pelo mesmo poder; ou, ainda, diretamente, pelo próprio sucessor de Pedro. Ninguém pode ser elevado à função episcopal, se o papa lhe recusa a comunhão apostólica.[38]

25. A função de ensinar

344 25. A principal função dos bispos é a pregação do Evangelho.[39] São porta-vozes da fé, para trazer a Cristo novos discípulos. São, além disso, doutores legítimos, isto é, dotados da autoridade de Cristo. Compete-lhes mostrar a norma da fé e a prática dos costumes ao povo que lhes é confiado. Iluminar esse mesmo povo com a luz do Espírito Santo, tirando coisas novas e velhas do tesouro da revelação (cf. Mt 13, 52). Fazê-las frutificar, afastando, vigilantes, de seu rebanho, todos os erros (cf. 2Tm 4, 1-4). Os bispos que ensinam em comunhão com o pontífice romano devem ser acolhidos por todos como testemunhas da verdade divina e católica. Os fiéis, por sua vez, devem concordar com as decisões tomadas por seu bispo a respeito da fé e dos costumes, acolhendo-as, em nome de Cristo, com respeito religioso. O magistério legítimo do pontífice romano, mesmo quando não fala *ex cathedra*, deve receber especial acolhimento religioso da vontade e da inteligência, e ser respeitosamente reconhecido. As decisões do pontífice devem ser sinceramente acolhidas, conforme ele as entende. Sua vontade deve ser seguida, de acordo com o que se deduza, quer da natureza dos documentos, da freqüência com que propõe determinado aspecto ou expressamente da própria maneira de falar.

345 Isoladamente, os bispos não gozam da prerrogativa da infalibilidade. Proclamam, porém, de maneira infalível a doutrina de Cristo quando, embora

---

[38] Cf. *Cod. Iuris Can. pro Eccl. Orient.*, c. 216-314: sobre os patriarcas; c. 324-339: dos Arcebispos Maiores; c. 362-391: das outras dignidades; em especial, c. 238 parágr. 3; 216; 240; 251; 255: sobre os bispos nomeados pelos patriarcas. Pareceu-nos importante explicitar essas indicações em nota: Cf. Pio XII, *motu proprio Cleri sanctitati*, 2.6.57: *AAS* 49 (1957) pp. 497-527 (cc. 216-314: sobre os patriarcas), 530-534 (cc. 324-339: sobre os arcebispos maiores), 540-547 (cc. 362-391: sobre os outros dignatários); especialmente 497-510 (cc. 238 parágr. 3, 216, 240, 251, 255: sobre a nomeação dos bispos e patriarcas).

[39] Cf. Conc. de Trento, Decreto sobre a Reforma, sess. V, c. 2, n. 9 e sess. XXIV, c. 4; *COD*, pp. 645 e 739.

dispersos pelo mundo, mostram-se unidos entre si e com o sucessor de Pedro, na sustentação legítima de uma mesma doutrina concernente à fé ou aos costumes, que deva ser tida como definitiva.[40] É o que acontece de maneira absolutamente clara quando, reunidos num concílio ecumênico, agem como doutores e juízes da fé e dos costumes, para toda a Igreja. Suas definições devem ser acolhidas pela fé.[41]

A infalibilidade na doutrina a respeito da fé e dos costumes, que o divino Redentor garante à sua Igreja, é tão ampla quanto é amplo o ensinamento da própria revelação divina, que deve ser conservado e fielmente manifestado. O pontífice romano, cabeça do colégio episcopal, goza desta infalibilidade em virtude de sua função de confirmar seus irmãos na fé (cf. Lc 22, 32) e de proclamar, de maneira definitiva, a doutrina relativa à fé e aos costumes, como pastor e doutor supremo de todos os fiéis.[42] Por isso se diz que suas definições são irreformáveis por si mesmas e não dependem do consentimento da Igreja. São tomadas sob a assistência do Espírito Santo, prometida ao próprio Pedro. Não têm necessidade de nenhuma aprovação nem estão sujeitas à apelação junto a qualquer outro juiz. O pontífice romano não profere tal sentença como pessoa particular, mas como mestre supremo da Igreja universal, dotado, como tal, do carisma da infalibilidade da própria Igreja, no que se refere à manifestação e defesa da fé católica.[43] A infalibilidade da Igreja reside igualmente no corpo episcopal, quando exerce o magistério supremo, em comunhão com o sucessor de Pedro. O assentimento a essas definições por parte da Igreja não faltará nunca, em virtude da ação do próprio Espírito Santo, que sustenta e faz crescer o rebanho de Cristo, na unidade.[44]

346

Quando o pontífice romano, ou o corpo episcopal em conjunto com ele, definem uma doutrina, fazem-no segundo a própria revelação, a que todos devem se referir e conformar. Essa revelação, por meio da Escritura ou da Tradição, é integralmente transmitida pela sucessão legítima dos bispos, em especial do pontífice romano, santamente conservada e fielmente manifestada na Igreja, pela luz do Espírito da verdade.[45] O pontífice romano e os bispos, em virtude de seu ofício, levando em conta a importância da matéria, empenham-se em melhor conhecer e a exprimir da maneira mais adequada essa

347

---

[40] Cf. Conc. Vat. I, const. dogm. *Dei Filius*, 3: Dz 1792 (3011). Cf. nota acrescentada ao Esquema I *de Eccl.* (tirada de S. Roberto Belarmino): Mansi 51, 579C; assim como o Esquema revisto Const. II, *De Ecclesia Christi*, com o comentário de Kleutgen: Mansi, 53, 313AB. Pio XI, Carta *Tuas libenter*: Dz 1683 (2879).
[41] Cf. *Cód. Dir. Can.*, c. 1322-1323.
[42] Cf. Conc. Vat. I, const. dogm. *Pastor aeternus*: Dz 1839 (3074).
[43] Cf. explicação Gasser, no Conc. Vat. I: Mansi 52, 1213AC.
[44] Cf. Gasser, *ib.*: Mansi 1214 A.
[45] Cf. Gasser, *ib.*: Mansi 1215CD, 1216-1217A.

tradição.[46] Não aceitam nenhuma nova revelação pública como fazendo parte do ensinamento da fé.[47]

26. A função de santificar

348 26. O bispo possui a plenitude do sacramento da ordem. É chamado "administrador da graça do sacerdócio supremo"[48] especialmente quando oferece ou cuida que seja oferecida[49] a eucaristia, que alimenta e faz crescer continuamente a Igreja. São Igreja de Cristo todas as comunidades legítimas de fiéis, espalhadas por toda parte, em torno de seus respectivos pastores. No Novo Testamento, merecem o nome de Igrejas.[50] Lá onde estão, são em plenitude o novo povo chamado por Deus, no Espírito Santo (cf. 1Ts 1, 5). Os fiéis se reúnem em Igrejas pela pregação do Evangelho de Cristo e celebram o mistério da ceia do Senhor "de maneira que a fraternidade de todos se concretize pela comida e pela bebida do corpo do Senhor".[51] No altar de cada comunidade, reunida pelo santo ministério do bispo,[52] oferece-se o símbolo da caridade e "da unidade do corpo místico, sem as quais não pode haver salvação".[53] Tendo consigo a Igreja una, santa, católica e apostólica, Cristo está presente em todas essas comunidades, por pequenas e pobres que sejam, mesmo quando vivem no isolamento,[54] pois "a participação no corpo e no sangue de Cristo nos transforma naquilo que tomamos".[55]

349 Toda celebração legítima da eucaristia é dirigida pelo bispo, a quem foi confiado o culto da religião cristã, que deve ser prestado a Deus, administrado conforme os preceitos do Senhor e as leis da Igreja, segundo as determinações do bispo, em sua diocese.

350 Os bispos difundem a plenitude da santidade de Cristo de maneira variada e abundante, quando oram e trabalham para o povo. Comunicam aos fiéis a força de Deus, que salva, pelo ministério da palavra (cf. Rm 1, 16). Santificam os fiéis pelos sacramentos, cuja distribuição regular e frutuosa devem dispor

---

[46] Cf. Gasser, *ib.*: Mansi 1213.
[47] Cf. Conc. Vat. I, const. dogm. *Pastor aeternus*, 4: Dz 1836 (3070).
[48] Oração da consagração episcopal no rito bizantino: *Euchologion to mega*, Roma, 1873, p. 139.
[49] Cf. S. Inácio de Antioquia, *Smyrn.*, 8, 1: ed. Funk, I, p. 282.
[50] Cf. At 8, 1; 14, 22-23; 20, 17 e passim.
[51] Oração moçárabe: *PL* 96, 759B.
[52] Cf. S. Inácio de Antioquia, *Smyrn.*, 8, 1: ed. Funk, I, p. 282.
[53] S. Tomás, *Summa Theol.* III 73, 3.
[54] Cf. S. Agostinho, *C. Faustum*, 12, 20: PL 42, 265; *Serm.* 57, 7: *PL* 38, 89 etc.
[55] S. Leão Magno, *Serm.* 63, 7: *PL* 54, 357 C.

segundo sua autoridade.[56] Devem estabelecer as normas para o batismo, que dá participação no sacerdócio régio de Cristo. São os ministros ordinários da confirmação, os dispensadores das ordens sagradas e os moderadores da disciplina penitencial. Devem exortar e instruir o povo para que participe com fé e respeito da liturgia, especialmente do sagrado sacrifício da missa. Devem finalmente dar exemplo de vida aos que são por ele presididos, afastando-se de todo mal, convertendo-se ao bem, graças ao auxílio do Senhor, para que alcancem a vida eterna, juntamente com seu rebanho.[57]

27. A função de governar

27. Os bispos dirigem as Igrejas particulares a si confiadas como vigários e legados de Cristo.[58] Aconselham, exortam e dão o exemplo, mas têm, igualmente, o poder e a autoridade sagrados. Estes devem ser sempre usados segundo a verdade e a santidade, para edificação do rebanho. Lembrem-se de que o maior deve se tornar o menor e que quem preside deve servir (cf. Lc 22, 26ss). O poder de que dispõem, em nome de Cristo, é dado à sua pessoa: um poder próprio, ordinário e imediato. Entretanto, o exercício deste poder depende da autoridade suprema da Igreja, que o pode circunscrever dentro de determinados limites, quando julgar útil à própria Igreja ou aos fiéis. Em virtude do seu poder, os bispos têm o dever sagrado, diante do Senhor, de legislar para os seus súditos, julgar e dispor de tudo que se refere ao culto e ao apostolado.

O encargo pastoral na sua plenitude, isto é, o cuidado habitual e cotidiano de suas ovelhas, lhes é pessoalmente confiado. Não são delegados do papa. Merecem o nome de antístetes,[59] pois dirigem o povo em virtude de um poder pessoal. Esse poder não é de maneira nenhuma ameaçado pelo poder supremo, que, ao contrário, lhe serve de fundamento, corrobora-o e o defende[60] na medida em que procura manter a estrutura de governo que o Cristo Senhor, no Espírito Santo, outorgou à sua Igreja.

[56.] Hipólito, *Traditio Apostolica*, 2 3: ed. Botte, pp. 26-30.
[57] Cf. o texto do exame, no início da consagração episcopal, e a *Oração*, no final da missa de consagração, depois do Te Deum.
[58] Bento XIV, *Br. Romana Ecclesia*, 5.10.1752, parágr. 1: *Bullarium Benedicti XIV*, tomo IV, Roma, 1758, 21: "O bispo faz as vezes de Cristo e desempenha a sua função". - Pio XII, enc. *Mystici corporis*, l.c., p. 211: "Pastoreiam e dirigem, em nome de Cristo, o rebanho que lhes é individualmente atribuído".
[59] Cf. Leão XIII, enc. *Satis cognitum*, 29.6.1896: *ASS* 28 (1895-1896), p. 732. Idem, Carta *Officio sanctissimo*, 22.12.1887: *ASS* 20 (1887) p. 264. Pio IX, Carta apost. aos bispos alemães, 12.3.1875, e aloc. Consistorial de 15.3.1875: Dz 3112-3117, somente na nova edição.
[60] Cf. Conc. Vat. I, const. dogm. *Pastor aeternus*, 3: Dz 1828 (3061). Cf. Relatório Zinelli: Mansi 52, 1114D.

353 Como enviado do Pai, para governar sua família, o bispo deve ter sempre diante dos olhos o exemplo do bom pastor, que veio para servir, não para ser servido (cf. Mt 20, 28; Mc 10, 45), e dar sua vida pelas ovelhas (cf. Jo 10, 11). Assediado pela fraqueza, pois é um dentre os humanos, o bispo compreende os ignorantes e os que erram (cf. Hb 5, 1s). Não se recuse, pois, jamais, a ouvir os súditos, que devem ser tratados como filhos e exortados a colaborar com alegria. Cuide deles e de todos os que ainda não pertencem ao rebanho, recomendando-os a Deus na oração, pregando e praticando para com todos a caridade, pois há de prestar contas a Deus pelas suas almas (cf. Hb 13, 17). A exemplo do apóstolo Paulo, considere-se devedor de todos, sempre disposto a evangelizar (cf. Rm 1, 14s) e a exortar os fiéis à prática apostólica e missionária. Os fiéis, por sua vez, devem se unir ao bispo como a Igreja a Jesus Cristo e como Cristo ao Pai, para que todos vivam unidos[61] e cheios da glória de Deus (cf. 2Cor 4, 15).

28. O lugar dos sacerdotes na Igreja

354 28. O Pai santificou e enviou ao mundo Jesus Cristo (cf. Jo 10, 36), que constituiu os apóstolos e seus sucessores, os bispos, participantes de sua própria consagração e missão. Os bispos,[62] por sua vez, outorgam legitimamente a outras pessoas diversos graus de participação no seu ministério. Por isso, o ministério eclesiástico, divinamente instituído, se exerce, desde a antigüidade, através de diversas ordens denominadas episcopado, presbiterato e diaconato.[63] Os presbíteros, a quem chamamos de sacerdotes ou, simplesmente, padres, não têm a plenitude do pontificado. Dependem dos bispos no exercício de seu ministério. Participam, entretanto, com ele da honra do sacerdócio[64] e foram consagrados pelo sacramento da ordem.[65] São verdadeiros sacerdotes do Novo Testamento[66] à imagem de Cristo, sacerdote supremo e eterno (cf. Hb 5, 1-10; 7, 24; 9, 11-28), para a pregação do Evangelho, o cuidado do rebanho e a celebração do culto. Pelo seu ministério específico, os sacerdotes participam da função de Cristo, único mediador (cf. 1Tm 2, 5) e devem anunciar a todos a palavra de Deus. Exercem a plenitude

---

[61] Cf. S.Inácio de Antioquia, *Ad Ephes.*, 5, 1: ed. Funk, I, p. 216.
[62] Cf. S. Inácio, *Ad Ephes.*, 6, 1: ed.Funk, I, p. 218.
[63] Cf. Conc. de Trento, sessão 23 *De sacr. Ordinis*, cap. 2: Dz 958 (1765) e can. 6: Dz 966 (1766).
[64] Cf. Inocêncio I, *Epist. ad Decentium*: PL: 20, 554 A; Mansi 3, 1029; Dz 98 (215): "Os padres, embora sacerdotes, pertencem a uma ordem inferior, que não é o ápice do pontificado". - S. Cipriano, *Epist.* 61, 3: ed. Hartel, p. 696.
[65] Cf.. Conc. de Trento, l.c.: Dz 956a-968 (1763-1778), especialmente can. 7: Dz 967 (1777). - Pio XII, const. apost. *Sacramentum ordinis*: Dz 2301 (3857-3861).
[66] Cf. Inocêncio I, l. c. - S. Gregório Nazianzeno, *Apol.* II, 22; *PG* 35, 432B. - Pseudo-Dionísio, *Eccl. Hier.*, 1, 2: *PG* 3, 372D.

de suas funções no culto ou assembléia eucarística, em que agem em nome de Cristo,[67] proclamam o seu mistério, unem ao seu sacrifício como cabeça as preces dos fiéis e renovam e aplicam, até a vinda do Senhor (cf. 1Cor 11-26), na missa,[68] o único sacrifício do Novo Testamento, em que Cristo se ofereceu uma vez por todas ao Pai como hóstia imaculada (cf. Hb 9, 11-28). Os sacerdotes são chamados a desempenhar o ministério da reconciliação e do alívio junto aos fiéis penitentes e doentes, apresentando a Deus Pai suas necessidades e suas orações (cf. Hb 5, 1-4). Participantes da função de Cristo, pastor e cabeça, exercem uma certa autoridade[69] sobre a família de Deus, procurando unir a comunidade na fraternidade[70] e conduzi-la por Cristo, no Espírito, a Deus. No meio do rebanho adoram a Deus, em espírito e verdade (cf. Jo 4, 24). Devem meditar na palavra e na doutrina (cf. 1Tm 5, 17), acreditar no que assimilam da lei do Senhor, ensinar o que acreditam e praticar o que ensinam.[71]

355 Os sacerdotes devem ser assíduos cooperadores dos bispos,[72] como seus auxiliares e intermediários. São chamados a servir o povo de Deus, formando um só presbitério[73] com seu bispo, nas diversas funções que lhes cabem. Associados fiel e generosamente ao bispo, tornam-no de certa maneira presente em todos os lugares em que se reúnem com os fiéis, participam de suas funções e preocupações no exercício cotidiano da pastoral. Santificando e dirigindo, sob a autoridade do bispo, a parte do rebanho que o Senhor lhes confiou, tornam visível em todos os lugares a Igreja universal e contribuem eficazmente para a edificação de todo o corpo de Cristo (cf. Ef 4, 12). Sempre atentos ao bem dos filhos de Deus, procurem se empenhar no trabalho pastoral de toda a diocese e, até mesmo, de toda a Igreja. Os sacerdotes devem tratar o bispo como sendo realmente pai e a ele obedecer com respeito, em virtude da própria participação no seu sacerdócio e na sua missão. O bispo, por sua vez, deve considerar os sacerdotes colaboradores seus, filhos e amigos, como Cristo, que não chamou os seus discípulos de servos, mas de amigos (cf. Jo 15, 15).

356
Em virtude da ordem e do ministério, todos os sacerdotes, diocesanos e religiosos, estão associados ao colégio dos bispos, a serviço do bem de toda

---

[67] Cf. Conc. de Trento, sess. 22: Dz 940 (1743). - Pio XII, enc. *Mediator Dei*, 20.11.1947: *AAS* 39 (1947) p. 553: Dz 2300 (3850).
[68] Cf. Conc. de Trento, sess. 22: Dz 938 (1739-1740). - Conc. Vat. II, *SC* 7 e 47: *AAS* 56 (1964) pp. 100-113.
[69] Cf. Pio XII, enc. *Mediator Dei*, l. c., 67.
[70] Cf. S. Cipriano, *Epist.* 11, 3: *PL* 2, 242; Hartel, II, 2 p. 497.
[71] Cf. *Pontifical Romano*, De Ordinatione Presbyterorum, prefácio.
[72] Cf. ibidem.
[73] Cf. S. Inácio de Antioquia, *Philad.*, 4: ed. Funk, I, 266. - S. Cornélio I, citado por S. Cipriano, *Epist.* 48, 2: Hartel, III, 2, p. 610.

a Igreja, de acordo com a vocação e a graça de cada um. Em virtude da ordenação e missão comum, os sacerdotes estão também unidos fraternalmente entre si. Devem pois manifestá-lo pelo auxílio recíproco, espiritual, material, pastoral e pessoal, nos encontros, na vida comum, nos trabalhos e no exercício da caridade.

357   Sejam como pais dos fiéis gerados espiritualmente pelo batismo e pela doutrina (cf. 1Cor 4, 15; 1Pd 1, 23) e modelos do rebanho (cf. 1Pd 5, 3). Devem pois presidir e servir a comunidade local de tal modo que mereça o nome de Igreja de Deus, aplicado a todo o povo de Deus, na sua unidade (cf. 1Cor 1, 2; 2Cor 1, 1 e muitas outras passagens). Lembrem-se de que sua vida cotidiana e seu empenho pastoral mostram o que é o ministério sacerdotal e pastoral para os fiéis e os não-fiéis, para os católicos e os não-católicos. Dêem a todos o testemunho da verdade e da vida e, como bons pastores, procurem (cf. Lc 15, 4-7) aqueles que foram batizados na Igreja católica, mas abandonaram os sacramentos ou mesmo, perderam a fé.

358   A humanidade é hoje cada vez mais una, do ponto de vista civil, econômico e social. É preciso pois que os sacerdotes atuem em conjunto, sob a direção dos bispos e do papa, evitando toda dispersão de forças, para conduzir a humanidade à unidade da família de Deus.

29. Os diáconos

359   29.   Os diáconos constituem o grau inferior da hierarquia. Recebem a imposição das mãos "para o serviço, não para o sacerdócio".[74] Confortados pela graça sacramental, em comunhão com o bispo e seu presbitério, prestam serviço ao povo de Deus nos ministérios da liturgia, da palavra e da caridade. O diácono pode, na medida em que determinar a autoridade competente, administrar o batismo solene, guardar e distribuir a eucaristia, assistir ao matrimônio e abençoá-lo em nome da Igreja, levar o viático aos moribundos, ler a Sagrada Escritura para os fiéis, instruir e exortar o povo, dirigir o culto e a oração, administrar os sacramentais e presidir a encomendação dos mortos e o enterro.[*] Ao se dedicarem aos deveres da caridade e da administração, lembrem-se os diáconos da advertência de são Policarpo:

---

[74] *Constitutiones Ecclesiae aegyptiacae* III, 2: ed. Funk, *Didascalia*, II, p. 103; *Statuta Ecclesiae Antiquae*, 27-41: Mansi 3, 954.

[*] Os mesmos ofícios aqui enumerados podem ser exercidos pelos diáconos que não são permanentes e hão de ser ordenados, a seu tempo, sacerdotes, cf. *Risposta della PC*, de 26.3.1968: *AAS* 60 (1968) p. 263. Note-se porém que o diácono só pode dar as bênçãos e administrar os sacramentais expressamente previstos no Direito, como lhe sendo concedidos; cf. *Risposta della PC*, 13.11.74: *AAS* 66 (1974) p. 667 (N. do E.).

"Sejam misericordiosos, prestativos e fiéis à verdade do Senhor, que se fez servidor de todos."[75]

O exercício dessas funções, extremamente importantes para a vida da Igreja, encontra hoje as maiores dificuldades no quadro disciplinar da Igreja latina, em inúmeras regiões. Deve-se pois encarar, num futuro próximo, a introdução do diaconato como grau específico e permanente da hierarquia. As diversas conferências episcopais, com aprovação do papa, decidirão se, onde e como convém, para o bem dos fiéis, a instituição de um diaconato permanente. O papa concorda com que sejam ordenados diáconos homens de uma certa idade, já casados, ou jovens capazes, que ficam obrigados a observar a lei do celibato.

Capítulo IV

Os leigos

30. Os leigos na Igreja

30. Depois de falar das funções da hierarquia, o Concílio se volta alegremente para os fiéis, os leigos. Tudo que foi dito do povo de Deus aplica-se igualmente aos clérigos, religiosos e leigos. Os leigos, porém, homens e mulheres, em virtude de sua condição e missão, têm algo de especial, cujo fundamento deve ser melhor examinado nas circunstâncias particulares do mundo em que vivemos. Os pastores sabem quanto os leigos contribuem para o bem de toda a Igreja. Sabem que não foram constituídos por Cristo para assumirem sozinhos a missão salvadora da Igreja em relação ao mundo. É sumamente importante que, no exercício de sua função, contem com o apoio dos leigos e com os seus carismas, permitindo que todos colaborem a seu modo na execução do trabalho comum. É preciso que "vivendo no amor autêntico, cresçamos sob todos os aspectos em direção a Cristo, que é a cabeça. Ele organiza e dá coesão ao corpo inteiro, através de uma rede de articulações, que são os membros, cada um com sua atividade própria, para que o corpo cresça e se construa a si próprio no amor" (Ef 4, 15-16).

31. O papel dos leigos

31. Denominam-se leigos todos os fiéis que não pertencem às ordens sagradas, nem são religiosos reconhecidos pela Igreja. São, pois, os fiéis ba-

---

[75] S. Policarpo, *Ad. Phil.*, 5, 2: ed. Funk I, p. 300: "Cristo, se diz, fez-se o diácono de todos". - Cf. *Didachè* 15, 1: ed. Funk I, p. 32. - S.Inácio de Antioquia, *Trall.*, 2, 3: ed. Funk I, p. 242. - *Constitutiones Apostolorum*, 8, 28, 4: ed. Funk, *Didascalia*, I, p. 530.

tizados, incorporados a Cristo, membros do povo de Deus, participantes da função sacerdotal, profética e régia de Cristo, que tomam parte no cumprimento da missão de todo o povo cristão, na Igreja e no mundo.

363   O caráter secular caracteriza os leigos. Os membros das sagradas ordens, apesar de exercerem às vezes funções seculares ou de se ocuparem de coisas seculares, estão orientados para o ministério sagrado, em virtude de uma vocação especial. Os religiosos, por sua vida, testemunham de maneira clara e magnífica a transfiguração do mundo oferecido a Deus numa vida inspirada nas bem-aventuranças. A vocação própria dos leigos é administrar e ordenar as coisas temporais, em busca do reino de Deus. Vivem, pois, no mundo, isto é, em todas as profissões e trabalhos, nas condições comuns da vida familiar e social, que constituem a trama da existência. São aí chamados por Deus, como leigos, a viver segundo o espírito do Evangelho, como fermento de santificação no seio do mundo, brilhando em sua própria vida pelo testemunho da fé, da esperança e do amor, de maneira a manifestar Cristo a todos os homens. Compete-lhes pois, de modo especial, iluminar e organizar as coisas temporais a que estão vinculados, para que elas se orientem por Cristo e se desenvolvam em louvor do criador e do redentor.

32. Dignidade dos leigos no povo de Deus

364   32. A santa Igreja foi instituída por Deus com uma grande variedade de categorias e funções. "Num só corpo há muitos membros e esses membros não têm todos a mesma função. O mesmo acontece conosco: embora sendo muitos, formamos um só corpo em Cristo, e, cada um por sua vez, é membro dos outros" (Rm 12, 4).

365   O povo de Deus é uno: "um só Senhor, uma fé, um só batismo" (Ef 4, 5). A dignidade dos membros é a mesma, em virtude da regeneração em Cristo. A graça filial e a vocação à perfeição são também as mesmas. Uma a salvação, uma a esperança, uma e indivisível a caridade. Não há, portanto, em Cristo e não deve haver na Igreja nenhuma diferença de raça ou nação, de condição social ou de sexo: "Não há mais diferença entre judeu e grego, entre escravo e homem livre, entre homem e mulher, pois todos vocês são um só em Cristo Jesus" (Gl 3, 28; cf. Cl 3, 11).

366   Na Igreja, embora nem todos sigam pelo mesmo caminho, são todos chamados à santidade e herdeiros da mesma fé, segundo a justiça de Deus (cf. 2Pd 1, 1). Todos são iguais em dignidade. A ação de todos os fiéis em vista da edificação do corpo de Cristo é comum a todos. No entanto, em benefício do conjunto, o próprio Cristo constitui alguns como doutores, pastores e dispensadores dos mistérios de Deus. A distinção estabelecida pelo Senhor

entre os ministros sagrados e os outros membros do povo de Deus exige a união, pois vincula uns aos outros, pastores e fiéis. Os pastores devem se colocar a serviço uns dos outros e dos fiéis, à imitação do Senhor. Os fiéis, por sua vez, devem colaborar alegremente com os pastores e doutores. Na própria diversidade, todos dão testemunho da admirável unidade do corpo de Cristo. A variedade das graças, dos ministérios e das atividades congrega os filhos de Deus na unidade, pois "é sempre o mesmo e único Espírito que tudo opera" (1Cor 12, 11).

Cristo, Senhor de todas as coisas, veio para servir e não para ser servido 367 (cf. Mt 20, 28). Os leigos o têm pois como irmão, graças à misericórdia divina. São também irmãos dos que estão encarregados do ministério sagrado. É pela autoridade de Cristo que apascentam a família de Deus, ensinando, santificando e dirigindo-a, para que seja cumprido por todos o novo mandamento da caridade. Agostinho o diz com rara felicidade: "Assusta-me ser de vocês, consola-me estar com vocês. Sou de vocês como bispo, estou com vocês como cristão. Bispo é nome de função; cristão, o nome da graça. Um representa perigo, o outro, salvação".[1]

33. O apostolado dos leigos

33. Formando o povo de Deus, os leigos constituem um só corpo de Cristo, 368 que é a cabeça. Por vontade do criador e pela graça recebida do redentor, todos, como membros vivos, são chamados a contribuir com o melhor de suas forças para o crescimento e contínua santificação da Igreja.

O apostolado dos leigos é participação na missão salvadora da Igreja. 369 Todos estão qualificados pelo Senhor ao exercício desse apostolado, através do batismo e da confirmação. A alma desse apostolado é a caridade para com Deus e para com os homens, alimentada e comunicada pelos sacramentos, especialmente pela eucaristia. Os leigos são especialmente chamados a tornar a Igreja presente e ativa nos lugares e nas circunstâncias onde somente por eles pode atuar o sal da terra.[2] Através dos dons recebidos, todo leigo é, ao mesmo tempo, testemunha e instrumento da própria missão da Igreja, "segundo a medida do dom de Cristo" (Ef 4, 7).

Além desse apostolado, comum a todos os fiéis, os leigos podem ainda 370 ser chamados de diversos modos, a cooperar de maneira mais imediata com o

---

[1] S.Agostinho, *Serm.* 340, 1: PL 38, 1483.
[2] Cf. Pio XI, enc. *Quadragesimo anno*, 15.05.31: *AAS* 23 (1931) p. 221s. - Pio XII, aloc. *De quelle consolation*, 14.10.1951: *AAS* 43 (1951) p. 790s.

apostolado da hierarquia,[3] a exemplo dos homens e mulheres que, trabalhando muito no Senhor, ajudaram o apóstolo Paulo na evangelização (cf. Fl 4, 3; Rm 16, 3ss). Podem ser chamados, finalmente, pela hierarquia, a assumir certas funções eclesiásticas, que visam diretamente a fins espirituais.

371   Numa palavra, os leigos devem colaborar na grande obra de fazer chegar a todos os homens, de todos os tempos e latitudes, o conhecimento do desígnio salvador de Deus. Deve-se pois abrir caminho para que participem com afinco, segundo sua capacidade e de acordo com as exigências das circunstâncias, da tarefa salvadora da Igreja.

34. O sacerdócio espiritual dos leigos

372   34. Jesus Cristo, sacerdote supremo e eterno, quer continuar seu testemunho e seu serviço através dos leigos. Por isso os anima constantemente com seu Espírito e os induz a tudo que é bom e perfeito.

373   Quis então que todos aqueles que tão intimamente associou à sua vida e missão participassem também de sua função sacerdotal, num culto espiritual, para a glória de Deus e a salvação do gênero humano. Por isso, os leigos, como consagrados a Cristo e ungidos pelo Espírito Santo, são chamados e dotados de tudo que é preciso para que o mesmo Espírito produza neles frutos cada vez mais abundantes.

Realizando no Espírito Santo todas as suas obras, orações, iniciativas apostólicas, vida conjugal e familiar, trabalho cotidiano, descanso espiritual e corporal, ou mesmo suportando os aborrecimentos da vida com paciência, tornam-se os leigos hóstias espirituais, agradáveis a Deus por Jesus Cristo (cf. 1Pd 2, 5), apresentadas piedosamente ao Pai, na eucaristia, com o oferecimento do corpo do Senhor. Agindo em toda parte como adoradores de Deus, os leigos consagram o mundo a Deus.

35. Vocação profética dos leigos

374   35. Cristo, como grande profeta, proclamou o reino do Pai pelo testemunho de sua vida e pela força de sua palavra. Continua a cumprir sua função profética até a plena manifestação da glória, não só pela hierarquia, que ensina em seu nome e poder, mas também pelos leigos, que estabeleceu como testemunhas e instrui com o senso da fé e a graça da palavra (cf. At 2, 17s; Ap 19, 10), para que a força do Evangelho brilhe na vida social e familiar de todo dia. Os leigos comportam-se como filhos da promessa quando, fortes

---

[3] Cf. Pio XII, aloc. *Six ans se sont écoulés*, 5.10.1957: *AAS* 49 (1957) p. 927.

na fé e na esperança, resgatam o momento presente (cf. Ef 5, 16; Cl 4, 5) e aspiram com paciência pela glória futura (cf. Rm 8, 25). Não escondem essa esperança no interior do coração, mas a tornam manifesta até mesmo nas estruturas sociais, pela vida que levam e pela luta "contra os dominadores deste mundo de trevas e contra os espíritos do mal" (Ef 6, 12).

Os sacramentos da nova lei, que alimentam a vida e o apostolado dos fiéis, 375 prefiguram o novo céu e a nova terra (cf. Ap 21, 1). Da mesma forma, os leigos anunciam a fé nos bens que se esperam (cf. Hb 11, 1), quando unem, de maneira inseparável, a vida e a profissão de fé. Esta evangelização, o anúncio de Cristo pelo testemunho de vida que acompanha a manifestação da palavra, adquire uma eficácia especial e específica, pelo fato de se fazer nas condições comuns da vida no mundo.

A vida matrimonial e familiar, santificada pelo sacramento, tem um valor 376 particular: é exercício e principal escola do apostolado leigo, enquanto a religião cristã nela praticada penetra toda a vida e a vai progressivamente transformando. Na família, os cônjuges são especialmente chamados a serem testemunhas da fé e do amor entre si e em relação aos filhos. A família cristã é chamada a proclamar, ao mesmo tempo, a força atual do reino de Deus e a esperança da vida eterna. Por seu testemunho e exemplo, denuncia o pecado do mundo e ilumina os que buscam a verdade.

Por conseguinte, os leigos podem e devem exercer uma ação valiosa para a 377 evangelização do mundo, ocupando-se das coisas temporais. Na falta, porém, de ministros ou em regime de perseguição, podem ser chamados a suprir certas funções. Somente alguns se dedicam exclusivamente ao apostolado, mas todos devem contribuir para o aumento e o crescimento do reino de Cristo. Que todos pois se empenhem em aprofundar o conhecimento da verdade revelada e peçam com insistência a Deus o dom da sabedoria.

36. O reino de Cristo e os leigos

36.   Cristo entrou na glória do reino fazendo-se obediente até a morte e 378 sendo, por isso, exaltado pelo Pai (cf. Fl 2, 8s). Tudo lhe foi submetido, até que ele mesmo submeta ao Pai todas as coisas criadas, para que Deus seja tudo em todos (cf. 1Cor 15, 27s). Comunicou aos discípulos este seu poder para que tenham uma liberdade de reis e vençam em si mesmos o domínio do pecado, pela abnegação de si mesmos e por uma vida de santidade (cf. Rm 6, 12). Mas além disso, para que, servindo a Cristo nos outros, os discípulos encaminhem seus irmãos, pela humildade e pela paciência, ao rei, a quem servir é reinar. O Senhor deseja que também os leigos contribuam para o au-

mento de seu "reino de verdade e de vida, de santidade e de graça, de justiça, de amor e de paz",[4] em que a criatura é libertada da escravidão da morte, para a liberdade dos filhos de Deus (cf. Rm 8, 21). A promessa é grande, como é grande o mandamento dado aos discípulos: "Tudo é de vocês, mas vocês são de Cristo e Cristo é de Deus" (1Cor 3, 22-23).

379   Os fiéis devem, pois, reconhecer a natureza, o valor e a destinação ao louvor de Deus de todas as criaturas, devem também ajudar-se uns aos outros em vista de uma vida mais santa, inclusive nos trabalhos desse mundo, para imbuí-lo do espírito de Cristo e fazer com que alcance de maneira mais profunda sua finalidade, na justiça, na caridade e na paz. No cumprimento desta tarefa, os leigos desempenham o papel principal. Sua competência nas disciplinas e atividades profanas, interiormente elevada pela graça de Cristo, confere especial validade a seu trabalho. Desenvolvem-se assim os bens criados, de acordo com a disposição do Criador e sob a iluminação do Verbo, através do trabalho humano, da técnica e da cultura. Estes mesmos bens criados se tornam úteis a todos, são melhor distribuídos e contribuem para o progresso universal, na liberdade humana e cristã. Cristo iluminará assim cada vez mais a sociedade, com sua luz salutar, por intermédio dos membros da Igreja.

380   Unidos, os leigos devem procurar corrigir as condições de vida e as instituições do mundo que induzem ao pecado, para que se conformem com as normas da justiça e contribuam para a prática do bem, em lugar de dificultá-la. Agindo assim conferem à cultura e às atividades humanas um valor moral. Preparam o campo do mundo para melhor receber a semente da palavra divina e abrem as portas à Igreja, para que atue como anunciadora da paz.

381   Em benefício da própria salvação, os fiéis devem cuidadosamente aprender a distinguir entre seus direitos e deveres, como membros da Igreja e o que lhes compete como membros da sociedade humana. Procurem harmonizar esses dois aspectos de sua vida, lembrando-se de que em todas as circunstâncias temporais precisam se deixar inspirar pela consciência cristã, pois nada foge ao domínio de Deus. Nos dias de hoje, é muito importante que se evidenciem no modo de agir dos fiéis tanto essa distinção quanto a harmonia, para que a Igreja, no cumprimento de sua missão, corresponda às necessidades do mundo atual. Assim como se reconhece que a sociedade terrena, voltada para o cuidado das coisas temporais, é regida por princípios próprios, deve-se rejeitar

---

[4] *Missal romano*, prefácio da festa de Cristo Rei.

a doutrina infausta, que pretende construir a sociedade sem levar em conta a religião e que combate e destrói a liberdade religiosa dos cidadãos.[5]

37. Os leigos e a hierarquia

37. Como todos os fiéis, os leigos têm o direito de receber generosamente dos pastores sagrados os bens espirituais da Igreja, em particular os auxílios da palavra de Deus e dos sacramentos.[6] Que a eles tenham, pois, acesso segundo suas necessidades e desejos, com a liberdade e a confiança que convêm aos filhos de Deus e irmãos em Cristo. De acordo com o saber, a competência e o lugar que ocupam na sociedade, têm o direito e às vezes até o dever de dar a sua opinião no que diz respeito ao bem da Igreja.[7] Que isto seja feito, se possível, pelas instituições estabelecidas pela Igreja, sempre, porém, na verdade, com coragem e prudência, com reverência e caridade para com aqueles que agem em nome de Cristo, em virtude do ministério sagrado.

Como todos os fiéis, os leigos devem obedecer cristã e prontamente a tudo que os pastores sagrados, representantes de Cristo, estabelecem como mestres e dirigentes da Igreja, seguindo assim o exemplo de Cristo que, por sua obediência até a morte, abriu o caminho da liberdade dos filhos de Deus a todos os homens. Não esqueçam de recomendar a Deus os seus superiores, a fim de que os que devem vigiar sobre as nossas almas para dar contas a Deus façam-no com alegria e não na aflição (cf. Hb 13, 17).

Os pastores, por sua vez, reconheçam e promovam a dignidade e a responsabilidade dos leigos na Igreja. Recorram com alegria a seus prudentes conselhos. Confiem-lhes serviços para o bem da Igreja, deixando-lhes espaço e liberdade para agir. Mais do que isso, estimulem-nos a tomarem iniciativa. Considerem com amor paterno e grande atenção em Cristo as iniciativas dos fiéis, suas expectativas e seus desejos.[8] Numa palavra, reconheçam realmente a liberdade a que todos têm direito aqui na terra.

Muitos benefícios advirão à Igreja em virtude dessa relação familiar entre leigos e pastores. Aumenta nos leigos o sentido da responsabilidade e a disposição de trabalhar, que os leva a se associarem com maior facilidade às tarefas

382

383

384

385

---

[5] Cf. Leão XIII, enc. *Imortale Dei*, 1.11.1885: *ASS* 18 (1885), p. 166ss. Idem, enc. *Sapientiae Christianae*, 10.1.1890: *ASS* 22 (1889-1890), p. 397ss. Pio XII, aloc. *Alla vostra filiale*, 23.3.1958: *AAS* 50 (1958) p. 220: "a laicidade legítima e sadia do Estado".
[6] Cf. *Cód. Dir. Can.* c.682.
[7] Cf. Pio XII, aloc. *De quelle consolation*, l.c., p. 789: "Nas batalhas decisivas, as iniciativas mais felizes partem às vezes do front". Idem, aloc. *L'importance de la presse catholique*, 17.2.50: *AAS* 42 (1950), p. 256.
[8] Cf. 1Ts 5, 19 e 1Jo 4, 1.

dos pastores. Estes, por sua vez, ajudados pela experiência dos leigos, julgarão com maior precisão e aptidão tanto as coisas espirituais como as temporais, de maneira que a Igreja, na sua totalidade, com a colaboração de todos os seus membros, cumprirá melhor sua missão, para a vida do mundo.

38. Os leigos e o mundo

386   38. Todo leigo é chamado a ser testemunha da ressurreição e da vida do Senhor Jesus, sinal de Deus vivo, diante do mundo. Todos e cada um em particular são chamados a alimentar o mundo com os frutos espirituais (cf. Gl 5, 22), nele derramando o espírito que anima os pobres, os mansos e os pacíficos, proclamados bem-aventurados pelo Senhor, no Evangelho (cf. Mt 5, 3-9).

Em síntese, "o que a alma é para o corpo, são os cristãos para o mundo".[9]

Capítulo V

A vocação universal à santidade na Igreja

39. A santidade na Igreja

387   39. O Concílio, ao expor o mistério da Igreja, crê na sua indefectível santidade. De fato, Cristo, filho de Deus, celebrado como "único santo",[1] amou sua Igreja como esposa, entregou-se por ela para torná-la santa (cf. Ef 5, 25-26), uniu-se a ela como a seu corpo e a santificou, com o dom do Espírito, para a glória de Deus. Todos pois, na Igreja, quer pertençam à hierarquia ou sejam por ela conduzidos, são chamados à santidade, conforme a palavra do Apóstolo: "A vontade de Deus é que sejam santos" (1Ts 4, 3; cf. Ef 1, 4). A santidade da Igreja se manifesta de direito e de fato nos muitos e variados frutos da graça, que o Espírito faz brotar nos fiéis, quando tendem para a perfeição do amor em suas vidas. A santidade da Igreja se manifesta de maneira especial na prática dos conselhos chamados evangélicos, assumidos particular ou publicamente por muitos fiéis, sob a moção do Espírito, os quais dão ao mundo testemunho e exemplo de santidade.

---

[9] *Epist. ad Diognetum*, 6: ed. Funk I, p. 400. Cf. S. João Crisóstomo, *In Mit.*, Hom. 46 (47): *PG* 58, 478, sobre o fermento na massa.
[1] *Missal Romano*, Glória. Cf. Lc 1, 35; Mc 1, 24: Lc 4, 34; Jo 6, 69 (ho hágios tou theou); At 3, 14; 4, 27 e 30; Hb 7, 26; 1Jo 2, 20; Ap 3, 7.

40. A vocação universal à santidade

40. O Senhor Jesus é mestre e exemplo de toda perfeição. Autor e realizador da santidade, ele mesmo manifestou suas exigências a todos e a cada um dos discípulos: "Sejam perfeitos como é perfeito seu Pai, que está nos céus" (Mt 5, 48).² Enviou igualmente a todos o Espírito Santo, para movê-los interiormente ao amor de Deus de todo o seu coração, com toda a sua alma, com todo o seu entendimento e com toda a sua força (cf. Mc 12, 30) e para que se amem uns aos outros, como Cristo os amou (cf. Jo 13, 34; 15, 12). Os seguidores de Cristo são santificados por Deus, não por suas obras, mas de acordo com o propósito e a graça daquele que os chamou e justificou no Senhor Jesus, tornando-os, pelo batismo da fé, verdadeiros filhos de Deus e participantes da natureza divina. Devem, pois, manter e aperfeiçoar na vida a santidade que lhes é dada por Deus. O apóstolo Paulo lhes recomenda que vivam "como convém aos santos" (Ef 5, 3): "como escolhidos de Deus, santos e amados, vistam-se de sentimentos de compaixão, bondade, humildade, mansidão e paciência" (Cl 3, 12), trazendo os santos frutos do Espírito (cf. Gl 5, 22; Rm 6, 22). Como, porém, todos estamos sujeitos a muitas falhas (cf. Tg 3, 2) e precisamos a todo momento da misericórdia divina, devemos pedir diariamente "que nos perdoe as nossas ofensas (Mt 6, 12).³ **388**

Fique bem claro que todos os fiéis, qualquer que seja sua posição na Igreja ou na sociedade, são chamados à plenitude da vida cristã e à perfeição da caridade.⁴ A santidade promove uma crescente humanização. Que todos pois se esforcem, na medida do dom de Cristo, para seguir seus passos, tornando-se conformes à sua imagem, obedecendo em tudo à vontade do Pai, consagrando-se de coração à glória de Deus e ao serviço do próximo. A história da Igreja mostra como a vida dos santos foi fecunda, manifestando abundantes frutos da santidade no povo de Deus. **389**

41. As várias formas da mesma e única santidade

41. Nas diversas profissões e formas de vida, a santidade é sempre a mesma. Todos são movidos pelo Espírito de Deus. Obedecendo à voz do Pai, adoram-no em espírito e verdade e seguem a Cristo pobre, humilde e portador **390**

---

². Cf. Orígenes, *Comm. Rom.* 7, 7: *PG* 14, 1122B. - Pseudo Macário, *De oratione*, 11: *PG* 34, 861AB. - S.Tomás de Aquino, *Summa Theol.*, II-II, 184, 3.
³ Cf. S. Agostinho, *Retract.*, II, 18: *PL* 32, 637s.- Pio XII, enc. *Mystici corporis*, 29.6.1943: *AAS* 35 (1943), p. 225.
⁴ Cf. Pio XI, enc. *Rerum omnium*, 26.1.1923: *AAS* 15 (1923) p. 50 e 59-60. enc. *Casti connubii*, 31.12.1930: *AAS* 22 (1030), p. 548. Pio XII, const. apost. *Provida mater*, 2.2.1947: *AAS* 39 (1947), p. 117. aloc. *Annus sacer*, 8.12.1950: AAS 43 (1951), pp. 27-29. aloc. *Nel darvi*, 1.07.1956: *AAS* 48 (1956), p. 574.

de sua cruz, para merecer participar de sua glória. De acordo com seus próprios dons e capacidades, cada um deve marchar firmemente pelo caminho da fé viva, que desperta a esperança e atua por amor.

391 Em primeiro lugar, vêm os pastores do rebanho de Cristo. Eles devem desempenhar o seu ministério santa e alegremente, humilde e corajosamente, a exemplo do sacerdote supremo e eterno, bispo e pastor de nossas almas. Dessa forma, também o ministério é para eles magnífico instrumento de santificação. Os que são chamados à plenitude do sacerdócio recebem a graça sacramental para cumprir com perfeição o exercício da caridade pastoral [5] orando, celebrando o sacrifício, pregando ou praticando qualquer outra forma de cura e de serviço episcopal. Não hesitem em dar sua vida por suas ovelhas e, como modelos do rebanho (cf. 1Pd 5, 3), façam crescer cada dia, pelo seu exemplo, a santidade da Igreja.

392 Os sacerdotes imitem os bispos, dos quais são o complemento espiritual[6] e de cuja função participam pela graça de Cristo, eterno e único mediador. No exercício cotidiano de sua função, cresçam no amor de Deus e do próximo. Observando os laços da comunhão sacerdotal, participem de todos os bens espirituais e dêem testemunho vivo de Deus,[7] como tantos sacerdotes de todas as épocas, que deixaram exemplos de exímia santidade no exercício de um ministério humilde e abnegado. A Igreja os exalta. Orando e oferecendo o sacrifício por sua gente e pelo povo de Deus, conscientes do que fazem e imitando o que tratam,[8] superam os perigos e as dificuldades dos trabalhos apostólicos, que se tornam, para eles, via de acesso a uma santidade cada vez maior. Alimentam sua ação com a abundância da contemplação, para o conforto de toda a Igreja de Deus. Em virtude de sua ordenação os sacerdotes, especialmente os diocesanos, tenham sempre presente o quanto contribui para sua santidade manterem-se fielmente unidos ao bispo, num espírito generoso de cooperação.

393 Os ministros das ordens inferiores participam a seu modo da missão e da graça do sumo sacerdote. Em primeiro lugar, os diáconos. Sirvam os mistérios de Cristo e da Igreja[9] conservando-se puros de todos os vícios, agradando a Deus e praticando o bem diante dos homens (cf. 1Tm 3, 8-10.12-13). Os clérigos, chamados pelo Senhor e considerados sua parte, preparem-se para

---

[5] Cf. S. Tomás de Aquino, *Summa Theol.*, I-II, 184, 5-6. Idem, *De perf. vitae spir.*, c. 18. Orígenes, *In Is.*, Homilia 6, 1: PG 13, 239.
[6] Cf. S. Inácio de Antioquia, *Magn.*, 13, 1: ed. Funk, I, p. 241.
[7.] Cf. Pio X, exort. *Haerent animo*, 4.8.1908: *AAS* 41 (1908), p. 560s. *Cód. Dir. Can.*, c. 124. Pio XI, enc. *Ad catholici sacerdotii*, 20.12.1935: *AAS* 28 (1936), p. 22.
[8.] Cf.*Pontificale romanum*, De ordinatione Presbyterorum, exortação inicial.
[9.] Cf. S. Inácio de Antioquia, *Trall.*, 2, 3: ed. Funk I, p. 244.

as funções de ministros sob a vigilância dos pastores, procurem conformar suas mentes e seus corações às exigências de sua vocação. Sejam assíduos na oração, fervorosos no amor, pensando sempre no que é verdadeiro, justo e digno, tudo fazendo para a glória e honra de Deus. O mesmo vale para os leigos escolhidos por Deus e chamados pelo bispo para se dedicarem inteiramente aos trabalhos apostólicos e cultivar com frutos o campo do Senhor.[10]

Esposos e esposas, pais e mães cristãos, seguindo o caminho que lhes **394** é próprio, sustentem-se reciprocamente com amor e fidelidade, aceitando amorosamente os filhos e educando-os na doutrina e nas virtudes cristãs. Dêem assim a todos exemplo de um amor incansável e generoso. Construam a fraternidade na caridade, como testemunhas e cooperadores da fecundidade da Igreja mãe, que Cristo amou como esposa e por quem se entregou.[11] O mesmo exemplo é dado a seu modo pelas viúvas e pelos solteiros que podem contribuir grandemente para a santidade e para a atuação da Igreja. Todos devem se aperfeiçoar através do seu trabalho. Ajudem seus concidadãos e procurem promover o bem da sociedade e de toda a criação. Sigam assim a Cristo, que também trabalhou e atuou em vista da salvação de todos, sempre unido ao Pai. Imitem esse amor, alegrando-se na esperança e levando os fardos uns dos outros, sabendo que o seu trabalho os pode encaminhar para o cume da santidade, inclusive apostólica.

Todos aqueles que são oprimidos pela pobreza, fraqueza, doença ou outras **395** dificuldades, saibam estar unidos especialmente a Cristo, que sofreu para a salvação do mundo. Unam-se também a ele os que sofrem perseguição por causa da justiça e que o Senhor proclama bem-aventurados no Evangelho. "Depois de sofrerem um pouco, Deus, fonte de toda graça, que os chamou em Cristo Jesus para sua glória eterna, os restabelecerá, firmará e fortalecerá" (1 Pd 5, 10).

Numa palavra, todos os fiéis cristãos santificam-se cada dia em sua con- **396** dição de vida, nas circunstâncias concretas em que vivem e no exercício de sua profissão, desde que tudo recebam fielmente das mãos do Pai celestial, cooperem com a vontade divina e manifestem, na prática da vida temporal o mesmo amor com que Deus amou o mundo.

42. Caminhos e meios de santidade

42. "Deus é amor. Quem permanece no amor, permanece em Deus e Deus **397** nele" (1Jo 4, 16). Deus derrama seu amor em nossos corações pelo Espírito

---

[10] Cf. Pio XII, aloc. *Sous la maternelle protection*, 9.12.57: *AAS* 50 (1958) p. 36.
[11] Cf. Pio XI, enc. *Casti connubii*, 31.12.1930: *AAS* 22 (1930) p. 548s. - S. João Crisóstomo, *In Ephes.*, Hom. 20, 2: *PG* 62, 136ss.

Santo, que nos é dado (cf. Rm 5, 5). O dom primordial, pois, e absolutamente necessário é o amor com que amamos Deus sobre todas as coisas e o próximo por causa dele. Mas para que a caridade cresça e frutifique na alma, como boa semente, cada um deve estar pronto para ouvir a palavra de Deus, cumprir a sua vontade, com o auxílio da graça, participar freqüentemente dos sacramentos e do culto, especialmente da eucaristia, entregar-se constantemente à oração, à abnegação de si mesmo, ao serviço fraterno e ao exercício da virtude. O amor é o vínculo da perfeição e a plenitude da lei (Cl 3, 14; Rm 13, 10). Orienta, dá forma e acabamento a todos os outros meios de santificação.[12] Por isso o amor para com Deus e para com o próximo é o sinal do verdadeiro discípulo de Cristo.

398   Jesus, o Filho de Deus, manifestou seu amor dando sua vida por nós. Não há maior amor do que dar a vida por ele e por seus irmãos (cf. 1Jo 3, 16; Jo 15, 13). Desde os primeiros tempos até os dias de hoje, alguns cristãos foram chamados a dar esse testemunho supremo diante de todos, especialmente dos perseguidores. É o martírio, considerado pela Igreja dom supremo e prova máxima de amor, pois, ao aceitar livremente a morte pela salvação do mundo, o discípulo se assemelha ao mestre, igualando-o no derramamento do próprio sangue. Poucos recebem esse dom, mas todos devem estar preparados para confessar a Cristo diante dos homens e segui-lo no caminho da cruz, em meio às perseguições, que nunca faltam à Igreja.

399   A santidade da Igreja se sustenta ainda de modo especial pela observância dos muitos conselhos que o Senhor propôs aos seus discípulos no Evangelho.[13] Em primeiro lugar, o precioso dom da graça divina feito pelo Pai (cf. Mt 19, 11; 1Cor 7, 7) àqueles que na virgindade e no celibato oferecem unicamente a Deus seu coração indiviso (cf. 1Cor 7, 32-34) e a ele se consagram totalmente.[14] A Igreja sempre teve em grande conta esta prática da continência perfeita por causa do reino dos céus, considerando-a sinal e estímulo do amor, fonte espiritual particularmente fecunda para o mundo.

400   A Igreja medita na admoestação do Apóstolo. Estimulando os fiéis ao amor, ele os exorta a terem os mesmos sentimentos de Cristo Jesus, que "se esvaziou a si mesmo, assumiu a condição de servo e se tornou obediente até a

---

[12] Cf. S. Agostinho, *Enchir.*, 121, 32: *PL* 40, 288. - S. Tomás de Aquino, *Summa Theol.*, II-II, 184, 1. - Pio XII, exort. apost. *Menti nostrae*, 23.09.50: *AAS* 42 (1950) p. 660.
[13] Sobre os conselhos, em geral, cf. Orígenes, *Comm. Rom.*, X, 14: PG 14, 1275B. - S. Agostinho, *De S. Virginitate*, 15, 15: *PL* 40, 403. - S. Tomás de Aquino, *Summa Theol.*, I-II, 100, 2 (último parágrafo) e II-II, 44, 4, 3m.
[14] *Sobre o valor da virgindade*, cf. Tertuliano, *Exhort. Cast.*, 10: *PL* 2, 925C. - S. Cipriano, *Hab. Virg.*, 3 e 22: *PL* 4, 443B e 461As. - S. Atanásio, *De Virg.*: *PG* 28, 252ss. - S. João Crisóstomo, *De Virg.*: *PG* 48, 533s.

morte" (Fl 2, 7-8) "fazendo-se pobre por" nossa causa, "apesar de rico" (2Cor 8, 9). É indispensável que a Igreja como mãe dê em todo tempo o testemunho e o exemplo deste amor e desta humildade. Por isso, se alegra de contar em seu seio com homens e mulheres que seguem de perto o Senhor e claramente proclamam o aniquilamento do Salvador, abraçando a pobreza com a liberdade dos filhos de Deus e renunciando às suas próprias vontades. Submetem-se a outros, por causa de Deus, ultrapassando, na perfeição, a medida do preceito, para se tornarem mais próximos da obediência praticada por Cristo.[15]

Todos os fiéis são chamados e obrigados a buscar a perfeição do próprio estado de vida. Cuidem, pois, de manter o coração no caminho reto, para que o uso das coisas terrestres e o apego às riquezas não seja obstáculo ao espírito evangélico de pobreza, nem à busca da perfeição do amor, conforme a admoestação do Apóstolo: Os que usam deste mundo passageiro, a ele não se apeguem (cf. 1Cor 7, 31).[16]

Capítulo VI

Os religiosos

43. Os conselhos evangélicos na Igreja

43. Os conselhos evangélicos de castidade consagrada a Deus, pobreza e obediência são um dom divino, que a Igreja recebeu do Senhor e que conserva sempre por graça dele. Seu fundamento são as palavras e o exemplo do próprio Senhor, assim como a recomendação dos apóstolos, padres e doutores da Igreja. Conduzida pelo Espírito Santo, a autoridade da Igreja os interpreta, estabelece o modo de praticá-los e as formas de vivê-los de maneira estável. Como árvore brotada da semente lançada por Deus, crescida de maneira admirável na variedade de seus ramos, as várias formas de vida solitária ou comum e as diversas famílias religiosas desenvolveram-se, tanto para o proveito de seus membros como de todo o corpo de Cristo.[1] Essas famílias proporcionam a seus membros um apoio estável, um modo de vida mais firme, caminhos já

---

[15] Sobre a pobreza espiritual, cf. Mt 5, 3 e 19, 21; Mc 10, 21; Lc 18, 22. Sobre a obediência a exemplo de Cristo, Jo 4, 34 e 6, 38; Fl 2, 8-10; Hb 10, 5-7. Padres e fundadores de ordens em abundância.

[16] Sobre a prática efetiva dos conselhos que a todos se impõe, cf. S. João Crisóstomo, *In Mt.*, Hom. 7, 7: *PG* 57, 81s. - S.Ambrósio, *De Viduis*, 4, 23: *PL* 16, 241s.

[1] Cf. Rosweydus, *Vitae patrum*, Antuérpia, 1628. *Apophtegmata Patrum*: *PG* 65. Paládio, História Lausíaca: PG 34, 995ss: ed. C. Butler, Cambridge, 1898 (1904). Pio XI, Const. Apost. *Umbratilem*, 8.7.1924: *AAS* 16 (1924) pp. 386-387. - Pio XII, aloc. *Nous sommes heureux*, 11.4.1958: *AAS* 50 (1958) p. 283.

bastante experimentados para a busca da perfeição, participação fraterna na milícia de Cristo e consolidação da liberdade na obediência, de modo que possam fazer com segurança sua profissão religiosa, observá-la fielmente e trilhar, cheios de alegria, as vias do amor.[2]

403   Pela constituição divina e hierárquica da Igreja, esse estado de vida não é intermediário entre a condição dos clérigos e dos leigos. Fiéis de ambas as condições são chamados por Deus a usufruir deste dom peculiar na vida da Igreja e a servir a seu modo a missão salvadora que lhes compete.[3]

44. Natureza e importância do estado religioso

404   44. O fiel que se obriga a esses três conselhos evangélicos por voto, ou compromisso equivalente, entrega-se inteiramente a Deus amado acima de tudo, ligando-se a ele e a seu serviço de maneira nova e toda especial. Pelo batismo, morreu para o pecado e foi consagrado a Deus. Para obter, porém, frutos mais abundantes desta graça batismal, procura se libertar de todos os impedimentos que possam diminuir o ardor da caridade ou prejudicar a perfeição do culto devido a Deus. Por isso, professa os conselhos evangélicos e se consagra a Deus de maneira mais profunda.[4]

A consagração é tanto mais perfeita quanto mais firme e estável, representando melhor o vínculo indissolúvel que liga Cristo à sua Igreja.

405   Os conselhos evangélicos levam os seus seguidores à prática do amor.[5] Por isso, os une à Igreja e ao seu mistério de modo todo especial. Sua vida espiritual deve estar voltada para o bem de toda a Igreja. Têm o dever de trabalhar para semear e fortalecer nos corações o reino de Cristo e estendê-lo a todo o universo, na medida de suas forças e de acordo com as exigências de sua vocação, pela oração ou pela ação. A Igreja, por sua vez, defende e garante a fisionomia própria de cada instituto religioso.

406   A profissão dos conselhos evangélicos deve ser um sinal que estimule todos os membros da Igreja e os leve a cumprir prontamente as exigências da vocação cristã. O povo de Deus não tem, aqui na terra, morada permanente. Caminha para o reino. A vida religiosa, na medida em que liberta os seus seguidores das preocupações terrenas, proclama a presença, já neste mundo, dos bens celestiais para todos os fiéis, dá testemunho da vida nova e eterna,

---

[2] Cf. Paulo VI, aloc. *Magno gaudio*, 23.5.64: *AAS* 56 (1964), p. 566.
[3] Cf. *CIC* c. 487 e 488, 4º. Pio XII, aloc. *Annus sacer*, 8.12.1950: *AAS* 43 (1951) p. 27s. - Pio XII, const. apost. *Provida Mater*, 2.2.1947: *AAS* 39 (1947) p. 120ss.
[4.] Paulo VI, l.c., p. 567.
[5.] Cf. S. Tomás de Aquino, *Summa Theol.*, II-II, 184, 3 e 188, 2. - S. Boaventura, Opúsc. 11, *Apologia Pauperum*, c. 3, 3: Opera, ed. Quaracchi, t. 8, 1898, p. 245a.

fruto da redenção de Cristo, prenuncia enfim a ressurreição futura e a glória celestial.

A vida religiosa imita e representa para sempre na Igreja, de maneira mais direta, a forma de vida adotada pelo Filho de Deus quando veio ao mundo, cumprindo a vontade do Pai e que ele mesmo propôs aos discípulos que o queriam seguir. Manifesta, de maneira toda especial, as supremas exigências do reino de Deus, que está acima de todas as coisas terrestres. Demonstra enfim, a todos os homens, a força superior do reino de Cristo e o poder infinito do Espírito Santo, que atua admiravelmente na Igreja.

O estado de vida que consiste na profissão dos conselhos evangélicos, embora não integre a estrutura hierárquica da Igreja, faz parte, indubitavelmente, de sua vida e de sua santidade. **407**

45. A autoridade da Igreja e a vida religiosa

45. O papel da hierarquia eclesiástica é conduzir o povo de Deus e levá-lo **408**
às mais ricas pastagens (cf. Ex 34, 14). Compete-lhe estabelecer com sabedoria as leis que regem a prática dos conselhos evangélicos, em vista da perfeição do amor para com Deus e para com o próximo.[6] Seguindo com docilidade os impulsos do Espírito Santo, a Igreja acolhe as regras estabelecidas por homens e mulheres ilustres, reconhecendo-lhes a autenticidade e conferindo-lhes sua aprovação. Exerce vigilância e dá proteção aos institutos criados para a edificação do corpo de Cristo, para que cresçam e floresçam de acordo com o espírito de seus respectivos fundadores.

Para corresponder às necessidades do rebanho do Senhor no seu conjunto, **409**
os institutos de perfeição e cada um de seus membros podem se tornar isentos da jurisdição local e se submeterem única e diretamente ao soberano pontífice, que assim o decide em virtude do seu primado universal e em função da utilidade comum.[7] Podem também ser deixados ou confiados à autoridade de seus respectivos patriarcas. Seus membros, entretanto, no cumprimento de seus deveres específicos em relação à Igreja, devem prestar a seus respectivos bispos reverência e obediência de acordo com as leis canônicas, tanto por sua autoridade pastoral nas Igrejas particulares, como pela unidade e harmonia indispensáveis ao trabalho apostólico.[8]

---

[6] Cf. Conc. Vat. I, esquema *De Ecclesia Christi*, c. XV e nota 48: Mansi, 51, 549s. e 619s.
- Leão XIII, Carta *Au milieu des consolations*, 23.12.1900: *ASS* 33 (1900-1901) p. 361.
- Pio XII, const. apost. *Provida Mater*, l.c., p. 114s.
[7] Cf. Leão XIII, const. *Romanos Pontífices*, 8.5.1881: *ASS* 13 (1880-1881) p. 483. - Pio XII, aloc. *Annus sacer*, 8.9.1950: *AAS* 43 (1951) p. 28s.
[8] Cf. Pio XII, aloc. *Annus sacer*, 1. c., p.28. Pio XII, const. apost. *Sede sapientiae*, 31.05.1956: *AAS* 48 (1956) p. 355. - Paulo VI, aloc. *Magno gaudio*, 23.5.1964: *AAS* 56 (1964) pp. 570s.

410 Além de considerar a profissão religiosa como ingresso num estado de vida canonicamente reconhecido, a Igreja a estabelece como um estado de consagração a Deus, por intermédio de uma celebração litúrgica. Em virtude da autoridade divina que lhe foi confiada, a Igreja recebe os votos dos que os professam, intercede por eles numa oração pública, pedindo os auxílios e a graça de que precisam, recomenda-os a Deus e lhes dá a bênção espiritual, associando-os ao sacrifício eucarístico.

46. A consagração religiosa

411 46. Os religiosos devem considerar atentamente que por seu intermédio a Igreja quer mostrar melhor o Cristo, tanto aos fiéis como aos não-cristãos. Às vezes, entregue à contemplação na montanha, outras, anunciando o reino de Deus em meio às multidões. Às vezes curando os doentes e os feridos, outras, convertendo os pecadores a uma vida melhor. Abençoando as crianças e fazendo o bem a todos. Numa palavra, cumprindo a vontade do Pai, que o enviou na obediência.[9]

412 Tenham presente que a profissão dos conselhos evangélicos, embora comporte a renúncia a bens extremamente valiosos, não se opõe, mas, pelo contrário, favorece o pleno desabrochamento da pessoa. Os conselhos, livremente seguidos segundo a vocação pessoal de cada um, contribuem enormemente para a purificação do coração e para a libertação espiritual, despertam o fervor do amor e levam o cristão a se aproximar ao máximo da vida virginal e pobre que o Cristo Senhor escolheu, que sua mãe abraçou e que está comprovada pela vida de tantos santos fundadores. Ninguém pense que a consagração torna os religiosos pessoas alienadas ou inúteis à sociedade. Mesmo quando não estão diretamente presentes entre seus contemporâneos, continuam unidos a eles no amor de Cristo, cooperando espiritualmente na construção da cidade terrena, que tem seu fundamento no Senhor e deve ser por ele dirigida, para que não trabalhem em vão os que edificam.[10]

413 O Concílio aprova e louva os homens e as mulheres, irmãos e irmãs, que nos mosteiros e nas escolas, nos hospitais e nas missões, são o ornamento da esposa de Cristo pela sua consagração, sua constância e sua humildade, prestando os mais diversos e generosos serviços a todos.

---

[9] Cf. Pio XII, enc. *Mystici corporis*, 29.6.1943: *AAS* 35 (1943) p. 214s.
[10] Cf. Pio XII, aloc. *Annus sacer*, 1. c., p. 30, aloc. *Sous la maternelle protection*, 9.12.1957: AAS 50 (1958) p. 39s.

47. Exortação à perseverança

47. Cada um daqueles que foi chamado à profissão dos conselhos procure permanecer na vocação que recebeu de Deus, vivendo-a de maneira cada vez mais perfeita, em vista da santidade da Igreja e da maior glória da Trindade una e indivisa, que é fonte e origem de toda santidade, em Cristo e por Cristo. **414**

Capítulo VII

A natureza escatológica da Igreja peregrina e sua união com a Igreja do céu

48. Nossa vocação escatológica

48. Em Cristo Jesus somos todos chamados a pertencer à Igreja e, pela graça de Deus, a alcançar a santidade. Mas a Igreja só chegará à perfeição na glória celeste, juntamente com o gênero humano, com o qual está intimamente unida e através do qual alcança o seu fim, quando vier o tempo da restauração de todas as coisas (cf. At 3, 21) e o mundo chegar à plenitude em Cristo. (cf. Ef 1, 10; Cl 1, 20; 2Pd 3, 10-13). **415**

Levantado da terra, Cristo atraiu tudo a si (cf. Jo 12, 32). Ressuscitando dos mortos (cf. Rm 6, 9), derramou nos discípulos seu Espírito vivificador, fazendo de seu corpo, a Igreja, sacramento universal da salvação. Sentado à direita do Pai, opera continuamente no mundo, conduzindo os homens à Igreja para mantê-los unidos mais intimamente a si mesmo, alimentá-los com seu próprio corpo e sangue e torná-los participantes de sua vida gloriosa. A renovação prometida que esperamos já começou em Cristo. Continua na missão do Espírito Santo e, por seu intermédio, na Igreja em que apreendemos, na fé, o sentido de nossa vida temporal, nos fixamos na esperança dos bens futuros, construímos a obra que nos foi confiada pelo Pai neste mundo, alcançando nosso fim e realizando nossa salvação (Fl 2, 12). **416**

O fim dos tempos já chegou (cf. 1Cor 10, 11). A renovação de todas as coisas foi definitivamente realizada e até, de certa maneira, antecipada neste mundo. A Igreja é realmente santa, embora de modo ainda imperfeito. Enquanto não se manifestam os novos céus e a nova terra, em que prevalecerá a justiça (cf. 2Pd 3, 13), a Igreja peregrina conserva o perfil deste mundo passageiro, nos seus sacramentos e instituições. Vive em meio às criaturas que por enquanto gemem e sofrem as dores do parto, na expectativa da revelação dos filhos de Deus (cf. Rm 8, 19-22). **417**

418 Unidos a Cristo, na Igreja, e marcados pelo Espírito Santo, "que é penhor de nossa herança" (Ef 1, 14), chamados filhos de Deus, como de fato o somos (cf. 1Jo 3, 1), ainda não aparecemos com o Cristo na glória (cf. Cl 3, 4). Só então seremos semelhantes a Deus, pois o veremos como é (cf. 1Jo 3, 2). "Enquanto habitamos neste corpo, estamos fora de casa, longe do Senhor" (2Cor 5, 6). Gememos intimamente, embora possuindo as primícias do Espírito (cf. Rm 8, 23), no desejo de estar com Cristo (Fl 1, 23). Deixemo-nos pressionar pelo mesmo amor, para vivermos cada vez mais em função daquele que morreu por nós e ressuscitou (cf. 2Cor 5, 15).

Procuremos agradar o Senhor em tudo (cf. 2Cor 5, 9), vestindo a armadura de Deus, para que possamos superar as insídias do diabo e resistir nos momentos difíceis (cf. Ef 6, 11-13). Como não se sabe o dia nem a hora, é preciso vigiar, de acordo com o conselho do Senhor, para que ao fim de nossa única vida terrestre (cf. Hb 9, 27), mereçamos entrar com ele e com todos os bem-aventurados para as núpcias (cf. Mt 25, 31-46) e não sejamos mandados para o fogo eterno (cf. Mt 25, 31), como servos maus e preguiçosos (cf. Mt 25, 26), nem relegados às trevas exteriores, onde "haverá choro e ranger de dentes" (cf. Mt 22, 13; 25, 30).

Antes de reinarmos com o Cristo glorioso "devemos todos comparecer diante do seu tribunal, a fim de que cada um receba a recompensa daquilo que tiver feito durante sua vida no corpo, tanto para o bem, como para o mal" (2Cor 5, 10). No fim do mundo, "aqueles que fizeram o bem vão ressuscitar para a vida; os que praticaram o mal, vão ressuscitar para a condenação" (Jo 5, 29; Cf Mt 25, 46).

Julgando "que os sofrimentos do momento presente não se comparam com a glória futura, que será revelada em nós" (Rm 8, 18; cf. 2Tm 2, 11-12), fortificados pela fé, ficamos na expectativa "da bendita esperança, isto é, da manifestação da glória de Jesus Cristo, nosso grande Deus e salvador" (Tt 2, 13) "que vai transformar nosso corpo terreno e torná-lo semelhante ao seu corpo glorioso" (Fl 3, 21) e que virá para "ser glorificado na pessoa de seus santos e para ser admirado em todos aqueles que acreditaram (2Ts 1, 10).

49. A comunhão da Igreja do céu com a da terra

419 49. Até que o Senhor venha em sua majestade e todos os anjos com ele (cf. Mt 25, 31), que a morte seja destruída e todas as coisas a ele submetidas (cf. 1Cor 15, 26-27), muitos dos seus discípulos caminham na terra. Outros, passada esta vida, estão sendo purificados. Outros, enfim, glorificados, contemplam "claramente Deus uno e trino, tal como é".[1] Todos, no entanto, em graus e regimes diversos, participamos do mesmo amor de Deus e do próximo e cantamos o mesmo hino à glória de nosso Deus. Todos os que são de Cristo e possuem o seu Espírito estão reunidos numa só Igreja e ligados uns aos outros

---
[1] Conc. de Florença, *Decretum pro Graecis*: Dz 693 (1305).

no próprio Cristo (cf. Ef 4, 16). A união entre os que caminham na terra e os irmãos que morreram na paz de Cristo não é pois de maneira alguma rompida. Pelo contrário, é até mesmo fortalecida, de acordo com a fé da Igreja, pela comunhão nos bens espirituais.[2] A intimidade com Cristo dos discípulos que estão no céu confirma a Igreja na santidade, torna mais digno o culto que ela presta a Deus na terra e contribui ampla e variadamente para seu crescimento (cf. 1Cor 12, 12-27).[3] De fato, os que alcançaram a pátria e estão presentes ao Senhor (cf. 2Cor 5, 8), por ele, com ele e nele intercedem continuamente junto ao Pai.[4] Fazem valer os méritos que obtiveram pelo único mediador entre Deus e os homens, Jesus Cristo (cf. 1Tm 2, 5), por terem servido em tudo ao Senhor e completado em sua própria carne a paixão de Cristo, em favor do corpo, que é a Igreja (cf. Cl 1, 24).[5] Sua fraternidade solícita é assim um precioso auxílio para a nossa fraqueza.

50. A Igreja da terra em relação à do céu

50. A Igreja peregrina na terra, desde o início do cristianismo, reconhecendo a comunhão que une todo o corpo místico de Cristo, prestou piedosa homenagem aos mortos[6] e por eles oferecia sufrágios, convencida de que "é santo e piedoso rezar pelos defuntos, para que sejam libertados do pecado" (2Mc 12, 46). A Igreja também sempre acreditou que os apóstolos e os mártires de Cristo que, derramando seu sangue, deram o testemunho supremo de fé e de amor, estão particularmente unidos a nós. Por isso os venera com particular distinção, juntamente com a santa Virgem Maria e os santos anjos[7] implorando piedosamente o auxílio de sua intercessão. A eles se unem imediatamente os que imitaram mais de perto a castidade e a pobreza de Cristo,[8] seguidos de todos aqueles que se santificaram pela prática das virtudes cristãs[9] e cujo carisma os recomenda à piedosa devoção e à imitação dos fiéis.[10]

---

[2] Além dos documentos mais antigos contra todas as formas de evocação dos espíritos, desde Alexandre IV (27.9.1258), cf. enc. da Sagrada Congregação do Santo Ofício, *De magnetismi abusu*, 4.8.1856: *ASS* (1865) pp. 177-178. Dz 1653-1654 (2823-2825). - Resposta do Santo Ofício, 24.4.1917: *AAS* 9 (1917) p. 268. Dz 2182 (3642).
[3] Exposição sintética desta doutrina paulina em Pio XII, enc. *Mystici corporis*: *AAS* 35 (1943) p. 200 e passim.
[4] Cf., por exemplo, S. Agostinho, *Enarr. in Ps.*, Sl 85, 24: *PL* 37, 1099. - S. Jerônimo, *Liber contra Vigilantium*, 6: *PL* 23, 344. - S. Tomás de Aquino, *In 4m sent.*, d. 45, q. 3, a. 2. - S. Boaventura, *In 4m sent.*, d. 45, a. 3, q. 2; etc.
[5] Cf. Pio XII, enc. *Mystici corporis*: *AAS* 35 (1943) p. 245.
[6] Cf. inúmeras inscrições nas catacumbas romanas.
[7] Cf. Gelásio I, Decretalis *De libris recipiendis*, 3: *PL* 59, 160. Dz 165 (353).
[8] Cf. S. Metódio, *Symposion*, VII, 3: *GCS* (Bonwetsch). p. 74.
[9] Cf. Bento XV, *Decretum approbationis virtutum in causa beatificationis et canonizationis Servi Dei Ioannis Nepomuceni Neumann*: *AAS* 14 (1922) p. 23; várias alocuções de Pio XI sobre os santos: *Inviti all'eroismo*, em *Discorsi e radiomessagi*, t. 1-3, Roma, 1941-1942 passim; Pio XII, *Discorsi e radiomessagi*, t. 10, 1949, pp. 37-43.
[10] Cf. Pio XII, enc. *Mediator Dei*: *AAS* 39 (1947) p. 581.

421   Ao contemplarmos a vida daqueles que seguiram fielmente a Cristo, somos estimulados a considerar sob uma nova luz a busca da cidade futura (cf. Hb 13, 14; 11, 10). Em meio às inúmeras veredas deste mundo, aprendemos o caminho certo para chegar à santidade, que consiste na perfeita união com Cristo, segundo o estado e a condição de cada um.[11] Deus manifesta com clareza aos homens sua presença e sua face através da vida daqueles que, iguais a nós na humanidade, foram transformados de maneira mais perfeita segundo a imagem de Cristo (cf. 2Cor 3, 18). Por eles, Deus nos fala, dá-nos um sinal de seu reino[12] e nos atrai para a verdade do Evangelho, por uma imensa quantidade de testemunhas (cf. Hb 12, 1).

422   Celebramos os que estão no céu não só por causa do exemplo que deixaram, mas principalmente por causa da união de toda a Igreja no Espírito, que é reforçada pela prática da caridade fraterna (cf. Ef 4, 1-6). Assim como a comunhão cristã entre os que caminhamos nos aproxima mais de Cristo, o convívio com os santos nos une a Cristo, fonte e cabeça de que provêm toda graça e a própria vida do povo de Deus.[13] É muito importante amar os amigos e co-herdeiros de Jesus Cristo como nossos irmãos e grandes benfeitores, agradecendo a Deus por no-los ter dado.[14] "Invoquemo-los em nossas súplicas e recorramos ao seu favor, auxílio e orações para obter os benefícios de Deus, por seu Filho Jesus Cristo, nosso senhor, único redentor e salvador".[15] Todo testemunho autêntico de amor aos que estão no céu tende naturalmente a Cristo, dirige-se a ele, "coroa de todos os santos"[16] e, por ele, a Deus, admirável em seus santos, em que é glorificado.[17]

423   Nossa união com a Igreja do céu é particularmente notável na sagrada liturgia, em que o Espírito Santo age sobre nós através dos sinais sacramentais; em que concelebramos com a Igreja do céu, glorificando juntos a majestade divina[18] e em que todos os remidos pelo sangue de Cristo, de todas as tribos, línguas e povos (cf. Ap 5, 9), congregados numa única Igreja, cantam louvor a Deus uno e trino. Essa união com o culto da Igreja celestial atinge seu ponto máximo na celebração do sacrifício eucarístico em que comungamos com ela e veneramos a memória, em primeiro lugar, de Maria, sempre virgem, de são José, dos santos apóstolos, dos mártires e de todos os santos.[19]

---

[11] Cf. Hb 13, 7; Eclo 44-50; Hb 11, 3-40. Cf. também Pio XII, enc. *Mediator Dei*: *AAS* 39 (1947) p.582-583.
[12] Cf. Conc. Vat. I, const. dog. *Dei Filius*, c. 3: Dz 1794 (3013).
[13] Cf. Pio XII, enc. *Mystici corporis*: *AAS* 35 (1943), p. 216
[14] A respeito da gratidão para com os santos, cf. E. Diehl, *Inscriptiones latinae christiane veteres*, I, Berlin, 1925, nn. 2008, 2382 e passim.
[15] Conc. de Trento, decr. *De invocatione... Sanctorum*: Dz 984 (1821).
[16] *Breviário romano*, Invitatório, Festa de Todos os Santos.
[17] Cf. p. ex., 2Ts 1, 10.
[18] Concílio Vat. II, Const. *Sacrosanctum Concilium*, c. 5, 104: *AAS* 56 (1964) pp. 125-126.
[19] *Missal romano*, Cânon da Missa.

51. A prática pastoral

51. A respeito da comunhão de vida com os nossos irmãos que estão na glória celeste ou ainda se purificam depois de terem morrido, o Concílio acolhe piedosamente todas as expressões da fé de nossos antecessores, e confirma os decretos dos concílios de Nicéia II,[20] de Florença[21] e de Trento[22] Ao mesmo tempo, porém, exorta todos os que têm responsabilidade pastoral a coibir ou corrigir eventuais abusos, por excesso ou por falta, buscando sempre, em tudo, o maior louvor de Cristo e de Deus. Ensinem aos fiéis que o verdadeiro culto aos santos não consiste na multiplicação dos atos exteriores, senão na intensidade do amor ativo, que procura "no exemplo da vida" dos santos, "na comunhão" com eles e "no recurso à sua intercessão"[23] um bem maior para cada um de nós e para a Igreja. Por outro lado, instruam os fiéis a respeito de nossa comunhão de vida com os santos, para que a compreendam sempre melhor a fim de não esvaziar, mas, pelo contrário, manter e até desenvolver o culto de adoração devido unicamente a Deus Pai, por Cristo, no Espírito Santo.[24]

424

Todos os filhos de Deus constituímos uma única família em Cristo (cf. Hb 3, 6), comungando no amor recíproco e no mesmo louvor à Trindade santíssima, correspondendo à vocação íntima da Igreja e saboreando na liturgia as primícias da glória do céu.[25] Na vinda de Cristo, quando os mortos ressuscitarem, a luz de Deus brilhará sobre a cidade do céu e o cordeiro será nosso sol (cf. Ap 21, 23). Então, toda a Igreja dos santos, tendo alcançado a suprema bem-aventurança do amor, adorará a Deus e ao "cordeiro imolado" (Ap 5, 12), proclamando a uma só voz: "O louvor, a honra, a glória e o poder pertencem àquele que está sentado no trono e ao cordeiro, pelos séculos dos séculos" (Ap 5, 13).

425

---

[20] *Conc. Niceno* II, Atos VII: Dz 302 (600).
[21] Conc. de Florença, *Decretum pro Graecis*: Dz 693 (1304).
[22] Conc. de Trento, Decr. *de invocatione, veneratione et reliquiis Sanctorum et Sacris imaginibus*: Dz 984-988 (1821-1824); decr. *de Purgatorio*: Dz 983 (1820); decr. *de Iustificatione*, c. 30: Dz 840 (1580).
[23] *Missal romano* e prefácio dos santos, outorgado à Igreja na França.
[24] Cf. S. Pedro Canísio, *Catechismus Maior seu Summa Doctrinae Christianae*, c. III, ed. crit. F. Streicher, parte I, pp. 15-16, 44 e pp. 100-101, 49.
[25] Cf. Conc. Vat. II, Const. *Sacrosanctum Concilium* 1, 8: *AAS* 56 (1964) p. 401.

Capítulo VIII

A virgem Maria, mãe de Deus, no mistério de Cristo e da Igreja

I. Proêmio

52. Maria no mistério de Deus

426   52. Deus, cheio de bondade e de sabedoria, querendo realizar a redenção do mundo, "enviou seu Filho, nascido de uma mulher, na plenitude dos tempos, para que fôssemos adotados como filhos" (Gl 4, 4-5). Este, por sua vez, "desceu do céu e se encarnou do Espírito Santo e da virgem Maria, por nós homens e para nossa salvação.[1] Divino mistério da salvação, que se revela e continua na Igreja, constituída pelo Senhor como seu corpo e na qual os fiéis se unem a Cristo, cabeça, em comunhão com todos os que são por ele santificados, de que se deve venerar a memória, "a começar por Maria, gloriosa e sempre virgem, mãe de nosso Senhor Jesus Cristo".[2]

53. Maria e a Igreja

427   53. A virgem Maria é reconhecida e honrada como verdadeira mãe de Deus e do Redentor, pois recebeu em seu coração e em seu corpo a Palavra de Deus anunciada pelo anjo, e a deu à luz, como vida para o mundo. Em vista dos méritos de seu Filho, foi remida de maneira sublime, unida a ele por um vínculo estreito e indissolúvel e chamada ao papel e à dignidade suprema de mãe do Filho de Deus. Em virtude desse dom insigne da graça, portanto, é filha predileta do Pai e sacrário do Espírito Santo, colocada muito acima de todas as outras criaturas, terrestres e celestes. Pertence à raça de Adão, juntamente com todos os humanos, que precisam ser salvos, mas é "realmente mãe de todos os membros (de Cristo), pois, pelo amor, cooperou no nascimento dos fiéis, que, na Igreja, são membros da mesma cabeça".[3] A Igreja católica, instruída pelo Espírito Santo e cheia de piedade filial, a saúda e a recebe como mãe amantíssima, considerando seu lugar de membro eminente e especialíssimo da Igreja, assim como seu exemplo magnífico e modelar de fé e de amor.

---

[1] Símbolo Constantinopolitano: Mansi 3, 566. Cf. Conc. de Éfeso, ib. 4, 1130 (cf. também, ib. 2, 665 e 4, 1017); Conc. de Calcedônia, ib. 7, 111-116; Conc. de Constantinopla II, ib. 9, 375-396; *Missal romano*, Credo.
[2] *Missal romano*, cânon.
[3] S. Agostinho, *De S. Virginitate*, 6: *PL* 40, 399.

54. O objetivo do Concílio

54. Expondo a doutrina da Igreja, na qual o divino Redentor realiza a salvação, o Concílio quer manifestar o papel de Nossa Senhora no mistério da encarnação do Verbo e do corpo místico, ao mesmo tempo que os deveres dos seres humanos remidos, especialmente dos fiéis, para com a mãe de Deus, mãe de Cristo e mãe dos seres humanos. Não pretende, entretanto, propor uma doutrina completa a respeito de Maria, nem resolver questões que ainda não tenham sido completamente esclarecidas pelo trabalho teológico. Respeitem-se pois as explicações que de direito e livremente são propostas nas escolas católicas a respeito daquela que ocupa, depois de Cristo, na Igreja, o lugar, ao mesmo tempo, mais alto e mais próximo de nós.[4]

II. O papel de Nossa Senhora na economia da salvação

55. A mãe do Messias no Antigo Testamento

55. As Sagradas Escrituras do Antigo e do Novo Testamento, juntamente com a Tradição, de maneira cada vez mais clara, mostram e propõem à nossa consideração o papel da mãe do salvador, na economia da salvação. Os livros do Antigo Testamento contêm a história da salvação, que preparou aos poucos a vinda de Cristo ao mundo. Esses velhos documentos, da maneira como são lidos na Igreja e compreendidos à luz da revelação plena posterior, vão exprimindo aos poucos, cada vez mais claramente, a figura dessa mulher, mãe do Redentor. Profeticamente ela já é anunciada pela promessa de vitória sobre a serpente, feita aos primeiros pais, depois do pecado (cf. Gn 3, 15). Ela é igualmente a virgem que conceberá e dará à luz um filho, que se chamará Emanuel (cf. Is 7, 14; Mi 5, 2-3; Mt 1, 22-23). Ocupa um lugar de destaque entre os humildes e pobres do Senhor, que nele esperam com confiança e acolhem a salvação. Com ela, admirável filha de Sião, depois de longa expectativa, realiza-se a promessa, completam-se os tempos e se instaura a nova economia: o Filho de Deus assume dela a natureza humana, para libertar o homem do pecado, por intermédio dos mistérios de sua vida humana.

56. A anunciação

56. O Pai de misericórdia quis que a aceitação de ser mãe, por parte da mulher a isso predestinada, precedesse a encarnação. Assim como uma mulher trouxe a morte, outra traria a vida. Mais do que ninguém, a mãe de Jesus trouxe a vida. Dotada de todos os dons que a tornaram digna de tal vocação, deu a vida, que tudo renova, ao mundo. Não admira pois que os santos padres se tenham

---

[4] Cf. Paulo VI, *Allocutio in Concilio* de 4.12.1963: *AAS* 56 (1964) p. 37.

acostumado a chamar a mãe de Deus de santíssima, imune a toda mancha de pecado, qual nova criatura, como que plasmada pelo Espírito Santo.[5] A virgem de Nazaré foi admiravelmente santificada desde o instante de sua concepção. O anjo enviado por Deus a saudou como "cheia de graça" (cf. Lc 1, 28), a cujo anúncio respondeu: "Eis a serva do Senhor, faça-se em mim segundo a tua palavra" (Lc 1, 38). Nesse momento Maria, filha de Adão, dando seu consentimento à palavra divina, tornou-se mãe de Jesus. Abraçando a vontade salvadora de Deus com todo o coração e sem nenhuma sombra de pecado, consagrou-se totalmente como serva do Senhor à pessoa e à missão de seu Filho, sujeitando-se a ele e com ele colaborando, pela graça de Deus, em prol do mistério da redenção. Com razão, os santos padres acham que Maria não foi associada passivamente, mas colaborou para a salvação humana na liberdade da fé e da obediência. Como diz santo Irineu, "pela obediência ela se tornou causa da salvação para si mesma e para o gênero humano".[6] Muitos são os padres antigos que com ele concordam, quando ele afirma claramente que "o nó da desobediência de Eva foi desfeito pela obediência de Maria e o que Eva escravizou pela incredulidade Maria libertou pela fé".[7] Em comparação com Eva, Maria é chamada "mãe dos vivos",[8] repetindo-se com freqüência que "a morte veio por Eva e a vida, por Maria".[9]

57. Maria e a infância de Jesus

431   57. A união da Mãe com o Filho se verifica desde o momento da concepção virginal até a morte de Cristo. Maria vai logo visitar Isabel, que a saúda como bem-aventurada, quando o filho lhe salta no ventre (cf. Lc 1, 41-45).

Maria, mãe de Deus, mostra exultante aos pastores e aos magos o Filho primogênito, que consagrou a integridade de sua virgindade, sem feri-la de maneira alguma.[10] Ao apresentá-lo no templo, faz a oblação dos pobres e ouve a profecia de Simeão sobre o Filho, que, no futuro, se tornará um sinal de contradição, e sobre a espada que lhe traspassará a alma de mãe, revelando

---

[5] Cf. S. Germano de Constantinopla, *Hom. in Annunt. Deiparae*: *PG* 98, 328A; *In Dorm.*, 2: 357. - Anastásio Antioqueno, *Serm. 2 de Annunt.*, 2: *PG* 89, 1377AB; *Serm.* 3, 2: 1388C. - S. André de Creta, *Can. in B. V. Nat.* 4: *PG* 97, 1321B; *In B. V. Nat.*, 1: 812A. *Hom. in dorm.*, 1: 1068C. - S. Sofrônio, *Or. 2 in Annunt.*, 18: *PG* 87 (3), 3237BD.
[6] S. Irineu, *Adv. Haer.*, III, 22, 4: *PG* 7, 959A; ed. Harvey, 2, 123.
[7] S. Irineu, *ib.*; Harvey 2, 124.
[8] S. Epifânio, *Haer.*, 78, 18: *PG* 42, 728CD-729AB.
[9] S. Jerônimo, *Epist.* 22, 21: *PL* 22, 408. - Cf. S. Agostinho, *Serm.* 51, 2, 3: *PL* 38, 335; *Serm.* 232, 2: 1108. - S. Cirilo de Jerusalém, *Cathech.* 12, 15: *PG* 33, 741AB. - S. João Crisóstomo, *In Ps.* 44, 7: *PG* 55, 193. - S. João Damasceno, *Hom. 2 in dorm. B. M. V.* 3: *PG* 96, 728.
[10] Cf. Conc. do Latrão, em 649, can. 3: Mansi 10, 1151. - S. Leão Magno, *Epist. ad Flav.*: *PL* 54, 759. - Conc. de Calcedônia: Mansi 7, 462. - S. Ambrósio, *De instit. virg.*: *PL* 16, 320.

os pensamentos de muitos corações (cf. Lc 2, 34-35). Maria e José perderam o menino Jesus e o procuraram angustiados, até o encontrarem no templo, ocupando-se das coisas de seu Pai. Não compreenderam a resposta de Jesus. Mas Maria tudo guardava em seu coração e meditava no que se referia a Jesus (cf. Lc 2, 41-51).

58. Maria e a vida pública de Jesus

58. Maria aparece significativamente no início da vida pública de Jesus, **432** nas bodas de Caná na Galiléia, em que, movida pela compaixão, obtém, por sua intercessão, o primeiro dos milagres do Messias, Jesus (cf. Jo 2, 1-11). No decurso de sua pregação, ouve as palavras pelas quais o Filho coloca o reino acima das razões e dos laços de parentesco, como ela mesma o entendia na sua fidelidade (cf. Lc 2, 19.51) e proclama bem-aventurados os que ouvem a palavra de Deus e a seguem (cf. Mc 3, 35; Lc 11, 27-28). Nossa Senhora continuou incansavelmente sua peregrinação de fé, tudo suportando unida a seu Filho, fiel até a cruz. Confortada pelo auxílio divino, lá estava de pé (cf. Jo 19, 25). Sofria profundamente junto com seu único Filho e se associava a seu sacrifício, com alma de mãe, consentindo amorosamente na imolação da vítima que dera à luz.

Finalmente, é entregue ao discípulo como mãe, com estas palavras de Cristo agonizante: "Mulher, eis o teu filho (cf. Jo 19, 26-27).[11]

59. Maria depois da ascensão

59. Deus decidira não manifestar solenemente ao mundo o mistério da **433** salvação humana, enquanto o Espírito não fosse enviado. Vemos então os apóstolos, antes do dia de Pentecostes, "perseverando juntos na oração, tendo com eles as mulheres, Maria, mãe de Jesus e seus parentes" (At 1, 14). Maria implora o dom do Espírito, que já a havia coberto com sua sombra, no dia da anunciação. Finalmente a virgem imaculada, preservada imune a toda mancha do pecado original,[12] foi assumida ao céu com alma e corpo, depois de terminada a sua vida na terra.[13] Foi exaltada como rainha pelo Senhor, para

---

[11] Cf. Pio XII, enc. *Mystici corporis*, 29.6.1943: *AAS* 35 (1943) pp. 247-248.

[12] Cf. Pio IX, *Bula ineffabilis*, 8.12.1854: Acta Pii IX, 1, I, p. 616; Dz 1641 (2803).

[13] Cf. Pio XII, const. *Munificentissimus*, 1.11.1950: *AAS* 42 (1950); Dz 2333 (3903). Cf. S. João Damasceno, *Enc. in dorm. Dei genitricis*, Hom. 2 e 3: *PG* 96, 721-761, especialmente col. 728B. - S. Germano de Constantinopla, *In S. Dei gen. dorm.*, Serm. 1: *PG* 98 (6), 340-348; Serm. 3, 361 . - S. Modesto de Jerusalém, *In dorm. SS. Dei parae*: *PG* 86 (2) 3277-3312.

que se conformasse ao máximo com seu Filho, Senhor dos senhores (cf. Ap 19, 16), vencedor da morte e do pecado.[14]

III. Nossa Senhora e a Igreja

60. Maria e Cristo, o único mediador

434 60. Nosso mediador é único, segundo as palavras do Apóstolo: "Pois há um só Deus e um só mediador entre Deus e os homens: Jesus Cristo, homem, que se entregou para resgatar a todos" (1Tm 2, 5-6). O papel maternal de Maria não faz nenhuma sombra, nem diminui em nada esta mediação única de Jesus. A atuação salutar de Nossa Senhora junto aos seres humanos não provém de uma necessidade objetiva qualquer, mas do puro beneplácito divino, fluindo da superabundância dos méritos de Cristo. Funda-se pois na mediação de Cristo, de que depende completamente e da qual tira toda a sua força. Não coloca nenhum obstáculo à união imediata dos fiéis com Cristo, mas até a favorece.

61. Sua cooperação na redenção

435 61. A santa virgem, eternamente predestinada a ser mãe de Deus, na perspectiva da encarnação do Verbo, tornou-se na terra, por disposição da Providência, ilustre mãe do redentor, sua primeira e generosa associada, humilde serva do Senhor. Concebendo seu Filho, dando-o à luz, alimentando-o, apresentando-o ao Pai no templo e participando de seus sofrimentos até a morte na cruz, cooperou de maneira toda especial com a obra do Salvador, pela obediência, pela fé e pela caridade ardente, para a restauração da vida sobrenatural das almas. Por isso, é nossa mãe na ordem da graça.

62. O papel salvador subordinado de Maria

436 62. A maternidade de Maria se estende a toda a economia da graça, desde o consentimento que fielmente deu na anunciação e que manteve firme na cruz, até a definitiva e eterna coroação de todos os eleitos. Tendo subido aos céus, não abandonou esse papel, mas continua a interceder pela obtenção de nossa eterna salvação.[15] Cuida com amor materno dos irmãos e irmãs de seu Filho, que ainda caminham entre os perigos e as dificuldades desta terra, até

---

[14] Cf. Pio XII, enc. *Ad coeli Reginam*, 11.10.1954: *AAS* 46 (1954) pp 633-636; Dz 3913ss. Cf. S. André de Creta, *Hom. 3 in dorm. SS. Dei parae*: *PG* 97, 1089-1109. - S. João Damasceno, *De fide orth.*, IV, 14: *PG* 94, 1153-1161.

[15] Cf. Kleutgen, texto revisto, *De mystero Verbi incarnati*, c. IV: Mansi 53, 290. Cf. S. André de Creta, *In nat. Mariae*, sermão 4: *PG* 97, 865A. - S. Germano de Constantinopla, *In annunt. Dei parae*: *PG* 98, 321BC; *In dorm. Deiparae*, III: 361D. - S. João Damasceno, *In dorm. B. V. Mariae*, Hom. 1, 8: *PG* 96, 712BC-713A.

que alcancem a felicidade da pátria. Por isso a Igreja invoca Nossa Senhora como advogada, auxiliadora, perpétuo socorro e mediadora.[16] O que se deve entender sem que nada seja derrogado nem acrescentado à dignidade e à eficácia da atuação de Cristo.[17]

Nenhuma criatura poderá jamais ser comparada ao Verbo encarnado, Redentor. Mas assim como o sacerdócio de Cristo é participado de vários modos pelos ministros e pelos fiéis como a bondade de Deus se irradia diferentemente por todas as criaturas, também a mediação única do Redentor, longe de excluir, desperta nas criaturas participações várias de sua única fonte. **437**

A Igreja não hesita em proclamar, nessa perspectiva, o papel subordinado de Maria. Como sempre o experimentou, recomenda-o cordialmente aos fiéis, para que, sustentados por tal apoio materno, unam-se mais intimamente ao Mediador e Salvador. **438**

63. Maria virgem e mãe, modelo da Igreja

63. Nossa Senhora, pela graça e pela função maternal, está intimamente unida ao Filho, redentor. Ela se une, pois, intimamente também à Igreja, em suas graças e funções especiais. A mãe de Deus é figura da Igreja pela fé, pelo amor e pela perfeita união a Cristo, como já o ensinava S. Ambrósio.[18] No mistério da Igreja, Nossa Senhora, que é justamente chamada mãe e virgem, precede a todos e dá um exemplo único de virgindade e de maternidade.[19] Pela fé e pela obediência gerou na terra o próprio Filho do Pai. Foi coberta pelo Espírito Santo, sem conhecer varão nem sofrer qualquer violação do corpo. Qual nova Eva, acreditou antes na palavra de Deus do que na da serpente. Deu à luz o Filho, que Deus estabeleceu como primogênito de muitos irmãos (cf. Rm 8, 29), os fiéis, em cuja geração e educação coopera com amor materno. **439**

64. A Igreja, virgem e mãe

64. A Igreja, contemplando a misteriosa santidade de Maria, imitando-lhe a caridade, cumprindo fielmente a vontade do Pai a partir da fiel acolhida da **440**

---

[16] Cf. Leão XIII, enc. *Adiutricem populi*, 5.9.1895: *ASS* 28 (1895-1896) p. 129. - S. Pio X, enc. *Ad diem illum*, 2.2.1904: Acta I, p. 154; Dz 1978a (3370). - Pio XI, enc. *Miserentissimus*, 8.5.1928: *AAS* 20 (1928) p. 178. - Pio XII, *Nuntius radioph.*, 13.5.1946: *AAS* 38 (1946) p. 266.
[17] Cf. S. Ambrósio, *Epist.* 63: *PL* 16, 1268.
[18] Cf. S. Ambrósio, *Expos. Lc.*, II, 7: *PL* 15, 1555.
[19] Cf. Pseudo Pedro Damião, *Serm.* 63: *PL* 144, 861AB. - Godofredo de S. Vitor, *In nat. B. M.*, Manuscrito de Paris, Mazarine, 1002, fl. 109r. - Gerhoho de Reichenberg. *De gloria et honore Filii hominis*, 10: *PL* 194, 1105AB.

palavra de Deus, torna-se igualmente mãe: pela pregação e pelo batismo, gera para a vida nova os filhos que nascem de Deus, concebidos pelo Espírito Santo. A Igreja é também virgem. Guarda pura e íntegra a sua fidelidade ao esposo. Imita a mãe do seu Senhor e, na força do Espírito Santo, conserva virginalmente a firmeza da fé, a solidez da esperança e a sinceridade do amor.[20]

65. A Igreja imita Maria

441   65. Embora a Igreja já tenha alcançado a perfeição na santíssima virgem, que é sem mácula e sem ruga (cf. Ef 5, 27), os fiéis ainda se esforçam para vencer o pecado e crescer em santidade. Por isso olham para Maria, que brilha como exemplo de virtude para toda a comunidade dos eleitos. Pensando piedosamente em Maria e contemplando-a à luz do Verbo feito homem, a Igreja penetra mais intimamente na veneração do grande mistério da encarnação, e vai se assemelhando cada vez mais a seu esposo. Maria está no coração da história da salvação. Realiza em si e, de certa maneira, reflete as grandes afirmações da fé. Ao ser objeto da pregação e do culto, encaminha os fiéis para seu Filho, para o seu sacrifício e para o amor do Pai. A Igreja, buscando a glória de Cristo, torna-se cada vez mais próxima de seu modelo, crescendo na fé, na esperança e na caridade, em busca do cumprimento da vontade divina. Por isso, também no apostolado, a Igreja olha para Maria, que gerou a Cristo, concebido pelo Espírito Santo para nascer e crescer no coração dos fiéis, por intermédio da Igreja. Na sua vida, Nossa Senhora foi, enfim, exemplo do amor fraterno, que deve animar os que cooperam com a Igreja, na missão apostólica, para a regeneração de todos os seres humanos.

IV. O culto de Nossa Senhora na Igreja

66. Natureza e fundamento

442   66. Por graça de Deus, depois de seu Filho, Maria foi elevada acima de todos os anjos e de todos os homens, como santíssima mãe de Deus, que esteve presente aos mistérios de Cristo e por isso merece, com razão, um culto especial da Igreja.

    Desde a antigüidade, é honrada com o título de mãe de Deus, junto a quem se refugiam os fiéis em prece, em todos os perigos e necessidades.[21] Depois

---

[20] Cf. S. Ambrósio, l. c. e *Expos. Lc.* II, 7 e X, 24-25: *PL* 15, 1555 e 1810. - S. Agostinho, *In Io.* Tr. 13, 12: *PL* 35, 1499. Cf. *Serm.* 191, 2, 3: *PL* 38, 1010; etc. - Cf. também Beda, o Venerável, *In Lc. Expos.* I, c. 2: *PL* 92, 330. - Isaac da Estrela, *Serm.* 51: *PL* 194, 1863A.

[21] Cf. *Breviário romano*, antífona "Sub tuum praesidium", das primeiras vésperas do pequeno ofício de Nossa Senhora.

do Concílio de Éfeso, o culto prestado a Maria pelo povo de Deus cresceu ainda mais em veneração e em amor, em invocação e imitação, confirmando suas palavras proféticas: "Doravante todas as gerações me felicitarão, porque o todo-poderoso realizou grandes obras em meu favor" (Lc 1, 48s). Este culto existiu sempre na Igreja e tem um caráter único, diferenciando-se do culto de adoração prestado ao Verbo encarnado, ao Pai e ao Espírito Santo, e lhe conferindo um reforço todo especial. São muitas as formas de piedade para com a mãe de Deus. Dentro dos limites da sã doutrina e da ortodoxia, a Igreja as aprova de acordo com as condições de tempo e lugar e com a índole e a percepção dos fiéis. Em todas elas a honra prestada à mãe contribui para o conhecimento, o amor, a glória e a imitação do exemplo do Filho, por quem todas as coisas foram feitas (cf. Cl 1, 15s) e em quem quis o eterno Pai "habitasse a plenitude total" (Cl 1, 19).

67. Normas práticas

67. O Concílio resolveu ensinar essa doutrina católica, chamando a atenção de todos os filhos da Igreja, para que promovam generosamente o culto a Nossa Senhora, especialmente na liturgia. Valorizem as práticas e exercícios de piedade a ela dedicados e que foram recomendados pelo magistério através dos séculos. Observem religiosamente o que foi estabelecido no passado a respeito do culto prestado às imagens de Cristo, da santa virgem e dos santos.[22]

Exortam-se os teólogos e pregadores a evitar todos os excessos, bem assim como uma demasiada estreiteza mental ao considerar a especial dignidade da mãe de Deus.[23] Estudando as Sagradas Escrituras, os padres, os doutores da Igreja e a liturgia, sob a orientação do magistério, esclareçam corretamente o papel e os privilégios de Nossa Senhora, sempre em vista de Cristo, que é a fonte de toda verdade, santidade e piedade. Evitem tudo que possa induzir os irmãos separados ao erro, no que diz respeito à doutrina da Igreja. Lembrem-se de que a verdadeira devoção dos fiéis não pode ser confundida com um sentimento estéril e passageiro, nem com uma pura credulidade. Deve proceder da fé, que nos leva a reconhecer a grandeza da Mãe de Deus e nos faz amá-la como mãe, procurando imitar-lhe as virtudes.

---

[22] Cf. Conc. de Nicéia II, em 787: Mansi 13, 378-379; Dz 302 (600-601). - Conc. de Trento, sess. 25: Mansi 33, 171-172.
[23] Cf. Pio XII, *Nuntius radioph.*, 24.10.1954: *AAS* 46 (1954) p. 679; enc. *Ad coeli reginam*, 11.10.1954: *AAS* 46 (1954) p. 637.

V. Maria, sinal de esperança e auxílio do povo de Deus em peregrinação

68. Maria, sinal do povo de Deus

444   68. Glorificada no céu de corpo e alma, a mãe de Jesus é imagem e início da Igreja perfeita, no fim da história. Por agora, na terra, enquanto não chega o Dia do Senhor (cf. 2Pd 3, 10), brilha como sinal de esperança e auxílio do povo de Deus em peregrinação.

69. Que Maria interceda pela união dos cristãos

445   69. O Concílio muito se alegra com a reconfortante constatação de que inúmeros irmãos separados reconhecem a honra devida à mãe do Senhor salvador, especialmente dentre os orientais, que prestam culto ardente e cheio de devoção à mãe de Deus sempre virgem.[24] Que todos os cristãos orem insistentemente à mãe de Deus e mãe dos homens para que, elevada aos céus acima de todos os anjos e santos, interceda junto a seu Filho, na comunhão dos santos, como esteve presente nas orações da Igreja desde os seus primórdios, até que todas as famílias e nações, tanto os cristãos, como os que não reconhecem o Salvador, se reúnam felizes, na paz e na concórdia, formando um único povo de Deus, para a glória da Trindade santíssima e indivisa.

Tudo e cada coisa que se estabeleceu nesta constituição dogmática foi aprovado pelos padres conciliares. Nós, em virtude do poder apostólico que nos foi confiado por Cristo e em conjunto com todos os veneráveis padres conciliares, no Espírito Santo, aprovamos, decidimos e estatuímos, ordenando que sejam promulgadas essas normas conciliares para a glória de Deus.

Roma, junto a S. Pedro, 21 de novembro de 1964
Eu, PAULO, *bispo da Igreja Católica*
        (Seguem-se as demais assinaturas)

---

[24] Cf. Pio XI, enc. *Ecclesiam Dei*, 12.11.1923: *AAS* 15 (1923) p. 581. - Pio XII, enc. *Fulgens corona*, 8.9.1953: *AAS* 45 (1953) pp. 590-591.

Das atas do Concílio Ecumênico Vaticano II

Notificações feitas pelo secretário-geral do Concílio na 123ª congregação geral, no dia 16 de novembro de 1964

Pergunta-se qual a *qualificação teológica* da doutrina contida no esquema sobre a Igreja, que é posto em votação.

A Comissão de Doutrina respondeu à pergunta relativa às *Emendas* propostas aos primeiros parágrafos do capítulo 3, nos seguintes termos:

"Como é evidente, os textos do Concílio devem ser interpretados segundo as regras gerais, por todos admitidas".

Na ocasião, a Comissão de Doutrina remeteu à sua *Declaração*, publicada no dia 6 de março de 1964, que aqui transcrevemos:

"Levando em conta a prática dos concílios e a índole pastoral da presente assembléia, o Concílio exige que a Igreja acolha como sendo de fé e relativo aos costumes unicamente o que for claramente declarado como tal.

"Tudo o mais que o Concílio venha a propor (embora seja doutrina do Supremo Magistério da Igreja, que todos os fiéis devem receber e abraçar segundo a mente do mesmo Concílio, como se depreende da própria matéria tratada ou do modo de tratá-la) está sujeito às normas habituais da interpretação teológica".

Por determinação da autoridade superior comunica-se aos padres conciliares a nota explicativa subseqüente, relativa às emendas propostas ao capítulo terceiro do esquema sobre a Igreja, à luz da qual deve ser explicada e entendida a doutrina exposta no capítulo terceiro.

Nota explicativa prévia

A Comissão entendeu que deveria fazer as seguintes observações gerais antes de dar satisfação a cada uma das emendas.

1º "Colégio" não se entende aqui, num sentido estritamente jurídico, como um conjunto de pessoas iguais cujo poder provém daquele que o preside. É, mais, um conjunto estável de pessoas, cuja estrutura e autoridade se entendem a partir da Revelação. Por isso, na Resposta à Emenda 12 se diz explicitamente que o Senhor constituiu os doze "sob forma de um colégio ou grupo estável". Cf. também Emenda 53 c. - Pela mesma razão, ao se referir ao Colégio dos Bispos, empregam-se as palavras "ordem" ou "corpo". O paralelismo entre Pedro e os demais apóstolos, de um lado, o papa e os bispos, de outro, não implica a transmissão de um poder extraordinário dos apóstolos a seus sucessores, nem uma "igualdade" entre a cabeça e os membros do Colégio, senão simples "proporcionalidade" entre a primeira relação (Pedro — apóstolos) e a segunda (papa — bispos). Por isso, a Comissão decidiu escrever no n. 22, não "da mesma forma", mas "por razão semelhante". *Cf. Emenda 57.*

449 2º A pessoa se torna membro do Colégio em virtude da consagração episcopal e da comunhão hierárquica com a cabeça do Colégio e com os outros membros. Cf. n. 22 (336).

450 Na consagração se confere uma participação ontológica nas funções sagradas, como consta sem nenhuma dúvida da Tradição, inclusive litúrgica. Expressamente se usou a palavra função em lugar de poder, pois esta última poderia induzir a pensar que se adquire, pela consagração, um poder efetivo. Para que se adquira, porém, tal poder, é ainda necessária a determinação jurídica ou canônica, da autoridade eclesiástica. Tal determinação pode consistir na outorga de um ofício particular ou na indicação de súditos, segundo as normas aprovadas pela autoridade suprema. Tais normas são uma exigência proveniente da própria natureza do encargo, pois se trata de funções exercidas por diversas pessoas, colaborando hierarquicamente com a vontade de Cristo. Esta "comunhão" na vida da Igreja foi praticada, segundo as circunstâncias, antes de ter sido codificada no direito.

451 Por isso se diz explicitamente que se requer a comunhão "hierárquica" com a cabeça e com membros da Igreja. "Comunhão" é uma noção que era extremamente importante na vida da Igreja antiga, como ainda o é, hoje em dia, no Oriente. Não se trata de um vago "sentimento", mas de uma realidade orgânica, que exige uma forma jurídica, ao mesmo tempo que é animada pela caridade. Por isso a comissão, quase que unanimemente, decidiu/se por: "na comunhão hierárquica". Cf. *Emenda 40* e o que foi dito da missão canônica, no n. 24 (342-343).

452 Os documentos mais recentes dos sumos pontífices a respeito da jurisdição dos bispos devem ser interpretados levando em consideração essa determinação dos poderes.

453 3º O Colégio, que não existe sem a cabeça, "está sujeito ao poder supremo e pleno que preside a toda a Igreja". É preciso admiti-lo, para não ferir a plenitude do poder do pontífice romano. Sempre que se diz Colégio, é indispensável incluir a cabeça, que mantém, no Colégio, "integralmente, sua função de vigário de Cristo e pastor da Igreja Universal". Em outras palavras, a distinção não intervém entre o pontífice romano e os demais bispos, considerados coletivamente, mas entre o pontífice romano sozinho e o mesmo pontífice romano juntamente com os demais bispos. Na qualidade de cabeça do colégio, o pontífice romano pode ficar isolado, praticar atos que de maneira alguma competem aos bispos, como, por exemplo, convocar o colégio, dirigi-lo e aprovar as normas de sua ação. Cf. Emenda 81. Ao sumo pontífice, que cuida de todo o rebanho de Cristo, compete determinar o modo de exercer esta função, pessoal ou colegialmente, levando em conta as necessidades da

Igreja, que variam de acordo com a época. O pontífice romano, tendo em vista o bem da Igreja, segue seu modo de ver pessoal na maneira de entender, promover e aprovar o exercício colegial.

4º Como pastor supremo da Igreja, o sumo pontífice pode exercer como **454** bem entende o seu poder em todas as ocasiões, como exigência de sua função. O Colégio, embora exista sempre, nem sempre age efetivamente como colégio, como consta da Tradição da Igreja. Em outras palavras, nem sempre está "em ato pleno". Pelo contrário, sua ação colegial é sempre pontual e requer o "consentimento" da cabeça. Não se julgue, entretanto, que essa exigência de "consentimento" comporte uma certa "dependência" de "algo estranho". O termo "consentimento" implica, pelo contrário, comunhão entre a cabeça e os membros, a necessidade da contribuição própria da cabeça para que se verifique uma ação do colégio. É o que se afirma claramente no n. 22 (337). A forma negativa de se exprimir indica que se refere a todos os casos. Deve-se sempre observar as "normas" emanadas da autoridade suprema. Cf. Emenda 84.

Trata-se a "união" dos bispos com a cabeça nunca "independentemente" **455** do papa. Quando não se dá a intervenção da cabeça, os bispos não estão agindo colegialmente, como se deduz da própria noção de colégio. A comunhão hierárquica de todos os bispos com o sumo pontífice e um dado certo e solene da Tradição.

Note bem. Sem a comunhão hierárquica, a função sacramental ontológica, **456** que se distinguiu do aspecto canônico jurídico, "não pode" ser legitimamente exercida. Mas a comissão não quis entrar nas questões de "liceidade" e de "validade", deixando as discussões para os teólogos, especialmente no que diz respeito ao poder que, de fato, os orientais não unidos exercem.

+ Péricles Felici
arcebispo titular de Samosata
secretário-geral do Concílio

PAULO BISPO
SERVO DOS SERVOS DE DEUS
JUNTO COM OS PADRES CONCILIARES
PARA PERPÉTUA MEMÓRIA

Decreto *Orientalium Ecclesiarum* sobre as Igrejas orientais

PROÊMIO

457   1. As instituições, ritos litúrgicos, tradições eclesiásticas e de vida cristã das Igrejas orientais são de grande valor para a Igreja católica. Ilustres por sua antigüidade, refletem a tradição apostólica, por intermédio dos padres da Igreja[1] e constituem, pois, parte do patrimônio indiviso revelado por Deus à Igreja universal. O Concílio, cuidando das Igrejas orientais, testemunhas vivas dessa tradição, deseja que floresçam e cumpram, com novo ardor apostólico, o papel que lhes cabe. Por isso, além de tudo que diz respeito à Igreja universal, decidiu estabelecer alguns pontos, deixando outros ao cuidado quer dos sínodos orientais, quer da própria Sé apostólica.

As Igrejas ou ritos particulares

2. A variedade dos ritos não prejudica a unidade

458   2. A santa Igreja católica, corpo místico de Cristo, é formada por fiéis que professam a mesma fé, celebram os mesmos sacramentos e estão unidos, no Espírito Santo, sob um mesmo governo. Este governo, por sua vez, comporta

---

[1] Cf. Leão XIII, carta apost. *Orientalium dignitas*, 30.11.1894, em Atos de Leão XIII, v. 14, pp. 201-202. (O editor se permitiu completar algumas notas deste decreto).

diversas ordens hierárquicas, unidas umas às outras. São as Igrejas particulares ou os ritos. Entre todas vigora uma admirável comunhão, de sorte que a diversidade, na Igreja, não só não lhe prejudica a unidade como até ajuda a torná-la manifesta. A Igreja católica tem o propósito firme de salvaguardar e manter a integridade de cada uma das Igrejas particulares, dos ritos e tradições diversos, como visa igualmente adaptar a sua vida às necessidades variadas de todos os tempos e lugares.[2]

3. Os diversos ritos são todos igualmente dignos

3. As Igrejas particulares, tanto no Oriente como no Ocidente, embora **459** sejam um pouco diferentes entre si quanto aos ritos, isto é, quanto à liturgia, à disciplina eclesiástica e ao patrimônio espiritual, estão igualmente sujeitas ao governo pastoral do pontífice romano, que, por disposição divina, sucede a são Pedro no seu primado sobre a Igreja universal. Todas elas são igualmente dignas, de sorte que uma não é superior à outra no que diz respeito ao rito e todas têm o mesmo direito e as mesmas obrigações, inclusive no que diz respeito à pregação do Evangelho em todo o mundo (cf. Mc 16, 15), sob a direção do pontífice romano.

4. Necessidade de estudar os diversos ritos

4. Cuide-se pois de proteger e até incrementar as Igrejas particulares em **460** todo o mundo, constituindo-se hierarquia própria e paróquias lá onde o requer o bem espiritual dos fiéis. As hierarquias das diversas Igrejas particulares que gozam de jurisdição sobre o mesmo território devem se reunir periodicamente, tomar em comum as medidas necessárias em vista da unidade de ação, somar forças para participar de iniciativas comuns, a fim de que se promova o bem da religião e se mantenha melhor a disciplina do clero.[3]

---

[2] Cf. S. Leão IX, carta *In terra pax*, de 1053; "Ut enim": *PL* 143, 744-769. Inocêncio III, Sínodo Lateranense IV, ano de 1215, c. IV: "Licet graecos": *Conc. Oec. Decr.*, pp. 211-212; carta *Inter quatuor*, 2.8.1206: "Postulasti postmodum": *PL* 215,964. Inocêncio IV, carta *Cum de cetero*, 27.8.1247; carta *Sub catholicae*, 6.3.1254, proêmio: *Magnum Bullarium Romanum*, III, p. 340; Nicolau III, instrução *Istud est memoriale*, 9.10.1278. Leão X, carta apost. *Accepimus nuper*, 18.5.1521. Paulo III, cart. apost. *Dudum*, 23.12.1534. Pio IV, const. *Romanus Pontifex*, 16.2.1564, parág. 5. Clemente VIII, const. *Magnus Dominus*, 23.12.1595, § 10: *Magnum Bullarium Romanum* V, 2, pp. 87-92. Paulo V, const. *Solet circunspecta*, 10.12.1615, § 3; *Magnum Bullarium Romanum*, V, 4, p. 199. Bento XIV, enc. *Demandatam*, 24.12.1743, § 3; enc. *Allatae sunt*, 26.6.1755, § 3.6-19.32. Pio VI, enc. *Catholicae communionis*, 24.5.1787. Pio IX, carta *In Suprema*, 6.1.1848, § 3; carta apost. *Ecclesiam Christi*, 26.11.1853; const. *Romani pontificis*, 6.1.1862. Leão XIII, carta apost. *Praeclara*, 20.6.1894, n. 7; carta apost. *Orientalium dignitas*, 30.11.1894, proêmio etc.

[3] Cf. Pio XII, *motu proprio Cleri sanctitati*, 2.6.1957, can. 4; *AAS* 49 (1957) p. 437.

Todos os clérigos, os que se preparam para receber as ordens sacras e inclusive os leigos, em nível de catequese, devem receber a devida instrução a respeito dos ritos e das práticas inter-rituais. Ao mesmo tempo, os católicos, independentemente da Igreja ou comunidade não-católica em que tenham sido batizados, reunidos numa comunidade plenamente católica, devem observar, na medida do possível, o mesmo rito em toda parte.[4] Mantido sempre o direito de recurso à Sé apostólica em casos particulares de pessoas, comunidades ou regiões, pois a Sé apostólica é árbitro supremo das relações intereclesiais, procura resolver os problemas numa ótica ecumênica, diretamente ou por intermédio de outras autoridades, segundo o caso, através de normas ou decretos.

Conservar o patrimônio espiritual das Igrejas orientais

5. Valores das Igrejas orientais

461   5. A história, as tradições e inúmeras instituições eclesiásticas mostram o valor que as Igrejas orientais têm para a Igreja universal.[5] Por isso, o Concílio, além de querer conservar este patrimônio com a estima e o louvor devidos, considera-o patrimônio da Igreja cristã universal. Nesse sentido, declara solenemente que as Igrejas do Oriente, como as do Ocidente, têm o direito e o dever de mantê-lo, de acordo com seu peculiar regime de governo, que se recomenda por sua antiguidade venerável, por melhor se adaptar ao modo de ser de seus fiéis e, por conseguinte, melhor servir ao bem de suas almas.

6. Não introduzir mudanças arbitrárias

462   6. Todos os orientais devem estar certos de que podem e devem conservar seus legítimos ritos litúrgicos e sua disciplina e que só se introduzirão modificações de maneira adequada e orgânica, atendendo às necessidades de seu próprio desenvolvimento. Os orientais devem guardar a maior fidelidade a si mesmos, conhecerem-se melhor e ir aperfeiçoando aos poucos os seus usos e costumes. Se, por acaso, se afastaram indebitamente da tradição, em virtude de tempos ou pessoas adversos, procurem voltar às tradições mais antigas.

[4.] Pio XII, *motu proprio Cleri sanctitati*, 2.6.1957, can. 8: "sem licença da Sé apostólica", de acordo com a prática dos séculos precedentes. No que diz respeito aos batizados não católicos, can. 11: "podem abraçar o rito que preferirem"; no texto se fala de maneira positiva da observância do rito por todos e em todas as regiões da terra: *AAS* 49 (1957) pp. 438-439.

[5.] Cf. Leão XIII, carta apost. *Orientalium dignitas*, 30.11.1894; carta apost. *Praeclara gratulationis*, 20.6.1894, e os documentos citados na nota 2.

Todos aqueles que convivem com as Igrejas orientais ou com seus fiéis, em virtude da função ou do apostolado que exercem, devem ser iniciados no conhecimento e no respeito dos ritos, disciplinas, doutrinas, história e índole próprias aos orientais, tanto mais profundamente quanto maior é a responsabilidade da função que exercem.[6] Às congregações religiosas e às associações de rito latino que prestam serviço no Oriente ou entre fiéis orientais recomenda-se vivamente, em vista da própria eficácia apostólica, que, na medida do possível, constituam províncias ou casas de rito oriental.[7]

Os patriarcados orientais

7. A instituição patriarcal

7. A instituição dos patriarcados é antiqüíssima na Igreja. Os primeiros concílios ecumênicos já a conhecem.[8] 463

Denomina-se patriarca oriental um bispo com jurisdição sobre os outros bispos, inclusive arcebispos metropolitanos, o clero e os fiéis do seu território ou rito, segundo as normas do direito, sendo mantido o primado do pontífice romano.[9] 464

Quando um hierarca de determinado rito é constituído, fora dos limites do território patriarcal, onde quer que seja, fica ligado à hierarquia desse patriarcado, do seu rito e às suas normas canônicas. 465

8. Os patriarcas das Igrejas orientais, embora posteriores no tempo uns aos outros, são iguais do ponto de vista da autoridade patriarcal, salvo a ordem de honra e de precedência entre eles legitimamente estabelecida.[10] 466

[6.] Cf. Bento XV, *motu proprio Orientis catholici*, 15.10.1917: *AAS* 9 (1917) pp. 531-533; Pio XI, enc. *Rerum orientalium*, 8.9.1928: *AAS* 20 (1928) p. 277-288 etc.

[7.] A prática da Igreja católica nos pontificados de Pio XI, Pio XII e João XXIII manifesta um movimento nesse sentido.

[8.] Cf. Conc. de Nicéia I, can. 6: COD p. 8; de Constantinopla I, can. 2 e 3: l. c. pp. 27-28; de Calcedônia, c. 28, l.c. pp. 75-76; can. 9, l. c. p. 67; Constantinopla IV, can. 17, l.c. pp.155-156; can. 21: l. c. p. 158; de Latrão IV, can. 5,l.c. p. 212; can. 30, l. c. p. 225; de Florença, *Decr. pro Graecis*, 6.7.1439: l. c. p 504 etc.

[9.] Cf. Conc. de Nicéia I, can. 6: COD p. 8; de Constantinopla I, can. 3: l. c.p. 28; de Constantinopla IV, can. 17: l. c. pp. 75-76; Pio XII, *motu proprio Cleri sanctitati*, can. 216, §§ 2.11: *AAS* 49 (1957) p. 497.

[10.] Cf. Conc. de Nicéia I, can. 6: COD p. 8; de Constantinopla I, can. 3, l. c. p. 28; Constantinopla IV, cap. 21: l. c. p. 158; Latrão IV, can 5, l. c. p. 212; Florença, *Decr. pro Graecis*, 6.7.1439, § 9: l. c. p. 504. Cf. Pio XII, *motu proprio Clerici sanctitati*, 2.6.1957, can. 219: *AAS* 49 (1957) p. 489 etc.

9. Honras especiais aos patriarcas orientais

467 9. Segundo antiqüíssima tradição da Igreja, presta-se homenagem toda especial aos patriarcas das Igrejas orientais, na qualidade de pais e presidentes de seus respectivos patriarcados.

468 O Concílio determina que se restaurem seus direitos e privilégios, de acordo com as tradições mais antigas de cada Igreja e com os decretos dos concílios ecumênicos.[11]

469 Os direitos e privilégios a que se refere aqui são os que vigoravam na ocasião em que se deu a separação entre o Oriente e o Ocidente, embora devam sofrer ligeiras adaptações devidas às atuais circunstâncias.

470 Os patriarcas com seus respectivos sínodos constituem a instância superior para todas as questões relativas ao patriarcado, inclusive o direito de criar novas eparquias e nomear bispos do seu rito, dentro dos limites do patriarcado, salvo o direito do pontífice romano de intervir em cada caso particular.

10. A fundação de novos patriarcados

471 10. O que se diz dos patriarcas vale também, nos termos do direito vigente, para os arcebispos maiores, que presidem uma Igreja ou rito particular.[12]

472 11. Sendo o instituto do patriarcado uma forma tradicional de governo nas Igrejas orientais, o Concílio deseja que se constituam novos patriarcados onde for necessário, mas declara também que a instituição de novos patriarcados é da competência do Concílio Ecumênico e do pontífice romano.[13]

A disciplina dos sacramentos

12. Restabelecer a antiga disciplina dos sacramentos

473 12. O Concílio Ecumênico confirma, louva e, em certos casos, deseja que seja restaurada a antiga disciplina sacramental que vigora nas Igrejas orientais e as formas que foram adotadas na prática de sua celebração e administração.

[11.] Cf. *acima*, nota 8.
[12.] Cf. Conc. de Êfeso, can. 8: *COD* p. 55-56; Clemente VII, decret. *Romanum Pontificem*, 23.2.1596: *Magnum Bullarium Romanum*, V, 2, pp. 94-96; Pio VII, Carta apost. *In universalis ecclesiae*, 22.2.1807: *Magnum Bullarium Romanum* – const. XIII, pp. 97-101; Pio XII, *motu proprio Cleri sanctitati*, 2.6.1957, can. 324-339: *AAS* 49 (1957) pp. 530-534; Sínodo de Cartago, ano 419, can. 17: Mansi 4, 485.
[13.] Sínodo de Cartago, ano 419, can. 17 e 57: Mansi 4, 485 e 496-497; de Calcedônia, ano 451, can. 12: COD p. 69; s. Inocêncio I, carta *Et onus et honor*, em torno do ano de 415: "Nam quid sciscitaris": *PL* 20, 548-549; S. Nicolau I, carta *Ad consulta vestra*, 13.11.866: "A quo autem": *PL* 119, 1007; Inocêncio III, carta *Rea regum*, 25.2.1204: *PL* 215,277-280; Leão XII, const. apost. *Petrus apostolorum princeps*, 15.8.1824: *Magnum Bullarium Romanum* – const. XIV, pp. 82-84; Leão XIII, carta apost. *Christi Domini*, ano 1895; Pio XII, motu proprio *Cleri sanctitati*, 2.6.1957, can. 159: *AAS* 49 (1957) p. 478.

13. A administração do crisma

13. Restaure-se plenamente a antiga disciplina no que concerne à administração do crisma. São os sacerdotes que administram esse sacramento, usando o óleo do crisma bento pelo patriarca ou pelo bispo.[14]

14. Todos os sacerdotes orientais podem conferir validamente esse sacramento a todos os fiéis de qualquer rito, sem exclusão do latino, quer junto com o batismo, quer em separado, desde que se observem as exigências do direito, tanto geral como particular.[15]

O sacerdotes de rito latino, de acordo com as faculdades de que gozam para a administração desse sacramento, podem também administrá-lo a fiéis das Igrejas orientais, independentemente do rito, desde que se observem, para a liceidade, as prescrições do direito tanto geral como particular.[16]

15. O preceito festivo

15. Os fiéis estão obrigados a assistir à liturgia divina nos domingos e festas, ou, de acordo com as normas e costumes de seu respectivo rito, à celebração dos louvores divinos.[17] Para que possam cumprir mais facilmente com essa obrigação se estabelece que o tempo útil para tanto vai das vésperas do dia anterior até o fim do domingo ou dia festivo[18]. Recomenda-se aos fiéis que nesses dias, até mais freqüentemente, e mesmo diariamente, recebam a sagrada eucaristia.[19]

---

[14] Cf. Inocêncio IV, carta *Sub catholicae*, 6.3.1254, § 3, n. 4: *Magnum Bullarium Romanum*, III, pp. 340-342; 2º Sínodo de Lyon, 1274, (profissão de fé de Miguel Paleólogo prestada a Gregório X); Eugênio IV, Conc. de Florença, const. *Exsultate Deo*, 22.11.1439, § 11: *COD* p. 520; Bento XIV, Const. *Etsi Pastoralis*, 26.5.1742, § 2, n. 1, § 3, n. 1 etc.; Sínodo de Laodicéia, 347/381, can. 48, Mansi 2, 571-572 (cf. também *Codificazione Canonica Orientale*, Fonti IX, p. 183); Sínodo Sisen. da Armênia, 1342: Mansi 25, 1240-1241; Sínodo Libanês dos Maronitas, 1736, P. 2, c. 3, n. 2: Mansi 38,48; outros sínodos particulares.
[15] Cf. Instrução do Santo Ofício (ao bispo scepusiense), 1783; Congr. de Propaganda Fide (para os coptas) 15.3.1790, n. 13; decreto de 6.10.1863 C. a.; Congr. para as Igrejas orientais, 1.5.1948; Congr. do Santo Ofício, resposta de 22.4.1896 com a carta de 19.5.1896.
[16] *CIC*. c. 782, § 4; Congr. para as Igrejas orientais, decreto *De sacramento confirmationis administrando etiam fidelibus orientalibus a presbyteris latini ritus, qui hoc indulto gaudent pro fidelibus sui ritos*, 1.5.1948: *AAS* 40 (1948) pp. 422-423.
[17] Cf. Sínodo de Laodicéia, 347/381, can. 29: Mansi 2, 569-570; São Nicéforo CP, c. 14; *PG* 111, 749-760; Sínodo Duiense dos Armênios, 719, c. 31; S. Teodoro Studita, serm. 21: PG 99, 536-538; S. Nicolau I, carta *Ad consulta vestra*, 13.11.866: "In quorum apostolorum", "Nosse cupitis", "Quod interrogatis", "Praeterea consulitis", "Si die Dominico": *PL* 119, 984-985, 993-994; outros sínodos particulares.
[18] Trata-se de uma novidade, pelo menos onde há obrigação de seguir a Liturgia. No mais, está de acordo com o dia litúrgico para os orientais.
[19] Cf. Cânones dos Apóstolos, 8 e 9: Mansi 1, 29-32; Sínodo Antioqueno de 341, c. 2: Mansi 2, 1309-1310; Timóteo Alexandrino, interrog. 3; Inocêncio III, const. Quia divinae, 4.1.1215 e vários sínodos particulares mais recentes de algumas Igrejas orientais.

16. Extensão da jurisdição para as confissões

16. Como nas regiões e territórios orientais há sempre fiéis dos diversos ritos, os responsáveis eclesiásticos estão todos de acordo com que seus respectivos sacerdotes tenham a faculdade de ouvir em confissão os fiéis de qualquer rito, sem nenhuma restrição. Tal faculdade se estende a todo o território de quem a concede e a todos os fiéis de seu próprio rito, sendo limitada somente quando porventura um responsável a restrinja, no seu território, aos fiéis de seu próprio rito.[20]

17. O sacramento da ordem

17. Para restaurar a antiga disciplina do sacramento da ordem nas Igrejas orientais, o Concílio deseja que se volte ao diaconato permanente lá onde ele caiu em desuso.[21] Fica a critério das autoridades eclesiásticas das Igrejas particulares a legislação no que concerne ao subdiaconato e às ordens menores.[22]

18. A forma canônica da celebração dos casamentos mistos

18. Para evitar a invalidade dos casamentos entre católicos orientais e não-católicos também orientais batizados, contribuir para a firmeza e santidade dos matrimônios assim como para a paz doméstica, o Concílio determinou que a forma prescrita é simples condição de liceidade, bastando, para a validade, a presença do ministro sagrado e a observação do que prescreve o direito.[23]

---

[20] Salva a territoriedade da jurisdição, esta determinação visa ao bem das almas, dada a pluralidade de jurisdições num mesmo território.

[21] Cf. Conc. Nicéia I, c. 18: *COD* pp. 13-14; Conc. de Neocesaréia, 314/325, c. 12: Mansi 2, 543-546; Conc. de Sardes, 343, c. 8: Mansi 3,11-12; Leão Magno, carta *Omnium quidem*, 13.1.444: PL 54, 616-620; Conc. Calcedônia, c. 6: COD p. 66; Conc. Constantinopla IV, c. 23: COD p. 159; c. 26, l.c. p. 161.

[22] As Igrejas orientais consideram o subdiaconato uma das ordens menores, mas o *motu proprio* de Pio XII, *Cleri sanctitati*, 2.6.1957, cann. 70 e 76: *AAS* 49 (1957) pp. 457-458 lhe prescrevem obrigações de ordem maior. O texto conciliar propõe que se volte à disciplina antiga de cada Igreja no que diz respeito ao subdiaconato, derrogando-se a *Cleri sanctitati*.

[23] Cf. Pio XII, *motu proprio Crebrae allatae*, 22.2.1949, cap. 32 §2, n. 5º (faculdade dos patriarcas de dispensar da forma): *AAS* 41 (1949) p. 96; Pio XII, *motu proprio Cleri sanctitati*, 2.6.1957, c. 267 (faculdade dos patriarcas de sanar o vício de origem): *AAS* 49 (1957) p. 514. As congr. do Santo Ofício e para as Igrejas orientais concedem em 1957, por cinco anos, a faculdade de dispensar da forma e sanar os vícios de origem na forma, "fora dos patriarcados, aos metropolitas e outras autoridades eclesiásticas que sejam diretamente dependentes da santa Sé".

O culto divino

19. Os dias festivos

19. Daqui por diante somente o Concílio Ecumênico ou a santa Sé têm o direito de constituir, transferir ou suprimir os dias festivos comuns a todas as Igrejas orientais. Em cada uma das Igrejas particulares, porém, o direito de constituir, transferir ou suprimir os dias festivos cabe, além da Sé apostólica, aos sínodos patriarcais ou arquiepiscopais, levando em conta a situação territorial e das outras Igrejas particulares.[24]

480

20. A celebração da páscoa

20. Enquanto não se chega à desejável unificação da data da páscoa entre todos os cristãos, para ao menos se obter essa unidade em cada uma das regiões ou nações, os patriarcas ou, em seu lugar, as autoridades eclesiásticas locais ficam encarregadas de chegar a um acordo, segundo o conselho das partes interessadas, a fim de que na região ou país todos celebrem a páscoa sempre no mesmo domingo.[25]

481

21. Os tempos sagrados

21. Os fiéis que estão em território de outro rito podem se conformar aos tempos sagrados e à disciplina vigente no rito em cujo território se encontram. Nas famílias em que os esposos pertencem a ritos diversos, pode-se seguir qualquer um dos ritos.[26]

482

22. O ofício divino

22. Os clérigos e religiosos orientais devem celebrar os louvores divinos de acordo com as prescrições e tradições de sua própria disciplina, de

483

---

[24] Cf. Leão Magno, carta *Quod saepissime*, 15.4.454: "Petitionem autem": *PL* 54, 1094-1096; S. Nicéforo CP, c. 13; Sínodo de Sérgio Patriarca, 18.9.1596, c. 17; Pio VI, carta apost. *Assueto paterne*, 8.4.1775: *Magnum Bullarium Romanum*,
[25] Cf. Vat II, SC, apêndice: *AAS* 56 (1964) p. 133
[26] Cf. Clemente VIII, instr. *Sanctissimus*, 31.8.1595, par. 6: "Si ipsi graeci": *Magnum Bullarium Romanum*, V, 2, p. 73; Congr. do Santo Ofício,7.6.1673, ad 1 e ad 3; 13.3.1727, ad 1; Congr. Propaganda Fide, decr. 18.8.1913, art. 33: *AAS* 5 (1913) p. 298; decr. 14.8.1914, art. 27: *AAS* 6 (1914) p. 462-463; decr. 27.3.1916, art. 14: *AAS* 8 (1916) p. 107; Congr. para as Igrejas orientais, decr. 1.3.1929 art. 36: *AAS* 21 (1929) p. 158: decr. 4.5.1930, art. 41: *AAS* 22 (1930) p. 352-353.

venerável antigüidade, em todas as Igrejas orientais.[27] Os fiéis, seguindo os exemplos de seus antepassados, dediquem-se também, quanto possível, aos louvores divinos.

23. A língua litúrgica

484   23. Ao patriarca com o sínodo, ou às autoridades supremas com seus respectivos conselhos, compete o direito de regulamentar a questão das línguas a serem usadas na liturgia, assim como aprovar as versões dos textos, comunicando suas decisões à Sé apostólica.[28]

Relação com os cristãos das Igrejas separadas

24. Promover a unidade dos orientais separados

485   24. Compete em particular às Igrejas orientais em comunhão com a Sé apostólica, a função de promover a unidade de todos os cristãos, especialmente dos orientais, segundo o que foi prescrito no decreto deste Concílio sobre o ecumenismo. Em primeiro lugar, pela oração, mas também pelo exemplo da vida e fidelidade às antigas tradições orientais; e, finalmente, pelo desenvolvimento do mútuo conhecimento, da colaboração fraterna e de uma grande estima recíproca.[29]

486   25. Para que os orientais separados se integrem na unidade católica, nada mais se exige além da simples profissão de fé católica. Como conservam o sacerdócio válido, os clérigos orientais ordenados, ao se unirem na comunhão católica, conservam os poderes de suas respectivas ordens, de acordo com o que está estabelecido pela autoridade competente.[30]

26. Normas para a intercomunhão

487   26. Contrariaria a lei divina toda intercomunhão que pusesse em risco a unidade da Igreja, manifestasse adesão formal a um desvio da verdade da fé, constituísse perigo para a integridade da confissão de fé, risco de escândalo ou de indiferentismo.[31]

[27.] Cf. Conc. de Laodicéia, 347/381, c. 18: Mansi 2,567-568; Sínodo Mar Issac da Caldéia, 410, c. 15; S. Nerses Glaieno, Armênia, 1166: Inocêncio IV, Carta *Sub catholicae*, 6.3.1254, par. 8: *Magnum Bullarium Romanum*, II, 341; Bento XIV, Const. *Etsi pastoralis*, 26.5.1742, par. 7, n. 5; instr. *Eo quamvis tempore*, 4.5.1745, par. 42ss.; e os sínodos particulares mais recentes: dos armênios (1911), coptas (1898), maronitas (1736) romenos (1872), rutenos (1891), sírios (1888).
[28.] Segundo a tradição oriental.
[29.] Segundo o conteúdo das diversas bulas de união das Igrejas orientais.
[30.] As obrigações sinodais referentes aos irmãos orientais separados e o estabelecido pelo direito divino e eclesiástico para cada uma das ordens.
[31.] Os mesmos princípios valem para as igrejas separadas.

Contudo, especialmente no que concerne aos irmãos orientais, a prática pastoral mostra que se deve levar em conta uma série de circunstâncias pessoais em que a intercomunhão em nada prejudica a unidade da Igreja nem representa nenhum perigo, constituindo até, pelo contrário, uma exigência do reconhecimento da necessidade de salvação e do bem espiritual das pessoas.

Por isso a Igreja Católica, levando em conta as várias circunstâncias de tempo, lugar e pessoas, adotou sempre uma posição de grande flexibilidade no que diz respeito à intercomunhão. Vale considerar a manifestação inequívoca do valor que se atribui aos meios de salvação e do testemunho que se dá da caridade que une todos os cristãos, na prática da intercomunhão, participando das mesmas celebrações e recebendo os mesmos sacramentos.

Nessa perspectiva, o Concílio, "para que uma excessiva severidade não crie obstáculos aos que se salvam"[32] e para favorecer a união com as Igrejas orientais separadas, estabelece as seguintes normas de ação:

27. Aplicação pastoral das normas sobre a intercomunhão

27. Em conseqüência desses princípios, podem-se conferir os sacramentos da penitência, eucaristia e unção dos enfermos aos orientais separados da Igreja católica, desde que nas disposições necessárias. Também aos católicos é lícito pedir tais sacramentos a ministros não-católicos em cujas Igrejas os sacramentos são válidos e sempre que haja uma verdadeira necessidade ou uma razão de ordem espiritual, e o acesso ao sacerdote católico seja física ou moralmente impossível.[33]

28. Segundo os mesmos princípios, permite-se a intercomunhão entre católicos e orientais separados quanto ao culto, práticas e locais, desde que haja um verdadeiro motivo.[34]

29. Confia-se às autoridades locais a observância dessa flexibilização na intercomunhão com os irmãos das Igrejas orientais separadas, de tal sorte que depois de deliberarem em comum, com eventual participação das autoridades das Igrejas separadas, estabeleçam-se preceitos e normas a serem observados pelos cristãos em determinados sítios ou circunstâncias particulares.

[32.] S. Basílio Magno, *Epistola Canonica ad Amphilochium*: *PG* 32, 669B.
[33.] Os fundamentos desta flexibilização da regra são os seguintes: 1) validade do sacramento, 2) boa-fé e disposição conveniente, 3) necessidade de alcançar a salvação eterna, 4) ausência de um sacerdote do próprio rito, 5) inexistência de perigos e de qualquer adesão a algum erro.
[34.] Trata-se da intercomunhão para-sacramental, concedida pelo Concílio, desde que observado o que deve ser observado.

Conclusão

491 30. O Concílio muito se alegra com a colaboração frutuosa e ativa das Igrejas católicas orientais e ocidentais e declara que todas estas disposições são tomadas em vista das atuais circunstâncias, enquanto a Igreja católica e as Igrejas orientais separadas não alcançam a plenitude da comunhão.

492 Enquanto isso não acontece, pede-se a todos os cristãos, orientais e ocidentais, que orem diariamente a Deus para que por auxílio de sua mãe se alcance o quanto antes a unidade. Rezem também para que todos os cristãos, qualquer que seja sua Igreja, testemunhando o nome de Cristo no sofrimento e nas angústias, recebam do Espírito Santo força e apoio plenos.

493 Amemo-nos uns aos outros com verdadeiro amor fraterno, rivalizando-nos na mútua estima.[35]

Tudo que se estabeleceu neste decreto foi aprovado pelos padres conciliares. Nós, em virtude do poder apostólico que nos foi confiado por Cristo e em conjunto com todos os veneráveis padres conciliares, no Espírito Santo, aprovamos, decidimos e estatuímos, ordenando que sejam promulgadas essas normas conciliares para a glória de Deus.

Roma, junto a S. Pedro, 21 de novembro de 1964.
Eu, PAULO, *bispo da Igreja católica.*

(seguem-se as demais assinaturas)

---

[35] Cf. Rm 12, 10.

PAULO BISPO
SERVO DOS SERVOS DE DEUS
JUNTAMENTE COM OS PADRES CONCILIARES
PARA MEMÓRIA PERPÉTUA

Decreto *Unitatis redintegratio* sobre o ecumenismo

PROÊMIO

1. Promover a reintegração de todos os cristãos na unidade é um dos principais objetivos do Concílio Ecumênico Vaticano II. Embora a Igreja tenha sido fundada por Cristo como única, diversas comunhões cristãs se propõem hoje como a verdadeira herança de Jesus Cristo. Todos se dizem discípulos do Senhor, mas têm sentimentos diversos e seguem caminhos diferentes, como se o próprio Cristo estivesse dividido.[1] Essas divisões, evidentemente, contrariam a vontade de Cristo, são um escândalo para o mundo e prejudicam enormemente a pregação do Evangelho a toda criatura.

Sábia e pacientemente, o Senhor dos séculos persegue os objetivos de sua graça. Ultimamente começou a provocar com maior intensidade, entre os cristãos separados, a dor espiritual pelas separações e o ardente desejo de se unirem. Um número cada vez maior de pessoas foi tocado por essa graça. Surgiu assim, entre os irmãos separados, por inspiração do Espírito Santo, um movimento em favor da restauração da unidade entre todos os cristãos. Desse movimento em prol da unidade, denominado ecumênico, participam todos os que invocam o Deus Trino, confessam que Jesus é Senhor e Salvador, não de cada um de nós em separado, mas das comunidades em que estamos reunidos, em que se ouve o Evangelho, nossa Igreja e de Deus. Embora de

---
[1] Cf. 1Cor 1, 13.

maneiras diversas, quase todos aspiram a uma Igreja una, visível, universal de fato, enviada a todo o mundo para que o mundo se converta ao Evangelho e assim seja salvo, para a glória de Deus.

496 Alegrando-se com tudo isso, o Concílio, depois de declarar a doutrina da Igreja, movido pelo desejo de restaurar a unidade entre todos os discípulos de Cristo, decidiu propor a todos os católicos subsídios, caminhos e maneiras de agir para que também eles, por vocação divina, possam corresponder a essa graça.

Capítulo I

Princípios católicos do ecumenismo

497 2. O amor de Deus se manifestou a nós por intermédio do envio ao mundo do Filho de Deus, unigênito do Pai, para que, como homem, renovasse o gênero humano, que necessitava de redenção, e o reunisse na unidade.[2] Pouco antes de se oferecer como hóstia imaculada, no altar da cruz, Jesus orou ao Pai pelos fiéis, dizendo: "Para que todos sejam um. Assim como tu, Pai, estás em mim e eu em ti, sejam também eles um, em nós, a fim de que o mundo creia que tu me enviaste" (Jo 17, 21). Também instituiu na Igreja o admirável sacramento da eucaristia, significando e efetuando a unidade da Igreja. Deu a seus discípulos o novo mandamento do amor recíproco[3] e lhes prometeu, de maneira definitiva, enviar o Espírito Santo,[4] Senhor e doador da vida.

498 Exaltado na cruz e glorificado, o Senhor Jesus derramou o Espírito prometido, pelo qual o povo da Nova Aliança, que é a Igreja, é chamado à unidade e reunido na fé, na esperança e no amor, como ensina o Apóstolo: "Um corpo e um espírito, como vocês foram chamados, na unidade de uma mesma esperança. Um Senhor, uma fé, um batismo" (Ef 4, 4-5). "Quem se batizou em Cristo vestiu Cristo... Todos vocês são um em Cristo" (Gl 3, 27-28). O Espírito Santo que habita nos fiéis enche e orienta a Igreja, perfaz a comunhão entre os fiéis e os une a todos tão intimamente em Cristo que pode ser considerado o princípio da unidade. É ele quem dita a divisão das graças e dos ministérios[5] entre as várias funções da Igreja de Jesus Cristo, "para aperfeiçoar os santos, em vista do ministério, para edificação do corpo de Cristo" (Ef 4, 12).

---

[2] Cf. 1Jo 4, 9; Cl 1, 18-20; Jo 11, 52.
[3] Cf. Jo 13, 34.
[4] Cf. Jo 16, 7.
[5] Cf. 1Cor 12, 4-11.

499 Para firmar sua santa Igreja em todas as partes da terra, até a consumação dos tempos, Cristo confiou ao colégio dos doze as funções de ensinar, governar e santificar[6]. Dentre eles escolheu Pedro, sobre cuja confissão de fé quis fosse sua Igreja edificada, a quem prometeu as chaves do reino dos céus[7] e, depois de lhe ouvir o testemunho de amor, confiou a função de confirmar na fé todas as suas ovelhas[8] e apascentá-las na unidade,[9] sendo ele mesmo, Jesus Cristo, para sempre, a pedra angular[10] e o pastor de nossas almas.[11]

500 Jesus Cristo quer fazer crescer o seu povo e aperfeiçoá-lo na comunhão e na unidade, por intermédio dos apóstolos e de seus sucessores, isto é, dos bispos, em comunhão com o sucessor de Pedro, graças à ação do Espírito Santo, garantindo a pregação fiel do Evangelho, a administração dos sacramentos e o governo, no amor, em vista da confissão da mesma fé, da celebração em comum do culto divino e da união fraterna entre toda a família de Deus.

501 Dessa forma a Igreja, rebanho único de Deus, como estandarte levantado entre os povos,[12] serviço do Evangelho da paz entre todo o gênero humano[13] caminha, na esperança, para a pátria celestial.[14]

502 Este é o mistério sagrado da unidade da Igreja, em Cristo e por Cristo, na variedade das funções, fruto da ação do Espírito Santo. A realização suprema e o primeiro exemplar deste mistério é a unidade mesma de um só Deus, Pai, Filho e Espírito Santo, na trindade das pessoas.

3. Os irmãos separados e a Igreja Católica

503 3. Nesta Igreja de Deus, una e única, surgiram, desde o início, algumas fissuras,[15] que o Apóstolo condena com vigor.[16] Com o passar dos séculos, apareceram maiores dissensões, sendo que muitas comunidades se afastaram da plena comunhão com a Igreja católica, quase sempre com culpa de pessoas de ambos os lados.

Os que hoje nascem nessas comunidades e por seu intermédio recebem a fé não podem ser acusados do pecado de separação. A Igreja católica os abraça com respeito e amor fraternos.

---

[6] Cf. Mt 28, 18-20, cf. Jo 20, 21-23.
[7] Cf. Mt 16, 19, cf. Mt 18, 18.
[8] Cf. Lc 22, 32.
[9] Cf. Jo 21, 15-17.
[10] Cf. Ef 2, 20.
[11] Cf. 1Pd 2, 25; Conc. Vat. I, sessão IV const. *Pastor aeternus*: Coll. La. 7, 82a.
[12] Cf. Is 11, 10-12.
[13] Cf. Ef 2, 17-18, cf. Mc 16, 15.
[14] Cf. 1Pd 1, 3-9.
[15] Cf. 1Cor 11, 18-19; Gl 1, 6-9; 1Jo 2, 18-19.
[16] Cf. 1Cor 1, 11ss; 11,22.

Os que crêem em Cristo e foram devidamente batizados mantêm comunhão, embora imperfeita, com a Igreja católica. As discrepâncias doutrinárias, disciplinares ou relativas à estrutura da Igreja, que existem em relação aos católicos, criam sérios impedimentos à plena comunhão eclesial, que o movimento ecumênico procura justamente superar.

No entanto, os que são justificados pela fé e se tornam, no batismo, membros de Cristo[17] merecem o nome de cristãos e são reconhecidos como irmãos no Senhor, pelos filhos da Igreja católica.[18]

504 Além disso, dentre os elementos ou bens que, tomados em seu conjunto, constituem e vivificam a Igreja, muitos dentre os mais importantes podem existir fora das fronteiras visíveis da Igreja católica, tais como: a palavra de Deus escrita, a vida da graça, a fé, a esperança e o amor, os dons interiores e os sinais visíveis do Espírito Santo. Tudo isso provém de Cristo e a Cristo conduz, pertencendo, pois, de direito, à Igreja de Cristo.

505 Os irmãos separados realizam também inúmeras ações sagradas da religião cristã, as quais, de diversos modos e dependendo da condição específica de cada igreja ou comunidade, geram e alimentam realmente a vida da graça e podem ser consideradas aptas a abrir as portas da salvação.

506 Por conseguinte, as Igrejas[19] e as comunidades separadas, apesar de seus limites, não podem ser inteiramente despidas de significação e peso no mistério da salvação. O Espírito de Cristo não reluta em passar por elas como meios de salvação, cuja virtude deriva da plenitude de graça e verdade, confiada à Igreja católica.

507 No entanto, os irmãos separados de nós, quer individualmente, quer em suas comunidades ou Igrejas, não gozam da unidade com que Jesus Cristo quis cumular todos os que reuniu num só corpo, regenerou e vivificou para a nova vida, tal como o professam as Escrituras Sagradas e a Tradição.

A plenitude dos meios de salvação reside somente na Igreja católica de Cristo, que constitui o auxílio, na sua generalidade. Acreditamos, de fato, que o Senhor somente confiou a totalidade dos bens da Nova Aliança ao colégio apostólico, presidido por Pedro, para de fato constituir, na terra, um só corpo de Cristo, a que todo o povo de Deus é chamado a se incorporar e ao qual, de certo modo, já pertence.

[17.] Cf. Conc. de Florença, sess. VIII (1439), decr. *Exultate Deo*: Mansi 31, 1055a.
[18.] Cf. S. Agostinho, *In Ps* 32, II, 29: *PL* 36, 299.
[19.] Cf. IV Conc. de Latrão (1215), const. IV: Mansi 22,990; II Conc. de Lião (1274), profissão de fé de Miguel Paleólogo: Mansi 24,71E; Conc. de Florença, sess. 4 (1439), definição *Laetentur coeli*: Mansi 31, 1026E.

Esse povo, durante sua peregrinação terrestre, embora em seus membros esteja sujeito ao pecado, vai crescendo em Cristo, para Deus, de acordo com seus misteriosos desígnios, e é suavemente conduzido para a plenitude final da glória eterna, na Jerusalém celestial, a que chegará um dia, na alegria.

4. O ecumenismo

4. No mundo de hoje, em várias partes da terra, sob o sopro da graça do Espírito Santo, muitos se esforçam pela oração, pela palavra e pela ação, para alcançar a plenitude da unidade almejada por Jesus Cristo. O Concílio exorta os fiéis católicos a reconhecerem os sinais dos tempos e a participarem ativamente do trabalho ecumênico. 508

Por "movimento ecumênico" entendem-se as atividades e iniciativas, segundo as necessidades e as condições temporais da Igreja, que desperta e inspira a busca da unidade entre os cristãos. 509

Em primeiro lugar, o esforço, tanto do ponto de vista da verdade como da eqüidade, para eliminar palavras, juízos e comportamentos que não correspondem à situação em que se encontram, de fato, os irmãos separados e que, portanto, dificultam ainda mais o relacionamento com eles.

Além disso, nas reuniões entre cristãos de diferentes Igrejas ou denominações, realizadas com espírito religioso, estabeleça-se um "diálogo" entre especialistas realmente preparados, em que cada um procure manifestar de maneira mais profunda a doutrina de sua confissão, apresentando-a com toda a clareza possível.

Esse diálogo permite a todos adquirir melhor conhecimento e formar uma opinião mais correta sobre os vários aspectos da doutrina e da vida das diversas denominações.

Favorece, igualmente, onde é possível, a reunião e maior colaboração entre as diversas denominações, nos deveres para com o bem comum, exigidos por toda consciência cristã, assim como na oração unânime.

Finalmente, ao examinar melhor sua fidelidade em relação à vontade de Cristo sobre a Igreja, todos se dispõem a prosseguir com maior afinco no trabalho de reforma ou de renovação de si mesmos.

Tudo isso, praticado com prudência e paciência pelos fiéis da Igreja católica, sob vigilância dos pastores, contribui enormemente para o bem da eqüidade e da verdade, da concórdia e da colaboração, da fraternidade e da união. 510

Dessa forma, os obstáculos que impedem a perfeita comunhão eclesial vão sendo aos poucos superados. Reunidos numa só celebração eucarística, na unidade de uma única e mesma Igreja, os cristãos todos viverão na unidade que Cristo nos proporcionou desde o princípio da Igreja, nós cremos que esta unidade subsiste indefectivelmente na Igreja católica, e esperamos vá crescendo com o tempo, até a consumação dos séculos.

511 É claro que a preparação e a reconciliação daqueles que, pessoalmente, desejam a comunhão católica distingue-se, por natureza, do trabalho ecumênico, embora não haja entre ambos nenhuma oposição, pois são os caminhos que provêm das mesmas admiráveis disposições divinas.

512 Na ação ecumênica, os fiéis católicos devem se preocupar com os irmãos separados, orando por eles, falando com eles das coisas da Igreja, despertando-os para os primeiros passos. Mas, sobretudo, devem estar sobremaneira atentos ao que deve ser feito e renovado na família católica, para sua vida de testemunho mais fiel e mais transparente da doutrina e das instituições herdadas de Cristo por intermédio dos apóstolos.

513 Embora a Igreja católica seja dotada de toda a verdade revelada e de todos os meios de graça, seus membros nem sempre vivem como se deve. Assim sendo, a face da Igreja contemplada pelos irmãos separados e pelo mundo brilha muito pouco, chegando até a criar dificuldades para o avanço do reino de Deus.

Por isso, todos os católicos devem buscar a perfeição cristã[20] e, de acordo com sua condição, esforçar-se para que a Igreja, acolhendo em seu corpo a humildade e a mortificação de Jesus,[21] vá se purificando e renovando todos os dias, até que Cristo a possa exibir gloriosa, sem mancha nem ruga.[22]

514 Conserve-se a unidade no que é necessário. Mas é indispensável que se conserve também a liberdade, de acordo com a função de cada um, nas várias formas de vida espiritual, de disciplina e até de elaborar teologicamente a verdade revelada. Mas, sobretudo e em tudo, cultive-se a caridade, pois só assim se manifestarão plenamente, em nossos dias, a catolicidade e a apostolicidade da Igreja.

515 Por outro lado, é necessário que os católicos reconheçam com alegria e com a devida estima os bens verdadeiramente cristãos provenientes do patrimônio comum existente entre os irmãos separados. Reconhecer as riquezas de Cristo e as obras virtuosas na vida de quem dá testemunho de Cristo às vezes, até o derramamento do sangue, é justo e salutar: Deus é sempre admirável em suas obras.

516 Nem se deve desprezar a obra da graça do Espírito Santo nos irmãos separados, que pode contribuir muito para nossa edificação. Nada do que é verdadeiramente cristão se opõe à fé autêntica; pelo contrário, até ajuda a aprofundar o mistério de Cristo e da Igreja.

[20.] Cf. Tg 1, 4; Rm 12, 1-2.
[21.] Cf. 2Cor 4,10; Fl 2, 5-8.
[22.] Cf. Ef 5, 27.

Isto não quer dizer que as divisões entre os cristãos não sejam, de fato, obstáculos ao bem da Igreja. Opõem-se, pelo menos, à realização da plenitude católica entre todos os seus filhos que, apesar de batizados, estão separados da comunhão plena. Além disso, tornam cada vez mais difícil, para a Igreja, exprimir a plenitude da catolicidade em todos os aspectos de sua vida. 517

O Concílio se alegra com a crescente participação de fiéis católicos no movimento ecumênico e recomenda aos bispos do mundo inteiro que a estimule e oriente. 518

Capítulo II
A prática do ecumenismo

5. A união deve interessar a todos

5. A preocupação de restaurar a unidade concerne a toda a Igreja, tanto aos fiéis quanto aos pastores, de acordo com a posição de cada um, tanto no que se refere à vida cristã, como no que diz respeito aos estudos teológicos e históricos. Tornando-se comum a todos os cristãos, essa preocupação já por si mesma comporta uma certa união fraterna entre todos e vai levando, naturalmente, à unidade plena e perfeita, segundo a misericórdia de Deus. 519

6. A renovação da Igreja

6. Toda renovação da Igreja[1] consiste essencialmente numa maior fidelidade à sua vocação. Ora, o encaminhamento para a unidade se situa precisamente dentro deste mesmo movimento. 520

A Igreja peregrina é chamada por Cristo a uma perene reforma, de que sempre necessita, como toda organização terrena. Tudo pois que, em virtude de circunstâncias diversas, tenha sido menos bem conservado no que diz respeito aos costumes, à disciplina eclesiástica e à formulação da doutrina — que se precisa distinguir claramente do depósito da fé —, há de ser oportuna e devidamente reformado.

Tal renovação tem uma grande importância ecumênica. Os diversos movimentos pelos quais se faz esta renovação da Igreja — movimentos bíblicos e litúrgicos, novas formas de pregação da palavra de Deus, de catequese, de apostolado dos leigos e de vida religiosa, a espiritualidade conjugal e a renovação da doutrina e da atividade social da Igreja — são o penhor e a esperança de grandes progressos no ecumenismo. 521

---

[1] Cf. V Conc. de Latrão, sess. 12 (1517), const. *Constituti*: Mansi 32, 988B-C.

7. A conversão do coração

522 7. Sem a conversão interior do coração hão há verdadeiro ecumenismo. O desejo de unidade provém da renovação do espírito,[2] da abnegação de si mesmo e da libérrima efusão do amor.

Por conseguinte, devemos pedir ao Espírito divino a graça da abnegação sincera, da humildade, da mansidão no serviço dos outros e de uma espiritual liberalidade fraterna em relação aos outros. Como diz o Apóstolo dos gentios: "Peço-lhes, como prisioneiro no Senhor, que se comportem de modo digno da vocação que receberam. Sejam humildes, amáveis, pacientes e sustentem-se uns aos outros no amor. Vivam em paz e mantenham entre vocês a unidade do Espírito" (Ef 4, 1-3), exortação que se dirige especialmente aos que receberam as ordens sagradas com o intuito de continuar entre nós a missão de Cristo, "que veio não para ser servido, mas para servir" (Mt 20, 28).

523 O testemunho de são João se aplica também às faltas contra a unidade: "Se dissermos que nunca pecamos, estaremos afirmando que Deus é mentiroso, e a sua palavra não estará em nós" (1Jo 1, 10). Com humildade, peçamos perdão a Deus e aos irmãos separados, e estejamos dispostos a perdoar aqueles que nos ofenderam.

524 Lembrem-se todos os fiéis de que promoverão melhor a união, ou a praticarão, se procurarem viver puramente segundo o Evangelho. Quanto mais estiverem unidos ao Pai, ao Filho e ao Espírito Santo, tanto mais íntima e facilmente serão capazes de aprofundar a recíproca fraternidade que nos une.

8. A oração comum

525 8. A conversão do coração e a santidade da vida, juntamente com a oração pública pela unidade dos cristãos, devem ser consideradas a alma de todo o movimento ecumênico e podem ser denominadas ecumenismo espiritual.

526 Os católicos costumam unir-se para orar pela unidade da Igreja, repetindo a oração com que o próprio Salvador suplicou ao Pai, na véspera de sua morte: "Para que todos sejam um" (Jo 17, 21).

527 Em determinadas circunstâncias, como por ocasião da oração "pela unidade" e nas reuniões ecumênicas, não só é lícito, como recomendável, que os católicos orem em conjunto com os irmãos separados.

[2.] Cf. Ef 4, 23.

Tais preces são especialmente eficazes na obtenção da graça da unidade e para exprimir a verdadeira significação dos laços que ainda unem os católicos aos irmãos separados: "Onde dois ou três se reúnem em meu nome, eu estarei no meio deles" (Mt 18, 20).

No entanto a intercomunhão (*communicatio in sacris*) não deve ser considerada um meio a ser empregado abusivamente para a restauração da unidade entre os cristãos. Ela decorre de dois princípios: significa a unidade da Igreja e a participação nos mesmos meios de salvação. Inexistindo a unidade, a significação da intercomunhão fica prejudicada, embora a busca comum da graça a possa, eventualmente, recomendar. 528

Concretamente, levando-se em conta todas as circunstâncias de tempo, lugar e pessoas, a autoridade episcopal deve decidir prudentemente, a não ser que haja uma norma contrária da conferência episcopal, dos próprios estatutos diocesanos ou da santa Sé.

9. O conhecimento recíproco

9. É indispensável conhecer o que pensam os irmãos separados. Isto requer estudo, feito com o propósito de encontrar a verdade. É preciso que os católicos, devidamente preparados, adquiram conhecimento da doutrina, da história, da vida espiritual e cultural, da psicologia religiosa e da cultura dos irmãos separados. 529

Para tanto são de grande utilidade as reuniões com participação dos dois lados, especialmente para discutir questões teológicas, em que ambos se tratem como iguais desde que os participantes sejam realmente peritos e estejam sob vigilância do bispo. Nestes diálogos, aparece qual é realmente a situação da Igreja católica, conhece-se melhor o que pensam os irmãos separados e se tem ocasião de esclarecer a nossa fé.

10. O ensino numa perspectiva ecumênica

10. O ensino da sagrada teologia e das outras disciplinas, especialmente da história, deve ser ministrado numa perspectiva ecumênica, de maneira a corresponder melhor à verdade dos fatos. 530

É de especial importância que os futuros pastores e sacerdotes conheçam a teologia assim elaborada, sem polêmica, especialmente no que diz respeito às relações entre os irmãos separados e a Igreja católica. 531

Da formação dos sacerdotes depende enormemente a formação doutrinária e espiritual dos fiéis e dos religiosos. 532

533   Até os missionários, trabalhando na mesma região que outros cristãos, precisam hoje conhecer as questões relativas ao ecumenismo, que surgem de seu próprio apostolado e os frutos que delas podem tirar.

11. Modos de exprimir e de expor a doutrina da fé

534   11. A maneira de exprimir ou de sistematizar a fé não deve, de modo algum, constituir obstáculo ao diálogo com os irmãos separados. É indispensável exprimir integral e claramente a doutrina. Nada há de tão distante do ecumenismo quanto o falso irenismo, que prejudica a pureza da fé católica e torna confuso ou obscuro seu sentido autêntico.

535   Que a fé católica, exposta com maior profundidade e maior exatidão, encontre uma expressão mais facilmente aceita pelos irmãos separados.

536   Além disso, no diálogo ecumênico, os teólogos católicos, aderindo ao ensinamento da Igreja, progridam, junto com os irmãos separados, na investigação dos mistérios divinos, guiados somente pelo amor da verdade, pela caridade e pela humildade.

    No confronto das diversas doutrinas, lembrem-se da ordem interna ou "hierarquia" que há entre as verdades da doutrina católica articuladas com os fundamentos da fé. Dessa forma abre-se caminho para uma verdadeira emulação entre irmãos, que buscam todos um conhecimento mais profundo e uma visão mais clara das insondáveis riquezas de Cristo.[3]

12. A cooperação com os irmãos separados

537   12. Todos os cristãos confessam publicamente a fé em Deus uno e trino, no Filho de Deus encarnado, nosso Senhor e Redentor e se esforçam, estimando-se uns aos outros, por dar testemunho de nossa esperança, que não será confundida.

    Nos dias de hoje há entre todos os seres humanos uma ampla cooperação nas esferas da vida social, pois todos são chamados a trabalhar juntos, especialmente se crêem em Deus e, além disso, se são cristãos. A cooperação entre os cristãos exprime de maneira ainda mais clara a união que de fato existe entre todos os seres humanos e torna mais evidente a verdadeira face de Cristo, servidor da humanidade.

    Esta cooperação, que já existe entre certo número de nações, deve ser ampliada, especialmente nas regiões em pleno desenvolvimento técnico e social, quer tendo em vista a dignidade da pessoa, em função da promoção da paz, para a efetiva aplicação do Evangelho à vida social, para a promoção do espírito cristão nas ciências e nas artes, quer para curar as dificuldades específicas

---
[3.] Cf. Ef 3,8.

de nossa época, como a fome, as calamidades, o analfabetismo e a pobreza, a falta de moradia e a perversa distribuição da riqueza.

Quem acredita em Cristo percebe imediatamente a necessidade desta cooperação, que, por sua vez, requer que todos se conheçam melhor uns aos outros e que se estimem mutuamente, e vai assim preparando o caminho para a unidade entre os cristãos.

Capítulo III

As Igrejas e denominações religiosas separadas

13. As diversas divisões

13. Consideramos especialmente duas grandes categorias de cisões na túnica inconsútil de Cristo. 538

As primeiras cisões tiveram lugar no Oriente, quer pela contestação das fórmulas dogmáticas dos concílios de Éfeso e de Calcedônia, quer, mais tarde, pela quebra da comunhão eclesial entre os patriarcados orientais e a Sé romana. 539

As outras, há mais de quatro séculos, surgiram no Ocidente, em circunstâncias históricas globalmente designadas pelo nome de Reforma, em que se separaram da Sé romana diversas comunidades, com base, quer nacional, quer confessional. Dentre elas, a comunhão anglicana conserva uma série de tradições e estruturas católicas. 540

Estas diversas divisões diferem muito entre si não só por causa da origem, do lugar e do tempo, como, principalmente, em virtude da natureza e da gravidade das questões que levantam a respeito da fé e da estrutura da Igreja. 541

Sem desconhecer nenhuma dessas diferenças, nem deixar de dar o devido valor ao que subsiste de comum entre elas apesar da divisão existente, o Concílio acha que deve propor as seguintes observações, em vista de uma prudente ação ecumênica. 542

I. Considerações sobre as Igrejas orientais

14. Caráter e história próprios dos orientais

14. As Igrejas do Oriente e do Ocidente seguiram durante séculos seus próprios caminhos, mantendo a comunhão fraterna da fé e da vida sacramental e reconhecendo o papel moderador da Sé romana, quando entre elas surgiam dificuldades relativas à fé e à disciplina. 543

O Concílio se alegra em lembrar, entre outros aspectos de primeira importância, o florescimento, no Oriente, de muitas Igrejas particulares ou locais, a começar pelas Igrejas patriarcais e outras, que remontam até aos próprios apóstolos, seus fundadores.

Por isso, a primeira preocupação dos orientais é, sobretudo, de manter entre as Igrejas locais irmãs os laços de comunhão na fé e na caridade.

544   Também não se deve esquecer que as Igrejas orientais conservam desde as origens tesouros de vida litúrgica, espiritual e de ordenamentos jurídicos que foram largamente explorados pela Igreja ocidental. A começar pelas importantes definições dogmáticas relativas à Trindade e ao Verbo, encarnado da Virgem Maria, elaboradas e promulgadas pelos concílios ecumênicos reunidos no Oriente. Essas Igrejas muito sofreram e até hoje sofrem, pela preservação desta fé.

545   A herança transmitida pelos apóstolos foi diversamente acolhida e, por conseguinte, explicada de maneiras diversas nas várias Igrejas, em virtude da diversidade e maneira como cada um entendia e das circunstâncias em que vivia. Tudo isso, mesmo independentemente de causas externas, pela simples falta de compreensão recíproca e de caridade, acabou dando origem a várias divisões.

546   Por isso o Concílio exorta a todos, mas especialmente aos que trabalham na restauração da comunhão plena entre as Igrejas orientais e a Igreja católica, que considerem devidamente todas essas particularidades na origem e no desenvolvimento das Igrejas orientais e a natureza das relações que entretinham com a Sé romana antes da separação, para formar uma opinião correta a respeito e saber, de fato, como dialogar com proveito.

15. A tradição litúrgica e espiritual dos orientais

547   15. Todos sabemos com que amor de Cristo os orientais celebram as realidades sagradas, na liturgia, especialmente a eucaristia, fonte da vida da Igreja e penhor da glória futura. Unidos ao bispo, os fiéis todos, "participantes da natureza divina" (2Pd 1, 4), ascendem a Deus Pai e comungam com a Trindade no Espírito Santo, por intermédio do Filho, Verbo encarnado, que sofreu e foi glorificado.

Assim, a Igreja de Deus é edificada e cresce[1] graças à celebração da eucaristia do Senhor em cada uma das Igrejas, sendo que a comunhão entre elas é manifestada pela concelebração.

[1.] Cf. S. João Crisóstomo, *In Ioannem Homilia*, 46: *PG* 59, 260-262.

Maria, sempre virgem, foi proclamada solenemente mãe santíssima de **548** Deus, no concílio Ecumênico de Éfeso, para reconhecer que, segundo as Escrituras, Cristo é realmente Filho de Deus e Filho do Homem. Na liturgia, os orientais cantam-na com hinos belíssimos, juntamente com os santos, que são, ao mesmo tempo, padres da Igreja universal.

Embora separadas, essas Igrejas conservam os sacramentos, especialmen- **549** te, por causa da sucessão apostólica, o sacerdócio e a eucaristia, mais uma razão para uma estreita união conosco. Por isso, não só é possível, como até recomendável uma certa intercomunhão (*communicatio in sacris*) com as Igrejas orientais, sempre de acordo com as circunstâncias e com a aprovação da autoridade eclesiástica.

No Oriente, são muitas as riquezas espirituais tradicionais, especialmente **550** ligadas ao monaquismo. Desde o tempo glorioso dos padres, floresce a espiritualidade monástica, que depois passou para o Ocidente, está na origem das congregações religiosas latinas e lhes pode conferir hoje novo vigor.

Recomenda-se pois aos católicos que freqüentem com maior intensidade a rica espiritualidade dos padres orientais, capaz de nos fazer alcançar a contemplação com todo o nosso ser.

Saibam todos que é de extrema importância conhecer, venerar, conservar **551** e propagar o riquíssimo patrimônio litúrgico e espiritual dos orientais, para que se mantenha integralmente a plenitude da tradição cristã e se obtenha a reconciliação entre ocidentais e orientais.

16. A disciplina própria dos orientais

16. Além disso, desde as origens, as Igrejas orientais observam normas **552** disciplinares próprias, estabelecidas pelos santos padres e pelos concílios ecumênicos. Isto em nada afeta a unidade da Igreja; pelo contrário, aumenta a sua riqueza e, permitindo uma certa diversidade de costumes, dá importante contribuição ao cumprimento de sua missão.

Como já foi dito acima, salva a necessária unidade da Igreja, para eliminar todas as dúvidas, o Concílio declara que as Igrejas orientais têm o direito de observar suas próprias normas disciplinares, melhor adaptadas à índole de seus fiéis e ao bem de suas almas. A observância deste princípio tradicional, que nem sempre, no passado, foi respeitado, é condição prévia indispensável ao restabelecimento da unidade.

17. A doutrina da fé no Oriente e suas características

17. Tudo que foi dito acima a respeito da diversidade legítima vale também **553** para as diversas expressões teológicas da doutrina.

No Oriente e no Ocidente empregaram-se, de fato, abordagens e métodos diversos, na explanação do que deve ser confessado e ensinado, a partir da verdade revelada. Não é, pois, de admirar que certos aspectos do mistério revelado sejam melhor percebidos ou postos em evidência ora por um, ora por outro e que a diversidade de teologias antes as completa do que as opõe umas às outras.

Deve-se reconhecer que as tradições autênticas dos orientais se baseiam num conhecimento exímio das Sagradas Escrituras, exprimem-se e se fortalecem na vida litúrgica, nutrem-se da tradição apostólica viva, dos escritos dos padres orientais e dos autores espirituais, e tendem a uma visão correta da vida e à contemplação da verdade cristã em sua plenitude.

554   Agradecendo a Deus pelo fato de que inúmeros orientais, filhos da Igreja católica, conservam esse patrimônio e o procuram viver de maneira sempre mais pura, já em comunhão perfeita com os irmãos que seguem a tradição ocidental, o Concílio declara que todo o patrimônio espiritual, litúrgico, disciplinar e teológico dessas diversas tradições pertence à plena catolicidade e apostolicidade da Igreja.

18. A unidade entre Oriente e Ocidente

555   18. Em conseqüência, o Concílio retoma as declarações dos concílios e dos pontífices romanos no passado, segundo as quais, para restaurar ou conservar a comunhão e a unidade, "nada se deve impor, além do necessário" (At 15, 28). Deseja, além disso, ardentemente que se caminhe aos poucos para esse objetivo, fazendo todo esforço requerido tanto nas instituições como nas diversas formas de vida da Igreja, especialmente por intermédio da oração e do diálogo fraterno sobre a doutrina e sobre as necessidades mais urgentes da ação pastoral em nosso tempo.

Recomenda aos pastores e fiéis da Igreja católica que se relacionem com os cristãos orientais que vivem longe de sua pátria, intensificando a colaboração recíproca e excluindo todo espírito de disputa. Havendo empenho nesse sentido, o Concílio espera que caia o muro que divide a Igreja entre oriental e ocidental, transformando as duas numa casa única, baseada num único alicerce, o Cristo Jesus, que de dois fez um só.[2]

II. Igrejas e denominações separadas no Ocidente

19. As condições em que se encontram

556   19. As Igrejas e denominações eclesiásticas que se separaram da Sé apostólica romana no Ocidente, seja por ocasião dos graves acontecimentos que

---

[2.] Cf. Conc. de Florença, sess. 6 (1439), def. *Laetentur coeli*: Mansi 31, 1026E.

marcaram o fim da Idade Média, seja mais tarde, guardam afinidade e relações muito especiais com a Igreja, por terem, durante tanto tempo, no passado, convivido com ela, na unidade de um só povo cristão.

Dada a grande diversidade de origem, doutrina e vida espiritual dessas Igrejas e denominações eclesiásticas, não só em relação à Igreja católica, como, até mesmo entre si, torna-se impossível tentar descrevê-las aqui. 557

Embora o movimento ecumênico e o desejo de paz com a Igreja católica não se tenha ainda generalizado, esperamos que cresçam aos poucos, entre todos, a estima recíproca e o senso ecumênico. 558

Forçoso contudo é reconhecer as grandes diferenças existentes entre a Igreja católica e essas Igrejas ou denominações, quer de ordem histórica, sociológica, psicológica e cultural, quer, sobretudo, no que diz respeito à interpretação da verdade revelada. Mas para que se possa instaurar mais facilmente o diálogo ecumênico apesar de tais diferenças, pretendemos indicar a seguir alguns fundamentos e estímulos que permitam e até mostrem ser um dever empenhar-se nesse diálogo. 559

20. A confissão de Cristo

20. Pensamos, em primeiro lugar, nos cristãos que confessam claramente Jesus Cristo como Deus e Senhor, mediador único entre Deus e os seres humanos, para a glória do único Deus, Pai, Filho e Espírito Santo. Sabemos que há grandes diferenças entre a doutrina da Igreja católica a respeito de Cristo, Verbo de Deus encarnado, e a obra da redenção, assim como o mistério e ministério da Igreja e o papel de Maria na obra da salvação. Alegra-nos, porém, o fato de que os irmãos separados se voltem para Cristo como fonte e centro da comunhão eclesial. O desejo de união com Cristo os leve a buscar sempre mais intensamente a unidade e a dar o testemunho de sua fé junto a todos os povos. 560

21. O estudo da Sagrada Escritura

21. O amor, a veneração e até mesmo o culto das Sagradas Escrituras entre nossos irmãos os leva a se aplicarem com constância ao estudo do livro sagrado: o Evangelho é "força de Deus para a salvação de todo aquele que crê, seja judeu, seja grego" (Rm 1, 16). 561

Invocam o Espírito Santo e buscam a Deus que, como acreditam, lhes fala nas Escrituras em Cristo, prenunciado pelos profetas e encarnado, como 562 palavra de Deus. Contemplam a vida de Cristo em sua caminhada e tudo que o divino mestre fez e ensinou para a salvação dos seres humanos, especialmente os mistérios de sua morte e ressurreição.

563   Os irmãos separados, entretanto, ao afirmarem a autoridade dos Livros Sagrados, têm uma concepção diversa da nossa, no tocante às relações entre as Escrituras e a Igreja. Na Igreja, a fé católica reconhece a especial autoridade do magistério autêntico na interpretação e pregação da palavra de Deus escrita.

564   No entanto as palavras sagradas são extremamente importantes para o diálogo, como instrumento colocado na poderosa mão de Deus, para conseguir a unidade que o Salvador oferece a todos os seres humanos.

22. A vida sacramental

565   22. Quando conferido de acordo com a instituição do Senhor e recebido com a devida disposição de alma, o sacramento do batismo incorpora de fato a pessoa a Cristo crucificado e ressuscitado e a regenera para a participação na vida divina, segundo o que diz o Apóstolo: "Sepultados juntamente com ele pelo batismo, em quem também ressuscitamos, pela fé no gesto divino, que o ressuscitou dentre os mortos" (Cl 2, 12).[3]

566   O batismo é por conseguinte um vínculo sacramental de unidade, unindo todos os que foram regenerados por ele. Mas o batismo é também um simples começo, que tende à consecução da plenitude da vida em Cristo. Assim, o batismo está ordenado à profissão da fé integral, à plena incorporação na instituição da salvação, segundo a vontade de Cristo, e, finalmente, à participação na comunhão eucarística.

567   As denominações eclesiais separadas, embora não estejam unidas conosco segundo a unidade plena radicada no batismo, e embora acreditemos, sobretudo pela falta do sacramento da ordem, que não tenham conservado integralmente a substância do mistério eucarístico ao celebrarem a santa ceia, fazem efetivamente memória da morte e da ressurreição do Senhor, manifestam, pela comunhão, a vida em Cristo e testemunham esperar a sua vinda gloriosa. Por isso, a doutrina a respeito da ceia do Senhor, dos outros sacramentos, do culto e do ministério da Igreja deve necessariamente ser objeto de diálogo.

---

[3] Cf. Rm 6, 4.

23. A vida com Cristo

23. A vida desses irmãos se alimenta da fé em Cristo, é sustentada pela graça do batismo e pelo acolhimento da palavra de Deus ouvida. Manifesta-se na oração privada e na meditação bíblica, na vida familiar cristã e no culto comunitário em louvor a Deus, que conserva, em geral, importantes elementos da antiga liturgia comum.

A fé em Cristo dá frutos de louvor e de ação de graças pelos benefícios divinos recebidos e desperta um vivo senso de justiça e de sincera caridade para com o próximo. A mesma fé, ativa, suscita muitas iniciativas de socorro às misérias corporais e espirituais, de educação da juventude, de obtenção de condições mais humanas de vida social e de consolidação da paz universal.

Embora muitos cristãos não concordem com os católicos na interpretação da moral evangélica, nem proponham soluções análogas para os difíceis problemas da sociedade atual, todos concordamos em querer aderir à palavra de Cristo como fonte da virtude cristã e obedecer ao preceito apostólico: "Tudo que fizerem, por palavras ou por atos, façam-no em nome de Jesus Cristo Senhor, dando graças a Deus por ele" (Cl 3, 17). O diálogo ecumênico sobre a aplicação moral do Evangelho pode começar por aqui.

24. Para a união entre os irmãos separados

24. Expostas as condições em que se exerce a ação ecumênica e os princípios pelos quais se deve guiar, voltemos os olhos para o futuro.
O Concílio exorta os fiéis para que evitem toda leviandade ou zelo imprudente que possam prejudicar o caminhar para a unidade. Sua ação ecumênica precisa ser plena e sinceramente católica, fiel à verdade que recebemos dos apóstolos e dos padres, consentânea com a fé sempre professada pela Igreja e tendente à plenitude que o Senhor deseja que vá sendo vivida no tempo pelo seu corpo.

O Concílio deseja ardentemente que as iniciativas dos filhos da Igreja católica progridam em conjunto com as iniciativas dos irmãos separados, sem que ninguém coloque obstáculo aos caminhos da Providência nem prejudique às futuras inspirações do Espírito Santo.
Mas o Concílio declara igualmente estar consciente de que o santo projeto de reconciliar todos os cristãos na unidade de uma só Igreja ultrapassa as forças e as capacidades humanas. Coloca totalmente sua esperança na oração de Cristo pela Igreja, no amor do Pai para conosco e na virtude do Espírito Santo. "A esperança não será confundida, pois o amor de Deus foi derramado em nossos corações pelo Espírito Santo, que nos foi dado".

Tudo o que se estabeleceu neste decreto foi aprovado pelos padres conciliares. Nós, em virtude do poder apostólico que nos foi confiado por Cristo e em conjunto com todos os veneráveis padres conciliares, no Espírito Santo, aprovamos, decidimos e estatuímos, ordenando que sejam promulgadas essas normas conciliares para a glória de Deus.

Roma, junto a S. Pedro, 21 de novembro de 1964
Eu, PAULO, *bispo da Igreja católica*

(seguem-se as demais assinaturas)

PAULO BISPO
SERVO DOS SERVOS DE DEUS
JUNTO COM OS PADRES CONCILIARES
PARA PERPÉTUA MEMÓRIA

Decreto *Christus Dominus* sobre a função pastoral dos bispos na Igreja

PROÊMIO

1. Cristo Senhor, Filho do Deus vivo, assim como foi enviado por Deus para salvar o seu povo dos pecados[1] e para que todos os homens fossem santificados, enviou por sua vez os apóstolos[2] e santificou-os, comunicando-lhes o Espírito Santo, para que, na terra, glorificassem também ao Pai e salvassem os homens, em vista da "edificação do corpo de Cristo" (Ef 4, 12), que é a Igreja.

573

2. Os bispos, continuadores de Cristo

2. Cristo confiou a Pedro o pastoreio de suas ovelhas e cordeiros. Como sucessor de Pedro, na Igreja de Cristo, o pontífice romano goza, por instituição divina, do poder supremo, pleno, imediato e universal no que diz respeito à cura das almas. Detém, pois, o primado do poder ordinário sobre todas as Igrejas, na qualidade de pastor de todos os fiéis, enviado para cuidar do bem comum da Igreja universal e de cada uma das Igrejas em particular.

574

Como pastores de almas e igualmente sucessores dos apóstolos, por força do Espírito Santo,[3] os bispos são enviados para perpetuar a obra de Cristo,

575

---

[1] Cf. Mt 1, 21.
[2] Cf. Jo 20, 21.
[3] Cf. Conc. Vat. I, Const. dogm. I, sobre a Igreja de Cristo, *Pastor aeternus*, c. 3. Dz 1828 (3061).

eterno pastor, juntamente com o sumo pontífice e sob sua autoridade.[4] Cristo ordenou e conferiu aos apóstolos e a seus sucessores o poder de ensinar a todos os povos, santificar os homens na verdade e conduzi-los, como pastores. Pelo Espírito Santo que lhes foi conferido, os bispos se tornam verdadeiros doutores da fé, pontífices e pastores.[5]

576   3. A função episcopal que receberam pela consagração[6] leva os bispos a participarem das preocupações de todas as Igrejas. Exercem-na unidos num só Colégio ou corpo episcopal, em comunhão com o sumo pontífice e sob sua autoridade, no que diz respeito ao magistério e ao governo pastoral da Igreja de Deus, universal.

577   Cada um deles a exerce na porção do rebanho do Senhor que lhes é atribuída, cuidando cada um da Igreja particular que lhe foi confiada ou às vezes, juntamente com outros, provendo às necessidades comuns de diversas outras Igrejas.

578   Por isso o Concílio, tendo em vista as atuais condições da sociedade, que se organiza diferentemente nos dias de hoje[7] se apressa em melhor definir a função episcopal, estabelecendo o que segue.

Capítulo I

Os bispos e a Igreja universal

I. Os bispos em relação à Igreja universal

4. O colégio episcopal

579   4. Os bispos se tornam membros do corpo episcopal em virtude da consagração sacramental e da comunhão hierárquica com a cabeça e os membros do colégio episcopal.[1] "A ordem episcopal, sucessora do colégio apostólico, no magistério e no governo pastorais, através do qual o corpo apostólico mantém sua continuidade, é sujeita ao poder supremo e pleno sobre toda a Igreja, em conjunto com sua cabeça, o pontífice romano e jamais sem ele. Esse poder só é portanto efetivamente exercido em consenso com o pontífice romano".[2]

[4.] Cf. Conc. Vat. I, Const. dogm. I, sobre a Igreja de Cristo, *Proem*. Dz 1821 (3050).
[5.] Cf. Conc. Vat. II, *Lumen Gentium* 21, 24, 25: *AAS* 57 (1965) pp. 24-25, 29-31.
[6.] Cf. Conc. Vat. II, *Lumen Gentium* 21: *AAS* 57 (1965) pp. 24-25.
[7.] Cf. João XXIII, const. apost. *Humanae salutis*, 25.12.1961: *AAS* 54 (1962) p. 6.
[1.] Cf. Conc. Vat. II, *Lumen Gentium* 22: *AAS* 57 (1965) pp. 25-27.
[2.] Ibidem.

Esse poder "se exerce de maneira solene no Concílio Ecumênico".[3] Por isso o Concílio declara que todos os bispos que são membros do colégio episcopal têm o direito de intervir no Concílio.

"Os bispos do mundo inteiro exercem o poder colegial juntamente com o papa, quando ele, como cabeça do colégio, os chama ou pelo menos aprova, acolhe e confere caráter colegial a uma ação conjunta de bispos dispersos pelo mundo".[4]

580

5. O sínodo dos bispos

5. Os bispos das diversas regiões do mundo, escolhidos segundo as formas e métodos já estabelecidos ou a estabelecer pelo pontífice romano, prestam ao supremo pastor da Igreja um grande auxílio, no conselho denominado *sínodo dos bispos*,[5] em que a ação dos bispos de todo o mundo católico, em comunhão hierárquica, exprime sua participação nas preocupações da Igreja universal.[6]

581

6. Os bispos e a Igreja universal

6. Como legítimos sucessores dos apóstolos e membros do colégio episcopal, os bispos se mantenham unidos entre si e se mostrem atentos aos problemas de todas as Igrejas. Por instituição divina e exigência da função apostólica, seja cada um garantia para sua Igreja, em união com todos os demais bispos.[7]

582

Estejam particularmente atentos às regiões em que a palavra de Deus ainda não foi anunciada e àquelas em que os fiéis correm o risco de se afastar das exigências da vida cristã e até de perder a fé, principalmente por causa da carência de sacerdotes.

Esforcem-se pois sobremaneira para que os trabalhos de evangelização e apostolado sejam alegremente sustentados e promovidos pelos fiéis. Empenhem-se no adequado preparo de ministros e auxiliares, tanto religiosos como leigos, para as missões e para as regiões que sofrem da penúria de clero. Na medida do possível, estimulem alguns de seus sacerdotes a ir para estas missões e dioceses exercer o ministério de maneira definitiva, ou, pelo menos, temporária.

583

---

[3] Ibidem.
[4] Cf. Conc. Vat. I, const. dogm. I, *Lumen Gentium*, Proem. Dz 1821 (3050).
[5] Cf. Paulo VI, *motu proprio Apostolica sollicitudo*, 15.9.1965: *AAS* 57 (1965), pp. 27-28.
[6] Cf. Conc. Vat. II, *Lumen Gentium* 23: *AAS* 57 (1965) pp. 27-28.
[7] Cf. Pio XII, enc. *Fidei donum*, 21.4.1957: *AAS* 49 (1957), p. 237; cf. também: Bento XV, cart. apost. *Maximum illud*, 30.11.1919: *AAS* 11 (1919), p. 440; Pio XI, Enc. *Rerum Ecclesiae*, 28.2.1926: *AAS* 18 (1926), pp. 68ss.

584   Na administração dos bens eclesiásticos, os bispos devem ter presentes não só as necessidades de suas respectivas dioceses, mas também das outras Igrejas particulares, que fazem parte da única Igreja de Cristo. Na medida de seus recursos, socorram outras dioceses e regiões assoladas por calamidades.

7. Caridade para com os bispos perseguidos

585   7. Que abracem como irmãos e façam tudo para ajudar especialmente os bispos que sofrem calúnias e vexações por causa do nome de Cristo, que estão presos ou proibidos de exercer o ministério, para que sua dor seja abrandada, graças às orações e às obras de seus co-irmãos.

II. Os bispos e a santa Sé

8. O poder dos bispos em sua diocese

586   8. a) Como sucessores dos apóstolos, os bispos têm por si mesmos, nas dioceses que lhes são confiadas, poder ordinário próprio e imediato em relação às exigências do exercício de sua função pastoral, resguardado sempre o poder universal do romano pontífice, inclusive para reservar determinados assuntos a si ou a outra autoridade.

587   b) Aos bispos diocesanos se reconhece a faculdade de dispensar os fiéis sobre os quais exercem o poder canônico, da lei geral da Igreja, em casos particulares, todas as vezes que o julgarem útil para o seu bem espiritual, desde que a suprema autoridade da Igreja não se tenha reservado algum direito especial.*

9. Os dicastérios romanos

588   9. No exercício do poder supremo, pleno e imediato sobre toda a Igreja, o pontífice romano utiliza os dicastérios da cúria romana que, em seu nome e por sua autoridade, exercem sua função em vista do bem da Igreja e a serviço dos sagrados pastores.

589   Os padres conciliares desejam que esses dicastérios, que tão grande auxílio prestaram ao romano pontífice a aos pastores da Igreja, sejam reformados de acordo com as necessidades dos tempos, das regiões e dos diversos ritos, especialmente no que concerne a seu número, nome, competência, métodos,

---

* Para a Igreja oriental a suspensão da lei (*vacatio legis*) a que se refere o n. 8 foi prorrogada e cessará de existir no dia indicado pelo decreto executivo de próxima promulgação (cf. Declaração da Sagrada Congregação para a Igreja oriental, 6.6.1966: *AAS* 58 [1956], p. 523).

ação e coordenação dos trabalhos.[8] Desejam igualmente que o papel dos núncios apostólicos seja melhor determinado, levando em conta a própria função pastoral dos bispos.

10. Membros e oficiais dos dicastérios romanos

10. Como esses dicastérios foram estabelecidos em função do bem da Igreja universal, é desejável que seus membros, oficiais e consultores, assim como núncios apostólicos, na medida do possível, provenham das Igrejas das mais diversas regiões, para que os serviços e os órgãos centrais da Igreja católica sejam realmente universais. 590

Deseja-se igualmente que alguns bispos diocesanos sejam chamados a participar, como membros, dos dicastérios, para que possam fazer chegar melhor ao sumo pontífice os desejos e as necessidades de todas as Igrejas. 591

Finalmente, os padres conciliares julgam da maior utilidade que leigos de virtude, saber e experiência comprovados, sejam ouvidos pelos dicastérios de, maneira a ficar patente que também eles participam da Igreja. 592

Capítulo II

Os bispos e as Igrejas particulares ou dioceses

I. Os bispos diocesanos

11. Dioceses e deveres dos bispos diocesanos

11. Diocese é a porção do povo de Deus confiada aos pastoreio do bispo com a cooperação dos sacerdotes. Congregada no Espírito Santo pelo seu pastor, através do Evangelho e da eucaristia, une-se a ele, constituindo uma Igreja particular, na qual está verdadeiramente presente e operante a Igreja de Cristo, una, santa, católica e apostólica. 593

O bispo a que foi confiada uma Igreja particular é seu pastor próprio, ordinário e imediato. Apascenta suas ovelhas em nome de Cristo, sob a autoridade do sumo pontífice, no exercício de suas funções de ensinar, santificar e governar. Deve entretanto reconhecer os direitos legítimos dos patriarcas ou outras autoridades.[1] 594

---

[8] Cf. Paulo VI, alocução aos cardeais e oficiais da cúria, 21.9.1963: *AAS* 55 (1963), pp. 793ss.
[1] Cf. Conc. Vat. II, *Orientalium Ecclesiarum*, 7-11: *AAS* 57 (1965), pp. 79-80.

595   Que os bispos saibam que dar o testemunho de Cristo diante de todos os homens faz parte de sua função apostólica. Cuidem não somente dos que já seguem o Príncipe dos pastores, mas se dediquem também de coração àqueles que se afastaram de algum modo da verdade ou do Evangelho de Cristo e ignoram a salvação misericordiosa, a fim de que todos caminhem "na bondade, na justiça e na verdade" (Ef 5, 9).

12. A função de ensinar

596   12. No exercício de sua função de ensinar, que os bispos anunciem aos homens o Evangelho de Cristo. É uma de suas principais funções.[2] Convoquem-nos à fé, na força do Espírito e nela os confirmem. Proponham-lhes o mistério de Cristo na sua integridade, isto é, com todas as verdades cuja ignorância significaria ignorar Cristo. Indiquem-lhes o caminho divinamente revelado que leva à glória de Deus e, por isso mesmo, à eterna felicidade.[3]

597   Mostrem-lhes, além disso, que as coisas terrenas e as instituições humanas, segundo as disposições do Criador, estão ordenadas à salvação da humanidade e que são, por isso, muito valiosas para a edificação do corpo de Cristo.

598   Ensinem o valor que se deve atribuir à pessoa, à liberdade e à vida, segundo a doutrina da Igreja. A importância da família, sua união e sua estabilidade, a fecundidade e a educação dos filhos. O valor da sociedade civil, com suas leis e profissões. O trabalho e o lazer, as artes e as invenções técnicas. Indique, finalmente, como se portar diante das gravíssimas questões relativas à propriedade, ao aumento e à distribuição da riqueza, à paz, à guerra e ao convívio fraterno entre todos os povos.[4]

13. A doutrina cristã nos dias de hoje

599   13. Proponham a doutrina cristã em forma adaptada às necessidades de hoje, respondendo às dificuldades e às principais questões que angustiam e preocupam a humanidade. Procurem manter viva a doutrina, junto aos fiéis, ensinando-os a defendê-la e a propagá-la. Ao transmiti-la, demonstrem a solicitude maternal da Igreja para com todos os seres humanos, fiéis ou não, cuidando especialmente dos pobres e dos mais fracos, a quem o Senhor os enviou para evangelizar.

---

[2] Cf. Conc. de Trento, sess. 5, decr. *De reform.*, c. 2: Mansi 33, 30; sess. XXIV, decr. *De reform.*, c. 4: Mansi 33, 159; Conc. Vat. II, *Lumen Gentium* 25: *AAS* 57 (1965), pp. 29s.
[3] Cf. Vat. II, *Lumen Gentium* 25: *AAS* 57 (1965), pp. 29-31.
[4] Cf. João XXIII, enc. *Pacem in terris*, 11.4.1963: *AAS* 55 (1963) pp. 257-304.

Como a Igreja precisa dialogar com a sociedade humana em que vive,[5] **600** compete aos bispos, em primeiro lugar, buscar e promover o contato com homens e mulheres. Nesse diálogo, para que a verdade e a caridade, a inteligência e o amor andem sempre juntos, a clareza do discurso deve ser acompanhada de gentileza e humildade, prudência e confiança, pois é próprio da amizade levar as pessoas a se entenderem.[6]

Lancem mão de todos os recursos de que hoje dispomos para anunciar a **601** doutrina cristã, especialmente para pregar e catequizar, que é o mais importante. Proponham a doutrina nas escolas e nas universidades, em conferências e em reuniões de toda espécie, difundindo declarações públicas nas ocasiões propícias, usando a imprensa e todos os meios de comunicação social para anunciar o Evangelho de Cristo.[7]

14. A instrução catequética

14. Sejam vigilantes no que diz respeito à instituição catequética, que **602** visa, pela ilustração da doutrina, tornar viva, explícita e atuante a fé entre os seres humanos. Que ela seja ministrada cuidadosamente às crianças e aos adolescentes, como também aos jovens e aos adultos. Observe-se sempre o método mais apropriado, dentro da ordem ditada menos pela conveniência da matéria do que pela índole, capacidade, idade e condição de vida dos ouvintes, sempre com base na Sagrada Escritura, na Tradição, na liturgia, no magistério e na vida da Igreja.

Procurem fazer com que os catequistas sejam bem preparados para sua **603** função, conhecendo plenamente a doutrina da Igreja, a psicologia e a pedagogia, tanto prática como teoricamente.

Restabeleçam também, na forma mais apropriada, a instituição dos cate- **604** cúmenos adultos.

15. A função de santificar

15. Ao exercerem sua função de santificar, os bispos devem se lembrar de **605** que são homens como os outros, colocados a serviço dos seres humanos no que diz respeito a Deus, para oferecer dons e sacrifícios pelo pecado. Os bispos têm a plenitude do poder de ordem. Deles dependem os padres, cooperadores

---

[5] Cf. Paulo VI, enc. *Ecclesiam suam*, 6.8.1964: *AAS* 56 (1964) p. 639.
[6] Cf. Paulo VI, enc. *Ecclesiam suam*, 6.8.1964: *AAS* 56 (1964) pp. 644-645.
[7] Cf. Vat. II, *Inter Mirifica*: *AAS* 56 (1964) pp. 145-153.

da ordem episcopal e verdadeiros sacerdotes do Novo Testamento. Dependem igualmente deles os diáconos, ordenados para o serviço do povo de Deus, em comunhão com o bispo e seus padres. Os bispos são portanto os principais ministros dos mistérios de Deus e de toda a vida litúrgica da Igreja, de que são responsáveis como moderadores, promotores e vigilantes.[8]

606 Empenhem-se, portanto, sem descanso, para que os fiéis aprofundem o conhecimento do mistério pascal de Cristo e o vivam cada vez mais intensamente na eucaristia, formando um só corpo estreitamente unido na unidade da caridade de Cristo.[9] "Assíduos na oração e no serviço da palavra" (At 6, 4), trabalhem para que todos os que lhes são confiados cresçam em graça e testemunhem fielmente o Senhor, na oração unânime[10] e na recepção dos sacramentos.

607 Apliquem-se os bispos em promover a santidade de seus clérigos, religiosos e leigos, segundo a vocação peculiar de cada um,[11] pois devem visar, por ofício, à perfeição. Lembrem-se de que são obrigados a dar exemplo de caridade, humildade e simplicidade de vida. Santifiquem assim as Igrejas que lhes são confiadas para que tenham plena consciência de pertencer à Igreja universal de Cristo. Dêem a maior atenção possível às vocações religiosas e sacerdotais, cuidando especialmente das vocações missionárias.

16. A função de governar

608 16. Pais e pastores, os bispos devem estar no meio dos seus, como servidores.[12] Como pastores, devem conhecer suas ovelhas e ser por elas reconhecidos. Como verdadeiros pais, devem tratar a todos com amor e dedicação e ser por sua vez tratados com alegre submissão por todos os que lhes acatam a autoridade, que vem de Deus. Organizem e formem de tal maneira sua família, que todos vivam e atuem conscientes de suas responsabilidades e unidos na comunhão da caridade.

609 Esse resultado só será alcançado na medida em que os bispos souberem organizar sua vida de acordo com as exigências da vida de hoje. "Devem estar preparados para, em tudo, fazer o bem" (2Tm 2, 21) e "tudo sustentar por causa dos eleitos" (2Tm 2, 10).

---

[8] Cf. Vat. II, Sacrosanctum Concilium: *AAS* 56 (1964) pp. 97ss.; Paulo VI, *motu proprio Sacram liturgiam*, 25.1.1964: *AAS* 56 (1964) pp. 139ss.
[9] Cf. Pio XII, enc. *Mediator Dei*, 20.11.1942: *AAS* 39 (1947) pp. 521 ss.; Paulo VI, enc. *Mysterium fidei*, 3.9.1965: *AAS* 57 (1965) 753-774.
[10] Cf. At 1, 14 . 2, 46.
[11] Cf. Vat. II, *Lumen Gentium* 44-45: *AAS* 57 (1965) pp. 50-52.
[12] Cf. Lc 22, 26-27.

Acolham sempre com especial amor, como filhos e amigos,[13] os sacer- **610**
dotes que participam de suas funções e de suas preocupações e se dedicam
cotidianamente ao trabalho pastoral. Estejam sempre prontos a ouvi-los e
se habituem a tratá-los com confiança recíproca, em benefício da pastoral
diocesana, sob todos os seus aspectos.

Preocupem-se com as condições espirituais, intelectuais e materiais em que **611**
se encontram os sacerdotes, a fim de que vivam santa e piedosamente, cumprindo fielmente e com bons resultados o seu ministério. Favoreçam as instituições sacerdotais e promovam as reuniões de padres entre si. Nesses encontros, os sacerdotes se reúnem periodicamente, quer para fazerem retiros mais longos, quer para se renovar espiritualmente ou aprofundarem as disciplinas eclesiásticas, especialmente a Sagrada Escritura, a teologia, as questões sociais mais discutidas e os novos métodos pastorais. Atuem eficazmente e com misericórdia junto aos sacerdotes faltosos ou que de algum modo correm perigo.

Sejam capazes de aconselhar devidamente os fiéis ao bem, de acordo **612**
com a condição de cada um. Procurem conhecer com exatidão a situação social em que vivem, recorrendo aos devidos meios, como, por exemplo, às pesquisas sociais. Dêem atenção a todos, de qualquer idade, condição ou nação, moradores em sua terra ou estrangeiros e peregrinos. Nesse aspecto da cura pastoral, deixem aos fiéis a responsabilidade que lhes cabe na Igreja, reconhecendo-lhes o dever e o direito de colaborar ativamente na edificação do corpo místico de Cristo.

Demonstrem grande amor para com os irmãos separados, recomendando **613**
aos fiéis que os tratem com humanidade e caridade, favorecendo o ecumenismo como o entende a Igreja.[14] Tenham também, no coração, os não-batizados, para que brilhe igualmente para eles a caridade de Cristo Jesus, de que os bispos são testemunhas diante de todos os homens.

17. Formas especiais de apostolado

17. Promovam as diversas formas de apostolado, tanto no conjunto da **614**
diocese como em algumas de suas regiões com características especiais. Todas as obras apostólicas devem ser coordenadas e articuladas umas com as outras, sob a direção do bispo. Todas as iniciativas ou organizações catequéticas, missionárias, beneficentes, sociais, familiares, escolares ou visando a qualquer outra finalidade pastoral devem contribuir para que se manifeste a unidade da diocese.

---

[13] Cf. Jo 15, 15.
[14] Cf. Vat. II, *Unitatis Redintegratio*: *AAS* 57 (1965) pp. 90-107.

615 Insista-se no dever que têm os fiéis de se dedicar ao apostolado segundo a condição e as aptidões de cada um, recomendando-lhes que participem das diversas obras do apostolado leigo e as apóiem, especialmente a ação católica. Estimulem e favoreçam associações que direta ou indiretamente visam ou a um fim sobrenatural, como a vida mais perfeita, o anúncio universal do Evangelho de Cristo, o aprofundamento da doutrina cristã e a promoção do culto público, ou a um fim social, uma obra de piedade ou de caridade.

616 As formas de apostolado estejam adaptadas às atuais necessidades, de acordo não só com as condições espirituais e morais das pessoas, mas também com a situação social, demográfica e econômica em que vivem. Nesse sentido, recomendam-se as pesquisas sociais e religiosas feitas por institutos de sociologia pastoral.

18. Grupos especiais de fiéis

617 18. Tenha-se especial cuidado dos fiéis que, em virtude de seu regime de vida, não podem suficientemente aproveitar da pastoral paroquial, como inúmeros migrantes, estrangeiros e exilados, marinheiros, aeroviários, nômades e outros. Desenvolvam-se formas pastorais destinadas a promover e alimentar a vida espiritual dos que viajam de férias.

618 Em todos esses casos, as conferências episcopais de cada país estudem os meios e as instituições pastoralmente melhor adaptadas e tomem uma decisão comum, de acordo, antes de tudo, com as normas da Sé apostólica[15], que se apliquem às condições vigentes de tempo, lugar e pessoas.

19. Os bispos e a autoridade civil

619 19. No desempenho de sua função apostólica, visando à salvação das almas, os bispos são inteira e completamente livres e independentes de toda e qualquer autoridade civil. Não é, portanto, lícito impedir, direta ou indiretamente, o exercício das funções eclesiásticas, nem proibir os bispos de se comunicarem livremente com a Sé apostólica, com outras autoridades ou com os seus súditos.

620 Não há dúvida de que os bispos, cuidando espiritualmente de seu rebanho, contribuem ativamente para o proveito e a prosperidade da sociedade

---

[15] Cf. S. Pio X, *motu proprio Iampridem*, 19.3.14: *AAS* 6 (1914) pp. 173ss.; Pio XII, const. apost. *Exsul familia*, 1.8.1952: *AAS* 44 (1952) pp. 649ss.; *Legis Operio Apostolatus Maris*, publicada sob a autoridade de Pio XII, 21.11.1957: *AAS* 50 (1958) pp. 375-383.

e da cidadania. Colaborem pois com as autoridades públicas, sem fugir às exigências de sua função e ao que lhes convém como bispos, recomendando a obediência às leis justas e o respeito às autoridades constituídas.

20. A nomeação dos bispos

20. O Concílio declara que o direito de nomear e constituir bispos é próprio, peculiar e exclusivo da autoridade eclesiástica, pois a função apostólica dos mesmos foi instituída pelo Cristo Senhor, com finalidade espiritual e sobrenatural. **621**

Para preservar a liberdade da Igreja e melhor promover o bem dos fiéis, o Concílio deseja que não se conceda mais, no futuro, nenhum direito ou privilégio na eleição, nomeação, apresentação ou designação para o ofício episcopal. O Concílio, agradecido e cheio de reconhecimento para com as autoridades civis que levam em conta a vontade da Igreja, pede-lhes que espontaneamente renunciem aos direitos ou privilégios pactuados e que ainda estejam em vigor. **622**

21. A renúncia ao ministério episcopal

21. Dada a importância e a gravidade da função pastoral que exercem, solicita-se aos bispos diocesanos e a todos que lhes são equiparados que renunciem ao seu cargo espontaneamente ou a pedido da autoridade competente quando, pela idade ou por qualquer outra causa grave, tornarem-se menos aptos ao exercício de suas funções. A autoridade competente, ao aceitar a renúncia, cuidará do sustento e da proteção aos direitos próprios do renunciante. **623**

II. Os limites diocesanos

22. Revisão dos limites diocesanos

22. Para alcançar a finalidade específica da diocese, é preciso, primeiro, que a natureza da Igreja se manifeste de maneira clara ao povo de Deus que lhe pertence; depois, que os bispos possam exercer em toda ela sua função pastoral; finalmente, que se preste assistência espiritual ao povo de Deus, da melhor maneira possível. **624**

Tudo isso exige que se estabeleçam os limites territoriais da diocese e que os clérigos sejam distribuídos segundo critério sadio, de acordo com as exigências do apostolado, não só para o bem dos próprios clérigos e dos fiéis mas, igualmente, de toda a Igreja católica. **625**

626 Por isso o Concílio resolve, no que diz respeito aos limites diocesanos, que sejam revistos prudentemente, quanto antes, levando em conta as exigências do bem das almas. As dioceses sejam divididas, desmembradas ou reunidas, mudando-se os seus limites ou as sedes episcopais para locais mais adaptados à atual realidade; ou ainda, no caso das dioceses das grandes cidades, que se reveja, principalmente, sua organização interna.

23. Normas para a revisão dos limites diocesanos

627 23. Na determinação dos limites diocesanos deve-se manter, antes de tudo, a unidade orgânica de cada diocese, quanto às pessoas, ofícios e instituições, como se tratando de um corpo vivo. Considere-se, entretanto, cada caso, ponderando bem as circunstâncias, e adotando os critérios gerais abaixo discriminados:

628 1) Na definição dos limites diocesanos, pode ser de grande valia para a cura pastoral levar-se em consideração, na medida do possível, a diversidade do povo de Deus. Procure-se igualmente basear-se nos dados demográficos e respeitar, quanto possível, as instituições civis e a unidade das estruturas sociais.

629 Respeitem-se pois, se for o caso, os limites das circunscrições civis e as circunstâncias especiais de pessoas e de lugares como, por exemplo, fatores de ordem psicológica, econômica, geográfica e histórica.

630 2) O tamanho do território diocesano e o número de habitantes deve, por um lado, possibilitar que o bispo, juntamente com seus auxiliares, possa desempenhar de maneira conveniente suas funções, as visitas pastorais, a direção e a coordenação das obras de apostolado na diocese, e conhecer os seus sacerdotes, os religiosos e os leigos que atuam na diocese. Por outro lado, o território diocesano deve oferecer um campo de ação suficientemente amplo para permitir que bispo e clérigos empenhem, de maneira útil, todas as suas forças no ministério, tendo diante dos olhos as necessidades da Igreja universal.

631 3) Para que se possa exercer convenientemente o ministério da salvação na diocese, tenha-se por regra que clérigos e leigos, em número suficiente e com a necessária qualificação, estejam dispostos a prestar serviço pastoral ao povo de Deus. Não desistam dos deveres, instituições e trabalhos próprios da Igreja particular, reconhecidamente necessários ao seu governo e ao apostolado. Os recursos indispensáveis ao sustento das pessoas e das obras, quando não estão disponíveis, devem ser providenciados.

632 Quando os fiéis pertencem a diversos ritos, o bispo deve prover às suas necessidades espirituais, quer através de sacerdotes ou paróquias desses respectivos ritos, quer através de vigários episcopais dotados dos poderes indispensáveis e,

se for o caso, inclusive do caráter episcopal; quer, finalmente, pelo desempenho pessoal do próprio bispo, exercendo a função de ordinário dos diversos ritos. Se nenhuma dessas soluções for viável, de acordo com o parecer da Sé apostólica, constitua-se uma hierarquia própria, segundo a diversidade dos ritos.[16]

633 O mesmo se diga dos fiéis de línguas diversas. Sejam confiados a sacerdotes ou a paróquias de sua língua, contem com um vigário episcopal que a saiba falar corretamente, que seja inclusive bispo, se necessário, ou se adote qualquer outra solução melhor.

24. Consulta às conferências episcopais

634 24. Tais mudanças e modificações (ns. 22-23), salvo a disciplina da Igreja oriental, devem ser submetidas às respectivas conferências episcopais, se necessário, por uma comissão de bispos que ouça especialmente os bispos das províncias e regiões interessadas, antes de propor algo à Sé apostólica.

III. Os cooperadores do bispo na pastoral

1) Bispos coadjutores e auxiliares

635 25. No governo das dioceses, a lei suprema do ministério pastoral do bispo deve ser sempre o bem do rebanho do Senhor. Freqüentemente este bem exige que o bispo tenha auxiliares, pois não pode enfrentar sozinho o tamanho da diocese, o número de habitantes, certas formas especiais de apostolado ou quaisquer outras particularidades que o impeçam de satisfazer plenamente a tudo que o bem das almas exige. Às vezes é preciso até estabelecer um bispo coadjutor, para ajudar o bispo diocesano. Coadjutores e auxiliares devem gozar dos poderes necessários ao desempenho eficaz de sua ação e exigidos pela dignidade episcopal, sempre porém resguardadas a unidade do governo e a autoridade do bispo diocesano.

636 Os bispos coadjutores e auxiliares, chamados a participar das responsabilidades do bispo diocesano, exerçam suas funções de acordo com ele, prestando-lhe obséquio e reverência, o qual, por sua vez, dedique a seus coadjutores e auxiliares amor e estima verdadeiramente fraternos.

26. Os poderes dos bispos coadjutores e auxiliares

637 26. Quando o bem das almas o exige, o bispo diocesano não deve hesitar em pedir à autoridade competente os auxiliares que se fizerem necessários, sem direito à sucessão.

---

[16] Cf. Vat. II, *Orientalium Ecclesiarum* 4: *AAS* 57 (1965) p. 77.

638 Se já não foi previsto na carta de nomeação dos auxiliares, o bispo diocesano os nomeie vigários gerais ou, ao menos, vigários-episcopais, dependentes de sua autoridade e obrigados a consultá-lo nos casos de maior responsabilidade pastoral.

639 A não ser que tenha sido estabelecido diversamente pela autoridade competente, os poderes e as faculdades que, segundo o direito, cabem aos bispos auxiliares não cessam quando expira o poder do bispo diocesano. É desejável que na vacância da sé, o governo da diocese seja confiado ao auxiliar ou a um deles, quando forem vários.

640 O coadjutor, nomeado com direito à sucessão, deve ser constituído vigário-geral pelo bispo diocesano. Em casos particulares, a autoridade competente pode outorgar-lhe poderes especiais.

641 Para o maior bem presente e futuro da diocese, bispo e coadjutor consultem-se mutuamente a propósito das questões mais importantes.

2) A cúria e os conselhos diocesanos

642 27. O principal cargo da cúria é o de vigário-geral. Sempre que for necessário ao governo da diocese, o bispo pode estabelecer um ou mais vigários episcopais, que, numa determinada parte da diocese, em certo tipo de atividade ou em relação aos fiéis de determinado rito, gozam do poder reconhecido pelo direito aos vigários-gerais.

643 Entre os cooperadores do bispo, no governo da diocese, contam-se os sacerdotes que constituem seu senado ou conselho, como o capítulo da catedral, os grupos de consultores ou outros conselhos, de acordo com as circunstâncias locais ou a natureza do que está em jogo. Estas organizações, a começar pelos capítulos das catedrais, devem ser reformadas de acordo com as necessidades e exigências dos dias de hoje.

644 Os sacerdotes e os leigos que prestam serviço na cúria saibam que são auxiliares do ministério pastoral do bispo.

645 A cúria diocesana deve ser um instrumento apto à ação do bispo, tanto na administração da diocese, quanto no apostolado.

646 Seria desejável que se instituísse em todas as dioceses o conselho pastoral, presidido pelo próprio bispo diocesano, de que participassem clérigos, religiosos e leigos especialmente escolhidos. Sua função seria investigar e apreciar tudo que se relacione com a pastoral, procurando chegar a conclusões práticas.

3) O clero diocesano

28. Os sacerdotes diocesanos

28. Todos os sacerdotes, diocesanos e religiosos, juntamente com o bispo, participam do mesmo sacerdócio de Cristo que exercem, devendo por isso agir como dedicados cooperadores da ordem episcopal. Na cura das almas, os sacerdotes diocesanos ocupam o primeiro lugar. Encardinados e inseridos na Igreja particular, consagram-se inteiramente ao pastoreio dessa parte do rebanho do Senhor. Formam um presbitério único e uma família da qual o bispo é o pai. Para que o bispo possa distribuir os ministérios sagrados entre os sacerdotes, com eqüidade e da melhor forma possível, deve ser livre para conferir cargos e benefícios, ficando supressos todos os direitos e privilégios que prejudiquem essa liberdade. **647**

As relações entre o bispo e os sacerdotes diocesanos devem se basear principalmente nos vínculos da caridade sobrenatural, de sorte que a união de vontades entre os sacerdotes e o bispo produza os melhores frutos pastorais. Para estimular sempre mais o serviço das almas, o bispo promova reuniões freqüentes com os sacerdotes, em torno de assuntos pastorais, e, quanto possível, em datas fixas. **648**

Que os sacerdotes diocesanos, unidos uns aos outros, sintam-se motivados pelo bem espiritual de toda a diocese. Lembrem-se de que os bens materiais que adquirem em razão de sua função estão ligados ao ministério sagrado e, por isso, de acordo com as disposições episcopais, não hesitem em vir com liberalidade em socorro das necessidades diocesanas. **649**

29. Sacerdotes que desempenham funções supraparoquiais

29. Os sacerdotes que exercem função pastoral ou se ocupam de obras supraparoquiais de apostolado, quer num determinado território da diocese, em relação a um grupo especial de fiéis ou num setor específico de ação, são colaboradores diretos do bispo. **650**

Os sacerdotes aos quais o bispo confia determinadas obras apostólicas nas escolas, institutos ou associações prestam-lhe também um grande auxílio. Recomendamos especialmente à atenção dos bispos os sacerdotes que moram na diocese e estejam empenhados em importantes trabalhos apostólicos, exercendo funções supradiocesanas. **651**

30. Os párocos

652   30. Os párocos são os principais cooperadores do bispo. Como pastores, têm a responsabilidade da cura das almas num determinado território da diocese colocado sob sua autoridade.

653   1) Nesse trabalho exerçam com seus auxiliares as funções de ensinar, santificar e governar, de tal maneira que os fiéis e as comunidades paroquiais se sintam membros tanto da diocese como da Igreja universal. Colaborem com os outros párocos e demais sacerdotes que exercem função no mesmo território, como vigários forâneos e decanos, ou de natureza supraparoquial, procurando manter a unidade e a eficácia do trabalho diocesano.

654   A cura das almas deve ser sempre alimentada pelo espírito missionário e se estender a todos os habitantes da paróquia. Quando o pároco não pode alcançar determinados grupos, recorra ao auxílio de outros, inclusive leigos, para ajudá-lo no apostolado.

655   Para que a cura das almas seja mais eficaz, recomenda-se fortemente aos sacerdotes a vida comunitária, especialmente aos da mesma paróquia, o que não só favorece o trabalho, como dá aos fiéis exemplo de caridade e de unidade.

656   2) No exercício da função de magistério, o pároco deve pregar a palavra de Deus a todos os fiéis, para que, enraizados na fé, na esperança e na caridade, cresçam em Cristo e dêem o testemunho de caridade recomendado pelo Senhor.[17] Assegurem igualmente a instrução catequética a todos os fiéis, adaptando a cada idade o conhecimento do mistério da salvação na sua plenitude. Para esse trabalho catequético recorram aos religiosos e também aos leigos, fundando a Confraria da Doutrina Cristã.

657   No exercício da função de santificação, os párocos procurem tornar o sacrifício eucarístico centro e ápice de toda a vida da comunidade cristã. Estimulem os fiéis a se aproximarem do alimento espiritual, recebendo devota e freqüentemente os sacramentos e participando de maneira consciente e ativa na liturgia. Lembrem-se da importância que tem para a vida cristã o sacramento da penitência, facilitando aos fiéis serem ouvidos em confissão e recorrendo, se necessário, a sacerdotes que falem diversas línguas.

658   No desempenho das funções pastorais, os párocos procurem antes de tudo conhecer o próprio rebanho. Sendo ministros de todos, promovam o crescimento da vida cristã tanto através das associações, especialmente dedicadas

---

[17] Cf. Jo 13, 35.

ao apostolado, como, diretamente, através da comunidade paroquial no seu conjunto. Visitem as casas e as escolas conforme as necessidades do exercício de suas funções. Estejam presentes entre os adolescentes e os jovens. Sejam paternalmente caridosos para com os pobres e os doentes. Dêem atenção especial aos operários. Procurem, enfim, a colaboração dos fiéis nas obras de apostolado.

3) Os vigários paroquiais, cooperadores dos párocos, dediquem-se ativamente ao trabalho pastoral cotidiano sob a autoridade do pároco. Pároco e vigários convivam fraternalmente no respeito mútuo e na caridade, ajudando-se uns aos outros com conselhos, apoio e exemplo, desempenhando o trabalho pastoral com a mesma disposição e igual aplicação. **659**

31. Nomeação, transferência, remoção e renúncia dos párocos

31. Na escolha dos sacerdotes para dirigir as paróquias, o bispo leve em conta, além da doutrina, sua piedade, zelo apostólico e os demais dons e qualidades necessários à função pastoral. **660**

Como o único fundamento da função pastoral é o bem das almas, e como é importante que os bispos possam prover as paróquias com a maior agilidade e facilidade, ficam supressos todos os direitos, salvo os dos religiosos, de apresentação, nomeação e reserva, bem como a lei do concurso, geral ou particular. **661**

Os párocos são estáveis na função, de acordo com as exigências do bem das almas. Fica abolida a distinção entre párocos amovíveis e inamovíveis. Revejam-se e simplifiquem-se os procedimentos de transferência e afastamento dos párocos, de modo que o bispo, sem ferir a eqüidade natural e canônica, possa prover da melhor maneira possível às necessidades das almas. **662**

Pede-se vivamente aos párocos que renunciem espontaneamente ao cargo quando forem convidados pelo bispo ou quando, em virtude da idade ou por outra qualquer causa grave, não possam mais exercer suas funções corretamente e de maneira eficaz. Os bispos devem prover ao sustento condigno dos párocos resignatários. **663**

32. Criação e supressão de paróquias

32. A salvação das almas é também o critério para determinar e reconhecer a ereção ou supressão de paróquias, assim como outras inovações desse gênero, cuja decisão compete ao bispo por autoridade própria. **664**

4) Os religiosos
33. Os religiosos e as obras de apostolado

665   33. Todos os religiosos, bem como todos os membros dos institutos que professam os conselhos evangélicos — a eles assimilados em tudo o que segue — têm o dever, conforme a vocação de cada um, de trabalhar intensa e diligentemente na edificação e no crescimento do corpo de Cristo no seu conjunto, e em favor do bem das Igrejas particulares.

666   Obrigam-se a alcançar esses objetivos, primeiro pela oração, pela penitência e pelo exemplo de vida. O Concílio os exorta com instância a crescer cada vez mais na estima e na fidelidade à sua vocação. De acordo com a natureza de cada instituto, dediquem-se generosamente às obras do apostolado.

34. Os religiosos, cooperadores do bispo no apostolado

667   34. Os religiosos sacerdotes, consagrados para serem cooperadores efetivos da ordem episcopal, são hoje mais do que nunca auxiliares indispensáveis, em virtude da crescente necessidade das almas. Por isso devem ser considerados como parte do clero da diocese, enquanto participam da cura das almas e dos trabalhos apostólicos, sob a autoridade episcopal.

668   Também os outros religiosos, homens e mulheres, que pertencem, a seu modo, à família diocesana, colaboram significativamente com a hierarquia e são chamados a suprir cada vez melhor às necessidades apostólicas.

35. O apostolado dos religiosos na diocese

669   35. Para que os trabalhos apostólicos se exerçam de maneira ordenada e sejam preservadas a unidade e a disciplina diocesanas, estabelecem-se os seguintes princípios:

670   1) Os religiosos devem aos bispos atenção e respeito, como a sucessores dos apóstolos. Todas as vezes que forem legitimamente chamados a colaborar no apostolado, devem fazê-lo como auxiliares prestativos e submissos ao bispo.[18] Para que os religiosos correspondam pronta e fielmente às solicitações e desejos dos bispos, participando mais amplamente do ministério da salvação humana, de acordo com a índole do instituto a que pertencem e segundo suas constituições, estas devem ser, se necessário, revistas de acordo com os princípios deste decreto conciliar.

---

[18] Cf. Pio XII, aloc. 8.12.1950: *AAS* 43 (1951) p. 28; Paulo VI, aloc. 23.5.1964: *AAS* 56 (1964) p. 571.

Tendo em vista especialmente as necessidades urgentes das almas e a falta **671** de clero diocesano, os institutos religiosos que não se dedicam exclusivamente à vida contemplativa podem ser convocados pelo bispo para ajudar nos diversos ministérios pastorais, respeitada sempre a sua índole própria. Os superiores, na medida do possível, devem ser favoráveis à aceitação de paróquias.

2) Os religiosos envolvidos com o apostolado externo devem estar **672** imbuídos do espírito de seu instituto, ser fiéis à observância regular e submissos a seus superiores. O bispo não deixe de exigir o respeito a essas obrigações.

3) A isenção, pela qual os religiosos escapam à jurisdição dos bispos **673** e estão diretamente submetidos ao sumo pontífice ou a outra autoridade eclesiástica, diz respeito, principalmente, ao funcionamento do próprio instituto, para que se mantenha, da maneira mais adequada, sua coerência interna, em função do crescimento e do aperfeiçoamento da vida religiosa[19] e também para que o sumo pontífice, em função do bem da Igreja universal ou outra autoridade competente que está sob sua jurisdição, deles possa dispor livremente.[20]

A isenção não exime os religiosos da submissão à jurisdição do bispo **674** diocesano, segundo as normas do direito, no que concerne ao exercício de sua função pastoral e à organização conveniente da cura das almas.[21]

4) Todos os religiosos, isentos e não-isentos, estão sujeitos ao poder dos **675** ordinários locais no que diz respeito ao exercício do culto divino público, salva a diversidade de ritos, à cura das almas, à pregação para o povo, à educação dos fiéis, especialmente à educação moral e religiosa das crianças, à instrução catequética e à formação litúrgica, o que diz respeito ao decoro clerical e às diversas obras apostólicas. Os religiosos das escolas católicas estão sujeitos aos ordinários locais no que concerne à sua orientação geral e inspeção, mantido o direito dos religiosos no que diz respeito à direção das mesmas. Os religiosos estão igualmente obrigados a observar tudo que for legitimamente estabelecido pelos concílios ou pelas conferências episcopais.

5) Estabeleça-se entre os vários institutos religiosos, ou entre eles e o **676** clero diocesano, uma colaboração harmoniosa e estreita coordenação entre o trabalho e as atividades apostólicas de cada um, o que depende sobretudo

---

[19] Cf. Leão XIII, const. apost. *Romanos Pontifices*, 8.5.1881: *Acta Leoni* XIII, v. 2 (1882) p. 234ss.
[20] Cf. Paulo VI, aloc. 23.5.1964: *AAS* 56 (1964) pp. 570-571.
[21] Cf. Pio XII, aloc. 8.12.1950: l.c.

do espírito sobrenatural, baseado e fundamentado na caridade. Compete à Sé apostólica cuidar dessa coordenação no âmbito da Igreja universal; aos pastores sagrados, dentro de cada diocese; aos patriarcas, sínodos e conferências episcopais, em seus respectivos territórios.

677 Bispos, conferências episcopais, superiores maiores e conferências de superiores maiores devem se consultar mutuamente, no que respeita às obras de apostolado exercidas pelos religiosos.

678 6) Para favorecer as relações de entendimento recíproco e ação eficaz entre bispos e religiosos, os bispos e os superiores maiores devem se reunir a intervalos fixos ou quando for oportuno, para tratar dos assuntos que dizem respeito ao apostolado em geral, nos respectivos territórios.

Capítulo III

A cooperação comum dos bispos em função do bem comum a várias Igrejas

I. Sínodos, concílios e conferências episcopais

36. Sínodos e concílios particulares

679 36. Desde os primeiros séculos, os bispos das Igrejas particulares, movidos pela comunhão fraterna e pela missão universal recebida dos apóstolos, colocaram em comum seus recursos e seu poder de decisão para promover o bem comum e o de suas respectivas Igrejas. Nasceram assim os sínodos, concílios provinciais ou plenários, em que os bispos estabeleceram procedimentos análogos a serem observados nas diversas Igrejas, tanto para o ensino das verdades da fé como para o estatuto da disciplina eclesiástica.

680 O Concílio Ecumênico deseja suscitar com novo vigor este antigo instituto dos sínodos e concílios, em benefício do aumento da fé e da conservação da disciplina nas várias Igrejas, de maneira mais eficaz e mais adequada aos nossos dias.

37. Importância das conferências episcopais

681 37. Nos tempos de hoje, de modo especial, os bispos não podem exercer devida e frutuosamente sua função se não procurarem se unir com os outros bispos e agir de maneira cada vez mais articulada. As conferências episcopais,

que já existem em diversos países, têm dado grandes resultados apostólicos. Por isso, o Concílio acha extremamente importante estendê-las ao mundo inteiro, de sorte que, em todos os lugares, os bispos da mesma nação ou região se reúnam num mesmo organismo e se encontrem regularmente em determinadas ocasiões. Do intercâmbio das práticas, das experiências e do ajustamento das opiniões, nascerá uma aglutinação dos esforços de todos, para o bem comum das Igrejas.

A respeito das conferências episcopais estabelece-se o seguinte:

38. Natureza das conferências episcopais

38. 1) A conferência episcopal é uma espécie de órgão, em que os prelados de uma mesma nação ou território exercem conjuntamente sua função pastoral, para promoção do bem que a Igreja é chamada a prestar aos homens, especialmente no que diz respeito às formas de apostolado e aos métodos de ação adaptados às condições do tempo presente. **682**

2) Pertencem à conferência episcopal, com exceção dos vigários gerais, todos os ordinários locais de qualquer rito, os bispos coadjutores, auxiliares e titulares que desempenhem alguma função especial, por delegação da santa Sé ou das conferências episcopais. Não pertencem à conferência episcopal os demais bispos titulares nem os legados do pontífice romano, por causa da função especial que desempenham em seu território. **683**

Os ordinários locais e os coadjutores têm voz deliberativa. Os estatutos da conferência estabelecerão se os bispos auxiliares e os outros bispos participantes da conferência têm voto consultivo ou mesmo deliberativo.* **684**

3) As conferências episcopais devem elaborar seus estatutos e submetê-los à Sé apostólica, para aprovação. Nos estatutos devem figurar os organismos e as funções que se ordenam diretamente às suas atividades-fim, como, por exemplo, o conselho permanente dos bispos, as comissões episcopais e o secretariado geral. **685**

4) Para que as decisões das conferências tenham força de lei, é preciso que sejam aprovadas por dois terços dos prelados que têm voto deliberativo, **686**

---

* Segundo essa prescrição, a conferência episcopal, sendo assembléia de bispos, compõe-se unicamente de bispos e de eclesiásticos a eles equiparados, segundo o direito. De acordo com suas normas estatutárias, a conferência episcopal pode contudo convidar outras pessoas (sacerdotes, religiosos ou leigos) para determinados assuntos ou temas específicos e, unicamente, com voto consultivo, cf. resposta à dúvida proposta *De participatione presbyterorum, religiosorum et laicorum in conferentiis episcopalibus*, 31.10.1970: *AAS* 62 (1970) p. 793.

entre os que participam da conferência, e reconhecidas pela Sé apostólica. Obrigam então, nos casos prescritos pelo direito comum ou quando houver um mandato especial da santa Sé, emitido por decisão própria ou a pedido da conferência.**

687 5) Quando as circunstâncias o recomendarem e com aprovação da Sé apostólica, os bispos de várias nações podem se reunir numa única conferência.

688 Favoreça-se também o relacionamento entre as conferências de diversas nações, em vista da defesa e promoção do bem.

689 6) Recomenda-se vivamente que os prelados das Igrejas orientais, para promover a disciplina de sua própria Igreja e em favor do bem da religião, levem em conta em seus sínodos o bem comum de todo o território em que convivem Igrejas de diversos ritos, reunindo-se em conselhos inter-rituais, segundo normas a serem estabelecidas pela autoridade competente.

II. Províncias e regiões eclesiásticas

39. Princípios para a revisão dos limites

690 39. O bem das almas requer uma divisão adequada não só das dioceses, mas também das províncias eclesiásticas, e às vezes recomenda até a ereção de regiões eclesiásticas. Assim, as necessidades apostólicas serão melhor atendidas, de acordo com as circunstâncias sociais e locais, e as relações entre os bispos se tornarão mais fáceis e mais freqüentes, quer com o metropolita, quer com os outros bispos da mesma nação e, finalmente, com as próprias autoridades civis.

40. Normas a serem seguidas

691 40. Para obtenção desses fins, o Concílio estabelece o seguinte:

1) Reveja-se oportunamente a divisão das províncias eclesiásticas, reformulando os direitos e os privilégios do metropolita.

692 2) Em princípio, todas as dioceses e demais circunscrições eclesiásticas a elas equiparadas devem pertencer a uma determinada província

---

** O poder legislativo que, segundo esse parágrafo, dentro de certos limites, é atribuído às conferências episcopais, não pode ser delegado a comissões constituídas pelas próprias conferências, cf. resposta da comissão pontifícia para a coordenação dos trabalhos depois do Concílio e interpretação dos decretos conciliares, 10.6.1966: *AAS* 60 (1968) p. 361 [N. do R.].

eclesiástica. Por conseguinte, as dioceses que atualmente dependem da Sé apostólica e não estão unidas a nenhuma outra diocese, ou passem a constituir uma nova província eclesiástica, se isso é viável, ou se agreguem a províncias já existentes, segundo os critérios de vizinhança ou de oportunidade, sujeitando-se ao arcebispo metropolitano, segundo as normas do direito comum.

3) Quando se julgar oportuno, reúnam-se as províncias eclesiásticas numa região, de acordo com um ordenamento jurídico conveniente. **693**

41. O parecer das conferências episcopais

41. Convém que as respectivas conferências episcopais examinem a questão da ereção das províncias e regiões, segundo as normas já estabelecidas para o caso das dioceses, ns. 23 e 24, propondo à Sé apostólica o resultado de seus conselhos e de seu voto. **694**

III. Bispos com funções interdiocesanas

42. Cooperação com os bispos

42. As necessidades pastorais exigem cada vez mais que determinadas tarefas sejam executadas dentro de uma única orientação e coordenação, numa determinada região ou nação, podendo-se, para tanto, criar funções que sejam desempenhadas também por bispos. **695**

O Concílio recomenda que entre os prelados e os bispos que desempenham tais funções e os bispos diocesanos ou as conferências episcopais haja um clima de comunhão fraterna e de colaboração pastoral que pode, inclusive, vir a receber uma adequada formulação jurídica. **696**

43. Os vigários castrenses

43. A assistência espiritual aos militares exige cuidados especiais. Por isso, deve-se estabelecer um vigário castrense para toda a nação. Vigário e demais capelães cooperem com os bispos diocesanos na árdua tarefa a que se dedicam. **697**

Os bispos devem ceder ao vigário castrense um número suficiente de sacerdotes aptos ao exercício dessas funções e favorecer as iniciativas em favor do bem espiritual dos militares. **698**

Disposição geral

699 44. O Concílio estabelece que, na revisão do Código de Direito Canônico, as leis sejam convenientemente definidas segundo os princípios estabelecidos neste decreto, levando em conta as observações feitas pelas comissões ou pelos padres conciliares.

700 Estabelece igualmente que se elaborem diretórios gerais sobre a cura das almas, destinados ao uso tanto dos bispos como dos párocos, fornecendo-lhes os meios de exercer sua função pastoral com maior facilidade e melhores resultados.

701 Elaborem-se também um diretório especial para os grupos particulares de fiéis nas diversas nações ou regiões, um diretório para a instrução catequética do povo cristão, em que se trate dos princípios catequéticos fundamentais, da ordem das matérias e da confecção de livros nesse setor. Em todos esses diretórios se levem em conta as observações das comissões e dos padres conciliares.

Tudo o que se estabeleceu neste decreto foi aprovado pelos padres conciliares. Nós, em virtude do poder apostólico que nos foi confiado por Cristo e em conjunto com todos os veneráveis padres conciliares, no Espírito Santo, aprovamos, decidimos e estatuímos, ordenando que sejam promulgadas essas normas conciliares para a glória de Deus.

Roma, junto a S. Pedro, 28 de outubro de 1965
Eu, PAULO, *bispo da Igreja Católica*

(seguem-se as demais assinaturas)

PAULO BISPO
SERVO DOS SERVOS DE DEUS
JUNTO COM OS PADRES CONCILIARES
PARA PERPÉTUA MEMÓRIA

Decreto *Perfectae caritatis* sobre a renovação da vida religiosa

1. PROÊMIO

1. Na constituição *Lumen gentium*, o Concílio já falou da busca da perfeição do amor, por intermédio da prática dos conselhos evangélicos, como tendo sua origem nos exemplos e na doutrina do divino Mestre e constituindo ilustre sinal do reino dos céus. Pretende agora tratar da vida e da disciplina dos institutos cujos membros professam a castidade, a pobreza e a obediência, e de suas exigências, nas condições em que nos encontramos atualmente.

Desde os inícios da Igreja houve mulheres e homens que, por intermédio da prática dos conselhos, procuraram seguir a Cristo com maior liberdade, imitá-lo mais de perto, consagrando sua vida a Deus. Muitos viveram na solidão, outros criaram famílias religiosas, acolhidas e aprovadas pela autoridade eclesiástica. Deus quis, assim, fazer nascer uma enorme variedade de grupos de religiosos, que muito contribuíram para que a Igreja, além de estar preparada para toda obra (cf. 2Tm 3, 17), especialmente para o serviço em vista da edificação do corpo de Cristo (cf. Ef 4, 12), fosse ornada com a multiplicidade dos dons de seus filhos, como esposa enfeitada para seu esposo (cf. Ap 21, 2), a fim de tornar manifesta a multiforme sabedoria de Deus (cf. Ef 3, 10).

Apesar da grande variedade de dons, todos os que são chamados por Deus à prática dos conselhos evangélicos e lhe permanecem fiéis consagram-se ao

Senhor e seguem a Cristo virgem e pobre (cf. Mt 8, 20; Lc 9, 58), o qual remiu e santificou o gênero humano pela obediência, até a morte de cruz (cf. Fl 2, 8). Impelidos pelo amor que o Espírito Santo lhes derrama no coração (cf. Rm 5, 5), vivem cada vez mais intensamente para Cristo e para seu corpo, que é a Igreja (cf. Cl 1, 24). Quanto mais fervorosa a união com Cristo, de toda a sua vida, mais rica se torna a vida da Igreja e mais fecundo seu apostolado.

705   Tendo em vista o valor da vida consagrada pela profissão dos conselhos e o papel indispensável que desempenha em vista do maior bem da Igreja, nas condições em que atualmente vivemos, o Concílio determinou o que se segue, permanecendo na perspectiva dos princípios gerais que devem comandar a conveniente renovação da vida e da disciplina das comunidades religiosas, que valem igualmente para as sociedades de vida comum sem votos, e para os institutos seculares, respeitada a índole própria de cada um. Depois do Concílio, a autoridade competente ditará as normas particulares a serem esclarecidas e aplicadas em cada caso.

2. Princípios gerais da renovação que se deseja

706   2. A conveniente renovação da vida religiosa comporta uma volta constante às fontes de toda a vida cristã, à inspiração original de cada um dos institutos religiosos e à sua adaptação às condições dos tempos que mudaram. Essa renovação deve ser feita sob o impulso do Espírito Santo e sob a orientação da Igreja, de acordo com os seguintes princípios:

707   a) A norma suprema da vida religiosa é o seguimento de Cristo segundo o Evangelho, que deve ser acolhido como primeira regra por todos os institutos religiosos.

708   b) Os institutos devem ser fiéis à sua própria natureza, em vista do bem da Igreja. Daí a necessidade de reconhecer fielmente e conservar o espírito dos fundadores e as tradições sadias, que constituem, no seu conjunto, o patrimônio de cada instituto.

709   c) Todos os institutos participam da vida da Igreja. Devem pois assumir e desenvolver, na perspectiva de sua própria índole, as iniciativas e propostas da Igreja nos campos bíblico, litúrgico, doutrinário, pastoral, ecumênico e social.

710   d) Promovam os institutos, junto a seus membros, o adequado conhecimento das condições em que se vive atualmente e das necessidades da Igreja, para que sejam capazes de julgar à luz da fé o que se está passando hoje no mundo, deixar-se entusiasmar pelo zelo apostólico e se empenhar efetivamente em socorrer as necessidades de todos os seres humanos.

e) A vida religiosa está ordenada sobretudo e em primeiro lugar a que todos os seus membros sigam Cristo e se unam a Deus pela profissão dos conselhos evangélicos. As adaptações às necessidades do tempo podem não resultar em nada, se não forem animadas por uma renovação espiritual, que deve ser considerada primordial em relação a tudo o mais. **711**

3. Critérios práticos para a renovação

3. O modo de viver, orar e agir será aquele que melhor convenha às condições atuais, físicas e psíquicas de seus membros, de acordo com a índole e a natureza de cada instituto, as necessidades apostólicas, as exigências culturais e as circunstâncias sociais e econômicas; isso em toda parte, mas, de modo especial, nas missões. **712**

O regime de cada instituto deve ser submetido aos mesmos critérios. **713**

É preciso igualmente submeter à devida revisão, constituições, diretórios, coleções de usos e costumes, cerimoniais e todos os livros dessa espécie, suprimindo o que houver de obsoleto e adaptando tudo aos documentos deste Concílio. **714**

4. A quem compete fazer essa renovação

4. É preciso que todos os membros do instituto colaborem para a renovação eficaz e a adaptação conveniente. **715**

Compete porém aos capítulos gerais, com recurso, quando necessário, à Sé apostólica ou ao ordinário do lugar, de acordo com as determinações do direito, estabelecer as normas da renovação, promulgar as leis necessárias e autorizar, com toda prudência, certas experiências. Nesse trabalho de adaptação, os superiores, contudo, devem procurar consultar sempre e ouvir, dentro das possibilidades, todos os membros do instituto. **716**

No caso da renovação dos mosteiros femininos, consultem-se igualmente os membros da federação a que estejam filiados, podendo-se ouvir igualmente a opinião de outros conventos legalmente convidados. **717**

Lembrem-se todos de que, na renovação, deve-se esperar muito mais da fiel observância da regra e das constituições do que da multiplicação de novas leis. **718**

5. Dados comuns às diversas formas de vida religiosa

5. Lembrem-se os religiosos, em primeiro lugar, que corresponderam à vocação divina pela profissão dos conselhos evangélicos. Além de mortos para **719**

o pecado (cf. Rm 6, 11), renunciaram ao mundo a fim de viver exclusivamente para Deus. Consagraram toda a sua vida ao seu serviço por uma consagração especial, radicada na consagração batismal, de que é expressão plena.

720 Por ter a Igreja acolhido sua consagração, estão igualmente a serviço da Igreja.

721 O serviço divino constitui, para eles, estímulo e exigência para crescer na prática das virtudes, especialmente da humildade, da obediência, da força e da castidade, por intermédio das quais participam da humilhação de Cristo (cf. Fl 2, 7-8) e, ao mesmo tempo, de sua vida no Espírito (cf. Rm 8, 1-13).

722 Fiéis, pois, à sua profissão, os religiosos deixam tudo por causa de Cristo (cf. Mc 10, 28), seguem-no (cf. Mt 19, 21) como único necessário (cf. Lc 10, 42) e lhe ouvem as palavras (cf. Lc 10, 39), preocupando-se somente com o que é dele (cf. 1Cor 7, 32).

723 Buscando pois antes de tudo a Deus, os religiosos devem-se consagrar à contemplação, que os faz aderir a Deus com amor apostólico, com a mente e com o coração, associando-se à obra da redenção e se esforçando por dilatar o reino de Deus.

6. O primado da vida espiritual

724 6. Professar os conselhos evangélicos é buscar e amar acima de tudo a Deus, que nos amou primeiro (cf. 1Jo 4, 10) e, em todas as circunstâncias, alimentar a vida escondida com Cristo em Deus (cf. Cl 3, 3), de que brota a exigência do amor ao próximo para a salvação do mundo e a edificação da Igreja. A própria prática dos conselhos evangélicos é animada e presidida por esse mesmo amor.

725 Por isso os religiosos devem haurir das fontes autênticas da espiritualidade cristã e assiduamente cultivar a oração e seu espírito.

A começar, evidentemente, pela leitura diária da Sagrada Escritura, que nos permite, graças ao seu manuseio contínuo e meditação assídua, adquirir "o saber eminente de Cristo Jesus" (Fl 3, 8).

Celebrem igualmente, de boca e de coração, no espírito da Igreja, a sagrada liturgia, especialmente a missa, alimentando-se desta fonte inesgotável de vida espiritual.

726 Sustentados, assim, na mesa da lei divina e pelos sacramentos do altar sagrado, amem os membros de Cristo como irmãos, respeitem e igualmente amem filialmente seus pastores, tenham cada vez mais profundamente os mesmos sentimentos que a Igreja e se consagrem inteiramente à sua missão.

7. Os institutos contemplativos

7. Por maior que sejam as necessidades apostólicas, os institutos que se destinam inteiramente à contemplação ocupam lugar preeminente na Igreja. Seus membros dedicam-se unicamente a Deus, vivendo na solidão e no silêncio, na oração assídua e na penitência, desempenhando seu papel no corpo de Cristo, cujos "membros nem sempre fazem as mesmas coisas" (Rm 12, 4).

Oferecem a Deus precioso sacrifício de louvor, dotam o povo de Deus de ricos frutos de santidade, movem pelo exemplo e aumentam misteriosamente a fecundidade apostólica. Constituem, assim, a honra da Igreja e fazem jorrar fontes de graças celestiais.

Respeitados esses princípios e esses critérios, devem-se submeter a uma renovação conveniente, mantidos santamente a separação do mundo e os exercícios próprios da vida contemplativa.

8. Os institutos voltados para o apostolado

8. São inúmeros, na Igreja, os institutos, tanto clericais como leigos, voltados para as diversas obras do apostolado, com seus diferentes carismas: quem tem o dom do ministério sirva, quem o da doutrina, ensine, quem o da exortação, exorte, quem dá, faça-o com simplicidade e quem cuida dos necessitados, com alegria (cf. Rm 12, 5-8). "As graças são diversas, mas um só é o Espírito" (1Cor 12, 4).

Nesses institutos, a ação apostólica ou beneficente pertence à própria natureza da vida religiosa, como um ministério sagrado ou obra de caridade, que lhes é propriamente confiada pela Igreja e que deve ser exercida em seu nome.

Por isso, a vida religiosa deve estar toda imbuída do espírito apostólico e a ação apostólica ser constantemente inspirada pela vida religiosa. Os religiosos correspondam à sua vocação antes de tudo seguindo a Cristo e servindo-o em seus membros, de sorte que a ação apostólica proceda da íntima união com ele. Alimenta-se, assim, ao mesmo tempo, o amor para com Deus e para com o próximo.

Por conseguinte, tais institutos harmonizem suas observâncias com as exigências do apostolado a que se dedicam. Como a vida religiosa se adapta a diversas formas de apostolado, é preciso que sua renovação seja também diversificada, sendo que o serviço de Cristo nos diversos institutos será sustentado por uma grande diversidade de meios.

9. Fidelidade à vida monástica e conventual

731 9. Que o monaquismo, a tantos títulos venerável, que tantos méritos conquistou durante séculos, junto à Igreja e à sociedade civil, quer no Oriente quer no Ocidente, seja fielmente conservado e floresça cada vez mais, no seu verdadeiro espírito.

Os monges têm como principal função prestar um serviço ao mesmo tempo humilde e nobre à majestade divina, dentro do recinto do mosteiro, quer se dedicando inteiramente ao culto divino, quer se consagrando também a certas obras de apostolado e de misericórdia, legitimamente assumidas.

Mantida a índole própria de sua instituição, renovem as boas tradições antigas, adaptando-as às atuais necessidades das almas, de tal modo que o mosteiro se torne uma verdadeira sementeira da edificação do povo cristão.

732 Também os institutos religiosos que, por regra ou tradição, associam intimamente a vida apostólica com o ofício coral e com as observâncias monásticas, procurem ajustar seu modo de viver às atuais exigências apostólicas, de maneira a manter o que têm de específico e contribuir, assim, para o maior bem da Igreja.

10. A vida religiosa leiga

733 10. A vida religiosa leiga, tanto masculina como feminina, constitui por si mesma um estado pleno de profissão dos conselhos evangélicos. Tem uma importância maior para o ministério pastoral da Igreja, tanto na educação da juventude como no cuidado dos doentes e em outros ministérios extremamente úteis. O Concílio o reconhece, confirma tais religiosos em sua vocação e os exorta a adaptarem sua vida às exigências atuais.

734 O Concílio declara outrossim não haver inconveniente algum* que nos institutos de irmãos, mantida sua índole leiga, para atender às necessidades do ministério sacerdotal em suas casas e por disposição do Capítulo Geral, alguns religiosos recebam as ordens sagradas.

---

* A expressão "Não haver inconveniente algum" não significa uma recomendação positiva do que se está tratando no parágrafo. Exprime, simplesmente, a possibilidade, para os institutos leigos, de que alguns membros venham a receber as ordens sagradas. Reconhece-se ao mesmo tempo, nesse texto, o direito de os capítulos gerais de cada instituto decidirem a respeito da oportunidade e valer-se da faculdade para a qual se acena, observando tudo que de direito deva ser observado. (Cf. resposta da Comissão central de coordenação dos trabalhos pós-conciliares e interpretação dos decretos conciliares, 10.2.1966: *AAS* 60 (1968) p. 360, (N. do R.).

11. Os institutos seculares

11. Os institutos seculares, embora não sejam religiosos, comportam a profissão verdadeira e completa dos conselhos evangélicos no século, devidamente reconhecida pela Igreja. Esta profissão consagra de fato homens e mulheres, leigos e clérigos seculares. Por isso, os membros desses institutos estão inteiramente dedicados a Deus e devem buscar a perfeição da caridade e realizar sua vocação específica no século e por intermédio da vida e atividade seculares, segundo a índole própria e peculiar do instituto a que pertencem. 735

Saibam, porém, os institutos seculares que não podem assumir tais encargos sem que as pessoas a eles pertencentes recebam formação adequada, humana e religiosa, para, no mundo, ser fermento, alimentar e fortalecer o crescimento do corpo de Cristo. Por isso, os responsáveis devem ter especial cuidado com a formação espiritual e complementar dos membros de seus respectivos institutos. 736

12. A castidade

12. A castidade "por causa do reino dos céus" (Mt 19, 12), professada pelos religiosos, é uma graça insigne. Liberta, de modo todo especial, o coração humano (cf. 1Cor 7, 32-35) e torna mais fácil amar a Deus e aos outros, com maior intensidade. Constitui, por isso, sinal eminente dos bens celestiais e precioso meio de que lançam mão os religiosos para se dedicarem ao serviço divino e às obras do apostolado. Por ela, os religiosos evocam, diante de todos os fiéis, a intimidade com a qual Deus se une a cada um de nós e que se há de manifestar no século futuro, quando a Igreja estará plenamente unida a Cristo, como a seu esposo. 737

Mas é preciso que os religiosos procurem ser fiéis ao que professaram, acreditem nas palavras do Senhor, confiem no auxílio de Deus e, sem presumir de suas próprias forças, contenham e mortifiquem os sentidos. Recorram aos meios naturais que favoreçam a saúde da mente e do corpo. Não se deixem iludir pelas falsas asserções segundo as quais a continência perfeita seria impossível ou prejudicial ao desenvolvimento do ser humano. Cultivem uma espécie de sentido espiritual, que leva a rejeitar tudo que ameaça a castidade. Acima de tudo, lembrem-se os superiores de que a melhor maneira de preservar a castidade é favorecer a amizade fraterna na vida comunitária. 738

A observância da continência perfeita atinge, em suas raízes, as inclinações humanas mais profundas. Por isso os candidatos à profissão da castidade não se apresentem nem sejam aceitos senão depois de um tempo suficiente de provação, com o devido amadurecimento psicológico e afetivo. Sejam 739 advertidos dos perigos que ameaçam a castidade e de tal maneira formados, que o celibato consagrado contribua para o pleno desenvolvimento de sua personalidade.

13. A pobreza

740 13. A pobreza voluntária no seguimento de Cristo, que é hoje em dia sinal de grande valor, seja diligentemente cultivada pelos religiosos, inclusive, quando necessário, em suas novas formas de expressão. Ela nos faz participar da pobreza de Cristo que, sendo rico, de tudo se despojou por nossa causa, a fim de que nos tornássemos ricos com sua pobreza (cf. 2Cor 8, 9; Mt 8, 20).

741 Não basta, para a pobreza religiosa, sujeitar-se aos superiores no uso dos bens; é preciso que os religiosos vivam pobremente, tendo no céu seu tesouro (cf. Mt 6, 20).

742 Qualquer que seja sua função, sintam-se obrigados a trabalhar para seu sustento, como toda gente, afastando toda preocupação indevida e confiando inteiramente na Providência do Pai do céu (cf. Mt 6, 25).

743 As congregações podem autorizar seus religiosos a renunciar inteiramente aos bens patrimoniais adquiridos ou que possam vir a adquirir.

744 Os próprios institutos, de acordo com as condições locais, procurem dar um testemunho coletivo de pobreza e contribuam de boa vontade com uma parte de seus bens para vir em socorro de outras necessidades da Igreja ou para o sustento dos pobres, a quem os religiosos devem amar de coração, em Cristo (cf. Mt 19, 21; 25, 24-36; Tg 2, 15-16; 1Jo 3, 17). As províncias e as casas do mesmo instituto compartilhem os bens temporais, as mais ricas ajudando às mais pobres.

745 Embora os institutos, de acordo com a regra e com as constituições, tenham direito de possuir o que é necessário à vida temporal e ao trabalho, evitem toda aparência de luxo, lucro excessivo ou acumulação de bens.

14. A obediência

746 14. Pela profissão da obediência os religiosos consagram inteiramente a Deus sua própria vontade. Por uma espécie de sacrifício, unem-se assim, de maneira permanente e firme, à vontade salvadora de Deus. Cristo veio para fazer a vontade do Pai (cf. Jo 4, 34; 5, 30; Hb 10, 7; Sl 39, 9). "Assumiu forma de escravo" (Fl 2, 7) e, no que sofreu, aprendeu a obedecer (cf. Hb 5, 8).

A seu exemplo, os religiosos, movidos pelo Espírito Santo, submetem-se na fé aos superiores, que agem em nome de Deus e, ao mesmo tempo, colocam-se a serviço de todos os irmãos. Imitam a Cristo, cuja obediência ao Pai levou a servir aos irmãos a ponto de dar sua vida para a redenção de muitos (cf. Mt 20, 28; Jo 10, 14-18). Dessa forma, os religiosos se vinculam também estreitamente à missão da Igreja e se encaminham para alcançar a plenitude de Cristo (cf. Ef 4, 13).

Os religiosos, com espírito de fé e de amor para com a vontade de Deus, **747** obedeçam humildemente a seus superiores, segundo a norma da regra e das constituições. Empreguem todos os seus dotes naturais e sobrenaturais, de inteligência e de vontade, no cumprimento dos preceitos e na execução das funções e encargos que lhes forem confiados, cientes de estarem contribuindo, assim, para a edificação do corpo de Cristo, segundo o mandamento divino. Tal obediência religiosa, longe de diminuir a pessoa na sua dignidade, contribui para seu amadurecimento, reforçando e ampliando a liberdade dos filhos de Deus.

Sabedores de que prestarão contas pelas almas a si confiadas (cf. Hb 13, 17), **748** os superiores sejam dóceis à vontade de Deus no cumprimento de suas funções. Exerçam a autoridade a serviço dos irmãos, traduzindo em seus gestos o amor com que eles são amados por Deus. Tratem seus subordinados como filhos, respeitando-os como pessoas e procurando fazer com que ajam sempre livremente. Por conseguinte, respeitem-lhes a liberdade, especialmente no que respeita ao sacramento da penitência e à direção espiritual. Saibam induzir os religiosos a cooperarem, com obediência ativa e responsável, no cumprimento das funções assumidas e nas iniciativas a serem tomadas. Para tanto, é preciso que os superiores gostem de ouvir os religiosos e se empenhem em promover sua colaboração para o bem da Igreja e do instituto, sem prejuízo da autoridade para decidir e mandar fazer o que deve ser feito.

Os capítulos e conselhos cumpram fielmente sua função de governar, sendo, **749** a seu modo, expressão e instrumento de participação de todos os religiosos em função do bem da comunidade.

15. A vida comum

15. A vida comum deve seguir o exemplo da primeira comunidade cristã. **750** A multidão dos fiéis tinha um só coração e uma só alma (cf. At 4, 32). Alimentados com a doutrina evangélica, com a liturgia e especialmente com a eucaristia, os religiosos perseverem na oração e na comunhão num mesmo espírito (cf. At 2, 42). Como membros de Cristo, convivendo fraternalmente,

antecipem-se no respeito mútuo (cf. Rm 12, 10), suportando-se uns aos outros (cf. Gl 6, 2). O amor de Deus, derramado nos corações pelo Espírito Santo (cf. Rm 5, 5), reúne a todos numa verdadeira família, em nome do Senhor, usufruindo de sua presença em seu meio (cf. Mt 18, 20). A caridade é a plenitude da lei (cf. Rm 13, 10) e o vínculo da perfeição (Cl 3, 14). Por ela sabemos que somos transferidos da morte para a vida (cf. 1Jo 3, 14). Assim, a unidade entre os irmãos proclama a vinda de Cristo (cf. Jo 13, 35; 17, 21) e é fonte vigorosa de ação apostólica.

751 Para tornar mais forte o vínculo da fraternidade, os irmãos conversos, cooperadores ou como quer que sejam chamados, devem se associar mais estreitamente à vida e aos trabalhos da comunidade. A não ser que as circunstâncias realmente o impeçam, nos institutos femininos chegue-se quanto antes a ter um único gênero de irmãs. A única diversidade entre as pessoas que se deve manter é a de funções que exijam vocação ou aptidão especiais.

752 Admitem-se mosteiros ou institutos não meramente leigos, que compreendam, segundo as constituições, clérigos e leigos. No entanto, salvo no que respeita ao exercício das ordens sagradas, as obrigações e os direitos devem ser iguais para todos.

16. A clausura das monjas

753 16. Fica de pé a clausura papal para as monjas de vida unicamente contemplativa, segundo as circunstâncias de tempo e lugar, segundo decisão dos próprios mosteiros, desde que sejam eliminados os usos e costumes obsoletos.

754 As monjas que se dedicam a trabalhos externos de apostolado, para que melhor possam se desempenhar das funções que lhes foram confiadas, não são mais obrigadas à clausura papal. Observem a clausura segundo as próprias constituições.

17. O hábito religioso

755 17. Como sinal de consagração, o hábito religioso deve ser simples e modesto, pobre, mas decente, ajustado às exigências da saúde e às necessidades do ministério. Sejam modificados os hábitos, tanto masculinos como femininos, que não obedecem a esses critérios.

18. A formação dos religiosos

756 18. A devida renovação dos institutos religiosos depende principalmente das pessoas, de seus membros. Por conseguinte, mesmo os não-clérigos e

as religiosas não sejam empregados nas obras de apostolado imediatamente depois do noviciado, mas cumpram um período de formação e estudos, doutrinais e técnicos, em locais adequados, com a obtenção, se possível, dos diversos diplomas.

Para que a adaptação da vida religiosa a nossos tempos não seja meramente externa, nem os que se dedicam ao apostolado estejam despreparados para exercê-lo nos dias de hoje, os religiosos devem ser iniciados nas práticas da vida social moderna e nos modos atuais de sentir e de pensar, de acordo com a índole pessoal e a capacidade intelectual de cada um. Contudo, a instituição religiosa, unindo harmoniosamente membros de capacidade e formação diferentes, contribuirá para que todos alcancem a almejada unidade de vida. 757

A formação espiritual, doutrinal e técnica deve ser permanente e os superiores procurem torná-la possível, proporcionando o tempo e os meios indispensáveis. 758

Cuidem os superiores de escolher os melhores para coordenadores, mestres espirituais e professores, possibilitando-lhes a preparação necessária para o exercício de tais funções. 759

19. A fundação de novos institutos

19. Nas novas fundações deve-se ponderar maduramente a necessidade, pelo menos a utilidade, e as possibilidades reais de crescimento, para que não surjam imprudentemente institutos inúteis ou sem o necessário vigor para resistir ao tempo. Nas novas Igrejas promovam-se formas novas de vida religiosa, cultivando o que melhor se adapta à índole das pessoas, às condições do lugar e a seu modo de vida. 760

20. Conservar, adaptar ou abandonar obras do instituto

20. Os institutos devem conservar fielmente suas obras e, atendendo às necessidades da Igreja e da diocese, adaptá-las às necessidades de tempo e lugar, recorrendo, inclusive, a novos meios e deixando de lado as obras que não mais se articulam com o espírito e a índole genuína do instituto. 761

Conserve-se fielmente o espírito missionário, adaptando-o, segundo a índole própria do instituto, às atuais condições, para que o Evangelho seja fielmente pregado a todos os povos. 762

21. Institutos e mosteiros decadentes

763   21. Os institutos e mosteiros que, ouvida a opinião do bispo da diocese, segundo o parecer da Sé apostólica, não oferecem condições objetivas para que possam florescer de novo, sejam proibidos de receber noviços e, se possível, unidos a outros institutos ou mosteiros mais vigorosos e que tenham finalidade e espírito não muito diversos.

22. A união entre institutos religiosos

764   22. Os institutos e os mosteiros independentes, onde for oportuno, com aprovação da Sé apostólica, constituam federações, se pertencerem à mesma família religiosa; unam-se principalmente se forem muito pequenos, possuírem constituições e usos praticamente idênticos e se acharem animados pelo mesmo espírito; ou, enfim, associem-se, no caso de se dedicarem aos mesmos trabalhos externos ou afins.

23. As conferências de superiores maiores

765   23. Favoreçam-se as conferências e conselhos de superiores maiores, a serem erigidos pela Sé apostólica. Eles podem contribuir enormemente para que os diversos institutos alcancem os seus respectivos fins, cooperem de maneira mais eficaz para o bem da Igreja e ajudem a melhor distribuir os operários do Evangelho numa determinada região ou país. Neles se trata também das questões comuns aos religiosos e se estabelecem a coordenação e a cooperação com as conferências episcopais no que diz respeito ao exercício do apostolado.

766   Tais conferências podem ser também criadas para os institutos seculares.

24. As vocações religiosas

767   24. Os sacerdotes e educadores cristãos se esforcem seriamente para aumentar as vocações religiosas bem escolhidas, em função das necessidades da Igreja. Fale-se com freqüência, inclusive na pregação ordinária, dos conselhos evangélicos e do estado religioso como proposta de vida. Os pais, ao educar religiosamente os filhos, despertem e cultivem em seus corações a vocação religiosa.

768   Os institutos podem fazer publicidade em função de angariar vocações e buscar candidatos, desde que se respeitem as exigências da prudência, as normas da Sé apostólica e do bispo diocesano.

Lembrem-se os religiosos de que o exemplo próprio é a melhor recomendação de seu instituto e convite irresistível a abraçar a vida religiosa.

25. Conclusão

25. Os institutos para os quais se estabelecem essas normas de renovação correspondam prontamente à sua vocação divina e à sua função na Igreja atual. O Concílio dá grande importância a esse modo de vida virginal, pobre e obediente, de que o próprio Cristo Senhor é exemplo, e coloca grande esperança no seu trabalho, quer oculto, quer manifesto.

Que todos os religiosos difundam no mundo inteiro a boa notícia de Cristo, pela integridade de sua fé, por seu amor para com Deus e para com o próximo, por sua dedicação à cruz e por sua esperança na glória futura, para que seu testemunho junto a todos os seres humanos glorifique o Pai que está no céu (cf. Mt 5, 16).

Assim, por invocação da dulcíssima virgem mãe de Deus, Maria, cuja "vida é norma para todos",[1] cresçam todos os dias e dêem abundantes frutos de salvação e santidade.

Tudo o que se estabeleceu neste decreto foi aprovado pelos padres conciliares. Nós, em virtude do poder apostólico que nos foi confiado por Cristo e em conjunto com todos os veneráveis padres conciliares, no Espírito Santo, aprovamos, decidimos e estatuímos, ordenando que sejam promulgadas essas normas conciliares para a glória de Deus.

Roma, junto a S. Pedro, 28 de outubro de 1965
Eu, PAULO, *bispo da Igreja Católica*

(seguem-se as demais assinaturas)

---

[1] S. Ambrósio, *De virginitate*, l. 2, c. 2, n. 15.

PAULO BISPO
SERVO DOS SERVOS DE DEUS
JUNTAMENTE COM OS PADRES CONCILIARES
PARA PERPÉTUA MEMÓRIA

Decreto *Optatam totius*
sobre a formação sacerdotal

PROÊMIO

771 Ciente de que a desejada renovação de toda a Igreja depende, em grande parte,[1] do espírito com que é exercido o ministério sacerdotal, o Concílio proclama a excepcional importância do sacerdócio. Expõe os seus princípios, para confirmar as leis praticadas durante séculos e reformular o que é preciso, nos dias de hoje, segundo o que já foi adotado pelas constituições e decretos desse mesmo Concílio.

A unidade do sacerdócio católico exige que estas decisões se estendam a ambos os cleros e a todos os ritos. O que aqui se prescreve para o clero diocesano vale, pois, para todos, com as adaptações necessárias.

---

[1] Por vontade de Cristo, o progresso do povo de Deus depende, em grande parte, do ministério sacerdotal, como mostram as palavras com as quais o Senhor instituiu os apóstolos como seus sucessores e cooperadores na pregação do Evangelho, na direção do novo povo eleito e na celebração dos mistérios de Deus. Confirmam-no igualmente inúmeras palavras dos padres e dos santos, assim como repetidos documentos dos sumos pontífices. Cf. especialmente:
S. Pio X, Exortação ao clero *Haerent animo*, 4.8.1908. *S. Pii X Acta* IV, pp. 237-264.
Pio XI, enc. *Ad catholici sacerdotii*, 20.12.1935. *AAS* 28 (1936), pp. 37-52.
Pio XII, Exortação apostólica *Mentis nostrae*, 23.9.1950. *AAS* 42 (1950), pp. 657-702.
João XXIII, enc. *Sacerdotii nostri primordia*, 1.8.1959. *AAS* 51(1959) pp. 545-579.
Paulo VI, carta apostólica *Summi Dei Verbi*, 4.11.1963. *AAS* 55 (1963) pp. 979-975.

I. A formação sacerdotal nos diversos países

1. A formação deve ser adequada a cada situação

1. As leis devem servir para todos. Dada porém a diversidade de povos e regiões, as conferências episcopais estabeleçam sua *Norma para a instituição sacerdotal*,[2] acomodada a cada nação ou rito particular. Essa norma deve ser revista periodicamente e aprovada pela Sé apostólica. Trata-se da adaptação das leis universais às circunstâncias de tempo e lugar, para que o ministério sacerdotal corresponda às necessidades pastorais lá onde é exercido.

II. Estimular as vocações sacerdotais

2. A responsabilidade é de todo o povo cristão

2. Toda a comunidade, na medida em que se orienta para uma vida plenamente cristã, tem o dever de estimular as vocações.[3]

É de grande importância a contribuição da família e da paróquia. A primeira, quando animada pelo espírito de fé, de caridade e de piedade, torna-se uma espécie de pré-seminário. Também a paróquia, desde que os adolescentes participem da fecundidade de sua vida.

Na escola e especialmente nas associações católicas, os professores e todos os que de alguma forma trabalham com a educação das crianças e dos jovens procurem criar condições para que os adolescentes percebam sua vocação divina e disponham-se livremente a segui-la.

Os sacerdotes todos demonstrem seu zelo apostólico, favorecendo as vocações e atraindo os adolescentes para o sacerdócio, através de uma vida humilde, ativa e alegre, marcada pela recíproca caridade sacerdotal e pela colaboração fraterna.

Os bispos devem animar, em todo o rebanho, a promoção das vocações, articulando os esforços e trabalhos de todos e ajudando paternalmente, sem medir sacrifícios, aqueles que se julguem chamados pelo Senhor.

[2.] Toda a formação sacerdotal, a saber, o regime do seminário, a formação espiritual, o programa de estudos, a vida comum dos alunos, a disciplina e os exercícios pastorais devem ser pensados em função das circunstâncias locais. No que diz respeito aos grandes princípios, faça-se a adaptação de acordo com as normas comuns estabelecidas, para o clero secular, pelas conferências episcopais, e para o clero regular, por disposição conveniente dos respectivos superiores (cf. Sagrada Congregação dos Religiosos, constituição apostólica *Sedes sapientiae*, e seu anexo *Statuta generalia*, art. 19, segunda edição, Roma, 1937, pp. 38s).

[3.] Um dos principais problemas que enfrenta hoje a Igreja, em quase toda parte, é a falta de vocações. Cf. Pio XII, exortação apostólica *Menti nostrae*: "...o número de sacerdotes está longe de corresponder às necessidades crescentes, tanto nos países cristãos, como nas terras de missão." *ASS* 42 (1950) p. 682.

775   Essa atuação efetiva de todo o povo de Deus em favor das vocações corresponde à ação da Providência divina, que confere a graça e os dons necessários aos que são divinamente chamados a participar do sacerdócio hierárquico de Cristo ao mesmo tempo que confia aos ministros legítimos da Igreja a função de chamar e consagrar ao culto divino e ao serviço da Igreja com a marca do Espírito Santo os candidatos a tão elevado ministério, acedendo a seu pedido, feito com reta intenção e plena liberdade, depois de lhes reconhecer a idoneidade.[4]

776   O Concílio recomenda, antes de tudo, os meios tradicionais de ação na Igreja: oração, penitência e melhor instrução dos fiéis, na pregação, na catequese e através dos meios de comunicação social, mostrando a necessidade, a natureza e a importância da vocação sacerdotal.

Além disso, ordena que a Obra das Vocações, de acordo com os documentos pontifícios a respeito, já constituída ou a ser criada nas dioceses, regiões e nações, coordene a ação pastoral em favor das vocações, lançando mão de todos os recursos oferecidos hoje pela psicologia e pela sociologia, de maneira metódica, coerente e discreta, mas com toda a diligência possível.[5]

777   A obra das vocações seja magnânima. Transcenda os limites de cada diocese, família religiosa ou rito e vise às necessidades da Igreja universal, com o apoio especial daquelas regiões em que o Senhor convoca maior número de operários para a sua vinha.

3. Os seminários menores

778   3. Os seminários menores foram criados para cultivar o germe da vocação. Devem proporcionar aos alunos uma formação religiosa peculiar e uma orientação espiritual inspiradas na seqüela generosa e bem intencionada do Cristo redentor.

Sob a orientação paterna do superior, com a cooperação dos pais, os adolescentes devem viver de acordo com a idade, o espírito e o ritmo próprios a seu desenvolvimento, segundo as normas sadias da psicologia, a experiência humana e seus costumes familiares.[6]

---

[4] Cf. Pio XII, constituição apostólica *Sedes sapientiae*, 31.5.1956, *AAS* 48 (1956) p. 357. Paulo VI, carta apostólica *Summi Dei Verbum*, 4.11.1963. *AAS* 55 (1963) pp. 984 ss.
[5] Cf. especialmente: Pio XII, *motu proprio Cum nobis*: Sobre a Constituição da Obra Pontifícia das Vocações Sacerdotais sob a direção da Sagrada Congregação dos Seminários e Estudos Universitários, 4.11.1941. *AAS* 33 (1941) p. 479, com os estatutos e normas anexas promulgados pela mesma Congregação a 8.9.1943. *Motu proprio Cum supremae*: Sobre a obra primária das vocações religiosas, 11.2.1955. *AAS* 47 (1955) p. 266 com os estatutos e normas anexos, promulgados pela Sagrada Congregação dos Religiosos (*ibidem*, pp. 298-301) - Vat. II, *Perfectae caritatis*, n. 24; *Christus Dominus*, n. 15.
[6] Cf. Pio XII, exortação apostólica *Menti nostrae*, l.c. p. 685.

Adote-se, além disso, tudo aquilo que será dito abaixo dos seminários maiores, desde que convenha aos objetivos e características do seminário menor. Os estudos devem se organizar de tal modo que, se os seminaristas mudarem de idéia, não tenham dificuldade em prossegui-los em outra carreira.

Os germes de vocação nos adolescentes devem ser cultivados com igual cuidado nos institutos que, em certas regiões, fazem as vezes de seminário menor e nos que se constituem nas escolas ou em outros centros de educação. 779

Preveja-se a criação de institutos ou iniciativas similares para as vocações adultas.

III. Os seminários maiores

4. Caráter pastoral da formação

4. Os seminários maiores são indispensáveis. Neles, toda a instrução dos alunos deve tender para que se formem verdadeiros pastores de almas, a exemplo de Nosso Senhor Jesus Cristo, mestre, sacerdote e pastor.[7] 780

A instrução para o ministério da palavra seja de tal sorte que os seminaristas compreendam sempre melhor a palavra revelada de Deus, assimilem-na pela meditação e a traduzam em suas palavras e no seu modo de agir.

A instrução para o ministério do culto e da santificação os leve a ter consciência de realizar a obra da salvação na oração e nas celebrações litúrgicas, através do sacrifício eucarístico e dos sacramentos.

Finalmente, a instrução para a prática do ministério os faça saber se comportar diante dos homens como o próprio Cristo, "que não veio para ser servido, mas para servir e dar sua vida para a redenção de muitos" (Mc 10, 45; cf. Jo 13, 12-17) a fim de que, como servos de todos, a todos aproveitem (Cf. 1Cor 9, 19).

Por isso, todos os aspectos da formação espiritual, intelectual e disciplinar devem caminhar juntos, a serviço da finalidade pastoral, em vista da qual diretores e professores devem atuar de maneira ativa e coordenada, seguindo fielmente as orientações do bispo. 781

5. A escolha dos superiores e do corpo docente

5. A educação é fruto de normas sábias, mas, sobretudo, de educadores capazes. Os diretores e professores de seminário sejam escolhidos entre os 782

---
[7] Cf. *Lumen gentium*, n. 28: *AAS* 57 (1965) p. 34.

melhores[8] e preparados para o exercício dessas funções por uma sólida doutrina, a devida experiência pastoral e uma adequada formação espiritual e pedagógica. Institutos apropriados ou pelo menos cursos e reuniões especiais sejam criados, congregando periodicamente os diretores dos seminários.

783 Os diretores e professores tomem consciência da importância que tem seu modo de pensar e de agir para a formação dos alunos. Sob a direção do reitor, estejam unidos pelo espírito e pela ação, uns aos outros e com os alunos, formando a família a que se referia o Senhor, na oração: *para que sejam um* (Jo 17, 11). Assim, alimentarão nos alunos a alegria de sua vocação.

O bispo deve ir com freqüência ao seminário, demonstrar especial interesse no trabalho que aí se realiza, como um verdadeiro pai em Cristo.

Os sacerdotes em geral considerem o seminário o coração da diocese e procurem ajudá-lo com toda a boa vontade.[9]

6. O discernimento da vocação

784 6. Procure-se discernir com diligência, de acordo com a idade e o adiantamento de cada um, se o candidato demonstra ter reta intenção, estar ali por livre e espontânea vontade, ser idôneo espiritual, moral e intelectualmente, gozar de boa saúde, tanto física quanto psíquica, considerando-se, inclusive, se não tem nenhuma doença hereditária. Examine-se, além disso, a capacidade de cada um de suportar o peso das obrigações sacerdotais e de exercer as funções pastorais.[10]

785 Na seleção dos alunos e no discernimento das vocações, deve-se demonstrar sempre grande firmeza, mesmo na falta de sacerdotes,[11] pois Deus proverá ministros para sua Igreja, desde que se promovam os dignos, afastem-se o quanto antes os que não são capazes, orientando-os para outros misteres e estimulando-os a abraçarem o apostolado leigo, se demonstram ter consciência de sua vocação cristã.

---

[8] Cf. Pio XI, enc. *Ad catholici Sacerdotii*, 20.12.1935: *AAS* 28 (1936) l.c. p. 37: "Antes de tudo faça-se uma rigorosa escolha dos diretores e dos professores... Atribua-se esse papel a sacerdotes extremamente virtuosos, cuidando para que não sejam dele afastados por funções julgadas mais importantes que, na realidade, nem se podem comparar com esta." O princípio da escolha dos melhores foi de novo lembrado por Pio XII, na *Carta apostólica aos superiores eclesiásticos do Brasil*, de 23.4.1947. *Discorsi e radiomessaggi*, IX, p. 579-580.

[9] Sobre o dever de ajudar aos seminários: cf. Paulo VI, *Summi Dei Verbum*, l.c. p. 984.

[10] Cf. Pio XII, *Menti nostrae*, l. c. p, 684; cf. também Sagrada Congregação dos Sacramentos, carta circular *Magna equidem*, às autoridades locais, de 27.12.1935, n. 10. Para os religiosos, cf. *Statuta generalia* l. c. art. 13.
Paulo VI, *Summi Dei Verbum*, l. c. p. 987 s.

[11] Cf. Pio XI, *Ad catholici Sacerdotii*, l. c. p. 41.

7. Seminários interdiocesanos

7. As dioceses que não podem ter o seu seminário organizem seminários regionais, ou mesmo nacionais, a fim de que a sólida educação dos alunos, que é a lei suprema, seja assegurada da melhor forma possível. Esses seminários regionais ou nacionais obedeçam aos estatutos elaborados pelos bispos interessados,[12] com a aprovação da Sé apostólica.

786

Nos seminários numerosos, embora se deva manter a unidade de direção e de estudos, os alunos se repartam em grupos menores, que favoreçam a formação pessoal.

787

IV. A formação espiritual

8. Uma profunda vida espiritual

8. A formação espiritual está intimamente articulada com a doutrinária e a pastoral. Com o apoio do diretor espiritual,[13] deve ser ministrada de tal forma que os alunos aprendam a viver em comunhão constante e familiar com o Pai, pelo seu Filho, Jesus Cristo, no Espírito Santo.

788

Aqueles que participarão do sacerdócio de Cristo pela ordenação acostumem-se desde cedo a viver em íntima união com ele, como amigo.[14] Vivam o mistério pascal de tal forma que sejam capazes de fazer participar dele todo o povo que lhes for confiado. Vão ao encontro de Cristo na meditação assídua da palavra de Deus e na participação ativa dos mistérios da Igreja, especialmente da sagrada eucaristia e do ofício divino,[15] unidos ao bispo, que os envia, e dedicados aos seres humanos, aos quais são enviados, especialmente aos pobres, aos pequeninos, aos doentes, aos pecadores e aos incrédulos. Confiem filialmente e venerem a santa virgem Maria, que na cruz foi dada ao discípulo por Cristo agonizante.

---

[12] Fica estabelecido que na constituição de seminários regionais ou nacionais, todos os bispos interessados devem opinar, derrogando-se o que reza o cânon 1357, § 4, do CIC.
Por outro lado, a autoridade competente para erigir o seminário nacional ou regional, de que se fala nesse artigo, é a conferência episcopal interessada; mas sua decisão deve ser aprovada pela Sé apostólica (cf. Resposta a dúvidas propostas II: Sobre a autoridade competente para erigir os seminários, 11.2.1972: *AAS* 64 (1972), p. 397 (N. do R.).

[13.]Cf. Pio XII, *Menti nostrae*, l. c. p. 674; Sagr. Congreg. dos Seminários e Estudos Universitários, *La formazione spirituale del candidato al sacerdozio*, Cidade do Vaticano, 1965.

[14.]Cf. S. Pio X, *Haerent animo*, l. c. pp. 242-244 - Pio XII, *Menti nostrae*, l. c. pp. 659-661 - João XXIII, *Sacerdotii nostri primordia*, l.c. p. 550s.

[15.]Cf. Pio XII, enc. *Mediator Dei*, de 20.11.1947. *AAS* 39 (1947) pp. 547ss. 572s. - João XXIII, exortação apostólica *Sacrae Laudis*, de 6.1.1962, *AAS* 54 (1962) p. 59. Vat. II, SC, art. 16 e 17. - S. Congr. dos Ritos, *Instructio ad exsecutionem constitutionis de Sacra Liturgia recte ordinandam*, de 26 de setembro de 1964, nn. 14-17. *AAS* 56 (1964) p. 880s.

789 Estimulem-se os exercícios de piedade recomendados pelo venerável uso da Igreja. Mas é preciso cuidar para que a formação espiritual não se limite a essas práticas, que não devem se tornar a principal preocupação dos seminaristas. Os alunos devem aprender, sobretudo, a viver de acordo com o Evangelho, firmes na fé, na esperança e no amor, que estão na fonte da oração,[16] são o segredo do fortalecimento de sua vocação e do desenvolvimento do zelo que os leva a querer que todos os homens cresçam em Cristo.

9. Amor à Igreja, obediência e abnegação

9. Os alunos devem estar de tal forma imbuídos do mistério da Igreja, tal como o manifestou o Concílio, que se submetam ao vigário de Cristo com humildade filial e, uma vez promovidos ao sacerdócio, tornem-se cooperadores fiéis do bispo e colaborem com os irmãos, dando testemunho da unidade que atrai os homens para Cristo.[17] Alegrem-se em participar da vida de toda a Igreja, conforme as palavras de santo Agostinho: "Tem-se o Espírito Santo na medida em que se ama a Igreja de Cristo."[18] Entendam claramente os alunos que não se preparam para o exercício do poder, nem para as honras, mas para se dedicar inteiramente ao serviço de Deus e ao ministério pastoral. Cultivem com especial carinho a obediência sacerdotal, a vida pobre e o espírito de abnegação,[19] prontos a deixar de lado o que não convém, ainda que seja lícito, acostumando-se a imitar Cristo crucificado.

791 Os seminaristas tenham plena consciência das obrigações que irão assumir. Nenhuma dificuldade da vida sacerdotal lhes deve ser dissimulada. Aprendam a enfrentá-las desde já, confiando não unicamente no que consideram racional, mas agindo de acordo com as exigências da vida espiritual. Somente assim adquirirão o vigor indispensável à ação pastoral.

10. A castidade

792 10. Aqueles que, de acordo com as normas e as leis santas, firmes e veneráveis do seu rito, adotam a tradição do celibato sacerdotal, devem ser educados para viver nesse estado. Renunciam ao casamento por causa do reino do céu (cf. Mt 19, 12), unem-se ao Senhor com um amor indiviso,[20] como

---

[16.] Cf. João XXIII, *Sacerdotii Nostri primordia*, l.c. p. 559.
[17.] *Lumen Gentium*, n. 28: *AAS* 57 (1965) p. 35s.
[18.] S. Agostinho, *In Ioannem tract.*, 32, 8. *PL* 35, 1646.
[19.] Cf. Pio XII, *Menti nostrae*, l. c. pp. 662s, 685, 690. - João XXIII, *Sacerdotii Nostri primordia*, l. c. pp. 551-553, 556s. - Paulo VI, *Ecclesiam suam*, 6.8.1964. *AAS* 56 (1964) p. 634s. - *Lumen gentium*, 8: *AAS* 57 (1965) p. 12.
[20.] Pio XII, *Sacra Virginitas*, de 25.3.1954. *AAS* 46 (1954), pp. 165ss.

convém à nova aliança, e dão testemunho da ressurreição no século futuro (cf. Lc 20, 36).[21] Obtêm, dessa forma, todas as graças necessárias para praticar a caridade perfeita e tornam-se capazes de se dar inteiramente a todos, no ministério.[22] Avaliem com que gratidão devem abraçar este estado, não só por ser determinação da lei eclesiástica, mas sobretudo por ser um eminente dom de Deus, que se deve pedir com humildade e ao qual devem corresponder livre e generosamente, graças ao Espírito Santo, que o suscita e sustenta.

Conheçam perfeitamente os deveres e a dignidade do matrimônio cristão, que representa a união de Cristo com a Igreja (cf. Ef 5, 22s), mas compreendam a superioridade da virgindade[23] de modo a ter condições de fazer a opção madura e livre de se dedicar ao Senhor de corpo e alma. 793

Estejam avisados dos perigos que ameaçam a castidade, especialmente nos dias de hoje.[24] Protejam-se humana e divinamente para poder integrar em sua vida e em seu trabalho a renúncia ao matrimônio, de tal forma que, longe de sofrer com isso, tornem-se mais maduros, senhores de seus sentimentos e de seu corpo, a fim de que mais amplamente participem das beatitudes evangélicas. 794

11. O domínio de si

11. Observem-se fielmente as normas da educação cristã, levando devidamente em conta os dados atuais da psicologia e da pedagogia. Cultive-se a maturidade humana, que se manifesta numa certa estabilidade de ânimo, na capacidade de tomar decisões ponderadas e de saber apreciar corretamente as pessoas e os acontecimentos. Procurem melhorar o próprio caráter, cultivar a magnanimidade e todas as virtudes que convêm a um ministro de Cristo, no trato com as pessoas,[25] tais como a sinceridade, a exigência de justiça, a fidelidade ao prometido, a afabilidade, a modéstia no falar, unida à caridade. 795

A disciplina do seminário deve ser considerada não somente uma proteção da vida comum e da caridade, mas um aspecto indispensável da instituição no seu conjunto, que favorece à aquisição do domínio sobre si mesmo, promove a maturidade pessoal e alimenta as disposições da alma, necessárias ao trabalho ordenado e fecundo, na Igreja. Seja ela praticada de tal forma, que os alunos aceitem a autoridade dos superiores por convicção íntima, em 796

---

[21] S. Cipriano, *De habitu virginum*, 22. *PL* 4, 475 - S. Ambrósio, *De virginibus* I, 8, 52. *PL* 16, 202s.
[22] Pio XII, *Menti nostrae*, l. c. p. 663.
[23] Pio XII, *Sacra virginitas*, l. c. pp. 170-174.
[24] Pio XII, *Menti nostrae*, l. c. pp. 664 e 690s.
[25] Paulo VI, *Summi Dei Verbum*, l. c. p. 991.

consciência (cf. Rm 13, 5) e por razões sobrenaturais. A disciplina deve se aplicar de acordo com a idade dos alunos. Só aos poucos irão aprendendo a se submeter, na liberdade, e a agir, por iniciativa própria,[26] colaborando com os colegas e com os leigos.

797 Que a vida, no seminário, se desenrole em clima de piedade, de silêncio e de colaboração recíproca, antecipando, de certa forma, a vida que o sacerdote será chamado a levar mais tarde.

12. A formação espiritual e pastoral

798 12. O bispo deve estabelecer um período de formação intensiva, que favoreça a maturidade espiritual e permita aos alunos consolidarem sua opção vocacional. Compete igualmente ao bispo determinar a conveniência de interromper os estudos para um período de prática pastoral, para comprovar a vocação sacerdotal dos candidatos. Em cada região, os bispos determinarão se convém atrasar a idade da ordenação, estabelecida pelo direito, e decidirão se os alunos, uma vez terminados os estudos, devem exercer por algum tempo o diaconato antes de serem promovidos ao sacerdócio.

V. A renovação dos estudos eclesiásticos

13. Cultura humanista

799 13. Antes de iniciar os estudos eclesiásticos, os alunos devem adquirir a formação humanista e científica exigida, no país, de todos os jovens que se destinam aos estudos superiores. Além disso, sejam iniciados no conhecimento do latim, de maneira a ter acesso a todas as fontes do saber eclesiástico e aos documentos da Igreja.[27] É indispensável estudar igualmente a língua litúrgica do seu próprio rito e ser iniciado nas línguas da Escritura e da Tradição.

14. Estudos orientados para a teologia

800 14. Na renovação dos estudos, a primeira preocupação deve ser a articulação entre as disciplinas filosóficas e teológicas, em vista de facilitar ao aluno a compreensão do mistério de Cristo, presente no mundo inteiro, especialmente na Igreja, e em função do qual se entende toda a ação do sacerdote.[28]

---

[26] Pio XII, *Menti nostrae*, l. c. p. 686.
[27] Paulo VI, *Summi Dei Verbum*, l. c. p. 993.
[28] *Lumen gentium*, nn. 7 e 28: AAS 57 (1965) pp 9-11, 33.

Para alcançar essa visão de conjunto, preveja-se um curso de introdução no início dos estudos e durante o tempo que for necessário. Nesse curso deve ser proposto o mistério da salvação, de tal forma que fique bem claro o espírito dos estudos eclesiásticos e como se devem desenvolver. Os alunos poderão assim, com maior facilidade, perceber o nexo entre a finalidade pastoral do curso e sua própria vida pessoal, à qual os estudos são chamados a proporcionar uma base firme, fundamento da realização de sua vocação pessoal e de uma vida a ser vivida na alegria, ao longo dos anos.

801

15. Os estudos filosóficos

15. O principal objetivo do ensino da filosofia é dar aos alunos uma visão coerente e sólida do ser humano, do mundo e de Deus, em continuidade com o patrimônio da filosofia perene,[29] levando em conta os desenvolvimentos modernos, especialmente os que exercem maior influência na cultura do país ou se articulam com os recentes progressos da ciência. Dessa forma os alunos, tendo compreendido o pensamento moderno, estarão preparados para o diálogo com os homens do seu tempo, quando se apresentar a ocasião.[30]

802

A história da filosofia deve ser ensinada de sorte que os alunos penetrem nos princípios últimos de cada sistema, retendo o que é verdadeiro e percebendo as raízes dos erros, para que os possam refutar.

803

O modo de ensinar deve despertar nos alunos o gosto pelo rigor da pesquisa, da observação dos fatos e das demonstrações, ao mesmo tempo que um sentimento agudo dos limites do saber humano. Tenham-se presentes os grandes problemas da vida e as reais preocupações dos alunos, relacionando-os com as questões filosóficas e ajudando-os a perceber o nexo existente entre o raciocínio filosófico e os mistérios da salvação, considerados à luz superior da fé.

804

16. Os estudos teológicos

16. O ensino da teologia seja feito à luz da fé, sob a conduta do magistério da Igreja,[31] para que os alunos possam haurir a exata doutrina cristã da fonte

805

---

[29] Pio XII, *Humani generis*, 12.8.1950, *AAS* 42 (1950) 571-575.
[30] Paulo VI, *Ecclesiam suam*, l. c. p. 637ss.
[31] Pio XII, *Humani generis*, l. c. pp. 567ss. aloc. *Si diligis*, 31.5.1954, *AAS* 46 (1954), p. 314s - Paulo VI, aloc. na Universidade Gregoriana, 12.3.1964, *AAS* 56 (1964), p. 364s. - *Lumen gentium,* 25: *AAS* 57 (1965) pp. 29-31.

da revelação, aprofundá-la como alimento de sua vida espiritual,[32] anunciá-la no ministério sacerdotal, explicá-la e defendê-la.

806 O estudo da Sagrada Escritura seja a alma de toda a teologia.[33] Depois da introdução adequada, ensine-se a metodologia própria da exegese, considerando os principais temas da revelação divina, para que os alunos se alimentem dos livros sagrados e tirem maior proveito de sua leitura e meditação diárias.[34]

807 Em teologia dogmática, primeiro exponham-se os temas bíblicos. Depois a contribuição dos padres orientais e ocidentais, na transmissão fiel e na explicação de cada uma das verdades da revelação, seguindo-se a história dos dogmas, em conexão com a história da Igreja.[35] Adote-se, quanto possível, como mestre, são Tomás, para que os mistérios divinos sejam melhor conhecidos em si mesmos e na sua íntima conexão.[36] Aprendam a considerar esses mistérios presentes e atuantes na liturgia[37] e na vida da Igreja, e a buscar na revelação a solução para todos os problemas humanos, aplicando as verdades eternas à condição mutável das coisas terrenas e comunicando-as, de maneira acessível aos homens de hoje.[38]

808 As demais disciplinas sejam sempre igualmente apresentadas em relação direta com o mistério de Cristo.

---

[32] Cf. S. Boaventura, *Itinerarium mentis in Deum*, prólogo, n. 4: "(Ninguém) pense que basta a leitura, sem unção, a especulação, sem devoção, a pesquisa, sem admiração, a observação, sem a exultação, a arte, sem a piedade, a ciência, sem a caridade, a inteligência, sem a humildade, o estudo, sem a graça divina, a contemplação, sem a sabedoria divinamente inspirada". Em *Opera omnia*, vol. V, ed. Quaracchi, 1891, p. 296.

[33] Leão XIII, *Providentissimus Deus*, 18.11.1893. *AAS* 26 (1893-94) p. 283.

[34] Pontifícia Comissão Bíblica, *Instructio de Sacra Scriptura recte docenda*, 13.5.1950. *AAS* 42 (1950) p. 502.

[35] Pio XII, *Humani generis*, l. c., p. 568: "O estudo das fontes sagradas contribui sempre para a renovação da doutrina, enquanto a especulação que negligencia o ulterior aprofundamento das fontes se torna estéril, como nos mostra a experiência."

[36] Pio XII, *Sermo ad alumnos seminatorium*, 24.6.1939, *AAS* 42 (1939) p. 247: "Não se deixa de recomendar a busca da verdade segundo a doutrina de são Tomás, mas, pelo contrário, quer-se estimulá-la e orientá-la". - Paulo VI, aloc. na Universidade Gregoriana, l. c. p. 365: "(Os professores) dever trilhar o caminho dos doutores da Igreja, especialmente de Tomás de Aquino. Tal é o vigor de sua doutrina, a sinceridade do seu amor à verdade, a sabedoria com que fala das mais profundas realidades e a força com que mostra sua conexão interna. Sua doutrina, além de se ter tornado instrumento sobremaneira eficaz para a defesa dos fundamentos da fé, produz sempre, com segurança, os melhores frutos." Cf. também a aloc. no VI Congresso Tomista Internacional, 10.9.1965, *AAS* 57 (1965) p. 788-792.

[37] Vat. II, *Sacrosanctum Concilium*, n. 7 e 16: *AAS* 56 (1964) pp. 1005 e 1045.

[38] Paulo VI, *Ecelesiam suam*, l. c. p. 640s.

Merece especial atenção a teologia moral, cuja elaboração precisa manter maior contato com a Sagrada Escritura e ter a preocupação de manifestar melhor a grandeza da vocação cristã e a obrigação dos fiéis de se colocarem, no amor, a serviço do mundo.

Também o direito canônico e a história da Igreja sejam ensinados em conexão com o mistério da Igreja, de acordo com a constituição dogmática a respeito, promulgada neste Concílio.

A liturgia, finalmente, que é a fonte primeira e indispensável do espírito cristão, deve ser ensinada de acordo com os artigos 15 e 16 da constituição respectiva.[39]

Tendo-se em devida conta a variedade das situações, nas diferentes regiões do globo, os alunos devem ser levados a conhecer melhor as Igrejas e denominações cristãs separadas da Sé apostólica romana, para que se tornem capazes de promover a unidade entre todos os cristãos, como o quer o Concílio.[40] 809

Devem-se estudar, também, as outras religiões mais difundidas em cada lugar, reconhecendo da melhor maneira possível o que têm de verdadeiro e de bom, por disposição divina, não dissimulando os erros e sabendo comunicar a luz da verdade aos que ainda não a alcançaram. 810

17. Revisão dos métodos de ensino

17. A formação doutrinal não visa apenas à transmissão de conhecimentos, mas deve contribuir para o pleno desenvolvimento do aluno. Com esse objetivo, revejam-se os métodos didáticos, tanto nas preleções, como nos debates e nos exercícios, assim como no estudo individual ou em pequenos grupos. A unidade da instituição deve ser, acima de tudo, salvaguardada, evitando-se a multiplicação de aulas e de disciplinas, as questões sem grande importância e as que só se podem abordar convenientemente em estudos acadêmicos de pós-graduação. 811

18. A pós-graduação

18. Os bispos devem orientar os jovens especialmente dotados e virtuosos para os institutos, faculdades ou universidades em que se cultivam as ciências sagradas ou outras disciplinas de utilidade comum. Deve haver sacerdotes preparados cientificamente para satisfazer as diversas necessidades do apostolado. Mas em hipótese alguma deve-se descurar sua formação espiritual e pastoral, principalmente se ainda não tiverem sido ordenados. 812

[39.] Vat.II, *Sacrosanctum Concilium*, nn. 10, 14-16. Cf. Congr. dos Ritos, *Instrução para aplicação da const. sobre a liturgia*, nn. 11s: *AAS* 56 (1964), p. 879s.
[40.] Vat.II, *Unitatis redintegratio*, nn. 1, 9, 10: *AAS* 57 (1965) pp. 90 e 985.

VI. Formação para o ministério
19. Educação para o diálogo

813   19. A pastoral, no sentido amplo, deve inspirar todo o aprendizado.[41] Mas a formação para o ministério requer, além disso, um tirocínio específico, no que se refere à catequese, à pregação, ao culto litúrgico, à administração dos sacramentos, às obras de caridade, à maneira de tratar os que erram e os que estão afastados da fé, enfim, a muitos outros misteres pastorais. Os alunos devem aprender com esmero a arte de orientar as almas, de modo que possam levar todos os filhos da Igreja à prática consciente e apostólica da vida cristã e ao cumprimento dos seus deveres de estado. Aprendam igualmente a ajudar religiosos e religiosas a perseverar na graça de sua vocação e a viver cada vez melhor, segundo o espírito de seu instituto.[42]

814   Em vista do diálogo com todos, homens e mulheres, cultivem-se, de modo geral, aptidões, como a capacidade de ouvir os outros e a sensibilidade às mais variadas necessidades humanas, em espírito de caridade.[43]

20. Educação missionária

815   20. Aprendam a utilizar os subsídios oferecidos pela pedagogia, psicologia e sociologia,[44] de forma metodologicamente correta e de acordo com as normas da autoridade eclesiástica.

Sejam cuidadosamente preparados para despertar e fomentar a ação dos leigos,[45] na promoção das diversas formas de apostolado.

[41.] O modo de ser pastoral encontra-se explicado em inúmeros documentos pontifícios recentes, que tratam da vida, das qualidades e da formação dos sacerdotes, entre os quais:
S. Pio X, *Haerent animo*, l. c. pp. 237 ss.
Pio XI, *Ad catholici sacerdotii*, l. c. pp. 5 ss.
Pio XII, *Mentis nostrae*, l. c. pp. 657 ss.
João XXIII, *Sacerdotii nostri primordia*, l. c. pp. 545ss.
Paulo VI, *Summi Dei Verbi*, l. c. pp. 979ss.
E muitas outras passagens nas enc. *Mystici corporis* (1943), *Mediator Dei* (1947), *Evangelii praecones* (1951), *Sacra virginitas* (1954), *Musicae sacrae disciplina* (1955), *Princeps pastorum* (1959) e na constituição apostólica *Sedes sapientiae* (1956) sobre os religiosos.
Pio XII, João XXIII e Paulo VI, em suas diversas alocuções aos seminaristas, explicam muitas vezes o modo de ser e de viver do bom pastor.

[42.] No que se refere à importância do estado de vida constituído pela profissão dos conselhos evangélicos, cf. Vat. II, *Lumen gentium* e *Perfectae caritatis*.

[43.] Cf. Paulo VI, *Ecclesiam suam*, l. c. especialmente pp. 635s. e640s.

[44.] Cf. principalmente João XXIII, *Mater et magistra*, 15 de maio de 1961: *AAS* 53 (1961) pp. 401ss.

[45.] Cf. principalmente *Lumen gentium*, n. 33: *AAS* 57 (1965) p. 39.

Imbuídos do espírito católico, que transcende os limites de todas as dioceses e de todos os ritos, considerem as necessidades da Igreja universal e estejam dispostos a apoiá-la, com o mesmo com espírito que devem estar preparados para pregar o Evangelho em todas as partes do mundo.[46]

21. Prática pastoral

21. É preciso que os alunos aprendam a arte do apostolado, não só teórica, como praticamente. Iniciem-se na prática pastoral, assumindo responsabilidades e habituando-se a trabalhar em equipe, tanto durante o ano escolar, como nas férias.

816

Tudo, porém, de acordo com sua idade, as condições locais, a prudência do bispo e sempre de maneira metódica, sob a responsabilidade de pessoas experientes, dando prioridade aos fatores sobrenaturais.[47]

VII. A formação contínua

22. Atualização teórica e prática

22. Nas atuais circunstâncias, a formação sacerdotal deve prosseguir e se aperfeiçoar depois de terminado o seminário.[48] As conferências episcopais determinarão a melhor maneira de fazê-lo, em cada país, criando, por exemplo, institutos pastorais, com a cooperação de diversas paróquias, fazendo reuniões periódicas ou estabelecendo práticas em que o jovem clero seja gradativamente iniciado no apostolado e na vida sacerdotal, tanto do ponto de vista espiritual, como intelectual e pastoral, a fim de que sua atividade se renove e se aperfeiçoe continuamente.

817

Conclusão

O Concílio continua aqui o trabalho iniciado em Trento, para confiar aos diretores e professores dos seminários a função de formar os futuros sacerdotes de Cristo, no espírito de renovação que o caracteriza. Exorta com veemência

818

---

[46] Cf. *Lumen gentium*, n. 17: *AAS* 57 (1965) p. 205.
[47] Inúmeros documentos pontifícios nos advertem contra o perigo de esquecer a finalidade sobrenatural e, na prática, subestimar os auxílios da graça. Cf. documentos citados na nota 41.
[48] Os recentes documentos da santa Sé insistem no especial cuidado com que se devem tratar os jovens sacerdotes.
Pio XII, *motu proprio Quandoquidem*, 2.4.1949. *AAS* 41 (1949) pp 161-167; *Menti nostrae*, l. c. const. *Sedes sapientiae* e *Estatutos Gerais anexos*; alocução aos sacerdotes do Convicto Barcelonês, 14.7.1957, *Discorsi e Radiomessaggi*, XIX, pp. 271-273.
Paulo VI, aloc. aos sacerdotes do Instituto Gian Matteo Giberti, da diocese de Verona, 11.3.1964, em *L'Osservatore Romano*, 13.3.1964.

todos aqueles que se preparam para o ministério, que tomem consciência da esperança neles depositada pela Igreja e da salvação das almas que lhes é confiada. Acolhendo de bom grado essas normas, darão os frutos que permanecem para sempre.

Tudo o que está contido nesse decreto mereceu aprovação dos padres conciliares. Nós, em virtude do poder apostólico delegado por Cristo, em conjunto com os padres e no Espírito Santo, também aprovamos, decidimos e estatuímos o que foi estabelecido no Concílio, e determinamos que seja promulgado.

Roma, junto a S. Pedro, 28 de outubro de 1965.
Eu, PAULO, *bispo da Igreja católica*.

(seguem-se as demais assinaturas)

PAULO BISPO
SERVO DOS SERVOS DE DEUS
JUNTO COM OS PADRES CONCILIARES
PARA PERPÉTUA MEMÓRIA

Declaração *Gravissimum educationis* sobre a educação cristã

O Concílio atentamente avalia a enorme importância da educação na vida humana e sua crescente influência no desenvolvimento social em nossos dias.[1] De fato, nas atuais circunstâncias, a educação dos jovens e sua continuidade durante a idade adulta tornou-se mais fácil e também mais urgente. Conscientes da própria dignidade e da função social que lhes cabe, as pessoas querem participar cada vez mais da vida social, especialmente da política e da economia.[2] O progresso da ciência e da tecnologia cria novas formas de comunicação social, aumenta as oportunidades de lazer, facilita o acesso ao patrimônio espiritual e cultural da humanidade e provoca maior aproximação e complementaridade entre os membros de um mesmo grupo humano e de todos os povos.

---

[1] Entre os diversos documentos que falam da importância da educação, consulte-se, da ONU, principalmente:
- Bento XV, carta apostólica *Communes litteras*, 10.4.1919: *AAS* 11 (1919), p. 172;
- Pio XI, enc. *Divini Fillius Magistri*, 31.12.1929: *AAS* 22 (1930) pp. 49-86;
- Pio XII, aloc. aos jovens A.C.I., 20.4.1946: *Discorsi e radiomessaggi* VIII, p. 53-57;
- aloc. aos pais franceses, 18.9.1951: *Discorsi e radiomessaggi* XIII, p. 241-245;
- João XXIII, mensagem no 30º aniversário da *Divini illius magistri*, 30.12.1959: *AAS* 52 (1960) pp. 57-69.
- Paulo VI, aloc. aos membros da Federação dos Institutos Dependentes da Autoridade Eclesiástica, 30.12.1963: *Encicliche e discorsi de S. S. Paolo VI*, I, Roma, 1964, pp. 601-603;
- cf. também *Acta et documenta Concilio Oecumenico Vaticano II apparando*, série I, *Antepreparatoria*, v. III, pp. 363-364, 370-371, 373-374.

[2] Cf. João XXIII, enc. *Mater et magistra*, 15.5.1961: *AAS* 53 (1961) pp. 413, 415-417, 424.
- *Pacem in terris*, 11.04.1963: *AAS* 55 (1963) p. 278s

820   Em toda parte observam-se esforços para desenvolver a educação. Declaram-se e consignam-se por escrito os direitos referentes à educação, especialmente das crianças e de seus pais.[3] O número dos alunos aumenta rapidamente. Multiplicam-se e aperfeiçoam-se escolas e outras instituições educacionais. Realizam-se experiências pedagógicas com métodos inovados. Faz-se o possível para que a educação alcance a todos, apesar de muitas crianças e jovens ainda estarem privados da educação, mesmo fundamental, e muitos outros careçam de uma educação adequada, que os forme na luz da verdade e do amor.

821   A Igreja cumpre o mandamento recebido de seu divino Fundador, de anunciar a todos os seres humanos o mistério da salvação e de tudo instaurar em Cristo. Deve se ocupar da vida dos seres humanos sob todos os aspectos, inclusive de sua vida na terra, inseparável da vida celestial[4] e, portanto, participar do desenvolvimento e extensão da educação. Nesse sentido, o Concílio quer tratar da educação cristã, principalmente no ensino fundamental, estabelecendo alguns princípios a serem posteriormente desenvolvidos pelas conferências episcopais e adaptados às condições da cada região.

1. Direito universal à educação

822   1. Todos os seres humanos, qualquer que seja sua raça, condição ou idade, participam da dignidade de pessoas. Gozam, portanto, do direito inviolável a uma educação[5] que corresponda ao fim a que estão ordenados,[6] à sua própria índole, sexo, cultura e tradições pátrias, aberta ao convívio fraterno entre os povos e favorável à unidade e à paz no mundo. A verdadeira educação busca a formação da pessoa em vista de seu fim último e do bem das sociedades às quais pertencem os seres humanos e nas quais são chamados a desempenhar seu papel quando adultos.

823   É preciso que se levem em conta os progressos das ciências psicológicas e pedagógicas e da didática, para ajudar as crianças e os adolescentes a cres-

---

[3.] Cf. a Declaração Universal dos Direitos Humanos, 10.12.1948, e a Declaração dos Direitos da Criança, 20.11.1959, feitas pela ONU; o protocolo adicional à convenção de salvaguarda dos direitos humanos e das liberdades fundamentais, Paris, 20.3.1952. Relativamente à Declaração Universal dos Direitos Humanos, cf. João XXIII, enc. *Pacem in terris*, 11.4.1963: *AAS* 55 (1953) p. 295s.
[4.] Cf. João XXIII, enc. *Mater et magistra*, 15.5.1961: *AAS* 53 (1961) p. 402. – Conc. Vat. II, Lumen gentium, n. 17: AAS 57 (1965) p. 21.
[5.] Pio XII, *Nuntius radiophonicus datus*, 24.12.1942: *AAS* 35 (1943) pp. 12, 19.
João XXIII, enc. *Pacem in terris*, 11.4.1963: *AAS* 55 (1963) p. 259 e Declaração dos Direitos Humanos, cf. nota 3.
[6.] Cf. Pio XI, enc. *Divini illius magistri*, 31.12.1929: *AAS* 22 (1930) p. 50s.

cerem harmoniosamente segundo seus dotes físicos, morais e intelectuais. Só assim irão adquirindo gradualmente um maior senso de responsabilidade, na prática de sua própria vida e num clima de verdadeira liberdade, em que se vão superando os obstáculos com muita coragem e constância. Sejam, além disso, preparados para participar da vida social e devidamente instruídos nos meios necessários e oportunos para se inserirem ativamente nas diversas comunidades humanas, sempre abertos ao diálogo com os outros e alegremente empenhados na promoção do bem comum.

O Concílio proclama o direito das crianças e adolescentes de serem estimulados a formar uma consciência reta, segundo os valores morais, a que devem pessoalmente aderir, e de crescer cada vez mais no conhecimento e no amor de Deus. Pede instantemente a todos, que participam dos governos ou têm responsabilidades na educação, que respeitem esse direito e nunca permitam sua violação. Exorta os filhos da Igreja que trabalham generosamente no campo da educação a tudo fazer para que o bem da educação e da devida instrução possa rapidamente ser estendido a todos, no mundo em que vivemos.[7]

2. A educação cristã

2. Todos os cristãos, tornados novas criaturas pela regeneração da água e do Espírito Santo[8] são chamados filhos de Deus, como realmente o são. Têm, pois, direito à educação cristã. Além de visar à maturidade das pessoas, a educação cristã tem por principal objetivo fazer com que os batizados sejam progressivamente iniciados no conhecimento do mistério da salvação e se tornem cada dia mais conscientes do dom da fé que receberam. Aprendam, pois, a adorar Deus Pai em espírito e verdade (cf. Jo 4, 23), principalmente na liturgia, e a levar uma vida conforme ao novo homem, segundo a justiça e a santidade da verdade (cf. Ef 4, 22-24), de maneira a caminhar para o homem perfeito, na plenitude de Cristo (cf. Ef 4, 13) e a contribuir para o crescimento do corpo místico. Além disso, conscientes da esperança que reside em sua vocação (cf. 1Pd 3, 15), da qual são chamados a dar testemunho, colaborem na cristianização do mundo, cujos valores humanos plenamente remidos em Cristo constituem preciosa contribuição ao bem de toda a sociedade.[9] O Concílio lembra aos pastores o gravíssimo dever de tudo organizar de maneira a que os fiéis possam ter sua educação cristã, especialmente os jovens, que são a esperança da Igreja.[10]

[7.] Cf. João XXIII, enc. *Mater et magistra*, 15.5.1961: *AAS* 53 (1961) p. 441s.
[8.] Cf. Pio XI, enc. *Divini Fillius Magistri*, l. c. p. 83.
[9.] Cf. Vat. II, *Lumen gentium*, n. 36: *AAS* 57 (1965) p. 415.
[10.] Cf. Vat. II, *Christus Dominus*, nn. 12-14: *AAS* 58 (1966) pp. 678-679.

3. Os responsáveis pela educação

826 3. Ao dar vida aos filhos, os pais assumem a obrigação de educá-los. Devem ser reconhecidos como primeiros e principais educadores.[11] A função educativa dos pais é tão importante que, quando falta, dificilmente pode ser suprida. Os pais devem criar um ambiente familiar de amor e piedade para com Deus e para com os outros, favorável à educação integral, pessoal e social dos filhos. A família é a primeira escola das virtudes sociais, de que tanta necessidade têm as sociedades. Especialmente na família cristã, dotada das graças e deveres do sacramento do matrimônio, os filhos, de acordo com a fé recebida no batismo, devem ser iniciados desde os primeiros anos na percepção e no culto de Deus e aprender a amar o próximo. Fazem-se também, na família, as primeiras experiências da vida na sociedade e na Igreja. Por intermédio da família, enfim, os filhos são pouco a pouco introduzidos no convívio civil da sociedade e do povo de Deus. Que os pais se dêem pois conta da importância da família verdadeiramente cristã para a vida e o crescimento do próprio povo de Deus.[12]

827 A família, a que compete em primeiro lugar a função educadora, deve ser auxiliada por toda a sociedade. Além dos pais e daqueles a quem confiam o papel educador de seus filhos, a sociedade tem também deveres e direitos em matéria de educação, decorrentes de seu papel de promoção do bem comum. Compete-lhe incentivar de todos os modos a educação da juventude, protegendo os direitos e deveres dos pais e de todos os que se incumbem da educação e proporcionando-lhes os auxílios necessários. De acordo com o princípio de subsidiariedade, apoiar as iniciativas dos pais e dos que se propõem a se ocupar da educação, vindo em suprimento de suas necessidades e até mesmo realizar o trabalho educacional, levando em conta o desejo dos pais, criando inclusive escolas e institutos públicos, quando o bem comum o exigir.[13]

828 Por uma razão toda especial, a Igreja tem também o dever de educar. Deve ser reconhecida como uma sociedade humana, capaz de educar, mas, sobretudo, porque tem a função de anunciar a todos os seres humanos o caminho da

---

[11.] Cf. Pio XI, enc. *Divini Illius Magistri*, l. c. p. 59s; enc. *Mit brennender Sorge*, 14.3.1937: *AAS* 29 (1937) p. 164s.
Pio XII, discurso no Primeiro Congresso Nacional da Associação dos Educadores Católicos Italianos, 8.9.1946: *Discorsi e radiomessaggi*, VIII, p. 218.
[12.] Cf. Vat. II, *Lumen gentium*, n. 11 e 35: AAS 57 (1965) pp. 16 e 40s.
[13.] Cf. Pio XI, enc. *Divini Illius Magistri*, l.c. p. 63 s.
Pio XII, Mensagem radiofônica, 1.6.1941: *AAS* 33 (1941) p. 200; Discurso no primeiro congresso nacional da Associação dos Educadores Católicos Italianos, 8.9.1946: *Discorsi e radiomessaggi*, VIII, p. 218.
Sobre o princípio de subsidiariedade, cf. João XXIII, enc. *Pacem in terris*, 11.4.1963: *AAS* 55 (1963) 294.

salvação, deve comunicar aos fiéis a vida de Cristo e acompanhá-los de perto para que possam alcançar sua plenitude.[14] Como mãe, a Igreja deve educar seus filhos, para imbuí-los, em toda a vida, do Espírito de Cristo, ao mesmo tempo que ajuda todos os povos a promoverem a perfeição integral da pessoa, o bem da cidade terrestre e a construção de um mundo mais humano.[15]

4. Os vários recursos da educação cristã

4. No cumprimento de sua função educadora, a Igreja faz apelo a todos os recursos pedagógicos, especialmente aos que lhe são próprios, dentre os quais ocupa o primeiro lugar a instituição catequética,[16] que ilumina e fortifica a fé, alimenta a vida segundo o espírito de Cristo, leva à participação consciente e ativa do mistério litúrgico[17] e desperta para a atividade apostólica. A Igreja dá igualmente grande importância a outros recursos pedagógicos, que procura compenetrar e elevar segundo seu espírito. São recursos pertencentes ao patrimônio comum da humanidade e que têm grande impacto na formação das pessoas, como os meios de comunicação social,[18] os grupos de exercícios corporais e prática de esporte, as diversas associações de jovens, especialmente as escolas.

829

5. A importância da escola

5. Dentre todos os recursos educativos, a escola ocupa o primeiro lugar.[19] Em virtude de sua missão, exercita de maneira assídua as faculdades intelectuais, desenvolve a capacidade crítica, introduz no patrimônio cultural das gerações passadas, promove a sensibilidade para com os valores, prepara para a vida profissional, cria um convívio amigo e aproxima uns dos outros alunos de diversas índoles e condições, favorece o desenvolvimento da compreensão recíproca entre as pessoas. A escola constitui ainda uma espécie de centro

830

[14.] Cf. Pio XI, enc. *Divini Illius Magistri*, l.c. pp. 53s., 56s.; enc. *Non abbiamo bisogno*, 29.6.1931: *AAS* 23 (1931) p. 311 s.
Pio XII, carta da Secretaria de Estado para a 28ª Semana Social Italiana, 20.9.1955: *L'Osservatore Romano*, 29.9.1955.
[15.] A Igreja louva as autoridades civis locais, nacionais e internacionais que, conscientes das urgentes necessidades do nosso tempo, fazem todo empenho para que todos os povos possam participar dos bens da educação e da cultura. Cf. Paulo VI, Discurso na ONU, 4.10.1965: *AAS* 57 (1965) pp. 877-885.
[16.] Cf. Pio XI, *motu proprio Orben catholicum*, 29.6.1923: *AAS* 15 (1923) pp. 327-329; decreto *Providum sane*, 12.1.1935: *AAS* 27 (1935) 145-152; Vat. II, *Christus Dominus* nn. 13-14.
[17.] Cf. Vat. II, *Sacrosanctum Concilium*, 14: *AAS* 56 (1964) p. 104.
[18.] Cf. Vat. II, *Inter mirifica*, 13-14: *AAS* 56 (1964) p. 1495.
[19.] Cf. Pio XI, enc. *Divini Illius Magistri*, l.c., p. 76: Pio XII, discurso à Associação dos Educadores Católicos da Baviera, 31.12.1956: *Discorsi e radiomessaggi*, XVIII, p. 746.

de cujas atividades participam, com proveito de todos, famílias, professores, diversas associações de caráter cívico, cultural e religioso, a sociedade civil e, a seu modo, toda a comunidade humana.

831   Bela e de grande importância é a vocação daqueles que auxiliam os pais no cumprimento de sua missão e, em nome da comunidade humana, assumem a função de educar, na escola. É uma vocação que reclama especiais qualidades de espírito e de coração, diligente preparação, constante renovação e uma grande capacidade de adaptação.

6. Deveres e direitos dos pais

832   6. O direito e o dever de educar cabe, em primeiro lugar, aos pais. Devem, portanto, poder escolher com toda a liberdade a escola de seus filhos. Na sua função de proteger e defender a liberdade dos cidadãos, o poder público deve tornar esta escolha efetivamente possível. Deve subsidiar a educação, na observância estrita da justiça distributiva.[20]

833   Além disso, compete ao Estado proporcionar os meios para que todos os cidadãos tenham acesso aos bens culturais e sejam devidamente instruídos e formados para o exercício dos direitos e dos deveres civis. Daí o direito do Estado de estabelecer que as crianças recebam uma educação escolar adequada, preocupar-se com a devida capacitação dos mestres e sua formação acadêmica, cuidar da saúde infantil, enfim, promover a educação no seu conjunto, tendo presente o princípio da subsidiariedade, sem cair no monopólio escolar, que feriria os direitos da pessoa e seria contrário ao desenvolvimento e divulgação da cultura, à paz entre os cidadãos e ao pluralismo que vigora hoje em inúmeras sociedades.[21]

834   O Concílio exorta os fiéis a prosseguirem seu trabalho nas pesquisas pedagógicas, na formação de professores e em tudo que diga respeito à educação, como na promoção de associações de pais, no ensino em geral e, particularmente, no que diz respeito à formação moral.[22]

[20.] Cf. Conc. Prov. de Cincinato III, em 1861: Col. Lacense, III, col. 1240 c/d; Pio XI, enc. *Divini illius magistri*, l.c., pp. 60, 63s.
[21.] Cf. Pio XI, enc. *Divini illius magistri*, l. c., p. 63; enc. Non abbiamo bisogno, 29.6.31: *AAS* 23 (1931) p. 305.
Pio XII, carta da Secretaria de Estado à 28ª Semana Social Italiana, 20.9.1955: *L'Osservatore Romano*, 29.9.1955.
Paulo VI, aloc. à Associação Cristã dos Trabalhadores Italianos, 6.10.1963: *Encicliche e discorsi di Paolo VI*, I, Roma, 1964, p. 230.
[22.] Cf. João XXIII, mensagem no 30º aniversário da *Divinum illius magistri*, 30.12.1959: *AAS* 52 (1960) p. 57.

7. A educação moral e religiosa escolar

7. No cumprimento de seu dever, é preciso que a Igreja dê especial atenção e apoio à educação moral e religiosa dos que freqüentam escolas não-católicas. Vão neste sentido o testemunho de vida dos que nelas ensinam e a atividade apostólica dos colegas cristãos.[23] Mas é sobretudo de primordial importância o ensino da doutrina da salvação, feito por sacerdotes ou leigos. Devem-se levar em conta a idade dos alunos e as circunstâncias em que é ministrado. Tomem-se as iniciativas que forem necessárias para que esse ensino venha a constituir para os alunos um autêntico auxílio espiritual.

835

O Concílio lembra aos pais o grave dever de se organizarem de maneira a exigir que seus filhos usufruam desse ensino, para se desenvolverem cristãmente em harmonia com o progresso nos conhecimentos profanos. Por sua vez, a Igreja louva as autoridades civis e as sociedades que, diante do pluralismo atual, respeitando a liberdade religiosa, ajudam as famílias a educarem moral e religiosamente seus filhos segundo seus próprios princípios, qualquer que seja a escola.[24]

836

8. As escolas católicas

8. A escola católica constitui uma marca da Igreja no setor da educação. Seu objetivo, como o das outras escolas, é de ordem cultural e pedagógica. Visa à formação humana dos jovens. O que tem de próprio é que busca criar um ambiente escolar caracterizado pelo espírito evangélico de liberdade e de amor, para ajudar os educandos a crescerem juntos – desenvolvendo a própria personalidade em continuidade com a nova criatura que são, pelo batismo – e a colocarem toda a cultura humana na perspectiva do anúncio da salvação, a fim de que o conhecimento que vão adquirindo do mundo, da vida e do ser humano seja iluminado pela fé.[25] A escola católica deve pois evoluir de acordo com seu tempo. Só assim poderá preparar seus alunos para cumprir seu papel na sociedade, a serviço do reino de Deus, de tal sorte que, pelo exercício exemplar da vida apostólica, se tornem fermento salutar na comunidade humana em desenvolvimento.

837

[23.] A Igreja dá grande importância à atividade apostólica dos mestres e dos alunos, nas escolas em que trabalham ou freqüentam.
[24.] Cf. Pio XII, discurso à Associação dos Professores Católicos da Baviera, 31.12.1956: *Discorsi e radiomessaggi*, XVIII, p. 745 s.
[25.] Cf. Conc. prov. de Westminster, I, 1852: Col. Lacense III, c. 1334 a/b; Pio XI, enc. *Divini illius magistri*, l.c., p. 77 s; Pio XI, aloc. à Assoc. dos Professores Católicos da Baviera, 31.12.1956: *Discorsi e radiomessaggi*, XVIII, p. 746; Paulo VI, aloc. aos membros da Federação dos Institutos Dependentes da Autoridade Eclesiástica, 30.12.63: *Encicliche e discorsi di Paolo VI*, I, Roma, 1964, p. 602s.

838 Grande, portanto, é a importância da escola católica nos dias de hoje. Contribui decisivamente para o cumprimento da missão do povo de Deus e para o diálogo entre a Igreja e a comunidade humana, em benefício de ambas. Por isso, o Concílio reafirma o direito da Igreja de fundar escolas de todos os níveis, como já foi abundantemente declarado em inúmeros documentos do magistério.[26] Relembra que este direito se funda no exercício da liberdade de consciência, no direito dos pais e na contribuição que a Igreja sempre deu para o desenvolvimento da cultura.

839 Lembrem-se os professores de que, para alcançar seus objetivos e pôr em prática seus propósitos, a escola católica depende principalmente deles.[27] Sejam, por conseguinte, preparados com todo cuidado. Adquiram o necessário saber tanto nas matérias profanas como nas religiosas, obtendo os respectivos títulos acadêmicos. Sejam devidamente iniciados na pedagogia moderna. Amando-se uns aos outros e aos alunos, imbuídos do espírito apostólico, dêem testemunho de Jesus Cristo, único mestre, tanto pela vida como pela doutrina. Trabalhem em colaboração com os pais. Adotem juntamente com eles a atitude pedagógica que melhor convém aos alunos, de acordo com a idade, o sexo, as exigências da vida familiar e social. Procurem despertar a participação pessoal dos alunos e, mesmo depois de absorvido o currículo escolar, acompanhem-nos com conselhos, manifestações de carinho e amizade, criando associações de jovens e levando-os a adquirirem um verdadeiro espírito eclesial. O trabalho dos professores é um apostolado, ao mesmo tempo que é um serviço utilíssimo prestado à sociedade. O Concílio o declara especialmente necessário na nossa época, e até indispensável. Lembra aos pais católicos o dever de sustentarem a escola católica, confiarem-lhe seus filhos, na medida do possível, colaborando assim para o seu bem.[28]

9. Diferentes espécies de escolas católicas

840 9. Todas as escolas que dependem da Igreja devem refletir esse conceito de escola católica, embora assumam formas muito diversas, de acordo com situações locais de cada país ou região.[29] A Igreja tem em grande conta as escolas católicas em território não-cristão, freqüentadas por alunos não-católicos.

[26.] Cf. documentos citados na nota 1, sem levar em conta inúmeros concílios provinciais e declarações de várias conferências episcopais.
[27.] Cf. Pio XI, enc. *Divini illius magistri*, l. c., p. 80s.; Pio XII, aloc. à Associação Católica Italiana dos Professores das Escolas Secundárias, 5.1.1954: *Discorsi e radiomessaggi*, XV, p. 551-556; João XXIII, aloc. ao 6º Congresso da Associação Italiana dos Professores Católicos, 5.9.1959: *Discorsi, messaggi, colloqui*, I, Roma, 1960, pp. 427-431.
[28.] Cf. Pio XII, discurso à Associação Católica Italiana dos Professores das Escolas Católicas, 5.1.1954, l. c. p. 555.
[29.] Cf. Paulo VI, aloc. ao Ofício Internacional de Educação Católica, 25.2.1964: *Encicliche e discorsi di Paolo VI*, II, Roma, 1964, p. 232.

Além disso, na fundação e organização das escolas católicas, devem-se **841** levar em conta as exigências pedagógicas mais modernas. Conservem-se as escolas de grau inferior ou médio, de ensino fundamental, mas se abram igualmente escolas técnicas, necessárias nos dias de hoje para a formação profissional;[30] cursos de alfabetização de adultos, escolas com objetivo social, de educação de deficientes físicos e, finalmente, escolas normais, em que se preparam professores tanto para a educação religiosa como para o ensino de outras disciplinas.

O Concílio exorta os pastores e todos os fiéis a não medirem sacrifícios **842** para ajudar as escolas católicas, a fim de que cumpram sempre melhor seu papel, especialmente em favor dos pobres, das famílias privadas de auxílio material ou de apoio afetivo e, finalmente, em favor dos que ainda não receberam o dom da fé.

10. Faculdades e universidades católicas

10. Pelas mesmas razões, a Igreja cuida das escolas superiores, faculdades **843** e universidades. No que dela depende, procura organizar o ensino de acordo com os princípios próprios de cada disciplina, seu método e a liberdade de que deve gozar para investigar no seu campo, em vista do desenvolvimento do saber, do avanço nas questões novas e do aprofundamento das pesquisas, seguindo os passos dos doutores da Igreja, especialmente de Tomás de Aquino, o que permitirá ver melhor de que modo a fé e a ciência caminham na mesma direção.[31] Desse modo o pensamento cristão estará universalmente presente de maneira pública e estável nos meios em que se promove a cultura, e as universidades católicas formarão pessoas intelectualmente capazes de assumir os mais altos encargos na sociedade e dar ao mundo o testemunho da fé.[32]

Nas universidades católicas em que não há faculdade de teologia, funde-se **844** um instituto ou departamento de teologia, para o ensino de maneira adaptada aos leigos. Como a ciência progride sobretudo por intermédio da pesquisa, esta deve ser privilegiada nas universidade e faculdades católicas.

---

[30] Cf. Paulo VI, aloc. à Associação Cristã dos Trabalhadores Italianos, 6.10.1963: *Encicliche e discorsi di Paolo VI*, I, Roma, 1964, p. 229.
[31] Cf. Paulo VI, aloc. ao 6º Congresso Internacional Tomista, 10.9.1965: *AAS* 57 (1965), pp. 788-792.
[32] Cf. Pio XII, aloc. aos mestres e alunos dos institutos superiores católicos da França, 21.9.1950: *Discorsi e radiomessaggi*, XII, pp. 219-221; Carta ao 22º Congresso da "Pax Romana", 12.8.1952: *Discorsi e radiomessaggi*, XIV, p. 567-569; João XXIII, aloc. à Federação das Universidades Católicas, 1.4.1959: *Discorsi, messaggi, colloqui*, I, Roma, 1960, pp. 226-229; Paulo VI, aloc. ao Conselho Acadêmico da Universidade Católica de Milão, 5.4.1964: *Encicliche e discorsi di Paolo VI*, II, Roma, 1964, pp. 428-443.

845 O Concílio recomenda que as universidades e faculdades católicas se distribuam convenientemente pelas diversas regiões do planeta e venham a se tornar ilustres, não pelo número, mas pela qualidade do ensino e da pesquisa. Facilitem a admissão dos alunos de maior futuro e dos mais pobres, especialmente vindos das nações mais recentes.

846 O futuro da sociedade e da própria Igreja depende dos jovens que prosseguem os estudos superiores.[33] Por isso os pastores devem cuidar da vida espiritual não só dos alunos que freqüentam as universidades católicas, como de todos os jovens. Associem-se os bispos uns aos outros para criar pensionatos e centros universitários católicos em todas as universidades, mesmo não católicas, em que trabalhem sacerdotes, religiosos e leigos especialmente escolhidos e preparados para dar uma assistência espiritual e intelectual permanente à juventude universitária. Os jovens mais capazes, qualquer que seja a universidade a que pertençam, devem merecer especial atenção, ser orientados para o ensino e para a pesquisa e promovidos ao magistério.

11. As faculdades das ciências sagradas

847 11. A Igreja tem muito a ver com a atividade das faculdades em que se ensinam as ciências sagradas.[34] Desempenham o importante papel de preparar os alunos não só para o ministério sacerdotal, mas, principalmente, para o exercício do magistério nos estudos eclesiásticos, o desenvolvimento das disciplinas sagradas e as duras funções apostólicas a serem exercidas nos meios intelectuais. Essas faculdades devem promover a pesquisa em torno dos grandes problemas de sua área, para que se compreenda cada vez melhor a revelação, desenvolva-se o patrimônio da sabedoria cristã herdada dos antigos, promova-se o diálogo com os irmãos separados e com os membros de outras religiões e se respondam às questões levantadas pelo progresso do saber.[35]

848 As faculdades eclesiásticas, fiéis à legislação que as regulamenta, e que deve ser oportunamente revista, promovam com empenho as ciências sagradas, recorrendo aos métodos e recursos mais recentes para desenvolver a pesquisa de maneira cada vez mais profunda e ampla.

[33.] Cf. Pio XII, Discurso ao Conselho Acadêmico e alunos da Universidade Romana, 15.6.52: *Discorsi e radiomessaggi*, XIV, p. 208: "A orientação da sociedade de amanhã repousa, principalmente, na mente e no coração dos universitários de hoje".
[34.] Cf. Pio XI, const. apost. *Deus Scientiarum Dominus*, 24.5.1931: *AAS* 23 (1931) pp. 245-247.
[35.] Cf. Pio XII, enc. *Humani generis*, 12.8.50: *AAS* 42 (1950), pp. 568s., 578. - Paulo VI, enc. Ecclesiam suam, III parte, 6.8.1954: *AAS* 56 (1964), p. 637-659. - Conc. Vat. II, *Unitatis redingratio*: *AAS* 57 (1965) pp. 90-107.

12. Necessidade de coordenação na área da educação

A cooperação, que se torna cada dia mais necessária e intensa nas esferas diocesana, nacional e internacional, é especialmente indispensável no que diz respeito à educação. Envidem-se todos os esforços para favorecer a coordenação entre as escolas católicas, encontrando formas de cooperação que beneficiem o conjunto da comunidade humana.[36]

849

A coordenação entre os institutos acadêmicos alcança extraordinários resultados. Nas universidades, pois, as faculdades se auxiliem mutuamente. As próprias universidades se dêem as mãos, promovendo sessões internacionais, distribuindo entre si pesquisas científicas, comunicando descobertas e intercambiando professores, tudo para facilitar a cooperação entre elas.

850

Conclusão

O Concílio exorta os jovens a tomarem consciência da importância da educação e a assumirem generosamente o papel de educadores, em especial nas regiões que se ressentem da carência de pessoal docente.

851

O Concílio exprime a maior gratidão por todos os sacerdotes, religiosos, religiosas e leigos que, por dedicação evangélica, assumiram o papel de educadores nas mais variadas escolas, de todos os níveis. Exorta-os à perseverança no propósito de transmitir aos alunos o espírito de Cristo, de crescer pedagógica e profissionalmente, não só para promover a renovação interna da Igreja, como para servir e acentuar sua presença benéfica, especialmente no mundo intelectual nos dias de hoje.

852

Tudo o que se estabeleceu nesta declaração foi aprovado pelos padres conciliares. Nós, em virtude do poder apostólico que nos foi confiado por Cristo e em conjunto com todos os veneráveis padres conciliares, no Espírito Santo, aprovamos, decidimos e estatuímos, ordenando que sejam promulgadas essas normas conciliares para a glória de Deus.

Roma, junto a S. Pedro, 7 de dezembro de 1965.
Eu, PAULO, *bispo da Igreja Católica.*

(seguem-se as demais assinaturas)

---

[36] Cf. João XXIII, enc. *Pacem in terris*, 11.9.1963: *AAS* 55 (1963), p. 284 e toda ela.

Paulo Bispo
Servo dos servos de Deus
junto com os padres conciliares
para perpétua memória

Declaração *Nostra aetate* sobre a relação da Igreja com as religiões não-cristãs

1. Introdução

853   1. Nessa época, em que o gênero humano se torna cada vez mais um só e em que aumenta a interdependência entre os povos, a Igreja é levada a dar maior atenção a seu relacionamento com as outras religiões. Sua missão de promover a unidade e o amor entre as pessoas, mais ainda, entre os povos, leva-a a considerar melhor o que é comum em todos e o que favorece sua unidade.

854   Todos os povos são uma só comunidade, por terem uma única origem. Foi Deus quem fez o gênero humano habitar sobre toda a face da terra.[1] Têm também um único fim último: Deus, cuja providência, as manifestações de amor e os auxílios para a salvação se estendem a todos,[2] até que se reúnam todos os eleitos na cidade santa, iluminada pelo brilho de Deus sob cuja luz caminham todos os povos.[3]

855   Os membros das várias religiões buscam resposta às grandes interrogações sobre a condição humana, que tocam o mais profundo do coração humano, ontem e hoje: que é ser homem ou mulher? Qual é o fim da vida? Que é bem e que é mal? De onde vêm a dor e o sofrimento? Que sentido têm? Qual o

---
[1] Cf. At 17, 26.
[2] Cf. Sb 8, 1; At 14, 17; Rm 2, 6-7; 1Tm 2, 4.
[3] Cf. Ap 21, 23-24.

caminho para alcançar a verdadeira felicidade? Que é a morte? O juízo? A retribuição depois da morte? Enfim, qual é o mistério final de nossa existência? De onde viemos e para onde vamos?

2. As diversas religiões não-cristãs

2. Da mais remota antigüidade até os dias de hoje, todos os povos têm certa percepção da energia latente na vida e nos acontecimentos humanos. Reconhecem assim, de algum modo, a divindade, o Pai. Esta percepção e este reconhecimento correspondem, em profundidade, a seu senso religioso. 856

A religião, desenvolvendo-se em conexão com a cultura, procura exprimir a resposta a estas questões fundamentais por intermédio de noções mais apuradas e numa linguagem melhor elaborada.

No hinduísmo, por exemplo, medita-se sobre o mistério divino, que se exprime numa fecundidade inexaurível de mitos, envidando incansáveis esforços filosóficos para conseguir a libertação dos vínculos de nossa condição. Com o mesmo objetivo, buscando refúgio em Deus, com amor e confiança, praticam-se diversas formas de vida ascética e de meditação transcendental.

Nas variadas formas de budismo, reconhece-se a radical insuficiência deste mundo mutável e se ensina o caminho a ser seguido pelo homem devoto e confiante, seja para chegar ao estado de perfeita libertação, seja para alcançar a suprema iluminação, com suas próprias forças e contando com o auxílio do alto.

De maneira semelhante, as demais religiões, espalhadas pelo mundo inteiro, procuram vir, de muitos modos, ao encontro da inquietação do coração humano, propondo caminhos, isto é, doutrinas, preceitos e ritos sagrados.

A Igreja católica não rejeita o que é verdadeiro e santo em todas as religiões. Considera suas práticas, maneiras de viver, preceitos e doutrinas como reflexo, não raramente autêntico, da verdade que ilumina todos os seres humanos, ainda que se distanciem do que ela crê e ensina. Anuncia, porém, a Cristo, e se sente incessantemente obrigada a fazê-lo, como "caminho, verdade e vida" (Jo 14, 16), em quem todos somos chamados a encontrar a plenitude da religião e em quem Deus reconciliou consigo todas as coisas.[4] 857

Por isso a Igreja católica exorta seus filhos ao diálogo e à colaboração com os seguidores das outras religiões, para que dêem o testemunho da fé e da vida cristã, reconhecendo, servindo e promovendo os bens espirituais e morais, assim como os valores socioculturais presentes nelas. 858

[4.] Cf. 2Cor 5, 18-19.

3. A religião muçulmana

859   3. A Igreja tem grande apreço pelos muçulmanos, que adoram ao Deus único, vivo, subsistente, misericordioso e onipotente, Criador do céu e da terra[5] e que falou aos seres humanos, chamados a se submeterem inteiramente aos seus decretos, mesmo ocultos, como a ele se submeteu Abraão, a quem a fé islâmica claramente se refere.

Embora não reconheçam Jesus como Deus, veneram-no como profeta, prestam homenagem à maternidade virginal de Maria e a ela se dirigem, às vezes, com grande devoção.

Vivem na expectativa do dia do juízo, em que Deus recompensará todos os ressuscitados. Valorizam, pois, a vida moral e prestam culto a Deus, especialmente pela oração, com esmolas e jejum.

860   No correr dos tempos verificaram-se inúmeras dissenções e lutas entre cristãos e muçulmanos. No entanto, o Concílio agora convida todos a superarem esse passado e a cultivarem sinceramente a compreensão mútua, a fim de protegermos e promovermos, juntos, em favor de todos os seres humanos, a justiça social, os bens morais, a paz e a liberdade.

4. A religião judaica

861   4. Meditando sobre o mistério da Igreja, o Concílio colocou em evidência o laço de comunhão espiritual que liga o povo do Novo Testamento à raça de Abraão.

862   A Igreja de Cristo reconhece que sua fé e sua vocação começam com os patriarcas, com Moisés e com os profetas, segundo o mistério da salvação divina. Professa que todos os fiéis, na fé, são filhos de Abraão,[6] participam de seu chamado, e que a saída do povo eleito da terra da servidão prefigura misticamente a salvação da Igreja.

Por isso a Igreja não pode esquecer que recebeu a revelação do Antigo Testamento por intermédio desse povo, com o qual Deus, num gesto inefável de misericórdia, se dignou fazer a antiga aliança, raiz da boa oliveira, em que as nações foram enxertadas, como ramo adventício.[7] A Igreja acredita que Cristo, nossa paz, reconciliou pela cruz judeus e não-judeus, tornando-os um, em si mesmo.[8]

[5.] Cf. S. Gregório VII, *Epist.* III, 21, *ad Anazir (Al-Nasir), regem Mauritanea* ed. Caspar, em *Monumenta Germaniae Historica, Ep. sel.* II, 1920, I, p. 288, 11-15: *PL* 148, 451A.
[6.] Cf. Gl 3, 7.
[7.] Cf. Rm 11, 17-24.
[8.] Cf. Ef 2, 14-16.

A Igreja tem sempre presente a palavra do apóstolo Paulo a respeito de sua **863** gente, que "possui a adoção filial, a glória, as alianças, a legislação, o culto e as promessas que pertencem aos patriarcas e de quem nasceu Cristo, segundo a condição humana" (Rm 9, 4-5), sendo filho da virgem Maria. Tem também presente que do mesmo povo judeu nasceram os apóstolos, fundamento e colunas da Igreja, e muitos dos primeiros discípulos, que anunciaram ao mundo o Evangelho.

Como diz a Escritura, Jerusalém não percebeu o alcance do momento **864** em que era visitada.[9] Grande parte dos judeus não acolheu o Evangelho, sendo que alguns deles até se opuseram à sua difusão.[10] No entanto, segundo o apóstolo, os judeus, por causa de seus antepassados, são ainda muito queridos de Deus, cujos dons nunca voltam atrás.[11] Com os profetas e com o mesmo Apóstolo, a Igreja espera o dia conhecido somente de Deus, em que todos os povos invocarão o Senhor numa só língua e o servirão unidos, "ombro a ombro" (Sf 3, 9).[12]

O Concílio recomenda e estimula o conhecimento e a estima mútuos entre **865** cristãos e judeus, cujo imenso patrimônio espiritual comum deve ser cultivado nos estudos bíblicos e teológicos e pelo diálogo fraterno.

Apesar de as autoridades judaicas e de seus sequazes terem tramado a **866** morte de Cristo,[13] sua paixão não pode ser indistintamente imputada a todos os judeus daquela época e, muito menos, aos judeus de hoje. Embora a Igreja seja o novo povo de Deus, nem por isso os judeus, segundo as Escrituras, se tornaram objeto de reprovação ou maldição de Deus. Sob esse aspecto é preciso cuidadosamente evitar tudo o que na catequese ou na pregação induza a pensar dessa forma, contrariando o Espírito de Cristo.

A Igreja condena todo tipo de perseguição. Movida, pois, pelo amor **867** evangélico e religioso, muito mais do que por razões políticas, e levando em conta o patrimônio comum com os judeus, lamenta profundamente os ódios, perseguições e toda espécie de manifestações anti-semitas de que foram objeto os judeus, em qualquer época ou circunstância.

Aliás, como a Igreja sempre acreditou, Cristo se sujeitou livremente à **868** paixão e morreu por causa do pecado de todos os seres humanos e para que todos se salvassem. Compete à Igreja anunciar a cruz de Cristo como sinal de seu amor universal e fonte de todas as graças.

---

[9] Cf. Lc 19, 44.
[10] Cf. Rm 11, 28.
[11] Cf. Rm 11, 28-29; *Lumen gentium* 16: *AAS* 57 (1965) p. 20.
[12] Cf. Is 66, 23; Sl 65, 4; Rm 11, 11-32.
[13] Cf. Jo 19, 16.

5. A fraternidade universal

869 5. Não podemos invocar Deus como Pai de todos se não consideramos irmãos os seres humanos criados à imagem de Deus. As relações com Deus Pai e com os seres humanos, como irmãos, são inseparáveis, a ponto de a Escritura reconhecer que "quem não ama não conhece Deus" (1Jo 4, 8).

870 Toda teoria ou prática, pois, que sustenta qualquer diferença radical entre as pessoas ou grupos humanos, quanto à dignidade pessoal e aos direitos dela provenientes, é absolutamente destituída de qualquer fundamento.

871 A Igreja rejeita como contrária ao pensamento de Cristo toda discriminação ou perseguição por causa das diferenças de raça, cor, condição ou religião. Seguindo o exemplo dos apóstolos Pedro e Paulo, o Concílio pede que "nossas relações humanas sejam sempre as melhores" (1Pd 2, 12), vivendo a paz com todos os seres humanos,[14] como verdadeiros filhos do Pai que está nos céus.[15]

Tudo o que se estabeleceu nesta declaração foi aprovado pelos padres conciliares. Nós, em virtude do poder apostólico que nos foi confiado por Cristo e em conjunto com todos os veneráveis padres conciliares, no Espírito Santo, aprovamos, decidimos e estatuímos, ordenando que sejam promulgadas essas normas conciliares para a glória de Deus.

Roma, junto a são Pedro, 28 de outubro de 1965.
Eu, PAULO, *bispo da Igreja Católica.*

(seguem-se as demais assinaturas)

PAULO BISPO

[14.] Cf. Rm 12, 18.
[15.] Cf. Mt 5, 45.

SERVO DOS SERVOS DE DEUS
EM UNIÃO COM OS PADRES CONCILIARES
PARA PERPÉTUA MEMÓRIA

Constituição dogmática *Dei Verbum* sobre a revelação divina

PROÊMIO

1. Ao ouvir religiosamente e proclamar, cheio de confiança, a palavra de Deus, o Concílio diz, como são João: "A vocês, anunciamos a vida eterna que estava junto ao Pai e se manifestou a nós. Anunciamos agora o que vimos e ouvimos, para que vocês estejam em comunhão conosco. Nossa comunhão é com o Pai e com seu Filho Jesus Cristo" (1Jo 1, 2s).

Por isso este Concílio, seguindo as pegadas dos concílios de Trento e do Vaticano I, quer propor a verdadeira doutrina da revelação divina e de sua transmissão, para que, ouvindo-a, todo mundo creia; acreditando, espere e, esperando, ame.[1]

Capítulo I

A revelação

2. Quis Deus, na sua bondade e sabedoria, revelar-se a si mesmo e manifestar o mistério de sua vontade (cf. Ef 1, 9): os homens têm acesso ao Pai e se tornam participantes da natureza divina por Cristo, Verbo encarnado, no Espírito Santo (cf. Ef 2, 18; 2 Pd 1, 4).

[1.] Cf. S. Agostinho, *De catechizandis rudibus*, 4, 8: *PL* 40, 316.

Deus, invisível (Cl 1, 15; 1Tm 1, 17), revela-se por causa do seu muito amor, falando aos homens como a amigos (cf. Ex 33, 11; Jo 15, 14s) e conversando com eles (cf. Br 3, 38), para convidá-los a estarem com ele no seu convívio.

A economia da revelação implica gestos e palavras intimamente ligados entre si. Os acontecimentos realizados por Deus na história da salvação manifestam e confirmam os ensinamentos e as realidades significadas pelas palavras. As palavras, por sua vez, proclamam os acontecimentos e iluminam o mistério neles contido.

A verdade profunda a respeito de Deus e da salvação humana brilha em Cristo, que é, ao mesmo tempo, mediador e plenitude da revelação.[2]

3. A preparação ao Evangelho

874   3. Criando e conservando todas as coisas pelo Verbo (cf. Jo 1, 3), Deus dá aos homens testemunho perene de si mesmo, nas próprias coisas criadas (cf. Rm 1, 19s).

No intuito de abrir caminho à salvação, manifestou-se ainda, desde o início, a nossos primeiros pais.

Depois que caíram, suscitou-lhes a esperança, prometendo a redenção (cf. Gn 3, 15). Não deixou, em momento algum, de cuidar do gênero humano, para que todos os que praticam pacientemente o bem (cf. Rm 2, 6s) possam alcançar a salvação.

Chamou Abraão a seu tempo, para constituir a partir dele um grande povo (cf. Gn 12, 2s), a quem depois, pelos patriarcas, por Moisés e pelos profetas, ensinou a reconhecê-lo como único Deus vivo e verdadeiro, pai providente e justo juiz, e a esperar o Salvador prometido, preparando assim, através dos séculos, o caminho do Evangelho.

4. Cristo completa a revelação

875   4. Depois de falar muitas vezes e de muitos modos pelos profetas, Deus "nos falou agora pelo Filho" (Hb 1, 1s). Enviou seu Filho, Verbo eterno, que ilumina todos os seres humanos, para morar entre nós e falar-nos da vida de Deus (cf. Jo 1, 1-18).

Verbo encarnado, "homem enviado aos seres humanos",[3] Jesus Cristo "fala as palavras de Deus" (Jo 3, 34) e realiza a obra da salvação, de que foi encarregado pelo Pai (Jo 5, 36; 17, 14). Quem o vê, vê o Pai (cf. Jo 14, 9). Por sua presença, por suas palavras e ações, por seus sinais e milagres e, especialmente por sua morte gloriosa ressurreição e missão do Espírito da verdade, Jesus Cristo completa a revelação e a confirma com testemunho

---

[2.] Cf. Mt 11,27; Jo 1, 14.17; 17,1-3; 2Cor 3, 16 e 4, 6; Ef 1,3-14.
[3.] *Epist. ad Diognetum*, 7, 4: ed. Funck, *Patres Apostolici*, I, 403.

divino: Deus está conosco para nos libertar das trevas do pecado e da morte e nos ressuscitar para a vida eterna.

A "economia" cristã, aliança nova e definitiva, jamais passará. Não se deve esperar nenhuma nova revelação pública antes da vinda gloriosa de nosso Senhor Jesus Cristo (cf. 1Tm 6, 14; Tt 2, 13).

876

5. A fé

5. A Deus, que se revela, deve-se prestar a *obediência da fé* (cf. Rm 16, 26; Rm 1, 5; 2Cor 10, 5s), pela qual o ser humano se entrega livre e inteiramente a Deus, "com total submissão da inteligência e da vontade a Deus, que se revela",[4] acolhendo voluntariamente a revelação por ele comunicada.

877

Essa prestação de fé não se faz sem o auxílio anterior da graça de Deus e o suporte interior do Espírito Santo, que leva o coração à conversão para Deus, abre os olhos da mente e dá "a todos o gosto de acolher a verdade e acreditar nela".[5] O Espírito Santo, com os seus dons, vai aperfeiçoando a fé, para que entenda a revelação de modo cada vez mais profundo.

6. As verdades reveladas

6. Pela revelação divina, Deus quis se manifestar e comunicar-se a si mesmo, e a seus decretos sobre a salvação dos seres humanos, "chamando-os para participar dos bens divinos, que ultrapassam inteiramente a inteligência humana".[6]

878

O Concílio confessa que "Deus, princípio e fim de todas as coisas, pode ser conhecido com certeza pela luz natural da razão, a partir das coisas criadas" (cf. Rm 1, 20).

879

Deve-se, porém, atribuir à revelação divina "a possibilidade, na condição presente do gênero humano, de todos conhecermos facilmente, com certeza e sem erro, as realidades divinas acessíveis à razão humana".[7]

Capítulo II

A transmissão da revelação divina
7. Os apóstolos e seus sucessores, arautos do Evangelho

7. Cheio de bondade, Deus estabeleceu que a revelação destinada a todos os povos se mantivesse na sua integridade através dos tempos e fosse transmitida a todas as gerações.

880

[4.] Conc. Vaticano I, const. *Dei Filius*, c. 3: *DS 3008*.
[5.] Conc. de Orange II, can. 7: *DS 377*; Conc. Vat. I, l.c.: *DS 3010*.
[6.] Conc. Vat. I, const. *Dei Filius*, c. 2: *DS 3005*.
[7.] Ib. *DS 3004* e *3005*.

Por isso, o Cristo Senhor, em quem se completou toda a revelação de Deus altíssimo (cf. 2Cor 1, 20), comunicou aos apóstolos os dons divinos e os encarregou de pregar a todos[1] o Evangelho prometido aos profetas, por ele cumprido e promulgado por sua própria boca, como a fonte da verdade salutar e a expressão da correta maneira de viver.

Essa disposição foi fielmente cumprida. Primeiro pelos apóstolos que haviam aprendido diretamente com as palavras, o convívio e a atuação de Cristo e pela ação do Espírito Santo o transmitiram pela pregação, pelo exemplo e pelas instituições que criaram. Depois, pelos apóstolos e homens apostólicos que, sob inspiração do mesmo Espírito Santo, escreveram a mensagem da salvação.[2]

881 Para conservar o Evangelho íntegro e vivo na Igreja, os apóstolos deixaram os bispos como seus sucessores, "transmitindo-lhes o lugar que ocupavam no magistério.[3]

Esta Tradição sagrada, juntamente com a Escritura dos dois Testamentos são o espelho em que a Igreja peregrina contempla Deus, de quem tudo recebeu, enquanto não chega a vê-lo face a face (cf. 1Jo 3, 2).

A Tradição

882 8. Por este caminho, a pregação apostólica, expressa de modo especial nos livros inspirados, se conservará sem quebra de continuidade até o fim dos tempos.

882a Transmitindo o que receberam, os apóstolos exortam os fiéis a guardarem as tradições em que foram iniciados oralmente ou por escrito (cf. 2Ts 2, 15) e a lutarem pela fé que abraçaram para sempre (cf. Jd 3).[4] Aos apóstolos foi, na realidade, transmitido tudo que contribui para que o povo de Deus leve uma vida santa e cresça na fé. Assim, a Igreja, na sua doutrina, na sua vida e no seu culto, perpetua e transmite a todas as gerações tudo que é e tudo em que crê.

883 A Tradição dos apóstolos, graças à assistência do Espírito Santo, desenvolve-se na Igreja.[5] Amplia-se a percepção das realidades e das palavras, quer pela contemplação e pelo estudo dos fiéis, que as guardam em seu coração (cf. Lc 2, 19.51), quer pela compreensão que provém da experiência das coisas espirituais, quer ainda pela pregação daqueles que, sucedendo aos apóstolos, receberam o carisma de certificar a verdade. De fato a Igreja, através dos séculos, tende constantemente à plenitude da verdade divina, até que se realizem totalmente nela as palavras de Deus.

---

[1] Cf. Mt 28, 19-20 e Mc 16, 15. Conc. de Trento, decr. *De canonicis scripturis*: *DS* 1501.
[2] Cf. Conc. de Trento, l.c.; Conc. Vat. I, Const. *Dei Filius*, c. 2: *DS* 3006.
[3] S. Irineu, *Adv. haer.*, III, 3, 1: *PG* 7,848; Harvey, 2, p. 9.
[4] Conc. de Nicéia II: *DS* 602; Conc. de Constantinopla IV, sess. X, can. 1: *DS* 650-652.
[5] Cf. Conc. Vat. I, const. *Dei Filius*, c. 4: *DS* 3020.

Os ensinamentos dos santos padres são testemunhos da presença desta **884** Tradição vivificadora, cuja riqueza alimenta, na prática, a vida da Igreja orante e fiel.

A mesma Tradição dá a conhecer à Igreja o cânon das Escrituras Sagradas, faz com que sejam nela cada vez melhor compreendidas e sempre colocadas em prática. Dessa forma, Deus, que falou no passado, conversa hoje incessantemente com a esposa de seu Filho. O Espírito Santo mantém viva na Igreja, a voz do Evangelho que, através dela, repercute em todo o mundo, encaminha os fiéis para a plena verdade, fazendo habitar neles a palavra de Cristo, com todas as suas riquezas (cf. Cl 3, 16).

9. A Tradição e as Escrituras

9. A Tradição e as Escrituras se articulam estreitamente e se comunicam **885** entre si. Ambas têm a mesma origem divina, formam de certo modo uma unidade e tendem para o mesmo fim.

A Escritura é palavra de Deus, pois foi escrita sob inspiração do Espírito.

A Tradição é também palavra de Deus. Foi confiada aos apóstolos pelo Cristo Senhor e pelo Espírito Santo e transmitida na íntegra a seus sucessores, que a conservam fielmente em sua pregação, explicam-na e a propagam. Assim, a certeza da Igreja a respeito do que foi revelado não depende exclusivamente da Escritura.

Deve-se receber e venerar a duas com o mesmo amor e o mesmo respeito.[6]

10. Tradição e Escritura em relação à Igreja e ao magistério

10. Tradição e Escritura constituem um único depósito sagrado da palavra **886** de Deus, confiado à Igreja. Acolhendo-o, o povo santo, unido a seus pastores, persevera na doutrina dos apóstolos, na comunhão, na fração do pão e nas ininterruptas orações (cf. At 2, 42). Assim, na conservação da fé, na sua prática e no seu desenvolvimento, pastores e fiéis estão sempre sob a mesma inspiração.[7]

Só ao magistério da Igreja,[8] exercido em nome de Cristo, foi confiada a **887** função de interpretar autenticamente a Palavra de Deus escrita e transmitida.[9] Não que o Magistério se coloque acima da palavra de Deus, de que está, pelo

---

[6] Cf. Conc. de Trento, decr. *De canonicis scripturis*: *DS* 1501.
[7] Cf. Pio XII, const. apost. *Munificentissimus Deus*, 1.11.1950: *AAS* 42 (1950) p. 756, levando em conta as palavras de S. Cipriano, *Epist.* 66, 8: *CSEL* 3, 2, 733: "A Igreja é povo, reunido em torno do sacerdote, rebanho, que segue seu pastor."
[8] Cf. Pio XII, enc. *Humani generis*, 12.8.1950: *AAS* 42 (195) p. 568-569: *DS* 3886.
[9] Cf. Conc. Vat. I, const. *Dei Filius*, c. 3: *DS* 3011.

contrário, a serviço. Por disposição divina e assistência do Espírito Santo, ensina unicamente o que foi transmitido, que procura ouvir com piedade, guardar santamente e expor com fidelidade. Vai assim buscar no depósito da fé tudo quanto propõe como divinamente revelado.

888   Tradição, Escritura e Magistério da Igreja, de acordo com a sabedoria divina, estão articulados e de tal forma associados que um não tem consistência sem o outro. Cada um deles contribui eficazmente para a salvação das almas, sob a ação do único Espírito Santo.

Capítulo III

Inspiração divina e interpretação da Escritura Sagrada

11. Inspiração e verdade

889   11. Tudo o que Deus revelou é fruto da inspiração do Espírito Santo, está contido e se dá a conhecer nas Escrituras do Antigo e do Novo Testamento, cujos livros a Igreja, na fé dos apóstolos, considera sagrados e canônicos, por terem sido escritos sob a inspiração do Espírito Santo (cf. Jo 20, 31; 2Tm 3, 16; 2Pd 1, 19ss; 3, 15s), e lhe terem sido transmitidos como tais.[1]

Seu autor é Deus. Para escrevê-los, escolheu homens, de cuja capacidade e habilidade se serviu,[2] a fim de que, agindo neles e por intermédio deles,[3] transmitissem por escrito, como verdadeiros autores, tudo e somente aquilo que o próprio Deus queria.[4]

890   Como se considera dito pelo Espírito Santo tudo aquilo que dizem os autores inspirados ou os hagiógrafos, deve-se confessar que os livros das Escrituras ensinam firme e fielmente e sem sombra de erro a verdade que Deus quis transmitir nos livros sagrados, por causa de nossa salvação.[5] "Toda Escritura é inspirada por Deus e é útil para ensinar, para refutar, para corrigir, para educar na justiça, a fim de que o homem de Deus seja perfeito, preparado para toda boa obra" (2Tm 3, 16s).

---

[1] Cf. Conc. Vat. I, const. *Dei Filius*, c. 2: *DS* 3006. Pont. Comissão Bíblica, Decr. 18.6.1915: *DS* 2180 3629: *EB* 420. Congr. do Santo Ofício, Carta de 22.12.1923: *EB* 499.
[2] Cf. Pio XII, enc. *Divino Afflante Spiritu*, 30.9.1943: *AAS* 35 (1943) p. 314: *EB* 556.
[3] *Em* e *por intermédio* do homem: cf. Hb 1, 1 e 4, 7 (em): 2Sm 23,2: Mt 1, 22 e *passim* (por intermédio); Conc. Vat. I, *Schema de doct. cathol.*, nota 9: col. Lac. 7, 522.
[4] Leão XIII, enc. *Providentissimus Deus*, 18.11.1893: *DS* 3293; *EB* 125
[5] Cf. santo Agostinho, *De gen. ad litteram*, 2, 9, 20: *PL* 34, 270-271; *CSEL* 28, 1, 46-47 e *Epist.* 82, 3: *PL* 33, 277; *CSEL* 34, 2, 354 - S. Tomás de Aquino, *De Ver.* q. 12, a. 2 C. - Conc. de Trento, decr. *De canonicis scripturis*, *DS* 1501. - Leão XIII, enc. *Providentissimus Deus*, 18.11.1893: *EB* 121, 124, 126-127. - Pio XII, enc. *Divino Afflante Spiritu*: *EB* 539.

12. A interpretação da Escritura

12. Tendo Deus nos falado por intermédio de homens e à maneira humana,[6] nas Escrituras, seu intérprete, para saber o que Deus nos quis comunicar, deve pesquisar com atenção o sentido visado diretamente pelo autor sagrado e o que Deus entendia manifestar por tais palavras.

891

Para saber o que o autor sagrado queria dizer, considerem-se, entre outras coisas, os gêneros literários.

892

A verdade se propõe e se exprime diferentemente nos diversos textos históricos, proféticos, poéticos ou de qualquer outro gênero. É indispensável que o intérprete procure saber, levando em consideração as circunstâncias de tempo e de cultura em que escrevia o autor sagrado, qual dos gêneros literários quis usar ou usou para se exprimir, dentre os que eram correntes em sua época.[7]

Para entender corretamente o que o autor sagrado quis dizer, deve-se considerar, além disso, o modo habitual de sentir, falar e narrar dos seus contemporâneos, assim como a maneira de se relacionar dos seres humanos, seus contemporâneos.[8]

Finalmente, como a Sagrada Escritura deve ser lida e interpretada no mesmo Espírito com que foi escrita,[9] para entender corretamente o sentido dos textos sagrados não se pode desprezar o conteúdo e a unidade de toda a Escritura, nem deixar de levar em conta a Tradição viva de toda a Igreja e a analogia da fé.

893

Os exegetas devem trabalhar segundo essas regras para melhor compreender e expor o sentido da Sagrada Escritura, contribuindo assim, pelo estudo, para o amadurecimento do pensamento da Igreja.

Tudo, porém, que se refere ao modo de interpretar as Escrituras depende, em última análise, do julgamento da Igreja, que por disposição divina, desempenha o ministério de conservá-las e interpretá-las.[10]

13. A condescendência da sabedoria divina

13. Na Sagrada Escritura, sem prejuízo da verdade nem da santidade de Deus, manifesta-se sempre a admirável *condescendência* da eterna sabedoria, "que desceu ao nosso modo de falar e se adaptou inteiramente à nossa natureza,

894

---

[6] Cf. S. Agostinho, *De Civ. Dei*, XVII, 6, 2: *PL* 41, 537; *CSEL* 40, 2, 228.
[7] Cf. S. Agostinho, *De doctr. christ.* III, 18, 26: *PL* 34, 75-76; *CSEL* 80, 95.
[8] Cf. Pio XII, l. c.: *DS* (3829-3830); *EB* 557-562.
[9] Cf. Bento XV, enc. *Spiritus Paraclitus*, 15.9.1920: *EB* 469; - S. Jerônimo, *In Galatas*, 5, 19, 21: *PL* 26, 417A.
[10] Cf. Conc. Vat. I, const. *Dei Filius*, c. 2: *DS* 3007.

para que reconhecêssemos sua inefável bondade".[11] As palavras de Deus ditas em língua humana parecem palavras humanas, como outrora o Verbo do Pai eterno, assumindo a fraqueza humana, fez-se semelhante aos homens.

Capítulo IV

O Antigo Testamento

14. A história da salvação no Antigo Testamento

895 14. Deus, em seu grande amor, por especial disposição, escolheu para si um povo, visando preparar a salvação de todo o gênero humano.

Pela aliança feita com Abraão (cf. Gn 15, 18) e, através de Moisés, com o povo de Israel (cf. Ex 24, 8), revelou-se a seu povo, com palavras e feitos, como único Deus verdadeiro, para que Israel experimentasse o que significa para os homens seguir os caminhos de Deus, fosse aos poucos conhecendo-os melhor e os mostrasse aos povos, à medida que Deus ia falando, pela boca dos profetas (cf. Sl 21, 28s; 95, 1ss; Is 2, 1-4; Jr 3, 17).

A economia da salvação, prenunciada, narrada e explicada pelos autores sagrados, está consignada nos livros do Antigo Testamento, como palavra verdadeira de Deus, conferindo-lhes valor permanente: "Tudo que foi escrito antes de nós foi escrito para nossa instrução, para que conservemos a esperança, sustentados e apoiados nas Escrituras" (Rm 15, 4).

15. Importância do Antigo Testamento

896 15. A economia do Antigo Testamento visava, principalmente, à preparação, ao anúncio profético (cf. Lc 24, 44; Jo 5, 39; 1Pd 1, 10) e à prefiguração (cf. 1Cor 10,11) da vinda de Cristo, redentor do universo, e do reino messiânico.

Os livros do Antigo Testamento manifestam a todos o conhecimento de Deus e do homem e como Deus é justo e misericordioso para com os homens, mesmo nas condições em que se encontrava o gênero humano antes que Cristo realizasse a salvação; demonstram a pedagogia divina, apesar dos aspectos imperfeitos e provisórios que contêm.[1]

Devem pois ser acolhidos pelos cristãos com devoção. Exprimem um profundo sentido de Deus. Contêm, especialmente em suas orações, sublimes

---

[11] São João Crisóstomo, *in Genesis* 3, 8 (homilia 17, 1): *PG* 53, 134. "desceu", do latim "attemperatio" e, do grego, "synkatábasis".
[1] Pio XI, Enc. *Mit brennender Sorge*, 14.3.1937: *AAS* 29 (1937), p. 151.

e admiráveis tesouros a respeito do conhecimento de Deus e da sabedoria, tão salutar para a vida humana. Acenam, enfim, veladamente, para o mistério de nossa salvação.

16. A unidade dos dois Testamentos

16. Inspirador e autor dos livros dos dois Testamentos, Deus dispôs sabiamente que o Novo estivesse veladamente no Antigo e o Antigo se manifestasse no Novo.[2]

Cristo estabeleceu a Nova Aliança com o seu sangue (cf. Lc 22, 20; 1Cor 11, 15). Lidos integralmente como prenúncio evangélico,[3] os livros do Antigo Testamento adquirem e manifestam sua plena significação no Novo Testamento (cf. Mt 5, 17; Lc 24, 27; Rm 16, 25s; 2Cor 3, 14ss), iluminando-se e explicando um ao outro.

897

Capítulo V

O Novo Testamento

17. Excelência do Novo Testamento

17. O Verbo de Deus, virtude de Deus para a salvação de todo fiel (cf. Rm 1, 16), está presente de modo excelente nos escritos do Novo Testamento, em que mostra toda a sua força. Quando veio a plenitude dos tempos (cf. Gl 4, 4) o Verbo se fez carne e habitou entre nós, cheio de graça e verdade (cf. Jo 1, 14). Cristo instaurou na terra o reino de Deus, manifestou a si mesmo e ao Pai por atos e palavras, realizou a sua obra morrendo, ressuscitando, subindo aos céus e enviando o Espírito Santo.

898

Levantado da terra, atraiu para si todas as coisas (cf. Jo 12, 32). Só ele tem palavras de vida eterna (cf. Jo 6, 68). Esse mistério não foi revelado a outras gerações como agora foi manifestado a seus santos apóstolos e profetas, no Espírito Santo (cf. Ef 3, 4ss), para que pregassem o Evangelho, despertassem a fé no Senhor Jesus Cristo e reunissem a Igreja. De tudo isso, os escritos do Novo Testamento dão um testemunho perene e divino.

---

[2] Cf. Santo Agostinho, *Quaest. In Hept.* 2, 73: *PL* 34, 623.
[3] Cf. Santo Irineu, *Adv. Haer.*, III, 21, 3: *PG* 7, 950; (=25, 1: Harvey 2, p. 115). São Cirilo de Jerusalém, *Catech.* 4, 35: *PG* 33, 497. Teodoro de Mopsuéstia, *In Soph.* 1, 4-6: *PG* 66, 452 D-453 A.

18. Origem apostólica dos Evangelhos

899   18. Todos sabem que os Evangelhos ocupam o primeiro lugar entre todas as Escrituras, inclusive do Novo Testamento, em virtude de serem o principal testemunho da vida e da doutrina do Verbo encarnado, nosso Salvador.

900   A Igreja, em toda parte, sempre afirmou e afirma que os quatro Evangelhos têm origem apostólica. O que os apóstolos pregaram por ordem de Cristo foi depois escrito, sob inspiração do Espírito Santo. Eles, conjuntamente com os homens apostólicos, transmitiram-nos o fundamento da fé, que é o Evangelho quádruplo, segundo Mateus, Marcos, Lucas e João.[1]

19. A índole histórica dos Evangelhos

901   19. A santa mãe Igreja sempre confessou com firmeza e continua confessando que os quatro Evangelhos acima citados, cuja historicidade confirma de maneira indubitável e transmitem fielmente o que Jesus, Filho de Deus, vivendo entre os homens, realmente fez e ensinou, até o momento em que subiu aos céus (cf. At 1, 1s).

Depois da ascensão do Senhor, os apóstolos ensinaram aos seus ouvintes aquilo que Jesus havia dito e feito. Eles próprios haviam adquirido melhor compreensão de tudo, tendo sido instruídos pelos acontecimentos gloriosos de Cristo e ensinados pelas luzes do Espírito Santo[2] de cujo dom usufruíam.[3]

Os autores sagrados escreveram os quatro Evangelhos selecionando algumas entre as tradições orais e escritas já existentes. Fizeram uma síntese, considerando, na exposição, a situação das Igrejas e mantendo a pregação de Jesus na sua forma direta, para nos comunicar o que dele nos vem, de maneira verdadeira e sincera.[4] Baseados em sua própria memória, na recordação ou no testemunho daqueles "que desde o início viram e foram ministros da pregação", quiseram tornar acessíveis as palavras que nos ensinam "a verdade" (cf. Lc 1, 2ss).

---

[1] Cf. S. Irineu, *Adv. Haer.*, III, 11, 8: *PG* 7, 885; ed. Sagnard, p. 194.
[2] Cf. Jo 14, 26; 16, 13.
[3] Cf. Jo 2, 22; 12, 16; coll. 14, 26; 16, 12-13; 7, 39.
[4] Cf. Instrução *Sancta Mater Ecclesia,* do Conselho Pont. Para os Estudos Bíblicos: *AAS* 56 (1964), p. 715.

20. Os outros escritos do Novo Testamento

20. Além dos quatro Evangelhos, o cânon do Novo Testamento compreende também as epístolas paulinas e outros escritos inspirados pelo Espírito Santo. Por disposição da sabedoria divina, vêm confirmar o que diz respeito a Cristo Senhor, explanar melhor a sua doutrina, pregar a virtude salvadora da obra divina de Cristo, expor os inícios admiráveis da Igreja e sua difusão, anunciando, enfim, a sua gloriosa consumação. 902

Como o prometera, o Senhor Jesus esteve presente aos seus apóstolos (cf. Mt 28, 20) e lhes enviou o Espírito consolador, que os encaminhou para a plenitude da verdade (cf. Jo 16, 13). 903

Capítulo VI

A Sagrada Escritura na vida da Igreja

21. A veneração devida às Escrituras

21. A Igreja sempre honrou as Escrituras como corpo do Senhor, especialmente na santa liturgia, em cuja mesa não deve faltar nem a palavra de Deus, nem o corpo do Senhor, para serem dados aos fiéis. A Igreja sempre considerou e considera as Escrituras, juntamente com a sagrada Tradição, sua suprema regra de fé. Inspiradas por Deus e definitivamente escritas, nos comunicam de maneira imutável a palavra do próprio Deus e nos fazem ouvir a voz do Espírito Santo, através dos escritos proféticos e apostólicos. 904

Toda a pregação eclesial, como a própria religião cristã, deve-se alimentar e ser orientada pela Escritura. Nos livros sagrados, o Pai que está no céu vem amorosamente falar a seus filhos. É tão grande a força e a virtude da palavra de Deus, que ela sustenta e dá vigor à Igreja, corrobora a fé de seus filhos, alimenta a alma, jorra como fonte pura e perene da vida espiritual. Aplica-se à Escritura o que se lê: "A palavra de Deus é viva e eficaz" (Hb 4, 12) "tem o poder de edificar e de dar a vocês a herança entre todos os santificados (At 20, 32; cf. 1Ts 2, 13).

22. Traduções apropriadas

22. O acesso às sagradas Escrituras deve ser aberto a todos os fiéis. 905
A Igreja, desde o início, acolheu a antiqüíssima versão grega do Antigo Testamento denominada dos Setenta. Reconheceu igualmente outras traduções orientais e latinas, especialmente a que se denomina Vulgata.

Como a palavra de Deus deve estar sempre à disposição de todos, a Igreja procura, com solicitude materna, que se façam traduções adequadas e corretas em todas as línguas, especialmente a partir dos textos originais dos livros sagrados. Todos os cristãos podem usá-las a seu tempo, de acordo com a autoridade da Igreja, mesmo quando feitas em colaboração com os irmãos separados.

23. O trabalho apostólico dos exegetas

906 23. Esposa do Verbo encarnado, ensinada pelo Espírito Santo, a Igreja procura constantemente entender melhor as Escrituras, para alimentar os seus filhos com os ensinamentos divinos. Nesse sentido, favorece o estudo das Sagradas Escrituras e dos santos padres, tanto do Oriente como do Ocidente.

Os exegetas católicos, unindo seus esforços aos demais estudiosos da teologia, sob a vigilância do Magistério sagrado, devem recorrer aos recursos adequados para pesquisar todos os aspectos dos escritos divinos, a fim de que todos os ministros da palavra possam oferecer ao povo de Deus o alimento das Escrituras, que ilumina a mente, conforta a vontade e acende o amor de Deus no coração dos homens.[1]

O Concílio estimula os filhos da Igreja que se dedicam aos trabalhos bíblicos a continuarem com novo ânimo no caminho felizmente iniciado, e a se aplicarem nos estudos com um grande senso de Igreja.[2]

24. Importância da Escritura para a teologia

907 24. O fundamento inabalável da teologia é, juntamente com a Tradição, a palavra de Deus escrita. Ela tira sua força e constante rejuvenescimento desse fundamento.

Toda verdade do mistério de Cristo deve ser perscrutada à luz da fé. As Sagradas Escrituras contêm a palavra de Deus. Como é inspirada, essa palavra é verdadeira e seu estudo é a alma da teologia.[3]

A palavra da Escritura santifica e alimenta igualmente todo ministério da palavra: a pregação pastoral, a catequese e a instrução cristã, na qual a homilia litúrgica desempenha um papel de grande importância.

---

[1] Cf. Pio XII, Enc. *Divino afflante Spiritu*, 30.9.1943: *EB* 551, 553, 567. Pont. Com. Bíblica, *Instructio de S. Scriptura in Clericorum Seminariis et Religiosorum Colegiis recte docenda*, 13.5.1950: *AAS* 42 (1950), pp. 495-505.
[2] Cf. Pio XII, ibidem: *EB* 569.
[3] Cf. Leão XIII, Enc. *Providentissimus Deus*: *EB* 114; Bento XV, Enc. *Spiritus Paraclitus*, 15.9.1920: *EB* 483.

25. A leitura da Sagrada Escritura

25. Todos os clérigos, a começar pelos sacerdotes de Cristo, diáconos e catequistas, empenhados no ministério da palavra, convivam com as Escrituras, sendo assíduos na leitura e aplicados no estudo, para que não se tornem "como pregadores alheios à palavra de Deus, que não se dedicam a ouvi-la interiormente".[4] A palavra de Deus, em particular na liturgia, é precisamente o manancial de tudo que precisa ser comunicado ao povo. 908

O Concílio exorta igualmente todos os fiéis, especialmente os religiosos, a lerem com freqüência as Escrituras, para aprenderem a "eminente ciência de Jesus Cristo" (Fl 3, 8). "Ignorar as Escrituras é ignorar Cristo".[5] Procurem ir diretamente ao texto, especialmente na liturgia, composta com a palavra de Deus, seja pela piedosa leitura, seja através de outros meios que se difundem cada vez mais em nossos dias, com a aprovação dos pastores da Igreja e graças aos seus cuidados. Lembrem-se de que a leitura da Sagrada Escritura deve ser acompanhada da oração, para que se estabeleça um colóquio entre Deus e o homem, pois "falamos quando oramos e a ele ouvimos quando lemos as suas palavras".[6]

Compete aos bispos, "depositários da doutrina apostólica"[7] orientar os fiéis que lhes são confiados no uso correto dos livros divinos, especialmente do Novo Testamento, a começar pelos Evangelhos. Estabeleçam traduções do texto sagrado com as explicações necessárias e suficientes, para que os filhos da Igreja utilizem as Sagradas Escrituras com segurança e sejam imbuídos do seu espírito. 909

As edições das Sagradas Escrituras, com as respectivas notas, sejam feitas de tal modo que possam ser usadas igualmente pelos não-cristãos e se adaptem às suas condições. Poderão ser assim universalmente difundidas tanto pelos pastores como por todos os fiéis. 910

26. Conclusão

26. Pela leitura e pelo estudo, "a palavra de Deus se espalhará rapidamente e será bem recebida" (2Ts 3, 1), fazendo com que o tesouro da revelação confiado à Igreja responda cada vez melhor ao que busca o coração dos homens. 911

---

[4] Santo Agostinho, *Sermo* 179, 1: *PL* 38, 966.
[5] Santo Jerônimo, *Comm. In Is.*, Prol.: *PL* 24, 17. Cf. Bento XV, Enc. *Spiritus Paraclitus*: EB 475-480; Pio XII, Enc. *Divino afflante Spiritu*: *EB* 544.
[6] Santo Ambrósio, *De officiis ministrorum* I, 20, 88: *PL* 16, 50.
[7] Santo Irineu, *Adv. Haer.*, IV, 32, 1: *PG* 7, 1071; (= 49, 2): Harvey, 2 p. 255).

Assim como a Igreja cresce pela freqüência ao mistério eucarístico, recebe igualmente um novo impulso espiritual da crescente veneração à palavra de Deus que "permanece para sempre" (Is 40, 8; 1Pd 1, 23ss).

Tudo o que se estabeleceu nesta declaração foi aprovado pelos padres conciliares. Nós, em virtude do poder apostólico que nos foi confiado por Cristo e em conjunto com todos os veneráveis padres conciliares no Espírito Santo, aprovamos, decidimos e estatuímos, ordenando que sejam promulgadas essa normas conciliares para a glória de Deus.

Roma, junto a S. Pedro, 17 de novembro de 1965.

Eu, PAULO, *bispo da Igreja católica.*

(seguem-se as demais assinaturas)

PAULO BISPO
SERVO DOS SERVOS DE DEUS
JUNTO COM OS PADRES CONCILIARES
PARA PERPÉTUA MEMÓRIA

Decreto *Apostolicam actuositatem* sobre o apostolado dos leigos

1. PROÊMIO

1. Desejando tornar mais intensa a ação apostólica do povo de Deus,[1] o Concílio dirige-se esperançoso aos leigos, que desempenham papel específico e insubstituível no conjunto da missão da Igreja, como já foi lembrado em outras passagens.[2] Decorrente da própria vocação cristã, o apostolado dos leigos não pode deixar de existir na Igreja. As Escrituras mostram como foi espontânea e frutífera a ação dos leigos nas origens da Igreja (cf. At 11, 19-21; 18, 26; Rm 16, 1-16; Fl 4, 3).

912

Nossa época não o postula com menores exigências, pelo contrário, reclama ainda maior e mais amplo empenho dos leigos no apostolado. Cresce todo dia a população do globo. Progridem as ciências, as técnicas e as artes. As relações entre os seres humanos se intensificaram a tal ponto que, além de ampliar enormemente a esfera de ação dos leigos, em setores a que somente eles têm acesso, criaram novos problemas que reclamam, de sua parte, soluções também novas e criativas. Esse apostolado é ainda mais urgente em muitos setores da vida, de modo que não só se desenvolveram autonomamente como resistem a toda interferência ética ou religiosa. Acresce a falta de sacerdotes em muitas regiões, em que se vêem, além disso, privados da liberdade necessária ao exercício do ministério. Nessas circunstâncias, sem os leigos, a Igreja mal estaria presente.

913

[1.] Cf. João XXIII, const. apost. *Humanae salutis*, 25 de dezembro de 1961: *AAS* 54 (1962), pp. 7-10.
[2.] Cf. Conc. Vat. II, Const. Dogm. *Lumen gentium* 33ss: *AAS* 57 (1965), pp. 39s.; cf. também *Sacrosanctum Concilium* 26-40: *AAS* 56 (1963), pp. 107-111; *Inter mirifica*: *AAS* 56 (1964), pp. 145, 153; *Unitatis redintegratio*: *AAS* 57 (9165), pp. 90-107; *Christus Dominus* 16, 17, 18; *Gravissimum educationis*, 3, 5, 7.

914 Tantas e tão urgentes necessidades são sinal evidente da ação do Espírito, que torna hoje os leigos cada vez mais ciosos de suas próprias responsabilidades e os incita a se colocarem a serviço de Cristo e da Igreja.[3]

915 O Concílio quer explicar, nesse decreto, a natureza, a identidade e a variedade do apostolado dos leigos, enunciar-lhe os princípios fundamentais e dar as instruções pastorais para o seu eficaz exercício, estabelecendo normas a serem levadas em conta no direito canônico, no que respeita aos leigos.

Capítulo I

A vocação dos leigos ao apostolado

2. Participação dos leigos na missão da Igreja

916 2. A Igreja nasceu para estender o reinado de Cristo a toda parte, em vista da glória de Deus Pai e de virem a se tornar, todos os seres humanos, participantes efetivos da redenção salvadora[1] contribuindo assim para que o mundo inteiro se volte para Cristo. Toda a atividade do corpo místico ordenada para esse fim merece o nome de apostolado. A Igreja o exerce de inúmeras formas, por intermédio de todos os seus membros. A vocação cristã é vocação ao apostolado. Assim como no corpo vivo nenhum membro fica inteiramente passivo, mas participa da vida e da ação de todo o corpo, no corpo de Cristo, a Igreja, o corpo inteiro cresce, "através da rede de articulações, que são os membros" (Ef 4, 16). Neste corpo a junção entre os membros e sua união é de tal natureza, que o membro que não contribui segundo sua capacidade para o crescimento do corpo não vale nada nem para si mesmo nem para a Igreja.

917 Na Igreja, há diversidade de ministérios, mas unidade de missão. Cristo outorgou aos apóstolos e seus sucessores o poder de ensinar, santificar e governar em seu nome. Os leigos, também participantes das funções sacerdotal, profética e real de Cristo, cumprem seu papel na missão de todo o povo de Deus na Igreja e no mundo.[2] Exercem um verdadeiro apostolado ao atuar em vista da evangelização e da santificação dos seres humanos, ou quando se esforçam

---

[3.] Cf. Pio XII, Aloc. aos Cardeais, 18.2.1946: *AAS* 38(1946) pp. 101-102; idem, Sermão aos jovens operários católicos, 25.8.1957: *AAS* 49 (1957), p. 843.
[1.] Cf. Pio XI, enc. *Rerum Ecclesiae*: *AAS* 18(1926) p. 65.
[2.] Cf. Conc. Vat. II, *Lumen gentium*, 31: *AAS* 57 (1965), p. 37.

por imbuir do espírito do Evangelho as coisas temporais, contribuindo para seu pleno desenvolvimento. Sua ação dá assim testemunho inequívoco de Cristo e aproveita à salvação de todos. Sendo próprio dos leigos viver no meio do mundo e dos afazeres humanos, Deus os chama a exercer aí seu apostolado, no fervor do espírito cristão, como fermento do mundo.

3. Os fundamentos do apostolado dos leigos

3. O dever e o direito dos leigos ao apostolado decorre de sua união com Cristo cabeça. Inseridos no corpo místico de Cristo pelo batismo e, pela confirmação, corroborados com a força do Espírito, foram destinados ao apostolado pelo próprio Senhor. Consagrados como participantes do sacerdócio régio e do povo santo (cf. 1Pd 2, 4-10) para oferecer, por todo o seu agir, hóstias espirituais e dar testemunho de Cristo em toda parte. Pelos sacramentos, especialmente pela eucaristia, comungam e são alimentados pelo amor, que é a alma de todo o apostolado.[3] 918

O apostolado é fruto da fé, da esperança e da caridade que o Espírito Santo derrama no coração de todos os membros da Igreja. Além disso, o preceito da caridade, principal mandamento do Senhor, obriga todos os fiéis a procurarem a glória de Deus, por intermédio do advento de seu reino, e a vida eterna, para que todos os seres humanos conheçam a Deus, único e verdadeiro, e a Jesus Cristo, seu enviado (cf. Jo 17, 3). 919

A todos os fiéis se impõe o ônus insigne de trabalhar para que o anúncio da salvação divina seja conhecido e acolhido por todos os seres humanos, em toda a terra. 920

O mesmo Espírito Santo, que santifica o povo de Deus pelo ministério e pelos sacramentos, concede também aos fiéis dons peculiares (cf. 1Cor 12, 7) para o exercício do apostolado, "distribuindo-os a seu bel-prazer" (cf. 1Cor 12, 11). Assim, "cada um, na medida da graça recebida, é chamado a colocar esses dons a serviço dos outros", tornando-se todos "bons dispensadores da graça multiforme de Deus" (1Pd 4, 10), para a "edificação de todo o corpo, no amor" (cf. Ef 4, 16). Destes carismas, por mais simples que sejam, provêm o direito e o dever de cada fiel de exercê-los, no mundo e na Igreja, em benefício dos seres humanos e da própria Igreja. Este exercício deve ser feito na liberdade do Espírito Santo, "que sopra onde quer" (cf. Jo 3, 8), mas, ao mesmo tempo, em comunhão com os irmãos em Cristo e, especialmente, com 921

---

[3] Cf. *Ibidem,* 33, p. 39; cf. ainda 10, p.14.

seus pastores, a quem pertence julgar da autenticidade dos carismas e de seu conveniente exercício, não para abafar o Espírito, mas para tudo provar e reter o que é bom (cf. 1Ts 5, 12.19.21).[4]

4. A espiritualidade apostólica dos leigos

922 4. Enviado pelo Pai, Cristo é a fonte e a origem de todo o apostolado da Igreja. Por conseguinte, a fecundidade do apostolado dos leigos depende de sua união vital com Cristo, como o próprio Senhor o declara: "Quem permanece em mim e eu nele produz frutos abundantes, pois sem mim vocês nada podem fazer"(Jo 15, 15). A vida de íntima união com Cristo, na Igreja, alimenta-se dos meios espirituais comuns a todos os fiéis, especialmente da participação ativa na liturgia.[5] Os leigos devem empregá-los sem fugir aos deveres temporais, impostos pela vida cotidiana, de sorte a não separar da vida a união com Cristo, pelo contrário, de modo a crescer cada vez mais nessa união, agindo segundo a vontade de Deus. Os leigos são chamados a seguir este caminho com alegria e santidade, procurando superar as dificuldades com prudência e paciência.[6] Nem as preocupações familiares nem os afazeres seculares devem ficar estranhos à vida espiritual, de acordo com o que diz o Apóstolo: "Tudo o que vocês fizerem por palavras ou ações, façam-no em nome do Senhor Jesus, dando graças a Deus Pai por seu intermédio" (Cl 3, 17).

923 Uma vida assim requer o exercício contínuo da fé, da esperança e da caridade.

924 Somente na luz da fé e graças à meditação da Palavra de Deus, alguém pode reconhecer a Deus, "em quem vivemos, nos movemos e existimos" (At 17, 28), em todas as circunstâncias e lugares, buscar em tudo a sua vontade, ver Cristo em todos os seres humanos e avaliar devidamente a significação e o alcance das coisas temporais em si mesmas e em função das finalidades humanas.

925 Quem crê vive na recordação da cruz e da ressurreição do Senhor e na esperança da manifestação de que somos filhos de Deus.

926 Durante sua peregrinação terrestre, os fiéis, escondidos com Cristo em Deus, voltados para os bens que não passam e livres da escravidão das riquezas, são chamados a se empenhar inteira e generosamente no crescimento do reino de Deus, infundindo o espírito cristão na organização e no aperfeiçoamento das realidades temporais. As muitas dificuldades que encontram no desempenho

---

[4] Cf. Ibidem, 12, p. 16.
[5] Cf. Conc. Vat. II, *Sacrosanctum Concilium*, I, 11: *AAS* 56 (9164), p. 102-103.
[6] Cf. Conc. Vat. II, *Lumen gentium*, 32: *AAS* 57 (1965) p. 38; cf. ainda 40-41, pp. 45-47.

dessa missão tornam-se ocasiões de fortalecer a esperança, pois se sabe que "os sofrimentos do momento presente não se comparam com a glória futura, que se revelará em nós" (Rm 8, 18).

927 Impelidos pelo amor que vem de Deus e os leva a fazer o bem em favor de todos, especialmente dos irmãos na fé (cf. Gl 6, 10), os fiéis são convidados a "renunciar a toda maldade, toda mentira, todas as formas de hipocrisia e inveja e toda maledicência" (1Pd 2, 1), atraindo assim os seres humanos para Cristo. O amor de Deus "derramado em nossos corações pelo Espírito Santo que nos foi dado"(Rm 5, 5) proporciona aos leigos, em suas vidas, uma experiência autêntica das bem-aventuranças. Seguidores de Jesus pobre, não se deixam abater com a falta dos bens materiais nem se orgulham com sua abundância. Imitadores de Cristo na humildade, em lugar de viverem atrás da fama (cf. Gl 5, 26), procuram agradar a Deus mais do que aos homens. Mostram-se sempre prontos a tudo deixar em nome de Cristo (cf. Lc 14, 26) e a suportar perseguições por causa da justiça (Mt 5, 12), lembrados da palavra do Senhor: "Se alguém quer me seguir, renuncie a si mesmo, tome sua cruz e siga-me" (Mt 16, 24). Cultivando entre si a amizade cristã, os fiéis ajudem-se uns aos outros, em qualquer necessidade.

928 Este perfil da vida espiritual dos leigos assume traços particulares nas diversas condições em que são chamados a viver: no casamento e em família, no celibato e na viuvez, na doença, no trabalho ou em sociedade. Cultivem pois, como vindos do Espírito Santo, os dons que receberam para melhor viver em cada uma dessas situações.

929 Além disso, os leigos que se filiaram a qualquer associação ou instituição aprovada pela Igreja procurem imprimir em sua vida espiritual as características específicas desse grupo.

930 Dêem testemunho profissional de competência, consciência familiar e cívica e das virtudes necessárias ao convívio social, como a honestidade, o espírito de justiça, a sinceridade, a bondade e a coragem, sem o que não há vida cristã.

931 A Virgem Maria, rainha dos apóstolos, é o exemplo perfeito desta vida espiritual-apostólica. Enquanto esteve na terra viveu uma vida como todos nós, dedicada ao trabalho e aos afazeres domésticos, mas sempre na intimidade de seu Filho, colaborando com ele de modo eminente no cumprimento da missão salvadora. Agora, no céu "cuida com amor materno dos irmãos e irmãs de seu Filho, que ainda caminhamos entre os perigos e as dificuldades desta terra, até que alcancemos a felicidade da pátria".[7] Por isso todos lhe prestamos um culto cheio de devoção e a ela confiamos nossa vida e nosso apostolado.

---

[7] Cf. Ibidem, 62, p. 63; cf. ainda 65, pp. 64-65.

Capítulo II

As finalidades do apostolado leigo

5. Introdução

932 5. Tendo por objetivo a salvação dos seres humanos, a obra da redenção de Cristo implica a instauração de uma ordem temporal justa, em sua totalidade. A missão da Igreja não se limita ao anúncio de Cristo e à administração dos meios da graça, mas requer a compenetração e o aperfeiçoamento de todas as realidades temporais, pelo espírito do Evangelho. Encarregados dessa missão da Igreja, os leigos exercem seu apostolado na Igreja e no mundo, tanto na esfera espiritual quanto na material. Estas, embora distintas, estão de tal modo articuladas no conselho de Deus que o próprio Deus tem por objetivo resgatar o mundo inteiro em Cristo, constituindo como que uma nova criação, que começa desde agora na terra e chegará a seu termo no último dia. O leigo, que é ao mesmo tempo fiel e cidadão, deve conduzir-se nessa dupla esfera com a mesma consciência cristã que o deve caracterizar em toda a vida.

6. O apostolado da evangelização e da santificação

933 6. A missão da Igreja é a salvação humana, que se alcança por graça e por intermédio da fé. Por isso o apostolado da Igreja e de todos os seus membros visa, em última análise, ao anúncio de Cristo por palavras e atos que manifestem ao mundo a comunicação de sua graça. Realiza-se, pois, principalmente, pelo ministério da palavra e dos sacramentos, confiado ao clero, do qual os leigos participam como "cooperadores da verdade" (3Jo 8). Sob esse aspecto, há perfeita complementação entre o apostolado leigo e o ministério sacerdotal.

934 São inúmeras as ocasiões em que os leigos têm oportunidade de exercer o apostolado da evangelização e da santificação. O próprio testemunho da vida cristã e as boas obras realizadas com espírito sobrenatural têm a capacidade de atrair as pessoas à fé e de aproximá-las de Deus. Como diz o Senhor: "que sua luz brilhe diante de todos, para que vejam as boas obras que fazem e louvem o Pai, que está no céu" (Mt 5, 16).

935 Mas o apostolado vai além do testemunho da vida. O verdadeiro apóstolo busca as ocasiões de anunciar Cristo tanto aos que não crêem, atraindo-os à fé, como aos que crêem, instruindo-os, confirmando-os e despertando-os para uma vida melhor. "O amor de Cristo nos impulsiona" (2Cor 5, 14). Em nosso coração devem encontrar eco as palavras do Apóstolo: "Ai de mim se não anunciar o Evangelho!" (1Cor 9, 16).[1]

936 Surgem continuamente, hoje em dia, novos problemas. Multiplicam-se erros grosseiros no que diz respeito à religião, à moral e à sociedade, que se procura subverter. Nessas circunstâncias o Concílio exorta com insistência os leigos para que desempenhem com diligência seu papel, de acordo com os dons e com a capacidade de cada um e em harmonia com o pensamento da Igreja, a fim de que os princípios cristãos sejam devidamente esclarecidos e aplicados aos problemas do nosso tempo.

7. A animação cristã das realidades temporais

937 7. O que Deus quer do mundo é que os seres humanos se organizem em paz e tenham todos condições de progredir.

938 As realidades temporais: vida, família, cultura, economia, arte, trabalho, política, relações internacionais etc., assim como seu progresso e desenvolvimento, além de estarem a serviço das finalidades últimas do ser humano, têm valor em si mesmas, como criaturas de Deus. Constituem, pois, uma ordem específica de coisas, que chamamos de ordem temporal. "Deus viu tudo que havia feito", diz a Escritura, "e era tudo muito bom" (Gn 1, 31).

Essa bondade natural das coisas alcança-lhes ainda uma dignidade maior quando elas são colocadas em relação com a pessoa para cujo serviço foram criadas.

Além disso, Deus quis reunir todas as coisas naturais e sobrenaturais em Cristo Jesus, conferindo-lhe "o primado universal" (Cl 1, 18).

Esta disposição, longe de afetar a autonomia da ordem temporal, seus fins, leis e sujeição ao bem humano, a corrobora e aperfeiçoa, tanto em si mesma como no serviço que é chamada a prestar ao ser humano, em vista da consecução de seus objetivos na terra.

939 No decurso da história, porém, o uso das coisas temporais foi se tornando cada vez mais viciado. Marcados pelo pecado original, os seres humanos cometeram muitos outros erros e faltas, em relação a Deus, a si mesmos e à lei moral. Corromperam-se assim os costumes e as instituições humanas. A própria pessoa ficou, muitas vezes, prejudicada. Em nossos dias, o progresso científico e técnico, voltado para si mesmo, cai numa espécie de idolatria. O ser humano se escraviza às coisas, em lugar de exercer sobre elas o domínio que lhe é devido.

[1.] Cf. Pio XI, enc. *Ubi arcano*, 23.12.1922: *AAS* 14 (1922) p. 659; Pio XII, enc. *Summi pontificatus*, 20.10.1939: *AAS* 31 (1939), p. 442-443.

940 Toda a Igreja deve se esforçar para tornar os seres humanos capazes de instaurar no universo a ordem das coisas temporais, orientando-as para Deus por intermédio de Cristo.

Aos pastores compete manifestar claramente os princípios que dizem respeito ao fim da criação e ao uso das realidades temporais, prestando os auxílios morais e espirituais indispensáveis a este trabalho de re-instauração.

941 Aos leigos compete assumir diretamente a instauração da ordem temporal. Conduzidos pela luz do Evangelho, no espírito da Igreja, e animados pelo amor cristão, são chamados a atuar no mundo, como cidadãos entre os cidadãos, e a agir sob responsabilidade própria, de acordo com sua competência, buscando em tudo a realização da justiça do reino de Deus. A ordem temporal deve ser instaurada de tal modo que sejam obedecidas suas leis específicas, de acordo com os princípios mais amplos da vida cristã e adaptadas às diversas circunstâncias de tempo, lugar e pessoas. Dentre os trabalhos apostólicos dos leigos ressalta-se a ação social dos cristãos, que o Concílio desejaria que se estendesse a todas as esferas da vida temporal e da cultura.[2]

8. As obras de caridade

942 8. Toda ação apostólica deriva e se alimenta do amor. Há contudo certos gestos que por sua natureza são particularmente aptos a exprimir o amor. Além disso, Cristo quis assumi-los como sinal de sua missão messiânica (cf. Mt 11, 4-5).

943 O supremo mandamento da lei é amar a Deus de todo o coração e ao próximo como a si mesmo (cf. Mt 22, 37-40). Ao se identificar com os que são objeto de amor, Cristo o tornou seu e conferiu nova significação ao mandamento de amor para com o próximo: "Todas as vezes que vocês fizeram isso a um dos menores de meus irmãos foi a mim que o fizeram" (Mt 25, 40). Ao assumir a natureza humana, tornou-se sobrenaturalmente solidário de todo o gênero humano, reunido em torno de si como numa família, ao mesmo tempo que constituía o amor como sinal distintivo de seus discípulos: "Se vocês tiverem amor uns para com os outros, todos reconhecerão que vocês são meus discípulos" (Jo 13, 35).

944 A Igreja, em seus primórdios, manifestava sua união a Cristo e se apresentava como comunidade do amor quando reunida na celebração da ceia eucarística. Deve, também hoje, tornar-se conhecida pelos sinais do amor: alegrar-se com o sucesso dos outros, assumir as obras de caridade como exi-

---

[2.] Cf. Leão XIII, enc. *Rerum novarum*, 1.5.1891: *ASS* 23 (1890-1), p. 647; Pio XI, enc. *Quadragesimo anno*, 1.5.1931: *AAS* 23 (1931), p. 190; Pio XII, Mensagem radiofônica, 1.6.1941: *AAS* 33 (1941) p. 207.

gência inalienável do direito. Assim pois a misericórdia para com os pobres e doentes, as obras de caridade e de auxílio mútuo, em socorro das diversas necessidades humanas, merecem todo destaque na Igreja.[3]

Atualmente, o desenvolvimento das comunicações, o encurtamento das distâncias e a aproximação entre todos os seres humanos, que passam a constituir como que uma única família, tornou ainda mais urgente e ampla a necessidade das obras de caridade. A ação inspirada pela caridade é chamada hoje a beneficiar todos os seres humanos e deve vir em socorro de todas as suas necessidades. A caridade cristã deve ir atrás de todos os que têm necessidade de alimento, de bebida, de roupa, de casa, de dinheiro, de medicamentos e de instrução para levar uma vida verdadeiramente humana, daqueles aos quais falte o necessário para viver, do que está doente ou sofre no exílio ou na prisão, para consolá-los e auxiliá-los. Esta obrigação afeta a todos, a começar pelas pessoas e povos mais ricos.[4] **945**

Para que o exercício da caridade se situe acima de qualquer suspeita, considere-se sempre o próximo como imagem de Deus. Tudo que se dá ao indigente é como se fosse dado ao próprio Cristo Senhor. Tenha-se absoluto respeito pela pessoa a quem se dá alguma coisa e mantenha-se sempre uma intenção pura, sem querer tirar vantagem pessoal do benefício feito, enriquecer-se ou dominar.[5] **946**

Acima de tudo, satisfaçam-se as exigências da justiça, para que não se venha a atribuir à caridade o que já é dever de justiça. Procurem-se sanar as causas dos males sociais e pessoais, mais do que combater os efeitos. Os auxílios devem ser dados de maneira a eliminar progressivamente a dependência de quem os recebe e tornando-os capazes de satisfazer suas próprias necessidades.

Procurem os leigos, na medida de suas forças, apoiar obras de caridade e iniciativas de assistência social, públicas ou privadas, nacionais ou internacionais, que ajudem efetivamente pessoas e grupos humanos em necessidade, cooperando assim com todas as pessoas de boa vontade.[6] **947**

[3.] Cf. João XXIII, enc. *Mater et magistra*, 15.5.1961: *AAS* 53 (1961), p. 402.
[4.] Cf. ibidem. pp. 440-441.
[5.] Cf. ibidem. pp. 442-443.
[6.] Cf. Pio XII, aloc. à "Pax romana, M.I.I.C.", 25.4.1957: *AAS* 49 (1957), p. 298-299; especialmente João XXIII, Conferência no conselho "Food and Agriculture Organization", 10.11.1959: *AAS* 51 (1959) pp. 856-866.

Capítulo III

Os diversos campos de apostolado

9. Introdução

948 9. O apostolado dos leigos é muito variado. Exerce-se tanto na Igreja como no mundo. Em cada um desses setores há diversos campos de ação, dentre os quais se poderiam citar as comunidades cristãs, a família, os jovens, o meio social, as organizações nacionais e internacionais.

Hoje, quando as mulheres participam cada vez mais ativamente da vida social, é conveniente que intensifiquem também sua participação nos diversos campos de apostolado na Igreja.

10. Na comunidade cristã

949 10. Participantes das funções sacerdotal, profética e régia de Cristo, os leigos devem atuar na vida e no apostolado da Igreja. Nas comunidades cristãs sua atuação é indispensável para que a atividade pastoral dos responsáveis possa ter resultados efetivos. Os leigos devem cultivar o espírito dos homens e mulheres que auxiliavam são Paulo na evangelização (cf. At 18, 18.26; Rm 16, 3), socorrendo os irmãos em suas necessidades e colaborando para manter o espírito tanto dos pastores como dos demais fiéis (cf. 1Cor, 16, 17-18).

Participando ativamente da vida litúrgica de suas respectivas comunidades, participem também de sua ação apostólica. Facilitem o acesso de pessoas afastadas da Igreja. Tomem parte ativa no serviço da palavra de Deus, especialmente na catequese. Tornem mais eficaz a ação da Igreja, colocando suas competências a serviço da cura das almas e até da administração dos bens da Igreja.

950 A paróquia deve se tornar um exemplo claro de apostolado comunitário. Todas as diversidades humanas estão nela representadas e inseridas na universalidade da Igreja.[1] Habituem-se os leigos a colaborar com os padres, na paróquia.[2] Os problemas próprios e do mundo, assim como as questões

---

[1.] Cf. S. Pio X, carta apost. *Creationis duarum novarum paroeciarum*, 1.6.1905: *ASS* 38 (1905) pp. 65-67; Pio XII, aloc. aos paroquianos de S. Sabas, 11.1.1953: *Discorsi e radiomessagi di SS. Pio XII*, XIV (1952-53) pp. 449-454; João XXIII, aloc. ao clero e aos fiéis da diocese suburbicária de Albano, em Castel Gandolfo, 26.8.1962: *AAS* 54 (1962) pp. 656-660.

[2.] Cf. Leão XIII, aloc. de 28.1.1894: *Acta* 14 (1894) p. 424s.

referentes à salvação, devem ser analisados, discutidos e resolvidos em comum. Apóiem e se esforcem por secundar todas as iniciativas apostólicas e missionárias de sua família eclesial.

Alimentem igualmente o sentimento de pertencer à diocese, de que a paróquia é a célula. Mostrem-se sempre dispostos a aderir, na medida de suas forças, às iniciativas diocesanas, a convite do pastor. Melhor ainda, visando atender às necessidades das populações urbanas e rurais,[3] não restrinjam sua cooperação aos limites da paróquia ou da diocese. Tenham em mente as realidades interparoquiais e interdiocesanas, nacionais e internacionais, tanto mais que crescem cada dia as migrações de populações inteiras, estendem-se a todo o globo as necessidades recíprocas entre os povos e aumentam as facilidades de comunicação. Não há mais setor ou parte da sociedade fechados sobre si mesmo. Preocupem-se pois com as necessidades do povo de Deus espalhado por toda a terra. Assumam a seu modo o trabalho missionário, com auxílios materiais e ajuda pessoal. Para o cristão é um dever e uma honra restituir a Deus parte dos bens dele recebidos.

11. A família

11. Ao constituir o consórcio conjugal como princípio e fundamento de toda a sociedade humana e ao conferir-lhe a graça do grande sacramento, expressão da união de Cristo com sua Igreja (cf. Ef 5, 32), o Criador de todas as coisas tornou patente a especial importância que tem, tanto para a Igreja como para a sociedade civil, o apostolado dos casais e de cada uma das famílias.

Os cônjuges cristãos são cooperadores da graça e testemunhas da fé em relação a si mesmos, aos filhos e a todos os demais familiares. São eles os primeiros arautos e educadores da fé de seus próprios filhos, formando-os para a vida cristã por sua palavra e exemplo, ajudando-os na escolha prudente de sua vocação, especialmente da vocação sagrada que, uma vez identificada, precisa ser sustentada.

Foi sempre dever dos cônjuges e se tornou hoje um dos principais aspectos do seu apostolado testemunhar e confirmar o vínculo indissolúvel e a santidade do matrimônio. Proclamar o dever e o direito dos pais e tutores de educar cristãmente os filhos. Defender, enfim, a dignidade e a legítima autonomia da família.

[3.] Cf. Pio XII, Aloc. aos Párocos em 6.2.1951: *Discorsi e radiomessaggi di SS. Pio XII*, (1950-1951) pp. 437-443; 8.3.1952, ib. XIV (1952-1953) pp. 5-10; 27.3.1953 (1953-1954)-pp. 27-35; 28.2.1954: ib. 585-590.

Que os fiéis, em cooperação com todas as pessoas de boa vontade, lutem para que esses direitos sejam resguardados pela legislação civil, para que a nação seja governada de modo a se levarem em conta as necessidades das famílias no que respeita à moradia, educação, condições de trabalho, seguridade social e legislação fiscal. Especialmente nas migrações, devem-se proteger e favorecer o convívio doméstico.[4]

955   A família recebeu a missão divina de ser a primeira célula vital da sociedade. Cumpre-a e se torna uma espécie de santuário doméstico da Igreja, quando a piedade de seus membros os reúne na oração comum e quando, reunida, insere-se na liturgia, pratica a hospitalidade, promove a justiça e se põe a serviço dos que passam necessidade.

Entre as diversas obras de apostolado familiar podem-se citar: a adoção de crianças abandonadas, o acolhimento dos estrangeiros, o apoio ao trabalho de educação escolar, a assistência moral e material prestada a adolescentes, a colaboração na preparação dos noivos ao casamento e na catequese, o apoio material e moral aos casais e às famílias em necessidade, o cuidado dos mais idosos, não só vindo em socorro de suas necessidades, mas sobretudo encontrando maneiras de se sustentarem economicamente por si mesmos.

956   Vivendo de acordo com o Evangelho, e praticando de maneira exemplar as exigências do matrimônio, as famílias cristãs dão ao mundo precioso testemunho de Cristo. Este testemunho, que é sempre válido em toda parte, torna-se fundamental nas regiões recém-evangelizadas, em que a Igreja esteja começando a se implantar ou em que esteja passando por dificuldades especiais.[5]

957   Para melhor alcançarem os objetivos de seu apostolado é conveniente que as famílias se agrupem em associações específicas.[6]

12. Os jovens

958   12. Os jovens têm uma grande influência na sociedade atual.[7] Modificaram-se profundamente suas condições de vida, sua maneira de pensar e as relações

---

[4.] Cf. Pio XI, enc. *Casti connubii*: *AAS* 22 (1930) p. 554; Pio XII, Mensagem radiofônica de 1.1.1941: *AAS* 33 (1941) p. 203; idem, Aloc. aos delegados do Congresso Internacional para a defesa dos direitos da família, 20.9.1949: *AAS* 41 (1949) p. 552; idem, aos pais franceses peregrinos em Roma, 18.9.1951: *AAS* 43 (1951) p. 731; idem, mensagem de Natal de 1952: AAS 45 (1953) p. 41; João XXIII, enc. *Mater et magistra*, 15.5.1961: *AAS* 53 (1961) pp. 429-439.
[5.] Cf. Pio XII, *Evangelii praecones*, 2.6.1951: *AAS* 43 (1951) p. 514.
[6.] Cf. Pio XII, aos delegados do Congresso internacional para a defesa dos direitos da família, 20.9.1949: *AAS* 41 (1949) p. 552.
[7.] Cf. Pio X, aloc. à Associação Católica da Juventude Francesa para a piedade, ciência e ação, 25.9.1904: *AAS* 37 (1904-1905), pp. 296-300.

com suas famílias. Muitas vezes mudam rapidamente de condição social e econômica. No entanto, apesar de suas responsabilidades políticas e econômicas crescerem, verifica-se que estão muito malpreparados para assumi-las.

Ao crescimento de sua importância social deve corresponder igual crescimento de sua atividade apostólica, o que, aliás, corresponde também às suas inclinações naturais. São levados a assumir novas responsabilidades, com a consciência do amadurecimento de sua personalidade, o ardor de seus sentimentos e a tendência a uma atividade mais intensa. Aspiram a ter maior participação na vida social e cultural. Um tal zelo, quando imbuído pelo Espírito de Cristo e animado pela obediência e pelo amor em relação aos pastores da Igreja, é promessa de grandes resultados apostólicos. São eles, em primeiro lugar, os apóstolos junto aos jovens de sua idade, agindo de acordo com o ambiente social em que vivem.[8]

Que os adultos mantenham com os jovens um diálogo amigo, permitindo-lhes superar a distância da idade, conhecerem-se mutuamente e comunicar uns aos outros suas próprias riquezas. Os adultos devem estimular a juventude ao apostolado e auxiliá-la, primeiro pelo exemplo, depois por seus conselhos, quando a ocasião é propícia. Os jovens devem nutrir para com os adultos sentimentos de respeito e confiança. Embora naturalmente inclinados a apreciar as novidades, levem em conta o que é saudável nas tradições recebidas.

As crianças tenham também seu apostolado. Na medida de suas forças, sejam verdadeiras testemunhas vivas de Cristo junto aos seus coetâneos.

13. O meio social

13. O apostolado do meio, isto é, o empenho em incutir o espírito cristão nas mentes e nos costumes, nas leis e nas estruturas em que se vive, é a função específica dos leigos. Só eles podem cumpri-la devidamente. São chamados a exercer o apostolado junto aos seus semelhantes. A palavra só é proclamada em decorrência do testemunho da vida.[9] Os leigos estão mais aptos do que ninguém para ajudar seus irmãos no campo, no trabalho, no exercício da profissão ou no estudo, na vizinhança, no lazer e nas mais diversas associações.

[8.] Cf. Pio XII, carta *Dans quelques semaines*, ao arcebispo marianopolitano: sobre a convocação do congresso dos jovens operários cristãos canadenses, 24.5.1947: *AAS* 39 (1947) p. 527; mensagem radiofônica à J.O.C. de Bruxelas, 3.9.1950: *AAS* 42 (1950) pp. 640-641.

[9.] Cf. Pio XI, enc. *Quadragesimo anno*, 15.5.1931: *AAS* 23 (1931) pp. 225-226.

963 Os leigos exercem no mundo esta missão da Igreja graças à coerência entre a vida e a fé, que os torna luz do mundo. Por sua honestidade em todas as circunstâncias, atraem os outros para o amor do que é verdadeiro e bom e, em última análise, para Cristo e para a Igreja. O amor fraterno os torna participantes das condições reais em que vivem os seres humanos, nossos irmãos, de seus trabalhos, sofrimentos e aspirações, preparando-lhes pouco a pouco o coração para acolher a ação da graça. Conscientes de seu papel na edificação da sociedade, procuram cumprir com magnanimidade cristã seus deveres familiares, sociais e profissionais. Este seu modo de agir vai progressivamente se difundindo no meio em que vivem e trabalham.

964 Todos devem exercer esse apostolado. Ninguém se exima de fazer o bem espiritual e temporal que esteja a seu alcance. Mas os verdadeiros apóstolos vão mais longe: procuram orientar as almas para Cristo também pelo anúncio da palavra. Há muita gente que só tem possibilidade de ouvir o Evangelho e conhecer a Cristo por intermédio dos leigos com que convive.

14. A ordem nacional e internacional

965 14. Há um imenso campo apostólico na ordem nacional e internacional, em que os leigos são os principais arautos da sabedoria cristã. Que os católicos se sintam obrigados pelos deveres para com a pátria e por suas obrigações civis, a fim de contribuírem para a promoção do bem comum. Façam valer o peso de sua opinião junto ao poder civil, para que aja com justiça e obedeça às leis que estão de acordo com os preceitos morais e com o bem comum. Os católicos que entendem de política, formados na fé e na doutrina cristã, não se eximam de participar da administração pública, que é uma forma de fazer valer o bem comum e abrir caminho para o Evangelho.

966 Procurem os católicos cooperar com todos os homens de boa vontade na promoção de tudo que é verdadeiro, justo, santo e amável (cf. Fl 4, 8). Em diálogo com todos, mostrem-se prudentes e compreensivos, estudando a melhor maneira de orientar as instituições sociais e públicas segundo o espírito do Evangelho.

967 Entre os sinais mais alvissareiros de nosso tempo, pode-se enumerar o crescente e decisivo sentimento de solidariedade entre todos os povos, que o apostolado dos leigos é chamado a promover e a tudo fazer para que se transforme num verdadeiro e sincero amor fraterno e universal. Os leigos devem estar conscientes do alcance das questões internacionais, assim como dos problemas doutrinários e práticos que levantam e das soluções propostas, especialmente no que se refere ao desenvolvimento dos povos.[10]

Todos os que trabalham ou prestam auxílio no estrangeiro lembrem-se de que as relações entre os povos devem se caracterizar pela fraternidade, em que ambas as partes, ao mesmo tempo que dão, recebem. Os que viajam para o estrangeiro, em negócios ou por lazer, procurem agir, por onde quer que passem, como verdadeiros arautos itinerantes de Cristo. **968**

Capítulo IV

As várias formas de apostolado

15. Introdução

15. Os leigos podem exercer seu apostolado individualmente ou nas diversas comunidades e associações existentes. **969**

16. Importância e variedade do apostolado individual

16. O apostolado individual, que brota da própria fonte da vida cristã (cf. Jo 4, 14) é a base e a condição de todo apostolado leigo. Nenhuma forma de comunidade ou associação pode substituí-lo. **970**

Todos os leigos, em qualquer condição em que se encontrem, mesmo sem que tenham ocasião ou possibilidade de se associarem, estão obrigados ao apostolado individual, sempre proveitoso e, muitas vezes, devido às circunstâncias, o único que convém e que se pode exercer. **971**

Inúmeras são as formas de apostolado por intermédio das quais os leigos edificam a Igreja, santificam o mundo e vivem segundo o Espírito de Cristo. **972**

O testemunho da vida leiga, que brota inteiramente da fé, da esperança e do amor e em que Cristo se manifesta, vivo em seus fiéis, é forma privilegiada do apostolado individual, especialmente adaptada aos nossos tempos. Contudo, em determinadas circunstâncias, o apostolado da palavra é indispensável. Também os leigos são então chamados a anunciar Cristo, explicar sua doutrina e difundi-la, de acordo com a condição e a capacidade de cada um, para que seja devidamente professada. **973**

---

[10] Cf. João XXIII, enc. *Mater et magistra*, 15.5.1961: *AAS* 53 (1961) pp. 448-450.

974 Além disso, como cidadãos do mundo, cooperem no que diz respeito à edificação e gestão das coisas temporais. Na família, no exercício da profissão, nos negócios culturais e nas questões sociais, os leigos devem buscar, na fé, as grandes motivações para agir, comunicando-as aos outros quando a oportunidade se apresenta, a fim de que todos tomem consciência de que são colaboradores de Deus criador, redentor e santificador, e lhe prestem os devidos louvores.

975 Finalmente, em sua vida, os leigos se devem-se deixar conduzir pelo amor, expresso em obras, segundo a capacidade de cada um.

976 Lembrem-se todos de que pelo culto público e pela oração, pela penitência e pela livre aceitação das dificuldades da vida, em que se conformam a Cristo sofredor (cf. 2Cor 4, 10; Cl 1, 24), atuam em benefício de todos os seres humanos e contribuem para a salvação do mundo inteiro.

17. O apostolado individual em circunstâncias especiais

977 17. O apostolado individual é necessário sobretudo nas regiões em que a liberdade da Igreja é mais cerceada. Nessas difíceis circunstâncias, os leigos suprem, como podem, os sacerdotes, colocando às vezes em risco sua liberdade e mesmo sua vida. Ensinam a doutrina cristã a seus próximos, iniciam-nos na vida religiosa e na maneira cristã de ver as coisas, preparam-nos para receber com maior freqüência os sacramentos e alimentam uma devoção especial pela eucaristia.[1] O Concílio, no fundo do coração, agradecendo a Deus que suscitou também em nossos tempos, no meio das perseguições, leigos dotados de coragem heróica, acolhe-os com afeto paternal, cheio de reconhecimento.

978 O apostolado individual encontra igualmente terreno propício lá onde os católicos são poucos e se acham muito dispersos. Os leigos que aí se encontram, quer pelas razões acima expostas, quer por motivos profissionais, por exemplo, devem-se reunir de vez em quando em pequenos grupos, mesmo sem instituição ou organização definida, mas que expressem, a seu modo, o aspecto comunitário da Igreja e dêem testemunho do amor. Por intermédio da amizade e da troca de experiências, ajudem-se mutuamente, do ponto de vista espiritual. Apóiem-se uns aos outros para suportar as dificuldades da vida isolada e da atividade solitária, contribuindo assim para aumentar os frutos do apostolado.

[1.] Cf. Pio XII, aloc. no 1º Congresso para a promoção do apostolado leigo, 15.10.1951: AAS 43 (1951) p. 788.

18. A importância da forma associativa do apostolado

18. Os fiéis são pessoalmente chamados a exercer o apostolado nas diversas situações em que se encontram. Lembrem-se, contudo, de que o homem é, por natureza, social e que Deus quis reunir os fiéis a Cristo num único povo de Deus (cf. 1 Pd 2, 5-10) e num só corpo (cf. 1Cor 12, 12). O apostolado em associação corresponde pois às exigências tanto cristãs como humanas dos fiéis, é sinal da comunhão e da unidade da Igreja em Cristo, que disse: "Onde dois ou três de vocês estiverem reunidos em meu nome, aí estou em seu meio" (Mt 18, 20). 979

Que os fiéis exerçam seu apostolado num único espírito.[2] Sejam apóstolos quer em sua comunidade familiar, quer na paróquia e na diocese, expressão da natureza comunitária do apostolado, quer ainda em outras associações livres que forem instituídas. 980

Quer nas comunidades eclesiais, quer em outros ambientes, o apostolado requer, quase sempre, uma ação comum. Daí a grande importância que tem o apostolado associado. As associações fundadas com objetivo apostólico dão apoio aos seus membros e os formam para o apostolado, preparam-nos para agir corretamente do ponto de vista apostólico e os disciplinam, de modo a permitir que se obtenham resultados muito mais apreciáveis do que se agissem separadamente. 981

Nas atuais circunstâncias é preciso reforçar as formas associadas e organizadas de apostolado leigo, pois só a íntima união de forças pode fazer face aos desafios apostólicos atuais e proteger contra grandes ameaças.[3] Por isso, é indispensável que o apostolado penetre na mentalidade comum e na condição social de todos aqueles a que se dirige, sem o que dificilmente se resistiriam às pressões da opinião pública e das instituições adversas. 982

19. Diversas formas de apostolado associativo

19. Há uma grande variedade de associações apostólicas:[4] umas têm por objetivo o apostolado geral da Igreja, outras, finalidades específicas como a evangelização ou a santificação, outras, a animação cristã da ordem temporal, outras, enfim, dão testemunho de Cristo por meio das obras de misericórdia e de caridade. 983

[2.] Cf. ibid.: *AAS* 43 (1951), pp. 787-788.
[3.] Cf. Pio XII, enc. *Le pélerinage de Lourdes*, 2.7.1957: *AAS* 49 (1957) p. 615.
[4.] Cf. Pio XII, aloc. ao Conselho da Federação Internacional dos Homens Católicos, 8.12.1956: *AAS* 49 (1957) pp. 26-27.

984   O que há de mais importante nessas associações é que favorecem e estimulam, em seus membros, a unidade entre fé e vida. As associações não existem em função de si mesmas. Devem visar ao cumprimento da missão da Igreja no mundo. Seu valor apostólico depende de sua subordinação aos fins da Igreja e do testemunho cristão evangélico de seus membros e da própria associação como um todo.

985   Dado o progresso das instituições humanas e o desenvolvimento da sociedade como um todo, a missão universal da Igreja requer hoje que as iniciativas apostólicas dos católicos se orientem sempre numa perspectiva internacional. Por sua vez, as organizações internacionais católicas alcançarão melhor seus objetivos na medida em que for mais estreita a união entre seus membros.

986   Respeitadas as relações com a autoridade eclesiástica,[5] os leigos têm o direito de fundar,[6] dar o nome e governar suas próprias associações. Evite-se, porém, a dispersão de forças, inevitável quando se fundam associações sem necessidade ou se mantêm, artificialmente vivas, associações obsoletas. Também nem sempre convém transplantar para outras nações formas associativas de um determinado país.[7]

20. A ação católica

987   20. Há algumas dezenas de anos, em diversos países, os leigos, buscando empenhar-se mais profundamente no apostolado, reuniram-se em diversas formas de ações e de associações, em estreita união com a hierarquia, para alcançarem maiores benefícios apostólicos.

Dentre tais associações, algumas delas bem antigas, que produziram preciosos frutos apostólicos e foram diversas vezes aprovadas pelos papas e por inúmeros bispos, convém lembrar a Ação Católica, entendida habitualmente como a cooperação dos leigos no apostolado hierárquico.[8]

988   Tenham ou não o nome de ação católica, essas associações são indispensáveis ao nosso tempo e devem ser constituídas com as seguintes características:

989   a) O fim imediato destas associações é a finalidade mesma da Igreja, isto é, evangelizar e santificar os seres humanos, formar-lhes a consciência de maneira a poderem comunicar o espírito do Evangelho às várias comunidades e ao meio em que vivem.

[5.] Cf. abaixo, cap. V, 24.
[6.] Cf. Resolução Corrienten, da Congregação do Concílio, 13.11.1920: *AAS* 13 (1921), p. 139.
[7.] Cf. João XXIII, enc. *Princeps pastorum*, 10.12.1959: *AAS* 51 (1959) p.856.
[8.] Cf. Pio XI, carta *Quae nobis*, ao cardeal Bertram, 13.11.1928: *AAS* 20 (1928)p. 385; Pio XII, aloc. à Ação Católica Italiana, 4.9.1940: *AAS* 32 (1940) p.362.

b) Cooperar com a hierarquia significa, para os leigos, contar com sua experiência própria, assumir responsabilidades de direção, discutir as condições e as formas concretas de exercer a ação pastoral da Igreja, elaborar planos de ação e executá-los. 990

c) Os leigos devem agir unidos num só corpo, de modo a manifestar a Igreja como comunidade e contribuir para a eficácia do apostolado. 991

d) Tendo-se oferecido espontaneamente para colaborar com a hierarquia, ou tendo sido convidados, os leigos estão sempre sujeitos às orientações da hierarquia, que lhes pode conferir um mandato expresso. 992

As organizações que têm todas essas características, de acordo com o parecer da hierarquia, são ação católica, mesmo que assumam outras figuras e nomes, de acordo com as condições locais em que trabalham. 993

O Concílio recomenda vivamente estas associações. Elas respondem a grandes necessidades da Igreja, em inúmeras regiões. Convida os padres e os leigos que nelas trabalham a se esforçarem por efetivar as diversas características acima enumeradas e a colaborar com as muitas outras formas de apostolado existentes na Igreja. 994

21. Valor das associações

21. Reconheça-se o valor de todas as associações de apostolado. Sacerdotes, religiosos e leigos devem porém preferir as aprovadas, recomendadas e até reclamadas como mais urgentes pela hierarquia, em determinadas épocas ou lugares. 995

Hoje em dia, seja dada a maior atenção às associações ou conselhos de âmbito internacional.

22. Leigos especialmente dedicados ao serviço da Igreja

22. Merecem todo respeito e reconhecimento os leigos, celibatários ou casados que, de maneira definitiva ou por um certo tempo, dedicam-se ao serviço da Igreja e de suas instituições. É uma grande alegria constatar que aumenta o número dos leigos que trabalham nas associações e nas obras de apostolado, tanto em âmbito nacional como internacional, especialmente nas comunidades católicas missionárias e nas novas Igrejas que se vão implantando. 996

997   Que os pastores da Igreja acolham de bom grado tais leigos e cuidem para que sua situação corresponda plenamente às exigências da justiça, da eqüidade e da caridade, especialmente no que diz respeito à sua sobrevivência e a de sua família, providenciando-lhes igualmente formação, sustento e estímulo espiritual.

Capítulo V
Organização do apostolado leigo

23. Introdução

998   23. O apostolado dos leigos, tanto individual quanto associativo, deve se inserir no apostolado de toda a Igreja. A comunhão com aqueles que o Espírito Santo colocou como dirigentes da Igreja de Deus (cf. At 20, 28) é mesmo um elemento essencial do apostolado cristão. Além disso, é indispensável que as diversas iniciativas apostólicas cooperem entre si, sob o ordenamento ditado pela hierarquia.

999   Para promover o Espírito de unidade, para que a caridade fraterna brilhe em toda atividade da Igreja, para que se obtenham os fins comuns por todos visados e se evite toda competição perniciosa, é necessário que vigore entre as diversas formas de apostolado verdadeira estima recíproca e a devida articulação, guardando cada uma suas próprias índole e características.[1]

1000   É especialmente importante que toda ação da Igreja se faça em harmonia e com a cooperação do clero, dos religiosos e dos leigos.

24. As relações com a hierarquia

1001   24. A hierarquia deve favorecer o apostolado dos leigos, proporcionar-lhes os subsídios e ensinamentos indispensáveis para que o exercício desse apostolado se faça em vista do bem comum da Igreja, cuidando que se observem a doutrina e a disciplina eclesiásticas.

1002   São muitas as maneiras do apostolado leigo se relacionar com a hierarquia, dependendo da forma e do objetivo de cada iniciativa apostólica.

[1.] Cf. Pio XI, enc. *Quamvis nostra*, 30.4.1936: *AAS* 28 (1936) pp. 160-161.

Muitas dessas iniciativas nascem espontaneamente dos leigos, dependendo 1003
de orientação dos próprios responsáveis. Em determinadas circunstâncias
tornam-se tão importantes para a missão da Igreja que a hierarquia se sente
levada a chamar atenção sobre elas e recomendá-las.[2] Nenhum movimento,
porém, tem o direito de se denominar católico sem assentimento da autoridade
eclesiástica legítima.

Outras diversas formas de apostolado leigo são explicitamente reconhe- 1004
cidas pela hierarquia.

Em vista do bem comum da Igreja, a autoridade eclesiástica tem ainda o 1005
direito de escolher, apoiar, especialmente promover e se responsabilizar por iniciativas e associações leigas que visem diretamente à finalidade espiritual.
Nesse caso, levando em conta as circunstâncias concretas, a hierarquia
organiza de maneira diferenciada o apostolado, assumindo um vínculo mais
estreito com determinadas associações, sem prejudicar, porém, sua índole e
perfil próprios, sem retirar aos leigos a devida autonomia. Essas diferentes
intervenções da hierarquia são o que chamamos de mandato.

Finalmente, à hierarquia pode confiar a determinados leigos o desempenho 1006
de funções ligadas ao seu ministério pastoral específico, como, por exemplo,
o ensino da doutrina cristã, determinados atos litúrgicos ou relativos a cura
das almas. No exercício de tais funções os leigos estão inteiramente sujeitos
às determinações do superior eclesiástico.

Quando se trata de instituições da ordem temporal, o papel da hierarquia 1007
é de ensinar e interpretar autenticamente os princípios morais que se aplicam
a cada caso. Compete-lhe igualmente, levando em conta todos os fatores em
causa e recorrendo, se necessário, a especialistas nos diversos assuntos, emi-
tir juízo sobre a conformidade de tais e quais ações ou instituições, com as
exigências da moral e estabelecer o que é necessário observar para preservar
e promover os bens sobrenaturais.

25. O apoio do clero ao apostolado leigo

25. Bispos, párocos e sacerdotes, tanto diocesanos como religiosos, tenham 1008
bem presente que o exercício do apostolado é direito e dever de todos os fiéis,
clérigos ou leigos, e que os leigos como tais dão sua contribuição específica à

[2.] Cf. Sagrada Congregação do Concílio, resolução Corrienten, 13.11.1920: *AAS* 13 (1921) pp. 137-140.

edificação da Igreja.[3] Por isso, devem cooperar fraternalmente com os leigos na Igreja e em benefício da Igreja, cuidando especialmente dos leigos e de seu trabalho apostólico.[4]

1009 Designem-se sacerdotes capazes e bem-formados para dar assistência às diversas associações de apostolado leigo.[5]
Os que exercem esse ministério, por missão da hierarquia, representam-na em sua ação pastoral. Sendo fiéis ao espírito e à doutrina da Igreja, mantenham boas relações com os leigos. Empenhem-se em alimentar a vida espiritual e o senso apostólico das associações católicas que lhe foram confiadas, orientando-as com seus conselhos e prestigiando as iniciativas que tomarem. Em diálogo contínuo com os leigos, procurem a melhor forma de tornar frutuosa a ação apostólica. Esforcem-se por promover o espírito de unidade no interior de cada associação e nas relações de umas com as outras.

1010 Os religiosos, mulheres e homens, apreciem o trabalho apostólico dos leigos. Segundo o espírito de sua congregação, empenhem-se com ardor na promoção das obras do laicato,[6] sustentando, ajudando e completando o trabalho sacerdotal.

26. Meios de colaboração

1011 26. Na medida do possível as dioceses mantenham conselhos que assistam às obras apostólicas, tanto de evangelização e santificação, como de caridade ou de ação social, estabelecendo-se frutífera colaboração entre clérigos, religiosos e leigos. Estes conselhos podem favorecer a coordenação entre diversas associações e iniciativas, sem prejuízo da índole própria e da autonomia de cada uma.[7]

1012 Conselhos análogos sejam criados, se possível, em âmbito paroquial ou interparoquial, inter-diocesano, nacional e até internacional.[8]

[3.] Cf. Pio XII, aloc. ao 2º Congresso de todo o apostolado leigo, 5.10.1957: *AAS* 49 (1957) p. 927.
[4.] Cf. Conc. Vat. II, cons. dogm. *Lumen gentium*, n. 37: *AAS* 57 (1965) pp. 42-43.
[5.] Cf. Pio XII, exort. apost. *Menti nostrae*, 23.9.1950: *AAS* 42 (1950) p. 660.
[6.] Cf. Conc. Vat. II, decreto *Perfectae caritatis*, 8: *AAS* 58 (1966), p. 706.
[7.] Cf. Bento XIV, *De Synodo dioecesano*, l. III, c. IX, n. VII-VIII: Obra completa em 17 volumes, vol. XI (Prati, 1844) pp. 76-77.
[8.] Cf. Pio XI, enc. *Quamvis nostra*, 30.4.1936: *AAS* 28 (1936) pp. 160-161.

Constitua-se também junto à santa Sé um secretariado especial para 1013
servir e animar o apostolado dos leigos, dotado de instrumentos para tornar conhecidas as diversas iniciativas apostólicas dos leigos, pesquisar e estudar as questões atuais concernentes ao tema e assistir à hierarquia e ao laicato em suas obras apostólicas. Participam desse secretariado os diversos movimentos leigos em todo o mundo, em colaboração com religiosos e clérigos.

27. A colaboração com outros, cristãos ou não

27. A unidade da herança evangélica comum exige um testemunho comum, 1014
o que muitas vezes significa a cooperação dos católicos, individualmente e em comunidade, com outros cristãos, em ações e associações, em âmbito nacional e internacional.[9]

Analogamente, os valores humanos comuns fundamentam a cooperação 1015
dos cristãos, empenhados em seu trabalho apostólico, com pessoas que não se consideram cristãs, mas que reconhecem esses mesmos valores.

Dinâmica e prudente,[10] tal colaboração, muito importante na ordem temporal, 1016
é para os cristãos ocasião de dar testemunho do Cristo, Salvador do mundo, e da unidade da família humana.

Capítulo VI

A formação para o apostolado

28. A formação necessária

28. A eficácia do apostolado só é plena quando se conta com uma formação 1017
diversificada e integral. Tal formação exige o crescimento espiritual e doutrinário contínuo dos leigos, dentro, porém, das circunstâncias materiais e pessoais em que têm o dever de atuar.

[9.] Cf. João XXIII, enc. *Mater et magistra*, 15.5.1961: *AAS* 53 (1961) pp. 456-457; cf. Conc. Vat. II, Decr. *Unitatis redintegratio* 12: *AAS* 57 (1965) pp. 99-100.
[10] Cf. Conc. Vat. II, Decr. *Unitatis redintegratio*,12: *AAS* 57 (1965), p. 100. Cf. também const. dogm. *Lumen gentium*, 15: *AAS* 57 (1965).

A formação ao apostolado deve estar baseada nos fundamentos já declarados em outros documentos conciliares.[1] Além da formação comum a todos os cristãos, muitas formas de apostolado leigo requerem uma formação específica especializada, por causa da variedade das pessoas e das circunstâncias em que atua.

29. Os princípios que regem a formação

1018   29. Os leigos como tais participam da missão apostólica da Igreja. Sua formação apostólica, portanto, decorre do caráter leigo e secular de sua vida, que confere à sua dimensão espiritual caraterísticas próprias.

1019   A formação para o apostolado requer uma formação humana integral, adaptada à capacidade e às circunstâncias em que vive cada um. O leigo deve conhecer bem o mundo em que vive e agir como membro autêntico da sociedade e da cultura a que pertence.

1020   O leigo deve começar por assimilar qual é a missão de Cristo e da Igreja, viver na luz do mistério da criação e da redenção, movido pelo Espírito de Deus, que anima o povo de Deus e que conduz interiormente todos os seres humanos ao amor de Deus Pai e, nesse mesmo amor, ao amor do mundo e de todos os seres humanos. Deve-se considerar esse aprendizado como o fundamento de todo apostolado válido.

1021   Além da formação espiritual, é necessária uma sólida formação doutrinária, teológica mesmo, ética e filosófica, segundo a diversidade das idades, condições e capacidade de cada um. Não se pode de maneira alguma negligenciar a importância da cultura geral, em articulação com a formação técnica e prática.

1022   Para entreter com os demais boas relações humanas é preciso cultivar os valores humanos, a começar pela arte de conviver fraternalmente, dialogar e cooperar com os outros.

1023   A formação ao apostolado não se limita a seu aspecto teórico. Desde o início de sua formação, de maneira gradual e prudente, o leigo deve ir aprendendo a ver a realidade com os olhos da fé, a julgar e a agir, de tal sorte que vá se aperfeiçoando na ação de cada dia, juntamente com os outros, comece assim a se dedicar ao exigente serviço da Igreja.[2]

[1.] Cf. Conc. Vat. II, Const. dogm. *Lumen gentium*, II, IV, V: *AAS* 57 (1965), pp. 12-21, 37-49; cf. também decr. *Unitatis redintegratio*, 4, 6, 7, 12: *AAS* 57 (1965) pp. 94, 96, 97, 99, 100; cf. também acima, 4.

[2.] Cf. Pio XII, aloc. à 4ª Conferência Internacional do Escotismo, 6.6.1952: *AAS* 44 (1952) pp. 579-580; João XXIII, enc. *Mater et magistra*, 15.5.1961: *AAS* 53 (1961) p. 456.

Acompanhe a formação o progressivo amadurecimento da pessoa, a evolução das questões em si mesmas, o desenvolvimento dos conhecimentos e a capacidade crescente de agir corretamente. Apesar de suas exigências e urgências, deve ter sempre presente a unidade e a integridade da pessoa, a ser escrupulosamente resguardada e até mesmo favorecida pela busca de um equilíbrio sempre maior.

Dessa forma o leigo se insere ativa e profundamente na própria realidade da ordem temporal, assume suas responsabilidades na gestão das coisas desse mundo, ao mesmo tempo que, como membro vivo e testemunha da Igreja, torna-a presente e atuante no meio do mundo.[3] **1024**

30. Os formadores

30. A formação ao apostolado começa na primeira educação das crianças. **1025** Os adolescentes e os jovens devem ser imbuídos do espírito apostólico. A formação se estende por toda a vida e deve se aperfeiçoar a cada nova função que se assume. Por conseguinte, os responsáveis pela educação cristã são os formadores natos para o apostolado.

Os pais, na família, devem iniciar seus filhos desde a infância no conhe- **1026** cimento do amor de Deus para com todos os seres humanos, ensinar-lhes gradativamente, sobretudo pelo exemplo, a prestar atenção às necessidades tanto materiais quanto espirituais do próximo. A vida familiar é chamada a se tornar um verdadeiro tirocínio da vida apostólica.

Além disso, os adolescentes e jovens devem aprender a ultrapassar os **1027** limites da própria família, ocupando-se com os problemas da comunidade civil e eclesial em que se acham inseridos. A comunidade paroquial deve assumi-los para que adquiram a convicção de que são membros vivos e ativos do povo de Deus. Os sacerdotes devem ter sempre presente a formação para o apostolado na catequese, no exercício do ministério da palavra, na direção espiritual e em toda sua atividade.

As escolas, colégios e outras instituições católicas de formação devem **1028** desenvolver nos jovens o senso católico e apostólico. Quando falta aos jovens essa formação, ou por não a receberem na escola ou por outro qualquer motivo, os pais e os pastores devem recorrer às diversas associações apostólicas. Os mestres e educadores, que por vocação e dever exercem uma forma importante de apostolado, devem estar imbuídos da doutrina e capacitação profissional indispensáveis para comunicar essa formação.

[3.] Cf. Conc. Vat. II Const. dogm. *Lumen gentium*, 33: *AAS* 57 (1965), p. 39.

1029 Os grupos e associações de leigos, tendo por objetivo o apostolado ou outras finalidades sobrenaturais, procurem, na medida de sua capacidade, com grande empenho e dedicação, formar membros para o apostolado que exercem.[4]

Tal é, muitas vezes, o melhor meio de formação tanto espiritual quanto doutrinária e prática. Seus simpatizantes, com os demais membros, divididos em pequenos grupos, refletem juntos sobre os métodos e resultados de sua ação apostólica, fazendo uma revisão cotidiana da vida à luz do Evangelho.

1030 A formação tem de abranger largamente todas as formas de apostolado leigo, que deve ser exercido não só nos grupos e associações específicos, mas em todas as circunstâncias, em toda a vida, especialmente no exercício da profissão e no convívio social. Quanto mais se aproxima a idade adulta, tanto melhor deve ser a preparação para o apostolado. Com a idade, o espírito se desenvolve, os dons de Deus se tornam mais facilmente perceptíveis, melhor se podem exercer os dons do Espírito Santo, que nos são dados em benefício dos nossos irmãos.

31. Formação adaptada aos diversos tipos de apostolado

1031 31. Sendo diversas, as atividades apostólicas reclamam também diversos tipos de formação.

1032 a) Para o apostolado da evangelização e santificação dos seres humanos, os leigos devem-se formar no diálogo com fiéis e não-crentes, a fim de que o anúncio de Cristo alcance efetivamente a todos.[5]

1033 Em nossa época está difundido por toda parte um certo materialismo, inclusive entre católicos. Os leigos, além de aprender o que ensina a doutrina católica, estejam a par das principais dificuldades, objetos de polêmica; e, sobretudo pelo testemunho da vida, combatam toda espécie de materialismo.

1034 b) Na perspectiva da instauração de uma ordem temporal cristã, os leigos sejam iniciados na compreensão do significado verdadeiro e do valor dos bens temporais em si mesmos e na perspectiva da consecução dos verdadeiros fins da pessoa. Exercitem-se no reto uso das coisas e na organização das instituições, visando sempre ao bem comum segundo os princípios da moral e da doutrina social da Igreja. Assimilem de fato, sobretudo os princípios da

---

[4.] Cf. João XXIII, enc. *Mater et magistra*, 15.5.1961: *AAS* 53 (1961) p. 455.
[5.] Cf. Pio XII, enc. *Sertum laetitiae*, 1.11.1939: *AAS* 31 (1939) pp. 635-644; idem, Aos intelectuais da Ação Católica italiana, 24.5.1953.

Doutrina Social da Igreja e suas conseqüências, de modo a contribuir para o progresso da doutrina e para melhorar sua aplicação nos diferentes casos particulares.[6]

c) A formação apostólica não deve negligenciar as obras de caridade e de misericórdia, que são testemunho da vida cristã, de sorte que os fiéis, tendo aprendido desde a infância a vir em socorro dos necessitados, compartilhem com os pobres o que têm.[7] 1035

32. Os subsídios

Há muitos subsídios para que os leigos aprofundem seu conhecimento da Escritura Sagrada e da doutrina católica, alimentem sua vida espiritual, analisem melhor a realidade do mundo e encontrem os melhores métodos de ação: sessões, congressos, retiros, exercícios espirituais, reuniões freqüentes, conferências, livros, comentários etc.[8] 1036

Tais subsídios levam geralmente em conta a diversidade das formas de apostolado e dos ambientes em que se atua. 1037

Com esse intuito fundaram-se centros e institutos superiores que já deram ótimos resultados. 1038

O Concílio se alegra com o que foi feito nesse sentido e deseja que se faça o mesmo em outras regiões. 1039

Criem-se igualmente centros de documentação e de estudo não só de teologia, mas igualmente de antropologia, psicologia, sociologia e metodologia para aprimoramento da capacidade dos leigos, homens e mulheres, jovens e adultos, atuando em todos os setores do apostolado. 1040

[6.] Cf. Pio XII, ao Congresso Internacional da Federação Mundial da Juventude Feminina Católica, 18.4.1952: *AAS* 44 (1952) pp. 414-419. Cf. idem, Aloc. à Associação Cristã de Operários da Itália (A.C.L.I.), de 1.5.1955: *AAS* 47 (1965), pp. 403-404.

[7.] Cf. Pio XII, aos Delegados do Congresso das Instituições de Caridade, 27.4.1952: AAS 44 (1952) pp.470-471

[8.] Cf. João XXIII, enc. *Mater et magistra*, 15.5.1961: *AAS* 53 (1961) p. 454.

33. Exortação

33. O Concílio, apoiado fortemente no Senhor, roga a todos os leigos que, de bom grado, generosa e prontamente, ouçam neste momento a voz de Cristo e sejam dóceis aos impulsos do Espírito Santo.

Especialmente os jovens sintam-se tocados por esse apelo, acolhendo-o com alegria e magnanimidade.

O próprio Senhor, por intermédio deste Concílio, convida a todos para que se unam cada vez mais intimamente a ele. Fazendo dos sentimentos de Cristo seus próprios sentimentos (cf. Fl 2, 5), participem de sua missão salvadora. Ele mesmo os envia a todas as cidades e lugares aos quais há de chegar (cf. Lc 10, 1), para que, por meio das várias formas e modos do apostolado da Igreja, sempre adaptados às necessidades do tempo, atuem como seus cooperadores, generosos na obra de Deus e sabendo que seu trabalho não é vão, diante do Senhor (cf. 1Cor 15, 58).

Tudo e cada coisa que se estabeleceu neste decreto foi aprovado pelos padres conciliares. Nós, em virtude do poder apostólico que nos foi confiado por Cristo e em conjunto com todos os veneráveis padres conciliares, no Espírito Santo, aprovamos, decidimos e estatuímos, ordenando que sejam promulgadas essas normas conciliares para a glória de Deus.

Roma, junto a S.Pedro, 18 de novembro de 1965.
Eu, PAULO, *bispo da Igreja Católica.*

(seguem-se as demais assinaturas)

PAULO BISPO
SERVO DOS SERVOS DE DEUS
JUNTO COM OS PADRES CONCILIARES
PARA PERPÉTUA MEMÓRIA

Declaração *Dignitatis humanae* sobre a liberdade religiosa

O direito da pessoa e das comunidades à liberdade social e civil em matéria religiosa

1. Introdução

1. Há, hoje em dia, uma consciência aguda da dignidade das pessoas.[1] Cresce o número dos que pretendem que os seres humanos, no seu agir, sigam a sua própria maneira de ver, gozem de liberdade responsável e atuem conduzidos pela consciência do dever, muito mais do que impelidos por qualquer tipo de coerção.

Nesse sentido, reclamam a delimitação jurídica dos poderes públicos, para que deixem espaço ao exercício da liberdade honesta, tanto por parte das pessoas como das associações.

Tal exigência de liberdade nas sociedades humanas visa, em primeiro lugar, ao que diz respeito aos bens propriamente humanos, a começar pelo livre exercício da religião na sociedade.

Vindo ao encontro de tais aspirações e desejando deixar claro que correspondem perfeitamente às exigências da verdade e da justiça, o Concílio recorre à Tradição e à doutrina da Igreja, de que se tiram sempre coisas novas e velhas.

O Concílio começa por proclamar que o próprio Deus comunicou ao ser humano o caminho a trilhar: servindo-o, podem se salvar e alcançar a plena realização de si mesmo em Cristo. É esta a verdadeira religião, de que a

---

[1.] Cf. João XXIII, enc. *Pacem in terris*, 11.4.1963: *AAS* 55 (1963) p. 279; Pio XII, *Nuntius radiophonicus*, 24.12.1944: *ASS* 37 (1945), p. 14.

Igreja católica e apostólica é expressão, encarregada que foi de difundi-la em toda a humanidade pelo próprio Senhor Jesus, que enviou os apóstolos com estas palavras: "Vão e preguem a todos os povos, batizando-os em nome do Pai, do Filho e do Espírito Santo, e ensinando-os a observar tudo o que lhes ordenei" (Mt 28, 19).

É obrigação de todo ser humano buscar, abraçar e seguir a verdade, especialmente no que diz respeito a Deus e à sua Igreja.

1044 O Concílio proclama igualmente que se trata de um dever de consciência. A força da verdade, que se faz forte e suavemente sentir ao espírito, obriga em consciência todo ser humano. A liberdade religiosa de prestar culto a Deus, exigência hoje de um número crescente de pessoas, significa a rejeição de toda coerção religiosa por parte da sociedade civil. Não contraria em nada a doutrina católica tradicional sobre os deveres morais das coletividades e dos indivíduos humanos para com a verdadeira religião e a única Igreja de Cristo.

Finalmente, tratando da liberdade religiosa, o Concílio retoma pura e simplesmente a doutrina dos últimos papas sobre os direitos invioláveis da pessoa e sobre o ordenamento jurídico da sociedade.

I

Aspectos gerais da liberdade religiosa

2. Objeto e fundamento da liberdade religiosa

1045 2. O Concílio declara que a pessoa tem direito à liberdade religiosa. Tal liberdade consiste em que nenhum ser humano deve estar sujeito à coerção de outros indivíduos, nem da sociedade e ou de qualquer poder humano. Em matéria religiosa ninguém seja levado a agir contra a consciência e, desde que se mantenha dentro dos devidos limites, seja impedido de agir segundo sua consciência, em público ou de forma privada.

Declara igualmente que o direito à liberdade religiosa se baseia na dignidade da pessoa, reconhecida pela razão e manifestada pela palavra de Deus revelada.[2]

O direito da pessoa à liberdade religiosa deve ainda ser reconhecido pelo ordenamento jurídico da sociedade, para que se torne um direito civil.

---

[2] Cf. João XXIII, enc. *Pacem in terris*, 11.4.1963: *AAS* 55 (1963) pp. 260-261; Pio XII, *Nuntius radiophonicus*, 24.12.1942: *ASS* 35 (1943), p. 19; Pio XI, enc. *Mit brennender Sorge*, 14.3.1937: *AAS* 29 (1937), p. 160; Leão XIII, enc. *Libertas praestantissimum*, 20.6.1888: *Acta Leonis XIII*, 8 (1888) pp. 237-238.

Todos os seres humanos são dotados de razão e de vontade livre. Têm **1046** acesso à responsabilidade. Ser pessoa faz parte da dignidade da natureza humana, que, por conseguinte, está moralmente obrigada a buscar a verdade, começando pela verdade religiosa. É igualmente obrigada a aderir à verdade e submeter toda a vida às suas exigências. Os seres humanos devem cumprir este seu dever humanamente, para o que se requer a plena liberdade psicológica e a ausência de toda coerção externa.

O direito à liberdade religiosa tem por fundamento, pois, a própria natureza do ser humano, independentemente das condições subjetivas de cada um. Por conseguinte, o direito permanece intacto, mesmo naqueles que não cumprem a obrigação de buscar a verdade ou de a ela aderir na medida em que vai sendo encontrada. O exercício desse direito só pode ser impedido por uma justa exigência da ordem pública.

3. A liberdade religiosa e as relações com Deus

3. Para melhor compreendê-lo, considere-se que a norma suprema da vida **1047** humana é a lei divina, eterna, objetiva e universal pela qual Deus ordena, dirige e governa o mundo inteiro, segundo o conselho de sua sabedoria e de seu amor. Deus faz com que o ser humano participe dessa sua lei, a fim de que, por suave disposição da divina Providência, possa ir reconhecendo aos poucos sua verdade imutável.[3]

Todos têm o dever e, por conseguinte, o direito de buscar a verdade na área da religião, empregando os meios mais apropriados para formar prudentemente a consciência, na retidão e na verdade.

Deve-se buscar a verdade por meios compatíveis com a dignidade humana **1048** da pessoa e com seu modo de ser social: liberdade de pesquisa, liberdade de ensino, extensiva às suas respectivas instituições, liberdade de intercomunicação e de diálogo, em que uns transmitem aos outros a verdade que encontraram ou julgam ter encontrado, a fim de se ajudarem mutuamente na busca da verdade, e, finalmente, disposição de aderir firme e pessoalmente à verdade conhecida.

É por sua consciência que o ser humano percebe e reconhece as determi- **1049** nações da lei divina. Deve, portanto, segui-la em tudo que faz, para alcançar Deus, que é o seu fim. Não se pode obrigar ninguém a agir contra sua própria consciência. Também não se pode impedir que aja de acordo com sua consciência, especialmente em matéria religiosa. O exercício da religião, por sua própria índole, consiste principalmente em atos interiores, voluntários e

---

[3.] Cf. Tomás de Aquino, *Summa theol.*, I-II, q. 91, a. 1; q. 93, a. 1-2.

livres, por intermédio dos quais o ser humano se refere diretamente a Deus. Tais atos escapam ao poder puramente humano, não podem ser comandados, nem proibidos.[4]

A natureza social do ser humano exige, contudo, que os atos internos adquiram expressão externa, para que possa comunicar-se religiosamente com os outros. Significa que deve professar a religião de modo comunitário.

1050 Injuria-se pois a pessoa e a própria ordem estabelecida por Deus para os seres humanos quando, mantida a ordem pública, nega-se a liberdade de professar a religião em sociedade.

1051 Além disso, os atos religiosos por intermédio dos quais os seres humanos se orientam para Deus por disposição interior do coração transcendem, até certo ponto, nossa condição terrestre e corporal. Como o poder civil tem por finalidade específica cuidar do bem comum temporal, deve favorecer a vida religiosa dos cidadãos, mas excederia os limites de sua competência se pretendesse se impor aos religiosos.

4. A liberdade das comunidades religiosas

1052 4. A liberdade ou imunidade de coação em matéria religiosa atribuída às pessoas vale também para as comunidades. As comunidades religiosas têm sua origem na natureza religiosa e social do ser humano.

1053 Desde que não contrariem as exigências da ordem pública, as comunidades religiosas têm direito à imunidade, isto é, a se governarem segundo suas próprias normas. Prestam culto público a Deus, ajudam seus membros a viver religiosamente, sustentam-nos com a doutrina e os assistem por intermédio de suas instituições, cooperando para que sua vida seja regida pelos princípios da religião.

1054 As comunidades religiosas têm igualmente o direito de não estarem sujeitas a qualquer meio legal ou expediente administrativo do poder civil que venha a interferir na escolha dos ministros sagrados, sua educação, nomeação, transferência ou comunicação com as autoridades ou outras comunidades religiosas espalhadas pelo mundo, na ereção de edifícios sagrados, enfim, na aquisição e uso de bens materiais.

[4.] Cf. João XXIII, enc. *Pacem in terris*, 11.4.1963: *AAS* 55 (1963) p. 270; Paulo VI, *Nuntius radiophonicus*, 22.12.1964: *AAS* 57 (1965), pp. 181-182; Tomás de Aquino, *Summa Theologica*, I-II, q. 91, a. 4 c.

As comunidades religiosas têm ainda o direito de não serem impedidas de ensinar ou de dar testemunho de sua fé em público, oralmente ou por escrito. Na propagação da fé, porém, e na proposta de novos costumes ou modos de agir, deve-se sempre abster de toda ação que possa parecer coercitiva, irregularmente persuasiva ou não suficientemente correta, especialmente para com os mais pobres e os menos dotados. Essas maneiras de agir caracterizam abuso do direito próprio e violação dos direitos alheios. 1055

A liberdade religiosa implica ainda a não-proibição de as comunidades religiosas demonstrarem livremente em público o valor de sua doutrina para o ordenamento da sociedade e como inspiração para toda vida humana. O direito que os seres humanos têm de, movidos por seu senso religioso, reunir-se livremente ou constituir associações educativas, culturais, sociais e de caridade, funda-se na própria natureza social do ser humano e na sua índole religiosa. 1056

5. A liberdade religiosa da família

5. A família, como sociedade primordial de direito próprio, deve poder orientar livremente sua vida doméstica, sob a conduta dos pais. 1057

Compete-lhes o direito de determinar como se há de fazer a educação dos filhos, de acordo com sua convicção religiosa.

O poder civil deve reconhecer de fato, aos pais, o direito de escolher livremente a escola e os demais meios de educação para os filhos, sem que por isso lhes advenham gastos especiais, direta ou indiretamente.

Violaria o direito dos pais a imposição aos alunos de seguir aulas contrárias às convicções religiosas familiares ou a adoção de um regime de educação único, de que fosse completamente excluída a formação religiosa.

6. Cultivo da liberdade religiosa

O bem comum é a principal exigência da vida social, pois somente nessa perspectiva os seres humanos podem alcançar mais rápida e seguramente a perfeição a que são chamados. Compete especialmente ao bem comum a preservação dos direitos e deveres da pessoa.[5] O cultivo da liberdade religiosa, tanto dos cidadãos como das comunidades, resulta da ação respectiva e diversificada do poder civil e das próprias comunidades religiosas, fundada no seu respectivo dever de promover o bem comum. 1058

[5.] Cf. João XXIII, enc. *Mater et magistra*, 15.5.1961: *AAS* 53 (1961), p. 417; id., *Pacem in terris*, 11.4.1963: *AAS* 55 (1963) p. 273.

1059 O poder civil tem por função proteger e promover todos os direitos humanos invioláveis.[6] Por intermédio de leis justas e de outros meios eficazes, deve, portanto, assumir a tutela da liberdade religiosa de todos os cidadãos e criar condições propícias ao desenvolvimento da vida religiosa. Assim, os cidadãos terão real facilidade em exercer os direitos e praticar os deveres religiosos. Além disso, a sociedade, como tal, usufruirá dos bens da justiça e da paz, que provêm da fidelidade dos seres humanos a Deus e do cumprimento de sua santa vontade.[7]

1060 Se, em virtude das circunstâncias, venha-se a reconhecer um estatuto civil e jurídico especial, beneficiando determinada comunidade religiosa, é indispensável que se reconheça e se observe também, ao mesmo tempo, o direito à liberdade em matéria religiosa, para com todos os cidadãos e comunidades religiosas.

1061 Finalmente, o poder civil deve estar atento para que não haja nenhuma discriminação religiosa entre os cidadãos e que sua igualdade jurídica não sofra nenhuma diminuição, clara ou oculta, por razões de ordem religiosa.

1062 É inadmissível que o poder público, por coação, medo ou qualquer outro meio, imponha aos cidadãos a profissão ou a rejeição de tal ou qual religião, ou impeça alguém de entrar ou de abandonar determinada comunidade religiosa. Contrariaria a vontade de Deus e os direitos sagrados dos povos e da família na medida em que usasse qualquer tipo de violência para proibir ou acabar com a religião, seja numa determinada região do globo, seja no mundo inteiro.

7. Os limites da liberdade religiosa

1063 7. Como é um direito social que se exerce em sociedade, o direito à liberdade religiosa está, evidentemente, sujeito a certas normas.

1064 Na prática da liberdade é preciso observar sempre o princípio moral da responsabilidade pessoal e social. No exercício de seus direitos, individuais e grupais, os seres humanos devem sempre levar em conta as obrigações da lei moral, os direitos alheios e seus próprios deveres para com os outros e para com o bem comum. É indispensável que a justiça e a humanidade sejam observadas em tudo que fazemos.

[6.] Cf. João XXIII, enc. *Pacem in terris*, 11.4.1963: *AAS* 55 (1963) pp. 273-274; Pio XII, *Nuntius radiophonicus*, 1.6.1941: *AAS* 33 (1941), p. 200.
[7.] Cf. Leão XIII, enc. *Immortale Dei*, 1.11.1885: *ASS* 18 (1885) p. 161.

A sociedade civil tem o direito de se proteger contra os abusos que possam 1065
ser praticados sob pretexto de liberdade religiosa. Compete especialmente ao
poder civil velar sob esse aspecto, não de modo arbitrário ou parcial. Devem-
se estabelecer normas jurídicas consentâneas com a ordem moral objetiva,
reclamadas pela efetiva proteção dos direitos de todos os cidadão, por seu
convívio pacífico e pelas exigências efetivas da tranqüilidade social, que requer a prática da justiça e da moralidade pública. Tudo isso faz parte do bem
comum fundamental e decorre da própria noção de ordem pública.

Observem-se, finalmente, os costumes sociais no que diz respeito à prática
integral da liberdade, pois ao ser humano deve-se reconhecer basicamente a
liberdade, sempre que não houver razão nem necessidade de restringi-la.

8. A educação para o exercício da liberdade

8. Nos dias de hoje, os seres humanos sofrem diferentes espécies de 1066
pressões e correm o risco de perder a liberdade. Por outro lado, nota-se em
muitos a tendência de rejeitar a submissão ao que quer que seja e a desprezar
toda obediência, em nome de uma certa idéia de liberdade.

Nessas circunstâncias, o Concílio acha que deve exortar especialmente os 1067
que se ocupam de educação, a que procurem formar pessoas reconhecedoras
da ordem moral, obedientes às autoridades e ciosas da verdadeira liberdade.
Pessoas capazes de discernir o que é certo, de agir responsavelmente, de se
esforçar por conseguir tudo que é verdadeiro e justo e capazes também de
agir sempre em comunhão com os outros.

A liberdade religiosa deve fazer com que os seres humanos, no cumprimen- 1068
to de seus deveres sociais, atuem sempre com a maior responsabilidade.

II

A liberdade religiosa à luz da revelação

9. A liberdade religiosa se radica na revelação

9. As declarações do Concílio a respeito do direito à liberdade religiosa 1069
baseiam-se na dignidade da pessoa, cujas implicações a razão humana foi
percebendo melhor com a experiência de séculos. Todavia, a doutrina sobre
a liberdade tem suas raízes na revelação divina, o que a torna ainda mais cara
aos cristãos.

Embora a revelação não afirme expressamente esse direito de ficar imune de qualquer coação externa em matéria religiosa, defende, no entanto, a dignidade da pessoa sob todos os aspectos e mostra como Cristo respeitou a liberdade humana de crer na palavra divina. Ensina-nos assim o espírito em que devem agir os discípulos de tal Mestre, seguindo-lhes o caminho. Tudo isso ilustra os princípios gerais em que se funda a Declaração sobre a liberdade religiosa. Observe-se, em particular, que a liberdade religiosa corresponde, no plano social, à liberdade exigida pelo ato cristão de crer, no plano pessoal.

10. Liberdade do ato de fé

1070   10. Um dos principais pontos da fé católica, consignado na palavra de Deus e constantemente lembrado pelos padres da Igreja[8] é que o ser humano tem o dever de responder a Deus na liberdade, acreditando. Ninguém deve ser levado a crer contra a vontade.[9] Crer, por sua própria natureza, é um ato voluntário do ser humano remido pelo Cristo Salvador e chamado por ele à adoção filial.[10] Ninguém pode aderir a Deus senão quando, atraído por ele,[11] crê, isto é, acolhe-o num ato livre e razoável. Por si mesma a fé exclui, em matéria religiosa, todo gênero de coação por parte dos seres humanos. Por isso a liberdade religiosa cria um ambiente extremamente favorável para que os seres humanos sejam convidados a abraçar livremente a fé cristã e a confessá-la em toda a sua vida.

11. A maneira de agir de Cristo e dos apóstolos

1071   11. Deus nos chama a seu serviço, em espírito e verdade, por intermédio da consciência, sem qualquer tipo de coação. A dignidade da pessoa por ele criada exige que se oriente por si mesma e aja com liberdade. É o que se vê admiravelmente vivido pelo Cristo Jesus, manifestação plena dos caminhos

---

[8.] Cf. Lactâncio, *Divinarum Institutionum*, livro V, 9: *CSEL* 19, pp. 463-464; *PL* 6, 614 e 616 (cap. 20); Santo Ambrósio, *Epistola del Vallentinianum*, carta 21: *PL* 16, 1005; Santo Agostinho, *Contra litteras Petiliani*, liv. II, 83: *CSEL* 52, 112; *PL* 43, 315; cf. C. 23, q.5, c.33 (ed. Friedberg, col. 939). Id. *Ep.* 23: *PL* 33, 98; id., *Ep.* 34: *PL* 33, 132; id., *Ep.* 35: *PL* 33, 135; São Gregório Magno, *Epistola ad Virgilium et Theodorum Episcopos Massiliae Galliarum*: Registro das cartas, I, 45. MGH *Epist.*1, p. 72: *PL* 77, 510-511 (livro 1, carta 47); id. *Epistola ad Iohannem Episcopus Constantinopolitanum*, Registro das cartas III, 52: *MGH* 1, p. 210: *PL* 77, 649 (liv. 3, carta 53); cf. D. 45, c. 1 (ed. Friedberg, col. 160); *Concílio de Toledo* IV, c. 57; Mansi 10, 633; cf. D. 45, c. 5 (ed. Friedberg, col. 161-162); Clemente III; X, V, 6, 9: (ed. Friedberg, col. 774); Inocêncio III, *Epistola ad Arletatensem Archiepiscopum*, X, III, 42, 3: (ed. Friedberg, col. 646).
[9.] Cf. Código de Direito Canônico de 1917, c. 1351; Pio XII, *Allocutio* aos prelados auditores e demais oficiais e ministros do Tribunal romano da rota, 6.10.1946: *AAS* 38 (1946) p. 394; id. enc. *Mystici corporis*, 29.6.1943: *AAS* 35 (1943) p. 243.
[10.] Cf. Ef 1, 5.
[11.] Cf. Jo 6, 44.

de Deus. Senhor e mestre,[12] Cristo, doce e humilde de coração,[13] reúne com paciência os que convida para seus discípulos.[14] Sua pregação foi baseada e corroborada por meio de milagres, para despertar e comprovar a fé dos ouvintes, sem exercer sobre eles nenhuma pressão.[15] Repreendeu a incredulidade dos ouvintes, mas deixou a correção por conta de Deus, para o dia do juízo.[16] Ao enviar os apóstolos, recomendou: "Quem crer e for batizado será salvo; quem não crer será condenado" (Mc 16, 16). No entanto, vendo a cizânia semeada no campo de trigo, mandou que a deixassem crescer até a colheita, no fim dos tempos.[17] Não querendo ser um messias político, que dominasse pela força,[18] preferiu denominar-se Filho do Homem, que "veio servir e dar sua vida para a redenção de muitos" (Mc 10, 45). Mostrou-se ser o perfeito servo de Deus,[19] que não quebra o galho partido e não apaga a brasa fumegante" (Mt 22, 21). Finalmente, ao realizar na cruz a obra da redenção, alcançou para os seres humanos a salvação e a verdadeira libertação, completando assim a revelação. Deu testemunho da verdade[20] sem, porém, impô-la pela força aos que lhe resistiam. Não defende seu reino atacando,[21] mas o estabelece na base do testemunho, pelo acolhimento da verdade e o faz crescer no amor, em virtude do qual, exaltado na cruz, Cristo atrai para si todos os seres humanos.[22]

Guiados pela palavra e pelo exemplo de Cristo, os apóstolos seguiram o mesmo caminho. Desde os inícios da Igreja os discípulos de Cristo procuravam converter os humanos ao reconhecimento do Cristo Senhor recorrendo não à coação nem a outros meios indignos do Evangelho, mas antes de tudo à palavra de Deus.[23] Corajosamente anunciavam o propósito de Deus Salvador, que "quer que todos os seres humanos sejam salvos e alcancem o conhecimento da verdade" (1Tm 2, 4), mas, ao mesmo tempo, respeitavam os mais fracos, ainda que estivessem em erro, mostrando como "cada um prestará contas a Deus a seu modo" (Rm 14, 12),[24] sendo obrigado a seguir a sua própria consciência. Como Cristo, a preocupação dos apóstolos foi

1072

[12.] Cf. Jo 13, 13.
[13.] Cf. Mt 11, 29.
[14.] Cf. Mt 11, 28-30; Jo 6, 67-68.
[15.] Cf. Mt 9, 28-29; Mc 9, 23-24; 6, 5-6; Paulo VI, enc. *Ecclesiam suam*, 6.8.1964: *AAS* 56 (1964) pp. 642-643.
[16.] Cf. Mt 11, 20-24; Rm 12, 19-20; 2Ts 1, 8.
[17.] Cf. Mt 13, 30.40-42.
[18.] Cf. Mt 4, 8-10; Jo 6, 15.
[19.] Cf. Is 42, 1-4.
[20.] Cf. Jo 18, 37.
[21.] Cf. Mt 26, 51-53; Jo 18, 36.
[22.] Cf. Jo 12, 32.
[23.] Cf. 1Cor 2, 3-5; 1Ts 2, 3-5.
[24.] Cf. Rm 14, 1-23; 1Cor 8, 9-13; 10, 23-33.

sempre de dar testemunho da verdade de Deus, anunciando "a palavra de Deus com confiança" (At 4, 31) e grande ousadia diante do povo e de seus chefes.[25] Tinham fé absoluta de que o Evangelho é, de fato, virtude de Deus e salvação para todos os fiéis.[26] Desprezavam os "recursos carnais"[27] para seguir o exemplo da mansidão e da modéstia de Cristo. Pregavam confiando unicamente na força da palavra de Deus para destruir todos os poderes adversos[28] e levar os seres humanos na fé e à submissão a Cristo.[29] Como o Mestre, também os apóstolos reconheceram as autoridades civis legítimas. "Todo poder vem de Deus", afirma o Apóstolo, que manda "obedecer aos superiores (...) pois quem lhes resiste resiste à ordem divina" (Rm 13, 1-2).[30] Mas ao mesmo tempo não temeram contrariar os poderes públicos que se opunham à vontade de Deus, afirmando que "convém obedecer antes a Deus do que aos homens" (At 5, 29).[31] Foi esse o caminho seguido durante séculos e em toda parte, por inúmeros mártires e fiéis.

12. A Igreja segue as pegadas de Cristo

1073   12. Portanto, a Igreja está sendo fiel à verdade evangélica e seguindo o caminho de Cristo e dos apóstolos quando reconhece que a noção de liberdade religiosa não só concorda com a dignidade humana e com a revelação divina, como lhes é favorável. A doutrina recebida do Mestre e dos apóstolos se conservou e foi transmitida através dos tempos. Embora a vida do povo de Deus em peregrinação no tempo, sujeita às vicissitudes históricas, tenha passado por momentos de menor fidelidade ou mesmo contrários às exigências espirituais do Evangelho, a Igreja manteve sempre o princípio de que ninguém pode ser coagido a crer.

1074   O fermento evangélico, operando lentamente no espírito das pessoas, contribuiu decisivamente para que se reconhecesse, com o passar dos tempos, a dignidade da pessoa e amadurecesse a convicção de que, na sociedade, é preciso mantê-la a salvo de qualquer coação humana.

13. A liberdade da Igreja

1075   13. O bem da Igreja, melhor ainda, de toda a sociedade aqui na terra, tem como exigência precípua o reconhecimento da liberdade de agir da Igreja,

---

[25.] Cf. Ef 6, 19-20.
[26.] Cf. Rm 1, 16.
[27.] Cf. 2Cor 10, 4; 1Ts 5, 8-9.
[28.] Cf. Ef 6, 11-17.
[29.] Cf. 2Cor 10, 3-5.
[30.] Cf. 1Pd 2, 13-17.
[31.] Cf. At 4, 19-20.

segundo as necessidades da salvação de todos os seres humanos, sempre e em todos os países.[32] Liberdade sagrada, de que o Filho de Deus unigênito quis dotar a Igreja, conquistada com o seu sangue. Os que a violam lutam contra a vontade expressa de Deus. A liberdade da Igreja é princípio fundamental em suas relações com os poderes públicos e para toda a ordem civil.

Na sociedade humana e diante de todos os poderes públicos, a Igreja reivindica a liberdade, como autoridade espiritual constituída por Cristo Nosso Senhor, de quem recebeu o mandato divino de ir a todo o mundo e pregar o Evangelho a toda criatura.[33] Reivindica também a liberdade como sociedade de pessoas que têm o direito de viver na sociedade civil de acordo com as prescrições da fé cristã.[34] 1076

Quando reina um clima de liberdade religiosa, não apenas declarada ou reconhecida legalmente, mas efetivamente vivida na prática social, a Igreja alcança de direito e de fato as condições de independência, necessárias ao cumprimento de sua missão divina, que as autoridades eclesiásticas sempre reivindicaram, com a maior intensidade.[35] Como todos os outros homens e mulheres, também os cristãos têm o direito civil de viver de acordo com a sua consciência. Há pois uma equivalência entre a liberdade da Igreja e a liberdade religiosa que deve ser reconhecida a todos os seres humanos, sustentada e protegida pela lei. 1077

14. A missão da Igreja

14. Para cumprir o mandamento divino de "ensinar a todos os povos" (Mt 28, 19), a Igreja católica se empenha em trabalhar "para que a palavra de Deus se difunda e se torne cada dia mais luminosa" (2Ts 3, 1). 1078

A Igreja pede a todos os seus filhos que "antes de tudo façam pedidos, orações, súplicas e ações de graça em favor de todos os seres humanos... Isso é bom e agradável diante de nosso Deus e salvador, que quer que todos os seres humanos sejam salvos e cheguem ao conhecimento da verdade" (1Tm 2, 1-4). 1079

Na formação de sua consciência, os fiéis devem levar em conta a verdadeira e sagrada doutrina da Igreja.[36] Por vontade de Cristo, a Igreja católica é 1080

[32.] Cf. Leão XIII, carta *Officio sanctissimo*, 22.12.1887: *ASS* 20 (1887) 269; id. carta *Ex litteris*, 7.8.1887: *ASS* 19 (1886) p. 465.
[33.] Cf. Mc 16, 15; Mt 28, 18-20; Pio XII, enc. *Summi pontificatus*, 20.10.1939: AAS 31 (1939) pp. 445-446.
[34.] Cf. Pio XI, enc. *Firmissimam constantiam*, 28.3.1937: *AAS* 29 (1937) p. 196.
[35.] Cf. Pio XII, aloc. *Ci riesce*, 6.12.1953: *AAS* 45 (1953) p. 802.
[36.] Cf. Pio XII, *Nuntius radiophonicus* de 23.3.1952: *AAS* 44 (1952), pp. 270-278.

mestra da verdade, sua função é manifestar e ensinar autenticamente Cristo, a verdade, declará-la e confirmá-la, em consonância com os princípios da ordem moral, decorrentes da natureza humana. Guiados pela sabedoria, os cristãos procurem, com confiança[37] e coragem apostólica até o martírio, "no Espírito Santo, com amor autêntico e palavras verdadeiras" (2Cor 6, 6-7), difundir junto aos que estão fora da Igreja a luz da vida.

1081 Para com o Cristo mestre, o discípulo tem o sério compromisso de conhecer cada vez melhor a verdade dele recebida, anunciá-la com fidelidade e defendê-la por todos os meios que não contrariem o espírito do Evangelho. O amor de Cristo, por sua vez, nos impele a tratar as pessoas com amor, prudência e paciência, especialmente quando ignoram ou erram no que diz respeito à fé.[38] Tenham-se pois igualmente presentes os deveres para com Cristo, palavra de vida que precisa ser pregada, e os direitos da pessoa, a medida da graça que lhe é concedida da parte de Deus por Cristo, ao convidá-la a acolher livremente e a progredir na fé.

15. Conclusão

1082 15. Tudo indica que os seres humanos optam hoje pela liberdade na prática da religião, tanto privada como publicamente. A liberdade religiosa integra um grande número de constituições, faz parte do direito civil e é solenemente reconhecida por diversos documentos internacionais.[39]

1083 Em muitos regimes, porém, apesar de as suas constituições reconhecerem a liberdade de culto, os poderes públicos procuram afastar os cidadãos da prática religiosa e tornam extremamente difícil e incerta a vida das comunidades religiosas.

1084 O Concílio se alegra com os sinais de liberdade, mas é com tristeza que deplora e denuncia tais fatos. Pede a todos que reconheçam a necessidade da liberdade religiosa para toda a família humana, especialmente nas atuais condições em que a humanidade vive.

1085 O gênero humano está hoje cada vez mais unificado. Os vínculos entre pessoas e povos de culturas e religiões diversas se tornam mais estreitos. Aumenta a consciência da responsabilidade de cada um. Para que as relações de paz e de concórdia entre os povos se estabeleçam e se fortaleçam,

---

[37.] Cf. At 4, 29.
[38.] Cf. João XXIII, enc. *Pacem in terris*, 11.4.1963: *AAS* 55 (1963), p. 299-300.
[39.] Cf. João XXIII, enc. *Pacem in terris*, 11.4.1963: *AAS* 55 (1963), p. 295-296.

é indispensável que a liberdade religiosa seja juridicamente protegida de maneira eficaz, que se respeitem os supremos deveres dos seres humanos e seu direito de praticarem livremente a religião em sociedade.

1086 Permita Deus, Pai de todos, que pela graça de Cristo e pela força do Espírito Santo, a família humana, observando com diligência as exigências da liberdade religiosa em sociedade, caminhe seguramente para a perene "liberdade da glória dos filhos de Deus" (Rm 8, 21).

Tudo o que se estabeleceu nesta declaração foi aprovado pelos padres conciliares. Nós, em virtude do poder apostólico que nos foi confiado por Cristo e em conjunto com todos os veneráveis padres conciliares, no Espírito Santo, aprovamos, decidimos e estatuímos, ordenando que sejam promulgadas essas normas conciliares para a glória de Deus.

Roma, junto a S. Pedro, 7 de dezembro de 1965.

Eu, PAULO, *bispo da Igreja católica*

(seguem-se as demais assinaturas)

PAULO BISPO
SERVO DOS SERVOS DE DEUS
JUNTO COM OS PADRES CONCILIARES
PARA PERPÉTUA MEMÓRIA

Decreto *Ad gentes*
sobre a atividade missionária da Igreja

1. Proêmio

1087   1. A Igreja, em virtude das exigências profundas de sua própria catolicidade, como "sacramento da salvação universal",[1] foi enviada a todos os povos e, obedecendo à ordem de seu Fundador, procura anunciar o Evangelho a toda criatura.[2] Seguindo os passos de Cristo, os apóstolos, alicerces da Igreja, "pregaram a palavra de Deus e deram à luz as Igrejas".[3] É dever de seus sucessores tornar perene essa iniciativa, para que "a palavra de Deus se difunda e ilumine" (1Ts 3, 1), anunciando e instaurando por toda a terra o reino de Deus.

1088   Nos dias de hoje a humanidade vive em condições inteiramente novas. Sal da terra e luz do mundo,[4] a Igreja é chamada, com urgência, a salvar e a renovar toda a criação, para que tudo seja instaurado em Cristo e, por seu intermédio, todos os seres humanos venham a constituir uma única família e um único povo de Deus.

1089   O Concílio dá graças a Deus pelo magnífico trabalho missionário feito em toda a Igreja. Quer no entanto apontar para os princípios da atividade missionária e drenar as forças de todos os fiéis para que o povo de Deus,

---
[1.] Conc. Vat. II, Const. dogm. *Lumen gentium*, 48: *AAS* 57 (1965) p. 53.
[2.] Cf. Mc 16, 15.
[3.] Santo Agostinho, *Enarr. in Ps.*, Sl 44, 23: *PL* 36, 505; *CChr*. 38.
[4.] Cf. Mt 5, 13-14.

caminhando na via estreita da cruz, difunda por toda parte o reino do Cristo Senhor, que domina os séculos com seu olhar,[5] e prepare os caminhos para a sua derradeira vinda.

Capítulo I

Princípios doutrinários

2. O desígnio do Pai

2. A Igreja peregrina é por natureza missionária. Nasce, segundo o desígnio divino, da própria missão do Filho e do Espírito Santo.[6]   **1090**

Tal desígnio flui do "amor original" ou da caridade do Pai, Princípio imprincipiado, de que o Filho é gerado e de que procede o Espírito Santo, por intermédio do Filho. Por sua infinita misericórdia e ternura, a bondade divina nos cria livremente e nos chama graciosamente a participar de sua vida e de sua glória, difundindo a bondade com liberalidade sem fim, de tal sorte que o Criador de todas as coisas venha a ser, ao cabo e ao fim, "tudo em todos" (1Cor 15, 28), para sua glória e nossa felicidade. Deus não chama os seres humanos individualmente, independentemente das relações de uns com os outros, pois visa a constituir um só povo, em que estejam reunidos todos os seus filhos.[7]   **1091**

3. A missão do Filho

3. A realização do desígnio universal de Deus de salvar toda a humanidade é fruto da bondade e da providência divinas. Do mais íntimo do ser humano brotam inúmeros movimentos, inclusive religiosos, de busca de Deus, com que os seres humanos "procuram alcançá-lo ou encontrá-lo, embora não esteja longe de ninguém" (At 17, 27). Todas essas formas de busca de Deus servem de pedagogia e de preparação para o Evangelho,[8] mas precisam ser iluminadas e corrigidas.   **1092**

[5.] Cf. Eclo 36, 19.
[6.] Conc. Vat. II, const. dogm. *Lumen gentium*, 2: *AAS* 57 (1965), pp. 5-6.
[7.] Cf. Jo 11, 52.
[8.] Cf. S. Irineu, *Adv. Haer.*, III, 18, 1: "O Verbo, que existe junto de Deus, por quem todas as coisas foram feitas e a quem sempre esteve presente o gênero humano": *PG* 7, 932; id. IV, 6, 7: "Desde o início o Verbo dá assistência à sua obra e revela a todos o que quer, quando quer e como quer o Pai": ib. 990; cf. IV, 20, 6-7: ib. 1037; Demonstração n. 34: *Patr. Or.* XII, 773; *Sources chrétiennes* 62, Paris, 1958, p. 87; Clemente Alexandrino, *Protrepticus*, 112, 1; *CGS* Clemente I, 79, *Stromata* VI, 6, 44, 1: *CGS*, Clemente, II, 453; 13, 106, 3 e 4; ib. 485. Para a doutrina em si mesma cf. Pio XII, *Nuntius radioph.*, de 31.12.1952; Conc. Vat. II, Const. dogm. *Lumen gentium* 16: *AAS* 57 (1965), p. 20.

Por isso Deus quis entrar na história humana de um modo novo e definitivo, enviando seu Filho em nossa carne, para estabelecer a paz e a comunhão do ser humano consigo mesmo, constituir entre eles uma sociedade fraterna, vir em socorro dos pecadores, liberar os seres humanos do poder das trevas e de satanás,[9] reconciliando consigo o mundo[10] por meio de seu Filho. Constituiu pois como herdeiro de todas as coisas aquele por intermédio de quem criou o mundo[11] para, também por seu intermédio tudo restaurar.[12]

1093 Jesus Cristo foi enviado ao mundo como verdadeiro mediador entre Deus e os seres humanos. Sendo Deus, nele "habita corporalmente a plenitude da divindade" (Cl 2, 9). Sendo homem, é o novo Adão, cabeça da humanidade renovada, "cheio de graça e de verdade" (Jo 1, 14). O Filho de Deus adotou o caminho da verdadeira encarnação para tornar os seres humanos participantes da natureza divina. Sendo rico, tornou-se pobre por nossa causa, enriquecendo-nos com sua pobreza.[13]

O Filho do homem não veio para ser servido, mas para servir e entregar sua vida para a redenção da multidão, isto é, de todos.[14] Como costumam dizer os santos padres, não foi curado o que por Cristo não foi assumido.[15] Foi assumida uma natureza humana verdadeira e íntegra, tal como existe em nós, com seus limites e sua miséria, exceto a do pecado.[16]

Como disse o próprio Cristo, "o Pai enviou ao mundo aquele que ele mesmo santificou" (Jo 10, 36): "O Espírito Santo repousa em mim. Ao ser ungido fui enviado para evangelizar os pobres, curar os corações despedaçados, pregar aos escravos a alforria e aos cegos a visão" (Lc 4, 18). Ou ainda: "O Filho do homem veio buscar e salvar o que se havia perdido" (Lc 19, 10).

1094 Começando por Jerusalém[17] deve-se proclamar e difundir até as extremidades da terra[18] o que uma vez por todas foi pregado pelo Senhor e por

---

[9] Cf. Cl 1, 13; At 10, 38.
[10] Cf. 2Cor 5, 19.
[11] Cf. Hb 1, 2; Jo 1, 3.10; 1Cor 8, 6; Cl 1, 16.
[12] Cf. Ef 1, 10.
[13] Cf. 2Cor 8, 9.
[14] Cf. Mc 10, 45.
[15] Cf. Santo Atanásio, *Ep. ad Epictetum*, 7: *PG* 26, 1060; são Cirilo de Jerusalém, *Catech.*, 4, 9: *PG* 33, 465; Mario Victorino, *Adv. Arium*, 3, 3: *PL* 8, 1101; são Basílio, *Epist.* 261, 2: *PG* 32, 969; são Gregório Nazianzeno, *Epist.* 101: *PG* 37, 181; são Gregório de Nissa, *Antirreheticus, Adv. Apollin.*, 17: *PG* 45, 1156; Santo Ambrósio, *Epist.* 48, 5: PL 16, 1153; santo Agostinho, *In Ioann.*, XXIII, 6: *PL* 35, 1585; *CChr.* 36, 236. Acrescenta Agostinho que o Espírito Santo não nos salvou justamente porque não se encarnou: *De agone Christ.*, 22, 24: *PL* 40, 302. são Cirilo de Alexandria, Adv. Nestor, I, 1: *PG* 76, 20; S. Fulgêncio, *Epist.* 17, 3, 5: *PL* 65, 454; *Ad Trasimundum* III, 21: *PL* 65, 284, sobre a tristeza e o temor.
[16] Cf. Hb 4, 15; 9, 28.
[17] Cf. Lc 24, 47.
[18] Cf. At 1, 8.

ele feito, tendo em vista a salvação de todo o gênero humano, de sorte que o que foi um dia realizado em favor de todos produza os seus efeitos ao longo do tempo.

4. A missão do Espírito Santo

4. Para realizar esta obra, Cristo enviou, da parte do Pai, o Espírito Santo, que exerce sua ação salutar na intimidade de cada um e promove o crescimento específico da Igreja. Não resta dúvida de que o Espírito já atuava no mundo antes da glorificação de Cristo.[19] No dia de Pentecostes, porém, veio para ficar para sempre,[20] tornou pública a manifestação da Igreja diante da multidão, iniciou a difusão do Evangelho no meio dos povos e antecipou, numa grande manifestação, por assim dizer, a união dos povos na universalidade da fé por intermédio da Igreja da Nova Aliança, que fala, compreende e engloba todas as línguas, superando a dispersão de Babel.[21]

Em Pentecostes, começaram os *Atos dos Apóstolos*, como, na concepção de Cristo pela Virgem Maria, atuara o Espírito Santo e no início do ministério de Jesus, enquanto orava, descera também sobre ele o mesmo Espírito Santo.[22] Jesus, antes de dar livremente sua vida pela salvação do mundo, estabeleceu o ministério apostólico e prometeu enviar o Espírito Santo, de sorte que associados para sempre na obra da salvação, produzissem ambos seus resultados.[23] O Espírito Santo sustenta a Igreja de todos os tempos "na

1095

---

[19] Foi o Espírito que falou pelos profetas, como confessa o *Symb. Constantinopol.*: Denziger 150 (86); São Leão Magno, *Sermo* 76: *PL* 54, 405-406: "Não foi a plenitude do Espírito, que desceu sobre os discípulos do Senhor no dia de Pentecostes, que os iniciou em sua função. Trouxe-lhes, na verdade, uma espécie de complementação do dom. Os patriarcas, os profetas, os sacerdotes e todos os santos que os precederam tinham sido sustentados pelo mesmo Espírito (...) mas nunca fora tão abundante o dom recebido". Também o *Sermo* 77, 1: *PL* 54, 412; Leão XIII, enc. *Divinum illud*, 9.5.1897: *ASS* 29 (1897), pp. 650-651. Cf. também João Crisóstomo, embora ele não insista na novidade da missão do Espírito Santo no dia de Pentecostes: *In Ephes.* 4, Homilia 10, 1: *PG* 62, 75.

[20] Cf. Jo 14, 16s.

[21] Os santos padres relacionam sempre Pentecostes a Babel: Orígenes, *In Genesim*, 1: *PG* 12, 112; São Gregório Nazianzeno, *Sermo* 41, 16: *PG* 36, 449; São João Crisóstomo, *Hom.2 in Pentec.*2: *PG* 50, 467; *In Act. Apost.*; *PG* 60, 44; Santo Agostinho, *Enn. in Ps.*, 54, 11: *PL* 36, 636; *CChr.* 39, 664; *Sermo* 271: *PL* 38, 1245; São Cirilo de Alexandria, *Glaphyra in Genesim II*: *PG* 69, 79; São Gregório Magno,*Hom. in Evang.*, livro II, hom. 30, 4; *PL* 76, 1222; S. Beda, *In Hexaem.*, livro III: *PL* 91, 125. Veja-se também a imagem no átrio da Basílica de São Marcos, em Veneza.
"Ao falar todas as línguas, a Igreja reúne a todos na universalidade da fé": santo Agostinho, *Sermones* 266, 267, 268, 269: *PL* 38, 1225-1237; *Sermo* 175, 3: *PL* 38, 946; são João Crisóstomo, *In Ep. 1 ad Cor.*, hom. 35: *PG* 61, 296; são Cirilo Alexandrino, *Fragm. in Act.*: *PG* 74, 758; são Fulgêncio, *Sermo* 8, 2-3: *PL* 65, 743-744.
Sobre Pentecostes como consagração dos apóstolos à missão, cf. J. A. Cramer, *Catena in Acta SS. Apostolorum*, Oxford, 1838, p. 24s.

[22] Cf. Lc 3, 22; 4, 1; At 10, 38.

[23] Cf. Jo 14-17; Paulo VI, *Alocução conciliar*, 14.9.1964: *AAS* 56 (1964) 807.

comunhão, na continuidade do mesmo ministério, com os diversos dons hierárquicos e carismas",[24] conferindo como que uma alma às instituições eclesiais[25] e derramando no coração dos fiéis o estímulo missionário do próprio Jesus. Às vezes precede de maneira visível a ação missionária,[26] e outras, a acompanha e dirige.[27]

5. A Igreja, enviada por Cristo

1096   5. Desde o princípio o Senhor Jesus "chamou os que quis (...) reuniu os doze e os enviou a pregar" (Mc 3, 13).[28] Os apóstolos foram ao mesmo tempo os rebentos do novo Israel e a origem da hierarquia sagrada.

Depois de haver cumprido uma vez por todas, em si mesmo, na morte e na ressurreição, os mistérios de nossa salvação e de renovação de todas as coisas, o mesmo Senhor obteve todo o poder no céu e na terra.[29] Mas, antes que ascendesse ao céu,[30] fundou sua Igreja como sacramento da salvação e enviou seus apóstolos a todo o mundo, como ele mesmo fora enviado pelo Pai,[31] ordenando-lhes "que fossem a todos os povos e os batizassem em nome do Pai, do Filho e do Espírito Santo, ensinando-os a observar tudo que lhes havia ordenado" (Mt 28, 19-20): "Vão pelo mundo inteiro e anunciem a boa-nova para toda a humanidade. Quem crer e for batizado será salvo. Quem não crer será condenado" (Mc 16, 15).

A Igreja tem o dever de proclamar a fé e a salvação de Cristo tanto em virtude do mandado expresso de Jesus – herdado dos apóstolos pelos bispos, a que se associam todos os sacerdotes, em comunhão com o sucessor de Pedro, supremo pastor da Igreja –, como também em virtude da vida que Cristo infunde em seus membros "organizando e dando coesão ao corpo inteiro, por intermédio de uma rede de articulações, que são os membros, cada um com sua atividade própria, para que o corpo cresça e construa a si próprio no amor" (Ef 4, 16).

Portanto, a Igreja cumpre sua missão quando, em obediência ao mandamento de Cristo, movida pela graça do Espírito Santo e pelo amor, faz-se presente a todos os seres humanos e a todos os povos, abrindo-lhes a possibilidade firme e segura de participar do mistério de Cristo e encaminhando-os para a fé, a liberdade e a paz de Cristo, por intermédio do testemunho da vida, da pregação, dos sacramentos e de todos os outros instrumentos da graça.

[24.] Cf. Conc. Vatic. II, const. dogm. *Lumen gentium*, 7 (com nota 8): *AAS* 57 (1965) p. 7.
[25.] Santo Agostinho, *Sermo* 267, 4; *PL* 38, 1231: "A ação do Espírito Santo na Igreja é comparável à ação da alma sobre os membros de um mesmo corpo". Cf. Conc. Vatic. II, const. dogm. *Lumen gentium*, 7 (com nota 8): *AAS* 57 (1965) p. 11.
[26.] Cf. At 10, 44-47; 11, 15; 15, 8.
[27.] Cf. At 4, 8; 5, 32; 8, 26.29-39; 9, 31; 10; 11, 24-28; 13, 2.4.9; 16, 6-7; 20, 22-23; 21, 11 etc.
[28.] Cf. também Mt 10, 1-42.
[29.] Cf. Mt 28, 18.
[30.] Cf. At 1, 4-8.
[31.] Cf. Jo 20, 21.

A missão da Igreja dá continuidade histórica à missão de Cristo, de que 1097
é uma extensão no tempo. Cristo foi enviado para evangelizar os pobres. Instigada pelo Espírito de Cristo, a Igreja deve seguir o mesmo caminho de pobreza, de obediência, de serviço e de imolação de si mesma até a morte, de que Jesus saiu vencedor na ressurreição. Por isso os apóstolos caminharam na esperança, cumprindo nas suas tribulações e sofrimentos o que faltava à paixão de Cristo relativamente a seu corpo, a Igreja.[32] Por isso também o sangue dos cristãos serve muitas vezes de semente.[33]

6. A atividade missionária

6. Embora varie, de acordo com as circunstâncias e com o modo como 1098
é exercida, a ação missionária é a mesma e uma só, realizada em todas as partes do mundo e em todas as situações pelos bispos, sob a presidência do sucessor de Pedro, conjuntamente com a oração e a colaboração de toda a Igreja. Portanto, as diferenças que se observam na Igreja quanto ao exercício da atividade missionária, não provêm da natureza da missão, mas se devem às diferentes situações em que é exercida.

A diversidade de situações pode vir da própria Igreja, dos vários povos 1099
em sua grande multiplicidade, dos grupos humanos e das pessoas a que se dirige a missão.

Apesar de dispor da totalidade e da plenitude dos meios de salvação, a Igreja nem sempre ou simultaneamente recorre a todos. Sua ação é gradual e progressiva, num esforço de ir aos poucos realizando o desígnio divino. Acontece mesmo que às vezes, depois de brilhantes começos, experimenta dolorosos retrocessos ou passa por longos estágios de incompletude e de insuficiência.

Pessoas, grupos humanos e populações, por sua vez, não são senão progressiva e lentamente influenciados e compenetrados pela plenitude católica. Os instrumentos de ação devem levá-los em conta e se adaptarem a essas diversas situações e condições.

Denominam-se habitualmente *missões* a atividade própria desenvolvida 1100
por aqueles que percorrem o mundo pregando o Evangelho e implantando a Igreja entre os povos ou grupos humanos que ainda não vivem segundo a fé em Cristo. A atividade missionária no sentido estrito é esse trabalho feito em

---

[32.] Cf. Cl 1, 24
[33.] Tertuliano, *Apologeticum* 50, 13: *PL* 1, 534; *CCh*. 1. 171.

determinados territórios designados pela santa Sé. O objetivo primordial dessa atividade é a evangelização e a implantação da Igreja nos povos e grupos humanos em que ela ainda não tem raízes.[34]

As Igrejas autóctones particulares, plantadas a partir da semente da palavra de Deus, crescem por sua própria força e alcançam a maturidade quando, unidas ao povo fiel e dotadas de hierarquia própria e dos meios de salvação necessários ao desempenho de uma vida cristã plena, contribuem a seu modo para o bem da Igreja universal.

O principal instrumento desta implantação é a pregação do Evangelho de Jesus Cristo, para cujo anúncio o Senhor enviou os seus discípulos a todo o mundo com o objetivo de fazer com que os seres humanos, renascidos pela palavra de Deus,[35] se incorporassem pelo batismo à Igreja que, como corpo do Verbo encarnado, alimenta-se e vive da palavra de Deus e do pão eucarístico.[36]

1101 Na atividade missionária da Igreja ocorrem às vezes situações mistas: o começo e a implantação se fazem sem maior novidade e sem nenhuma expressão de juventude. Uma vez porém implantada a Igreja, sua ação missionária não pode cessar. É dever das Igrejas particulares prossegui-la, pregando o Evangelho àqueles que ainda não o conhecem.

1102 Por outro lado, os grupos humanos em que vive a Igreja estão habitualmente sujeitos a profundas modificações, que dão origem a situações inteiramente diversas. A Igreja deve estar atenta para ver se estas mudanças não requerem de sua parte novas ações missionárias.

As circunstâncias são às vezes de tal natureza que durante algum tempo tornam impossível anunciar-se o Evangelho diretamente. Os missionários podem então, e até devem, perseverar no testemunho de Cristo com paciência e prudência, grande confiança, caridade e amor. Preparam assim o caminho do Senhor e de certa maneira o mantêm presente nas circunstâncias adversas que a Igreja atravessa.

[34.] Já santo Tomás de Aquino se refere à função apostólica de plantar a Igreja: cf. *Sent.* livro I, d. 16, q. 1 e 2 e 4; a. 3, sol; *Summa Theol.*I, q. 43, 7, 6; I-II, 104, 4. Cf. Bento XV, enc. *Maximum illud*, 30.11.1919: *AAS* 11 (1919) 445-453; Pio XI, enc. *Rerum Ecclesiae*, 28.2.1926: *AAS* 18 (1926) 74; Pio XII, *Discurso aos diretores das OO. PP. MM.*, 30.4.1939; id. 24.6.1944: *AAS* 36 (1944) 210; id. 42 (1950) p. 727; e 43 (1951) p. 508; id. *ao clero indígena*, *AAS* 40 (1948) 374; id. enc. *Evangelii praecones*, 2.6.1951: *AAS* 43 (1951) 507; id. enc. *Fidei donum*, 15.1.1957: *AAS* 49 (1957) 236; João XXIII, enc. *Princeps pastorum*, 28.11.1959: *AAS* 51 (1959) 835; Paulo VI, *Homilia* de 18.10.1964: *AAS* 55 (1964) 911.

Tanto os papas, como os santos padres e os escolásticos falam da dilatação da Igreja: Tomás de Aquino, *Commm. in Math.* 16, 28; Leão XIII, enc. *Sancta Dei Civitas*, 3.12.1880: *ASS* 13 (1880) 241; Bento XV, enc. *Maximum illud*, 30.11.1919: *AAS* 11 (1919) 442; Pio XI, enc. *Rerum Ecclesiae*, 28.2.1926: *AAS* 18 (1926) 65.

[35.] Cf. 1Pd 1, 23.

[36.] Cf. At 2, 42.

Vê-se claramente que a atividade missionária decorre da própria natureza 1103
da Igreja, cuja fé salvadora se propaga, torna aos poucos efetiva a unidade
católica, sustenta a apostolicidade, desperta a hierarquia para o amor da colegialidade, dá testemunho, difunde e promove a santidade.

A atividade missionária entre os povos é distinta tanto da ação pastoral, que se exerce junto aos fiéis, como da ação que se empenha na restauração da unidade entre os cristãos. Ambas, porém, conservam estreitos laços com a atividade missionária,[37] pois a divisão entre os cristãos prejudica a pregação do Evangelho a toda criatura[38] e fecha, para muitos, as vias de acesso à fé.

Todos os batizados estão convidados a se reunir num único rebanho, para dar unanimemente testemunho de Cristo Senhor. Não se pode ainda dar testemunho de uma só fé, que ao menos, porém, dê-se testemunho da estima e do amor recíproco que nos deve animar a todos.

7. A atividade missionária: fundamentos e necessidade

7. O fundamento da atividade missionária é a vontade de Deus de "salvar 1104
todos os seres humanos e levá-los ao conhecimento da verdade. Deus é um só. Um só, também, o mediador entre Deus e os seres humanos, o homem Cristo Jesus, que se entregou para a redenção da multidão" (1Tm 2, 4-6). "De ninguém mais se pode esperar a salvação" (At 4, 12). Por intermédio da pregação da Igreja, todos devem se converter a ele e fazer um só corpo com ele e com a Igreja, pela recepção do batismo. O próprio Cristo insistiu expressamente na "necessidade da fé e do batismo,[39] mostrando ao mesmo tempo a necessidade da Igreja, porta pela qual são convidados a passar todos os seres humanos. Não se podem salvar todos aqueles que, sabendo que a Igreja católica foi fundada por Jesus Cristo, da parte de Deus, como necessária à salvação, recusam-se a entrar ou a permanecer nela".[40]

Embora Deus possa fazer chegar à fé, sem a qual ninguém que lhe é agradável,[41] por caminhos só dele conhecidos, pessoas que, sem culpa de sua parte, ignorem o Evangelho, isto não torna dispensável, de maneira alguma, hoje como sempre, nem a Igreja[42] nem a atividade missionária. Por isso deve ser mantido,

---

[37.] Esta noção de atividade missionária se aplica também, como é evidente, às regiões da América Latina em que há carência de hierarquia própria, falta maturidade cristã, e a pregação do Evangelho é insuficiente. Não cabe ao Concílio decidir a respeito de como praticamente são encarados esses territórios por parte da santa Sé, se são ou não terra de missão. Para manter essa ressalva, distinguem-se a atividade missionária em si mesma e os territórios em que ela se exerce, dentre os quais são alguns também reconhecidos pela santa Sé como terras de missão.
[38.] Cf. Conc. Vat. II, decr. *Unitatis redintegratio,*1: *AAS* 57 (1965) p. 90.
[39.] Cf. Mc 16, 16; Jo 3, 5.
[40.] Cf. Conc. Vat. II, const. dogm. *Lumen gentium,*14: *AAS* 57 (1965) p. 18.
[41.] Cf. Hb 11, 6
[42.] Cf. 1Cor 9, 16.

com todo o vigor, na sua integridade, hoje como sempre, o direito divino de evangelizar e, por conseguinte, o exercício da atividade missionária.

1105 A atividade missionária faz crescer o corpo místico, polarizando e dispondo na devida ordem de prioridade todas as suas forças:[43] leva os membros da Igreja a se moverem pelo amor com que amam a Deus e que os faz desejar comungar, com todos os seres humanos, nos bens espirituais da vida presente e futura.

1106 Na atividade missionária Deus é sumamente glorificado, pois todos os homens e mulheres são convidados a acolher, consciente e plenamente, a obra salutar por ele realizada em Cristo. Por seu intermédio, cumpre-se o desígnio de Deus a serviço do qual Cristo se colocou inteiramente, por obediência e por amor, para a glória do Pai que o enviou,[44] a fim de formar com todo o gênero humano um só povo de Deus, a ele unindo-se num só corpo, na edificação de um só templo do Espírito Santo.

A perspectiva de uma fraternidade universal envolvendo a todos corresponde à mais íntima aspiração da humanidade. O Criador quis fazer o ser humano à sua imagem e semelhança. Alcança de fato tal objetivo quando todos os que participam da natureza humana são regenerados por Cristo, no Espírito Santo, e se tornam capazes de dizer juntos, para a glória de Deus, "Pai Nosso".[45]

8. A atividade missionária na vida e na história

1107 8. A atividade missionária resulta na articulação da atividade missionária com a natureza humana, com todas as suas aspirações. Ao manifestar Cristo, a Igreja revela autenticamente aos seres humanos a plena verdade sobre sua

---

[43.] Cf. Ef 4, 11-16.
[44.] Cf. Jo 7, 18; 8, 30.44; 8, 50; 17, 1.
[45.] Ver, a respeito dessa síntese, a doutrina de santo Ireneu de Lião sobre a Recapitulação. Cf. também Hipólito, *De Antichristo*, 3: "Querendo e desejando salvar a todos, quis que todos se tornassem filhos de Deus e santos, formando um único homem perfeito": *PG* 10, 732; *GCS*, Hipólito I, 2 p. 6; *Benedictions Iacob* 7, *T.U.*, 38-1 p. 18, l. 4ss; Orígenes, *In Ioann*. I, 16: "Todos os que a Deus chegarem conhece-lo-ão num único ato, em continuidade com o palavra que está junto de Deus, de tal sorte que moldados pelo conhecimento de Deus possam realmente ser chamados filhos, pois, por enquanto, só o Filho conhece o Pai": *PG* 14, 49; *GCS* Orígenes 4, 20; santo Agostinho, *De sermone Domini in monte* 1, 41: "Amemos quem nos pode levar juntos para o reino em que ninguém diz meu Pai, mas se dirige ao único Deus, dizendo Pai nosso": PL 34, 1250; são Cirilo Alexandrino, *In Ioann*. I: "Existimos todos em Cristo. Nele é de novo realidade que a humanidade revive como uma única pessoa. Por isso é chamado de novo Adão. Aquele que, por natureza, é filho de Deus, habitou em nosso meio. Dizemos pois em seu Espírito: Abba, Pai! A palavra de Deus habita em todos como num único templo. Aquele que, por nossa causa e por causa de nossa salvação, assumiu o que era nosso, o fez para que, formando, todos, nele um só corpo, como diz Paulo, fôssemos reconciliados com o Pai": *PG* 73, 161-164.

vocação, pois Cristo é o princípio e o modelo da humanidade renovada, imbuída do amor fraterno, da sinceridade e do espírito de paz aos quais aspiram todos os seres humanos. Cristo e a Igreja, que o testemunha ao pregar o Evangelho, transcendem todas as particularidades étnicas e nacionais. Não são estranhos a ninguém nem a nada.[46] Cristo é a verdade e o caminho, abertos a todos pela pregação do Evangelho, por intermédio do qual chegam a todos palavras de Cristo como: "Arrependei-vos e fazei penitência" (Mc 1, 15). Quem não crê já foi julgado.[47] As palavras de Cristo são ao mesmo tempo de juízo e graça, de morte e de vida. Só se pode ter acesso à vida nova na medida em que se destrói o que é velho. Isso vale primeiro para as pessoas, mas também para os bens deste mundo, marcados ao mesmo tempo pelo pecado do homem e pela bênção divina. Pecaram todos e todos estão privados da glória de Deus" (Rm 3, 23). Ninguém se liberta do pecado e se alça acima de si mesmo sozinho, ou com suas próprias forças. Ninguém se liberta inteiramente de sua fraqueza, de sua solidão nem de sua servidão.[48] Todos têm necessidade de Cristo, exemplo, mestre, libertador, salvador e vivificador. Também na história humana o Evangelho tem sido fermento da liberdade e do progresso e continua sendo fermento da fraternidade, da unidade e da paz. Com razão, Cristo é celebrado pelos fiéis como "esperança e salvação de todos os povos".[49]

9. Caráter escatológico da atividade missionária

9. A atividade missionária se situa entre a primeira e a segunda vinda do Senhor, quando a Igreja será reunida no reino de Deus como uma colheita, vindo dos quatro cantos da terra.[50] Antes pois que venha o Senhor é preciso pregar o Evangelho a todos os povos.[51]

1108

A atividade missionária é nada mais nada menos do que a manifestação ou epifania do desígnio de Deus e seu cumprimento no mundo, na história, em que Deus, por intermédio da missão, realiza a história da salvação. Cristo,

1109

[46.] Bento XV, enc. *Maximum illud*, 30.11.1919 (*AAS* 11 (1919) 445: "Sendo católica, a Igreja não é estranha a nenhum povo nem a nenhuma nação". Cf. João XXIII, enc. *Mater et magistra*, 15.5.1961: *AAS* 53 (1961) 444: "por direito divino todos os povos pertencem à Igreja(...) Quando se insere na intimidade de algum povo, a Igreja não deve ser nem se julgar como instituição estrangeira que queira se impor... Tudo que haja de bom e de honesto nesse povo é como que seu, deve ser por ela confirmado e aperfeiçoado (como que renascer em Cristo)."
[47.] Cf. Jo 3, 18.
[48.] Cf. Irineu, *Adv. Haer.* III, 15, 3; *PG* 7, 919: "Foram pregadores da verdade e apóstolos da liberdade."
[49.] *Breviário Romano*, Antífona do "O", vésperas do dia 23 de dezembro.
[50.] Cf. Mt 24, 31; *Didaché* 10, 5: Funk I, 32.
[51.] Cf. Mc 13, 10.

autor da salvação, torna-se presente por intermédio da pregação da palavra e pela celebração dos sacramentos, cujo centro e cume é a santíssima eucaristia. Toda verdade e graça já existentes entre os povos, fruto de uma secreta presença divina, a ação missionária liberta do contágio com o maligno, restitui a Cristo, seu autor, destruindo o império do diabo e expulsando para longe a malícia de muitos crimes. Tudo, porém, que haja de bom no coração e no espírito dos seres humanos, na cultura e nos ritos dos povos, não há de perecer, mas, uma vez curado, será elevado e se tornará perfeito para a glória de Deus, confusão do demônio e felicidade de todos os seres humanos.[52] Dessa forma, a atividade missionária tende para a plenitude escatológica:[53] por seu intermédio, até o momento em que o Pai determinou[54] o povo de Deus cresce e se desenvolve, segundo a palavra do profeta: "Aumente o espaço da sua tenda, ligeira estende a lona, estique a corda, não se detenha" (Is 54, 2). Cresce assim o corpo místico até que chegue à plenitude de Cristo,[55] templo espiritual em que Deus é adorado em espírito e verdade,[56] constituído e desenvolvido a partir do "fundamento dos apóstolos e dos profetas, tendo por pedra angular o próprio Cristo Jesus.[57]

Capítulo II

A obra missionária

10. Introdução

1110

10. Enviada por Cristo para manifestar e comunicar a todos, indivíduos e povos, o amor de Deus, a Igreja sabe que é imenso o trabalho missionário que resta fazer. Mais de dois bilhões de seres humanos, número que cresce todos os dias, mal ouviram a mensagem evangélica, embora vivam no seio de culturas desenvolvidas, obedecendo a antigas tradições religiosas e formando grupos humanos mais ou menos numerosos. Uns seguem alguma das grandes religiões. Outros não sabem direito quem é Deus. Outros ainda nem mesmo

---

[52] Cf. Conc. Vat. II, const. dogm. *Lumen gentium*, 17: *AAS* 57 (1965) p. 20-21; S. Agostinho, *De civitate Dei* 19.17; *PL* 41, 646; Propaganda Fide: *Collectanea I*, n. 135, p. 42.
[53] Orígenes ensinava que o Evangelho deveria ser pregado a todo o mundo antes do fim: *Hom. in Lc. XXI*: *GCS* Orig. IX, 136, 21 sq.; *In Math. Comm. Ser.* 39, c. XI, 75, 25 s.; 76, 4 s.; *Hom. in Ierem.* III, 2; VIII, 308, 29s; S. Tomás, *Summa theol.* I-II, q. 106, a.4 4m.
[54] Cf. At 1, 7.
[55] S. Hilário de Poitier, *In Ps.* 14; PL 9, 301; S. Eusébio de Cesaréia, *In Isaiam* 54, 2-3; PG 24, 462-463; Cirilo de Alexandria, *In Isaiam* V, cap. 54, 1-3; *PG* 70, 1193.
[56] Cf. Ef 4, 13
[57] Cf. Jo 4, 23.

acreditam que exista ou se opõem expressamente ao reconhecimento de sua existência. Para oferecer a todos o mistério da salvação e a vida que vem de Deus, a Igreja deve se inserir em todos esses grupos humanos como Cristo que, por sua encarnação, sujeitou-se às condições culturais e sociais daqueles com quem conviveu.

Artigo 1

O testemunho cristão

11. O testemunho da vida e o diálogo

11. A Igreja deve estar presente em todos esses grupos humanos por intermédio de seus filhos que aí vêm ou para onde são enviados. Onde quer que vivam, pelo exemplo da vida e pelo testemunho da palavra, todos os fiéis devem manifestar a nova humanidade com que foram vestidos no batismo, e a força do Espírito Santo, que receberam na confirmação. Considerando suas boas obras, os demais se sentirão inclinados a glorificar ao Pai, [1] perceberão melhor o sentido da vida e descobrirão a importância do vínculo de comunhão de que todos os seres humanos são chamados a participar. 1111

Para que o testemunho de Cristo seja válido, os cristãos devem valorizar o que têm de próprio os diferentes grupos humanos e neles se integrar com amor, participar integralmente de sua vida social e cultural e relacionar-se com naturalidade uns com os outros, sob todos os aspectos da vida humana de todo dia. Familiarizem-se com suas tradições nacionais e religiosas. Com alegria e respeito, assinalem os traços culturais destes povos que de algum modo têm referência aos valores cristãos e podem ser considerados como que sementes latentes da Palavra. Mas não deixem de assinalar também as profundas transformações por que hão de passar todas as sociedades. Estarão assim contribuindo para evitar que a civilização moderna, científica e tecnológica, os venha a afastar das coisas divinas, em lugar de despertar neles, ainda mais vivo, o desejo da verdade e do amor divinamente revelados. Cristo entendeu em profundidade o coração humano. Convivendo humanamente com homens e mulheres, iluminava-os com a luz divina. Assim também o discípulo de Cristo, compenetrado de seu Espírito, deve procurar conhecer as pessoas com quem convive. Num diálogo sincero e paciente, levá-las a perceber o maravilhoso dom de Deus oferecido a todos e a aprofundá-lo à luz do Evangelho, para sua libertação e para que venham a reconhecer o senhorio de Deus Salvador. 1112

---

[1] Cf. Mt 5, 16.

12. Presentes com amor

1113   12. A presença dos fiéis no seio dos diversos grupos humanos deve ser animada pelo amor com que Deus nos ama e quer que nos amemos uns aos outros.[2]

O amor cristão se estende a todos, sem discriminação de raça, condição social ou religião. Não busca lucro ou reconhecimento algum. Assim como é gratuito o amor com que Deus ama os seres humanos, esforcem-se os fiéis para amá-los da mesma forma, com o mesmo amor. Cristo percorria o país curando as pessoas de seus males e doenças, como sinal do advento do reino.[3] Que também a Igreja, por intermédio de seus filhos, vá ao encontro de todos os seres humanos, qualquer que seja sua condição, mas especialmente dos pobres e dos aflitos, dedicando-se a eles de coração.[4] Participe de suas alegrias e de suas tristezas, comungue com suas aspirações e com suas incertezas, seja capaz de estar junto com eles nos momentos difíceis e até na morte. A Igreja deseja dialogar fraternalmente com todos os que buscam a paz, facilitando-lhes o acesso à luz do Evangelho.

1114   Que os fiéis colaborem com todos os que buscam resolver os problemas econômicos e sociais. Cuidem especialmente da educação das crianças e dos adolescentes. As escolas são excelentes meios para formar e promover a juventude cristã, servir aos grandes valores humanos, defender a dignidade humana e melhorar a qualidade de vida, especialmente nos países em desenvolvimento.

Participem também os fiéis dos esforços no combate à fome, à ignorância e à doença, procurando estabelecer melhores condições de vida no planeta, em busca da consolidação da paz. Neste sentido, observadas as normas da prudência, devem colaborar com os organismos públicos e privados, com os governos e com os órgãos internacionais e com as diversas comunidades religiosas, cristãs ou não cristãs.

1115   A Igreja não pretende de modo algum se imiscuir no governo da sociedade. Confiante no auxílio divino, reivindica somente o direito de se colocar fielmente, com amor, a serviço de todos, homens e mulheres.[5]

1116   Vivendo e agindo em íntima união com todos, os discípulos de Cristo procuram render-lhe um testemunho verdadeiro e atuar em vista de salvação, mesmo quando não o podem anunciar plenamente. Não visam ao progresso nem à prosperidade puramente materiais. São promotores da dignidade humana

---

[2] Cf. 1Jo 4, 11.
[3] Cf. Mt 9, 35ss; At 10, 38.
[4] Cf. 2Cor 12, 15.
[5] Cf. Mt 20, 26; 23, 11; Aloc. de Paulo VI no Concílio, 21.11.1964: *AAS* 56 (1964) p. 1013.2

e do convívio fraterno entre os seres humanos, transmitindo-lhes as verdades religiosas e morais ensinadas por Cristo, a fim de se irem abrindo à plenitude de Deus. Dessa forma, caminha-se para a salvação trilhando o caminho do amor para com Deus e para com o próximo, e o mistério de Cristo, tornando-se mais claro, manifesta o novo ser humano criado por Deus,[6] em que se revela o amor de Deus para com a humanidade.

Artigo 2

Pregação do Evangelho e reunião do povo de Deus

13. Evangelização e conversão

13. Onde quer que Deus proporcione ocasião para se falar do mistério de Cristo[7] a todos os seres humanos,[8] anuncie-se[9] com confiança a constância[10] ao Deus vivo e a Jesus Cristo, por ele enviado para a salvação de todos.[11] O Espírito Santo abrirá o coração dos não-cristãos[12] para que acreditem no Senhor e livremente se convertam, acolham com sinceridade aquele que sendo "caminho, verdade e vida" (Jo 14, 6) satisfaz e até supera infinitamente todas as suas expectativas espirituais.   1117

Trata-se de uma conversão inicial, suficiente porém para que a pessoa se dê conta de que foi libertada do pecado e introduzida no mistério do amor de Deus, que a chama para um convívio pessoal consigo em Cristo. Com a graça de Deus, o neoconvertido inicia uma caminhada espiritual na fé. Participa desde o início do mistério da morte e da ressurreição de Cristo, que transforma o velho ser humano que ele era em um novo, à imagem do realizado em Cristo.[13]   1118

Essa transformação comporta uma progressiva mudança na maneira de sentir e de viver, com repercussão em sua relação com os outros, que vai evoluindo aos poucos durante o catecumenato. O Senhor em quem acreditamos é sinal de contradição,[14] por isso o convertido experimenta quase sempre rupturas e separações, embora conheça também novas alegrias que Deus dá com generosidade.[15]

---

[6] Cf. Ef 4, 24.
[7] Cf. Cl 4, 3.
[8] Cf. Mc 16, 15.
[9] Cf. 1Cor 9, 15; Rm 10, 14.
[10] Cf. At 4, 13.29.31; 9, 27-28; 13, 46; 14, 3; 19, 8; 26, 26; 28, 31; 1Ts 2, 2; 2Cor 3, 12; 7, 4; Fl 1, 20; Ef 3, 12; 6, 19-20.
[11] Cf. 1Ts 1, 9-10; 1Cor 1, 18-21; Gl 1, 31; At 14, 15-17; 17, 22-31.
[12] Cf. At 16, 14.
[13] Cf. Cl 3, 5-10; Ef 4, 20-24.
[14] Cf. Lc 2, 34; Mt 10, 34-39.
[15] Cf. 1Ts 1, 6.

1119   A Igreja proíbe severamente toda coação ou insistência demasiada que obrigue, leve ou atraia as pessoas para a fé, com a mesma energia com que condena corajosamente todas as ameaças que tendam a afastar as pessoas da fé.[16]

1120   Segundo prática antiqüíssima, a Igreja recomenda o exame dos motivos que levam à conversão que, se necessário, devem ser purificados.

14. O catecumenato e a iniciação cristã

1121   14. Todos os que receberam de Deus a fé, por intermédio da Igreja,[17] devem ser admitidos ao catecumenato, segundo o rito estabelecido. Mais do que simples exposição dos dogmas e dos preceitos, o catecumenato deve ser uma iniciação a toda a vida cristã, um aproximar-se de Cristo, durante o tempo que for necessário. Sejam os catecúmenos iniciados convenientemente no mistério da salvação, na prática da vida evangélica, nas celebrações litúrgicas segundo os diversos tempos,[18] na vida de fé, de culto e de amor, característica do povo de Deus.

1122   Uma vez libertados do poder das trevas pelos sacramentos da iniciação cristã,[19] mortos, sepultados e ressuscitados com Cristo[20] recebam o Espírito de adoção dos filhos[21] e celebrem com todo o povo de Deus, o memorial da morte e da ressurreição do Senhor.

1123   É desejável que a liturgia da quaresma e do tempo pascal seja restaurada levando-se em conta o estado de espírito dos catecúmenos que se preparam para a celebração do mistério pascal, em cujas solenidades serão regenerados pela recepção do batismo de Cristo.

1124   A iniciação cristã dos catecúmenos incumbe a toda a comunidade dos fiéis. Além dos catequistas e dos sacerdotes, compete especialmente aos padrinhos ajudar os catecúmenos a entender, desde o início, que estão se integrando no povo de Deus. Como a vida da Igreja é apostólica, saibam os catecúmenos que devem cooperar ativamente na evangelização e na edificação da Igreja, pelo testemunho da vida e pela profissão da fé.

---

[16] Cf. Conc. Vat. II, decl. *Dignitatis humanae*, 2, 4, 10; const. *Gaudium et spes* 21.
[17] Cf. Conc. Vat. II, const. dogm. *Lumen gentium*, 17: *AAS* 57 (1965) pp. 20-21.
[18] Cf. Conc. Vat. II, const. *Sacrosanctum Concilium*, 64-65: *AAS* 56 (1964) p. 117.
[19] Cf. Cl 1, 13. O Evangelho nos fala desta libertação da escravidão do demônio e das trevas, cf. Mt 12, 28; Jo 8, 44; 12, 31 (cf. 1Jo 3, 8; Ef 2, 1-2). Na liturgia do batismo, cf. Ritual Romano.
[20] Cf. Rm 6, 4-11; Cl 2, 12-13; 1Pd 3, 21-22; Mc 16, 16.
[21] Cf. 1Ts 3, 5-7; At 8, 14-17.

Que se defina com clareza, no novo Código de Direito Canônico, o lugar **1125** que ocupam os catecúmenos: já pertencem à Igreja,[22] à família de Cristo[23] e, na maioria das vezes, vivem desde já segundo a fé, a esperança e a caridade.

Artigo 3

A comunidade cristã

15. A formação da comunidade cristã

15. Por intermédio das sementes da Palavra e pela pregação do Evange- **1126** lho, o Espírito Santo chama a Cristo todos os seres humanos, desperta-lhes no coração a atitude de fé, gera nas fontes batismais, para uma nova vida, os que crêem em Cristo, reúne-os em um só povo de Deus como "raça eleita, sacerdócio régio, nação santa, povo adquirido por Deus" (1Pd 2, 9).[24]

Como cooperadores de Deus[25] os missionários devem suscitar grupos de fiéis **1127** que caminhem de maneira digna da vocação a que foram chamados[26] e exerçam os papéis sacerdotal, profético e régio, que lhes foram atribuídos por Deus.

Dessa forma a comunidade cristã torna-se sinal da presença de Deus no mundo. No sacrifício eucarístico, está em contato incessante com o Pai, por intermédio de Cristo.[27] Alimentada constantemente pela palavra de Deus, [28] dá testemunho de Cristo[29] e caminha na caridade e no ardor apostólico, segundo o Espírito.[30]

Desde o início, a comunidade eclesial deve ser formada de tal maneira **1128** que possa suprir às suas próprias necessidades.

A comunidade dos fiéis, dotada com a riqueza cultural do povo a que per- **1129** tence, deve estar profundamente radicada nesse povo. As famílias devem ser portadoras do espírito evangélico;[31] as escolas, mantidas por pessoas capazes;

---

[22] Cf. Conc. Vat. II, const. dogm. *Lumen gentium*, 14: *AAS* 57 (1965) p. 19.
[23] Cf. santo Agostinho, *Tract. in Ioann.* 11, 4: *PL* 35, 1476.
[24] Cf. Conc. Vat. II, const. dogm. *Lumen gentium*, 9: *AAS* 57 (1965) p. 15-16, 40-41, 47.
[25] Cf. 1Cor 3, 9.
[26] Cf. Ef 4, 1.
[27] Cf. Conc.Vat. II, const. dogm. *Lumen gentium*, 10, 11, 34: *AAS* 57 (1965) pp. 10-17, 39-40;
[28] Cf. Conc. Vat. II, const. dogm. Dei Verbum, 21:AAS 58 (1966) p. 827.
[29] Cf. Conc. Vat. II, const. dogm. *Lumen gentium*, 12, 35: *AAS* 57 (1965) pp. 16, 40-41.
[30] Cf. Conc. Vat. II, const. dogm. *Lumen gentium*, 23, 36: *AAS* 57 (1965) pp. 28, 41-42.
[31] Cf. Conc. Vat. II, const. dogm. *Lumen gentium*, 11, 35, 41: *AAS* 57 (1965)pp. 15-16, 40-41, 47.

estabeleçam-se associações e grupos por intermédio dos quais os leigos possam imbuir do espírito evangélico toda a sociedade; que reine finalmente um espírito de caridade entre os católicos de ritos diversos.[32]

1130 Cultive-se o espírito ecumênico entre os neófitos. Que encarem como irmãos em Cristo todos os discípulos de Cristo, regenerados pelo batismo e participantes dos muitos bens do povo de Deus. Na medida em que as circunstâncias religiosas o permitam, promovam-se atividades ecumênicas em comum, excluindo-se toda espécie de indiferentismo, confusão ou falsa emulação. Cooperando uns com os outros na ação social, nas áreas técnicas, culturais e religiosas, dá-se a todos testemunho da fé em Deus e em Jesus Cristo. A colaboração dos católicos obedeça às normas ditadas no decreto sobre o ecumenismo. Tenha-se em vista, antes de tudo, a Cristo, Nosso Senhor. Que seu nome nos reúna a todos! Não se trata de uma colaboração entre indivíduos apenas, mas deve se chegar, sob orientação do bispo, a uma colaboração entre Igrejas e entre comunidades eclesiais.

1131 Ao se reunirem na Igreja, "os fiéis não se diferenciam das outras pessoas nem pelo governo a que estão sujeitos, nem pela língua, nem pelas instituições políticas".[33] Vivem por isso para Deus e para Cristo, segundo as maneiras de ser e os costumes honestos de seu próprio povo. Como bons cidadãos, cultivam o amor da pátria, verdadeiro e eficaz, mas evitam absolutamente o nacionalismo exacerbado e o desprezo de outras raças, empenhados que estão na promoção do amor universal para com todos os seres humanos.

1132 Na obtenção de tais objetivos, desempenham papel primordial os leigos, isto é, os fiéis que, tendo sido incorporados a Cristo pelo batismo, vivem contudo no mundo. Imbuídos do Espírito de Cristo, compete-lhes especificamente, como o fermento na massa, animar por dentro as realidades temporais e ordená-las de tal forma que se desenrolem sempre segundo o pensamento e a vontade de Cristo.[34]

1133 Não basta, porém, que a comunidade cristã esteja presente e seja organizada num determinado povo, como também não basta o apostolado do exemplo. Está presente e se organiza para anunciar Cristo aos concidadãos não-cristãos, pela palavra e pela ação, tudo fazendo para que o recebam da melhor forma possível.

---

[32] Cf. Conc. Vat. II, decr. *Orientalium ecclesiarum*, 4: *AAS* 57 (1965) pp. 77-78.
[33] *Epist. ad Diognetum* 5: *PG* 2, 1173; cf. Conc. Vat. II, const. dogm. *Lumen gentium* 38: *AAS* 57 (1965) p. 43.
[34] Cf. Conc. Vat. II, const. dogm. Lumen gentium, 32: AAS 57 (1965) p. 38; decr. Apostolicam actuositatem, 5-7: AAS (1966) pp. 842-844.

A implantação e o crescimento da Igreja requerem grande diversidade de 1134
ministérios. A ação divina os suscita na comunidade, mas devem ser reconhecidos e cultivados com diligência. Dentre estes, contam-se o sacerdócio e o diaconato, o ministério dos catequistas e a ação católica. Também os religiosos e religiosas são chamados a trabalhar para o enraizamento e conseqüente desenvolvimento, nas almas, do reino de Cristo, tanto pela oração como pela ação e demais obras indispensáveis.

16. Formação do clero local

16. Cheia de alegria, a Igreja agradece a Deus o dom inestimável da vo- 1135
cação sacerdotal concedido a inúmeros jovens, de populações recentemente convertidas a Cristo. A Igreja está tanto melhor implantada em qualquer comunidade humana quanto os ministros da salvação, bispos, padres, diáconos e irmãos coadjuvantes provêm dessa mesma comunidade e na medida em que a estrutura diocesana vai podendo se desenvolver, com o aumento do clero local.

Observe-se tudo quanto o Concílio determinou a respeito da vocação e da 1136
formação sacerdotais, nas Igrejas recentemente implantadas ou por implantar. Acima de tudo é importante levar em conta o que concerne à estreita relação existente entre a formação espiritual, doutrinária e pastoral e a vida, inspirada no Evangelho, acima de toda consideração de ordem material ou familiar, favorecendo o desenvolvimento da percepção cada vez mais profunda do mistério da Igreja.

Convençam-se os formandos de que se devem consagrar inteiramente ao serviço do corpo de Cristo e do Evangelho, unidos aos respectivos bispos, como seus fiéis cooperadores e mantendo um relacionamento fraterno com todos os demais confrades.[35]

É o objetivo a que visa, em última análise, toda a formação, feita à luz 1137
do mistério da salvação, tal como está consignado nas Escrituras. Presente na liturgia, o mistério de Cristo e da salvação humana deve também estar presente na vida.[36]

As exigências comuns, pastorais e práticas da formação sacerdotal, de 1138
acordo com as determinações do Concílio[37] devem-se articular com a maneira de pensar e de agir de cada povo. Sejam os alunos preparados para considerar

---

[35] Cf. Conc. Vat. II, decr. *Optatam totius* 4, 8, 9: *AAS* 58 (1966) pp. 716.
[36] Cf. Conc.Vat. II, const. *Sacrosanctum Concilium*, 17: *AAS* 56 (1964) p. 105.
[37] Cf. Conc. Vat. II, decr. *Optatam totius*, 1: *AAS* 58 (1966) pp. 713-714.

sem preconceitos, conhecer com precisão e julgar criteriosamente a cultura do povo em que atuam. O estudo da filosofia e da teologia deve levar a compreender melhor as relações das tradições e religiões pátrias com a religião cristã.[38]

A formação sacerdotal deve focalizar as necessidades pastorais de cada região. Deve-se estudar a história, os objetivos e os métodos missionários da Igreja e a situação social, econômica e cultural do povo. Toda formação deve ser feita numa perspectiva ecumênica, e os alunos devem ser preparados para o diálogo fraterno com os não-cristãos.[39]

Tudo isso requer que os estudos de preparação para o sacerdócio sejam feitos em cada país, no seio de cada povo.[40] Contudo, também não se descure da formação para a administração tanto eclesiástica como econômica.

1139 Que alguns sacerdotes, depois de um certo tirocínio pastoral, sejam escolhidos para continuar os estudos superiores em universidades estrangeiras, principalmente em Roma, ou em outros institutos especializados. Com isso as Igrejas recém-implantadas irão se preparando aos poucos para o desempenho das tarefas eclesiásticas mais árduas, podendo contar quanto antes com especialistas devidamente formados.

1140 Onde for oportuno, de acordo com o parecer da conferência episcopal, restaure-se o diaconato como estado permanente de vida, segundo as normas da Constituição Conciliar sobre a Igreja.[41] A exemplo dos apóstolos, convém impor as mãos e ordenar os homens que já exercem um ministério de caráter diaconal: pregam a palavra de Deus, como catequistas ou como dirigentes, em nome do pároco e do bispo, de comunidades disseminadas por regiões mais distantes ou que ainda praticam o ministério da caridade por intermédio de obras sociais e de beneficência. Dessa forma, ficarão vinculados mais estreitamente ao altar e poderão usufruir da graça do diaconato, para o exercício mais eficaz de seu ministério.

17. A formação dos catequistas

1141 Não se deve esquecer o reconhecimento devido ao verdadeiro exército dos catequistas: homens e mulheres imbuídos do espírito apostólico, que prestam indispensável auxílio ao crescimento da fé e da Igreja nos países de missão.

---

[38] Cf. João XXIII, enc. *Princeps pastorum*, 28.11.1959: *AAS* 51 (1959) pp. 843-844.
[39] Cf. Conc. Vat. II, decr. *Unitatis redintegratio*,4: *AAS* 57 (1965) pp. 94-96.
[40] Cf. João XXIII, enc. *Princeps pastorum*, 28.11.1959: *AAS* 51 (1959) p. 842.
[41] Cf. Conc. Vat. II, const. dogm. *Lumen gentium* 29: *AAS* 57 (1965) p. 36.

Em nossos dias, o ofício de catequista adquire importância ímpar, tão **1142** grande é o número das multidões a serem evangelizadas e tão poucos os clérigos. Deve-se pois procurar harmonizar a formação dos catequistas com o progresso cultural, para que se tornem valiosos cooperadores da ordem sacerdotal e sejam capazes de enfrentar por si mesmos as novas e grandes exigências de sua função.

Multipliquem-se pois as escolas diocesanas e regionais em que os futuros **1143** catequistas aprendam a doutrina católica, especialmente no que diz respeito à Bíblia e à Liturgia, sejam iniciados nos métodos catequéticos e na prática pastoral, formados na moral cristã,[42] na religião e na santidade, a serem vividas intensamente e com continuidade.

Promovam-se, além disso, cursos e encontros em que os catequistas sejam levados a rever e renovar periodicamente a prática de seu ministério, recebam alimento e fortaleçam-se espiritualmente.

Além disso, todos os que se dedicam ao trabalho catequético devem poder viver de maneira decente, ter uma remuneração adequada e usufruir dos benefícios da seguridade social.[43]

A formação e o sustento dos catequistas deveria contar com subsídios da **1144** Congregação de Propaganda Fide, criando-se até, se necessário, um fundo para catequistas.

A Igreja reconhece com alegria o serviço indispensável que os catequistas **1145** auxiliares generosamente prestam. Presidem às orações e ensinam em suas respectivas comunidades. Onde for conveniente, numa cerimônia litúrgica especial, lhes deve ser conferida a missão canônica, quando bem-formados, para que desempenhem suas funções junto ao povo, com maior autoridade de fé.

18. Promover a vida religiosa

Que se estimule a vida religiosa desde os inícios de uma nova Igreja. **1146** Além de constituir precioso e indispensável auxílio à atividade missionária, a consagração a Deus feita com toda lucidez no seio da Igreja torna manifesta e exprime a natureza e a significação mais profundas da vida cristã.[44]

Os diversos institutos religiosos que trabalham na vinha da Igreja, como **1147** portadores imbuídos dos diversos aspectos de sua tradição, procurem exprimilos de maneira a serem entendidos pelo modo de ver e pelo jeito de cada povo.

---

[42] Cf. João XXIII, enc. *Princeps pastorum*, 28.11.1959: *AAS* 51 (1959) p. 855.
[43] Faz-se aqui referência aos catequistas de tempo integral.
[44] Cf. Conc. Vat. II, const. dogm. *Lumen gentium*, 31, 44: *AAS* 57 (1965) pp. 37, 50-51.

Prestem bem atenção às práticas ascéticas e contemplativas das religiões locais. São como sementes lançadas por Deus antes da pregação do Evangelho, até hoje presentes em antigas culturas, e que podem ser perfeitamente assumidas pela vida religiosa.

1148   As novas Igrejas devem cultivar formas novas de vida religiosa, manifestando os diversos aspectos da missão de Cristo e da vida da Igreja. Consagrem-se às diversas obras pastorais preparando-se devidamente para tanto. Os bispos e as conferências episcopais cuidem para que não se multipliquem inutilmente congregações com os mesmos objetivos apostólicos, em prejuízo da vida religiosa e do apostolado.

1149   Merecem especial menção as diversas iniciativas destinadas a consolidar a vida contemplativa, quer daqueles que conservam os elementos essenciais da instituição monástica e procuram restaurar as tradições autênticas de sua ordem, quer daqueles que procuram voltar às formas mais simples do monaquismo original. Todos devem procurar uma adaptação sadia às condições de vida locais. A vida contemplativa faz parte da plenitude da Igreja e não pode faltar às Igrejas recém-fundadas.

Capítulo III

As Igrejas particulares

19. O crescimento das jovens Igrejas

1150   A implantação da Igreja num determinado grupo humano alcança uma primeira etapa quando a comunidade dos fiéis, já minimamente entrosada com a vida social local, começa a desfrutar de uma certa estabilidade e de maior firmeza. Contando com sacerdotes, religiosos e leigos provenientes deste mesmo grupo humano, ainda que não em número suficiente, mostra-se capaz de desempenhar os ministérios e de dar continuidade às instituições indispensáveis à vida e ao crescimento do povo de Deus, sob a direção do bispo.

1151   Nessas novas Igrejas a vida do povo de Deus deve ir amadurecendo sob todos os aspectos, na linha da renovação proposta pelo Concílio. Ao tomar consciência de sua fé, os grupos de fiéis se tornam verdadeiras comunidades de fé e de culto, no amor fraterno. Os leigos, por sua atividade civil e apostólica, empenham-se na sociedade em favor da justiça e da prática da caridade. Os meios de comunicação passam a ser devidamente utilizados. A vida familiar, inspirada pelo Evangelho, torna-se foco de apostolado leigo e sementeira de vocações sacerdotais e religiosas. A prática da catequese educa a fé. A liturgia, celebrada de acordo com a maneira de sentir do povo e de acordo com a norma canônica, leva a se constituírem tradições e costumes locais.

Juntamente com seu presbitério, em comunhão com a Igreja universal, procurem os bispos desenvolver cada vez mais o espírito de Cristo e da Igreja. As novas Igrejas, unindo-se ao resto da Igreja, contribuam para enriquecê-la e fazê-la crescer, proporcionando-lhe elementos de sua própria tradição e cultura que passam a fazer parte da corrente de vida que anima o corpo místico.[1] Daí que é preciso valorizar os elementos teológicos, psicológicos e humanos que favoreçam e fortaleçam os vínculos com a Igreja universal. 1152

Tais Igrejas, situadas freqüentemente nas regiões mais pobres da terra, sofrem muito com a falta de sacerdotes e com a escassez de recursos materiais. Precisam pois de uma constante ação missionária da Igreja universal para poderem amadurecer mais rápido. Ação que se faz igualmente necessária junto a Igrejas mais antigas, que se encontram em estado de regressão ou de grande debilidade. 1153

No entanto, essas Igrejas devem organizar uma pastoral adequada para que as vocações, tanto sacerdotais como religiosas, aumentem em número e em qualidade e sejam melhor cultivadas,[2] de tal sorte que vão-se tornando auto-suficientes e capazes de ajudar a outras Igrejas. 1154

20. A atividade missionária das Igrejas particulares

20. Representante a título pleno da Igreja universal, saiba a Igreja particular que foi enviada aos não-fiéis que habitam o território em que está implantada. Deve, pois, individual e comunitariamente dar testemunho e ser sinal de Cristo junto a eles. 1155

Além disso é preciso que o ministério da palavra alcance a todos, para que lhes chegue o anúncio do Evangelho. Antes de mais nada, o bispo é pregador, que deve trazer para Cristo novos discípulos.[3] A fim de cumprir devidamente esse ministério precípuo, conheça o melhor possível as condições em que vive seu rebanho, assim como as opiniões que nele circulam a respeito de Deus, leve em conta as mudanças por que está passando a sociedade, especialmente no que concerne à urbanização, às migrações e à difusão da indiferença religiosa. 1156

---

[1] Cf. João XXIII, enc. *Princeps pastorum*, 28.11.1959. *AAS* 51 (1959) p. 838.
[2] Cf. Conc. Vat. II, decr. *Presbyterorum ordinis*, 11: *AAS* 58 (1966); decr. *Optatam totius*, 2: *AAS* 58 (1966) pp. 714-715.
[3] Cf. Conc.Vat. II, const. dogm. *Lumen gentium*, 25: *AAS* 57 (1965) p. 29.

1157 Os sacerdotes oriundos dessas Igrejas particulares devem-se dedicar com afinco à obra da evangelização, colaborando com os missionários que vêm de fora, na unidade de um mesmo presbitério sob a autoridade do bispo. Essa colaboração não se limita ao pastoreio dos fiéis e à celebração do culto, mas se estende à pregação do Evangelho aos que estão fora da comunidade cristã. Alegrem-se os sacerdotes quando têm ocasião de se oferecer ao bispo para serem enviados como missionários nas regiões mais distantes e menos favorecidas da diocese ou mesmo na fundação de novas dioceses.

1158 Espera-se que religiosos e religiosas, e mesmo leigos, tenham o mesmo zelo, especialmente para com os mais pobres.

1159 Num mundo em constante mudança, que passa, como o nosso, por transformações profundas, as conferências episcopais devem promover, em datas fixas, cursos de renovação bíblica, teológica, espiritual e pastoral, que coloquem o clero a par do pensamento teológico em evolução e dos novos métodos pastorais.

1160 Observe-se, de modo geral, o que prescreve o decreto conciliar sobre o ministério e a vida dos presbíteros.

1161 O trabalho missionário na sua especificidade exige ministros capazes de ser desde cedo preparados, tendo em conta as condições particulares de suas próprias Igrejas. Hoje em dia, verifica-se um desenvolvimento dos grandes grupos que reúnem um numero crescente de pessoas. É indispensável que as conferências episcopais procurem estabelecer um diálogo com eles. Quando certos grupos humanos encontram dificuldade em abraçar a fé católica dada a forma como existe a Igreja em sua região, devem ser tomadas providências especiais para que a Igreja se adapte à forma de ser do grupo humano em questão,[4] enquanto não for possível reunir todos os cristãos numa única comunidade. Se a Sé apostólica dispõe de missionários capazes de estabelecer esse contato, os bispos devem convidá-los e alegremente recebê-los em suas dioceses, dando efetivo apoio às suas iniciativas.

1162 Para despertar o zelo missionário é conveniente que as novas Igrejas se disponham quanto antes a participar da ação missionária da Igreja universal, enviando também elas missionários que anunciem o Evangelho em todo o mundo, apesar da penúria do clero. A plena comunhão com a Igreja universal requer que as Igrejas particulares participem ativamente da missão da Igreja junto aos povos.

---

[4] Cf. Conc. Vat. II, decr. *Presbyterorum ordinis*, 10, em que se prevê a constituição de jurisdições pessoais especiais para grupos humanos diversos: *AAS* 58 (1966) p. 1007, [Deh. 1278].

21. Promover o apostolado dos leigos

1163 A Igreja só está verdadeiramente fundada, só alcança a plenitude de sua vida e só constitui um sinal adequado de Cristo no meio dos seres humanos quando, juntamente com a hierarquia, compõe-se de um laicato verdadeiro e ativo. O Evangelho não penetra em profundidade nas pessoas nem na vida e na atividade de um povo senão por intermédio da presença ativa dos leigos. Por isso é preciso pensar em constituir logo um laicato cristão maduro, desde a implantação da Igreja.

1164 Os fiéis leigos pertencem ao mesmo tempo ao povo de Deus e à sociedade civil. Pertencem ao povo em que nasceram, pela educação recebida, tornaram-se participantes de seus tesouros culturais, a eles estão ligados por uma série de vínculos sociais, envidam os mesmos esforços para progredir, dedicam-se às mesmas profissões, enfrentam os mesmos problemas que, juntos, se esforçam por resolver. Mas pertencem também a Cristo, por cuja fé e batismo foram regenerados na Igreja, para que sejam de Cristo por suas obras[5] a fim de que, por intermédio de Cristo, tudo venha a estar sujeito a Deus e Deus se torne tudo em todos.[6]

1165 O principal dever dos leigos, mulheres e homens, é dar testemunho de Cristo, pela vida e pela palavra, no grupo social em que vivem e na esfera de sua profissão. São chamados a manifestar o novo homem criado por Deus em santidade e verdade,[7] no âmbito da sociedade em que vivem e de sua pátria, de acordo com as suas tradições nacionais. Devem primar pelo conhecimento de sua própria cultura, conservá-la e saná-la de seus limites, ajudá-la a evoluir em consonância com as exigências modernas, procurando sempre mais aperfeiçoá-la, a fim de que a fé em Cristo e a vida da Igreja deixem de ser estranhas à sociedade em que vivem, mas comecem a compenetrá-la e a transformá-la.

Estejam unidos a seus concidadãos por uma caridade sincera, para que se lhes torne manifesto o novo laço de unidade e de amor universal, haurido na participação do mistério de Cristo. Difundam a fé de Cristo entre aqueles a quem estão unidos pelos laços da vida e da profissão. Obrigação tanto mais urgente quanto um grande número de pessoas não pode ouvir o Evangelho e reconhecer a Cristo senão por intermédio dos que lhe são mais próximos. Onde for possível, sejam os leigos preparados para colaborar com a missão mais específica da hierarquia de anunciar o Evangelho e comunicar a doutrina cristã para contínuo fortalecimento da Igreja.

---

[5] Cf. 1Cor 15, 23.
[6] Cf. 1Cor 15, 28.
[7] Cf. Ef 4, 24.

1166 Que os ministros da Igreja valorizem ao máximo o apostolado leigo. Cuidem de sua formação como membros de Cristo, que devem ter consciência de sua responsabilidade em relação a todos os seres humanos. Seja-lhes comunicado o mistério de Cristo em toda a sua profundidade. Sejam iniciados na metodologia prática cristã e assistidos em suas dificuldades, de acordo com a constituição conciliar sobre a Igreja e o decreto a respeito do apostolado dos leigos.

1167 Respeitadas as funções e responsabilidades próprias, tanto dos pastores como dos fiéis, a nova Igreja dará um consistente testemunho de Cristo, tornando-se sinal luminoso dos dons com que ele nos cumulou a todos.

22. Diversidade na unidade

1168 Como semente, a palavra de Deus, ao cair em terra boa e irrigada pela chuva do céu, absorve o líquido da vida, transforma-o, assimila-o e dá muitos frutos. Assim também, radicadas em Cristo e tendo os apóstolos por fundamento, as novas Igrejas, segundo a mesma lógica da encarnação, assumem, numa transação admirável, todos os préstimos das nações dadas a Cristo como herança,[8] enriquecem-se com os costumes e as tradições, a sabedoria e a doutrina, as artes e as maneiras de ser de seus respectivos povos, convertem-nos em objeto de louvor ao Criador e de ação de graças ao Salvador e os colocam, na medida do possível, a serviço da vida cristã.[9]

1169 Para alcançar tal objetivo, é indispensável que em cada uma das grandes regiões socioculturais estimule-se a reflexão teológica, de acordo com a Tradição da Igreja universal, submetendo a novas pesquisas os fatos e as palavras revelados por Deus, consignados nas Sagradas Escrituras e explicados pelos padres e pelo magistério da Igreja. Só então se poderá ver com maior clareza os caminhos a serem seguidos pela fé em busca de um conhecimento que leve em conta a maneira de pensar e a sabedoria dos diversos povos, seu modo de ser, sua forma de encarar a vida e de conceber a sociedade. Só então, também, se poderá avaliar até que ponto sua vida é compatível com o que ensina a divina revelação. Ver-se-á melhor como se há de desenrolar em profundidade a vida cristã desse povo, superando-se todo sincretismo no esforço de acomodar o cristianismo à índole e ao gênio de cada cultura.[10]

1170 Seria desejável e de grande importância que as conferências episcopais, no âmbito de sua grande região sócio-cultural comum, se articulassem umas com as outras, para realizar essa proposta de adaptação num mesmo sentido e segundo as mesmas orientações.

---

[8] Cf. Sl 2, 8.
[9] Cf. Conc. Vat. II, const. dogm. *Lumen gentium*, 13: *AAS* 57 (1965).
[10] Cf. alocução de Paulo VI na canonização dos mártires de Uganda, 18.10.1964: *AAS* 56(1964) p. 908.

Capítulo IV

Os missionários

23. A vocação missionária

23. Todo discípulo de Cristo é responsável pela difusão da fé.[1] Mas o próprio Cristo Senhor escolhe especialmente alguns deles, chama-os para estarem mais perto de si e os envia a pregar às nações.[2] Neste sentido, a vocação missionária infundida no coração das pessoas e a criação de institutos missionários[3] na Igreja são atribuídas ao Espírito Santo, que distribui como quer os seus dons, para utilidade de muitos.[4] Dessa forma, todos os que assumem o trabalho missionário fazem-no em nome da Igreja, a quem compete evangelizar por dever de ofício.

1171

Têm vocação especial aqueles que, dotados de saúde, disposições naturais e inteligência indispensáveis, estão devidamente preparados para assumir o trabalho missionário,[5] quer sejam do próprio país de missão ou estrangeiros, quer sejam sacerdotes, religiosos ou leigos. Na fé e na obediência, enviados pela autoridade legítima, vão aos que estão longe de Cristo, dedicados à missão que assumiram[6] como ministros do Evangelho, "a fim de que os pagãos se tornem oferta aceita e santificada pelo Espírito Santo" (Rm 15, 16).

1172

24. A espiritualidade missionária

24. O ser humano deve responder de maneira total ao chamado de Deus, empenhando-se inteiramente no trabalho do Evangelho, independentemente do que lhe sugerem a carne e o sangue.[7] Tal resposta só é possível graças à inspiração e à força do Espírito Santo. Quem é enviado passa a fazer parte da missão daquele que "se esvaziou a si mesmo e assumiu a condição de servo" (Fl 2, 7). Deve, por conseguinte, estar preparado para consagrar toda a vida à sua vocação, renunciando a si mesmo e a tudo o mais e dedicando-se inteiramente aos outros.[8]

1173

---

[1] Conc. Vat. II, const. dogm. *Lumen gentium*, 17: *AAS* 57 (1965) p. 26.
[2] Cf. Mc 3, 13s.
[3] A designação "institutos" engloba ordens, congregações, institutos e associações que trabalham nas missões.
[4] Cf. 1Cor 12, 11.
[5] Cf. Pio XI, enc. *Rerum Ecclesiae*, 28.2.1926: *AAS* 18 (1926) pp. 69-71. Pio XII, enc. *Saeculo exeunte*, 13.6.1940: *AAS* 32(1940) p. 256; enc. *Evangelii praecones*, 2.6.1951: AAS 43(1951) p. 506.
[6] Cf. At 13, 2.
[7] Cf. Gl 1, 16.
[8] Cf. 1Cor 9, 22.

1174 Quem anuncia o Evangelho às nações, sendo legado de Cristo, proclame com confiança seu mistério e tenha a ousadia de dizer tudo que é preciso[9] sem se envergonhar do escândalo da cruz. Siga o Mestre manso e humilde de coração, demonstrando quão suave é seu jugo e leve seu fardo.[10] Viva de fato segundo o Evangelho[11] e dê testemunho de seu Senhor, agindo sempre com toda a paciência, persistência e amabilidade e suportando, se necessário, até a morte, numa autêntica prova de amor.[12] Rogue a Deus que lhe conceda virtude e força necessárias para enfrentar com alegria os maiores sofrimentos e até a extrema pobreza,[13] persuadido de que o ministro de Cristo, pela obediência, participa da obediência com que o próprio Jesus salvou o mundo.

1175 Os arautos do Evangelho renovem todos os dias o espírito que os anima, para que não se venha a desperdiçar a graça que receberam.[14] Os responsáveis eclesiásticos e os superiores religiosos reúnam periodicamente, em locais apropriados, os missionários, institutos e pessoas, para lhes sustentar a esperança com que se dedicaram à sua vocação e atualizar o ministério apostólico que exercem.

25. Formação espiritual e moral

1176 25. O futuro missionário deve receber uma formação espiritual e moral adequada à importância da tarefa que é chamado a cumprir.[15] Deve ser capaz de tomar iniciativas, manter-se no trabalho com toda a constância, perseverar mesmo diante das maiores dificuldades, suportando com paciência e coragem a solidão, o cansaço e o trabalho que não produz resultados aparentes. Vá ao encontro das pessoas com o espírito desarmado e o coração ardente. Cumpra alegremente seus deveres e adapte-se generosamente aos diversos costumes e condições de vida das várias populações. Colabore amigavelmente com os que se dedicam aos mesmos objetivos, num espírito de recíproca amizade, de sorte que juntamente com os fiéis imitem a comunidade apostólica que tinha um só coração e uma só alma.[16]

1177 Alimentando e cultivando a vida espiritual, o futuro missionário vai adquirindo esse modo de pensar e de agir, desde o tempo de formação. O

---

[9] Cf. Ef 6, 19s; At 4, 31.
[10] Cf. Mt 11, 29s.
[11] Cf. Bento XV, enc. *Maximum illud*, 30.11.1919: *AAS* 11(1919) p. 449-450.
[12] Cf. 2Cor 6, 4s.
[13] Cf. 2Cor 8, 2.
[14] Cf. 1 Tm 4, 14; Ef 4, 23; 2Cor 4, 16.
[15] Cf. Bento XV, enc. *Maximum illud*, 30.11.1919: *AAS* 11 (1919) pp. 448-449; Pio XII, enc. *Evangelii praecones*, 2.6.1851: *AAS* 43 (1951) p. 507. Para a formação dos missionários sacerdotes, cf. Conc. Vat. II, decr. *Optatam totius*.
[16] Cf. At 2, 42; 4, 32.

missionário é homem de oração, imbuído de fé e animado por uma esperança a toda prova, num espírito vivo de amor e no cultivo de todas as virtudes, a começar pela sobriedade.[17] Saiba se contentar com o que lhe basta.[18] Vivendo segundo o espírito de Jesus, participe de sua morte, para que a vida de Jesus seja abundante naqueles a quem ele é enviado.[19] Tenha um grande zelo pelas almas, dando-se inteiramente a elas, até o sacrifício de si mesmo.[20] A prática diária de seus deveres o ajude a crescer no amor de Deus e do próximo.[21] Dessa forma, continuará a missão de Cristo sob a autoridade hierárquica da Igreja, e cooperará para o mistério da salvação como Cristo, obedecendo à vontade de Deus.

26. Formação doutrinal e apostólica

26. Enviado às diversas nações para "alimentá-las com as palavras da fé e da boa doutrina" (1Tm 4, 6), o bom ministro de Cristo deve ir buscá-las, antes de tudo, na Sagrada Escritura, perscrutando o mistério de Cristo, de que é arauto e testemunha. 1178

Todos os missionários, sacerdotes, irmãos, irmãs e leigos, de acordo com sua respectiva condição, devem ser preparados e formados para que não se tornem, mais tarde, incapazes de exercer o trabalho a que são chamados.[22] 1179

Desde o início cuide-se da necessária formação doutrinária, para que compreendam a universalidade da Igreja e a diversidade dos povos. Isto vale para todas as disciplinas necessárias a quem vai assumir o ministério, assim como para as outras ciências que se devem praticar para adquirir um conhecimento geral dos povos, de suas culturas e religiões, não só no passado, mas também nos tempos atuais. Quem vai atuar junto a um determinado povo deve ter em grande estima seu patrimônio cultural, sua língua e seus costumes. O futuro missionário deve-se dedicar aos estudos de missiologia, conhecendo a doutrina e as normas da Igreja no que diz respeito à atividade missionária, sabendo os caminhos trilhados pelo Evangelho através dos séculos, as atuais condições das missões e os métodos considerados hoje mais eficazes.[23]

---

[17] Cf. 2Tm 1, 7.
[18] Cf. Fl 4, 11.
[19] Cf. 2Cor 4, 10ss.
[20] Cf. 2Cor 12, 15ss.
[21] Cf. Conc. Vat. II, const. dogm. *Lumen gentium*, 41: *AAS* 57 (1965) p. 46.
[22] Cf. Bento XV, enc. *Maximum illud*, 30.11.1919: *AAS* 11 (1919) p. 440; Pio XII, enc. *Evangelii praecones*, 2.6.1951: *AAS* 43 (1951) p. 507.
[23] Cf. Bento XV, enc. *Maximum illud*, 30.11.1919: *AAS* 11 (1919) p. 448; *Decreto da S. Congregação de Propaganda Fide*, 20.5.1923: *AAS* 15 (1923) pp. 369-370; Pio XII, enc. *Saeculo exeunte*, 2.6.1940: *AAS* 32 (1940), p. 256; Pio XII, enc. *Evangelii praecones*, 2.6.1951: *AAS* 43 (1951) p. 507; João XXIII, enc. *Princeps pastorum*, 28.11.1959: AAS 51 (1059) pp. 843-844.

1180   Além da iniciação pastoral completa de que se falou, deve-se cuidar da formação apostólica especializada, tanto do ponto de vista doutrinário como prático, através de exercícios adequados.[24]

1181   Que o maior número de irmãos e irmãs adquiram formação de catequistas e sejam preparados para atuar cada vez mais no apostolado.

1182   Também aqueles que temporariamente são chamados a exercer alguma atividade missionária devem receber formação adequada.

1183   Essa formação compreende, nas terras de missão, um melhor conhecimento da história, das estruturas sociais e dos costumes dos povos, levando em conta sua forma de encarar a moral e suas idéias religiosas a respeito de Deus, do mundo e dos seres humanos, elaboradas de acordo com suas tradições sagradas.[25] Aprendam as línguas, de forma a poder se comunicar com facilidade e devidamente, conseguindo assim falar-lhes ao espírito e ao coração.[26] Sejam também iniciados nas necessidades pastorais próprias de cada povo.

1184   Nos institutos de missiologia, nas faculdades e nas universidades, preparem-se alguns alunos de maneira mais profunda, para que possam exercer funções altamente especializadas,[27] ajudar com sua erudição os outros missionários e desempenhar tarefas missionárias especiais, em particular numa época como a nossa, tão cheia de dificuldades, mas também de oportunidades. Seria desejável que as diversas Conferências Episcopais Regionais dispusessem de um certo número de peritos a cuja ciência e experiência pudessem recorrer nas suas necessidades. Não se esqueçam também, os que têm possibilidade, de lançar mão dos instrumentos e das técnicas de comunicação social, de grande importância na atualidade.

27. Os institutos missionários

1185   27. Dificilmente os indivíduos sozinhos conseguirão estar à altura de tantas exigências. O trabalho missionário, como ensina a experiência, ultrapassa a possibilidade dos indivíduos isoladamente. Surge então a necessidade de os institutos como tais se dedicarem às missões. Pela soma do esforço de muitos, as pessoas recebem formação adequada e se tornam capazes de exercer o

---

[24] Cf. Conc. Vat. II, decr. *Optatam totius*, 19-21: *AAS* 58 (1966) pp. 725-726; Cf. também const. apost. *Sedes sapientiae* e seus estatutos gerais, 31.5.1956: *AAS* 48 (1956) pp. 354-365.
[25] Pio XII, enc. *Evangelii praecones*, 2.6.1951: *AAS* 43 (1951) p. 523-524.
[26] Cf. Bento XV, enc. *Maximum illud*, 30.11.1919: *AAS* 11 (1919) pp. 448; Pio XII, enc. *Evangelii praecones*, 2.6.1851: *AAS* 43 (1951) p. 507.
[27] Cf. Pio XII, enc. *Fidei donum*, 15.6.1957: *AAS* 49 (1947) p. 243.

trabalho como o pede a Igreja e sob sua autoridade. Há séculos que institutos diversos suportam as muitas dificuldades do trabalho missionário empenhados inteira ou parcialmente nas missões. A santa Sé por diversas vezes lhes confiou a evangelização de extensas regiões, em que foi formado, para Deus, um novo povo fiel aos pastores da Igreja local. As Igrejas fundadas graças ao seu empenho, mais ainda, graças ao dom de sua vida, muito devem a seu zelo e experiência, à sua cooperação fraterna, sua dedicação a serviço das almas e da promoção do bem comum.

Em circunstâncias especiais os institutos podem assumir tarefas extraordinárias e urgentes no âmbito de uma determinada região, como seja, por exemplo, a evangelização de grupos ou de povos que por certas razões ainda não receberam o anúncio evangélico ou continuam opondo-lhe resistência.[28]   **1186**

Se necessário, os institutos podem ajudar na formação e na transmissão de experiência para aqueles que se dedicam temporariamente à atividade missionária.   **1187**

Por tudo isso e como há ainda muita gente a ser conduzida a Cristo, os institutos continuam sendo de grande necessidade.   **1188**

Capítulo V
A organização da atividade missionária

28. Introdução

28. Há entre os fiéis grande diversidade de dons.[1] Cada um deve colaborar com o Evangelho de acordo com suas oportunidades, possibilidades, carismas e ministérios.[2] Mas é preciso que todos os que semeiam ou colhem[3] e os que plantam ou regam estejam unidos[4] para que, "orientados para um mesmo fim"[5] empenhem-se juntos na edificação da Igreja.   **1189**

Por isso os trabalhos dos que anunciam o Evangelho e os auxílios que recebem dos outros fiéis devem ser de tal modo orientados e articulados que "tudo se faça em ordem" (1Cor 14, 40) em todos os campos da atividade missionária ou de ajuda às missões.   **1190**

---

[28] Cf. Conc. Vat. II, decr. *Presbyterorum ordinis*, 10, em que se trata das dioceses e prelazias pessoais: *AAS* 57 (1965) p. 22.
[1] Cf. Rm 12, 6.
[2] Cf. 1Cor 3, 10.
[3] Cf. Jo 4, 37.
[4] Cf. 1Cor 3, 8.
[5] Cf. Conc. Vat. II, const. dogm. *Lumen gentium*,18: *AAS* 57 (1965) p. 22.

29. Organização geral

1191   29. A responsabilidade de anunciar o Evangelho a toda a terra compete, em primeiro lugar, aos bispos,[6] ao sínodo dos bispos e ao Conselho Permanente dos Bispos para a Igreja universal,[7] pois entre os assuntos gerais de maior importância[8] está a atividade missionária, como função principal e santíssima da Igreja.[9]

1192   Um único dicastério romano, a Congregação de Propaganda Fide, deve ser responsável por todas as missões e atividades missionárias, de maneira a dirigir e a coordenar em toda a terra o trabalho missionário e de cooperação com as missões, salvo o direito das Igrejas orientais.[10]

1193   Apesar de o Espírito Santo suscitar inúmeras formas de ação missionária na Igreja de Deus, antecipando-se freqüentemente à intervenção dos que têm por função governar a Igreja, o dicastério encarregado não pode deixar de fazer o possível para promover as vocações e a espiritualidade missionárias, o zelo e a oração pelas missões, fornecendo as informações necessárias sobre a atividade missionária.

É sua função suscitar e distribuir as vocações missionárias em todo o mundo. Estabelecer também a maneira de agir, publicando normas de orientação e princípios de ação adaptados à atividade missionária. A coleta de recursos deve ser feita por sua iniciativa e sob sua coordenação, bem como sua distribuição, de acordo com as necessidades e com a utilidade, levando em conta a extensão dos territórios, o número dos fiéis e dos infiéis, das obras e dos institutos, dos ministros e dos missionários.

1194   Agindo em conjunto com o Secretariado para a Unidade dos Cristãos, a Congregação de Propaganda Fide deve buscar os caminhos e os meios de se chegar a uma fraterna colaboração, até a convivência com as iniciativas missionárias de outras comunidades cristãs, para evitar quanto possível o escândalo das divisões.

1195   Por isso a congregação em questão deve dispor dos instrumentos administrativos e de um órgão de direção dinâmico, que lance mão dos métodos científicos e dos recursos mais modernos, adaptando-os às condições atuais da investigação teológica, metodológica e pastoral-missionária.

---

[6] Cf. Conc. Vat. II, const. dogm. *Lumen gentium*, 23: *AAS* 57 (1965) p. 28.
[7] Cf. Paulo VI, *motu proprio Apostolica sollicitudo*, 15.9.1965: *AAS* 57 (1965) p. 776.
[8] Cf. Paulo VI, aloc. de 21.11.1964 no Concílio: *AAS* 56 (1964) mp. 1011.
[9] Cf. Bento XV, enc. *Maximum illud*, 30.11.1919: *AAS* 11 (1919) pp. 39-40.
[10] Caso temporariamente determinadas missões estejam a cargo de outros dicastérios, é preciso que estes se ponham em contato com a Congregação de Propaganda Fide para que se adote uma norma única e constante na orientação de todo o trabalho missionário.

Em sua direção, tomem parte ativa, com voto deliberativo, representantes 1196 de todos os que trabalham nas missões: bispos de todo o mundo, de acordo com o parecer das respectivas conferências episcopais, superiores dos institutos e das obras pontifícias, na forma e segundo os moldes estabelecidos pelo pontífice romano. Todos devem ser convocados em ocasiões predeterminadas, sob a autoridade do sumo pontífice, para estabelecer a política missionária da Igreja no seu conjunto.

A congregação contará com o apoio permanente de um conselho de 1197 consultores peritos, de saber e experiência comprovados, a quem compete informar a respeito das condições de cada região, da maneira de pensar dos diversos grupos humanos e dos métodos de evangelização mais convenientes, propondo as formas de levar a efeito o trabalho missionário e a cooperação com as missões, com base em conclusões devidamente fundamentadas.

Os institutos femininos, as obras missionárias regionais e as organizações leigas, 1198 especialmente de âmbito internacional, devem estar devidamente representadas.

30. Organização local das missões

30. Para que se alcancem os fins e resultados visados, tenham todos os que 1199 trabalham nas missões "um só coração e uma só alma" (At 4, 32).

Compete ao bispo, dirigente e pólo de unidade do apostolado diocesano, 1200 promover, dirigir e coordenar a atividade missionária, de maneira a apoiar e favorecer as iniciativas espontâneas dos que participam do trabalho. A seu poder estão sujeitos todos os missionários, inclusive os religiosos isentos, que trabalham nas diversas obras referentes ao apostolado sagrado.[11] Para facilitar a coordenação, o bispo pode constituir um conselho pastoral, com a participação de delegados dos clérigos, religiosos e leigos. Além dos cristãos já convertidos, parte condigna da atividade apostólica em recursos de pessoal e meios materiais deve ser consagrada à evangelização dos não-cristãos.

31. Coordenação regional

31. As questões mais graves e os problemas mais urgentes sejam abordados 1201 pelas conferências episcopais, que devem propor soluções de consenso, levando em conta as diferenças locais.[12] Para evitar o desperdício de pessoal, já insuficiente, e de recursos materiais, assim como a multiplicação desnecessária das

---

[11] Cf. Conc. Vat. II, decr. *Christus Dominus*, 35, 4: *AAS* 58 (1966) pp. 691-692.
[12] Cf. Conc. Vat. II, decr. *Christus Dominus*, 36-38: *AAS* 58 (1966) pp. 692-694.

iniciativas, recomenda-se que as forças se concentrem nas obras que servem ao bem comum de todos: seminários, escolas superiores e técnicas, centros pastorais, catequéticos e litúrgicos, e meios de comunicação social.

1202   O mesmo tipo de colaboração pode se dar entre diversas conferências episcopais.

32. Organização da atividade dos institutos

1203   32. Convém que a atividade dos institutos ou associações eclesiásticas seja autogerenciada. Todos eles, qualquer que seja a atividade que exercem, desde que relacionada com o trabalho missionário, devem estar de acordo com a autoridade eclesiástica. Recomenda-se que sejam feitos acordos escritos especificando em que termos hão de colaborar a autoridade eclesiástica e os superiores do instituto.

1204   Quando se confia a um instituto determinado território, o superior eclesiástico e o próprio instituto devem sobretudo se preocupar em formar uma nova comunidade cristã que se torne Igreja local e venha oportunamente a ser dirigida por seu próprio pastor, com seu clero.

1205   Terminado o encargo territorial, modificam-se as condições. Nesses casos as conferências episcopais e os institutos estabeleçam de comum acordo normas que regulem as relações entre a autoridade eclesiástica e os institutos nas diversas regiões.[13] A santa Sé indicará os princípios gerais que devem inspirar tais acordos regionais ou locais.

1206   Embora os institutos sejam capazes de continuar o trabalho começado, colaborando com o ministério ordinário da cura das almas, à medida que cresce o clero local, deve-se encontrar uma forma de conciliar a finalidade do instituto com alguma necessidade especial da diocese ou para o trabalho em alguma região que exija maior dedicação.

33. Coordenação entre os institutos

1207   33. Os institutos que atuam num mesmo território devem fazer o possível para encontrar uma forma de coordenação de sua atividade missionária. Daí o serviço que podem prestar as conferências de religiosos e união das religiosas, com a participação de todos os institutos que trabalham numa mesma nação ou região. As conferências podem encontrar formas de coordenação que serão efetivadas de acordo com as conferências episcopais respectivas.

---

[13] Cf. Conc. Vat. II, decr. *Christus Dominus*, 35, 5-6: *AAS* 58 (1966) p. 692.

Essa colaboração pode se estender aos países de origem dos diversos institutos missionários, facilitando e reduzindo os custos das iniciativas tomadas em comum como, por exemplo, a formação doutrinária dos futuros missionários e sua formação específica no que diz respeito às relações a entreter com as autoridades públicas e com os órgãos supranacionais e internacionais. **1208**

34. Coordenação entre os institutos científicos

34. O correto exercício da atividade missionária requer a preparação científica dos evangelizadores para o diálogo com as religiões e as culturas não-cristãs. Exige ainda que sejam acompanhados no exercício de sua função, para o que é praticamente indispensável que colaborem fraterna e generosamente entre si em favor das missões os institutos científicos em que se estuda a missiologia e as outras disciplinas ou técnicas úteis à missão, como, por exemplo, a etnologia, a lingüística, a história e as ciências da religião, a sociologia, a pastoral etc. **1209**

Capítulo VI
A cooperação

35. Introdução

35. Como toda a Igreja é missionária e o povo de Deus tem por função fundamental evangelizar, o Concílio convida todos a uma profunda renovação interior, para que, tendo plena consciência das próprias responsabilidades no que diz respeito à difusão do Evangelho, assumam a parte que lhes cabe nas missões junto a todos os povos da terra. **1210**

36. O dever missionário do povo de Deus

36. Como membros vivos de Cristo, a ele incorporados pelo batismo, pela confirmação e pela eucaristia, todos os fiéis são obrigados a cuidar do crescimento e desenvolvimento do Corpo a que pertencem, a fim de levá-lo à sua plenitude.[1] **1211**

Todos os filhos da Igreja tenham consciência clara de sua responsabilidade para com o mundo, alimentem um espírito verdadeiramente católico e se empenhem generosamente no trabalho de evangelização. Saibam todos, **1212**

---

[1] Cf. Ef 4, 13.

porém, que o primeiro e mais importante dever para com a difusão da fé é viver intensamente a vida cristã. O fervor com que se aplicam ao serviço de Deus e sua caridade para com o próximo, que conferem à Igreja um novo ânimo espiritual, farão com que se mostre qual sinal levantado entre os povos,[2] "luz do mundo" (Mt 5, 14) e "sal da terra" (Mt 5, 13). O testemunho da vida produzirá tantos maiores frutos quanto for dado no seio da comunidade cristã, de acordo com as normas do decreto sobre o ecumenismo.[3]

1213 Nesse espírito renovado, ofereçam a Deus orações e penitências em vista de tornar fecunda a atividade missionária, suscitar vocações missionárias e não permitir que faltem os recursos necessários à missão.

1214 Para que todos os fiéis tenham presente a realidade missionária e que a eles chegue o clamor da multidão que pede ajuda,[4] procure-se difundir informações e notícias sobre as missões, inclusive por intermédio dos meios modernos de comunicação social, para que todos se dêem conta do que significa a atividade missionária, das imensas e profundas necessidades de populações inteiras e das inúmeras formas possíveis de ajuda.

1215 É preciso que haja uma coordenação dessas notícias, assim como da cooperação com os organismos nacionais e internacionais.

37. O dever missionário da comunidade cristã

1216 37. O povo de Deus vive e se manifesta como tal nas comunidades diocesanas e paroquiais, que devem, por isso, dar testemunho de Cristo.

1217 A graça da renovação não alcançará senão as comunidades que estenderem o seu amor até os confins da terra e se preocuparem com os que estão longe como se fossem seus próprios membros.

1218 Toda comunidade deve orar, cooperar e atuar missionariamente, por intermédio daqueles dentre os seus filhos que Deus escolhe para tão elevadas funções.

1219 Recomenda-se que se mantenha um laço especial com os missionários provenientes da própria comunidade ou com uma diocese ou paróquia missionária, sem negligenciar a preocupação com as missões em geral. Dessa forma, a comunhão entre as comunidades se torna concreta e visível, para a edificação de todos.

---
[2] Cf. Is 11, 12.
[3] Cf. Conc. Vat. II, decr. *Unitatis redintegratio*, 12: *AAS* 57 (1965) p. 99.
[4] Cf. At 16, 9.

38. O dever missionário dos bispos

38. Como membros do corpo episcopal, que sucede ao colégio dos apóstolos, os bispos foram consagrados para a salvação do mundo e não apenas de uma determinada diocese. O mandamento de Cristo de pregar o Evangelho a toda criatura[5] lhes foi dado diretamente, em união com Pedro e sob Pedro. Nasce daí a comunhão e a cooperação de cada uma das Igrejas com todas as demais, pela qual são chamadas a colocar em comum suas necessidades e a estabelecer entre si a intercomunicação decorrente da unidade da função episcopal de dilatar o corpo de Cristo.[6]

1220

Unido à sua diocese, o bispo, que suscita, promove e dirige o espírito e o ardor missionário do povo de Deus, torna missionária a diocese, de maneira atual e visível.

1221

Compete a ele despertar seus diocesanos para a oração e para a penitência missionárias, especialmente os que sofrem, para que se ofereçam generosamente pela evangelização do mundo. Compete-lhe igualmente favorecer as vocações dos jovens e dos clérigos para os institutos missionários, alegrando-se com aqueles que Deus escolhe para se dedicar à atividade missionária da Igreja. Devem também exortar e ajudar as congregações missionárias diocesanas a participarem das missões. Cuidem, enfim, de promover junto aos fiéis o trabalho missionário dos institutos, especialmente as obras missionárias pontifícias. Deve-se dar-lhes prioridade, pois são meios de imbuir os católicos, desde a infância, do espírito universal missionário, e de angariar fundos para o bem das missões e satisfação de suas necessidades.[7]

1222

Como a necessidade de operários cresce todos os dias na vinha do Senhor e os sacerdotes diocesanos desejam cada vez mais tomar parte no trabalho de evangelização do mundo, tendo em vista a enorme carência de sacerdotes, o que constitui sério obstáculo à evangelização em muitas regiões, o Concílio deseja que os bispos ofereçam às missões alguns dentre os seus melhores padres que, depois da indispensável preparação especializada, sejam enviados a dioceses que necessitam de sacerdotes, em que, pelo menos durante algum tempo, exerçam o ministério missionário, em espírito de serviço.[8]

1223

---

[5] Cf. Mc 16, 15.
[6] Cf. Conc. Vat. II, const. dogm. *Lumen gentium*, 23, 24: *AAS* 57 (1965) pp. 27-29.
[7] Bento XV, enc. *Maximum illud*, 30.11.1919: *AAS* 11 (1919) pp. 453-454; Pio XI, enc. *Rerum Ecclesiae*, 28.2.1926: *AAS* 18 (1926) pp. 71-73; Pio XII, enc. *Evangelii praecones*, 2.6.1951: *AAS* 43 (1951) p. 525-526; id. enc. *Fidei Donum*, 15.1.1957: *AAS* 49 (1957) p. 241.
[8] Cf. Pio XII, enc. *Fidei donum*, 15.1.1957: *AAS* 49 (1957) pp. 245-246.

1224 Para que os bispos possam exercer de maneira eficaz sua atividade missionária em benefício de toda a Igreja, as conferências episcopais devem intervir para coordenar as diversas iniciativas tomadas em benefício de sua região.

1225 Em suas conferências, os bispos discutam a questão dos sacerdotes a serem destinados à evangelização dos povos, estabeleçam a contribuição anual que cada diocese, proporcionalmente a seus rendimentos, deve dar às obras missionárias,[9] estudem a melhor maneira e os meios de sustentar diretamente, orientar e controlar o trabalho missionário, o auxílio que devem esperar dos institutos missionários e dos seminários diocesanos dispostos a apoiar as missões; e, finalmente, do relacionamento mais ou menos estreito que deve ser mantido entre as dioceses e os institutos missionários.

1226 Compete igualmente às conferências episcopais instituir e promover obras destinadas a acolher fraternalmente e inserir no auxílio ao trabalho pastoral aqueles que emigraram por razões missionárias de trabalho ou de estudo. Por seu intermédio, os povos distantes se tornam vizinhos e oferece-se uma excelente ocasião às comunidades cristãs mais antigas de dialogar com as nações que ainda não receberam o Evangelho, mostrando-lhes a imagem de Cristo por intermédio do amor e do serviço prestado.[10]

39. O dever missionário dos sacerdotes

1227 39. Os padres representam a pessoa de Cristo e são cooperadores dos bispos na tríplice missão da Igreja.[11] Saibam pois que sua vida é dedicada inteiramente à missão. Seu ministério, especialmente na eucaristia, que confere perfeição à Igreja, os coloca em comunhão com Cristo cabeça e leva as pessoas a participarem dessa mesma comunhão. Não podem pois deixar de se dar conta de quanto falta ainda para se chegar à plenitude do corpo e, por conseguinte, de quanto se deve ainda fazer nesse sentido. Seu trabalho pastoral deve ser pensado de forma que seja útil à dilatação do Evangelho entre os não-cristãos.

1228 No trabalho pastoral os sacerdotes procurarão despertar e alimentar nos fiéis o zelo pela evangelização do mundo. Na catequese e na pregação devem instruí-los a respeito da missão da Igreja de anunciar o Evangelho a todos os povos. Esclareçam as famílias do que significa ter vocações missionárias entre seus próprios filhos e filhas. Alimentem o ardor missionário entre os jovens estudantes e participantes de outros movimentos de juventude, para

---

[9] Cf. Conc. Vat. II, decr. *Christus Dominus*, 6: *AAS* (1966) pp. 675-676.
[10] Cf. Pio XII, enc. *Fidei donum*, 15.1.1957: *AAS* 49 (1957) p. 245.
[11] Cf. Conc. Vat. II, const. dogm. *Lumen gentium*, 28: *AAS* 57 (1965) p. 34.

que muitos deles abracem com entusiasmo o anúncio do Evangelho. Ensinem os fiéis a rezarem pelas missões e a não se envergonharem de pedir esmolas para as missões, a exemplo de Cristo, que se fez mendigo, em vista da salvação das almas.[12]

1229 Nos seminários e nas universidades, os professores mostrem aos alunos a verdadeira situação do mundo e da Igreja e a necessidade imperiosa da evangelização dos não-cristãos, para lhes alimentar o zelo. No ensino das disciplinas dogmáticas, bíblicas, morais e históricas, evidenciem os aspectos missionários, para ir formando, desde então, sua consciência missionária.

40. O dever missionário dos institutos de perfeição

1230 40. Os institutos religiosos tanto de vida contemplativa como ativa têm desempenhado até hoje relevante papel missionário. O Concílio lhes reconhece os méritos e agradece a Deus por tudo que fizeram em vista da glória de Deus e do serviço das almas. Exorta-os, porém, a prosseguir o caminho começado, tendo consciência de que o amor, a cuja perfeição se consagraram, os impele e obriga a uma dedicação cada vez maior, pelo espírito e pelo trabalho efetivo.[13]

1231 Por suas orações, penitência e sofrimentos, os institutos de vida contemplativa desempenham papel importantíssimo na conversão das almas, pois é Deus que manda operários à sua vinha, quando lhe é pedido,[14] que abre seus ouvidos ao Evangelho[15] e fecunda a palavra colocada em seu coração.[16]

1232 Os institutos de vida ativa, estejam ou não diretamente orientados para as missões, examinem-se com lealdade se o trabalho que exercem visa realmente à expansão do reino de Deus entre as nações. Talvez haja alguns ministérios que possam ser deixados de lado, em favor de outros, para se empenharem com mais intensidade na missão. Talvez possam começar uma nova ação missionária, adaptando suas constituições, sem fugir ao espírito de seus respectivos fundadores. Vejam se os seus membros estão realmente empenhados na missão e se seu modo de viver manifesta realmente o Evangelho, de maneira compreensível para o povo.

---

[12] Cf. Pio XI, enc. *Rerum Ecclesiae*, 28.2.1926: *AAS* 18 (1926) p. 72.
[13] Cf. Conc. Vat. II, const. dogm. *Lumen gentium*, 44: *AAS* 57 (1965) p. 50.
[14] Cf. Mt 9, 38.
[15] Cf. At 16, 14.
[16] Cf. 1Cor 3, 7.

1233   A cada dia cresce na Igreja o número dos institutos seculares, por inspiração do Espírito Santo. Seu trabalho, sob a autoridade do bispo, pode ser de grande utilidade para as missões, como testemunho de sua consagração total à evangelização do mundo.

41. O dever missionário dos leigos

1234   41. Os leigos cooperam com a obra de evangelização da Igreja, participam da missão salvadora ao mesmo tempo como testemunhas e seus instrumentos vivos,[17] especialmente quando chamados por Deus e convocados pelo bispo.

1235   Nos países cristãos a cooperação dos leigos consiste em alimentar em si mesmos e nos outros o conhecimento e o amor às missões, despertar as vocações missionárias na família, nas associações católicas e nas escolas, oferecer auxílios de toda natureza, para que o dom da fé que gratuitamente receberam possa ser igualmente estendido a outros.

1236   Nas terras de missão, os leigos, tanto naturais como estrangeiros, podem ensinar nas escolas, administrar as coisas temporais, colaborar nas atividades paroquiais e diocesanas, participar e promover diversas formas de apostolado leigo, para que os fiéis da nova Igreja assumam quanto antes seu papel na vida da comunidade.[18]

1237   Os leigos devem cooperar generosamente no campo econômico-social com os países em evolução. Cooperação tanto mais louvável quando se trata de fundar organizações que trabalhem nos setores fundamentais da vida social ou se destinem à formação dos que hão de assumir responsabilidades públicas.

1238   Especial menção merecem os leigos que nas universidades e institutos científicos, por suas pesquisas históricas e científico-religiosas permitem melhor conhecimento dos povos e de sua religião, pois são de grande valor para os que trabalham no anúncio do Evangelho, enquanto os preparam para o diálogo com os não-cristãos.

1239   Colaborem fraternalmente com os demais cristãos, os não-cristãos e com os membros das associações internacionais, tendo sempre presente que "a construção da cidade terrena tem seu fundamento no Senhor e a ele está ordenada".[19]

---

[17] Cf. Conc. Vat. II, const. dogm. *Lumen gentium*, 33, 35: *AAS* 57 (1965) pp. 39, 40-41.
[18] Cf. Pio XII, enc. *Evangelii praecones*, 2.6.1951: *AAS* 43 (1951) pp. 510-514; João XXIII, enc. *Princeps pastorum*, 28.11.1959: *AAS* 51 (1959) pp. 851-852.
[19] Cf. Conc. Vat. II, const. dogm. *Lumen gentium*, 46: *AAS* 57 (1965) p. 52.

Para assumir tão importantes papéis, os leigos necessitam de formação técnica e espiritual, que lhes será proporcionada em institutos especializados, a fim de que sua vida seja um testemunho para os não-cristãos, segundo a palavra do Apóstolo: "Não se tornem ocasião de escândalo, nem para judeus, nem para gregos, nem para a Igreja de Deus. Façam como eu, que me esforço para agradar a todos em todas as coisas, não procurando os meus interesses pessoais, mas o interesse do maior número de pessoas, a fim de que sejam salvas" (1Cor 10, 32-33).

1240

Conclusão

42. Cientes do gravíssimo dever de difundir o reino de Deus em toda parte, os padres conciliares, juntamente com o pontífice romano, saúdam com amor todos os que anunciam o Evangelho, especialmente os que sofrem perseguição por causa do nome de Cristo, associando-se à sua paixão.[20]

1241

Alimentem o mesmo amor de Cristo para com todos os seres humanos, sabendo que foi Deus quem quis que o seu reino viesse à terra. Juntamente com todos os fiéis roguem ao Senhor, por intercessão da Virgem Maria, rainha dos apóstolos, que os povos cheguem quanto antes ao conhecimento da verdade[21] e que a luz de Deus, que iluminou a face de Jesus Cristo, brilhe para todos os seres humanos, no Espírito Santo.[22]

1242

Tudo o que se estabeleceu neste decreto foi aprovado pelos padres conciliares. Nós, em virtude do poder apostólico que nos foi confiado por Cristo e em conjunto com todos os veneráveis padres conciliares, no Espírito Santo, aprovamos, decidimos e estatuímos, ordenando que sejam promulgadas essas normas conciliares para a glória de Deus.

Roma, junto a S. Pedro, 7 de dezembro de 1965.
Eu, PAULO, *bispo da Igreja católica.*

(seguem-se as demais assinaturas)

---

[20] Cf. Pio XII, enc. *Evangelii praecones*, 2.6.1951: *AAS* 43 (1951) p. 527; João XXIII, enc. *Princeps pastorum*, 28.11.1959: *AAS* 51 (1959) pp. 864.
[21] Cf. 1Tm 2, 4.
[22] Cf. 2Cor 4, 6.

PAULO BISPO
SERVO DOS SERVOS DE DEUS
JUNTAMENTE COM OS PADRES CONCILIARES
PARA PERPÉTUA MEMÓRIA

Decreto *Presbyterorum ordinis* sobre o ministério e a vida sacerdotal

PROÊMIO

1243 1. O Concílio já acenou diversas vezes para o lugar especial que os sacerdotes ocupam na Igreja.[1] No entanto, parece conveniente voltar ao assunto de maneira mais ampla e mais profunda, pois o papel que os padres desempenham na renovação da Igreja de Cristo é importantíssimo e está ficando cada dia mais difícil.

O que o Concílio diz se aplica diretamente aos sacerdotes que se ocupam da cura das almas, mas se estende também, com as necessárias modificações, aos religiosos padres.

Pela ordenação e pela missão recebidas do bispo, os sacerdotes são promovidos a servidores de Cristo, mestre, sacerdote e rei, e participam do ministério pelo qual a Igreja vai-se edificando continuamente na terra, como povo de Deus, corpo de Cristo e templo do Espírito Santo.

As condições em que vivem os homens e a conjuntura pastoral estão passando por modificações tão profundas, que o Concílio resolveu declarar e decidir o que se segue, a fim de conservar a eficácia do ministério sacerdotal e tornar melhores as condições de vida dos sacerdotes.

---

[1] Cf. Conc. Vat. II, const. *Sacrosanctum concilium*: *AAS* 56 (1964) pp. 9755; const. dogm. *Lumen gentium*: *AAS* 57 (1965) pp. 5ss; decr. *Christus Dominus*: *AAS* 58 (1966) pp. 637 ss.; decr. *Optatam totius*: *AAS* 58 (1966) pp. 713 ss.

Capítulo I
O presbiterato na missão da Igreja

2. O presbiterato

2. O Senhor Jesus, "que o Pai santificou e enviou ao mundo" (Jo 10, 36), tornou todo o seu corpo místico participante da unção com que foi ungido:[2] assim, unidos a ele, todos os fiéis formam um único sacerdócio régio e santo, oferecem hóstias espirituais a Deus, por Jesus Cristo, e proclamam aquele que os chamou das trevas para sua extraordinária luz.[3]

Não há nenhum membro que não participe da missão do corpo: todos devem santificar Jesus em seu coração,[4] e dar testemunho dele, em espírito de profecia.[5]

1244

Para que os fiéis se reúnam num corpo único, "cujos membros não têm todos a mesma função" (Rm 12, 4), o mesmo Senhor estabeleceu, na sociedade formada pelos fiéis, alguns ministros, dotados do poder de ordem, isto é, capazes de oferecer sacrifício e perdoar pecados,[6] desempenhando publicamente o ofício sacerdotal, em favor do homens e em nome de Cristo.

Tendo enviado os apóstolos, como ele mesmo fora enviado pelo Pai,[7] Cristo, através dos apóstolos, estabeleceu os bispos, sucessores de sua consagração e de sua missão.[8] Estes, por sua vez, atribuíram uma participação subordinada de seu ministério aos padres,[9] os quais, pela ordenação, tornam-se cooperadores dos bispos no cumprimento da missão a eles confiada pelos apóstolos.[10]

1245

A função dos padres, em união com a ordem episcopal, os torna, pois, participantes da autoridade com que Jesus Cristo constitui seu corpo, santifica-o e o governa. Por isso, o sacerdócio dos padres, ou presbiterato, supõe os sacramentos da iniciação cristã, e é conferido por um sacramento específico.

1246

---

[2] Cf. Mt 3, 16; Lc 4, 18; At 4, 27; 10, 38.
[3] Cf. 1Pd 2, 5.9.
[4] Cf. 1Pd 3, 15.
[5] Cf. Ap 19, 10; Conc. Vat. II const. dogm. *Lumen gentium*, 35: *AAS* 57 (1965) pp. 40-41.
[6] Concílio de Trento, sess. XXIII, cap. 1 e can. 1: Dz 957.961 (1764.1771).
[7] Cf. Jo 20, 21; Conc. Vat. II const. dogm. *Lumen gentium*, 18: *AAS* 57 (1965) pp. 21-22.
[8] Cf. Conc. Vat. II const. dogm. *Lumen gentium*, 28: *AAS* 57 (1965) pp. 33-36.
[9] Cf. ibid.
[10] Cf. *Pontificale Romanum*, Ordenação dos presbíteros, prefácio. Essas palavras já se encontram no *Sacramentario veronensi* (ed. Möhlberg, Roma, 1956, p. 122); no *Missale Francorum* (ed. Möhlberg, Roma, 1957, p. 9); também no *Libro sacramentorum romanae* (ed. Möhlberg, Roma, 1965, p. 25); e ainda no *Pontificali romano-germanico* (ed. Vogel-Elze, Vaticano, 1963, vol. I, p. 34).

Ao receber a unção do Espírito Santo, os presbíteros são marcados com um caráter especial, que os configura a Cristo sacerdote e os faculta agir em lugar de Cristo cabeça.[11]

1247 Aos padres, como participantes da missão dos apóstolos, servidores do Evangelho, é dada por Deus a graça de serem ministros de Cristo Jesus junto a todos os povos, para que o culto prestado a Deus por todos seja aceito e santificado pelo Espírito Santo.[12] Pelo anúncio apostólico do Evangelho o povo de Deus é convocado e reunido, de tal maneira que todos os que pertencem a esse povo, santificados pelo Espírito Santo, ofereçam-se como "hóstias vivas, santas e agradáveis a Deus" (Rm 12, 1).

Pelo ministério sacerdotal, o sacrifício espiritual dos fiéis se realiza em união com o sacrifício de Cristo, mediador único, que pela mão dos sacerdotes, em nome de toda a Igreja, é oferecido incruenta e sacramentalmente na eucaristia, até que o Senhor venha.[13]

Para tanto tende, e nisto se completa o ministério dos padres: começa com o anúncio do Evangelho, tira toda a sua força e vigor do sacrifício de Cristo, e visa a que "todos os que foram salvos, isto é, a comunhão e a sociedade dos santos, ofereça a Deus um sacrifício universal, pelo sumo sacerdote, no qual ele se dá por nós na paixão, a fim de que nos tornemos corpo de tão eminente cabeça".[14]

1248 O objetivo do ministério e da vida dos padres é a promoção da glória de Deus em Cristo, a qual consiste em que os seres humanos acolham consciente e livremente, com gratidão, a obra de Deus realizada em Cristo, e a manifestem em toda a sua vida.

Os padres contribuem para a glória de Deus e para a promoção da vida divina entre os seres humanos, quando se dedicam à oração e à adoração, quando pregam, quando oferecem o sacrifício ou administram os sacramentos ou, ainda, quando exercem qualquer ministério em favor do povo. Tudo promana de Cristo, em seu mistério pascal, e se orienta para sua vinda gloriosa, quando entregará o reino a Deus, o Pai.[15]

3. A vida sacerdotal no mundo de hoje

1249 3. Tomados dentre os seres humanos e se ocupando, por sua causa, das coisas divinas, para oferecer dons e sacrifícios pelos pecados,[16] os padres devem viver entre os seres humanos como irmãos.

---

[11] Cf.Conc. Vat. II const. dogm. *Lumen gentium*, 10: *AAS* 57 (1965) pp. 14-15.
[12] Rm 15, 16.
[13] Cf. 1Cor 11, 26.
[14] Santo Agostinho, *De civitate Dei*, 10, 6; *PL* 41, 284.
[15] Cf. 1Cor 15, 24.
[16] Cf. Hb 5, 1.

Foi assim que o Senhor Jesus, Filho de Deus, homem enviado por Deus aos seres humanos, viveu entre nós como um dos nossos, exceto quanto ao pecado.[17] Imitaram-no os apóstolos, que, na expressão de Paulo – doutor dos gentios, "escolhido para anunciar o Evangelho" (Rm 1, 1) – tornaram-se como qualquer um, para salvar a todos.[18]

Os sacerdotes do Novo Testamento, por sua vocação e ordenação, distinguem-se, de certo modo, no seio do povo de Deus não porque constituam algo à parte do resto do povo ou de qualquer pessoa em particular, mas por causa de sua inteira consagração ao trabalho para o qual o Senhor os chamou.[19] Não podem ser ministros de Cristo sem testemunhar e estar a serviço de algo que ultrapassa a vida terrena; como não poderiam servir aos seres humanos se permanecessem alheios às suas reais condições de vida.[20] O próprio ministério que exercem requer que não vivam segundo o espírito do mundo[21], ao mesmo tempo que exige estarem inseridos no mundo, que conheçam suas ovelhas como bons pastores, que procurem também aquelas que não pertencem ainda ao rebanho, para que todos ouçam a voz de Cristo e se tornem membros de um único rebanho, sob o único pastor.[22]

Para alcançar este objetivo são muito importantes as virtudes a que se dá, com razão, muito valor, como a bondade do coração, a sinceridade, a força de ânimo e a constância, o senso de justiça, a afabilidade no trato e tudo que recomenda o apóstolo, dizendo: "Ocupem-se, irmãos, com tudo que é verdadeiro, nobre, justo, puro, amável, honroso, virtuoso, ou que de algum modo mereça louvor" (Fl 4, 8).[23]

---

[17] Cf. Hb 2, 17; 4, 15.
[18] Cf. 1Cor 9, 19-23.
[19] Cf. At 13, 2.
[20] A própria busca da perfeição religiosa e moral é despertada pelas condições externas em que vive a Igreja. Ela não pode ficar de braços cruzados, indiferente ao que acontece aos homens, que lhe diz também respeito e tem grande influência na sua ação, ditando-lhe as condições em que age e até o modo de agir.
É evidente que a Igreja não foge às condições da vida humana, mas vive no meio delas, devendo levar os seu filhos a aceitá-las e se deixar guiar por elas, praticando a cidadania plena, obedecendo às leis e aos costumes.
Esta atitude dá origem, sem dúvida, a muitas questões delicadas, extremamente graves nos dias de hoje... O Apóstolo dos gentios assim exortava seus contemporâneos: "Não se submetam ao mesmo jugo com os infiéis. Qual relação pode haver entre justiça e iniqüidade? Que união pode haver entre luz e trevas? ... que relação entre quem acredita e quem não acredita?" (2Cor 6, 14s). Por isso, os que exercem função de educadores e de professores na Igreja alertem seriamente a juventude católica de sua especial situação, de que lhes nasce o dever de viver nesse mundo, mas sem assimilar o seu espírito, de acordo com a súplica do Senhor a seus discípulos: "Não peço que vocês sejam tirados do mundo, mas que sejam preservados do mal, como eu mesmo estou no mundo, sem ser do mundo" (Jo 17, 15s). A Igreja faz a mesma prece para si mesma.
 Esta diferença, porém, não significa uma separação, negligência, medo ou desprezo. Diferenciar-se do mundo não quer dizer, para a Igreja, abandoná-lo, mas, pelo contrário, mais intimamente estar unida a ele. Paulo VI, *Ecclesiam suam*, 6 de agosto de 1964: *AAS* 56 (1964) pp. 627 e 638.
[21] Cf. Rm 12, 2.
[22] Cf. Jo 10, 14.16.
[23] Cf. S. Policarpo, *Epist. ad Philippenses*, VI, 1: "Os sacerdotes devem ser misericordiosos para com todos, reconduzir os transviados, visitar os doentes, sem negligenciar as viúvas,

Capítulo II
O MINISTÉRIO SACERDOTAL
I. A FUNÇÃO DO PADRE

4. Ministro da palavra

1250   4. Antes de tudo, o que reúne o povo de Deus é a palavra[1] que sai da boca do sacerdote.[2] Como ninguém se salva sem fé,[3] os padres, como cooperadores dos bispos, têm o dever precípuo de levar a todos o Evangelho de Deus,[4] no cumprimento do mandamento do Senhor: "Vão ao mundo inteiro e preguem o Evangelho a toda criatura",[5] constituindo e fazendo crescer o povo de Deus.

Graças à palavra da salvação, a fé é despertada no coração dos que não crêem e alimentada no coração dos fiéis, nascendo e crescendo, assim, a comunidade dos fiéis, de acordo com o que diz o Apóstolo: "A fé vem do ouvir e o que se ouve é a palavra de Cristo" (Rm 10, 17). Os sacerdotes devem comunicar a todos a verdade do Evangelho[6] para que todos possam estar com o Senhor. Levem a Deus, quer vivendo honestamente entre o povo,[7] quer pregando o mistério de Cristo aos que não o reconhecem, quer ensinando a

---

os órfãos e os pobres. Praticar o bem diante de Deus e dos homens, não se deixando levar pela ira, julgando segundo a justiça, sem ninguém discriminar, evitando a avareza, não dando crédito à maledicência e não sendo demasiado rigoroso, cioso de que todos cometemos faltas." *Patres Apostolici*, ed. Funk, I, p. 273.

[1] Cf. 1Pd 1, 23; At 6, 7; 12, 24. "(Os apóstolos) pregaram a palavra da verdade e, assim, geraram as igrejas." S. Agostinho, *Enan. in Ps.*, Sl 44, 23. *PL* 36, 508.
[2] Cf. Ml 2, 7; 1Tm 4, 11ss; 2Tm 4, 5; Tt 1, 9.
[3] Cf. Mc 16, 16.
[4] Cf. 2Cor 11, 7. Dos sacerdotes, como cooperadores do bispo, pode-se dizer o mesmo que se diz a respeito do bispo. Cf. *Statuta Ecclesiae Antiqua*, c. 3 (ed. Ch. Munier, Paris, 1960, p. 79); *Decretum gratiani*, c. 6 (ed. Friedberg, I, 307); Conc. de Trento, sess. XV, decr. 2, n. 9; sess. XXIV, decr. *De reform.*, c. 4; Conc. Vat. II, const. dogm. Lumen gentium, 25: AAS 57 (1965) pp. 29-31.
[5] Mc 16, 15. Cf. *Constitutiones Apostolorum*, II, 26, 7: "(os padres) são doutores em ciência divina, por mandamento do próprio Senhor: vão, ensinem..." ed. F. X. Funk, *Didascalia et Constitutiones Apostolorum*, I, *Paderborn*, 1905, p. 105. - O *Sacramentarium leonianum* e outros sacramentários, até o *Pontificale romanum* contêm o seguinte prefácio para a ordenação de presbíteros: "Por esta providência, Senhor, associaste doutores da fé aos apóstolos de teu Filho, que encheram o mundo inteiro com suas pregações (ou, com tantos pregadores)." - O *Liber Adinum Liturgiae Mozarabicae*, em seu prefácio para a ordenação de presbítero, reza assim: "Doutor dos povos e dirigente de seus súditos, mantenha a fé católica e anuncie a todos a verdadeira salvação" (ed. Férotin). *Le liber ordinum en usage dans l'Église Wisigothique et Mozarabe d'Espagne: Monumenta Ecclesiae Liturgica*, vol. 5, Paris, 1904, col. 55, linhas 4ss.
[6] Cf. Gl 2, 5.
[7] Cf. 1Pd 2, 12.

doutrina da Igreja ou catequizando os fiéis. Discutam, as questões atuais à luz de Cristo, baseados não na sua sabedoria, mas na palavra de Deus, procurando ensinar a todos, convidando-os à conversão e à maior santidade.[8]

A pregação é especialmente difícil nos dias de hoje. Para falar de fato às pessoas, evitem generalidades e abstrações e apliquem a verdade perene do Evangelho às circunstâncias sempre mutáveis da vida.

O ministério da palavra varia de acordo com a necessidade dos ouvintes e os dons dos pregadores.

1251

Nas regiões ou ambientes não-cristãos, o anúncio do Evangelho deve atrair os seres humanos à fé e aos sacramentos da salvação;[9] na comunidade, em relação aos que são menos instruídos, como praticam, crêem. A pregação é uma exigência dos próprios sacramentos, que são sacramentos da fé, nascidos e alimentados pela palavra.[10] Isso vale especialmente para a liturgia da palavra, na missa, em que estão inseparavelmente unidos o anúncio da morte e da ressurreição de Jesus, a resposta do povo, a oblação com que Cristo confirmou a nova aliança no seu sangue e a comunhão de desejo ou sacramental, dos fiéis nessa mesma oblação.[11]

5. Ministro dos sacramentos, em particular, da eucaristia

5. Deus, que somente é santo e santificador, quis colocar humildes associados e auxiliares a serviço da obra de santificação. Nesse sentido, os sacerdotes são consagrados a Deus, por ministério do bispo, como participantes, a título especial, do sacerdócio de Cristo, para que atuem nas celebrações sagradas como ministros daquele que exerce incessantemente, por nós, na liturgia, seu papel sacerdotal, no Espírito.[12]

1252

Os sacerdotes introduzem os seres humanos, pelo batismo, no povo de Deus. Reconciliam os pecadores pelo sacramento da penitência. Aliviam os doentes com a unção. Oferecem na missa, sacramentalmente, o sacrifício de

---

[8] Cf. o rito de ordenação dos presbíteros da Igreja Jacobita de Alexandria: "...Reúne o teu povo para ouvir a palavra da doutrina, como a mãe que alimenta seus filhos", ed. H. Denziger, Ritos do Oriente, II, Würzburg 1863, p. 14.
[9] Cf. Mt 28, 19; Mc 16, 16; Tertuliano, *De baptismo*, 14, 2 no *Corpus Christianorum*, série latina;, I, 289, 11-13; santo Atanásio, *Adv. Arianos* 2, 42. *PG* 26, 237 A-B; são Jerônimo, *In Matth.* 29, 19. *PL* 26, 226 D: "Primeiro ensinar a todas as nações, depois, lavá-las com a água. O corpo não pode receber o sacramento se a alma não receber a fé"; santo Tomás, *Expositio primae Decretalis*, § 1: "Enviando seus discípulos o Salvador lhes recomendou três coisas. Primeiro, ensinar a fé. Depois, dar o sacramento aos fiéis" (ed. Marietti), *Opuscula theologica*. Turim-Roma, 1954, p. 1138.
[10] Cf. Conc. Vat. II, const. *Sacrosanctum Concilium*, 35: *AAS* 56 (1964) p. 109.
[11] Cf. ibid., 35, 48, 52, pp. 108-109, 113-114.
[12] Cf. ibid., n. 7, pp. 100-101; Pio XII, *Mystici corporis*, 29 de junho de 1943: *AAS* 35 (1943) p. 230.

Cristo. Desde os tempos primitivos, como mostra santo Inácio, mártir,[13] os padres estão associados ao bispo em todos os sacramentos e o representam de diversas maneiras em cada uma das assembléias de fiéis.[14]

1253 Os sacramentos, todos os ministérios eclesiásticos e todas as obras apostólicas estão ordenados à eucaristia formando um só todo.[15] Na eucaristia reside todo o bem espiritual da Igreja,[16] que é Cristo, nossa páscoa. Pão vivo, em sua carne, vivificada e vivificante, no Espírito Santo, é fonte de vida para os homens, convidados a se unirem a ele, com todos os seus sofrimentos e toda a criação, num único oferecimento.

Por isso a eucaristia é fonte e cume de toda a evangelização. Os catecúmenos são progressivamente admitidos à eucaristia, enquanto os fiéis batizados e confirmados, pela recepção da eucaristia, se inserem cada vez mais profundamente no corpo de Cristo.

1254 A assembléia eucarística, presidida pelo padre, é o centro de todas as reuniões de fiéis. Os sacerdotes ensinam o povo a oferecer a Deus Pai a vítima divina no sacrifício da missa, em união com sua própria vida.

No espírito de Cristo pastor, os sacerdotes procurarão levar os fiéis contritos a submeterem seus pecados ao sacramento da penitência, para melhor se converterem ao Senhor, recordando-se de sua palavra: "Façam penitência, aproxima-se o reino dos céus" (Mt 4, 17).

Habituem-nos igualmente a participar da liturgia sagrada, para se iniciarem na oração e se exercitarem a praticar, em toda a vida, de maneira cada vez mais perfeita, o espírito de oração, segundo as graças e necessidades de cada um. Orientem todos a viver segundo as exigências do seu estado, estimulando os mais perfeitos à prática dos conselhos evangélicos. Ensinem os fiéis a cantarem ao Senhor, em seu coração, hinos e cânticos espirituais, dando sempre graças a Deus Pai por tudo, em nome de nosso Senhor Jesus Cristo.[17]

1255 Os louvores e ações de graça da celebração eucarística se prolonguem pelas diversas horas do dia através da recitação do ofício divino, que os padres devem dizer em nome da Igreja, do seu povo, e de todos os seres humanos.

---

[13] Santo Inácio de Antioquia, *Smyrn.*, 8, 1-2, ed. Funk, p. 240; *Constitutiones Apostolorum*, VIII, 12, 3 ed. Funk, p. 496; VIII, 29, 2, p. 532.
[14] Cf. Conc. Vat. II, const. dogm. *Lumen gentium*, 28: *AAS* 57 (1965) pp. 33-36.
[15] "A eucaristia é a perfeição da vida espiritual e o fim de todos os sacramentos." Santo Tomás, *Summa theol.*, III, q. 73, a. 3 c; cf. III, 65, a. 3.
[16] Cf. santo Tomás, *Summa theol.*, III, q. 65, a. 3, ad 1; q. 79, a. 1, c, et ad 1.
[17] Cf. Ef 5, 19s.

Para consolo e satisfação dos fiéis, a casa de oração, em que se celebra e se guarda a santíssima eucaristia, deve ser objeto de respeito e veneração, pois é o lugar da reunião dos fiéis e da presença do Filho de Deus, nosso salvador, que se oferece no altar por nós. Ela deve estar sempre limpa e ser reservada à oração e às celebrações solenes,[18] pois, nesse lugar, pastores e fiéis são convidados a corresponder ao dom daquele que, por sua humanidade, infunde incessantemente a vida em seu corpo.[19]

Cultivem os sacerdotes a ciência e arte litúrgicas, para que seu ministério junto às comunidades que lhe são confiadas seja cada dia mais perfeito no louvor a Deus Pai, Filho e Espírito Santo.

6. O padre, educador do povo de Deus

6. Como participantes da função de Cristo, cabeça e pastor, os padres, em nome do bispo, reúnem a família de Deus numa única fraternidade em torno de Deus Pai, no Espírito.[20] Para o cumprimento dessa missão e exercício de todas as outras funções, o padre recebe um poder espiritual de edificação[21] da Igreja, que o dispõe a tratar a todos com a maior humanidade, a exemplo do Senhor. Não no sentido de querer sempre agradar a todos,[22] mas levando a admoestá-los como a filhos caríssimos[23] de acordo com as exigências da doutrina e da vida cristãs, segundo o que diz o Apóstolo: "Insiste, oportuna e importunamente, argumenta e corrige, com toda a paciência e doutrina."[24]

1256

Como educadores na fé, os sacerdotes, pessoalmente ou por meio de outros, cuidem de cada fiel em particular, para que sigam sua vocação própria, segundo o Evangelho. Ensine-os a agir segundo o Espírito Santo, na caridade e na liberdade pela qual Cristo nos libertou.[25]

1257

---

[18] Cf. são Jerônimo, *Epist.*114, 2: "Os cálices, véus e todas as coisas sagradas, que pertencem ao culto da paixão divina ... e tocam de perto o corpo e o sangue do Senhor devem ser venerados como seu próprio corpo e sangue." *PL* 22, 934; Conc. Vat. II, const. *Sacrosanctum Concilium*, 122-127: *AAS* 56 (1964) pp. 130-132.
[19] "Não deixem de visitar o Santíssimo Sacramento, que deve ser conservado no lugar mais nobre e digno de toda a Igreja, de acordo com as normas litúrgicas. Prestem ao Senhor Cristo nele presente a homenagem da ação de graças, o penhor do amor e a devida adoração." Paulo VI, *Mysterium fidei*, 3 de setembro de 1965. *AAS* 57 (1965) p. 771.
[20] Cf. Conc. Vat. II, const. dogm. *Lumen gentium*, 28: *AAS* 57 (9165) pp. 33-36.
[21] Cf. 2Cor 10, 8; 13, 10.
[22] Cf. Gl 1, 10.
[23] Cf. 1Cor 4, 14.
[24] Cf. *Didascalia*, II, 34, 3; II 46, 6; II 47; *Constitutiones Apostolorum*, II, 47, 1, ed. Funk, *Didascalia et constitutiones* I, pp. 116, 142s.
[25] Cf. Gl 4, 3; 5, 1.13.

1258 Pouco adiantam as belas cerimônias ou as associações cheias de vida se não contribuem para o amadurecimento cristão das pessoas.[26] Em vista desse objetivo, será de grande valia para os sacerdotes analisarem os acontecimentos, grandes e pequenos, em que se manifesta a vontade de Deus.

Ensinem os fiéis a não viverem exclusivamente em função de si mesmos. Com as graças que recebeu,[27] cada um deve-se colocar a serviço dos outros e cumprir cristãmente seus deveres na sociedade, de acordo com as exigências da caridade.

1259 Embora estejam a serviço de todos, os sacerdotes devem se dedicar de modo especial aos pobres e aos mais fracos, com que o Senhor se mostra mais intimamente unido[28] e cuja evangelização é sinal da obra messiânica.[29]

Cuidem igualmente dos jovens. Também dos casais e dos pais, promovendo grupos de amizade e de ajuda mútua na vida cristã, que muito contribuem para enfrentar com maior facilidade os duros problemas do dia-a-dia.

Saibam os padres que os religiosos, homens e mulheres, são o que há de mais nobre na casa do Senhor, com direito a toda atenção, em vista de seu proveito espiritual, para o bem de toda a Igreja. Acima de tudo, assistam os doentes e agonizantes, visitando-os e confortando-os.[30]

1260 A função pastoral não se limita aos fiéis na sua individualidade, mas visa à formação da comunidade propriamente dita. O espírito comunitário deve ser alimentado tanto na Igreja local como em relação à Igreja universal. A comunidade local não guarde para si os seus fiéis, mas estimule seu espírito missionário, para que se empenhem em abrir para todos os homens o caminho de Cristo.

Recomenda-se especial cuidado com os catecúmenos e neófitos que devem ser progressivamente levados a conhecer melhor e a praticar a vida cristã.

1261 A comunidade cristã se edifica a partir da eucaristia, em que fixa suas raízes e apóia sua estrutura. É a base de todo trabalho pedagógico.[31] A celebração eucarística quando autêntica e plena, leva à prática de todas as obras de caridade, à ação missionária, ao auxílio às missões e a todas as múltiplas formas de testemunho cristão.

---

[26] Cf. S. Jerônimo, *Epist.* 58, 7: "Que adiantam as paredes refulgir de pedrarias, quando o Cristo passa fome?": *PL* 22, 584.
[27] Cf. 1Pd 4, 10s.
[28] Cf. Mt 25, 34-45.
[29] Cf. Lc 4, 18.
[30] Poder-se-ia acrescentar ainda outras categorias, como os migrantes, os nômades etc. Cf. Conc. Vat. II, decr. *Christus Dominus*, 18: *AAS* 58 (1966), p. 682.
[31] Cf. *Didascalia* II, 59, 3: "Ensinando, exorte e insista que o povo freqüente a igreja com assiduidade, reúna-se sempre, sem deixar cair o número dos fiéis, como que diminuindo os membros de Cristo... Se vocês são membros de Cristo, não o esquartejem, deixando de comparecer à igreja. Sendo Cristo sua cabeça, que prometeu estar presente, comunicando-lhes

Sejam verdadeiras mães da comunidade eclesial pela caridade, oração, **1262** exemplo e obras de penitência, levando as almas a Cristo. É a forma mais eficaz de preparar o caminho de Cristo e da Igreja, mostrando-o aos que ainda não crêem, de estimular os fiéis e de prepará-los para os combates espirituais.

Na edificação da comunidade cristã, os sacerdotes não estejam a serviço **1263** de nenhuma ideologia ou partido humanos. Como arautos do Evangelho e pastores da Igreja, trabalhem sempre para o crescimento espiritual do corpo de Cristo.

II. O sacerdote na comunidade

7. Relações com o bispo

7. Os padres, em conjunto com os bispos, participam todos do mesmo **1264** sacerdócio e ministério de Cristo. Essa unidade de consagração e de missão requer a comunhão hierárquica com a ordem episcopal.[32] A liturgia da concelebração a manifesta claramente, reunindo todos em torno da mesa eucarística.[33]

Em virtude de sua ordenação, os padres sejam considerados pelos bispos como auxiliares e conselheiros indispensáveis no ministério, na função de ensinar, de santificar e de governar o povo de Deus.[34] Desde a antigüidade os documentos litúrgicos o proclamam, por exemplo, ao suplicar solenemente a vinda, sobre o ordenando, do espírito "de graça e de conselho, para que, com o coração puro, ajude e governe o povo",[35] como no deserto o espírito de

---

a vida, não sejam negligentes, afastando os membros da salvação e dilacerando o seu corpo..." ed. Funk, p. 170; Paulo VI, Aloc. ao clero italiano presente no XIII Encontro Semanal de Renovação Pastoral, em Urbiveti V, 6 de setembro de 1963. *AAS* 55 (1963) 750.

[32] Cf. Conc. Vat. II, const. dogm. *Lumen gentium*, 28: *AAS* 57 (1965) p. 35.

[33] Cf. a chamada *Constitutionem Ecclesiasticam Apostolorum*, XVIII, os presbíteros são *synmustai* (co-mistagogos) e *sunepimachoi* (cooperadores) dos bispos, ed. Th Schermann, *Die allgemeine Kirchenordnung*, I, Paderborn, 1914, p. 26; A. Harnack, *Die Quellen der sog. apostolischen Kirchenordnung*, T.u.U., II, 5, p. 13, n. 18s; Pseudo-Jerônimo, *De septem ordinibes ecclesiae*: quanto à consagração, participam da dos bispos, ed. Kalff, Würzburg, 1937, p. 45; santo Isidoro de Espanha, *De Ecclesiasticis officiis*, II, c. 7: "Presidem a Igreja de Cristo e na realização do corpo e do sangue divinos, são iguais aos bispos, assim como para ensinar o povo e pregar." *PL* 83, 787.

[34] Cf. *Didascalia*, II, 28, 4 (ed. Funk, p. 108); *Constitutiones Apostolorum*, II, 28, 4; II, 34, 3: ibid., pp. 109 e 117.

[35] Ib. VIII, 16, 4 (ed. Funk, I, 523). Cf. *Epitome Const. Apost.* VI, ib. II, p. 80, 3-4; *Testamentum Domini*: "dê-lhe o espírito de graça, de conselho e de magnanimidade, o espírito do presbiterato, para ajudar e governar o teu povo, com o coração puro, na ação e na dificuldade", trad. I. E. Rahmani, Mainz, 1899, p. 69; Veja-se também, *Trad. apost.*, ed. B. Botte, *La Tradition Apostolique de sainte Hippolyte*, Münster in W., 1963, p. 20.

Moisés desceu sobre a mente dos 70 homens,[36] "que lhe foram dados como auxiliares, facilitando o governo do povo numeroso".[37]

1265 Em virtude dessa comunhão no mesmo sacerdócio e ministério, o bispo deve tratar os padres como seus irmãos e amigos,[38] preocupando-se com seu bem tanto material como, principalmente, espiritual. O bispo tem o encargo gravíssimo de cuidar da santidade dos seus sacerdotes.[39] Esmerem-se na formação contínua dos seus padres.[40] Ouçam-nos de boa vontade, consultem-nos e conversem com eles a respeito das necessidades pastorais e do bem da diocese.

Para fazê-lo, de acordo com as exigências atuais, segundo as normas do direito,[41] constituam uma comissão ou senado de sacerdotes,[42] representantes de todos os padres, que ajude diretamente o bispo no governo da diocese.

---

[36] Cf. Nm 11, 16-25.
[37] *Pontificale Romanum*, A ordenação dos presbíteros, prefácio. Essas palavras já se usavam no *Sacramentario leoniano*, no *Sacramentario gelasiano* e no *Sacramentario gregoriano*. Encontram-se expressões equivalentes nas liturgias orientais, cf. *Trad. apost.*: "olha para o teu servo e dá-lhe o espírito da graça e do conselho dos presbíteros, para que, com coração puro, ajude e governe o teu povo, assim como olhaste para o povo eleito e mandaste a Moisés que escolhesse presbíteros, aos quais encheste com o espírito que deste a teu servo". Antiga tradução latina de Verona, ed. Botte, *La Tradition apostolique de Sainte Hippolytte. Essai de reconstruction*, Münster in W. 1963, p. 20; *Const. apost.*, VIII, 16, 4, ed. Funk, I, p. 522, 16-17; *Epit. Const. Apost.*, ed. Funk II, p. 20 5-7; *Testamentum Domini*, trad. Rahmani, l.c. p. 69; *Euchologium Serapionis*, XXVII, ed. Funk, *Didascalia e Const.* II, 190, 1-7; *Ritus Ordinationis in ritus Maronitarum*, trad. H. Denzinger, *Ritus Orientalium*, II, Würzburg, 1863, p. 161. Dentre os padres se podem citar Teodoro de Mopsuestia, *In 1Tm 3, 8*, ed Swete, II, p. 119-121; Teodoreto, *Quaestiones in Numeros*, XVIII, *PG*; 80, 369C-372B.
[38] Cf. Conc. Vat. II, const. dogm. *Lumen Gentium* 28: *AAS* 57 (1965) p. 35.
[39] Cf. João XXIII, *Sacerdotii nostri primordia*, 11.8.1959, *AAS* 51 (1959) p. 576; S. Pio X, *Haerent animo*, 4.8.1908. Atos de Pio X, IV (1908) 237.
[40] Cf. Conc. Vat. II, decr. *Christus Dominus*, 15.16: *AAS* 58 (1966) pp. 679-681.
[41] No direito em vigor já se menciona o capítulo da catedral, como conselho e senado do bispo (CIC, c. 391) ou, na sua falta, o conselho diocesano (CIC, cc. 423-438). Deseja-se rever tais instituições em função das necessidades de hoje. O conselho diocesano não corresponde exatamente ao conselho pastoral de que fala o decreto *Christus Dominus* 27, a que pertencem também leigos e que está voltado inteiramente para as necessidades pastorais.
A respeito dos padres, como conselheiros dos bispos, cf. *Didascalia*, II, 28, 4, ed. Funk, I, 108; *Const. Apost.* II, 28, 4, ed. Funk I, 109; santo Inácio de Antioquia, *Magn.*, 6, 1, ed. Funk, p. 194; *Trall.*, 3, 1, ed. Funk;, p. 204; Orígenes, *Contra Celsum*, III, 30: "Os presbíteros são conselheiros ou *bouleutai*", *PG* 11;, 957D-960A.
[42] Santo Inácio, *Magn.*. 6, 1: "Exorto a fazerem tudo em consenso, sob a presidência do bispo, em lugar de Deus, o conselho dos presbíteros em lugar do senado dos apóstolos, confiando aos diáconos o delicioso ministério de Jesus Cristo, que ante dos séculos existia com o Pai e apareceu nos últimos tempos", ed. Funk, p. 195; *Trall.*, 3, 1: "Todos sejam respeitados, os diáconos, como Jesus Cristo, o bispo, como o Pai e os presbíteros, como senado de Deus e conselho dos apóstolos. Sem isto não há Igreja", ib. p. 204; são Jerônimo, *In Isaiam* II, 3, *PL* 24, 61D: "temos na Igreja o nosso senado, que são os presbíteros".

Considerando a plenitude do sacramento da ordem que caracteriza os bispos, os padres devem respeitar neles a autoridade de Cristo, pastor supremo. Estejam pois unidos a seu bispo por um amor sincero e pela obediência.[43] Essa obediência sacerdotal, cheia do espírito de cooperação, baseia-se na própria participação do ministério episcopal, conferida pelo sacramento da ordem e pela missão canônica.[44]

Hoje, mais do que nunca e por muitas razões, é indispensável que os padres estejam unidos ao bispo nas mais variadas iniciativas apostólicas e também porque não se pode ficar restrito aos limites de uma paróquia ou de uma diocese. Nenhum padre pode exercer sozinho sua missão de maneira inteiramente satisfatória, mas é preciso que some sua força à dos outros, sob a direção dos que governam a Igreja. **1266**

8. Os padres entre si

8. Os padres estão sacramentalmente unidos, em íntima fraternidade por causa da ordenação. De modo especial na diocese, em que formam um único presbitério, a serviço do mesmo bispo. **1267**

Apesar da diversidade de funções, o ministério sacerdotal é sempre o mesmo. A missão dos padres é única, seja na paróquia, seja em funções supraparoquiais, como a investigação científica ou o ensino, a participação no trabalho manual ou operário, de acordo com a autoridade competente, ou a ocupação com alguma obra ou trabalho apostólico. Tudo converge para a edificação do corpo de Cristo que, sobretudo nos dias de hoje, requer diversificação de funções e novas iniciativas.

É importante que os padres, diocesanos e religiosos, cooperem na verdade.[45] Estejam unidos uns aos outros pelos laços do ministério, da fraternidade e de uma toda especial caridade apostólica. Para representá-los, desde a Antigüidade, os presbíteros presentes são convidados a impor as mãos junto com o bispo, sobre o ordenando e concelebram unânimes a mesma eucaristia.

Cada padre esteja, pois, unido a seus confrades pelos vínculos da caridade, da oração e da recíproca cooperação, manifestando a unidade que Cristo desejou para os seus, a fim de que o mundo saiba que foi enviado pelo Pai.[46]

---

[43] Paulo VI, *Exortação quaresmal*, 1º de março de 1965, *AAS*, 57 (1965) 326.
[44] Cf. *Const. Apost.* VIII, 46, 39: "Os presbíteros nada façam sem autorização do bispo, a quem está confiado o povo de Deus e que deverá prestar conta das almas", ed. Funk, p. 577.
[45] Cf. 3Jo 8.
[46] Cf. Jo 17, 23.

1268 Que os mais velhos recebam os mais novos e os ajudem nos primeiros passos e dificuldades do ministério. Procurem compreendê-los, ainda que tenham uma outra mentalidade, e apoiá-los em suas iniciativas. Os mais jovens, por sua vez, respeitem a idade e a experiência dos mais velhos, colaborando e se aconselhando com eles no que concerne à cura das almas.

1269 Com espírito fraterno, os padres sejam hospitaleiros,[47] pratiquem a beneficência e a partilha,[48] dando especial atenção aos doentes, aos aflitos, aos que estão assoberbados pelo trabalho, aos que vivem sozinhos, aos estrangeiros e aos que são perseguidos.[49]

Estejam juntos também no lazer, alegres e satisfeitos, de acordo com a palavra do Senhor aos apóstolos cansados: "Saiam um pouco e descansem" (Mc 6, 31).

Além disso, para que os padres sejam mutuamente ajudados na vida espiritual e intelectual, preparando-se para o melhor exercício do ministério e fugindo dos grandes perigos da solidão, deve-se promover entre eles um mínimo de vida comum e de reuniões, sob formas diversas, de acordo com as diversas necessidades pessoais e pastorais, como, por exemplo, moradia comum, quando possível, mesa comum ou, pelo menos, reuniões periódicas e freqüentes.

As associações são da maior importância e devem ser diligentemente organizadas, com estatutos aprovados pela autoridade eclesiástica, pois facilitam a cooperação fraterna e a santificação dos sacerdotes no exercício do ministério, prestando serviço a todos.

1270 Finalmente, em virtude dessa mesma comunhão no sacerdócio, os padres devem se sentir obrigados a vir em auxílio de algum confrade que passe por dificuldades, prestando-lhe ajuda imediata, mesmo que seja para admoestá-lo discretamente.

Os que faltaram de algum modo a seus compromissos sejam tratados com magnanimidade e caridade fraterna, como verdadeiros irmãos e amigos, orando a Deus por eles sem descanso.

9. Os padres e os leigos

1271 9. Em virtude do sacramento da ordem, os sacerdotes do Novo Testamento exercem, no povo e para o povo de Deus, as funções importantíssimas e indispensáveis de pais e mestres. Antes disso, porém, juntamente com todos

---
[47] Cf. Hb 13, 1s.
[48] Cf. Hb 13, 16.
[49] Cf. Mt 5, 10.

os fiéis, são discípulos do Senhor, constituídos participantes do seu reino pela graça da vocação divina.[50] Os padres são irmãos entre irmãos, no meio de todos os que foram regenerados pelo batismo,[51] membros do mesmo corpo de Cristo cuja edificação depende de todos.[52]

1272 Os sacerdotes devem presidir buscando não o seu interesse, mas o de Jesus Cristo,[53] unindo-se aos leigos no trabalho e vivendo no meio deles segundo o exemplo do Mestre, que não veio "para ser servido, mas para servir e dar a sua vida pela redenção de muitos" (Mt 20, 28).

Os padres devem reconhecer a dignidade dos leigos e deixá-los desempenhar o papel que lhes compete na missão da Igreja.

Apóiem e prestigiem as justas liberdades, a que todos têm direito na sociedade civil.

Escutem os leigos com atenção, acolhendo fraternalmente as suas considerações e lhes reconhecendo a experiência e a competência que têm, nos diversos setores da vida humana, para que possam todos juntos ser sensíveis aos sinais dos tempos.

Com discernimento dos espíritos, para ver se são de Deus,[54] saibam reconhecer, na fé, os diversos carismas dos leigos, tanto os mais altos, como os mais humildes, favorecendo a todos.

Dentre os diversos dons de Deus, cuidem sobretudo dos inúmeros fiéis chamados a uma vida espiritual mais profunda.

Confiem também aos leigos diversos encargos a serviço da Igreja, dando-lhes liberdade e deixando-lhes o espaço necessário para agir, de tal modo que se sintam livres inclusive para tomar iniciativas quando as julgam oportunas.[55]

1273 Finalmente, no meio dos leigos, o papel dos padres é encaminhar todos para a união, na caridade, "amando-se mutuamente com caridade e honrando uns aos outros" (Rm 12, 10). Compete-lhes por isso harmonizar os espíritos e fazer com que ninguém se sinta estranho na comunidade.

Sejam promotores do bem comum em nome do bispo e defensores da verdade, para que nenhum fiel seja abalado por doutrinas vãs.[56] Cuidem especialmente dos que se afastaram da prática sacramental, ou mesmo da fé, junto aos quais saibam desempenhar o papel do bom pastor.

---

[50] Cf. 1Ts 2, 12; Cl 1, 13.
[51] Cf. Mt 23, 8. É necessário que sejamos irmãos de todos, se desejamos ser pastores, pais e mestres. Paulo VI, *Ecclesiam suam*, 6.8.1964: *AAS* 56 (1964) p. 647.
[52] Cf. Ef. 4, 7.16; *Const. Apost.*, VIII, 1, 20: "O bispo não deve se colocar acima dos presbíteros e dos diáconos, nem os padres acima do povo, pois a assembléia é uma, composta de todos." Ed. Funk, I, p. 467.
[53] Cf. Fl 2, 21.
[54] Cf. 1Jo 4, 1.
[55] Cf. Vat. II, LG, 37.
[56] Cf. Ef 4, 14.

1274   Atentos às recomendações a respeito do ecumenismo,[57] não esqueçam os irmãos que não vivem em plena comunhão conosco.

1275   Pensem igualmente em todos que não reconhecem Cristo como salvador.

1276   Os fiéis, por sua vez, sintam-se obrigados a acolher os seus padres com amor filial, como pastores e pais. Participem de suas preocupações e os auxiliem pela oração e pela ação, quanto possível, para que possam superar as dificuldades e cumprir cada vez melhor os seus deveres.[58]

III. Distribuição dos sacerdotes e vocações

10. A preocupação com o conjunto da Igreja

1277   10. O dom espiritual que os padres recebem na ordenação não os restringe a uma missão precisa e limitada, mas os orienta para a missão da salvação em toda a sua amplidão e universalidade,"até os confins da terra" (At 1, 8), pois todo o ministério sacerdotal é participação da missão universal confiada por Cristo aos apóstolos, em toda a sua amplidão.

    O sacerdócio de Cristo, de que os padres participam, está necessariamente voltado para todos os povos de todos os tempos e não se limita de forma alguma pelos laços de sangue, de nação ou de idade, como já o prefigurava o sacerdócio de Melquisedeque.[59] Tenham os sacerdotes no coração a preocupação com toda a Igreja, de tal forma que as dioceses com o clero mais numeroso estejam prontas a ajudar as que têm menos padres, por iniciativa ou autorização da própria autoridade local, enviando sacerdotes missionários ou para exercer as funções que carecem de ministros.

1278   Revejam-se pois as normas de encardinação e excardinação de tal modo que, mantida esta instituição antiqüíssima e venerável, venha a corresponder melhor às exigências da atualidade. Quando houver uma razão apostólica, deve-se não apenas facilitar a redistribuição dos sacerdotes, mas criar obras pastorais adaptadas às diversas categorias de pessoas, de acordo com sua região ou nação. Com esse objetivo, podem-se organizar seminários internacionais, dioceses ou prelaturas pessoais e outras iniciativas congêneres que, preservando-se sempre o direito das autoridades locais, permitam que por seu intermédio se possam encardinar padres, para o bem de toda a Igreja.

---

[57] Cf. Conc. Vat. II, decr. *Unitatis redintegratio*: *AAS* 57 (1965) pp. 90ss..
[58] Vat. II, const. dogm. *Lumen gentium*, 37: *AAS* 57 (1965) pp. 42-43.
[59] Cf. Hb 7, 13.

Contudo, os padres, sobretudo se sozinhos, não sejam enviados a regiões 1279 cuja língua e costumes desconhecem. Seguindo o exemplo dos discípulos de Cristo,[60] sejam ao menos dois ou três, para que se prestem mútuo auxílio. Cuide-se particularmente de sua vida espiritual e de sua saúde, tanto corporal como mental. Na medida do possível, preparem-se locais de trabalho levando em consideração as circunstâncias pessoais de cada um. É importante que os que se dirigem a um novo país conheçam bem não só a língua, mas a índole psicológica e social do povo a que vão servir, de maneira a estar em íntima comunhão com eles, a exemplo do apóstolo Paulo, que podia dizer: "Sendo livre, tornei-me escravo de todos para a todos lucrar. Fiz-me judeu com os judeus, para ganhar os judeus..." (1Cor 9, 19s).

11. As vocações sacerdotais

11. O pastor e bispo de nossas almas,[61] que constituiu a Igreja como 1280 seu povo, adquirido pelo seu sangue,[62] providenciará até o fim do mundo os sacerdotes necessários para que os cristãos não venham a se tornar como rebanho sem pastor.[63]

Conhecendo, no Espírito Santo, esta disposição de Cristo, os apóstolos julgaram seu dever escolher ministros "capazes de ensinar aos outros" (2Tm 2, 2). Este papel deriva, sem dúvida, da missão sacerdotal, através da qual o padre participa da preocupação que a Igreja tem de que não faltem, na terra, operários ao povo de Deus.

Como, porém, "piloto e viajantes estão no mesmo barco",[64] lembre-se a todo o povo de Deus que é seu dever cooperar de diversas maneiras, pela oração instante e por todos os meios a seu alcance,[65] para que a Igreja tenha sempre os sacerdotes necessários ao cumprimento de sua missão divina.

A começar pelos padres: na pregação e pelo testemunho da própria vida, 1281 manifestando claramente o espírito de serviço e a alegria pascal, coloquem diante dos olhos dos fiéis a excelência e a necessidade do sacerdócio. Sem medir sacrifícios ou dificuldades, procurem ajudar os jovens e adultos que julgarem idôneos para tão excelso ministério, a fim de que se preparem devidamente e possam ser chamados pelo bispo, respeitada integralmente sua liberdade tanto exterior quanto interior.

A direção espiritual contribui enormemente para a consecução desse objetivo.

---

[60] Cf. Lc 10, 1.
[61] Cf. 1Pd 2, 25.
[62] Cf. At 20, 28.
[63] Cf. Mt 9, 36.
[64] *Pontificale Romanum*, Ordenação dos presbíteros.
[65] Cf. Conc. Vat. II, decr. *Optatam totius*, 2: *AAS* 58 (1966) pp. 714-715.

Pais, professores e todos que cuidam da educação das crianças e dos jovens formem-nos de tal modo que, conscientes da solicitude do Senhor para com seu rebanho e considerando as necessidades da Igreja, estejam prontos a responder generosamente ao chamado do Senhor, dizendo, como o profeta: "Eis-me aqui. Envia-me" (Is 6, 8). Não se espere, porém, que o chamado do Senhor se faça ouvir de maneira extraordinária ao futuro padre. Deve ser percebido e avaliado, com toda a atenção, pelos padres, através dos sinais habituais com que a vontade de Deus é conhecida todos os dias pelos cristãos prudentes.[66]

Recomendam-se vivamente as obras das vocações, tanto diocesanas, como nacionais.[67] Na pregação, na catequese e na imprensa é preciso manifestar as necessidades da Igreja, tanto local como universal, colocar em sua verdadeira luz o sentido e a excelência do ministério sacerdotal, em que se acumulam os muitos deveres, muito maiores alegrias e através do qual se pode dar a Cristo o testemunho máximo do amor.[68]

Capítulo III

A vida sacerdotal

I. Vocação dos sacerdotes à perfeição

12. Buscar a perfeição

1282   12. O sacramento da ordem associa os padres a Cristo sacerdote, como ministros da cabeça, para construir e edificar o seu corpo, a Igreja, como colaboradores da ordem episcopal. Já no batismo, como todos os fiéis, receberam o sinal e o dom desta graça imensa, que é a possibilidade de visar à perfeição,

---

[66] A voz de Deus, ao chamar, exprime-se de duas maneiras diversas, maravilhosas e convergentes: interiormente, pela graça e pelo Espírito Santo, através do inefável fascínio interior que a voz silenciosa e poderosa do Senhor repercute nas profundidades inefáveis da alma humana; exteriormente, de maneira humana, sensível, social, jurídica e concreta, através do ministro qualificado da palavra de Deus, do apóstolo e da hierarquia, instrumento indispensável instituído por Cristo como veículo encarregado de traduzir em linguagem perceptível a mensagem do Verbo e do preceito divino. É o que ensina, com são Paulo, a doutrina católica: "Como ouvirão, sem pregador... A fé vem pelo ouvido" (Rm 10, 14.17). Paulo VI, aloc. do dia 5 de maio de 1965, no *L'Osservatore Romano* de 6 de maio de 1965.
[67] Cf. Conc. Vat. II, decr. *Optatam totius*, 2: *AAS* 58 (1966) pp. 714-715.
[68] Os padres da Igreja o ensinam ao comentar as palavras de Cristo a Pedro: "Tu me amas?... Apascenta as minhas ovelhas" (Jo 21, 17) Cf. são João Crisóstomo, *De sacerdotis* II, 2: *PG* 48, 633; são Gregório Magno, *Reg. Past. Liber*, I, 5: *PL* 77, 19A.

apesar das fraquezas humanas,[1] conforme a palavra do Senhor: "Sejam perfeitos como seu Pai celeste é perfeito" (Mt 5, 48). Os sacerdotes devem buscar essa perfeição por uma razão especial, a saber, por se terem consagrado a Deus de um modo novo, na ordenação sacerdotal, como instrumentos vivos do Cristo, sacerdote eterno, prosseguindo no tempo[2] sua obra admirável de reunir a humanidade, com a força do alto.

Como representante de Cristo, o sacerdote recebe a graça de ir se aperfeiçoando no serviço da comunidade que lhe é confiada, e de todo o povo de Deus. Suas fraquezas, como homem, são sanadas por aquele que é "pontífice santo, inocente, impoluto e isento de todo pecado" (Hb 7, 26).

Santificado, consagrado e enviado ao mundo pelo Pai, Cristo[3] "se entregou por nós, para nos resgatar do mal e constituir para si um povo puro, aceitável aos olhos de Deus e seguidor das boas obras" (Tt 2, 14), tendo entrado assim na glória, através de sua paixão.[4] Da mesma forma o padre, consagrado pela unção do Espírito Santo e enviado por Cristo, mortifica em si mesmo as obras da carne e se consagra totalmente ao serviço dos homens, de tal forma que, dotado da santidade de Cristo, vai se tornando homem perfeito.[5] **1283**

Os padres, desde que sejam fiéis ao Espírito de Cristo, que os vivifica e conduz, prosperam na vida espiritual pelo próprio exercício do ministério, enquanto estão a serviço do Espírito e da santidade.[6] Caminham para a perfeição através dos atos sagrados que praticam todo dia e de todo o seu trabalho, em conjunto com os demais padres e com o bispo. **1284**

A santidade dos padres contribui notavelmente para os resultados de seu ministério. Embora a graça de Deus produza frutos também através de ministros indignos, ordinariamente Deus prefere mostrar as suas maravilhas através daqueles que se dispõem com docilidade aos impulsos do Espírito Santo e podem dizer com o Apóstolo, em virtude de sua íntima união com Cristo e de sua santidade: "Vivo, não porém eu, é Cristo que vive em mim" (Gl 2, 20).

Por isso o Concílio, para atingir seus objetivos pastorais de renovação interna da Igreja, difusão do Evangelho em todos os povos e diálogo com o mundo moderno, exorta com veemência os sacerdotes a buscarem sempre maior santidade, com os meios recomendados pela Igreja,[7] a fim de se tornarem instrumentos cada dia mais aptos ao serviço de todo o povo de Deus. **1285**

---

[1] Cf. 2Cor 12, 9.
[2] Pio XI, *Ad catholici sacerdotii*, 20.12.1935: *AAS* 28 (1936) p. 10.
[3] Cf. Jo 10, 36.
[4] Cf. Lc 24, 26.
[5] Cf. Ef 4, 13.
[6] Cf. 2Cor 3, 8s.
[7] Cf., entre outros, são Pio X, *Haerent animo*, 1c.; Pio XI, *Ad catholici sacerdotii*, 1. c.; Pio XII, *Menti nostrae* 23.9.1950: *AAS* 42 (1950): João XXIII, 1.8.1959: *ASS* 51 (1953) p. 545: *Sacerdotii nostri primordia*, 1. c.

13. O exercício do sacerdócio e a santidade

1286 13. Os padres alcançam a santidade a que são chamados pelo exercício leal e constante do ministério, segundo o Espírito de Cristo.

1287 Como ministros da palavra de Deus, leiam e ouçam diariamente a palavra que devem ensinar aos outros. Procurando assimilá-la, tornem-se cada dia discípulos mais perfeitos do Senhor, segundo a palavra do apóstolo Paulo a Timóteo: "Cuide bem dessas coisas e persevere nelas, a fim de que o seu progresso fique manifesto diante de todos. Vigie a si mesmo e ao ensinamento, e seja perseverante. Desse modo você salvará a si mesmo e aos seus ouvintes" (1Tm 4, 15s). Procurando como transmitir aos outros o que contemplam,[8] experimentem mais profundamente "as inesgotáveis riquezas de Cristo" (Ef 3, 8) e a multiforme sabedoria de Deus.[9] Sabendo que é o Senhor que abre os corações[10] e que o valor do que dizem vem de Deus e não deles,[11] estejam unidos ao Senhor e Mestre, no momento em que pregam, deixando-se conduzir por seu Espírito. Em comunhão com Cristo, participam do amor de Deus, cujo mistério, escondido durante séculos,[12] foi revelado em Cristo.

1288 Como ministros sagrados, especialmente no sacrifício da missa, os sacerdotes agem em nome de Cristo, que se entregou como vítima para a santificação dos homens. São então convidados a praticar aquilo que fazem: celebrando o mistério da morte do Senhor, mortifiquem, nos seus membros, todo vício e concupiscência.[13] No mistério do sacrifício eucarístico, em que o papel principal é do padre, opera-se incessantemente a obra de nossa redenção.[14] Recomenda-se, por isso, a celebração cotidiana. Cristo e a Igreja nela atuam, mesmo na ausência dos fiéis.[15] Unidos a Cristo pela ação sacerdotal, os sacerdotes se oferecem cotidianamente a Deus e são alimentados pelo corpo de Cristo, participando, no coração, do amor com que se dá em alimento aos fiéis.

---

[8] Cf. Santo Tomás de Aquino, *Summa theol.*, II-II, q. 188, a. 7.
[9] Cf. Ef. 3, 9s.
[10] Cf. At 16, 14.
[11] Cf. 2Cor 4, 7.
[12] Cf. Ef 3, 9.
[13] Cf. *Pontificale Romanum*, Ordenação dos presbíteros.
[14] Cf. *Missal Romano*, IX domingo depois de Pentecostes, Oração sobre as ofertas.
[15] Nenhuma missa é privada; mesmo a que o sacerdote celebra sozinho é ato de Cristo e da Igreja. A Igreja se oferece a si mesma num sacrifício universal e aplica à salvação de todo o mundo a virtude única e infinita do sacrifício da cruz. Nenhuma missa se celebra por alguém ou por alguns, que não seja também oferecida pela salvação de todo o mundo... Paternal e insistentemente recomendamos aos sacerdotes, que são nossa grande alegria e nossa coroa no Senhor, que celebrem todos os dias com dignidade e devoção a santa missa. Paulo VI, *Mysterium fidei*, 3 de setembro de 1965. *AAS*, 57 (1965) p. 761s; Conc. Vat. II, const. *Sacrosanctum Concilium*, 26.27: *AAS* 56 (1964) p. 107.

Também na administração dos sacramentos, unem-se intencionalmente ao amor de Cristo, em particular na administração da penitência, estando sempre dispostos e preparados para atender aos pedidos razoáveis dos fiéis. Na recitação do Ofício Divino emprestam sua voz à Igreja, que ora em nome de todo o gênero humano e persevera unida a Cristo, que está "vivo, a interceder por nós" (Hb 7, 25).

Como responsáveis e pastores do povo de Deus, animados pelo amor do Bom Pastor, que os incita a dar sua alma pelas ovelhas,[16] os sacerdotes estejam prontos para os maiores sacrifícios, seguindo o exemplo daqueles que mesmo em nossos dias não hesitam em dar a própria vida. **1289**

Como educadores da fé, "confiando no sangue de Cristo para entrar no santo dos santos" (Hb 10, 19), aproximem-se de Deus "com o coração limpo, na plenitude da fé" (Hb 10, 22). Sejam uma esperança para os seus fiéis,[17] para consolar os que sofrem dificuldades e exortá-los como são exortados por Deus.[18]

Como responsáveis pela comunidade, pratiquem a disciplina do pastor de almas, renunciando às comodidades pessoais e buscando o que é útil, não para si, mas para os outros, a fim de que se salvem.[19] Entreguem-se com afinco ao trabalho pastoral para fazê-lo sempre melhor e, se necessário, estejam preparados para tomar novas iniciativas, guiados pelo Espírito de amor, que sopra onde quer.[20]

14. A unidade da vida sacerdotal

14. No mundo de hoje há tanta coisa a fazer e tantos são os problemas a resolver com rapidez, que ninguém pode se ocupar com tudo sem se atrapalhar. **1290**

Os padres, no meio das múltiplas obrigações de ofício e tendo que atender a tantas coisas diferentes, tornam-se freqüentemente ansiosos, com dificuldade para levar uma vida interior razoável, no meio de tão diversas atividades, dentro de certa harmonia e unidade.

Essa unidade não resulta nem unicamente da organização do ministério, nem tampouco dos simples exercícios de piedade. Só se alcança quando se procura exercer o ministério de acordo com o exemplo do Cristo Senhor que, para cumprir perfeitamente o seu trabalho, tinha como alimento fazer a vontade daquele que o enviou.[21]

---

[16] Cf. Jo 10, 11.
[17] Cf. 2Cor 1, 7.
[18] Cf. 2Cor 1, 4.
[19] Cf. 1Cor 10, 33.
[20] Cf. Jo 3, 8.
[21] Cf. Jo 4, 34.

1291 Na realidade, é através de sua Igreja, pelo trabalho de seus ministros, que Cristo cumpre, no mundo, a vontade do Pai, que é de fato a fonte de unidade para a vida sacerdotal. Para alcançar essa unidade de vida, os padres devem se unir a Cristo no reconhecimento da vontade do Pai e na generosidade do dom de si mesmos ao rebanho que lhes é confiado.[22]

Dessa forma, agindo como o Bom Pastor, encontram no próprio exercício da caridade pastoral o caminho da perfeição sacerdotal que os leva à unidade entre a vida e a ação. A caridade pastoral[23] provém, principalmente, do sacrifício eucarístico, centro e raiz de toda a vida do padre, que deve procurar viver o que faz no altar. Mas isso só é possível se os sacerdotes penetrarem a fundo no mistério da oração de Cristo.

1292 Na prática, os padres devem examinar se cada uma de suas iniciativas é realmente querida por Deus,[24] verificando se correspondem às normas evangélicas da missão da Igreja. Não se pode separar a fidelidade a Cristo da fidelidade à Igreja. A caridade pastoral exige que os padres não trabalhem em vão,[25] mas sempre em comunhão com os bispos e com os demais sacerdotes. Assim fazendo, os padres encontrarão sua unidade de vida na unidade da própria missão da Igreja, unindo-se a seu Senhor e, por ele, ao Pai, no Espírito Santo, para que sejam plenamente confortados, na maior alegria.[26]

II. Exigências espirituais da vida sacerdotal

15. Humildade e obediência

1293 15. Dentre as virtudes mais necessárias ao ministério sacerdotal, procurem os padres buscar sempre não a sua, mas a vontade daquele que os enviou.[27] Foram chamados a realizar o trabalho divino do Espírito Santo,[28] que está acima de toda força e sabedoria humanas, tendo "Deus escolhido o que é fraco, para confundir os fortes" (1Cor 1, 27). Consciente da própria fraqueza, o verdadeiro ministro de Cristo trabalha na humildade, para agradar a Deus.[29] Ligado ao Espírito,[30] é conduzido pela vontade daquele que quis salvar todos

---

[22] Cf. 1Jo 3, 16.
[23] Apascentar o rebanho do Senhor é praticar a caridade. S. Agostinho, *Tract. in Io.*, 123, 5. *PL* 35, 1967.
[24] Cf. Rm 12, 2.
[25] Cf. Gl 2, 2.
[26] Cf. 2Cor 7, 14.
[27] Cf. Jo 4, 34; 5, 30; 6, 38.
[28] Cf. At 13, 2.
[29] Cf. Ef 5, 10.
[30] Cf. At 20, 22.

os seres humanos. Procura discernir e seguir essa vontade nas menores circunstâncias de todo dia, servindo humildemente a todos, tanto aos que Deus lhe envia, em virtude de sua função, como aos que encontra, nas inúmeras ocasiões de sua vida.

O ministério sacerdotal, sendo ministério da Igreja, só pode ser exercido na comunhão hierárquica com todo o corpo. A caridade pastoral leva os padres a agir na comunhão, consagrando, pela obediência, a própria vontade ao serviço de Deus e dos irmãos. Acolhem e cumprem, com espírito de fé, o que é ordenado pelo papa, pelo seu bispo e pelos demais superiores. Dão-se inteiramente,[31] com alegria e generosidade, a qualquer função, por mais humilde e pobre que seja. 1294

Pela mesma razão, mantêm a unidade com seus irmãos no ministério e colaboram na edificação do corpo de Cristo, "através de uma rede de articulações",[32] especialmente com aqueles que o Senhor constituiu dirigentes visíveis de sua Igreja. Esta obediência, que leva os filhos de Deus a uma liberdade mais madura, exige que os padres, no cumprimento de suas funções, movidos pela caridade, procurem, com toda a prudência, novas formas de ação, tendo presentes as necessidades do rebanho que lhes é confiado, expondo-as claramente e submetendo suas iniciativas aos que têm, na Igreja, a função de dirigir, estando sempre preparados a acolher a sua decisão.

Por esta maneira responsável e livre de obedecer, os padres se conformam a Cristo, tendo os mesmos sentimentos daquele "que se esvaziou a si mesmo e assumiu a forma de servo... fazendo-se obediente até a morte" (Fl 2, 7s), resgatando-nos, com esta obediência, da desobediência de Adão, como testemunha o Apóstolo: "Assim como pela desobediência de um, muitos se tornaram pecadores, também pela obediência de um muitos serão justificados" (Rm 5, 19). 1295

16. A graça do celibato

16. Recomendada pelo Cristo Senhor,[33] a continência perfeita e perpétua, livremente abraçada e fielmente observada por muitos fiéis, no decurso dos tempos, até os nossos dias, foi sempre considerada importante pela Igreja, de modo especial para os sacerdotes. É ao mesmo tempo sinal e estímulo da caridade pastoral e fonte especial de fecundidade espiritual no mundo.[34] 1296

Não é uma exigência decorrente da própria natureza do sacerdócio, como o demonstram a prática da Igreja primitiva[35] e a tradição das Igrejas orientais,

---

[31] Cf. 2Cor 12, 15.
[32] Cf. Ef 4, 11-16.
[33] Cf. Mt 19, 12.
[34] Cf. Conc. Vat. II, const. dogm. *Lumen gentium*, 42: *AAS* 57, (1965) pp. 47-49.
[35] Cf. 1Tm 3, 2-5; Tt 1, 6.

em que, além daqueles que, como todos os bispos, optam pelo dom do celibato, há excelentes padres casados.

Ao recomendar o celibato, o Concílio não tem a mínima intenção de mexer nessa situação, que vigora legitimamente nas Igrejas orientais. Continua exortando aos que receberam a ordenação sacerdotal sendo casados, que perseverem em sua santa vocação, consagrando sua vida de maneira plena e generosa ao rebanho que lhes foi confiado.[36]

1297   Há porém inúmeras afinidades entre o sacerdócio e o celibato.

A missão do sacerdote está inteiramente voltada para o serviço da nova humanidade suscitada por Cristo, vencedor da morte, no Espírito Santo, que atua no mundo, e que "não provém nem da vontade da carne, nem da vontade do homem, mas de Deus" (Jo 1, 13).

Conservando a virgindade ou o celibato, por causa do reino dos céus,[37] os padres consagram-se a Cristo de maneira nova e mais perfeita, unindo-se mais facilmente a ele, com todo o coração[38] e se dedicando mais livremente, por ele e com ele, ao serviço de Deus e dos seres humanos. Consagram-se mais inteiramente ao seu reino e ao trabalho da divina redenção, tornando-se mais aptos a exercer a paternidade em Cristo.

Professam assim, diante de todos os seres humanos, sua disposição de se dedicar inteiramente à função que lhes é confiada, preparando os fiéis para o único Senhor, como virgens castas para Cristo,[39] evocando a comunhão profunda, estabelecida por Deus, que se manifestará no futuro da Igreja com seu único esposo, Cristo.[40]

Tornam-se, enfim, sinais vivos do mundo futuro, em que os filhos da ressurreição não se casam nem são dados em casamento[41] e que já está de certa maneira presente, na fé e no amor.

1298   Por estas razões baseadas no mistério e na missão de Cristo, o celibato, inicialmente recomendado aos sacerdotes, foi imposto por lei, na Igreja latina, a todos os que se apresentavam para ser ordenados. O Concílio confirma esta legislação no que diz respeito aos que se destinam ao sacerdócio, confiando no Espírito e certo de que o Pai não deixará de dar esta graça tão apropriada ao sacerdócio, desde que os candidatos e toda a Igreja o peçam com humildade e empenho.

---

[36] Cf. Pio XI, *Ad catholici sacerdotii*, 20.12.1935: *AAS* 28 (1936) p. 28.
[37] Cf. Mt 19, 12.
[38] Cf. 1Cor 7, 32ss.
[39] Cf. 2Cor 11, 12.
[40] Cf. Conc. Vat. II, const. dogm. *Lumen gentium*, 42.44: *AAS* 57 (1965), pp. 47-49.50-51; decr. *Perfectae caritatis*, 12 : *AAS* 58 (1966) p. 707.
[41] Cf. Lc 20, 35s; Pio XI, *Ad catholici sacerdotii*, 20.12.1935: AAS 28 (1936) pp. 24-28; Pio XII, *Sacra virginitas*, 25.3.1954: *AAS* 46 (1954) pp. 169-172.

A todos os padres que acolheram livremente a graça do celibato, confiando em Deus e seguindo o exemplo de Cristo, o Concílio exorta a permanecerem firmes, com coragem e de todo o coração, para que sejam fiéis e perseverantes. Considerem o imenso dom que lhes foi dado pelo Pai. O Senhor o exalta claramente.[42] São grandes os mistérios significados e realizados por tão excelsa graça.

Quanto mais se acha hoje impossível a fidelidade à continência perfeita, mais devem os padres pedi-la com humildade e perseverança, pois nunca é negada aos que a suplicam em união com a Igreja. Recorram também a todos os meios naturais e sobrenaturais que estejam a seu alcance. Sigam as normas da ascese, de acordo com a experiência da Igreja, hoje em dia muitas vezes subestimadas.

O Concílio pede tanto aos padres como a todos os fiéis, que tenham em grande estima o precioso dom do celibato sacerdotal e que o peçam a Deus para a Igreja, a fim de que seja abundantemente repartido.

17. Pobreza e riquezas

17. Convivendo de maneira amigável e fraterna entre si e com todos os seres humanos, os padres devem cultivar os valores humanos e considerar os bens criados como verdadeiros dons de Deus. Embora no mundo, saibam que não são do mundo, como diz o Senhor.[43] Usando esse mundo como se não o usassem,[44] alcancem a liberdade em relação a toda preocupação desordenada, tornando-se dóceis à voz divina na vida de todo dia.   **1299**

Liberdade e docilidade são as raízes do discernimento espiritual, que levam a encontrar a maneira adequada de tratar as coisas do mundo, como é indispensável ao padre, que cumpre a missão da Igreja no meio do mundo e necessita, como todo ser humano, de bens materiais.

Agradeçam ao Pai celeste tudo que lhes é dado para levar uma vida digna. Mas é preciso que saibam discernir, na luz da fé, o uso correto dos dons de Deus, do que devem rejeitar, como contrário à sua missão.

Os sacerdotes, cuja "parte e herança" (Nm 18, 20) é o Senhor, devem usar os bens temporais unicamente para os fins compatíveis com a doutrina do Cristo Senhor e com as disposições da Igreja.   **1300**

Os bens eclesiásticos propriamente ditos, de acordo com sua natureza, devem ser administrados pelos sacerdotes, segundo as normas da Igreja e com o auxílio de profissionais leigos, sempre em vista das finalidades da Igreja,   **1301**

---

[42] Cf. Mt 19, 11.
[43] Cf. Jo 17, 14-16.
[44] Cf. 1Cor 7, 31.

que legitimam a posse, por ela, de bens temporais, como, por exemplo, para o culto divino, o sustento do clero, os trabalhos apostólicos e as obras de beneficência, particularmente para com os pobres.[45]

Os padres, de acordo com o bispo, conservem para seu sustento e para o que convenha ao perfeito cumprimento de suas funções os bens adquiridos no exercício do ministério eclesiástico, salvo direito particular.[46] O supérfluo, porém, saibam destiná-lo ao bem da Igreja e às obras de caridade.

A função eclesiástica não deve se tornar instrumento de enriquecimento nem do padre, nem de sua família.[47] Os padres não amem as riquezas,[48] evitem toda cupidez e se afastem de operações tipicamente comerciais.

1302 Na verdade, os padres são convidados a abraçar a pobreza voluntária, que os assemelha mais profundamente a Cristo e os torna mais bem dispostos para o ministério.

Cristo era rico, mas se fez pobre por nossa causa, para que nos tornássemos ricos com sua pobreza.[49] Os apóstolos mostraram como o dom de Deus deve ser distribuído gratuitamente,[50] sabendo como se comportar na abundância e na carência.[51] O uso comum das coisas, a exemplo da comunhão de bens da Igreja primeva,[52] é muito favorável à caridade pastoral e um meio através do qual a vida do padre se aproxima muito do espírito de pobreza recomendado por Cristo.

1303 Conduzidos, pois, pelo Espírito do Senhor, que ungiu o Salvador e o enviou para evangelizar os pobres,[53] evitem, padres e bispos, tudo que os afaste dos pobres e, mais do que os outros discípulos de Cristo, abram mão de tudo que é vaidade. Arrumem suas casas de forma a serem acessíveis a todos e que ninguém, por mais humilde que seja, sinta dificuldade em freqüentá-las.

---

[45] *Conc. Antioch.*, Cânon 5: Mansi 2, 1327s; *Decretum Gratiani*, c. 23, S. 2, q. 1, ed. Fiedberg I, pp. 684s.
[46] Entenda-se, sobretudo, dos direitos e costumes vigentes nas Igrejas orientais.
[47] *Conc. Paris*, 829, c. 15, *MGH* seção das leis III, *Concilia*, t. 2, parte 6, 622; Trento, sess. XXV, *Decr. de reform.*, cap. 1: *Conc. oec. Decreta*, ed. Herder, Roma, 1962, pp. 760s.
[48] Cf. Sl 62, 11 vg 61.
[49] Cf. 2Cor 8, 9.
[50] Cf. At 8, 18-25.
[51] Cf. Fl 4, 12.
[52] Cf. At 2, 42-47.
[53] Cf. Lc 4, 18.

III. Elementos de apoio à vida sacerdotal

18. A vida espiritual

18. Para manter a união com Cristo em todas as circunstâncias da vida, além do exercício consciente do ministério, os padres dispõem dos meios comuns, gerais e particulares, modernos e antigos, que o Espírito Santo nunca deixou de proporcionar ao povo de Deus e que a Igreja sempre recomenda, quando não impõe.[54]

1304

O primeiro de todos os auxílios espirituais é a dupla mesa da Sagrada Escritura e da eucaristia, em que os fiéis vêm se alimentar com a palavra de Deus.[55] Sua importância decisiva para o sustento dos padres é indiscutível.

Os ministros da graça sacramental se unem a Cristo, salvador e pastor, pela recepção frutuosa dos sacramentos, especialmente na freqüência à penitência, preparada pelo exame de consciência diário e acompanhada da necessária conversão do coração ao Pai de misericórdia, em vista de um amor sempre maior.

1305

Guiados pela fé, alimentados pela leitura divina, os padres se tornam capazes de identificar os sinais da vontade de Deus e os impulsos da graça em todos os acontecimentos, tornando-se cada dia mais dóceis ao Espírito Santo, no cumprimento de sua missão.

Encontrarão na virgem Maria um admirável exemplo de docilidade, pois, conduzida pelo Espírito Santo, ela se consagrou inteiramente ao mistério da redenção dos homens.[56] Os padres devem venerá-la e amá-la filialmente, como mãe do sumo e eterno sacerdote, rainha dos apóstolos e protetora de seu ministério.

Para cumprir fielmente sua função, visitem diariamente Cristo Senhor, estabelecendo com ele um colóquio pessoal, expressão de seu culto cordial à santíssima eucaristia. Façam regularmente o retiro e se submetam à direção espiritual.

1306

Nas diversas formas de oração livremente escolhidas, especialmente na meditação, peçam a Deus um verdadeiro espírito de adoração, que, em conjunto com todo o povo que lhe é confiado, os una intimamente a Cristo, mediador do Novo Testamento, a fim de que possam clamar, como filhos adotivos: "Abba, Pai" (Rm 8, 15).

---

[54] Cf. *CIC*, can. 125ss.
[55] Cf. Conc. Vat. II, decr. *Perfectae caritatis*, 6: *AAS* 58 (1966) p. 705; const. dogm. *Dei Verbum*, 21: *AAS* 58 (1966) pp. 827.
[56] Cf. Conc. Vat. II, const. dogm. *Lumen gentium*, 65: *AAS* 57 (1965) pp. 64-65.

19. O estudo e o saber pastoral

1307 19. Na ordenação, o bispo lembra aos padres que devem ser "maduros na ciência" e que sua doutrina seja como "um remédio para o povo de Deus".[57]

A ciência do ministro sagrado deve ser santa: brotar de uma fonte santa e levar a um objetivo também sagrado. Antes de tudo, é haurida na leitura e na meditação da Sagrada Escritura[58] e alimentada com o estudo dos santos padres, doutores e dos demais monumentos da Tradição.

Além disso, para responder devidamente às questões levantadas nos dias de hoje, os padres devem conhecer bem os documentos do magistério, especialmente dos concílios e do pontífice romano, lendo também os melhores e mais recomendáveis escritos teológicos.

1308 Os progressos atuais da cultura e das ciências sagradas devem levar os padres à atualização constante de seu saber, tanto divino quanto humano, preparando-os para o diálogo com os seus contemporâneos.

1309 Para que os padres possam estudar e se instruir melhor a respeito dos métodos de evangelização e de apostolado, cuide-se de lhes fornecer os necessários subsídios, como, por exemplo, de acordo com as possibilidades de cada região, cursos ou congressos, fundação de centros destinados aos estudos pastorais, constituição de bibliotecas e seleção de pessoal docente.

Os bispos individualmente ou em colaboração uns com os outros, procurem facilitar aos seus padres, especialmente nos primeiros anos que se seguem à ordenação,[59] a freqüência regular a cursos que lhes dêem ocasião de conhecer melhor a teologia e a pastoral, tanto para seu bem espiritual como para a intercomunicação das experiências pastorais com os colegas.[60] Esse tipo de auxílio deve ser dado também aos que foram recentemente nomeados párocos ou que estão assumindo um novo encargo pastoral ou, ainda, que foram enviados a uma outra diocese ou nação.

1310 Os bispos devem cuidar de orientar alguns padres para um estudo mais alentado das ciências divinas, para que nunca faltem professores capazes de formar novos clérigos, que ajudem igualmente os sacerdotes e leigos no aprofundamento da doutrina e garantam o progresso da ciência sagrada, indispensável à Igreja.

---

[57] *Pontificale romanum*, Ordenação dos sacerdotes.
[58] Cf. Conc. Vat. II, const. dogm. *Dei Verbum*, 25: *AAS* 58 (1966) p. 829.
[59] Trata-se de um curso distinto do curso de pastoral que vem depois da ordenação, de acordo com o decreto *Optatam totius*, 22: *AAS* 58 (1966) p. 726.
[60] Cf. Conc. Vat. II, decr. *Christus Dominus*, 16: *AAS* 58 (1966) p. 829.

20. A justa remuneração

20. Consagrados ao serviço de Deus, no cumprimento da função que lhes foi confiada, os padres devem ser convenientemente remunerados, pois o "operário é digno de seu salário" (Lc 10, 7)[61] e o Senhor "mandou que vivessem do Evangelho os que o anunciam" (1Cor 9, 14). 1311

Do momento em que os padres não tenham uma remuneração assegurada de outra forma, são os fiéis aos quais se dedicam que têm obrigação de lhes prover do necessário para viverem de maneira honesta e digna.

Os bispos devem lembrar aos fiéis esta sua obrigação. Cada bispo em sua diocese ou, em conjunto, os bispos de toda uma região estabeleçam normas em vista do sustento condigno dos que exercem ou exerceram função no seio do povo de Deus.

A remuneração dependerá da natureza da função e das condições de tempo e lugar. Deve ser basicamente a mesma para os que trabalham em circunstâncias equivalentes, de acordo com a condição de cada um e de maneira a dar a todos não somente a faculdade de manter os que trabalham a seu serviço, mas ainda vir em socorro dos pobres, como foi a prática, desde as origens da Igreja. Deve, além disso, permitir aos padres o gozo anual de férias, no que os bispos devem insistir.

Deve-se dar a devida importância à função exercida pelos padres. Abandone-se pois o velho sistema dos benefícios, ou ao menos seja reformado de tal maneira que a cota beneficiária, isto é, ligada à simples nomeação para o cargo, se torne secundária, em favor da função eclesiástica efetivamente exercida em vista de um fim espiritual. 1312

21. A previdência social

Tenha-se sempre presente o exemplo da primitiva comunidade de Jerusalém, em que "tudo era posto em comum" (At 4, 32) "e dividido segundo a necessidade de cada um" (At 4, 35). 1313

É extremamente oportuno, pelo menos nas regiões em que a sustentação do clero depende inteiramente ou em grande parte das ofertas dos fiéis, que os fundos destinados a esse fim sejam recolhidos por uma instituição diocesana, administrada pelo bispo, com o auxílio de sacerdotes delegados e, quando oportuno, de profissionais leigos capacitados.

Além disso é desejável, na medida do possível, que se reúnam nas dioceses ou, pelo menos, nas regiões, um acervo de bens comuns que permitam ao bispo satisfazer suas obrigações para com as pessoas que servem à Igreja

---

[61] Mt 10, 10; 1Cor 9, 7; 1Tm 5, 18.

e socorrer as diversas necessidades da diocese, permitindo às dioceses mais ricas ajudar as mais pobres, de modo que a abundância de uns compense a carência de outros.[62]

Este fundo deve ser constituído basicamente pela contribuição dos fiéis, sem excluir outras fontes, de acordo com o direito.

1314 Nos países em que a previdência social ainda não beneficia os clérigos, as conferências episcopais, respeitando sempre as leis eclesiásticas e civis, devem criar institutos diocesanos ou interdiocesanos confederados, ou ainda uma associação cobrindo todo o território nacional, sob a vigilância da hierarquia, capaz de prover às aposentadorias e às despesas de saúde e ao sustento dos padres inválidos por acidente ou idade.

Os sacerdotes devem apoiar tais institutos com espírito de solidariedade fraterna, participando das tribulações uns dos outros[63] e considerando, sem ansiedade, o seu próprio futuro, cultivando a pobreza na alegria do Evangelho e consagrando-se inteiramente à salvação das almas.

Cogite-se inclusive de encontrar um sistema que reúna os diversos institutos nacionais, de maneira a se alcançar um resultado melhor e mais amplo.

Conclusão e exortação

Confiança em Deus no cumprimento de tão excelsa missão

1315 22. Tendo diante dos olhos as alegrias da vida sacerdotal, o Concílio não esquece as dificuldades que os padres enfrentam nas atuais circunstâncias. As condições econômicas e sociais sofrem profundas transformações. Evoluem igualmente os costumes. Os valores e a mentalidade dos seres humanos passam por mudanças radicais. Os ministros da Igreja e até mesmo os fiéis se sentem como que estranhos no mundo, ansiosos por estabelecer pontos de contato e até por descobrir a linguagem adequada para se comunicar. As dificuldades encontradas pela fé deixam amarga sensação de esterilidade do trabalho, provocam o sentimento de solidão e levam à depressão.

1316 Mas é esse mundo que se apresenta hoje ao amor e ao empenho dos pastores da Igreja, o mundo que Deus ama a ponto de por ele ter dado seu próprio Filho.[64] Mundo envolvido no pecado, mas, ao mesmo tempo, dotado de indubitáveis riquezas, que são, para a Igreja, como pedras vivas[65] a serem aproveitadas na

---

[62] Cf. 2Cor 8, 14.
[63] Cf. Fl 4, 14.
[64] Cf. Jo 3, 16.
[65] Cf. 1Pd 2, 5.

construção da morada de Deus, no Espírito.[66] Este mesmo Espírito, levando a Igreja a estar presente no mundo de hoje, abre novos caminhos, sugere e estimula transformações e adaptações no ministério sacerdotal.

Lembrem-se os padres de que nunca estão sozinhos no trabalho. Apóia-os a força de Deus. Confiantes em Cristo, que os chamou à participação em seu sacerdócio, consagrem-se ao ministério na fé, sabendo que Deus sempre lhes há de fazer crescer o amor.[67] Lembrem-se também de que estão associados aos demais irmãos no sacerdócio e aos fiéis, em geral. Todos os padres cooperam na realização do desígnio salvador de Deus, o mistério de Cristo, sacramento escondido em Deus desde todos os séculos,[68] que vai sendo aos poucos realizado pela cooperação de todos os ministérios na edificação do corpo de Cristo, até que se cumpra a medida dos tempos. **1317**

Tudo isto está escondido com Cristo, em Deus[69] e só se percebe na fé. Os dirigentes do povo de Deus precisam caminhar na fé, seguindo o exemplo de Abraão, que, na fé, "obedeceu a respeito do lugar que receberia em herança e partiu, sem saber para onde" (Hb 11, 8). O dispensador dos mistérios de Deus é comparável ao homem que semeou o campo e, como diz o Senhor, "dormia e levantava, noite e dia, enquanto a semente germinava e crescia, sem que ele o soubesse" (Mc 4, 27).

Ao dizer: "Tenham confiança, eu venci o mundo" (Jo 16, 36), Jesus não prometeu à Igreja uma vitória completa nesta terra. O Concílio se alegra porque, semeada com a semente do Evangelho, a terra frutifica hoje em inúmeros lugares, sob a conduta do Espírito do Senhor, que enche o universo e suscita no coração de muitos padres e de muitos fiéis um verdadeiro espírito missionário. Por tudo isso, o Concílio agradece a todos os padres do mundo, e "àquele que pode realizar muito mais do que pedimos ou imaginamos, por meio de seu poder, que age em nós, seja dada a glória na Igreja e em Cristo Jesus" (Ef. 3, 20s). **1318**

Tudo o que está contido neste decreto mereceu aprovação dos padres conciliares. Nós, em virtude do poder apostólico delegado por Cristo, em conjunto com os padres e no Espírito Santo, também aprovamos, decidimos e estatuímos o que foi estabelecido no Concílio, e determinamos que seja promulgado.

Roma, junto a S. Pedro, 7 de dezembro de 1965.
Eu, PAULO, *bispo da Igreja católica.*

(seguem-se as demais assinaturas)

---

[66] Cf. Ef 2, 22.
[67] Cf. *Pontificale Romanum*, A ordenação dos presbíteros.
[68] Cf. Ef. 3, 9.
[69] Cf. Cl 3, 3.

Paulo bispo
servo dos servos de Deus
juntamente com os padres conciliares
para perpétua memória

Constituição pastoral *Gaudium et spes* sobre a Igreja no mundo de hoje[1]

PROÊMIO

1. A íntima união da Igreja com toda a família humana

1319   1. As alegrias e as esperanças, as tristezas e as angústias dos homens e mulheres de hoje sobretudo dos pobres e de todos aqueles que sofrem, são também as alegrias e as esperanças, as tristezas e as angústias dos discípulos de Cristo. Não há realidade alguma verdadeiramente humana que não encontre eco no seu coração.

A comunidade dos discípulos de Cristo é formada por homens e mulheres que, reunidos em Cristo e guiados pelo Espírito Santo em sua busca

---

[1.] Embora conste de duas partes, a Constituição pastoral "sobre a Igreja no mundo de hoje" constitui um todo único.
A Constituição é "pastoral" no sentido em que procura a relação da Igreja com o mundo e com os homens e mulheres de hoje, apoiada em determinados princípios doutrinários. Assim como não se abandona a perspectiva pastoral na primeira parte, também não se esquecem, na segunda, os princípios doutrinários.
Na primeira parte, a Igreja desenvolve sua doutrina sobre o ser humano, o mundo em que ele está inserido e as relações que os seres humanos mantêm entre si. Na segunda, considera mais detidamente diversos aspectos da vida atual e da sociedade humana, em particular os que constituem problemas mais urgentes. Daí o fato de que na segunda parte há muita coisa que, embora decorrente dos princípios doutrinais, comporta uma série de elementos contingentes.
A Constituição deve pois ser interpretada segundo as normas gerais de interpretação teológica, levando em conta, sobretudo no que se refere à segunda parte, as circunstâncias mutáveis a que está sujeito o assunto de que se trata.

do reino de Deus, sentem-se real e intimamente unidos a todo o gênero humano e à sua história, por terem recebido a mensagem da salvação para comunicar a todos.

2. A quem se dirige o Concílio

2. Por isso, depois de ter aprofundado o mistério da Igreja, o Concílio Vaticano II dirige-se diretamente à humanidade na sua totalidade, e não apenas aos filhos da Igreja e aos que invocam o nome de Cristo, desejando dizer a todos como entende sua presença e sua atividade no mundo de hoje. 1320

Tem pois, diante dos olhos, todos os seres humanos, a família humana inteira, no universo em que vivem: este mundo, teatro da história do gênero humano, marcado pela sua atividade, suas derrotas e suas vitórias. Mundo criado e conservado pelo amor do Criador, como crêem os cristãos. Mundo que, embora esteja sujeito ao pecado, foi libertado por Cristo crucificado e ressuscitado. Cristo quebrou o jugo do maligno, para que o mundo vá se transformando, até alcançar sua plenitude, segundo o propósito de Deus. 1321

3. A serviço do homem

3. Em nossos dias, o gênero humano, tocado pelas próprias descobertas e pelo poder que conquistou, levanta muitas vezes, com ansiedade, questões relativas ao destino do mundo, ao lugar e ao papel do ser humano, ao sentido que possam ter os esforços individual e coletivo e até mesmo à própria finalidade do universo. 1322

O Concílio reunido por Cristo, dando testemunho e expondo a fé do povo de Deus, manifesta sua união, atenção e amor para com toda a família humana em que se acha inserido. A melhor maneira de fazê-lo é abrir um diálogo com todos os seres humanos a respeito de nossos problemas comuns, recorrendo à luz do Evangelho e se colocando a serviço do gênero humano, com as forças salutares que a Igreja, conduzida pelo Espírito Santo, recebeu de seu Fundador.

A pessoa deve ser salva, e a sociedade, consolidada. O eixo de nossa exposição será o ser humano na sua unidade e na sua totalidade, corpo e alma, coração e consciência, espírito e vontade.

Professando a sublimidade da vocação humana e reconhecendo no ser humano um sopro como que divino, a Igreja oferece à humanidade sua colaboração sincera para que alcance a fraternidade, que é a vocação de todos. A Igreja não é movida por nenhuma ambição terrena, mas visa, unicamente, sob a conduta 1323 do Espírito Santo, continuar a obra de Cristo, que veio ao mundo para dar testemunho da verdade,[2] salvar, e não julgar, servir, não ser servido.[3]

Introdução: a condição do homem no mundo de hoje

4. Esperanças e angústias

1324   4. No exercício desta função, a Igreja deve em todas as épocas perscrutar os sinais dos tempos e interpretá-los à luz do Evangelho, para ser capaz de oferecer, de forma apropriada ao modo de ser de cada geração, respostas às grandes questões humanas a respeito do sentido da vida presente e futura.

É preciso conhecer e compreender o mundo em que se vive, sua índole, muitas vezes dramática, suas expectativas e seus desejos.

1325   O gênero humano entrou numa nova era de sua história. Rápidas e profundas modificações se estendem paulatinamente a todo o mundo. Provocadas pela inteligência e pela criatividade humanas, recaem sobre o próprio ser humano, influenciando seu julgamento e seus desejos individuais e coletivos, sua maneira de pensar e de agir tanto em relação às coisas como aos outros. Podemos falar de uma verdadeira transformação social e cultural, que repercute também na vida religiosa.

1326   Como acontece em toda crise de crescimento, estas transformações causam enormes dificuldades. O ser humano vê aumentado enormemente o seu poder, embora nem sempre consiga usá-lo em seu benefício. Procura penetrar a intimidade da mente, mas é assaltado pela dúvida e pela insegurança a respeito de si mesmo. Compreende melhor as leis da vida social, mas hesita no que diz respeito à orientação que lhes deve imprimir.

1327   O gênero humano nunca foi tão rico nem dispôs de tantos recursos e tanto poder econômico; no entanto uma grande parte dos habitantes da terra passa fome, é atormentada pela pobreza e pelo analfabetismo.

Nunca se teve um senso tão aguçado da liberdade, mas, ao mesmo tempo, surgem novas formas de escravidão social e psíquica.

O mundo percebe intensamente sua unidade e a interdependência de uns para com os outros, exigindo ampla e universal solidariedade, mas, ao mesmo tempo, cava-se um abismo cada vez maior entre as forças que se combatem. Persistem as violentas oposições políticas, sociais, econômicas, raciais e ideológicas, e não está afastado o perigo de uma guerra, que destruiria o mundo.

---

[2] Cf. Jo 18, 37.
[3] Cf. Jo 3, 17; Mt 20, 28; Mc 10, 45.

A intercomunicação sempre crescente entre os seres humanos não elimina o fato de que as mesmas palavras, que exprimem conceitos fundamentais, adquiram sentidos contrários nas diversas ideologias.

Busca-se, finalmente, a realização de uma ordem temporal, sem preocupação com o aperfeiçoamento espiritual.

Envolvidos em tais condicionamentos, muitos contemporâneos têm dificuldade para captar os valores perenes e compô-los adequadamente com as novas descobertas. Agitados pelas esperanças e pelas angústias do que está acontecendo, tornam-se inquietos com tantas interrogações. Mas, na realidade, é um desafio que requer e até mesmo exige resposta.

5. Mudanças profundas

5. A atual perturbação dos espíritos está ligada às grandes mudanças pelas quais está passando o universo. As ciências matemáticas, naturais e humanas modificam os espíritos. A técnica, resultante da ciência, adquire uma importância cada vez maior no agir humano. Esta mentalidade científica interfere na maneira de pensar e na cultura. A técnica, por sua vez, transforma a terra e começa a atuar igualmente no espaço interplanetário.

A inteligência humana domina o tempo, conhece melhor o passado, graças à história, e analisa o futuro, com métodos de prospecção e de planejamento.

O progresso das ciências biológicas, psicológicas e sociais, além de possibilitar um melhor conhecimento do próprio ser humano, o ajuda a interferir tecnicamente na vida social, levando a humanidade a prever e a programar o seu próprio desenvolvimento demográfico.

A história se acelerou tanto que poucos a acompanham. Todos os indivíduos têm sorte igual. Acabou-se o tempo em que as diferentes partes da humanidade estavam votadas a destinos diversos. Passou-se de uma visão estática para um visão dinâmica e evolutiva do mundo, gerando novos e enormes problemas, que reclamam novas análises e novas sínteses.

6. Mudanças sociais

6. Em conseqüência, as comunidades locais tradicionais — famílias patriarcais, clãs, tribos, aldeias — e todos os mais variados grupos sociais passam por profundas transformações.

Implanta-se progressivamente uma sociedade de tipo industrial, que enriquece alguns países e transforma radicalmente as condições sociais em que há séculos vivia a humanidade. Valoriza-se cada vez mais a vida na cidade tanto pelo aumento de sua população como pela difusão, no campo, do modo de viver urbano.

1334 Os meios de comunicação modernos e cada vez mais aperfeiçoados dão a conhecer os acontecimentos de forma absolutamente nova, tendo uma influência decisiva na maneira de pensar e de sentir das pessoas e provocando nelas reações extremamente diversas e profundas.

1335 Outro fenômeno que não pode ser menosprezado é o das profundas mudanças provenientes do grande número de pessoas levadas a emigrar.

1336 Multiplica-se assim a interdependência de uns para com os outros, intensificando a socialização, que, por sua vez, cria novos laços, nem sempre favoráveis ao amadurecimento das pessoas e à verdadeira personalização, ou seja, ao desenvolvimento de autênticas relações interpessoais.

1337 Essa evolução se verifica nas nações que alcançaram um certo grau de progresso econômico e técnico, mas afeta igualmente os povos em desenvolvimento, que lutam para alcançar os benefícios da industrialização e da urbanização, alimentando ao mesmo tempo, sobretudo quando contam com uma tradição mais antiga, o desejo irreprimido de liberdade cada vez mais ampla.

7. Mudanças psicológicas, morais e religiosas

1338 7. As mudanças de mentalidade e de estrutura provocam freqüentemente uma crise de valores, especialmente entre os jovens. Impacientes e até revoltados, tomam consciência de seu lugar na sociedade e querem ocupá-lo o quanto antes e a todo custo. Pais e educadores encontram assim as maiores dificuldades no exercício de sua função.

1339 As instituições, as leis, os modos de pensar e de sentir herdados dos mais velhos não correspondem nem parecem adaptados às exigências e aos valores modernos, provocando grave perturbação na maneira de agir e até mesmo nas normas que a regulam.

1340 Essas mudanças afetam inclusive a vida religiosa. O desenvolvimento do espírito crítico liberta de uma concepção mágica do mundo e purifica o espírito de inúmeras superstições, ainda muito espalhadas, favorece a fé mais pessoal e atuante, contribuindo para a difusão de um profundo e vívido senso de Deus.

Mas ao mesmo tempo as massas abandonam a religião. Diferentemente do passado, negar Deus ou a religião deixou de ser uma atitude pessoal insólita para se tornar quase que uma exigência do progresso científico, expressão de um certo humanismo. Em muitas regiões não se trata apenas de opiniões filosóficas, mas de princípios que inspiram a literatura, as artes, as ciências humanas, a interpretação da história e as próprias leis civis, causando graves perturbações para um grande número de pessoas.

8. Os desequilíbrios do mundo contemporâneo

8. A rapidez e a desordem com que se verificam tais transformações, somadas à consciência dos desentendimentos existentes entre os seres humanos, provocam e intensificam as contradições e aumentam os desequilíbrios. **1341**

Na própria pessoa é comum o descompasso entre a inteligência prática, moderna, e a razão teórica, que não consegue ordenar os próprios pensamentos nem alcançar uma compreensão sintética satisfatória da vida. Nasce assim um contraste entre a busca eficaz de resultados práticos e as exigências da consciência moral ou, em outros casos, entre as condições sociais de vida e os requisitos do pensamento pessoal e da contemplação. Há, enfim, um certo choque entre especialização e visão global do universo. **1342**

Na família surgem tensões provenientes das pressões demográficas, econômicas ou sociais, das dificuldades entre as gerações, ou mesmo das condições em que vivem hoje homens e mulheres. **1343**

Grandes desavenças surgem entre as raças ou entre as diversas classes sociais; entre as nações ricas e as menos ricas ou francamente pobres; entre as organizações internacionais voltadas para a paz e as ambições expansionistas de certas ideologias ou a cupidez de certas nações ou de certos grupos. **1344**

Daí a desconfiança e a inimizade, os conflitos e os sofrimentos de que o ser humano é, ao mesmo tempo, causa e vítima. **1345**

9. As aspirações comuns a todo o gênero humano

9. Generaliza-se a convicção de que o domínio do gênero humano sobre a criação, além de poder e dever aumentar a cada dia, estende-se igualmente às esferas política, social e econômica, que devem ser inteiramente colocadas a seu serviço, como afirmação e expressão de sua dignidade individual e coletiva. **1346**

Por isso muitos adquirem uma consciência mais clara da injustiça e da má distribuição dos bens, passando a exigir aquilo de que se julgam privados. **1347**

Os países em desenvolvimento ou que recentemente se tornaram independentes querem participar dos bens da civilização atual, tanto no campo político como no econômico, desempenhando o papel que lhes cabe no concerto das nações.

Aumenta, porém, cada dia, a distância que os separa dos países desenvolvidos e só faz crescer sua dependência, especialmente econômica. Os povos pobres interpelam os ricos. As mulheres reivindicam igualdade de direitos com os homens onde ainda não a obtiveram. Os operários e os camponeses querem poder comprar, com o seu trabalho, não só o necessário à subsistência, como tudo de que necessitam para cultivar seus dotes pessoais e participar ativamente da organização da vida econômica, social, política e cultural. Pela primeira vez na história humana, os povos do mundo inteiro têm a convicção de que os bens culturais podem e devem ser estendidos absolutamente a todos.

1348 Essas exigências encobrem uma aspiração mais profunda e universal: as pessoas individualmente e os grupos humanos têm sede de uma vida plenamente livre, digna do ser humano, que deve poder usufruir de tudo o que o mundo moderno é capaz de proporcionar em abundância. As nações no mundo inteiro procuram cada vez mais participar de pleno direito da comunidade internacional.

1349 O mundo moderno é, ao mesmo tempo, poderoso e fraco, capaz do melhor e do pior, colocado em face da liberdade e da escravidão, do progresso e da involução, da fraternidade e do ódio. O ser humano tem consciência de que lhe compete orientar as forças que ele mesmo suscitou, mas que o podem oprimir da mesma forma que servir. Por isso, questiona-se.

10. As profundas interrogações do gênero humano

1350 10. Os contrastes do mundo moderno refletem um desequilíbrio radicado no mais íntimo do coração humano. Contradições inscritas no próprio ser humano: ele se vê, por um lado, como criatura limitada, por outro, sente o ilimitado em seus desejos, por ser chamado a uma vida superior. Cercado de atrativos, tem de escolher alguns e a muitos renunciar. Fraco e pecador, faz muitas vezes o que não quer e não consegue fazer o que quer.[4] Está dividido em si mesmo e provoca assim as muitas discórdias que assolam a sociedade.

Muitos, professando um materialismo prático, ou oprimidos pela miséria, não percebem o que há de dramático nessa situação ou nem se dão conta dela.

---

[4] Cf. Rm 7, 14ss.

Outros lutam por si mesmos para a plena libertação do gênero humano, convencidos de que o domínio do homem sobre a terra preencherá todas as aspirações do seu coração. Alguns até, desesperando de encontrar um sentido para a vida, admiram a ousadia daqueles para os quais, realmente, o único sentido há de vir de si mesmos e ser construído com suas próprias forças.

Mas, diante da evolução do mundo moderno, levantam-se questões cada vez mais numerosas e fundamentais, que se impõem com extrema acuidade: o que é o ser humano? Que sentido têm a dor, o mal e a morte, que resistem, apesar de tantos progressos! De que adiantaram as vitórias tão custosas conquistadas? Que deve a pessoa dar à sociedade ou esperar dela? Que acontece depois da morte?

A Igreja crê que Cristo morreu e ressuscitou por todos[5] e, por seu Espírito, dá aos seres humanos luz e forças, para que possam corresponder à sua vocação suprema. Nenhum outro nome foi dado sob o céu, aos seres humanos, capaz de salvá-los.[6]

Crê igualmente que a chave, o centro e o fim de toda a história humana estão no seu Senhor e Mestre. Afirma ainda que, em meio às mudanças todas, há algo de imutável, cujo fundamento último é Cristo, ontem, hoje e por todos os séculos.[7]

À luz de Cristo, imagem de Deus invisível, primogênito dentre todas as criaturas,[8] o Concílio quer falar a todos, para esclarecer o mistério do ser humano e cooperar na busca de uma solução para as principais questões do nosso tempo.

PRIMEIRA PARTE

A Igreja e a vocação humana

11. Corresponder ao impulso do Espírito

11. Acreditando, com certeza, que é conduzido pelo Espírito do Senhor, que enche o universo, o povo de Deus vê e procura discernir nos acontecimentos, nas exigências e nas aspirações do nosso tempo, de que, aliás, participa, verdadeiros sinais da presença de Deus e de seu desígnio. A fé ilumina com sua luz tudo que existe e manifesta o propósito divino a respeito da plena vocação humana, orientando assim o espírito para as verdadeiras soluções.

---

[5] Cf. 2Cor 5, 15.
[6] Cf. At 4, 12.
[7] Cf. Hb 13, 8.
[8] Cf. Cl 1, 15.

1353   O Concílio quer, inicialmente, focalizar os valores que se colocam hoje acima de tudo, referindo-os à sua fonte divina. Enquanto procedem de Deus e são comunicados aos seres humanos, são verdadeiros valores, embora freqüentemente precisem ser purificados por estarem distorcidos pela corrupção do coração humano.

1354   O que a Igreja pensa do ser humano? Que deve recomendar para a edificação da sociedade contemporânea? Qual a significação última da atividade humana no mundo? Espera-se resposta a todas essas questões. Buscando essas respostas, o povo de Deus e o gênero humano, em que, aliás, ele está inserido, prestar-se-ão mutuamente serviço, e a Igreja cumprirá sua missão religiosa que é, por isso mesmo, profundamente humana.

Capítulo I
A dignidade da pessoa

12. O ser humano à imagem de Deus

1355   12. Fiéis ou não, todos estão mais ou menos de acordo que tudo na terra está ordenado em função do ser humano, centro e ápice de todas as coisas.

1356   Mas o que é o ser humano? Muitas são as opiniões a respeito, no passado e no presente. Opiniões diversas e até contrárias. Às vezes ele se coloca acima de tudo, como regra suprema do universo; outras, se avilta até o desespero, ansioso e cheio de dúvidas sobre sua própria identidade. Dando-se conta destas dificuldades e instruída pela revelação divina, a Igreja lhe pode oferecer resposta, esclarecendo a condição humana e suas fraquezas, ao mesmo tempo que sua dignidade, permitindo-lhe assim reconhecer sua verdadeira vocação.

1357   As Escrituras ensinam que o homem foi criado "à imagem de Deus", capaz de conhecer e amar o seu Criador. Foi colocado por ele como senhor sobre todas as criaturas da terra,[1] para governá-las e delas usufruir, rendendo glória a Deus.[2] "O que é o ser humano, para dele te lembrares? E para que o visites? Tu o fizeste pouco menos do que um deus, e o coroaste de glória e esplendor. Tu o fizeste reinar sobre as obras de tuas mãos, e sob os pés dele tudo colocaste" (Sl 8, 5ss).

---
[1] Cf. Gn 1, 26; Sb 2, 23.
[2] Cf. Eclo 17, 2-10.

Deus não criou só o homem. Desde o início os fez homem e mulher (Gn 1, 27), cuja união é a base da comunhão entre pessoas. Por sua íntima natureza o ser humano é pois um ser social, não pode viver nem crescer senão em relação com os outros. **1358**

Como lemos ainda na Escritura, "Deus viu tudo que fez, e era muito bom" (Gn 1, 31). **1359**

13. O pecado

13. Deus fez o ser humano bom, mas este se deixou persuadir pelo maligno, desde o início de sua história. Abusou da liberdade e contrariou a Deus, ao procurar fora de Deus o seu bem. Embora conhecendo a Deus, não o glorificou como Deus. Seu coração leviano perdeu o rumo, e o fez preferir a criatura ao Criador.[3] Sabemo-lo por revelação divina, que aqui coincide, porém, perfeitamente com os dados de nossa experiência. O coração humano é leviano. Dá-se conta de sua inclinação para o mal e de seu envolvimento numa verdadeira trama de más tendências, que certamente não podem provir do Criador, que é bom. Recusa-se muitas vezes a reconhecer a Deus, seu princípio, deixa de buscar o fim para o qual está destinado e viola os laços que o prendem a si mesmo, aos outros e a toda a criação. **1360**

O ser humano está dividido. Sua vida, pessoal e coletiva, se apresenta como uma luta, que chega a ser dramática, entre o bem e o mal, a luz e as trevas. Sente-se fraco, incapaz de rechaçar sozinho as investidas do mal, e fica com a impressão de estar preso, impedido de fazer o que quer. **1361**

Mas o próprio Senhor veio para libertá-lo e fortalecê-lo, renovando-o interiormente e expulsando "o príncipe deste mundo" (Jo 12, 31), que o mantinha sob a escravidão do pecado.[4] O pecado diminui as possibilidades do ser humano e impede sua plena realização.

A vocação sublime e a profunda miséria que os seres humanos experimentam adquirem assim, à luz da revelação, uma plenitude de sentido. **1362**

14. O ser humano

14. O ser humano é o único ser composto de corpo e alma. Resume em si todos os elementos do mundo material, que nele transcendem a si mesmos e proclamam louvores ao Criador.[5] Não se deve desprezar a vida corporal. O **1363**

---

[3] Cf. Rm 1, 21-25.
[4] Cf. Jo 8, 34.
[5] Cf. Dn 3, 57-90.

corpo é digno de toda honra, pois será ressuscitado por Deus no último dia. Ferido pelo pecado, porém, o corpo se torna princípio de desordem. A dignidade humana exige então que não se sigam as más inclinações do coração e que se glorifique Deus no corpo.[6]

1364   Está certo pensar que o ser humano é superior às coisas corporais, muito mais do que uma simples peça da natureza ou elemento anônimo da sociedade humana. Pela sua interioridade, ele transcende o universo. Nesta interioridade é que encontra Deus, quando se volta para seu coração, onde o espera Deus, que sonda os corações,[7] onde também ele, diante de Deus, decide a orientação a tomar na vida. Deste modo, reconhecendo em si mesmo a alma espiritual e imortal, longe de tornar-se joguete de uma criação imaginária que se explicaria apenas pelas condições físicas e sociais, o homem, ao contrário, atinge a própria profundeza da realidade.

15. A dignidade da inteligência: verdade e sabedoria

1365   15. O ser humano se considera, com razão, superior a todas as coisas pela sua inteligência, que participa da luz divina. Aplicando-se com dedicação, progrediu enormemente nas ciências, na técnica e nas artes liberais. Obtém hoje grandes sucessos na investigação e no domínio das coisas materiais. Buscou e encontrou sempre uma verdade mais profunda. A inteligência não se limita aos fenômenos. Alcança com certeza a verdade inteligível, embora debilitada e, até certo ponto, obscurecida pelo pecado.

1366   A natureza intelectual da pessoa deve ser aperfeiçoada, e de fato o é, pela sabedoria, que inclina interiormente o ser humano à busca e ao amor dos verdadeiros bens, conduzindo-o, através das coisas visíveis, às invisíveis.

1367   Mais do que nos séculos passados, talvez, se necessite hoje dessa sabedoria, para humanizar todas as novidades que se descobriram. O destino do mundo está em jogo. Os seres humanos precisam ser mais sábios. Certas nações economicamente pobres, mas ricas em sabedoria, prestariam a todos um grande serviço nesse sentido.

1368   Pelo dom do Espírito Santo, na fé, o ser humano tem acesso ao mistério do desígnio divino, contemplando-o e, de certa maneira, experimentando-o.[8]

---

[6] Cf. 1Cor 6, 13-20.
[7] Cf. 1Rs 16, 7; Jr 17, 10.
[8] Cf. Eclo 17, 7-8.

16. A dignidade da consciência moral

16. No fundo da consciência, o ser humano descobre uma lei que não foi ele que estabeleceu, mas que deve ser seguida por ele. É como se fosse uma voz que lhe falasse ao coração e o chamasse a amar o bem e a praticá-lo, afastando-se do mal: faça isto, evite aquilo. Essa lei foi inscrita por Deus no coração. Obedecê-la é o segredo da dignidade humana, pois é por ela que todos serão julgados.[9]

A consciência é a intimidade secreta, o sacrário da pessoa, em que se encontra a sós com Deus e onde lhe ouve intimamente a voz.[10] Na consciência revela-se, de modo admirável, a lei que consiste em amar a Deus e ao próximo.[11]

A fidelidade à própria consciência é o laço mais profundo que une todos os seres humanos entre si, inclusive os cristãos, na busca da verdade e de uma solução autêntica para os problemas morais que surgem na vida de cada um e na relação de uns com os outros, na sociedade. Quanto mais força tem a consciência reta, tanto mais as pessoas e os grupos humanos evitam o arbítrio cego e procuram se conformar às normas objetivas da moralidade.

Às vezes a consciência erra. A pessoa, porém, não perde sua dignidade quando é vítima de uma ignorância humanamente insuperável. O mesmo, todavia, já não se pode dizer quando, por falta de empenho em buscar o bem, a consciência vai-se tornando cada dia mais confusa, enredada na prática do mal.

17. O valor da liberdade

17. Não é possível fazer o bem sem liberdade. Hoje em dia dá-se grande valor à liberdade, que é por todos procurada com o maior empenho. O que é perfeitamente justo. É verdade que a liberdade é muitas vezes deturpada, como se consistisse na licença de fazer o que se quer, mesmo quando é o mal.

A verdadeira liberdade é a marca mais extraordinária da imagem de Deus no ser humano. Deus o entrega a si mesmo,[12] para que busque espontaneamente seu Criador e, encontrando-o, se auto-realize livremente. Faz parte da dignidade da pessoa agir por opção consciente e livre, induzida e movida pessoalmente, livre de toda coação externa e de qualquer pressão interna.

O ser humano deve, pois, se libertar do cativeiro das paixões e se realizar na liberdade, fazendo o bem e recorrendo eficaz e seguidamente aos apoios de que necessita. Enfraquecida pelo pecado, a liberdade precisa do auxílio da graça divina para efetivamente se afirmar, pois é diante do tribunal divino que todos hão de prestar contas de sua vida, do bem e do mal que fizeram.[13]

[9.] Cf. Rm 2, 14-16.
[10] Cf. Pio XII, Mensagem radiofônica sobre a correta formação da consciência dos jovens, 23 de março de 1952: *AAS* 44 (1952) p. 271.
[11] Cf. Mt 22, 37-40; Gl 5, 14.
[12] Cf. Eclo 15, 14.
[13] Cf. 2Cor 5, 10.

18. O mistério da morte

1371   18. A morte evidencia o enigma da condição humana. Mais do que a dor e o progressivo enfraquecimento do corpo, o que faz o ser humano sofrer é o temor de que tudo acabe para sempre. Tem-se a justa intuição de quanto seria horrível a total destruição e o irrecuperável desaparecimento de si mesmo. Até mesmo a idéia é rejeitada. Há, no ser humano, como que uma semente de eternidade, irredutível à matéria, que se insurge contra a morte. Nenhum artifício técnico, apesar da utilidade que possa ter, consegue eliminar a ansiedade do coração humano. O prolongamento da vida biológica não satisfaz minimamente o desejo de uma vida imortal.

1372   Em face da morte, o ser humano não sabe o que pensar.

Contudo, a revelação divina leva a Igreja a sustentar que o ser humano foi feito por Deus para uma felicidade que ultrapassa todos os limites terrenos. A fé cristã ensina, além disso, que a morte, a que não se estaria sujeito não fosse o pecado,[14] será vencida graças à misericórdia do Salvador, quando se recuperar a salvação perdida com o pecado.

Deus chamou e chama o ser humano à união com ele e à comunhão com sua vida divina, perpétua e incorruptível. Cristo alcançou esta vitória, ressuscitando depois de ter sido morto, para libertar o gênero humano da morte.[15]

Baseada em sólidos argumentos, a fé oferece, a todos os que se dispõem a refletir, uma resposta válida à ansiedade a respeito do futuro depois da morte. Confere, além disso, a possibilidade de estar em comunhão, em Cristo, com os irmãos que já morreram, alimentando a esperança de que já tenham alcançado, junto de Deus, a vida verdadeira.

19. O ateísmo, suas raízes e suas modalidades

1373   19. A expressão máxima da dignidade humana é a vocação à comunhão com Deus. Desde as suas origens o ser humano se entretinha com Deus. Existe, foi criado e vive porque Deus o ama. Não viverá pois plenamente, segundo a verdade, se não reconhecer livremente esse amor e confiar no seu Criador.

Hoje em dia muitos são os que não levam em conta essa relação íntima e vital com Deus, ou até a rejeitam explicitamente. O ateísmo é um dos aspectos mais graves de nossa época, que precisa ser cuidadosamente analisado.

1374   A palavra ateísmo designa fenômenos muito diversos. Há quem, pura e simplesmente, negue a Deus. Outros consideram impossível falar dele.

---

[14] Cf. Sb 1, 13; 2, 23-24; Rm 5, 21; 6, 23; Tg 1, 15.
[15] Cf. 1Cor 15, 56-57.

Outros ainda, empregando métodos inadequados, concluem que a idéia de Deus não faz sentido.

Muitos, ultrapassando indevidamente o âmbito das ciências, querem encontrar uma explicação científica para tudo e se recusam a admitir qualquer verdade absoluta.

Outros exaltam a tal ponto o ser humano, que a fé passa a ser considerada uma fraqueza. Estão, de fato, mais interessados na afirmação do que eles são do que na negação de Deus.

Outros recusam um Deus fabricado pela própria imaginação, mas que nada tem a ver com o Deus do Evangelho.

Outros passam ao largo da questão de Deus, não parecem ter qualquer inquietação religiosa e não vêem nem por que se preocupar com isso.

O ateísmo nasce muitas vezes da revolta contra o mal do mundo ou do indevido endeusamento de determinados bens humanos.

A própria civilização moderna, não por si mesma, mas em virtude da importância que dá às preocupações terrenas, acaba tornando árduo o caminho que leva a Deus.

É claro que não deixa de ter culpa quem, contrariando sua própria consciência, afasta voluntariamente Deus do coração e procura evitar as questões religiosas. Mas até mesmo os fiéis têm alguma responsabilidade nisso. 1375

Considerado, porém, no seu conjunto, o ateísmo não é um mal de raiz, mas uma conseqüência de causas muito diversas, inclusive da reação crítica, até certo ponto justificável, contra a religião e até mesmo, em certas regiões, contra o cristianismo. A responsabilidade dos cristãos não é pequena. A negligência na educação da fé, as distorções na exposição da doutrina, os defeitos da prática religiosa e as falhas, tanto morais como sociais, acabam escondendo mais do que revelando a verdadeira face de Deus e da religião.

20. O ateísmo sistemático

20. Há, nos dias de hoje, um ateísmo sistemático, resultante da busca de autonomia, que leva o ser humano a querer sacudir qualquer dependência, inclusive a de Deus. Esse gênero de ateu pretende que a liberdade seja um fim em si mesma, sendo o ser humano o único artífice ou demiurgo de sua própria história. Contrapõe-se pois ao reconhecimento do Senhor, autor e fim de todas as coisas, o que é uma postura leviana e sem sentido. Favorece a exaltação do poder, sustentada pelo progresso técnico. 1376

Entre as formas atuais do ateísmo sobressai aquela que concebe a libertação humana, sobretudo como libertação econômica e social. A religião passa a ser considerada obstáculo a esta libertação, pois orienta o ser humano para a esperança ilusória de uma pretendida vida futura, afastando-o do interesse pela 1377 edificação da sociedade terrena. Os fautores desse tipo de ateísmo, quando assumem o poder, perseguem a religião com veemência e propagam o ateísmo, especialmente entre os jovens, recorrendo aos meios de pressão de que todo poder público dispõe.

21. A Igreja e o ateísmo

1378 21. Fiel a Deus e aos seres humanos, a Igreja não pode deixar de reprovar, como sempre o fez,[16] tais doutrinas e procedimentos perniciosos, contrários à razão, em desacordo com a experiência comum da humanidade e violadores da dignidade própria da pessoa.

1379 Além disso, a Igreja procura detectar no pensamento dos ateus as causas profundas da negação de Deus, consciente da gravidade das questões que o ateísmo levanta e desejosa de levá-las a sério, analisando-as em profundidade, por amor dos que se deixam levar por elas.

1380 A Igreja pensa que não há nenhuma oposição entre o reconhecimento de Deus e a dignidade da pessoa. Pelo contrário, o reconhecimento de Deus é, precisamente, o fundamento da máxima dignidade humana. Deus criou o ser humano inteligente e livre, para viver em sociedade. Mais do que isso, chamou-o, como filho, a compartilhar de sua vida e a participar de sua felicidade.

Ensina ainda que a esperança escatológica não diminui em nada a importância das tarefas terrenas, mas, ao contrário, confere-lhes um motivo e um sentido superiores.

Na falta desse fundamento divino, como se vê em nossos dias, os enigmas da vida e da morte, da culpa e da dor permanecem sem solução, o que leva facilmente as pessoas ao desespero.

1381 O ser humano nunca deixou de ser um enigma para si mesmo. Ninguém foge a certas interrogações, especialmente em determinados momentos, como por ocasião dos grandes acontecimentos da vida. Só Deus, porém, pode dar a estas interrogações resposta plena e segura, que possibilite à inteligência o acesso a uma reflexão mais profunda e a um questionamento que leve em conta os limites de nossa percepção.

1382 O remédio ao ateísmo deve vir da Igreja e de seus membros, pela exposição adequada da doutrina e pela prática da vida que deles se espera.

---

[16] Cf. Pio XI, enc. *Divini redemptoris*, 19.3.1937: *AAS* 29 (1937) pp. 65-106; Pio XII, enc. *Apostolorum principis*, 29.6.1958: *AAS* 50 (1958) 601-614; João XXIII, enc *Mater et magistra*, 15.5.1961: *AAS* 53 (1961) 451-453; Paulo VI, enc. *Ecclesiam suam*, 6.8.1964: *AAS* 56 (1964) 651-653.

Conduzida pelo Espírito Santo, renovando-se e incessantemente se purificando,[17] a Igreja deve tornar presentes e como que visíveis, Deus Pai e seu Filho encarnado.

A primeira condição é o testemunho da fé viva e madura e suficientemente desenvolvida, capaz de perceber as dificuldades e superá-las. São muitos os mártires que deram e, ainda hoje, dão testemunho claro dessa fé, cuja fecundidade se manifesta pela integridade da vida, inclusive profana, na fidelidade à justiça e ao amor, especialmente em relação aos pobres.

Finalmente, a caridade fraterna entre os fiéis é a grande manifestação da presença de Deus. Espiritualmente unidos, os fiéis colaboram com a fé do Evangelho[18] e se tornam sinal da unidade.

Embora rejeite absolutamente o ateísmo, a Igreja professa com convicção que todos os seres humanos, independentemente de sua fé, precisam trabalhar na edificação do mundo, em que todos vivem juntos. Devem pois dialogar e se entender, com prudência, mas também com toda sinceridade. **1383**

É lamentável a discriminação injustamente imposta, em virtude da fé, por parte dos dirigentes políticos de certa nações, que desconhecem os direitos fundamentais da pessoa. Usando plenamente da liberdade, os fiéis precisam se empenhar a fundo na edificação do mundo, como de um templo. Convidamos os ateus a considerar o Evangelho de Cristo de coração aberto.

A Igreja está certa de que sua mensagem corresponde aos mais profundos anseios do coração humano, proclama a dignidade humana e restitui a esperança aos que desesperavam de encontrar uma saída válida para a humanidade. Sem diminuir em nada o ser humano, a mensagem da Igreja derrama luz, vida e liberdade, em proveito de todos. Nada pode, além dela, satisfazer o coração humano, pois "tu nos fizeste para ti, Senhor, e o nosso coração estará sempre inquieto, enquanto não repousar em ti".[19] **1384**

22. Cristo, o homem novo

22. O mistério do ser humano só se ilumina de fato à luz do mistério do Verbo encarnado. O primeiro homem, Adão, era imagem do futuro,[20] o Cristo Senhor. **1385**

Ao revelar o mistério do Pai e de seu amor, Jesus Cristo, o último Adão, manifesta plenamente aos seres humanos o que é o ser humano e a sublimidade da vocação humana. Não admira pois que todas as verdades a que

---

[17] Cf. Conc. Vat. II, const. dogm. *Lumen gentium*, cap.I, 8: *AAS* 57 (1965) p. 12.
[18] Cf. Fl 1, 27.
[19] Santo Agostinho, *Confess.*, I, l: *PL* 32, 661.
[20] Cf. Rm 5, 14. Cf. Tertuliano, *De carnis ressur.*, 6: "Ao modelar o barro tinha em mente o Cristo que haveria de vir": PL 2, 802 (848): *CSEL* 47, p. 33, linhas 12 e 13.

anteriormente aludíamos tenham sua fonte em Cristo e, nele, alcancem sua máxima expressão.

1386   Ele é "imagem do Deus invisível" *(Cl 1, 15)*,[21] homem perfeito, que restituiu aos filhos de Adão a integridade violada pelo pecado. Nele, a natureza humana foi assumida sem ser afetada[22] e, por isso mesmo, tornou-se ainda mais digna e preciosa. Pela sua encarnação, o Filho de Deus, de certo modo, uniu-se a todos os seres humanos. Trabalhou com mãos humanas, pensou e agiu como qualquer ser humano,[23] amando com um coração humano. Nascido da Virgem Maria, foi realmente um dos nossos em tudo, exceto no pecado.[24]

1387   Cordeiro inocente, tendo derramado livremente o seu sangue, nos mereceu a vida. Nele, Deus se reconciliou conosco[25] e nos livrou da escravidão do demônio e do pecado, para que cada um de nós pudesse dizer com o Apóstolo: o Filho de Deus "me amou e se entregou por mim" (Gl 2, 20). Sofrendo por nós, não apenas deu exemplo, para que lhe sigamos os passos,[26] mas estabeleceu o caminho através do qual a vida e a morte ganham um sentido novo e se tornam vias de santificação.

1388   O cristão, conforme a imagem do Filho, primogênito entre muitos irmãos,[27] recebeu as "primícias do Espírito" (Rm 8, 23), tornando-se capaz de cumprir a nova lei do amor.[28] Pelo Espírito, que é "penhor da herança" (Ef 1, 14), o homem interior se renova completamente, até a "redenção do corpo" (Rm 8, 23): "Se o Espírito daquele que ressuscitou Jesus dos mortos habita em vocês, aquele que ressuscitou Cristo dos mortos dará a vida também para os corpos mortais de vocês, por meio do seu Espírito que habita em vocês" (Rm 8, 11).[29]

O cristão sem dúvida precisa e tem o dever de lutar contra o mal através de todas as dificuldades, aceitando, inclusive, a morte. Associado porém ao mistério pascal e configurando-se ao Cristo na morte, caminha animado pela esperança da ressurreição.[30]

---

[21] Cf. 2Cor 4, 4.
[22] Cf. Conc. Constantinopolitano II, c. 7: "Nem o Verbo de Deus se transformou em carne, nem a carne em Verbo de Deus" Dz 219 (428). - Cf. também Conc. Constant. III: "A deificação de sua carne santíssima, imaculada e dotada de alma não a amputou de nenhuma qualidade (teiôteisa ouk anêrethê), mas ela permaneceu o que sempre foi": Dz 291 (556) - Cf. Conc. de Calcedônia: "deve ser reconhecido em duas naturezas, sem mistura nem mudança, sem divisão nem separação": Dz 148 (302).
[23] Cf. Conc. Constantino p. III: "também sua vontade, embora deificada, não foi afetada": Dz 291 (556).
[24] Cf. Hb 4, 15.
[25] Cf. 2Cor 5, 18-19; Cl 1, 20-22.
[26] Cf. 1 Pd 2, 21; Mt 16, 24; Lc 14, 27.
[27] Cf. Rm 8, 29; Cl 1, 8.
[28] Cf. Rm 8, 1-11.
[29] Cf. 2Cor 4, 14.
[30] Cf. Fl 3, 10; Rm 8, 17.

Isto não vale somente para os fiéis, mas para todos os homens de boa **1389** vontade, em cujos corações atua a graça, de maneira invisível.[31] Como Cristo morreu por todos,[32] todos são chamados a participar da mesma vida divina. Deve-se pois admitir que o Espírito Santo oferece absolutamente a todos os seres humanos a possibilidade de se associar ao mistério pascal, de maneira conhecida somente por Deus.

Eis o grande e admirável mistério do ser humano. Os fiéis o reconhecem **1390** através da revelação cristã. Por Cristo e em Cristo brilha uma luz no fim do túnel de dor e de morte, que nos sufocaria, não fosse o Evangelho. Cristo ressuscitou. Destruiu a morte com sua morte e a todos deu a vida,[33] para que, como filhos no Filho, clamemos no Espírito: Abba! Pai![34]

Capítulo II
A comunidade humana

23. A intenção do Concílio

23. Dentre os principais aspectos do mundo moderno ressalta o aumento **1391** extraordinário dos laços de recíproca dependência entre os seres humanos, favorecido pelo incessante progresso técnico. Mas o entendimento fraterno entre homens e mulheres do mundo inteiro não depende propriamente desses progressos, senão da profunda comunhão entre as pessoas, fruto do respeito mútuo à dignidade espiritual de cada um.

A revelação cristã não só promove esta comunhão entre as pessoas, como leva a uma compreensão mais profunda das exigências da vida social, inscritas pelo Criador na própria natureza espiritual e moral do ser humano.

Recentes documentos do magistério da Igreja expuseram amplamente sua **1392** doutrina a respeito da sociedade.[1] O Concílio pretende apenas lembrar os seus fundamentos, à luz da revelação. Insiste contudo em algumas consequências de maior importância nos dias que correm.

---

[31] Cf. Conc. Vat. II, const. dogm. *Lumen gentium*, 16: *AAS* 57 (1965) p. 20.
[32] Cf. Rm 8, 32.
[33] Cf. *Liturgia pascal bizantina*.
[34] Cf. Rm 8, 15 e Gl 4, 6; Cf. também Jo 1, 12 e 1Jo 3, 1-2.
[1] João XXIII, enc *Mater et magistra*, 15.5.1961: *AAS* 53 (1961) 401-464, e enc. *Pacem in terris*. 11.4.1963: *AAS* 55 (1963) 257-304; Paulo VI, enc. *Ecclesiam Suam*, 6.8.1964: *AAS* 56 (1964) 609-659.

24. A vocação comunitária do homem no desígnio de Deus

1393   24. À imagem de um pai, Deus quer que todos os seres humanos constituam uma única família e se relacionem uns com os outros como irmãos. "De um só homem, Deus fez toda a raça humana para habitar sobre a face da terra" (At 17, 26), criando-os à sua imagem e chamando todos para um único fim, que é o próprio Deus.

1394   Por isso o amor a Deus e ao próximo são o primeiro mandamento. As Sagradas Escrituras ensinam que ambos não se podem separar: "Todos os mandamentos se resumem nesta sentença, 'ame o seu próximo como a si mesmo...' o amor é o pleno cumprimento da lei" (Rm 13, 9s; cf. 1Jo 4, 20). A crescente interdependência entre os seres humanos e a progressiva unificação do mundo conferem especial importância a essa exigência.

1395   Quando Jesus ora ao Pai para que "todos sejam um como nós somos um" (Jo 17, 21s), numa perspectiva que a razão humana não pode alcançar, acena para uma certa semelhança entre a unidade das pessoas divinas e a união dos filhos de Deus na verdade e no amor. Esta semelhança explica por que o ser humano que, na terra, é a única criatura querida por Deus por si mesma, não se realiza plenamente senão no dom generoso de si mesmo aos outros.[2]

25. Pessoa e sociedade humanas são interdependentes

1396   25. Dada a natureza social do homem, vê-se que o crescimento da pessoa e o desenvolvimento da sociedade dependem um do outro. O princípio, sujeito e fim de todas as instituições sociais é e deve ser a pessoa, que entretanto necessita da vida social para se realizar.[3]

Como a vida social não é um aspecto acidental ao ser humano, a relação com os outros, os deveres mútuos de uns para com os outros e o entendimento fraterno fazem-no crescer sob todos os aspectos, e correspondem profundamente à realização efetiva de sua vocação.

1397   Dentre os laços sociais indispensáveis ao desenvolvimento humano contam, particularmente, a família e a comunidade política, que decorrem diretamente de sua própria natureza humana. Os demais laços dependem da vontade humana.

Hoje em dia, pelas causas mais diversas, multiplicam-se a interdependência e a necessidade que os seres humanos têm uns dos outros pelas mais diversas causas. Surgiram inúmeras instituições de direito público e privado.

---

[2] Cf. Lc 17, 23.
[3] Cf. Tomás de Aquino, *Ethic.*, livro I, lect. 1.

É o fenômeno que recebe o nome de socialização. Apesar dos riscos que pode representar, contribui para confirmar e aumentar a capacidade humana, assegurando a cada um maior respeito a seus direitos.[4]

Embora, no cumprimento de sua vocação, inclusive religiosa, as pessoas sejam as mais grandemente beneficiadas pela vida social, não se pode desconhecer que, muitas vezes, as circunstâncias sociais em que se vive desde a infância constituem obstáculo real à prática do bem e incentivo ao mal. **1398**

As freqüentes perturbações da ordem social provêm em geral das tensões econômicas, políticas e sociais existentes. Sua fonte é, em última análise, a soberba e o egoísmo, que afetam diretamente a esfera social. Em virtude do pecado, o ser humano, que nasce inclinado para o mal, encontra na vida social novos motivos de pecar, impossíveis de serem superados sem o auxílio da graça

26. A promoção do bem comum

26. O bem comum é a soma das condições sociais que permite, tanto às pessoas como aos grupos humanos, alcançarem mais fácil e plenamente a perfeição a que são chamados. **1399**

A crescente interdependência entre os seres humanos, que se estende progressivamente ao mundo inteiro, torna o bem comum cada vez mais universal, abrangendo direitos e deveres em relação a todo o gênero humano.

Cada grupo deve considerar as necessidades e as legítimas aspirações dos outros e de toda a família humana.[5]

Cresce igualmente a consciência da dignidade superior da pessoa, que está, acima de tudo, dotada de direitos e de deveres universais e invioláveis. **1400**

O ser humano tem direito a tudo de que necessita para levar uma vida verdadeiramente humana: alimento, roupa, moradia, liberdade na escolha do seu estado de vida e na constituição de sua família, educação, trabalho, reputação, respeito, informação objetiva, liberdade de agir segundo a norma de sua consciência reta, privacidade e gozo de uma justa liberdade, inclusive religiosa.

Numa ordem social justa, o bem das pessoas passa na frente do progresso, de tal forma que a ordem das coisas está sujeita ao bem das pessoas, e não vice-versa. Como disse o Senhor, o sábado é para o homem e não o homem para o sábado.[6] A ordem social deve ir se aperfeiçoando dia após dia, baseada **1401**

---

[4] Cf. João XXIII, enc. *Mater et magistra*, 15.5.1961: *AAS* 53 (1961) 418. Cf. também Pio XI, enc. *Quadragesimo anno*, 15.5.1931: *AAS* 23 (1931) 222ss.
[5] Cf. João XXIII, enc. *Mater et magistra*, 15.5.1961: *AAS* 53 (1961) 417.
[6] Cf. Mc 2, 27.

na verdade, edificada segundo a justiça e animada pelo amor, obtendo-se aos poucos um equilíbrio cada vez mais humano entre as liberdades.[7] Tudo isso requer porém uma nova mentalidade e profundas transformações sociais.

1402   O Espírito de Deus, que dirige o curso da história com admirável providência e renova a face da terra, preside a essa evolução. O fermento do Evangelho despertou e continua alimentando, no coração humano, uma irrefreável exigência de dignidade.

27. O respeito para com a pessoa

1403   27. Praticamente, o Concílio insiste no respeito para com o ser humano. Cada um deve considerar o próximo, sem exceção, um outro ele mesmo, cuidando de sua vida e dos meios indispensáveis para que viva dignamente,[8] para não fazer como aquele rico do Evangelho, que não se incomodava com o pobre Lázaro.[9]

1404   Nos nossos dias ainda é maior a necessidade de considerar os outros nossos próximos e servi-los de maneira eficaz, quer se trate do idoso abandonado, do trabalhador migrante desprezado, dos exilados, das crianças sem família, dos injustamente perseguidos, dos que passam fome, de todos que nos interpelam a consciência, lembrando a palavra do Senhor: "Todas as vezes que o fizestes a um de meus irmãos pequeninos, a mim o fizestes" (Mt 25, 40).

1405   Tudo que contraria a vida é vergonhoso, ofende o Criador, fere a civilização, mancha os que o praticam, mais até do que prejudica suas vítimas. É o caso dos diversos tipos de homicídio, o genocídio, o aborto, a eutanásia e o suicídio. As muitas violações da integridade da pessoa, como mutilações, tortura corporal e mental e as pressões de todo tipo. Os inúmeros atentados contra a dignidade humana, como condições de vida subumanas, prisões arbitrárias, deportações, escravização, prostituição, tráfico de mulheres e jovens, condições vergonhosas de trabalho, em que os trabalhadores se vêem reduzidos a simples instrumentos de lucro, não sendo tratados sequer como pessoas livres e responsáveis.

28. O respeito e o amor para com os adversários

1406   28. O respeito e o amor são devidos mesmo àqueles que pensam e agem de maneira diversa da nossa na sociedade, na política e na religião. Quanto melhor compreendemos, humana e caridosamente, seu modo de pensar, mais fácil se torna o diálogo com eles.

---

[7] João XXIII, enc. *Pacem in terris*, 11.4.1963: *AAS* 55 (1963) 266.
[8] Cf. Tg 2, 15-16.
[9] Cf. Lc 16, 19-31.

Amor e bondade não podem nos tornar indiferentes à verdade e ao bem. **1407**
Pelo contrário, o amor leva os discípulos de Cristo a anunciarem a verdade salvadora a todos os seres humanos. Mas é preciso sempre distinguir entre o erro e a pessoa que erra, cuja dignidade deve ser sempre respeitada, mesmo quando adere a idéias religiosas falsas ou pouco exatas.[10] Só Deus é juiz dos corações e ele nos proíbe de culpar interiormente quem quer que seja.[11]

A doutrina de Cristo exige que perdoemos as injúrias. O preceito do amor **1408** se estende a todos, inclusive aos inimigos, de acordo com o mandamento do Novo Testamento: "Vocês ouviram o que foi dito: 'Ame o seu próximo e odeie o seu inimigo!' Eu porém lhes digo: amem os seus inimigos e rezem por aqueles que perseguem vocês" (Mt 5, 43s).[12]

29. A igualdade entre os seres humanos e a justiça social

29. Reconheça-se cada vez melhor a igualdade fundamental entre todos os **1409** humanos: todos são dotados de alma espiritual, foram criados por Deus, têm idêntica origem e a mesma natureza, foram salvos por Cristo e são destinados a participar da mesma vocação divina.

Nem todos se equivalem quanto à capacidade física, intelectual e mo- **1410** ral, mas contraria o propósito divino e deve ser rejeitada e superada toda discriminação por causa do sexo, da raça, da cor, da condição social, da língua e da religião, que afeta os direitos fundamentais da pessoa, tanto pessoais como sociais.

É verdadeiramente lamentável que esses direitos fundamentais da pessoa não sejam ainda reconhecidos e protegidos em toda parte. Nega-se à mulher o direito de escolher seu marido e de adotar livremente o estado de vida que queira, ou o direito de receber a mesma educação que o homem e de conquistar um mesmo nível cultural.

Além disso, apesar da justa diversidade que possa existir entre os seres **1411** humanos quanto à maneira de viver, a dignidade pessoal, que é a mesma em cada um, exige que as condições de vida de todos sejam cada vez mais humanas e eqüitativas.

As grandes desigualdades econômicas e sociais entre as pessoas ou os povos da mesma e única família humana são vergonhosas e contrárias à justiça social, à eqüidade, à dignidade da pessoa, à paz social e internacional.

---

[10] João XXIII, enc *Pacem in terris*. 11.4.1963: *AAS* 55 (1963) 299-300.
[11] Cf. Lc 6, 37-38; Mt 7, 1-2; Rm 2, 1-11; 14, 10-12.
[12] Cf. Mt 5, 43-47.

1412 As instituições humanas, privadas ou públicas, devem procurar estar a serviço da dignidade e do fim a que são chamados todos os seres humanos, lutando firmemente contra toda dominação social ou política, em favor do respeito aos direitos humanos fundamentais, sob qualquer regime. Devem, além disso, progressivamente, ajustar-se às exigências espirituais, que são as mais importantes, mesmo que o caminho nessa direção seja longo.

30. Superar a ética individualista

1413 30. As mudanças profundas e rápidas pelas quais o mundo está passando exigem que ninguém se deixe iludir nem vencer pela inércia, no combate ao individualismo. Os deveres de justiça e de caridade só serão satisfeitos na medida em que cada um se puser a serviço das necessidades dos outros e que as instituições, públicas ou privadas, promoverem e incentivarem tudo o que contribua para a melhoria das condições de vida de todos.

Muitos vivem sem nenhuma preocupação social, apesar de sustentarem, às vezes teoricamente, opiniões liberais e generosas. Outros, em todas as partes do mundo, não dão a mínima importância às leis. Muitos sonegam impostos, outros desprezam as normas do convívio social no que se refere, por exemplo, à proteção à saúde pública ou à segurança do trânsito, sem se preocupar com os riscos que criam para sua própria vida e para a vida dos outros.

1414 Considerar as exigências da vida social como um dos principais deveres atuais e respeitá-las é absolutamente sagrado. Quanto maior for a unidade do mundo, mais imperiosas se tornam as obrigações para com o conjunto da sociedade, acima dos interesses de grupos particulares. É pois indispensável que se cultive individual e socialmente as virtudes morais e sociais, criando na sociedade um clima que favoreça o surgimento de seres humanos renovados, autores de uma humanidade verdadeiramente nova, com a graça divina.

31. Responsabilidade e participação

1415 31. Para que os seres humanos obedeçam rigorosamente à sua consciência em relação a si mesmos e aos grupos sociais de que são membros, precisam ser cuidadosamente educados numa ótica cultural mais ampla, com todos os recursos de que hoje dispõe o gênero humano. Uma educação universal, para todos os jovens, independentemente de sua origem social, formando mulheres e homens não apenas instruídos, mas magnânimos, à altura das exigências da época.

Trata-se de um nível de responsabilidade que requer, para todos, condições **1416** de vida correspondentes à dignidade humana e à sua vocação de se consagrar a Deus e ao próximo. A liberdade humana é muitas vezes limitada pelas condições de extrema pobreza, e perde sentido, quando a pessoa, entregue às facilidades da vida, só enxerga a si mesma, isolando-se. Quando, porém, se dá conta das grandes necessidades sociais, assume as exigências da comunidade e se coloca a serviço dos outros, a liberdade se afirma e se fortalece.

Deve-se pois estimular todas as iniciativas em favor do bem comum. **1417** Merecem louvores os países em que a maioria dos cidadãos participa livremente da coisa pública, sem que se possa desconhecer a natureza de cada povo e a necessidade da autoridade do governo. Para que todos se tornem participantes da vida das diversas comunidades de que consta o corpo social, é preciso que reconheçam nessas comunidades algum bem que os atraia e lhes dê oportunidade de prestar serviço. Podemos prever que o futuro da humanidade depende de quem souber transmitir aos jovens um sentido para a vida e uma grande esperança.

32. O Verbo encarnado e a solidariedade humana

32. Deus não criou os seres humanos para viverem isolados, mas para **1418** formarem uma comunidade social. Da mesma forma "quis santificá-los e salvá-los, não como simples pessoas, independentemente dos laços sociais que os unem, mas como povo, que o reconhecesse na verdade e o servisse, na santidade".[13]

Desde o início da história da salvação, Deus encara os seres humanos como membros de uma comunidade e não apenas individualmente. Chamou "seu povo" (Ex 3, 7-12) e com ele fez a aliança no Sinai,[14] para manifestar esse seu desígnio.

A obra de Jesus Cristo veio completar e coroar o aspecto comunitário **1419** da salvação. Verbo encarnado, quis participar do convívio humano. Foi às bodas de Caná, hospedou-se na casa de Zaqueu e comia com publicanos e pecadores. Manifestou o amor do Pai e a sublimidade da vocação humana referindo-se às realidades mais comuns da vida social e recorrendo a imagens e expressões do cotidiano mais simples. Santificou as contingências da vida humana, especialmente da família, que estão na raiz da vida social, e se sujeitou voluntariamente às leis de sua pátria. Levou uma vida de trabalhador, de acordo com a época e os costumes da região em que nasceu.

---

[13] Cf. Conc. Vat. II, const. dogm. *Lumen gentium*, cap.II, 9: *AAS* 57 (1965) pp. 12-13.
[14] Cf. Ex 24, 1-8.

1420   Na sua pregação, exigia explicitamente que os filhos de Deus se tratassem como irmãos. Na sua oração, pediu que todos os seus discípulos fossem *um*. Ele próprio, até a morte, ofereceu-se por todos, como redentor. "Não existe amor maior do que dar a vida pelos amigos" (Jo 15, 13). Mandou os apóstolos pregarem a todos a mensagem evangélica, para que a humanidade se tornasse como uma só família, em Deus, tendo por lei o amor.

1421   Primogênito entre muitos irmãos, depois da morte e da ressurreição, estabeleceu uma nova comunhão fraterna com os que o acolhem na fé e no amor, pelo dom do Espírito Santo. Seu corpo é a Igreja, em que todos se prestam serviço, sendo membros uns dos outros.

1422   Esta solidariedade deve crescer até o dia da consumação final, quando os seres humanos, salvos pela graça, estarão na glória, como uma única família amada por Deus e por Cristo, nosso irmão.

Capítulo III
A atividade humana no universo

33. O problema

1423   33. O ser humano procurou sempre se desenvolver com inteligência e trabalho. Hoje, porém, graças à ciência e à técnica aumenta de tal forma seu domínio sobre o universo, com a colaboração de todos os povos da terra, que a família humana se reconhece, no mundo inteiro, como sendo uma única comunidade. Bens que outrora se esperavam do alto hoje busca-se conquistar com os recursos de que se dispõe.

1424   Desse imenso esforço comum da humanidade, resultam novas e enormes questões. Que sentido e que valor tem a atividade humana? Para que serve tanta coisa? Qual o objetivo de cada um e de toda a sociedade?
        A Igreja não pretende ter resposta para tudo. Como, porém, dispõe da palavra de Deus, fonte da religião e da moral, deseja contribuir para iluminar os novos caminhos que se descortinam para a humanidade, associando à criatividade humana a luz da revelação.

34. O valor da atividade humana

1425   34. Para os fiéis, é claro que a atividade humana, tanto individual como coletiva, isto é, o imenso esforço com que se procura, através dos séculos, melhorar as condições de vida, faz parte do desígnio de Deus. Criado à imagem de Deus, o ser humano recebeu o mandato de dominar a terra com tudo o que contém e governar o mundo segundo a justiça e a santidade.[1] Deve reconhecer Deus Criador e a ele referir todas as coisas, para que, submetidas a si, proclamem universalmente o nome de Deus.[2]

O princípio se aplica igualmente à atividade de todo dia. Mulheres e homens que trabalham diariamente para obter seu próprio sustento e de suas famílias estão a serviço da sociedade. Com seu trabalho, desenvolvem a obra do Criador, favorecem seus irmãos e contribuem para a realização do desígnio de Deus na história.[3]

1426

Os cristãos sabem que as obras da inteligência e do poder humanos em nada derrogam o poder divino. A criatura racional não entra em concorrência com o Criador. As vitórias do gênero humano são sinais da grandeza de Deus e frutos inefáveis de seus desígnios. Quanto maior, porém, é o poder do homem, maior também a responsabilidade das pessoas e das comunidades. A mensagem cristã em nada se opõe à construção do mundo, nem cria obstáculo a que se faça o bem. Pelo contrário, acentua o dever de o ser humano desenvolver todas as suas potencialidades.[4]

1427

35. A norma da atividade humana

35. A atividade humana está ordenada ao bem do ser humano, de que procede. Ao agir, o ser humano não apenas muda as coisas e a sociedade, mas se realiza como tal: aprende, desenvolve suas capacidades, volta-se para o outro e para o alto. Este crescimento é o que há de mais precioso. O ser humano vale mais pelo que é do que pelo que tem.[5]

1428

Assim, tudo que se possa fazer para obter maior justiça, desenvolver a fraternidade e tornar mais humana a sociedade é mais valioso do que qualquer progresso técnico, que é apenas a matéria do desenvolvimento e, como tal, não leva a nenhuma realização efetiva.

Somente o respeito a esta norma primordial de sua atividade permitirá ao ser humano cultivar e realizar sua vocação, tanto individual como social, para cumprimento do desígnio e da vontade de Deus e para o bem do gênero humano.

1429

---

[1] Cf. Gn 1, 26-27; 9, 2-3; Sb 9, 2-3.
[2] Cf. Sl 8, 7.10.
[3] Cf. João XXIII, enc. *Pacem in terris*: *AAS* 55 (1963) 297.
[4] *Nuntius ad universos homines*, em outubro de 1962: *AAS* 54 (1962) 822-823.
[5] Cf. Paulo VI, *Alloc. ad corpus diplomaticum*, 7.1.1965: *AAS* 57 (1965) p. 232.

36. A autonomia das coisas terrestres

1430 36. Hoje em dia, muitos temem que a vinculação da atividade humana à moral e à religião prejudique a autonomia das pessoas e da sociedade, constituindo um empecilho para o progresso da ciência.

1431 É preciso defender a todo custo a autonomia das realidades terrenas, quando por autonomia se entende que as coisas criadas e as sociedades têm o direito de ser encaradas em si mesmas e de se organizar com seus valores e suas próprias leis, que se vão aos poucos descobrindo, explicitando e aplicando.

É uma exigência atual legítima, que está de acordo com a vontade do Criador. Por condição própria, as criaturas são dotadas de consistência, verdade e bondade, e possuem suas leis, numa ordem que lhes é intrínseca. O ser humano deve respeitá-las. As ciências e as técnicas, reconhecê-las, de acordo com seus respectivos métodos. A investigação metódica em todas as disciplinas, feita cientificamente e levando em conta as exigências morais intrínsecas ao próprio agir humano, jamais entrará em conflito com a fé, pois uma só e mesma é a origem das criaturas e da fé.[6]

Quem investiga com humildade e perseverança o segredo das coisas é conduzido, mesmo sem o saber, pela mão de Deus, que todas as coisas sustenta e as faz serem o que são. É lamentável que se tenha introduzido, inclusive entre os cristãos, uma certa atitude de desrespeito à autonomia das ciências, gerando disputas e controvérsias que levaram muitos a pensar que existisse uma oposição entre a ciência e a fé.[7]

1432 Quando, porém, se entende por "autonomia das coisas terrenas" a pretensão de que não foram criadas por Deus e que se pode delas usar sem qualquer referência ao Criador, é claro que se trata de uma falsa idéia, a ser rejeitada por todo aquele que reconhece Deus. Sem o criador a criatura se reduz a nada. Aliás, todas as pessoas que têm fé, independentemente da religião que professem, reconhecem a voz e a manifestação de Deus nas criaturas. O esquecimento de Deus torna o mundo incompreensível.

37. A atividade humana prejudicada pelo pecado

1433 37. Em consonância com a experiência de séculos, a Escritura ensina que o progresso humano é um bem extraordinário, embora seja também grande tentação.

---

[6] Cf. Conc. Vat. I, const. *Dei Filius*, c. III: Dz, 1785-1786 (3004-3005).
[7] Cf. Pio Paschini, *Vita e opere di Galileo Galilei*, 2 vols. Vaticano, Academia das Ciências, 1964.

A ordem dos valores foi perturbada e o mal se misturou com o bem. Pessoas e grupos humanos tendem a se preocupar unicamente com o que é seu, esquecendo-se dos outros. O mundo deixou de ser um espaço fraterno. O poder humano, à medida que aumenta, ameaça a existência da própria humanidade.

A história dos homens é uma luta contra o poder das trevas, que começou nas origens do mundo e continuará, como diz o Senhor,[8] até o fim. Envolvido nesta guerra, precisa-se brigar para fazer o bem, e só se alcançará a unidade, com a graça de Deus, depois de muita luta. 1434

Confiante na disposição do Criador, a Igreja de Cristo reconhece que o progresso pode contribuir para a felicidade humana, com a condição, porém, de que se observe o que diz o Apóstolo: "Não se amoldem às estruturas desse mundo" (Rm 12, 2), a saber, o mundo da vaidade e da malevolência, que converte em instrumento de pecado a capacidade humana de agir, que deveria se voltar para o serviço de Deus e dos próprios seres humanos. 1435

Os cristãos afirmam que para se superar essa miserável condição, a atividade humana, marcada pelo orgulho e pelo falso amor de si mesmo, deve ser purificada pela cruz e pela ressurreição de Cristo e aperfeiçoada cada dia mais. 1436

Remido por Cristo e transformado em nova criatura no Espírito Santo, o ser humano pode e deve amar todas as coisas criadas por Deus. Recebe-as das mãos de Deus e as refere inteiramente a ele. Agradecendo-as ao seu benfeitor e usando-as com prazer, num espírito de pobreza e de liberdade, entra na posse verdadeira do mundo, sem nada ter, mas tudo possuindo.[9] "Tudo é seu, vocês são de Cristo e Cristo, de Deus" (1Cor 3, 22s).

38. A atividade humana e o mistério pascal

38. O Verbo de Deus, pelo qual todas as coisas foram feitas, fez-se homem e veio habitar a terra.[10] Entra assim, na história do mundo, um homem perfeito, que a assume e a recapitula.[11] Revela que "Deus é amor" (1Jo 4, 8) e ensina que a lei fundamental da perfeição humana e, por conseguinte, da transformação do mundo, é o novo mandamento do amor. Certifica os que acreditam no amor divino de que não é inútil mostrar a todos o caminho do amor e se esforçar para estabelecer uma fraternidade universal. 1437

Ensina que o amor não se limita às grandes coisas, mas deve se manifestar principalmente na vida e nas circunstâncias de todo dia.

---

[8] Cf. Mt 24, 13; 13, 24-30.36-43.
[9] Cf. 2Cor 6, 10.
[10] Cf. Jo 1, 3.14.
[11] Cf. Ef 1, 10.

Por amor de nós todos, pecadores, suportou a morte,[12] ensinando-nos pelo exemplo a assumir a cruz que a carne e o mundo impõem aos ombros de todos os que lutam pela paz e pela justiça.

Constituído Senhor, pela sua ressurreição, e tendo recebido todo poder no céu e na terra,[13] Cristo atua, pelo Espírito Santo, no coração dos seres humanos, inspirando o desejo da vida futura e, a partir dele, animando, purificando e corroborando a esperança de que a família humana se torne cada vez mais humana, e venha, aos poucos, a colocar toda a terra a serviço do ser humano.

São muito diversos os dons do Espírito. Uns são chamados a dar testemunho manifesto do desejo da pátria celeste, e a conservá-lo ardente, no seio da família cristã. Outros, a prestar serviço aos seres humanos, preparando o reino do céu. Todos, entretanto, libertados pela renúncia ao amor próprio, assumem corajosamente a vida humana na perspectiva da vida futura, quando a humanidade se tornará toda ela oblação pura, aceita por Deus.[14]

1438 Como penhor dessa esperança e sustento no caminho, o Senhor nos legou o sacramento da fé, em que os elementos naturais, frutos do trabalho humano, se convertem no seu corpo e sangue gloriosos, antecipando a festa da comunhão fraterna e a ceia celestial.

39. Nova terra e novo céu

1439 39. Não sabemos até quando existirão a terra e a humanidade[15] nem sabemos que transformações hão de sofrer. A figura desse mundo, deformado pelo pecado, haverá de passar,[16] mas o Senhor ensina que haverá uma nova morada para o homem, em que habitará a justiça[17] e cuja felicidade preencherá e superará todos os desejos de paz que o coração humano alimenta.[18]

Então, vencida a morte, os filhos de Deus ressuscitarão em Cristo. O que foi semeado na fraqueza e na corrupção, vestirá a incorruptibilidade.[19] O amor permanecerá[20] e toda criatura, feita em vista do ser humano, há de ser também libertada.[21]

---

[12] Cf. Jo 3, 14-16; Rm 5, 8-10.
[13] Cf. At 2, 36; Mt 28, 18.
[14] Cf. Rm 15, 16.
[15] Cf. At 1, 7.
[16] Cf. 1Cor 7, 31; S. Irineu, *Adversus haereses*, V, 36, 1: *PG* 7, 1222.
[17] Cf. 2Cor 5, 2; 2 Pd 3, 13.
[18] Cf. 1Cor 2, 9; Ap 21, 4-5.
[19] Cf. 1Cor 15, 42.53.
[20] Cf. 1Cor 13, 8; 3, 4.
[21] Cf. Rm 8, 19-21.

Ouvimos que de nada adianta ganhar todo o universo e se perder.²² A expectativa da nova terra, longe de esvaziar, estimula o desejo de cuidar das coisas terrestres, em meio às quais cresce o corpo da nova família humana, oferecendo desde agora uma tênue imagem do que será no futuro.

Embora se deva distinguir o reino de Cristo do progresso humano, não resta dúvida de que, na medida em que se entende por progresso a organização mais perfeita da sociedade, esta organização é da maior importância para o reino de Deus.²³

Bens como a dignidade humana, a comunhão fraterna e a liberdade, frutos da natureza e do trabalho humano, depois de difundidos na terra segundo o mandamento do Senhor e no seu Espírito, serão reencontrados depois, purificados de toda mancha, iluminados e transfigurados, quando Cristo entregar ao Pai o seu reino eterno e universal: "reino de verdade e vida, reino de santidade e graça, reino de justiça, de amor e de paz."²⁴ O reino, misteriosamente presente na terra, chegará à consumação com a vinda do Senhor.

Capítulo IV
A missão da Igreja no mundo de hoje

40. As relações entre a Igreja e o mundo

40. Tudo que até agora foi dito a respeito da dignidade humana, da comunidade existente entre os seres humanos e do sentido profundo de sua atividade constitui o fundamento da relação entre a Igreja e o mundo e a base de seu diálogo recíproco[1]

Depois de o Concílio ter falado sobre o mistério da Igreja, convém que a considere agora enquanto existe e atua no mundo, em convívio com ele.

A Igreja procede do amor do Pai eterno,[2] foi fundada na história pelo Cristo Redentor e é sustentada na unidade pelo Espírito Santo.[3] Sua finalidade é salutar e escatológica e só se realizará plenamente na vida futura. Contudo, está presente aqui na terra, é feita de mulheres e homens que são membros da sociedade terrena, chamados desde agora a formar, na história, a família dos filhos de Deus, que deve ir aumentando até a vinda do Senhor.

---

[22] Cf. Lc 9, 25
[23] Cf. Pio XI, enc. *Quadragesimo anno*, AAS 23 (1931) 207.
[24] *Missal Romano*, prefácio de Cristo-Rei.
[1] Cf. Paulo VI, enc. *Ecclesiam Suam* III: AAS 56 (1964) 637-659
[2] Cf. Tt 3, 4: philantropia.
[3] Cf. Ef 1, 3, 5-6.13-14.23.

Família cuja união vem dos bens celestiais de que todos participam, foi "constituída e organizada por Cristo nesse mundo, como uma sociedade,[4] dotada dos meios adequados a toda sociedade visível".[5] A Igreja é assim, ao mesmo tempo, "um grupo histórico e uma comunidade espiritual" [6] em caminho, com toda a humanidade, participando com o mundo da condição terrena e agindo como fermento ou como alma da sociedade humana,[7] a ser renovada em Cristo e transformada em família de Deus.

1444 Só a fé percebe esta compenetração das sociedades terrena e celestial. O mistério da história humana, perturbada pelo pecado, permanecerá impenetrável até o fim dos séculos, quando se manifestará plenamente a glória dos filhos de Deus. A Igreja, fiel a seu próprio fim, comunica a todos a vida divina e ilumina com sua luz o mundo inteiro, contribuindo para restabelecer e elevar a dignidade humana e fortalecer os laços sociais, proporcionando uma significação nova e mais profunda a toda a atividade humana.

Através de cada um de seus membros e atuando em conjunto, a Igreja acredita poder contribuir para tornar mais humana a família dos humanos e sua história.

1445 Além disso, a Igreja católica se alegra de poder assinalar a importância da contribuição que deram e ainda dão, no mesmo sentido, as outras Igrejas cristãs e as diversas comunidades eclesiásticas.

Tem, além disso, a convicção de poder contar, sob inúmeros e variados aspectos, com o apoio e com a ajuda do mundo, das pessoas individualmente e da sociedade humana, com seus bens e com sua atividade, para abrir caminho ao Evangelho.

Para promover adequadamente esta colaboração, em que, reciprocamente, Igreja e mundo se ajudam, convém estabelecer aqui alguns princípios gerais.

41. A Igreja procura ajudar os seres humanos

1446 41. Hoje em dia todos procuram desenvolver plenamente sua pessoa, estabelecer e afirmar claramente seus direitos. Encarregada de manifestar o mistério de Deus, último fim do ser humano, a Igreja o ajuda a esclarecer o sentido da própria existência e lhe revela sua mais íntima verdade.

---

[4] Cf. Conc. Vat. II, const. dogm. *Lumen gentium*, cap. I, 8: *AAS* 57 (1965) p. 12.
[5] Cf. ibid., cap. II, 9: *AAS* 57 (1965) p. 14; cf. 8: *AAS*, l. c., p. 11
[6] Cf. ibid., cap. I, 8: *AAS* 57 (1965) p. 11.
[7] Cf. ibid., cap. IV, 38: *AAS* 57 (1965) p. 43, com nota 120.

De fato, a Igreja sabe que somente Deus, a quem serve, satisfaz aos mais profundos desejos do coração humano, que as coisas da terra jamais hão de saciar.

Sabe também que, sob ação do Espírito de Deus, o ser humano não será jamais completamente indiferente ao problema religioso, como o demonstra não apenas a experiência dos séculos passados, mas inúmeros testemunhos contemporâneos. Sempre se desejou saber, ainda que de maneira confusa, qual o sentido da vida, da atividade no mundo e da morte. A própria presença da Igreja coloca tais problemas. Só Deus, que fez o ser humano à sua imagem e o resgatou do pecado, dá resposta plenamente satisfatória a essas questões, pelo seu Filho feito homem. Quem segue Cristo, homem perfeito, torna-se cada vez mais humano.

A fé permite que a Igreja coloque a dignidade da natureza humana acima de toda discussão entre os que tendem, por um lado, a exaltar o corpo, e, por outro, a desprezá-lo. Nenhuma lei preserva tão bem a dignidade e a liberdade humanas como o Evangelho de Cristo, confiado à Igreja. O Evangelho anuncia e proclama a liberdade dos filhos de Deus, rejeitando toda servidão decorrente, em última análise, do pecado,[8] leva ao respeito sagrado da consciência e da liberdade, induz a colocar a serviço de Deus e em favor dos outros todos os talentos humanos, recomendando a todos, acima de tudo, o amor.[9] É esta a lei fundamental da economia cristã.

1447

Deus é, ao mesmo tempo, criador e salvador, Senhor da história humana e da história da salvação. A autonomia da criatura, especialmente dos seres humanos, e sua dignidade, não só são preservadas, como restituídas e confirmadas, na esfera própria das coisas divinas.

Baseada, pois, no Evangelho que lhe foi confiado, a Igreja proclama os direitos humanos. Reconhece e dá todo valor ao empenho com que eles são hoje promovidos, em todas as partes do mundo. Mas esse movimento precisa estar imbuído do espírito do Evangelho, para não cair numa espécie de falsa autonomia. Há sempre a tentação de considerar que os direitos pessoais só se preservariam sem a lei divina, o que constituiria perigoso desconhecimento da verdadeira dignidade humana.

1448

42. A Igreja procura ajudar a sociedade

42. A união da família humana é favorecida e aperfeiçoada pela unidade, em Cristo,[10] da família dos filhos de Deus.

1449

---

[8] Cf. Rm 8, 14-17.
[9] Cf. Mt 22, 39.
[10] Cf. Conc. Vat. II, const. dogm. *Lumen gentium*, cap. II, 9: *AAS* 57 (1965) pp. 12-14.

1450 A missão própria que Cristo confiou à sua Igreja não é de ordem política, econômica ou social, mas religiosa,[11] da qual, entretanto, emanam luz e forças que servem para fundamentar e fortalecer a comunidade humana, de acordo com a lei divina. Dependendo das circunstâncias, a Igreja pode, e em certos casos deve, suscitar iniciativas em favor de todos, especialmente dos pobres, como o são as obras de misericórdia.

1451 A Igreja reconhece o que há de bom nos movimentos sociais de nossos dias, especialmente na evolução para maior unidade do mundo, nos processos sadios de socialização, nas organizações civis e nas associações econômicas.

A promoção da unidade está intimamente vinculada à missão própria da Igreja que, em Cristo, é "o sacramento, isto é, sinal e instrumento da íntima união com Deus e da unidade de todo o gênero humano".[12] Mostra ao mundo que a verdadeira união social externa provém da união das mentes e dos corações, da fé e da caridade, indissoluvelmente ligadas à união que se funda no Espírito Santo. A força que a Igreja pode dar à sociedade vem do vigor da fé e do amor. Resulta da vida, não de qualquer domínio externo que possa exercer, utilizando-se de meios puramente humanos.

1452 Por sua natureza e missão, a Igreja não está vinculada a nenhuma forma de cultura nem a nenhum sistema político, econômico ou social. Graças à sua universalidade, porém, estabelece um laço estreitíssimo de união entre as diversas comunidades e nações humanas, desde que nela confiem e lhe reconheçam a plena liberdade de ação. Por isso a Igreja aconselha não apenas aos seus filhos, mas a todos os seres humanos, que superem as dissensões entre nações e raças, passando a viver num espírito familiar de filhos de Deus, que consolidará internamente todas as justas associações entre os homens.

1453 O Concílio considera com todo respeito tudo que há de verdadeiro, de bom e de justo nas mais diversas instituições sociais. Declara que a Igreja quer ajudar e promover todas essas instituições, no que dela dependa e que tenha relação com sua missão. O que mais deseja é estar a serviço do bem de todos, gozando de plena liberdade em qualquer regime que seja, desde que reconheça os direitos fundamentais da pessoa e da família e as necessidades do bem comum.

---

[11] Cf. Pio XII, *Allocutio ad cultores historiae et artis*, 9.3.1956: *AAS* 48 (1956) p. 212: "O divino fundador da Igreja, Jesus Cristo, não lhe conferiu mandato nem algum objetivo de ordem cultural. A finalidade que Cristo lhe reconhece é de ordem estritamente religiosa (...). A Igreja deve levar os seres humanos a Deus, para que a ele se entreguem sem reservas (...). Ela não pode jamais perder de vista seus objetivos de ordem estritamente religiosa e sobrenatural. O sentido de todas as suas atividades, até do último dos cânones do seu Direito, é de concorrer direta ou indiretamente para este seu objetivo final."

[12] Cf. Conc. Vat. II, const. dogm. *Lumen gentium*, cap. I, 1: *AAS* 57 (1965) p. 5.

43. Por meio dos cristãos, a Igreja procura dar apoio a todas as atividades humanas

43. O Concílio exorta os fiéis, cidadãos de uma e de outra cidade, a se deixarem conduzir pelo espírito do Evangelho e, ao mesmo tempo, a cumprirem fielmente seus deveres terrestres.

1454

Afastam-se da verdade todos aqueles que, sabendo que não temos aqui morada permanente, mas buscamos a futura,[13] julgam poder negligenciar suas obrigações temporais, pensando não lhes estar sujeitos por causa da fé, segundo a vocação a que cada um foi chamado.[14]

Não é menor o erro daqueles que, pelo contrário, julgam poder mergulhar nos negócios terrenos independentemente das exigências da religião, pensando que esta se limita a determinados atos de culto e ao fiel cumprimento de certos preceitos morais. Esta divisão entre a fé professada e a vida cotidiana de muitos é um dos mais graves erros do nosso tempo. Os profetas, no Antigo Testamento, já o condenavam como um escândalo[15] e Jesus Cristo, no Novo Testamento, o ameaça com pesadas penas.[16]

Evite-se a perniciosa oposição entre as atividades profissionais e sociais, de um lado, e as religiosas de outro. O cristão que não cumpre suas obrigações temporais falta a seus deveres para com o próximo e para com Deus e põe em risco a sua salvação eterna.

Alegrem-se, ao contrário, os cristãos que, seguindo o exemplo de Cristo, que trabalhou como operário, exercem todas as suas atividades unificando os esforços humanos, domésticos, profissionais, científicos e técnicos numa síntese vital com os bens religiosos, sob cuja direção tudo se orienta para a glória de Deus.

Competem aos leigos, embora sem exclusividade, os deveres e as atividades seculares. Agindo como cidadãos do mundo, individual ou coletivamente, observarão as normas de cada disciplina e procurarão adquirir verdadeira competência nos setores em que atuam. Trabalharão em cooperação com os demais, na busca dos mesmos objetivos. Imbuídos de fé e reconhecendo-lhe claramente as exigências, tomarão e procurarão levar a bom termo as iniciativas que se fizerem necessárias. A lei divina se aplica às realidades temporais através dos leigos, agindo de acordo com sua consciência, devidamente formada. Mas os leigos devem contar com as luzes e a força espiritual dos sacerdotes. Não pensem, porém, que seus pastores sejam peritos ou tenham respostas prontas e soluções concretas para todas as questões que possam surgir. Não é

1455

---

[13] Cf. Hb 13, 14.
[14] Cf. 2Ts 3, 6-13; Ef 4, 28.
[15] Cf. Is 58, 1-12.
[16] Cf. Mt 23, 3-33; Mc 7, 10-13.

esta a sua missão. Seu papel específico é contribuir com as luzes da sabedoria cristã, fiéis à doutrina do magistério.[17]

1456 Em geral, as soluções se apresentarão como decorrência da visão cristã em determinadas circunstâncias. Muitas vezes acontece de outros cristãos, igualmente sinceros, pensarem de maneira diversa. Mesmo que a solução proposta por uma das partes decorra, aos olhos da maioria, dos mais autênticos princípios evangélicos, não pode pretender a exclusividade, em nome da autoridade da Igreja. Todos devem se empenhar num diálogo de esclarecimento recíproco, segundo as exigências da caridade e do bem comum.

1457 Os leigos que têm responsabilidade na Igreja estão obrigados a agir, no mundo, de acordo com o espírito cristão, sendo, entre os seres humanos, testemunhas de Cristo.

1458 Bispos encarregados de governar a Igreja de Deus e sacerdotes, preguem de tal forma a mensagem de Cristo que todas as atividades temporais dos fiéis sejam iluminadas pelo Evangelho.

Os pastores devem estar conscientes de que seu modo de viver o dia-a-dia[18] é responsável pela imagem que se tem da Igreja e da opinião que se forma a respeito da verdade e da força da mensagem cristã. Pela vida e pela palavra, juntamente com os religiosos e com os fiéis, mostrem que a Igreja, com todos os seus dons, pela sua simples presença, é fonte inexaurível das virtudes de que o mundo de hoje tanto precisa.

Dediquem-se aos estudos, para se tornarem capazes de dialogar com pessoas das mais variadas opiniões, tendo no coração o que diz o Concílio: "A humanidade é hoje cada vez mais una, do ponto de vista civil, econômico e social. É preciso pois que os sacerdotes atuem em conjunto, sob a direção dos bispos e do papa, evitando toda dispersão de forças, para conduzir a humanidade à unidade da família de Deus."[19]

1459 Graças ao Espírito Santo, a Igreja se manterá sempre como esposa fiel a seu Senhor e nunca deixará de ser, no mundo, sinal da salvação. Isto não quer dizer que entre os seus membros[20] não tenha havido muitos, através dos séculos, que foram infiéis ao Espírito de Deus, tanto clérigos como leigos. Ainda hoje a Igreja não ignora a distância que existe entre a mensagem que anuncia e a fraqueza humana daqueles a quem foi confiado o Evangelho.

---

[17] Cf. João XXIII, enc. *Mater et magistra* IV: *AAS* 53 (1961) 456-457 e I: ib. 407, 410, 411.
[18] Cf. Conc. Vat. II, const. dogm. *Lumen gentium*, cap. III, 28: *AAS* 57 (1965) p. 34-35.
[19] Cf. Ibid., 28: *AAS*, l. c., pp. 35-36.
[20] Cf. Santo Ambrósio, *De virginitate*, c. VIII. n. 48: *PL* 16, 278.

Devemos tomar conhecimento de tudo que a história registra a respeito dessas infidelidades e condená-las vigorosamente, para que não constituam obstáculo à difusão do Evangelho. Mas a Igreja tem consciência de quanto a experiência da história contribui para amadurecer suas relações com o mundo. Conduzida pelo Espírito Santo, a Igreja, como mãe, "exorta" seus filhos "a se purificarem e a se renovarem, para que o sinal de Cristo brilhe cada vez mais na face da Igreja".[21]

44. O mundo auxilia a Igreja

44. Assim como interessa ao mundo reconhecer a Igreja na sua realidade social como fermento da história, a Igreja não deve esquecer quanto lhe aproveita a evolução e a história do gênero humano. 1460

A experiência dos séculos passados, o progresso das ciências e os muitos tesouros escondidos nas mais variadas culturas são extremamente úteis à Igreja: manifestam as virtudes da natureza humana e abrem novos caminhos para o conhecimento da verdade. 1461

Desde o início de sua história, a Igreja soube anunciar Cristo por intermédio de expressões e conceitos lingüísticos aprendidos dos diversos povos, e torná-lo melhor conhecido recorrendo à sabedoria dos filósofos. A Igreja teve sempre por objetivo adaptar o Evangelho à capacidade de entender do povo e às exigências dos intelectuais. Essa acomodação da pregação da palavra revelada é uma lei permanente da evangelização. Em todas as nações a possibilidade de exprimir a seu modo a mensagem de Cristo deve ser cultivada, promovendo-se um intercâmbio fecundo entre a Igreja e as diversas culturas.[22]

Para intensificar este intercâmbio, especialmente nos dias de hoje, em que as coisas mudam rapidamente e a maneira de pensar é extremamente variada, a Igreja precisa daqueles que vivem no mundo, conhecem por dentro as diversas instituições e disciplinas, mesmo que não sejam cristãos. Todo o povo de Deus, mas especialmente os bispos e os teólogos, com o auxílio do Espírito Santo, devem estar atentos à linguagem do nosso tempo, analisá-la e interpretá-la à luz da palavra divina, para aprofundar sempre mais a compreensão da verdade revelada, melhor entendê-la e divulgá-la de maneira mais acessível.

Dotada de estrutura social visível, sinal de sua unidade em Cristo, a Igreja pode aproveitar, e se aproveita de fato, da evolução da sociedade. Não que lhe falte qualquer elemento constitucional, mas deve sempre se conhecer de 1462

---

[21] Cf. Conc. Vat. II, const. dogm. *Lumen gentium*, cap. II, 15: *AAS* 57 (1965) p. 20.
[22] Cf. Conc. Vat. II, const. dogm. *Lumen gentium*, cap. II, 13: *AAS* 57 (1965) p. 17.

maneira mais profunda e se exprimir de maneira mais adequada aos tempos em que vivemos. Tem consciência de que muito deve, quer individual, quer coletivamente, a pessoas de todas as classes e condições. Todos os que lutam pela promoção da família, da cultura, da vida econômica, social e política, tanto nacional como internacional, segundo o desígnio de Deus, promovem igualmente a comunidade eclesial no que ela depende do auxílio externo, que é muito importante. A Igreja reconhece ainda que mesmo as resistências e oposições que encontrou e ainda encontra lhe são proveitosas, como sempre o foram.[23]

45. Cristo, alfa e ômega

1463 45. Ajudando o mundo e sendo por ele ajudada, a Igreja caminha para um único fim: a vinda do reino de Deus e a salvação de todo o gênero humano. Todo bem que o povo de Deus, em sua peregrinação terrestre, pode oferecer à família humana, vem da Igreja, como "sacramento da salvação universal",[24] mistério em se manifesta e se realiza o amor de Deus para com os seres humanos.

1464 O Verbo de Deus, por quem foram feitas todas as coisas, encarnou-se para salvar a todos e tudo recapitular, como homem perfeito. O Senhor é o fim da história humana, o ponto para o qual convergem todos os desejos da história e da civilização, o centro do gênero humano, a alegria de todos os corações e a realização de todas as nossas aspirações.[25] Foi quem o Pai ressuscitou dos mortos, exaltou e colocou à sua direita, como juiz dos vivos e dos mortos. Vivificados e reunidos pelo seu Espírito, caminhamos para a realização final da história humana, que corresponderá plenamente ao seu desígnio de amor: "instaurar tudo em Cristo, no céu e na terra" (Ef 1, 10).

1465 O próprio Senhor o diz: "Eis que venho em breve e comigo trago o salário para retribuir a cada um conforme o seu trabalho. Eu sou o alfa e o ômega, o primeiro e o último, o princípio e o fim" (Ap 22, 12s).

---

[23] Cf. Justino, *Dialogus cum Triphone*, c. 110: *PG* 6, 729; ed. Otto, 1897, pp. 391-393: "... quanto mais nos infligem tais coisas, tanto mais aumenta o número dos fiéis e piedosos seguidores de Cristo". Cf. Tertuliano, *Apologeticus* c. L, 13: *PL* 1, 534; *Corpus Christ.* série latina, I, 171: "Cresce o nosso número todas as vezes que vocês nos ceifam: o sangue dos cristãos é como semente!" Cf. Conc.Vat. II, const. dogm. *Lumen gentium*, cap. II, 9: *AAS* (1965) p. 14.
[24] Cf. Conc. Vat. II, const. dogm. *Lumen gentium*, cap. VII, 48: *AAS* (1965) p. 53.
[25] Cf. Paulo VI, *Allocutio*, 3.2.1965: *L'Osservatore Romano*, 4.2.1965.

Segunda Parte

Alguns problemas mais urgentes

Proêmio

46. Depois de falar da dignidade da pessoa e do papel que é chamada a exercer no mundo, tanto individual como socialmente, o Concílio convida todos a considerar, à luz do Evangelho e da experiência humana, alguns problemas mais urgentes, que afetam toda a humanidade. **1466**

Dentre as muitas preocupações de todos, lembremos: o casamento e a família, a cultura, a vida econômica, social e política, a união dos povos e a paz. Cada uma destas questões se ilumina à luz de Cristo, que ajuda tanto os cristãos como os não-cristãos a encontrarem caminhos para sua solução. **1467**

Capítulo I
Favorecer a dignidade do casamento e da família

47. O matrimônio e a família nos dias de hoje

47. A salvação da pessoa e da sociedade, tanto humana como cristã, está intimamente relacionada com o bem-estar do casal e da família. Como todos os que têm consciência da importância do casamento, os cristãos apreciam e contam muito com os diferentes recursos que hoje favorecem a constituição desta comunidade de amor e lhe facilitam a vida, ajudando-os no desempenho de um de seus principais papéis. **1468**

Mas a instituição matrimonial nem sempre é respeitada. Contrariam-na, em muitos lugares, a poligamia, o divórcio, o amor livre e várias outras deformações. O amor nupcial é freqüentemente profanado pelo egoísmo, pelo hedonismo e pelas práticas ilícitas contra a fecundidade. Além disso, as condições econômicas, psicossociais e políticas do mundo moderno trazem inúmeras perturbações para a família. Em certas regiões da terra o problema demográfico causa enormes preocupações. As consciências sofrem com tudo isso. No entanto, a força e a consistência da instituição matrimonial se manifestam pela resistência que ela continua oferecendo a todas essas dificuldades, apesar das profundas modificações que a vida social sofre. **1469**

1470 Lembrando alguns aspectos da doutrina da Igreja, o Concílio procura esclarecer e confortar os cristãos e todos os seres humanos que se esforçaram para defender e promover a dignidade natural do casamento.

48. A santidade do matrimônio e da família

1471 48. O matrimônio, pelo consentimento recíproco e irrevogável dos cônjuges, funda a comunhão íntima de vida e de amor conjugal, estabelecida pelo Criador e dotada de suas próprias leis. A instituição estável, segundo a lei divina, nasce do ato humano pelo qual os cônjuges se dão e se recebem um ao outro, inclusive diante da sociedade. Uma vez contraído, esse vínculo sagrado não depende mais da vontade humana, em função do bem dos próprios cônjuges e de sua prole. Deus é o autor do matrimônio, de seus bens e de seus fins,[1] que são da maior importância para a continuação do gênero humano, o proveito pessoal e a salvação eterna de cada um dos membros da família, a dignidade, a estabilidade, a paz e a prosperidade da própria família. Enfim, para o conjunto da sociedade e para o gênero humano em geral.

Por sua própria natureza, a instituição matrimonial e o amor conjugal se ordenam à procriação e educação da prole que vem coroá-los. O homem e a mulher, pelo casamento, "já não são dois, mas uma só carne" (Mt 19, 6). Unidos pessoalmente e agindo de comum acordo, prestam-se serviço e auxílio mútuos, experimentam o sentido de sua unidade e vão realizando-a melhor a cada dia. Este íntimo dom recíproco de um ao outro, somado ao bem dos filhos, exige pois, de ambos, total fidelidade e requer a indissolubilidade da união.[2]

1472 O Cristo Senhor abençoou generosamente este amor tão rico, que brota da fonte divina do amor e é apresentado como imagem de sua união com a Igreja. Assim como outrora Deus veio ao encontro de seu povo com uma aliança de amor e de fidelidade,[3] o Salvador dos homens e esposo da Igreja[4] vem agora ao encontro dos cônjuges cristãos com o sacramento do matrimônio. Ele amou a Igreja e se entregou por ela,[5] como os esposos devem se amar e guardar fidelidade perpétua um ao outro.

O legítimo amor conjugal, assumido pelo amor divino, é comandado e enriquecido pela virtude redentora de Cristo e pela ação santificadora da Igreja, para que os cônjuges se encaminhem para Deus e sejam ajudados e

---

[1] Cf. santo Agostinho, *De bono conjugali*: *PL* 40, 375-376 e 394; Tomás de Aquino, *Summa teologica*, suppl. q. 49, a. 3 ad 1m; *Decretum pro Armenis*, Dz 702 (1327); Pio XI, enc. *Casti connubii*: *AAS* 22 (1930) 543-555: Dz 2227-2238 (3703-3714).
[2] Cf. Pio XI, enc. *Casti connubii*: *AAS* 22 (1930) 546-547: Dz 2231 (3706).
[3] Cf. Os 2; Jr 3, 6-13; Ez 16 e 23; Is 54.
[4] Cf. Mt 9, 15; Mc 2, 19-20; Lc 5, 34-35; Jo 3, 29; 2Cor 11, 2; Ef 5, 27; Ap 19, 7-8; 21, 2.9.
[5] Cf. Ef 5, 25.

confortados no desempenho de sua função paterna e materna.⁶ Os cônjuges cristãos são sustentados no exercício dos deveres de seu estado assim como na dignidade que lhes cabe, através de um sacramento específico, uma espécie de consagração,⁷ por cuja virtude, ao cumprirem seu papel conjugal e familiar, imbuídos do espírito de Cristo, que os leva a tudo viver na fé, na esperança e no amor, vão-se aperfeiçoando e mutuamente se santificando, para juntos entrarem na glória de Deus.

O exemplo e a oração familiares mostram, para os filhos e para todos que participam da vida familiar, o caminho da humanidade, da salvação e da santidade. Dignificados pela função paterna e materna, os cônjuges devem cumprir os deveres da educação religiosa, a começar por si mesmos. **1473**

Os filhos, membros vivos da família, contribuem a seu modo para a santificação dos pais. Devem corresponder com gratidão, piedade e confiança ao que recebem dos pais e assisti-los nas dificuldades e, especialmente, na velhice. **1474**

A viuvez, considerada como prolongamento do matrimônio, deve ser por todos reconhecida e honrada.⁸

As famílias compartilhem umas com as outras suas riquezas espirituais. Sendo participação da aliança de amor entre Cristo e a Igreja,⁹ a família cristã deve manifestar ao mundo a presença do Salvador e a verdadeira natureza da Igreja, tanto pelo amor dos cônjuges, como pela fecundidade generosa, pela unidade e pela fidelidade, assim como pela amável cooperação de todos.

49. O amor conjugal

49. Noivos e cônjuges são muitas vezes convidados pela palavra divina a alimentar e fomentar um amor casto durante o noivado e fiel, durante o casamento.¹⁰ **1475**

São muitos aqueles que nos dias de hoje dão grande importância ao verdadeiro amor entre marido e mulher, manifestado de muitos modos, segundo os costumes honestos que variam de acordo com os povos e as épocas.

Esse amor, eminentemente humano, afeição voluntária de um para com o outro, abraça a pessoa na sua totalidade, conferindo especial dignidade e nobreza às expressões de afeto, inclusive corporais, como elementos e sinais da amizade conjugal.

---

⁶ Cf. Conc. Vat. II, const. dogm. *Lumen gentium*: *AAS* 57 (1965) pp. 15-16; 40-41; 47.
⁷ Cf. Pio XI, enc. *Casti connubii*: *AAS* 22 (1930) 583.
⁸ Cf. 1Tm 5, 3.
⁹ Cf. Ef 5, 32.
¹⁰ Cf. Gn 2, 22-24; Pr 5, 18-20; 31, 10-31; Tb 8, 4-8; Ct 1, 1-3; 2, 16; 4, 16-5, 1; 7, 8-11; 1Cor 7, 3-6; Ef 5, 25-33.

Por especial dom da graça e da caridade, o Senhor se dignou sanar, aperfeiçoar e elevar esse amor, que, unindo o humano ao divino, leva os cônjuges ao dom livre e recíproco de si mesmos, comprovado pelas manifestações de afeto e pela maneira de agir de um para com o outro, através de toda a vida.[11] A prática desse amor o faz crescer, ao contrário da simples atração erótica, que se volta egoisticamente para si mesma, e desaparece rápida e miseravelmente.

1476 Esse amor se exprime e se aperfeiçoa através dos atos próprios do matrimônio, em que os cônjuges se unem de maneira casta e íntima. São pois atos honestos e dignos. Quando humanamente exercidos, exprimem e favorecem o dom recíproco, enchendo os cônjuges de alegria e de satisfação.

Ratificado pela fidelidade mútua e sancionado pela força única do sacramento de Cristo, o amor conjugal é capaz de se manter fiel tanto na prosperidade como na dificuldade, afastando as ameaças de adultério e de divórcio.

Desde que se reconheça a igual dignidade pessoal do homem e da mulher, no amor recíproco e total, compreende-se bem de que natureza é a unidade do matrimônio, confirmada pelo Senhor.

A prática constante dos deveres desta vocação cristã exige muita virtude. Os cônjuges recebem muitas graças para levar uma vida santa, mas devem cultivar incessantemente a firmeza no amor e a generosidade no espírito de sacrifício, impetrando-as na oração.

1477 O autêntico amor conjugal será mais valorizado e considerado pela comunidade se os cônjuges cristãos derem testemunho de fidelidade e de harmonia, destacarem-se pelo cuidado com os filhos e atuarem, na medida de suas possibilidades, na renovação cultural, psicológica e social em favor do matrimônio e da família.

Os jovens, o mais cedo possível, especialmente no seio da família, devem ser instruídos a respeito da dignidade, da função e da prática do amor conjugal, para que, na castidade, possam aguardar a idade mais conveniente para se tornarem noivos e se casarem.

50. A fecundidade matrimonial

1478 50. O matrimônio e o amor conjugal, por sua própria índole, são ordenados à procriação e educação da prole. Os filhos são o dom mais importante do matrimônio, fonte da maior felicidade para os pais. Deus disse que "não é bom o homem ficar só" (Gn 2, 18), e, "desde o início os fez homem e mulher" (Mt 19, 4), conferiu-lhes uma participação especial na obra criadora e os abençoou, dizendo: "crescei e multiplicai-vos" (Gn 1, 28).

---

[11] Cf. Pio XI, enc. *Casti connubii*: *AAS* 22 (1930) 547-548; Denz 2232 (3707).

O cultivo do amor conjugal, pois, e toda a estrutura da vida familiar a que dá origem, sem prejuízo dos demais fins do matrimônio, tendem a encorajar os cônjuges a cooperarem com o amor do Criador e do Salvador, que, através deles, faz crescer e progredir sua própria família.

O dever de transmitir a vida e de educar, missão própria dos cônjuges, torna-os cooperadores e intérpretes do amor criador de Deus. No cumprimento de sua função, procurem agir com toda a responsabilidade humana e cristã. Mostrem-se dóceis a Deus, com toda a reverência, consultem-se mutuamente e coloquem em comum os seus esforços, para chegar a uma decisão. Em vista do seu próprio bem e do bem da prole, já nascida ou por nascer, levem em conta as circunstâncias e as condições em que vivem, tanto materiais como espirituais, as exigências da comunidade familiar, da sociedade e da própria Igreja, e, finalmente, tomem sua decisão diante de Deus. 1479

No seu modo de agir os cônjuges cristãos tenham consciência de que devem orientar sua consciência em conformidade com a lei divina e de acordo com o magistério da Igreja, que a interpreta de maneira autêntica.

A lei divina, ao mostrar a significação plena do amor conjugal, constitui a sua garantia e o encaminha para a perfeição, como amor humano. De tal forma que os cônjuges cristãos, confiantes na Providência e cultivando o espírito de sacrifício,[12] ao exercerem a função de procriar com generosa responsabilidade humana e cristã, glorificam ao Criador e se orientam para a perfeição em Cristo.

Entre os cônjuges que cumprem dessa forma a função que lhes foi atribuída pelo Criador, merecem especial menção aqueles que, de acordo com as normas da prudência, decidem juntos, com coragem, ter um número maior de filhos para educar.[13]

Mas o matrimônio não foi instituído apenas para a procriação. A própria índole da união indissolúvel entre as pessoas e o bem da prole exigem que o amor recíproco dos cônjuges seja cultivado, cresça e amadureça. 1480

Portanto, mesmo quando, por mais que se deseje, não se tem filhos, o matrimônio, como regime de vida e de comunhão, guarda todo o valor, assim como sua indissolubilidade.

51. Amor conjugal e vida humana

51. O Concílio sabe que não é fácil hoje em dia para os cônjuges cristãos, organizarem sua vida conjugal. Geralmente as circunstâncias impedem, ao menos por um certo tempo, que se pense em aumentar o número de filhos, 1481

---
[12] Cf. 1Cor 7, 5.
[13] Cf. Pio XII, Discurso *Tra le visite*, 20.1.1958: AAS 50 (1958) p. 91.

criando dificuldades para a fidelidade. Quando a vida reduz a convivência entre os cônjuges, aumentam os riscos de infidelidade e o bem das crianças é ameaçado, com prejuízo da educação e da disposição de ter mais filhos.

1482 Algumas soluções propostas para esses problemas são inaceitáveis. Chega-se a apelar para a eliminação da vida. A Igreja, porém, trabalha com a certeza de que não pode haver contradição entre o estabelecido por Deus sobre a transmissão da vida e o cultivo do verdadeiro amor conjugal.

1483 Deus, Senhor da vida, confiou aos seres humanos o cuidado de conservá-la de maneira digna. A vida deve ser protegida com o máximo cuidado, desde o momento da concepção. O aborto, pois, como o infanticídio, são crimes abomináveis.

A vida sexual e a faculdade de procriação humanas superam admiravelmente todas as outras formas inferiores de vida. Por conseguinte, os atos próprios da vida conjugal, em conformidade com a dignidade humana, devem ser objeto de especial consideração. A moralidade da ação, quando se trata de compor o amor conjugal com a transmissão responsável da vida, não depende unicamente da intenção ou dos motivos de agir, mas também de critérios objetivos, baseados no que a pessoa é e na natureza da ação que executa, respeitando-se sempre as exigências da doação recíproca integral e da procriação humana, no contexto do verdadeiro amor. Nessas circunstâncias, somente uma castidade bem cultivada permite agir corretamente.

No que diz respeito ao controle da natalidade, os filhos da Igreja devem se basear nesses princípios, sabendo que não lhes é lícito adotar soluções afastadas pelo magistério da Igreja, como contrárias à lei divina.[14]

1484 Saibam todos, porém, que a vida humana e a função de transmiti-la não se restringem a este mundo. Não se entendem, pois, nem podem ser reguladas unicamente por critérios mundanos, pois se colocam necessariamente no horizonte da vida eterna a que todos somos chamados.

52. Empenhar-se em favor do matrimônio e da família

1485 52. A família é a escola em que cada um aprende a se tornar humano. Para que possa atingir a plenitude de sua vida e de sua missão é preciso que haja entre os cônjuges uma comunhão de afeto e de maneiras de ver, assim como efetiva cooperação na educação dos filhos.

---

[14] Cf. Pio XI, enc. *Casti connubii*: *AAS* 22 (1930) 559-561: Dz 2239-2241 (3716-3718); Pio XII, *Allocutio Convectui Unionis Italicae inter Obstetrices*, 29.10.1951: *AAS* 43 (1951) 835-854; Paulo VI, *Allocutio ad em. mos Patres Purpuratos*, 23.6.1964: *AAS* 56 (1964) 581-589. Algumas outras questões, que exigem análises mais aprofundadas, ficam a cargo de uma comissão de estudos de população, família e natalidade, por determinação do sumo pontífice, que se reserva o último juízo, depois de realizados os trabalhos. Por isso o Concílio não determina nenhuma posição concreta como sendo do magistério.

A presença do pai é muito valiosa para a formação, mas o cuidado doméstico da mãe, especialmente com as crianças menores, deve ser sempre preservado, sem que se desconheçam as exigências da promoção da mulher.

A educação dos filhos deve permitir que, quando maiores, sejam livres para seguirem uma vocação, inclusive a religiosa, ou eclesiástica, e de escolher seu estado de vida. Casando-se, têm direito de constituir a própria família em condições morais, sociais e econômicas favoráveis.

Os pais ou tutores devem orientar os jovens na fundação de sua família com conselhos que sejam bem acolhidos, evitando, porém, toda coação direta ou indireta que os force ao casamento ou à escolha do cônjuge.

1486 A família constitui o fundamento da sociedade. Nela se reúnem e colaboram diversas gerações, que crescem em sabedoria e aprendem a compatibilizar os direitos das pessoas, com as exigências da vida social.

Todos os que têm influência nas comunidades e nos grupos sociais devem contribuir eficazmente para a promoção do matrimônio e da família.

O poder civil deve considerar sagrada sua função de reconhecer a natureza própria da família, protegê-la e promovê-la, preservando a moralidade pública e favorecendo a prosperidade doméstica.

1487 Os fiéis, resgatando o tempo presente[15] e distinguindo o que é eterno de suas formas mutáveis, sejam promotores diligentes dos bens do matrimônio e da família, tanto pelo testemunho de sua própria vida como pela ação, em conjunto com todos os homens de boa vontade. Vencendo as dificuldades, procurem prover às necessidades da família e obter-lhe todas as facilidades próprias do nosso tempo. Para a consecução desses objetivos contribuem igualmente o senso cristão dos fiéis, a consciência moral dos homens e sua sabedoria, assim como a ciência daqueles que são versados nas disciplinas sagradas.

1488 Os que praticam as ciências biológicas, médicas, sociais e psicológicas podem prestar um grande serviço ao bem do matrimônio e da família e à pacificação das consciências, desde que se esforcem em seus estudos para elucidar o melhor possível as diversas condições favoráveis no que respeita ao controle da natalidade.

1489 Os sacerdotes devem receber a necessária instrução sobre o que diz respeito à família. Coloquem a serviço da vocação dos cônjuges, da vida conjugal e familiar os diversos meios pastorais de que dispõem, como a pregação da palavra de Deus, o culto litúrgico e outros recursos espirituais; procurem encorajá-los nas dificuldades com compreensão e paciência e confortá-los com amor.

---

[15] Cf. Ef 5, 16; Cl 4, 5.

1490   Confirmem na doutrina e assistam na ação os diversos movimentos e associações familiares, de jovens e de casais, especialmente jovens casais, dando apoio à sua vida familiar, social e apostólica.

1491   Finalmente os próprios cônjuges, feitos à imagem do Deus vivo, estejam unidos no afeto, no modo de pensar e na santidade[16] e sigam Cristo, princípio da vida,[17] nas alegrias e nas dificuldades de sua vocação, tornando-se, por seu amor fiel, testemunhas do mistério do amor, que o Senhor revelou ao mundo, pela sua morte e ressurreição.[18]

Capítulo II
O progresso cultural

53. Introdução

1492   53. O ser humano alcança plenamente sua humanidade pelo cultivo dos bens da natureza e dos valores. É a cultura. Natureza e cultura, pois, implicam-se mutuamente, sempre que se trata da vida humana.

1493   Num sentido amplo, a palavra "cultura" indica tudo com que o ser humano desenvolve e aperfeiçoa os seus diferentes dons da alma e do corpo. Procura dominar a terra com seu conhecimento e seu trabalho. Procura tornar mais humana a vida social, tanto familiar como civil, com o progresso dos costumes e das instituições. Finalmente, exprime, comunica e conserva, através de suas obras, suas grandes experiências espirituais e seus desejos de todos os tempos, para o proveito de todo o gênero humano.

1494   Daí o aspecto histórico e social da cultura, que leva a se entender a palavra num sentido sociológico ou etnológico.

Nesse sentido, fala-se de pluralidade de culturas. Das diversas maneiras de utilizar as coisas, de trabalhar e de se exprimir, de prestar culto religioso, de educar, de legislar e de organizar as instituições sociais, de progredir no saber e nas artes e de cultivar o belo, nascem a diversidade nas condições de vida e as várias formas de entender o que é bom para o ser humano. Dessa forma, os usos tradicionais passam a ser patrimônio próprio de cada comunidade humana. Constitui-se assim uma esfera definida e histórica, em que se inserem os seres humanos de qualquer povo ou época e na qual vão haurir as expressões do progresso humano e civil.

---

[16] Cf. *Sacramentarium Gregorianum*; *PL* 78, 262.
[17] Cf. Rm 5, 15.18; 6, 5-11; Gl 2, 20.
[18] Cf. Ef 5, 25-27.

SEÇÃO I

A situação cultural no mundo moderno

54. Novas formas de vida

54. As condições da vida moderna sofreram modificações tão profundas, do ponto de vista social e cultural, que se pode falar de uma nova época histórica.[1] O progresso e a difusão da cultura se fazem por novos caminhos, abertos pelo extraordinário progresso das ciências naturais, humanas e sociais, pelo aperfeiçoamento das técnicas e pelo desenvolvimento dos meios de comunicação. Em conseqüência, a cultura atual se reveste de determinadas características. Dá-se extremo valor às críticas e conclusões das ciências exatas. Os estudos recentes de psicologia analisam mais profundamente os mecanismos da atividade humana. As disciplinas históricas contribuem fortemente para que se considerem as coisas na perspectiva de sua mutabilidade e evolução. Os costumes e os hábitos de vida são cada vez mais uniformes. A industrialização, a urbanização e outros fatores de mesma ordem, que acentuam a interdependência entre as pessoas, criam novas formas de cultura, culturas de massa, como se diz, que dão origem a novos modos de sentir, de agir e de passar o tempo. A intensificação da comunicação entre os diversos povos e grupos sociais torna acessíveis a todos e a cada um o tesouro das diversas formas de cultura, favorecendo uma espécie de cultura universal, que promove e exprime a unidade do gênero humano, na medida em que respeita a particularidade de cada uma das culturas.

1495

55. O ser humano, autor da cultura

55. Cresce a cada dia o número de mulheres e homens, dos mais diversos grupos e nações, que têm consciência de ser criadores e artífices da cultura da comunidade a que pertencem.

1496

Cresce também, cada vez mais, no mundo, o senso de autonomia e de responsabilidade, contribuindo enormemente para a maturidade espiritual e moral do gênero humano.

Isto se torna ainda mais evidente se considerarmos a unificação da humanidade e o dever que nos é imposto de construir um mundo melhor, na verdade e na justiça.

Somos, por isso, testemunhas do nascimento de um novo humanismo, em que o ser humano se define principalmente pela sua responsabilidade para com seus irmãos e para com a história.

---

[1] Cf. *Expositio introductoria* a essa constituição, 4-10 [Deh. 1324-1351].

56. Dificuldades e deveres

1497 56. Nessas condições compreende-se que o ser humano, sentindo-se responsável pelo progresso cultural, alimente uma grande esperança, ao mesmo tempo que se torna ansioso diante das grandes contradições que precisa resolver.

1498 Que fazer para que os contatos cada vez mais intensos entre grupos humanos e nações, que deveriam proporcionar ocasião a um verdadeiro diálogo, tão valioso, não acabem por perturbar a vida das comunidades, esvaziar a sabedoria dos antepassados e destruir a índole própria de cada povo?

1499 Como favorecer o dinamismo e a expansão da nova cultura, sem prejuízo da fidelidade à herança tradicional, especialmente onde a cultura promovida pelo progresso científico e técnico deve se conciliar com as diversas tradições dos estudos clássicos?

1500 Como harmonizar o vertiginoso progresso das disciplinas particulares, com a permanente necessidade de síntese, para alimentar o gosto pela admiração e pela contemplação que levam à sabedoria?

1501 Que fazer para que participem todos dos bens culturais, ao mesmo tempo que a cultura dos especialistas seja cada vez mais profunda e complexa?

1502 Como, enfim, reconhecer a legítima autonomia da cultura, sem cair num humanismo puramente terrestre, mais ainda, adversário da religião?

1503 A cultura progride hoje em meio a todas essas contradições, procurando manter a integridade da pessoa e ajudar os humanos todos, especialmente os fiéis, chamados a cumprir seus deveres, unidos fraternalmente na unidade da família humana.

SEÇÃO II

A promoção da cultura: alguns princípios

57. Fé e cultura

1504 57. Peregrinos do céu, os fiéis devem buscar e saborear as coisas do alto,[2] o que, porém, não diminui em nada, pelo contrário, aumenta a importância

---

[2] Cf. Cl 3, 1-2.

de seu dever de colaborar com todos os demais seres humanos, na construção desse mundo. A fé cristã os empenha e ajuda no perfeito cumprimento deste dever, principalmente manifestando-lhe o sentido último, que permite integrar a cultura no conjunto da vocação humana.

Ao cultivar a terra com o trabalho de suas mãos e com o auxílio da técnica, para que dê frutos e abrigue dignamente toda a família humana, e ao participar da vida social, o ser humano está cumprindo a vontade de Deus manifestada na criação, de que sujeite a terra[3] e aperfeiçoe o mundo criado e a si mesmo, ao mesmo tempo que cumpre o grande mandamento de Cristo de se colocar a serviço dos irmãos. **1505**

Também o estudo da filosofia, da matemática, das ciências naturais ou de outras disciplinas, assim como a prática das artes, contribuem para aproximar a família humana da verdade, do bem e do belo, levá-la a apreciar o valor do universo, e iluminá-la com a luz da sabedoria, que está eternamente junto de Deus, tudo fazendo com ele, brincando na superfície da terra e se deliciando com a humanidade.[4] **1506**

Desta forma, o ser humano vai-se libertando da servidão das coisas e progredindo no conhecimento e na contemplação do Criador. Sob o impulso da graça, prepara-se para o reconhecimento do Verbo, que se fez carne, a fim de tudo salvar e recapitular em si mesmo, tendo vindo ao mundo como "luz verdadeira, que ilumina todos os homens" (Jo 1, 19).[5] **1507**

O progresso das ciências, das artes e das técnicas, incapaz de atingir, em virtude do método que emprega, as razões do ser, pode vir a favorecer um certo fenomenismo e, até mesmo, alimentar um certo agnosticismo, se vier a achar que seu método é a regra suprema do conhecimento a que temos acesso. Há o perigo de se confiar demais nas descobertas modernas, julgar-se o ser humano auto-suficiente e renunciar a qualquer busca ulterior. **1508**

São riscos que corre a cultura moderna, mas que não impedem de lhe reconhecer valores positivos. Como, por exemplo, a dedicação ao saber e o rigor das pesquisas científicas; a necessidade de colaboração entre as diversas especialidades e o senso da solidariedade internacional; a consciência cada vez mais viva da responsabilidade dos especialistas para com a parcela da humanidade que precisa de auxílio e de proteção; o desejo de melhorar as **1509**

---

[3] Cf. Gn 1, 28.
[4] Cf. Pr 8, 30-31.
[5] Cf. santo Irineu, *Adv. Haer.* III, 11, 8: ed. Sagnard, p. 200; ib. IX, 16, 6: pp. 290-292; 21, 10-22: pp. 370-372; III, 22, 3: p. 378 etc.

condições de vida de todos, especialmente dos que sofrem a pobreza e estão privados de responsabilidades. Tudo isso deve-se considerar preparação ao Evangelho, capaz de ser animada pela caridade divina, graças Àquele que veio salvar o mundo.

58. Relações entre o Evangelho de Cristo e a cultura

1510   Há muitas relações entre o Evangelho e a cultura. Revelando-se a seu povo, Deus falou de acordo com a cultura de cada época, até a sua plena manifestação no Filho encarnado.

1511   Vivendo em condições diversas através dos tempos, a Igreja também utilizou elementos de diversas culturas para difundir e manifestar o Evangelho de Cristo, pregá-lo a todos os povos, melhor compreendê-lo e mais profundamente exprimi-lo, nas variadas formas da vida dos fiéis, através das celebrações litúrgicas.

1512   Enviada aos povos todos, de todas as idades e latitudes, a Igreja não está ligada exclusiva e necessariamente a nenhuma raça ou nação, a nenhum sistema particular de costumes, nem a nenhuma tradição nova ou antiga. Aderindo à sua própria tradição e, ao mesmo tempo, consciente de sua missão universal, quer entrar em comunhão com todas as formas de cultura, para enriquecimento recíproco, tanto da Igreja, como das culturas.

1513   A boa-nova de Cristo renova incessantemente a vida e a cultura do ser humano sujeito ao pecado. Combate e anula os erros e os males provenientes da ameaça constante do pecado. Purifica e eleva os costumes dos povos. Fecunda, fortifica, completa e restaura em Cristo,[6] com os bens do alto e como que do interior, as qualidades e os dotes espirituais de todos os povos e idades. Dessa forma, no cumprimento de seu próprio papel,[7] a Igreja contribui e favorece a cultura humana e civil, conduzindo o homem à liberdade interior, inclusive pela liturgia.

59. A harmonia entre os diversos aspectos da cultura

1514   59. Baseada nesses princípios, a Igreja lembra a todos que a cultura está a serviço da integridade da pessoa, do bem da comunidade e de toda a socie-

---

[6.] Cf. Ef 1, 10.
[7] Cf. palavras de Pio XI ao sr. Roland-Gosselin: "Não se pode esquecer nunca que o objetivo da Igreja é evangelizar, não civilizar. Quando civiliza, o faz evangelizando." (Semaine Sociale de Versailles, 1936, p. 461-462.)

dade. Deve-se pois cultivar o espírito pelo desenvolvimento da capacidade de admiração e da percepção interior, da contemplação e da elaboração de um juízo pessoal, do sentido religioso, moral e social.

Decorrência imediata da natureza humana, racional e social, a cultura requer sempre uma justa liberdade para se exprimir e uma legítima autonomia, segundo seus próprios princípios. Requer respeito e goza de certa imunidade, de acordo com os direitos da pessoa e da comunidade, tanto particular como universal, dentro dos limites do bem comum. **1515**

Recordando o que foi dito pelo Concílio Vaticano I, "há duas ordens de conhecimento", distintas entre si, a da fé e a da razão. Nada impede que a Igreja "use no seu âmbito próprio os princípios e os métodos das artes e disciplinas da cultura humana", porém sem que deixe de lhes reconhecer "uma justa liberdade", afirmando, pois, a legítima autonomia da cultura humana, especialmente das ciências.[8] **1516**

Para tanto é preciso que se respeitem as exigências da ordem moral e da utilidade comum, que haja liberdade de pesquisa e de opinião, que se possa divulgar e cultivar toda espécie de expressão artística, a começar pela informação objetiva sobre tudo que acontece.[9] **1517**

Não compete à autoridade pública determinar a forma das expressões culturais, mas criar condições de apoio às atividades culturais, inclusive das minorias.[10] É importante insistir que a cultura não seja desviada de seu fim, e colocada a serviço do poder político ou econômico. **1518**

SEÇÃO III

Deveres urgentes dos cristãos para com a cultura

60. O direito universal à cultura

60. Nos dias de hoje há possibilidade real de libertar a muitos da miséria da ignorância. É, pois, dever de todos, especialmente dos cristãos, trabalhar com afinco para que tanto na economia como na política, em âmbito nacional **1519**

---

[8] Cf. Vat. I, const. *Dei Filius*, c. IV: DZ-Sch 3015.3019; Pio XI, enc. *Quadragesimo anno*: *AAS* 23 (1931) 190.
[9] Cf. João XXIII, *Pacem in terris*: *AAS* 55 (1963) p. 260.
[10] Cf. João XXIII, *Pacem in terris*: *AAS* 55 (1963) p. 283; Pio XII, Mensagem radiofônica de 24.12.1941: *AAS* 34 (1941) 16-17.

e internacional, afirmem-se os princípios fundamentais do reconhecimento do direito de acesso efetivo de todos à cultura humana e civil, de conformidade com a dignidade das pessoas e sem discriminação de raça, sexo, nação, religião ou condição social.

Todos devem ter acesso aos bens culturais fundamentais, para que o analfabetismo e a impossibilidade do exercício de uma atividade responsável não os privem de participar da vida humana e de cooperar para o bem comum.

1520 Lute-se para que as pessoas mais capazes tenham acesso aos estudos superiores, de tal forma que, na medida do possível, participem das funções, deveres e serviços da comunidade, de acordo com suas habilidades e especialidades.[11] Toda pessoa ou grupo social, de qualquer povo que seja, terá assim a possibilidade de alcançar a plenitude da vida cultural e exprimir adequadamente seus dotes e suas tradições.

1521 Trabalhe-se igualmente com empenho para que todos tomem consciência do direito à cultura e do dever de se cultivar e também de ajudar os outros a se cultivarem. Há situações de vida e de trabalho que constituem obstáculo à cultura e até a destroem. É o que acontece especialmente com os agricultores e com os operários, cujas condições de trabalho não devem impedir, mas favorecer o seu desenvolvimento cultural.

As mulheres já trabalham em quase todos os setores de atividade. Assumam, entretanto, plenamente, em primeiro lugar, as tarefas que lhes convêm. Todos devem reconhecer e promover a participação indispensável e específica da mulher na vida cultural.

61. A educação

1522 61. É difícil fazer hoje a síntese dos conhecimentos e das artes. O número e a diversidade dos dados que interessam à cultura só fazem aumentar, ao mesmo tempo que diminui a possibilidade de um só homem captar e compor organicamente todos os elementos do saber. O "espírito universal" torna-se cada dia mais raro. Mas é preciso que todos se dêem conta pelo menos da originalidade da pessoa, em que brilham os valores da inteligência, da vontade, da consciência e da fraternidade, que têm sua raiz em Deus Criador e em Cristo, que os sanou e os elevou.

1523 É na família que se aprendem e se fortalecem esses valores. A atmosfera de amor faz com que os filhos sejam naturalmente iniciados na cultura, cujos valores se transmitem ao jovem em crescimento, contribuindo para sua educação.

---

[11] Cf. João XXIII, *Pacem in terris*: *AAS* 55 (1963) p. 260.

Na sociedade moderna multiplicaram-se as possibilidades de educação, especialmente pela difusão da imprensa e dos outros meios de comunicação cultural e social. Pode-se hoje pensar numa cultura para todos. A redução do tempo de trabalho facilita a vida de um número cada vez maior de pessoas. Generaliza-se a prática do lazer, que descansa e contribui para a saúde do corpo e do espírito. Difundem-se as atividades e os estudos nos tempos livres. Viagens freqüentes aprimoram os conhecimentos das pessoas e estabelecem laços de comunicação entre os diversos povos. O esporte, como prática e como espetáculo, ajuda no equilíbrio das pessoas e das comunidades, criando relações fraternas entre mulheres e homens das mais diversas condições sociais, países e raças. 1524

Contribuam os cristãos para que tanto as manifestações coletivas, como todas as expressões da cultura, estejam imbuídas do melhor espírito humano e cristão. 1525

Mas todas essas facilidades pouco adiantam se não se leva em conta o sentido profundo que têm, para a pessoa, a educação e a cultura.

62. Harmonia entre cultura e pensamento cristão

62. Embora a Igreja tenha contribuído enormemente para o progresso da cultura, a experiência mostra que nas condições em que se vive não é fácil manter a harmonia entre cultura e pensamento cristão. 1526

Essas dificuldades não prejudicam necessariamente a vida da fé; pelo contrário, podem até despertar para uma compreensão mais perfeita e mais profunda da própria fé. O desenvolvimento das ciências, os estudos mais recentes de história e de filosofia e as novas invenções suscitam questões que transformam a vida e colocam novos problemas para a teologia. Sem abdicar das exigências e dos métodos próprios de sua disciplina, os teólogos enfrentam o desafio de buscar modos de expressão que comuniquem a doutrina de forma melhor adaptada aos nossos tempos. Uma coisa é o depósito da fé, a verdade, outra a maneira como vem expresso, dentro da fidelidade ao mesmo sentido e ao mesmo conteúdo.[12] Na pastoral, além dos princípios teológicos, são de grande utilidade as descobertas científicas, em particular da psicologia e da sociologia, que muito contribuem para a maturidade e pureza da fé. 1527

As letras e as artes têm também grande importância para a Igreja. O homem procura naturalmente solução para os problemas levantados pela experiência de si mesmo e do mundo, quer esclarecer sua situação na história e no conjunto do universo, manifestar as misérias e as alegrias, as necessidades e o potencial da humanidade, tentando concretizar suas esperanças. Ressalta quanto é 1528

---

[12] Cf. João XXIII, Discurso de 11.10.1962, na abertura do Concílio: *AAS* 54 (1962) p. 792.

valiosa a vida humana, sob todos os aspectos, de acordo com as expressões próprias de cada época e cada região.

1529   Procure-se então fazer com que os artistas sejam reconhecidos na Igreja, respeitando-lhes a liberdade e estabelecendo com eles laços mais estreitos, na comunidade dos fiéis. Esteja-se aberto às novas formas de arte, segundo a natureza das diversas nações e regiões. Adotem-se, inclusive nas celebrações, as artes que levam a pensar em Deus e estão de acordo com o modo de ser e de se exprimir da liturgia.[13]

1530   Dessa forma, o conhecimento de Deus se torna mais amplo e a pregação evangélica mais clara, oferecendo-se como resposta natural às interrogações humanas.

1531   Os fiéis devem viver muito próximos dos homens e das mulheres do seu tempo, comungando com o seu modo de pensar e de sentir, de acordo com sua cultura. Procurem articular com os costumes, doutrinas e instituições cristãs, o saber e as novas invenções da ciência, para que a cultura religiosa e a honestidade intelectual dos fiéis sigam os mesmos passos do conhecimento, do progresso científico, técnico e artístico, autorizando-os a falar de tudo, numa perspectiva verdadeiramente cristã.

1532   Os que se dedicam aos estudos de teologia nos seminários e nas universidades, procurem colaborar com os cientistas, estabelecendo vias de cooperação e de recíproco entendimento. A pesquisa teológica, ao mesmo tempo que visa ao conhecimento profundo da verdade revelada, não pode perder o contato com a atualidade, inclusive para facilitar o acesso à fé dos estudiosos de todas as outras disciplinas.

Essa colaboração é muito útil à formação dos ministros sagrados, que estarão, assim, melhor preparados para expor aos nossos contemporâneos a doutrina da Igreja a respeito de Deus, do ser humano e do mundo.[14]

Seria desejável até que alguns leigos cultivassem as disciplinas sagradas, com todo o rigor científico. Para que os fiéis, clérigos e leigos possam exercer sua função devem além disso gozar da mais ampla liberdade de pesquisa, pensamento e opinião nas suas respectivas especialidades.[15]

---

[13] Cf. Conc. Vat. II, const. dogm. *Sacrosanctum Concilium*, 123: *AAS* 56 (1964) p. 131; Paulo VI, *Discorso agli artisti romani*, 7.5.1964: *AAS* 56 (1964) pp. 439-442.
[14] Cf. Conc. Vat. II, decr. *Optatam totius*, e decl. *Gravissimus educationis*.
[15] Cf. Conc. Vat. II, const. dogm. *Lumen gentium*, cap. IV, 37: *AAS* 57 (1965) pp. 42-43.

Capítulo III
A vida econômica e social

63. Aspectos a considerar

63. Para o bem da sociedade, deve-se respeitar e promover a dignidade **1533** da pessoa, na integridade de sua vocação, também nas esferas econômica e social, pois o ser humano é o autor, o centro e o fim de toda a vida econômico-social.

Como nas demais esferas da vida social, a economia se caracteriza hoje por **1534** um domínio cada vez maior do ser humano sobre a natureza, pela intensificação e aprofundamento das relações de mútua dependência entre os cidadãos, os grupos humanos e os povos, bem como pelas freqüentes intervenções do poder político. Mas, ao mesmo tempo, o desenvolvimento da produção e do intercâmbio de bens e de serviços tornaram a economia instrumento capaz de satisfazer às sempre crescentes necessidades da família humana.

Mas há inúmeras razões de preocupação. Muitos, especialmente nas regiões **1535** mais desenvolvidas, tanto nos países socialistas como nos outros, orientam-se unicamente por motivos de ordem econômica, e sua vida inteira, pessoal e social, inspira-se unicamente na busca de vantagens materiais.

Num momento em que o desenvolvimento econômico teria condições de se fazer de maneira racional e humana, com a progressiva diminuição das desigualdades sociais, estas estão se tornando, pelo contrário, cada vez mais graves, com a deterioração econômica dos mais fracos e o desprezo pelos pobres.

Para uma enorme e crescente multidão, falta o absolutamente necessário, enquanto alguns, mesmo em regiões pobres, vivem na maior opulência, dissipando riquezas. O luxo e a miséria convivem lado a lado. O poder de decisão está concentrado nas mãos de uma minoria, enquanto a maioria carece até da possibilidade de tomar qualquer iniciativa ou de assumir responsabilidades, vivendo e trabalhando em condições indignas do ser humano.

Desequilíbrios econômicos e sociais dessa natureza verificam-se tanto entre **1536** os diversos setores, agricultura, indústria e serviços, como entre as regiões diversas de uma mesma nação ou Estado. Torna-se cada dia maior o fosso entre as nações ricas e os outros países, o que pode se tornar uma ameaça à paz.

Aumenta a cada dia a consciência de tais disparidades, na medida em que **1537** se generaliza a convicção de que o aperfeiçoamento técnico e a abundância dos recursos econômicos, característicos do mundo moderno, podem e devem corrigir esta situação.

Mas são necessárias profundas reformas da vida econômica e social, assim como uma verdadeira conversão e uma radical mudança de comportamento por parte de todos.

Nesse sentido, através dos séculos, à luz do Evangelho, a Igreja elaborou princípios racionais de justiça e de eqüidade que devem reger a vida individual, social e internacional. Nos dias de hoje tem insistido na sua importância. O Concílio os quer enfatizar, dando algumas orientações adaptadas às atuais circunstâncias, tendo em vista, em primeiro lugar, as exigências do progresso econômico.[1]

SEÇÃO I

O desenvolvimento econômico

64. Desenvolvimento a serviço do homem

1538 64. O crescimento demográfico e a exigência de satisfazer às crescentes necessidades humanas tornam mais importante do que nunca o esforço para aumentar a produção agrícola, fazer crescer a industrial e desenvolver os serviços.

Em nome do desenvolvimento, é preciso favorecer o progresso técnico, o espírito de inovação, que cria e amplia iniciativas, o aperfeiçoamento dos métodos e o empenho de todos que trabalham na produção.

Produzir, porém, não quer dizer principalmente aumentar a quantidade de produtos, o lucro ou o domínio sobre a natureza, mas ter em vista as necessidades humanas na sua integralidade, compreendendo as materiais e as de sua vida intelectual, moral, espiritual e religiosa.

Entende-se por ser humano todos os homens e todos os grupos humanos de todas as raças e regiões do globo. A atividade econômica, de acordo com seus próprios métodos e leis, deve ser exercida na perspectiva da ordem moral,[2] para cumprir o desígnio de Deus sobre a humanidade.[3]

65. Desenvolvimento, mas sob o controle humano

1539 65. O desenvolvimento deve estar sob o controle humano. Não apenas de alguns, pessoas ou grupos, que desfrutam de imenso poder econômico, da comunidade política ou de algumas nações todo-poderosas. É indispensável

---

[1] Cf. Pio XII, *Nuntius* 23.3.1952: *AAS* 44 (1952) 273; João XXIII, *Allocutio ad A.C.L.I* 1.5.1959: *AAS* 51 (1959) 358.
[2] Cf. Pio XI, *Quadragesimo anno*: *AAS* 23 (1931) 190ss. Pio XII, *Nuntius* 23.3.1952: *AAS* 44 (1952) 276ss. João XXIII, *Mater et magistra*: *AAS* 53 (1961) 450; Conc. Vat. II, decr. *Inter mirifica*, cap. I, 6: *AAS* 56 (1964) p. 147.
[3] Cf. Mt 16, 26; Cl 2, 17.

que, em todos os níveis, o maior número possível de pessoas e, em nível internacional, todas as nações, participem ativamente da responsabilidade econômica pelo planeta.

É igualmente indispensável que as livres-iniciativas de cada um e de cada grupo humano se articulem com os esforços das autoridades públicas, numa coordenação cada vez mais perfeita.

O crescimento não pode ser deixado aos simples mecanismos da vida econômica, nem ficar inteiramente na mão das autoridades públicas. São erradas as doutrinas que, sob alegação de falsa liberdade, opõem-se às reformas. Também erradas aquelas que, desprezando os direitos fundamentais das pessoas, dos grupos humanos, tudo sujeitam à organização coletiva da produção.[4] 1540

Lembrem-se os cidadãos de que é direito e dever seu, a ser reconhecido pelo poder civil, promover, na medida do possível, o desenvolvimento da comunidade. Nas regiões menos desenvolvidas, onde se tem urgência de utilizar todo os recursos disponíveis, pecam gravemente contra o bem comum aqueles que, salvo em caso de migração, mantêm inutilizados os recursos de que dispõem, privando sua comunidade dos bens materiais e espirituais de que necessita. 1541

66. Combate às enormes desigualdades econômicas

66. Atendendo às exigências da justiça e da eqüidade, deve-se fazer o maior esforço possível, respeitados os direitos das pessoas e a índole própria de cada povo, para eliminar as desigualdades econômicas e a conseqüente discriminação de indivíduos e grupos, que crescem nos dias de hoje. 1542

No campo, em diversas regiões, em virtude de especiais dificuldades de produção e comercialização, os camponeses devem ser ajudados a produzir mais e a vender sua produção, tendo acesso às inovações modernas e a remuneração condigna, deixando de ser considerados cidadãos de uma segunda categoria, como acontece com freqüência. Por outro lado, é indispensável à melhoria da agricultura que os agricultores, especialmente os jovens, procurem se aperfeiçoar profissionalmente.[5]

A justiça e a eqüidade exigem igualmente que a mobilidade, necessária ao progresso econômico, não torne incerta e precária a vida das pessoas e de suas famílias. Os trabalhadores estrangeiros ou migrantes, cuja atividade contribui 1543

[4.] Cf. Leão XIII, enc. *Libertas praestantissimum*, 20.6.1888: *ASS* 20 (1887-1888) 597ss. Pio XI, *Quadragesimo anno*: *AAS* 23 (1931) 191ss. Id. *Divini Redemptoris*: *AAS* 29 (2937) 65ss. Pio XII, *Mensagem natalícia* 1941: *AAS* 34 (1942) 10ss. João XXIII, *Mater et magistra*: *AAS* 53 (1961) 401-464.

[5] Cf. Especialmente João XXIII, *Mater et magistra*: *AAS* 53 (1961) 431ss.

para o crescimento econômico da nação ou região que os recebe, não devem ser discriminados no que diz respeito nem à natureza do trabalho, nem quanto à remuneração. Ninguém, a começar pelos poderes públicos, deve tratá-los como simples instrumentos de produção, mas como pessoas; deve-se ajudá-los para que possam acolher suas famílias, dispor de moradia decente e se integrar na vida social do povo e da região que os recebe. Embora, na verdade, seria preferível que cada um encontrasse trabalho em sua própria região de origem.

1544 Nas economias em fase de transformação, como nas novas sociedades industriais que se informatizam, deve-se cuidar para que todos tenham trabalho e oportunidades para se reciclarem profissional e tecnicamente, providenciando-se proteção para todos aqueles que, por idade ou doença, passam necessidade.

SEÇÃO II
Princípios gerais da vida econômico-social

67. O trabalho e o tempo livre

1545 67. O trabalho humano para a produção e distribuição de bens ou na prestação de serviços é o que há de mais importante na economia. Tudo mais são simples instrumentos.

1546 Tanto autônomo como assalariado, o trabalho procede diretamente da pessoa, que imprime sua marca nas coisas e as sujeita à sua atividade. Normalmente, o trabalho é a fonte de sustento do trabalhador e de sua família, mas é também um meio de colaborar com seus iguais, exercer a caridade e aperfeiçoar o mundo criado por Deus. Além disso, pelo trabalho oferecido a Deus, o ser humano se associa à obra redentora de Jesus Cristo, que, trabalhando manualmente em Nazaré, conferiu especial dignidade ao trabalho.

Nisto se baseiam o dever e o direito ao trabalho. Compete à sociedade, concretamente, ajudar os cidadãos a encontrar trabalho. Por sua vez, a remuneração do trabalho deve permitir que se leve dignamente a vida material, social, cultural e espiritual, de acordo com a função e a produtividade de cada um, com as condições da empresa e com o bem comum.[6]

[6.] Cf. Leão XIII, *Rerum novarum*: *ASS* 23 (1890-1891) 649-662; Pio XI, *Quadragesimo anno*: *AAS* 23 (1931) 200-201; id. *Divini Redemptoris*: *AAS* 29 (2937) 92; Pio XII, *Nuntius radiophonicus in pervigilio Natalis Domini* 1942: *AAS* 35 (1943) 20; id. *Allocutio* 13.6.1943: *AAS* 35 (1943) 172; id. *Nuntius radiophonicus operariis Hispaniae datus*, 11.3.1951: *AAS* 43 (1951) 215; João XXIII, *Mater et magistra*: *AAS* 53 (1961) 419.

Como a atividade econômica, freqüentemente, associa a pessoa à produção, **1547**
é iníquo e desumano organizá-la em detrimento dos trabalhadores, escravizando-os praticamente ao que produzem. Nenhuma lei econômica o justifica. Todo processo de produção precisa estar sujeito às necessidades da pessoa e se amoldar às suas razões de viver, a começar pela vida familiar, levando-se em conta a idade e o sexo. É sobretudo importante considerar à parte o caso das mulheres e das mães de família.

Os trabalhadores devem ter oportunidade de desenvolver seus dotes pessoais no próprio trabalho. Podem, assim, aplicar ao trabalho seu tempo e suas forças, com a devida responsabilidade, sem prejuízo do tempo de lazer necessário para que se dediquem à vida familiar, cultural, social e religiosa. Além disso, devem ter oportunidade de desenvolver livremente suas forças e capacidades novas fora do mundo do trabalho.

68. Participação na empresa e na economia. Os conflitos trabalhistas

68. A empresa é uma associação de pessoas livres e autônomas, criadas **1548**
à imagem de Deus. De acordo, pois, com a função de cada um – proprietários, diretores, gerentes ou trabalhadores –, salva a necessária unidade de direção, deve-se promover a participação ordenada de todos nas iniciativas a serem tomadas.[7]

Como entretanto, na maioria das vezes, as decisões econômicas e sociais das quais depende a situação dos trabalhadores e de suas famílias não são tomadas na empresa, mas em nível muito mais alto, eles têm também o direito de participar destas decisões, diretamente ou através de seus delegados.

O direito dos trabalhadores de criar livremente suas organizações é um dos **1549**
direitos fundamentais da pessoa. Quando essas organizações os representam de fato, contribuem enormemente para corrigir defeitos da economia, e devem poder agir livremente, sem risco de represálias.

Esta participação, juntamente com a progressiva formação social e econômica, fará aumentar nos trabalhadores a consciência de seu papel e de suas responsabilidades, de acordo com as possibilidades de cada um, na busca do desenvolvimento econômico e social, e do seu dever de se comportar como associados na promoção do bem comum do universo.

[7.] Cf. João XXIII, enc. *Mater et magistra*: *AAS* 53 (1961) 408, 424, 427; as palavras "a serem tomadas" são tiradas do texto da enc. *Quadragesimo anno*: *AAS* 23 (1931) 199. Sobre a evolução da questão, cf. Pio XII, *Discurso* de 3.6.1950: *AAS* 42 (1940) 484-488; Paulo VI, *Discurso* de 8.6.1964: *AAS* 56 (1964) 574-579.

1550 Quando surgem conflitos econômicos e sociais, deve-se procurar uma solução pacífica. Comece-se sempre por negociar entre as partes, de maneira sincera. A greve deve ser reconhecida como um direito de defesa dos trabalhadores, a que podem recorrer em último caso, voltando, porém, o quanto antes à negociação.

69. Destinação universal dos bens da terra

1551 69. Deus destinou a terra a todas as pessoas e povos, para que aproveite a todos, segundo a justiça, acompanhada da caridade.[8]

Independentemente das instituições legítimas de cada povo e das circunstâncias variáveis de tempo e lugar, todas as formas de propriedade estão subordinadas a esse princípio de destinação universal dos bens da terra. Por conseguinte, os que usam desses bens não os podem considerar simplesmente como seus, mas como bens comuns, que devem aproveitar a todos,[9] embora cada um tenha direito ao que lhe é suficiente para viver com sua família.

Assim o ensinaram os padres e doutores da Igreja, fundamentando tanto a obrigação de vir em socorro dos pobres, mesmo com o que não é supérfluo,[10] como o direito de recorrer ao que é dos outros[11] quando alguém se encontra em estado de extrema necessidade.

Em face da fome no mundo, o Concílio relembra a todos, indivíduos e autoridades, a doutrina dos padres: "Alimente quem tem fome, para que

---

[8] Cf. Pio XII, enc. *Sertum laetitiae*: *AAS* 31 (1939) p. 642; João XXIII, *Aloc. consist.*: *AAS* 52 (1960) pp. 5-11; enc. *Mater et magistra*: *AAS* 53 (1961) 411.
[9] Cf. Tomás de Aquino, *Summa theol.* II-II, q. 32, a. 5, ad 2; ibid. q. 66, a. 2: cf. a explicação de Leão XIII na enc. *Rerum novarum*: *ASS* 23 (1890-1891) 651; cf. também Pio XII, *Allocutio* 1.6.1941: *AAS* 33 (1941) p. 199: *Nuntius radiophonicus 1954*: AAS 47 (1955) p. 27.
[10] Cf. são Basílio, *Hom. in illud. Lucae*: "*Destruam horrea mea*": *PG* 31, 263; Lactâncio, *Divinarum instutionorum*, l. V, sobre a justiça: *PL* 6, 565B; santo Agostinho, *In Ioann.*, tr. 50, n. 6: *PL* 35, 1760; id. *Enarratio in Ps.*, CXLVII, 12: *PL* 37, 1922; são Gregório Magno, *Homiliae in Ev.*, 20, 12: *PL* 76, 1165; id. *Regulae Pastoralis liber*, parte III, c. 21: *PL* 77, 87; são Boaventura, *In III Sent.* d. 33, dub. 1: ed. Quaracchi III, 728; id. *In IV Sent.* d. 15, p. II, a. 2, q. 1: ib. IV, 371b; *Quaest. de superfluo: ms. Assisi, Bibl. comum.*, 186, ff. 112ª, 113ª; santo Alberto Magno, *In III Sent.* d. 33, a. 3, sol 1: ed. Borgnet XXVIII, 611; id. *In IV Sent.* d. 15, a. 16: ib. XXIX, 494-497. Quanto à determinação do supérfluo para os nossos tempos: cf. João XXIII, *Nuntius radiotelevisificus*, 11.9.1962: AAS 54 (1962) 682: "Dever de todo ser humano, dever impositivo ao cristão é de considerar supérfluo tudo aquilo que não é necessário ao outro e de exercer constante vigilância para que a administração e a distribuição dos bens criados se faça em favor de todos".
[11] Aqui se aplica o antigo princípio: "em caso de extrema necessidade, tudo é comum, isto é, tudo deve ser compartilhado". No que diz respeito à forma, extensão e modo de aplicar esse princípio, cf. santo Tomás de Aquino, *Summa theol.* II-II, q. 66, a. 7. É claro que para a correta aplicação do princípio devem-se respeitar todas a normas morais.

você não seja culpado de sua morte."[12] Dentro da possibilidade de cada um, que os bens possuídos sejam realmente comunicados e empenhados, principalmente em favor das pessoas e dos povos que podem se desenvolver com esse auxílio.

Nas sociedades economicamente menos desenvolvidas, a destinação comum dos bens obedece a costumes e tradições que asseguram o necessário a todos. Mas deve-se evitar que estas tradições se considerem imutáveis quando deixam de corresponder às atuais exigências. Mesmo costumes perfeitamente honestos e extremamente úteis devem se adaptar às circunstâncias. 1552

Da mesma forma, nas nações economicamente desenvolvidas, o conjunto de instituições sociais de previdência e seguridade social pode contribuir substancialmente para a efetivação do princípio da destinação universal dos bens. Além disso, devem-se desenvolver os serviços familiares e sociais, especialmente de educação e cultura. Mas em todas essas iniciativas procure-se evitar que os cidadãos, movidos pela inércia, deixem de cumprir seu dever ou se recusem a trabalhar.

70. Investimentos de capital e problemas monetários

70. Os investimentos devem, como tais, criar ocasiões de trabalho e oferecer um rendimento suficiente aos investidores, no presente e no futuro. Todos os que intervêm no mercado financeiro — pessoas, sociedades e autoridades públicas — tenham presentes estes fins e saibam estar obrigados a persegui-los, cuidando, por um lado, de proporcionar uma vida decente a cada um e a todos, na comunidade, e, por outro, de prever o futuro de maneira a estabelecer um equilíbrio entre as atuais necessidades do consumo, pessoal e coletivo, e as exigências de prover às gerações futuras. 1553

Considerem igualmente as necessidades urgentes das nações ou das regiões menos desenvolvidas.

No que diz respeito às transações monetárias, respeitem o bem da nação e dos outros países, procurando evitar que a inflação imponha sacrifícios injustos aos mais fracos.

71. O acesso de todos à propriedade e os latifúndios

71. A propriedade e a posse de bens exteriores são expressões da pessoa, permitindo-lhe exercer seu papel na sociedade e na economia. Daí a importância de todos, pessoas e comunidades, terem acesso à propriedade. 1554

[12.] Cf. *Gratiani decretum*, c. 21, dist. LXXXVI: ed. Friedberg, I, 302, afirmação que já se encontra em *PL* 54, 491 e *PL* 56, 1132B. Cf. revista *Antonianum* 27 (1952) pp. 349-366.

1555   A propriedade privada e o domínio sobre as coisas criam um espaço necessário à autonomia pessoal e familiar e devem ser considerados como uma extensão da liberdade. Estimulam o exercício dos deveres e dos direitos e consolidam as liberdades civis.[13]

1556   As formas de domínio ou de propriedade são inúmeras e se diversificam cada dia mais. Em todas as circunstâncias, porém, os fundos sociais, os direitos e os serviços garantidos pela sociedade constituem uma segurança que não pode ser desprezada. Falamos aqui não apenas de propriedades materiais, mas também dos bens imateriais, possuídos pelos profissionais.

1557   O direito privado de domínio não contraria as diversas formas de propriedade pública. A desapropriação só pode ser feita pela autoridade competente, em função das exigências do bem comum, e mediante congruente compensação. Compete igualmente à autoridade evitar que se abuse do direito de propriedade, em detrimento do bem comum.[14]

1558   A propriedade privada tem uma função social, baseada no princípio da destinação comum de todos os bens.[15] Quando não se reconhece a devida importância a esta sua função social, a propriedade se torna ocasião de cupidez e desordem, dando razão àqueles que a combatem.

1559   Em muitas regiões subdesenvolvidas, há enormes latifúndios mal explorados ou completamente abandonados por razões especulativas, enquanto, por outro lado, a maioria da população carece de terra, ou só dispõe de propriedades mínimas. Urge a necessidade de aumentar a produção agrícola.

Nessas circunstâncias, em geral, os trabalhadores ou arrendatários recebem uma remuneração indigna, moram em péssimas condições e dependem de intermediários. Carentes de toda segurança, vivem praticamente em regime de escravidão, quase sem nenhuma liberdade nem responsabilidade, excluídos completamente da participação na vida social e política.

Impõem-se, então, nesses casos, profundas reformas, para que cresça a renda, corrija-se a situação dos trabalhadores, aumente a segurança de todos, incentive-se a atividade agrícola e distribuam-se as terras incultas, a fim de que

---

[13] Cf. Leão XIII, enc. *Rerum novarum*: *ASS* 23 (1890-91) 643-646; Pio XI, enc *Quadragesimo anno*: *AAS* 23 (1931) 191; Pio XII, *Mensagem radiofônica*, 1.6.1941: *AAS* 33 (1941) 199; id. *Mensagem radiofônica na vigília do Natal*, 1942: *AAS* 35 (1943) 17; id. *Mensagem radiofônica*, 1.9.1944: *AAS* 36 (1944) 253; João XXIII, enc. *Mater et magistra*: *AAS* 53 (1961) 428-429.

[14] Cf. Pio XI, enc. *Quadragesimo anno*: *AAS* 23 (1931) 214; João XXIII, enc. *Mater et magistra*: *AAS* 53 (1961) 429.

[15] Cf. Pio XII, *Mensagem radiofônica de Pentecostes* 1941: *AAS* 44 (1941) 199; João XXIII, enc. *Mater et magistra*: *AAS* 53 (1961) 430.

se tornem produtivas. Devem-se então fornecer, a todos, meios e instrumentos necessários, especialmente do ponto de vista da educação e desenvolvimento das relações de cooperativas.

Sempre que o bem comum exigir a desapropriação, deve-se reconhecer uma compensação eqüitativa, a ser determinada de acordo com as circunstâncias.

72. A atividade econômico-social e o reino de Cristo

72. Participando ativamente do desenvolvimento econômico-social e lutando pela justiça e pela caridade, os cristãos estão convencidos de que contribuem significativamente para a prosperidade humana e para o progresso do mundo. Dão exemplo, como indivíduos e como comunidade de pessoas. Tendo adquirido os conhecimentos e a experiência necessários, respeitem a ordem das coisas terrestres e sejam fiéis a Cristo e a seu Evangelho, de maneira que toda a sua vida, tanto individual como social, seja compenetrada pelo espírito das beatitudes, especialmente, pelo espírito de pobreza. 1560

Todo aquele que, obedecendo a Cristo, busca em primeiro lugar o reino de Deus, tem acesso a um amor mais puro e mais forte, que o leva a ajudar os irmãos e a cumprir a justiça, inspirada na caridade.[16] 1561

Capítulo IV
A vida da comunidade política

73. A vida pública

73. Todos os povos passam hoje por transformações profundas, conseqüência da evolução cultural, econômica e social, que acabam afetando suas estruturas e instituições. Essas transformações repercutem fortemente na vida da comunidade política, de maneira particular no que diz respeito aos direitos e deveres ligados ao exercício da liberdade civil, ao bem comum, à relação dos cidadãos entre si e com a autoridade pública. 1562

A consciência mais aguda da dignidade humana, em um número crescente de países, suscita o desejo de instaurar uma ordem político-jurídica em que se preservem os direitos pessoais, como o de se reunir, de se associar, de opinar e de professar livremente uma religião, privada e publicamente. A 1563

---

[16] Para a doutrina do Novo Testamento a respeito do devido uso dos bens, cf. Lc 3, 11; 10, 30ss; 11, 41; 1Pd 5, 3; Mc 8, 36; 12, 29-31; Tg 5, 1-6; Ef 4, 28; 2Cor 8, 13; 1Jo 3, 17-18.

proteção jurídica das pessoas é condição indispensável para que os cidadãos formem partidos capazes de participar ativamente da vida pública e do poder.

1564 Juntamente com o desenvolvimento cultural, econômico e social, vem a vontade de assumir maior responsabilidade no ordenamento da coisa pública. Cresce a consciência de que é preciso respeitar o direito das minorias, ao mesmo tempo que se exige delas o cumprimento de suas obrigações para com a comunidade política. Aumenta igualmente o respeito para com as pessoas de opinião ou religião diversas, estabelecendo-se entre os cidadãos um laço mais amplo de cooperação, de modo que todos possam usufruir dos direitos pessoais e não apenas os privilegiados.

1565 Rejeitam-se todos os regimes que prevalecem em certos países, contrários à liberdade civil e religiosa, que fazem tantas vítimas de ambições e crimes políticos e se desviam do bem comum, em benefício de alguns grupos ou dos próprios governantes.

1566 Nada é tão necessário à instauração de uma vida política verdadeiramente humana como o senso pessoal de justiça, benevolência e serviço, a convicção formada a respeito da natureza e dos fins da comunidade política e do reto exercício da autoridade e de seus limites.

74. Natureza e fim da comunidade política

1567 74. As pessoas, as famílias e os diversos grupos que constituem a comunidade civil têm consciência de que não se bastam a si mesmos. Precisam de uma comunidade maior que promova, com a contribuição de todos, o bem comum a todos.[1] Surgem assim as várias formas de comunidade política, em função do bem comum, que, ao mesmo tempo as justifica, lhes dá sentido e constitui o fundamento de seus direitos. O bem comum é o conjunto das condições sociais de vida que permitem às pessoas, às famílias e aos grupos humanos se realizarem amplamente, da maneira mais perfeita possível.[2]

1568 Os membros da comunidade política são numerosos e uns diferentes dos outros, podendo pensar e agir de modos muito diversos. Mas para que a comunidade política não se desfaça, seguindo cada um sua opinião, é necessária uma autoridade que oriente os cidadãos para o bem comum, não de maneira mecânica ou despótica, mas principalmente pela força moral, que se apóia na consciência da liberdade e do dever assumido.

---

[1] Cf. João XXIII, enc. *Mater et magistra*: *AAS* 53 (1961) p. 417
[2] Id., ib.

A comunidade política e a autoridade se fundam, pois, na natureza humana 1569
e, como tal, provêm de Deus. Mas a forma de governo e a designação dos
governantes foi deixada à livre decisão dos cidadãos.³·

Segue-se, igualmente, que o exercício da autoridade política, quer na comuni- 1570
dade, quer através de instituições que a representem, deve-se fazer sempre dentro
dos limites da ordem moral, para promover o bem comum, numa perspectiva
dinâmica, de acordo com a ordem jurídica estabelecida ou a se estabelecer.
Nessas circunstâncias, os cidadãos estão, em consciência, obrigados a obedecer.⁴
Daí a responsabilidade, a dignidade e a importância dos que exercem o poder.

Quando porém a autoridade pública se impõe aos cidadãos fora dos limites 1571
de sua competência, estes não devem se recusar, desde que haja uma exigência
objetiva do bem comum, mas podem defender os seus direitos do abuso de
autoridade, apelando para os concidadãos, dentro dos limites indicados pela
lei natural e evangélica.

De maneira concreta, a comunidade política e o exercício da autoridade 1572
variam de acordo com a índole e a história de cada povo, mas devem ter sempre
por objetivo favorecer o desabrochamento de pessoas amantes da paz e dispostas
a prestar serviço aos outros, em benefício de toda a família humana.

75. A cooperação de todos para a vida pública

75. Entendemos por estruturas político-jurídicas, correspondentes às 1573
exigências da natureza humana, aquelas em que todos os cidadãos têm a
possibilidade de participar cada vez mais livre e efetivamente do ordenamento
jurídico da comunidade política, do governo da coisa pública, da definição, do
alcance e dos fins das diversas instituições e, finalmente, da eleição dos gover-
nantes.⁵ Saibam todos os cidadãos que, por direito e dever, estão obrigados a
votar, livremente, em favor do bem comum. A Igreja considera dignas de louvor
e consideração as pessoas que se colocam a serviço dos outros, consagrando-se
ao bem da coisa pública e assumindo os encargos destas funções.

Para que a cooperação conscienciosa e cotidiana dos cidadãos seja eficaz, 1574
é necessária uma ordem jurídica positiva, em que se estabeleçam convenientemente as funções e a competência dos diversos órgãos públicos e se dê a
proteção devida aos direitos, de forma que ninguém seja lesado.

---

³ Cf. Rm 13, 1-5.
⁴ Cf. Rm 13, 5.
⁵ Cf. Pio XII, *Nuntius radiophonicus* 24.12.1942: *AAS* 35 (1943) pp. 9-24; 24.12.1944: *AAS*
37 (1945) 11-17; João XXIII, enc. *Pacem in terris*: *AAS* 55 (1963) 263, 271, 277, 278.

Os direitos de cada um, da família e dos diversos grupos humanos precisam ser reconhecidos, mantidos e promovidos,[6] juntamente com os deveres de todos os cidadãos. Dentre esses deveres, está a obrigação de prestar à comunidade pública os serviços materiais e pessoais necessários ao bem comum.

As famílias, os grupos sociais e culturais, as organizações e associações intermediárias têm o direito de atuar eficazmente, dentro de sua respectiva esfera de ação. O governo não deve só evitar que sejam privados ou impedidos de exercer legitimamente este direito, mas até promovê-lo, por iniciativa própria, da maneira que for mais conveniente. Os cidadãos, por sua vez, individualmente ou reunidos em associações, evitem atribuir demasiado poder à autoridade pública ou exigir para si mesmos facilidades ou vantagens exageradas, que resultariam em redução da responsabilidade de cada um, da família ou de cada um dos diversos grupos.

1575   Nas atuais circunstâncias, o governo é obrigado a intervir várias vezes na esfera social, econômica e cultural, para favorecer de maneira eficaz a qualidade humana da vida das pessoas e dos grupos, com liberdade. Este fenômeno, denominado "socialização",[7] pode ser entendido de diversas maneiras, de acordo com a evolução dos diferentes povos e regiões, mas sempre, em todas as circunstâncias, deve estar articulado com a autonomia e o crescimento das pessoas. Seria desumana a autoridade que impusesse formas totalitárias ou ditatoriais de governo, com prejuízo dos direitos das pessoas e dos grupos humanos.

1576   Os cidadãos devem cultivar para com a pátria um amor magnânimo e fiel, sem fanatismos, com o espírito aberto ao bem de toda a família humana, que se constitui dos diversos laços existentes entre as raças, povos e nações.

1577   Os fiéis, na comunidade política, sintam-se chamados a dar especialmente o exemplo de uma atuação segundo sua consciência, que os obriga a prestar serviço ao bem comum, de tal forma que demonstrem, com fatos, de que maneira é possível compor a autoridade com a liberdade, a iniciativa pessoal com a integração na comunidade e com a atenção às necessidades comuns, a unidade com a riqueza da diversidade.

Reconheçam-se as legítimas diferenças de opinião política, respeitando-se os cidadãos e os grupos que as defendem. Os partidos devem lutar pelo que consideram exigências do bem comum, sem jamais ter como objetivo suas próprias vantagens.

---

[6] Cf. Pio XII, *Nuntius radiophonicus* de 1.6.1941: *AAS* 33 (1941) 200; João XXIII, enc. *Pacem in terris*: *AAS* 55 (1963) 273-274.
[7] Cf. João XXIII, enc. *Mater et magistra*: *AAS* 53 (1961) 415-418.

A educação cívica e política, tão necessária hoje em dia, especialmente para **1578**
os jovens, deve ser ministrada de modo a que todos possam exercer o seu papel
na comunidade política. Os mais aptos a exercer as difíceis, mas nobilíssimas
funções públicas,[8] preparem-se para fazê-lo, porém, não em benefício próprio
ou por ambição econômica. Lutem honesta e prudentemente contra a injustiça
e a opressão, contra o domínio arbitrário de um só homem ou de um só partido e contra toda forma de intolerância. Dediquem-se ao bem de todos com
sinceridade, eqüidade e até com amor, e com coragem política.

76. A comunidade política e a Igreja

76. É muito importante, especialmente numa sociedade pluralista, que **1579**
haja um clima de respeito mútuo entre a comunidade política e a Igreja e se
distingam claramente a atividade política individual e comunitária dos fiéis
– exercida em seu próprio nome, por inspiração da consciência cristã – da
ação que exercem em nome da Igreja, juntamente com seus pastores.

Em virtude de sua competência e função, como sinal e salvaguarda da **1580**
transcendência da pessoa, a Igreja não se confunde de maneira alguma com a comunidade política, nem está presa a nenhum sistema político determinado.

A comunidade política e a Igreja, em suas respectivas esferas de ação, são **1581**
independentes e autônomas. As duas estão a serviço da mesma vocação pessoal
do ser humano, embora a títulos diversos. Este serviço será tanto mais eficaz,
para o bem de todos, quando houver cooperação entre ambas, de acordo com
as circunstâncias de tempo e lugar.
O ser humano não está totalmente encerrado na esfera política. Vive, na
história, sua vocação integral, que aponta para a eternidade. Nessa perspectiva,
a Igreja, baseada no amor que tem por nós o Redentor, deve contribuir para
que prevaleça cada vez mais o amor nas relações humanas, nacionais e internacionais. Deve pregar a verdade do Evangelho e iluminar com sua doutrina
e com o testemunho dos fiéis todas as esferas da atividade humana, promover
a liberdade e a responsabilidade políticas dos cidadãos.

Ao serem enviados ao mundo para anunciar a todos Cristo, Salvador do **1582**
mundo, os apóstolos e seus sucessores se baseiam no poder de Deus, que
manifesta a força do Evangelho através da fraqueza do presépio. Todos os
que se consagram ao ministério da palavra divina devem adotar os meios e
as maneiras de agir próprias do Evangelho, que diferem profundamente dos
caminhos trilhados pelo poder civil.

---

[8] Cf. Pio XI, aloc. aos dirigentes da Federação Universitária Católica: *Discorsi di Pio XI*.
ed. Bertetto, Torino, vol. I, 1960, p. 743.

1583   Na atual condição humana, as realidades terrestres estão intimamente conexas com as que superam este mundo. A própria Igreja precisa das coisas temporais para cumprir sua missão. Mas não deposita sua esperança nos eventuais privilégios que obtenha dos governos. Pelo contrário, está disposta a renunciar mesmo ao exercício de direitos adquiridos quando o exigirem o testemunho da sinceridade de sua missão ou se modificarem as condições de vida.

Sempre porém, e em toda parte, que lhe seja possível pregar livremente a fé e manifestar a sua doutrina social, não deixará de cumprir sua função entre os seres humanos. Dará a conhecer seu ponto de vista ético, mesmo a respeito das realidades políticas, desde que o exijam os direitos fundamentais da pessoa ou a salvação das almas. Falará de tudo, mas unicamente na perspectiva do Evangelho e do bem de todos, de acordo com as mais diversas circunstâncias de tempo e lugar.

1584   Aderindo fielmente ao Evangelho e exercendo sua missão no mundo, a Igreja, que deve promover e elevar tudo que há de verdadeiro, bom e belo na humanidade,[9] consolida a paz entre os seres humanos, para a glória de Deus.[10]

Capítulo V
A promoção da paz e da unidade dos povos

77. Introdução

1585   77. A família humana parece estar chegando a um ponto crítico do seu amadurecimento, apesar dos enormes sofrimentos e angústias que ainda perduram. As guerras continuam. A humanidade, cada vez mais interdependente e unificada, consciente desta unidade, precisa assumir em conjunto a responsabilidade de construir um mundo mais humano para todos, em todas as partes da terra. Isso só será possível se todos quiserem realmente a paz.

Ressalta assim melhor, em nossos dias, a convergência entre a mensagem evangélica e os mais profundos objetivos e desejos do gênero humano, quando o Evangelho proclama bem-aventurados os que trabalham para a paz, "porque serão chamados filhos de Deus" (Mt 5, 9).

1586   Tendo decidido falar da verdadeira paz em toda a sua grandeza, o Concílio quer evocar para os cristãos a terrível desumanidade da guerra, para que, com o auxílio de Cristo, autor da paz, cooperem com todos os homens em vista da paz, baseada na justiça e no amor, empenhando-se todos em promovê-la com os meios mais adequados.

---

[9] Cf. Conc. Vat. II, const. dogm. *Lumen gentium*, 13: *AAS* 57 (1965) p. 17.
[10] Cf. Lc 2, 14.

78. A natureza da paz

78. A paz é "obra da justiça" (Is 32, 7). Não se limita, pois, à mera ausência de guerra, nem tampouco ao equilíbrio de forças entre os adversários, e, muito menos, ao domínio absoluto de um sobre o outro. Fruto da ordem humana prevista para a sociedade pelo seu divino Fundador, é chamada a ser progressivamente realizada pelos seres humanos em busca de uma justiça sempre maior.

O bem comum do gênero humano tem por fundamento a lei eterna, mas suas exigências concretas estão sujeitas a constantes modificações através dos tempos, de tal forma que a paz nunca será definitivamente alcançada, mas deverá ser sempre e constantemente procurada. Além disso, a fraqueza da vontade humana, acentuada ainda mais pelo pecado, faz com que a busca da paz exija de todos o domínio das paixões e, das autoridades, vigilância sem descanso.

1587

Mas não basta. A paz não se pode obter na terra a não ser pela preservação do bem das pessoas e pela comunicação generosa e confiante, a todos, dos dons e das riquezas espirituais de cada um. São necessárias, para que haja paz, a vontade firme de respeitar a dignidade das pessoas e povos e disposição efetiva de exercer a fraternidade. A paz, além da justiça, é fruto do amor.

1588

A paz na terra, que brota do amor ao próximo, é sinal e reflexo da paz de Cristo, que tem sua fonte em Deus Pai. O próprio Filho encarnado, príncipe da paz, reconciliou com Deus toda a humanidade, na cruz, e a todos ofereceu a unidade, para que se reunissem num só povo, num só corpo, tendo vencido o ódio em sua própria carne[1] e, exaltado pela ressurreição, derramado o Espírito de amor em todos os corações.

1589

Todos os cristãos são "insistentemente" chamados a "praticar a verdade no amor" (Ef 4, 15), a se unir aos homens verdadeiramente pacíficos, a orar pela paz e a procurar implantá-la.

1590

Movidos pelo mesmo espírito, não podemos deixar de louvar aqueles que renunciam à ação violenta na defesa dos direitos humanos, e recorrem a meios que estão ao alcance, inclusive dos mais fracos, sem prejuízo dos direitos dos outros e das obrigações para com a comunidade.

1591

Enquanto forem pecadores, até o advento de Cristo, os seres humanos correm o risco da guerra. Na medida, porém, em que, unidos pela caridade, superarem o pecado, superarão também a violência e se verificará a palavra do profeta: "De suas espadas eles fabricarão enxadas e de suas lanças farão foices. Nenhuma nação pegará em armas contra outras e ninguém mais vai se preparar para a guerra" (Is 2, 4).

1592

---

[1] Cf. Ef 2, 16; Cl 1, 20-22.

SEÇÃO I

Evitar a guerra

79. Refrear a desumanidade da guerra

1593 79. Apesar dos grandes danos materiais e morais causados pelas guerras no mundo, elas continuam a grassar, diariamente. O progresso científico torna as armas ainda mais perfeitas e os combates mais mortíferos e bárbaros, superando os danos causados pelas escaramuças de antigamente. Além disso, a complexidade da atual situação e das relações internacionais permite o emprego de novas táticas, insidiosas e subversivas, que prolongam a guerra latente. O terrorismo é um exemplo disso.

1594 Diante desta lamentável situação, o Concílio quer relembrar a todos a força do direito natural das gentes e de seus princípios universais, de que hoje, aliás, a humanidade tem uma consciência cada vez mais clara. As ações que os contrariam deliberadamente e as ordens que impõem tais ações são perversas e não podem ser obedecidas. Dentre estas, as que visam metódica e sistematicamente a exterminar povos, nações ou minorias étnicas inteiras. São crimes hediondos, que devem ser condenados com veemência. Merecem especial louvor os que não temem se opor a tais práticas e a seus responsáveis.

1595 Há diversas convenções internacionais a respeito da guerra, subscritas por um grande número de nações, destinadas a tornar menos desumanas as ações militares e os seus efeitos, como as convenções a respeito dos feridos e dos prisioneiros de guerra. Elas devem ser respeitadas. As autoridades públicas e os especialistas têm, além disso, o dever de aperfeiçoá-las ao máximo, para conter a desumanidade das guerras. Devem-se também estabelecer princípios legais para proteger aqueles que fazem objeção de consciência e se recusam a pegar em armas, desde que aceitem outras formas de prestar serviço à comunidade.

1596 A guerra é uma realidade humana. Enquanto houver perigo de guerra e faltar uma autoridade internacional dotada de força suficiente para coibi-la, não se pode negar a nenhum governo o direito de legítima defesa, depois de esgotadas todas as possibilidades de negociação pacífica. O governo e todos os que dele participam têm o dever de proteger o povo e de tomar mesmo as mais graves decisões em face de situações também de extrema gravidade. Uma coisa é a ação militar defensiva, outra, completamente diferente, a ação de conquista. A força bélica não justifica seu uso político ou militar, nem a guerra se torna lícita para ambos os lados, só por ter começado.

Os militares, porém, a serviço da pátria, considerem-se a serviço da segurança e da liberdade dos povos. O exercício desta função é sua forma de contribuir para a paz. 1597

80. A guerra total

80. O enorme progresso das armas científicas aumentou como nunca o horror e a atrocidade da guerra. As ações bélicas, ao empregarem estas armas, podem provocar destruições ilimitadas e indiscriminadas, que ultrapassam os limites da legítima defesa. Se empregassem as armas de que hoje dispõem, as grandes nações destruir-se-iam mutuamente, além de devastarem o mundo e provocarem a morte de tudo e de todos. 1598

Isto nos obriga a repensar completamente a guerra.[2] Tenham todos consciência do que são responsáveis e que o futuro da humanidade está em suas mãos. 1599

Retomando a condenação da guerra total feita pelos últimos papas,[3] o Concílio declara: 1600

Toda ação bélica que cause indiscriminadamente a destruição de cidades ou regiões inteiras e de seus habitantes é crime contra Deus e contra a humanidade, que precisa ser absolutamente condenado. 1601

Hoje, o maior risco de guerra vem do fato de que aqueles que dispõem de armas científicas são levados a criar praticamente a ocasião de utilizá-las por uma política inexorável que força uns e outros a tomarem a decisão da guerra. Para evitá-la, os bispos de toda a terra, reunidos, suplicam a todos os governos, especialmente aos que dispõem de maior poderio bélico, e a todos os chefes militares que tenham presente, diante dos olhos, a todo momento, sua enorme responsabilidade diante de Deus e de toda a humanidade. 1602

81. A corrida armamentista

81. As armas científicas não se acumulam durante a guerra. Como a defesa de cada um se julga depender da capacidade de responder imediatamente ao ataque, a acumulação dessas armas só faz crescer todos os anos, a serviço da dissuasão, tida atualmente por muitos como o meio mais eficaz de evitar a guerra. 1603

---

[2] Cf. João XXIII, enc. *Pacem in terris*, 11.4.1963: *AAS* 55 (1963) 291: "Na nossa época, que se vangloria de dispor da força atômica, a guerra se tornou uma forma completamente irracional de resolver os conflitos."
[3] Cf. Pio XII, *Alloc.*de 30.9.1954: *AAS* 46 (1956) 589; *Nuntius radiophonicus* 24.12.1954: *AAS* 47 (1955) 15ss; João XXIII, enc. *Pacem in terris*: *AAS* 55 (1963) 286-291; Paulo VI, aloc. na ONU, 4.10.1965: *AAS* 57 (1965) 877-885.

1604 Sem discuti-la tecnicamente, é certo que a corrida armamentista que a provoca torna a dissuasão um meio nada seguro de conservar a paz, e nem mesmo o precário equilíbrio que muitas vezes se chama de paz. Em lugar de se eliminarem, acentuam-se as causas da guerra. O emprego de recursos cada vez maiores no desenvolvimento de novas armas impede que se venha em socorro da enorme miséria em que se vive por toda parte. Em lugar de diminuir, aumentam-se assim as dissensões entre as nações no mundo inteiro, quando não se criam novas ocasiões de conflito. Deve-se pois procurar novos caminhos, com um espírito renovado, para eliminar o escândalo da miséria no mundo, libertá-lo da opressão e conseguir, assim, encontrar o caminho da paz verdadeira.

1605 Declaramos novamente que a corrida armamentista é uma chaga da humanidade, que fere profundamente os pobres. Teme-se que, se perdurar, provoque uma verdadeira catástrofe.

1606 Conscientes das calamidades que se tornaram possíveis, usemos o tempo para encontrar com maior responsabilidade novos meios, mais humanos de resolver as nossas discordâncias. A Providência quer que nos libertemos da antiga escravidão da guerra. Se não se fizer um esforço neste sentido, não se sabe onde se vai parar.

82. Proibir e evitar a guerra, por uma ação internacional

1607 82. Devemo-nos todos esforçar para que a guerra seja definitivamente proibida, com o consentimento de todas as nações. Para tanto, parece indispensável uma autoridade pública mundial, universalmente reconhecida, dotada de poder eficaz para impor a todos a segurança, a justiça e o respeito ao direito. Mas, antes que seja instituída tal autoridade, é necessário que todas as organizações internacionais mais importantes estudem os meios mais aptos de garantir a segurança comum.

A paz só pode nascer da recíproca confiança, e não do terror imposto às nações pela força das armas. Por isso é preciso sustar a corrida armamentista e diminuir o arsenal mundial, não unilateralmente, mas num ritmo comum, tomando-se sempre as necessárias precauções.[4]

1608 Não se devem desprezar os esforços já feitos e que se estão fazendo para afastar o perigo da guerra. Deve-se apoiar a boa vontade de muitos que, apesar de suas enormes preocupações, dedicam-se a eliminar a guerra, no cumpri-

---

[4] Cf. João XXIII, enc. *Pacem in terris*, onde se fala da redução dos armamentos: *AAS* 55 (1963) 287.

mento de seu dever e apesar da complexidade das situações que enfrentam. Peça-se a Deus que lhes dê perseverança e força para cumprir este dever de amor para com os seres humanos e construir corajosamente a paz. É indispensável alargar o espírito e desenvolver uma mentalidade que ultrapasse as fronteiras nacionais, que seja capaz de se despir do egoísmo e da ambição de dominar os outros povos, e de alimentar um profundo respeito de toda a humanidade, que se orienta assim, embora penosamente, para uma sempre maior unidade.

1609 As consultas internacionais a respeito da paz e do desarmamento, constantemente adiadas, e os congressos internacionais sobre o assunto são os primeiros passos que se estão dando para solucionar os problemas. Deve-se considerar a sua urgência e procurar alcançar no futuro resultados práticos.

Mas pouco adiantará esse esforço se não for acompanhado por uma profunda mudança de mentalidade. Os governos, encarregados de cuidar do bem comum de seus respectivos países e de promover o bem do universo, dependem da opinião pública. Não se pode querer construir a paz enquanto persiste um espírito hostil de desprezo dos outros e de desconfiança, baseado em ódios raciais ou fanatismos ideológicos, que dividem e opõem os seres humanos uns aos outros. É sobremaneira urgente renovar as mentalidades, com uma nova educação inspirada em novos princípios. Os educadores, especialmente dos jovens, e os responsáveis pela formação da opinião pública saibam que é seu dever favorecer a renovação do espírito, no sentido da paz. Todos temos de mudar nossa maneira de sentir, encarando o conjunto da humanidade e o papel que podemos desempenhar juntos, em benefício de todo o gênero humano a que pertencemos.

1610 Mas não nos deixemos enganar pelas falsas esperanças. Se não superarmos as inimizades e os ódios, firmando honestamente verdadeiros pactos de paz universal, a humanidade correrá perigo e, apesar do progresso científico, talvez não possa alcançar outra paz senão a do cemitério. Ao pronunciar estas palavras, no meio da angústia dos humanos, a Igreja de Cristo não deixa de esperar. Repete nos dias de hoje, oportuna e inoportunamente, a palavra apostólica: "É agora o momento favorável" de mudar os corações. "É este o dia da salvação."[5]

---

[5] Cf. 2Cor 6, 2.

Seção II

Construir uma comunidade internacional

83. Causas e remédios das discórdias

1611 83. Para edificar a paz é preciso, antes de tudo, eliminar as causas das discórdias entre os seres humanos. Alimentam-se delas as guerras.

Em primeiro lugar as injustiças, principalmente provenientes das grandes desigualdades econômicas e do pouco empenho em corrigi-las.

Depois, o espírito de dominação e o desprezo das pessoas, radicados na inveja, desconfiança, soberba e outras paixões egoístas.

Todos esses fatores criam uma situação insuportável. Mesmo que não sobrevenha a guerra, o mundo fica viciado pelas constantes disputas e pela violência reinante.

Como este ambiente deteriorado estende-se também às relações entre as nações, torna-se indispensável que as organizações internacionais e novos organismos promotores da paz procurem superar as dificuldades e coibir a violência desenfreada.

84. A comunidade dos povos e as instituições internacionais

1612 84. Com o crescente estreitamento dos laços de interdependência entre cidadãos e povos do mundo inteiro, pode-se falar de um bem comum universal a ser procurado conjuntamente e obtido eficazmente. Por isso, a comunidade dos povos precisa instituir uma ordem capaz de exercer essas novas funções, especialmente em relação às inúmeras regiões sujeitas a intolerável empobrecimento.

1613 Em função desses objetivos, as instituições internacionais, de acordo com sua competência, devem prover às diversas necessidades dos seres humanos, tanto sociais (alimentação, saúde, educação e trabalho), como de outra ordem, favorecendo o crescimento das nações subdesenvolvidas, vindo em socorro dos exilados dispersos por todo o mundo e em auxílio dos inúmeros migrantes e de suas famílias.

1614 As instituições internacionais, universais e regionais já existentes são dignas de todo reconhecimento. Constituem um primeiro esforço de lançar os fundamentos da comunidade humana internacional, a fim de resolver os ingentes problemas atuais, promover o desenvolvimento do planeta e evitar toda forma de guerra. Em todos esses setores a Igreja se alegra com o espírito de verdadeira fraternidade que se manifesta entre os seres humanos, cristãos ou não, que sustenta o esforço feito no combate a tanta miséria.

85. A cooperação econômica internacional

85. A atual unidade do gênero humano requer também maior cooperação na área da economia. Apesar de quase todos os povos terem se tornado independentes, persistem enormes desigualdades e muitas formas de dependência, que, somadas a enormes dificuldades internas, constituem uma verdadeira ameaça. **1615**

O crescimento de toda nação depende de ajuda humana e financeira. Os cidadãos devem-se preparar profissionalmente para assumir diferentes funções na condução da vida econômica e social. É necessário recorrer ao apoio de peritos estrangeiros, que prestem serviço como auxiliares e cooperadores, jamais como senhores. A ajuda financeira necessária só será possível se houver uma revisão e uma mudança profunda nas atuais regras do comércio interna-cional. Outras formas de ajuda das nações desenvolvidas são os donativos, os financiamentos e os investimentos, que devem ser feitos com generosidade pelos que os oferecem e recebidos com honestidade, pelos beneficiados. **1616**

Mas a instauração de uma nova ordem econômica exige uma redução substancial nas perspectivas de lucro, uma renúncia às ambições nacionais e ao desejo de fortalecimento da influência política, ligado em geral à propaganda, ou mesmo, à imposição de determinadas ideologias. **1617**

Dentre os vários sistemas econômicos e sociais deve-se optar pelos que ofereçam, tecnicamente, fundamentos mais sólidos para o desenvolvimento de um sadio comércio internacional. Esta opção requer que cada um renuncie aos seus próprios preconceitos e mostrem-se sinceramente disposto a dialogar.

86. Algumas normas

86. Sugerimos algumas normas a serem obedecidas no que diz respeito à cooperação internacional: **1618**

a) As nações em crescimento desejem de coração que o pleno desenvolvimento humano de seus cidadãos seja colocado clara e efetivamente como objetivo do progresso. Lembrem-se de que este depende, principalmente, do seu trabalho e dos dotes humanos de sua gente. Não se cresce com os recursos estrangeiros, senão pelo aprofundamento das próprias capacidades e tradições, baseando-se nelas para dar sua contribuição específica aos outros povos. **1619**

b) Os países desenvolvidos têm o dever gravíssimo de ajudar os países em crescimento sob esse aspecto. É necessário que façam muitas adaptações, tanto materiais como mentais, para que os termos de cooperação internacional se estabeleçam devidamente. **1620**

1621   Nas negociações com as nações mais fracas e mais pobres, tenham em vista o bem delas, pois é para viver que elas têm necessidade do lucro auferido na venda de seus produtos.

1622   c) Compete à comunidade internacional organizar e estimular o desenvolvimento e administrar com eqüidade e eficácia os fundos disponíveis para tanto. Compete igualmente a ela, obedecendo ao princípio de subsidiariedade, organizar a economia mundial de acordo com as exigências da justiça.

1623   Criem-se instituições capazes de promover e regular os negócios internacionais, especialmente com as nações em desenvolvimento, corrigindo os vícios decorrentes da excessiva desigualdade de condições. Essa regulamentação, com base técnica, cultural e financeira, deve subsidiar as nações mais necessitadas, para que consigam crescer economicamente em bases aceitáveis.

1624   d) Em muitos casos é preciso reformar as estruturas econômicas e sociais, mas se devem evitar as soluções apressadas ou puramente técnicas, que visam a satisfazer unicamente às necessidades materiais, com prejuízo, às vezes, dos valores espirituais. "Não só de pão vive o homem, mas de toda palavra que procede da boca de Deus" (Mt 4, 4). Todo povo participa em si mesmo e por suas melhores tradições do tesouro espiritual que Deus confiou à humanidade, embora muitos ignorem a origem dos bens de que gozam.

87. A cooperação internacional e o crescimento demográfico

1625   87. A cooperação internacional é especialmente necessária junto aos povos que, além de todas as dificuldades, são pressionados pelo rápido crescimento demográfico. É preciso que, com a generosa cooperação de todos, especialmente das nações mais ricas, se desenvolvam os projetos indispensáveis de aumento dos alimentos e de educação para todos, em benefício da comunidade no seu conjunto.

Muitos povos poderiam melhorar sensivelmente sua qualidade de vida se, devidamente instruídos, abandonassem os métodos arcaicos de agricultura e tivessem acesso a novas técnicas, aplicadas com a necessária prudência, juntamente com a progressiva transformação da ordem social e uma justa redistribuição das terras.

1626   É direito e dever dos governos enfrentar os problemas demográficos de suas respectivas nações, dentro dos limites de sua competência, seja no que diz respeito à legislação social e familiar, seja no referente ao êxodo rural e à difusão de informações sobre a situação nas diferentes regiões do país. Estes problemas são hoje tão importantes, que os peritos católicos, especialmente nas universidades, devem se dispor a estudá-los, propor soluções e acompanhar a sua implementação.

Muitos pretendem que, ao menos em alguns países, é preciso coibir o crescimento demográfico de qualquer maneira, lançando mão, a autoridade pública, de todos os meios a seu alcance. O Concílio porém adverte que não se pode abdicar do critério moral, pública ou privadamente, sobretudo quando se trata de impor uma determinada medida. O direito inalienável de todo homem de se casar e procriar faz com que a decisão sobre o número dos filhos pertença, em última análise, aos pais; de modo algum à autoridade pública. 1627

A decisão dos pais, por sua vez, requer uma consciência bem formada. Por isso é indispensável que todos tenham acesso a uma educação da responsabilidade, de acordo com a lei divina, nas circunstâncias próprias de cada tempo, pessoa e lugar. Tal objetivo supõe uma profunda mudança nas condições pedagógicas, a começar pela formação religiosa, ou, ao menos, moral.

Todos devem ser informados a respeito dos progressos científicos, permitindo ao casal decidir a respeito do número de filhos que quer ter, levando-se em consideração a sua eficácia quanto aos resultados e sua conformidade ou não com a lei moral.

88. Os cristãos e a ajuda internacional

88. Os cristãos devem colaborar generosamente para a instauração de uma ordem internacional respeitadora das liberdades legítimas e caracterizada pela fraternidade universal, tanto mais quanto a grande maioria da humanidade é composta de empobrecidos, para cujo serviço o próprio Cristo orienta a caridade dos discípulos. É um escândalo que alguns países, de maioria cristã, abundam nas riquezas, enquanto outros, privados até do necessário, morrem de fome e são afligidos pelas doenças e por todo tipo de miséria. O espírito de pobreza e de amor são a glória da Igreja de Cristo e o testemunho que deve dar. 1628

Dignos de louvor e de apoio são os cristãos, especialmente os jovens, que se oferecem livremente para prestar serviço a outras pessoas e nações. Todo o povo de Deus, precedido pela palavra e pelo exemplo dos bispos, deve ir em socorro das misérias de nosso tempo, dentro da medida de suas forças, segundo o antigo costume da Igreja, não apenas com o supérfluo, mas também tirando algo do que lhe parece necessário. 1629

Há muitas maneiras de recolher e distribuir auxílios, mas se deve ter um mínimo de organização nas dioceses, nas diferentes nações e no mundo inteiro, para uma ação conjunta, quando for o caso, dos católicos e de todos os irmãos cristãos. O espírito de caridade, longe de se opor ao exercício organizado 1630 da ação social e beneficente, pelo contrário, a impõe. Por isso é necessário que aqueles que pretendem servir nas nações em desenvolvimento recebam formação adequada e especializada.

89. A Igreja e a comunidade internacional

1631   89. A Igreja, ao cumprir sua missão de pregar a todos o Evangelho e abrir os tesouros da graça, contribui em toda a terra para consolidar a paz, colocando o fundamento inabalável da união fraterna entre todos os homens e povos, isto é, o conhecimento da lei natural e divina.

Por isso a Igreja deve estar presente na comunidade dos povos, despertando e favorecendo a cooperação entre os seres humanos, tanto por suas instituições públicas, como pela colaboração sincera de todos os cristãos, tendo por único objetivo prestar serviço.

1632   Este objetivo será tanto melhor atingido quanto os fiéis, conscientes de sua responsabilidade humana e cristã, procurem, no âmbito de sua própria vida, cooperar com a comunidade internacional. Deve-se cuidar especialmente de formar os jovens nessa perspectiva, tanto na educação civil como na religiosa.

90. Os cristãos e as organizações internacionais

1633   90. Uma das principais formas de colaboração dos cristãos na atividade internacional é sem dúvida sua participação, individualmente ou através de algum grupo, nas organizações internacionais já existentes ou a serem criadas.

Podem igualmente prestar serviço à comunidade dos povos nas diversas associações católicas internacionais, que devem ser apoiadas, crescer em número de associados bem formados, em recursos e organização. Em nossa época, a eficácia das iniciativas e a necessidade de diálogo exigem trabalho em conjunto. Tais associações contribuem igualmente para desenvolver o senso universal, que convém aos católicos, e para formar a consciência de uma responsabilidade verdadeiramente universal e solidária.

1634   Além disso, para cumprir devidamente o seu papel na comunidade internacional, os católicos devem procurar colaborar de maneira ativa e efetiva com os irmãos separados, que professam a mesma caridade evangélica e têm em comum com todos os homens o desejo da paz.

1635   Tendo presente a deplorável situação em que se encontra a maioria dos homens, colocando-se a favor da justiça e inspirado no amor de Cristo pelos pobres, o Concílio julga oportuna a criação de um organismo universal encarregado de despertar a comunidade católica para a promoção do desenvolvimento das regiões empobrecidas e da justiça entre as nações.

Conclusão

91. O dever dos fiéis e das Igrejas particulares

91. Tudo que o Concílio propõe, baseado na doutrina da Igreja, visa a ajudar a todos, para que todos creiam em Deus ou mesmo não o reconheçam explicitamente, a perceber melhor sua vocação integral, levá-los a valorizar ainda mais a dignidade humana, desejar mais intensamente a fraternidade universal a partir de seu mais profundo fundamento, e, impulsionados pelo amor, num esforço generoso, feito em comum, responder às urgentes necessidades do nosso tempo. 1636

Mas em face da imensa diversidade das situações e das diferentes formas de cultura, a proposta do Concílio fica num nível de extrema generalidade. Expressão da doutrina da Igreja, precisa ser aplicada e quase sempre ampliada, dada a rápida evolução das situações. Esperamos que tudo aquilo que dissemos, baseados na palavra de Deus e no espírito do Evangelho, proporcione a todos um auxílio significativo, especialmente depois de ajustado aos diversos povos e às diferentes mentalidades, pelos pastores que governam os fiéis. 1637

92. O diálogo entre todos os homens

92. Em virtude de sua missão de iluminar todo o mundo com o anúncio do Evangelho e reunir todos os seres humanos, de todas as nações, raças e culturas num mesmo Espírito, a Igreja é sinal da fraternidade que permite e se concretiza no diálogo sincero entre todos. 1638

É preciso que comecemos por promover, dentro da própria Igreja, a estima recíproca, o respeito e a concórdia, reconhecendo-se toda diversidade legítima, para que se estabeleça um diálogo frutífero entre todos os que formam o único povo de Deus, tanto pastores, como fiéis. O que nos une é mais forte do que o que nos divide: haja unidade no que é necessário, liberdade onde há dúvida e, em tudo, caridade.[1] 1639

Nosso pensamento se dirige aos irmãos que ainda não vivem conosco em perfeita comunhão, embora unidos na confissão do Pai, do Filho e do Espírito Santo, pelo vínculo da caridade, lembrando-nos de que a união dos cristãos é hoje um desejo e uma expectativa, até mesmo dos que não crêem em Cristo. 1640

---

[1] Cf. João XXIII, enc. *Ad Petri cathedram*, 29.6.1959: *AAS* 51 (1959) 513.

Quanto maior for esta unidade, na força do Espírito Santo, na verdade e na caridade, mais clara é a perspectiva da paz. Juntos, procuremos hoje alcançar esse objetivo, por uma fidelidade cada vez maior ao Evangelho, pela cooperação fraterna a serviço da família humana que, em Jesus Cristo, é chamada a ser a família dos filhos de Deus.

1641 Dirige-se também o nosso pensamento a todos aqueles que reconhecem Deus e conservam em suas tradições preciosos elementos religiosos e humanos, na esperança de estabelecer com eles um diálogo sincero, que nos torne dóceis a aceitar e prontos em realizar os impulsos do Espírito.

1642 Esse desejo de dialogar, conduzido unicamente pelo amor da verdade, não exclui ninguém, desde que se realize com a necessária prudência. Refere-se a todos os que cultivam os bens do espírito, mesmo que ainda não reconheçam o seu autor, os que se opõem à Igreja de diversos modos e até a perseguem. Deus, princípio e fim de tudo e de todos, quer que nos tratemos e sejamos realmente irmãos. Em virtude pois desta mesma vocação humana e divina, devemos e podemos construir o mundo sem dolo nem violência, cooperando pacificamente uns com os outros.

93. A construção do mundo e sua realização final

1643 93. De acordo com a palavra do Senhor, "Todos reconhecerão que vocês são meus discípulos se vocês tiverem amor uns para com os outros" (Jo 13, 35), o que mais desejam os cristãos é prestar generosa e eficazmente serviço aos homens de hoje. Por isso acolhem fielmente o Evangelho, com todo empenho, unidos a todos que amam e promovem a justiça. Assumem o trabalho imenso que os espera na terra e pelo qual hão de prestar contas, no último dia, Àquele que a todos julgará.

Não são aqueles que dizem "Senhor, Senhor" que entrarão no reino dos céus, mas os que cumprem a vontade do Pai[2] e efetivamente põem mãos à obra. O Pai quer que Cristo seja reconhecido como irmão em todos os homens, realmente amado, com fatos e palavras, em testemunho da verdade e para que se comunique com os outros no mistério do amor do Pai celestial.

Este modo de proceder nutrirá, nos homens do mundo inteiro, a esperança, que é um dom do Espírito Santo, encaminhando-os para a paz perfeita e a felicidade, que alcançarão, um dia, na pátria em que brilha a glória de Deus.

---

[2] Cf. Mt 7, 21.

"Deus, por meio do seu poder que age em nós, pode realizar muito mais do que pedimos ou imaginamos; a ele seja dada a glória na Igreja e em Jesus Cristo por todas as gerações, para sempre. Amém" (Ef 3, 20s). **1644**

Tudo o que é dito nesta constituição pastoral foi votado pelos padres do Concílio. Em virtude do poder apostólico que nos foi delegado por Cristo, juntamente com os padres, o aprovamos, e, no Espírito Santo, decretamos e estabelecemos o que foi estabelecido pelo sínodo, e o mandamos publicar, para a glória de Deus.

Roma, junto a S. Pedro, 7 de dezembro de 1965.

Eu, PAULO, *bispo da Igreja católica.*

(seguem-se as demais assinaturas)

III
Índice
dos documentos
conciliares

— os números referem-se à numeração marginal;
— no índice analítico, os números precedidos por ~ e seguidos de um * referem-se aos discursos e mensagens;
— a citação pode-se encontrar no texto ou nas notas;
— o algarismo entre parênteses indica que a fonte é citada mais de uma vez no mesmo número;
— a abreviatura *gen.* significa que a fonte só é citada genericamente;
— por *fonte* entendemos, em geral: pais, doutores, pontífices, concílios, sínodos, escritores, eclesiásticos, textos litúrgicos, o Código de Direito Canônico e outros autores;
— fornece-se a citação exata das fontes mais citadas (Agostinho, Tomás de Aquino, Leão XIII, Pio XI, Pio XII, João XXIII, Paulo VI, Concílio de Trento, Vaticano I, Código de Direito Canônico);
— no índice das fontes citam-se apenas os documentos conciliares;
— quando se diz *Código*, o primeiro número refere-se à numeração marginal progressiva e o segundo ao cânon citado;
— o termo alocuções (dos papas mais recentes) designa discursos, mensagens etc.

ÍNDICE DAS CITAÇÕES BÍBLICAS

Antigo Testamento

Gênesis

1, 26-27:	1425
1, 26:	1357
1, 27:	1358
1, 28:	1478, 1505
1, 31:	938, 1359
2, 18:	1478
2, 22-24:	1475
3, 15:	429, 874
9, 2-3:	1425
12, 2-3:	874
15, 18:	895

Êxodo

3, 7-12:	1418
24, 1-8:	1418
24, 8:	895
33, 11:	873

Números

11, 16-25:	1264
18, 20:	1300
20, 4:	310

Deuteronômio

23, 1 ss.:	310

2 Samuel

23, 2:	889

1 Reis

16, 7:	1364

2 Esdras

13, 1:	310

Tobias

8, 4-8:	1475

Salmos

2, 8:	319, 1168
8, 5-7:	1357
8, 7.10:	1425
21, 28-29:	895
39, 9:	747
62 (61), 11:	1301
65, 4:	864
72 (71), 10:	319
95, 1-3:	895
117, 22:	295

Provérbios

5, 18-20:	1475
8, 30-31:	1506
31, 10-31:	1475

Cântico dos cânticos

1, 1-3:	1475
2, 16:	1475
4, 16-5, 1:	1475
7, 8-11:	1475

Sabedoria

1, 13:	1372
2, 23-24:	1372
2, 23:	1357
8, 1: 854	
9, 2-3:	1425

Eclesiástico

15, 14:	1370
17, 3-10:	1357
17, 7-8:	1368
36, 19:	1089
44-50:	421

Isaías

2, 14:	895
2, 4:	1592
7, 14:	429
11, 10-12:	501
11, 12:	2, 1212
32, 7:	1587
40, 8:	911
40, 11:	292
42, 1-4:	1071
54:	1472
54, 2:	1109
58, 1-12:	1454
60, 4-7:	319
61, 1:	6
66, 23:	864

Jeremias

3, 6-13:	1472
3, 17:	895
17, 10:	1364
31, 31-34:	308

Baruc

3, 38:	873

Ezequiel

16 e 23:	1472
34, 11 ss.:	292
34, 14:	408

Daniel

3, 57-90:	1363

Oséias

2:	1472

Miquéias

5, 2-3:	429

Sofonias

3, 9: 864

Malaquias

1, 11:	327
2, 7:	1250

2 Macabeus

12, 46:	420

Novo Testamento

Mateus

1, 21:	573
1, 22-23:	429
1, 22:	889
3, 16:	1244
4, 4:	1624
4, 8-10:	1071
4, 17:	289, 1254
5, 3-9:	386
5, 3:	400
5, 9:	1585
5, 10:	339, 927, 1269
5, 13-14:	1088
5, 13-16:	309
5, 13:	1212
5, 14:	1212
5, 16:	770, 934, 1111
5, 17:	897
5, 19-20:	323
5, 43-44:	1408
5, 45-47:	1408
5, 45:	871
5, 48:	388, 1282
6, 6:	19
6, 12:	388
6, 20:	741
6, 25:	742
7, 1-2:	1407
7, 21-22:	323
7, 21:	1643
8, 20:	704, 740
9, 15:	1472
9, 28-29:	1071
9, 35 s.:	1113
9, 36:	1280
9, 38:	1231
10, 1-42:	330, 1096
10, 10:	1311
10, 34-39:	1118
11, 4-5:	942
11, 20-24:	1071
11, 27:	873
11, 28-30:	1071
11, 29:	1071, 1174
12, 20:	1071
12, 28:	289, 1122
13, 24-30:	1434
13, 30:	1071
13, 36-43:	1434
13, 40-42:	1071
13, 52:	344
16, 18-19:	337
16, 18:	310, 330, 449
16, 19:	337
16, 24:	927, 1387
16, 26:	1538
18, 18:	337, 499
18, 20:	9, 527, 750, 979
19, 4:	1478
19, 6:	1471
19, 11:	399, 1298
19, 12:	737, 792, 1296, 1297
19, 21:	400, 722, 744
20, 26:	1115
20, 28:	353, 367, 522, 747, 1272, 1323
21, 33-43:	293
21, 42:	294
22, 13:	418
22, 21:	1071
22, 37-40:	943, 1369
22, 39:	1447
23, 3-23:	1454
23, 8:	1271
23, 11:	1115
24, 13:	1434

24, 31:	1108
25, 26:	418
25, 30:	418
25, 31-46:	418
25, 31:	419
25, 34-46:	744
25, 34-35:	1259
25, 40:	943, 1404
25, 41-46:	323
25, 41:	418
25, 46:	418
26, 51-53:	1071
28, 16-20:	330, 337
28, 18-20:	342, 499, 1076
28, 18:	305, 1096, 1437
28, 19-20:	327, 880, 1043
28, 19:	1078, 1251
28, 19 s.:	1096
28, 20:	15, 330, 331, 903

Marcos

1, 15:	289, 1107
1, 24:	387
2, 19-20:	1472
2, 27:	1401
3, 13-19:	330
3, 13:	1096
3, 13 s.:	1171
3, 35:	432
4, 14:	289
4, 26-29:	289
4, 27:	1317
6, 5-6:	1071
6, 31:	1269
7, 10-13:	1454
8, 36:	1561
9, 23-24:	1071
10, 21:	400
10, 28:	722
10, 45:	289, 353, 780, 1071, 1093, 1323
12, 29-31:	1561

12, 30:	388
13, 10:	1108
16, 15-16:	342
16, 15 s.:	1096
16, 15:	8, 284, 326, 330, 459, 501, 880, 1076, 1117, 1220, 1250
16, 16:	322, 1071, 1087, 1104, 1122, 1250, 1251
16, 20:	330

Lucas

1, 2-4:	901
1, 28:	430
1, 35:	387
1, 38:	430
1, 41-45:	431
1, 48-49:	442
2, 14:	1584
2, 19.51:	432, 883
2, 34-35:	431
2, 34:	1118
2, 41-51:	431
3, 11:	1561
3, 22:	1095
4, 1:	1095
4, 18:	6, 306, 1093, 1244, 1259, 1303
4, 34:	387
5, 34-35:	1472
6, 13:	330
6, 37-38:	1407
9, 25:	1440
9, 58:	704
10, 1:	1041, 1279
10, 7:	1311
10, 16:	333
10, 30 s.:	1561
10, 39:	722
10, 42:	722
11, 20:	289
11, 27-28:	432

11, 41:	1561	3, 29:	1472
12, 32:	289	3, 34:	876
12, 48:	323	4, 14:	287, 970
14, 26:	927	4, 23:	8, 825, 1109
14, 27:	1387	4, 24:	354
15, 4-7:	357	4, 34:	400, 746, 1291, 1293
16, 1-31:	1538	4, 37:	1189
16, 19-31:	1403	5, 29:	418
17, 33:	1395	5, 30:	746, 1293
18, 22:	400	5, 36:	875
19, 10:	306, 1093	5, 39:	896
19, 44:	864	6, 15:	1071
20, 35-36:	1297	6, 38:	400, 1293
20, 36:	792	6, 44:	1070
22, 20:	897	6, 67-68:	1071
22, 26-27:	351, 608	6, 68:	898
22, 32:	346, 499	6, 69:	387
24, 26:	1283	7, 18:	1106
24, 27:	8, 15, 897	7, 38-39:	287
24, 44:	896	7, 39:	901
24, 45-48:	330	8, 30.44:	1106
24, 47:	1094	8, 34:	1361
		8, 44:	1122

João

		8, 50:	1106
		10, 1-10:	292
1, 1-18:	875	10, 11-15:	292
1, 3:	874	10, 11:	292, 353, 1289
1, 3.10:	1092	10, 14-18:	746
1, 3.14:	1437	10, 14-16:	1249
1, 9:	1057	10, 16:	2
1, 12:	1390	10, 36:	354, 1093, 1244, 1283
1, 13:	1297	11, 52:	2, 318, 497, 1091
1, 14:	898, 1093	12, 16:	901
1, 14.17:	873	12, 31:	1122, 1361
2, 1-11:	432	12, 32 *gr*.:	286, 416, 898
2, 22:	901	12, 32:	1071
3, 5-6:	308	13, 12-17:	780
3, 5:	322, 1104	13, 13:	1071
3, 6:	1437	13, 34:	309, 388, 497
3, 8:	921, 1267, 1289	13, 35:	656, 750, 943, 1643
3, 16:	1316	c.c. 14-17:	1095
3, 17:	1323	14, 6:	857, 873, 1117
3, 18:	1107	14, 9:	875

14, 16:	1095
14, 26:	901[2]
15, 1-5:	293
15, 5:	148, 922
15, 12:	388
15, 13:	398, 1420
15, 14-15:	873
15, 15:	355, 610
16, 7:	497
16, 12-13:	901
16, 13:	287, 901, 903
16, 33:	1318
17, 1-3:	873
17, 1:	1106
17, 3:	15, 919
17, 4:	287, 875
17, 11:	783
17, 14-16:	1299
17, 15-16:	1249
17, 21-22:	1395
17, 21:	497, 526, 750
17, 23:	1267
18, 36:	319, 1071
18, 37:	1071, 1323
19, 6:	866
19, 25:	432
19, 26-27:	432
19, 34:	286
20, 21-23:	330, 499
20, 21:	327, 329, 573, 1096, 1245
20, 22-23:	335
20, 31:	889
21, 15-17:	330, 499
21, 15 ss.:	337
21, 17:	305, 1281

Atos dos Apóstolos

1, 1-2:	901
1, 7:	1109, 1439
1, 8:	327, 330, 335, 342, 1094, 1277
1, 11:	1096
1, 14:	433, 606
1, 17.25:	342
2, 1-26:	330
2, 1 ss.:	342
2, 4:	335
2, 17-18:	374
2, 33:	290
2, 36:	290, 1437
2, 38:	15
2, 41-47:	8
2, 42-47:	311, 1302
2, 42 *gr.*:	318, 886
2, 42:	750, 1176
2, 43:	1100
2, 46-47:	311
2, 46:	606
3, 14:	387
3, 21:	415
4, 8: 1	095
4, 11:	294
4, 12:	1104, 1351
4, 13:	1117
4, 19-20:	1072
4, 27.30:	387
4, 27:	1244
4, 29:	1080, 1117
4, 31:	1072, 1117, 1174
4, 32:	750, 1176, 1199, 1313
4, 35:	1313
5, 29:	1072
5, 32:	1095
6, 2-6:	332
6, 4:	148, 606
6, 7:	1250
8, 14-17:	1122
8, 18-25:	1302
8, 26:	1095
8, 29:	1095
8, 39:	1095
9, 15:	342
9, 27-28:	1117
9, 31:	1095

10:	1095
10, 38:	1095, 1095, 1113, 1244
10, 39:	308
10, 44-47:	1095
11, 15:	1095
11, 19-21:	912
11, 24.28:	1095
11, 30:	332
12, 24:	1250
13, 1:	332
13, 2:	1172, 1249, 1293
13, 2, 4, 9:	1095
13, 46:	1117
14, 3:	1117
14, 15-17:	1117
14, 17:	854
14, 23:	332
15, 8:	1095
15, 28:	555
16, 6-7:	1095
16, 9:	1214
16, 14:	1117, 1231, 1287
17, 22-31:	1117
17, 25-28:	326
17, 26:	854, 1393
17, 27:	1092
17, 28:	924
18, 18.26:	949
18, 26:	912
19, 8:	1117
20, 17:	332
20, 22-23:	1095
20, 22:	1293
20, 24:	334
20, 25-27:	332
20, 28:	310, 332, 998, 1280
20, 32:	904
21, 11:	1095
21, 19:	342
26, 17 s.:	342
26, 18:	8
26, 26:	1117
28, 31:	1117

Romanos

1, 1:	1249
1, 5:	887
1, 14-15:	353
1, 16:	330, 350, 561, 898, 1072
1, 19-20:	874
1, 20:	879
1, 21-25:	1360
1, 21.25:	326
2, 1-11:	1407
2, 6-7:	854, 874
2, 14-16:	1369
3, 23:	1107
4, 25:	309
5, 5:	397, 572, 704, 750, 927
5, 8-10:	1437
5, 14:	1385
5, 15.18:	1491
5, 19:	1295
5, 21:	1372
6, 4-11:	1122
6, 4-5:	297
6, 4:	8, 565
6, 5-11:	1491
6, 9:	416
6, 11:	719
6, 12:	378
6, 22:	388
6, 23:	1372
7, 14 ss.:	1350
8, 1-13:	721
8, 1-11:	1388
8, 11:	1388
8, 10-11:	287
8, 14-17:	1447
8, 15-16.26:	287
8, 15:	8, 1306, 1390
8, 17:	300, 314, 1388
8, 18:	418, 926

8, 19-22:	417
8, 19-21:	1439
8, 21:	309, 378, 1086
8, 23:	418, 1388
8, 25:	374
8, 29:	285, 439, 1388
8, 32:	1389
9, 4-5:	326, 863
10, 14-15:	14
10, 14:	1117
10, 14.17:	1280
10, 17:	1250
11, 11-32:	864
11, 13-26:	293
11, 13:	342
11, 17-24:	862
11, 28-29:	326, 864
11, 28:	864
12, 1-2:	513
12, 1:	311, 1247
12, 2:	1249, 1292, 1435
12, 4-5:	364
12, 4:	727, 1245
12, 5-8:	728
12, 5:	297
12, 6:	1189
12, 10:	493, 750, 1273
12, 18:	871
12, 19-20:	1071
13, 1-5:	1569
13, 1-2:	1072
13, 5:	796, 1570
13, 9-10:	1394
13, 10:	397, 750
14, 1-23:	1072
14, 10-12:	1407
14, 12:	1072
15, 4:	53, 895
15, 16:	335, 1172, 1437
15, 16 *gr.*:	1247
16, 1-16:	912
16, 3:	949
16, 3 ss.:	370
16, 25-26:	897
16, 26:	877

1 Coríntios

1, 2:	357
1, 11 ss.:	503
1, 13:	494
1, 18-21:	1117
1, 27:	1293
2, 3-5:	1072
2, 9:	1439
3, 7:	1231
3, 8:	1189
3, 9:	293, 294, 1127
3, 10:	1189
3, 11:	294
3, 14:	1439
3, 16:	287
3, 22-23:	1436
3, 23:	378
4, 1:	334
4, 14:	1257
4, 15:	334, 357
5, 7:	286
6, 13-20:	1363
6, 19:	287
7, 3-6:	1475
7, 5:	1479
7, 7:	314, 399
7, 31:	1299, 1439
7, 31 *gr.*:	401
7, 32-35:	737
7, 32-34:	399, 1297
7, 32:	722
8, 1:	253
8, 6:	1092
8, 9-13:	1072
9, 7:	1311
9, 14:	1311
9, 15:	1117
9, 16:	327, 935, 1104, 1117
9, 19-23 *Vg.*:	1249

9, 19-20:	1279	3, 14-16:	897
9, 19:	780	3, 16-4, 6:	873, 880
9, 22:	1173	3, 18:	421
10, 11:	417, 896	4, 4:	1386
10, 17:	286, 297	4, 6:	873, 1242
10, 23-33:	1072	4, 7:	1287
10, 32-33:	1240	4, 10-11:	19
10, 33:	1289	4, 10:	513, 976
11, 18-19:	503	4, 10 ss.:	1177
11, 22:	503	4, 14:	1388
11, 25:	308, 897	4, 15:	353
11, 26:	8, 307, 354, 1247	4, 16:	1175
12, 1-11:	298	5, 2:	1439
12, 4-11:	498	5, 6:	295, 418
12, 4:	287, 728	5, 8:	419
12, 7:	317, 921	5, 9:	418
12, 11:	317, 366, 921, 1171	5, 10:	418, 1370
12, 12-27:	419	5, 14:	935
12, 12:	298, 979	5, 15:	418, 1351
12, 13:	297	5, 17:	296
12, 26:	298	5, 18-19:	857, 1387
12, 27:	297	5, 19:	1092
13, 8:	1439	5, 21:	306
14:	298	6, 1:	18
14, 40:	1190	6, 2:	1610
15, 23:	1164	6, 4 ss.:	1174
15, 24:	1248	6, 6-7:	1080
15, 26-27:	219	6, 10:	1436
15, 27-28:	378	6, 14-15:	1249
15, 28:	1091, 1164	7, 4:	1117, 1292
15, 42.53:	1439	8, 2:	1174
15, 56-57:	1372	8, 9:	306, 400, 740, 1093, 1302
15, 58:	1041	8, 13 ss.:	1561
16, 17-18:	949	8, 14:	1312

2 Coríntios

1, 1:	357	9, 15:	8
1, 4:	1289	10, 3-5:	1072
1, 7:	1289	10, 4:	1072
1, 20:	880	10, 5-6:	877
3, 8-9:	334, 1284	10, 8:	1257
3, 12:	1117	11, 2:	1297, 1472
		11, 7:	1250
		12, 9:	1282

12, 15:	1113, 1294
12, 15 ss.:	1177
13, 10:	1257

Gálatas

1, 6-9:	503
1, 10:	1258
1, 16:	1173
1, 31:	1117
2, 2:	1292
2, 5:	1250
2, 20:	1284, 1387, 1491
3, 7:	862
3, 27-28 gr.:	498
3, 28 gr.:	365
4, 3:	1258
4, 4:	898
4, 5:	426
4, 6:	287, 1390
4, 19:	300
4, 26:	295
5, 1.13:	1258
5, 14:	1369
5, 22:	287, 386, 388
5, 26:	927
6, 2:	750
6, 10:	927
6, 15:	296

Efésios

1, 1-14:	87
1, 3:	1443
1, 4-5:	286
1, 4:	387
1, 5-6:	1443
1, 5:	1070
1, 9:	873
1, 10:	286, 415, 1092, 1437, 1464, 1513
1, 12:	8
1, 13-14:	1443
1, 14:	418, 1388
1, 18-23:	299
1, 22-23:	303
1, 23:	1443
2, 1-2:	1122
2, 6:	8, 300
2, 14-16:	862
2, 16:	1589
2, 17-18:	501
2, 18:	287, 873
2, 19-22:	294
2, 20:	330, 499, 1109
2, 21-22:	2
2, 22:	1316
3, 4-6 gr.:	898
3, 8:	536, 1287
3, 9-10:	1287
3, 9:	1287, 1317
3, 10:	703
3, 12:	1117
3, 19:	295, 303
3, 20-21:	1318, 1644
4, 1-6:	422
4, 1-3:	522
4, 1:	1127
4, 4-5:	498
4, 5:	365
4, 7:	369
4, 7.16:	1271
4, 11-16:	1105, 1294
4, 11-16 gr.:	301
4, 11-12:	287
4, 12:	355, 498, 573, 703
4, 13:	2, 746, 825, 1109, 1211, 1283
4, 14:	1273
4, 15-16:	361
4, 15:	1590
4, 16:	304, 419, 916[2], 921, 1096
4, 20-24:	1118
4, 22-24:	825

4, 23:	302, 522, 1175
4, 24:	1116, 1165
4, 28:	1454, 1561
5, 3:	388
5, 9:	595
5, 10:	1293
5, 11-16*gr*.:	374, 1487
5, 19-20:	1254
5, 19:	202
5, 22-33:	793
5, 23-24:	303
5, 24:	295
5, 25-33:	1475
5, 25:	1472
5, 25-26:	295, 387
5, 25-27:	1491
5, 25-28:	303
5, 27:	441, 513, 1472
5, 29:	295
5, 32:	314, 952, 1474
6, 11-17:	1072
6, 12:	374
6, 11-13:	418
6, 19-20:	1072
6, 19 ss.:	1174
6, 19.20:	1117

Filipenses

1, 1:	332
1, 20:	1117
1, 23:	418
1, 27:	1382
1, 5-8:	513
2, 5:	1041
2, 6-7:	306
2, 7:	746, 1173
2, 7-8:	400, 721, 1295
2, 8:	704
2, 8-10:	400
2, 8-9:	378
2, 12:	416
2, 21:	1272

3, 8:	225, 908
3, 10:	1388
3, 20:	13
3, 21:	300, 418
4, 3:	370, 912
4, 8:	1249
4, 11:	1177
4, 12:	1302
4, 14:	1314

Colossenses

1, 13:	1092, 1122, 1271
1, 15-18:	299
1, 15:	285, 874, 1351, 1386
1, 15-16:	442
1, 16:	1092
1, 18-20:	497
1, 18:	938, 1388
1, 19:	442
1, 20-22:	1387, 1589
1, 20:	415
1, 24:	314, 419, 704, 976, 1097
2, 9:	303, 1093
2, 12-13:	1122
2, 12:	300, 565
2, 19:	301
3, 1-4:	295
3, 1:	8, 13
3, 1-2:	1504
3, 3:	724, 1317
3, 4:	13, 309, 418
3, 5-10:	1118
3, 11:	365
3, 12:	388
3, 14:	397, 750
3, 16:	202, 884
3, 17:	570, 922, 1538
4, 3:	1117
4, 5:	374, 1487
4, 11.ss.:	332

1 Tessalonicenses

1, 5:	348

1, 6:	1118
1, 9-10:	1117
2, 2:	1117
2, 3-5:	1072
2, 12:	1271
2, 13:	316, 904
3, 5-7:	1122
4, 3:	387
5, 8-9:	1072
5, 12-13:	332
5, 12:	317, 921
5, 17:	19, 148
5, 19.21:	317, 921
5, 19:	384

2 Tessalonicenses

1, 8:	1071
1, 10:	418, 422
2, 15:	882
3, 1:	911, 1078, 1087
3, 6-13:	1454

1 Timóteo

1, 12:	342
1, 17:	873
2, 1-4:	1079
2, 1-2:	90
2, 4-6:	1104
2, 4:	6, 326, 854, 1072, 1242
2, 5-6:	434
2, 5:	6, 354, 419
3, 2-5:	1296
3, 8-10:	393
3, 12-13:	393
3, 15:	294, 305
4, 6:	1178
4, 11-13:	1250
4, 14:	335, 1175
4, 15-16:	1287
5, 3:	1474
5, 17:	354

5, 18:	1311
5, 22:	332
6, 8:	1561
6, 14:	876

2 Timóteo

1, 6-7:	335
1, 7:	1177
2, 2:	332, 1280
2, 10:	609
2, 11-12:	314, 418
2, 11:	8, 300
2, 21:	609
3, 16-17*gr*.:	890
3, 16:	889
3, 17:	703
4, 1-4:	344
4, 2:	1257
4, 5:	1250
4, 6 s.:	332

Tito

1, 5:	332
1, 6:	1296
1, 9:	1250
2, 13:	418, 876
2, 14:	12 83
3, 4:	1443

Hebreus

1, 1-2:	875
1, 1:	6, 889
1, 2:	318, 1092
2, 17:	306, 1249
3, 6:	425
4, 7:	889
4, 12:	904
4, 15:	1093, 1249, 1386
5, 1-3:	354
5, 1:	1249
5, 1-2:	353

5, 1-4:	354	1, 3:	191
5, 1-5:	311	1, 10:	896
5, 6:	290	1, 23-25:	911
5, 8:	746	1, 23:	308, 357, 1100, 1250
7, 3:	1277	2, 1:	927
7, 17-21:	290	2, 4-10:	311, 918
7, 24:	354	2, 4-5:	23
7, 25:	1288	2, 5-10:	979
7, 26:	306, 387, 1282	2, 5.9:	1244
8, 2:	13	2, 5:	294, 373, 1316
9, 11-28:	354	2, 7:	297
9, 27:	418	2, 9-10:	308
9, 28:	1093	2, 9:	23, 1126
10, 5-7:	400	2, 12:	871, 1250
10, 7:	746	2, 13-17:	1072
10, 19:	1289	2, 21:	1387
10, 22:	1289	2, 25:	499, 1280
11, 1:	375	3, 15:	311, 826, 1244
11, 3-40:	421	3, 21-22:	1122
11, 6:	1104	4, 10:	320, 921
11, 8:	1317	4, 10 ss.:	1258
11, 10:	421	4, 13:	314
12, 1:	421	5, 3:	357, 391, 1561
13, 1-2:	1269	5, 4:	292
13, 7:	421	5, 10:	395
13, 8:	283, 1351		
13, 14:	2, 310, 421, 1454	**2 Pedro**	
13, 15:	316		
13, 16:	1269	1, 1:	366
13, 17:	353, 383, 748	1, 4:	547, 873
		1, 19-21:	889
Tiago		3, 10-13:	415
		3, 10:	444
1, 4:	513	3, 13:	417, 1439
1, 15:	1372	3, 15-16:	889
2, 14:	323		
2, 15-16:	744, 1403	**1 João**	
3, 2:	388		
5, 1-6:	1561	1, 2-3:	872
5, 14-16:	314	1, 10:	523
		2, 18-19:	503
		2, 20:	387
1 Pedro		2, 20.27:	316
1, 3-9:	501	3, 1-2:	1390

3, 1:	418	3, 7:	387
3, 2:	418, 881	5, 9-10:	311
3, 2:	1122	5, 9:	423
3, 14:	750	5, 13-14:	425
3, 16:	398, 1291	5, 12:	425
3, 17:	744	12, 17:	295
3, 17 ss.:	1561	19, 7-8:	1472
4, 1:	384, 1272	19, 7:	295
4, 8:	896, 1437	19, 10:	374, 1244
4, 9:	497	19, 16:	433
4, 10:	724	21, 1:	375
4, 11:	1113	21, 1 s.:	294
4, 16:	397	21, 2:	13, 295, 703, 1472
4, 20:	1394	21, 3:	294
		21, 4-5:	1439

3 João

3:	933

Judas

3:	316, 882

Apocalipse

1, 6:	311

21, 9:	295, 1472
21, 14:	330
21, 23 s.:	854
21, 23:	425
21, 24:	319
22, 12-13:	1465
22, 17:	287, 295

ÍNDICE DAS FONTES

A

Alberto Magno (S): 1551.
Alexandre IV: 419.
Ambrosiaster: 335.
Ambrósio (S): 335 401 431 436 439 440 770 908 1070 1093 1459.
Anastásio de Antioquia: 430.
André de Creta (S): 430 433 436.
Atanásio (S): 1093 1251.
Atanásio (S?): 399.
Agostinho (S): 285.
Confessiones: 1384.
Contra Faustum: 348.
Contra Litteras Petiliani: 1070.
De Baptismo contra Donatistas: 323.
De Bono coniugali: 1471.
De Catechizandis Rudibus: 872.
De Civitate Dei: 307 891 1109 1247.
De Doctrina Christi: 892.
De Dono perseverantiae 314.
De Genesi ad litteram: 890.
De praedestinatione sanctorum: 316.
De Sancta Virginitate: 399 427.
Enarrationes: in psalmo 7 (330) - *in ps.* 32 (503) - *in ps.* 44 (1087) - *in ps.* 54 (1095) - *in ps.* 85 (419).
Enchiridion: 397.
In Ioannis Evangelium Tractatus: 9 83 323 440 790 1093 1125 1291 1551.
Quaestiones in Heptateucum: 897.
Retractationes: 388.
Sermones: 51 (430) - 71 (288) - 179 (908) - 266 (1095) - 267 (1095) - 268 302 (1905) - 269 (1095) - 271 (1095) - 340 (367) - 341 (285).

B

Basílica de São Marcos: 1095
Basílio Magno (S): 339 487 1093 1551
Beda Venerável (S): 440 1095.
Bento XIV: 351 458 474 483 1011

Bento XV: 327 340 420 462 582 819 893 907 908 1011 1100 1106 1107 1174 1176 1179 1183 1191 1222.
Boaventura (S): 405 419 805 1551.
Breviarium Romanum: 83 422.

C

Canones Apostolorum: 476.
Catacumbas (*inscriptiones*): 420.
Catena in Acta SS. Apostolorum: 1095.
Clemente Alexandrino: 1092.
Clemente Romano (S): 332² 333.
Clemente III: 1070.
Clemente VII: 471.
Clemente VIII: 458 474 482.
Código de Direito Canônico:
c. 124 (392) - c. 125 (1304) c. 227 (337) - c. 329 § 1 (333) - c. 391 (1264) - cc. 423-428 (1264) - c. 478 (403) - c. 488 § 4 (403) - c. 682 (382) - c. 782 § 4 (475) - cc. 1322-1323 (345) - c. 1327 (340) - c. 1350 § 2 (340) - c. 1351 (1070) - c. 1357 § 4 (786).
Código de Direito Canônico Oriental:
Motu Proprio: *Cleri Sanctitati* (Pii XII):
c. 4 (460) - c. 8 (460) - c. 11 (460) - c. 159 (472) - cc. 216-314 (343) - c. 216 (343) - c. 219 (466) - c. 238 § 3 (343) - c. 240 (343) - c. 251 (343) - c. 255 (343) - c. 267 (479) - cc. 324-339 (343) - cc. 324-339 (471) - cc. 362-391 (343).
Motu proprio *Crebrae Allatae* (Pii XII): c. 32 § 2, n. 5 (479).
Celestino (S): 340.
Collatio Lacensis III: 832 837.
Comissão Bíblica: 806 901.

CONCÍLIOS:

a) *Ecumênicos:*
de Calcedônia (451): 426 431 463 468 472 478 1386.
de Constantinopla I (381): 418 463 464 466.
de Constantinopla II (553): 426 1386
de Constantinopla III (680-81): 1386².
de Constantinopla IV (869-70): 463 464 466 468 478 882.
de Êfeso (431): 340 341 426 471.
de Florença (1438-45): 329 341 419 424 463 466 468 503 506 555.
de Latrão IV (1215): 341 463 466 468 506.
de Latrão V (1512): 520.
de Lyon II (1274): 474 506.

de Nicéia I (325): 336 341 463 464 466 468 478.
de Nicéia II (787): 424 443 882.
de Trento (1545-1563):
Gen.: 818 872.
Sessões
— IV (*D. de Canonicis Scripturis*): 880 885 890.
— V (*D. de Reformatione*): 344 596 1250.
— VI (*D. de Justificatione*): 424.
— XXI (*Doctrina de communione sub utraque specie et parvulorum*): 95.
— XXII (*Doctrina de S. Missae Sacrificio*): 9 52 354[4].
— XXIII (*D. de Sanctissima Eucharistia*): 8 - (*D. de Sacramento Ordinis*): 333 335 1245.
— XXIV (*D. de Reformatione*): 132 344 596 1250.
— XXV (*D. de Invocatione... Sanctorum*): 422 424 443 - (*D. de Purgatorio):
424 (D. de Reformatione generali*): 1301.
Professio Fidei Tridentina: 305.

Vaticano I (1869-1870):
Gen.: 329 872.
Constitutio dogmatica de Ecclesia Christi «Pastor Aeternus»: 329 333 338 346 408 575.
Constitutio dogmatica de Fide Catholica «Dei Fillius»: 305 345 421 877 878 879 880 883 887 893 1431 1516.
Schema de Doctrina Catholica: 889.
Explic. *Gasser*: 346 347[2].
Relat. *Zinelli:* 337[2] 352.

Vaticano II: cf. *Vaticano II (autocitações)*:
b) *Locais:*
Concílio de Antioquia (341): 476 1301.
Concílio de Sárdica (529): 877.
Concílio de Latrão (649): 431.
Concílio de Paris (829): 1301.
Concílio Prov. de Cincinatti III (1861): 832.
Concílio Prov. de Westminster I (1852): 837.
Concílio de Toledo IV (633): 1070.
Sínodo dos Armênios (1911): 483.
Sínodo de Cartago (419): 471 472.
Sínodo dos Coptos (1898): 483.
Synodus duinen. Armenorum (719): 476.
Sínodo de Laodicéia (347-381): 474 476 483.
Sínodo dos Maronitas Libaneses (1736): 474 483.
Sínodo de Mar Issac dos Caldeus (410): 483.

Sínodo de Neocesaréia (314-325): 478.
Sínodo dos Rumenos (1872): 483.
Sínodo dos Rutenos (1891): 483.
Sínodo dos Sardenses (343): 478.
Sínodo dos Patriarca Sérgio (1596): 480.
Synodus Sisen Armenium (1342): 474.
Sínodo dos Sírios (1888): 483.

Constitutio Ecclesiastica Apostolorum: 1264.
Contitutiones Apostolorum: 359 1250 1252 1257 1264[3] 1265 1271.
Constitututiones Ecclesiae Aegypticae: 359.
Cornélio I (S): 355.
Cipriano (S): 42 285 288 310 333 335 336 338 354[2] 355 399 792 886.
Cirilo de Alexandria (S): 84 285 1087 1093 1095 1106 1109.
Cirilo de Jerusalém (S): 313 430 897 1093.
Cramer: cf. *Catena in acta ss. Apostolorum.*

D

Decreto a Graciano: 1250 1301 1551.
Decretum pro Armenis: 1471.
Didaqué: 327 359 1107.
Didascalia: 359 1257 1261 1264[2].
Dídimo de Alexandria: 302.
Diehl: 422.
Dionísio: 336.

E

Epifânio (S): 430.
Carta a Diogneto: 386 875 1131.
Epitome Constitutionum Apostolorum: 1264.
Euchologion Serapionis: 1264.
Euchologion to Mega: 348.
Eugênio IV: 474.
Eusébio de Cesaréia: 326 336[2] 1109.

F

Fulgêncio (S): 1093 1095.

G

Gasser: cf. *C. O. Vaticanum I.*

Gelásio I: 420.
Gerhohus Reich: 439.
Germano de Constantinopla (S): 430 433 436.
Godefrido de S. Vitor: 439.
Graciano: cf. *decreto.*
Gregório Magno (S): 285 330 339 1070 1095 1281 1551.
Gregório de Nazianzo (S): 354 1093 1095.
Gregório de Nissa (S): 1093.
Gregório VII (S): 859.

H

Hesíquio de Jerusalém: 335.
Jerônimo (S): 330 419 430 893 908 1251 1256 1258 1264.
Hilário de Poitiers (S): 285 330 339 1109.
Hipólito (S): 350 1106.

I

Inácio de Antioquia (S): 673 320 332 333^3 348^2 353 354 355 359 392 393^2 1252 1264.
Inocêncio I: 354^2 472.
Inocêncio III: 458 473 476 1070.
Inocêncio IV: 458 474 483.
João Crisóstomo (S): 302 319 335 386 394 399 401 430 547 894 1095 1281.
João Damasceno (S): 285 288 430 433^2 436.
João XXIII:
Discursos: 335 773 813 816 834 839 843 947 950 1527 1537 1551.
Exortações apostólicas:
Sacrae Laudis: 788.
Constituições apostólicas
Humanae Salutis: 578 912.
Encíclicas:
Ad Petri Cathedram: 1639.
Mater et Magistra: 815 819 824 944 945 946 954 967 1014 1023 1029 1036 1058 1107 1378 1392 1397 1399 1455 1538 1540 1542 1546 1548 1551 1555 1557 1558 1567 1575.
Pacem in Terris: 598 819 820 821 822 827 849 1042 1045 1049 1058 1059 1081 1082 1392 1401 1407 1426 1517 1518 1520 1573 1574 1599 1600 1607.
Princeps Pastorum: 986 1100 1138 1143 1152 1179 1236 1241.

Sacerdotii Nostri Primordia: 771 788 789 790 813 1264 1285.

Irineu (S): 287 319 327 332² 340² 881 897 900 909 1092 1106 1107 1439 1507.
Isaac de Stella: 440.
Isidoro de Sevilha (S): 1264.

J

Justino (S): 327 333 1462.

K

Kleutgen: 337 345 436.

L

Lactâncio: 1070 1551.
Leão Magno (S): 334 337 348 431 478 480 1095.
Leão IX: 458.
Leão X: 458.
Leão XII: 472.
Leão XIII:
Discursos: 950 1075
Constituições:
Romanos Pontífices: 409 673.
Encíclicas:
Auditricem Populi: 436.
Caritatis Studium: 325.
Divinum Illud: 302 1095.
Et Sane: 303 333.
Grande Munus: 340.
Immortale Dei: 381 1059.
Libertas Praestantissimum: 1045 1540.
Providentissimus Deus: 806 889 890 907.
Rerum Novarum: 941 1546 1551 1555.
Sapientiae Cristianae: 403 381.
Satis Cognitum: 304 325 352.
Cartas:
Au milieu des consolations: 408.
Officio Sanctissimo: 352 1075.
Praeclara Gratulationis: 325.
Cartas apostólicas:
Christi Domini: 472.

Orientalium Dignitas: 457 458 461.
Praeclara: 458.
Liber Ordinum Liturgiae Mozarabicae: 1250.
Liber Sacramentorum Romanae Ecclesiae: 335 350 354 355 392 1122 1245.
Liber Sacramentorum S. Gregorii: 330.
Liturgia: cf. *Missale Romanum.*
Liturgia Paschalis Byzantina: 1390.

M

Mário Vitorino: 1093.
Metódio (S): 420.
Missal Francorum: 1245.
Missal Romanum: 7 378 387 423 424 426 1107 1288 1441.
Modesto de Jerusalém (S): 433.

N

Nerses Glaienn. Armenorum (S): 483.
Nicéforo (S): 476 480
Nicolau Cabasilas: 313.
Nicolau I (S): 472 476
Nicolau III: 458.

O

O.N.U.: 820 822.
Ordo Consecrationis Sacerdotalis: 345 355 392.
Orígenes: 294 388 391 399 1095 1106 1109 1264.

P

Paládio: 402.
Pascásio Radberto: 330.
Paschini Mons. Pio: 1431.
Paulo III: 458.
Paulo V: 458.
Paulo VI:
Discursos: 402 404 409 428 589 670 673 805 807 813 817 819 828 833 837 840 841 843[2] 1049 1115 1169 1191 1261 1265 1280 1428 1464 1483 1529 1548 1600.

Encíclicas:
Ecclesiam Suam: 600² 790 802 807 814 847 1071 1249 1271 1378 1392 1442.
Mysterium Fidei: 606 1256 1288.
Carta Apostólica:
Summi Dei Verbum: 771 775 783 784 795 799 813.
D. Motu proprio:
Apostolica Sollicitudo: 581 1191.
Sacram Liturgiam: 605.
Pedro Canísio (S): 424.
Pedro Damasceno: 439.
Pio IV: 458.
Pio VI: 458 480.
Pio VII: 471.
Pio IX: 345 352 433 458.
Pio X: 392 436 618 771 788 813 950 958 1264 1285.
Pio XI:
Discursos: 420 829 847 896 987 1578.
Constituições Apostólicas:
Umbratilem: 402.
Encíclicas:
Ad Catholici Sacerdotii: 392 771 782 785 813 1282 1285 1296 1297.
Casti Connubii: 389 394 954 1471 1472 1475 1483.
Divini Redemptoris: 1378 1546.
Divini Illius Magistri: 819 822 825 826 827 828 830 832 833 837 839.
Ecclesiam Dei: 445.
Miserentissimus Redemptor: 312 436.
Non abbiamo bisogno: 828 833.
Quadragesimo Anno: 369 914 962 1397 1440 1516 1538 1540 1546 1555 1557.
Quamvis nostra: 999 1012.
Rerum Ecclesiae: 327 340 582 916 1100 1172 1222 1228 1513.
Rerum Omnium: 389.
Rerum Orientalium: 325 462.
Ubi Arcano: 935.
Pio XII:
Discursos: 312 369 370 381 382 389 393 402 403 409 412 420 436 443 670 674 782 805 807 813 817 819 822 826 827 828 830 833 837 839 843 846 914 941 947 950 951 954 957 959 977 980 983 987 1008 1023 1032 1034 1035 1042 1045 1059 1070 1076 1077 1080 1087 1100 1172 1179 1369 1450 1479 1483 1518 1537 1538 1540 1546 1548 1551 1555 1558 1573 1574 1600.
Exortações apostólicas:
Menti Nostrae: 397 771 773 778 784 788 790 792 796 817 1009 1285.
Constituições apostólicas:
Exsul Familia: 618.

Munificentissimus: 433 886.
Provida Mater: 389 403 408.
Sacramentum Ordinis: 354.
Sedes Sapientiae: 409 772 775 784 794.
Encíclicas:
Ad Apostolorum Principis: 1378.
Ad Caeli Reginam: 433 443.
Divino Afflante Spiritu: 889 890 892 906 908.
Evangelii Praecones: 956 1100 1172 1176 1179 1183 1222 1236 1241.
Fidei Donum: 327 339 340 582 1100 1184 1222 1223 1226.
Fulgens Corona: 445.
Humani Generis: 802 805 807 847 887.
Le pèlerinage de Lourdes: 982.
Mediator Dei: 312 313 354 420 421 606 788.
Mystici Corporis: 299 302 304 333 351 388 411 419 422 432 1070 1252.
Orientalis Ecclesiae: 325.
Sacra Virginitas: 792 793 1287.
Sertum Laetitiae: 1032 1551.
Summi Pontificatus: 935 1076.
D. *Motu Proprio:* 460 464 466 471 472 478 479 776 817 (cf. *etiam Codex juris can. orientalis*).

Policarpo (S): 359 1249.
Pontificale Romano - Germanicum: 1245.
Pontificale Romanum: 1245 1250 1264 1280 1288 1307 1317.
Primásio: 330.
Pseudo-Dionísio: 354.
Pseudo-Jerônimo: 1264.
Pseudo-Macário: 388.

R

Rituale Romanum: 132 1122.
Ritus Orientalium: 1250 1264.
Roberto Belarmino: 345.
Rosweydus: 402.

S

Sacrae Congregationes Romanae:
— *Concilii:* 986[2] 1003.
— *Consistorialis:* 697 698.
— *de Propaganda Fide:* 475 482 1109 1179.

— *de Religiosis:* 697 784.
— *de Sacramentis:* 784.
— *de Seminariis:* 776 788.
— *pro Ecclesia Orientali:* 475² 479 482.
— *Rituum:* 788 808.
— *S. Officii:* 325 326 419 475 479 482 889.
Sacramentarium Gelasianum: 1264.
Sacramentarium Gregorianum: 1264 1419 1491.
Sacramentarium Leonianum: 335 1250 1264
Sacramentarium Veronense (Leonianum): 6, 335 1245.
Schwartz: 340.
Sophronius: 430.
Statuta Ecclesiae Antiquae: 359 1250.
Sub Tuum Praesidium: 442.
Symbolum Apostolicum: 305.
Symbolum Constantinopolitanum: 426 1095.
Symbolum Nicaeno - Constantinopolitanum: 305.
Sínodo: cf. *Concílios locais.*

T

Tertuliano: 294 332² 336 399 1097 1251 1385 1462.
Testamentum Domini: 1264².
Teodoreto: 1264.
Teodoro de Mopsuéstia: 335 897 1264.
Teodoro Estudita (S): 476.
Tomás de Aquino:
De Veritate: 890.
Expos. Iae Decretalis: 1251.
In Colossenses: 302.
In Matth.: 1100.
In I Ethic.: 1396.
In I Sentent: 1100.
In IV Sentent.: 419.
Summa Theologiae: 297 313 325 348 388 391 397 399 405 1047 1100 1109 1253 1287 1471 1551.
Timóteo Alexandrino (S): 476.
Traditio Apostolica: 335² 350 1264.
Traditio Apostolica Hippolyti: 350.

Z

Zinelli: 337² 352.

AUTOCITAÇÕES DO VATICANO II

Onde e quantas vezes o Concílio cita a si mesmo

Sacrosanctum concilium
Gen.: **605 1243**; 7: **354 807 1252**; 8: **425**; 10: **808**; 11: **922**; 14: **808 829**; 15: **808**; 16: **807 808**; 17: **1137**; 26-40: **912**; 26, 27: **1288**; 33, 35: **1251**; 47: **354**; 48, 52: **1251**; 64-65: **1121**; 104: **423**; 122-127: **1256**; Apêndice: **481**.

Inter mirifica
Gen.: **601 912 1243**; 6: **1538**; 13: **829**; 14: **829**.

Lumen gentium
Gen.: **702 1166**; 1: **1090 1451**; 4: **1095**; 7: **800 1095**; 8: **790 800 1382 1443**[2]; 9-17: **1017**; 9: **1126 1418 1443 1462**; 10: **918 1127 1246**; 11: **826 1127 1129 1472**; 12: **1127**; 13: **1168 1169 1461 1584**; 14: **1104 1125**; 15: **1016 1459**; 16: **864 1309 1389**; 17: **815 821 1109 1121 1171**; 18: **1189 1245**; 21: **575 576**; 22: **579**[3] **580**; 23: **581 1127 1191 1220**; 24: **575 1220**; 25: **575 596**[3] **805 1156 1249**; 28: **780 790 1227 1245 1252 1257 1264**[2] **1458**; 29: **1140**; 30-38: **1017**; 31: **917 1146**: 32: **922 1132**; 33: **815 912 918 1024 1234**; 34: **1127**; 35: **826 1127 1129 1234 1243 1244 1472**; 36: **815 825 1127**; 37: **815 1008 1272 1276 1532**; 38: **1443**; 39-42: **1017**; 40: **922**; 41: **922 1129 1177 1472**; 42: **1296s**; 43: **1297**; 43-47: **607 813**; 44: **1136 1230 1297**; 46: **1239**; 48-51: **1087**; 48: **1463**; 61: **931**; 65: **931 1305**.

Orientalium ecclesiarum
4: **632**; 7-11: **594**; 30: **1129**.

Unitatis redintegratio
Gen.: **613 849 912**; 1: **809 1103**; 4: **1017 1138**; 6: **1017**; 7: **1017**; 9: **809**; 10: **809**; 12: **1014 1016 1017 1212**; 21: **1274**.

Christus Dominus
Gen.: **1243**; 6: **1225**; 13: **829**; 14: **829**; 15: **776 1264**; 16: **912 1264**; 17: **912**; 18: **912 1259**; 35: **1200 1205**; 36-38: **1201**.

Perfectae caritatis
Gen.: **813**; 6: **1304**; 8: **1012**; 12: **1297**; 24: **776**.

Optatam totius
Gen.: **1176 1243 1532**; 1: **1138**; 2: **1154 1280 1281**; 4, 8, 9: **1136**; 19-21: **1180**; 22: **1309**.

Gravissimum educationis
Gen.: **1532**; 3, 5, 7: **912**.

Dei verbum
21: **1127 1304**; 25: **1307**.

Apostolicam actuositatem
Gen.: 1132 1166.

Dignitatis humanae
2, 4, 10: **1119**.

Presbyterorum ordinis
10: **1161; 1186**; 11: **1154**.

Gaudium et spes
Gen.: **1119**; 4: **1495**.

ÍNDICE ANALÍTICO

ABADES
— concelebração da missa, na bênção abacial 100
ABEL
— no fim dos tempos todos os justos, de Abel justo até o último eleito, reunir-se-ão junto ao Pai, na Igreja universal 285
ABORTO
— crime 1405 1483
ABRAÃO
— o povo de Deus está ligado espiritualmente à raça de Abraão 326 861s
— por intermédio da aliança, Deus se revela como único Deus verdadeiro 895
— Abraão, modelo de fé para os padres 1317
— os muçulmanos têm fé em Abraão 326 859
~ 425*
ABSOLUTISMO
— cf. *Totalitarismo*
ACADEMIA
— instituir academias para formação de artistas 235
AÇÃO
~ 409* 411* 428* 442* 444*
Ação apostólica
— o Espírito Santo a previne e a acompanha 1095
— formação dos leigos em vista de uma a. a. comum 981 (cf. *Leigos*); diálogo dos padres com os leigos para tornar mais frutuosa a a. a. 1009
— os religiosos e o necessário entrosamento na a. a. diocesana 409 669 (cf. *Religiosos*); relações entre a. a. e vida religiosa para os religiosos 729; apesar da urgência da a. a. os institutos puramente contemplativos têm ainda hoje prioridade 727
— a vida comum dos padres numa paróquia favorece a a. a. 655
— a a. a. dos alunos nas escolas não-católicas 835
Ação caritativa
— "ágape" ceia eucarística e a. c. 944
— obras de caridade, direito e dever da Igreja 944

— a. c. em relação à liberdade e à dignidade de quem recebe auxílio 946
— que os leigos estimem e colaborem com as obras caritativas internacionais 947
— a. c. nos planos diocesano, nacional e mundial 1630
— encoragem-se os cristãos, especialmente jovens, que se dispõem a prestar auxílio em outras nações 1629
Ação católica
— forma associada do apostolado leigo 987
— seu laço íntimo com a hierarquia 987
— definida como cooperação ou colaboração dos leigos com o apostolado hierárquico 989- 993
— participa do próprio fim apostólico da Igreja 989
— visado, entretanto, de forma especificamente leiga 990
— a. c. como um dos vários tipos de ministério necessários à constituição da Igreja e ao desenvolvimento da comunidade cristã 1134
— os bispos devem insistir para que os fiéis apóiem a a. c. 615
— a forma, os modos e os objetivos da a. c. podem ser ratificados por um "mandato" 992
— formas e nomes diversos 993
Ação cultural
— a. c. dos leigos 941
— colaboração com os irmãos separados no campo cultural 537
— por intermédio de sua a. c. os leigos preparam o mundo para receber as sementes da Palavra de Deus 380 (cf. *Cultura*)
Ação litúrgica
— as a. l. não são ações privadas, mas celebrações da Igreja, "sacramento de união" 42
— participação dos fiéis na a. l. 43 313 397
— a importância da Palavra de Deus e de sua pregação na a. l. 58
— a educação cristã leva a adorar a Deus em espírito e verdade, especialmente na a. l. 825 (cf. *Educação*)
— mediante a. l., a Igreja educa o ser humano para a liberdade interior 1513
— a. l. e conhecimento do mistério da salvação por parte dos seminaristas 807
— cf. *Liturgia, Sagrada Escritura, Pregação*
Ação pastoral
— cf. *Pastoral*
Ação social
— a. s. dos leigos em prol da instauração de uma ordem social justa 941
— compromisso com a caridade, o testemunho e a coerência por parte dos leigos que exercem a. s. 630 961-964
— a a. s. da Igreja favorece o ecumenismo 521; cooperação com os irmãos separados no campo social 523

ACLAMAÇÕES
— na liturgia 49
ADÃO
— A. e Cristo na história da salvação 1093 1295 1385-1396
— a humanidade caiu com A. e se retomou com Cristo 285
— dentre os filhos de A. está também Maria 427 430
— A., primeiro homem, figura do futuro, isto é, do Cristo 1385
— os filhos de A. readquirem a semelhança com Deus em Cristo 1386
~ 310*
ADAPTAÇÃO
— a. da liturgia à índole dos diversos povos 65; a. dos livros e dos ritos litúrgicos 66; a. especialmente em alguns lugares 68
— a. da pregação às várias culturas 1461 1462
— a. do apostolado 616 1041 1316; a. da catequese 599 602-604 1527; a. do educador 831
— os cristãos, sob a conduta dos pastores, devem adaptar a cada povo e às diversas mentalidades todas as propostas do Concílio 1637
— a. do missionário (cf. *Missões*)
— a. da vida religiosa 704 770 1230-1233; a. dos religiosos às exigências do apostolado 730
— a. da Igreja 458 588 589 1155-1162 1168-1170 1324 1461s (cf. *Aggiornamento, Renovação*)
ADMINISTRADORES
— e meios de comunicação social 260-262
ADMIRAÇÃO
— cultivar e desenvolver a faculdade de a. espiritual 1500 1514
ADOÇÃO
— a. divina (cf. *Filhos de Deus*)
— a. de crianças abandonadas como obra de apostolado familiar 955
ADORAÇÃO
— a. de Deus pelos muçulmanos 859
— os padres e a a. 1248; espírito de a. 1306
ADULTÉRIO
— o amor conjugal é alheio a todo a. 1476
ADULTOS
— instaurar o diálogo entre adultos e jovens 960
— catequese de a. 602
— restabelecimento do catecumenato 115
— rever o rito batismal de adultos 117
ADVENTO
— celebração da Palavra de Deus no a. 60; a. no ano litúrgico 184; a atividade missionária e o a. de Cristo 1108
~ 103* 203*

ADVERSÁRIOS
— dialogar com os a. 1406-1408
AFASTADOS
— sejam conduzidos à Igreja 949 1172
— assistência, por parte das conferências episcopais, aos a. das próprias terras 1226
— os sacerdotes e a procura dos a. 1273; serviço prestado pelas escolas católicas em favor dos a. 842
ÁGAPE
— ceia eucarística e caridade na Igreja primitiva 944
— a Igreja que preside ao amor (ágape) 320 1169
AGGIORNAMENTO
— a. das instituições sujeita a mudança 32
— a. dos institutos e congregações religiosas 727-732; a. da vida religiosa 706-718 753 754
—; a. da liturgia 76 77
— a. dos métodos didáticos 811; a. das obras e dos meios de apostolado 761 (cf. *Adaptação, Renovação*)
— a. da pastoral 817; a. da pedagogia 839
— a. dos seminários 778; a. dos estudos nos seminários 779 800 810
— o a. verdadeiro da vida religiosa requer colaboração de todos os membros do instituto 715
— os prelados ordinários e os superiores devem reunir periodicamente os missionários em vista do a. 1175
~ 37* 441*
AGNOSTICISMO
— a. da cultura contemporânea 1508; a. relativamente ao conhecimento de Deus 1374
AGONIZANTES
— o tempo útil para receber a unção dos enfermos não começa somente quando há perigo de morte 126
— os sacerdotes visitem e confortem os a. 1259
— "se você não nutrir aquele que tem fome, terá causado sua morte" 1551
AGRADECIMENTO
— a ação de graças na liturgia 8 84 191
— a. do Concílio pela obra dos sacerdotes 1318
~ 13* 94* 100* 205* 266* 277* 279* 293* 325* 327* 366s* 385*
AGRICULTURA
— subdesenvolvimento agrícola atual 1542
— competência profissional, exigência do desenvolvimento agrícola 1542
— favorecer e sustentar a produção agrícola 1542; empenhar-se no aumento da produção no setor agrícola 1538
— indenização eqüitativa na expropriação de propriedades agrícolas 1559

— produção agrícola nos países subdesenvolvidos 1559 1625
— melhoria dos métodos de cultivo para ajudar as populações em desenvolvimento 1625
— desequilíbrios socioeconômicos entre agricultura, indústria e serviços 1536

ÁGUA BATISMAL
— bênção da a. b. fora do tempo pascal 122

ALEGRIA
— Cristo, a. de todos os corações 1464; a. pela vocação e pela vida sacerdotal 773 783 1292; verdadeira a. pascal 1280; realizar obras de misericórdia com a. 728

ALIANÇA
— torna-se definitiva em Cristo 308-310 975 897 1095
— exaltado na cruz pelo Espírito, Cristo reúne o povo da nova a. 498
— a antiga a. prefigura a Igreja 285
— a nova a. foi confiada ao colégio apostólico encabeçado por Pedro 507
— cf. *Igreja, História, História da salvação*

ALIMENTAÇÃO
— deve ser favorecida pelas instituições internacionais 1613
— prover às necessidades fundamentais do ser humano, como a a. 1400

ALMA
— espiritual e imortal 1364
— todos os seres humanos dotados de a. racional têm a mesma natureza 1409
— o Espírito Santo é como a alma da Igreja 302
— a caridade, a. do apostolado, alimenta-se dos sacramentos 918
— os cristãos no mundo são como a a. no corpo 386

ALTARES
— forma e modo de ereção 237 238

ALUNOS
— associações de ex-alunos 839
— influência da escola nos a. 830s
— cf. *Escola, Seminários*

AMBIENTE
— colaboração dos fiéis no a. em que vivem 1632
— a. social 1398; a. histórico 1494

AMBON
— cf. *Edifícios sagrados*

AMÉRICA LATINA
— em que sentido algumas regiões da A. L. são territórios de missão 1103 (nota 37)

AMIZADE
— os educadores devem travar a. com os alunos 839
— os clérigos se habituem a cultivar a a. com Cristo 788

— diálogo e amizade dos bispos com homens e mulheres 600
— os leigos devem cultivar a a. entre si 927 976; a. e troca de experiência entre os leigos 978
— demonstrem os padres amizade e compreensão para com todos aqueles que passam dificuldade 1269s
— os bispos devem considerar os padres irmãos e amigos 1264
— os jovens, os cônjuges, os pais formem grupos de amigos para se ajudar uns aos outros 1259
— o convívio entre esposos no matrimônio é sinal da a. conjugal 1475
~ 186* 189* 207* 555* 266* 327* 367* 472* 486* 499* 524*

AMOR
Amor à Igreja
— cf. *Igreja e amor*
~ amor e Concílio 58* 185* 337* 340*-342*-346* 350*-351* 450* 455* 460*

Amor conjugal
— cf. *Matrimônio*

Amor fraterno
— Cristo e o a. f. 943; o a. pelos irmãos é o primeiro mandamento 1394 1408 1347; cf. *Caridade*
— Cristo é o princípio de uma nova humanidade caracterizada pelo a. f. 1107
— a estima recíproca proveniente do a. f. deve refletir-se no apostolado 999
— os cônjuges cristãos constroem o a. f. 394
— a veneração dos santos e a consolidação do a. f. na Igreja 422
— somos uma família e nos comunicamos entre nós pelo a. f. 425
— sobretudo a família deve educar no a. f. 826
— prática do a. f. 1403-1404; cf. *Fraternidade*
— a paz que nasce do amor ao próximo 1589
— união de a. f. entre os bispos das várias Igrejas particulares 679
— a. f. e colaboração com os orientais 555

Amor humano
— para com o próximo 942-947 1404; para com a pátria 1574
— o amor fraterno dos fiéis contribui para revelar a presença de Deus 1482
— a ordem social deve ser vivificada pelo amor 1469
— amor desordenado para consigo mesmo 1436
— a. h. e respeito à vida 1483; a. h. e amor livre 1469
— a. h. e respeito para com os adversários 1406-1408
~ 25*i 25*j

Amor, Deus e Cristo
— a revelação o manifesta 872s 894 1419
— Deus ama os seres humanos como filhos e amigos 868 873 904 1463
— a. para com Deus; cf. *Caridade*

— o ser humano só existe porque é criado por Deus por amor 1373
— o Filho de Deus "me amou" 1387
— a Igreja se funda no a. do Redentor 1581; revela e realiza o mistério do amor de Deus para com os seres humanos 1463
Lei nova do amor
— os cristãos vivem segundo as exigências da lei da caridade 1258; é a nova lei do povo de Deus 309
— recebendo as primícias do Espírito, o cristão se torna capaz de cumprir a l. n. do a. 1388
— a l. n. do a. leva o ser humano à perfeição e transforma o mundo 1437
— a. dos padres para com os fiéis que tenham errado 1270; a missão dos padres no meio dos fiéis é conduzi-los à unidade do a. 1273

ANALFABETISMO
— praga social em muitos povos 1372; a. e bem comum 1519
— o a. contraria o direito do ser humano à cultura 1519-1521
— ação dos cristãos contra o a. 537
~ 394*

ANALOGIA DA FÉ
— a. da fé e interpretação da Escritura 893

ANCIÃOS
— cf. *Terceira idade*

ANGLICANOS
— têm um lugar especial dentre as Igrejas da reforma 540

ANGÚSTIA
— no hinduísmo procura-se a libertação das a. da condição presente 856
— as a. dos seres humanos são também as a. dos discípulos de Cristo 1319; esperança da Igreja apesar das a. do tempo presente 1610; os padres se perguntam com a. quais os meios para se comunicar com o mundo de hoje 1315
— os seres humanos se acham atormentados entre a esperança e a a. 1328
— opiniões sobre o ser humano que o levam à a. 1356
— medo do ser humano em face da morte 1371s
~ 78*

ANIMAÇÃO CRISTÃ
— a a. c. das realidades temporais é trabalho dos leigos 363 373 376 379s 941 1455 1458
— aos pastores compete o enunciado dos princípios 940
— a Igreja assimila o que há de bom no mundo e o anima com seu espírito 1451 1453
— inúmeras formas de apostolado com os leigos santificam o mundo, animando-o em Cristo 972
— os leigos animam a própria vida com a caridade e, na medida do possível, exprimem-na em obras 975
— associações de apostolado que têm por fim a a. c. na ordem temporal 983

— compete aos leigos inscrever a lei divina na legislação da cidade eterna 1455; a Igreja exorta à purificação do mundo 1459; cf. *Ordem temporal, Realidades terrestres, Leigos*

ANJOS
— venerados pelos cristãos 420; estarão com Cristo quando vier em sua glória 419; Maria, exaltada acima dos a. 445
~ 198* 350*

ANO LITÚRGICO
— em geral 183-200; celebra o mistério de Cristo 184; auxilia a formação dos fiéis 189
— domingo, memória da ressurreição de Cristo 183 191
— a santa virgem Maria; os principais santos 187s 199s
— revisão do a. l. para melhor evidenciar o mistério da salvação 192; dar maior espaço às festas do Senhor 193; e ao próprio tempo 193
— pôr em evidência a quaresma, tempo de preparação à páscoa 194-198; homilia e a. l. 90

ANTI-SEMITISMO
— contrário à fé cristã 867; cf. *Raça*

ANTÍFONAS
— nas celebrações litúrgicas 50

ANTIGO TESTAMENTO
— narra a história da salvação 895; juntamente com o NT é como um espelho em que a Igreja peregrina vê o reflexo de Deus 881
— todos os seus livros foram escritos sob inspiração do Espírito Santo 889 895 897
— em sua economia está ordenado para a vinda do Messias 896; apesar das imperfeições relatadas em seus livros, exprimem a pedagogia divina 896; contém admiráveis ensinamentos sobre Deus e magníficas orações 896
— encontra sua plenitude de sentido no NT 897; é fundamental para a fé cristã 896
— a redenção teve seu prelúdio nos feitos admiráveis do AT 7
— a Igreja recebeu de Israel a revelação do AT 862
— diversas imagens da Igreja no AT 291-294
— Maria, prefigurada no AT 429
— o povo de Israel, figura do novo povo 308
— cf. *Israel, História da salvação, Revelação, Sagrada Escritura*

ANTROPOLOGIA
— fundem-se centros de a. 1040

ANUNCIAÇÃO
— a Virgem, saudada pelo anjo 427 430
— o Espírito cobre Maria na a. 433
— ao obedecer, na a., Maria torna-se causa da salvação 430
— Maria manteve sem hesitação o consentimento dado na a. 436

APOSTOLADO
— o bispo e o a. 351 630 1200
— sacerdotes que se dedicam a obras de a. supraparoquial e supradiocesano 650-651
— as faculdades de ciências sagradas e a formação para o a. 847
— o trabalho dos párocos junto às associações dedicadas ao a. 658
— facilite-se melhor distribuição dos padres em vista das necessidades do a. 1278
— os padres estudem e conheçam os diversos métodos de a. 1309
— as conferências episcopais e o a. 682
— nas faculdades, formem-se sacerdotes capazes de satisfazer às atuais exigências do a. 812
— o a. não dificulta, antes, ajuda os padres a cultivarem melhor a santidade 392
— no seu a., a Igreja olha para Maria 441
— a. dos leigos: cf. *Fiéis, Leigos*
~ 4* 5* 10* 49* 105* 216* 227* 240* 241* 243* 274* 339* 453*
Religiosos e apostolado
— formação dos r. para o a. 757
— fervor de vida dos r. e a. da Igreja 704
— os r. cooperadores do bispo no a. diocesano 667s
— o bispo pode convocar para colaborar nos diversos a. os institutos que não são puramente contemplativos 671
— colaboração no a. dos conselhos de superiores maiores com as conferências episcopais 765
— os institutos seculares e o a. 735
— adaptação do modo de viver e de pregar dos r. às necessidades do a. 712 732 755
— as irmãs que se dedicam às obras externas de a. estão isentas da clausura papal 754
APOSTOLICIDADE
— no símbolo professamos a Igreja una, santa, católica e apostólica 303; cf. *Igreja*
— a verdadeira religião subsiste na Igreja católica e apostólica 553
— ação ecumênica e fidelidade à doutrina dos apóstolos 513
— o Concílio reconhece que as tradições vivas das Igrejas são alimentadas por tradições apostólicas 553
— a a. da Igreja orienta a ação missionária 1103
APÓSTOLOS
Vocação dos apóstolos
— nascidos do povo judeu 863; escolhidos por Cristo 8 330 1096
— Cristo confia a Pedro e aos outros a. a difusão da Igreja 305
— os a. e a festa de pentecostes 433
— enviados ao mundo inteiro 8 575 1043 1087 1096 1220 1420

— sementes de um novo Israel 1096
— prolongam a tríplice missão de Cristo 327 330 449 596
~ 150* 243* 442*
Função profética
— transmitem a doutrina de Cristo 330 512 545 571
— anunciam o Evangelho pregando e escrevendo 880 881 1095
— depois da ascensão, o Espírito Santo lhes concede uma visão mais completa do mistério revelado 901 902
— em suas palavras ressoa a voz do Espírito Santo 904
— transmitem o que aprenderam ou da boca de Cristo ou por sugestão do Espírito 880
— origem apostólica dos Evangelhos 900s 1095
— seu ensino nos chega de modo garantido, por intermédio da tradição e da Escritura 886
— pela fé nos apóstolos a Igreja recebe como canônicos todos os livros da escritura 889
— colunas e sustento da verdade 305
— recomendam os conselhos evangélicos 402
~ 1*
Função régia
— são ministros, pastores e fundamento da Igreja 294 330 543 575 863 1087 1096 1168
— a esperança em Cristo ressuscitado leva os a. a anunciar a boa-nova aos pobres de todas as nações 1097
— a Igreja fundada sobre os a. se expande pela atividade missionária 1109
— por meio dos a. e dos seus sucessores Cristo quer que o povo de Deus cresça na unidade 500
— a autoridade apostólica é dom do Espírito 298
— as Igrejas orientais e os apóstolos 457 543 545 571
— ao defender a liberdade religiosa a Igreja segue o modo de agir de Cristo e dos a. 1071-1074
— os apóstolos agem, falam fundam e instituem a Igreja por meio do Espírito Santo 1095
Função sacerdotal
— os a. constituem, de direito divino, um único colégio 330 336 579
— Pedro é o primeiro dos a. e sua cabeça 329 333 499
— sua relação recíproca no colégio apostólico 336s 448 579 1096
— perpetuidade do seu ofício 333 575
— a sucessão é ininterrupta desde a origem 332; sucessão prevista e querida por Cristo 332; a sucessão apostólica garante a tradição divina 332 347
— a origem da hierarquia 1096
— com a imposição das mãos conferem o Espírito S. aos bispos 335

— valor da consagração episcopal 332 335 449 576 1245
— relação recíproca entre a. e sacerdotes 354 1096 1243-1247 1250 1280 1302
— Maria, rainha dos a. 931 1242 1305
— cf. *Romano pontífice, Bispos, Episcopado*
~ 253*
ARBÍTRIO
— consciência reta e a. cego 1369
~ 25* d 438*
ARCEBISPO
— poder dos a. maiores 471 480
— o direito do a. metropolitano 692
~ 19*
ARMAMENTO
— corrida armamentista 1603-1605; uma das mais graves chagas da humanidade 1605
— combater a corrida armamentista 1604; que não é caminho seguro para manter a paz 1604
Armas
— científicas 1598 1602s
— acumulação das armas com o objetivo de dissuasão 1603-1604
— a. e guerra total 1602; cf. *Guerra, Paz*
— a. e defesa justa 1596
~ 57* 388*
ARTE
— Igreja e a. 1528; a. e ser humano 1528
— método próprio e princípios da a. 1431 1515
— a. e fé 1529; a. e representação do mal 255; a. e moral 254
— a negação de Deus invade o campo da a. 1340
— a. teatral 271; "valor" da a. 938
~ 77*
Arte sacra
— sua dignidade 223; o interesse que tem a Igreja pela a. s. 224
— liberdade de estilos artísticos na Igreja 227-231 1529
— a. e piedade cristã 228-230; edificações sagradas 229 1256; imagens 231 424
— formação do clero 239 1256; supervisão dos prelados 232
— revisão da legislação sobre a. s. 237-238; comissões de a. s. 81
— arte e glorificação do Senhor 283
ARTISTAS
— a Igreja estimula e apóia os a. 224 236 1529
— deveres morais dos a. 260-262; 1531; formação profissional e cristã dos a. 273; liberdade dos a. 1529
~ 192*; mensagem do Concílio aos a. 494*-499*

ASCENSÃO
— o mistério da a. de Cristo 7 184 898
ASCÉTICA
— a. dos religiosos e das antigas civilizações não-cristãs 1147
— a. do hinduísmo 865; a. e padres 1289; a. e castidade 1298
ASSEMBLÉIA
Assembléia litúrgica
— celebra o mistério pascal 8
— Cristo está presente na a. l. 9-12
— parte desempenhada por cada um na a. l. 46; quem a preside é o celebrante 53
— cf. *Igreja, assembléia de culto*
Assembléias territoriais dos bispos
— têm competência para ordenar a liturgia 36; decidem a respeito de certas adaptações 67; estabelecem as normas da pastoral litúrgica 78
— aprovam as traduções em língua vulgar 63
— cf. *Conferência episcopal*
ASSENTIMENTO
— a. dos fiéis às definições do magistério 346
ASSISTÊNCIA
— o diácono assiste e abençoa o matrimônio 359
— a. dos irmãos que sofrem e dos adolescentes 955 1035
— a. social 1543; a. aos necessitados 945
— a a. deve ser dada levando em conta a dignidade do próximo 946
~ 394*
ASSOCIAÇÃO
— liberdade de a. 969 1549 1577
— importância e multiplicidade do apostolado associado 979-982 983-986
— a Ação Católica 987-944; estima das a. 995; espiritualidade das a. 929
— as a. têm direito à liberdade religiosa 1045 1058 1077; as a. devem respeitar a liberdade dos outros 1045 1058
— a. de trabalhadores 1552 1553 1949; a. de ex-alunos 839; a. de sacerdotes 1296; a. de famílias 957; a. de pais 834
— a. culturais, cívicas e religiosas na escola 851; a. juvenis e esportivas 829
— a. católicas e cuidado com as vocações 773
— a. profissionais 261; a. internacionais 1633; a. culturais 829 830 1552; a. apostólicas 982
— a. e institutos religiosos 764
ATEÍSMO
— grave fenômeno do nosso tempo 1340 1373-1375 1376-1377
— em parte culpável 1375; em parte causado pelo testemunho negativo dos fiéis 1375
— prático 326 1374; sistemático 1376-1377; fruto de pressupostos econômico-sociais 1377

— a Igreja o reprova 1378 (nota 016); mas procura compreender o ponto de vista dos ateus 1379-1384
— remédios possíveis 1382; a Igreja deve procurar se inserir nas grandes massas atéias seguindo o exemplo de Cristo 1110; cf. *História humana* ~ 3* 188* 528*
ATIVIDADE
~ 10* 115* 117* 124* 161* 169* 209* 210* 216* 260* 430* 448* 452* 459* 473*
Atividade missionária
— é epifania e realização do propósito divino no mundo 1109
— seu fim específico é a evangelização e a fundação da Igreja 1100
— diferencia-se tanto da atividade pastoral, para com os fiéis, como das atividades ecumênicas 1103
— tem como razão última a vontade de Deus e o mandamento de Cristo 1104
— por meio da atividade missionária, Deus é plenamente glorificado 1106; e todos os seres humanos se reúnem num único templo do Espírito Santo 1106
— é dificultada pela divisão entre cristãos 1103
— comporta o testemunho cristão em todos os problemas humanos e sociais 1111; 1106
— formação da comunidade cristã 1126-1134
— evitar toda forma de constrangimento ou pressão indevida exercida sobre os convertidos 1118s; a. m. e responsabilidade do sucessor de Pedro 340
— a. m. e responsabilidade do colégio episcopal 329; 340; 342; 583s; 1191 1220; a. m. e "sínodo dos bispos" 1191
— a. m. e padres 355 358 1227-1229; 1277
— a. m. e reforma da *Propaganda Fide* 1192-1198
— a. m. e institutos religiosos masculinos e femininos, e organizações leigas em relação à *Propaganda Fide* 1198
— a. m. do bispo 615 1156; nas missões, o bispo deve coordenar a a. m. 1200
— solicitude do bispo para com toda a Igreja e formas de sua participação na a. m. da Igreja 339s
— a. m. nas Igrejas particulares 1155s
— organização local das missões 1200
— a. m. e meios de comunicação social 1214
— a. m. e conferências episcopais, colaboração para evitar desperdício de forças 1161 1201s
— a. m. das próprias Igrejas nascentes 1162
— a. m. organização e coordenação dos institutos religiosos masculinos e femininos 1203- 1208; adaptem-se inclusive as constituições, se necessário, para assegurar a a. m. 1232

— a. m. e adaptação litúrgica 65s
— responsabilidade das Igrejas orientais na a. m. 459; nas missões, brilhe a caridade entre católicos de diversos ritos 1129
— colaboração ecumênica nas missões 1103; 1130; 1194
— a. m. dever de todo o povo de Deus 1211-1214
— cf. *Missões, Bispos, Colaboração, Evangelização*
Atividade sacerdotal
— cf. *Sacerdotes*
Atividade humana
— o valor da a. h.; cf. *Realidades terrestres*
— a a. h. está ordenada ao ser humano, que vale mais pelo que é do que pelo que tem 1428
— o Concílio deplora que no passado tenha havido cristãos que combateram a autonomia das ciências 1431
— síntese entre a a. h. e religiosidade do ser humano 1454
— apoio da Igreja, por meio dos cristãos, à a. h. 1454
— os bispos devem cuidar que a a. h. dos cristãos se faça no espírito do Evangelho 1458; a. h. e tempo de lazer 1524
— a a. h. corresponde à intenção de Deus 1425
— a. h. e imitação de Cristo 394
— empenho dos pais e dos filhos em prol da família 1485
— a. h. e ação da Igreja 1581
Atividade social
cf. *Doutrina e atividade social da Igreja*
AUTOMAÇÃO
— a. e pleno emprego 1544; a. e transformação social 1544
AUTONOMIA
— a autonomia das realidades terrenas nem sempre foi reconhecida por alguns cristãos de pouca visão 1431; cf. *Ciência, Cultura*
— a propriedade privada garante a margem indispensável de autonomia pessoal 1555
— relação entre socialização e autonomia pessoal 1575
— relação entre Deus e a alma humana 1447
— a Igreja aprecia o dinamismo com que se proclamam hoje os direitos humanos, mas chama atenção para possíveis concepções falsas de a. 1448
— é dever dos esposos defender a verdadeira a. da família 954
— Igreja e comunidade política são independentes e autônomas, cada uma em seu campo 1581
— a. e desordem ética 914
— a submissão de todas as coisas a Cristo não priva a ordem temporal de sua própria a. 938; cf. *Realidades terrestres*

AUTORIDADE
Autoridade civil
— sua natureza 1567; seu fundamento 1567
— normas que regulam seu exercício 1568; 1570
— deveres da a. c. para manter a paz 608 1587 1595; competência da a. c. 1042 1049 1057 1062 1574 1627
— incompetência da a. c. em matéria religiosa 1051 1054 1062
— funções e responsabilidade da a. c. em relação aos meios audiovisuais 263-265
— em relação à cultura 1518
— em relação à liberdade religiosa 1059-1061 1065 1383
— em relação aos direitos humanos 1065 1571 1575
— em relação ao abuso da propriedade privada 1557
— em relação à vida econômica 1534
— em relação à lei moral 1570
— em relação ao dever sagrado de respeitar e favorecer a família e a moralidade 1486
— em relação ao problema da fome 1551
— dever de não obedecer a ordens criminosas da a. c. 1594 1627
— relações entre a. c. e Igreja 1573
— a Igreja deplora as discriminações da a. c. entre crentes e não-crentes 1383
— os bispos são independentes de toda a. c. no exercício de seu ministério apostólico 619; devem, porém, ao mesmo tempo, inculcar respeito às a. c. e às suas leis 620
— como Cristo, também os discípulos reconhecem a legítima a. c. 1072
— a Igreja não conta com os privilégios concedidos pela a. c. e a todos renuncia 1583
— a Igreja deseja que as a. c. renunciem ao privilégio de nomear os bispos 622
— a. c. e posição jurídica especial de uma comunidade religiosa 1060
— organismos representativos da a. c. 1574
— limitação temporária da liberdade 1575; formas ditatoriais ou totalitárias 1575
— a. c. que, tendo em conta o pluralismo, concede à família o direito de escolher a escola que prefere para seus próprios filhos 836
~ 43* 81* 388* 482*
Autoridade internacional
— deseja-se uma a. I. para resolver as questões entre povos 1596 1607
Autoridade na Igreja
— a. do romano pontífice 337 409 470 574 576 579 594 1169 1196
— a. do colégio episcopal 337 453 454 579; cf. *Bispos*
— a. do bispo na diocese e relação com o romano pontífice 594
— a. e bispos: completam e consolidam a obra dos apóstolos 332; estão revestidos da autoridade de Cristo 344; não são vigários do romano pontífice, mas têm a. própria 352

— a. do bispo e intercomunhão 528 549
— a. dos bispos em relação aos padres 355 605 1246
— a. dos bispos em relação aos leigos 383 1005
— a. e bispos 332 344 353 355 383 528 579 605 608 632 637
— a. como serviço: a função que o Senhor confia aos pastores é de fato "diaconia" 342
— a a. não deve extinguir o Espírito, mas sustentar tudo que é bom 317
— os bispos não se sirvam de sua a. senão para edificar 351
— os bispos sigam o exemplo de Cristo que veio para servir, não para ser servido 353
— também os leigos imitem a Cristo que veio servir aos seres humanos 367
— nenhuma iniciativa dos leigos reivindique o nome de católica sem o consenso da a. e. 1003
— os superiores religiosos exerçam a a. em espírito de serviço 748
— saibam os seminaristas que, junto às pessoas, representam Cristo, que veio para servir 780
— ensino das disciplinas psicológicas e sociológicas nos seminários, de acordo com as normas da a. e. 815
— os padres devem se colocar a serviço do povo a que são enviados 1279
— a Igreja continua a obra de Cristo, que veio salvar, não condenar, servir, não ser servido 501 1323
— o missionário há de se fazer "tudo a todos" 1173
— padres que compartilham a vida do operariado, com aprovação da a. competente 1267
— só à a. compete estabelecer as normas para a renovação da vida religiosa 716
— colaboração entre prelado e religiosos, nas missões 1203-1206
— relações entre bispos e religiosos 402 408 670 673 675
— a. dos bispos em matéria litúrgica 36 63 67 69 114 133
— relação entre sacerdócio ministerial e sacerdócio universal dos fiéis 312
— a a. da Igreja na interpretação da Palavra de Deus 887
— traduções da Bíblia em colaboração com os irmãos separados, com o consenso da a. 905
— considere-se o juízo da a. competente a respeito de periódicos e publicações 258 268
— diante de toda a. pública a Igreja reivindica para si a a. espiritual 1076
~ 57* 139* 439* 459*
AUXÍLIO
— a. que a Igreja quer oferecer: aos indivíduos 1446-1448; à atividade humana 1454-1459; à sociedade humana 1449-1453
— a. que a Igreja recebe do mundo contemporâneo 1460-1462
— a. que a família oferece à sociedade 952 957
— a. entre as Igrejas 320 339 582-584 1150-1154 1220-1226 1313s
— a. entre pessoas e povos pobres 1551-1552

— a. humanos e financeiros que favorecem o desenvolvimento de um país 1616
— dever da família de educar os filhos para prestarem a. à sociedade 1026-1030
— razões teológicas do a. prestado a quem tem necessidade 942-947
— serviço e auxílio do ser humano à comunidade 1416
— a. que os leigos devem prestar aos próprios irmãos 962-964
— a. às missões 1212
— a. dos leigos ao apostolado sacerdotal 977s
— a. dos sacerdotes ao povo de Deus 1257-1263
— a. entre padres 356 648s 1267-1270
— a. para os seminários 783
~ 78* 223* 274* 276* 287* 363* 432*

BABEL
— em Pentecostes prefigura-se a união dos povos por meio do Espírito, superando a dispersão de B. 1095

BATISMO
— o b. da fé nos torna filhos de Deus 313s 388
— o b. é regeneração espiritual 357 365 440 1123 1130 1164
— único b., único povo de Deus 365
— o b. incorpora na Igreja, de que é porta 313 322 1104
— agrega à Igreja, corpo do Verbo encarnado 1100
— insere o leigo no corpo místico de Cristo 918 1211
— incorpora a Cristo 325 362 365 565 1211
— desejo do b. e integração na Igreja 324
— torna conforme a Cristo 297
— une à sua morte e ressurreição 297
— fundamento da unidade em Cristo 498 503 566 1130
— vida cristã dos irmãos separados e b. 568
— todos os batizados são chamados a formar um só rebanho 1103
— b. e mistério pascal 8 1123
— qualquer um pode ser ministro 327
— é meio de salvação 342; necessidade do b. 1104
— constitui um sacerdote santo e régio 311 350 362
— morte ao pecado e consagração a Deus 404
— preparado pela pregação 327
— b. e missão dos apóstolos 327
— b. e apostolado leigo 369 918
— administrado solenemente pelo diácono 359
— quando alguém batiza é o próprio Cristo quem batiza 9
— b. e estado religioso 404 719
— ritos batismais 117 122; b. de crianças 118
— dá a possibilidade de tender à perfeição 1282

— os batizados devem testemunhar o homem novo 1111
— cf. *Sacramentos, Igreja assembléia de culto..., Igreja una*
~ 168* 266*
BATISTÉRIO
— dignidade e funcionalidade 237
BEM
Bem comum
— definição de b. c. 1058
— natureza 1339-1401
— condição de perfeição para indivíduos e grupos 1399 1567
— a Igreja cuida do b. c. 1453 1560 1573
— compreende os direitos humanos sociais 1567
— compreende os direitos de toda a família humana 1542 1551 1557 1612
~ 221* 360* 390*
Promoção do bem comum
— dos indivíduos 1413 1456 1541 1549 1551 1560 1567-1568
— da cultura 1493 1514; dos partidos 1573-1578
— da comunidade humana 1413s
— em vista do b. c. universal 1587s
— dever dos católicos e b. c. 261
— a rápida comunicação dos acontecimentos favorece o b. c. 253; jornalistas e produtores de meios de comunicação devem procurar seus interesses sem prejuízo do b. c. 261
— educação das crianças e dos jovens e b. c. 823 827
— b. c. e liberdade religiosa 1058-1061 1064
Bem espiritual
— a vida humana é uma luta entre o b. e o mal 1361 1434
— a sabedoria leva o ser humano a amar o b. 1366
— a consciência, voz que diz ao ser humano o bem a ser feito 1369; deve-se escolher livremente o b. 1370
— o amor para com os adversários não nos deve tornar indiferentes ao b. 1407
— o progresso é um grande b. para o ser humano 1433
— os seres humanos interrogam as diversas religiões sobre o que é o b. 855
— os párocos devem ter, no exercício de sua função, a estabilidade exigida pelo b. das almas 662; o b. das almas é o objetivo do ministério paroquial, ficam portanto abolidos todos os direitos de nomeação e de concurso 661
— o bem das almas exige uma determinação adequada dos limites das dioceses 690; a intercomunhão é, às vezes, exigência do b. das almas 487
— o estado religioso torna melhor manifestos aos fiéis os b. celestiais 406
— sentido da vida temporal e esperança dos b. futuros 416
— para o b. dos fiéis o bispo pode, em casos particulares, dispensar da lei geral 587

— todos os sacerdotes diocesanos são co-responsáveis pelo b. da diocese 649
~ 25*d 32* 47* 82* 457* 471*
BEM-AVENTURANÇAS
— Maria, bem-aventurada por causa de sua fé 431
— os religiosos são testemunhas do espírito das b. 363
— a castidade perfeita permite melhor experimentar a b. do Evangelho 794
— os leigos devem difundir no mundo o espírito das b. 927 1560; bem-aventurados os que escutam e guardam a Palavra de Deus 432
— b. e santificação 395
~ 227* 311*
BÊNÇÃO
— b. da esposa 134s; b. reservadas 137
~ 98* 132* 198* 234* 269* 276* 358* 410* 486* 499*
BENEFÍCIO ECLESIÁSTICO
— não mais deve ser outorgado como retribuição ao clero 628 1312
BENEVOLÊNCIA
— a Igreja considera com b. as tradições dos vários povos 65
~ 98* 125* 433*
BENS
Bens criados
— destinados pelo Criador para utilidade de todos 379
— a serem distribuídos convenientemente 379 598 1374
— o religioso renuncia aos b. c. 412
~ 25*m 47*— 48* 77* 79* 194*
Bens eclesiásticos
— evitar a acumulação 744
— podem ser administrados pelos leigos 949 1301
— quando são fruto do ministério, devem servir, como tais, para a Igreja e para os pobres, não para a família dos ministros 1301
— os bispos e os b. e. 584 1301; cf. *Retribuição do clero*
Bens materiais
— destinação universal 1551-1559; produção 1538 1542; propriedade privada e propriedade pública 1557; distribuição 1347 1559; os bispos ensinem como se devem resolver tais problemas 598; uso dos b. 938; cf. *Ordem temporal, Realidades terrestres*
BIBLIOTECAS
— criação de b. para facilitar aos padres o aprofundamento dos estudos 1309
~ 33*
BIOLOGIA
— seus progressos 1330; o prolongamento da longevidade biológica não satisfaz plenamente ao ser humano 1371
— contribuição da biologia para o matrimônio 1488

BISPOS
Sucessores dos apóstolos
— os b. são sucessores dos apóstolos 329 337 342 354 575 582 1096 1245
— sucessão desejada e instituída como tal pelos próprios apóstolos 332; esta sucessão ocorre ininterruptamente desde as origens 331-332; cf. *Apóstolos, Igreja apostólica*
~ 254* 418*
Colégio episcopal
— os b. constituem um único corpo ou colégio e. 336s 576 579 1096 1098 1220; sujeito de suprema autoridade sobre toda a Igreja 337 453 579; "proporcionalidade" e não "igualdade" entre colégio apostólico e colégio e. 448
— o colégio e. inclui, necessariamente, o seu chefe, que é o romano pontífice 335-337 451 453 580; o c. episcopal não prejudica o primado do romano pontífice 337 453; modos de exercício da autoridade do colégio 454
— uma pessoa é constituída membro do colégio e. através da consagração 335 579; a consagração é de caráter sacramental 335s 348 391 1265
— o poder do bispo deve ser exercido em comunhão hierárquica 335 337 450-452 455
— o colégio e. é sujeito da infalibilidade prometida a toda a Igreja 337; o Concílio Ecumênico é a sua expressão máxima 337 345
— o "sínodo dos bispos" 581 1191; cf. *Sínodo dos bispos*
— cf. *Romano pontífice, Apóstolos, Igreja*
~ 134* 157* 221* 223* 248* 252* 257s* 260s* 281-283* 288* 355* 423*
Os bispos e Cristo
— os b. recebem a sua missão de Cristo 342 354 1245
— os fiéis devem aderir ao bispo como a Igreja a Cristo, e Cristo ao Pai 353
— Cristo está presente na pessoa dos b. 333s; eles agem na pessoa de Cristo 335 351
~ 44* 234* 421s* 423* 471*
Missão profética
— mestres autênticos da doutrina cristã 344 575 596; proclamam o Evangelho 344 596 599 1220; transmitem na íntegra a revelação e a Palavra de Deus 345 347 350 596
— os apóstolos confiaram aos b. a sua função de magistério 881
— ensino da doutrina cristã 599-601; instrução catequética 602-604
— governo da sua Igreja particular e solicitude dos bispos por todas as I. 339 576 582 679 1220; os b., juntamente com os sacerdotes, devem levar a mensagem de Cristo a todos os homens 1458
— o ensinamento dos bispos seja tal que demonstre o cuidado materno da Igreja por todos os homens 599
— os homens formam um juízo acerca da verdade da mensagem cristã pela conduta cotidiana dos pastores 1458

— para defender a liberdade da Igreja, o Concílio pede que as autoridades civis renunciem ao privilégio de nomear os b. 622
Missão sacerdotal
— os b. e a eucaristia: cf. *A Igreja e as Igrejas*
— os b. regulam a celebração dos sacramentos 349s; a responsabilidade dos b. pela liturgia 36 42 74s 79; e pelos exercícios piedosos 21
— os b. e a revisão dos livros litúrgicos 41; a língua vulgar na liturgia 63; comissões litúrgicas diocesanas e b. 79s; os b. e a concelebração 104 1264
— os b. e o cuidado da música sacra 207; os b. e a arte sacra 229 233
— são pouquíssimas as bênçãos reservadas aos b. 137
~ 284*
Missão real
— os b. participam do poder real de Cristo 351
— missão canônica e suas modalidades 343 450; gozam de autoridade própria, ordinária e imediata sobre sua Igreja 351 576-578 586 594; governam a sua Igreja como vigários de Cristo, e não do romano pontífice 351s; o exercício do seu poder permanece subordinado à suprema autoridade 352; são princípio e fundamento de unidade em suas Igrejas particulares 338; pastores do rebanho 339 353 595; os b. e o apostolado 351 630 1200
— os direitos dos b. diocesanos em sua diocese e sobre os seus fiéis 596 599 602 605 608 614 617
~ 104*
Deveres dos bispos
— os b. e a santidade 350 391 607; cf. *Igreja e diaconia*
— para com a Igreja universal 339 582 1191 1220; para com os b. perseguidos 585; para com os patriarcas 464
— relações com os sacerdotes 355 610 1264-1266; com os sacerdotes diocesanos 647-649 650s; os párocos 652 660-663; o presbitério 1264; cf. *Sacerdotes*
— acompanhem os sacerdotes que arrefeceram em sua missão 611
— promovam cursos de atualização 611 1309; providenciem uma justa remuneração e o necessário repouso para os sacerdotes 1311 1313
— tomem providências para o bem de todos os fiéis 612 617; para o reto uso dos meios de comunicação social 249 267 278 601; preparem pesquisas sociológicas 616; coordenem o apostolado diocesano 614
— os b. e os religiosos 409 670 675 716 763; a promoção das vocações 607 774; o seminário 783 786 812; os leigos 366 383 998 1008; a ação católica 987 993
— amem os irmãos separados e os não-batizados 518 613
— limites de idade 623
~ 25 s* 65* 249* 314*
O episcopado nas Igrejas separadas
— algumas Igrejas separadas possuem o episcopado válido 325 549; cf. *Ecumenismo, A Igreja e as Igrejas*

Os cooperadores do bispo diocesano
— b. coadjutores e auxiliares 635-641 683 684; b. interdiocesanos 695s; b. titulares 683
BUDISMO
— sua doutrina 856
CALENDÁRIO
— possível revisão da data da páscoa 242 481
— c. perpétuo 241-244
CAMPONESES
— a sociedade rural está em plena transformação 1347 1521 1542 1559
CANÁ
— Maria e o milagre de C. 432; Cristo presente nas núpcias de C. 1419
CÂNON
— só a tradição no-lo dá a conhecer integralmente 884
— livros canônicos 889 902; cf. *Sagrada Escritura*
CANTO
— na liturgia 50 201-205; no ofício divino 178
— gregoriano e polifônico 211-214
— religioso popular 215
— edição dos livros de canto gregoriano 213s 222
— cantores na liturgia 208-210; cf. *Música sacra*
CAPELÃES MILITARES
— finalidade 697-698
CAPÍTULO
— obrigação do ofício nos c. catedrais 169
— renovação do c. catedral 643
— c. dos religiosos 716 734 749
CARDEAL
— cf. *Presidente, Comissão, Cúria*
— os leigos devem socorrer os c. 945
~ 191*
CARIDADE
Caridade de Deus
— Deus é amor 397s 400 1437
— o amor com que Deus amou o mundo 396 1113 1316
— c. e união com Deus 397
— todos são chamados à perfeição da caridade 387 389
— c. e cumprimento da vontade divina 397
— o preceito da c. 290 367
— profissão religiosa e amor por Deus 404-406 408 412 702 750; voto de obediência por amor de Deus 400
Caridade e Cristo
— o amor de Cristo pela Igreja 303; cf. *Cristo e a Igreja, Igreja esposa, Matrimônio*

— o reino de Cristo é reino de amor 378
— o martírio como testemunho máximo do amor por Cristo 398
— a c. de Cristo nos leva a tratar com amor quem erra 1081
~ 178* 250* 260* 314* 349*
Caridade e Igreja
— amor estendido a todo o corpo místico 339
— progresso da Igreja no amor 441
— à semelhança de Maria, a Igreja conserva íntegra sua c. 440
— a comunidade cristã, assembléia da c. 298 316 944 1113 1127 1151 1212 1261
~ 58* 293* 407* 426* 459*
Caridade e cristãos
— a vida do povo de Deus é vida de c. 304 306 316 365
— derramada em nós, mediante o Espírito Santo 298 388 397
— é o maior dom 397-401
— a fé atua por meio da c. 390; c. atuante 394
— haja sempre c., mesmo quando há diversidade de opiniões a respeito de problemas concretos 1456
— nas coisas necessárias, unidade, em tudo, caridade 514 1639
— é necessário amar os humanos para dar testemunho cristão 1112
— o amor dos cristãos entre si é penhor de paz para o mundo 1640
— todo padre está ligado aos confrades pelo laço da c. 1267
— ainda que não estejam plenamente unidos, todos os cristãos devem-se amar 1103
— a c. regula todos os meios de santificação 397-401
— c. e sacramentos 397; c. e oração 397; c. e apostolado 918s 975; c. e abnegação 397-401
— deveres da c. pastoral 352-353 384 391 608 613 656-658 1291 1294
— c., dever dos clérigos 975
— os cônjuges constroem sua união na c. 394
— os cônjuges são sinal e participação do amor de Cristo pela Igreja 394
— c. na relação dos leigos com os pastores 382-385
— a c. perfeita é ameaçada pelo apego às coisas temporais 401
— alegre progresso na vida da c. 402
— a c., alma do apostolado 369 918-919 975
— a c., lei fundamental da perfeição cristã 1437
— condições para que o exercício da caridade não desperte nenhuma suspeita e possa se manifestar o que realmente é 946
— a c. como condição de aperfeiçoamento da atividade humana 1437
— cf. *Amor*
~ 58* 62* 76* 89* 114* 119* 1248* 127* 134* 166*s 182* 205* 207* 221* 224* 226*s 235* 249* 261* 265* 277* 287* 289* 314* 320* 332* 341*

343* 349*s 408* 421* 424* 440* 444* 446* 448* 55* 457* 461* 472* 514* 5728*
CARISMAS
— dons do Espírito Santo à Igreja 287 298 1095 1171; cf. *Dom*
— c. simples ou extraordinários em benefício da Igreja 317 363
— os carismáticos estão sujeitos aos apóstolos 298
— os pastores devem reconhecer os c. dos leigos 361 1272
— a autoridade eclesiástica é que decide a respeito da genuinidade dos c. 317
— veneração aos santos que se distinguiram pelas virtudes cristãs e c. divinos 420-423
— com o avançar da idade, a pessoa se vai tornando mais lúcida sobre si mesma, pode aproveitar melhor os c. recebidos de Deus 1030; cada um segundo seu c. deve cooperar para a difusão do Evangelho 1189
— c. e apostolado dos leigos 918-921
— dos pregadores 1251
~ 134* 184* 260*
CASAS RELIGIOSAS
— de formação 756; auxílio que se devem prestar umas às outras 744
— os institutos latinos, no Oriente, fundem, na medida do possível, c. r. de rito oriental 462
— os institutos de vida contemplativa fundem c. r. nas terras de missão 1231
CASAS RELIGIOSAS DE ESTUDO
— a liturgia nas c. r. d. e. 26 208
CASTIDADE
— conjugal; cf. *Matrimônio*
— religiosa 402 721 737-739; cf. *Virgindade*
— sacerdotal 792-794 1296-1298; cf. *Celibato*
— meios para conservá-la e promovê-la 737-739 704 1296
CATECUMENATO
— iniciação ao mistério da salvação 1121
— tempo de conversão 1118
— empenho de toda a comunidade cristã, especialmente dos padrinhos 1124
— liberdade de inscrever-se no c. 1119; c. de adultos 115
— integrado no ano litúrgico e na celebração do mistério pascal 1123
CÁTEDRA DE PEDRO
— o primado da c. de P. 320 1169; cf. *Romano Pontífice*
~ 25*t 261* 338*
CATEDRAL
— c. e celebrações litúrgicas 74; cf. *Capítulo*

— *schola cantorum* da c. 207
~ 130*
CATEQUESE
— faça-se conforme ao Evangelho e ao espírito de Cristo 866
— é o primeiro dever dos bispos 599-604
— importância pedagógica 829
— como deve ser a c.: bíblica e litúrgica 194-196 907 1143 1151; apresentada de modo a corresponder aos problemas atuais dos humanos 599; adaptada a formar bem os seminaristas 813; atenta a não ensinar, a respeito dos judeus, nada que não corresponda à verdade do Evangelho 866; aberta aos problemas missionários 1228; e às necessidades da Igreja universal 1281
— os cônjuges devem instruir seus filhos na doutrina cristã 394; celebração das famílias, na c. 955; ensinamento da doutrina cristã por meio dos leigos, nas regiões em que se criam obstáculos à liberdade da Igreja 977; a hierarquia confia ao leigos o ensinamento da doutrina cristã 1006; cf. *Doutrina cristã*
— centros catequéticos 1201; diretório catequético 701
Catequistas
— nas missões 1133-1134; sua importância 1141-1145
— cultivem o contato ininterrupto com a Escritura 908
— preparação necessária 603
— auxiliares 1145
~ 276*
CATOLICIDADE
— da Igreja 305; dificultada por causa das divisões 517
— integrada pela genuina tradição oriental 554
— acolhe o patrimônio dos povos 319
— os sacerdotes estejam compenetrados pela c. 815
— cf. *Igreja católica, Igreja e Igrejas*
CEIA (SANTA)
— a c. nos irmãos separados 567; a c. eucarística 8; cf. *Eucaristia*
CELEBRAÇÃO LITÚRGICA
— da palavra, recomendada pelo Concílio 61
— ação da Igreja 43-44; cf. *Igreja*
— comunitária por natureza 45-46
— em que cada um desempenha seu papel 47-49
— importância da sagrada Escritura 40
— na c. l. os padres são ministros de Cristo 1252
— os padres eduquem os fiéis a participar das c. l. 1254
— c. l. na formação dos religiosos 725; dos seminaristas 780
— celebração da sagrada eucaristia 348 1261
— concelebração litúrgica 1264 1267; cf. *Liturgia*
CELESTINO (PAPA)
— recomenda aos conciliares de Éfeso anunciar o Evangelho em todo o mundo 340

CELIBATO
— grande estima pela castidade perfeita na Igreja 399
— é estímulo à caridade e fonte de fecundidade espiritual 399
— permite a consagração a Deus sem divisão do coração 399 792s 1296s
— fundado sobre a palavra e o exemplo do Senhor 402
— embora não necessário, muito útil aos padres 1296
— sinal do mundo futuro 1297
— valoriza a personalidade 739
— Deus o concede como dom, e a Igreja, no Ocidente, o impõe aos padres 1296 1298
— espiritualidade dos leigos que vivem no c. 928 996
— c. dos diáconos 360

CENÁCULO
~ 44* 134*

CENSURA
— de livros e filmes 263-265

CIDADANIA
— dupla, do cristão, que pertence à Igreja e ao mundo 381 1151 1464

CIDADÃO
— o leigo é fiel e c. 932
— leigos, cidadãos que cooperam com outros cidadãos 941 974
— atividade do leigo como cidadão do mundo 1455
— dever da sociedade de ajudar todo c. a encontrar trabalho 1546; de prepará-lo profissionalmente 1616; e culturalmente 833
— compete aos c. defender a liberdade religiosa 1058; defesa da liberdade religiosa dos c. 1059-1061 1065
— deveres do cidadão: para com a liberdade religiosa 1058; empenhar-se responsavelmente num trabalho social 1552; obedecer às leis justas 1570; usar devidamente o direito de votar 1573; contribuir para o bem comum da sociedade 1574; não atribuir poderes demasiados à autoridade, nem exigir dela vantagens exageradas 1574; amar a pátria e respeitar todos os povos 1576
— c. e organização de associações 1562-1566
— deveres para com a autoridade 1568
— defender os seus direitos dentro dos limites da lei natural e do Evangelho 1571
— amar a pátria sem racismo 1131
~ 187* 194* 485*

CIÊNCIA
— importância das ciências humanas 1329s 1423 1506
— mentalidade científica 1329; autonomia da c. 1431 1516
— ciência e progresso 1495 1508s 1527 1531 1610 1627; cf. *Progresso*; ciências "exatas" 1495
— c. e mundo moderno 1329; c. e cultura 1495 1527; c. e fé 1431; a c. como domínio do homem sobre a natureza 1423s

— a c. é útil à Igreja 1460-1462; fazer com que a c. progrida com espírito cristão 537; donde evitar a idolatria das coisas temporais 939; cf. *Técnica*
~ 3* 4* 188* 220* 346* 388* 392* 394* 396* 456* 461* 487*-493* 524*
CINEMA
— fomentar os aspectos culturais e artísticos 269
— sua importância 245; dever dos católicos de sustentar o c. 275 279; cf. *Meios de comunicação social*
CIRCUNSCRIÇÃO CIVIL
— na revisão das c. eclesiásticas, observar, se possível, os limites das c. c. 629
CIVILIZAÇÃO
— seus valores culturais 1494
— fenômenos que não são dignos da c. 1405
— Cristo é o foco da c. 1464
— os países em desenvolvimento aspiram a participar dos bens da c. moderna 1347
— como a c. moderna dificulta o acesso a Deus 1374
— competência e deveres civis 930 965
— a Igreja e as culturas 1510-1513
— os alunos devem valorizar sua própria cultura nacional 1138
— a Igreja quer aperfeiçoar a c. de todos os povos 327
~ 120* 149* 196* 236* 250* 375* 397* 504*
CIZÂNIA
— Cristo ordenou deixar crescer o trigo juntamente com a c. até à colheita, que acontecerá no fim dos tempos 1071
CLÃ
— passam por mudanças profundas nos dias de hoje 1332
CLASSES SOCIAIS
— evolução do mundo moderno 1344
— cf. *Economia*
CLAUSURA
— das monjas 753-754; cf. *Irmãs*
CLÉRIGOS
— dever de tender à santidade 393
— conservem o contato constante com a Escritura 908
— relações dos c. com a própria família 778
— vocações missionárias dentre os c. 1222
— seleção cuidadosa 784s
— formação humanística e litúrgica 799
— formação adequada dos c. 27s 76 239 460 530-532 772 799 908 1135-1140
— em que língua devem recitar o ofício 180
— cf. *Seminários*
CLERO
— cf. *Sacerdotes, Paróquia, Remuneração*
~ 5* 25* 123* 227* 424* 442*

Clero nativo ou autóctone
— sua importância 1135-1140; cf. *Sacerdotes*
— formação e estudos superiores 1135-1140
CÓDIGO
— *código moral* a que seria bom se submetessem escritores e diretores 261;
c. de direito canônico: cf. *Direito*
COAÇÃO
— não se pode coagir o ser humano a agir contra a consciência 1049 cf.
Liberdade religiosa; igualmente, na difusão da fé, deve-se evitar qualquer
c. 1055; violação dos direitos dos pais quando se obrigam seus filhos a freqüentar escolas contrárias à sua convicção religiosa 1057; não se pode coagir a abraçar a fé 1119
COERÇÃO
— cf. *Liberdade religiosa*
COLABORAÇÃO
— cooperação do homem com Deus 396 437 441 974
— cooperação de Maria à salvação humana 427 430 435s 439
— c. dos bispos entre si e com o romano pontífice na atividade missionária 340
— c. das Igrejas de diversos ritos entre si 460 689
— c. recíproca dos padres 356 358 773
— generosa c. dos padres com seu próprio bispo 355 392
— c. dos leigos com seu pastor 361 366 370 950 1165
— c. de todos na realização do reino de Cristo 377
— os bispos suscitem a c. dos fiéis com as missões 340
— os cônjuges cristãos favoreçam a fecundidade da Igreja 394
— princípio prático para o apostolado dos leigos 1011-1016
— c. inter-paroquial 951
— os leigos colaborem com iniciativas de assistência social, inclusive internacional 947
— importância da educação predispor à c. com os outros 1067
— cooperação com os irmãos separados 537 1014-1016 1130
— c. nas missões com os irmãos separados 1130
— c. com os não-cristãos 851 1014-1016
— c. e vida cívica 974 1573-1578
— c. dos leigos, nas missões, com cristãos e não-cristãos 1239
— c. dos religiosos com o clero diocesano 676
— dos institutos religiosos nas missões 203-206
— das conferências episcopais com as conferências dos superiores maiores 677 765s
— dos professores com os pais de alunos 239
— das comissões de liturgia, de música e de arte sacra entre si 82
— cf. *Auxilio, Cooperação*
~ 4* 5* 83* 123* 135* 157* 221* 223* 264* 265* 276* 287* 288* 360* 365* 390* 429* 434*

COLEGIALIDADE
— cf. *Bispos*
COLÉGIO
— apostólico e episcopal: cf. *Apóstolos, Bispos*
— cardinalício: cf. *Cardeais*
COLETIVISMO
— sua interpretação 1539-1541
COLONIALISMO
~ 383*
COMENTADOR
— ministério litúrgico 48-49
COMÉRCIO
— internacional 1621-1623; proibido aos padres 1301
COMISSÃO
— c. litúrgica nacional 78; litúrgica diocesana 79-81; de música e arte sacra 81-82 232; o "presbitério" 1264; pós-conciliar para a educação 821; c. de peritos para as missões 1197; cf. *Meios de comunicação social*
— episcopal: para os meios de comunicação social 280; para a revisão dos limites das dioceses 634; a serviço das conferências episcopais 685; cf. *Concílio*
~ 117* 205* 219* 223* 288* 354* 429* 430* 438*
COMPLETAS
— sua adaptação 159
COMUNHÃO
— dos humanos entre si 1111; no matrimônio 1358
~ 261* 262* 293* 328* 337* 340* 440*
Dos santos
— todos aqueles que são de Cristo e têm o Espírito formam uma só Igreja e estão unidos entre si 419-423
— a morte não destrói essa c., pelo contrário, a consolida 419
— a c. d. s. nos une a Cristo 422
— sufrágio pelos defuntos e c. de todo o corpo místico 420
— um consórcio de vida único com os irmãos que estão na glória e com os que se purificam 419 424
— no sacrifício eucarístico, unimo-nos à Igreja celeste 423
— a c. dos bens espirituais que se verifica na c. d. s. 419
~ 135* 198*
Eclesial
— a Igreja é c. universal da caridade 340 886
— o Espírito Santo unifica a Igreja na c. 287s 1421
— a plena união com Cristo exige o vínculo da c. e. 323
— o romano pontífice é o princípio visível e o fundamento da comunhão 320 325 329 336; árbitro da c. apostólica 343

— c. hierárquica com o romano pontífice 305 335-337 344-347
— c. dos padres com o bispo e entre si 1284
— a c. e. em torno de Cristo é guiada pelo Espírito Santo na peregrinação rumo ao Pai 1319
— c. recíproca no seio do corpo episcopal 336s 339s
— as Igrejas particulares participam da c. e. 320
— cf. *Igreja e Igrejas, Constituição teândrico-sacramental da Igreja*
~ 198* 245* 261* 287* 337* 343* 350* 440* 369*
Sacramental
— sob duas espécies 95
— participação mais perfeita na missa 94; cf. *Igreja, comunidade de culto, Igreja, organismo sacramental...*
— exprime e realiza admiravelmente a unidade do povo de Deus 313
— as comunidades eclesiais separadas professam que na c. de Cristo está significada a vida 567
COMUNICAÇÃO
— meios de c. social 245; sua importância 245 1415 1524
— o respeito à verdade 253 1517 1626
— o respeito aos valores morais 251 253 255 257 269
— as comunicações de caráter religioso 262 270 275
— o missionário deve conhecer bem as técnicas da c. social 1184
— para a difusão da doutrina católica, recorram os bispos aos meios de c. social 601
— nas missões, as conferências episcopais fundem centros comuns para a utilização dos meios de c. social 1201
— cf. *Imprensa, Meios de comunicação social*
~ 116* 149* 216* 429*
COMUTAÇÃO
— do ofício divino 172-173
CONCELEBRAÇÃO
— indicações gerais 97-106; *Celebração litúrgica*
— símbolo da fraternidade sacerdotal 547 1264 1667
CONCÍLIO VATICANO II
— objetivo pastoral 1 284
— ou seja: meditar sobre o mistério da Igreja 1 284 428 1442
— sobre a revelação cristã 428 872
— meditar sobre o mistério do ser humano 1351
— dialogar com os homens e mulheres de hoje 1322
— promover a renovação da vida religiosa 702
— aprofundar a doutrina a respeito do episcopado 329
— empenhar os católicos no diálogo ecumênico 505 512-516 518
— preparar os ânimos para a reunificação dos cristãos 494-496
— precisar quais são as responsabilidades pastorais dos bispos 576-578

— delinear os princípios da ação missionária 1089
— da reforma litúrgica 1
— expor as diretivas que devem ser seguidas pelo apostolado dos leigos 912
— recomendar o incremento das vocações eclesiásticas 773-777
— relembrar os princípios fundamentais da educação cristã 821
— afirmar o direito de todos à liberdade religiosa 1045 1069 1084
— promover o conhecimento recíproco entre cristãos e judeus 865
— condenar a guerra 1586 1600 1601
— exortar à paz 871 1586
— sugerir um organismo da Igreja universal para a promoção da justiça social 1635
— o c. e. Vaticano II declara a íntima união da Igreja com toda a família humana e abre com ela um diálogo universal 1320 1322
— considera com reconhecimento e amor o trabalho dos leigos nas regiões em que a liberdade da Igreja está gravemente cerceada 977
— estabelece que sejam repristinados os direitos e privilégios dos patriarcas orientais 468
— estabelece a forma canônica na celebração dos matrimônios mistos 479
— trata dos principais problemas relativos aos instrumentos de comunicação social 247
— exorta à compreensão mútua entre cristãos e muçulmanos 860
— exprime o desejo de uma nova organização dos dicastérios da cúria romana 589
— estabelece norma pastorais em relação ao culto à santa Virgem, especialmente na liturgia 443
— estabelece alguns pontos a serem observados, nas relações com as Igrejas orientais 457
— reafirma a grande importância da formação sacerdotal 771
— recorda a alta dignidade do sacerdócio dos padres 1243
— ocupa-se da vida e da disciplina dos institutos cujos membros estão empenhados na observância dos conselhos evangélicos 702
— estabelece critérios para a revisão dos limites das dioceses 626
— cf. o índice: *Vaticano II. Autocitações*

~ preparação, celebração, conclusão 6* 7* 13* 14*-16* 17* 19* 20* 21* 23* 24* 25*a-25*b 25*c 25*p 25*y 25*z 26* 29* 34*-39* 65* 99* 100* 105*-112* 113*-118* 120* 127* 133* 202* 204* 209* 219* 230* 235* 269* 277* 288* 326* 420* 451* 466*

~ natureza do Concílio 25*e 25*f 78*-81* 89* 90* 103* 108* 124* 133* 146* 147* 168*-170* 185* 206* 207* 210* 211* 236* 245* 247* 250* 255* 267* 277* 278* 282* 328*-330* 333* 336*342*-344* 345*-346* 351* 413* 428* 433* 438* 452*-455* 457*-463* 478* 532*

~ objetivos do Concílio 6* 7* 9* 10* 11* 25*j 25*m 25*r 25*s 28* 45*-50* 51*-56* 62* 95* 119* 127* 147* 154*-155* 157*-158* 160* 164*-165*

167* 170* 183*-187* 200* 247* 252* 257* 272* 281*-282* 302* 341*
-350*-351* 407*-408* 451* 464* 473*
~ frutos do Concílio 12* 20* 24* 37*-38* 118*-124* 216* 218* 223* 228*
278* 335* 339* 427* 4388-440* 444* 448*
CONCÍLIOS
Ecumênicos
— exprimem a natureza colegial da ordem episcopal 336
— constituem um exercício solene do poder 337 579 580
— não há c. e. sem confirmação ou, ao menos, aceitação do romano pontífice 337; compete ao romano pontífice convocá-los, presidi-los e confirmá-los 337
— no c. os bispos são doutores e juízes da fé 245
— os c. são o órgão supremo do magistério eclesiástico345-347
— têm autoridade para decidir a respeito de todos os assuntos, mesmo os de maior importância 336; disposições do c. sobre as Igrejas do Oriente 552
— o c. e. do Vaticano II confirma tudo que foi declarado pelos c. precedentes 555
— reafirmação dos direitos dos patriarcas orientais estabelecidos pelos c. e. 468
— ao c. e. compete a fundação de novos patriarcados na Igreja oriental 480; compete aos c. e. a mudança dos dias festivos em toda a Igreja oriental 480
— os bispos, membros do colégio episcopal, têm o direito de intervir no c. e. 579
— os padres devem conhecer os documentos dos c. 1307
~ 27* 32* 40* 43* 48*
~ Concílio Vaticano I 55* 101* 125* 138* 149* 157* 221* 223* 247* 250* 254* 255* 278* 282*
Particulares
— foram instituídos desde os primeiros tempos da Igreja 679
— convém retomá-los 680
CONCORRÊNCIA
— evitar a concorrência gratuita nas missões 1130
CONDENAÇÃO
— c. do genocídio 1594; c. da guerra indiscriminada 1601
~ 57* 186* 190* 371* 376*
CONDIÇÃO HUMANA
— como Cristo, também a Igreja deve inserir-se na c. h. do ambiente em que vive 1110; atuação dos irmãos separados para tornar mais humana as c. sociais da vida 569; esforço dos cristãos para melhorar a condição de vida dos povos 1114
— esforço de cada um para melhorar as c. de vida dos humanos 1413
— o hinduísmo e a c. h. 856; as religiões tentam responder aos enigmas da c. h. 855
— condições econômicas: cf. *Economia*
— a fé cristã 1351; cf. *Homem, História da salvação*

CÔNEGOS
— os cônegos regulares e o ofício divino 168
CONFERÊNCIA DOS RELIGIOSOS
— sua utilidade 765 766; especialmente nas missões 1207
— devem colaborar com as conferências episcopais 765
CONFERÊNCIA EPISCOPAL
— sua função, estrutura e competência 682-689
— importância 681
— c. e. entre bispos de várias nações 687
— a c. e. promove: a formação sacerdotal 771-772; a renovação teológica e pastoral 1159; o diálogo com todos os grupos humanos 1151
— intervém em problemas internos das dioceses 634
— deve pensar no seguro social para sacerdotes 1314; colaborar com a conferência dos religiosos 765;
— é uma forma prática de tornar concreta a colegialidade 341
— pode restaurar a ordem do diaconato como degrau permanente 360 1440; e coordenar o apostolado dos religiosos 765 1148
— c. e. e atividade missionária 1159-1161 1170 1184 1201-1202 1205 1224-1226 ~ 355* 432*
CONFIANÇA
— dos leigos para com seus pastores 382s; dos pastores nos leigos 384 1259
~ 2* 4* 57* 67* 83* 96* 135* 145* 157* 170* 186* 260* 274* 277* 309*-310* 312* 382* 388* 433* 457* 515*
CONFIRMAÇÃO
— vincula mais profundamente à Igreja e confere o Espírito de forma mais abundante 31'3; cf. *A Igreja, organismo sacramental...;* incorpora e assimila a Cristo 1211 1253
— como todos os sacramentos, está intimamente associada à eucaristia e para ela se orienta 1253
— com o batismo, é o fundamento do papel profético, sacerdotal e régio dos fiéis 311 362
— os bispos são os ministros ordinários da c. 350
— é o fundamento do apostolado leigo 313 369 918
— reforma do rito sacramental 123s
— o ministro, nos ritos orientais 474s
— os crismados devem testemunhar a força do Espírito 1111
CONFRATERNIDADE
— da doutrina cristã 656
CONGREGAÇÃO
— Congregações romanas: cf. *Cúria romana*
CONGRESSOS
— c. ecumênicos 509; c. pela paz 1609

CONQUISTA
— c. científicas e ameaça à paz 1610
~ 3* 7* 396* o477* 489* 531*

CONSAGRAÇÃO
— dos batizados como templo espiritual e sacerdócio santo 311
— dos padres, para pregar o Evangelho 354
— consagrados pelos Espírito Santo, os leigos consagram o mundo a Deus 373
— o estado religioso consagra intimamente ao serviço de Deus 410
— a c. episcopal confere a plenitude do sacramento da ordem 335; na c. episcopal todos os bispos presentes podem fazer a imposição das mãos 130
— revisão do rito da c. das virgens 139
~ 316*

CONSCIÊNCIA
— sua dignidade 1369; nos dá a conhecer a lei divina 1049
— é norma de ação 932 1049 1072
— princípio de formação 1080
— cada um é obrigado a obedecer somente sua c. 1072; ninguém pode ser impedido de viver segundo sua c. 1045 1049 1077; cf. *Liberdade religiosa*
— cresce hoje a c. da dignidade da pessoa humana 1400; educação cultural para que o ser humano possa melhor cumprir os seus deveres de c. 1415
— o Evangelho respeita o ser humano e sua c. 1447; compete à c. formada dos leigos inscrever a lei divina na vida da sociedade terrena 1455
— c. missionária nos futuros padres 1229
— direito e dever para todos de levar em conta os ditames de sua c. 1072 1077 1400 1415 1447 1479 1595 1627
— dever de respeitar a c. alheia 1049 1055 1072
— pela fidelidade à c., os cristãos se unem aos demais humanos na busca da verdade 1369
— distinção clara entre as ações que os fiéis realizam em seu próprio nome, guiados por sua c., e as ações que realizam em nome da Igreja 1579
— desequilíbrio entre as exigências práticas de eficiência e as exigências da c. moral 1342
— c. e responsabilidade no matrimônio 1479 1627; a reta c. ajuda a desenvolver os valores do matrimônio 1487; contribuição das ciências ao bem do matrimônio e à paz das c. 1488
— dificuldades que angustiam as c. em assuntos de moral familiar 1469
— a objeção de c. 1595
— todos os filhos da Igreja devem ter a viva c. da sua responsabilidade perante o mundo 963 1262
— os pais escolham escolas para os próprios filhos de acordo com sua c. 832
— os leigos devem tomar c. das questões internacionais 967
— o direito da Igreja de fundar e dirigir escolas garante a liberdade de c. dos pais 838

— quando os cidadãos são obrigados, em c., a obedecer às autoridades políticas 1570
— reta c. com que ouvintes e espectadores devem ater-se ao parecer das autoridades competentes quanto a questões abordadas pelos meios de comunicação 258
~ 138* 139* 197* 237* 246* 335* 338* 344* 377* 396* 407* 440* 453* 471* 481* 511*

CONSECRATIO MUNDI
— obra dos leigos 373; cf. *Animação cristã*

CONSELHO
— c. ou senado do bispo 643
— c. diocesano para a atividade missionária 1011; para o apostolado dos leigos 1013; c. dos superiores maiores 765 766
— c. pastoral nas missões 1200
— c. presbiterial da diocese 1264
— c. pastoral da diocese 646
— cf. *Comissão*

CONSELHOS EVANGÉLICOS
— a santidade da Igreja manifestada e favorecida pela prática dos c. e. 387 399
— os c. e. constituem dom divino, que a Igreja recebeu do Senhor 402
— pelos votos, a observância tornou-se obrigatória no estado religioso 404 737-749
— votos como doação total a Deus 404
— como novo título para o serviço de Deus 404
— como símbolo da união indissolúvel de Cristo com a Igreja 404; vínculo especial de união com a Igreja 405
— fundados na palavra e no exemplo do Senhor 402
— recomendados pelos apóstolos 402
— c. e. em relação ao batismo 404
— a vida religiosa exprime claramente a vocação cristã 1146
— a prática dos c. e. é regulada pela hierarquia 402 408-410
— virgindade e celibato são estímulo para a caridade e fonte de fecundidade espiritual 399 1297
— conduzem à caridade 404s
— c. e. e desenvolvimento da pessoa humana 412
— variedade de vocações aos c. e. 412
— exortação à perseverança 414; cf. *Religiosos, Igreja santa*

CONSENSO
— o c. da Igreja não é exigido para o valor de uma definição do magistério 346
— mas não poderá jamais faltar a sua anuência, para a ação unificante do Espírito Santo 346

— ao ensinamento autorizado do magistério pontifício e episcopal, deve-se, da parte dos fiéis, um assentimento religioso e interior 344-346
— o universal c. do povo de Deus em questões de fé e de moral 316
CONSTITUIÇÃO DOGMÁTICA
— valor teológico da doutrina expressa na c. d. acerca da Igreja 446 447; valor teológico da doutrina expressa na c. d. sobre a revelação 911a.
CONSTITUIÇÕES
~ 112* 212* 215* 282* 284* 289*
Dos religiosos
— sejam oportunamente revistas 714 1232
— e fielmente observadas 670 718
Constituições civis
— a liberdade religiosa é reconhecida como direito civil na maior parte das c. dos Estados 1082
CONSUETUDE
— a nomeação dos bispos pode ser feita na legítima forma costumada 343; c. social 1551 1552
CONSULTORES
— comissão de c. de *Propaganda Fide* 1197
CONTEMPLAÇÃO
— e sabedoria humana 1147 1500 1506s
— atualidade das ordens contemplativas 727
— c. e ardor apostólico 723
— inserção da vida contemplativa nas novas Igrejas em terra de missão 1149
— entre os não-cristãos, a vida contemplativa presta um magnífico testemunho da majestade e da caridade de Deus 1231
~ 216* 450* 452*
CONTRIBUIÇÃO
— c. financeira que toda diocese tem obrigação de dar para as missões 1225
CONTROLE DA NATALIDADE
— problemas surgidos com o aumento demográfico 1469 1625s
— referência a Pio XI, Pio XII e Paulo VI 1483 (nota 14)
— exigências do amor fecundo 1481 1483; responsáveis pelo número de filhos são os próprios cônjuges 1479; os métodos lícitos e os ilícitos 1482 1483 1627; cf. *Matrimônio*
— dever do governo de informar sobre os métodos que podem ajudar, licitamente, no c. d. n. 1627
~ 391*
CONTROLE DOS NASCIMENTOS
— cf. *Controle da natalidade*

CONVENÇÕES INTERNACIONAIS
— sua utilidade 1595
CONVERSÃO
— necessidade da c. para a salvação 1250
— a c., renovação interior 522
— não depende de ação coercitiva, e sim da eficácia da graça de Deus 1072 1119s
— c. e adesão a Cristo 1104; evangelização e c. 1117-1120;
— importância dos institutos contemplativos para a c. das almas 1231; ministério dos sacerdotes e c. 1250; penitência e c. 1254 1305
— c. do coração e movimento ecumênico 525
— a atividade missionária não fique limitada somente aos convertidos 1200
— a c., introdução necessária à liturgia da Igreja 14
— rito de introdução na Igreja católica, para os convertidos já validamente batizados 121
COOPERAÇÃO
— c. de Maria na obra da salvação 435 439
— os cristãos cooperam na regeneração dos homens 441
— com a hierarquia 267 353 366 377 987-994
— dos bispos entre si 460 582-585 681 690 695s
— entre conferências episcopais 1201s
— com o bispo 353 635-678
— dos sacerdotes com o bispo 392s 652-659 1264-1266
— c. clero, religiosos e leigos no apostolado 1000
— com o pároco 653-659
— c. dinâmica e prudente dos leigos com os não-católicos e os não-cristãos 1014-1016
— entre Igreja e comunidade política 1579-1584
— entre professores e pais 839
— entre religiosos 744 747-749 765s 1267
— entre sacerdotes 356 773 790 1267-1270 1317
— entre sacerdotes e leigos 1271-1276
— entre escolas e escolas católicas 849s
— entre teólogos 906; entre teólogos e sábios 1526-1532
— entre cristãos 509s 1014 1130 1239 1445 1639-1640
— com os não-cristãos 858 860
— entre os homens 1067 1113-1116 1608s 1636
— entre os povos 845 847 1114 1237 1615-1630
— na agricultura 1559; na pesquisa científica 1504-1506 1509
— para o progresso social 537 1114 1116
— cf. *Colaboração*
Cooperação missionária
— a Igreja é toda missionária 1210

— todos os fiéis têm a obrigação estreita de colaborar para a dilatação do reino de Deus 1211-1214
— modos: vida profundamente cristã 1212
— orações, auxílios, promoção das vocações 1213
— dever das comunidades diocesanas e paroquiais1216-1219; de todos os bispos 1220-1226; das conferências episcopais 1224-1226; de cada um dos sacerdotes 1227-1229; dos professores de seminário 1229
— adoção de uma paróquia ou de uma diocese missionária 1229
— todo bispo e todo sacerdote o são para a salvação do mundo inteiro 1220 1227
— importância do apostolado dos leigos em terra de missão 978 996
— os sacerdotes estejam dispostos em seu espírito a pregar o Evangelho em toda parte 815; trabalho dos sacerdotes nas missões 1277
— fundação de novos institutos em terra de missão 760
— inserir a vida contemplativa nas novas Igrejas em terra de missão 1149
— cf. *Atividade missionária, Missões*
COR LITÚRGICA
— sua adaptação 142
CORAÇÃO
— o Verbo encarnado amou com c. de homem 1386
— somente Deus responde aos desejos mais profundos do c. humano 1446
— não se salva aquele que, não perseverando na caridade, permanece no seio da Igreja com o "corpo", não, porém, com o "c." 323
— a mensagem da Igreja está em harmonia com as aspirações mais secretas do c. humano 1384
— os homens esperam das várias religiões a resposta aos enigmas que perturbam o c. humano 855
— a própria dignidade do homem exige que ele não se torne escravo das paixões do seu c. 1363
— os fiéis, "um só c. e uma só alma" 750 1176
— o seminário, c. da diocese 783
— a conversão do c. 525; cf. *Ecumenismo, Penitência*
— é o Espírito que difunde as virtudes em nosso c. 877 919
— o missionário leve a morte de Cristo no próprio c., a fim de que Jesus aja no c. daqueles aos quais o apóstolo é enviado 1177; no c. de todos, devem ecoar as palavras "ai de mim se eu não anunciar o Evangelho" 935
— os valores humanos, em conseqüência da corrupção do c., não raro são afastados de sua devida ordenação 1353; cf. *Realidades terrestres, Progresso*
— nas profundidades do c. humano é onde Deus espera o homem 1364
— quem, voluntariamente, mantém Deus longe do próprio c. não está isento de culpa 1375; todavia, somente Deus é juiz dos c. 1407
— precisamente o instinto do c. leva o homem a repelir a idéia de um aniquilamento definitivo com a morte 1371; entretanto, o prolongamento da longevidade biológica não pode satisfazer o desejo de vida do c. 1371

— o budismo ensina o caminho segundo o qual, com c. devoto e confiante, alcança-se o estado de libertação perfeita 856
— é o homem integral, na unidade de c. e de consciência, que constitui o eixo da exposição da c. p. *Gaudium et spes* 1322
— os desequilíbrios do mundo moderno estão coligados com o desequilíbrio mais profundo, radicado no c. humano 1350
— Cristo é a alegria de todo c. 1464; Jesus manso e humilde de c. 1071
— o homem tem uma lei escrita em seu c. 1369; cf. *Consciência*
— se o homem olhar para dentro de seu c., descobrirá que é inclinado para o mal 1360
— o Espírito habita no c. dos fiéis como num templo 287
— o fermento evangélico suscita no c. um irrefreável fermento de dignidade 1402
— para construir a paz, ocorre primeiramente mudar o próprio c. 1609; "o nosso c. não encontra paz enquanto não repousar no Senhor" 1384
— uma formação adequada permite aos missionários chegar à mente e ao c. dos povos 1183
~ 137* 324*
CORDEIRO PASCAL
— cf. *Cristo, cordeiro de Deus*
CORO
— recitação coral do ofício divino 157; comunidades obrigadas ao c. 168-170; clérigos não obrigados ao coro 171; língua litúrgica na recitação coral 181
CORPO
— dignidade do c. humano 1363 1364
— medo de que, com a dissolução do c., tudo acabe para sempre 1371; opiniões que exaltam ou rebaixam excessivamente o c. h. 1447; o amor dos esposos cristãos é indissoluvelmente fiel no plano do c. e no do espírito 1476; saúde da alma e do c. 738 1524; castidade e domínio do próprio c. 794
— ferido pelo pecado, o homem experimenta as rebeliões do c. 1363
— "corpo episcopal": cf. *Bispos*
— "corpo sacerdotal" em torno do bispo: cf. *Presbitério*
~ 71* 154* 358*
Corpo místico
— imagem que bem define o mistério da Igreja 296-303
— com uma única cabeça que é Cristo 299-303 318s 354 361 368
— num só Espírito, que constitui sua alma 287 302 319
— c. m. e batismo 297 334
— c. m. e eucaristia 286 297 313 348s
— c. m. e sociedade hierárquica 304
— c. m. e religiosos 402 408s
— exprime-se na liturgia 11s 44; edifica-se com os sacramentos 107; e o ministério da hierarquia 327 334 355

— o sacerdote completa a edificação do c. m. com o sacrifício eucarístico 327
— os ministérios da Igreja tendem ao bem de todo o corpo 328
— os bispos contribuem para o bem de todo o c. m. 339
— muitos são os membros e os encargos, porém, o corpo é único 297 298 368
— todos devem conformar-se à cabeça 300s 361 400 412
— não obstante a diversidade dos ministérios, todos os sacerdotes trabalham para a edificação do corpo de Cristo 355 1267 1317
— os sacerdotes devem ser entregues ao serviço do corpo de Cristo 1136
— os sacerdotes não podem deixar de inteirar-se de quanto ainda falta à plenitude do corpo de Cristo 1227
— os leigos são constituídos no único corpo de Cristo 368 (cf. *Leigos*); os leigos são inseridos no corpo místico de Cristo por meio do batismo 918; cf. *Batismo*
— contribuição dos religiosos para a edificação do corpo de Cristo 665 703 747 (cf. *Religiosos*); a vida contemplativa ocupa um lugar eminente no corpo místico de Cristo 727
— graças à atividade missionária, todo o gênero humano se reúne no único corpo de Cristo 1106; cf. *Missões*
— o corpo místico cresce pela atividade missionária 1109
— a ação ecumênica tende à plenitude com que o Senhor quer que o seu corpo cresça 571; cf. *Ecumenismo*
— as coisas terrenas podem contribuir não pouco para a edificação do corpo de Cristo 597; cf. *Realidades terrestres, História humana*
— toda a atividade do corpo místico é ordenada ao apostolado 916
— toda celebração litúrgica é obra de Cristo e do seu corpo, que é a Igreja 12
— na liturgia, exercita-se o culto público integral do corpo místico de Cristo 11; cf. *Liturgia, Ações litúrgicas*
— os sacramentos são ordenados à edificação do corpo de Cristo 107; os sacramentos e a vida do corpo de Cristo 297; cf. *Sacramentos*
— na eucaristia, tornamo-nos membros do corpo do Senhor e individualmente somos membros uns dos outros 297 (cf. *Eucaristia*); por meio da eucaristia, os fiéis formam um corpo compacto 606 1253; cf. *Igreja e Cristo*
~ 10* 147* 149* 158* 207* 235* 240* 267* 279* 280* 308* 337* 417* 441*

CORPOS INTERMEDIÁRIOS
— relações com os poderes públicos 1574

CORRIDA ARMAMENTISTA
— praga gravíssima da humanidade 1603-1607

COSTUMES
— profundamente transformados 1315; na fundação de novas Igrejas, leve-se em consideração os c. dos habitantes 760
~ 57*

CRESCIMENTO DEMOGRÁFICO
— autoridade pública e c. d. 1626s; cooperação internacional e c. d. 1625; lei moral e c. d. 1627; o problema do c. d. 1330 1469; produção industrial e c. d. 1538; cf. *Controle da natalidade*
CRIAÇÃO
— cf. *Deus, realidades terrestres, Cristo*
CRIANÇAS
— batismo das crianças 118
— também as c. são testemunhas de Cristo entre os companheiros 961
— especial atenção para defender as c. da má imprensa 265
— legislação civil e educação das c. 954
— adoção de c. abandonadas 955; cf. *Crianças, Educação*
— sua formação: os párocos providenciem-na com todo o zelo 658; todos os religiosos estão subordinados aos bispos também no que diz respeito à educação das c. 675; educação física, moral, intelectual, sexual, social das c. 823; educação religiosa das c. 824 (cf. *Crianças, Pais, Escola, Educação*); é preciso formar para o apostolado, ao amor para com o próximo, à paróquia, à Igreja, às realidades temporais desde a infância 1025-1027 1035; educação das c. e vocação sacerdotal 773 1280; nos seminários menores: cf. *Seminários*
— os esposos cristãos e a educação das c. 376 394; também as c. concorrem para a santificação dos pais 1474 (cf. *Filhos*);
— nascidos de união ilegítima 1404; apostolado das c. 961
CRIMES DE GUERRA
— indesculpáveis, hediondos 1594
CRISE
— c. de crescimento do mundo contemporâneo 1326
— com a qual se deparam os convertidos 1118
CRISMA
— cf. *Confirmação*
CRISTÃOS
— recebem as primícias do Espírito 1388
— combatem o mal 1388; testemunham a verdade com as obras 1643; testemunham a vida futura 1437 1581
— associados ao mistério pascal 1388
— devem viver em comunhão fraterna 1421s 1503 1639
— participar das instituições internacionais 1630 1632 1634
— respeitar sua dupla pertença: à comunidade terrena e à comunidade celestial 381 1454
— sentir-se empenhados no mundo 387-389 1427 1454-1457 1461 1487 1504 1519 1524 1531 1560 1577 1590 1626 1628-1635 1637 1643
— devem colaborar com a causa do Evangelho segundo seus dons 1189; devem aproximar-se com devoção e espontaneamente da Bíblia 896 908 909
— honrar suas responsabilidades nos países com maioria cristã 1628
— não devem viver egoisticamente 1258

— os c. e as obras de misericórdia 1035
— os c. sentem-se solidários com as alegrias e as esperanças, as tristezas e as angústias dos homens 1319
— todos quantos crêem em Cristo são chamados para a Igreja 285 310
— todo c. é chamado à santidade 315 396
— todos os c. estão incluídos na vocação de Abraão 862
— todos os c. confessam sua fé em Deus uno e trino, e no Filho de Deus, Redentor e Senhor 537
— compete a todo c. o dever de difundir a fé 327
— unem-se aos outros homens em busca da verdade 1369; devem combater o mal 1388
— cf. *Povo de Deus, Fiéis*
~ 25* h 25* m 25* s 35* 187* 234* 307*

Cristãos não-católicos
— cf. *A Igreja e as Igrejas, Ecumenismo, Irmãos separados, Unidade*

CRISTO
1. Cristo no plano de salvação do Pai; 2. Cristo redentor; 3. Cristo e o Espírito Santo; 4. Cristo fundador da Igreja; 5. Cristo sacerdote, profeta, rei; 6. Cristo filho; 7. Cristo senhor; 8. Cristo esposo; 9. Cristo e a sua parusia. 10. Cristo alfa e ômega; 11. Cristo homem perfeito; 12. Cristo, homem novo e primogênito. 13. Cristo sofredor; 14. Cristo cordeiro de Deus; 15. Cristo obediente; 16. Cristo caminho, verdade e vida; 17. Cristo paz; 18. Cristo luz; 19. Cristo médico; 20. Cristo servo; 21. Cristo amigo.

1. Cristo no plano de salvação do Pai
— após a queda, Deus reergueu nossos progenitores com a esperança e a promessa da redenção 874; Cristo é o esperado das nações 1107
— C. imagem do Deus invisível 285 299 1351
— por C. temos acesso ao Pai, num só Espírito 287
— em C., manifesta-se claramente o reino de Deus, o próprio Deus 289
— o mistério de C. é o sacramento escondido em Deus durante séculos 1317
— em C., Deus manifestou a si próprio e os seus caminhos 1071
— foi constituído por Deus como princípio da salvação 327
— a humanidade em C., instrumento da nossa salvação 6
— descobrir e respeitar os germes do Verbo que se escondem nas culturas dos povos 1112; o Espírito S. chama todos os homens a C., mediante a semente da Palavra 1126
— C. encarnou-se para tornar os homens participantes da natureza divina 1093; C. mediador entre Deus e os homens 6
— C. sinal de contradição 431 1118; é juiz dos vivos e dos mortos 1464

— Deus quis reunir todas as coisas em C. 286 299 874 932 940 1088 1092 1507; único nome dado aos homens, no qual podem salvar-se 1351
— C., Filho de Deus, enviado pelo Pai 6 15 286 306 318 327 354 573 922 1092s 1244 1249 1283
— é o Messias 290 432 896 1071
— Deus, por meio de C., revela a si mesmo 873; cf. *Revelação, Palavra de Deus, Sagrada Escritura*
— a profunda verdade resplandece para nós, em C., enviado pelo Pai, como mediador e plenitude da revelação em seu todo 873 875 880
~ 25* d 30* 75* 147* 195* 207* 314* 322* s 397*

2. Cristo redentor
— o Redentor foi prometido por Deus 847 896
— vem e conduz a cabal cumprimento a obra da salvação a ele confiada 573 875 898 1071 1247; por meio do mistério pascal da sua paixão, ressurreição e ascensão 7 19 290 292 868 1104 1253 1321 1351
— não foi redimido o que não foi assumido por Cristo 1093
— alimenta-nos com seu sangue 83 416
— enriqueceu a Igreja com o seu sangue 1075; com seu sangue, conseguiu a Igreja e os homens 308 310 423 1387; expiando os pecados dos homens 306 868 1283; C. ressurgido para a nossa justificação 309
— tornou-se, assim, autor da nossa salvação 6 13 83 183 185 191 310 346 363 1109 1117 1351 1361 1387 1409 1418 1420 1464 1472; e do universo 420 423 426 896 932 1043 1509 1546 1582
— redimiu o homem, transformando-o em nova criatura 285 296 422 497 1070 1361 1372 1409 1436 1443 1446 1447
— abriu o caminho da liberdade dos filhos de Deus 382; tornando-se, assim, princípio de unidade e de paz 310
— com sua obediência, operou a redenção 286 382 399
— morremos com ele e ressurgiremos com ele 287 297 300 1439
— enviado para salvar, e não para condenar 1323
— como Salvador, quer que todos os homens se salvem e sejam santificados 326 868 1247 1288 1323
— por essa razão, Cristo é aceito integralmente 323
~ 69* 70* 84* 130* 147* 189* 231* 290* 303* 315* 327* 448* 517* 521*

3. Cristo e o Espírito Santo
— Cristo promete o E. S. aos discípulos 287 497; o E. vivifica o corpo de Cristo 304
— a carne de Cristo é vivificada e tornada vivificante pelo E. 1253
— o E. do Senhor está em Cristo 1093; e no corpo de Cristo, a Igreja 1097; cf. *Igreja, Espírito Santo*
— o Cristo manda o Espírito para mover ao amor 388

~ 83* 240*
4. Cristo fundador da Igreja
— C. fundou a Igreja como sinal necessário de salvação 289 304 309 322 348 821 916 1087 1104 1459 1472 1581 1587

— ele próprio é a porta para entrar na Igreja 292; Cristo, pedra angular desse edifício 294 330 449 555 1109

— fundador pobre e sofredor 306 390 927 1093 1097 1302

— C. constitui a Igreja como seu corpo 296s 303 322 339 348 355 458 498 572 1109; cf. *Igreja e Cristo*

— a única cabeça desse corpo é Cristo 299 309 318 337 361 422 1109; o seu mistério informa a Igreja 304; a qual desenvolve a missão de Cristo 1097

— entre ele e a Igreja interpõe-se um mistério de unidade e de amor fecundo 314 952 1319 1322 1462 1472

— a Igreja tem consciência de que está unida a Cristo, por diversas razões 1089 (cf. *Igreja una, Igreja rebanho de Cristo, Unidade*), tendo-a constituído una e única 494 498 501 572

— C. está sempre presente em sua Igreja, principalmente nos atos litúrgicos 952; cf. *Liturgia, Igreja assembléia de culto, Eucaristia, Sacramentos*

— pregou, anunciou e instaurou o reino de Deus 289s 896 898; anuncia a boa-nova aos pobres 1097

— em suas palavras, obras e presença manifesta-se o reino de Deus 289 875 898

— o reino de Cristo não é deste mundo 319; entretanto, o mistério já está presente entre nós 1441 1443; cf. *Reino de Deus*

— C. escolheu os apóstolos e os seus sucessores para enviá-los a pregar o reino de Deus 330 880 1096 1220-1229 (cf. *Apóstolos*); todos cooperem para a expansão do reino 377 919 1234-1240 1561; e quando tudo for levado a termo, o Reino será reconduzido por C. ao Pai 378 1248 1441

~ 1* 7* 25* d 29* 135* 146* 147* 149* 150* 240* 250* 251* 258* 328* 331* 407* 411* 417* 484* 526*

5. Cristo sacerdote, profeta, rei
— Cristo sacerdote *in aeternum* 290 363 393 419 434 436s 560 780 1243 1246 1282; sumo pontífice 144 334 354 372

— é o único mediador 6 84 322 392 419 434 436s 560 1104 1243 1247

— o seu sacerdócio é universal, sem limite de estirpe ou idade 1277

— pontífice, surgido dentre os homens 311; ofereceu a si mesmo ao Pai, como vítima imaculada 354; tornou-se pastor eterno 329 354 499 1254 1257 1265; bom pastor 353 595 780

— constituído também rei pelo Pai 318-319; cf. *Reino de Deus*

— coroa de todos os santos 378-422; lâmpada da cidade celeste 425

— grande profeta 374 917 949; e mestre do povo de Deus 318

— doando-nos a verdade salvífica 327 1107 1323

— mestre de toda perfeição 839 1071 1107 1243 1251 1287

— com efeito, nele resplandece toda verdade profunda 873
— fez do novo povo um reino de sacerdotes que participam todos do único sacerdócio de Cristo 145 311s 350 917 949 1244; estabelecendo na Igreja vários ministérios 328 573
— todavia, todo membro participa da mesma missão universal do sacerdócio de Cristo 1211-1219 1277; cf. *Sacerdócio, Povo de Deus*
— faz com que o povo participe da sua função profética 316 917 1244
— por força de tal participação, a doutrina de Cristo é infalivelmente anunciada pelos bispos em comunhão entre si e com o sucessor de Pedro 345 885
— pelo que, também eles tornam-se doutores na Igreja 383 (cf. *Bispos*); com o encargo de anunciar a verdade a todos os povos 327; e exercer tal autoridade somente em nome de Jesus 887
— além disso, transmitiu a todo o seu corpo místico aquela mesma unção com que foi ungido 917 949 1244
~ 25* e 38* 68* 74* 130* 147* 247* 260* 292* 397* 472* 483* 531*

6. Cristo Filho

— Deus dá ao mundo o seu Filho unigênito 286 497 1316; ou seja, o C., F. de Deus 387 573 875 1091 1410; F. dileto de Deus 884
— Verbo feito carne 6 144 326 436 560 873 875 894 898 1104 1607; F. do homem 289; F. de Maria 186 863 1095 1386
— concebido virginalmente 431; de Maria, assumiu a natureza humana 429; nele habita corporalmente a plenitude da divindade 296 442 1093
— tal como se verifica na economia da encarnação, as novas Igrejas têm a capacidade de absorver as riquezas das nações 1168
— através de sua encarnação, C. coligou-se ao ambiente sociocultural em que viveu 1110
~ 70* 118* 147* 189* 195* 231* 275* 311* 327* 336* 462* 485* 521*

7. Cristo senhor

— C. senhor 283 290 318 1071 1351; reina glorioso no céu 13 309 378; Cristo senhor recebe o testemunho da Igreja inteira 1103 1174
— é reconhecido como Senhor pelos irmãos das Igrejas separadas do Ocidente 560; mesmo sendo Senhor de todas as coisas, não veio para ser servido, mas para servir 367 1323
~ 38* 93* 275* 277* 448*

8. Cristo esposo

— C. esposo da Igreja 83 146s 183 294s 310 1459; que conquistou com seu sangue 310 387 1443 1493; e que ama como esposo fiel 10 303 387 394 1474
— o amor entre C. e a Igreja plasma também o amor conjugal 1474 1476; cf. *Igreja esposa, Amor conjugal*

9. Cristo e a sua parusia
— C. está sentado à direita de Deus e nele está oculta a sua Igreja, que será revestida de glória 295; cf. *Igreja peregrinante*
— C. se manifestará gloriosa e publicamente 13 184 309 354 374 425 876 1108-1109 1247 1248 1422 1643

10. Cristo alfa e ômega
— Todos são chamados à união com C. 286; princípio da salvação para o mundo inteiro 327 422
— princípio de unidade e de paz 310; princípio de vida 1491
— para C. convergem todas as outras atividades da Igreja 17 422 560
— fonte e cabeça da qual procede toda graça e a própria vida do povo de Deus 422; chave, centro e fim do homem e da história 326 422 560 1351; alfa e ômega 1463-1465
~ 144* 145* 147* 207* 251*

11. Cristo, homem perfeito
— modelo divino de toda a perfeição 388 1446; ungido do Espírito Santo 6; C. tem uma plenitude de santidade 350 387s; santo, inocente, imaculado 306 1282
— pregou a santidade da vida 388; e as bem-aventuranças 395; fez-se obediente até à morte 378
— C. ama com coração humano 1386; C. manso e humilde 1071
— C. exercitou-se no trabalho manual 394 1419 1454 1546; trabalhou com mãos de homem 1386; pensou com mente de homem 1386; agiu com vontade de homem 1386; deu livremente a sua vida pelo mundo 398 1095
— qualquer pessoa que seguir Cristo, homem perfeito, torna-se, ela própria, mais humana 446
— até que fiquemos repletos dele 327 361 825 828 1109
— de tal maneira que tudo seja sempre feito segundo C. 300-301 363 1253; e possa ser exercida aquela liberdade com que C. nos libertou 1258

12. Cristo, homem novo e primogênito
— Adão, figura do homem futuro, C. senhor 1093 1385-1390
— C. é constituído cabeça da nova humanidade 821 1093; cujo clima é o respeito de C. para com a liberdade humana 1069 1071; no mistério de Cristo aparece o homem novo 1116 1118 1253 1454 1546 1560
— C., primogênito entre muitos irmãos 285 299 377 378 382 436 746 1351 1421 1422

13. Cristo sofredor
— C. sofredor e glorioso 297 314 395; C. pobre 390 420
— na pobreza e nas perseguições, cumpriu a nossa redenção 306 927 1097 1323 1419; veio para servir 1323; uniu-se aos oprimidos pela pobreza, debilidade, doenças etc. 395 976 1093

14. Cristo, cordeiro de Deus
— C. imaculado pela sua esposa 295 425 1387 1493
— imolado no sacrifício da cruz 286 290 397-401
— constituiu a nova aliança em seu sangue 144 308 313 897 1251
— regenerando-nos e tornando-nos "um só" 365; para santificar todos os homens 573

15. Cristo obediente
— C. fez-se obediente até à morte 378 383 400 1295
— e com esta obediência, venceu e redimiu a desobediência de Adão 1295; e operou a redenção 286
— Cristo veio para fazer a vontade do Pai 746; o próprio C., pela submissão à vontade do Pai, veio para servir os irmãos 746
— os religiosos imitam C. obediente 411; o missionário deve estar unido a C. na obediência à vontade do Pai 1177
— C., com a sua obediência, resgata o gênero humano 1174

16. Cristo caminho, verdade e vida
— C. caminho, verdade e vida 857; C. é a verdadeira vida 293 309 857 1107 1117; C. princípio de vida 1107 1491
— a sua vida difunde-se nos fiéis 297 326 1096; C. Verbo vivificante 1081
— em seu corpo, comunicamo-nos com ele 297
— C. é a verdade 1093 1117; C. é o caminho 1117 1127
~ 144* 492*

17. Cristo paz
— Autor da paz 862 1092 1586 1589
— a paz de Cristo emana do Pai 1589; a paz terrena é imagem dela 1589
— a Igreja leva aos homens a paz de C. 1096
~ 70* 125* 389* 483*

18. Cristo luz
— Cristo, luz dos povos e do mundo 284 286 311 326 875 1351 1507; Cristo ilumina a sociedade humana por meio dos membros da Igreja 379
— a sua luz derrama-se sobre a face da Igreja 284 1244
— donde o empenho para que a imagem de C. resplandeça mais claramente sobre a face da Igreja 325 1459 1163-1167
— e somos chamados a ser conformes ao Filho de Deus 285 286
— o mistério da dor e da morte que, fora do Evangelho, nos oprime, nele recebe luz 1372 1390 1446
~ 25* e 144* 145* 492*

19. Cristo médico
— é nosso m., enviado para sanar as feridas dos corações 6 306 1093

20. Cristo servo
— a *kenosis* de C. 306 400 721 746 1173 1295
— a feição de C. servo é posta na mais plena luz pela cooperação entre os cristãos 537

— C. se apresentou como o servo de Deus que não apaga a mecha fumegante 1071
~ 76*

21. Cristo amigo
— C. chama os seus discípulos não servos, mas amigos 355
— C. sacrificou a sua vida pelos seus amigos 1420
— os seminaristas vivam continuamente em C., como amigos 788
~ C., o mundo e a história: 25* i 25* t 30* 31* 84* 146* 147* 182* 189* 277* 336* 483*
~ Fidelidade a Cristo: 234* 244* 417* 4448
~ Amor, glória e louvor de Cristo: 69* 70* 79* 185* 232* 250* 260* 262* 347*

CRÍTICOS DE ARTE
— seus deveres morais 260-262

CRUZ
— Cristo ofereceu-se sobre a c. 9 286; o sacrifício da c. renovado sobre o altar renova a nossa redenção 286
— após ser morto na c., Jesus ressuscitou 7 290 1321
— por meio da c., Cristo reconciliou os homens com Deus 862 1071 1589
— do lado de Cristo na c., nasce a Igreja 7 286
— todos os religiosos e os clérigos devem ser animados pelo amor à c. 770 790
— os fiéis movidos pelo Espírito seguem Cristo que carrega a c. 390
— a beata Virgem conservou fielmente a sua união com o Filho até à c. 432
— a c. de Cristo purifica e aperfeiçoa as atividades humanas 1436
— é necessário carregar a c. 1089 1437
— por meio da c., Cristo reconciliou os homens com Deus 862 1071 1589
— o missionário não deve envergonhar-se do escândalo da c. 1174
— a Igreja deve anunciar a c. de Cristo como sinal do amor de Deus e fonte de toda graça 868
— o apostolado é, antes de tudo, conformação com Cristo sofredor 976
~ 235* 347* 508* 523*

CULTO
— a Igreja, na doutrina e no culto, transmite tudo quanto é e tudo aquilo em que crê 882
— todos os religiosos estão subordinados aos bispos no que concerne ao público exercício do c. 675
— é um erro pensar que a vida religiosa do homem consista exclusivamente em atos de c. 1454
— o c. como meio para auxiliar os cônjuges em sua vocação 1489
— instrução dos clérigos no c. 813; importância do c. na vida do monge 731
— o c. dos irmãos separados 568; o c. como objeto do diálogo ecumênico 567; culto dos irmãos separados para com a s. Escritura 561
— liberdade religiosa e c. público 1049-1053
~ 195* s 214*

Divino
— liturgia celeste e terrestre 423
— c. latrêutico por meio de Cristo 6-13 17
— nos sacramentos 107
— variedade dos ritos e unidade da Igreja 514 552
— o papel dos bispos em matéria de c. 333 349 351 615
— o papel dos sacerdotes 354; o papel dos diáconos 359
— faculdade concedida às hierarquias locais de estabelecer a data da páscoa 481
— intercomunhão 487-490 528 549
— c. espiritual dos leigos 373; c. d. e vida religiosa 404

Dos santos
— o culto prestado a Maria é essencialmente diferente do que é prestado à Trindade 442
— ele culmina em Cristo 442
— é praticado e recomendado pela Igreja 420 423 442 443
— muito valorizado também nas Igrejas orientais 548
— o c. dos s. não prejudica o que se dá a Deus 424
— é aprovado pela Igreja 420-424
— memória litúrgica dos mártires e dos santos 187
— próprio do tempo e festas dos santos 193
— as festas dos santos propõem aos fiéis exemplos oportunos a serem imitados 199
— em que consiste o verdadeiro c. 424 443
— retificar o que existe de menos reto no c. dos s. 424
— o amor para com os santos tende, por natureza, a Cristo e a Deus 422
— o c. às sagradas imagens 443
~ 312* 315*

CULTURA
— sua definição 1493 1494
— caracteres da c. contemporânea 1495-1509 1522-1525
— os seus valores positivos 1509
— c. de massa 1495 1501 1519 1524
— pluralidade das culturas 1494s 1497 1529
— autonomia e liberdade da c. 1502 1515-1518 1529
— direito de todos à c. 1518 1519-1521
— tempo livre e c. 1524
— o leigo esteja ao nível da c. da sociedade em que vive 1019
— os meios de comunicação social enriquecem o espírito 246; é preciso colaborar com aqueles que, com tais meios, desenvolvem iniciativas de c. 275
— o Estado deve vigiar para que todos tenham acesso a um grau conveniente de c. 833

— as profundas transformações dos nossos dias são conseqüência da evolução cultural 1562
— c. e poderes públicos 1515 1517 1518
— fé e c. 1467 1504 1510-1513 1514-1518; e pastoral 1527
— o homem e a c. 1496; o cristão e a c. 1519-1532
— família e c. 1523; c. e progresso humano 379-380
— multíplices antinomias 1497-1503
— a Igreja acolhe e respeita os elementos positivos de qualquer c. 65-66 227 319 327 380 461 857 1112 1138 1147 1165 1168-1169 1179 1183 1231 1452-1453 1461 1510-1513 1527 1529 1584
— característica da escola católica é a de harmonizar o conjunto da c. humana com a mensagem da salvação 837
— o modo de agir dos religiosos deve adaptar-se também às exigências da c. e às outras circunstâncias sociais e econômicas 712
— a liberdade da Igreja de fundar escolas contribui para o progresso da c. 838
— conexão das várias religiões do mundo com a c. 856
— formação cultural dos religiosos 758
— c. humanística e científica nos estudos eclesiásticos 799
— animação cristã da c. 938 941
— cf. *Civilização, História humana, Humanidade*
~ 77* 120* 192* 236* 394* 416* 458* 461*
CUPIDEZ
— os países em que houve menos progresso devem ser ajudados sem c. 1616
— a propriedade privada pode tornar-se ocasião de c. 1558
CÚRIA
Diocesana
— estrutura e deveres 642 644 645
Romana
— ministérios 588 589; desejo de que seja reformada 589
— estrutura e função do ministério de *Propaganda Fide* 1192-1197
— membros e oficiais de cúria 590-591
~ 14* 288* 355* 432* 436*
CURSO PASTORAL
— a realizar-se imediatamente após a ordenação 817
— a ser feito após alguns anos de sacerdócio 1309
— cursos pastorais: para superiores e professores nos seminários 782
— para iniciar os alunos dos seminários nos fins pastorais dos estudos eclesiásticos 801
— os bispos favoreçam cursos pastorais para os sacerdotes 611
DECANOS
— colaborem com os párocos 653

DECORAÇÃO
— revejam-se as disposições eclesiásticas acerca da d. 237
DEFESA
— legítima 1596 1598 1603
DEFUNTOS
— não se rompeu a união com os irmãos mortos na paz de Cristo 419; é santo e salutar o ato de rezar pelos d. e oferecer-lhes sufrágios 420; a fé dá a possibilidade de comunicar em Cristo com os nossos entes queridos 1372
— o rito das exéquias seja reformado, a fim de que possa melhor exprimir o caráter pascal da morte cristã 142
DEMOCRACIA
— no governo da sociedade 1417
DEMOGRAFIA
— o problema do desenvolvimento demográfico 1330 1469 1538 1627
— incremento da população e padrão de vida 1625
DEMÔNIO
— cf. *satanás*
DEPOSITUM FIDEI
~ 55* 181* 220* 448*
DESARMAMENTO
— necessidade e condições 1607-1610
— todavia, é preciso começar pelo d. dos ânimos 1607 1609 1610
~ 387*
DESCOBERTAS
— necessidade de que as novas descobertas se tornem mais humanas 1367
— a humanidade está abalada de admiração pelas suas descobertas 1322
— o progresso atual das c. pode favorecer certo fenomenismo e agnosticismo 1508; cf. *Progresso, Realidades terrestres*
— mas quem sonda com humildade os segredos da realidade é quase que conduzido, mesmo sem o saber, pela mão de Deus 1431
— o homem descobre hoje mais claramente as leis da vida social, mas depois fica na incerteza quanto à direção que nelas deve imprimir 1326; muitíssimos contemporâneos não estão em condição de harmonizar os valores perenes com aqueles que, pouco a pouco, hoje se descobrem 1328
— a nossa época, mais que no passado, tem necessidade de "sabedoria", para que as novas d. se tornem mais humanas 1367; perigo de que o homem, em razão de suas maravilhosas d., acredite bastar-se a si mesmo 1508
~ 50* 77*
DESENVOLVIMENTO ECONÔMICO
— sua finalidade fundamental: a serviço do homem 1538; deve permanecer sob o seu controle 1539; não deve ser abandonado ao arbítrio de poucos, ou de grupos 1539s

— os erros do liberalismo e do coletivismo devem ser denunciados 1540
— é direito e dever de todos os cidadãos contribuir para o progresso 1541; para eliminar escandalosas disparidades e promover a igualdade 1326 1346s 1542-1544
— d. de um país e cooperação financeira 1616; normas que devem regular a vida das nações em via de d. e a ajuda a elas 1618-1624 1628-1630; cf. *Economia*

DESEQUILÍBRIO
— a rápida evolução da estrutura moderna gera ou aumenta os desequilíbrios e as contradições 1341
— desequilíbrios em vários setores 1342-1345 1535-1537
— todos os desequilíbrios de que sofre o mundo contemporâneo ligam-se ao mais profundo desequilíbrio que está radicado no coração do homem 1350
~ 188*

DESESPERO
— vivendo sem Deus, os homens ficam expostos ao d. 326; faltando a esperança da vida eterna, não raro, os homens afundam-se no d. 1380
~ 188* 528*

DESTINO
— o d. da sociedade humana hoje se torna único 1331; os homens são iguais, porque têm o mesmo destino e a mesma origem 1409; transmissão da vida e d. eterno dos homens 1484
— a Igreja examina hoje, antes de tudo, o que impele os homens a viver o seu d. comum 853; cf. *Fim do homem*

DEUS
1. Natureza de Deus; 2. Criador (criação, criaturas); 3. Providência; 4. O Pai e o Filho no plano da salvação; 5. Revelação e glorificação de Deus; 6. Igreja e Deus; 7. Deus e vida cristã; 8. Deus e vida religiosa; 9. Conhecimento de Deus e "Missão".

1. Natureza de Deus
— único 326 434 874 895 1104; uno e trino: cf. *Trindade*; invisível 299; bom 397 398; onipotente 430 1371; benfeitor 1436; providente 326 435 (cf. 3. *Providência*); santo 397 1252
— misericordioso 326 388 426 430; juiz 326 1407; criador 326 363 368 379 1357 (cf. 2. *Criador*); poderoso 1427
— salvador 326; pastor 292; senhor 1483; D. é amor 397 1437; é Pai 8 285 325 388 871 898 904 934 1106 1111 1306 1390
~ 50* 87* 195* 224* 266* 267* 335* 336* 364* 397* 428* 452* 465* 482* 483*

2. Criador
— Deus c. do universo 285; de todas as coisas 874; de todos 1091; cria homem e mulher 1358; no princípio, criou a natureza humana una 318; toda atividade profana está também subordinada a D. 381

630

— o homem criado por D. 254; pelo amor de D. 1321; por amor 1091 1373
— o homem reconheça em D. o C. de todas as coisas 1425
— os leigos cresçam e dêem louvor ao C. 363
— através do estudo, chega-se mais facilmente à contemplação do C. 1507; a negação de Deus: cf. *Ateísmo*
— Deus, que cria e conserva todas as coisas por meio do Verbo, oferece aos homens, nas coisas criadas, um perene testemunho de si 874
— o homem abusou da sua liberdade, preferindo as criaturas ao C. 1360
— não existe oposição entre a potência das criaturas e a potência do C. 1427; C. e autonomia das realidades terrestres 1431s; cf. *Realidades terrestres*
— com o trabalho, o homem prolonga a obra do C. 1426 (cf. *Trabalho*); a atividade dos aristas, sagrada imitação do C. 236
— os cônjuges, cooperadores do amor do C. e quase seus intérpretes, através da procriação responsável glorificam o C. 1479
— com a ajuda de Deus, o engenho humano logrou extrair do criado maravilhosas invenções técnicas 245
— os bens humanos, levados a progredir em virtude do trabalho humano e segundo a ordem do C., sejam portadores do progresso universal, na liberdade humana e cristã 379
— Criação
— o Pai nos escolheu antes da c. do mundo 286
— nova c. 932
— a c. é confiada ao homem 1355-1357 1425-1427
— com o trabalho, o homem aperfeiçoa a obra da c. 1505 1546; cresce a persuasão de que a humanidade deve fortalecer o seu domínio sobre a c. 1346
— Criaturas
— o homem, criado à imagem de Deus, está acima de todas as c. 1106 1357 1372 1393
— o homem, criatura de Deus 254
— todas foram criadas em Cristo e nele existem 299
— serão libertadas da corrupção 309 378 1437; e participarão da gloriosa liberdade dos filhos de Deus 309
— podem cooperar de várias formas com Deus mediador 437
— participam da única bondade divina 437
— devem oferecer-se a Deus com Cristo 1253
— valor e autonomia das realidades criadas 379 1430-1432 1436; cf. *Autonomia, Ordem temporal*

3. Providência
— no ecumenismo, não se interponham obstáculos ao caminho da P. 572
— a participação ativa de todo o povo de Deus na obra das vocações corresponde à ação da P. 775
— o interesse pelo incremento e pela renovação da liturgia, sinal dos desígnios providenciais de Deus em nosso tempo, passagem do Espírito Santo em sua Igreja 76

— a P. não nega aos homens de boa vontade os auxílios necessários à salvação 326

— por divina P., várias Igrejas gozam de uma disciplina própria, de um uso litúrgico próprio, de um patrimônio teológico e espiritual próprio 341

— os povos têm também um fim último próprio, cuja P., testemunho de bondade e de desígnio de salvação, se estende a todos 854

— a bem-aventurada Virgem, por disposição da divina P., foi alma-mãe do redentor, companheira zelosa absolutamente excepcional, humilde serva do Senhor 435

— os religiosos abandonem-se à P. do Pai celeste, afastando toda preocupação excessiva 742

— os homens, através do seu trabalho, dão uma contribuição pessoal às realizações do plano providencial de Deus na história 1426

— os cônjuges, quando cumprem com responsabilidade sua função de procriar, confiando na P. e cultivando o espírito de sacrifício, glorificam o Criador e tendem à perfeição cristã 1479

— a P. exige que nos libertemos da antiga escravidão da guerra 1606; cf. *Paz*

~ 6* 18* 25* k 25* o 25* r 25* t 26* 42* 110* 203* 223* 253* 274* 283*

4. O Pai e o Filho no plano da salvação

— após a queda, Deus elevou os nossos progenitores com a esperança e a promessa da redenção 874

— o Pai envia o seu Filho, Jesus Cristo 6 15 286 306 318 327 354 573 875 922 1092 1093; santifica-o 1244; e o consagra 1283; cf. *Cristo, História da salvação, Espírito Santo*

— por meio de Cristo, D. revela a si mesmo 873; cf. *Revelação, Palavra de Deus, Sagrada escritura*

— Cristo, imagem do D. invisível 285 299 1351

— D. constitui Cristo princípio da salvação 327; por Cristo, temos acesso ao Pai num só Espírito 287 873

— antes ainda da fundação do mundo, o Pai nos escolheu e nos predestinou a sermos adotados como filhos, porque quis concentrar todas as coisas em Cristo 286; a sermos conformes à imagem do seu Filho 285; a participarmos da vida divina 285; pelo que, não nos abandonou após a culpa 285; mas nos prestou os auxílios para salvar-nos em Cristo 285; e através do Espírito Santo, devolve a vida àqueles que estão mortos pelo pecado 287

— desde a eternidade, pensou e preparou para si um povo 285 (cf. *Povo de Deus*); falou ao povo 1510; que chamou, unindo-o a si com aliança de amor 285; e redimido no mistério de Cristo, imolado e ressurgido 286; santificado com a efusão do seu Espírito 287; e desejado na santa Igreja 285

— D. quis que os homens formassem uma única família na Igreja 294 1393 1418 1642; tem para com eles cuidados paternos 1463 1643; perscruta-lhes

o coração 1407; guia-os por meio do seu Espírito no evolver-se da história 1402
— Cristo mediador entre D. e os homens 6 1093; nossa reconciliação com D. 6; livra-nos de satanás e nos transfere para o reino do Pai 8
— o mistério de Cristo é o sacramento escondido em D. durante séculos 1317
— em Cristo, enviado pelo Pai, mediador e plenitude de toda a revelação, resplandece para nós a verdade profunda 873 875 880; manifesta-se o reino de D., o próprio D. 289
— em Cristo, D. manifestou a si mesmo e os seus caminhos 1071; nele quis reunir todas as coisas 286 299 874 932 940 1088 1092 1507
— para cumprir a vontade do Pai, Cristo inaugura na terra o reino dos céus e revela o mistério do Pai 286
— em virtude do dedo de D., Jesus expulsa os demônios 289
— Cristo senta à direita do Pai qual ministro do santuário e do verdadeiro tabernáculo 13
~ 59* 75* 83* 189* 195* 275*

5. Revelação e glorificação de Deus

— D. manifesta-se aos progenitores para salvá-los 874; após a queda, promete o Salvador 874
— a sua vontade salvífica é universal 6 15 310 326s 1072 1090-1094 1104; nos desígnios de Deus, todas as instituições humanas são ordenadas à salvação dos homens 597; o Evangelho, força de Deus para a salvação de todos os que crêem 561
— a vocação universal à santidade 389; é vontade de D. 387
— D. pode ser conhecido através da criação 874; pela razão 879
— na história da salvação, as obras de D. estão ligadas às suas palavras 873; Escritura e tradição formam o depósito da sua palavra 886; o Concílio põe-se em religiosa escuta da sua palavra 872
— D. quer santificar e salvar os homens não individualmente, e sem qualquer liame entre si, mas quer com eles constituir um povo 308 1091 1418; chama Abraão e os patriarcas, a fim de formar para si um povo que o invoque como Único e Providente 874; escolheu para si o povo israelita 308; na sua predileção não há arrependimento 326 (cf. *Israel*); estabeleceu com ele uma aliança, formou-o lentamente, manifestando a si e os seus desígnios, santificando-o por si, à espera da nova aliança levada a efeito por seu Filho 308; após haver falado pelos profetas, manda, por fim, o Filho 6 8 875 895
— amor de Deus pelo mundo 396; D. amou tanto o mundo a ponto de dar por ele o seu Unigênito 1316; cf. *Mundo, História da salvação, Amor*
— D. manifesta o seu amor através da revelação 872
— manifestou-se como amor universal na cruz de Cristo 868; e como Pai de todos os homens no A. e no N. Testamento 869
— o reino de D., cujo início foi dado na terra pelo próprio D., deverá ser por ele ulteriormente expandido até à parusia de Cristo 309

— D. é origem das realidades terrenas 1431 1551; e fim em direção ao qual caminha a humanidade 1393 1425 1446 1464 1465
— seremos semelhantes a D., porque o contemplaremos tal qual é 419
— Por ora, D. manifesta a sua face através dos santos 421
— na liturgia, D. fala a seu povo 52; a quem Cristo fez rei e sacerdote pelo D. e seu Pai 311; e oferece a si mesmo como vítima viva, santa e imaculada a Deus 311; e responde a D. mediante o canto e a oração 52
— a perfeita glorificação de Deus foi realizada por Cristo, por meio do mistério pascal 7
— tudo pela glória de D. 126 327 353 373 379 389 393 404; o mistério da Igreja e a atividade missionária pela glória de D. 387 1104 1106; a liturgia rende glória a Deus 10; da liturgia provém a glorificação de D. em Cristo 17
— D. todo em todos 378 1091
~ 198* 335* 402* 428* 465*

6. A Igreja de Deus

— a I., habitação de D. no Espírito 2
— glorificação de Deus em Cristo, fim para o qual convergem todas as atividades da I. 17 326
— as pessoas que recitam o ofício encontram-se diante do trono de Deus em nome da I. mãe 147
— a I. implora os benefícios de Deus pelos méritos dos santos 188
— a penitência, sacramento da misericórdia de Deus e da reconciliação com a I. 314
— o louvor dos sacerdotes santos ressoa na I. de Deus 392
— a autoridade confiada por Deus à I. e a profissão dos votos 410
— na I., por graça de Deus, adquirimos a santidade 415
— se imitar Maria, cumprindo a vontade de Deus, a I. torna-se, ela própria, mãe também 440
— todos os cristãos, ainda que de maneiras diversas, aspiram à I. de Deus, una e visível 495; a I., único rebanho de Deus 501; cisões sobrevindas na I. de Deus una e única 503
— com a celebração da eucaristia, a I. de Deus é edificada e cresce 547
— a função do colégio episcopal com relação à I. de D. 576
— os sacerdotes são consagrados ao culto de Deus e ao serviço da I. 775
— aqueles que o Espírito colocou para reger a I. de Deus devem ser ouvidos pelos leigos 998
— os catecúmenos receberam de Deus o dom da fé, através da I. 1121 1240
— por meio de Cristo, a I. presta culto ao Pai 10; rende graças a D. por meio do mistério pascal 8
— os filhos de D. que se encontram dispersos possam recolher-se sob o estandarte da I. erguido sobre os povos 2 501
— a I. tende incessantemente à plenitude da verdade divina 883; cf. *Igreja, Revelação, Sagrada Escritura*

7. Deus e vida cristã
— D. chama a seu serviço 1071; chama à seqüela de Cristo 388; através de Cristo, distribui a sua graça 1081; torna o ser humano participante da sua lei 1047; quer a nossa santificação 387; quer que nos amemos reciprocamente 1113; cf. *Vontade de Deus*

— D. recebe culto, honra, louvor pelos sacramentos 107 110; louvor público, pela recitação comunitária do ofício divino 176; louvor dos mártires e dos santos, que se tornaram perfeitos por sua graça 187

— a renovação da aliança de D. com os homens na eucaristia introduz e afervora os fiéis na caridade de Cristo 17; o amor de D. acima de todas as coisas 388 397

— o sacerdote, fiel dispensador dos mistérios de D., ora a D. em nome do povo santo 53; na pessoa de Cristo, realiza e oferece a D. o sacrifício eucarístico em nome de todo o povo 312

— pelo batismo, os fiéis tornam-se filhos de D. 314; participando do sacrifício eucarístico, oferecem a D. a vítima divina e, nela, oferecem também a si mesmos 313; glorificam a D. diante dos homens 15; verdadeiros adoradores do Pai, exclamam: Abba, Pai! 8; louvam a Deus juntamente 8; pelo sacramento da penitência, recebem da misericórdia de D. o perdão das ofensas feitas a ele 314; são chamados, cada qual percorrendo seu caminho, àquela perfeição de santidade em que o Pai celeste é perfeito 315; têm o dever de orar a D. secretamente 19; todo leigo, sinal do D. vivo 386

— louvem a D. na Igreja 16; sejam instruídos na palavra de D. 84; rendam graças a D. 84; sejam aperfeiçoados na unidade com D. e entre si, de tal modo que D. esteja todo em todos 84

~ 9* 67* 76* 79* 103* 124* 128* 176* 177* 195* 207* 274* 315* 462* 463*

8. Deus e vida religiosa
— D. chama à vida religiosa 403 414

— votos religiosos e amor de D. 404

— estado religioso e consagração plena a D. 410

— os religiosos sigam a Cristo e unam-se a D. pela perfeição dos conselhos evangélicos 711; adiram a D. com a mente e com o coração e dilatem o reino de D. 723; busquem e amem a D. antes de todas as coisas 724; alimentem a vida escondida com Cristo em D. 774; afastem de si toda preocupação excessiva 742; abandonem-se à Providência do Pai 742

— com a profissão de obediência, oferecem a D. a vontade como sacrifício de si mesmos 746

— os superiores devem prestar contas a D. das almas a eles confiadas 748

9. Conhecimento de Deus, "missão" e "anúncio"
— deve ser anunciado o D. vivente e aquele que ele enviou para a salvação de todos, Jesus Cristo 1117

— os homens conheçam o único verdadeiro D. 15

— D. não está longe de quem o busca com sinceridade 326; pode ser conhecido através da razão 879; adorado pelos muçulmanos 326 859; pode ser percebido como força humana, nas religiões mais antigas 856; todas as religiões constituem uma iniciação pedagógica para chegar ao verdadeiro D. 1092; muitos cristãos não-católicos crêem em D. Pai onipotente e em Cristo 325; D., razão da atividade missionária 1109; reserva a seu poder o modo e o tempo da atividade missionária 1119; mediante a atividade missionária, realiza a história da salvação 1109

— D. plenamente glorificado, graças à atividade missionária 1106
— Deus confia aos missionários a tríplice missão: sacerdotal, profética e real 1127
— para crer, é preciso a graça 877
+ **Relações de Deus com o mundo**
~ 188* 195* 196* 212* 287* 335* 336* 344* 390* 452*
DEVERES
— d. pastorais dos bispos 339s 350 353 382-385 391; cf. *Bispos*
— d. dos sacerdotes 354-358 392 (cf. *Sacerdotes)*; d. dos diáconos 359 360 393; dos clérigos 393
— dos cônjuges e pais 376 394 954; dos leigos 363 368-371 373 377-381 383 387 394 396 918 951 965
— dos religiosos 411 412 414
— cumprimento do dever e santificação 396
— distinção entre os d. dos fiéis como membros da Igreja e como membros da sociedade humana 381
— dever de incrementar as vocações sacerdotais 773
— dever das obras de caridade 944
— cf. cada um dos *vocábulos [palavras]*
~ 25* i 25* j 25* m 25* s 47*-48* 53* 140* 149* 161* 196* 212* 257* 26*1 335* 391* 404* 430* 437* 491* 512*
DEVOÇÕES
— e piedosos exercícios 20; e espírito litúrgico 22
— canto popular e piedosos exercícios 215
— devoção mariana 442 443; cf. *Maria*
DIABO
— cf. *satanás*
DIACONATO
— é grau hierárquico na Igreja 354 359 360 393
— o d. doa a graça sacramental 359
— o d. como grau hierárquico permanente 360 478 1140
— a ser exercitado antes do presbiterato 798
— d. e celibato 360; nos ritos orientais 478
Diácono
— os diáconos, colaboradores do bispo 333
— não são sacerdotes, mas sim ministros 359 360 605

— participam da missão do sacerdócio supremo 393
— sua comunhão com o bispo e com os sacerdotes 359
— dever de santidade do diácono 393; amor à Bíblia 908
— quem exerce funções diaconais convém que receba também a ordem do diaconato 1140
— a existência dos diáconos mostra o desenvolvimento de uma comunidade 1135; encargos ministeriais do diácono 60 359 360
Diaconia
— a autoridade como ministério ou serviço 342 353 366
— cf. *Serviço, Igreja e diaconia*
DIÁLOGO
— instaurado pelo Concílio com a família humana inteira 858-860 1322 1458 1590 1638-1642
— a dignidade da pessoa humana é a base do d. entre Igreja e mundo 1442
— da Igreja com todo o mundo 838 1112 1285
— do homem com Deus 1373
— entre fiéis e não-crentes 966 1032 1383 1458 1461 1614 1634 1642
— entre teólogos e sábios 1532
— entre as pessoas 1022 1321 1391 1396 1456 1458 1588 1628 1638
— com aqueles que pensam de maneira diversa 1406 1456 1564 1577 1642
— entre grupos humanos e nações 1498 1534 1550 1607 1617
— com as religiões não-cristãs 858 1641
— com os muçulmanos 860; com os hebreus 865
— necessário no seio da Igreja 1639
— dos sacerdotes com os homens do próprio tempo 802 813s 1308; d. contínuo entre sacerdotes e leigos 1009
— o d., método para buscar a verdade 1048; educar para o d. desde a infância 823
— d. entre os povos e relações culturais 1498
— d. do bispo com os seus sacerdotes 648; e com os outros homens 600
— d. entre as nações cristãs e não-cristãs 1226
— entre jovens e adultos 960
~ 184* 459*
Ecumênico
— entre as várias Igrejas 509 555; cf. *Declaração, Anglicanos*
— com os irmãos separados 613 809 1640
— maior conhecimento e estima recíproca 509 512 529 546
— oração em comum 509 526 527 549
— faculdades eclesiásticas e d. com os irmãos separados 847; preparação dos sacerdotes para um diálogo com os não-cristãos 847 1138; d. com os não-cristãos das missões 1114 1138 1209 1238
— seja desenvolvido sob a guia dos pastores 510 518 528 529 549
— colaboração nas atividades missionárias 537 1130

DIGNIDADE HUMANA
— a ordem temporal recebe uma especial dignidade proveniente da sua relação com a pessoa humana 938
— é preciso respeitar a d. da pessoa que tem necessidade de ajuda 946
— a d. da pessoa é a base do diálogo entre Igreja e mundo 1442
— por força da sua d., o homem tem direito inalienável à educação 822
— obedecer à lei escrita no coração, eis a d. do homem 1369; a d. do homem exige que ele aja segundo escolhas conscientes 1370
— a razão mais nobre da d. do homem está em sua vocação à comunhão com Deus 1373; a Igreja crê que o reconhecimento de Deus não se opõe de modo algum à d. do homem, ou melhor, tal d. encontra em Deus o seu fundamento 1380; se, ao invés, falta a base religiosa, a d. h. é lesada de maneira assaz grave 1380; o fermento evangélico suscita no coração do homem um irrefreável sentimento de d. 1402
— cresce a consciência da d. da pessoa, cujos direitos e deveres são invioláveis 1400; tudo quanto ofende a d. h. arruína também a civilização 1405; a d. h. requer uma condição de vida mais justa para todos 1411; também as instituições humanas esforcem-se por colocar-se a serviço da d. do homem 1412
— dificilmente o homem compreende a sua d., se as condições de vida não forem adequadas 1416
— direito de todos a uma cultura que se harmonize com a d. h. 1519
— Deus respeita a liberdade e d. h. 1071
— em que sentido os cristãos querem promover a d. h. 1116
— a obediência religiosa não diminui, ao contrário, faz com que a d. h. atinja seu pleno desenvolvimento 747
— atentados contra a d. h. e fé em Deus 1050 1380
— a ação da Igreja 1447s
— o homem torna-se consciente da própria d. 1042 1074
— a d. h. é o fundamento do direito à liberdade religiosa 1045 1069 1073
— a d. h. impõe a obrigação de buscar a verdade 1046
— cf. *Homem*

DINHEIRO
— não estimular a má imprensa com o próprio d. 257
— cf. *Moeda*

DIOCESES
— a d. é uma Igreja particular em que está verdadeiramente presente e opera a Igreja de Cristo una, santa, católica e apostólica 593; revisão dos limites da d., para que nela se manifeste a natureza da Igreja 624; cf. *Igreja, Bispos*
— função e autoridade diocesana dos bispos 586s 594
— os bispos coadjutores e auxiliares 637-641; cúria e conselhos diocesanos 642-646; os conselhos diocesanos auxiliam o trabalho apostólico da Igreja 1011
— clero diocesano 355 647-649
— revisão dos limites 626; autoridade competente 634; critérios 627-633

— o pároco, cooperador do bispo no governo da d. 652-659; cf. *Comissão, Conselho, Sacerdotes*
— vida litúrgica diocesana 73s; pastoral diocesana e religiosos 669-678
— dioceses ou Igrejas jovens em terra de missão 1150-1170 1236
— o bispo determina ulteriormente as leis da Igreja para a sua d. 349; as obras de apostolado sejam coordenadas em toda a d. 761
— o seminário, coração da d. 783
— seminários interdiocesanos 786
— os empreendimentos apostólicos transcendem, hoje, os limites de uma d. 1266
— os sacerdotes ofereçam-se voluntariamente ao bispo para ir às regiões mais abandonadas da própria ou de outras d. 1157
— previdência social e fundos de contribuições comunitárias nas várias d. 1313s
— governo da d. e bispos coadjutores e auxiliares 635s
— escopo da Obra para as vocações, a ser fundada em todas as d. 776
— os leigos tenham o senso da d. 951; toda a d. seja missionária 1221; contribuição financeira que toda d. tem obrigação de dar para as missões 1225
— os bispos devem vigiar os meios de comunicação social em suas próprias d. 278
~ 104* 130* 198*
DIREÇÃO ESPIRITUAL
— aconselhada, porém em espírito de liberdade 748 788
— na descoberta e no seguimento da vocação sacerdotal 1280; d. e. nos seminários menores 778; deve ser avaliada pelos sacerdotes 1306
DIREITO
— valor imutável do d. natural das gentes 1594
— d. das gentes e guerra 1594-1595; Declaração Universal dos D. do Homem 820 (nota 3)
— direitos do homem: cf. *Homem*
— d. à informação 253; cf. *Meios de comunicação social*
— d. à legítima defesa 1596; cf. *Defesa*
— d. à liberdade religiosa: cf. *Liberdade*
— d. dos trabalhadores de fundar livremente associações próprias 1549
— d. ao trabalho 1546; cf. *Trabalho*
— d. ao voto 1573
— d. à educação 820 822 833 1057 1400; cf. *Educação*
— d. dos bispos, patriarcas, leigos: cf. cada um dos *vocábulos [palavras]*
~ 25 j 25 m 187 196 280 303 360 378 381 391 453 471 527
Civil
— o d. à liberdade religiosa deve ser estatuído como d. c. no ordenamento jurídico 1045 (cf. *Liberdade religiosa*); liberdade religiosa e posição civil especial que no ordenamento jurídico pode ser atribuída a uma comunidade 1060; vai-se contra o d. dos povos quando se destrói a religião com a violência 1062

— a liberdade religiosa, na maior parte das constituições, já é declarada d. c. 1082
— instituições de d. público e privado 1397
— o direito à liberdade religiosa deve ser reconhecido também quanto às comunidades religiosas 1053
Internacional
— a ser respeitado também em tempo de guerra 1595
Canônico
— importância e revisão 699 915 1125
— ensino do d. c. 808
— governo na Igreja e d. comum 475 686 692 696
— leis canônicas e estado religioso 409s
— as decisões das conferências episcopais obrigam juridicamente somente nos casos estabelecidos ou pela santa Sé ou pelo d. comum 686; o d. c. define claramente as funções dos bispos com encargos interdiocesanos 696; quando os bispos podem dispensar, à norma do d., de uma lei geral da Igreja 587; cf. *Bispos*
— autoridades competentes, à norma do d., para estabelecer os princípios da renovação dos religiosos 716
— legislação canônica adequada nas Igrejas jovens 1151
~ 164* 207* 223* 254* 288* 429* 432*
DIRETORES
— suas especiais responsabilidades morais 260
DIRETÓRIO
— sejam revistos os diretórios dos institutos religiosos 714
— d. geral e d. especiais para uso dos bispos e dos párocos 700
— d. especiais para a catequese ou para categorias particulares de pessoas 701
— instrução pastoral acerca dos meios de comunicação social 282
DISCIPLINA
— princípios para que seja salvaguardada a unidade da d. diocesana 669
— os sínodos e a d. eclesiástica 679s
— os prelados das Igrejas orientais ajam de comum acordo na promoção da d. das próprias Igrejas 689
— o Concílio pretende ocupar-se da d. dos institutos religiosos 702 705
— disciplinas teológicas 1229
— formação disciplinar dos sacerdotes 781 796
~ 10* 442* 448*
DISCRIMINAÇÃO
— desenvolvimento econômico e serviço ao homem, sem d. de raça 1538
— Cristo e a Igreja superam os particularismos de raça e nacionalidade 1107; o cristão é contrário às d. 1113 1131 1519
— luta contra as d. sociais e políticas 1411 1543 1573
— a Igreja pretende superar todas as discriminações 1409-1412
— principalmente as que se baseiam em motivos religiosos 869-871
— na liturgia 51

DISTRIBUIÇÃO
— dos meios de comunicação social 260-262
— justo critério de d. dos bens criados 379 1551
DITADURA
— ofende a dignidade dos povos 1574s 1578
DIVERSIDADE
— d. na unidade 66 458 1168-1170; cf. *A Igreja e as Igrejas*
— diversas formas de vida religiosa 730
DIVISÃO
— d. das dioceses 636; das paróquias 664
— d. dos cristãos, escândalo para o mundo 494; que impede a plenitude da catolicidade 517; cf. *Ecumenismo, Igreja*
~ 25* d 328*
DIVÓRCIO
— mal social 1469; o verdadeiro amor é contrário ao d. 1476
DOCUMENTAÇÃO
— instituam-se centros de d. 1040
— documentos acerca dos direitos fundamentais relativos à educação 820
— documentos internacionais que proclamam a liberdade religiosa 1082
DOENÇA
— deve-se garantir a assistência a quem se encontra em dificuldades por d. 1114 1544; obrigação de dar assistência a quem está aflito por d. 945
— Cristo curava todos os d. 1113
— cf. *Doentes, Sofrimento, Mensagem aos doentes*
DOENTES
— confortados pelo ministério dos sacerdotes 354
— chamados bem-aventurados pelo Senhor 395; unidos a Cristo sofredor 395
— curados por Cristo durante a sua vida 411s
— recomendados pela Igreja ao Senhor, sofredor e glorioso, no sacramento da unção 314
— espírito missionário dos d. 1222; cf. *Sofrimento*
~ 21* 518* 524*
DOGMAS
— os d. fundamentais da fé foram definidos por concílios realizados no Oriente 544; ensino da história dos d. 807
~ 441* 449* 495*
DOM
— d. que os povos levam no reino de Deus 319
— o homem não pode encontrar-se plenamente senão através de um d. sincero de si 1395; o d. de si dos sacerdotes 1291
— o d. e a vocação de Deus são irrevogáveis 326 864
— os cristãos têm d. diferentes 1189; o Espírito aperfeiçoa continuamente a fé por meio dos seus d. 877 (cf. *Espírito Santo*); a vida religiosa como d. 402 403 703s

— elementos de verdade que, quais d. próprios da Igreja de Cristo, impelem para a unidade católica 305
— o mútuo d. dos esposos 1471 1475
— o d. da fé 1235; cf. *Carismas*
— a Igreja, com todos os d. que possui, é fonte inexaurível daquelas forças de que o mundo tem necessidade absoluta 1458
— os apóstolos comunicaram a todos os d. divinos 880
— o d. da virgindade e do celibato 737 792s 1298

DOMINGO
— páscoa semanal 183
— missa comunitária dominical 76 86; revalorização litúrgica do dia do Senhor 191; obrigação de santificá-lo 96
— d. santificado pelos fiéis orientais com a celebração dos louvores 476 483; cf. *Festas*

DOMÍNIO DE SI
— na formação dos seminaristas 795 797

DOR
— fonte de santificação 395 396; cf. *Sofrimento*
~ 61* 78* 175* 176* 186* 187* 196* 267* 335* 350* 422* 456* 470* 477* 483*; mensagem do Concílio aos doentes 518*-524*

DOUTORES DA IGREJA
— seguindo os d. da I., apreenda-se mais claramente como fé e razão encontram-se na única verdade 843
— ensinamento dos d. da I. 163 443 1307 1551
~ 129* 207* 246* 477*

DOUTRINA
Igreja e doutrina católica
— os bispos favoreçam as associações que difundem mais claramente a d. católica 615
— existem discordâncias não leves entre a d. católica e a fé dos irmãos separados 560; e nada é mais contrário ao ecumenismo quanto o falso pacifismo que obscurece a pureza da d. c. 534; todavia, é preciso distinguir entre depósito da fé e modo de enunciar a d. 520 1527; legitimidade e utilidade de uma enunciação diferente da d. 553
— uma apresentação ilusória da d. c. pode favorecer o ateísmo 1375; remédio para o ateísmo é também uma conveniente exposição da d. c. 1033 1382; ao colocar as doutrinas em confronto, lembrem-se os teólogos católicos de que existe uma "hierarquia" entre as verdades da d. c. 536; evitem todos o que pode induzir ao erro os irmãos separados quanto à d. da Igreja sobre Maria 443
— empenho dos bispos pela d. da Igreja 599 601
— responsabilidade dos pais em relação aos filhos, para instruí-los na d. 394
~ 5* 11* 25* k 45* 49* 51* 56* 57* 59* 82* 123* 138*-140* 159*-160* 207* 224* 247*-248* 250* 255* 257* 262* 281*-282* 290* 301* 304* 351* 441* 448* 451* 460*

Doutrina cristã
— cf. *Catequese, Evangelização, Moral, Teologia*
Doutrina e atividade social da Igreja
— os leigos que se interessam pelos meios de comunicação social conheçam bem a d. social da Igreja 273
— a d. s. da Igreja favorece o ecumenismo 521; cooperação de todos os cristãos no campo social 537 947 1114 1164 1237 1560-1561
— os leigos e o ambiente social 962-964; conheçam a d. social da Igreja 1034; atividade social dos leigos 947 967 1034
— as comunidades religiosas têm o direito de manifestar a sua d. s. 1056
— doutrina social da Igreja 1537; é seu direito ensiná-la 1583; cf. *Sociedade*
ECONOMIA
— "valor" das e. 938
— desenvolvimento econômico-social 1533 1537-1540 1562 1564 1618 1622s
— os homens desejam participar mais ativamente também da vida e. 819
— características da e. contemporânea 1534 1538 1543
— valor do trabalho humano desenvolvido para produzir bens e colocar serviços e. à disposição 1645; cf. *Trabalho*
— desequilíbrios econômico-sociais 1535s 1539s 1542 1558 1611 1615; necessidade de reformar as estruturas econômico-sociais 1537 1540 1542 1551 1559 1616s 1620 1624s
— profundas transformações nas estruturas e. hodiernas 1315; cf. *Homem, Mundo, Sociedade*
— mentalidade economicista 1535
— gestão e conflitos econômico-sociais 1548 1550; política monetária e investimentos 1553
— latifúndios, reforma agrária e acesso à propriedade 1554-1559
— existem no mundo graves contrastes e. 1327; nunca, como hoje, esteve à disposição tanta potência econômica por parte de alguns Estados, enquanto outros estão na miséria 1327; cf. *Países*
— os novos Estados querem independência política, mas também e. 1347
— os jovens e as novas condições e. 958; tensões nas famílias, em virtude nas novas condições e. 1343
— os cristãos devem colaborar na solução das questões e. 569 1114 1237 1519 1560s
— seja facilitado o acesso às universidades católicas aos alunos excelentes, porém de modestas condições e. 845
— formação, também e., dos futuros sacerdotes 1138
— cooperação internacional no campo econômico 1615-1625
Divina
— os fatos e as palavras que a manifestam na revelação estão intimamente ligados entre si 873; a salvação por ela preanunciada no AT é verdadeira palavra divina 895; cf. *Igreja*

— plano providencial de Deus na história 1425-1427; cf. *História humana*
— a atividade missionária é a epifania e a realização do plano divino no mundo e na história 1109; cf. *Missões*

ECUMENISMO
Ecumenismo e Trindade
— o e. é uma vocação e uma graça 494
— apóia-se numa base doutrinal trinitária e cristológica 495
— a graça do Espírito S. está presente no início do movimento ecumênico 495 508
— a fé em Cristo e o batismo constituem nos irmãos separados certa comunhão, embora imperfeita, com a Igreja católica 503; o batismo, vínculo sacramental da unidade, representa, porém, apenas o início e o exórdio, pois que ele tende à plenitude da vida em Cristo e disposto à profissão íntegra da fé 566

Ecumenismo como movimento
— fazem-se hoje muitos esforços pela unidade dos cristãos desejada por Cristo 508; esta é a obra ecumênica 508
— o que se entende por "movimento ecumênico" 509
— o m. e. tende à superação dos impedimentos 503
— através do diálogo ecumênico, as comunidades eclesiais expõem mais a fundo a própria doutrina 509; e adquirem um conhecimento mais verdadeiro da doutrina de todas as comunidades 509
— na obra ecumênica, os católicos devem dar atenção aos fiéis separados 512; deve haver conhecimento recíproco 529; empenhando-se na renovação da própria família católica 512s
— a alma do m. e. está na santidade e na oração 525; o m. e. deve desenvolver-se na liberdade e na caridade 514; deve levar a atingir mais perfeitamente o próprio mistério de Cristo e da Igreja 516; e. espiritual 525
— o e. é sustentado por toda a Igreja 519; a obra ecumênica cresce a cada dia 518
— como se instaura essa unidade, perseguida pelo m. e. 500
— o sagrado mistério da unidade da Igreja 502; tem uma base sacramental eucarística 497
~ 22* 25* u 25* w 141* 147* 168*-182* 266* 293* 327* 340* 341* 430* 453* 532*

Método ecumênico
— expor com clareza toda a doutrina 534; de maneira a ser compreendidos também pelos outros 535; respeitando a ordem ou a hierarquia nas verdades da doutrina católica 536
~ 8* 60* 158* 169* 170* 176*-182* 224* 266* 267* 315*-316* 322*-323* 408*

Ecumenismo e teologia
— as discussões teológicas ecumênicas devem ser conduzidas em igualdade de condições 529
— o ensino teológico-histórico deve ter em mira o movimento ecumênico 530-531; como também os modos de exprimir e de expor a doutrina 534-536
~ 156* 169* 180* 181* 266* 293*

Ecumenismo e missões
— relações entre o e. e as m. 532s 1103 1130 1138 1212; cf. *Missões*
Ecumenismo como abertura
— os batizados vivem em certa comunhão imperfeita com a Igreja católica 503
— elementos eclesiais nas Igrejas ou comunidades religiosas fora da Igreja católica 305 325 504-506; ações sacras que podem produzir a vida da graça 505; e servir como instrumentos de salvação entre separados 506
— patrimônio comum com os irmãos separados 514; contribui para a nossa edificação 516
— todavia, os irmãos separados não gozam daquela unidade que Cristo quis 507; as divisões tornam mais difícil a catolicidade plena 517
Ecumenismo e metanóia
— por vezes, a figura da Igreja resplandece menos, por nossa culpa, diante dos irmãos separados e do mundo inteiro 513
— necessidade, pois, de uma conversão interior 522; é preciso pedir perdão a Deus e aos irmãos separados 523; o ecumenismo se engrandece com a oração comum 527
Movimento ecumênico e Igrejas diversas
— a herança apostólica foi aceita em modos e formas diversas 545; a condição especial das Igrejas do Oriente 546
— as Igrejas orientais têm o direito e o dever de regular-se segundo as próprias disciplinas 552; essa é a condição prévia para o restabelecimento da unidade 552
— a razão das autênticas tradições teológicas orientais 553; alguns aspectos podem ser melhor percebidos nesta ou naquela tradição 553; o patrimônio espiritual oriental pertence à plena catolicidade e apostolicidade da Igreja 554; cf. *Oriente, Teologia*
— Igrejas e comunidades nascidas da Reforma, no Ocidente 540; lugar especial do anglicanismo 540; relações entre a Igreja católica e essas Igrejas 556-558
— algumas divergências importantes 559; o significado da santa ceia junto aos separados 567; do culto 568; e da aplicação moral do Evangelho 570; cf. *Ocidente*
EDIÇÕES
— dos livros litúrgicos 67; e de canto 213s; da Bíblia, guarnecida de notas adaptadas para os não-cristãos 910; cf. *Traduções*
EDIFÍCIOS SACROS
— construção e conceito de idoneidade 230 237 1256
EDONISMO
— o amor desordenado de si em contraste com a verdadeira felicidade 1433-1436; o amor conjugal é, muitas vezes, profanado pelo e. 1469
EDUCAÇÃO
— importância 819; finalidade 822-824; direito universal à e. 820 822 825 1625

— deveres da autoridade civil relativamente à e. 827
— e. no mundo moderno: dificuldades e deveres de pais e educadores 1338; direitos e deveres dos pais 832 834 1479; direito dos pais de escolher livremente a escola para os filhos 832 954 1057; dever do Estado de ajudar todas as escolas 833; relações Igreja-Estado na e. 827-828; cf. *Escola*
— papel da Igreja na e. 821 828s; escola católica 837 846 1028
— e. da prole: à fé 314 376 953; nas virtudes evangélicas 394 (cf. *Família, Matrimônio*); procriação e e. 1471 1478; importância da família para uma autêntica e. religiosa e civil 826; e. que auxilie os filhos a escolher a própria vocação com plena responsabilidade 1485; instrução adequada sobre a dignidade do amor conjugal, a fim de que os filhos, na idade conveniente, possam formar honestamente sua própria família 1477 1485 (cf. *Sexualidade*); a infidelidade conjugal compromete a e. dos filhos e a coragem de admitir outros 1481
— e. e liberdade religiosa 1057; e. à obediência, à capacidade de julgar com genuína liberdade, à responsabilidade 1067 (cf. *Responsabilidade, Liberdade*)
— e. que forma homens de forte personalidade 1415; e do homem a uma cultura integral 1522-1525
— e. profissional 1544 1616; e. cívica e política 1578 1609 1632
— e. à paz: cf. *Paz*
— e. moral e religiosa: formação da comunidade cristã 606 1126-1134 1151 1163; formação espiritual dos leigos 1021; e. moral e religiosa nas escolas 835s; formação de uma consciência que considera a doutrina sagrada e certa da Igreja 1080; e. religiosa que os esposos devem dar aos filhos 1473; e. e senso de responsabilidade acerca da transmissão da vida 1627; e. religiosa que abre os jovens à colaboração com todos 1632
— os religiosos e a e. da juventude 675 733 852; importância da missão dos mestres e dos educadores 831 852 (cf.. *Mestres*)
— meios educativos: a catequese, os meios de comunicação social, as associações culturais e esportivas 829; a escola (cf. *Escola*); pedagogia e psicologia na e. 795
— os educadores estejam providos da necessária doutrina e da arte pedagógica 1028
— a e. dos seminaristas depende sobretudo da idoneidade dos educadores e superiores 782 (cf. *Seminários*); formação dos seminaristas: cf. *Formação*
— formação ao espírito apostólico e missionário; os pais, zelando pela e. cristã dos filhos, cultivem em seus corações a vocação religiosa 767; e. ao senso da Igreja 790; ao espírito missionário 815; aqueles a quem compete a e. cristã devem também formar ao apostolado 1025; a família e a formação ao apostolado 1026; os institutos católicos de e. devem promover nos jovens o senso católico 1028; cf. *Espírito católico*
— e. como abertura ao dom da vocação sacerdotal 1280; os sacerdotes são os educadores da fé do povo de Deus 1289; os educadores favoreçam as vocações religiosas 767

— quanto à mudança de mentalidade, os educadores, hoje, encontram-se freqüentemente em dificuldade 1338; cf. *Pais*
— porque a Igreja tem uma tarefa também com relação à e. 821 835; cf. *Escola*
— é preciso zelar assiduamente também pela e. civil e política 1578; aqueles que se dedicam à e. considerem como seu gravíssimo dever inculcar nos ânimos sentimentos inspiradores de paz 1609; é preciso formar os jovens e saber colaborar com todos 1632
— constitui gravíssimo dever dos pais e. também religiosamente os filhos 836 953 1473
— ocorre uma melhor e. para preparar ao matrimônio e enfrentar os problemas da vida conjugal 1627
— e. sexual positiva e prudente a ser dispensada aos jovens, gradativamente 823; o Concílio louva os e. 733 852
~ 413*

EGOÍSMO
— as perturbações sociais nascem principalmente do e. 1398
— para construir a paz, ocorre destituir todo e. nacional 1608; o e. é causa da guerra 1611; egoísmos coletivos nos estados 1344; ocorre superar a ética individualista 1413; o amor conjugal é, freqüentemente, profanado pelo e. 1469
~ 383* 528* 530*

ELEIÇÕES
— e vida democrática 1569 1573-1578

EMIGRAÇÃO
— direito de e. 1541; em condições de dignidade 1543 1613; conseqüências 1535; para os campos e para a cidade 1626
— a e. leva a mudar até mesmo o próprio modo de viver 1335
— o problema dos fugitivos 1613; o bispo, em terra de missão, deve tomar a si o fenômeno da e. 1156; na regulamentação da e., seja colocada a salvo a convivência doméstica 954; cf. *Migração*

EMISSORAS
— os cristãos têm o dever de sustentar e auxiliar as estações e os programas católicos, radiofônicos e televisionados 275

EMPREGO
— direito ao trabalho 1546; emprego pleno 1544

EMPRESÁRIOS
— e sua responsabilidade 1548-1550

Empresa
— seja considerada uma comunidade 1548
— os trabalhadores devem participar da gestão 1548s

ENCARNAÇÃO
— "economia" da e. 1168; e. e método de Cristo 1110

~ 203* 231* 290*
ENCONTROS
— sua utilidade 601 1036-1039
— para superiores de seminários 782
— para sacerdotes 356 611 817 1309; para catequistas 1143
— e. internacionais das universidades 850
— entre os cristãos das diferentes Igrejas 509 527 529
ENFERMOS
— assistência aos e. 354 658 733 788 944 1252 1259; atitude espiritual dos e. 395 1222; cf. *Sofrimento*
— os sacerdotes dediquem cuidados aos coirmãos e. 1269
ENGENHO
— desenvolvimento e resultados do e. humano 245 1325 1330 1432 1618
ENSINO
— ensino da liturgia nos seminários 26s (cf. *Seminários, Formação*); e. religioso nas escolas 841 (cf. *Educação, Escolas, Professores*); o Concílio louva todos aqueles que se dedicam ao e. 851s
— as comunidades religiosas têm o direito de ensinar a própria doutrina 1055
— confiado também aos leigos 949; zele-se pelo e. nos seminários 811
~ 4* 10* 20* 22* 25* h 55* 57* 139* 153* 227* 314* 459* 463* 525*
Professores
— formação e responsabilidade dos p. católicos 839
— a sua contribuição para a obra das vocações eclesiásticas 773
— direitos e deveres dos p. 259 773 830s 1028 1280; cf. *Mestres*
EPARQUIA
— o patriarca, com seu sínodo, tem o direito de constituir novas eparquias 470
EPISCOPADO
— cf. *Bispos*
EQÜIDADE
— princípios de e. ensinados pela Igreja 1537
— aqueles que se dedicam à vida política prodigalizem-se com e. 1578
— a justiça e a e. requerem o desaparecimento de ingentes disparidades econômico-sociais 1542-1544; cf. *Justiça*
EROTISMO
— no amor conjugal 1475; cf. *Matrimônio*
ERRO
— na s. Escritura não existe e. 890
— o Evangelho liberta da escravidão do e. 327
— o Evangelho de Cristo combate os erros 1513
— o e. ameaça sempre a fé cristã 344; erros do nosso tempo 936 1454; e. causados pelo pecado original 939

— o ensino da história da filosofia deve também ajudar a descobrir os e. e a refutá-los 803; os seminaristas conheçam as coisas boas, mas também os e. das outras religiões 810
— e. daqueles que descuidam dos seus deveres terrenos pelo fato de não terem morada permanente 1454
— a separação entre a fé e a vida é um dos mais graves e. do nosso tempo 1454
— a Igreja considera com benevolência tudo quanto, nas tradições dos povos, não está indissoluvelmente ligado ao e. 65; que se afastaram da verdade 595
— e. e errante 1071s 1078-1081 1407
~ 25* a 56* s 139* 196* 220* 335* 457*

ESCÂNDALO
— as excessivas desigualdades econômicas e sociais suscitam escândalo 1411 1628
— a separação entre a fé professada e a vida cotidiana é um dos mais graves e. 1454
— o e. da divisão entre os cristãos 494; procure-se evitá-lo nas iniciativas missionárias 1194; o escândalo da guerra 1604

ESCATOLOGIA
— cf. *Povo de Deus, Igreja rumo à salvação..., Igreja peregrina*
— a glória dos filhos ainda não se manifestou 374 418; os bens prometidos dizem respeito ao futuro 416 418
— espiritualidade desta espera 309 406 418
— não sabemos o tempo nem a hora do fim 418; mas estamos já na última etapa do tempo 417; passa a cena deste mundo 401; esperamos novos céus e novas terras 1439-1441; cf. *História da salvação, Realidades terrestres*
— o sacrifício de Cristo é oferecido na eucaristia, até o dia da vinda do Senhor 1247; cf. *Eucaristia*
— caráter escatológico da atividade missionária 1108 1109; a vida religiosa, prenúncio da glória eterna 406; a família cristã proclama a sua esperança na vida futura 376; os sofrimentos deste mundo não têm proporção com a glória futura 395 418

ESCOLA
— sua importância educativa 830s 837-839 1028
— direito dos genitores a uma escola livre 832 1026 1057
— a educação moral e religiosa em todas as escolas 835s
— escolas profissionais e técnicas 841; escolas de arte sacra 235
— escola livre e subvenções do estado 832s
— a família é a e. mais completa 1485
— apostolado familiar e direção de e. 955
— importância extrema da e. 819-820; todavia, a primeira e. é a família 826; a função da escola seja vista à luz da subsidiariedade 827; cf. *Educação*

— a e., meio maravilhoso de formação e, ao mesmo tempo, serviço de primeira importância para as nações em via de desenvolvimento 1114
— os párocos visitem as casas e as e. 658
~ 11* 212*-213*

Escola católica
— e. católica e suas diferentes espécies 837-848
— importância, características e finalidades 837-839
— deveres dos católicos 839 842; direitos da Igreja 838
— vários tipos e sua coordenação 841 849s
— a Igreja louva quem presta seu serviço nas e. 413
— a Igreja valoriza a e. 829; tem direito de fundar e dirigir e. 838; exposição da doutrina cristã na e. 601; valor da e. na formação da comunidade cristã 1129; coordenação estre as conferências episcopais para a fundação de e. superiores e técnicas 1201; também as e. de propriedade de religiosos estão subordinadas ao ordinário do lugar 675
— preparação apropriada nas e., de leigos que se interessam pelos meios de comunicação social 273; iniciativas, nas e., aptas a favorecer um reto uso dos meios de c. social 274
— os leigos, nas missões, dirijam e. 1235
— e. e formação ao espírito católico e missionário 1028 1235
— institutos superiores e universidades católicas 843-848; cf. *Universidades*

ESCRAVIDÃO
— a própria dignidade do homem não quer que ele se torne escravo de suas más inclinações 1363
— formas modernas que derivam do pecado 1447; da guerra 1606; da injustiça 1327; combater toda forma de escravidão social e política 1412 1547 1573

ESCRITORES
— seus deveres morais 260-262

ESCRITURA
— cf. *Sagrada Escritura*

ESMOLA
— pedido de e. para as missões 1228; cf. *Contribuição*
~ 275*

ESPAÇO
— iniciou-se a conquista do e. ultraterrestre 1329

ESPECIALIZAÇÃO
— nas ciências sacras 1310; no mundo moderno 1342; na cultura 1501

ESPECTADOR
— seus deveres 257s 270s
— formação teórica e prática 270s 274 279
— responsabilidade dos pais 259
— formação dos jovens 265 274 279

ESPERANÇA
— a Igreja, comunidade de esperança 306-307
— essa e., conservada virginalmente sólida pela Igreja 440
— para todo o povo de Deus, existe uma única e. 365; em que a Igreja progride cada vez mais 441; uma e. acesa pela fé 390
— e. na unidade da Igreja: resposta na oração de Cristo 572
— e. expressa no empenho presente 374; os leigos, de fato, conscientes da sua vocação, devem adestrar-se no testemunho daquela esperança que é agora sua 825; e devem testemunhá-lo com todos os fulgores da sua esperança 363 973; para ser testemunho, a sua vida requer um contínuo exercício da e. 923; fortes de e., esperam a glória futura 374; e estão alegres por ela 394
— os jovens são a e. da Igreja 825
— a esperança da Igreja é confiada às mãos dos sacerdotes 818; e, portanto, devem dar mostras de uma esperança inabalável na presença dos seus fiéis 1289
— vive-se o apostolado na e. 919 923 925s
— quem tem fé vive na e. da revelação dos filhos de Deus 925 1439; e. da vida bem-aventurada 376 1372; e. dos bens futuros 416 1441; cf. *Escatologia*
— o ateísmo erra quando pensa que a virtude da e. dissuada o homem da edificação da sociedade terrestre 1377; ao contrário, esta e. sustenta-o muito mais neste trabalho 1380; cf. *Sociedade, Realidades terrestres, Trabalho*
— a vida dos esposos, impregnada da fé, e. e caridade 1472
— não nos engane uma falsa e. sobre a impossibilidade da guerra 1610
— devemos trabalhar para despertar em todos uma viva e. 1644
— os apóstolos trabalharam com a esperança da vitória de Cristo 1097
— vida de fé, e. e caridade dos catecúmenos 1125; os superiores e os ordinários reúnam periodicamente os missionários em conjunto, para revigorá-los na e. da sua vocação 1175
— cf. *Igreja peregrina, Igreja orientada para a salvação perfeita*
~ 44* 78* 84* 88* 119* 125* 127* 144* 147* 170* 175* 182* 184* 193* 208* 212* 224* 227* 266*s 316* 320* 335* 376* 390* 471* 473* 475* 512* 523*

ESPÍRITO
— e. católico dos seminaristas 815; dos jovens 1028
— e. do Evangelho, característica da escola católica 837; defesa dos direitos humanos e e. do Evangelho 1448; cumprimento dos deveres e e. do Evangelho 1454; comunidade cristã e família dotadas de e. evangélico 1129
— e. próprio dos fundadores 408 708 1232
— e. missionário e cuidado de toda a paróquia 654; o Espírito S. infunde nos fiéis o e. missionário 1095 1193
— agudo senso crítico com que se olha a religião 1340
— e. de arrependimento que impele os cristãos a se unirem 495
— o e. católico seja promovido nos jovens pelas escolas, pelos colégios e pelos outros institutos católicos 1028
~ 25* i 197* 232* 274* 335* 387* 434* 441* 452* 491* 503* 513*

ESPÍRITO LITÚRGICO
— dele estejam penetrados por primeiro os pastores de almas 25 29 1254
— a vida dos seminários e dos institutos religiosos dele esteja profundamente impregnada 27 29 780
— de maneira a poder participá-lo a todos os fiéis 23s 30

ESPÍRITO SANTO
1. Espírito Santo na Trindade; 2. Espírito Santo e história humana; 3. Espírito Santo e história da salvação; 4. Espírito Santo e revelação; 5. Espírito Santo e Igreja; 6. Espírito Santo e povo de Deus; 7. Espírito Santo e comunhão; 8. Espírito Santo e sacramentos; 9. Espírito Santo e hierarquia; 10. Espírito Santo e Concílio; 11. Espírito Santo e Maria; 12. Espírito Santo e religiosos.

1. Espírito Santo na Trindade
— o E. procede do Pai "per Filium" 1091
— no E., por meio de Cristo, Deus nos participa a sua vida 397 873 875 898; para realizar, a partir do interior, a obra de Cristo e estimular a Igreja a desenvolver-se 1095
— faz-nos contemplar o mistério divino 1368; nele temos acesso ao Pai 547; cf. *Trindade*
— o Espírito S. revela o mistério de Cristo 898-900; a encarnação acontece por sua virtude 426 439 441 1095
— Cristo tinha sido impelido pelo Espírito S. para desenvolver o seu ministério 1095
— move ao amor de Deus 388; mediante a palavra, chama os povos a Cristo 1126
~ 76* 164* 212* 314* 336* 428*

2. Espírito Santo e história humana
— está presente na evolução da ordem social 1402; incita no homem o problema religioso 1446
— ao longo da história, não faltaram cristãos infiéis ao E. S. 1459

3. Espírito Santo e história da salvação
— a sua efusão manifesta e realiza a obra da s. 433 1095; o E. S. atuava no mundo antes ainda que Cristo fosse glorificado 1095
— foi, porém, no dia de Pentecostes que ele se derramou sobre todos 287 330 335 1095; a santificação é fruto do E. S. 388 396 399; cf. *História da salvação*

4. Espírito Santo e revelação
— por inspiração do E. S. é escrita a Escritura 885 889s
— o E. S. ajuda a tornar mais profunda a compreensão da revelação e da tradição apostólica 877 883
— move os homens a acolher a palavra apostólica 330
— ajuda a conservação e a exposição da revelação 347; introduz na plenitude da verdade 903; guia a Igreja na verdade 287 906; cf. *Revelação, Sagrada Escritura, inspiração*
— conserva a unidade da fé 346

5. Espírito Santo e Igreja
— forma uma única Igreja em Cristo 419 422; manifesta-a 285 286; e a constitui sacramento de salvação 416; cf. *Igreja*
— a Igreja é incessantemente edificada no templo do E. S. 2 287 327 1243; por sua obra, a Igreja é mãe e virgem 440; impulsiona-a na execução do plano divino 327; é informada pelo E. S. 427; é por ele assistida 1323
— derramado abundantemente sobre a Igreja, para a sua santificação 287 386 388 s; por virtude do E. S., a Igreja permaneceu esposa fiel 1459
— é princípio de unidade da Igreja 318 321 498; ele nos une aos irmãos separados 325 572 1640; por seu impulso, leva a esforçar-nos por alcançar a unidade 508; unifica na diversidade 366; aperfeiçoa a comunhão na unidade 500
— unificando e vivificando o corpo místico 298 302 319; guarnece a Igreja dos diversos dons carismáticos 1095; variedade dos seus dons 502 524 921
— inspira e sustém a vocação missionária da Igreja e de cada um dos fiéis 1095 1171 1173
— a Igreja deve renovar-se continuamente no E. S. 1382; inspira as oportunas atualizações 706 1316; a renovação como uma passagem do E. S. na Igreja do nosso tempo 76
— cada qual possui o E. S. tanto quanto ama a Igreja de Deus 790
— a diocese, unida no E. S., constitui uma Igreja particular 593
— o Espírito do Senhor está sobre Cristo e o envia a levar a boa-nova aos pobres 1093; o que Cristo realizou deve ser propagado até à extremidade da terra 1094; para esse fim, Cristo envia o E. aos apóstolos 1095; a fim de que reúnam os homens no único templo do E. 1106; e todos os homens regenerados em Cristo por meio do E. volvam-se ao Pai 1106; o E., mediante a semente da palavra, chama todos os homens a Cristo 1126
— a obra do E., que suscita vocações missionárias, não dispensa a ação dos responsáveis para promover as vocações 1193; o E. e o missionário 1171 1173; utilidade dos institutos seculares para as missões 1233; cf. *Missões*
~ 153* 183* 240*-243* 246* 309* 327* 414* 453*

6. Espírito Santo e povo de Deus
— o povo de Cristo cresce e aperfeiçoa a sua comunhão na unidade 500; tem acesso ao Pai por meio do Filho, na efusão do E. S. 547; cf. *Povo de Deus*
— impele a executar o plano divino 327; faz-nos contemplar o mistério divino 1368; revelando o mistério de Cristo 898 900; é o penhor da herança 1388; por ele somos guiados 1319; continua o sacerdócio de Cristo 373
— comunhão fraterna e E. S. 1421; une organicamente os fiéis 458; suscita o *senso de fé* 316; conserva a unidade da fé 346; aperfeiçoa a fé 877
— o E. impele todos os homens a amar o Pai, e nele o mundo 1020
— o E. S. difunde no coração de todos os membros da Igreja a fé, a esperança e a caridade 919 1644

— função, dons e frutos do E. S. 287 297s 921 1095 1437; o E. S. opera a variedade dos dons 502; produz frutos de graça nos que crêem 387; e renova-os no amor de Deus 388 397 401; infunde nos corações o calor da caridade 704
— os fiéis desenvolvam a vocação que receberam do E. S. 1658; e respondam com generosidade ao impulso do E. S. 1041
— os fiéis por ele animados tornaram-se capazes de agir em seu ambiente 919 1020 1112 1132; torna hoje os leigos sempre mais conscientes da sua responsabilidade 914
— o E. S. é o consolo daqueles que testemunham o Cristo nos sofrimentos e opressões 492
— defesa da fé, com a ajuda do E. S., até ao derramamento do sangue 1080

7. Espírito Santo e comunhão
— desde o dia de Pentecostes, a Igreja não cessa jamais de reunir-se em assembléia para celebrar o mistério pascal e render graças a Deus, em Cristo, pelo E. S. 8
— o E. unifica a Igreja na comunhão e no ministério 287 1095; unidade do povo de Deus, não segundo a carne, mas segundo o E. 308; o E., princípio de união e de unidade para os que crêem 318; todos os fiéis comunicam-se uns com os outros no E. 319
— estão plenamente incorporados na sociedade da Igreja aqueles que, possuindo o E., aceitam também os meios instituídos por Cristo 323; o E. impele os catecúmenos para a Igreja-mãe 324; o E. impele todos os discípulos de Cristo, a fim de que se reúnam pacificamente num só rebanho 325
— a Igreja católica compõe-se de fiéis que estão organicamente unidos no E. 458; Cristo derramou o E. que reuniu na unidade o povo da nova aliança 498; Cristo quer que o seu povo, sob a ação do E., aperfeiçoe a comunhão na unidade 500; esforços que se fazem hoje, por impulso do E., para aproximar-se daquela plenitude de unidade que Cristo quer 508; a união entre os cristãos é tanto mais estreita quanto mais estiverem em comunhão com o Pai, Filho e E. 524; não se interponha obstáculo à ação do E. para a união entre os cristãos e tenha-se confiança em sua força 572
— atividade missionária e união de todo o gênero humano no único templo do E. 1106; os sacerdotes reúnam a família de Deus e conduzam-na ao Pai por Cristo no E. 1257; a comunidade dos que crêem está reunida em Cristo e guiada pelo E. 1319; a Igreja, reunida no E., tem uma finalidade escatológica 1443 1464; cf. *Igreja, Povo de Deus*
— na Igreja, a união interior e exterior é fundada no E. 1451; que, na Igreja, nos une em comunhão 1421
— a Igreja tem a missão de reunir num só E. todos os homens 1638

8. Espírito Santo e sacramentos
— a virtude do E. S. age nos sacramentos 423; o E. S. é dom especial da crisma 313

— obra da santificação do povo de Deus por meio do ministério dos sacramentos 921; cf. *Sacramentos*
— E. S. e eucaristia 1253
— os fiéis, fortificados pelo E. por meio da crisma 918 1111
9. Espírito Santo e hierarquia
— assiste as definições pontifícias 346; o magistério ensina com a sua assistência 344 347 885 887
— os bispos sucedem os apóstolos, porque colocados e cheios do E. S. 8 575; é doado mediante a imposição das mãos e a consagração episcopal 335; constitui os pastores na Igreja 332
— necessita da união com os pastores 998; conserva a realidade visível e espiritual da Igreja 304 307 352; consolida-lhe a estrutura orgânica 337
— sua relação com a ordenação presbiteral 1264; docilidade dos sacerdotes ao E. S. 1284 1286 1293
— os sacerdotes reúnam a família de Deus no E. S. 1257
— hierarquia, E. S. e apostolado dos leigos 998
— o E. S. consagra com o seu selo os candidatos ao sacerdócio, ao culto de Deus e ao serviço da Igreja 775
— os apóstolos recomendam a seus colaboradores que cuidem do rebanho em que o E. S. os havia posto 332
— aos bispos é confiado o glorioso ministério do E. 334
— no Pentecostes, o E. desce sobre os apóstolos e está sempre com eles 290 342 433 573 1095
— o E. e a ordenação do presbitério 1246s 1252 1264 1280; docilidade dos sacerdotes à ação do E. 1284 1286 1293; sob a guia do E., os sacerdotes busquem novos métodos pastorais 1289; ação do E. e celibato 1279
— cf. *Bispos, Sacerdotes, Romano pontífice*
~ 72* 249* 252* 269* 418*
10. Espírito Santo e Concílio
— nele reúne-se o Concílio 284
— cf. *Concílio ecumênico*
~ 23* 65* 83* 134* 154* 240* 245* 249* 332* 414* 452* 532*
11. Espírito Santo e Maria
— M. templo do E. S. 427
— implorado por Maria no cenáculo
— o Filho encarna-se em Maria por obra do E. 426 441; por isso ela é templo do E. 427
— Maria, criatura quase plasmada pelo E. 430; com as suas orações, invoca o E. 433; por obra do E., a Igreja, como Maria, é virgem e mãe 440
— o culto a Maria difere essencialmente do culto ao Pai, ao Filho e ao E. 442
— cf. *Maria Virgem*

12. Espírito Santo e religiosos
— a Igreja, sob a guia do E. 408, tomou a si o cuidado de regular a prática dos conselhos evangélicos 402; a profissão dos conselhos evangélicos manifesta o infinito poder do E. 406
— desde os primeiros tempos da Igreja, por ação do E., houve homens que se dedicaram à prática dos conselhos evangélicos 703; estes, animados pelo E., vivem sempre mais por Cristo e pela Igreja 704
— os religiosos, movidos pelo E., submetem-se em espírito de fé a seus superiores 746
— a comunidade religiosa, em virtude da caridade difundida nos corações pelo E., é como uma família 750; cf. *Religiosos*

ESPIRITUALIDADE
— espiritualidade dos leigos com vistas ao apostolado 922-931
— os membros dos institutos extraiam o espírito de oração das fontes da e. cristã 725
— os leigos inscritos em alguma associação ou instituto assimilem sua particular e. 929
— e. dos leigos com vistas ao apostolado 922-931 1018
— uma e. verdadeiramente católica 1212; dos institutos religiosos 1230
— dos sacerdotes, como unidade de vida 1286-1289
~ 236* 456*

ESPORTE
— e. e cultura 829 1524

ESPOSA
— a Igreja, esposa de Cristo 287 295 303 309 387 394 413; cf. *Igreja esposa, Cristo esposo da Igreja*
— a mulher como esposa: cf. *Matrimônio, Homem e mulher*

ESPOSOS
— a sua contribuição à operosidade da Igreja 394

ESTADO
— E. e comunidades universais 1348
— as intervenções do E. 1573-1578
— os deveres do E. em matéria de educação 820 826s 832s 836; de escola livre 832; de liberdade religiosa 1058-1062
— E. e Igreja e autonomia recíproca 1579-1584; a Igreja não deposita suas esperanças nos privilégios que o E. lhe poderia conceder 1583; cf. *Governo, Sociedade, Autoridade*
— egoísmos coletivos existentes nos E. 1344
~ 370* 378*s 389*s 398*

ESTRUTURAS
— e. econômicas: cf. *Economia*
— e. políticas: cf. *Política*
— e. sociais: cf. *Sociedade*

— mudança de e. 1338; transformações nas e. 1562; valores tradicionais e e. 1338
— e. jurídico-políticas e participação dos cidadãos na vida pública 1573
— saneamento das e.: um dos deveres do cristão e particularmente do leigo 379-381
ESTUDO
— a tradição de origem apostólica progride também através do e. e da reflexão dos que crêem 883
— cf. *Cultura, Educação, Universidade*
~ 25* j 91* 139* 203* 327* 354* 435* 458*
Estudo da Bíblia
— a Igreja estimula e incita ao estudo da sagrada Escritura 906; sobretudo os clérigos 908, e os catequistas 1143
— o estudo da s. Escritura deve ser para os seminaristas como a alma de toda a teologia 806; eles devem possuir um adequado conhecimento das línguas da s. Escritura 799
— as ocasiões de aprofundamento da s. Escritura estão entre os subsídios dos leigos consagrados ao apostolado 1036
— com o estudo da s. Escritura devem ser ilustradas as funções e os privilégios da Virgem 443
— os e. bíblicos como fonte de conhecimento e de estima entre cristãos e hebreus 865; cf. *Exegese*
Estudos eclesiásticos
— sejam precedidos por aquela cultura que, em qualquer nação, dá direito aos estudos superiores 799
— curso preparatório 801; formação filosófica 802-804; formação teológica 803-810 1138 1169 1184 1229
— iniciação pastoral prática e metódica 816 780s
— o reordenamento da organização dos e. e. 800s
— os bispos zelem pela formação de professores competentes 1310
— ciência do ministro sagrado 1307; atualização cultural dos sacerdotes 1308; mediante cursos de aperfeiçoamento 1309; que os bispos devem favorecer 611
— estudos preparatórios ao legítimo progresso litúrgico 38
— também nos estudos teológicos e históricos deve haver o cuidado de restabelecer a união 519; o ensino da teologia deve ser ministrado sob o aspecto ecumênico 530s
— e. da Escritura da parte dos irmãos separados 561s
— os leigos devem estudar a doutrina cristã, especialmente os pontos postos em dúvida pelo materialismo 1032s
ÉTICA
— a e. individualista 1413s; cf. *Moral*
ETNOLOGIA
— institutos de e. 1209; cf. *Missiologia*

EUCARISTIA
Eucaristia e Cristo
— instituição do sacrifício eucarístico 83
— meio de incorporação e assimilação em Cristo 297 1127 1211
— torna Cristo presente 1109; manifesta o seu mistério 2 1253
— presença de Cristo na e. 1256
— fonte de busca e de ensinamento do Cristo 788
— oblação com que Cristo renovou a nova aliança 1251
— encontro dos sacerdotes com Cristo 1288 1304
Eucaristia e Igreja
— há a manifestação principal da Igreja na participação de todo o povo de Deus em torno da e., presidida pelo bispo 73; a e. na vida da Igreja 8
— a celebração eucarística, fonte da vida e da edificação da Igreja 327 348 547 1253 1261
— a e. dá à Igreja a sua perfeição 1227
— meio de inserção no corpo de Cristo 297 1253
— sinal e causa da unidade do povo de Deus 83 313 318 497
— união, no vínculo da caridade, em torno de Cristo 286 297 348 944
— condição para que seja instituída uma Igreja particular 348 593 1261
— cf. *A Igreja e as Igrejas, A Igreja, organismo eucarístico...*
Eucaristia e sacerdócio ministerial
— encargo próprio do sacerdote 312 327 354 392 1252 1261
— ao bispo é delegada toda legítima celebração 349 593; instrução eucarística, competência do bispo 96 350
— conservada e distribuída pelo diácono 359
— cf. *Sacerdotes, Bispos*
Eucaristia e caridade
— banquete de comunhão fraterna 286 313 1438
— vínculo de caridade entre os sacerdotes 1267; e entre os membros do corpo místico 83s 348 397
Eucaristia e mistério pascal
— os bispos empenhem todos os esforços para que os fiéis, através da e., conheçam e vivam o mistério pascal 606
— torna-o presente 83 286 1253; cf. *Mistério pascal*
Eucaristia e apostolado
— fonte e ápice de toda a evangelização 1253 1261; fonte de obrigação para cooperar com o apostolado 1211
— meio de salvação 780 1109 1288
— comunica e alimenta a caridade, alma do apostolado 369 918 1261; estreitíssima união entre si 1253 1288
Eucaristia: sacrifício eucarístico, sacrifício dos fiéis
— sacrifício eucarístico, fonte e ápice da vida cristã 313; centro e princípio da vida do sacerdote 1291

— sacrifício eucarístico, único sacrifício do NT 354
— na celebração da missa, oferta do sacrifício de Cristo 354 1252 1288; na celebração, oferta do sacrifício espiritual dos fiéis 84 313 350 373 1247 1253
— os párocos zelem para que a missa se torne o centro da comunidade cristã 657
— participação dos fiéis na oblação eucarística 312 1251
— renovação da aliança de Deus com os homens na e. 17
— leigos que auxiliam seus irmãos a viver a vida sacramental 977
— na e., pedimos a Deus que faça de nós mesmos "uma oferenda eterna" 19
— aproximação do sacrifício e. na comunhão 84 94 95

Eucaristia e escatologia
— penhor da glória futura 83 416 547; penhor de esperança futura 1438
— na e., é oferecido o sacrifício do Senhor, enquanto não chegar a sua vinda 1247
— associa-se ao culto da liturgia celeste 423

Eucaristia e sacramentos
— na e., sacramento da fé, os elementos naturais são transformados no corpo e sangue de Cristo 1438
— lugar principal entre eles 397; os sacramentos são dispostos em relação à e. 1253; o batismo tende à plena inserção na comunhão eucarística 566
— união da e. com os outros sacramentos 1253; missa e batismo 117; missa e confirmação 124; missa e matrimônio 134s

Eucaristia e Igrejas orientais
— vínculo de união com os orientais 549
— penhor de edificação e de crescimento da Igreja de Deus 547
— aproximação da e. 479; cf. *Intercomunhão*

Eucaristia e ação litúrgica
— ordenamento ritual da missa 86-93
— ação litúrgica de uma missa própria em relação a alguns sacramentos; batismo 117; confirmação 124; matrimônio 134s; cf. *Missa*
— missa própria, relativamente à sepultura 143
— comunhão sob as duas espécies 95
— liturgia eucarística e liturgia da palavra 96
— concelebração e suas faculdades 97-106; cf. *Celebração*
— missa individual 105 1288

Eucaristia e Palavra de Deus
— a Igreja sempre venerou as Escrituras como fez com o corpo de Cristo, do qual se alimenta 904
— como pela freqüência ao mistério eucarístico se acresce a vida da Igreja, assim também é possível esperar um impulso à vida espiritual pela veneração da Palavra de Deus 911; a Igreja recebe alimento e vida da Palavra de Deus e do pão eucarístico 1100 1127
— os fiéis nutram-se do Verbo da dupla mesa da Escritura e da e. 1304; cf. *Sagrada Escritura*

Eucaristia e religiosos
— a e. na vida dos religiosos 725 750
— profissão religiosa na celebração litúrgica da missa 140; e. e profissão religiosa 410
Eucaristia e culto eucarístico
— o culto eucarístico, fonte precípua de santificação para todos os sacerdotes 1306
EUTANÁSIA
— pecado contra o Criador 1405
EVA
— comparação entre E. e Maria 430 439
EVANGELHO
Etapas do Evangelho na história da salvação
— o E. foi preparado no AT 874 (cf. *Sagrada Escritura, História da salvação e revelação*); culmina na pessoa de Cristo 875
— o Espírito S. chama mediante a pregação do E. 1126; anunciado pelos apóstolos 899s 1420 1582; cf. *Apóstolos*
— o E. deve ser anunciado antes da vinda do Senhor 1108; cf. *Etapas da história da salvação*
O Evangelho como salvação
— o E., salvação dos que crêem 1072; pelo qual somos poderosamente atraídos 421
— necessidade do ministério da palavra para que o E. chegue a todos 1156
— fatos que podem representar como que uma preparação para receber o E. 326 1092 1509; cf. *Semente*
— os caminhos do E. diferem em muitos pontos dos apresentados pela sociedade terrestre 1582
— fermento para a humanidade 1074 1402 1513; afirma e salva a liberdade do homem 1447 1513; não obstante a debilidade de quem o anuncia 1454 1459 1582
— dele emana grande luz 1322 1324 1424 1458 1461 1466 1479 1513 1537 1585 1637 1640; acende e alimenta a fé 1250 1305; é fonte de perfeição 1287 1304; a santidade é favorecida pelos múltiplos conselhos evangélicos 399 402 405s
O Evangelho na Igreja
— sacrossanto direito de difundi-lo 1104; incorporando todos a Cristo 8 327; cf. *Igreja portadora da revelação*
— anunciar o E., dever primeiro do papa, dos bispos e do colégio episcopal 331 334 340 344 353 596 1191 1220
— os sacerdotes foram consagrados para pregar o E. 354 1247 1263 1311
— os missionários mensageiros do E. 1175 1179; ministros do E. 1172
— pregação do E. e missões 1100; cf. *Missões*
— proclamado pela Igreja na liturgia 8 52 135 884; constitui o objeto da pregação da Igreja 1250 1285; a qual lhe afirma a importância e a historicidade 898 901; e não deve ensinar algo que não seja conforme ao E. 866

— as Igrejas particulares do Oriente e do Ocidente têm o mesmo direito e dever de pregar o E. 459
— as tradições particulares e as comunidades nacionais serão absorvidas na unidade mediante a luz do E. 570 1169
— a força do E. resplandece na vida cotidiana e social 374
— freqüentemente, o poder de Deus manifesta a força do E. na fragilidade das testemunhas 1582
— anunciando o E., os missionários fazem conhecer o Cristo 1174
— os institutos de vida contemplativa cooperam com a oração e penitência para a difusão do E. 1231
— os institutos de vida ativa conduzam uma vida que seja testemunho do E. 1232; todos os institutos têm como norma fundamental seguir a Cristo como é ensinado pelo E. 707
~ 1* 272*-274* 444* 455*

O Evangelho na vida dos povos
— E. e relações com os homens e as culturas 1112
— os instrumentos de com. soc. e a difusão do E. 601
— iniciativas providenciais pedagogicamente válidas como preparação ao E. 1092
— o E. não pode penetrar nos vários povos sem a presença dos leigos 386; todo cristão tem o dever de difundir o E. 386 949 1165 1189 1210
~ 3* 72* 82* 95* 120* 359* 390* 401* 437* 458* 476* 485* 505*

EVANGELIZAÇÃO
— a eucaristia, fonte e ápice de toda a e. 1253
— os bispos e a e. 583 1220-1226; saibam os bispos suscitar almas que, com a oração e a penitência, cooperem para a e. 1222 (cf. *Sacerdotes*); cf. sacerdotes, meios de e. 1309
— expertos nos métodos de e. sejam consultores de *Propaganda fide* 1197
— os institutos religiosos e a e. 1185 1230-1232; os institutos seculares e a e. 1233 (cf. *Religiosos*); o Espírito S. suscita instituições que assumem a e. como encargo precípuo 1171;
— todos os fiéis devem despender suas forças na obra da e. 1212; os sacerdotes saibam despertar o interesse dos fiéis pela e. 1228; cf. *Missões, Atividade missionária*
— catecúmenos e e. 1124; e. e catequistas 1142
— e. como testemunho de vida cristã vivida 375 934; os leigos, as coisas temporais e a e. 377 917; e. e diálogo 1032; fim imediato da ação católica é a santificação e a e. dos homens 989; conselhos de leigos que auxiliam a obra de e. das dioceses e paróquias 1011-1012; cf. *Leigos*
~ 7* 454*

EVASÕES FISCAIS
— contrárias à justiça e ao bem comum 1413

EVOLUÇÃO
— o Espírito de Deus está presente na e. do nosso tempo 1402; cf. *Realidades terrestres*

— os cristãos devem seguir a e. profunda que se verifica hoje em meio aos povos 1112
— diante da e. do mundo, muitas pessoas fazem-se hoje as interrogações capitais acerca do homem 1350
— e. sociais e econômicas de hoje 1337; o gênero humano passa mais de uma concepção do ponto de vista mais estática para uma concepção dinâmica 1331; a e. muito rápida e organizada aumenta os desequilíbrios 1341
— a Igreja reconhece o quanto de bom se encontra no dinamismo hodierno, p. ex., a e. em relação à unidade 1451

EXCARDINAÇÃO
— normas sobre a e. 1278

EXEGESE
— normas que a regulam 891-894
— necessidade de incrementar os estudos bíblicos 906; empreendidos com espírito apostólico 946; o estudo da sagrada Escritura deve ser a alma da teologia 806

Exegetas
— com seu estudo, fornecem à Igreja os dados com os quais ela amadurece o seu conceito 892s; juntamente com os teólogos, têm a tarefa de formar pastores capazes de instruir proveitosamente o povo 906
— o Concílio encoraja-os a continuar na obra empreendida 906; cultivem a ciência bíblica com todas as aplicações, segundo o sentido da Igreja 906

EXEMPLO
— de Cristo 306 353 383 389 391 402; à Virgem Maria 770
— da Igreja primitiva 750; dos pastores 350s 391
— exemplo de humildade e abnegação 306; e. de santidade dos sacerdotes 392; dos diáconos 393
— o e. da vida dos sacerdotes favorece as vocações 1280
— da família cristã 376 394 956; de quem abraça os conselhos evangélicos 320 387 727; dos santos fundadores 412; dos santos em geral 420-422 424
— a eficácia do e. 769 934 1262; e. dos institutos de vida contemplativa 727; e. de mútua caridade sacerdotal 773
~ 25* h 210* 227* 260* 261* 350* 395* 404* 405* 443* 525*

EXÉQUIAS
— revisão do rito e das características especiais 142

EXERCÍCIOS
— e. de piedade: liturgia e oração pessoal 19; cf. *Oração*; a oração 189; e. de piedade no culto mariano 443
— e. espirituais 611 1036

EXÉRCITO
— também os militares devem considerar-se como ministros da segurança e da liberdade dos seus povos 1597

EXILADOS
— os bispos tenham cuidados particulares para com eles 617

— as instituições internacionais devem prover às suas necessidades 1613
EXÍLIO
— os leigos devem auxiliar quem sofre o e. 945; os bispos dediquem cuidados especiais aos e. 617; os sacerdotes dos coirmãos exilados 1269
EXPANSÃO DEMOGRÁFICA
— problemas e diretivas 1625-1627
EXPERIÊNCIAS
— na liturgia 70
EXPRESSÃO
— liberdade de e. 1527 1529 1531 1532
EXPROPRIAÇÃO
— conceito de valor 1557 1559
FACULDADE
— teológicas 26; cf. *Teologia*
FAMÍLIA
— no desígnio de Deus 938 1358; no mundo moderno 1343; os seus maiores problemas 1343 1469 1481 1482
— direito de todo homem de formar uma f. 1400, 1486 1627
— colaboração entre indivíduos, grupos diversos e f. 1468 1486 1567 1574 1626
— movimentos familiares e apostolado das f. 955-957 1490
— o número dos filhos 1478 1480; famílias numerosas 1479
— a f., fundamento da sociedade 955 1486 1419
— a f., escola de formação, de humanidade e de cultura 826 1473 1485s 1523
— a f., promotora da justiça e da hospitalidade 955
— a f., escola de vida religiosa 826
— a f., escola de apostolado leigo, 375-377, 953 1016
— a f., campo de apostolado para os leigos 962, 1490, 1491
— a f., comunidade de santificação 394 1473s
— a f., vocação dos esposos 376
— a vida familiar como sacrifício espiritual 373
— a f., "Igreja doméstica" 314 955; cf. *Matrimônio*
— relações entre pais e filhos 1473 1474 1485
— papel da f. cristã nos países de cristandade jovem 956
— promoção dos valores da f. 1486-1487; da parte dos bispos 598
— os esposos defendam a dignidade e a autonomia da f. 954
— contribuição das ciências para o bem da f. 1488
— auxílio a quem não tem f. 1486
— âmbito e poderes da liberdade religiosa da f. 1057
— os bispos ocupem-se com o desenvolvimento da vida cristã nas f. 658 1489
— a f. pode constituir o primeiro seminário 773
— nos seminários, superiores, professores e alunos formem uma única f. 783

— violações dos direitos da f. dos povos 1062
— única f. humana 945 1393 1411 1423 1437 1449 1495 1503 1505 1576 1585 1640; cf. *Homem, Igreja, Povo de Deus, História da salvação, Unidade*
~ 11* 25* I 37* 49* 506*

FÉ

1. Natureza da fé

— a f. é um ato livre 1070; é um dom 1235
— é devida livremente a Deus que se revela 877
— o homem, redimido por Cristo, não pode aderir a Deus se o Pai não o atrair 1070
— a Deus que se revela é devida a obediência da f. 877 1126; para crer, é necessária a graça de Deus que previne, e a ajuda do Espírito 877; o Espírito aperfeiçoa continuamente a f. 877

2. Fé e sacramentos

— o "sacramento da f." 1438
— os sacramentos da f. 107 324
— antes que os homens possam aproximar-se da liturgia, é preciso que sejam chamados à f. 14
— f., fundamento e alma da vida sacerdotal 801; a f. na vida dos sacerdotes 1305; Abraão, seu modelo 1317

3. Fé e hierarquia

— infalibilidade da Igreja ao definir a doutrina da f. 346; o chefe do colégio dos bispos goza dessa infalibilidade quando, como pastor supremo dos fiéis, confirma na f. os seus irmãos 346; não pode faltar a anuência dos fiéis nas definições do pontífice, pela ação do Espírito Santo, que faz com que todo o rebanho progrida na unidade da f. 346
— o magistério extrai do seu único depósito tudo quanto propõe para crer 887; na Igreja, sua regra suprema é a Escritura e a tradição 904
— os bispos confirmem os homens na vivacidade da f. 596 602
— os bispos mantenham-se solícitos em relação àqueles países em que existe o perigo de perder a f. 582
— os bispos, juízes da f. e da moral 345 575
— a unidade e o crescimento da f., solicitude de todos os bispos 339 344-347
— sínodos e concílios particulares, e incremento da f. 679s
— os párocos estejam radicados na f. 656; são os educadores do povo na f. 1258; dediquem-se às pessoas que perderam a f. 1273
~ 235* 249* 260* 262* 277*

4. Fé e teologia

— nos seminários, a teologia seja ensinada à luz da f. 805
— é absolutamente necessário que se distingam as verdades da f. de sua enunciação teológica 1527
— é preciso tomar na devida consideração também a analogia da f. para interpretar a Escritura 893

— à sua luz, a teologia sonda o mistério de Cristo 907
5. Fé e fiéis
— os fiéis e os prelados perseverem concordes no ensinamento apostólico 886; todos devem progredir no caminho da f. 390
— a f. é acesa e nutrida pelo Evangelho 1250; e se alimenta com a Palavra de Deus 1250s; e com a vida litúrgica 53 87
— a profissão integral da f., como vínculo de plena pertença à Igreja 323; profissão não integral da f. e pertença imperfeita à Igreja 325
— igualdade na Igreja, em razão da única f. 366
— a f. necessária à salvação322 342 933 1250; dever do cristão de professá-la, difundi-la 313 327 375
— os cristãos comportem-se sabiamente com aqueles que não possuem a f. 1080; e com paciência em relação àqueles que se encontram em erro quanto à f. 1081
— a comunidade cristã, instrumento para facilitar o caminho a quem não crê 1262
— os leigos providos do "senso de fé" por Cristo profeta 374; os leigos, arautos e testemunhas da f. 363 375 963 1020
— a f. move o povo de Deus 1352 1451
— o *senso de fé* infalível do povo cristão 316
— vida de f. como participação na missão profética 316
— a f. testemunhada pelos mártires 1382
— o testemunho da vida cristã atrai à f. 934 963; os cônjuges cristãos são os primeiros arautos da f. para os seus filhos 953
— os leigos, arautos da f. das coisas esperadas 375
— exercício da f., esperança, caridade, fundamento do apostolado dos leigos 923-927
— a f. na vida dos catecúmenos 1124 1125
— crises e alegrias da f. dos convertidos 1118
~ 20* 35* 67* 76* 77* 131* 134* 139* 147* 180* 187* 235* 261* 266* 274* 310* 314* 321* 397* 448* 493* 528*
6. Fé e comunhão
— a Igreja, comunidade de f. 304 886-888; cf. *Constituição teândrico-sacramental da Igreja*
— todos os fiéis da Igreja católica têm uma mesma f. 458
— unidade na f. e variedade de Igrejas particulares 341
— unidade na f., conservada pelo Espírito Santo 346
— o primado como princípio de unidade na f. 329 (cf. *Romano pontífice*)
— pregando o Evangelho, a Igreja conquista para a f. 327
7. Fé e ecumenismo
— o diálogo ecumênico é necessário para conhecer melhor a f. recíproca 529; f. dos cristãos em Cristo e na Trindade 325 495 537 560 568s 1640; cf. *Ecumenismo, Unidade, Irmãos separados, Trindade*

— é absolutamente necessário distinguir entre o depósito da f. e o modo de enunciá-la 520 534-536 553 1527
— ocorreram várias divisões na Igreja; diferem, todavia, entre si, em razão da gravidade das questões pertinentes à f. 541; as Igrejas do Oriente e do Ocidente, mesmo seguindo um caminho diferente, todavia estavam unidas pela comunhão fraterna da f. 543; para conservar a f., as Igrejas orientais sofreram e sofrem 544

8. A fé em Maria

— "o que Eva prendeu com sua incredulidade, Maria o liberou com a f." 430; Maria bem-aventurada por sua f. 431; avança na peregrinação da f., fielmente 432
— Maria, com a sua f. e amor, cooperou para restaurar a vida sobrenatural nas pessoas 435
— M. é virgem que mantém íntegra a f. dedicada ao Esposo 440
— intimamente compenetrada na história da salvação, M. reúne e reflete os dados máximos da f. 441; cf. *Maria*

9. Fé e pregação

— f. dos apóstolos no poder do Evangelho 1072
— para suscitá-la, os apóstolos pregaram o Evangelho 898 900
— dever de pregar a f. 15; cf. *Missões*
— testemunho da f. e diálogo conjunto com os sequazes de religiões não-cristãs 858
— sejam os religiosos animados pela f. íntegra, difundindo no mundo inteiro a boa-nova de Cristo 770
— o apostolado é exercitado na f. 919 973

10. Fé e homem

— ninguém pode ser constrangido a abraçar a f. contra a sua vontade 1070 (cf. *Liberdade religiosa*); Cristo sustém a f. dos seus ouvintes mediante os milagres, não, porém, com a constrição 1071; todavia, aquele que não crê é condenado 1071 1096; por essa razão, urge a atividade missionária 1096 1104 1117
— liberdade e mérito do ato de f. 877 1069s 1073 1081
— guia o homem a soluções plenamente humanas 1352 1504 1532
— e permite-lhe compreender o plano de Deus 1368; ensina-nos que a morte do homem foi vencida pela morte de Cristo 1372 1390; e, uma vez viva e profunda, penetra também a vida profana de quem crê 1382 1451 1454
— f. e razão 843 1516 1577
— a compenetração entre as sociedades terrena e celestial não pode ser percebida senão através da f. 1444
— f. e cultura 1431 1504-1509 1526-1532; f. e arte 224 227
— a educação cristã tende principalmente a agir de tal maneira que os batizados tomem sempre maior consciência do dom da f. 825; a universidade católica deve formar estudantes capazes de testemunhar a f. diante do mundo 843

— os pais mantenham-se vigilantes quanto à imprensa contrária à f. 259
— os diversos conhecimentos que os alunos adquirem na escola sejam iluminados pela f. 837
— excessiva exaltação do homem, a ponto de esvaziar a f. em Deus 1374; o reconhecimento de Deus não se opõe à dignidade do h. 1380; uma f. viva e madura, testemunho contra o ateísmo; cf. *Ateísmo*
— obstáculos à f. 1315; a f. ameaçada pelo erro 344
— a separação entre a f. e a vida constitui um dos mais graves erros do nosso tempo 1454
~ a f. da Igreja 7* 25* g 119* 166* 214* 250* 337* 426* 453* 484* 517*; f. e Concílio 77* 103* 105* 127* 134* 235* 408* 492* 521*; a f., princípio de unidade 169* 261* 266* 337* 411*

FELICIDADE
— o progresso humano pode servir à verdadeira f. dos homens 1435
~ 47*-48* 58* 268* 419* 452* 523*

FENOMENISMO
— o progresso hodierno pode favorecer certo f. 1508

FÉRIAS
— exercitação dos seminaristas no apostolado, no período das f. 816
— f. anuais para os sacerdotes 1311; cf. *Repouso*

FESTAS
— do Senhor 193; da Virgem Maria 186; dos santos 193 199s; a quem compete estabelecer os dias festivos para as Igrejas orientais 480; obrigação dos fiéis de santificar as f. 476

FIDELIDADE
— f. de Deus para com Israel 326 864 1472
— da Igreja a Cristo e à sua missão 295 307 1075 1459
— de Maria a Cristo e à Palavra de Deus 432 436 440
— dos religiosos à sua profissão 402 413
— f. dos bispos perseguidos a Cristo 585
— os sacerdotes supliquem a graça da f. ao celibato 1298
— a f. a Cristo não pode estar separada da f. à Igreja 1292
~ 44* 74* 135* 145* 165* 187* 234* 238* 244* 250* 266* 290* 417* 431* 433* 440* 444*

FIÉIS
— os f. são luz do mundo 15
— f. e não-fiéis acreditam que o homem deve constituir o centro de tudo quanto existe sobre a terra 1355
— a fé deve manifestar sua fecundidade penetrando a vida dos f. por inteiro 1382; a Igreja reconhece que f. e não-crentes devem contribuir para uma justa edificação do mundo 1383
— deveres da Igreja para com os f. 15

— os f. têm como certo que a atividade humana corresponde às intenções de Deus 1425
— a Igreja do Vaticano II tem intenção de ajudar os homens, os que crêem e os que não crêem 1636
— responsabilidade dos fiéis em relação ao ateísmo 1375
— a Igreja reza para que Maria interceda a fim de que, seja os f. em Cristo, seja os que ainda não crêem, reúnam-se no único povo de Deus 445
— diálogo da Igreja com todos, fiéis e não-crentes 1639-1642; cf. *Secretariado*

Vida cristã dos fiéis
— perseverando no ensinamento apostólico, junto aos pastores, sejam concordes na mesma fé 886; acolham com devoção também o AT 896; devem ter amplo acesso à Escritura 905; da qual sejam feitas traduções com notas apropriadas e suficientes 905 908s; com zelo e prudência, difundam a Escritura também entre os não-cristãos 910
— acompanhem com a oração a leitura da Escritura 908
— sacerdócio comum dos f. 312-314; carismas dos f. 316 317
— chamado dos f. à santidade 315 389 396 401
— o Concílio dirige-se, antes de tudo, aos f. católicos 322
— os f. devem reconhecer a natureza íntima de todas as criaturas e auxiliar-se reciprocamente, objetivando uma vida mais santa; sejam os f. impulsionados ao amor filial para com a bem-aventurada Virgem e a imitar-lhe as virtudes 443; Maria, modelo de santidade para os f. 441
— o Espírito habita na Igreja e no coração dos f. 287
— os fiéis formam um só corpo em Cristo 286 297 419
— os fiéis são obrigados a professar publicamente a fé recebida de Deus e transmitida pela Igreja 313
— todos os f. comunicam-se entre si no Espírito S. 319
— os fiéis e os bem-aventurados no céu formam uma única família 424s
— os f. têm obrigação, aos domingos e nas festas, de tomar parte na divina liturgia 191 476
— a teologia moral explique com clareza a excelência da vocação dos f. em Cristo e sua obrigação de produzir frutos na caridade, para a vida do mundo 808
~ 20* 31* 65* 74* 92* 118* 158* 207* 290* 306* 308* 312* 314* 316* 410* 442* 471* 532*

Os fiéis, o ecumenismo e a evangelização
— têm o estreito dever de auxiliar as missões 1211; nas missões, os f. tenham consciência da sua fé 1151
— o bispo exorte os f. à atividade apostólica e missionária 353
— os bispos demonstrem solicitude em relação àquelas partes do mundo em que os f. correm perigo de afastar-se da prática da vida cristã ou de perder a própria fé 582

— o clero deve precaver-se no sentido de que os fiéis se sintam realmente membros não apenas da diocese, mas também da Igreja universal 653
— todos os sacerdotes orientais podem administrar a crisma a todos os f. de qualquer rito 475
~ 274*
Vida litúrgica
— unam-se a Cristo, vítima na missa 1254
— estão plenamente inseridos no corpo de Cristo por meio da eucaristia 1253; cf. *Igreja plenitude de Cristo, Eucaristia*
— os f. e o culto dos santos 424s
— todos os f. sejam formados na plena, consciente e ativa participação nas celebrações litúrgicas 23s 30 50 84 94
— a liturgia é a fonte primeira e indispensável da qual os f. podem haurir o genuíno espírito cristão 24
— é de suma importância que os f. compreendam facilmente os sinais dos sacramentos 109
— os f. sejam educados no sentido de preferir a celebração comunitária à individual 44
— nas celebrações litúrgicas, o ministro e os f. executem tudo e tão somente o que é de sua competência 46
— na revisão dos livros litúrgicos, tenha-se o cuidado de verificar que as rubricas levem em consideração também a parte dos f. 50
— entre os grupos de fiéis, as paróquias têm um papel proeminente 74
— a vida litúrgica da paróquia e os liames com o bispo devem ser cultivados pelos f. e pelo clero 75
— o ordinário da missa seja revisto de tal maneira que se torne mais fácil a piedosa e ativa participação dos f. 86
— a "oração dos fiéis" seja restabelecida para após o Evangelho e a homilia 90
— os sacramentos serão revisados, tendo em vista uma participação mais fácil e mais ativa dos f. 136
— os pastores de almas zelem para que em toda ação litúrgica celebrada mediante o canto, toda a assembléia dos f. participe ativamente 207
— os cantos sacros estejam a cargo também das *scholae* menores e favoreçam a participação ativa de toda a assembléia dos f. 221
— alimente-se a piedade dos f., motivada pelos tempos sacros do ano litúrgico 192
— cf. *Cristãos, Leigos, Povo de Deus, Igreja*
~ 213*
Os fiéis e seus pastores
— os sacerdotes desenvolvam a vocação própria de cada fiel 1258
— diálogo dos f. com os irmãos separados 519 (cf. *Ecumenismo, Diálogo*); o zelo pelo restabelecimento da unidade compete tanto aos pastores quanto aos f. 519; os f. das Igrejas orientais e a disciplina dos sacramentos 475s

— os f. têm a obrigação de diligenciar para que os sacerdotes tenham meios de conduzir uma vida honesta e digna 1311
— em meio aos f., os bispos comportem-se como quem presta serviço 608; uso de pesquisas sociais para melhor conhecer as necessidades dos f. 612
— os párocos devem pregar a Palavra de Deus a todos os f. 656
— no intuito de promover o bem dos f., o Concílio faz votos que, para o futuro, as autoridades civis não mais intervenham na nomeação dos bispos 622
— poder dos bispos sobre os f., sobre os quais exercem a sua autoridade 587
— preocupação especial dos pastores de almas com alguns grupos de f., tais como os emigrados, os exilados, os fugitivos, os que pertencem à marinha, os aviadores, os nômades e outros 617-618
~ 125* 227* 235* 249* 260* 446*

FIGURA
— a revelação do reino, no AT, é proposta amiúde através de figuras 291; a aliança de Deus com o povo israelita é f. da nova e perfeita aliança a realizar-se com Cristo 308
— a Igreja peregrinante leva em si a f. fugaz deste mundo 417
— a Mãe de Deus é f. da Igreja 439; a Igreja, por sua vez, enquanto vai ao encalço da glória de Cristo, torna-se mais semelhante à sua excelsa f. 441; cf. *Imagens, Igreja e Cristo, Função de Maria na Igreja*

FILHOS
— deveres dos f. para com os pais 1474; e dos pais para com os f. 394 1472s 1477; cf. *Educação*
— o bispo considere os sacerdotes como f. e amigos 355; e os leigos como seus verdadeiros f. 353
— diante dos f., os pais devem ser testemunhas da fé e do amor a Cristo 376; devem secundar sua vocação 314 767
~ 25* i 25* j 58* 93* 95* 120* 505*

Filhos de Deus
— os f. de Deus 286 355 366 388; liberdade dos f. de Deus 378 382s
— o Pai nos escolheu e predestinou para sermos adotados como f. em Cristo 286 1372; o homem é chamado a comunicar-se com Deus como f. 1380
— Deus enviou seu Filho para reunir os seus f. que se haviam disperso 318; a fim de que recebessem a adoção como f. 426; e se tornassem participantes da natureza divina 873
— o Concílio roga aos cristãos no sentido de que, para ser verdadeiramente f. de Deus, estejam em paz com todos os homens 871
— ressurreição dos f. de Deus 1439
— os leigos, por sua esperança, são os f. da promessa 374
— a graça da f. é comum a todos 382s
~ 75* 95* 110* 320*

FILOSOFIA
— a Igreja esforçou-se por ilustrar o Evangelho com a sabedoria dos filósofos 1461
— o estudo da f. contribui para a elevação humana 1506

— problemas novos suscitados pela f. 1527; argumentação dos filósofos relativamente a Deus e à religião 1340
— f. penetrante do hinduísmo 856; encontro da teologia com a f. dos diversos povos 1169
— formação filosófica dos leigos 1021
— os estudos filosóficos na formação sacerdotal 802-804
~ 528*
FIM
— do homem: cf. *Homem*
— o povo messiânico tem por f. o reino de Deus 309; cf. *Povo de Deus, Igreja, História da salvação*
FOME
— grande parte dos homens e dos povos vivem atormentados pela f. 1327 1347; enquanto alguns vivem na opulência e dissipam os bens 1535; e despendem-se enormes riquezas na construção de armas 1604
— as condições de f. de grande parte dos homens ofendem a honra do Criador 1405; "se alguém não alimenta quem morre de fome, mata-o" 1551
— todo homem tem o direito de possuir os bens suficientes para si e para a sua família 1551
— a f., associada aos desequilíbrios do mundo, liga-se ao mais profundo desequilíbrio radicado no coração do homem 1350
— obrigação de prestar serviço a quem sofre a f. 1404
— os fiéis devem empenhar-se com os outros na preparação de condições mais humanas 1114
— cooperação com os irmãos separados para aliviar a f. 537
~ 78* 191* 392* 395* 516*
FORMAÇÃO
— profissional dos trabalhadores 1544; apostólica dos leigos 1017-1040
— social, ascética e apostólica dos religiosos 756-770
— f. dos membros dos institutos seculares 736
— uso dos meios de comunicação social na f. 248 829; f. cristã e doutrinal dos leigos 273s 1021 1532; f. técnica e espiritual dos leigos 930 1240 1560; mesmo para os adultos, a f. deve ser ininterrupta 819
— papel do pai e da mãe na f. dos filhos 1485
— f. catequética dos adultos e das crianças 602 829; cf. *Catequese*
— caracteres da formação ecumênica 530-533
— importância da formação dos jovens para a abertura internacional 1632
— f. litúrgica dos compositores, dos cantores, das crianças 210; dos fiéis: cf. *Fiéis*; dos clérigos 38; do clero 25 29; dos professores de liturgia 26s; f. musical 208-210; f. dos artistas 234-236; f. artística do clero 239
— papel dos religiosos na f. litúrgica do povo 675
— educação dos alunos dos seminários ao espírito missionário 825; f. missionária de todos os filhos da Igreja 1211-1240; dos catequistas em terra de missão 1141-1145; f. das comunidades cristãs em terra de missão 1126-1134

— a constituição do clero indígena 1135-1140
— f. espiritual e moral dos missionários 1176s; f. doutrinal e apostólica dos missionários 1178-1184
— f. musical dos missionários 217; f. econômica do clero indígena 1138
Pastoral
— a f. espiritual dos sacerdotes está ligada à f. doutrinal e p. 788 812 816
— f. p. do clero indígena nas terras de missão 1135 1138
— formação dos seminaristas para o uso dos meios de comunicação social 274; cf. *Meios de comunicação social*
— aprendizagem do ministério p. 780s 798 816
Sacerdotal
— seminário menor visto como preparação 778; seminários maiores ou para vocações adultas como iniciação ao sacerdócio 780s 795-797; cf. *Seminário*
— deve basear-se na formação humana à disciplina, à liberdade, ao diálogo, ao futuro ministério 795-797; aplicando os princípios da psicologia e da pedagogia 795; num estilo pessoal, dividindo em pequenos grupos 787
— examine-se a vocação 784s; a f. espiritual vise à familiaridade com Jesus 788-790; f. ao celibato 792-794; ensino da filosofia 799-804; curso introdutório aos estudos eclesiásticos (ciências teológicas) 799-812
— preparação pastoral 813-816; que implica: estudo do apostolado dos leigos 815; iniciação às ciências pedagógicas, psicológicas e sociais 815; exercitações didáticas 811; preocupação pastoral 813; formação ecumênica 809
— nos seminários maiores, todo o trabalho de formação seja orientado no sentido pastoral 780s; experiências de trabalho pastoral devem ter início de maneira prática e metódica já no seminário 788 816
— exercício do diaconato 798; idade requerida para as ordens 798
— estudos superiores 812; seleção dos professores 782
— "regulamento de formação" para todas as nações de competência da conferência episcopal 772
— o ciclo completo de f. dos alunos dos seminários deve ser ordenado à luz do mistério da salvação 1137
Católica
— os alunos dos seminários aprendam a participar da vida de toda a Igreja 790
— e estejam compenetrados de espírito verdadeiramente católico 815
— os missionários não percam de vista a universalidade da Igreja 1179
FORMAÇÃO PASTORAL E ESPIRITUAL
— a ser estabelecida e regulada pelos bispos 798
FORTALEZA
— dos pastores em seu ministério 391; dos seminaristas 795; dos religiosos 721; do missionário 1174
— f. heróica dos leigos em meio às perseguições 977; do leigo em suas relações com a hierarquia 382

FRATERNIDADE
— genuína f. humana 1349 1433 1437
— Cristo, primogênito entre muitos irmãos, após a sua ressurreição, através do dom do seu Espírito, instituiu uma nova comunhão fraterna 1421
— reencontraremos um dia, transfigurados, os bens da terra tais como a liberdade e a f. 1440; não podemos invocar Deus Pai, se não nos comportamos como irmãos em relação aos outros homens 869
— o esforço para restabelecer a unidade já demonstra, de algum modo, o liame fraterno que existe entre os cristãos 519
— todos os sacerdotes estão intimamente unidos entre si, mediante a f. sacerdotal 356 1267; estão unidos por f. também com os outros homens 1299
— para que a f. que une os religiosos seja mais viva, conceda-se o devido lugar aos irmãos cooperadores 751
— cooperação da Igreja para estabelecer a f. universal 1323
— encontra-se aberto, diante do mundo, o caminho da f. ou do ódio 1349; se o progresso revolve a ordem dos valores, o mundo cessa de ser o campo de uma genuína f. 1433; quem crê na caridade de Deus foi convencido por Cristo de que os esforços para tornar efetiva a f. universal não são vãos 1437; o que os homens realizam para conseguir uma f. mais ampla tem mais valor do que o progresso técnico 1428; cabe aos bispos ensinar como deve ser resolvido o grave problema da convivência fraterna entre os povos 598; papel dos leigos na promoção de uma autêntica f. 967
— a prática assídua da f. é absolutamente necessária para a construção da paz 1588; cf. *Paz*
— em virtude da sua missão, a Igreja é sinal daquela f. que possibilita e reforça o diálogo 1638
— Deus, para comunicar-se com os homens e efetuar entre eles próprios uma união f., decidiu entrar de maneira nova na história 1092; a atividade missionária, realizando o plano de Deus, favorece a concórdia f. e responde ao desejo íntimo dos homens 1106; o Evangelho, fermento de f. 1107
— os discípulos de Cristo não buscam puramente o progresso material, mas pretendem também promover a dignidade e a f. humana 1116
— os cristãos, quanto mais viverem unidos à Trindade, tanto mais poderão aumentar a f. recíproca 524; cf. *Amor fraterno*
~ 25* s 79* 83* 124* 174* 184* 204* s 207* 262* 267* 355* s 382* s 390*

FUNDADORES
— f. dos institutos religiosos e seu espírito 408; seu exemplo de santidade 412; a vida religiosa deve refazer-se baseada em seu espírito 708 1232

FUTURO
— alguns dos esforços humanos esperam, por si sós, a plena libertação da humanidade e estão persuadidos de que o f. reino do homem irá satisfazer todos os desejos do seu coração 1350
— indagações do homem sobre o sentido da vida presente e f. 1324; a fé resolve essas ansiedades 1372

— alguns pensam que a religião, fazendo com que se espere numa vida f., faça também por dissuadir o homem da edificação da sociedade terrena 1377; todavia, a esperança escatológica absolutamente não diminui a importância dos empenhos terrenos 1380 1504; cf. *Realidades terrestres, Fé*
— a finalidade salvífica e escatológica da Igreja não pode ser alcançada plenamente senão no mundo f. 1443; cf. *A Igreja voltada para a salvação..., Igreja peregrina*
— é preciso encarar a guerra com nova mentalidade 1599; o f. da humanidade dependerá das deliberações de hoje 1599
— anseio dos bispos do mundo inteiro no sentido de que, no f., não volte a ser deflagrada uma guerra 1602
— se a corrida armamentista continuar, é de se temer que um dia venha a produzir toda a carnificina cujos meios prepara agora 1605
— se no futuro não forem concluídos tratados honestos de paz, não haverá outra paz a não ser a de uma terrível morte 1610
— o f. da humanidade está depositado nas mãos daqueles que são capazes de transmitir às gerações de amanhã razões de vida e de esperança 1417
~ 104* 206*

GÊNEROS LITERÁRIOS
— sua importância para a exegese bíblica 892 901; cf. *Hagiógrafos*

GENOCÍDIO
— delito contra a humanidade 1405 1594

GENTILEZA
— g. no trato, discrição, caridade no conversar estão entre as virtudes que tornam o ministro de Cristo aceito 795 1249

GERAÇÃO
— do Filho, pelo Pai 285
— de Cristo, pela bem-aventurada Virgem 435

GESTO
— litúrgico 40 49

GLÓRIA
— de Deus 327 373 387 389 916 919 1422; da Trindade 414 445
— o Pai nos chama para participar da sua g. 1091
— Cristo sofredor e glorioso 297 309 416; corpo glorioso do Cristo 299; a Igreja anseia por unir-se a seu Rei na g. 290 (cf. *Igreja peregrina*); a Igreja aparecerá com o seu Esposo revestida de g. 295
— hino de g. a Deus 419; liturgia da g. eterna 425
— a g. de Deus e a liturgia 10
— sacramentos, reta ordem das coisas e louvor de Deus 110
— liturgia e glorificação de Deus em Cristo 17
— Cristo cumpriu a obra da perfeita glorificação de Deus 7
— a própria dignidade do homem exige que ele glorifique a Deus no próprio corpo 1363

— todo o trabalho humano, juntamente com os bens religiosos, é voltado para a g. de Deus 1454
— cumprindo seu dever conjugal, os esposos alcançam a perfeição e, juntos, rendem g. a Deus 1472; procriação generosa e responsável, e g. do Criador 1479
— na fidelidade ao Evangelho, a Igreja reforça a paz pela g. de Deus 1584
— todo elemento de bem presente na civilização dos vários povos é aperfeiçoado na Igreja, para a g. de Deus e a confusão do demônio 1109 1168
— mediante os modernos meios de comunicação social, seja glorificado o nome do Senhor 283
— os sacerdotes e a g. de Deus 1248
— esperança da g. futura 374 770
— os institutos de vida contemplativa, g. da Igreja 727
— a Igreja não busca a g. da terra 306
~ 38* 198* 222* 232* 255* 257* 262* 274* 277* 292* 335* 385* 402* 418* 433* 450* 465* 532*

GOVERNANTES
~ 194* 481*-486*

GOVERNO

Na Igreja
— poder de g. da Igreja 328-358; cf. *Romano pontífice, Bispos*
— apascentar o rebanho de Cristo é função da hierarquia 329 332-334 342 344
— haverá pastores até o fim dos séculos 329s 333; revestidos de sacro poder 328 330; os bispos regem a casa de Deus 329; presidem ao rebanho em lugar de Deus 333 594s; são os ministros do g. da Igreja 333; Cristo dirige o povo do NT por meio dos bispos 334; os bispos agem na pessoa de Cristo pastor 335 575; o ofício de governar é conferido pela consagração episcopal 335; é exercido em comunhão hierárquica 333 335s 451
— a ordem episcopal constitui sujeito de supremo poder sobre toda a Igreja 337
— tal poder pode ser exercido em concílio e fora de concílio 337; jamais, porém, sem a comunhão e o consenso do romano pontífice 335-337; o romano pontífice tem poder supremo em caráter de primazia sobre a Igreja 329 337 574; é o chefe do colégio episcopal 337 346
— o bispo, individualmente, rege a sua Igreja particular em nome de Cristo 339 351-353 577 586s; e não como vigário do romano pontífice, cujo poder supremo afirma e corrobora o que é próprio, ordinário, imediato do bispo 351-353
— é preciso aderir ao bispo como a Cristo 353
— o sacerdote governa uma porção de rebanho 354-358 1249
— governar é servir 328 337 342 351 353 357 608
— autoridade da Igreja e Estado religioso 408-410 667-678
— o Espírito S. mantém inalterada a forma de g. estabelecida por Cristo Senhor 352

~ 118* 138* 221* 255* 285* 431* 432* 460*
No Estado
— todos os cidadãos participam ativamente do g. da coisa pública 1563 1573; a designação dos governantes deve ser deixada à livre decisão dos cidadãos 1569; a autoridade política não deve assumir formas totalitárias ou ditatoriais 1575; atividades dos que regem os povos, assim como dos indivíduos, pela paz no mundo 1609; os g. têm direitos e deveres relativos ao problema demográfico na nação 1626
— orações por aqueles que nos governam 90
— cf. *Comunidade política, Sociedade*
~ 106* 393*; mensagem aos governantes 481*-486*
GRAÇA
— é difundida por Cristo através da Igreja 304; o reino de Cristo é reino de g. 378
— a g. de filhos torna os membros da Igreja todos iguais 365
— diversidade de graças e unidade do corpo místico 366
— a g. não falta a quem ignora o Evangelho sem sua culpa 326
— a g. do Espírito S. nos bispos 335
— Cristo concede aos leigos a g. da palavra 374; a g. eleva intrinsecamente a atividade dos leigos 379
— a obra dos leigos dispõe o coração de todos à ação salvífica da g. 963; somente com a ajuda da g. a liberdade do homem pode tornar eficaz a orientação para Deus 1370 1398
— o homem não pode conseguir a sua unidade interior senão a preço de sacrifício e com a ajuda da g. 1434
— no convite pascal, a alma é repleta de g. 17 83; sacramentos e g. 17 107
— o Espírito Santo doa uma variedade de g. 312 498
— os frutos de g. produzidos pelo Espírito S. 387
— a g. do ofício episcopal é participada também aos sacerdotes 393
— a g. sacramental sustém o diácono 359 393
— os cônjuges se sustentam na g. por toda a vida 394
— fortifica os cônjuges 1476
— a g. auxilia o crescimento da caridade 397; a g. especial da virgindade 399 737 792; profissão religiosa e g. batismal 404; conselhos evangélicos e g. do Senhor 402
— a Igreja impetra a g. na liturgia da profissão religiosa 410
— a g. é necessária à fé 877; trabalha de modo invisível no coração de todos os homens 963 1389 1422 1507; e os renova 1414; ajuda a vencer o pecado 1398
~ 25* b 25* i 25* u 29* 36* 58* 61* 67* 99* 138* 192* 195* 206* 214* 245* 251* 266* 275* 309* 327* 332* 349* 428* 448*
GREVE
— liceidade e limites 1550

GRUPOS
— nos seminários muito numerosos, os alunos sejam distribuídos em pequenos g. 787 811
— a Igreja toma em consideração as condições dos g. aos quais se dirige 1099
— g. de leigos com finalidades sobrenaturais 1029 1259 1311
— os cristãos devem respeitar os cidadãos que honestamente defendem em g. seu ponto de vista 1577
GUERRA
— as causas 1611; os perigos 1327 1585 1592 1596 1598-1606 1608; os danos 1593 1598-1602 1606 1608; as ordens contrárias ao direito das pessoas são criminosas e não devem ser obedecidas 1594
— convenções internacionais 1595
— e ação internacional para evitar a g. 1607-1609; corrida armamentista 1603-1607; a g. total 1327 1598-1602 1610; a condenação absoluta da g. ofensiva 1596
— o problema da g. seja afrontado com espírito novo 1599; a intervenção dos bispos relativamente aos problemas provocados pela g. 598; cf. *Paz*
~ 4* 9* 25* p 25* q 25* s 31* 352* 360* 376* 384*s 387* 390* 398* 483* 511* 530*
HÁBITO RELIGIOSO
— valor e atualização 755
HAGIÓGRAFOS
— para compreender tudo quanto Deus nos quis comunicar, é preciso investigar a intenção e o sentido que eles queriam dar às suas palavras 891 901
— para compreender os h., há também que se levar em conta os gêneros literários 892
— a economia salvífica por eles narrada no AT é verdadeiramente Palavra de Deus 895 897
— escreveram tudo e somente aquilo que Deus queria que fosse escrito 889; tudo quanto escrevem é inspirado 890
— Deus fala a seu povo segundo o tipo de cultura das diversas épocas 1510
— veridicidade dos Evangelhos 900 901; cf. *Sagrada Escritura*
HEREDITARIEDADE
— sejam consideradas as eventuais inclinações hereditárias dos candidatos ao sacerdócio 784
HIERARQUIA
— "hierarquia" nas verdades da fé 536
— cf. *Igreja, Romano pontífice, Bispos, Autoridades, Pastores, Sacerdotes*
~ 5* 187* 208* 221* 235* 242* 249* 260* 264* 277* 328* 417* 424* 432* 440* 532*
HIGIENE
— regras de higiene e sanidade 1413

HINDUÍSMO
— valores ascético-místicos 856
HINOS
— no ofício divino 166; no coração dos fiéis 1254
HISTÓRIA
a) **História humana:**
1. História humana e seus valores; 2. História humana e suas deficiências.
b) **História da Salvação:**
1. História da salvação e revelação; 2. Etapas da história da salvação; 3. O centro da história da salvação; 4. O futuro da história da salvação; 5. História da salvação e Cristo; 6. História da salvação e Maria; 7. História da salvação e liturgia; 8. Integração da história humana com a história da salvação; 9. História da Igreja.

— o estudo da h. pode contribuir muito para elevar a família humana 1506
— o estudo das várias disciplinas nos seminários deve desenvolver-se no contexto histórico em que se vive 1138; nos seminários, cuide-se também do estudo da h. do dogma em relação com a h. geral da Igreja 807s, o mistério de Cristo e a h. da salvação devem ser o centro do estudo teológico 27 800 808
— as vidas dos santos, inseridas no ofício, sejam revistas do ponto de vista histórico 164
— h. das missões 1138 1179; h. da filosofia 803; h. das religiões e dos povos 1183 1238; ensino da h. eclesiástica 808

a) **História humana**
— a h. do gênero humano desenvolve-se no mundo e registra desafios e vitórias 1321 1349 1585
— e assim como existe uma constante aceleração da h. 1331; esta vai em busca de explicações ulteriores e mais conscientes 1322

1. **História humana e seus valores**
— a h. h. tem hoje um novo conteúdo 1325 1329 1331 1423 1495; existe uma verdadeira transformação social e cultural 537 1325 1329s 1333s 1391 1423 1495; econômica 1358-1541 e política 1562-1566; favorecida pela inteligência e pelas atividades criativas humanas 1325 1329s 1423
— os valores da h. são verdadeiros 938 1425s 1430s 1468 1495; gozam de legítima autonomia 1430-1432; aceleração da h. 1331; torna o destino da sociedade humana único 284 537 913 1042 1111 1331 1336 1391 1397 1585 1608: a qual deve construir a h. positivamente, instaurando uma ordem mais justa e eqüitativa e realizando as múltiplas aspirações 1346-1348 1397 1399-1401 1428 1538; e instaurando uma comunhão de pessoas 1391
— a sociedade humana seja construída no respeito e amor recíproco 1403; é obtida a preço de grandes lides 1434
— as vitórias registradas na h. humana são sinal da grandeza de Deus e fruto do seu desígnio 1427

~ 31* 151* 277* 336* 338* 377* 384* 387* 396* 402* 454* 483* 508* 525* 531*

2. História humana e suas deficiências
— o novo período da h. h. arrasta consigo dificuldades e deficiências nos vários setores 1326-1328 1433-1435 1596; com efeito, as novas exigências suscitadas pela aceleração da h. nem sempre favorecem uma correspondente maturação das pessoas e das relações verdadeiramente pessoais 1336 1433; colocam em discussão os valores tradicionais 1338-1339; aumentam contradições e desequilíbrios 936 939 1341-1345 1398; os quais estão ligados a um desequilíbrio mais íntimo e profundo, o que está radicado no coração do homem 1350 1398

— entre os atuais desequilíbrios e contradições, lembramos o ateísmo sistemático 1376s (cf. *Ateísmo*); certo fenomenismo e agnosticismo 1508; o progresso das armas científicas, que aumentou o horror da guerra 1598-1606; o não voltar-se com espírito renovado para a verdadeira paz 1585; tudo quanto viola a pessoa humana 1405

~ 25* h 25* k 28* 56* 182* 238* 266* 290* 337* 387* 510*

b) História da Salvação

1. História da salvação e revelação

— a Escritura nos apresenta o ciclo completo da h. d. s. 1137; que se realiza na Igreja 322; todavia, é possível realizar uma h. salvífica também fora dos confins visíveis da Igreja católica 325; e dos confins da Igreja 326

— o desígnio de salvação inclui também aqueles que reconhecem o Criador 326; estende-se à h. h. em geral 327

— a economia da salvação, preanunciada e narrada pelos autores sacros, encontra-se no AT 895, ordenado sobretudo a preparar e a anunciar o advento de Cristo redentor 896 429; os livros do AT descrevem como a vinda de Cristo vai-se preparando lentamente na h. da s., e manifestando a todos o conhecimento de Deus e do homem, e o modo como Deus se revela ao homem 896; no leque completo da economia salvífica, Deus dispôs que a h. do NT ficasse escondida no AT e o AT se tornasse claro no Novo 897

— a Escritura nos revela o mistério da h. d. s. 426 881

— entre as Escrituras que revelam o desígnio salvífico de Deus, sobressai-se o Evangelho 899, que é o testemunho do anúncio de salvação realizado na h. por Cristo 880 899

2. Etapas da história da salvação

— Deus concebeu um plano de salvação 6; inserindo o homem em sua comunhão 185 872-874; e tornando-o assim participante da sua vida 495 878 1104; mas o homem pecou em Adão 285 874; no Cristo, entretanto, Deus dá ao homem a esperança da salvação 285 874

— este plano universal de salvação, Deus o realiza visivelmente na h. 1092; anunciado profeticamente 308 862 874 896; foi sendo efetivado nos símbolos e nos eventos 873; é significado através de vários tipos 896

— dado que Deus não quis salvar os homens individualmente 308 1091 1418, escolheu para si um povo, Israel 308 895 1091 1418s (cf. *Povo de Deus*); e

formou-o progressivamente 308 895s; santificou-o para si 308 895; e na h. de tal povo, manifestou o seu mistério 308 895
— Israel segundo a carne é chamado Igreja de Deus 310; Deus estabeleceu com ele uma aliança 308 1472; figura e prelúdio da nova e perfeita aliança em Cristo 308; cf. *Jesus Cristo, Igreja*

3. O centro da história da salvação
— a realização da história da salvação ocorre com o anúncio do anjo a Maria 427; e esta época determinada da h. corresponde à economia da plenitude dos tempos, estabelecida por Deus 426 898
— teve-se a plena revelação da salvação no Verbo de Deus feito homem 284 308 427 873 875 880 898; Jesus tornou-se autor da salvação 310 (cf. *Cristo redentor*), centro de toda h. na plenitude dos tempos 6-7 286 873 875 896 1104 1385-1390; cf. *Cristo*
— Cristo na imolação pascal 286 416 1351 1096 1104 (cf. *Cristo redentor*); inaugurou o novo pacto e a nova aliança em seu sangue 308 310 876 897; aperfeiçoando e efetivando o caráter comunitário dado à h. salvífica 1419; constituindo o novo povo de Deus 308 310 1419 (cf. *Povo de Deus*)
— povo messiânico do qual ele é cabeça 309 (cf. *Cristo cabeça*); que encheu com o seu Espírito 308 (cf. *Cristo fundador*)
— a salvação por ele oferecida deu-lhe um nome glorioso, tornando-o senhor e centro da história 309 (cf. *Cristo "Senhor"* e *"Alfa-Ômega"*); uma vez que ele cumpriu na h. a obra salvífica a ele confiada pelo Pai 287 875 (cf. *Cristo redentor*)
— Cristo garante à h. a luz que não conhece ocaso 310; todavia, o seu mistério será manifestado em plenitude no final dos tempos 306

4. O futuro da história da salvação
— no fim dos séculos, todos os justos serão reunidos na Igreja universal 285 864; o cosmo inteiro será liberado da corrupção 309 417; cuja renovação já se iniciou neste mundo 286 417
— entretanto, o anúncio da salvação deve continuar até o final dos tempos 882
— o reino de Deus vem a ser o fim do povo messiânico que vive no presente da h. d. s. 309; ele já foi iniciado na terra por obra de Cristo 286 309; será levado a cabal cumprimento no futuro 309; cf. *Reino de Deus*

5. História da salvação e Igreja
— a h. d. s. continua na Igreja 416; é um povo colocado a salvo 308; terá o seu cabal cumprimento no fim dos séculos 285; cf. *A Igreja, sacramento de salvação*
— a Igreja terrestre e a Igreja celeste formam uma única realidade complexa 304 419; a Igreja percebe a urgência com que o plano de Deus deve ser executado 327 1106
— o cumprimento da h. d. s. é confiado ao Espírito S. 1095
— a Igreja mostra ao mundo que a verdadeira união social tem sua origem na união dos corações 1451; e a força que a Igreja faz penetrar na sociedade

consiste na fé e caridade levadas à eficácia de vida, e não no exercício de um domínio exterior qualquer 1451

6. História da salvação e Maria

— o AT coloca em destaque a figura de uma mulher: a mãe do Redentor 429; o seu papel na economia salvífica foi por diversas vezes profeticamente entrevisto 429

— com a encarnação do Verbo em Maria, instaura-se uma nova economia 426s 429; desenvolvendo na economia salvífica a função de mãe do Salvador 186 429

— o desígnio salvífico de Deus não foi repelido por Maria 430; realizando o desígnio de salvação para si e todo o gênero humano, na obediência 430; cf. *Maria virgem, Igreja e Maria*

7. História da salvação e liturgia

— na liturgia, é preciso descobrir e viver o mistério de Cristo e da s. 1137; de fato, a obra da salvação de Cristo é ainda hoje realizada nas ações litúrgicas 9 183s; principalmente através da renovação do ato pascal 286

— os atos litúrgicos renovam as etapas da h. salvífica 16s 145; tornam as históricas ações salvíficas como presentes a todos os tempos, a fim de que os fiéis possam entrar em contato com elas e serem repletos da graça salvífica 185

8. Integração da história humana com a história da salvação

— o Senhor da h. humana e o Senhor da h. da salvação identificam-se 1447

— a h. do gênero humano não foi jamais esquecida por Deus, o qual, pelo contrário, usou de assíduos cuidados para oferecer-lhe a salvação 874

— o plano salvífico de Deus deve estender-se a todo o gênero humano, antes da vinda do Senhor 1108s

— o Cristo, que realizou a salvação, ajuda os homens a realizar a sua vocação suprema, com a sua luz e força 1351; ajuda-os a construir a sua h. e a conduzi-la a seu fim, Deus 1643s

— Cristo é, de fato, chave, centro e fim da h. humana 286 1351; e do homem, que resume a h. humana 1351 1385 1555; cf. *Homem*

— com efeito, o Cristo inseriu-se no desenvolvimento da h. humana e santificou toda relação humana 1029 1419 1437; inserindo o mundo na economia salvífica 144 1092; portanto, a humanidade, juntamente com todo o cosmo, está destinada a transformar-se, porque liberada por Cristo, que redimiu a h. 327 415 933 1321

— o Espírito de Deus dirige o curso dos tempos e renova o curso histórico dos acontecimentos 1402 1437; realiza a obra da salvação a partir do interior da h. humana 1095 1242

— o sacramento atual e visível de tal salvação é a Igreja que se abre, estendendo-se à humanidade inteira 284 290 310 416; que, não obstante, transcende 410; a epifania e a realização do plano divino no mundo e na h. são levados a efeito através da atividade missionária inaugurada por Cristo 309 318 1109 (cf. *Missões*); a qual torna presente aquele Cristo que é autor da salvação 1109

(cf. *Cristo*); por isso, aqueles que vivem a h. da salvação não estranhem o conteúdo da h. humana 1319
— a h. da salvação está inserida e desenvolve-se na h. humana 286 1322 1352; e deve continuar a inserir-se nela 1110; através dos sujeitos conscientes que a vivem 1111; é solidária com ela 246 1111s 1322; e coloca a seu serviço todas as suas energias salvíficas 246 1116 1322 1585
— oferece-lhe a sua cooperação leal para resolver os vários problemas que hoje se apresentam 246 913 1114 1322s 1351 1427 1504; investiga os sinais dos tempos e interpreta-os à luz dos acontecimentos salvíficos 1043 1324 1352; não condena, mas salva todo o conteúdo histórico 246 1114 1323 1352 1608; nutrindo por ele um profundo respeito 1114 1352 1608; promovendo a comunhão entre pessoas 537 967s 1381 e a verdadeira paz 537 1587-1592; e discerne nos acontecimentos os verdadeiros sinais da presença e do desígnio de Deus 1352 1427
— a h. da salvação é construída com o acréscimo da h. humana 1426s 1439s; impondo uma progressiva mudança de mentalidade e de costumes 1118
— todos os valores humanos devem ser purificados pela inserção no ciclo salvífico realizado por Deus 284 299 327 418 821 932 937 1112 1436; pois que tudo será absorvido na h. da salvação 1109 1168
— relação, coordenação, e integração das duas histórias 1107 1442-1465 1510-1513 1526-1532 1579 1584
— e nos pontos em que se registram deficiências na h. humana, ao invés disso, a h. da salvação deve modificá-la 1592; anunciando à h. o dia da salvação 1610

9. História da Igreja
— no NT e nos outros escritos apostólicos são narrados os inícios da Igreja 902; a I. transmitiu, no decurso dos séculos, a doutrina recebida de Cristo e dos apóstolos 1073
— na h. da I., desde os inícios, houve concílios e sínodos 679-680; formas de vida consagrada 703; a união do ágape com a ceia eucarística 944; o uso comum das coisas 1302 1313
— serviu-se das diferentes culturas 1511; entrando em comunhão com as diversas formas de cultura 1512
— a h. da I. registra defeitos em alguns dos seus membros 1459; registra cisões 538-542 559
— as comunidades eclesiais orientais têm um caráter próprio e uma h. própria 543-546; foram beneméritas 461
— no decurso dos séculos, surgiram não poucas dissensões entre a I. e os muçulmanos 860
~ 3* 5* 25* b 25* d 25* k 25* p 25* t 27* 29*s 33* 42*s 63* 102* 106* 150* 181* 244* 246* 258* 260* 373* 411* 443* 448* 477*

HISTORICIDADE
— a Igreja defende com firmeza a h. dos Evangelhos 901
— com efeito, os evangelistas selecionam algumas coisas, sintetizam outras, explicando ainda outras, mas tudo relatando com sinceridade 901

— para compreender o sentido pretendido pelo hagiógrafo, é preciso levar em consideração a sua cultura e o seu tempo 892
— cf. *Evangelho, Gêneros literários, Hagiógrafos*

HOMEM
1. Homem, criatura de Deus; 2. O homem em si; 3. Fim do homem; 4. Bases bíblicas do ser humano; 5. Homem e Cristo; 6. Igreja e homem; 7. Dignidade do homem; 8. Homem e mulher; 9. Homem e sociedade; 10. Vida econômico-social e homem; 11. Vida política e homem; 12. Progresso da cultura e homem; 13. Direitos, deveres e aspirações do homem.

1. Homem, criatura de Deus
— criado à imagem de Deus 1357 1393 1409 1425 1446 1548; presença nele de um germe divino 1323 1357 1371s 1393 1409; Deus, princípio divino 1360
— todos os h. gozam do mesmo destino divino 1409
— única criatura terrestre que Deus ama por si mesma 1373 1395; portanto, a sua vocação é de uma grandeza suma 1323 1351 1369 1373 1636
— vocação integral da pessoa humana 1533; igual para todos 1409
— o h. recebeu de Deus uma alma espiritual e imortal 1364 1409; dotado de inteligência e de liberdade 1380
— chamado a comunicar-se com o próprio Deus 873 1373 1380

2. O homem em si
— o que é o h.? 1356 1349s 1381 1528; os seus elementos constitutivos 1363s; opiniões sobre o h. 1356
— a resposta de Deus 1446; cf. *Homem, criatura de Deus*
~ 25* k 56* 57* 61* 188* 191* 197* 388* 396* 434* 461* 497* 516*

3. Destino do homem
— criado por Deus para um fim de felicidade 1372s; para participar da felicidade de Deus 1380; chamado a uma vida superior 1350
— destino eterno do h. 1484; restaurado em Cristo junto ao cosmo 327 415-418; vocação eterna que ele vive na história 1581
— as instituições humanas devem colocar-se a serviço do destino do h. 1412

4. Bases bíblicas do ser humano
— constituído por Deus num estado de santidade 1360; abusou da sua liberdade 1360; recusando reconhecer a Deus como seu princípio 1360; para afirmar a si mesmo 1374
— o h. descobre sua inclinação para o mal, dividido em si mesmo 1360s; com as características de uma luta dramática entre o bem e o mal 1361; fraco e pecador 1350; imerso em muitas misérias 1356 1360 1362
— se o h. não houvesse pecado, teria sido isento da morte corporal 1372; o pecado é uma diminuição para o próprio h. 1361; os desequilíbrios do mundo contemporâneo estão radicados no coração do h. 1350
— deve combater para permanecer unido ao bem 1434; mas o próprio Senhor veio para libertá-lo 1361; cf. *Ressurreição*
~ 59* 83* 275*

5. Homem e Cristo
— o Verbo de Deus veio habitar na terra dos h., entre os quais permanece 875 1437; e o h. foi redimido por Cristo 1436 (cf. *Cristo*); que o convida a entrar em contato com o mistério pascal 1319; para transformá-lo numa nova criatura do Espírito S. 1436; Cristo concede sempre ao h., mediante o seu Espírito, luz e força para corresponder à sua vocação suprema 1351; somente no mistério do Verbo encarnado o mistério do h. encontra verdadeira luz 1385; por meio da revelação, que se cumpriu no Cristo, Deus oferece ao homem uma resposta para as suas questões 1446

— quem quer que siga Cristo, o h. perfeito, torna-se ele próprio mais h. 1446; o homem será restituído ao estado perdido pelo pecado, e salvo pela onipotência e pela misericórdia do Salvador 1372; o h. foi libertado da morte através da morte do Cristo 1372

— as relações humanas foram santificadas pelo Verbo encarnado 1419

~ 30*-31*

6. Igreja e homem
— o que pensa a Igreja a respeito do h. 1354 (cf. *Igreja*); a Igreja recebeu o encargo de manifestar o mistério de Deus e, ao mesmo tempo, ela revela ao h. o senso da sua própria existência 1446; a Igreja tem a missão de reunir num só Espírito todos os homens 1638

— a Igreja é fiel em seus deveres para com Deus e para com os homens 1378; com sua simples presença no mundo, a Igreja recorda ao h. vários problemas 1446; não há lei alguma que possa colocar em tanta segurança a liberdade do h. quanto o Evangelho confiado à Igreja 1447; fortalece, completa e restaura em Cristo as qualidades espirituais e os dotes de cada povo 327 1109 1112 1165 1453

— os bispos ensinem qual é o valor do ser humano 598

— os leigos sejam instruídos sobre todas as finalidades do ser humano 1034

~ 25* j 25* o 37* 45* 58* 78*s 82* 120* 124* 189* 191* 197* 236* 251* 335* 339* 342* 345* 408* 450* 457* 463* 479* 487* 493*

7. Dignidade do homem
— possui uma alma espiritual e imortal 1364 (cf. *Homem criado por Deus*); tem em si a presença de um germe divino 1323 1371; conforme à imagem do Filho de Deus 1388

— tudo quanto existe sobre a terra deve ser reportado ao h. como a seu centro 1355 1439 1551; ele é, de fato, rei e centro do criado 1355 1357 1425; sintetiza em si o cosmo 1363; o cosmo, no h., toma consciência e adquire voz para louvar o Criador 1363

— o h. dilata o seu domínio sobre a natureza 1365 1423; sua superioridade sobre o universo material 1363-1368; introduzido por Deus na verdadeira posse do mundo 1436; é o artífice único da própria história 1376; da cultura 1496; do progresso técnico 1423 1493 1534; de uma humanidade nova 1414

— na idade contemporânea, os h. tornam-se sempre mais conscientes da sua dignidade humana 1042
— Deus tem cuidados para com a dignidade humana 1071
— as condições de vida devem permitir aos seres humanos tomar consciência da própria dignidade 1416
— a relação entre Igreja e mundo baseia-se no conceito do ser humano 1442
— a Igreja reprova as doutrinas perniciosas que degradam a dignidade humana 1378
— o Concílio inculca o respeito para com a pessoa 1403
— em todo meio de informação, respeite-se a dignidade do h. 253
— em razão da sua dignidade, todos os h. têm o dever de buscar a verdade 1046s
— a busca da verdade seja conduzida de conformidade com a dignidade humana, isto é, livremente 1048
— através da obra humana, o mundo deve tornar-se mais conforme à dignidade eminente do h. 1636
~ 25* j 57* 58* 78* 79* 391*

8. Homem e mulher
— o h. e a m. têm igual dignidade 1476; h. e m. são ambos artífices da cultura 1496
— união do h. com a m. 1358; a união entre h. e m. constitui a primeira forma de comunhão entre pessoas 1358
— h. e m. e seu pacto de amor conjugal 1471-1477 (cf. *Matrimônio*)

9. Homem e sociedade
— Deus quis que os h. formassem uma única família 1393; destinando-os a formar as uniões sociais 308 1418
— por sua íntima natureza, o h. é um ser social 1358 1396s
— multiplicam-se hoje as relações dos h. com os seus semelhantes 1336 1391; tal socialização cria novas exigências 1336; a interdependência de uns em relação aos outros 1394 1396 1398
— é preciso incitar os h. à cooperação mútua 1631; no amor operoso pelos outros 1394 1408 1436 1551 1589 1643; respeitando quem pensar diversamente 1406-1408; procurando estabelecer uma igualdade fundamental entre todos os h. na justiça social 1409-1412 1542-1544; destinando os bens da terra a todos os h. 1551s; favorecendo a colaboração de todos na vida pública 1573-1578
— os desequilíbrios do mundo contemporâneo notam-se com freqüência no ser humano 1342
— a natureza social do ser humano exige que exprima externamente os atos internos de religião 1049s
— h. e condições sociais 1364
— pelo pecado, o h. infringiu toda a sua orientação, seja para consigo mesmo, seja para com os outros h. 1360; perigos da vida social 1397; todavia, a revelação cristã ajuda-nos a aprofundar as leis que regulam a vida social 1391 1398
~ 4* 11* 25* i 42* 57* 81* 111* 384* 394* 504* 508*

10. Vida econômico-social e homem
— cf. *Economia* e Cap. *III (p. 11)* da *"Gaudium et spes"*
11. Vida política e homem
— cf. *Política* e Cap. *IV (p. 11)* da *"Gaudium et spes"*
12. Progresso da cultura e homem
— cf. *Cultura* e Cap. *II (p. 11)* da *"Gaudium et spes"*
13. Direitos, deveres e aspirações do homem
— os direitos e deveres do ser humano são universais e invioláveis 1400; hoje o h. descobre melhor os seus direitos 1446
— direitos fundamentais do ser humano 1540; obrigações sociais 1414; deveres de justiça e de amor 1413; dever de consciência de cada h. para consigo mesmo e para com os grupos de que são membros 1415
— os direitos fundamentais dos h. devem ser defendidos pela instituições humanas 1412
— o h. anseia por uma vida livre, digna dele 1346 1349; condições para uma vida digna 1400 1405 1492 1494 1535 1543 1546 1553; responsabilidade individual e coletiva 1427; dever de edificar o mundo 1426 1427; de proteger a vida 1483; de promover a paz 1608
— o ser humano tem direito à liberdade religiosa 1045
— o bem da sociedade consiste sobretudo no exercício dos direitos do ser humano e no cumprimento dos deveres 1058
— tutelar e promover os direitos do h. é dever essencial da autoridade civil 1059
— anunciando a verdade, deve-se tomar em consideração seja os deveres para com Cristo, seja os direitos do ser humano 1081
— a Igreja, por força do Evangelho, proclama os direitos humanos 1448
— o h. não salva os próprios direitos desobedecendo à lei divina 1448
— salvos os direitos do ser humano e da comunidade, a cultura goza de certa inviolabilidade 1515
— direito dos trabalhadores de fundar livremente associações próprias 1549
— seja instituída uma autoridade pública universal, dotada de poderes para garantir o respeito aos direitos do h. 1607
— a informação seja respeitosa no que concerne aos d. do h. 253
— discriminações entre os que crêem e os não-crentes que ofendem os d. do h. 1383
— perigos, mas também vantagens da socialização para a tutela dos d. do h. 1397
— toda discriminação nos d. fundamentais do h. deve ser superada 1410; as instituições humanas e a defesa dos d. fundamentais do h. 1412; cf. *Dignidade humana*
— a Igreja deseja desenvolver-se sob todo regime que respeite os direitos fundamentais da pessoa 1453
— a família como lugar de encontro para compor os direitos da pessoa com as exigências da vida social 1486

— liberdade e inviolabilidade da cultura e direitos da pessoa 1515
— é preciso denunciar as doutrinas que sacrificam os d. da pessoa à organização coletiva da produção 1440
— defesa dos d. do h. contra os abusos da autoridade 1571
— d. da Igreja de falar em defesa dos d. da pessoa 1583
~ 25* m 25* q 25* s 47* 50* 187* 391* 458* 471*

HOMICÍDIO
— tudo quanto é contra a vida, como toda espécie de h., devasta a civilização humana e ofende a honra do Criador 1405; eliminação das novas vidas 1482

HOMILIA
— importância e conteúdo bíblico e litúrgico 40; na missa 89

HORAS CANÔNICAS
— quadro tradicional e propostas de reforma 151-157; tempo da recitação 167; seja suprimida a hora prima 155

HOSPITAIS
— serviço prestado nos h. 413

HOSPITALIDADE
— h. ao próximo 1404; aos exilados 1613; das famílias 955
~ 205*

HUMANIDADE
— a h. vive um período de profunda transformação 1325 1461; no plano da inteligência das estruturas da vida econômica e social 1537; da ordem político-jurídica 1563
— atormentada pelos flagelos da fome e do analfabetismo 1327 1520 1628; preocupada com o crescimento demográfico 1343 1469 1538 1625
— a h. deve empenhar-se em construir uma ordem social a serviço do homem 1346 1519-1521 1537 1540 1613 1625-1627 1636
— devem surgir homens novos, artífices de uma sociedade nova 1414 1496 1585ss
— o Verbo de Deus encarnado resumiu em si a h. 1437; para que se tornasse a família de Deus 1420 1440
— as vitórias da h. são sinal da grandeza de Deus 1427
— a h. está incerta quanto ao fim último das coisas e do homem 1322 1326 1371 1424
— o futuro da h. está nas mãos daqueles que forem capazes de transmitir às gerações do amanhã razões de esperança 1417
— cf. *Homem, Sociedade, Igreja e mundo, História humana*
~ humanidade e Cristo 2* 25* a 146*s 240* 483*
~ condições da h. 3* 4* 25* j 188* 194* 376*-378* 390*-392* 396* 401* 407* 503* 516*
~ a Igreja e a h. 25* t 61* 106* 127* 183* 191* 196* 226* 231* 245* 250*-252* 290* 334* 344* 375* 428* 444* 461* 464*

HUMANISMO
— somos testemunhas do nascimento de um novo h. 1496 1502 1562; cf. *Homem*

— influência das novas situações humanas na vida religiosa 1340
~ 456* 462*
HUMILDADE
— h. de Cristo 390 400
— a Igreja observa o preceito de h. de Cristo 290
— os pastores devem exercer com h. o próprio ministério 391
— h. dos bispos 600 607
— h. e obediência na vida dos sacerdotes 1293-1295; h. e celibato 1298; os religiosos e a h. 721
— h. na pesquisa científica 1431
— com oração h., os católicos pedem perdão aos irmãos separados 522s
~ 78* 165* 166* 370* 383*
IDADE
— limites de i. para os párocos e os bispos 623 663
— o catecismo seja ensinado com métodos adequados às diversas i. 602 656 835
— nos seminários, os alunos mantenham um teor de vida condizente com a i. 778 796 816
— faz-se mister defender os adolescentes da imprensa e dos obstáculos nocivos à sua i. 265
— i. canônica exigida para as sagradas ordens 798
— todos os homens, de qualquer i., têm direito a uma educação que corresponda ao seu fim primeiro 822;
— desde a mais tenra idade, os filhos devem aprender a perceber o senso de Deus e a amar o próximo 826
— no diálogo entre adultos e jovens, é preciso manter-se acima da distância entre as i. 960
— meios para infundir nos católicos, desde a mais tenra i., um espírito universal e missionário 1222
IDEOLOGIAS
— fazem com que as mesmas palavras assumam significados diversos 1327
— lutas ideológicas 1327 1609
— ambições de impor a própria i. 1344 1609 1617
— os sacerdotes jamais se coloquem a serviço de uma i. 1263
~ 4* 5* 25* k
IDOLATRIA
— homens que adoram os ídolos 326; em nossos dias, alguns se inclinam para as coisas temporais com uma espécie de i. 939
IGNORÂNCIA
— aqueles que, sem culpa, ignoram a Igreja podem salvar-se 326 1104
— "a i. das Escrituras é i. de Cristo" 908
— cf. *Analfabetismo*
~ 78*

IGREJA
A) O mistério da Igreja
1. A Igreja E DEUS (PAI): a) O plano salvífico do Pai; b) A Igreja, povo de Deus; c) A Igreja, reino de Deus; d) A Igreja, família de Deus.
2. A Igreja E CRISTO: a) A Igreja fundada por Cristo; b) A Igreja no mistério de Cristo; c) A Igreja corpo de Cristo; d) A Igreja reino de Cristo; e) A Igreja esposa de Cristo e virgem; f) A Igreja plenitude de Cristo; g) A Igreja família de Cristo; h) A Igreja rebanho de Cristo.
3. A Igreja E O ESPÍRITO SANTO: a) A Igreja vivificada pelo Espírito; b) A Igreja templo do Espírito; c) A Igreja e o Espírito de verdade.
4. A Igreja E MARIA: a) Maria tipo da Igreja; b) Função de Maria na Igreja.
5. A Igreja E A SALVAÇÃO: a) A Igreja sacramento de salvação; b) A Igreja na história da salvação; c) A Igreja voltada para a salvação perfeita e definitiva; d) A Igreja portadora da revelação; e) A Igreja mãe; f) A Igreja, assembléia de culto e lugar da salvação.
6. CONSTITUIÇÃO TEÂNDRICO-SACRAMENTAL DA Igreja: a) A Igreja comunhão de vida no Espírito; b) A Igreja organismo sacramental-eucarístico; c) A Igreja organismo social; d) A Igreja comunidade sacerdotal, real e profética; e) Igreja e estrutura hierárquica; f) Organicidade e comunhão; g) Tensões e antinomias na Igreja.
7. PROPRIEDADES ESSENCIAIS DA Igreja: a) Igreja una: — Unidade essencial da Igreja; — A Igreja una e dividida (ecumenismo); b) Igreja santa: — Santidade multiforme da Igreja; — Os conselhos evangélicos; c) Igreja católica: — Catolicidade essencial; — A Igreja missionária; d) Igreja apostólica: — A Igreja e os apóstolos; — A Igreja sempre apostólica. *8. A IGREJA E AS IGREJAS:* a) Universalidade e particularidade na Igreja; b) Igreja universal e Igrejas particulares; c) Comunhão eclesial plena; d) Comunhão eclesial não plena; e) Chamada universal e encaminhamento orientado para a Igreja.
B) A Igreja e o homem
a) A Igreja a serviço do homem; b) A Igreja e a comunidade humana; c) Igreja e mundo.
C) Igreja e testemunho
a) Igreja peregrina; b) Igreja testemunha; c) Igreja e amor; d) Igreja e fidelidade; e) Igreja e diaconia; f) Igreja e pobreza; g) Igreja e reforma; h) Igreja e adaptação; i) Igreja e diálogo.

A) O mistério da Igreja
— o Concílio tenciona elucidar o mistério da I. 1 284 1442
~ 147* 159* 207* 250* 278* 280* 290* 327* 344* 453*
1. A IGREJA E DEUS (PAI)
a) O plano salvífico do Pai

— desde o princípio, Deus manifestou a si mesmo aos nossos progenitores 874; não os abandonou após a queda 285; ao contrário, com a promessa da redenção, reabilitou-os na esperança da salvação 874; chamou Abraão para fazer dele um grande povo 874
— após haver, "nos tempos antigos, muitas vezes e de muitos modos, falado aos antepassados por meio dos profetas, no período final em que estamos, Deus falou a nós por meio do Filho" (cf. Hb 1,1-2) 875; Cristo leva a cabal cumprimento a obra da salvação que o Pai lhe confiou 875; em Cristo, o Pai nos elegeu e predestinou para sermos adotados como filhos, porque quis concentrar nele todas as coisas 286
— Deus convocou todos aqueles que crêem em Cristo e constituiu a I. 310
— I., sinal e instrumento da união íntima com Deus 284; Deus chama para a I. os que crêem em Cristo 285; por virtude de Deus, a I. cresce visivelmente no mundo 286; a I., povo reunido na unidade da Trindade 288
— a I. universal, sacramento de salvação, revela e realiza o mistério do amor de D. para com o homem 1446 1463
— a I. procede do amor do Pai 1443
— a I., rebanho cujo pastor é Deus 292; a I., campo ou *lavoura* de Deus 293; edifício de Deus 294; morada de Deus 294; cidade santa de Deus 295; sinal da caridade de Deus 295
— os fiéis têm obrigação de professar a fé recebida de D. através da I. 313
— D. não cessa de falar com a esposa do seu Filho 884; cf. *Revelação, Sagrada Escritura*
— a I. deposita a sua esperança no amor de Deus por nós 572
— a I. é o estandarte sob o qual os filhos de D. que estão dispersos podem recolher-se 2 501 1212
— segundo o plano do Pai, a I. é missionária por sua própria natureza 1090; este plano brota da "fonte do amor" do Pai 1091; a I. é impelida a cooperar para que seja levado a efeito o plano de Deus 327
— todos quantos violam a I. agem contra a vontade de Deus 1075; através da atividade missionária da I., Deus realiza de maneira evidente a história da salvação 1109
— a I. é enviada para comunicar a todos a caridade de Deus 1110
~ 449*
b) *A Igreja povo de Deus*
— Deus não quis salvar os homens individualmente, mas quis fazer deles um povo 308 1091 1418; Israel, povo da antiga aliança, e a I., povo da nova aliança 308; cf. *Povo de Deus, História da salvação*
— pelo batismo, os fiéis são incorporados a Cristo e constituídos povo de Deus 362
— a I. é um povo reunido na unidade do Pai, do Filho e do Espírito Santo 288
— o povo de Deus e os sacramentos da I. 313s

— todos os homens são chamados a formar o p. de D. 318 320; a família humana é chamada a tornar-se, em Cristo, a família dos filhos de Deus 1640
— para apascentar o p. de D., Cristo estabeleceu na I. diversos ministérios 328
— o p. de D. reúne-se, antes de tudo, pela Palavra de Deus que todos têm o direito de buscar nos lábios dos sacerdotes da I. 1250
— o Concílio testemunha e propõe a fé, abrangendo todo o povo de Deus 1322
— distinção, porém não contraposição, entre os ministros sagrados e o restante do p. de D. 366 1271
~ 149* 337*

c) A Igreja reino de Deus
— a I. é o reino de Cristo já presente, em mistério 286
— Cristo dá início à I., pregando o reino de Deus; a I. tem a missão de anunciar e instaurar o reino de Deus entre todos os povos 290; a I. constitui, na terra, o germe e o início desse reino, enquanto aspira ao reino perfeito 290
— o povo messiânico tem por fim o reino de Deus 309
— Cristo enviou os apóstolos para pregar o reino de Deus 330
— em razão da vida pouco fervorosa dos católicos, o crescimento do reino de Deus foi retardado 513
— no fim dos tempos, a I. será constituída em reino de Deus 1108
— as atividades dos sacerdotes terão seu cumprimento quando Cristo entregar o reino ao Pai 1248
— na terra, o r. já está presente, em mistério; mas, com a vinda do Senhor, atingirá a perfeição 1441; cf. *Reino*
— a meta exclusiva da I. é esta: que venha o reino de Deus 1463
~ 25* d

d) A Igreja família de Deus
— a I., casa onde habita a f. de Deus 294; a I., fermento da sociedade humana, destinada a transformar-se em f. de Deus 1443
— a união da família humana encontra um grande reforço na unidade da f. dos filhos de Deus 1449
— o bispo mandado pelo Pai de família para governar a sua f. 353
— exercendo o ofício de Cristo, os sacerdotes reúnem a f. de Deus 354 1257; trabalho apostólico dos sacerdotes, para que o gênero humano seja reconduzido à unidade da f. de Deus 358 1458; aqueles que, por autoridade conferida por Cristo, apascentam a f. de Deus são os irmãos dos leigos 367
— Cristo quer que o seu povo cresça na concórdia fraterna da f. de Deus 500
— a I. é convocada com urgência ao exercício da própria vocação, fazendo com que todos os homens constituam uma única f. de Deus 1088
— o Concílio exorta todos a cooperar fraternalmente com o serviço da f. humana, destinada a tornar-se em Cristo a f. dos filhos de Deus 1640
~ 337* 418*

2. A IGREJA E CRISTO
a) A Igreja fundada por Cristo

— o mistério da I. manifesta-se em sua própria fundação 289; com efeito, Cristo deu início à I. pregando o advento do reino de Deus, prometido há séculos na Escritura 289

— a I. católica foi fundada por Deus como necessária, por meio de Cristo 322 1104; como sacramento de salvação 1096; como una e única 494

— a I., obediente ao comando de seu Fundador, esforça-se por anunciar o Evangelho a todos os homens 1087

— a I. coloca à disposição dos homens as energias de salvação que, sob a guia do Espírito Santo, recebe do seu Fundador 1322; a I. foi fundada no tempo, por Cristo redentor 1443; foi fundada em seu amor 1581

~ 25* d 29* 165* 290* 303* 526*

b) A Igreja no mistério de Cristo

— missão da I. de proporcionar aos homens a possibilidade de participar plenamente do mistério de Cristo 1096

— Cristo, enviado do Pai, fundou a I. como sacramento de salvação 1096; para concretizar a obra de Cristo, a I. deve seguir, como ele, o caminho da pobreza e do sacrifício de si 1097; analogia entre a I. e o Verbo encarnado 304

— a I. nasce do lado de Cristo 7 286; ele a conquista com seu sangue 308 310 1075

— da virtude de Cristo ressurgido, a I. encontra força para vencer as suas dificuldades internas e externas 307 1351

— o mistério da salvação do Verbo encarnado foi-nos revelado e continuado na I. 426

— para levar a salvação a todos, a I. deve inserir-se em todos os agrupamentos humanos, com o método que Cristo usou, ao encarnar-se 1110; a I. não é movida por qualquer ambição terrena, visando unicamente a continuar a obra de Cristo 1323

— esforço de purificação e de renovação, para que o sinal de Cristo resplandeça mais claramente sobre a face da I. 325 1459

— santificação dos homens e glorificação de Deus em Cristo, fim para o qual convergem todas as atividades da I. 17

— a I. deve anunciar a Verdade que é Cristo 1080

~ 25* i 145* 154* 161* 166* 207* 246* 250* s 258* 343* 411* s 417* 453*

c) A Igreja corpo de Cristo

— comunicando o Espírito, Cristo constitui misticamente como seu corpo todos os seus irmãos 296

— edificação do corpo de Cristo 327 366 597 612 665 916 1267; edificação da I. 1189 1257

— os fiéis, membros de Cristo vivente, foram assimilados por ele e incorporados mediante o batismo e a eucaristia 1211; com o sacramento do pão eucarístico, é representada e produzida a unidade dos fiéis, que constituem um só corpo em Cristo 286; cf. *Eucaristia*

— toda celebração litúrgica é obra de Cristo e do seu corpo que é a I. 12; na eucaristia, tornamo-nos membros do corpo do Senhor e, individualmente, somos membros uns dos outros 297; por meio da eucaristia, os fiéis formam um corpo compacto 606 1253

— Cristo é cabeça deste corpo que é a I. 299 361 368 426 704 916 1282 1421; Cristo infunde continuamente a sua vida divina, mediante a sua humanidade, nos membros do seu corpo 1256; a I. católica é o corpo místico de Cristo 458 (cf. *Corpo místico*); Cristo tornou participante da sua unção todo o seu corpo místico 1244

— todos os fiéis formam um único corpo 298 366 498 916 1244 1271; nem todos os fiéis, membros do mesmo corpo, têm, todavia, a mesma função 1245; cf. *Membros*

— direito e dever dos fiéis de colaborar na edificação do corpo místico 613 825; os vários ministérios da I. tendem ao bem de todo o corpo 328

— Cristo envia os apóstolos para a edificação do corpo da I. 573 (cf. *Apóstolos*); sofrendo, completaram o que falta aos sofrimentos de Cristo, em vantagem de seu corpo, isto é, da I. 1097

— somente ao colégio dos apóstolos, tendo Pedro à cabeça, Cristo confiou os tesouros da nova aliança para constituir o único corpo de Cristo 507; cf. *Apóstolos: ofício sacerdotal*

— Cristo, por meio dos bispos, incorpora novos membros a seu corpo 334; cf. *Bispos*

— os sacerdotes participam da autoridade com que Cristo santifica e governa o seu corpo 1246 1249; cf. *Sacerdotes*

— os leigos são constituídos no único corpo de Cristo 368

~ 147* 149* 158* 207* 235* 240* 279*-280* 337* 417*

d) *A Igreja reino de Cristo*

— a I. é o reino de Cristo, já presente, em mistério 286

— relação entre a I., reino de Cristo, e bens temporais 319

— cooperação dos leigos para a expansão do r. de Cristo no mundo 377; a finalidade da I.: a difusão do r. de Cristo 916 926; cf. *Igreja reino de Deus, Reino de Deus*

e) *A Igreja esposa de Cristo e virgem*

— a I. é amada por Cristo, que deu a si mesmo por ela 295 303 387 394 1472

— conforma-se cada vez mais ao Esposo 441; adornada por seu Esposo 294; cf. *Cristo esposo*

— Cristo confiou-lhe o memorial da sua morte e ressurreição 83

— Cristo associa a I. a si, para render o culto ao Pai 10

— o Espírito a rejuvenesce continuamente 287 310

— Deus não cessa de falar com a esposa do seu Filho 884

— preocupa-se em alcançar uma inteligência mais profunda das Escrituras para nutrir os seus filhos 906

— como Maria, conserva íntegra a fé que deu a seu Esposo 440
— no ano litúrgico, celebra a obra da salvação do Esposo 183; e no ofício, reza ao Esposo 146-147
— os sacerdotes dedicados a Cristo esposo, evocam o arcano esponsalício entre Cristo e a I. 1297; a consagração religiosa representa os vínculos que unem Cristo à esposa 404 737; os religiosos, fiéis à sua vocação, honram a I. esposa 413
— a I. é virgem 439; guarda virginalmente a fé 440
~ 2* 57* 134* 149* 154* 290*

f) A Igreja plenitude de Cristo
— a liturgia edifica todos quantos se encontram na I., templo santo do Senhor, até atingir a plenitude de Cristo 2
— Cristo plenificou a I. do seu Espírito 310 387; e das suas riquezas 299; a I., plenitude de Cristo 303
— por meio da atividade missionária, o corpo místico tende à medida da plenitude de Cristo 1109
— Cristo preenche a I. com seus dons, a fim de que ela alcance por completo a plenitude de Deus 303
— os sacerdotes não podem desconhecer o que ainda falta à plenitude do corpo de Cristo 1227
— todos têm o dever de cooperar para a expansão do corpo de Cristo, para conduzi-lo à sua plenitude 1211
— por meio da eucaristia, os fiéis estão plenamente inseridos no corpo de Cristo 1253; cf. *A Igreja e as Igrejas*

g) A Igreja família de Cristo
— os catecúmenos já pertencem à f. de Cristo 1125; cf. *Igreja: família de Deus*
— através do matrimônio dos cônjuges cristãos, o Salvador aumenta continuamente a sua f. 1443; cf. *Cristo homem novo*

h) A Igreja rebanho de Cristo
— Cristo, pastor eterno, quis que os sucessores dos apóstolos fossem pastores em sua I. até o fim dos séculos 328
— exercendo, na parte que lhes compete, o ofício de Cristo pastor, os sacerdotes reúnem a família de Deus e, em meio a seu rebanho, adoram o Senhor em espírito e verdade 354
— Cristo confiou a Pedro todas as suas ovelhas, permanecendo ele pastor para sempre 499; Pedro pastor de todo o rebanho 337
— os bispos apascentam as suas ovelhas em nome do Senhor 594
— o pastor e bispo das nossas almas constituiu na I. os sacerdotes, a fim de que os cristãos jamais se encontrassem como ovelhas sem pastor 1280; cf. *Cristo*
— o bispo, como o bom pastor, veio para servir e dar a vida pelas suas ovelhas 353
— o colégio episcopal, uma vez composto por muitos, exprime a universalidade do povo de Deus; quando subordinado a um único chefe, significa a unidade do rebanho de Cristo 337

— os pastores, eleitos para apascentar o rebanho do Senhor, são ministros de Cristo 334
— a I. é redil, cuja porta é Cristo; é rebanho do qual ele é o pastor 292; a I., estandarte alçado sobre os povos 501; sob o qual os filhos de Deus que estão dispersos podem recolher-se, a fim de que haja um só rebanho e um só pastor 2; a I., único rebanho de Deus 501
~ 149*

3. A IGREJA E O ESPÍRITO SANTO
a) A Igreja vivificada pelo Espírito
— a I. tem a missão de reunir todos os homens num só Espírito 1638 (cf. *Povo de Deus*); reunida no Espírito S. 1443; manifestado no Pentecostes 8 1095
— é como que a alma do corpo de Cristo 302 1095; santifica continuamente a I., rejuvenescendo-a 287; vivifica a I. de Cristo 304
— na fonte batismal, como num seio, regenera numa nova vida os que crêem em Cristo, agregando-os no único povo de Deus 1126
— o Espírito S. agia no mundo antes ainda que Cristo fosse glorificado 1095
— guiada pelo Espírito S., a I. coloca à disposição dos homens as energias de salvação recebidas de Cristo 1322
— sob o influxo do Espírito, a I. segue, como Cristo, o caminho da pobreza e do serviço 1097; cf. *Pobreza, Diaconia*
— os sacerdotes alcançarão a santidade se, no Espírito de Cristo, exercerem as próprias funções com empenho sincero 1286s
— o Espírito S. torna os leigos, hoje, mais conscientes da sua missão na I. 914
— por impulso do Espírito S., realizam-se, hoje, muitos esforços pela aproximação daquela plenitude de unidade desejada por Cristo 508; cf. *Ecumenismo, Espírito Santo, Unidade*
~ 83* 153* 154* 240* 241*-242* 245* 246* 452* 453*

b) A Igreja templo do Espírito
— a liturgia edifica os que se encontram na I., no templo santo no Senhor, na habitação de Deus no Espírito; o Espírito habita na Igreja como num templo 2
— a I., morada de Deus no Espírito 294; o Espírito mora no coração dos filhos de Deus como num templo 309; a I. reza para que a inteira plenitude do cosmo se transforme em povo de Deus, em templo do Espírito 327
— o plano de Deus é a edificação de todo o gênero humano no único templo do Espírito 1106
— os sacerdotes participam do ministério de Cristo, através do qual a I. é incessantemente edificada (...) em templo do Espírito Santo 1243
— justamente este mundo moderno fornece à I. pedras vivas que, todas juntas, contribuem para edificar a habitação de Deus no Espírito 1316

c) A Igreja e o Espírito de verdade
— o Espírito guia a I. rumo à verdade por inteiro 287 884
— Cristo plenificou a I. com o dom do seu Espírito 387
— não faltaram entre os membros da I. os que foram infiéis ao Espírito de Deus 1459

— por virtude do Espírito S., também a I., como Maria, conserva a fé virginalmente íntegra 440

— o magistério vivo da I., assistido pelo Espírito S., guarda e expõe a Palavra de Deus 887; cf. *Magistério, Transmissão da revelação, A Igreja portadora da revelação*

— a compreensão da tradição progride na I. por obra do Espírito S. 883; cf. *Tradição*

— o Espírito S. conserva inalterada a forma de governo estabelecida por Cristo em sua I. 352

— Espírito S. e episcopado 335; Espírito S. e infalibilidade dos fiéis 316 (cf. *Infalibilidade*); Espírito S. e infalibilidade do romano pontífice e dos bispos 346s

~ 240* 245* 332*

4. A IGREJA E MARIA

a) Maria, exemplo da Igreja

— a I. contempla com regozijo em Maria, como numa imagem puríssima, tudo quanto ela deseja e espera ser por completo 186

— Maria é exemplo da I. na ordem da fé, da caridade e da perfeita união com Cristo 427 439; com efeito, no mistério da I., justamente denominada virgem e mãe, Maria foi mais adiante, apresentando-se de maneira eminente e singular, qual virgem e qual mãe 439

— progredindo continuamente na fé, esperança e caridade, a I., enquanto busca a glória de Cristo, torna-se cada vez mais semelhante a Maria, sua excelsa figura 441

— ao mesmo tempo em que a I. já atingiu a perfeição, através da bem-aventurada Virgem, os fiéis esforçam-se por debelar o pecado 441; e, para tanto, elevam os olhos a Maria, que resplandece como modelo de virtude diante de toda a comunidade dos eleitos 441

— a I., imitando a santidade de Maria e cumprindo fielmente a vontade do Pai, mediante a Palavra de Deus acolhida com fidelidade, ela própria se torna mãe 440; e, como Maria, ela é igualmente virgem, guardando íntegra e pura a fé que deu ao Esposo 440

— a Mãe de Jesus, já glorificada, é imagem e início da I. que deverá ter sua concretização na idade futura 444

b) Função de Maria na Igreja

— Maria ocupa na I. o posto mais alto e mais próximo a nós 428

— Maria zela pelos irmãos do seu Filho, ainda peregrinos na terra 436

— pensando em Maria, a I. penetra mais profundamente no altíssimo mistério da encarnação 441

— Maria, que gerou Cristo, é modelo daqueles que, na I., cooperam na regeneração dos homens 441; cf. *Maria*

— Maria, membro supereminente da I. e absolutamente singular 427

— a I. venera Maria como mãe muito amada 427

— Maria, que com suas orações auxiliou a I. em suas primícias, interceda também agora para que todos os povos se reúnam num único povo de Deus 445
— em Caná, Maria obteve, com sua intercessão, que o Messias desse início aos milagres 432; Cristo é o único Mediador 434; a função materna de Maria em relação aos homens não diminui, de modo algum, essa única mediação 434; Maria foi, para nós, mãe na ordem da graça 435; ela cooperou de modo especial na obra do Salvador 435; por essa razão, Maria coopera com amor de mãe na regeneração e formação dos fiéis, irmãos de Jesus 439
~ 102* 222* 300* 302* 306* 308* 309* 311* 316*-317*(?)

5. A Igreja E A SALVAÇÃO

a) A Igreja sacramento de salvação

— Deus quer que todos os homens sejam salvos 6 1072 1104
— a I. é sacramento universal de salvação 248 310 416 426 1087 1096 1317 1462
— sinal e instrumento da união com Deus 284 1451
— o fim da I. consiste em tornar todos os homens participantes da salvação operada pela redenção 916
— a I., corpo de Cristo, é caminho necessário de salvação 322 507 1104
— a I. comunica aos homens os frutos da salvação 306 1322; gera para uma vida nova e imortal 440
— o povo messiânico é germe de salvação para todos os homens 309; cf. *Povo de Deus*
— pertencem ao povo de Deus ou para ele estão dispostos todos os homens chamados à salvação 321; cf. *História*
— a I. salva o homem e contribui para tornar mais humana a família dos homens 1443s
~ 2* 70* 155* 183* 190* 225* 250* 268* 309* 454*

b) A Igreja na história da salvação

— a I. universal, sacramento de salvação, revela e realiza o mistério do amor de Deus para com o homem 1463
— a I. prefigurada desde o princípio do mundo, preparada pelo povo de Israel, estabelecida nos "últimos tempos", manifestada pela efusão do Espírito S., cumprir-se-á no final dos tempos 285
— o povo de Israel é preparação e figura do novo povo constituído por Cristo 308 (cf. *Povo de Deus*); o Êxodo prefigura a salvação da I. 862
— Israel, Igreja de Deus, e novo Israel, I. de Cristo 310
— Cristo chega na plenitude dos tempos e estabelece o seu reino 898; cf. *Reino de Deus, Revelação*
— a I. é fundada por Cristo 322; e brota do seu lado 7 286
— Cristo reúne os homens num povo 308; cf. *Povo de Deus*
— para apascentar este povo, estabelece na I. vários ministérios 328; cf. *Apóstolos, Pedro, Bispos, Romano pontífice, Ministérios hierárquicos, Sacerdotes*
— quer que os sucessores de Pedro e dos outros apóstolos sejam pastores até o final dos tempos 328

— Cristo envia o Espírito S. 287 (cf. *Espírito S.*); que é como a alma do corpo de Cristo 303 (cf. *Igreja e Cristo*); mora permanentemente na I. 287; e assiste os pastores, a fim de que preguem a Palavra de Deus 898 (cf. *Palavra de Deus, Evangelho, Revelação, Tradição*); e difundam por toda parte a mensagem de Cristo e da I. 327 340 898 1096 (cf. *Missões, Atividade missionária, Catolicidade*)
— Cristo está sempre presente na I., de modo especial na liturgia 9; cf. *Liturgia, Eucaristia, Sacramentos*
— a I. existe no mundo, como Cristo, pobre 306 1093 1097; cf. *Pobreza*
– para tornar testemunho da verdade, para servir e não para condenar 1323; cf. *Testemunho, Serviço, Diaconia*
— santa e, ao mesmo tempo, sempre necessitada de purificação 306 520
— sofre pela unidade infringida e quer reconciliar todos os cristãos 496 555 572; cf. *Ecumenismo, Irmãos separados, Unidade*
— experimenta, juntamente com o mundo, a mesma sorte terrena 1443; cf.. *Mundo, História da salvação: Integração da história humana...*
— é, porém, sinal de salvação para o mundo 284 1459 e de esperança para o homem 1384; cf. *Homem, Paz, Liberdade*
— quer abrir-se a um diálogo com todos 1638-1642; cf. *Diálogo, Realidades terrestres*
— reza e trabalha para que a inteira plenitude do cosmo se transforme em corpo do Senhor e templo do Espírito 327
— vivificados e reunidos no Espírito de Cristo, somos peregrinos ao encontro da perfeição final da história, para recapitular todas as coisas em Cristo 1464; quando todos os justos, desde Abel até o último eleito, estiverem reunidos junto ao Pai na I. universal 285
~ 343* 454*
c) *A Igreja voltada para a salvação perfeita e definitiva*
— a Igreja espera os novos céus 417; na expectativa de ser glorificada com Cristo 300; a concretização ocorrerá somente no céu 415
— enquanto vai crescendo lentamente nesta terra, a I. aspira ao reino perfeito e anseia por unir-se com o Rei da glória 290
— Cristo cumula a I. de dons, a fim de que ela se incline e atinja toda a plenitude de Deus 303; a I. peregrina, em união com os irmãos, já na glória 419 423; cf. *Santos*
— Cristo não prometeu à I. vitória plena, antes do final dos tempos 1318
— a I. revela ao mundo, ainda que não perfeitamente, o mistério de Cristo senhor enquanto não for, até o final dos tempos, manifestado na plenitude da sua luz 307
— caráter escatológico da atividade missionária da I. 1108s
— Maria glorificada no céu é imagem e início da I., que terá sua concretização na idade futura 444
— no sacrifício da missa, os sacerdotes representam e aplicam, até à vinda do Senhor, o único sacrifício do novo testamento 354

d) A Igreja portadora da revelação
— a I. tende incessantemente à plenitude da verdade divina até que nela se realizem as palavras de Deus 883
— para que o Evangelho se conservasse íntegro e vivo na I., os apóstolos deixaram os bispos como seus sucessores 881; os quais receberam um carisma seguro conforme a verdade 883
— Deus, que falou no passado, não cessa de falar com a esposa do seu Filho bem-amado 884
— a I. jamais deixou de nutrir-se do pão da vida, seja através da mesa da Palavra de Deus, seja através do corpo de Cristo 904; cf. *Eucaristia*
— os apóstolos, pregando por toda parte o Evangelho, reúnem a I. universal 330
— a I. tem a obrigação de trabalhar incansavelmente para que a Palavra de Deus "chegue aos povos e seja glorificada" 911 1078
— a I. perpetua e transmite a todas as gerações tudo quanto ela é, tudo aquilo em que ela crê 882
— com o anúncio do Evangelho, o povo de Deus é convocado 1247
— a I. guarda o depósito da Palavra de Deus, do qual são extraídos os princípios para a ordem moral e religiosa 1424 1637; cf. *Palavra de Deus*
— a Escritura é o suporte e a norma suprema do agir da I. 904; o Evangelho, princípio de toda a vida da I. 331
— a compreensão da tradição progride na I. com a assistência do Espírito S. 883; cf. *Tradição, Espírito Santo*
— os livros do AT são lidos na I. e compreendidos à luz da ulterior e plena revelação 429
— é confiado à I. o encargo de interpretar autenticamente a Palavra de Deus (cf. *Magistério*); e a lei divina à luz do Evangelho 1479
— a I., como Maria, é virgem que guarda íntegra e pura a fé que foi dada a seu esposo e à Palavra de Deus 440
— a I. não tem a certeza acerca de todas as coisas reveladas apenas da Escritura 885; a Escritura e a Tradição constituem um único depósito sagrado confiado às I. 886; cf. *Sagrada Escritura*
— o tesouro da revelação, confiado à I., deve preencher cada vez mais o coração dos homens 911; cf. *Revelação*
— a adaptação da palavra revelada, segundo os diversos modos de expressar-se dos diferentes povos, deve continuar como lei de toda evangelização 1461 ~ 453*

e) A Igreja mãe
— a I. "nossa mãe" 295
— a comunidade eclesial exerce uma verdadeira ação materna relativamente às pessoas a serem aproximadas de Cristo 1262; a I. gera seus filhos para uma vida nova e imortal 440
— a I. não cessa de se renovar para que a imagem de Cristo resplandeça em sua figura 325 1459; cf. *Renovação*

— é, ao mesmo tempo, esposa amada por Cristo 295; ama todos os homens 599; através da I., Cristo nasce nos corações 441
— os cônjuges cristãos são testemunhas da sua fecundidade 394; cf. *Amor conjugal*
— rejubila-se por aqueles que tendem à perfeição 400; zela pelos catecúmenos 324
— outras acepções do *vocábulo* 5 32 109 224 246 821 828 889 901 ~ 25* q 58* 61* 81* 193* 260* 290*

f) A Igreja, assembléia de culto e lugar da salvação
— a liturgia manifesta a genuína natureza da verdadeira I. 2; nela "se realiza a obra da nossa redenção" 2
— Cristo enviou os apóstolos também para que efetivassem, por meio do sacrifício e dos sacramentos, a obra da salvação que anunciavam 8; para realizar a salvação, Cristo está sempre presente em sua I. na missa, nos sacramentos, na sua palavra e quando a I. reza 9 58; no ano litúrgico, a I. celebra a obra da salvação do seu Esposo 183
— na liturgia, encontra significado e é concretizada a santificação do homem 11; dela provém para nós a graça, mas particularmente da eucaristia, como de uma fonte 17
— através da liturgia, Deus fala a seu povo e Cristo anuncia ainda o seu Evangelho 52
— no convite pascal, em que se recebe Cristo, a alma se torna cheia de graça e nos é dado o penhor da glória futura 83
— a liturgia oferece a possibilidade de santificar quase todos os acontecimentos da vida por meio da graça que emana do mistério pascal 110
— os sacramentos são dispostos para a santificação dos homens 107; conferem a graça 107
— os sacramentos nos unem de modo arcano e real a Cristo sofredor e glorioso 297
— a eucaristia nos assimila e incorpora em Cristo 297 1227; cf. *Eucaristia*
— através da pregação e da celebração dos sacramentos, cujo centro e ápice é a eucaristia, a I. torna presente Cristo, autor da salvação 1109
— a caridade é comunicada pelos sacramentos, e principalmente pela eucaristia 918
— o Espírito realiza a santificação do povo de Deus por meio do ministério e dos sacramentos 921
— a salvação através da fé e do batismo 342; pelo batismo, é representada e produzida a nossa união com a morte e ressurreição de Cristo 297
— através da confirmação, somos fortificados pela virtude do Espírito 918
— a penitência é de grandíssima utilidade para a vida cristã 637
— para cumprir seus grandes encargos, os apóstolos foram cumulados por Cristo com uma especial efusão do Espírito S., e eles próprios, mediante a imposição das mãos, concederam esse dom espiritual a seus colaboradores

335; mediante o sacramento da ordem, é concedida por Deus aos sacerdotes a graça para serem ministros de Cristo 1246s
— a graça do matrimônio, através do qual os cônjuges representam e participam do mistério de amor que se interpõe entre Cristo e a Igreja 314 1472
— com a unção dos enfermos, a Igreja recomenda a Deus os doentes, a fim de que os salve 314
— cf. cada um dos *Sacramentos*
~ 212* 214*

6. CONSTITUIÇÃO TEÂNDRICO-SACRAMENTAL DA Igreja
— a I., comunidade de fé, esperança e amor, é um organismo visível 304; todavia, a I, constituída de órgãos hierárquicos é o corpo místico de Cristo, a comunidade visível e a espiritual, a I. terrestre e a celeste não devem ser consideradas duas coisas, formando uma única e complexa realidade, resultante de um duplo elemento, humano e divino 304

a) A Igreja comunhão de vida no Espírito
— o povo de Deus é constituído por Cristo para uma comunhão de vida e de caridade 309
— um só corpo, um só Espírito, um só Senhor 498
— a I. é uma comunidade de fé, de esperança e de amor 304
— com o dom do Espírito, Cristo instituiu uma nova comunhão fraterna, em seu corpo que é a I. 1421
— participando do corpo do Senhor, somos elevados à comunhão com ele e entre nós 297; cf. *Eucaristia*
— o Espírito S. unifica a I. na comunhão 287; cf. *Espírito Santo*
— o Espírito produz a maravilhosa comunhão entre os fiéis 498
— o Espírito S. é, para toda a I., princípio de unidade no ensinamento dos apóstolos, na comunhão e na fração do pão 318
— na adesão ao depósito da Palavra de Deus, o povo santo persevera no ensinamento dos apóstolos, na comunhão e fração do pão 886
— santos, fiéis e defuntos, e comunhão de todo o corpo místico 419s; cf. *Comunhão dos santos*
— revelação e comunhão com o Pai e com Cristo 872
— Cristo quer que o seu povo aperfeiçoe a comunhão na unidade 500
~ 328* 337*

b) A Igreja organismo sacramental-eucarístico
— para realizar a salvação, Cristo está sempre presente em sua I., na missa, nos sacramentos e quando a I. reza 8
— a eucaristia fonte da I. e penhor da glória futura 547; o bispo, "ecônomo" sobretudo da eucaristia, através da qual a I. continuamente vive e cresce 348; a eucaristia dá à I. a sua perfeição 1227; o sacrifício eucarístico, fonte e ápice da vida cristã 313; na eucaristia está contido todo o bem espiritual da I. 1253; nela é representada e produzida a unidade da I. 286 497; através dela, a I. passa incessantemente ao Pai, em união com Cristo 1127

— a eucaristia, fonte e cume da evangelização 1253; os fiéis, já marcados pelo batismo e pela confirmação, encontram-se plenamente inseridos no corpo de Cristo por meio da aucaristia 1253
— na celebração da eucaristia é oferecida ao Pai, como sacrifício espiritual, toda a vida do cristão 373
— após o Pentecostes, a I. jamais deixou de reunir-se em assembléia e celebrar a eucaristia 8
— nenhuma comunidade cristã é edificada se não tiver como raiz e eixo a celebração eucarística 1261; a assembléia eucarística é o centro da comunidade cristã 657 1254
— com a celebração da eucaristia, em cada uma das I. separadas do Oriente, a I. de Deus é edificada e cresce 547
— necessidade da I., na qual os homens entram através do batismo, como por uma porta 322 1104
— o trabalho apostólico é ordenado para que todos, mediante a fé e o batismo, reúnam-se em assembléia e participem da mesa do Senhor 16
— o batismo reúne à I., corpo do Verbo encarnado 1100; a ordem de Cristo aos apóstolos e à I. de "ir e batizar todos os povos" 327 1043 1096; é necessário que todos se convertam a Cristo, e adiram a ele e à I., seu corpo, através do batismo 1104; através do batismo, os sacerdotes introduzem os homens no povo de Deus 1252
— os fiéis, membros do Cristo vivente, ao qual foram incorporados mediante o batismo, a crisma e a eucaristia, devem cooperar para a expansão do seu corpo 1211
— através da confirmação, tornamo-nos mais perfeitamente vinculados à I. 313
— a penitência concede o perdão de Deus e reconcilia com a I. 313 1252
— mediante a unção dos enfermos, a I. recomenda os doentes ao Senhor sofredor e glorificado 314
— aqueles, entre os fiéis, que forem contemplados com as ordens, são postos em nome de Cristo a apascentar a I. 314; o sacramento da ordem e o episcopado na I. 335 (cf. *Bispos, Igreja apostólica*); a ordem e os sacerdotes 354; o caráter sacramental configura os sacerdotes em Cristo sacerdote, de maneira que possam agir *in persona* pelo chefe da I. 1246
— os bispos e os sacerdotes são escolhidos entre os homens, em benefício dos homens, para que ofereçam sacrifícios pelos pecados 605 1249

c) A Igreja organismo social
— a I., sociedade hierarquicamente organizada 332
— no seio da sociedade dos fiéis, alguns têm o poder da ordem 1245
— Cristo constituiu a I. como organismo visível através do qual difunde sobre todos a verdade e a graça 304
— o Espírito S. consolida a estrutura orgânica da I. 337
— a I., organizada por Cristo como sociedade, subsiste na I. católica 305 1443 1462; o organismo social da I. serve para o crescimento do corpo 304

— são plenamente incorporados na sociedade da I. os que aceitam sua organização e sua hierarquia 323
— I, visível e I. espiritual 2 304 1443
— I. imanente e transcendente à história humana 910; cf. *Tensões e antinomias na Igreja*
— direitos da I.: de desenvolver livremente a sua missão 1583s; de pregar o Evangelho 1104; de fundar escolas livremente 838; de desenvolver atividades caritativas 944; de nomear livremente seus bispos 620s; direito à liberdade religiosa 1075-1077
~ 149* 290* 337*

d) A Igreja comunidade sacerdotal, real e profética
— pelo Espírito Santo, os batizados são consagrados para formar um templo espiritual e um sacerdócio santo 311
— o sacerdócio comum dos fiéis e o ministerial participam do único sacerdócio de Cristo 312
— o sacerdócio ministerial forma e rege o povo sacerdotal e realiza o sacrifício de Cristo 312; os fiéis, em virtude do seu sacerdócio, concorrem à oblação da eucaristia 312
— os fiéis, estirpe eleita, sacerdócio real, povo santo 308 918 1126; cf. *Povo de Deus*
— o exercício do sacerdócio comum dos leigos 313s
— o povo de Deus participa até mesmo do desempenho profético de Cristo, defendendo por toda a parte o seu testemunho vivo e oferecendo a Deus um sacrifício de louvor 316; a universalidade dos fiéis não pode errar na crença 316
— os carismas do povo de Deus 317 921
— os leigos, fiéis feitos participantes do ofício sacerdotal, real e profético de Cristo 362 917
— a distinção entre os ministros sagrados e os outros fiéis inclui uma profunda ligação 366; como os leigos têm um irmão em Cristo, assim também têm como irmãos os que apascentam a família de Deus 367
— função sacerdotal e de culto dos leigos 372s; serviço real 378; função profética 374; cf. *Leigos, Sacerdócio*
~ 184* 335*

e) Igreja e estrutura hierárquica
— a I. "sacramento de unidade", povo santo reunido e organizado sob a guia dos bispos 42
— o sacerdócio comum dos fiéis e o hierárquico diferem essencialmente entre si, e não apenas em grau 312
— aos que presidem na I., compete principalmente que não extingam o Espírito 317
— o Espírito instrui e orienta a I. com diversos dons hierárquicos e carismáticos 287

— na I., sociedade hierarquicamente organizada, os apóstolos tiveram o cuidado de constituir sucessores 331
— a I., sociedade governada pelo sucessor de Pedro e pelos outros bispos em comunhão com ele 305
— Cristo estabeleceu em sua I. diversos ministérios 328
— em certo sentido, a vida dos seus fiéis em Cristo depende do bispo e a ele está subordinada 72; na administração dos sacramentos, os sacerdotes estão hierarquicamente coligados ao bispo, e assim, de certo modo, o tornam presente 1252
~ 249* 260* 289*

f) Organicidade e comunhão
— encontram-se plenamente incorporados à I. todos quantos, em seu corpo visível, estão ligados a Cristo pelos vínculos da fé, dos sacramentos e da comunhão 323; cf. *Hierarquia, Membros da Igreja*
— a I. é governada pelo sucessor de Pedro e pelos bispos em comunhão com ele 305; cf. *Romano pontífice, Bispos: Colégio episcopal*
— a cátedra de Pedro preside à comunhão universal de caridade 320 1169
— colégio episcopal e comunhão entre as Igrejas 340 581 1220; cf. *Igreja católica, A Igreja e as Igrejas, Missões*
— os bispos não podem exercer o ofício de ensinar e governar, a não ser em comunhão hierárquica com os chefes e os membros do colégio 335 449-451 455 579
— entre as diversas Igrejas particulares da única I. católica existe uma comunhão 491; o Concílio rende graças a Deus pelos orientais que vivem já em plena comunhão com os irmãos que seguem a tradição ocidental 554
— se o sucessor de Pedro refutar a comunhão apostólica, os bispos não podem assumir seu cargo 343
— "liceidade" e "validade" do poder efetivamente exercido pelos orientais separados sem a comunhão hierárquica 456
— quando os bispos ensinam em comunhão com o romano pontífice devem ser acolhidos como testemunhas da verdade divina e católica 344
— as prescrições jurídicas estabelecidas no decreto acerca das i. orientais católicas têm validade somente enquanto a I. católica e as i. orientais separadas não atingirem a plenitude da comunhão 491
— os batizados de qualquer Igreja, que chegarem à plenitude da comunhão católica, mantenham seu próprio rito 460
— a comunhão das novas Igrejas com a I. inteira permaneça íntima 1152; cf. *Comunidade local*
— a unidade de consagração e de missão exige a comunhão hierárquica dos sacerdotes com a ordem dos bispos 1264; cf. *Sacerdotes*
— o apostolado associado apresenta-se como sinal da comunhão e unidade da I. em Cristo 979

— aquele que crê deve exercitar os seus carismas na I. e em comunhão com os próprios irmãos e pastores 921
~ 261*

g) Tensões e antinomias na Igreja

— a I. anuncia o reino de Deus; entretanto, ela própria constitui já esse reino em embrião 290; enquanto vai crescendo lentamente, a I. anseia pelo reino perfeito e deseja ardentemente unir-se a seu Rei na glória 290
— aqui sobre a terra o reino já está presente em mistério, mas, com a vinda do Senhor, alcançará a perfeição 1441
— a I. não terá a sua realização plena senão na glória do céu 415; mas já chegou até nós a última fase dos tempos 417
— a I., comunidade hierárquica e corpo místico de Cristo, comunidade visível e espiritual, terrestre e celeste 304; humana e divina, visível e invisível, fervorosa na ação e entregue à contemplação, presente no mundo e, todavia, peregrina 2; liturgia terrestre e liturgia celeste 13
— a I. tem uma finalidade salvífica e escatológica que não pode ser alcançada plenamente senão no futuro 1443; os sequazes de Cristo, mesmo não pertencendo ao mundo, são, todavia, a luz do mundo 15
— I. hierárquica e carismática 287 317 1095; liberdade real dos leigos 378; e seu dever da obediência à hierarquia 383; dever de exercitar os carismas com a liberdade do Espírito "que sopra onde quer" e, ao mesmo tempo, dever da comunhão com os pastores 921; obediência dos sacerdotes, que conduz a uma liberdade mais madura, e esforço para buscar novos caminhos pastorais 1289 1294 1316
— primado do romano pontífice 329 459; colegialidade 336s 579; o colégio, enquanto composto por muitos, exprime a universalidade do povo de Deus, enquanto se mantém sob um único chefe, significa a unidade do rebanho de Cristo 337
— ao defender a liberdade religiosa, a I. segue o caminho de Cristo e na I. sempre prevaleceu a doutrina segundo a qual ninguém pode ser constrangido a abraçar a fé à força 1070 1073 1119; mas não faltaram na vida do povo de Deus maneiras de agir contrárias ao espírito do Evangelho 1073
— foi confiada à I. católica a plenitude da graça e da verdade 506; seus membros, no entanto, não se servem delas com o devido fervor 513; e os pastores não têm uma solução imediata e concreta para todos os problemas 1455
— a I. santa e ao mesmo tempo sempre necessitada de purificação 306; esposa que Cristo amou e purificou 295; mas que não cessa de se purificar e de se renovar 325 1459; até que Cristo a faça comparecer diante de si sem qualquer mácula 513; enquanto instituição humana, a Igreja tem necessidade de uma reforma contínua 520; a I. é crida por fé indefectivelmente santa 387; e já sobre a terra é adornada de santidade verdadeira, ainda que imperfeita 417; mas abriga em seu seio também pecadores 306
~ 147* 149* 216* 289* 290* 337*

7. PROPRIEDADES ESSENCIAIS DA IGREJA
a) Igreja una
— **Unidade essencial da Igreja**
— a I., "sacramento de unidade" 42; fundada por Cristo, una e única 494; a única I. de Cristo 305 507; a I. una, santa, católica e apostólica subsiste na I. católica, ainda que, fora de seu organismo, se encontrem alguns elementos de santificação que, como dons próprios da I. de Cristo, impelem para a unidade católica 305
— a unidade da única I. de Cristo subsiste na I. católica, sem possibilidade de ser perdida 510
— a Trindade, modelo supremo e princípio da unidade da I. 502
— Cristo derramou o Espírito por meio do qual chamou e reuniu a I. na unidade da fé, esperança e caridade 498; o Espírito, princípio de unidade na I. 318 498
— a eucaristia representa e atua a unidade da I. 286 497
— a I., único rebanho de Cristo 501; Cristo confiou as suas ovelhas a Pedro, para que as apascentasse em perfeita unidade 499; Cristo quer que por meio dos sacramentos, dos apóstolos e dos seus sucessores, o seu povo cresça e aperfeiçoe a sua comunhão na unidade 500; cf. *Unidade, Ecumenismo*
~ 5* 7* 60* 90* 106* 236* 258* 261* 328* 337* 381*
— **A Igreja una e dividida (ecumenismo)**
— a I. foi fundada por Cristo una e única 494; entretanto, na I. de Deus surgiram cisões 503 538
— nas diversas comunhões cristãs, todos asseveram ser discípulos do Senhor, porém com sentenças diferentes, como se o próprio Cristo estivesse dividido 494; entre a I. católica e os irmãos separados há divergências até mesmo graves 503; todavia, pelo batismo, os irmãos separados são nossos irmãos no Senhor 503
— muitos elementos, através dos quais a I. é edificada e vive, podem encontrar-se fora dos confins da I. católica 504; e, todavia, todas essas coisas pertencem à única I. de Cristo 504; e igualmente, como dons próprios da I. de Cristo, impelem para a unidade católica 305
— o "movimento ecumênico" quer restabelecer a unidade entre os cristãos 495 509; cf. *A Igreja e as Igrejas*
— não poucas ações sacras realizadas pelos irmãos separados abrem o ingresso na comunhão da salvação 505; as I. separadas têm carências, mas não estão destituídas de significado no mistério da salvação 506; com efeito, o Espírito não recusa servir-se delas como de instrumentos de salvação, cujo valor provém da plenitude de graça confiada à I. católica 506
— mas os irmãos separados não gozam da plenitude da unidade 507; somente na I. católica é possível obter a plenitude dos meios de salvação 507

— fazem-se hoje muitos esforços para aproximar-se daquela plenitude de unidade desejada por Cristo 508
— as divisões entre os cristãos impedem que a I. possa exprimir, sob todos os aspectos, a plenitude da catolicidade 517; o que o Espírito realiza nos irmãos separados faz com que o próprio mistério de Cristo e da I. seja atingido mais perfeitamente 516
— a significação da unidade impede, o mais das vezes, a intercomunhão, porém a necessidade de participar a graça por vezes a recomenda 528 549
— a efetiva cooperação auxilia os cristãos a viabilizar os caminhos para a unidade 537; os cristãos, mesmo que não possam ainda testemunhar sua unidade de fé, devem, pelo menos, estar animados por amor recíproco 1103
— esperança que, uma vez eliminada a parede que divide a I. ocidental da oriental, conseguirá que haja finalmente uma única morada fundada em Cristo, que fará de ambas uma só coisa 555
~ 8* 22* 25* u 60*-61* 168* 182* 231* 266* 267* 340* 341*

b) *Igreja santa*
— a I. estirpe eleita, sacerdócio real, gente santa 42 308 311
— Cristo amou a I. para santificá-la 295; a I. santa 306 513 1459; o Espírito santifica a I. 287
— a I. tem a tarefa de tornar presentes o Pai e o Filho encarnado, renovando a si mesma e purificando-se 1384
— o reino de Cristo é reino de santidade 378
~ 25* d 25* u 74* 90* 106* 145* 231* 237*

— **Santidade multiforme da Igreja**
— a I. é crida, por fé, indefectivelmente santa 387; com efeito, Cristo amou a I. e deu a si mesmo para santificá-la 387
— "a vontade de Deus é esta: que todos se santifiquem" 387
— a santidade da I. se manifesta nos frutos do Espírito e se exprime de diversas maneiras 387; Cristo nos disse: "sejam perfeitos como o vosso Pai que está nos céus" 388; os sequazes de Cristo tornaram-se filhos de Deus no batismo da fé e, portanto, realmente santos 388; todos os fiéis são chamados à plenitude da vida cristã e à perfeição da caridade 389
— os pastores, modelo do rebanho, promovam a I., também com o exemplo, a uma santidade sempre maior 391; as obras apostólicas não criam obstáculos, ao contrário, fazem com que os sacerdotes se elevem a uma santidade sempre maior 392 1284; santidade dos diáconos e dos clérigos 393; s. dos conjuges, das viúvas e dos núbeis 394 (cf. *Matrimônio*); s. daqueles que trabalham 394; s. daqueles que sofrem 395
— o dom primeiro e mais necessário é a caridade 397; para que ela produza frutos, é preciso ouvir a Palavra de Deus, fazer a sua vontade, participar dos sacramentos, rezar, servir os irmãos 397; cf. *Santidade*
— a s. nas circunstâncias ordinárias da vida, no próprio estado 396 401 1437
~ 7*

— **Os conselhos evangélicos na Igreja**
— a prática dos conselhos evangélicos leva e deve levar ao mundo um esplêndido testemunho de santidade 387; a santidade da I. é favorecida de modo especial pelos conselhos evangélicos 320 399; os conselhos evangélicos são como um dom que a I. recebeu do seu Senhor 402
— os conselhos evangélicos, por meio da caridade para a qual conduzem, unem de maneira especial à I. 405; a consagração religiosa será tanto mais perfeita quanto mais estáveis forem os vínculos com os quais Cristo é representado unido à I., sua esposa 404
— animados pela caridade, os religiosos vivem sempre mais por Cristo e pelo seu corpo que é a I. 704; os que fazem dos conselhos evangélicos sua profissão busquem e amem acima de tudo a Deus 724
— os institutos contemplativos produzem frutos abundantíssimos de santidade 727; constituem uma glória para a I. e uma fonte de graças celestiais 727
— a caridade impulsiona os religiosos para uma espiritualidade verdadeiramente católica 1230; importância máxima dos contemplativos para a conversão e para a evangelização 1231
— o estado que é constituído pela profissão dos conselhos evangélicos, mesmo não dizendo respeito à estrutura hierárquica da I., todavia pertence firmemente à sua santidade 407; cf. *Religiosos*
c) Igreja católica
— **Catolicidade essencial**
— a I. que no símbolo confessamos una, santa, católica e apostólica subsiste na I. católica 305
— o caráter de universalidade que orna e distingue o povo de Deus é dom do Senhor 319; e com ele a I. católica tende a recapitular toda a humanidade em Cristo, na unidade do Espírito 319
— em virtude dessa catolicidade, cada uma das partes conduz os próprios dons às outras partes e a toda a I. 320; cf. *A Igreja e as Igrejas*
— todos os homens são chamados a essa unidade católica 321
— as divisões dos cristãos impedem que a I. atue neles a catolicidade que é sua característica 517; torna-se também mais difícil, para a própria I., exprimir a plenitude da catolicidade 517
— com a unidade nas coisas necessárias, e com a devida liberdade nas outras, todos manifestarão melhor a catolicidade e a apostolicidade da I. 514; cf. *Catolicidade*
~ 25* d 90* 106* 236* 293* 381*
— **A Igreja missionária**
— respondendo às exigências mais profundas da sua catolicidade, obedecendo ao comando de Cristo, a I. esforça-se por anunciar a todos o Evangelho 1087
— como o Filho foi enviado pelo Pai, ele próprio enviou os apóstolos dizendo "ide, ensinai..." 327
— a I. recebeu dos apóstolos este solene mandado de Cristo de anunciar a todos "a verdade salvadora" 327; faz suas as palavras do Apóstolo: "Ai de

mim se eu não evangelizar" 327; deve trabalhar incansavelmente para que "a Palavra de Deus corra e seja glorificada" 1078
— na atual situação da I., sal da terra e luz do mundo, ela percebe com maior urgência a própria vocação, para que tudo seja recapitulado em Cristo e os homens constituam uma única família de Deus 1088
— o povo de Deus é enviado a todo o mundo 309 1211; deve preparar o caminho para a vinda de Cristo 1089
— a I. é missionária por sua própria natureza 1090; sua própria missão provém do desígnio do Pai 1090s; da missão do Filho 1092-1094; da missão do Espírito 1095
— anunciando Cristo, a I. revela aos homens a verdade sobre a sua vocação integral 1107
— caráter escatológico da atividade missionária 1108
— a atividade missionária é a epifania do plano divino na história 1109
— a atividade missionária, através da pregação, da celebração dos sacramentos e da eucaristia faz com que Cristo, autor da salvação, se torne presente 1109
— cf. *Missões, Igreja: chamada Universal..., Fé, Batismo*
~ 183* 274* 339*

d) Igreja apostólica
~ 134* 238* 242* 340* 417*

— **A Igreja e os apóstolos**
— os apóstolos, sobre os quais foi fundada a I., "pregaram a palavra da verdade e geraram as I." 1087; cf. *Evangelho*
— o mistério de Cristo foi revelado aos apóstolos para que pregassem o Evangelho e reunissem a I. 898; cf. *Revelação*
— a I. é fundada sobre os apóstolos 330 1087 1168; cf. *Apóstolos*
— Cristo edifica a I. e envia os apóstolos 329s; representantes de Cristo 333
— Pedro é o chefe dos apóstolos e o fundamento da I. 329 333 498s 1096; relações entre Pedro e os outros apóstolos 329s 336 448 574s 579 1220; cf. *Pedro*
— também o corpo apostólico é sujeito de supremo e pleno poder sobre toda a I. 337 579
— para que o Evangelho se conserve íntegro e vivo na I., os apóstolos deixam os bispos como seus sucessores 881; cf. *Bispos*

— **A Igreja sempre apostólica**
— a I., que confessamos no símbolo como una, santa, católica e apostólica subsiste na I. católica 305
— o ministério eclesiástico, de instituição divina, é exercido em diversas ordens por aqueles que já desde antigamente são denominados bispos, sacerdotes, diáconos 354
— a missão confiada por Cristo aos apóstolos irá durar até o fim dos séculos 331; por essa razão, os apóstolos tiveram o cuidado de constituir sucessores 331; deixaram a seus colaboradores o encargo de completar a obra por eles

iniciada 332; e dispuseram de tal maneira que, quando esses homens morressem, outros ocupassem o seu lugar 332
— todos quantos são constituídos no episcopado possuem o sarmento da semente apostólica 332
— assim como permanece o ofício de Pedro, a ser transmitido a seus sucessores, assim permanece o ofício dos apóstolos a ser exercido perpetuamente pela ordem dos bispos 333
— para desempenhar seus altos cargos, os apóstolos foram cheios de uma especial efusão do Espírito S. 335; e eles próprios, pela imposição das mãos, concederam esse dom a seus colaboradores 335; e esse dom nos é transmitido pela consagração episcopal, que confere a plenitude do sacramento da ordem e imprime o caráter sagrado 335
— por meio dos apóstolos, Cristo tornou seus sucessores participantes da sua consagração 354
— a ordem dos bispos sucede ao colégio dos apóstolos e perpetua o corpo apostólico 337 881; cf. *Colégio*
— o romano pontífice é sucessor de Pedro 333 336s 338 346 574 1096 1220; cf. *Romano pontífice*
— relações entre o romano pontífice e os bispos 329 336s 343 347 448 453 455; os bispos não são vigários do romano pontífice porque o Espírito S. mantém inalterada a forma de governo estabelecida por Cristo para a sua I. 352; cf. *Bispos*
— infalibilidade do romano pontífice e do colégio dos bispos 346s; cf. *Infalibilidade*
— o colégio dos bispos e o Concílio Ecumênico 337; cf. *Concílio Ecumênico*
— os sacerdotes não possuem o ápice do sacerdócio e dependem dos bispos 354; são, todavia, verdadeiros sacerdotes do novo testamento 354; cf. *Sacerdotes*
— assíduos colaboradores da ordem episcopal; formam com os bispos um único presbitério 355; para o reto cumprimento da missão apostólica 1245
— a função ministerial dos bispos, sucessores dos apóstolos, foi transmitida aos sacerdotes em grau de subordinação 1245; têm uma participação específica na função dos apóstolos 1247
— o povo de Deus é reunido, antes de tudo, pela palavra do Deus vivente que todos têm o direito de buscar nos lábios dos sacerdotes 1250
— participação dos sacerdotes no mesmo sacerdócio e ministério dos bispos 1264
— todos os sacerdotes, tanto diocesanos quanto religiosos, participam, junto ao bispo, do único sacerdócio de Cristo 647
— uma I. estabelece raízes profundas quando obtém, dentre seus membros, os bispos, os sacerdotes e os diáconos 1135
— os diáconos, sobre os quais são impostas as mãos "não para o sacerdócio, mas para o ministério", encontram-se num grau inferior da hierarquia 359; cf. *Diaconato*
~ 134*

8. A IGREJA E AS IGREJAS

a) Universalidade e particularidade na Igreja
— na comunhão eclesial, existem legitimamente as I. particulares 320
— em virtude da catolicidade da I., cada uma das partes leva os próprios dons às outras partes e a toda a I. 320
— o povo de Deus deve estender-se a todo o mundo 318; todavia, introduzindo o reino de Deus, nada subtrai ao bem dos diversos povos, ao contrário, favorece-o 319; na sociedade (do Rei), todas as pessoas são portadoras dos seus dons 319
— a variedade das I. particulares não apenas não prejudica a unidade da I., mas, melhor que isso, manifesta-a 458

b) Igreja universal e Igrejas particulares
— a I. católica compõe-se de vários grupos de fiéis que, unindo-se em vários grupos estáveis, constituem as I. particulares ou ritos 458; partes da única I. de Cristo 584
— a variedade das I. locais demonstra com evidência a catolicidade da I. indivisa 341
— o povo de Deus vive nas comunidades especialmente diocesanas e paroquiais e nelas aparece de alguma forma visível 1216
— da semente da Palavra de Deus, desenvolvem-se as i. particulares 1168
— há a manifestação principal da I. na participação de todo o povo de Deus da mesma eucaristia presidida pelo bispo 73; a diocese constitui uma i. particular na qual se encontra verdadeiramente presente e atua a I. de Cristo una, santa, católica e apostólica 593; a I. de Cristo está verdadeiramente presente em todas as comunidades locais, as quais por sua vez são também denominadas I. no NT 384; elas constituem, em sua sede, o novo povo chamado por Deus 348; Cristo está presente nelas e por virtude dele, reúne-se a I. una, santa, católica e apostólica 548
— o romano pontífice é perpétuo e visível fundamento da unidade dos bispos e dos fiéis 338; individualmente, ao invés, eles o são nas I. particulares, formadas à imagem da I. universal, e nela e por elas, é constituída a una e única I. católica 338; os bispos, regendo a própria I. como porção da I. universal, contribuem para o bem de todo o corpo místico, que é também o corpo das I. 339
— os bispos exercem o seu ministério sobre a sua I. particular 577; mas, como membros do colégio episcopal, devem ter solicitude por todas as I. 339 576 1220
— os bispos conduzam as I. a eles confiadas a tal ponto de santidade que nelas resplandeça plenamente o senso da I. universal 607
— sob a autoridade do bispo, os sacerdotes tornem visível em sua sede a I. universal 355; as paróquias, organizadas localmente sob a guia de um pastor que faz as vezes do bispo, representam de certo modo a I. visível espalhada por toda a terra 74; os sacerdotes presidam a sua comunidade local de tal maneira que ela possa dignamente ser chamada I. de Deus 357

— as comunidades paroquiais sintam-se membros não somente da diocese, mas de toda a I. universal 653 1260; a paróquia funde conjuntamente todas as diferenças humanas encontradas, inserindo-as na universalidade da I. 950; é como a célula da diocese 951

— as I. particulares do Oriente e do Ocidente são confiadas de igual maneira ao romano pontífice 459; a cátedra de Pedro preside à comunhão universal de caridade 320 1169

— as I. patriarcais 341 466

— proveja-se em todo o mundo à defesa e incremento das I. particulares 460; elas têm o direito e o dever de se reger segundo as próprias disciplinas 461

— algumas disposições do Concílio para a I. latina 120 160 360 1298; e disposições para as I. orientais 473 478 487

— alguns poderes da autoridade legislativa das I. particulares do Oriente 480 484; conferências episcopais 686 1203 1314

— Igrejas católicas orientais: cf. *Oriente*

— Igrejas orientais separadas: cf. *Oriente*

— Igrejas particulares: cf. *Comunhão eclesial*

— Igrejas jovens: cf. *Missões*

c) Comunhão eclesial plena

— são plenamente incorporados à I. todos quantos aceitam integralmente a sua estrutura e, em seu corpo visível, mantêm-se unidos a Cristo — que a dirige através do papa e dos bispos — pelos vínculos da fé, dos sacramentos, do regime e da comunhão 323

— cf. *Membros da Igreja, Estrutura teândrico-sacramental da Igreja, Igreja una*

d) Comunhão eclesial não plena

— o Concílio dirige o seu pensamento aos irmãos que, embora não vivam em plena comunhão conosco, confessam, todavia, a Trindade 1640

— os irmãos separados estão, assim, unidos à I. pelo batismo, mas estão desunidos da plena comunhão com ela 517; cf. *Irmãos separados, Unidade, Igreja una*

— o batismo constitui o vínculo sacramental da unidade 566; mas ele significa apenas o início e o exórdio 566; com efeito, é ordenado à profissão íntegra da fé e à plena inserção na comunhão eucarística 566

— a I. foi fundada una e única; não obstante, muitas comunhões cristãs se propõem hoje como a verdadeira herança de Cristo 494

— as I. do Oriente e do Ocidente seguiram durante muitos séculos um caminho próprio, unidas, porém, pela fraterna comunhão da fé e dos sacramentos 543

— ao longo dos séculos, muitas comunidades separaram-se da plena comunhão com a I. católica 503

— a I. sabe, por muitas razões, estar ligada também àqueles que não conservam a unidade de comunhão sob o sucessor de Pedro 325

— mesmo as ações sacras realizadas pelas I. separadas abrem o ingresso na comunhão da salvação 505

— somente por meio da I. católica é possível obter toda a plenitude dos meios da salvação 507
— mas o Espírito não recusa servir-se das I. separadas como instrumentos de salvação, cujo valor provém da própria plenitude de graça que foi confiada à I. católica 506
— junto aos orientais, sempre foi e é grande o zelo por conservar, na comunhão, as relações entre as I. irmãs 543
— mediante a concelebração, manifesta-se a comunhão, entre si, das I. orientais separadas 547; cf. *Oriente*
— o Concílio inculca que, para conservar a comunhão, faz-se necessário "nada impor além do necessário" 555
— a ação ecumênica faz superar os obstáculos interpostos à perfeita comunhão eclesiástica 510; cf. *Ecumenismo*
— as prescrições do decreto *Orientalium ecclesiarum* foram estabelecidas para observar enquanto a I. católica e as outras I. orientais não se congregarem na plenitude da comunhão 491
— comunhões que se separaram da sede romana no tempo da reforma 540 542 556; cf. *Ocidente*
— a comunhão anglicana 540; cf. *Anglicanos*
— a obra de reconciliação de cada uma das pessoas que desejam a plena comunhão católica é, por sua natureza, distinta da ação ecumênica, porém, não oposta 511
— os sacerdotes não descuidem os irmãos que não gozam da plena comunhão eclesiástica conosco 1274
~ 168* 267*

e) Chamada universal e encaminhamento orientado para a Igreja

— de formas diversas, pertencem ou são orientados para a unidade católica quer os fiéis católicos, quer os outros que crêem em Cristo, quer, enfim, todos os homens chamados à salvação pela graça 321
— mesmo aqueles que não receberam o Evangelho, de vários modos e por motivos diversos, são orientados para o povo de Deus 326
— o povo de Israel por primeiro, caríssimo a Deus em razão dos seus pais 308 326 861-864; e se é verdade que a I. é o novo povo de Deus, não obstante, os hebreus não devem ser apresentados nem como rejeitados por Deus, nem como amaldiçoados 866 (cf. *História da salvação*); porque os dons e a vocação de Deus não são passíveis de arrependimentos 326 864
— mas o desígnio da salvação alcança também aqueles que reconhecem o Criador, e em especial os muçulmanos 326
— até mesmo o hinduísmo e o budismo e as outras religiões não raro refletem um raio daquela Verdade que ilumina todos os homens 857
— Deus não está longe nem mesmo daqueles que buscam o Deus desconhecido através de suas sombras e imagens 326; quem, sem culpa, ignora a I., e segue a sua consciência pode salvar-se, com a graça de Deus 322 326 1104; cf. *Religiões não-cristãs*

— o que de bom e verdadeiro é encontrado junto aos não-cristãos é considerado pela I. como uma preparação ao Evangelho 326
— a graça trabalha invisivelmente não somente nos cristãos, mas também no coração de todos os homens 1389; devemos ser de opinião que o Espírito de Deus dê a todos os homens a possibilidade de entrar em contato com o mistério pascal de Cristo 1389
— todavia, é tarefa imprescindível da I. anunciar o Evangelho 1104; e anunciar Cristo, em quem todos os homens encontram a plenitude da vida religiosa 857
— é necessário que todos os homens se orientem para Cristo e para a I. 1104; e que todos os povos levem à "sociedade do Rei" os seus dons 319
— a I. é uma terra boa e fértil 1168; ela é o "campo de Deus" 293; neste campo cresce a antiga oliveira, cuja santa raiz foram os patriarcas 293; nele, ocorreu e ocorrerá a reconciliação entre judeus e gentios 293

B) A IGREJA E O HOMEM
a) A Igreja a serviço do homem
— a missão da I. é a salvação do homem 248 933 1096
— Cristo confiou à I. a missão de comunicar a verdadeira religião aos homens 1043; cf. *Missões, Apóstolos, Evangelho*
— a I. coloca à disposição do homem as suas energias de salvação 1322; comunica ao homem a vida divina 1444; contribui para tornar mais humana a família dos homens 1444
— sua tarefa é a educação do homem 828 836 838; cf. *Educação*
— a I. crê que Cristo concede ao homem luz e força para responder à sua vocação 1351
— a I. sabe que sua mensagem está em harmonia com as aspirações mais secretas do coração humano 1384
— a I. proclama os direitos do homem 1448; cf. *Liberdade religiosa, Paz*
— a I. segue o caminho de Cristo e dos apóstolos quando reconhece a liberdade religiosa como em consonância com a revelação 1073
— a I. tem o dever de ocupar-se do homem 821; o que a I. pensa a respeito do homem 1354
— a dignidade do homem, base do diálogo entre I. e mundo 1442; a I. não pode estabelecer um colóquio com a sociedade em que vive 600; cf. *Diálogo*
— compreende a dúvida, a angústia e o desespero do homem 1356; crê que o reconhecimento de Deus não se opõe à dignidade do homem 1380
— ensina que a esperança escatológica não diminui o empenho terreno do homem 1380
— a I. tem finalidade escatológica e, ao mesmo tempo, está presente na terra, composta de homens 1443
— os bispos devem ensinar a doutrina cristã de tal maneira que dê uma resposta aos problemas do homem de hoje 599
— a I. estimula os homens que se dedicam ao bem da sociedade 1573

— a I. não ignora o que recebeu da história e do desenvolvimento do gênero humano 1460
— afasta a dignidade da pessoa humana das opiniões flutuantes 1447
— cf. *Homem, História, Realidades terrestres, Humanidade, Mundo*
~ 4* 25* g 25* j 50* 58* 61* 82* 106* 124* 183* 191* 197* 236*s 251* 293* 295* 343* 401* 456*

b) A Igreja e a comunidade humana
— tudo quanto há de bom na sociedade (evolução para a unidade, socialização, consociação) diz respeito à missão da I. 1451 1453 1584
— para promover a unidade, a I. examina o que os homens têm em comum e o que os impele a viver juntos 853
— é dever de toda a I. auxiliar os homens a construir a ordem temporal 940; cf. *Ordem temporal*
— a I. torna-se sinal de fraternidade entre os povos 1638s; contribui para a justiça e para o amor entre as nações 1581; deve estar presente na comunidade dos povos 1631
— tem na conta de um tesouro o desenvolvimento da vida social 1462; distinção entre I. e comunidade política 1579-1581; cf. *Comunidade política*
— a I. tira proveito mesmo das resistências e oposições que encontrou e ainda encontra 1462
— serviu-se das diversas culturas para difundir a mensagem cristã, enriquecendo assim as culturas humanas 1510 1512s (cf. *Cultura, Civilização, História humana*); a I. convida a aperfeiçoar a cultura 1514
— declara a sua autonomia e a consonância com a formação cristã, seja embora com dificuldade 1516 1526s
— a I. estimula as novas tendências artísticas 528s
— é também missão da I. animar e aperfeiçoar a ordem temporal com o espírito evangélico 932
— a I. deseja unir a luz da revelação à competência de todos para solucionar as muitas interrogações que surgem entre os homens 1424
— a I. não deseja, absolutamente, intrometer-se na direção da sociedade terrena 1115
— a I. adverte contra o espírito de vaidade e de malícia que transforma a operosidade humana em instrumento de pecado 1435
— a I. caminha com a humanidade e é como o fermento e quase a alma da sociedade destinada a transformar-se em família de Deus 1443; a I. não somente comunica ao homem a vida divina, mas também, pelo próprio fato de que eleva a dignidade da pessoa, consolida a sociedade 1444
— a I. está persuadida de que pode ser muito ajudada pela sociedade humana na pregação do Evangelho 1445
— não estando ligada a qualquer forma de cultura, a I. pode constituir um liame estreitíssimo entre as diversas comunidades humanas e as nações 1452

— possuindo uma estrutura social visível, a I. pode fazer e faz do desenvolvimento da vida social humana um tesouro 1462
~ 25* h 61* 344* 362* 407* 460* 484*-486* 495*-496* 501* 512*-515* 527*-531*

c) Igreja e mundo
— a I. continua a obra de Cristo, que veio ao mundo para dar testemunho da verdade, para salvar, e não para condenar 1323
— ela anima o mundo 932; é sinal de salvação no mundo 1459; é luz do mundo 1088 1212; é sal da terra 369 1212
— a I. reza a fim de que a inteira plenitude do cosmo se transforme em povo de Deus, corpo do Senhor e templo do Espírito S. 327 1321
— experimenta com o mundo a sorte terrena 1443; não é constituída para buscar a glória da terra 306
— a I. exorta a não se seguir o espírito do mundo 1435
— perscruta os sinais dos tempos 1324 1461; amadurece nas relações com o mundo através da experiência dos séculos 1459
— intercâmbio vital entre I. e culturas diversas 1461; ciências e cultura em relação à I.1461; cf. *Ciências*
— o Concílio considera a I. também no aspecto de se encontrar no mundo 1442
— lembrem-se os pastores de que, através de sua conduta cotidiana e solicitude, estão mostrando ao mundo a face da I. 1458
— a ajuda que a I. oferece e recebe do mundo 1460
— a I. jamais cessou de ser sinal de salvação para o mundo 1459
— cf. *Mundo, História, Sinais dos tempos*
~ 3*-7* 11* 25* h 25* k 37* 43* 49* 50* 82* 147* 163* 166* 183* 196* 250*-252* 268* 293* 294* 296* 346* 416* 452* 454*

C) IGREJA E TESTEMUNHO
a) Igreja peregrina
— longe de seu Senhor, busca as coisas lá de cima 295; enquanto espera, a I. não cessa de renovar-se 310
— a I. realiza na esperança a sua peregrinação para a pátria celeste 501; entretanto, presente no mundo, é peregrina 2 13
— o povo de Deus não tem aqui morada permanente 406
— por meio dos bispos, Cristo dirige seu povo peregrinante rumo à beatitude 304
— o povo peregrino de Deus oferece uma ajuda a todos os homens 1463; muito embora em seus membros permaneça exposto ao pecado, cresce em Cristo e é conduzido por Deus para a plenitude da glória eterna 507
— a I. ensina que a esperança escatológica não diminui o empenho terreno do homem 1380 1427 1440; cf. *Realidades terrestres, História humana*
— a Tradição e a Escritura são como um espelho em que a I. peregrina contempla Deus 881
— a I. peregrina, em seus sacramentos e instituições, carrega a figura fugaz deste mundo 417

~ 134* 158*
b) Igreja testemunha
— todos os fiéis da I. dêem testemunho de Cristo por toda parte 311-313 363 369
— o Espírito mora na I. e no coração dos fiéis, dá testemunho da sua adoção de filhos 287
— na variedade dos dons, todos dão testemunho da unidade do corpo de Cristo 366
— a renovação da I. se concretiza pelo testemunho de uma fé viva 1382
— o testemunho, na I., da vida dos sacerdotes santos 392
— os cônjuges cristãos são testemunhas da fecundidade da I. mãe 394
— a renovação da I., para que esta preste um testemunho mais fiel 512
— a I., com a pregação, presta testemunho a Cristo 1107
— os cristãos devem dar testemunho do homem novo de que foram revestidos no batismo 1111 1165
— a I., com o testemunho dado pelos cristãos, promove também a liberdade política 1581; cf. *Testemunho*
c) Igreja e amor
— I. comunidade de fé, esperança e amor 304
— possui-se o Espírito S. na proporção em que se ama a I. 790
— a I. nascida do Pentecostes, no amor, entende todas as línguas 1095; a I. que preside o amor 320 1169
— a I., unindo juntamente o "ágape" com a ceia eucarística, demonstrava-se unida no vínculo do amor 944
— os bispos devem instruir os fiéis no amor para com todo o corpo místico 339; em todo o apostolado da I., deve resplandecer o amor fraterno 999
— amor da I. para com os irmãos separados 503 613; cf. *Irmãos separados, Ecumenismo*
~ 58* 176* 189* 207* 337* 338*-340* 346* 363* 468*
d) Igreja e fidelidade
— Cristo quer a I. unida a si no amor e na fidelidade 295; a I. observa fielmente os preceitos de amor e de humildade de Cristo 290
— é sustentada pela graça de Deus para que permaneça esposa fiel de Cristo 310
— a I., como Maria, acolhendo com fidelidade a Palavra de Deus, torna-se Mãe 440
— na virtude de Cristo ressurgido, encontra a força para expor com fidelidade, ainda que imperfeitamente, o seu mistério 307
— pela fidelidade ao Evangelho, a I. reforça a paz entre os homens 1584
— infalibilidade da I. e depósito da revelação, que deve ser fielmente exposto 346
— o magistério da I. está a serviço da Palavra de Deus, expondo-a fielmente 887; cf. *Magistério*
— a fidelidade a Cristo não pode ser separada da fidelidade à sua I. 1292

— a I., fiel às próprias tradições, quer, todavia, entrar em comunhão com as diversas formas de cultura 1512
~ 153 165 290 416 417 441
e) **Igreja e diaconia**
— a I. continua a obra de Cristo, que veio para servir e não para ser servido 289 306 1323
— a I. dedica-se exclusivamente ao serviço de Deus, mas, ao mesmo tempo, oferece resposta aos mais profundos desejos do coração humano 1446
— a função dos bispos é uma diaconia 342 608; os bispos são chamados a servir o povo de Deus 355 1272
— o missionário e o serviço 1173 1177
— os leigos a serviço da I. 914 949 996
— os religiosos estão a serviço da I. 720 726
— os seminaristas a serviço da I. 780
— cf. *Diaconia, Serviço*
~ 25* g 76* 250* 251* 293* 343* 460*
f) **Igreja e pobreza**
— a I., como Cristo, quer ser pobre e amar os pobres 306 1097 1113
— o espírito de pobreza e de amor é a glória e o sinal da I. 1628
— a beatitude da pobreza 386 1560
— as angústias dos pobres são também as angústias da I. 1319
— ensinamento dos padres da I. sobre o dever de auxiliar os pobres 1551
— deseja-se um organismo da I. com o fim de fomentar o amor para com os pobres 1635
— cf. *Pobreza*
~ 25* l* 407*
g) **Igreja e reforma**
— a I. peregrinante é chamada por Cristo a uma reforma contínua 520
— esforço de todos os católicos para que a I. continue se renovando sempre mais 513
— a I., sempre necessitada de purificação e de renovação 306 325 1459
— a reforma é um dever para todas as I. 509
~ 147* 160*-167* 476*
h) **Igreja, adaptação e atualização**
— a parte que, na liturgia, não é de instituição divina, caso ocorra, no decurso dos tempos pode e deve mudar 32
— a adaptação da palavra revelada deve permanecer lei de toda evangelização 1461
— esforço para adotar novos sistemas pastorais 1289; o Espírito impele a adotar novos caminhos para chegar ao mundo de hoje 1316
— pesquisa teológica para ir de encontro às tradições dos diversos povos 1169
— cf. *Adaptação, Atualização, Religiosos, Pastoral*
~ 122* 124* 164* 225* 430* 439* 440*

f) Igreja e diálogo
— a dignidade do homem é a base do diálogo entre I. e mundo 1442
— diálogo entre I. e mundo 1285; cf. *Diálogo*
— diálogo necessário no seio da I. 1639
— diálogo ecumênico 509 1640
— diálogo com as outras religiões 858 1112 1641
— diálogo com todos os homens, mesmo com quem persegue a I. 1642
~ 138* 141* 147* 184* 407*-408*

IGUALDADE
— na Igreja, vigora entre todos uma verdadeira I. 366
— tirado o fundamento de toda teoria ou práxis de discriminação 869s 1410
— a i. jurídica dos cidadãos não seja jamais ofendida por motivos religiosos 1061
~ 25* j 383* 501*

ILEGÍTIMOS
— considerem-se crianças nascidas de união ilegítima 1404

IMAGENS
Imagens sacras
— dos santos 199 237
— objeto de veneração 231 233 443; cf. *Arte sacra*

Imagens bíblicas relativas à Igreja
— é aprisco 292; é campo 293
— é edifício 294; cf. *Igreja e Cristo*
— é família de Deus 294; cf. *Homem, História da salvação*
— é templo santo 294; cf. *Espírito Santo*
— é Jerusalém 295; cf. *Igreja peregrinante*
— é esposa do Cordeiro imaculado 295; cf. *Igreja esposa, Cristo esposo*
— é nossa mãe 295; cf. *Igreja mãe*
— é corpo de Cristo 296-303; cf. *Igreja e Cristo*
— é organismo visível e espiritual 304-307; cf. *Igreja-sociedade*
— é família de Deus 294; cf. *Homem, Igreja, História*
— é reino de Deus 286 291; cf. *Reino de Deus, Igreja*

IMITAÇÃO
— de Cristo 394 398 400 406 412
— de Maria 443; cf. *Exemplo*

IMORTALIDADE
— o prolongamento da longevidade biológica não pode satisfazer o desejo de vida ulterior possuído pelo coração humano 1371; o homem foi criado para um fim de felicidade que está além da vida terrena 1372
— muitos se perguntam: o que acontecerá depois desta vida? 1350; o homem tem uma alma imortal 1363s
— a tarefa de transmitir a vida deve ser avaliada também tendo em vista o destino eterno dos homens 1484

IMPOSIÇÃO DAS MÃOS
— e ordenação sacerdotal 1267; e ordenação dos diáconos 359
— e consagração episcopal 335
IMPOSTOS
— na imposição dos i., o Estado leve em consideração a situação das famílias 954; evasão injusta 1413
IMPRENSA
— sua importância 245; meio de evangelização 601 1281
— especial atenção para defender os adolescentes 259 262 265
— direito e liberdade de informação 253 263s 1400 1517
— deveres da autoridade civil 263s
— direitos dos autores e receptores ou leitores 257-262
— deveres de todos os fiéis de suster e ajudar a utilização dos meios de comunicação social 275
— tarefa específica dos bispos 278 280 601
— imprensa católica 268; jornada anual 276
— um secretariado especial da santa Sé 277 282; secretariados nacionais 279 280; associações internacionais 281; cf. *Jornais*
— cf. *Meios de comunicação social*
~ 205* 358*
IMUTABILIDADE
— a liturgia consta de uma parte imutável e de partes suscetíveis de mudança 32
INCARDINAÇÃO
— revisão da i. 1278
INDEPENDÊNCIA
— tão logo conquistada a i., os estados desejam participar dos benefícios da civilização moderna 1347; i. apenas política 1615
— indispensável i. da Igreja para cumprir a sua divina missão 1075; a Igreja e a comunidade política são, em seu próprio campo, i. e autônomas 1581
~ 197* 260* 379*
INDIFERENTISMO
— não é admissível 1446
— a ação ecumênica deve excluir toda forma de i. e de sincretismo 1130; i. e intercomunhão 487
— é preciso distinguir entre erro e a pessoa que erra 1407; cf. *Erro*
— o amor pelos adversários não deve nos tornar indiferentes à verdade e ao bem 1406
— o falso irenismo obscurece o sentido da fé 534
— i. e progresso científico 1340
~ 25* k 268* 347*
INDIGÊNCIA
— povos atormentados pela fome 1347 1551; multidões imensas sofrem a falta do estritamente necessário 945 1535

— os sacerdotes, a exemplo dos apóstolos, saibam igualmente possuir grandes disponibilidades tanto quanto estar na i. 1302
— a presença missionária da Igreja para criar melhores condições de vida no mundo 1113s
— quando cai na extrema i., o homem se degrada 1416
INDIVIDUALISMO
— ética inaceitável 1413s 1418 1436
INDÚSTRIA
— tipo da sociedade industrial 1333; desequilíbrios no campo da i. 1536; produção dos bens na i. 1538
— a industrialização no nosso tempo 1333 1337 1495 1544
INFALIBILIDADE
— da Igreja, no definir a doutrina da fé e da moral 345
— do romano pontífice, quando sanciona com ato definitivo uma doutrina relativa à fé e à moral 346; cf. *Romano pontífice*
— a i. está presente até mesmo no corpo episcopal quando exerce o supremo magistério com o sucessor de Pedro 346; cf. *Bispos*
— o ensino autêntico dos bispos esparsos pelo mundo, proposto com sentença definitiva, implica a i. 345
— o que agora se apresenta de maneira ainda mais manifesta no Concílio Ecumênico 345
— deve-se religioso respeito ao romano pontífice, mesmo quando não fala *ex cathedra* 344
— i. do povo de Deus no crer 316
~ 247*
INFANTICÍDIO
— crime abominável 1482 1483
INFERNO
— perigo de ir "para o fogo eterno" 418
INFORMAÇÃO
— necessidade e utilidade 253; direito à i. e uso honesto desse direito 252s 1400; deveres morais dos informantes 253 260-264; e dos destinatários 252s 257s; valor da imprensa católica 268 275
INJUSTIÇA
— suscita reivindicações 1347 1611; cf. *Justiça*
~ 82* 187*
INSÍGNIAS PONTIFÍCIAS
— seu uso 240
INSPIRAÇÃO
— é ação do Espírito sobre os hagiógrafos 880; cf. *Espírito S., Sagrada Escritura*
— a Escritura é Palavra de Deus exatamente porque é inspirada 885 889 907; os livros do AT e do NT são inspirados 895 897; os Evangelhos, as cartas de são Paulo e os outros escritos apostólicos 900 902

INSTITUIÇÕES
— devem ser saneadas por obra dos leigos 380 937-941; reconhecendo-lhes os valores e a autonomia 938; e infundindo nelas uma animação cristã 363 941
— i. orientadas para a salvação dos homens 597
~ 25* o 169* 365* 395* 509*
Instituições internacionais
— tensão entre as i. i. nascidas da aspiração dos povos à paz e os egoísmos dos Estados 1344; as i. i. foram bem merecidas pelo gênero humano 1614; seu esforço para promover a segurança social 1607 1611 (cf. *Autoridade internacional*); colaboração dos cristãos com as i. i. 1633
— i. para promover o comércio internacional e superar as desigualdades econômicas 1623
Instituições eclesiásticas
— diocesanas 631 644-646
— as i. e. são vivificadas pelo Espírito S. 1095
— as i. e. presentes na comunidade internacional 1631
— para a manutenção do clero 1313
— i. de caridade dos irmãos separados 569
Instituições sociais
— a serviço da família e das exigências sociais 1552
— as circunscrições diocesanas levam em consideração as i. civis 628
INSTITUTOS
— de liturgia 26; de música sacra 209; de liturgia pastoral 78; de formação pastoral 817; de missiologia 1184; de sociologia pastoral 616; diocesanos de previdência 1314; para o comércio internacional 1623; para a colaboração internacional 1630 1633 1635; para o apostolado dos leigos 1040; fundação de i. em terra de missão para a formação social e política 1237; i. para os superiores dos seminários 782
Institutos missionários
— trabalho 1185; atividade missionária 1203 1206; coordenação das iniciativas num mesmo território 1207s; seu direito a ser representados junto à *Propaganda Fide* 1196-1198; sua obra é, ainda hoje, absolutamente necessária 1188; i. m. e relações com as dioceses 1200 1203-1206 1233
Institutos religiosos
— i. ativos: o apostolado faz parte da sua forma de vida 728-730
— novas fundações; não devem multiplicar-se sem necessidade 760
— fusão ou federação dos i. e mosteiros menos florescentes 763; união entre i. r. e mosteiros animados pelo mesmo espírito ou que atendam a obras de apostolado semelhantes 764
— a fidelidade à vida monástica e conventual 731s; a recitação do ofício divino 167-170 174s
— as conferências dos superiores maiores 765s

— fundações dos i. r. contemplativos em terra de missão 1231; os i. r. de vida ativa deixem, possivelmente, algumas obras para potencializar o apostolado missionário 1232
— os i. r. de rito latino fundem nas regiões orientais casas também de rito oriental 462
— cf. *Religiosos*

Institutos seculares
— devem manter sua fisionomia secular 735s
— também os i. s. incluem a prática dos conselhos evangélicos 735
— sua utilíssima obra nas missões 1233

Institutos laicais
— sua especial vocação 733s

INSTRUÇÃO
— para todos 824; i. relativa à natureza e ao valor da vocação sacerdotal 776; i. catequética 601-604 1121; cf. *Doutrina, Educação, Escola, Mestres, Universidade*
~ 25* i 194* 215* 255*

INTELIGÊNCIA
— fundamento da dignidade humana 1365; a i. humana aumenta o seu domínio 1325 1330; desequilíbrio entre uma moderna i. prática e o modo de pensar teorético 1342

INTERCOMUNHÃO
— novas disposições 487-490 528 549

INTERDEPENDÊNCIA
— fenômeno cada vez mais complexo da sociedade contemporânea 1327

INTERPRETAÇÃO
— para interpretar retamente a sagrada Escritura, é preciso levar em conta as intenções do hagiógrafo 891 901; e os "gêneros literários" 892
— a Igreja é intérprete da Escritura 893; cf. *Exegese*
— na i. da Escritura é preciso levar em consideração a tradição viva de toda a Igreja e da analogia da fé 893

INTOLERÂNCIA
— seja superada a i. política 1577s
— a Igreja reprova todo gênero de discriminação 869-871 1409-1412
~ 187*

INVENÇÕES
— da técnica 245 1365
~ 392*

INVESTIMENTOS
— e desenvolvimento econômico 1541; e problemas monetários 1553

IRENISMO
— o falso i. é contrário ao ecumenismo 534

IRMÃS
— vocações missionárias femininas 1172 1228
— bem instruídas na arte da catequese 1181
— para coordenar as obras missionárias, constituam-se em todas as regiões as uniões de i. 1207
— o Concílio confirma e louva as i. 413
— também as i., como os outros religiosos, pertencem sob um particular aspecto à família diocesana 668
— as i., como os religiosos em geral, tenham estima pelas obras apostólicas dos leigos 1010
— os sacerdotes lembrem a especial dignidade dos religiosos na casa do Senhor 1259
— cf. *Religiosos, Vida contemplativa, Vida comum, Clausura, Santidade, Voto*

IRMÃOS
— os homens, i. em Cristo 285 296 378 382; cf. *Cristo, Homem*
— os sacerdotes, i. entre si 356; os leigos, i. de seus pastores 367
— i. cooperadores e vida comum 751
~ 76* 79* 81* 97* 108* 187* 193* 235* 236* 239* 249* 264* 277* 314* 337* 388* 455* 356* 483* 523* 529*

Separados
— a solicitude dos bispos para com os i. s. 353 613
— não é preciso induzi-los em erro a propósito do culto que a Igreja católica presta a Maria 443
— traduções bíblicas feitas com sua colaboração e com o consenso da hierarquia podem ser usadas por todos 905
— relações dos sacerdotes com eles 1274; os seminaristas tenham deles um conhecimento oportuno 809
— diálogo com eles 1640; colaboração dos leigos com i. s. 1014 1630 1634; cf. *Ecumenismo, Igreja una, A Igreja e as Igrejas, Oriente, Ocidente*
~ 8* 120* 156* 158* 170* 176* 179* 180* 181* 224* 249* 293* 315* 327* 340* 373* 425* 428* 444*

ISENÇÃO
— dos religiosos com relação ao ordinário 409
— as exigências do apostolado diocesano 673-675
— compete aos bispos regular as atividades de apostolado público, inclusive as que dependem de religiosos isentos 278

ISENÇÃO DE ERRO
— os livros da Escritura ensinam com certeza, fielmente e sem erro, a verdade que Deus, para a nossa salvação, quis que fosse transmitida pelos livros sagrados 890
— os Evangelhos transmitem fielmente o que Jesus realizou para a salvação dos homens 901; cf. *Evangelho*

— em última instância, o juízo sobre a Escritura é submetido ao magistério da Igreja 893; cf. *Magistério, Escritura*
ISLÃO
— os seus valores religiosos 859; cf. *Muçulmanos*
ISRAEL
— povo amado por Deus 326 862; cf. *Igreja, História*
— através de Abraão, dos patriarcas e de Moisés, Deus forma para si um povo que espera pela vinda do Salvador prometido 874 895
— comparação entre a fidelidade de Deus para com I. e a presença de Cristo no matrimônio cristão 1472
— a salvação da Igreja é misteriosamente prefigurada no êxodo de I. 862; ela não pode esquecer que recebeu o AT de I. 862; e que se nutre da raiz da boa oliveira 862
— Cristo envia os apóstolos primeiro a I. e depois a todas as nações 330; os apóstolos, semente do novo I. 1096
— antigo e novo I. 308-310; e se é verdade que a Igreja é o novo povo de Deus, nem por isso os hebreus devem ser apresentados nem como rejeitados por Deus, nem como amaldiçoados 866; a Igreja condena o anti-semitismo 867; e defende que Cristo morreu pelos pecados de todos 868
— diálogo entre a Igreja e os hebreus 865
~ 425*
JEJUM
— em preparação à páscoa 198
— praticado pelos muçulmanos 859
JERUSALÉM
— não conheceu o tempo da sua visitação 864
— primitiva Igreja de J. 1313
— a Igreja é comparada à cidade santa, a nova J. 294; "J. celeste" 295; liturgia na J. celeste 13
JESUS CRISTO
— cf. *Cristo*
JORNAIS
— direitos e deveres no uso dos meios de comunicação social 260-262
— sua importância na comunicação social 245-247
— direitos e deveres da Igreja de usá-los 248-250; direito à informação 252 253
— cf. *Meios de comunicação social*
JOSÉ (S.)
— no sacrifício eucarístico, veneramos a memória de S. J. 423
~ 17* 68* 129* 198* 298* 465* 532*
JUÍZO
— prestar contas do bem e do mal realizado em vida 418 859
— j. dos homens sobre a eficácia e sobre a verdade da mensagem cristã 1458

— somente Deus é juiz dos corações 1407; j. da história 1459
JUSTIÇA
— quem pratica a j. é estimado por Deus; quem segue Cristo realiza as obras da j. 1561
— o reino de Cristo é reino de j. 378
— a j. tem sua morada nos novos céus e na nova terra 417 1439
— a Igreja contribui para ampliar o campo de ação da j. em todos os países e entre as nações 1581
— ao longo dos séculos, a Igreja formulou os princípios de j. exigidos pela reta razão 1537
— amor à j. 569 795 955 1249 1382 1437 1560 1566 1578
— a j. é o fundamento da paz 1059 1065 1586-1588; as relações econômicas mundiais devem ser ordenadas segundo a j. 1411 1542s 1622 1635
— os leigos que se dedicam ao serviço de instituições eclesiásticas sejam recompensados com j., de tal maneira que possam manter honestamente a família 997
— j. distributiva 832 1551; agir com todos segundo a j. 946 1064
— promover a justiça social junto aos muçulmanos 860
— as instituições sejam conformes às normas da j. 380
— sem espírito de j., não pode haver verdadeira vida cristã 930
— os leigos procurem na sociedade terrena a j. do reino de Deus 941
— não aconteça oferecer como dom de caridade aquilo que já é devido a título de j. 946
— os católicos devem prestar a sua contribuição para que o poder civil seja exercido na j. 378 965 1551
— os leigos estejam prontos a sofrer perseguições pela j. 927
— em qualquer tempo e em qualquer nação, é estimado por Deus quem o teme e age na j. 927
— o Senhor proclamou bem-aventurados aqueles que sofrem pela j. 339 395
— na vida do cristão, a fecundidade da fé demonstra-se pela prática da j. e do amor 1382
— a ordem social deve edificar-se sobre a j. 1401
— o crescimento na j. tem mais valor que o progresso técnico 1428
— a carne e o mundo fazem com que a cruz pese sobre aqueles que buscam a j. e a paz 1437
— Deus prepara uma nova terra, em que a j. será perfeita 1439
— a j. é inseparável da caridade 1551
— quem trabalha por uma maior j. contribui muito para a paz no mundo 1560
— quem segue Cristo fielmente encontra maior impulso para realizar as obras da j. 1561
— para instaurar uma política verdadeiramente humana não existe nada melhor que cultivar o senso interior da j. 1556
— a paz é obra da j. 1587

— a j. e a paz provêm da fidelidade dos homens a Deus e à sua vontade 1059
— a lei moral obriga a agir com j. para com todos 1064
— os sacerdotes exercem o ministério do Espírito e da j. 1284
— toda Escritura inspirada é útil para educar à j. 890
— os poderes públicos devem respeitar a j. distributiva 832
— o Concílio decidiu criar um organismo universal da Igreja, com o fim de fomentar a j. 1635
~ 48* 82* 166* 194* 314* 349* 356* 376* 378* 396*-407* 422* 426* 451* 458* 477* 512* 514* 523*
JUVENTUDE
— e mundo moderno 1338 1343; educação para a responsabilidade social 1415; para o reto uso dos meios de comunicação social 259; instituições para cultivar a educação da j. 569 733; assistência espiritual e intelectual à j. universitária 846
Jovens
— são a esperança da Igreja 825
— os sacerdotes devem acompanhar os j. com especial cuidado 1259
— devem-se ajudar os j. idôneos ao ministério sacerdotal 1280
— o porvir da sociedade e da Igreja está ligado ao desenvolvimento intelectual dos j. 846; influência dos j. sobre a sociedade hodierna 958-961
— educação dos j. ao senso católico e à ação apostólica 1028
— o Concílio roga a todos, principalmente aos j., que respondam com generosidade à voz de Cristo 1041
— a educação dos j. deve ser implantada de tal maneira que forme homens de forte personalidade 1415
— instrução adequada aos j. acerca do tema que trata de matrimônio e de família 1477; educação sexual dos j. 823
— empenho pela competência profissional dos j. 1542
— educação atéia da j. 1377
— educação civil e política dos j. 1578
~ 197* 227* 376*; mensagem do Concílio aos jovens 525*-534*
LADO DE CRISTO
— de Jesus crucificado, do qual nasce a Igreja 7 286
LATIFÚNDIO
— reforma agrária 1559
LATIM
— a ser estudado nos seminários 799; uso do l. na liturgia 62-65 93; uso do l. no ofício divino 180; na revisão do saltério, tenha-se em conta o l. eclesiástico 161
LEI
— a l. fundamental da transformação do mundo é a l. nova do amor 1437; o amor é a plenitude da l. 1420
Divina
~ 103* 123* 207* 441* 453* 461* 482* 507*

— a Sagrada Escritura é a "mesa da lei divina" 726
— o homem acolhe e reconhece os imperativos da l. divina através da sua consciência 1049
— l. fundamental da economia cristã é a caridade 1447
— a verdadeira liberdade não está fora da l. divina 1448
— a Igreja tem os meios para consolidar a comunidade humana segundo a l. divina 1450
— em coisas sagradas, a comunicação que ofende a unidade da Igreja ou adere ao erro é proibida pela l. divina 487
— compete à consciência formada dos leigos inscrever a l. divina na vida da comunidade humana 1455
~ 452* 482*

Moral
— o Evangelho é a fonte de toda verdade salutar e de toda regra moral 880 1447; cf. *Moral*
— a comunicação de notícias seja veraz e observe as l. morais 253; para respeitar a l. m., os leitores, os espectadores, os ouvintes informar-se-ão a tempo sobre o juízo da autoridade competente 258
— erros em torno dos princípios da l. m. 939
— quanto ao problema do crescimento demográfico, é preciso proteger-se de toda propaganda contrária à l. m. 1627
— consciência matrimonial conforme a l. de Deus 1479 1627; não existe contradição entre a lei da transmissão da vida e a do amor conjugal 1482

Eclesiástica
— nos países em que não houver a previdência social em favor do clero, levando em consideração as l. eclesiásticas e civis, a hierarquia tenha a precaução de instituir uma associação para os casos de enfermidade, invalidez ou velhice 1314
— o celibato seja acolhido pelos clérigos não apenas como uma prescrição da l. e., mas como dom de Deus 792
— os clérigos aprendam a observar as l. litúrgicas 28
— sejam levadas em consideração seja as l. gerais da liturgia, seja a experiência oriunda das mais recentes reformas 38
— a l. civil deve levar em conta os direitos sagrados e as exigências da família 954; cf. *Família, Pais*
— a l. civil deve tutelar a liberdade religiosa 1059 1077 1082 1085; e a moral 965 1064 1080

LEIGOS
1. Os leigos e o Concílio; 2. Natureza dos leigos; 3. Contribuição dos leigos para o bem da Igreja; 4. Missão dos leigos; 5. Espiritualidade dos leigos; 6. Apostolado dos leigos: a) Condições para a sua eficácia; b) Graus e formas do apostolado dos leigos; c) Fins a que aspira; d) Campos nos quais se desenvolve; e) Ordem a ser observada; f) Subsídios para o apostolado dos leigos; 7. Os leigos e a hierarquia; 8. Leigos e sacerdotes; 9. Os leigos e as instituições da

Igreja; 10. Os leigos na diocese; 11. Os leigos no mundo; 12. Os leigos e as missões; 13. Os leigos e o desenvolvimento dos povos; 14. Os leigos e os meios de comunicação social.

1. Os leigos e o Concílio
— com prazer, o Concílio dirige o pensamento para o estado daqueles fiéis que se chamam l. 361
— o Concílio se volta com vivo zelo aos fiéis l. 912; já alhures elucidou sua parte própria e absolutamente necessária na Igreja 368-371 912; e os abraça com afeto paterno e com reconhecimento 977
~ 10* 453*

2. Natureza dos leigos
— com o nome de l., entendem-se todos aqueles fiéis que, na Igreja e no mundo, exercem a missão própria de todo o povo cristão 362
— o que foi afirmado com relação ao povo de Deus é igualmente dirigido aos l. 361; com efeito, incorporados a Cristo pelo batismo, foram constituídos povo de Deus 362
— eles têm ministérios e carismas próprios 361
— em suas devidas proporções, tornaram-se participantes da função sacerdotal, profética e real de Cristo 362 372-381 917 1244; uma vez que Jesus, querendo continuar o seu testemunho, vivifica-os com o seu Espírito 372-374; constitui os l. suas testemunhas, provendo-os da graça da palavra 374-377; e deseja expandir o seu reino também por meio dos fiéis 378-381; cf. *Povo de Deus, Cristo (sacerdote, profeta e rei)*

3. Contribuição dos leigos para o bem da Igreja
— na proporção do conhecimento, competência e prestígio de que gozam, têm a faculdade, ou melhor, o dever de dar a conhecer o seu parecer sobre coisas que dizem respeito ao bem da Igreja 382
— existem l. eleitos por Deus, os quais são chamados pelo bispo para que se dediquem mais completamente às obras apostólicas, e trabalhem no campo do Senhor com muito fruto 393

4. Missão dos leigos
— de sua parte, os l. realizam, na Igreja e no mundo, a missão própria de todo o povo cristão 362
— a sua missão é participação na própria missão salvífica da Igreja 369
— fundamentos teológicos dessa missão 369 918
— os l. exercem a sua missão na Igreja e no mundo, na ordem espiritual e na temporal 932
— como membros vivos, os l. são chamados a contribuir para o crescimento da Igreja 368
— por sua condição e missão, cabem aos l. algumas coisas em especial 361
— com efeito, a índole secular é própria e peculiar dos l. 363
— a eles compete especialmente iluminar e ordenar todas as coisas temporais 363

— os l. são chamados sobretudo para tornar presente e operosa a Igreja nos lugares em que, somente por seu intermédio, ela pode tornar-se sal da terra 369
— os l., quando podem, devem desempenhar uma preciosa ação para a evangelização do mundo 377
— os pastores sagrados sabem muito bem o quanto os l. contribuem para o bem de toda a Igreja 361; e sabem não dever assumir sozinhos todo o peso da missão salvífica da Igreja para com o mundo 361; a hierarquia, portanto, confia aos l. algumas tarefas que estão mais intimamente ligadas aos deveres dos pastores 1006; ou melhor, onde possível, os leigos estão prontos a cooperar mais diretamente com a hierarquia, desenvolvendo missões especiais 1165
— tarefa primordial dos l. é o testemunho que devem prestar a Cristo na família, na classe social e no âmbito da profissão que exercem 1163
— e os l. tornam-se arautos eficazes da fé nas coisas esperadas, desde que conjuguem a profissão da fé a uma vida de fé 375; já que todo leigo deve ser diante do mundo um testemunho da ressurreição e da vida de Jesus e um sinal do Deus vivo 386
— constitui tarefa dos l. estimular os meios de comunicação social relativamente aos valores humanos e cristãos 250; uma vez que, mesmo quando ocupados com cuidados temporais, podem e devem exercer uma preciosa ação para a evangelização do mundo 377
— por sua vocação, é próprio dos l. buscar o reino de Deus ao tratar das coisas temporais, ordenando-as segundo Deus 363 379
— ajam de modo a impregnar de valor moral a cultura e as obras humanas 380
— sua missão é uma missão evangelizadora e santificadora 933-936; sua tarefa consiste em animar cristãmente a ordem temporal 937-941
— assim, Cristo, por meio dos membros da Igreja, irá iluminar sempre mais com seu lume salutar toda a sociedade humana 379

5. Espiritualidade dos leigos

— a espiritualidade dos l. deve assumir para si uma característica peculiar 928
— a fecundidade espiritual dos l. depende de sua união vital com Cristo 922
— somente à luz da fé e da Palavra de Deus é possível avaliar o verdadeiro sentido e valor que as coisas temporais têm em si mesmas e com vistas ao fim do homem 924
— enquanto se dedicam a difundir o reino de Deus nesta terra, estimulam e aperfeiçoam com o espírito cristão a ordem temporal 926 932
— impelidos pela caridade que vem de Deus, operam o bem para com todos 927
— os l. tomem no devido apreço aquelas virtudes, sem as quais não pode haver sequer verdadeira vida cristã 930
— sua própria consciência cristã deve guiá-los a ser cidadãos e fiéis 932
— todos honrem com muitíssima devoção a virgem Maria 931
— na vida matrimonial e familiar, os cônjuges têm a própria vocação, daí resultando uma excelente escola de apostolado dos leigos 376
— todos os l. devem alimentar o mundo com seus frutos espirituais 386

— o Concílio exorta os cristãos a cumprir fielmente os próprios deveres terrenos, deixando-se guiar pelo espírito do Evangelho 1454
— nos l. deve realmente sobressair-se o homem novo 1175
~ 318*

6. Apostolado dos leigos
— participação dos l. na missão salvífica da Igreja 368-371 379 917 1163-1167; hoje, mais necessário que nunca 912-915
— todos são chamados a ele, em virtude do batismo e da crisma 369 918 1132
— os alunos não-chamados ao sacerdócio sejam oportunamente encaminhados ao a. leigo 785

a) Condições para a sua eficácia
— união vital com Cristo 922; participação ativa na liturgia 922 949
— animação cristã de todo ato da própria vida 922 926
— exercício das virtudes teologais: fé, esperança, caridade 923; meditação da Palavra de Deus 924; exercício da caridade para com Deus e para com os irmãos 927
— o Espírito S. prodigaliza, "distribuindo-os, a cada qual como quer" dons particulares que devem ser postos a serviço dos outros 921
— a caridade de Deus, difundida em nossos corações por meio do Espírito S., torna os l. capazes de exprimir realmente em sua vida o espírito das bem-aventuranças 927
— carismas particulares 372-379
— senso cívico e virtudes sociais 930
— a caridade, alma do apostolado 369 943
— os sacramentos e o apostolado 375 918

b) Graus e formas do apostolado dos leigos
— colaboração com a hierarquia 370 383 990 1002 1004-1007
— nas dioceses, sejam constituídos conselhos que auxiliem o trabalho apostólico da Igreja 644 646 1011s
— sejam confiadas tarefas ligadas aos deveres pastorais dos bispos 1006
— colaboração em forma associada e individual 970-994
— ação católica 987-994

c) Fins a que aspira
— a evangelização 375 377 933-936 1165
 animação cristã das coisas temporais 386 922 926 937-941 1132 1151; os leigos, em toda parte adoradores santamente operosos, consagram assim a Deus o próprio mundo 373
— tarefa pré-missionária nos lugares em que o pastor não pode chegar 369 1165
— a ação caritativa 942-947

d) Campos nos quais se desenvolve
— as comunidades eclesiais (dioceses, paróquias) 949-951 1011s
— a família 314 376 394 952-957 1487; a juventude 958-961
— o ambiente social 962-964; a ordem nacional e internacional 965-968 1614 1629

— meios de comunicação social 274
e) Ordem a ser observada
— inserção na Igreja 998-1000; coordenação, colaboração, autonomia 385 999 1164s 1272
— coordenação com os cristãos e com os não-cristãos 1014-1016 1165; especialmente nas terras de missão 1131 1133 1165
— dependência da hierarquia e "mandato" 383 1002 1004 1055 1066 1166
— formação ao apostolado 1017-1024
— assistência que devem prestar os sacerdotes 1008-1010 1166
— tarefa dos pais, dos sacerdotes, dos educadores e das associações católicas na formação ao apostolado 1025-1030
— os seminaristas sejam preparados 815
— os pastores ouçam as sugestões dos l. 384 1272
f) Subsídios para o apostolado dos leigos
— encontros, congressos, ritos, exercícios espirituais, debates, livros 1036
— institutos superiores 1038; centros de documentação para todos os campos do apostolado 1040
— apostolado comunitário 949-951 969; apostolado de ambiente 8 950 955 962s 965 982
— apostolado e bispos: cf. *Bispos*; apostolado e sacerdotes: cf. *Sacerdotes*; apostolado e religiosos: cf. *Religiosos*
7. Os leigos e a hierarquia
— os l., colaborando com a hierarquia segundo o seu modo próprio, levam as suas experiências e assumem a sua responsabilidade no dirigir tal organização 990
— os l., que cooperam diretamente com a hierarquia, agem sob a direção da mesma hierarquia 922
— compete à hierarquia promover o apostolado dos l., fornecer os princípios e os auxílios espirituais 384 1001
— a hierarquia, ordenando de maneiras diversas o apostolado, respeita a natureza que lhe é própria e nada tolhe aos l. da necessária liberdade de ação 1005
— os bispos selecionem com diligência sacerdotes dotados das qualidades necessárias e convenientemente formados para assistir os l. em formas especiais de apostolado 1009
— seja constituído junto à santa Sé um secretariado especial para o serviço e o impulso do apostolado dos l. 1013; e neste secretariado tenham a sua parte os movimentos e as iniciativas do apostolado dos l. existentes em todo o mundo 1013; cf. *Conselho*
— a Igreja não pode considerar-se realmente constituída, nem viver de maneira plena, nem ser sinal perfeito da presença de Cristo entre os homens, se a hierarquia não tiver a seu lado a colaboração de um laicato autêntico 1163

— em toda parte onde for possível, os l. estejam prontos a desempenhar missões especiais para anunciar o Evangelho, colaborando, assim, junto à hierarquia 1165
— os pastores estão absolutamente cientes de que não foram instituídos por Cristo para assumir sozinhos todo o peso da missão salvífica da Igreja para com o mundo 361
— entre os ministros sagrados e o restante do povo de Deus existe um liame e uma necessária relação comum 366
— os l. podem também ser chamados a colaborar, de diversas maneiras, mais imediatamente com a hierarquia 370
— relações mais explícitas dos l. com a hierarquia 382-385
— os padres conciliares julgam muito útil que os ministérios romanos peçam, mais do que no passado, o parecer dos l. 592
— tanto os sacerdotes quanto os leigos que fazem parte da cúria estejam plenamente conscientes de que colaboram com o ministério pastoral do bispo 644
— se os párocos não conseguirem atingir algumas classes de pessoas, recorram à obra de outros, inclusive de l. 654
~ 5* 208* 264*

8. Leigos e sacerdotes
— a exemplo daqueles homens e mulheres que auxiliavam Paulo, também os l. ajudem os pastores 949
— os l. habituem-se a agir, na paróquia, em íntima união com os seus sacerdotes 950
— os sacerdotes devem agir de maneira a unir seus esforços aos dos fiéis l. 1272
— os sacerdotes encontram-se em meio aos l. para conduzir todos à unidade da caridade 1273
— os seminaristas aprendam a colaborar com os coirmãos e com os l. 796; cf. *Sacerdotes e o apostolado dos leigos*

9. Os leigos e as instituições da Igreja
— quanto aos bens eclesiásticos propriamente ditos, os sacerdotes devem administrá-los à norma do direito e possivelmente com a ajuda de peritos l. 1301
— e nos limites do possível, constituir uma caixa comum, com a qual os bispos possam suprir o que convém àqueles que prestam serviço em favor da Igreja 1313
— l. na comissão litúrgica nacional 78
— a fim de melhor coordenar as iniciativas, o bispo constitua um conselho pastoral, do qual devem fazer parte também os l. 1200
~ 123* 227*

10. Os leigos na diocese
— os l. cultivem constantemente o senso da diocese 951
— os bispos, os párocos e os outros sacerdotes trabalhem fraternalmente com os l. na Igreja e pela Igreja 1008
— sua presença nos conselhos diocesanos 1011

— é de bom augúrio a presença dos l. no conselho pastoral diocesano 646
11. Os leigos no mundo
— os fiéis l. pertencem a um só tempo ao povo de Deus e à sociedade civil 1164
— compete aos l. assumir, como encargo próprio, a renovação da ordem temporal 941
— os l. tenham em grande estima e mantenham, na medida das próprias forças, as obras de caridade e as iniciativas de assistência social, inclusive internacionais 947; uma vez que eles têm sob sua responsabilidade uma parte a cumprir na edificação da sociedade 963; principalmente se agirem com caridade fraterna 963
— em qualquer dever, os leigos devem agir com honestidade, com a qual atraem todos ao amor do verdadeiro e do bem 963
— os l. devem tomar consciência do campo internacional e das questões e soluções, sejam doutrinais, sejam práticas, que nele surgem, especialmente no que diz respeito aos povos em via de desenvolvimento 967
— para tal apostolado, sempre e em toda parte profícuo, porém em certas circunstâncias adaptado e possível, são chamados e estão obrigados todos os l., de qualquer condição 971
— os l. vivifiquem a própria vida com a caridade e, de acordo com as possibilidades, exprimam-na com as obras 975
— lembrem-se de que, através da multíplice conformação a Cristo sofredor, eles podem alcançar todos os homens e contribuir para a salvação de todo o mundo 976
— o l., conhecendo bem o mundo contemporâneo, deve ser membro da própria sociedade e estar ao nível de sua cultura 1019
— os l., unindo suas forças, devem sanar as instituições e as condições do mundo 380
— o Evangelho não pode penetrar radicalmente na mentalidade, no costume e na atividade de um povo, se faltar a presença dinâmica dos l. 1163
12. Os leigos e as missões
— dever missionário e colaboração de todos os membros da Igreja 916 1210-1215
— dever missionário específico dos l. 1234; nas terras que já são cristãs 1235; nas terras de missão 1236-1238
— para levar a efeito todas essas tarefas, os l. têm necessidade de uma preparação técnica e espiritual a ser proporcionada por institutos especializados 1240
13. Os leigos e o desenvolvimento dos povos
— os l. devem oferecer de boa vontade a sua colaboração no campo econômico-social aos povos em via de desenvolvimento 967 1237
— com efeito, os cristãos têm parte ativa no desenvolvimento econômico-social contemporâneo 1560
— portanto, em tal atividade, quer ajam como indivíduos, quer como associados, sejam exemplares 1560

— colaborem fraternalmente com todos os homens, cristãos ou não, a fim de que a construção da sociedade terrena seja fundada sobre o Senhor e a ele seja sempre dirigida 412 1239

14. Os leigos e os meios de comunicação social
— é tarefa principalmente dos l. estimular os valores humanos e cristãos de tais instrumentos 250; para que correspondam plenamente à grande expectativa da humanidade e aos desígnios de Deus 250
— os l. empenhados profissionalmente neste campo cumpram seus próprios encargos com competência e com espírito apostólico, colaborando com a ação pastoral da Igreja 267; cf. *Meios de comunicação social*

LEITORES
— nas celebrações litúrgicas 48 49

LEITURA
— da Sagrada Escritura na celebração litúrgica 40 57 89
— também em língua vulgar 63 92; l. do ofício divino 162-165

LIBERALISMO
— errado inclusive em economia 1540

LIBERDADE
— o homem recebe de Deus criador os dotes de inteligência e de l. e é constituído livre na sociedade 1380; no exercício de todas as l., deve-se observar o princípio moral da responsabilidade pessoal e social 1064; somente com a escolha livre do bem, o homem deve tender ao seu fim 1370
— é preciso difundir sobre a terra, no Espírito do Senhor, os bens, quais sejam a dignidade, a fraternidade e a l. do homem 1441

1. A liberdade, perfeição do homem
— a verdadeira l. constitui no homem sinal altíssimo da imagem divina 1370; com efeito, os homens são livres e autônomos porque criados à imagem de Deus 1548
— de fato, Deus quis deixar o homem "na mão do seu conselho", de tal modo que ele busque espontaneamente o seu Criador e chegue livremente à plena e bem-aventurada perfeição 1370; em sua interioridade, sob o olhar de Deus, o homem decide seu destino 1364; por essa razão, a dignidade do homem requer que ele aja segundo escolhas conscientes e livres 1370
— usando e usufruindo das criaturas em pobreza e liberdade de espírito, o homem é introduzido na verdadeira posse do mundo 1436

2. A liberdade, exigência do homem
— nunca, como hoje, os homens tiveram um senso tão agudo da l. 1327
— tal exigência de l. diz respeito, sobretudo, aos valores do espírito 1042
— cresce o número daqueles que exigem agir por sua iniciativa, exercitando a própria l. responsável 1042; os indivíduos e os grupos anseiam por uma vida inteiramente livre 1348

— principalmente os povos em via de desenvolvimento buscam um usufruto mais maduro e mais pessoal da l. 1337
— portanto, é preciso estimular a vontade de todos a assumir a própria parte nos empreendimentos comuns 1417
— ao auxiliar o próximo, tenha-se todo cuidado pela l. e dignidade da pessoa que recebe a ajuda 946
~ 25* d 25* i 25* o 192* 194* 295* 324* 349* 360* 376* 379* 452* 458* 514* 527*

3. Liberdade e pecado
— a l. do homem foi ferida pelo pecado 1370; o homem, tentado pelo maligno desde os inícios da história, abusou da sua l. 1360; cf. *Satanás, Mal, Pecado*
— o ateísmo pretende que a l. consista no fato de que o homem seja um fim em si mesmo 1376
— em nossa era, os seres humanos vivem numa atmosfera de pressão e correm o perigo de ser privados da faculdade de agir livre e responsavelmente 1066
— é preciso denunciar os erros de doutrina que têm um falso conceito de l. 1540
— freqüentemente a l. humana se enfraquece, toda vez que o homem cai em extrema indigência 1416

4. Autoridade pública e liberdade
— para que a comunidade política não se desfaça, é necessário que haja uma autoridade que se apóia na l. e na consciência da obrigação e do dever assumido 1568
— cabe à sociedade civil proteger contra as desordens que se podem verificar sob pretexto da l. religiosa 1065
— os seres humanos postulam uma delimitação jurídica do poder público 1042; a fim de que não sejam por demais circunscritos os confins da honesta l., tanto das pessoas individualmente quanto das associações 1042 1574; sua l. não deve ser limitada senão quando e enquanto for necessário 1065
— mas onde o exercício dos direitos é temporariamente limitado pela causa do bem comum, restabeleça-se o mais rápido possível a l. 1575
— todos os cristãos devem tomar consciência da sua vocação especial na comunidade política, procurando harmonizar a autoridade e a l. 1577
— os governantes abstenham-se de privar da legítima e eficaz ação os grupos familiares, sociais ou culturais 1574
— deve ser reconhecido, por parte do poder civil, o direito dos pais de escolher, com verdadeira l., as escolas e os outros meios de educação 1057
— é tarefa da autoridade defender e proteger a verdadeira e justa l. de informação 263; com tal vigilância em nada é diminuída a l. dos indivíduos e dos grupos associados 264; cf. *Meios de comunicação social*

5. Liberdade e atividade humana
— a propriedade privada ou algum poder sobre os bens externos garantem a cada qual uma zona indispensável de autonomia pessoal e familiar, e devem considerar-se como um prolongamento necessário da l. humana 1555
— a cultura tem uma necessidade incessante da justa l. para desenvolver-se 1515 1517s
— a Igreja, reconhecendo esta justa l., afirma a legítima autonomia da cultura e especialmente das ciências 1516
— portanto, é preciso empenhar-se para que os artistas, gozando de uma ordenada l., estabeleçam mais facilmente relações com a comunidade cristã 1529
— l. da arte sacra 227; l. civil 1565 1568s 1573-1578; l. de opinião 1517 1563s 1577s; l. de associação 1042 1050 1056 1563

6. Liberdade religiosa
— em razão de sua dignidade, todos os seres humanos têm o dever de buscar a verdade, e em primeiro lugar a que concerne à religião 1045
— a l. r. refere-se à imunidade da coação na sociedade civil 1044; e o conteúdo de tal l. está em que todos os seres humanos devem ser imunes da coação da parte de qualquer poder humano 1045
— a l. r., mesmo tendo seu fundamento na dignidade da pessoa 1069, afunda suas raízes na revelação divina 1069
— a Igreja segue o caminho de Cristo e dos apóstolos ao reconhecer a l. r. como resposta à dignidade do homem e da revelação, favorecendo-a 1073
— o Concílio Vaticano II declara o direito dos seres humanos à l. r. 1069; e ensina que ninguém pode ser constrangido à força a abraçar a fé 1073 1119p
— a l. r. que cabe a cada uma das pessoas deve ser entendida como cabendo a elas também quando agem comunitariamente 1052
— seja reconhecido a todas as comunidades religiosas o direito à l. em matéria religiosa 1060
— urge, portanto, que sejam tornadas acessíveis ao homem todas aquelas coisas necessárias à justa l. também no campo religioso 1400
— é preciso esforçar-se positivamente pelo direito à l. r. 1058
— o poder civil deve garantir a eficaz tutela da l. r. e criar condições propícias para favorecer a vida religiosa 1059 1061, uma vez que é ilícito ao poder público impor aos cidadãos, com a violência ou com o temor, a profissão de uma religião ou impedir que adiram a uma comunidade religiosa 381 1062
— por isso, a Igreja louva aquelas autoridades civis que garantem a justa l. r. 836
— cresce o respeito para com as pessoas que têm outras opiniões ou professam religiões diferentes 1564
— a l. r. implica até mesmo que as comunidades religiosas não sejam proibidas de vivificar toda atividade humana 1056
— a l. r., na maior parte das constituições, já é declarada direito civil e é solenemente proclamada em documentos internacionais 1082

— a l. r. não deve ser somente proclamada por palavras, nem somente sancionada em leis, mas traduzida com sinceridade na vida 1077
— a l. r. contribui muito para criar aquele ambiente social em que os seres humanos podem ser convidados à fé cristã sem qualquer dificuldade 1070
— limites da l. r.: o direito à l. r., sendo exercitado na sociedade humana, tem seu exercício regulado por algumas normas que o abrandam 1063; vale dizer, deve-se ter respeito aos direitos dos outros quanto aos próprios deveres para com os outros e para com o bem comum 1064; proporcionar, da parte do poder civil, proteção contra as desordens que se podem verificar sob pretexto da l. r. 1065
~ 25* n 25* o 187* 264* 292* 296* 321* 391* 421* 471*

7. Igreja e liberdade
— não existe lei humana alguma que possa colocar tão a salvo a dignidade pessoal e a l. do homem quanto o Evangelho de Cristo confiado à Igreja 1447 1074; já que todos os bens, tais como a fraternidade e a l., nós os reencontraremos transfigurados quando o Cristo entregar ao Pai "o reino eterno e universal" 1441
— compete à Igreja e às outras comunidades religiosas esforçar-se positivamente pelo direito à l. religiosa 1058
— tarefa de todos de ajudar e educar os jovens na busca da verdadeira l. 823
— a Igreja, cumprindo a sua missão e mediante a sua ação, inclusive litúrgica, educa o homem à l. dos filhos de Deus e respeita escrupulosamente a dignidade da consciência e a sua livre decisão 1447
— ainda hoje o Concílio exorta a promover, para todos os homens, a paz e a l. 860; os bispos, portanto, ensinem qual seja, segundo a doutrina da Igreja, o valor da pessoa humana e da sua l. 598; e compete aos sacerdotes zelar para que cada um dos fiéis seja conduzido a exercer aquela l. com que Cristo nos libertou 1258; e tenham o máximo respeito pela justa l. a que todos têm direito na sociedade terrestre 1272; antes, eles próprios, obedecendo, alcançarão uma mais madura l. de filhos de Deus 1294; e podem chegar àquela l. que resgata de toda preocupação desordenada, usando do mundo como se dele não fizessem uso 1299
— portanto, a Igreja proíbe severamente constranger ou induzir e atrair alguém com inoportunos engodos a abraçar a fé 1119; pois que ela conduz homens e povos à fé e à l. com os meios da graça 1096; e é o Espírito S. que, através do anúncio da palavra, abre o coração dos não-cristãos para que livremente creiam em Cristo 1117

8. Liberdade da Igreja
— a exigência da liberdade, na convivência humana, refere-se principalmente aos valores do espírito e, em primeiro lugar, ao livre exercício da religião na sociedade 1042
— existe concórdia entre a l. da Igreja e a l. religiosa 1077
— o povo de Deus tem como condição a dignidade e a l. dos filhos de Deus 309

— um dos bens maiores da Igreja é o de que ela goze da necessária liberdade no agir 1075; isso porque a l. da Igreja é princípio fundamental nas relações entre a Igreja e a ordenação jurídica da sociedade civil 1075; e a Igreja reivindica para si a l., tanto como autoridade espiritual quanto como comunidade de seres humanos 1076

— sempre e em toda parte, e com verdadeira l., é direito da Igreja desenvolver a sua tarefa 1583; nada deseja mais do que servir ao bem de todos, e poder desenvolver-se livremente sob todo regime que respeita os direitos fundamentais da pessoa 1453

— para defender a l. da Igreja, o Concílio deseja que não seja permitida à autoridade civil qualquer interferência na nomeação ou designação episcopal 622

— a Igreja reivindica, em favor dos fiéis, uma efetiva l., para que se lhes consinta edificar neste mundo o templo de Deus 1383

— para um diálogo entre a Igreja e as diversas comunidades humanas e nações, é necessário que estas reconheçam a verdadeira l. da Igreja, com vistas ao cumprimento de sua missão 1452

— o apostolado individual é de grande urgência e necessidade onde a l. da Igreja é gravemente impedida 977; cf. *Leigos*

~ 25* n 25* x 43* 260* 264* 484*

9. Liberdade na Igreja

— Cristo comunicou o seu poder real aos discípulos, para que também eles sejam constituídos na l. real 378

— a vontade da Igreja de dialogar com todos requer primeiramente que haja um diálogo sempre mais profundo no próprio interior do povo de Deus: haja unidade nas coisas necessárias, l. nas dúvidas, e em tudo, caridade 1639

— l. de ação do chefe do colégio episcopal 453s

— são abolidos os direitos e privilégios que limitam a l. do bispo no conferir os vários ministérios sacros e as funções eclesiásticas 647 661

— os bispos estejam prontos a ouvir o parecer dos sacerdotes e, junto deles, examinem os problemas da diocese 1264; a obediência responsável dos sacerdotes, que leva a uma mais madura l. de filhos de Deus, exige que eles, enquanto são induzidos a procurar prudentemente novos caminhos, exponham com confiança suas iniciativas a seus superiores 1294s

— os leigos manifestem suas necessidades aos pastores com aquela l. que condiz com os filhos de Deus 382; mais ainda, segundo a sua competência e conhecimento, têm até mesmo o dever de dar a conhecer o seu parecer sobre coisas concernentes ao bem da Igreja 382; se necessário, isso seja feito através dos órgãos estabelecidos para esse escopo 382; todavia, os leigos aceitem o que os pastores, como mestres na Igreja, estabelecem, seguindo o exemplo de Cristo que, com a sua obediência, abriu o caminho da l. dos filhos de Deus 383; por outro lado, os pastores concedam aos leigos a devida l. de ação e de iniciativa 384 1258; além disso, os pastores reconheçam com respeito a justa l. que cabe a todos na sociedade terrestre 384 1272; mas

não pensem os leigos que os pastores tenham uma solução concreta pronta para todos os problemas: assumam, pois, as suas responsabilidades 1455; cf. *Responsabilidade*
— l. de pesquisa teológica nas questões ainda não completamente esclarecidas 428 456 514; a Igreja estimula os teólogos e os exegetas a aprofundar os seus estudos 906 1169 1527; a Igreja quer que, nas universidades católicas, as várias disciplinas sejam cultivadas com a l. própria da pesquisa científica 843; é desejável que muitos leigos adquiram uma adequada formação nas ciências sacras: mas, para que possam exercer a sua função, seja reconhecida aos fiéis, tanto leigos quanto eclesiásticos, a l. de pesquisar, pensar e manifestar a própria opinião 1532; cf. *Meios de comunicação social*
— é preciso cuidar para que os artistas sintam-se compreendidos pela Igreja e, fruindo de uma ordenada l., estabeleçam mais facilmente relações com a comunidade humana 1529; a arte do nosso tempo, de todos os povos tenha na Igreja l. de expressão 227; para que a Igreja não se ligue de maneira exclusiva a alguma cultura 203 216 227 1512
— a obediência religiosa não diminui a dignidade da pessoa, ao contrário, leva a atingir a maturidade, aumentando a l. dos filhos de Deus 747; além disso, os superiores concedam a seus súditos a devida l., especialmente no que se refere à confissão 748; ouçam com boa vontade os próprios coirmãos, guiando-os de maneira que colaborem mediante uma obediência responsável com as diversas iniciativas 748; l. corroborada pela obediência 402
— a função dos legítimos ministérios da Igreja de provar a idoneidade daqueles que, em plena l., aspiram ao sacerdócio 775 784
~ 110* 210*-211* 219* 224* 277* 353* 428*
LÍNGUAS
— traduza-se a Escritura nas várias l. 905
— o missionário conheça bem as l. e os costumes do povo 1179 1183 1209 1279; os seminaristas aprendam as l. da Escritura e da Tradição 799; possibilidade de confissão dos fiéis nas várias l. 657; cf. *Latim*
— Pentecostes e universalidade das línguas 1095
— a linguagem simples de Cristo 1419
— normas de reforma acerca da l. litúrgica 61-67; para o ordinário da missa 91-93; para os sacramentos e os sacramentais 112-114; na recitação do ofício 180-182; no canto litúrgico 36 92 206; para os ritos orientais 484 799
LITERATURA
— importância da l. na vida da Igreja 1528; a negação de Deus invade hoje até mesmo o campo das letras, das ciências e das artes 1340
LITURGIA
— cf. *Igreja assembléia, Igreja organismo sacramental*
— lugar e importância que tem no mistério da Igreja 2 67
— prolongamento da obra redentora 8; exercício do sacerdócio de Cristo 11; terrestre e celeste 13

— ápice e fonte da vida da Igreja 16; embora não chegue a exaurir todo o mistério 17
— incremento e reforma: princípios e normas práticas 1 3s
— caráter didático e pastoral 53
— caráter hierárquico e comunitário 43s
— o princípio da adaptação litúrgica ao caráter dos vários povos 66 68
— disposições pessoais adequadas 18
— participação ativa e consciente 23 25
— espírito litúrgico também nos "exercícios piedosos" 20 22
— formação litúrgica: dos fiéis 18 23s 30 949; dos seminaristas 28 808; do clero 25-27 29
— a l. na educação cristã 825 829
— o que é mutável e o que é permanente 32
— quem tem autoridade sobre as leis litúrgicas 35-37 69-71
— nenhuma distinção de pessoas ou de classes sociais 52
— l. e eucaristia 83; cf. *Eucaristia*
— l. e Bíblia 40
— sinais visíveis da l. 53
— sacramentos e sacramentais 107-110; ofício divino 144-149
— comissão litúrgica 78-82
— l. e Palavra de Deus 58-60
— l. solene 205-207; l. quaresmal e pascal como preparação ao batismo dos catecúmenos 1122s; l. da glória 425
— a vida religiosa nutre-se da l. 750
— os leigos participam ativamente da vida litúrgica da própria comunidade 949; cf. *Música sacra*
— atividade litúrgica: do bispo 350; do sacerdote 354 1252
— na l. da Igreja, somos nutridos pela Palavra de Deus e pelo corpo de Cristo 904
— a l. na Igreja primitiva 750
— l. na formação dos catequistas 1143
— os sacerdotes cultivem a ciência e a arte litúrgica 1256
— a nossa união com a Igreja celeste concretiza-se de maneira nobilíssima principalmente na l. 423
— a l. na vida das Igrejas jovens 1151
— l. nas Igrejas orientais 476 483s
— a vida litúrgica dos irmãos separados 529 567s; a l. e os orientais 544 547 551 554; cf. *Oriente, Igreja, Intercomunhão*
— a l. na vida religiosa 725 750; formação litúrgica do clero indígena 1137
— l. e liberdade interior 1513
~ 111* 167* 212*-215* 236* 303* 429* 453* 458* 495*

LIVRO
— a sua difusão favorece a expansão da cultura 1524; descrição do mal moral nos l. 255; responsabilidade dos autores 260; deveres dos leitores 257

— revisão dos l. litúrgicos 41 50
LOUVORES
— no ofício divino 144-146
— os l. e as vésperas, essência do ofício divino 152
— celebrações dos l. divinos nas Igrejas orientais 476 483
LUCRO
— não é o fim fundamental da produção 1538
LUZ
— cf. *Cristo luz, Igreja, Mundo, Revelação*
~ 67* 77* 102*s 120* 188* 194* 221* 458* 487* 490*s 526*
~ luz e Concílio 34* 64* 154* 262* 335* 392*
~ luz e Cristo 25* e 31* 58* 84* 145* 492*
~ luz e Igreja 61* 154* 197* 257* 526*
LUXO
— os religiosos evitem até mesmo sua aparência 745
MÃE
— dignidade e missão da m. de família 1485 1547; cf. *Pais*
— Maria, M. de Deus, M. de todos os viventes etc.; cf. *Maria*
MAGISTÉRIO ECLESIÁSTICO
— ensina autenticamente a verdade revelada 344-347
— a ordem episcopal sucede ao colégio apostólico no m. 377 881
— todo o corpo episcopal possui o mandato de Cristo de anunciar o Evangelho 340 342 344; cf. *Bispos*
— o ofício de ensinar é conferido pela consagração episcopal 335
— a hierarquia ensina em nome e por autoridade de Cristo mestre 335 344 374 887
— o juízo doutrinal dos bispos é dado em nome de Cristo 344
— guia o *senso de fé* do povo cristão 316
— tem também a função de manter afastados os erros que ameaçam a fé 344
— o ensino definitivo do corpo episcopal é infalível 345s; cf. *Infalibilidade*
— o ensino do romano pontífice, nem sempre infalível, porém sempre autêntico, extensivo a todo o depósito revelado 344 346
— as definições do m. são segundo a revelação, mas não implicam uma nova revelação pública 347
— m. e assistência do Espírito S. 342 346
— os sacerdotes consagrados para pregar o Evangelho 354; ministério da pregação, função do diácono 359
— a exegese bíblica desenvolve-se sob a vigilância do m. 906; e fornece os dados precisos para o seu julgamento 893; relações do m. com a Escritura 886-888
— os irmãos separados pensam de maneira diferente de nós quanto ao lugar do m. no expor a Palavra de Deus 563

~ 11* 20* 25* a 25* h 25* k 28* 33* 43* 49* 53* 55* 57* 139*s 152* 207* 220* 246*s 285* 459*s
MAL
— o problema do m. 1360s 1374 1388; cf. *Satanás, Pecado*
— o m. moral e sua representação 155
— o homem pergunta-se: qual é o significado do m. 1350
— toda a vida humana apresenta os caracteres de uma luta dramática entre o bem e o m. 1361; a consciência chama a fazer o bem e fugir do m. 1369; desde o nascimento, o homem é freqüentemente impelido para o mal 1398; o progresso, que por si é um grande bem, pode conduzir ao m. 1433; cf. *Realidades terrestres*
— não raro, o ateísmo tem origem num protesto violento contra o m. do mundo 1374
— o cristão, atormentado pelo m., pode vencê-lo associado ao mistério pascal de Cristo 1388; cf. *Pecado, Satanás*
— o tratado do m. moral 255
— a liberdade não torna lícito o m. 1370; impulsos para o m. 1398
— purificação de todas as coisas das escórias do mal 1109
~ 25* d 398* 457*
MANDATO
— ato pelo qual a hierarquia pode sancionar os modos ou os objetivos de apostolado das associações de ação católica 992
— cf. *Apóstolos, Bispos*
~ 135* 238* 244* 266* 272* 338* 468*
MANIFESTAÇÃO
— Cristo caminha para a plena m. da sua glória 374 418
— o fim dos tempos revelará com perfeição o mistério de Cristo 307
— a criação anseia pela m. dos filhos de Deus 417
— aguardar, firmes na fé, a m. de Cristo 287 418 425
— a atividade missionária é a m. do plano divino no mundo 1109; cf. *História da salvação, Igreja*
MARIA VIRGEM
— é estudada no mistério da Igreja à luz do Verbo encarnado 428 441
— o Concílio não pretende dirimir questões debatidas 428; evitar exageros ou mesquinharias na consideração de sua dignidade, o seu culto deve ser sensível a preocupações ecumênicas 443
Maria na história da salvação
— M. predestinada eternamente 430 435
— M. na história da salvação 426 429 441; preanunciada no AT 429; cf. *História da salvação*
— o Pai quer que o seu consenso preceda à encarnação 430

— M. na infância de Jesus 431 435; na vida pública 432; sobre o Calvário, M. consente na imolação do Filho 432 435s; M. no Pentecostes 433; coopera com o nascimento da Igreja 427 433 445; cf. *Igreja: 4 b) Função de M. na Igreja*

Relações com a Trindade
— é filha predileta do Pai 427; no templo, M. apresenta o Filho ao Pai 435
— concebe por obra do Espírito S. 426 439 441 1095
— é templo do Espírito S., que ensina a Igreja a venerá-la 427
— unida indissoluvelmente a Cristo, é por ele perfeitamente redimida 186 427
— subordinada a Cristo, comparticipa do mistério da redenção 186 430 435 437; conformidade com o Filho na imolação 432; na realeza 433; os privilégios de M. têm por fim Cristo 443

Relações com os homens
— solidária com os homens a serem salvos, traz a vida ao mundo 427; é filha de Adão 430
— continua a sua missão salvífica no céu 436 445; sua salutar influência é devida unicamente ao beneplácito de Deus, brota dos méritos e da mediação de Cristo e facilita o contato com ele 434; é causa de salvação para si e para o gênero humano 430
— chama para o Filho, para o sacrifício e para o amor do Pai 441; o seu culto promove o culto latrêutico de Cristo 442
~ 316* 317*-325*

Maria e a Igreja
— Maria ocupa na Igreja o lugar mais alto e mais próximo a Cristo 428; é imagem e início da Igreja 444; membro singular da Igreja 427; unida à Igreja pela sua união ao Redentor e por suas funções e graças 439; M. figura da Igreja pela virgindade e maternidade, na fé, esperança, caridade e união a Cristo 439-441; modelo de perfeição para a Igreja 427 441
~ 102* 222* 297*-311* 312* s 316*s 325* 355* 445* 465* 532*

Títulos e prerrogativas
— precede toda criatura 427 442 445
— Mãe de Jesus 430 863 1386; do Redentor 427 435; Mãe de Deus 427 430 435 439 442
— nova Eva 439; serva do Senhor 430 435; imaculada e cheia de graça 430 433; sua santidade 427 430 440s; sempre virgem 412 431 433 439; assunta e glorificada 433 442 444s; rainha do universo 433
— sua maternidade espiritual 427 434 435; advogada, prestadora de socorro, auxiliadora, mediadora 436; mãe de todos os viventes 428 430 445
~ 17* 26* 30* 68* 71* 93* 95* 99* 101* 103* 129* 134* 222* 299* 303*s 308* 313*-315* 465* 474*s

Culto mariano
— culto de M. recomendado e praticado pela Igreja 186 423 426s 441-443; formas de devoção segundo os tempos 442; fruto de verdadeira fé, o culto a M. deve ser feito de amor filial e de imitação, diferente do sentimentalismo e da crendice 443; M. honrada também pelos irmãos separados 325 445 544 548 560; rezar a ela para que os homens sejam reunidos no único povo de Deus 445; o culto mariano no ano litúrgico 186
— M. e os leigos 931; e os religiosos 770; e os clérigos 788; e os sacerdotes 1305; e as missões 1242; e os muçulmanos 859
~ 312* 315*; Maria e o Concílio 17* 26* 99* 101* 134* 198* 298* 300* 313* 316*s 532*

MARINHEIROS
— os bispos tenham especial cuidado deles 617

MARTÍRIO
— testemunho máximo de amor, dom insigne, torna semelhante ao Mestre 398 (cf. *Testemunho*); os mártires estão estreitamente ligados a nós, e a Igreja os venera com especial afeto 420; a Igreja venera-lhes a memória durante o sacrifício eucarístico 423; m., como testemunho da fé, e ateísmo 1382; os missionários estão prontos também para o m. 1174; os m. não tiveram medo de resistir ao poder público, porque este se opunha à santa vontade de Deus 1072
— irmãos separados que prestaram testemunho até à efusão do sangue 325
— os cristãos dêem testemunho até à efusão do sangue 1080

MATEMÁTICA
— a importância atual das ciências matemáticas e físicas 1329
— o homem, dedicando-se à m., entre as outras disciplinas, pode ser útil à família humana 1506

MATERIALISMO
— testemunho contra o m. 1033; o m. 1350

MATINAS
— normas de reforma 155

MATRIMÔNIO
1. O matrimônio na economia salvífica; 2. Matrimônio como vocação e carisma; 3. Comunhão de espírito na mediação do corpo; 4. Os valores do matrimônio; 5. O amor conjugal; 6. Matrimônio e procriação; 7. Integração entre amor conjugal e procriação; 8. Unidade e estabilidade do matrimônio; 9. O matrimônio ameaçado pelo pecado; 10. Matrimônio no mundo moderno; 11. Preparação para o matrimônio e educação dos filhos; 12. Matrimônio e celibato; 13. O matrimônio na liturgia; 14. Matrimônios mistos.
— o m. merece particular interesse por parte do Concílio, porque hoje desperta a solicitude de muitos 1467; o Concílio examina-o à luz do Evangelho e da experiência 1466; e propõe-se a iluminar e confortar todos os homens que se esforçam por salvaguardar e promover a dignidade natural e o altíssimo valor sagrado do m. 1470; de tal maneira que todos os cristãos terão um guia e todos os homens poderão ser por ele iluminados 1467

~ 25* j
1. O matrimônio na economia salvífica
— o próprio Deus é o autor do m. 1471; e o constituiu princípio e fundamento da sociedade humana 952
— os próprios cônjuges são criados à imagem do Deus vivente 1491
— o homem e a mulher, pelo pacto de amor conjugal, já não são mais dois, porém uma só carne 1471
— Cristo Senhor derramou a abundância das suas bênçãos sobre este amor 1472; e dignou-se sanar, aperfeiçoar e elevar esse amor com um dom especial de graça 1475
— Jesus vem de encontro aos cônjuges cristãos tornando o m. sacramento 131 135 314 376 1472 1476; grande sacramento com relação a Cristo e à Igreja 952
— o autêntico amor conjugal é assumido no amor divino e é sustentado e enriquecido pela força redentora do Cristo e da ação salvífica da Igreja 1472
— com efeito, o amor conjugal no m. é estruturado no modelo da união de Cristo com a Igreja 394 1472
— o m. como exercício do sacerdócio batismal 314
— a família cristã nasce do m. como imagem e participação do pacto de amor do Cristo e da Igreja 303 314 394 1474; cf. *Matrimônio, Igreja esposa*
— Cristo permanece com os cônjuges, a fim de que possam amar-se um ao outro fielmente e com muita dedicação 1472
— cumprindo seu dever conjugal, por força do sacramento, os cônjuges, juntos, rendem glória a Deus 1472
— de fato, o desígnio salvífico do amor é manifestado pela união matrimonial com o amor, com a fecundidade generosa, com a unidade e a fidelidade dos esposos 1474; assim sendo, a união matrimonial poderia chamar-se "Igreja doméstica" 314
— os esposos são convidados repetidamente, pela Palavra de Deus, a nutrir e potencializar a sua união matrimonial 1475; de tal maneira que a família cristã torne manifesta a todos a presença viva do Salvador no mundo e a genuína natureza da Igreja 1474

2. Matrimônio como vocação e carisma
— no m., os cônjuges têm sua vocação específica 376 1476; seu dom pessoal em meio ao povo de Deus 314
— o m. consagrado pelo carisma do sacramento 1472; a vida conjugal no Espírito S. é um sacrifício espiritual agradável a Deus por Jesus Cristo 373
— os cônjuges devem ser testemunhas da fé e do amor de Cristo, um pelo outro e pelos filhos 376; além de testemunhas da graça 953; devem sustentar-se reciprocamente na graça por toda a vida 394; de modo a se tornarem testemunhas e cooperadores da fecundidade da mãe-Igreja 394
— os cônjuges cristãos ajudem-se reciprocamente para alcançar a santidade na vida conjugal e na aceitação e educação da prole 314

— nesta "Igreja familiar", os pais devem ser para os seus filhos os primeiros arautos da fé 314; e devem saber secundar a vocação específica de cada qual 314
— os cônjuges são ajudados e fortalecidos por Cristo e pela Igreja com vistas à sua missão de pai e de mãe 1471
— instruam a prole na doutrina cristã e nas virtudes evangélicas 394; dêem testemunho de amor e de solicitude na educação dos filhos 1477; principalmente religiosa 1473
— portanto, cumpram com todos esses seus deveres com responsabilidade humana e cristã e dócil reverência para com Deus 1479; nas alegrias e nos sacrifícios da sua vocação, tornem-se testemunhas do mistério de amor de Cristo pelo mundo 1491; mediante o seu testemunho, a família cristã acusa o mundo de pecado e ilumina os que buscam a verdade 376
— é tarefa dos sacerdotes auxiliar amorosamente e com competência a vocação dos cônjuges 1489

3. Comunhão de espírito na mediação do corpo

— Deus disse: "Não é bom que o homem esteja sozinho" 1478; e desde o princípio, "homem e mulher os criou" 1358; criou-os "macho e fêmea" 1478; e sua união constitui a primeira forma de comunhão entre pessoas 1358
— a íntima comunidade de vida e de amor conjugal é estabelecida pelo pacto conjugal 1471
— o verdadeiro amor entre marido e mulher é um ato eminentemente humano, entre pessoa e pessoa, com um sentimento que nasce da vontade 1475
— o amor conjugal abrange o bem de toda a pessoa 1475
— o matrimônio perdura como comunhão por toda a vida, ainda que não exista prole 1480
— o amor torna-se mais perfeito e cresce exatamente mediante o seu generoso exercício 1475
— tal amor, aperfeiçoado pela graça do Senhor, conduz os esposos ao livre e mútuo dom de si mesmos, manifestado por sentimentos e gestos de ternura 1475
— o amor conjugal pode enriquecer as manifestações físicas dos cônjuges e enobrecê-las 1475
— este amor é expresso e desenvolvido pelo exercício dos atos que são próprios do m. 1476
— prestando-se um mútuo auxílio e serviço, o homem e a mulher experimentam e tornam efetiva a própria unidade 1471
— o caráter de pacto indissolúvel entre pessoas exige que o amor mútuo entre os cônjuges tenha as suas justas manifestações, desenvolva-se e alcance a maturidade 1480; portanto, os atos de intimidade são honrados e dignos 1476; e, realizados de modo verdadeiramente humano, favorecem a mútua doação 1476
— no ponto em que a intimidade (física) da vida conjugal é interrompida, não raro a fidelidade é posta em perigo e o bem dos filhos pode ser comprometido 1481

4. Valores do matrimônio
— o m. envolve múltiplos valores e fins 1471; com efeito, o amor conjugal une juntamente valores humanos e divinos 1475
— múltiplos valores do m.: o progresso pessoal 1471; o destino eterno de cada um dos membros da família 1471; a continuidade do gênero humano 1471; dignidade, estabilidade, paz e prosperidade da própria família e de toda a sociedade humana 1471
— o m. perdura como comunhão de vida e conserva o seu valor ainda que não haja prole 1480
— o Concílio, entre outras coisas, pretende promover a dignidade natural e o altíssimo valor sagrado do estado matrimonial 1470

5. O amor conjugal
— pelo pacto do amor conjugal, o homem e a mulher já não são mais dois, mas uma só carne" 1471
— comparação entre o pacto de amor de Deus com Israel e a presença de Cristo no m. 1472; Cristo permanece com os cônjuges a fim de que, como ele amou a Igreja e deu a si mesmo por ela, assim também os esposos possam amar-se e doar-se um ao outro 1472; o amor, a generosidade fecunda, a fidelidade dos esposos manifestam a presença viva do Salvador 1474
— os cônjuges devem manter-se na graça por toda a vida, com um constante amor 394
— dignidade do amor conjugal, ato eminentemente humano 1475; o Senhor dignou-se sanar, aperfeiçoar e elevar esse amor 1475
— os atos próprios do m. exprimem e desenvolvem de maneira toda particular o amor, e enriquecem os esposos em alegre gratuidade 1476
— formar-se-á uma sã opinião pública com relação ao amor conjugal, se os cônjuges cristãos derem testemunho do próprio amor na harmonia, bem como na solicitude da educação dos filhos 1477

6. Matrimônio e procriação
— o próprio Deus, que não quis deixar o homem sozinho, abençoou o homem e a mulher, dizendo "sejam fecundos, multipliquem-se" 1478
— os filhos constituem o preciosíssimo dom do m. e contribuem em grau máximo para o bem dos pais 1478
— o m. e o amor conjugal têm em vista a procriação e a educação da prole, e nestas encontram o seu coroamento 1471 1478
— a procriação é cooperação com a obra criadora de Deus 1478; com o amor do Criador e do Salvador 1478 1479; e é quase uma interpretação sua 1479; portanto, os cônjuges, quando cumprem sua função de procriar, glorificam o Criador e tendem à perfeição cristã 1479
— a índole sexual do homem e a faculdade humana de gerar são maravilhosamente superiores ao que ocorre nos estados inferiores da vida 1483
— tal dever matrimonial seja cumprido com responsabilidade humana e cristã 1479
— a tarefa de transmitir a vida não se limita a este tempo, mas é de interesse do destino eterno dos homens 1484; os esposos tenham presentes as condições

de vida do próprio tempo e do próprio estado de vida, tanto material quanto espiritual 1479
— em sua conduta, não podem proceder exclusivamente de acordo com seu arbítrio, devendo sempre ser regidos por uma consciência que seja conforme à própria lei divina e dóceis ao magistério da Igreja 1479; necessidade de educar-se para uma consciência bem formada 1627
— as autoridades civis deverão defender o direito dos pais de gerar a prole e de educá-la no seio da família 1486; os problemas demográficos, a responsabilidade dos pais, a suplementação da autoridade pública e o controle da natalidade 1627
~ 25* j

7. Integração entre amor conjugal e procriação
— o Concílio sabe existirem hoje, para os cônjuges, circunstâncias nas quais não se pode aumentar o número dos filhos 1481
— todavia, a Igreja lembra que não pode haver contradição verdadeira entre as leis divinas do transmitir a vida e do dever de favorecer o autêntico amor conjugal 1482
— de fato, os atos próprios da vida conjugal, segundo a verdadeira dignidade humana, devem ser respeitados com grande estima 1483
— quando se trata de conciliar o amor conjugal com a transmissão responsável da vida, o caráter moral do comportamento é determinado com base em critérios objetivos que têm seu fundamento na própria dignidade da pessoa humana 1483 (nota 16); a autoridade pública não pode interferir nesta decisão 1627
— os filhos da Igreja, ao regularem a procriação, não poderão seguir caminhos condenados pelo magistério 1483

8. Unidade e estabilidade do matrimônio
— o m. tem estabilidade por ordem divina 1471
— a união íntima entre os cônjuges exige a plena fidelidade e reclama sua unidade indissolúvel 1471
— a unidade do m. confirmada pelo Senhor torna-se evidente em razão da igual dignidade pessoal, seja do homem, seja da mulher 1476
— Cristo permanece com os esposos para que eles possam amar-se fielmente, para sempre 1472
— é o pacto conjugal, ou seja, o irrevogável consenso pessoal que estabelece a íntima comunidade de vida e de amor conjugal 1471
— através da unidade e da fidelidade dos esposos, seja patenteada a todos a presença viva de Cristo e da Igreja no mundo 1474
— constituiu sempre dever dos cônjuges, e hoje o é mais ainda, manifestar e comprovar a indissolubilidade e a santidade do vínculo matrimonial 954
— os cônjuges são unidos por um afeto mútuo igual, pelo mesmo modo de sentir e pela santidade comum 1491
— o m. conserva o seu valor e a sua indissolubilidade ainda que não exista prole 1480
— o amor entre os cônjuges é indissoluvelmente fiel na sorte propícia ou má, no plano do corpo e do espírito 1476; este amor é contrário a todo adultério e divórcio 1476

9. O matrimônio ameaçado pelo pecado
— a dignidade do m. não brilha em toda parte com igual clareza 1469
— o atrativo erótico por si só, egoisticamente cultivado, rápida e miseravelmente se esvai 1475
— com muita freqüência, o amor conjugal é profanado pelo egoísmo, pelo hedonismo e por usos ilícitos contra a geração 1469
— alguns propõem soluções desonestas para o problema do amor humano 1482; a poligamia, o divórcio, o amor livre são deformações do m. 1469; tanto o aborto quanto o infanticídio constituem delitos abomináveis 1483

10. O matrimônio no mundo moderno
— o bem da sociedade humana está estritamente ligado a uma situação feliz da comunidade conjugal 1468
— o autêntico amor conjugal conseguirá a estima da opinião pública, se os cônjuges cristãos souberem testemunhá-lo 1477
— não obstante, muitos homens da nossa época dão grande valor ao verdadeiro amor entre marido e mulher 1475
— apreço pelos esforços que tendem à formação de uma comunidade de amor 1468
— deveres sociais dos cônjuges 954
— os cristãos empenhem-se, com os homens de boa vontade, no desenvolvimento diligente dos valores do m. 1487; a renovada espiritualidade do m. faz com que o ecumenismo progrida 521
— as autoridades civis deverão considerar como um dever sagrado respeitar, proteger e favorecer a verdadeira natureza do m. 1486 1627; todos quantos têm influência sobre a sociedade e suas diversas categorias devem colaborar para o bem do m. 1486
— os peritos das ciências, principalmente biológicas, médicas, sociais e psicológicas, podem oferecer uma grande contribuição para o bem do m. 1448
— o Concílio sabe que os cônjuges, ao estabelecerem uma harmonia na vida conjugal, são, amiúde, obstaculizados por algumas condições da vida atual 1481; preocupações com os problemas surgidos com o crescimento demográfico 1469 1627
— os cônjuges avaliem as condições de vida do próprio tempo e do próprio estado de vida, tanto em seu aspecto material quanto espiritual, na função da procriação 1479
— a dignidade do m. não brilha com igual clareza em toda parte, porque é obscurecida pela poligamia, divórcio, amor livre e outras deformações 1469
— os cônjuges cristãos, através de seu exemplo, acusam o mundo de pecado 376; e iluminam aqueles que buscam a verdade 376

11. Preparação para o matrimônio e educação dos filhos
— os jovens sejam adequadamente instruídos quanto à dignidade do amor conjugal, sua função e suas expressões 1477

— faz-se necessária uma contínua colaboração entre os pais na educação dos filhos 1485; dificuldades na educação dos filhos 1338
— é dever dos pais guiar os jovens na formação de uma nova família 955 1485
— as crianças e os jovens devem receber, na medida em que crescem, uma educação sexual positiva e prudente 823; os filhos devem ser formados de tal maneira que, chegados à sua maturidade, uma vez escolhida a vida conjugal, possam formar sua própria família nas condições mais favoráveis 1485; nesse sentido, os cônjuges cristãos são os primeiros educadores dos seus filhos 953s; educação dos filhos às virtudes evangélicas 394; testemunho da fé e do amor de Cristo 376

12. Matrimônio e celibato
— o estado matrimonial pode conciliar-se com o presbiterato 1296; e o Concílio exorta amavelmente aqueles que receberam o presbiterato quando se encontravam no estado matrimonial a perseverar na sua vocação 1296
— mas os sacerdotes, com sua vocação ao celibato, evocam aquele arcano matrimônio instituído por Deus, pelo qual a Igreja tem Cristo como seu único esposo 1297
— o diaconato pode ser conferido também a homens que vivem no matrimônio 360; cf. *Diaconato*
— os seminaristas sejam educados à renúncia ao m. e à escolha da virgindade 792; façam esta escolha com deliberação madura e magnanimidade 793; e aprendam a integrar em sua pessoa a renúncia ao m. 794; tenham, porém, um conhecimento adequado dos deveres e da dignidade do m. 792

13. O matrimônio na liturgia
— seja revisto e enriquecido o rito do m. 132
— sejam conservados e estimulados os louváveis costumes das diversas regiões 132s
— o m. na missa e fora da missa 134s
— função do diácono de abençoar e assistir o m. 359

14. Casamentos mistos
— a forma canônica dos m. m. na disciplina das Igrejas orientais 479

MATURIDADE
— necessidade de uma m. psicológica e afetiva para professar a castidade 739 794; cultive-se nos seminaristas também a necessária m. humana 795
— m. do povo de Deus nas novas Igrejas 1151; as cerimônias e as associações devem educar os homens à m. cristã 1258

MEDIAÇÃO
— Cristo, único e eterno mediador 6 304 354 392 419 434 436-438 560 1093 1104 1247 1306; "por meio de Jesus Cristo senhor" 286s 354 373 392 414 419 422 424 873
— esta mediação do Redentor não exclui, ao contrário, suscita a cooperação das criaturas 437; não é nem ofuscada nem diminuída pela função materna de

Maria, que se fundamenta e depende de maneira absoluta da m. de Cristo 434 436; os sacerdotes são participantes do ofício do único Mediador 354 392; os santos adquiriram méritos através de Cristo, único Mediador 419

MEDICINA
— contribuição dos peritos em ciências médicas 1488
— dever de auxiliar quem se encontra desprovido de medicamentos 945

MEDITAÇÃO
— m. e seminaristas 780 788; e sacerdotes 1306; e leigos 924
— m. da Bíblia junto aos irmãos separados 568; m. profunda praticada no hinduísmo 856

MEIOS DE COMUNICAÇÃO SOCIAL
— favorecem a difusão da cultura 245 819 1524; positivos ou negativos, segundo o uso 246; normas morais gerais 248-265; formação de uma reta "opinião pública" 256 268
— informação: direitos e deveres dos informantes e dos destinatários 252s 255-265; compete principalmente aos leigos animar cristãmente esses meios 250; eles são úteis também à Igreja 248s 601 776 1151 1184 1201 1214; imprensa católica 268 275; filmes e cinema católicos 269 275; apoio a programas de rádio e TV moralmente positivos 270 275; criação de emissoras católicas 270 275
— arte e moral 254-255; teatro e moral 271; moderar os jovens no uso desses meios 259; apostolado católico neste setor 266-281; teledifusão de celebrações litúrgicas 31; jornada anual para os m. de c. s. 276; cf. *Comunicação* ~ 216*-219* 258*

MELQUISEDEQUE
— M. em relação ao sacerdócio de Cristo 1277

MEMBROS (da Igreja)
— pertence-se à Igreja por uma graça de Cristo 323; é necessária para a salvação 322-324; cf. *Igreja* (*Constituição teândrico-sacramental*)
— Cristo incorpora a si os membros mediante o ofício paterno dos bispos 334; e através dos sacramentos 297 503
— união recíproca dos membros 296-303; sua organicidade 364-367; títulos de igualdade dos m. d. I. 365s; diversidade de ministérios e funções 298 366; cf. *Sacerdócio, Leigos, Bispos, Ministérios*
— conformidade dos membros com a Cabeça 300 400 412; membros pobres e sofredores 339; incorporação plena à Igreja 323; os pecadores pertencem à Igreja 306; não se salva aquele que permanece na Igreja apenas com o "corpo" e não com o "coração" 323
— os cristãos separados permanecem unidos à Igreja por mais razões (ainda que imperfeitamente) 325 503 (cf. *A Igreja e as Igrejas*); o desejo ou voto une os catecúmenos à Igreja 324; aqueles que ainda não receberam o Evangelho encontram-se, de modo diverso, orientados para a Igreja 326; de modo diverso, pertencem e estão voltados para o povo de Deus os católicos, os cristãos e todos os homens 321

— o povo peregrino de Deus, em seus m., permanece exposto ao pecado 507; os m. da Igreja que não se servem de todos os meios de graça para viver com todo o fervor 513; eles são solicitados à atividade missionária pela caridade 1105
— os religiosos amem fraternalmente os m. de Cristo 726
— não há m. algum que não tenha parte na missão de todo o corpo de Cristo 1244
— o leigo, qual m. vivo da Igreja, torna-a presente nas coisas temporais 1024
— no corpo da Igreja todos os m. auxiliam-se reciprocamente 1421
— a Igreja não ignora que entre os seus m. não faltaram aqueles que não foram fiéis ao Espírito de Deus 1459
— na paróquia, é necessário educar as crianças de maneira tal, que adquiram a consciência de ser m. vivos do povo de Deus 1027
— todos os m. da Igreja exercitam o apostolado 916
— os párocos eduquem os fiéis a sentir-se m. não apenas da diocese, mas também da Igreja universal 653
— a caridade impele os m. da Igreja à atividade missionária 1105
— todos os fiéis são como m. do Cristo vivente, ao qual estão incorporados por meio do batismo e da eucaristia, têm um estreito dever missionário 1211
— a comunidade cristã se renova desde que demonstre para com os afastados a mesma solicitude que usa para com os próprios m. 1217
— todos os fiéis são m. do mesmo corpo, todavia não têm a mesma função 1245
— os sacerdotes são irmãos entre irmãos, m. do mesmo corpo 1271
— a Igreja, com todos os seus m., acredita poder contribuir muito para tornar a família dos homens mais humana 1444

MENSAGEM
— a m. evangélica resplandece nestes nossos tempos de renovado fulgor 1585; nos ambientes não-cristãos, os homens são atraídos à fé por meio da m. evangélica 1251; circunstâncias que tornam impossível o anúncio direto da m. evangélica 1102; o apostolado da Igreja é dirigido primeiramente a manifestar ao mundo a m. de Cristo 933; a Igreja é impelida pela necessidade de difundir a m. evangélica 248 1511; relações entre m. da salvação e cultura 1510
~ 134* 174* 184* 189* 225* 227* 356* 401* 437* 446* 457* 480*
~ radiomensagem do papa João XXIII 25* a-25* z
~ mensagem do Concílio ao mundo 70*-84*; à ONU 359*-364*
~ mensagem do Concílio à humanidade: aos governantes 481*-486*; aos homens de ciência 487*-493*; aos artistas 494*-499*; às mulheres 500*-510*; aos trabalhadores 511*-517*; aos pobres 518*-524*; aos jovens 525*-531*

MENTALIDADE
— os leigos têm o empenho de animar do espírito cristão a m. das comunidades em que vivem 962; cf. *Espírito*

MÉRITO
— seguir Cristo para merecer tornar-se participante da sua glória 390; os santos oferecem a Deus os m. adquiridos na terra através de Jesus Cristo 419; os cristãos devem merecer entrar no banquete celeste 418; a ação salutar de Nossa Senhora sobre os homens flui da superabundância dos m. de Cristo 434

MESTRES
— preparação adequada dos m. de espírito 759
— os m. de espírito responsáveis pela formação religiosa e apostólica, doutrinal e técnica dos jovens professos 756
— os m. orientem os adolescentes, deixando-os em condição de descobrir e seguir a vocação divina 773
— escolas de formação para m. 841; escassez de m. 851
— cf. *Professores*
~ 235* 257* 525*

MÉTODO
— no ensino da filosofia e da teologia 802-810; centros de documentação e de estudo no campo metodológico 1040
— é preciso rever os m. didáticos nos seminários 811

METROPOLITAS
— revisão dos direitos e dos privilégios 691

MIGRAÇÕES
— sua influência sobre os costumes 1335; auxiliar os trabalhadores provenientes de outros ambientes 1543; legislação sobre as m. 1626; direito à emigração 1541; as m. e a facilidade das comunicações não mais permitem a qualquer segmento da sociedade permanecer fechado em si mesmo 951

MILAGRE
— os m. de Jesus provam a chegada do reino na terra 289
— através dos m., Cristo confirmou a sua pregação 1071
— com suas palavras, sinais e m., Cristo concretiza a revelação 875
— Maria obteve, com a sua intercessão, que Jesus desse início aos m. 432

MINISTÉRIO
Ministério hierárquico
— o m. eclesiástico é de instituição divina 354; os m. na Igreja são dispensados por Cristo cabeça 301; foram estabelecidos para apascentar e aumentar o povo de Deus 328; a distinção entre ministros sagrados e o restante do povo de Deus 366; existem para a salvação e o bem de todo o corpo 301 328s 337; comportam uma autoridade sagrada 312 328 351-352 357; que é participação da autoridade de Cristo 330 342 343-351 352; os m. h. são, pois, exercidos na Igreja na pessoa de Cristo 333-335 351 353 354-357 367 382-383; exigem submissão e aceitação da parte dos fiéis 344-347; são fundados sobre o sacramento 335s 354s 359
— são estabelecidos e permanecem na Igreja até o fim do mundo 329 331-333 (cf. *Apóstolos, Bispos*); são uma função paterna 334 353 355 357 384; ofícios de caridade pastoral 353 391s; serviço ou diaconia 328 342 389 392s
— o seu exercício está condicionado à comunhão hierárquica 335-337 343-345 351 355; não impede a igualdade dos membros do povo de Deus 366; alguns podem ser exercidos pelos leigos 370 384; o seu exercício é meio de santificação 390-396; o m. dos sacerdotes 1245-1248 1250-1256 1317; o m.

episcopal 574-578 586 594-598 605-613 635 674 1245; o m. dos párocos 653-659 661 663
— o Espírito S. opera a variedade de m. 498; provendo a Igreja dos diversos dons hierárquicos e carismáticos 1095
— atualização do m. apostólico 1175
— não é lícito criar obstáculos ao exercício do m. eclesiástico dos bispos 619
— os sacerdotes participam do m. de Cristo 1243; comunhão hierárquica dos sacerdotes com a ordem dos bispos 1264
~ 228* 284* 410*

Sagrado ministério
— extrai a própria eficácia do sacrifício de Cristo 1247
— com a consagração episcopal é conferida a totalidade do s. m. 335; liberdade dos bispos no distribuir os sagrados m. entre os seus sacerdotes 647; lembrem-se os sacerdotes de que os bens materiais por eles realizados no exercício do seu ofício estão intimamente ligados a seu s. m. 649
— a pobreza voluntária ajuda os sacerdotes a desenvolver com maior prontidão o s. m. 1302; meio de perfeição dos sacerdotes 1283s 1286-1288
— o apostolado dos leigos e o m. pastoral completam-se reciprocamente 933
— os sacerdotes devem apresentar a imagem de um m. verdadeiramente sacerdotal e pastoral 357
— os institutos religiosos não exclusivamente dedicados à vida contemplativa estão convidados a colaborar, sob a jurisdição dos bispos, nos vários ministérios pastorais 671 675; os alunos dos seminários saibam que devem entregar-se ao completo serviço de Deus e do m. pastoral 790; nisso são extremamente ajudados pelo celibato sacerdotal 792
— o m. da palavra 58; os alunos dos seminários sejam preparados para o m. da palavra 780
— os ministrantes desenvolvem, assim como os leitores e os comentaristas, um verdadeiro m. litúrgico 47
— os religiosos estejam prontos a assumir maiores responsabilidades no m. das almas 670
— exercício do m. e importância dos catequistas 1142
— m. dos sacerdotes e dos leigos que ensinam a doutrina cristã 835
— os sacerdotes dediquem-se a seu m., confiantes no poder de Deus 1317
— a cúria diocesana deve ser um instrumento apto ao exercício do apostolado diocesano 645; vigário geral e vigários episcopais 642
— cuidado particular para com os fiéis que não podem usufruir do m. do pároco 617
— é dever da faculdade de ciências sacras também o de preparar os alunos ao m. sacerdotal 847
— todos tenham zelo pelas vocações ao m. sacerdotal 1280
— humildade e obediência necessárias ao m. dos sacerdotes 1293 1294; meios comuns e específicos à sua disposição para alimentar a unidade com Cristo 1304

— a renovação de toda a Igreja depende em grande parte do m. sacerdotal animado pelo Espírito de Cristo 771
— o mistério de Cristo age principalmente através do m. sacerdotal 800
— exortação àqueles que se preparam ao m. sacerdotal 818
— com a revisão das dioceses, constitua-se um campo suficiente ao pleno desdobramento das forças do m. 630
— o povo de Deus compõe-se de várias ordens, pois que entre os seus membros há diversidade de funções 320; todavia, existe nele unidade de missão 917
~ 203 214 216 227 237 242 411

Ministrante
— nas celebrações litúrgicas 48s

Ministro
— os sacerdotes são ministros de Jesus Cristo entre as gentes 1247; papel litúrgico 47
— o bispo, ministro da palavra e dos sacramentos 350
~ 147 198 235 243 249 257 418 485

MINORIAS
— direitos e deveres 1564; promover a cultura das m. 1518; extermínio sistemático das m. e sua condenação 1594

MISERICÓRDIA
— a Igreja pode e deve suscitar obras para o serviço aos necessitados 1450; organismo auspiciado pelo Concílio para auxiliar as regiões 1635; cf. *Ação caritativa*
~ 57*s 231* 237* 245* 267* 274* 323* 327* 351* 433*

MISSA
— o preceito festivo 476
— cf. *Eucaristia, Liturgia, Intercomunhão*

MISSAL
— reforma do m. 87-89

MISSÃO
— m. do Filho 1090 1092-1094; m. do Espírito S. 1090 1095
— m. canônica dos bispos 343 451; m. canônica dos sacerdotes 356 1243 1264; todos os sacerdotes têm a m. de contribuir para uma mesma obra 1267
— cf. *Trindade, Apóstolos, Bispos, Missões, Igreja*
~ 1* 5* 106* 155* 193* 198* 207* 216* 250*

MISSÕES
— definição das m. 1100
— vocação missionária de toda a Igreja 327 1087-1091; as m. como ato de obediência ao comando de Cristo 326s; promovem a glória de Deus e a salvação da humanidade 326; o dever de evangelizar 1096-1104; para a Igreja 327; para o corpo episcopal 340; para os religiosos 413 762
— desígnio divino de salvação, concretizado por Cristo, que se prolonga na Igreja 1090-1106; o Espírito do Senhor fez nascer um espírito autenticamente

missionário 1318; irrenunciabilidade da evangelização 1117s; caráter escatológico da atividade missionária 1108s; como a Igreja realiza a sua m.: com abnegação 1097; com o ministério da palavra 1156; com iniciativas pastorais diversas 1100-1103

— reordenação da atividade missionária 1189-1209; um único dicastério central 1191-1198; reforma da congregação *De Propaganda Fide* 1195-1197

— dever missionário e colaboração de todos os membros da Igreja 1210-1240; dos bispos 339s 1220-1226; dos sacerdotes 1227-1229; dos religiosos 762 1230-1233; dos institutos seculares 1233; dos leigos 916 1234-1240; das Igrejas particulares 1155-1162 1216-1219; das paróquias 633s

— coordenação das iniciativas entre todos os institutos missionários 1185-1188 1203-1208

— os leigos cristãos, missionários dos seus concidadãos não-cristãos 1129 1132 1133 1165 1234-1240; testemunho missionário dos católicos 1111s

— missão como *plantatio Ecclesiae* 1100-1103 1126 1134

— vocação missionária 1171s; os missionários e a sua formação 1175-1184; o clero nativo 1135-1140 1157; o diaconato 1140; vida religiosa e contemplativa nas Igrejas jovens 1146-1149; os catequistas 1141-1145; pastoral das conversões 1117-1120; catecumenato 1121-1125; liturgia pascal e batismo 1123; características das novas comunidades cristãs 1128-1134

— colaboração dos cristãos para melhorar o teor de vida 1113-1116; vida cristã e culturas nativas 1129 1164; incrementar a informação missionária, usando os meios de comunicação social 1184 1214s; adaptação da liturgia e da música sacra 66 71; adaptação do rito batismal em terra de m. 116; obrigações das Igrejas católicas de rito diverso com relação à pregação do Evangelho em todo o mundo 459; escolas católicas em terra de m. 840; unidade dos cristãos e atividade missionária 537 560 1103 1130 1212

— cf. *Igreja católica, Igreja (universal chamada...), Atividade missionária* ~ 10* 270*-276* 339* 458*

Igrejas jovens

— escopo da atividade missionária é a *plantatio* de novas Igrejas particulares 1100 1150

— elas devem tender à plena maturidade da vida e das estruturas eclesiais 1151; devem viver em plena comunhão com a Igreja universal 1152; são auxiliadas pela Igreja universal 1153

— estas, por sua vez, são constituídas "sinal de Cristo" não somente para todos os batizados, mas para toda a população do lugar 1155

— responsabilidade das conferências episcopais locais para coordenar as iniciativas e não desperdiçar preciosas energias 1159 1161

— também as i. j. façam generosos sacrifícios pela causa missionária, mesmo que sofram escassez de clero 1152

— não são sinal perfeito de Cristo, enquanto não houverem maturado um laicato autêntico 1153-1155.

Missiologia
— indispensável para todo missionário 1179; faculdades universitárias e especializações 1184 1209

Missionários
— chamados com especial vocação 1171s; embaixadores de Cristo, de cuja missão participam e prolongam 1173s; a Igreja continua a enviar m. 327
— os m. podem ser sacerdotes, religiosos ou leigos 1172; estão empenhados em viver na humildade, prestando testemunho a seu Senhor 1174; formação intelectual, espiritual e apostólica, a ser completada em m. 1176-1184; vida de oração e espírito de sacrifício 1177; amor e estudo da Escritura 1178; estima pelas culturas locais 1179; estudo da língua 1183; da missiologia 1179-1184; da arte catequética 1181; preparação de expertos em missiologia e nos meios de comunicação social 1184; os institutos superiores que cultivam disciplinas úteis às m. colaborem generosamente 1209
— união dos m. com o bispo 1200; sensibilidade missionária 1175 1176; instrução musical do m. 217
~274*-276*

MISTÉRIO
— Cristo nos revelou o m. do Pai 286; cf. *Cristo, História da salvação*
— o m. da Igreja: cf. *Igreja*
— os cristãos foram avocados pelos m. da vida de Cristo 300
— os bispos são administradores dos m. de Deus 334
— Maria serviu ao m. da redenção 430; que se manifestou solenemente após a efusão do Espírito 433
— os sacerdotes penetrem a fundo no m. do Cristo 1291; e considerem o celibato como uma graça nele fundamentada 1298
— colaboração de todos os sacerdotes para a realização do m. de Cristo 1317; o qual compenetra a história do gênero humano, age continuamente na Igreja e opera principalmente através do ministério sacerdotal 800
— os estudos eclesiásticos sejam uma iniciação ao m. da salvação 800s 808
— com o dom do Espírito S., o homem pode chegar, na fé, a contemplar o m. do plano divino 1368; o m. do homem somente encontra luz no m. do Verbo encarnado 1385 1390
— o reino do Cristo está presente sobre a terra, em m. 1441
— também os irmãos separados contribuem para a consecução do m. de Cristo e da Igreja 516
— o hinduísmo escruta o m. divino 856
— os leigos revelem o vínculo de unidade que haurem do m. de Cristo 1165
— iniciação gradativa ao m. da salvação 825
— o m. de Cristo nas celebrações litúrgicas 58
— o ciclo de formação dos seminaristas deve ser ordenado à luz do m. da salvação 1137

Mistério pascal
— redenção dos homens e glória de Deus 7; todos podem associar-se 8 1389; nele a atividade humana atinge a sua perfeição 1437 1438; o cristão é associado ao m. p. 1388; do qual pode participar na liturgia 197 198
— m. p. e santa missa 83; e sacramentos 110; e ano litúrgico 192; e festas dos santos 188; e celebração dominical 191
— os bispos façam-no viver pelos fiéis 606; os sacerdotes vivam o m. p. de Cristo 788; cf. *Redenção, Morte, Eucaristia*
— o Espírito concede a todos a possibilidade de entrar em contato, do modo que Deus conhece, com o m. p. 1389
— o neoconvertido, através do m. da morte e ressurreição de Cristo, passa do homem velho ao homem novo 1118; liturgia quaresmal, como preparação ao m. p. 1123; a comunidade cristã, no sacrifício eucarístico, passa incessantemente ao Pai em união com Cristo 1127; todo mistério sacerdotal brota da páscoa de Cristo 1248; cf. *Ressurreição*

MITOLOGIA
— seja eliminada dos hinos litúrgicos toda alusão à m. 165
— os mitos do hinduísmo 856

MOBILIDADE
— do trabalho não deve prejudicar a segurança do trabalhador 1543; dos párocos, para o bem da diocese 662

MOEDA
— no campo monetário, não se danifique a própria nação 1553

MOISÉS
— profeta de Deus 862 1264; aliança de Deus com M. 859

MONAQUISMO
— atualidade e importância 731s; riqueza da tradição do m. oriental 550; atualização e valores tradicionais nos mosteiros, sementeira de edificação do povo cristão 731; promover formas de vida monástica em terra de missão 1149; cf. *Religiosos*

Monjas
— recitação do ofício divino 168; língua litúrgica 181; clausura das m. 753s; cf. *Irmãs*

Mosteiros
independentes 764; mais ou menos florescentes 763 (cf. *Institutos*); nos m., honra-se a esposa de Cristo e prestam-se a todos os homens generosos serviços 413

MONOPÓLIO
— exclua-se toda forma de m. escolástico 833

MORADIA
— direito de toda família à m. 954
— direito a uma morada digna 537 945 1400 1543 1539
— cabe aos leigos procurar uma m. digna 962
— m. dos sacerdotes 1303

MORAL
— a teologia m. é fundada sobre a Escritura 808
— os cristãos unem-se aos outros homens para buscar a verdade e para resolver muitos problemas m. 1369
— m. profissional 260-262; individualista 1413s; primado da ordem moral 254; os muçulmanos têm estima pela vida m. 859; interpretações do Evangelho no campo m. 570
— as normas objetivas da moralidade 1369
— no ensino da m., os professores coloquem em evidência também os aspectos missionários 1229
— em questões de m., os fiéis devem aceitar o juízo dado por seus bispos em nome de Cristo 344; tal doutrina da Igreja é infalível 346
— os missionários aprofundem a ordem m. que encontram em terra de missão 1183; valores m. das religiões não-cristãs 858
— os discípulos de Cristo tencionam ensinar as verdades m. que Cristo revelou 1116
— os futuros catequistas devem receber uma autêntica formação m. cristã 1143
— é tarefa da hierarquia: ensinar e interpretar os princípios que devem ser respeitados nas atividades temporais 1007
— nas atividades temporais, os leigos tenham sempre diante de si os princípios da doutrina m. da Igreja 1034
— erros que pretendem subverter a ordem m. 936
~ 3* 25* j 84* 188* 195* 378* 396* 437* 473*

MORTE
Morte e Cristo
— Cristo nos livrou da m., mediante a sua m. salvífica sobre a cruz 285 290 296-300 378 383 419 433 1321 1372 1388-1390
— o mistério da morte e ressurreição de Cristo 7 (cf. *Cristo, Ressurreição, Mistério pascal*); Cristo ofereceu-se à m. por todos 1420
— a m. de Cristo não pode ser imputada nem indistintamente a todos os hebreus que viviam então, nem aos hebreus do nosso tempo 866; Cristo submeteu-se voluntariamente à m. por causa dos pecados de todos os homens 868; antes de oferecer-se como vítima imaculada sobre a cruz, Cristo rezou ao Pai "para que todos sejam um" 497
— participação de Maria no sacrifício de Cristo 432
— Cristo morreu por todos os homens 1389
— m. de Cristo e martírio 398
— m. na paz de Cristo 419; cf. *Defuntos, Purgatório*
— os doentes são convidados a unir-se espontaneamente à paixão e m. de Cristo 314
— Cristo reconciliou hebreus e gentios por meio da cruz 862
— aqueles que seguem os conselhos evangélicos unem-se ao Senhor em sua obediência até à m. na cruz 704

Morte e mistério pascal
— a Igreja anuncia a m. do Senhor até que ele venha 307
— após a sua m. e ressurreição, Jesus instituiu a Igreja 1421
— a missa, memorial da m. do Senhor 83 286
— as comunidades eclesiais separadas de nós, quando celebram a ceia do memorial da m. do Senhor, professam que a comunhão significa a vida em Cristo e esperam a sua vinda gloriosa 567
— o batismo nos insere na m. do Senhor, para fazer-nos ressurgir com ele 297
— o mistério pascal faz-nos assimilar a m. e ressurreição de Cristo 297 1388 1439; o cristão está morto para o pecado 297

O homem e a morte
— o homem quererá sempre saber o significado da sua vida, das suas atividades e da sua m. 1446
— diante da m., o enigma da condição humana toca o seu ápice 1371s 1388
— o germe de eternidade que o homem carrega em si insurge-se contra a m. 1371
— faltando a fé, o enigma da m. fica sem solução 1380; m. sem Deus e desespero final 326
— a m. não rompe, ao contrário, consolida os vínculos da comunhão dos santos 419
— a fé dá a possibilidade de comunicar-se com os próprios entes queridos já arrebatados pela m. 1373
— os sacerdotes, prontos para o sacrifício supremo, também em nossos tempos, não recuaram diante da m. 1289
— se não forem concluídos estáveis e honestos tratados de paz, a humanidade será, talvez, funestamente conduzida àquele dia em que não poderá experimentar outra paz a não ser a paz de uma terrível m. 1610
~ 504*

MORTIFICAÇÃO
— os sacerdotes mortifiquem a si mesmos 1283
— cf. *Sofrimento, Cruz*

MOVIMENTO
— bíblico 521; ecumênico 495 508-518 520 525 558; litúrgico 76 521 709
~ 169*

MUÇULMANOS
— relações com a Igreja católica 326 859s
— cf. *Islão*

MULHER
— como a m. traz a morte, assim também a m. dá a vida 430
— seus direitos 1410; igualdade com o homem 1343 1347 1476
— sua vida cultural 1040 1521; o trabalho feminino 1521
— o empenho apostólico das m. 948 1165

— a educação deve ser implantada de maneira a formar homens e m. de forte personalidade 1415
— o apostolado das m. catequistas em missão 1141
— cf. *Homem, Matrimônio, Família*
~ mensagem do Concílio às m. 500*-510*

MUNDO
— definição de m. 1321

Mundo e homem
— o atual andamento do m. 1328 1350
— o m. deve ser tornado mais conforme à dignidade do homem 1636; respeitando o bem das pessoas 1401
— no universo, o homem ocupa uma posição própria 1528; o m. está centrado no homem 1355
— o homem sintetiza o universo 1363; transcende-o e supera-o 1364 1365 1400; nele, o cosmo toma consciência 1363
— e o homem deve esforçar-se por conhecer e aperfeiçoar o m. 1328; para conduzir a humanidade a melhor destino 1609
— cf. *Homem, Sociedade, Humanidade*
~ 25* i 40* 41* 193*
~ Concílio e m. 9* 25* f 83* 84* 90* 106* 110* 124* 144* 147* 183*s 191* 225* 316* 327* 335* 345* 407* 444* 448* 454* 457* 463* 477* 480* 511* 532*

O mundo e a salvação
— o m. criado e mantido em existência pelo amor do Crisdor 1321
— posto sob a escravidão do pecado e por ele deformado 1321 1349; libertado por Cristo crucificado e ressurgido e destinado a ser transformado 327 415 932 1321 1463; foi inserido na economia salvífica 144 1092
— o Verbo, antes ainda de fazer-se carne, estava no m. qual luz verdadeira 1507
— espera e propende ao seu cumprimento 1321 1437 1439 1443 1464 1469; será transformado, porém, não sabemos quando 1439
— o m. é teatro da história do gênero humano 1321 1399 1437 1576 1585 1588 1608 1615
~ 3* 25* u 30*-31* 70* 75* 95* 124* 183* 190* 195* 225* 272* 279* 292* 316* 324* 335* 344* 516* 523*

O mundo e a Igreja
— tudo quanto o Concílio afirma acerca da dignidade da pessoa e da comunidade humana constitui a base do diálogo entre Igreja e m. 1442
— os sequazes de Cristo, mesmo não sendo do m., são a luz do m. 15
— os filhos da Igreja, servindo-se dos meios de comunicação social, iluminem o m. 283
— os cristãos são para o m. o mesmo que a alma é para o corpo 386; mediante uma vida coerente de fé, os cristãos tornam-se luz do m. 963

— a Igreja encontra-se no m., vive e age com ele 1442s; experimenta as mesmas vicissitudes terrenas 1443
— por meio da Igreja, permanece no m. a voz do Espírito S. 884
— o Concílio quis delinear a presença e a ação da Igreja no m. contemporâneo 1320
— a Igreja pode ser muito ajudada pelo m. 1445 1460-1462; expondo ao m. problemas diversos 1446s; a Igreja pretende oferecer uma válida ajuda ao m. como sociedade humana 1449-1453 1463; a atividade humana é, de fato, elevada à perfeição no mistério pascal 1437-1438
— a presença dos cristãos no m. deve ser uma presença de serviço 378 1454-1459 1643; para construir um m. mais justo e animá-lo cristãmente 1504; e produzir no m. os frutos do Espírito 373; e dispô-lo a receber a semente da Palavra 380; cf. *Apostolado dos leigos*
— o mandamento do amor é de grande importância num m. que vai se unificando cada vez mais 1394
— fugacidade deste m. e testemunho dos conselhos evangélicos 387 399 421; cf. *Homem, Criado, Realidades terrestres, Igreja*
~ 25* i 25* j 28* 43* 49* 53* 57* 82* 95* 124* 140* 147* 166* 183*-187* 190* 216* 225* 251* 268* 294* 296* 345* 373* 395* 400* 407* 431* 452* 454* 471*

O mundo em suas condições atuais
— o m. contemporâneo é caracterizado pelo multiplicar-se das mútuas relações entre os homens 284 537 913 1042 1111 1391 1397
— por profundas e rápidas mudanças na vida social, econômica, política e cultural 537 1325 1538 1562; cf. *História humana e seus valores*
— por mudanças psicológicas, morais e religiosas 1338-1340
— está vivendo hoje uma nova reviravolta 1324-1328; encaminha-se para a unificação 284 537 913 1324-1328 1496 (cf. *História humana e seus valores*); não sem graves desequilíbrios e males 936 1341 1374 (cf. *História humana e suas deficiências*)
— dá origem a esperanças e temores 1324-1328 1360-1362; coloca dramáticas interrogações 1350s; e apreensões para o futuro 1367s 1559 1585 1599 1604 1606
— a Igreja mostra ao m. que a verdadeira união social exterior provém da união dos corações 1451; e a força que a Igreja introduz na sociedade consiste na fé e caridade levadas à eficácia de vida, e não num domínio exterior qualquer 1451
~ 3* 5* s 25* i 25* n 25* p 43* 66* 82* 134* 138* 187*s 240* 268* 288* 349* 377* 385*s 390* 396* 407* 497* 507* 510* 516* 525* 530*

MÚSICA SACRA
— língua a ser usada 206; a sua importância na liturgia 201-205; formação de coros 207; formação musical 208-210; canto gregoriano e polifônico 211-214; canto popular 215; o canto em terra de missão 216s; o órgão e outros instrumentos 218 219; institutos superiores 209; compositores 220-222; comissão de música sacra 82

NAÇÕES
— os cristãos amem a própria n. 1131; possuam a sua cultura 1129; cf. *Sociedade, Mundo, Povos, Países*
~ 25* p 78* 81* 106* 125* 187* 236* 292* 339* 378* 381* 390* 407* 422* 511*
Nacionalismo
— obstáculo à paz entre os povos 1608; e à ação missionária da Igreja 1131
NÃO-CRENTES
— o verdadeiro apóstolo procura as ocasiões para anunciar Cristo aos n. c. 935; a Igreja anuncia a mensagem da salvação aos n. c. 15; em virtude da palavra salvadora, a fé se acende no coração dos n. c. 1250; profissão de fé em Deus e em Jesus diante dos n. c. 1130
— diálogo com os n. c. 1642
~ 430*
NÃO-CRISTÃOS
— valor e dignidade da sua cultura e das suas formas religiosas 856 868 1137; sejam tratados com grande respeito 613; o seu liame com a Igreja 326 353 357; todos são orientados para o povo de Deus 326; a eles a Igreja deve anunciar o Evangelho 1100 1107 1117 1251; também com eles os cristãos devem colaborar na caridade 1015 1016; diálogo com os n. c. 1641; os sacerdotes tenham cuidado para com eles 1275; cf. *Religiões não-cristãs*
~ 6* 60* 425* 428* 430* 532*
NATAL
— no ciclo do ano litúrgico 184
~ 118* 203*
NATUREZA
— os homens tornaram-se participantes da n. divina 873 1093
— os fiéis exprimam em sua vida a genuína n. da Igreja 2
— a própria n. da liturgia requer a ativa e consciente participação dos fiéis 23
— por sua n., o ser humano tem necessidade extrema de sociabilidade 1396; domínio do homem sobre a n. 1423; o trabalho humano impõe na n. o seu selo 1546; vida humana, n. e cultura estão ligadas entre si 1492; valores da n. 1492
— n. do homem: enigma que perturba o coração do homem 855; a Igreja declara e confirma os princípios da ordem moral que emanam da própria n. humana 1080; Cristo assumiu a n. humana completa, porém sem pecado 1093
~ 25* s
NECESSIDADE EXTREMA
— direito de quem se encontra em n. e. 1551
NEÓFITOS
— educá-los no espírito ecumênico 1130, e missionário 1157s 1162; compete à comunidade o dever de ocupar-se dos catecúmenos e dos n. 1260
NOIVADO
— e preparação para o casamento 955 1475

NÔMADES
— os bispos tenham especial cuidado deles 617
NOMEAÇÃO
— os patriarcas com os seus sínodos têm o direito de nomear bispos do seu rito, dentro do território patriarcal 470; liberdade de n. dos bispos 621s; n. dos párocos 661
NOVAS COMUNIDADES CRISTÃS
— principais características 1126-1134; cf. *Missões*
NOVIÇOS
— os n. não sejam destinados às obras de apostolado imediatamente após o noviciado 756; proiba-se aos institutos e aos mosteiros em decadência receber ainda n. 763
NOVO TESTAMENTO
— junto ao AT e à Tradição, é como um espelho em que a Igreja peregrina contempla Deus 881; todos os seus livros são escritos por inspiração do Espírito S. 889 897; o AT encontra nele o seu sentido 897; é de origem apostólica 900; nele se sobressaem os Evangelhos 899; historicidade 901; o cânone, além dos evangelhos, compreende as cartas de são Paulo e os escritos apostólicos 902; cf. *Palavra de Deus, Escritura, Evangelhos*
— o celibato é muito conveniente ao sacerdócio do NT 1298
NÚNCIOS APOSTÓLICOS
— determinar melhor a sua função 589
OBEDIÊNCIA
— a Deus é devida a o. da fé 877
— o. de Cristo que nos redime 286 378 383 400 402 1295; cf. *Cristo obediente*
— a o. conduz à liberdade dos filhos de Deus 402 877
— o. de Maria 430 435 439 1305; o. da Igreja 440
— os votos de pobreza, castidade e o. são um dom que a Igreja recebeu do Senhor 402
— a Igreja se alegra pelo fato de que muitos de seus filhos queiram conformar-se mais plenamente a Cristo o. 400
— a Igreja deve caminhar na o. 1097
— é preciso aderir na o. da fé às decisões dos bispos reunidos em Concílio 345 383
— a o. é a virtude característica do ministro de Cristo 1174 1177
— é a caridade pastoral que insta para que os sacerdotes se consagrem na o. ao serviço de Deus e dos irmãos 1294; a o. do missionário 1174 1177; a o. sacerdotal é fundada na participação do próprio ministério episcopal 1265
— cultive-se nos seminaristas a o. sacerdotal 790
— o serviço de Deus deve favorecer nos membros dos institutos religiosos a humildade e a o. 721
— através da o., os religiosos unem-se mais seguramente à vontade salvífica de Deus 746

— os religiosos submetam-se na fé aos seus superiores 672 747
— os superiores conduzam os religiosos a uma o. responsável na colaboração 748
— o. dos religiosos ao bispo 409 670; cf. *Isenção*
— o. à autoridade civil legítima 620 1570
— a o. cega não desculpa quem executa ordens contrárias ao direito dos povos 1594
— é necessária o. a Deus antes que aos homens 1072
OBJEÇÃO DE CONSCIÊNCIA
— seja respeitada 1595
OBRAS
— as casas e o. dos religiosos 744s 761; cf. *Religiosos, Institutos*
— sejam afastadas dos lugares sagrados as o. de arte que ofendem o genuíno senso religioso 229
— a Igreja incita os que crêem ao exercício de o. de piedade, caridade, apostolado 15; o leigo empenhado nas o. 379s; deve impregná-las de valor moral 380; o. humanas e perfeição pessoal 393; toda atividade humana é submetida a Deus 381; cf. *Realidades terrestres, Mundo*
OBRAS MISSIONÁRIAS PONTIFÍCIAS
— as o. m. p. 1196 1222
OBRIGAÇÃO
— o. do preceito festivo 476
— os bispos lembrem os fiéis a o. de providenciar meios de vida digna para os sacerdotes 1311; o. da caridade cristã 945; o. de auxiliar os pobres, e não apenas com o supérfluo 1551 1629
Ocidente
— cisões que originaram as Igrejas ou comunidades separadas do o. 540 556; o Concílio não pretende descrever com precisão todas estas Igrejas 557; de fato, elas diferem não pouco, não apenas de nós, mas também entre si 557; e observa igualmente as notáveis divergências existentes entre Igreja católica e estas Igrejas 503 559s 563 567 570; pretende, todavia, colocar em evidência alguns pontos que favorecem o diálogo 559
— cristãos que confessam Cristo senhor, único mediador, fonte da comunhão eclesiástica, em louvor da Trindade 560; seu amor e quase culto pela s. Escritura 561-564; que é um excelente instrumento de diálogo 564
— com o batismo, são incorporados a Cristo 325 565; o batismo constitui, pois, o vínculo sacramental da unidade 566; muito embora este constitua somente o início e o exórdio, porque orientado para a plena inserção na comunhão eucarística 566
— na santa ceia, esses cristãos celebram a memória da paixão e ressurreição do Senhor 567; e esperam a vinda gloriosa de Cristo 567
— a sua vida cristã é alimentada pela fé, pelo batismo, pela Palavra de Deus ouvida 568; e manifesta-se na oração, na meditação da Bíblia, no culto da

comunidade reunida 568; a fé operosa em sua vida 569; o testemunho da sua fé junto aos povos 560 1103
— como eles aplicam o Evangelho no campo moral 570
~ 134* 249* 357* 465*

ÓDIO
— Cristo, em sua carne, matou o ó. 1589
— o ó. racial 1609
~ 516* 530*

OFÍCIO DIVINO
— o o. d. continua a oração de Cristo 144-145; e da Igreja 147; é a voz da Igreja 176 1288
— é ordenado à santificação das horas 146
— obrigação do ofício divino 167-171; dispensa do o. 173
— princípios para reforma 150-156
— saltério 159s; leituras 161-164; hinos 165; tempo para a recitação das horas 166
— o "pequeno ofício" 174; recitação em comum ou em canto 76-178
— importância para os sacerdotes 148 1255 1288; para os clérigos 171; para os institutos de perfeição 174s; para os leigos 179
— língua do o. d. 180

ONU
~ 359*-364* 365*-397* 398*

OPERÁRIOS
— sacerdotes que compartilham a condição de vida dos o. 1267
— cf. *Trabalho, Cristo, homem perfeito*

OPINIÃO PÚBLICA
— importância 1609; influência 256 982; liberdade de o. 1517; contribuir para a formação de uma reta o. p. 256 268

ORAÇÃO
— o. dos fiéis reconstituída na missa 90s
— o. de Cristo "para que todos sejam um" 497 526 572 783 1395 1420
— a Igreja não cessa de rezar pela perfeita unidade de todos os cristãos 325; reza para que a totalidade do cosmo se transforme em povo de Deus 327
— o. de Cristo e da Igreja 9-12; o Espírito S. reza através dos fiéis 287; a o. dos fiéis unida ao sacrifício de Cristo 373
— "onde estão dois ou três reunidos em meu nome, eu estou no meio deles" 9 527; na liturgia, Deus fala a seu povo que, por sua vez, responde-lhe com a o. 52s
— o. como sacrifício espiritual 373; o. litúrgica 52-54; o. bíblica 157s; o. particular 19; o. contemplativa e atividade 392
— o. e crescimento na caridade 397 400; a o., vínculo de união 318 325; sacrifício de louvor 316
— o. comunitária 9-12 19 42-51 52-54 72s 176 178 525-528

— a o. do bispo pelo povo 350 353 391; do sacerdote 392
— os bispos empenhem todo o esforço para que os fiéis sejam perseverantes na o. 606p
— os religiosos devem cooperar para o crescimento do corpo místico de Cristo com a o. e com o apostolado 666; os fiéis unem sua o. à oblação de Cristo na missa 1251; os sacerdotes ensinem os fiéis a participar de modo tal na liturgia que possam chegar à o. sincera 1254
— a casa da o. deve ser adequada à o. 1256
— a o. na vida da comunidade cristã 1262
— todo presbítero está ligado a seus coirmãos também com o vínculo da o. 1267; os sacerdotes devem implorar a graça da fidelidade ao celibato 1298
— o. pelas vocações sacerdotais 776; a o. nos seminários 780
— o missionário seja homem de o. 1177; os sacerdotes ensinem aos fiéis a o. pelas missões 1228; a o. da comunidade cristã 1218; a o. dos institutos contemplativos pelas missões 1231
— a o. e a vida religiosa 727 750
— os muçulmanos rendem culto a Deus com a o. 859
— a o. é a alma do ecumenismo 525; o. "pela unidade" 527
— o. familiar 953 955 1472s 1476; particular 19 157s; o. presidida pelo diácono 359
~ 1* 5* 10* 20*-24* 44* 60* 71* 87* 100* 114* 115* 125* 212* 216* 224* 230*s 260* 267* 275* 316* 320* 351* 396* 413* 421* 448* 469* 481*

ORDEM
— sacramento da o. na l. latina 129; e oriental 478; a imposição das mãos confere o Espírito S. 335
— Cristo torna os bispos participantes da sua consagração 354
— sacramentalidade da consagração episcopal 334-336 348 391 (cf. *Bispos*); ela confere a plenitude do sacramento da o. 335 348 391 393; a consagração episcopal confere também os ofícios de ensinar e governar 234s; imprime o caráter que habilita a agir na pessoa de Cristo 335
— em virtude do sacramento da ordem, os sacerdotes tornam-se os verdadeiros sacerdotes do NT 354; não possuem, porém, o ápice do sacerdócio 354; ainda que participem da graça e do ofício do bispo 392; constituindo com ele um único presbitério 355-647
— o diaconato é acompanhado com a graça sacramental da ordem 359 s 392; cf. *Sacerdotes, Diáconos*

Ordem Episcopal
— cf. *Bispos*

Ordem moral
— princípio m. da responsabilidade pessoal e social no exercício das liberdades 1064
— normas jurídicas e o. m. 1065 (cf. *Moral*)
— a Igreja confirma autoritariamente os princípios m. que têm origem n: própria natureza humana 1080

— erros que tentam destruir a o. m. em seus fundamentos 936
~ 188*
Ordem sobrenatural
~ 11* 25* k
Ordem pública
— e liberdade religiosa 1050 1056
~ 31* 42* 82* 194* 422* 483*
Ordem social
— deve ser ordenada para o bem da pessoa e não vice-versa 1401
~ 458*
Ordem temporal
— valor e autonomia 379-381 938
— o desígnio de Deus sobre o mundo consiste em que os homens aperfeiçoem sempre mais a o. t. 937; idolatria das coisas da o. t. 939
— é tarefa da Igreja auxiliar os homens a serem capazes de bem construir a o. t. 940
— o Concílio deseja que a ação social dos cristãos se estenda a todo o âmbito da o. t. 941
— os membros da ordem sacra e o exercício de uma profissão secular 363
— somente à luz da fé é possível compreender o sentido e o valor das coisas temporais 924 927
— tarefa da hierarquia nos paralelos entre obras e instituições de o. t. 1007
— o. t. e progresso espiritual 1327; a Igreja e a o. t. 1583
— a sua animação cristã, tarefa específica do apostolado laical 363 917 932 941 974 1132 1455s; necessidade de uma adequada instrução dos leigos 1034
— a obra da redenção de Cristo abrange também a instauração de toda a o. t. 932
— empenhando todos os esforços, quer-se construir uma o. t. mais perfeita 1327
— cf. *Realidades terrestres, Mundo, História*
~ 3* 11* 406*
ORDENAÇÃO SACERDOTAL
— prepara os sacerdotes para uma missão universal de salvação 1277; torna ministros de Cristo 1243 1245 1252 1282s; empenha a uma vida perfeita 1282; revisão do rito 129
ORDENAMENTO JURÍDICO
— o o. j. pode e deve limitar a liberdade somente quando e enquanto isso for necessário 1065; cf. *Direito*
— eixos fundamentais 1573-1578 1085; deve defender os direitos da pessoa humana 1085 1563; reconhecer a liberdade e particularmente a liberdade religiosa 1045 1046 1060 1065
ORDENS
— o. menores na liturgia romana 129; nos ritos orientais 478; idade canônica para as sagradas o. 798

— o. religiosas: cf. *Institutos religiosos, Religiosos*
ORDINÁRIO
— prelado possuidor de autoridades ordinárias (cf. *Bispo*); a sua autoridade em matéria litúrgica 35; permissão do o. relativamente à concelebração 101; com respeito ao catecumenato 115; ao batismo 119; bênção reservada em favor dos bispos e dos ordinários 137; permissão do o. com relação aos sacramentos 138; disposições do ordinário quanto à obrigação do ofício divino 173; com relação à arte sacra 228 232s; colaboração com os irmãos separados, a critério do o. 1130; institutos de perfeição isentos da jurisdição do o. 1130; 409
ORGANISMOS INTERNACIONAIS
— devem prover às necessidades dos homens 1613s 1623; fundamento da comunidade humana 1614 1623; o. i. para a paz no mundo 1607 1611 1613; colaboração dos cristãos 1208 1633-1635
— organizações internacionais católicas 985 1633
— os fiéis ambicionem colaborar nas iniciativas das o. i. 1114
— contrastes entre as instituições internacionais 1344; cf. *Instituições internacionais*
ÓRGÃO
— instrumento tradicional na Igreja latina 218
ORGULHO
— o. que pode provir dos bens temporais 927
— o o. causa de guerra 1611
ORIENTE
— na comunhão eclesiástica, permanecendo íntegro o primado da cátedra de Pedro, existem legitimamente as Igrejas particulares 320; o corpo místico é também o corpo das Igrejas 339
— as várias Igrejas particulares (ou ritos) na única Igreja católica 458; estas Igrejas particulares do Oriente e do Ocidente são igualmente confiadas ao romano pontífice 459; gozam de igual dignidade 459; seus direitos e deveres 461
— o conceito de comunhão eclesiástica no o. 451
— significado, no o. e no Ocidente, da concelebração 97
— valor da imposição das mãos segundo a tradição das Igrejas do o. e do Ocidente 335; o. e data da páscoa 242 481
~ 25* y 29* 134* 249* 357* 465*
Igrejas orientais católicas
— veneráveis por antigüidade 457
— seu significado eclesial 458; dignidade 459; benemerências 461
— são protegidas e incrementadas em seus ritos legítimos 458 462
— e em sua disciplina 462; a colaboração nas Igrejas o. c. 689
— os patriarcas 463-466; cf. *Sínodo, Patriarcados*
— a disciplina sacramental 473-479; os tempos sacros 480-482; o ofício divino 483; a língua coral 484
— o Concílio não pretende mudar a disciplina da I. o. c. acerca do celibato eclesiástico 1296

— os bens eclesiásticos e os presbitérios orientais 1301 (nota 46);
— seja conservada a veneranda instituição da vida monástica tanto no O. quanto no Ocidente 731
— *Propaganda Fide* atue respeitando os direitos das I. o. c. 1192

Igrejas orientais separadas
— viveram durante séculos em comunhão com as Igrejas do Ocidente 543; sua importância na definição dos dogmas fundamentais 544; por que houve a divisão 539 545s
— com a eucaristia, os fiéis orientais, unidos ao bispo, têm acesso à Trindade 547; com a celebração da eucaristia em cada uma dessas Igrejas, a Igreja de Deus é edificada e cresce 547
— preocupação, junto aos o., em conservar a comunhão que, como entre irmãs, deve existir entre as Igrejas locais 543
— as o. c. têm verdadeiros sacramentos e a sucessão apostólica 325 549; a sua esplêndida liturgia 548; a devoção à Mãe de Deus 445 548; o monaquismo 550; peculiares tradições teológicas 553; estima pelo seu patrimônio espiritual 551 554; "validade" do poder exercido pelos o. 456
— a intercomunhão: princípios 487 528 549; aplicações pastorais 488-490 549; cf. *Ecumenismo*
— o Concílio declara que as o. c. têm o poder de regular-se segundo as próprias disciplinas, e espera que a c. do O. e do Ocidente se reconcilie 555; cf. *A Igreja e as Igrejas*

PACEM IN TERRIS
~ 349* 390*

PADRES
— cf. *Sacerdotes*

PADRES DA IGREJA
— suas asserções atestam a vivificante presença da tradição apostólica 884; o estudo dos p. auxilia a compreensão da Escritura 906 1169; leituras patrísticas no ofício divino 163; os p. da Igreja oriental 548 550 553; o estudo dos p. nos seminários 807; o estudo dos p. para os sacerdotes 1307; restabeleçam-se no ordinário da missa alguns elementos segundo a tradição dos p. 87; ensinamentos dos p. 202 285 302 430 433 1070 1093 1281 1551
~ 49* 54*

PADRINHOS
— no batismo 118; sua função 1124

PAI (DEUS)
— cf. *Deus, Igreja, História da salvação, Cristo*

PAIS
— os p. devem auxiliar-se mutuamente e ser fiéis a seu amor 394 1491
— os p. são os primeiros anunciadores da fé 314 376 953
— os p. têm o dever de tudo predispor a fim de que os filhos se beneficiem do auxílio e da formação da Igreja 836

— os p. são os primeiros e principais educadores dos filhos 826 1473
— os p. devem tomar em consideração a importância da família cristã para a vida e para o desenvolvimento do povo de Deus 826
— faz-se necessário que os p. cooperem na formação dos filhos 1485
— compete aos p. dispor os filhos a reconhecer o amor de Deus para com todos os homens 1026
— os p. devem suscitar nos filhos o senso católico e a ação apostólica 767 1028 1280
— os p. dêem o exemplo da oração em comum 1473
— aos p. cabe o direito de organizar a vida religiosa da própria família 1057
— é bom que sacerdotes e p. se reúnam amigavelmente em grupos para poder auxiliar-se reciprocamente 1259
— na falta dos p., a sociedade civil deve garantir a educação 827
— a sociedade civil defenda os direitos e os deveres dos p. 827
— os poderes públicos devem preocupar-se com que os p. possam escolher as escolas para os filhos com plena liberdade 832
— no rito batismal, sejam postos em maior evidência os deveres dos p. e dos padrinhos 118

PAÍSES
— o mundo moderno está em fase de desenvolvimento em todos os p. 1332-1344
— difunde-se gradativamente o tipo de sociedade industrial que favorece a opulência econômica de algumas nações 1333; a oposição sempre mais aguda entre os p. economicamente desenvolvidos e as outras nações representa um perigo para a paz mundial 1536; especialmente nos p. economicamente mais desenvolvidos, não poucos homens parecem dominados pelas exigências da economia 1535; também nos p. menos desenvolvidos, alguns vivem na opulência e dissipam os seus bens 1535
— problema dos latifúndios 1559
— os homens respondem com consciência cada vez mais sensível às disparidades existentes entre as várias nações 1537; o desenvolvimento não deve ser abandonado ao arbítrio de poucos homens, ou nações economicamente poderosas, nem à comunidade política de maneira exclusiva 1540
— aqueles que inutilizam as próprias riquezas prejudicam gravemente o bem comum, sobretudo nos países em via de desenvolvimento 1541
— muito embora quase todos os povos tenham conquistado a independência política, ainda estamos longe de poder afirmar que estejam libertados de toda forma de dependência 1615
— as nações em via de desenvolvimento querem participar dos benefícios da civilização moderna 1337 1347
— o Concílio quis tomar em especial consideração o desenvolvimento econômico na vida internacional 1537

— o Concílio estimula a fornecer aos indivíduos e aos povos os meios com que eles possam prover a si próprios e desenvolver-se 1551
— as nações em via de desenvolvimento assinalem como escopo da sua evolução a plena expansão humana dos cidadãos 1618
— muitas nações, economicamente pobres, porém, mais ricas em sabedoria, podem oferecer uma ajuda de grande relevância 1367
— é dever gravíssimo das nações mais ricas ajudar os p. em via de desenvolvimento 945 1551 1620
— as nações em via de desenvolvimento não poderão receber os necessários subsídios materiais sem que sejam feitas profundas modificações nos métodos atuais do comércio mundial 1616
— seria de todo conveniente fundar instituições capazes de promover e controlar o comércio internacional, especialmente com as nações menos desenvolvidas 1623
— a comunidade das nações deve instituir uma ordem que corresponda aos seus deveres atuais, dando uma particular atenção às regiões mais desprovidas 1612
— nos investimentos, tenham-se presentes as necessidades das nações menos desenvolvidas 1553; quanto aos trabalhadores vindos de outro país, há que eliminar acuradamente toda e qualquer discriminação nas condições de remuneração e de trabalho 1543
— são dignos de louvor e encorajamento os cristãos que espontaneamente se oferecem para socorrer os outros homens e as outras nações 1629
— faz-se necessário que aqueles que se dedicam ao serviço dos p. em via de desenvolvimento recebam uma formação adequada em institutos especializados 1630

PAIXÃO DE CRISTO
— celebrada na liturgia 9 286; princípio de salvação 286 290 313s; o sacerdote imita-lhe o mistério 1282s; os responsáveis pela p. de Cristo 866 868

PALAVRA DE DEUS
Palavra de Deus e revelação
— é inspirada pelo Espírito 885; é norma de fé e de vida 325 904; é acolhida com fé pela Igreja 440 872; a tradição transmite-a integralmente 885 (cf. *Tradição*); o magistério interpreta-a 887 893; manifesta-se de modo eminente no NT 898; é fonte de vida 904; cf. *Revelação, Sagrada Escritura*
~ 153* 244*

Palavra de Deus, pregação, evangelização
— a pregação da p. é função do corpo episcopal 340 342 344; o presbítero medita-a e prega-a 354 780 1250; o diácono a lê 359; o leigo dispõe o mundo a recebê-la 374 380; e coopera para difundi-la 949
— solicitude dos bispos pelos países em que a P. de D. não foi ainda anunciada 582; e onde é pregada pelos leigos como catequistas 1140
— a P. de D. e as novas Igrejas 1168
— a Igreja tem a obrigação de agir incansavelmente para que a P. de Deus corra e se propague 1078; e se esforce de fato por levar o anúncio do Evangelho a todos os homens 1087

— a função do presbítero não é a de ensinar sua própria sabedoria, mas de ensinar a P. de D. 1250; por isso, lê e ouve todos os dias esta p. 1287; dever dos párocos de pregar a p. de D. 656
— da semente da P. de D. germinam as Igrejas indígenas particulares 1100; essa semente absorve a linfa vital dos vários povos, transformando-a e assimilando-a 1168s
— a Igreja tem o dever de trabalhar incansavelmente a fim de que a P. de D. "corra e seja glorificada" 1078; os leigos cooperam com dedicação total no comunicar a p. de D. 959
— a adaptação da pregação da P. deve permanecer como lei de toda evangelização 1461; dever de todo o povo de Deus de julgar os modos de falar do nosso tempo à luz da P. de D. 1461; Deus fala a seu povo segundo o tipo de cultura das diversas épocas 1510; é preciso que aqueles que se dedicam ao ministério da P. utilizem os caminhos próprios do Evangelho que, em muitos pontos, diferem dos meios próprios da sociedade terrestre 1581

Vida dos fiéis e Palavra de Deus
— também o senso de fé do povo cristão interpreta não uma palavra humana, mas realmente a P. de D. 316
— bem-aventurados aqueles que a guardam 432; está à disposição de todos 905
— seria uma coisa vã pregá-la externamente, se não fosse guardada no coração 908
— os leigos têm direito a recebê-la da hierarquia 382
— força da P. de D. 1072; os que crêem em Cristo são regenerados pela P. de D. vivo 308
— somente na meditação da P. de D. é possível reconhecer em todo acontecimento a vontade de Deus 924
~ 139* 227* 242* 245* 275* 327* 453*

Teologia, ecumenismo e Palavra de Deus
— está na base da teologia 907
— a P. de D. nos irmãos separados 504 562s
— na pregação da P. de D., todos prestem atenção para não ensinar algo, com referência aos hebreus, que não corresponda à verdade 866

Liturgia e Palavra de Deus
— a P. de D. na liturgia 9 57-59 60 85 89; no ofício divino 163; celebração da P. 60 96; P. de D. e crescimento na caridade 397
— a Igreja nutre-se da P. de D. e da eucaristia 904 1100 1127 1304; por ela é convocado o povo de Deus 1250
~ 458*

Palavra de Deus e homem
— múltiplas relações entre mensagem da salvação e cultura 1510
— a liberdade religiosa e a pregação da p. de D. 1070

— o direito à liberdade religiosa funda-se na dignidade humana, que se conhece por meio da p. de D. e da razão 1045
— um elemento fundamental da doutrina católica, contido na P. de D., é que os homens têm o dever de responder a Deus crendo voluntariamente 1070
— o Concílio confia que tudo quanto, baseado na P. de D., expôs na Constituição pastoral, possa trazer uma válida ajuda a todos 1637

PÃO
— "não só de p. vive o homem" 1624
— a Igreja nutre-se do p. da vida 904; o sacramento do p. eucarístico 286 (cf. *Eucaristia*); "um só p., um só corpo..." 297; a perseverança na comunhão fraterna, na fração do p. 8 318 886
~ 194* 251* 391* 483* 516*

PAPA
— cf. *Romano pontífice*

PARAÍSO
— cf. *A Igreja voltada para a salvação... Igreja peregrina, Escatologia*

PARÓQUIA
— as p. representam, de certo modo, a Igreja visível estabelecida por toda a terra 74; liames da p. com o bispo e senso da comunidade 75
— iniciativas para a atualização teórica e prática da formação sacerdotal em colaboração também com as p. 817
— ereção e supressão das p. 664
— a p. é como a célula da diocese 951; escola de apostolado 950s; e de espírito missionário 654; educa ao senso da Igreja 653 1027
— colaboração dos leigos na atividade paroquial nas terras de missão 1236
— é tarefa das comunidades paroquiais prestar testemunho a Cristo diante dos povos 1216
— utilidade de manter contatos com uma p. de missão e com os missionários que tiveram origem na comunidade 1219; ou com qualquer p. de missão 1219
— diretórios gerais acerca do cuidado das almas para uso dos párocos 700
— os fiéis sejam apóstolos nas comunidades paroquiais 980
— os empreendimentos católicos devem hoje transcender os limites de uma p. 1266
— os sacerdotes, quer exerçam o ministério paroquial, quer se dediquem a outros ministérios e trabalhos, contribuem para a mesma obra de todos os sacerdotes 1267

Pároco
— cooperador do bispo 652; poderes, deveres e funções 653-658; vida comum dos sacerdotes adidos na mesma paróquia 655; p. e vigários 659; nomeação, transferência, remoção e renúncia dos párocos 660-663; cuidados dos bispos para com os párocos de nomeação recente 1309; dever de orientar retamente o apostolado dos leigos 921; e de lançar luz sobre o uso dos bens temporais 940; cf. *Sacerdotes*

— governo de paróquias da parte de religiosos 671
— cuidado particular pelos grupos de fiéis que não podem gozar do ministério ordinário dos párocos 617
— os párocos lembrem que também os fiéis têm funções próprias na edificação da Igreja 1008
— homens que em nome do pároco estão à testa de comunidades cristãs afastadas 1140

PARTICIPAÇÃO
— na vida pública: direito e dever de todos 1415 1417; característica do nosso tempo 1562-1566 1573-1578; participação dos cristãos nos organismos internacionais 1633-1635
— participação litúrgica consciente e comunitária 18 23-25 30 42s 72s, na missa 84; no ofício divino 179; no canto sacro 207; a reforma visa sobretudo a essas questões 32 33; os sacerdotes formem o povo para a p. litúrgica 1254

PARTIDOS POLÍTICOS
— devem promover o bem comum 1577

PÁSCOA
— mistério de salvação 7 8; festa central do ano litúrgico 183; a vida dos sacerdotes brota da p. de Cristo 1248; cf. *Mistério pascal*
— a data da p. 241s 481

PASTORAL
— das conversões 1118s; missionária 1098-1103 1209; litúrgica 24 27 76s 813; formação p. dos clérigos 772 810 813-816
— constituição pastoral *Gaudium et spes*: a quem se dirige 1320s
— p. e cultura 1527
— ela ensina a arte do apostolado 816; habitua ao diálogo 813s; dispõe à abertura católica 815; requer o diálogo entre bispos, sacerdotes e leigos 267 648 653; tem necessidade de atualização contínua 817; será controlada pelas conferências episcopais nacionais 817; e promovida por institutos de p. especialmente destinados a esse fim 78 817 1309
— p. e meios de comunicação social 266-283; diretório diocesano de p. 646; p. especializada 617s 650 658 701 1277-1279
— a caridade p. dos sacerdotes 1292 1294; sua prontidão na adoção de novos métodos p. 1289
— escolas de método catequético e técnica p. 1143
— insuficiência de sacerdotes para o ministério p. 1142
~ 55* 88* 108* 127* 140* 214* 216*s 224* 327* 338* 458* 461* 532*

PASTORES
— Deus, pastor do seu rebanho 292
— Cristo; pastor eterno e bom, príncipe dos p. 292 329 353s 391 575 595 1280 1305
— a Igreja espera que haja um só rebanho e um só p. 2
— os apóstolos p. 330; cf. *Igreja apostólica, Bispos*
— o sumo pontífice, pastor de toda a Igreja 337 575

— os bispos sucedem aos apóstolos como p. das almas 575
— os bispos, sob a autoridade do pontífice, como p. próprios, apascentam as suas ovelhas 333 594
— o bispo tenha diante dos olhos o exemplo do bom p., e procure imitá-lo 353 391
— os p. das almas estejam penetrados pelo espírito e pela força da liturgia 25; cf. *Sacerdotes, Párocos, Ministério*
— aos párocos, sob a autoridade do bispo, como a p. próprios, é confiado o cuidado das almas 74 652; os sacerdotes devem, como bons p., conhecer bem as próprias ovelhas 1249; os sacerdotes, como arautos do Evangelho e p. da Igreja, dedicam-se ao incremento espiritual do corpo de Cristo 1263; os sacerdotes, como bons p., devem procurar aqueles que abandonaram a freqüência aos sacramentos ou a fé 1273; os sacerdotes sejam estimulados pela caridade do bom pastor a dar a vida pelo próprio rebanho 1289 1291; a função de Pastor não se limita aos fiéis individualmente 1260
— os p. devem vigiar para que os fiéis tomem parte consciente e ativamente na ação litúrgica 18 24 30; os p. devem instruir os fiéis sobre a necessidade de participar de toda a missa 96; os p. cuidem que nas ações sacras celebradas com cantos, todos os fiéis possam participar 207
— é dever dos p. ouvir, compreender e interpretar os vários modos de falar do nosso tempo 1461
— é dever dos p. instruir os fiéis para que tirem o melhor proveito dos meios de comunicação social 249 267; é dever gravíssimo dos p. fazer de tal maneira que todos os fiéis recebam uma educação cristã 825
— os p. devem prover para que também nas universidades não-católicas existam centros universitários católicos de caráter permanente 864; colaboração entre p. e fiéis 366 385
— os leigos têm o direito de receber dos p. sacros os bens espirituais da Igreja 382; os fiéis abraçam aquilo que os p. estabelecem como mestres e reitores da Igreja 383 959; os p. promovam a responsabilidade dos leigos na Igreja 384 ~ 5* 72* 83* 104* 123* 127* 203* 207* 235* 249* 257* 288* 306* 308* 312* 332* 411* 446*

PÁTRIA
— o amor pela p. 965 1131 1576; o serviço da p. 1597
— Cristo se submeteu às leis da sua p. 1419
— testemunho prestado a Cristo e civilização da própria p. 1165
— relações amistosas com os orientais afastados da p. 555

PATRIARCADOS
— de antiquíssima instituição 463 472 543; expressão de catolicidade 341; subordinados ao romano pontífice 464 470 472
— iguais entre si em dignidade 466; têm verdadeira jurisdição sobre os bispos do seu território 464 594; outros direitos e deveres 468s 471 484 594; os p. e os religiosos isentos 409; cf. *Oriente*
— a Igreja reconhece que os seus inícios remontam aos p. 862; Deus chama Abraão e os p. 874; cf. *Israel, Igreja*

PATRIMÔNIO
— p. das Igrejas patriarcais 341
~ 181* 214* 224*

PAZ
1. O Senhor e a paz
— Cristo, princípio de p. 310; Autor, Príncipe da p. 1586 1589; cf. *Cristo*
— o Evangelho, fermento de p. 1107; a todos quantos buscam a paz a Igreja responde com diálogo fraterno, levando-lhes o Evangelho de p. 1114
— Deus, para restabelecer a p. com os homens, decidiu entrar de maneira nova na história humana 1092; Cristo, exemplar da humanidade nova, permeada de amor e de p. 1107
— os cristãos unam-se a todos os homens para implorar a p. 1590
— esperança de que todos os homens sejam elevados na p. e felicidade do céu 1644; a felicidade do céu supera todos os desejos de p. do homem 1439
— o nosso coração está sem p. enquanto não repousa no Senhor 1384
— p. que provém da fidelidade à vontade de Deus 1059
— os nossos irmãos mortos na p. de Cristo 419
~ 70* 75* 177* 324* 364* 483*

2. Natureza da paz
— a p. não é simples ausência de guerra, nem apenas equilíbrio de forças, mas sim "obra de justiça" 1587; ela é fruto da ordem impressa na sociedade humana por seu Fundador 1587; a p. não é jamais alcançada de maneira estável, pois exige domínio das paixões e vigilância da autoridade 1587
— a p. não existe se o bem da pessoa não for tutelado, se não houver confiança 1588; o respeito à dignidade dos outros povos é absolutamente necessário para a p. 1588; a p. é também fruto do amor, o qual vai além da simples justiça 1588
— a p. terrena é imagem e efeito da p. de Cristo, que deriva do Pai 1589
— os homens, enquanto pecadores, estão e estarão sempre sob a ameaça da guerra; todavia, ao vencerem o pecado, vencem também a violência 1592
— a potência das armas modernas obriga a considerar o problema da guerra com mentalidade nova 1599; cf. *Guerra*; para que não haja guerra, os governantes considerem diante de Deus e da sociedade as suas responsabilidades 1602
— a p. deve surgir da confiança, e não do terror das armas 1607; entretanto, os esforços dos governantes serão vãos se as multidões nutrirem sentimentos de desconfiança e de ódio 1609; por isso, urge que todos nos eduquemos à p. 1609
~ 25*s 125* 194* 361* 362* 407

3. A paz e o homem
— o futuro do mundo está em perigo, a menos que surjam homens mais sábios 1367; cf. *Futuro*
— entre as inúmeras questões que preocupam a todos, está a p. 1467
— muitos acreditam encontrar a p. numa certa interpretação da realidade 1350
— defesa da p. pública, como limite à liberdade religiosa 1065
— educação capaz de garantir a verdadeira p. sobre a terra 822

— a consecução dos fins do matrimônio é importante também para a p. da família e da sociedade 1471; contribuição dos peritos nas ciências médicas e biológicas para levar a p. à consciência dos cônjuges 1488
— Maria interceda para que todos os povos se reúnam na p. 445
~ 4* 25* i 25* q 31* 81* 194* 349* 352* 376* 384* 458* 477* 483* 510*

4. A paz e a Igreja
— missão da Igreja para conduzir todos os homens à p. de Cristo 1096; pregando o Evangelho, contribui para reforçar a p. 1631; leva a todo o gênero humano o Evangelho da p. 501
— a unidade católica do povo de Deus prefigura e promove a p. universal 321
— os bispos exponham como devem ser resolvidos os graves problemas da p. 598
— os leigos com sua ação preparam o mundo para acolher a Igreja, portadora de p. 380
— diante de certas degradações da humanidade, o Concílio evoca o valor imutável do direito dos povos 1594; condena o genocídio 1594
— infelizmente, a guerra continua, ainda hoje, as suas devastações 1593; por isso, a Igreja não cessa de dizer que "agora é o momento" para transformar os corações 1610
~ 9* 25* q 25* r 60* 81* 124* 180* 231* 262* 266* 267* 295* 343* 351* 359* 363* 376* 397* 400*-402* 409* 428* 432* 458* 471* 477* 485* 514*

5. A paz e os cristãos
— ação dos fiéis para que o mundo alcance o seu fim na p. 379; o Concílio roga aos cristãos que vivam em p. com todos 871; contribuição dos cristãos para estabelecer a p. no mundo 1114 1586 1590; associações internacionais católicas e p. 1633
— a fé operosa dos irmãos separados criou também instituições para promover a p. universal 569; cooperação dos católicos com os irmãos separados para promover a p. 537 1634
— a unidade de todos os cristãos, princípio de unidade e de p. para o mundo 1640
— diálogo entre os cristãos e os muçulmanos também para promover a p. 860
~ 22* 314* 524*

6. Obstáculos à paz
— não arrefeceu, hoje, o perigo de uma guerra total 1327; as desigualdades econômicas e sociais são contrárias à p. 1411; existem contrastes entre as nações e os organismos internacionais nascidos da aspiração dos povos à p. 1344
— a p. é posta em perigo pelo desequilíbrio entre as nações economicamente mais evoluídas e as outras 1536
— a sociedade humana é chegada a um momento decisivo da sua maturação 1585
— a guerra não está extinta, e nem o será, enquanto não houver uma autoridade internacional que possa resolver as dificuldades com meios eficientes

1596; entretanto, enquanto isso, pelo menos se observem e se reforcem as convenções que tornam menos desumanas as ações militares 1595

— atrocidades da guerra total 1598; condenação da guerra indiscriminada, delito contra Deus e contra a humanidade 1601

— a corrida armamentista é tida por alguns como o meio mais eficaz para garantir a p. 1603; convençam-se, todavia, os homens de que não é assim 1604; pois que, desse modo não se eliminam, mas se agravam as causas de guerra 1604; a corrida armamentista é uma chaga gravíssima 1605; urge, pois, escolher novos caminhos para instituir a verdadeira p. 1604

— se não se concluírem tratados honestos de p. e não se renunciar ao ódio, dia virá em que não haverá outra p. senão a de uma terrível morte 1610
~ 84* 352* 407* 422*

7. Construir a paz

— a paz não é algo estável, mas um edifício a ser construído continuadamente 1587; isso exige que sejam eliminadas as disparidades econômicas, as desconfianças e o orgulho, causas de guerra 1611; as instituições internacionais que auxiliam as nações em via de desenvolvimento realizam esforços louváveis para prevenir a guerra sob qualquer forma 1613s; para instaurar uma verdadeira ordem econômico-social, é preciso renunciar também aos cálculos de ordem militar 1617

— devemos preparar os tempos em que se poderá evitar todo recurso à guerra 1607; para tanto, é necessário que seja instituída uma autoridade pública universal, que seja dotada de poderes eficazes para garantir a segurança a todos os povos 1607

— a p. deve surgir da confiança, não do terror das armas: por essa razão, todos se empenhem por um verdadeiro desarmamento 1607; as conferências sobre os problemas da p. devem ser conduzidas incansavelmente 1609

— o esforço por afastar a guerra e construir a p. é obra de verdadeiro amor pelos homens 1608; devem, pois, ser encorajados os esforços dos governantes para eliminar a guerra 1608

— mas para construir a p. é preciso despojar-se de todo sentimento de egoísmo nacional 1608; e secundar a obra dos governantes que querem a p., educando a todos para que alimentem sentimentos de p. e não de ódio racial e de hostilidade 1609

— a objeção de consciência e a não-violência: juízo a respeito delas quanto aos problemas da p. 1591 1595

— não se pode esperar construir um mundo mais humano, se os homens não voltarem seus ânimos para a verdadeira p. 1585; por isso, a mensagem evangélica resplandece com renovado fulgor quando proclama bem-aventurados os promotores da p. 1585

— sendo irmãos, devemos todos trabalhar pela construção do mundo na p. 1642
~ 9* 58* s 360* 365* 375* 385* 407* 483* 485* 524*

PECADO
— origens do p. 1360
— ofensa a Deus e ferida para a Igreja 314; a morte do p. 287; é uma diminuição para o homem 1361 1386; enfraquece a vontade 1587; e deforma a liberdade 1435; o p., a violência e a guerra 1592; somente o Cristo salvador e vivificador afasta a multiforme malícia do p. 1107 1109
— a família cristã acusa o mundo de p. 376
— o p. torna difícil a conquista da paz 1587; o p. dá origem à escravidão 1447; o contexto social impele amiúde ao p. 1398
— conseqüências sociais do p., p. como ofensa a Deus 196
— os leigos melhorem as condições do mundo que induzem os costumes ao pecado 380
— Deus está conosco para libertar-nos das trevas do p. 875
— os sacerdotes distinguem-se entre os homens para oferecer sacrifícios em remissão dos p. 1249
— a história humana é perturbada pelo p. 1444
— a inteligência está, em parte, obscurecida e debilitada em conseqüência do p. 1365; na seqüência ao hábito do p., a consciência pode tornar-se quase cega 1369; se afirmarmos não ter p., somos mentirosos 523
— lembrem-se os bispos de que foram escolhidos entre os homens a fim de que ofereçam sacrifícios em remissão dos p. 605
— Cristo não conhece p. 306 1386; liberta-nos do p. 573 1387; com a sua ajuda, pode-se vencer o reino do p. 378; o mundo, posto sob a escravidão do p., é libertado por Cristo 1321; esperamos um mundo novo 1439
— o homem, ferido pelo p., experimenta as rebeliões do corpo 1363; a liberdade do homem foi ferida pelo p. 1370; cf. *Liberdade*
— o povo de Deus, na pessoa de seus membros, está exposto ao p. 507; investe contra a unidade da Igreja 523
— em Maria, a Igreja alcançou a perfeição, pela qual está sem mancha 441 (cf. *satanás*); Maria é sem p. 430
— a confissão dos próprios p. 1254 (cf. *Penitência*)
— aqueles que, voluntariamente, mantêm Deus afastado do seu coração não estão isentos de culpa 1375
~ 75* 310* 324* 477* 521*
Pecado original
— o homem é enfraquecido pelo p. original 255 1360; a Virgem imaculada, preservada de toda mancha de p. o. 433; o p. o. induziu o homem em muitíssimos erros 939
— o homem teria sido isento da morte, se não houvesse p. 1372; a semelhança do homem com Deus foi deformada já desde o início pelo p. 1386
Pecadores
— também entre os membros da Igreja 306 507 (cf. *Igreja santa*); o homem fraco e pecador 1350 1592

— Deus não abandona os homens que caíram em Adão 285
— o p. da separação de e da Igreja 503
— o povo peregrinante de Deus continua exposto ao p. em seus membros 507; cf. *Igreja: Tensões...*
— os religiosos e a conversão dos p. 411; Cristo comeu com os p. 1419; Cristo morreu por nós todos p. 1437
~ 237* 456*

PEDAGOGIA
— na formação sacerdotal 782 795 815; na educação 820 839; no apostolado 602s 1028
— os catequistas conheçam também as leis da p. 603; os professores conheçam bem a p. 1082
— os livros do AT demonstram uma verdadeira p. divina 896
— encaminhamentos pedagogicamente válidos para o verdadeiro Deus 1092
~ 166*

PEDRO APÓSTOLO
— escolhido por Cristo 330; pedra da Igreja 330 499; fundamento visível da sua unidade 329; cabeça do colégio apostólico 330 336s 507 1220; somente ele pastor universal 337 574; assistido pela promessa de Cristo 346
— o papa, seu sucessor 336s 347 574-578 1096 1098
— relações entre P. e os outros apóstolos 330 337 448
— cf. *Romano pontífice, Apóstolos, Bispos, Igreja apostólica*
~ 18* 23* 25* x 26* 63*s 95* 130* 134*s 184* 235* 247* 254* 267* 285* 328* 338* 429* 465* 532*

PENITÊNCIA
Como virtude
— admoestação de Cristo 1107; conformar-se a Cristo sofredor, mediante a p. 976; utilidade e benefícios da p. 666 776 976 1213 1262
— a Igreja santa e sempre necessitada de p. 306 (cf. *Igreja santa*); tem o dever de pregá-la aos fiéis 15; completando, assim, a sua formação 189
— a p. quaresmal 194 196-198
— p. nos institutos de vida contemplativa 727; importância da sua p. para a conversão das almas 1231
~ 20* 231* 396*

Como sacramento
— como exercício do sacerdócio batismal 314; cf. *Leigos*
— o sacramento da p. reconcilia com Deus e com a Igreja 314; é de grandíssima utilidade para a vida cristã 657; favorece a vida espiritual dos sacerdotes 1305; os quais se mostrem sempre dispostos a administrá-la 1288

— da disciplina penitencial, moderadores são os bispos 350; ministros, os sacerdotes 354; os quais ensinem aos fiéis a eficácia da sua recepção 1254; os superiores concedam liberdade quanto ao sacramento da p. 748
— quando os sacerdotes orientais católicos possam conferir a p. aos ortodoxos 488; jurisdição para a p. nas Igrejas orientais 477
— reforma do rito 125

PENSAMENTO
— liberdade de p., de opinião e de expressão 1532; os leigos encaminhem ao p. católico 977
— desequilíbrios entre a vida coletiva e o modo de p. pessoal 1342
~ 55* 139* 153* 192* 221* 248* 279* 346* 452* 454* 473* 487*-493*

PENSIONATOS
— sejam favorecidos os p. universitários 846

PENTECOSTES
— recorda o dom do Espírito S. 8 330 342 433 1095

PERDÃO
— ensinado a nós por Cristo 1408; entre católicos e irmãos separados 523
~ 176*

PERFEIÇÃO
— os fiéis tendem à p. da caridade 387; é preciso conduzir à p. a santidade batismal 388; p. segundo o próprio estado 401
— o uso dos bens temporais não impede a caridade perfeita 401
— p. e vida religiosa 402 404 408-410 412; perfeita consagração a Deus mediante os votos 404-407 412s; institutos de p. 409 (cf. *Religiosos*)
— p. de Cristo e Maria 412; a ela são chamados os religiosos 703-705 719-723; os sacerdotes 392 1282-1285; os bispos 391; os esposos cristãos 394; todos os batizados 389 398; cf. *Santidade*
— p. e movimento ecumênico 513
— Cristo nos ensina que a lei fundamental da p. humana é o mandamento do amor 1437
~ 48* 164* 291* 474*

PERITOS
— a ajuda dos p. aos países menos desenvolvidos 1616
— também leigos 79; para a reforma da liturgia 72; para a revisão dos livros litúrgicos 41; para transmissões da missa pela televisão e o conceito sobre obras de arte 31 232; para as missões, junto à *Propaganda Fide* 1187

PERSEGUIÇÕES
— na vida de Cristo e da Igreja 306s 398; unem a Cristo sofredor e à sua glória 300 395
— os bispos amem com fraterno afeto os bispos perseguidos pela fé 585; os padres conciliares dirigiram uma saudação especial àqueles que sofrem p. pelo nome de Cristo 1241; leigos de heróica fortaleza em meio às p. 977; a Igreja abomina as p. contra qualquer homem 867 871

— leigos prontos a suportar p. por amor à justiça 927; a Igreja tira proveito até mesmo das p. 1462; e não quer excluir o diálogo nem mesmo com aqueles que a perseguem 1642; o concílio denuncia os deploráveis fatos de p. 1083s
— cuidados dos sacerdotes por quem sofre p. 1269
— ação de suplência dos leigos em regiões de p. 377
~ 6* 187* 264* 292* 321* 350*s 421* 471*

PESQUISA CIENTÍFICA
— importância atual 1329; cf. *Progresso, Técnica, Descobertas*

PESQUISAS
— p. sociais e religiosas dos institutos de sociologia pastoral 616
— liberdade de p. 1517 1527 1531s
— autonomia da p. científica

PIEDADE
— p. particular e liturgia 19; p. mariana 443; cf. *Oração, Liturgia*
~ 78* 195* 208* 274* 307* 471* 507*

PLURALISMO
— característica do povo de Deus 318-321; na educação e na vida social 833s; expressões na comunidade política 1567-1578; p. na instrução 836
— p. na Igreja: cf. *A Igreja e as Igrejas*
~ 170* 266* 378*

POBREZA
— pobreza na vida de Cristo 306; cf. *Cristo sofredor*
— abraçada pelos religiosos 740-745; a exemplo do Senhor 402
— os que abraçam a p. na liberdade dos filhos de Deus 400
— aconselhada aos sacerdotes 1299-1303
— dar testemunho de p. 744 770
— o espírito das bem-aventuranças e a p. 395 1560
— luta de todos os cristãos contra a indigência 537
— uso e gozo das criaturas em p. de espírito 1436
— p. cultural 1509
~ 166* 456*

Pobres
— Cristo pobre 306 390 400 412 704 740
— imagem de Cristo pobre 306; unidos a Cristo no sofrimento 395; Cristo leva a boa-nova aos p. 306 1093 1303
— a evangelização dos p., sinal da obra messiânica 1259
— Maria ocupa lugar de destaque entre os p. do Senhor 429
— a Igreja interessa-se pelos pobres 306 339; os sacerdotes amem-nos de maneira especial 1258; cf. *Igreja e pobreza*
— dever dos bispos de auxiliar as Igrejas pobres 340
— todos usem de misericórdia para com os pobres 944; e respeito 1403
— contrastes entre nações ricas e nações pobres 1344
— os p. que o Senhor proclamou "bem-aventurados" 386
~ 25* 178* 191* 227* 264* 314* 376* 407* 444* 518*-524*

POLIFONIA
— na celebração dos ofícios divinos 212
POLIGAMIA
— proibida: obscurece a dignidade do matrimônio 1469
POLÍTICA
— arte nobre e difícil 1573 1577s; em favor de formas autenticamente humanas 1563 1566; direitos fundamentais do homem 1412; educação civil e p. 1578; os católicos na p. 965s 1577 1579
— a Igreja, não impelida por motivos políticos, condena o anti-semitismo em todas as suas manifestações 867
— as instituições políticas não devem separar os homens 1131
— a missão da Igreja não é de ordem política 1450 1452; pois que o próprio Cristo não quis ser um messias político e dominador 1071
— respeito e amor pelos adversários também em questões políticas, não, porém, indiferença para com a verdade e o bem 1406s
— regimes políticos que impedem a liberdade civil e religiosa condenados 1565; regimes políticos em liberdade 1573-1578
— p. e moral 261; crimes políticos 1565; p. monetária 1553
— deseja-se hoje participar mais ativamente da vida p. 819
— contrastes políticos do mundo de hoje 1327
~ 187* 260* 381* 387* 406*
PONTÍFICE
— cf. *Romano pontífice, Sacerdócio*
POVO DE DEUS
A vocação do povo de Deus
— Deus não quer salvar os homens individualmente, mas fazer deles um p. 308 979 1091 1418; escolhe para si Israel e estabelece com ele uma aliança, preparação e figura da nova aliança a ser concretizada em Cristo 308; Cristo institui o novo pacto, chamando as gentes dos judeus e das nações 308; assim, os que crêem constituem gente santa, um povo colocado a salvo, e aquele que não era um p. torna-se o p. de D. 308
— o p. messiânico tem por cabeça Cristo, por condição, a liberdade dos filhos de Deus, por lei, o novo preceito do amor, por fim, o reino de Deus 309; este p., mesmo parecendo por vezes pequeno rebanho, é germe de unidade e de esperança para todos 309; como Israel peregrinante no deserto é chamado Igreja de Deus, assim o novo Israel é chamado Igreja de Cristo 310
— p. sacerdotal e real 308 311-312 1244-1248; p. profético 316s; cf. *Igreja comunidade sacerdotal... Leigos*
— o p. de Deus, em seus membros, está exposto ao pecado 507; na vida do p. de D. não faltaram atitudes contrárias ao espírito do Evangelho 1073
— na participação da eucaristia, presidida pelo bispo, está a principal manifestação do p. de D. 73; a diocese, porção do p. de D. 593

— o p. de D. vive nas comunidades diocesanas e paroquiais 1216; pertence também à sociedade civil 1164
— zelo do Concílio pelo p. de D. 912
— igualdade e distinção entre os membros do p. de D. 322-324 364-367 917 1245; unidade do p. de D. e universalidade 318-321
— a unidade do p. de D. prefigura a paz universal 321
— o Espírito S. opera a santificação do p. de D. por meio do ministério e dos sacramentos 921; o Espírito S. vivifica o p. de D. 1020; é seu princípio de unidade 918
— o Concílio testemunha a fé de todo o p. de D. 1322
— os irmãos separados são comparticipantes de muitíssimos bens do único p. de D. 1130; também eles pertencem, de algum modo, ao p. de D. 507
~ 133* 212* 214* 235* 237* 257*s 274* 277* 284* 305*s 312* 314* 319* 337* 417*

Igualdade e distinção
— igualdade e distinção entre os membros 322-324 364-367; unidade do p. de D. e universalidade dos povos 318-321
— os sacerdotes a serviço do p. de D. 1249 1271 1311; nutram-no com a Palavra de Deus 906
— obra da comunidade cristã para que os catecúmenos se apercebam de que pertencem ao p. de D. 1124
— os institutos contemplativos, honra e exemplo para o p. de D. 727
— cuidado dos bispos pelo p. de D. 624 628; cf. *Bispos*
— participação de todo o p. de D. na obra das vocações eclesiásticas 775
— faz-se necessário um diálogo profundo entre todos aqueles que formam o único p. de D. 1639

O povo de Deus e os homens
— o espírito missionário do p. de D. difunda por toda parte o reino de Cristo 1089 1106 1109
— atividade missionária da Igreja para que todos os homens constituam um só p. de D. 1088 1106; a obra de evangelização é dever fundamental do p. de D. 1210-1219
— a escola católica contribui para a missão do p. de D. 838; grande importância da família para o desenvolvimento do p. de D. 826; cf. *Família*
— tudo quanto de bem o p. de D. pode oferecer à família humana nasce do fato de que a Igreja é o sacramento universal da salvação 1463
— o p. de D. procura discernir nos acontecimentos quais são os sinais da presença de Deus 1352; compete a todo o p. de D. ajudar os países pobres, dando não apenas o supérfluo, mas também o necessário 1629

POVOS
— a comunidade dos p. 1611-1635
— os p. e a Igreja 66 327 445 828 855-858 871 1095 1107 1109 1112 1131 1449-1453 1460-1462 1512

— origem única dos p. 854
— evolução dos p. 1112 1562-1566 1575
— p. em via de desenvolvimento 947 967 1114 1116 1151 1153 1236-1239 1337 1347 1535 1551 1553 1559 1612-1617 1618-1630; a participação dos cristãos nas instituições internacionais para ajudar a comunidade dos p. 1631-1635; solidariedade entre os p. 853s 967 1085 1367 1423 1449-1453 1495 1497 1524 1534-1537 1539 1551s 1576 1588 1611-1635; cf. *Países, História, Homem*
~ 5* 25* j 25* p 25* r 25* w 37* 65*s 78*s 81* 114* 130* 197* 294* 337* 343* 347* 352* 360* 365* 398* 407* 477* 486*

PRÁTICAS ANTICONCEPCIONAIS
— o juízo da Igreja 1469; cf. *Controle da natalidade*

PRECEITO
— o p. festivo junto aos católicos orientais 476

PREGAÇÃO
— os apóstolos levam a termo o anúncio do Evangelho 880; por sugestão do Espírito 898
— a p. apostólica transmitida por escrito 900s; continua através da pregação dos bispos 883 885
— necessidade da p. para os não-crentes e crentes 354 1250s; em todos os modos possíveis 1250
— é dever precípuo do bispo 344 599-601; e dos sacerdotes 1250s
— sua eficácia está, porém, ligada à graça de Deus 1287
— a pregação é, hoje, assaz difícil 1250; deve inspirar-se na Escritura 904 907; nutrir-se da liturgia 14s 58; adaptar-se às várias culturas 1460-1462
— p. missionária e sacerdotes 1228; p. e atividade missionária 1104 1109; p. e verdade acerca dos hebreus 866
— também na p. ordinária, trate-se mais freqüentemente dos conselhos evangélicos 767; p. para favorecer as vocações sacerdotais 776; os seminaristas sejam instruídos sobre a p. 813
— p. de Cristo 432 1419s
— a Igreja, na p., anuncia a cruz de Cristo como sinal do amor universal de Deus 868; para a p. da mensagem de Cristo, a Igreja serviu-se das diversas culturas 1511
— através da pregação, a Igreja dispõe os homens ao batismo e os incorpora a Cristo 327; ela tem o dever da p. do Evangelho 248; cf. *Igreja católica, Igreja: chamada universal...*
— p. do Evangelho a todos, da parte dos bispos 342 1191 1220; cf. *Missões*
— p. do Evangelho e apóstolos 8 330 1087 1096; cf. *Evangelho*
~ 1* 446*

PRELATURAS
— escopo das p. pessoais 1161 (nota 4) 1278

PRESENÇA DO SENHOR
— Deus manifesta de modo significativo aos homens a sua presença e a sua face na vida daqueles que mais perfeitamente se transformaram na imagem de Cristo 421
— presença constante de Deus na história: cf. *História*
— a universidade católica deve efetuar uma presença do pensamento cristão na cultura 843
— a Igreja, com a sua presença, é fonte jamais exaurida daquelas forças de que o mundo tem necessidade absoluta 1458
— a família cristã manifesta a todos a p. do Salvador 1474
— a p. de Cristo na missa, nos sacramentos, na sua palavra, quando a Igreja reza 9; nas celebrações litúrgicas 58; na comunidade local, presidida pelo bispo, está p. Cristo, por virtude do qual se reúne a Igreja una, santa, católica e apostólica 348; p. de Cristo na eucaristia 1256
— a caridade fraterna dos fiéis revela a p. de Deus e constitui remédio contra o ateísmo 1382
~ 2* 150*

PREVIDÊNCIA SOCIAL
— em favor do clero 1313s; cf. *Remuneração*

PRIMADO
— o p. de Cristo 299 938; cf. *Cristo*
— o p. romano: cf. *Romano pontífice*

PRINCÍPIOS
— princípio de subsidiariedade na obra educativa 827
— enucleação, defesa e reta aplicação dos p. cristãos aos problemas atuais 936
— a Igreja e a confirmação autoritária dos p. morais 1080

PRISIONEIROS
— solidariedade com os bispos p. pela fé 585
— os leigos devem socorrer os p. 945
~ 191*

PRIVILÉGIOS
— sejam reconstituídos os direitos e p. dos patriarcas orientais 468; no apóstolo, o apoio seja sobre o poder de Deus (e não sobre os p. oferecidos pela autoridade civil) 1582
— não sejam mais concedidos às autoridades civis p. para nomear os bispos 622
— abolidos os p. que limitam o bispo no dispor de seus sacerdotes 647

PROBLEMAS
— somente Deus dá uma resposta plena aos mais graves p. do homem 1381
— os p. mais angustiantes do nosso tempo: o matrimônio, a cultura, a vida econômico-política e a paz 1467
— questões inquietantes atualmente agitadas pela humanidade 1322; sobre a natureza do homem 1356; sobre o sentido e o valor da atividade e das realidades humanas 1424

— novos p. que requerem um maior empenho dos leigos 913; eles sentem os p. da própria sociedade como sendo seus p. 1164; não esperem que seus pastores tenham uma solução pronta para cada novo p. 1455
— a Igreja faz voltar à mente do homem os seus p. e dá-lhes uma resposta 1446; responde aos p. do homem 1324
— as instituições internacionais representam as primeiras tentativas para resolver os p. mais graves da comunidade humana 1614
— o ateísmo está entre os p. importantes do nosso tempo 1373

PROFECIA
— cada um dos membros da Igreja deve prestar testemunho a Cristo com espírito de p. 1244; função profética na Igreja: cf. *Igreja (Constituição teândrico-sacramental...)*
~ 335* 392*

PROGRESSO
— é sinal da grandeza de Deus 1427; traz consigo a tentação de visar somente às próprias coisas 1433 1435; e de bastar-se a si mesmo 1508
— p. científico e técnico e deveres dos leigos 913
— negar a Deus é hoje, não raro, uma atitude apresentada como uma exigência do p. 1340
— a mentalidade economicista e as disparidades sociais 1535; a evolução das nações tenha por fim a plena expansão humana dos cidadãos 1618
— o p. técnico-científico favorece o surgimento de novos problemas 1329 1331; determinando profundas transformações também nas estruturas e nas instituições dos povos 1562
— o homem busca hoje muitos bens para si com as próprias forças, não os esperando mais de forças superiores 1423; os p. técnicos, por si sós, não têm eficiência para levar a efeito a promoção humana 1428
— abster-se de soluções técnicas que se oponham ao proveito espiritual 1624; o qual não caminha conjuntamente 1327
— p. das ciências 1365 1423 1495 1499; pode favorecer certo fenomenismo e agnosticismo 1508; harmonizar o conhecimento das novas ciências com o pensamento cristão 1531
— o p. técnico contemporâneo contribui para o multiplicar-se das relações entre os homens 1391 1423; é de grande importância para o reino de Deus 1440
— a pesquisa científica jamais estará em real contraste com a fé 1431
— os leigos conduzam o p. universal na liberdade humana e cristã 379; cf. *História humana*
~ 3*-5* 50* 57* 77* 84* 188* 376* 390* 396* 433* 452* 485*

PROFESSORES
— os p. dos seminários devem ser selecionados entre os melhores elementos e diligentemente preparados 759 782

PROFETAS
— Deus falou freqüentemente através dos p. 875
— o Espírito S. revela a eles o mistério de Cristo 898

— em suas palavras, ressoa a voz do Espírito 904
— eles preanunciam o Evangelho de Cristo 880
— cf. *Revelação, História da salvação*
— a Igreja reconhece que as primícias da sua fé e da sua eleição remontam aos patriarcas, a Moisés e aos p. 862
— Deus ensinou o seu povo por meio de Moisés e dos p., a fim de que o reconhecessem como o único Deus vivo e verdadeiro 874 895; com efeito, por muitas vezes e de muitos modos, Deus falou por meio dos p. 875 895; a fim de que Israel o desse a conhecer aos povos com maior fidelidade 895
— com os p. e com o apóstolo Paulo, a Igreja espera pelo dia da parusia 864
~ 40*s 411*

PROFISSÃO

— sem a competência profissional, não pode haver sequer verdadeira vida cristã 930 1560; os leigos esforcem-se por adquirir uma verdadeira competência profissional 1542
— cooperar com os outros cidadãos segundo a competência específica e sob a própria responsabilidade 941; os leigos coloquem à disposição a sua competência para o cuidado das almas e também para a administração dos bens da Igreja 949 996
— os sacerdotes ouçam o parecer dos leigos competentes 1272
— formação profissional 273 1520 1544; o desenvolvimento de um país depende da formação profissional 1616
— deveres profissionais 260s; a fé obriga ainda mais a cumprir os deveres terrenos, segundo a vocação de cada um 1454
— ação apostólica dos leigos em sua p. 974

PROFISSÃO RELIGIOSA

— a p. dos conselhos evangélicos no século confere uma consagração 733; é associada ao sacrifício eucarístico 410
— requer uma adequada maturidade psicológica e afetiva 739
— reforma do rito 140
— a p. dos conselhos evangélicos como sinal nos confrontos de todos os membros da Igreja 406

PROMESSAS BATISMAIS

— renovação das promessas batismais 123

PROPRIEDADE

— destinação universal dos bens 1551s 1558; todos têm direito à p. 1551 1554 1559; para salvaguardar a dignidade da pessoa e o exercício da liberdade 1555
— função social da p. 1588
— formas concretas da p. 1551 1559

Propriedade particular
— a p. p. garante uma zona indispensável de autonomia pessoal e familiar 1555; como prolongamento necessário da liberdade humana 1555; legitimidade da p. p. 1557; as formas da p. p. modificam-se sempre mais 1556

— bem comum e abuso das p. p. 1557
— p. p. e propriedades públicas 1557; autoridade pública e abuso da p. p. 1557; fundos sociais e formas de p. p. 1556
PROSTITUIÇÃO
— a p. ofende a dignidade humana 1405
PROVÍNCIAS ECLESIÁSTICAS
— adequada circunscrição das dioceses e das p. e. 690s
— todas as dioceses e as outras circunscrições territoriais sejam destinadas a alguma p. e. 692
— se necessário, as p. e. sejam dispostas em regiões eclesiásticas 693
PRÓXIMO
— considerar o p. como um outro si mesmo 1403; tornar-se generosamente p. de todos os homens 1404
— a doutrina de Cristo exige que nós amemos o p. 1408; o cristão que descuida dos seus empenhos temporais, descuida dos seus deveres para com o p. 1434
— é preciso anunciar o Cristo ao p. 919 964; administrando a medida de graça que cada qual recebeu 1259
— o amor ao p. gera a paz 1589; introduz na Igreja um novo raio de espiritualidade 1212
— como Deus e Cristo amaram todos, assim a Igreja e os fiéis amam todos os homens 113; nisto a lei encontra o seu cumprimento 1369; é o primeiro e maior mandamento 1394
— crescimento no amor de Deus e do p. 1112s
— cf. *Amor, Caridade, Fraternidade*
PSICOLOGIA
— os bispos aprendam as leis da p. 603; servir-se da moderna ciência psicológica 776
— o desenvolvimento da vida deve desenrolar-se em plena harmonia com as normas da sã p. 778
— a educação cristã deve ser convenientemente aperfeiçoada com os dados recentes da sã p. 795 815
— proporciona ao homem a possibilidade de um melhor conhecimento de si 1330; mudanças psicológicas 1488 1495; no cuidado pastoral 1527
— sejam erigidos centros de estudo psicológico 1040
~ 388* 442* 452*
PURGATÓRIO
— até que venha o Senhor, alguns, após o transcurso desta vida, estão se purificando 419 424; cf. *Escatologia*
— a Igreja oferece sufrágios pelos defuntos 420
— convite a eliminar abusos, excessos ou defeitos 424
QUALIFICAÇÃO TEOLÓGICA
— da constituição *Lumen gentium* e do Concílio em geral, cf. *Nota explicativa prévia* à mesma constituição 446-447; q. t. da *Dei verbum* 911 (*Notificatio*)

QUARESMA
— tempo quaresmal 194-196; penitência q. 197s; tempo q. e catecúmenos 1123
— celebração da Palavra de Deus na q. 60; escuta mais freqüente da Palavra de Deus na q. 194
QUINTA-FEIRA SANTA
— é facultado concelebrar, seja na missa da crisma, seja na vespertina 98
RAÇA
— perduram ainda hoje graves contrastes políticos... raciais 1327; também entre as várias r. e grupos da sociedade 1344
— a Igreja exorta a superar toda divergência entre nações e r. 1452 1576; o fim último do desenvolvimento econômico consiste no serviço de cada homem, qualquer que seja a r. 1538
— os fiéis evitem toda forma de racismo e de nacionalismo exagerado 1131; qualquer discriminação entre os homens 871; superando particularismos de r. e nacionalidade 1107 1410
— na liturgia, favoreçam-se as qualidades e os dotes de ânimo das várias r. 65
— os ódios raciais tornam inúteis os esforços para a paz 1609
— na Igreja não há distinção entre r. 308 319 365 1512
~ 187*
RÁDIO
— transmissão da missa por r. 31
— incrementar as emissoras católicas 270
— promovam-se as transmissões católicas, sobretudo as que se adaptam ao ambiente familiar 270; cf. *Meios de comunicação social*
~ 358*
RAZÃO
— existem duas ordens de conhecimento: a da fé e a da r. 1516
— a cultura origina-se da natureza racional e social do homem 1515
— a Igreja sempre ensinou os princípios de justiça e eqüidade exigidos pela reta r. humana 1537
— Deus pode ser conhecido pela r. 879 1516; fé e r. encontram-se na única verdade 843
— a liberdade religiosa demonstra-se com a r. 1045 1069; fé e r. nas culturas a que a Igreja deve achegar-se 1169
— muitos ultrapassam os confins da ciência, quando pretendem explicar tudo somente desse ponto de vista 1374
— a união pela qual Jesus rezou mostra-nos horizontes impenetráveis à r. 1395
~ 139* 378*
REALIDADES TERRESTRES
1. Valores imanentes e autônomos das realidades terrestres; 2. Realidades terrestres e sua relação com o homem; 3. Realidades terrestres em relação a Deus; 4. Realidades terrestres no desígnio revelado de Deus; 5. Realidades terrestres e sua relação positiva com Cristo; 6. O Espírito age nas coisas

7. Realidades terrestres e Igreja; 8. Escatologia das realidades terrestres; 9. Realidades terrestres e pecado; 10. Realidades terrestres e empenho humano; 11. Dinamismo da fé e da esperança cristã.

1. Valores imanentes e autônomos das realidades
— convite a reconhecer a natureza íntima de toda criatura e o seu valor 379
— valor e autonomia das realidades criadas 381 1431 1436
— as realidades da ordem temporal são meios para o fim último, mas têm também um "valor" próprio 938
— a destinação de todas as coisas para Cristo não priva a ordem temporal da sua própria autonomia 938; o valor da atividade humana 1425-1427
— os valores da história são verdadeiros 1425s 1430; e gozam de legítima autonomia 1430-1432; cf. *História humana*
— respeito do Concílio para com as instituições humanas 1543; e respeito aos direitos e à índole de cada povo 1542 1607; cf. *Respeito*
— valor de qualquer instituto surgido entre os homens 733 735 1623 1630 1633
— autonomia da investigação científica 1430-1432
— importância e valor da imprensa 245
— importância da técnica para as múltiplas transformações 1329 1423 1505 (cf. *Técnica*); as invenções técnicas são maravilhosas 245
— o progresso da ciência oferece ao homem a possibilidade de um melhor conhecimento de si e de influência na vida da sociedade 1330
— desenvolvimentos e resultados positivos do empenho humano 245 1325 1330 1423 1618; a inteligência humana acresce o seu domínio 1325 1330
— fenômeno moderno da socialização 1398 1495; como elemento de progresso 1449-1453; cf. *Socialização*
— surgiram novas instituições internacionais 1613; elas representam os primeiros esforços de toda a comunidade humana para resolver as questões mais graves do nosso tempo 1614
— situação atual e justas aspirações dos povos em via de desenvolvimento 1535-1537
— a industrialização, valor positivo do nosso tempo 1333 1337 1495 1544
— valor da procriação como colaboração à obra criadora de Deus 1479; cf. *Matrimônio*
— empenhar-se com todo o esforço em construir uma ordem temporal mais perfeita 1327

2. Realidades terrestres e sua relação com o homem
— a bondade natural de todas as realidades humanas recebe uma especial dignidade da relação que elas têm com a pessoa humana, para cujo serviço foram criadas 938
— responsabilidade do homem para com seus irmãos e para com a história 1496
— as instituições humanas devem colocar-se a serviço do fim do homem 1412 (cf. *Homem*); finalidade fundamental do desenvolvimento econômico é a de estar a serviço do homem 1538

3. Realidades terrestres em relação a Deus
— Deus, origem das realidades terrenas 1431 1551; e fim para o qual caminha toda a humanidade, com tudo quanto a circunda 1393 1425 1446 1464s
— a bondade única divina é comunicada às coisas criadas 437; portanto, as realidades podem fazer conhecer Deus 874
— a voz e a manifestação de Deus deram na linguagem das criaturas 1432
— reconhecer a inclinação ao louvor a Deus de todas as coisas criadas 379; uma vez que toda atividade humana é subordinada a Deus 381; e nenhuma atividade humana, nem mesmo nas coisas temporais, pode ser subtraída ao comando de Deus 381
— relação entre o Senhor e a autonomia humana 1447

4. Realidades terrestres no desígnio revelado de Deus
— plano providencial de Deus na história 1425-1427
— as r. t. criadas e conservadas na existência pelo amor do Criador 1321
— Deus atua visivelmente na história o plano universal de salvação 1092
— a complexa realidade humana corresponde à intenção de Deus 1425
— os bens deste mundo são marcados pelo pecado do homem e pela bênção de Deus 1107
— Deus assumiu as estruturas da linguagem humana de uma época histórica para falar aos homens 1510
— toda a criação será restaurada nos novos céus e na nova terra 415 417 1439-1441
— as vitórias registradas na história humana são sinais da grandeza de Deus e fruto do seu desígnio 1427 (cf. *História humana e seus valores*)
— Evangelho e relações com os homens e as culturas 1112 1513
— a revelação faz compreender melhor as leis que regulam a vida social 1391; e a dignidade do trabalho 1545; com o qual o homem prolonga a obra do Criador 1426 1546; e com o qual é associado à obra redentora de Cristo 1546

5. Realidades terrestres e sua relação positiva com Cristo
— tudo foi criado em Cristo 299 1092; todas as realidades subsistem nele 299 1092; ele domina sobre todas as r. celestes e t. 299 378 (cf. *Cristo*)
— toda a realidade humana encontrou em Cristo, alfa e ômega da história (1463-1465), a sua salvação 420 423 426 896 932 1043 1059 1546 1582
— portanto, todas as realidades terão o seu cumprimento em Cristo 378 1437; serão reunidas nele 1092; e devem ser oferecidas a Deus em Cristo 1253
— esta destinação de todas as realidades a Cristo não priva a ordem temporal da sua autonomia, mas a aperfeiçoa, tornando-a mais consistente 938
— o cosmo, juntamente com o homem, foi restaurado em Cristo 327 415-418
— a obra da redenção de Cristo abrange também a instauração de toda a ordem temporal 932 (cf. *Ordem temporal*); com efeito, as realidades humanas são liberadas por Cristo crucificado e ressurgido, e destinadas a ser transformadas 327 415 932 1321 1463

— a graça de Cristo eleva intrinsecamente a realidade humana 379 (cf. *Graça*)
— a atividade humana atinge a sua perfeição somente no mistério pascal 1437 1438; é purificada pela voz de Cristo 1436; de tal maneira que a renovação da vida das pessoas, como também dos vários bens deste mundo, só pode ocorrer nas palavras de Cristo 1107
— edificação da sociedade terrestre em Cristo 412

6. O Espírito age nas coisas
— o Espírito S. operava no mundo antes ainda que Cristo fosse glorificado 1095
— o Espírito S. está presente na evolução da ordem social e histórica 1402; cf. *Evolução*
— o Espírito de Deus renova o curso histórico dos acontecimentos 1402 1437; realizando a obra da salvação a partir do interior da história humana 1095 1242; cf. *História: Integração da h. humana com a h. da salvação*
— discernir nos acontecimentos do mundo os verdadeiros sinais da presença e do desígnio de Deus 1352 1427; cf. *Sinais dos tempos*

7. Realidades terrestres e Igreja
— a missão da Igreja é a salvação do homem 248 933 940 1096
— a Igreja coloca à disposição do homem as suas energias de salvação 1322; cf. *Igreja, Homem*
— ajuda dada pela Igreja para a solução dos problemas do homem 1424 1461
— auxiliar os homens a construir a ordem temporal é tarefa de toda a Igreja 940; cf. *Ordem temporal*
— tudo quanto existe de bom na sociedade (evolução para a unidade, socialização, consociação) faz parte da missão da Igreja 1451 1453 1584
— a Igreja tem em grande consideração o desenvolvimento da vida social 1462
— a Igreja serviu-se das diversas culturas para difundir a mensagem cristã, enriquecendo assim as próprias culturas humanas 1510 1512s (cf. *Cultura*); a Igreja declara a autonomia da cultura 1516 1526s
— intercâmbio vital entre a Igreja e as diversas culturas 1461
— a Igreja entra na história dos homens, participa com o mundo da condição terrena 1443 (cf. *Mundo, Igreja e mundo*); ela nada tira do bem temporal de qualquer povo 319

8. Escatologia das realidades terrestres
— precariedade do estado presente 415-418; também nas estruturas da Igreja 417
— espera ansiosa da criação pela sua liberação escatológica 309 378 417; uma vez que a criação espera por uma redenção 309 378 415; de fato, no final dos séculos haverá a libertação do universo inteiro da corrupção 309 417; a renovação já teve início neste mundo 286 417 (cf. *História da salvação: o futuro da história da salvação*); as realidades humanas esperam e tendem à própria concretização 1321 1437 1439 1443 1464 1609; e serão transformadas 1439

— entretanto, a Igreja ensina que a esperança escatológica não diminui a importância dos empenhos terrenos 1380; por isso, o Concílio exorta a que os deveres terrenos sejam bem cumpridos 1454

— erram aqueles que não refletem sobre o fato de que a fé os obriga a cumprir os próprios deveres terrenos segundo sua própria vocação 1454

— através da atividade dos homens, será também propagado o reino de Cristo 378; e o progresso terreno é de grande importância para o desenvolvimento do reino 1440

— pois que, todavia, o mundo não pode ser transfigurado e oferecido a Deus sem o espírito das bem-aventuranças 363; é preciso agir eficazmente para fazer com que toda a sociedade e a criação progridam para um estado melhor 394; e todos são convidados a ir ao encalço da perfeição das realidades nas quais estão empenhados 401

9. Realidades terrestres e pecado

— desequilíbrios do gênero humano 1327

— as realidades humanas são postas sob a escravidão do pecado e por ele deformadas 1321 1439 (cf. *Pecado*)

— a história humana é invadida por uma luta tremenda contra os poderes das trevas 1434

— portanto, os homens, na condição de pecadores, estão e estarão sempre sob a ameaça da guerra até à vinda de Cristo 1592

— o problema do mal 2369; cf. *Mal*

— a humanidade vive um período de transformação profunda 1325 1461; atormentada pelos flagelos da fome e do analfabetismo 1327 1520; com incertezas sobre o fim último das coisas e do homem 1322 1326 1371

— perigos e desvantagens da socialização 1332-1337; cf. *Socialização*

— a vida da coletividade não deve sufocar a capacidade de pensar de maneira pessoal 1342

— e a organização coletiva da produção não deve sufocar o conceito de liberdade civil 1555

— juízo da Escritura sobre o progresso humano, que traz consigo uma grave tentação 1433; com efeito, o progresso da técnica pareceria a favor do ateísmo 1376; cf. *História humana e suas deficiências*

— desequilíbrios econômico-sociais 1535s; cf. *Economia*

— as disparidades econômico-sociais suscitam escândalo 1411 1542s; urge eliminar disparidades escandalosas e promover a igualdade 1326 1542-1544; ética individualista 1469

— o amor conjugal, freqüentemente profanado pelo hedonismo 1469

— mesmo em nossos dias, não poucos, depositando uma excessiva confiança no progresso das ciências naturais e da técnica, inclinam-se para uma espécie de idolatria das coisas temporais 939

10. Realidades terrestres e empenho humano
— a atividade humana está voltada para o homem, que vale mais pelo que é do que pelo que tem 1428
— a sociedade humana tem um único destino 284 1331 1336; e deve construir a história positivamente, instaurando uma ordem mais justa e eqüitativa e realizando suas múltiplas aspirações 1346-1348 1397; e instaurando uma comunhão de pessoas 1391
— a humanidade deve empenhar-se em construir uma ordem social, a serviço do homem 1346 1519-1521; cf. *Humanidade*
— de fato, a ordem social deve estar voltada para o bem da pessoa e não vice-versa 1401; portanto, a sociedade humana seja construída no respeito e amor recíprocos 1403; e isso ela consegue depois de muitas lutas 1434
— o progresso humano pode estar a serviço da verdadeira felicidade dos homens 1435; o homem deve servir-se dele para conhecer e aperfeiçoar o mundo 1328; para conduzir a humanidade a um destino melhor 1609; o mundo deve, de fato, tornar-se mais conforme a dignidade do homem 1689; respeitando o bem das pessoas 1401
— empenhar-se para que o trabalho humano faça com que os bens criados progridam 379; para que tragam o progresso universal, na liberdade humana e cristã 379; as obras temporais devem estar impregnadas de valor moral 380
— intensificar as tentativas que têm por objetivo aliviar a imensa miséria 1614; uma vez que o fim último do desenvolvimento econômico consiste no serviço de cada homem, de qualquer raça 1538; portanto, responsabilidade e participação ativa na vida pública, na tentativa de melhorar o estado atual das realidades 1415-1417; e desenvolver o senso da dedicação ao bem comum 1577; intervenha-se em matéria social, econômica e cultural para determinar as condições necessárias à consecução do bem completo dos homens 1575
— luta de todos os cristãos contra a indigência 537
— os cristãos amem a própria nação 1131; e tornem-se possuidores da sua cultura; participem ativamente da vida cívica 1416

11. Dinamismo da fé e da esperança cristã
— o exercício da fé, esperança e caridade como fundamento do apostolado nas realidades humanas 923-927; move o povo de Deus 1351 1452
— guia o homem para soluções plenamente humanas 1352 1504 1532; e permite-lhe compreender o plano de Deus na história 1368; problemas da fé e razão 843; fé e cultura 1431
— compete aos leigos esclarecer e ordenar todas as coisas temporais, de tal maneira que todas sejam feitas segundo Cristo, e sirvam de louvor ao Criador 363 1132; mostrar que a fé e a esperança não oprimem nem eliminam o empenho na vida e no trabalho 1377 1380 1454; e fazer com que a ciência progrida com espírito cristão 537; donde evitar a idolatria das coisas temporais 939
— a esperança da vida bem-aventurada 376; e da glória futura 374 770; que nos faz esperar os bens futuros 416; deve ser uma esperança acendida pela

fé 390; expressa através do empenho no tempo presente 374; não escondida no espírito, mas sim expressa através das estruturas da vida secular 375; cf. *Esperança*
— esta esperança da salvação plena é dada por Deus ao homem, no Cristo 285 874; cf. *História da salvação: Etapas da h. d. s.*
— e este penhor da esperança futura, encontramo-lo na eucaristia 1438
RECURSOS
— r. das nações em via de desenvolvimento 1618
— eqüidade na distribuição dos r. 1623
— emprego dos r. nas nações que menos progrediram 1541
REDENÇÃO
— todos os cristãos confessem a sua fé em Deus e no Redentor 537
— a Igreja é fundada no tempo por Cristo r. 1443
— a obra da r. abraça também a ordem temporal 932
— a missão da Igreja é difundir o reino de Cristo e tornar todos os homens participantes da r. 916; cf. *Cristo*
— em virtude do Espírito de Cristo, o homem é refeito até à r. do corpo 1388; oferecendo a Deus o próprio trabalho, o homem se associa à obra r. de Cristo 1546; cf. *Trabalho*
— Cristo consumou a r. sobretudo por meio do mistério da paixão e ressurreição 1072; cf. *Morte*
— o que Cristo não assumiu não foi redimido 1093
— a Igreja admira em Maria o fruto mais excelso da r. 186; cf. *Mistério pascal*
— colaboração dos religiosos na obra da r. 723
— toda vez que se celebra o sacrifício, renova-se a obra da nossa r. 2 286 1288; cf. *Eucaristia*
— desejada pela misericórdia de Deus 426; para libertar o homem do pecado 429
— o Filho deu a si mesmo em resgate pela nossa r. 289 306 434; redimiu a Igreja para torná-la sua esposa 295
— r. operada com a encarnação, morte e ressurreição 296 309; mediante a pobreza e as perseguições 306
— a r. nos doa uma vida nova 406; começada com Cristo e completada pelo Espírito S. 416
— também a criação espera uma r. 309 378 415
— Maria está unida a Cristo na obra da r. 431 435 439; serve à r. em Cristo e subordinada a ele 430 434 436; é modelo de todos quantos, na Igreja, cooperam para a regeneração dos homens 441
— cf. *Cristo, História da salvação, Igreja*
~ 17* 25* a 124* 147* 231* 243* 290* 335*
REFORMA
Reforma litúrgica
— é um dos escopos do Concílio 1; princípios gerais 6-46

— normas provenientes da natureza didática e pastoral da liturgia 52-54
— uso do vernáculo 62; reforma dos livros litúrgicos 41 50; reforma do rito da missa 87
— seja redigido um novo rito da concelebração 106
— reforma dos ritos sacramentais 111; r. do rito batismal 116; r. do rito da confirmação 123; r. do rito da penitência 125; r. do rito da unção dos enfermos 128; r. do rito do sacramento da ordem 129; r. do rito do matrimônio 131; r. dos sacramentais 136; r. do rito da profissão religiosa 139s; r. dos ritos fúnebres 142s; r. do ofício divino 149s; r. do ano litúrgico 192; r. da música sacra 204; r. do calendário 241-244

Reforma da Igreja
— cf. *Renovação, Igreja santa, Igreja e reforma*

Reforma agrária
— algumas indicações 1559

REGIMES POLÍTICOS
— não devem ser confundidos com comunidade política 1567
— escolhidos pela livre decisão dos cidadãos 1569
— devem ser condenadas as formas totalitárias ou ditatoriais 1565 1575; r. em que os poderes públicos de fato insidiam a vida das comunidades religiosas 1083
— ação dos leigos em r. de perseguição 377

REGRAS
— r. dos religiosos acolhidas pela hierarquia 408; sua importância no estado religioso 408; cf. *Religiosos*
— a regra monástica dos latinos tem sua origem na espiritualidade monástica oriental 550
— a renovação eficaz dos institutos religiosos obtém-se com uma mais exata observância da regra 718
— a regra suprema de todos os institutos é o Evangelho 707

REINO DE DEUS
— prometido há séculos nas Escrituras 289; revelado em figuras 291; inaugurado e proclamado por Cristo sobre a terra 286 289 374 411 1071; manifestado nas atividades, mas especialmente na pessoa de Cristo 289
— o Cristo, na vinda gloriosa, entregará o r. ao Pai 1108 1248; cf. *Igreja, Cristo*
— a Igreja é o r. de Cristo 286 289s 377s 405; deve anunciá-lo e instaurá-lo no mundo 290
— a Igreja anseia pelo r. perfeito 290 1463; r. e libertação das criaturas 378
— a Escritura e a tradição são como um espelho em que a Igreja contempla Deus 881; Deus não cessa de falar com a esposa do seu Filho 884; a Palavra de Deus, vigor da Igreja 904
— o fim da Igreja: a difusão do reino de Cristo 916 926
— prerrogativas do r. 378

— relação entre a Igreja, reino de Cristo e bens temporais 319
— relações entre progresso terreno e desenvolvimento do r. de D. 1440
— quem segue fielmente Cristo busca antes de tudo o r. de D. 1561
— não quem diz "Senhor...", mas quem faz a vontade do Pai entra no r. 1643
— é pregado pelos apóstolos 330 1072; os leigos cooperam para a expansão do r. 378 941; contribuição específica dos leigos 363 376 919 926
— virgindade e r. dos céus 399; atividades dos religiosos pelo r. de Cristo 405; o r. celeste preanunciado pela vida religiosa 406; esta manifesta as supremas exigências do r. 406
— os institutos religiosos indaguem a si mesmos se estão em condição de ampliar a sua ação para expandir o r. de D. 1232; zelo para que se difunda o r. de D.. sobre toda a terra 1241s
— recordem os sacerdotes as palavras do Senhor "façam penitência, porque se aproxima o r. dos céus" 1254
— os sacerdotes, como os outros fiéis, são chamados à participação do r. 1271
— cooperação dos leigos na propagação do r. de Cristo no mundo 377
— a escola católica deve preparar para o serviço do r. de D. 837
— de que modo os leigos devem buscar o r. de D. 363
— a família proclama em alta voz as virtudes presentes no r. de D. 376
— os meios de comunicação social podem servir para difundir o r. de D. 246
— ação católica e reino de Cristo 987
— nos santos, Cristo nos mostra a marca do seu r. 421
~ 25* c 48* 83* 119* 124* 208* 273* 276* 335* 451* 461*

RELAÇÕES HUMANAS
— manter relações com outras pessoas e outros povos é um direito de todo homem 822
— sua intensificação e transformação é uma característica do nosso tempo 1534 1562; cf. *Homem, Unidade*
— deve haver intercâmbios fraternos, fundados sobre valores humanos genuínos 968 1022 1588
— trata-se de meios para o fim último, mas têm também um valor próprio 938
— Jesus santificou as r. h. 1419
— impregnar as r. h. de espírito cristão 951 1112 1525

RELIGIÃO
— consiste em atos internos livres 1049; mas expressa-se também em atos externos 1049 1051; é norma suprema de conduta moral 1047; e não pode ser violentada 1062 1083
— a única r. verdadeira é a cristã 1043
— dever para todos de buscá-la e segui-la 1043 1046
— modernamente, ao invés, é freqüentemente negada, quase como se fosse contrária ao verdadeiro humanismo 1340
— o ateísmo deriva também de uma reação crítica contra as r. 1375; um senso crítico mais agudo purifica a r. de toda forma de superstição 1340 1527
— hoje, purificada por um mais agudo senso crítico 1340

— r. e ateísmo sistemático 1377; cf. *Ateísmo*
— vida religiosa e consciência 1047-1051; cf. *Liberdade religiosa*
— a r. não impede a autonomia dos homens 1439
— os leigos saibam defender os princípios cristãos 936; harmonizando ciência e r. 1531
— é possível a autonomia da cultura sem cair num humanismo puramente terrestre, ou melhor, contrário à r.? 1502
— o homem não pode se mostrar de todo indiferente diante do problema da r. 1446
— r. e autonomia das realidades terrenas 1430-1432
~ 187* 327* 336* 383* 456* 461*

RELIGIÕES NÃO-CRISTÃS
— ligação que todas têm com a Igreja 326 853
— cf. *A Igreja e as Igrejas* (*chamada universal...*)
— todos se esforcem por responder aos enigmas do homem 855s; e à sua sensibilidade religiosa inata 856
— todos os valores das diversas religiões sejam respeitados e purificados 856-858; a Igreja nada rejeita do que têm de verdadeiro 327 857 1110 1169 1183 1238 1641; cf. *Cultura, Igreja*
— todas as religiões são uma iniciação pedagógica ao Evangelho 1092; cf. *Israel, Muçulmanos, Hinduísmo, Budismo*
— atitude para com os não-batizados 613
— difundir entre os não-cristãos edições especiais da Bíblia 910
~ 187* 195*-197* 413* 452*

RELIGIOSOS
O estado religioso
— o estado constituído pela profissão dos conselhos evangélicos, mesmo não dizendo respeito à estrutura hierárquica da Igreja, pertence, todavia, firmemente à sua vida 407
— este estado não é intermediário entre a condição clerical e a laical, mas de ambas as partes alguns fiéis são chamados por Deus a fruir desse dom 403; a prática dos conselhos evangélicos 702-705; desenvolvimento da consagração batismal 404 719
— caminho para a perfeição no estado religioso 320; para o bem de todo o corpo de Cristo 402 405
— os r. honram a Igreja 413; são um testemunho na Igreja 363; cf. *Igreja santa*
— eficácia santificadora dos votos 404 727
— importância da vida religiosa 705; imita a vida de Cristo 406; e de sua Mãe 412; cf. *Obediência, Pobreza*
— os r. sigam Cristo como a única coisa necessária 722
— é um dom especial do Senhor à Igreja 403; é estado de perfeita consagração a Deus 404-407 704 719; auxilia a missão salvífica da Igreja 405; é um sinal 406

— antecipa os bens celestes 406 1437; torna livres dos cuidados terrenos 406; preanuncia a ressurreição e a glória 406
— os r. pratiquem a pobreza 740-745; a castidade 737-739; a obediência 746-749; cf. *Conselhos evangélicos*
— a vida comum 402 750-752
— a Igreja defende e sustenta o caráter próprio dos vários institutos r. 405 408 704s
— diversas formas históricas de vida religiosa: os institutos contemplativos 727; os i. voltados para o apostolado 728-770; a vida monástica 731s; os institutos laicais 733s; os institutos seculares 735s
~ 158* 187* 264* 291* 318* 424* 453*

Os religiosos, o ordinário e os sacerdotes
— os r. sacerdotes são, também eles, colaboradores da ordem episcopal e devem ser considerados pertencentes ao clero diocesano 667
— todos os sacerdotes, tanto diocesanos quanto r., estão associados ao corpo episcopal 355; cf. *Apostolado*
— o romano pontífice, para o bem de todo o rebanho do Senhor, pode isentar os r. da jurisdição do ordinário 409
— limites da isenção 409 673 1200; relações com o ordinário 409 667s 669-678; maiores responsabilidades no ministério das almas 667 671
— fidelidade às regras, porque autenticamente aprovadas pela Igreja 408 672
— colaboração com o clero diocesano e com os outros institutos 667 412 670 671 676; os sacerdotes e os religiosos 831 1259

A formação religiosa
— a formação religiosa 706; regra suprema: seguir a Cristo 707; interprete-se o espírito do fundador e as boas tradições 708
— conhecimento adequado das condições dos tempos e dos homens 710; das exigências da cultura, das situações sociais e econômicas 712
— participação dos r. nas iniciativas no campo bíblico, litúrgico, dogmático, ecumênico, social 709
— aprofundada formação nas coisas divinas e humanas, sobretudo para os clérigos 736 756; através de uma fusão harmônica dos diversos elementos 775
— a oração e a vida espiritual 725; recitação de alguma parte do ofício 174 175
— o uso do vernáculo no ofício 181; a celebração de algumas festas de santos 200
— o Concílio exorta os r. a aprofundar o conhecimento da S. Escritura 725 908
— os religiosos sejam estimulados a interessar-se pelos meios de comunicação social 272
— a vida consagrada e o apostolado 728-730 733 1230
— os r. tenham estima pelas obras apostólicas dos leigos 1010

Os religiosos e os superiores
— os superiores procurem proporcionar uma séria formação aos membros de seus institutos 736

— os r. submetam-se a seus superiores, em espírito de fé 741 746; r. e obediência responsável 748; liberdade corroborada pela obediência 402
— os superiores procurem todos os meios para um aperfeiçoamento na cultura religiosa e técnica 758
— devem ser favorecidos os conselhos dos superiores maiores 765
— juntamente com os critérios de renovação, deve ser incluído também o modo de governar 713; os superiores consultem e ouçam como convém os próprios coirmãos 716; os superiores exerçam a autoridade em espírito de serviço para os irmãos 748

A profissão religiosa
— as ajudas para cumprir com fidelidade a sua p. 402
— mediante a p., a Igreja aceita o estado consagrado do r. 410; com a p. r., os r. seguem o chamado de Cristo 719 722; a castidade é uma graça insigne 737
— os institutos seculares emitem uma verdadeira profissão dos conselhos evangélicos 735
— a p. r. será feita de maneira louvável durante a missa 141; revisão do rito da p. r. 140; revisão do rito da consagração das virgens 139

Os religiosos e a renovação da vida religiosa
— adequar a constituição às necessidades pastorais 670; interpretem-se e observem-se o espírito e as finalidades próprias dos fundadores 708 1232; com espírito aberto aos problemas da Igreja universal 411
— retorno às fontes e adaptação 706-711; princípios da renovação 707-711; critérios práticos para a renovação 712-714
— pessoas responsáveis pela renovação 715-718
— elementos comuns a todos os r. 719-723
— a vida religiosa deve ser promovida desde o período inicial da fundação da Igreja 1146
— os institutos religiosos colaborem com a fundação das Igrejas jovens 733 1147 1230
— os institutos religiosos e a evangelização do mundo 1230 1146-1149 1188; iniciativas no campo missionário 709
— o hábito religioso 755

As vocações religiosas
— os r. lembrem-se de haver respondido ao chamado divino 719 729
— os sacerdotes tenham estima e zelo pelas v. r. 1272
— os sacerdotes e os educadores cultivem as vocações r. 767-769

RELÍQUIAS
— veneração das r. 199

REMUNERAÇÃO
— é preciso dar uma justa r. aos catequistas 1143
— os sacerdotes não considerem o ofício eclesiástico como oportunidade de enriquecimento 1301

REMUNERAÇÃO DO CLERO

— direito do clero a uma justa remuneração 1311-1312
— dever dos bispos de estabelecer-lhe as normas 1311; o sistema de benefícios seja profundamente mudado 1312
— os fiéis têm verdadeira obrigação de contribuir para uma vida digna dos sacerdotes 1311
— instituição de uma caixa diocesana comum 1313; previdência social e conferências episcopais 1314

RENOVAÇÃO
— importância da r. da Igreja segundo o espírito ecumênico 513 520s; r. e reconhecimento das culpas contra a unidade 523
— r. e conduta dos cristãos 306 325 522 1459; r. da Igreja como remédio para o ateísmo 1382; r. da família 1477
— Espírito S. e r. da Igreja 287; r. da Igreja peregrina 310; r. e consciência missionária do povo de Deus 1210
— r. da família 1477
— r. dos seminários 771; r. e atualização do clero jovem 817
— r. dos estudos teológicos 800 808 905
— importância dos sacerdotes na r. da Igreja 1243
— a graça da r. de uma comunidade cristã 1217
~ 37* 72* 74* 77* 164*-166* 344* 396* 442*s 464* 473* 476* 531*

RENÚNCIA
— os seminários sejam habituados ao espírito de r. 790
— r. ao matrimônio e maturidade 794
— as autoridades civis que gozam de direitos e privilégios acerca da nomeação dos bispos queiram renunciá-lo espontaneamente 622
— r. de bispos e párocos a seu ofício 623 663

REPOUSO
— r. e tempo livre 1524 1547
— os sacerdotes reúnam-se em conjunto para algum momento de r. 1269; r. e férias para os sacerdotes 1311
— também o conforto espiritual e corporal pode tornar-se sacrifício espiritual agradável a Deus 373

REPRESÁLIAS
— estima-se que da solidez da defesa dependa a capacidade de súbitas represálias 1603

REPRESENTANTES
— os r. ou legados do papa 589
~ 22* 106* 171*-173* 356*

RESPEITO
— mútuo r. entre as Igrejas particulares 341
— r. dos bispos para com o primado do romano pontífice 337
— r. para com o magistério dos bispos e do romano pontífice 344; r. dos leigos para com seus pastores 382 383; r. dos religiosos para com os bispos 409

— o r. para com os outros povos é necessário para a paz 1588
— r. dos direitos fundamentais da pessoa 1403-1405 1410; r. dos direitos fundamentais da família 1543
— r. do Concílio para com as instituições humanas 1543; r. dos direitos e da índole de cada povo 1542 1607
— r. pelos atos próprios da vida conjugal 1483; r. pela lei divina no matrimônio 1627
— r. pelos direitos e deveres dos cidadãos 1574; r. para com as pessoas que têm opiniões diferentes 1564
— r. pelos adversários 1406
~ 106* 169* 207* 358* 425* 435* 437*

RESPONSABILIDADE
Responsabilidade de todos os cristãos
— r. dos que crêem com relação ao ateísmo 1375
— os fiéis, e principalmente os jovens, conscientes de suas r., colaborem com a comunidade internacional 1632
— as associações católicas internacionais ajudam a formar uma consciência da r. internacional 1633

Responsabilidade na Igreja
— a Igreja, mediante o testemunho dado pelos cristãos, promove também a r. dos cidadãos 1581
— dado que o ministério episcopal implica graves r., pede-se aos bispos menos aptos que cumpram a sua obrigação de renunciar ao cargo 623
— a autoridade eclesiástica pode promover iniciativas particulares, pelas quais assume uma especial r. 1005
— os sacerdotes devem sentir-se co-responsáveis pelo bem de toda a diocese 649; façam ver que o sacerdócio comporta graves r., mas também inefáveis alegrias 1281; obediência responsável dos sacerdotes 1295; os sacerdotes eduquem os leigos ao senso de r. 1166 1258
— os fiéis rezem por seus superiores, r. por suas almas 383
— obediência responsável dos religiosos 748
— os seminaristas sejam habituados a agir com senso de r. 816
— o senso de r. dos leigos é fortalecido pelas relações familiares entre os leigos e os sacerdotes 385; o Espírito S., hoje, torna os leigos mais conscientes da sua r. 914; os leigos não esperem de seus pastores a solução concreta para todas as dificuldades, mas assumam as próprias r. 1455; a Igreja louva os leigos que assumem as próprias r. políticas 1573; os leigos cooperem com os outros cidadãos, com r. 941; cf. *Leigos*
— r. pelas cisões havidas na Igreja 503; cf. *Unidade, Ecumenismo*
~ 5* 25* h 72* 128* 266* 332* 343*

Responsabilidade do homem
— no mundo inteiro, desenvolve-se hoje o senso de r., elemento importantíssimo para a maturidade espiritual e moral da humanidade 1496; r. é o

nome do novo humanismo 1496; cresce hoje o número daqueles que querem exercer a sua liberdade r. 1042; Deus respeita o homem, o qual deve agir com liberdade e r. 1071; sente-se mais vivo o senso da r. 1085; cultura e r. 1085; cultura e r. 1509
— o homem chega com dificuldade a possuir um senso de r. 1416; quanto mais cresce a potência dos homens, tanto mais se amplia a sua r. 1427; infelizmente, muitos homens estão desprovidos da capacidade de agir sob a própria r. 1497
— r. de pai e mãe de família 1473; procriação responsável 1479 1483 1627; os pais eduquem os filhos de maneira que estes possam seguir a própria vocação com plena r. 1485
— educar os jovens a adquirir gradativamente uma r. mais madura 823; os jovens, hoje, querem assumir as próprias r. 959
~ 4* 25* j 25* k 491*

Responsabilidade da atividade humana
— no exercício de todas as liberdades, deve-se observar o princípio da r. pessoal e social 1064; a dignidade do homem requer que ele aja de de acordo com escolhas conscientes 1370 (cf. *Liberdade, Homem, Dignidade humana*); a liberdade religiosa deve ajudar a cumprir os próprios deveres com maior r. 1068
— colaboração dos leigos na formação de homens que tenham r. políticas 1237; muitos, hoje, querem ter maiores r. na vida política 1564; colaboração r. dos cidadãos com a comunidade política 1574; que todos se acautelem de atribuir muito poder à autoridade política, com o risco de diminuir a r. das pessoas 1574; cf. *Política*
— é preciso auxiliar os países em via de desenvolvimento, mas também cuidar para que os cidadãos de tais países não assumam atitudes de irresponsabilidade 1552; fins que devem ter presente todos os responsáveis por investimentos monetários 1553
— os trabalhadores exerçam seu ofício com a devida r. 1547 (cf. *Trabalho*); operários que não têm a possibilidade de agir com r. pessoal 1559
— a propriedade particular favorece o exercício da r. 1554-1555
— r. do homem que se coloca diante dos problemas atuais da cultura 1497; r. dos jornalistas, escritores, atores, diretores 260; cf. *Meios de comunicação social*

Responsabilidade para com a paz
— r. dos governantes de tutelar a salvação dos povos a eles confiados 1596
— os governantes considerem diante de Deus e da sociedade as suas r., para que não suceda a guerra 1602; aproveitemos a trégua da guerra, a nós oferecida pela Providência, para tomar consciência das nossas r. pela paz 1606; cf. *Paz*
— urge estimular os governantes que, cônscios das suas r., esforçam-se por afastar a guerra 1608

RESSURREIÇÃO
— Deus ressuscitará em Cristo a nossa carne mortal 287

— com a sua morte e r., Cristo nos redime 296
— Cristo morto e ressuscitado transformará o nosso corpo terreno 418
— vencida a morte, os filhos de Deus serão ressuscitados em Cristo 1439
— quando Cristo aparecer, haverá a gloriosa r. dos corpos 425; r. de vida e r. de condenação 418
— a vida religiosa preanuncia a r. 406; o celibato como testemunho da futura r. 792 1297
— a atividade humana é purificada por meio da r. de Cristo 1436
— o cristão, associado ao mistério pascal, vai de encontro à r. 1388
— o mistério da paixão e r. de Cristo 7; os apóstolos anunciam que Cristo está r. 8; no dia dominical, recorda-se a r. do Senhor 183 191
— na Escritura, os irmãos separados contemplam o mistério da r. 562; com Cristo, ressurgimos no batismo 565; o batismo produz a nossa união à morte e r. de Cristo 297
— o sacrifício eucarístico, memorial da morte e r. de Cristo 831 1122; Cristo ressuscitado pelo Pai 1464; r. pelo Espírito 1388
— o leigo deve viver recordando a morte e r. do Senhor 925; o cristão tornou-se participante da morte e r. de Cristo 300; o homem é destinado à r. 1363
— a Igreja encontra força no Ressurgido para vencer as dificuldades da sua peregrinação terrena 307
— cf. *Mistério pascal, Cristo*
RESTAURAÇÃO DA CRIAÇÃO
— o mundo cósmico está intimamente ligado ao homem, e com ele chega ao fim 415; cf. *Escatologia, Realidades terrestres*
— também a criação será restaurada em novos céus e nova terra 415 417 1439-1441
— expectativa ansiosa da criação por esta sua liberação escatológica 309-378
RESUMO
— Cristo resume tudo em si 286 932 940 1088 1029-1093 1437 1507; cf. *Cristo*
RETIRO ESPIRITUAL
— r. e. para os sacerdotes 1306
— r. para os leigos 1036; cf. *Exercícios*
REUNIÕES
— entre os cristãos das diferentes Igrejas 509 527 529
REVELAÇÃO
— natureza e objeto da r. 872s; atinge a sua plenitude em Cristo 873 880 898; transmitida pelos apóstolos 880 885; os apóstolos transmitem seja o que receberam dos lábios de Cristo, seja o que aprenderam pela ação do Espírito S. 880 885
— os fatos e as palavras da r. são intimamente ligados entre si 873; a r. seja acolhida com fé 877

— Deus se revela a Israel de maneira progressiva 895; progressiva compreensão da r. por parte da Igreja 885 887; os livros do AT são lidos na Igreja e são compreendidos à luz da ulterior e plena r. 429
— a sagrada Tradição 882-884; relações entre Escritura e Tradição 885; relações entre Escritura, Tradição e magistério 347 886-888; cf. *Evangelho, Apóstolos*
— inspiração 889s; interpretação da Escritura 891-893
— o AT 895-896; o NT 898; unidade dos dois Testamentos 897
— as definições da Igreja não constituem uma nova r. pública 347; até o dia da parusia, não haverá outra r. pública 876 882 904
— a Igreja é infalível em toda a extensão do depósito da divina r. 346; cf. *Igreja portadora da revelação*
— à r. de Deus, deve responder a obediência livre da fé 877; para crer na r., é necessária a graça do Espírito S. 877; cf. *Espírito Santo*
— não é somente da Escritura que a Igreja obtém a certeza sobre todas as coisas reveladas 885; o magistério da Igreja não é superior à Palavra de Deus, mas está a seu serviço 887
— os bispos apontem aos homens o caminho revelado por Deus 596
— os membros da Igreja não se servem da doutrina revelada com o devido fervor, muito embora a Igreja tenha a sua plena posse 513
— os cristãos contribuam para que os homens, dominados pela ciência e pela técnica, aspirem à verdade e caridade da r. 1112; dever dos cristãos de apresentar a verdade revelada de maneira que possa ser compreendida pelos homens de hoje 1461
— a Palavra de Deus na liturgia 40; a Palavra de Deus na vida da Igreja 904; cf. *Palavra de Deus, Sagrada Escritura*
— a r. faz conhecer a grandeza do homem 1390; a Igreja responde às dificuldades do homem mediante a r. 1356
— a r. nos faz conhecer o pecado original 1360
— r. e ajuda proporcionada pela Igreja para a solução dos problemas do homem 1424 1461; cf. *Homem, História*
— r. e problema da morte 1372
— a r. faz compreender melhor as leis que regem a vida social 1391; r. e liberdade religiosa 1069 1073
— r. e encontro entre as culturas 1169
— os seminaristas aprendam os temas máximos da r. 806; aprendam a encontrar soluções para os problemas humanos à luz da r. 807
— faculdades teológicas e aprofundamento da r. 847
— diferente interpretação da r. por parte da Igreja católica e das outras Igrejas separadas 559
~ 111* 149* 181* 220* 277* 335* 336* 453*
REVISÃO DE VIDA
— seu método 1029

REVISTAS
— r. à disposição dos leigos 1036
RITOS
— a Igreja reconhece numa mesma base todos os r. 5 459
— revisão dos r. litúrgicos 5 55
— importância do rito romano 4; deixe-se espaço para as legítimas diversidades dos povos 66
— os ritos orientais: entendidos como Igrejas particulares 458; como liturgia e patrimônio espiritual 459 462; necessidade de conhecer os ritos orientais 460 462; necessidade de mantê-los com suma fidelidade 462 473 483 551; cf. *Oriente*
— os seminaristas conheçam a língua litúrgica do próprio r. 799
— os seminaristas tenham uma formação católica que vá além dos confins do próprio r. 777 815
— o bispo tome as devidas providências onde houver fiéis de r. diferentes 632; vigários episcopais para os fiéis de um determinado r. 642
— onde houver Igrejas de r. diferentes, os prelados trabalhem de comum acordo 689
— a Igreja respeita os r. das outras religiões 857
~ 164* 169* 213* 215*
RITUAL
— o r. romano seja revisto 114
— os r. particulares sejam adaptados às exigências de cada região 114
— novos sacramentais a serem inseridos no r. 136
ROMA
— todos os fiéis esparsos pelo mundo comunicam-se com o mesmo Espírito, e assim, "quem está em R. sabe que os que estão nas Índias são seus membros" 319; cf. *Sede apostólica*
— sacerdotes que aperfeiçoam seus estudos nas universidades de R. 1139
~ 25* t 25* w 33* 130* 137* 235*
ROMANO PONTÍFICE
— sucede a Pedro no primado 305 333 338 459 499 574 1096; o primado é instituído por Cristo e é perpétuo 329 333 575
— intensidade e extensão do primado 337 409 453; princípio e fundamento da unidade da fé e comunhão 329 338
— a cátedra de Pedro preside a comunhão universal da caridade 320 1169
— vigário de Cristo, chefe visível da Igreja 329 337; tem sobre a Igreja pleno e supremo poder 337 459
— árbitro da comunhão apostólica 343 449 451
— o papa e os bispos constituem um só colégio, como Pedro e os outros apóstolos 336 507 579 1096; cf. *Apóstolos*

— o colégio episcopal não tem autoridade se não estiver unido ao r. p. 337 448 453; é sujeito da infalibilidade prometida a toda a Igreja 347; se estiver em comunhão com o r. p. 335 337 455
— o consenso do r. p. é indispensável ao exercício da colegialidade 337 454; cf. *Bispos*
— o Concílio é a expressão máxima do colégio episcopal 337
— solicitude dos bispos, em união com o r. p., por toda a Igreja universal 339 582 1152 1191 1220
— r. p. e patriarcas orientais 464 470 472 543 546
— a infalibilidade do r. p. é tão extensiva quanto o depósito da revelação 346
— as definições do r. p. são irreformáveis por si mesmas, e não pelo consenso da Igreja 346; mas não pode faltar às definições do r. p. e do colégio episcopal a anuência da Igreja 346
— o r. p., quando define *ex cathedra*, é assistido pelo Espírito S. 346; as definições do r. p. e do colégio episcopal não recebem uma nova revelação pública 347
— relação entre a infalibilidade do r. p. e a dos bispos 345 346 347; e do povo de Deus 316 346
— respeito pelo r. p. também quando não fala *ex cathedra* 344
~ 71* 93* 134*s 157* 220*s 235* 247*-250* 253*-258* 261* 272* 282* 285* 287* 355* 370* 399* 468*

RUBRICAS

— reforma das r. 50; tenha-se em conta as legítimas diversidades dos povos 66
— as novas r. definam as comutações litúrgicas 172
— r. e desenvolvimento do canto popular religioso 214

RURAIS

— os leigos devem ir de encontro às necessidades das zonas r. 951
— r. num mundo em transformação 1347 1542; favorecer o acesso à cultura r. 1521; condições de vida 1559

SÁBADO

— jejum no s. santo 198

SABEDORIA

— a s. atrai a mente a buscar e amar o verdadeiro e o bem 1366
— a prática dos conselhos evangélicos atua de maneira que através da Igreja se manifeste a multiforme s. de Deus 703
— com o desenvolvimento das ciências, a família humana será mais vivamente iluminada por aquela admirável s. que desde a eternidade existe em Deus 1506
— necessidade da nossa época 1367 1455 1500
~ 194* 246* 250* 332* 391* 397* 414* 428* 453*

SACERDÓCIO

— s. comum e ministerial 312; o s. comum exercido nos diversos sacramentos 313s; cf. *Igreja* (*Comunidade sacerdotal*)

— s. dos fiéis e testemunho a Cristo 311s; s. dos leigos e animação da ordem temporal 363 373; Cristo continua o seu s. também nos leigos 372 917s 1126 1244
— participações várias das criaturas no s. de Cristo 437
Sacerdócio ministerial
— existe por vontade de Cristo 335; é essencialmente diferente do comum 312; cf. *Sacerdotes, Bispos*
— o poder de santificação provém da consagração episcopal 335; os bispos têm a plenitude do s. 335 348 391 605; de modo eminente, fazem as vezes de Cristo sacerdote 335; prestam um culto de religião a Deus 349
— os sacerdotes estão em conjunto com o bispo no s. 354s 605 647 1245s 1252 1267; os ministros inferiores participam da graça do supremo s. 393 605; os sacerdotes são verdadeiros sacerdotes 354; participam do s. de Cristo 1277
— ao diácono são impostas as mãos, não para o s., mas para o ministério 359 393
— a concelebração manifesta muito bem a unidade do s. 97 1264
— formação dos candidatos ao s. 771s 1138
— o dom do celibato para os sacerdotes é muito conveniente ao s. da nova lei 1298
SACERDOTES
1. Cristo sacerdote; 2. Igreja e sacerdotes; 3. Natureza dos sacerdotes; 4. Os sacerdotes como liturgos; 5. Os sacerdotes na constituição litúrgica; 6. Relações dos sacerdotes com o bispo; 7. O presbitério; 8. O sacerdócio; 9. Os sacerdotes empenhados na santidade; 10. Relações dos sacerdotes entre si; 11. Os sacerdotes no decreto "Ad gentes divinitus"; 12. Os sacerdotes no mundo contemporâneo; 13. Os sacerdotes e os meios de comunicação social; 14. Os sacerdotes (e os bispos) e a educação cristã; 15. Os sacerdotes e o apostolado dos leigos; 16. Os sacerdotes e o ecumenismo; 17. Os sacerdotes e as Igrejas orientais católicas; 18. Os sacerdotes e a vida religiosa; 19. Tarefa pastoral dos sacerdotes; 20. Nova distribuição geográfica; 21. Auxílios e subsídios para os sacerdotes.

1. Cristo sacerdote
— cf. *Cristo sacerdote*
2. Igreja e sacerdotes
— cf. *Igreja apostólica*
3. Natureza dos sacerdotes
— dignidade e importância da ordem dos sacerdotes 1243
— os s. foram tomados entre os homens e constituídos em favor dos próprios homens nas coisas que se referem a Deus 1249; colocam-se, portanto, a serviço das pessoas que lhes são confiadas e de todo o povo de Deus 1282; com o escopo de fazer crescer e edificar todo o corpo que é a Igreja 1282; e, portanto, vivem em meio aos outros homens como irmãos em meio aos irmãos 1249

— eles são participantes do único sacerdócio e ministério de Cristo, assim como ministros a seu serviço 311s 354-356 647 1243 1244-1247 1277; partícipes, no grau que lhes é próprio, do ofício do único mediador, Cristo 354; por meio de quem, qualquer ministério sacerdotal participa da mesma amplitude universal da missão confiada por Cristo aos apóstolos 1277

— participam do sacerdócio ministerial, não, porém, em grau pleno 354-355; participam da graça do ofício episcopal 392-393; cooperadores do bispo 1245 1250 1264; em torno do qual, formam um único presbitério 73 355 647-649 1267-1270

— eles são sócios e colaboradores de Cristo 1252 1264; e instrumentos vivos de Cristo, eterno sacerdote, para dar prosseguimento, no tempo, à sua obra admirável 1282

— são igualmente partícipes da função profética sacerdotal e real de Cristo e da Igreja 1243

— seu ministério tem por escopo edificar, desenvolver e santificar a Igreja, povo de Deus 1246 1252 1257 1264 1282-1285 1317

— portanto, uma vez tornados espontaneamente modelos do rebanho, presidam e sirvam à sua comunidade local 74 357 647; pastores do povo de Deus, em nome do bispo, reúnem a família de Deus, conduzindo-a ao Pai por meio de Cristo no Espírito S. 74 354s 1246 1257s 1264; todavia, mesmo que sejam obrigados a servir a todos, aos s. são confiados de modo especial os pobres e os mais fracos 1259

~ 158* 413* 433*

4. Os sacerdotes como liturgos

— o ministério dos s. tem como escopo santificar, edificar e desenvolver a Igreja, povo de Deus 1246 1252 1257 1264 1282-1285 1317

— devem anunciar a todos a Palavra de Deus 354-358 1249s 1264; difundem o Evangelho 1244s 1247 1285; pregam aos não-crentes, convidam à conversão e à santidade 1249 1251

— os s., como pontífices da nova aliança, devem celebrar a liturgia eucarística e os sacramentos 18 23-25 91-93 179 354 1247 1252-1256 1264s (cf. *A Igreja e os meios de salvação*); o ministério dos sacerdotes está centrado essencialmente na eucaristia 354 1227

— tornam perfeito o sacrifício dos fiéis, associando-o ao de Cristo 354 1247; oferecem dons e sacrifícios pelos pecados 1249; perdoam em nome de Cristo 1245

5. Os sacerdotes na constituição litúrgica

— Cristo está presente no sacrifício da missa na pessoa do ministro 9

— os sacerdotes sejam auxiliados a penetrar sempre mais e a viver a vida litúrgica 29

— Cristo continua o ofício sacerdotal por meio da sua Igreja, não apenas com a celebração da eucaristia, mas também com o ofício divino 145; quando os sacerdotes recitam o ofício divino, também os fiéis rezam juntamente com ele 146

6. Relações dos sacerdotes com o bispo

— do bispo depende, e de certo modo deriva, a vida dos seus fiéis 72; na paróquia, o pastor faz as vezes do bispo 74

— os sacerdotes tornam o bispo presente 355; na celebração litúrgica 1252-1254 1264

— importância da união entre sacerdotes e bispos 1267; cf. *Bispos*

— eles estão hierarquicamente unidos ao bispo 1264 1294; seus colaboradores, cooperadores e conselheiros 1245 1250 1264; em torno do qual formam um único presbitério 354s 647-649 1267-1270; ligados a ele pelos vínculos de veneração e obediência, caridade e colaboração pastoral 355 1264 1284 1291 1294s; são a sua "coroa espiritual" 392

— portanto, os bispos tenham os sacerdotes como irmãos e amigos 1264; ainda que estes devam venerar nos bispos a autoridade de Cristo, supremo pastor 1265; e, portanto, mantêm com os bispos não apenas relações de colaboração, mas também de dependência 333-335 354s 606s 610 647-649 1264-1266 1317 ~ 125* 264*

7. Presbitério

— corpo sacerdotal em torno do bispo 355 647 1157 1267

— a diocese é confiada aos cuidados pastorais do bispo, coadjuvado por seu presbitério 593

— os diáconos, em união com o bispo e a serviço do seu presbitério, são destinados ao ministério do povo de Deus 605

— os sacerdotes diocesanos constituem um único presbitério e uma só família cujo Pai é o bispo 647

— os bispos, cada qual com seu próprio presbitério, devem estar em unidade de pensamentos e de vida com a Igreja universal 1152

— os sacerdotes de Igrejas particulares constituem com os missionários um único presbitério, reunido sob a autoridade do bispo 1157

— os bispos devem zelar pela contínua formação do próprio presbitério 1264

8. Sacerdócio

— todos os sacerdotes são constituídos na ordem do sacerdócio mediante a ordenação 1267

— a função ministerial dos bispos foi transmitida aos sacerdotes a fim de que, uma vez constituídos na ordem do sacerdócio, cooperem com a ordem episcopal 1245

— os religiosos consagrados sacerdotes pelo ofício do sacerdócio podem ser de válida ajuda aos bispos 667

9. Os sacerdotes empenhados na santidade

— na qualidade de ministros da Palavra de Deus, eles lêem e ouvem todos os dias estas mesmas palavras que devem ensinar aos outros 1287 1304s; e

tornam-se discípulos sempre mais perfeitos do Senhor, desde que se esforcem também por colocá-la em prática em si mesmos 1287
— importância de um uso freqüente da eucaristia, tendo em vista a santificação própria dos sacerdotes 1304; e a oração sem interrupção levada a efeito na recitação do ofício divino 148s 1255 1288
— união a Cristo na descoberta da vontade do Pai e no dom de si pelo rebanho a eles confiado 1291
— os s., superando os perigos e as dificuldades dos cuidados apostólicos, elevam-se através deles a uma maior santidade 392; e o exercício de sua tríplice função sacerdotal exige e favorece a santidade 1286-1289; cf. *Santidade*
— motivos teológicos da tendência dos s. à perfeição 1282-1285; e à unidade da sua vida (ação e contemplação) 1290-129
— a esperança e a caridade 390
— os s. devem imitar a fé de Abraão 1317
— promovam a Igreja a uma santidade a cada dia maior, também com o exemplo 391
— peculiares exigências espirituais na vida dos sacerdotes: humildade e obediência 1293-1295; espírito de pobreza 1299-1303; a perfeita e perpétua continência como graça, como sinal, como dom e como fonte especial de fecundidade espiritual no mundo 1296-1298
— fidelidade à Igreja em união com os bispos e os outros sacerdotes 1292
— obediência responsável e livre a Cristo e aos superiores 1294s
— os sacerdotes tenham o cuidado de cultivar adequadamente o seu ministério litúrgico, a fim de que as comunidades cristãs elevem um louvor sempre mais perfeito a Deus 1256
— exame de consciência e devoção a Maria 1305
— fuga de toda vaidade 1303
~ 318*

10. Relações dos sacerdotes entre si
— em virtude da ordenação e missão, os sacerdotes estão ligados entre si por uma íntima fraternidade 356
— pela qual deve haver entre os coirmãos relações de união e de colaboração 649 653 1266 1267-1270 1284 1292
— tudo isso está simbolizado na concelebração 1267
— auspicia-se, portanto, uma vida comum por um mais eficaz cuidado das almas 655; entre s. diocesanos e religiosos 1267
— relações entre sacerdotes jovens e os mais velhos 1268; hospitalidade e ajuda recíproca, sobretudo com os mais necessitados, os idosos, os exilados 1269
— compreensão fraterna para com aqueles que erram 1270

11. Os sacerdotes no decreto *Ad gentes divinitus*
— a Igreja tem o empenho de difundir a fé e a salvação do Cristo também por força do mandato explícito que a ordem episcopal, coadjuvada pelos sacerdotes, herdou dos apóstolos 1096

— os sacerdotes estejam convencidos de que a sua vida foi consagrada também para o serviço das missões 1287
— os sacerdotes diocesanos desejam ter também um papel sempre mais importante na evangelização do mundo 1223
— tarefa e dever missionário dos sacerdotes: consciência missionária 1227; busca de vocações, pregação, esmola 1228; estudo dos problemas missionários 1229
— os bispos enviem, devidamente preparados, alguns dos seus melhores sacerdotes às missões 1223
— na sede de conferência episcopal, os bispos tratem dos sacerdotes do clero diocesano a destinar para a evangelização dos povos 1225
— a vocação missionária dos sacerdotes, leigos e religiosos 1172

12. Os sacerdotes no mundo contemporâneo
— é dever de todo o povo de Deus, sobretudo dos pastores e dos teólogos, ouvir atentamente, compreender e interpretar os vários modos de falar do nosso tempo 1461 (cf. *Sinal*); portanto, os s. devem conhecer os problemas atuais 1250; e dialogar com o mundo 1285
— dificuldades dos s. no mundo de hoje: obstáculos à fé, inutilidade dos esforços, solicitude, transformação dos costumes, dificuldade de comunicar 1315; mas saibam os s. que a semente cresce a pouco e pouco 1317; e devem ter confiança em Cristo 1318; fé na onipotência de Deus 1317
— porque Deus amou tanto o mundo — exatamente o mundo que se apresenta a seus olhos — que deu por ele o seu Unigênito 1316
— estima dos valores humanos e dos bens criados 1299-1303
— o s. e a comunidade política 1582-1584; os s. não se coloquem a serviço de uma ideologia humana 1263
— é tarefa do sacerdote auxiliar amavelmente a vocação dos cônjuges em sua vida conjugal e familiar 1489
— a humanidade, quanto mais caminha para a unidade, tanto mais necessita que os sacerdotes, guiados pelos bispos e pelo papa, suprimam toda causa de dispersão 358
~ 5*

13. Os sacerdotes e os meios de comunicação social
— os sacros pastores sejam solícitos em cumprir neste setor um dever intimamente ligado ao seu magistério ordinário 267
— necessidade da obra dos sacerdotes para um profícuo apostolado dos meios de comunicação social 272

14. Os sacerdotes (e os bispos) e a educação cristã
— a Igreja deve fazer-se presente na escola, sobretudo através do ministério dos sacerdotes e dos leigos 835
— dever gravíssimo dos pastores de almas prover que todos os fiéis recebam uma educação cristã 825

— os pastores da Igreja não devem preocupar-se somente com a vida espiritual dos alunos das universidades católicas 846; mas devem agir de tal modo que sacerdotes, religiosos e leigos, acuradamente selecionados e preparados, ofereçam à juventude universitária uma assistência espiritual e intelectual 846
— tarefa das faculdades de ciências sagradas 847
— o Concílio expressa a sua gratidão aos sacerdotes que desenvolvem a sua obra educativa e didática de qualquer tipo e grau 852

15. Os sacerdotes e o apostolado dos leigos
— a missão da Igreja tende à salvação dos homens 933; essa missão é confiada de modo especial ao clero, mas também os leigos têm sua parte importante a cumprir 933 1008; ou melhor, ao dirigir a mensagem de salvação ao mundo, o apostolado dos leigos e o ministério pastoral completam-se reciprocamente 933
— deve, pois, haver uma colaboração útil e um respeito recíproco 382s 1271-1276; especialmente quando estamos empenhados nas atividades temporais 1267 1300-1301 1455
— os s. trabalhem fraternalmente com os leigos na Igreja e pela Igreja 1008 1011 1013
— os s. vivam como irmãos em meio a eles 1249 1315 1489; uma vez que foram escolhidos entre os homens, em seu favor e a seu serviço 357 1258s 1272s 1286-1289
— os s. devem promover, reconhecer e estimar a dignidade e o papel dos leigos na Igreja 384s 1272-1276; tenham um zelo especial pelos leigos em seu trabalho apostólico 1008
— sejam escolhidos com diligência sacerdotes dotados das necessárias qualidades para auxiliar os leigos em formas especiais de apostolado 1009; constitui tarefa dos s. promover o apostolado e as múltiplas iniciativas 1001-1007; trabalhando fraternalmente com eles 382-385 1008s 1272-1276; tirando proveito da sua competência e do seu conselho 382 384s 1272; respeitando-lhes a liberdade, a autonomia e os carismas 1272-1276
— habituem-se os leigos a agir, na paróquia, em íntima união com os seus sacerdotes 950; e os leigos esperem dos sacerdotes luz e força espiritual 1455; cf. *Leigos* (*leigos e sacerdotes*)

16. Os sacerdotes e o ecumenismo
— não há ecumenismo verdadeiro sem conversão interior 522
— esta conversão diz respeito principalmente àqueles que foram elevados às sagradas ordens 522
— a instrução e formação espiritual dos fiéis no campo ecumênico depende, em grau máximo, da formação dos sacerdotes 532
— é muito importante que os futuros pastores e sacerdotes conheçam bem a teologia elaborada de maneira que corresponda à verdade dos fatos 530s; preparação ecumênica 809
— cuidados dos p. pelos irmãos separados 1274

17. Os sacerdotes e as Igrejas orientais católicas
— os s. orientais e o celibato eclesiástico 1296
— todos os s. orientais podem, validamente, administrar o sacramento da confirmação aos fiéis de qualquer rito 475; também os p. do rito latino podem administrá-lo aos fiéis das Igrejas orientais 475
— proveja-se a tutela e o incremento de todas as Igrejas particulares e para esse fim sejam erigidas paróquias e uma hierarquia própria 460
— os bens eclesiásticos e os s. orientais 1301 (nota 46)
— os s. e a "intercomunhão" 488

18. Os sacerdotes e a vida religiosa
— os sacerdotes façam sérios esforços a fim de que, por meio das vocações religiosas, a Igreja receba novos desenvolvimentos 767
— os religiosos sacerdotes devem ser considerados como parte do clero diocesano 667
— lembrem-se os s. de que todos os religiosos formam uma parte de especial dignidade na casa do Senhor 1259 (cf. *Religiosos*)
— os membros dos institutos religiosos circundem os pastores com espírito filial de reverência e de afeto 726

19. Tarefa pastoral dos sacerdotes
— tudo quanto é afirmado no decreto sobre o ministério e vida sacerdotal aplica-se especialmente aos sacerdotes que se dedicam ao cuidado das almas 1243
— os sacerdotes zelem pela formação ao apostolado 1027
— diversos campos de ministério dos s. 272 1267; eles harmonizam as diversas mentalidades dos fiéis e são propagandistas destemidos da verdade 1273
— tendo sempre em mira o bem dos filhos de Deus, contribuam para o trabalho pastoral de toda a Igreja 355
— como pais em Cristo, tenham cuidado dos fiéis a eles confiados 357
— é tarefa dos sacerdotes auxiliar a vocação dos cônjuges 1489
— os sacerdotes, em seu zelo pastoral, instruam mediante a catequese e a pregação acerca do dever missionário de toda a Igreja 1228
— empenho dos sacerdotes numa atualização sobretudo pastoral 1308s 1316; busca de novos métodos de apostolado 1284 1286-1289; cf. *Pastoral, Pastores, Serviço*
— estudos eclesiásticos e ciência pastoral 1307-1310; pesquisa teológica 1527 1532

20. Nova distribuição geográfica
— a ordenação sacerdotal, preparando os sacerdotes para uma vastíssima e universal missão de salvação, faz com que lhes caiba a solicitude por todas as Igrejas 1277
— devem, pois, estar dispostos a exercer de boa vontade o próprio ministério onde a necessidade for maior 1153s 1223 1277-1279 1309; razão pela qual, se faz necessária uma revisão das normas de incardinação e excardinação 1278s
— criação de seminários internacionais 1278

21. Ajudas e subsídios aos sacerdotes
— os bispos preocupem-se com o bem-estar material e espiritual dos sacerdotes 1264
— subsídios necessários para favorecer a sua vida espiritual 1304-1306; e a vida cultural e pastoral 1307-1310

SACRAMENTAIS
— são instituídos pela Igreja 109; para a santificação dos fiéis 110; língua a ser usada na administração dos s. 112; reforma dos ritos dos s. 111 136
— também os leigos podem administrar alguns s. 138
— administração dos s. da parte dos diáconos 359

SACRAMENTOS
— são sinais eficazes da graça 107; meios de salvação 323
— através dos s., unimo-nos a Cristo sofredor e glorioso 110 297
— caráter conferido pelo batismo 313; pela ordem sacra, aos bispos 335; aos sacerdotes 1246
— por meio dos s. e do ministério, o Espírito derrama seus dons 921; o caráter sagrado da comunidade sacerdotal concretiza-se por meio dos s. 313; os s. no ministério episcopal 350 606; os leigos têm direito a receber a ajuda da Palavra de Deus e dos s. 382; para que a caridade cresça, como boa semente, os fiéis devem participar dos s. 397
— todos os s. são estreitamente ligados à eucaristia e ordenados para ela 1253; cf. *Igreja*
— com a celebração dos s., cujo vértice é a eucaristia, a Igreja torna Cristo presente 1109; Cristo enviou os apóstolos também para que levassem a efeito, por meio dos s., a obra da salvação 8; Cristo está presente nos s. 9
— são administrados por Cristo, através dos ministros 334 1245s
— nos s., a Igreja traz a figura fugaz deste mundo 417
— no "s. da fé", os elementos naturais são transmudados no corpo e sangue de Cristo 1438
— s. e crescimento da caridade 397
— os s. prefiguram um novo céu e uma nova terra 375
— os s., alimento de vida e alma do apostolado 369 918
— os fiéis exercem o seu sacerdócio recebendo os s. 312
— os sacerdotes, quer administrem os s., quer desenvolvam outros ministérios, sempre rendem glória a Deus 1248
— por meio da mensagem evangélica, os homens são atraídos aos s. da fé 1251; os sacerdotes devem dispensar cuidados aos que abandonaram os s. 1273; administrando os s., os sacerdotes unem-se à intenção e à caridade de Cristo 1288; os s. e a santidade dos sacerdotes 1305
— os s. na vida dos seminaristas 780 788
— Cristo, também por meio da administração dos s., quer que o seu povo cresça na unidade 500; as Igrejas orientais têm verdadeiros s. 325 549 (cf. *Oriente, Igreja*); os s. nas Igrejas orientais católicas 473-475 478s 487

— celebração comunitária dos s. 45; administração dos s. em vernáculo 62 112; adaptações relativas à administração dos s. 67
— zelo dos párocos pela vida sacramental dos seus fiéis 657
— graças aos s. da iniciação cristã, os catecúmenos são libertados do poder das trevas 1122
~ 10* 147* 169* 242* 260* 303*
A Igreja, sacramento de salvação
— cf. *Igreja, História da salvação*
Reforma do rito dos sacramentos
— reforma do r. dos s. 111 116 123 128s 131
— língua litúrgica 113s
Sacramentos e Igrejas orientais
— seja restabelecida a antiga disciplina dos s. 473 478
— faculdade dos sacerdotes de qualquer rito para as confissões 477
— a crisma 474s; a eucaristia 476; a ordem sacra 478 486; matrimônios mistos 479; intercomunhão 487-490 527s 549; cf. *Oriente, A Igreja e as c., Intercomunhão*
SAGRADA ESCRITURA
A Escritura como Palavra de Deus
— a E. é escrita por inspiração do Espírito S. 885 889 893 907
— manifesta a benignidade de Deus 894, que fala amavelmente com os filhos 873 904
— ela ensina com certeza a verdade que Deus quis nos dar a conhecer, para a nossa salvação 890
— para a sua composição, Deus se serve dos hagiógrafos 889 891 901; cf. *Hagiógrafos*
— para compreendê-la, é preciso levar em conta as circunstâncias, a intenção do hagiógrafo e os "gêneros literários" 892
— para interpretá-la, leve-se em conta a sua unidade, a tradição e a analogia da fé 893
— profunda unidade entre os livros do AT e do NT 897
Escritura e tradição
a E., juntamente com a tradição, é como um espelho em que a Igreja contempla Deus 881; a E. e a Tradição formam uma unidade 885s; e é ouvida com igual sentimento de piedade 885
— a tarefa de interpretar a Palavra de Deus é confiada ao magistério 887; tradição, E. e magistério não podem subsistir independentemente 888
— é a tradição que faz com que a Igreja conheça todo o cânone dos livros sagrados 884; a E., juntamente com a tradição, constitui norma suprema da fé na Igreja 904
A Escritura na vida da Igreja
— nos livros da E. está expressa a pregação apostólica 882

— a Igreja é a intérprete da E. 893; não é somente a E. que dá à Igreja a certeza de todas as coisas reveladas 885
— a Igreja venera a E. como o faz com o corpo de Cristo 904 911; a E. é vigor para a vida da Igreja, alimento para a alma 904
— estudo da E. para um encontro com as outras culturas e filosofias 1168-1169; cf. *Estudo*
— a pregação deve nutrir-se da E. 904
— Bíblia, pregação e catequese 57-60; importância na liturgia 40 88
— é o próprio Cristo quem fala, quando na Igreja se lê a E. 9
— a E. louva o canto sacro 202

A escritura e os não-católicos
— a E. é norma de vida e de fé para os irmãos separados 325 568
— as tradições dos orientais estão radicadas na E. 553
— o amor e veneração dos irmãos separados pela E. 561; buscam Deus na E., como quem lhes fala de Cristo 562
— divergências acerca das relações entre E. e Igreja 563; a E. é excelente instrumento para o diálogo 564
— entre a Igreja católica e as outras Igrejas, existem notáveis diferenças na interpretação da E. 559
— meditação da E. da parte dos irmãos separados 568
— como atesta a E., Jerusalém não conheceu o tempo em que foi visitada; segundo as E., os hebreus, todavia, não devem ser apresentados nem como rejeitados por Deus, nem como amaldiçoados 866; estudos bíblicos e diálogo entre cristãos e hebreus 865; cf. *Ecumenismo*

Estudo da Escritura
— deve ser a alma de toda a teologia 907
— os exegetas auxiliem os ministros a nutrir o povo de Deus com a E. 905; forneçam dados prévios para o uso da Igreja 893
— o estudo da E. na formação dos seminaristas 806; dos missionários 1178; dos religiosos 725; dos sacerdotes e dos diáconos 908; ignorar a E. é ignorar Cristo 908
— meios à disposição dos leigos para aprofundar a E. 1036
— a leitura da E. deve ser acompanhada pela oração 908; deveres dos pastores no ensinar 602 611 909 1307
— sejam favorecidas as traduções da E. guarnecidas de notas adequadas 905; traduções feitas em comum com os irmãos separados 905
— edições da E. a serem difundidas entre os não-cristãos 910
— com o estudo da E., os teólogos falem retamente de Maria 443; cf. *Maria*

A Escritura e os problemas do homem
— ensinamento da E. sobre a dignidade do homem 1357 1359
— juízo da E. sobre o progresso humano 1433
— cf. *Palavra de Deus, História da salvação, Homem, Evangelho, Jesus Cristo, Igreja, Revelação, Apóstolos*

SALÁRIO
— o s. seja segundo a justiça 1543 1546 1559
— justa remuneração dos catequistas 1143
SALMOS
— para bem recitar o ofício, os sacerdotes conheçam melhor os s. 157
— o saltério seja revisto 159-160; os s. na liturgia 40
SALVAÇÃO
— todos os homens necessitam de s. 427; Escritura, tradição e magistério estão a serviço da nossa s. 888
— a s. é acolhida com confiança pelos povos, entre os quais sobressai Maria 429
— o povo de Deus tende à s. como a seu fim 328 365
— não se salva quem está incorporado à Igreja com o "corpo", mas não com o "coração" 323
— na Igreja, ajudamo-nos reciprocamente a salvar-nos 301
— os leigos e a s. de todos os homens 371
— cf. *História da salvação, Igreja, Sacramento de salvação*
~ 1* 11* 155* 183* 190* 197* 225* 231* 234*s 237* 250* 272* 277* 284* 303* 308* 327* 383* 428* 448* 454* 521* 523* 525*
SANTIDADE
— a Trindade é, em Cristo, a fonte de toda s. 414; s. já presente na Igreja 415 417
— a Igreja indefectivelmente santa 387; mas sempre necessitada de purificação 306 513 1459; cf. *Igreja santa*
— o reino de Cristo é reino de s. 378; Cristo santifica a sua Igreja 387
— o povo de Deus é povo santo 308; santificada pelos sacramentos 313; vocação universal à s. 388-389
— o exemplo de Cristo e dos santos 389; a s. é única nos vários deveres e gêneros de vida 390; é promovida pelo exemplo dos pastores 391
— o dever da s. para o bispo 350 391; para os sacerdotes 392; para os outros ministros 393
— o ministério é um excelente meio de s. 391; a atividade sacerdotal como fonte de s. 392 1286
— s. dos cônjuges, trabalhadores, viúvas, pais 394; dor e santificação 395
— s. realizada na caridade 397; meios de s. 397s
— a s. testemunhada pelos religiosos 387 399 407 412 414 704
— apostolado de s. dos leigos 917 934 983 1011 1032
— matrimônio e s. 314 376 954 1472 1474
— s. de Maria: cf. *Maria*
~ 7* 105* 162* 237* 241* 396* 434* 443*
Santos
— a Igreja dos s. 425; formam conosco uma única Igreja em Cristo 419; contribuem para a vida da Igreja sobre a terra 419 420; Deus manifesta aos homens a sua face e a sua presença através dos s. 422

— Cristo é a coroa de todos os s. 422; os s. são amigos e co-herdeiros de Cristo 422
— o consórcio com os s. nos une a Cristo 422; os s. intercedem por nós 419 424; ensinam-nos o caminho para Cristo e para o céu 421; são nossos irmãos e benfeitores 422
— o culto dos s. tende, por sua natureza, a Cristo e a Deus 13 422; é aprovado pela Igreja 187s 420 424; em que consiste o verdadeiro culto 424
— as vidas dos s. inseridas no ofício sejam revistas do ponto de vista histórico 164
— sejam estendidas a toda a Igreja somente as festas dos s. de importância verdadeiramente universal 200
— o culto dos s. junto aos orientais 548
~ 65* 95* 198* 231* 477*

SATANÁS
— o homem, tentado pelo maligno, abusou da sua liberdade, levantando-se contra Deus 1360
— o homem é incapaz de superar eficazmente, por si, os assaltos do mal 1361; mas o próprio Senhor veio libertar o homem e expulsar o "príncipe deste mundo", que o mantinha escravo 1092 1361
— Cristo, com a sua morte e ressurreição, libertou-nos do poder de s. 8; tirou-nos da sua escravidão 1387
— toda a história humana está invadida por uma tremenda luta contra os poderes das trevas 1434
— enganados pelo maligno, os homens freqüentemente seguiram a criatura antes que o Criador 326
— a Igreja quer que tudo quanto se encontrar de bom no coração e na cultura dos povos seja purificado e aperfeiçoado, para glória de Deus e confusão do demônio 327 1109
— esperança dos leigos e luta contra os espíritos malignos 374; como resistir aos assaltos do diabo 418
— Maria é profeticamente anunciada na promessa feita aos primeiros pais acerca da vitória sobre a serpente 429
— Deus envia o seu Filho para arrebatar os homens do domínio do demônio 1092; Cristo expulsa os demônios, demonstrando assim a vinda do reino 289

SAÚDE
— tenha-se cuidado com a s. dos sacerdotes 1279
— para viver a sua castidade, os religiosos não descuidem o que é útil à s. física e mental 738
— o hábito religioso corresponde também às exigências da s. 755
— conveniência do exame da s. dos candidatos ao sacerdócio 784
— dever do estado de zelar pela s. dos alunos 833

— interesse pelos doentes 945
~ 520*
SCHOLAE CANTORUM (CORAIS)
— ministério propriamente litúrgico 47; como promovê-las e qualificá-las 48 208-210 221; cf. *Órgão*
SECRETARIADO
— para o apostolado dos leigos 1013; para os meios de comunicação social 277; para a união dos cristãos 1194; para a justiça entre os povos 1635
~ 22* 430*
SECRETARIADOS
— secretariado da santa Sé para os meios de comunicação 277
— s. nacionais para a imprensa, o cinema, o rádio 279; cf. *Meios de comunicação social*
— secretariado eclesiástico
SEDE APOSTÓLICA ROMANA
— Igrejas orientais e s. apostólica romana 457 460 484s
— Igrejas orientais separadas e s. romana 539-546 809
— s. apostólica e Igrejas da reforma 556
— a sua autoridade na liturgia 35 63 70 95 114; santa Sé e reforma do calendário 242-244
— coordena as atividades apostólicas da Igreja 676; s. a. e meios de comunicação social 277 281s
— a santa Sé e os bispos 586-589 619 622
— s. a. e religiosos 716 763-765 768 1205
— s. a. e conferências episcopais 618 685-687
— as dioceses subordinadas à s. a. 692
— s. a. e missões 1100 1161 1205
— s. a. e formação sacerdotal 772 786
— cf. *Romano pontífice*
~ 249* 259* 261* 355*
SEGREDO
— quem investiga com humildade os s. das coisas é conduzido, mesmo sem o saber, pela mão de Deus 1431
SEGURIDADE SOCIAL
— s. s. e destinação universal dos bens temporais 1551s
— prescrições sociais tidas em pouca consideração 1413
SEMANA
— no calendário perpétuo 244
SEMENTE
— a Palavra do Senhor é como uma s. no campo 289 1317
— os cristãos estejam alegres por descobrir e respeitar as s. do Verbo escondidas nas culturas dos vários povos 1112; e os religiosos valorizem as s. de vida ascética das antigas civilizações não-cristãs 1147

— mediante a s. da Palavra, o Espírito S. chama todos a Cristo 1126; da s. da Palavra de Deus desenvolvem-se as Igrejas particulares 1100; a s. do Evangelho dá muitos frutos 1318
— atividade dos leigos para dispor o mundo à s. da palavra 380
— a s., que é a Palavra de Deus, absorve a linfa vital (dos vários povos), assimila-a e transforma-a 1168
— o sangue dos mártires é s. fecunda 1097
— o homem carrega consigo uma s. de eternidade 1371; e uma s. divina 1323
— os apóstolos, s. do novo Israel 1096; os bispos possuem o sarmento da s. apostólica 332
~ 13* 216* 273*

SEMINÁRIOS
— o s., coração da diocese 783
— as famílias podem ser quase o primeiro s. 773

Seminários maiores
— necessários para a formação sacerdotal 780; favoreçam-se s. interdiocesanos 786; dirigidos segundo normas estabelecidas pelos bispos interessados 786 798 812 816
— s. internacionais 1278; s. diocesanos para as missões 1225
— ordenamento e revisão dos estudos 778 799 801s 812 817 1138 1229
— papel de superiores e professores 778 782s 1229 1307 1310
— os s. procurem oferecer uma preparação adequada às condições e às exigências da própria nação 1138
— as conferências episcopais, que fundam os s., esforcem-se por unir as forças, a fim de realizar uma obra útil a todos 1201
— cf. *Personalidade*

Seminários menores
— são erigidos com o escopo de cultivar os germes da vocação 778
— sejam adaptadas ao s. menor as normas sancionadas para os s. maiores 778
— a disciplina deve ser adequada à idade e à psicologia dos alunos; os superiores devem ser oportunamente coadjuvados pelos pais 778

Seminaristas
— devem ser penetrados pelo mistério de Cristo 790
— sejam educados ao senso da Igreja 790
— formação adequada 772; todo o povo cristão deve sentir-se responsável por eles 773 777
— devem ser selecionados ponderando a sua capacidade 784s
— formação espiritual 788s; à obediência 790s; à castidade 792 794; ao diálogo 813s; ao espírito missionário 815; ao domínio de si 795 797; cf. *Formação*
— os s. sejam formados para o espírito de pobreza e mortificação 790
— tirocínio espiritual 798 816; atualização teórico-prática 818

— o ciclo da sua formação deve ser plasmado, por completo, à luz do mistério da salvação 1137
— sejam educados ao senso da Igreja 790 1136
— o ordenamento dos seus estudos seja tal que lhes permita prosseguir em outro lugar sem que sejam prejudicados, na eventualidade de saírem do s. 778
— sejam favorecidas as iniciativas que os eduquem para o reto uso dos meios de comunicação social 274
— aprendizagem prática 816
— abrir e aperfeiçoar a sua mentalidade, para que compreendam a maneira de pensar e agir de seu povo 1138
— sejam educados a um reto espírito de iniciativa 796
SENSO DA FÉ
— no povo de Deus 316
SEPULCRO DE S. PEDRO
~ 63* 95* 130* 235* 267*
SEPULTAMENTO
— o rito das exéquias deve exprimir o caráter pascal da morte cristã 142
— o rito do sepultamento para as crianças deve ser revisto 143; s. celebrado também pelos diáconos 359
SER HUMANO
— a sua dignidade: cf. *Dignidade humana*
— a sua vocação 1355-1372
— fundamento para reconhecer a sua liberdade 1042 1049 1060 1066 1077 1081 1370 1405
— princípio e fim das instituições sociais 1096 1533 1547; exigências do s. 1342 1486 1547 1559 1624; ofensas à sua dignidade 1405 1410-1412 1483 1565 1573; o s. alcança a sua perfeição somente na sabedoria cristã 412 1366 1446-1448 1500
— a obediência religiosa não diminui a dignidade do s. h. 747
— pessoa e família 1397 1485-1491; e cultura 1492s 1500-1503 1514-1517 1522-1525; e vida social 1396-1402; e comunidade política 1397 1567-1578; cf. *Homem*
~ 25* k 57* 193* 207* 241* 360* 435* 457* 527*
Personalidade
— dos jovens e ardor apostólico 959; a escola católica auxilia os adolescentes a desenvolverem a própria p. 837; formação dos clérigos e desenvolvimento da sua p. 796
— a educação dos jovens deve ser implantada de tal maneira que forme homens de forte p. 1415; o homem prossegue hoje no caminho de um pleno desenvolvimento da sua p. 1446
— hoje, também os operários querem afirmar a sua p. 1347
Personalização
— a p. no mundo moderno 1336

SERVIÇO
Serviço e Cristo
— Cristo não veio para ser servido, mas para servir 289s 353 367 1093; cf. *Cristo*
— Maria serviu à obra da redenção com Cristo e subordinada a ele 430
— os santos serviram o Senhor em todas as coisas 419
— servir a Cristo é reinar 378-381
~ 507*
Serviço e Igreja
— os membros da Igreja são iguais também em razão do serviço 366
— s. dos irmãos e caridade 396 397-401
— s. específico da Igreja 1097 1115 1322s 1354 1450-1453 1579-1584 1631
— os ministérios e a autoridade como s. 316s 342s 353 366 389
— s. específico da hierarquia 333 342 351-353 363 365 391 1135s; s. dos diáconos 359s; cf. *Igreja e diaconia*
~ 25* o 25* t 76* 104* 249* 251* 258* 268* 288* 294* 343* 433* 454* 460*s 484* 486*
Serviço e homem
— o homem, ao explicar as várias atividades produtivas, põe em prática o grande mandamento de Cristo de prodigalizar-se no s. aos irmãos 1505
— as leis disponham humanamente com relação ao caso daqueles que, por motivos de consciência, recusam-se ao uso das armas e, no entretanto, aceitam qualquer outra forma de s. da comunidade humana 1595
— entre os dons do Espírito, seja incluído o chamado a consagrar-se ao s. dos homens sobre a terra 1437
— a liberdade fortifica-se quando o homem se empenha no s. à comunidade 1416
~ 25* s 76* 95* 370* 378* 408* 464* 496* 507* 512* 529*
Serviço e sacerdotes
— o s. escondido, retribuído pelos santos sacerdotes 392
— os aspirantes ao sacerdócio saibam não ser destinados nem ao domínio nem às honras, mas que devem colocar-se ao completo s. de Deus e do ministério pastoral 790; sejam preparados para o ministério da palavra, para o ministério do culto, para o ofício de pastor, a fim de apresentar Cristo aos homens, fazendo-se servo de todos 780
— o clero indígena seja formado na dedicação sem reservas ao s. do corpo de Cristo e ao trabalho evangélico 1136
— os sacerdotes diocesanos consagram-se totalmente ao s. de uma Igreja particular, para o cuidado espiritual de uma porção do rebanho do Senhor 647
— os sacerdotes devem estar a s. de Deus e dos irmãos, na obediência e na doação total de si mesmos 1294
— com o celibato, os sacerdotes dedicam-se mais livremente ao serviço de Deus e dos irmãos, para uma mais ampla paternidade em Cristo 1297

— em todo o seu ministério a s. dos homens, os sacerdotes contribuem para o aumento da glória de Deus e da vida divina nos homens 1248
— os sacerdotes vivem em meio aos homens como irmãos em meio aos irmãos, doando-se inteiramente pela salvação de todos 1249
— aos sacerdotes são confiados de modo especial os pobres, os mais fracos, os jovens, os cônjuges e os pais, os religiosos e os agonizantes 1259
— os sacerdotes presidam a comunidade sem visar aos próprios interesses e promovam a dignidade dos leigos 1272
— os sacerdotes dedicam-se plenamente ao s. de Deus no desenvolvimento das funções que lhes foram atribuídas 1311
— os sacerdotes devem conhecer a língua, a psicologia e a sociologia do povo a cujo serviço desejam colocar-se, fundindo-se com ele da maneira mais plena 1279
— os sacerdotes dêem testemunho com uma vida de total serviço a excelência e a necessidade do sacerdócio 1280
— os sacerdotes tenham especial desvelo pelos chamados ao sacerdócio e procurem estudar atentamente os sinais do chamado divino 1280
— todo sacerdote, justamente através do s. às pessoas que lhe são confiadas, pode e deve aproximar-se da perfeição daquele a quem representa 1282; ao mesmo tempo, esta santidade torna o cumprimento do ministério sagrado eficaz 1284-1285; cf. *Sacerdotes, Pastoral*
— os sacerdotes, em virtude da sagrada ordenação e da missão que recebem dos bispos, são promovidos ao s. de Cristo para a edificação do povo de Deus 1243
— o ministério dos sacerdotes extrai a sua eficácia do sacrifício de Cristo 1247
— os sacerdotes diocesanos que o desejarem sejam enviados às dioceses onde há falta de clero, em terra de missão, para exercitar com espírito de serviço o ministério missionário 1223

Serviço e leigos
— s. específico dos leigos 912-915 952-957 1018-1024
~ 264*

Serviço e bispos
— o ofício episcopal é verdadeiro s. 342
— as conferências episcopais promovam obras para um s. de amor e de ajuda àqueles que emigram das terras de missão 1226
— o bispo contemple o bom Pastor, que veio para servir e não para ser servido 353; o bispo, bom pastor 608

Serviço e religiosos
— a vida religiosa como s. da Igreja 384; s. dos religiosos 647 719-721 746 748
— todo religioso, por força dos votos, com novo e especial título, é destinado ao s. e à honra de Deus 404
— a castidade, meio para melhor servir 737

SETENTA (tradução dos)
— desde os inícios, a Igreja fez a sua antiquíssima tradução grega do AT 905
SEXO
— s. e direito à cultura e educação 822 839 1519
— a índole sexual do homem 1483
— a ser levada em conta no processo produtivo 1547
— discriminações em razão do s. 365 822 1410
SEXTA-FEIRA
— o jejum da sexta-feira santa 198
SEXUALIDADE
— s. e amor conjugal 1475; cf. *Matrimônio*
— positiva e prudente educação sexual dos jovens 823
SILÊNCIO
— na celebração litúrgica 49; vida de s. e de oração dos religiosos contemplativos 727; vida de s. no seminário 797
SIMEÃO
— a profecia de S. 431
SIMPLIFICAÇÕES LITÚRGICAS
— os ritos resplandeçam por nobre simplicidade 55
SINAL
— Cristo, s. de contradição 431 1118
— Cristo com sinais e milagres realiza e completa a revelação 875
— a economia do AT era ordenada a significar o advento de Cristo redentor 896
— a cruz de Cristo, s. do amor universal de Deus 868
— Cristo quis que as obras da caridade fossem sinais da sua missão messiânica 942; a evangelização dos povos é s. da obra messiânica 1259
— a comunidade cristã, sinal da presença divina no mundo 1127; cf. *Igreja*
— a Igreja, sinal de salvação das nações 2 501 1212 1638
— a Igreja renova-se para que o s. de Cristo resplandeça sempre mais sobre sua face 325 1459
— é, em Cristo, s. de íntima união com Deus 1451
— a Igreja particular deve ser o sinal que aponta o Cristo àqueles que vivem em seu mesmo território 1155
— s. do caráter transcendente do ser humano 1580
— o apostolado individual, s. da comunidade da Igreja 978
— o apostolado associado é sinal da comunhão da Igreja em Cristo 979
— a profissão dos conselhos evangélicos mostra-se como um sinal para todos os membros da Igreja 406
— a pobreza, s. apreciado por estar no seguimento de Cristo 740
— todo leigo deve ser um s. do Deus vivo 386
— sem a colaboração de um laicato autêntico com a hierarquia, a Igreja não é s. perfeito da presença de Cristo 1163

— os fiéis que, unânimes em espírito, trabalham juntos, mostram-se qual s. de unidade 1382
— a perfeita continência pelo reino dos céus é s. e estímulo da caridade 399
— mediante a ordenação, os sacerdotes são elevados a instrumentos vivos de Cristo, eterno sacerdote 1282
— pela virgindade e pelo celibato, os sacerdotes tornam-se s. vivente do mundo futuro 1297
— a eucaristia, s. de unidade 83
— na liturgia, por meio de sinais sensíveis, a santificação do homem é significada e realizada 11 107 131
— toda a liturgia é um conjunto de s. dos quais nos servimos para significar as realidades invisíveis 53 109
— o rito do matrimônio seja revisto, de modo que se torne mais evidente a graça do sacramento 131
— o batismo, s. e dom de uma vocação 1282
— o Concílio, com espírito alegre, aplaude os s. propícios deste tempo 1084; convida a reconhecer os s. dos tempos 508 1272
— constitui dever permanente da Igreja perscrutar os s. dos tempos 1324; e interpretá-los à luz do Evangelho 1324
— discernir nos acontecimentos do mundo os verdadeiros s. da presença ou do desígnio de Deus 1352
— entre os s. do nosso tempo, é digno de especial menção o crescente senso de solidariedade de todos os povos, impossível de se deter 967; cf. *Mundo, História humana*
— o interesse e a renovação da liturgia são considerados como um s. dos providenciais desígnios de Deus sobre o nosso tempo 76
— a verdadeira liberdade é, no homem, s. da imagem divina 1370
— as manifestações físicas dos cônjuges são s. especiais da amizade conjugal 1475
SINCRETISMO
— perigo para a fé na evangelização 1130 1169
SÍNODOS
— s. orientais 457; o patriarca, com o s., constitui a suprema autoridade nas Igrejas orientais 470 480 484 676
— importância dos s. na Igreja 679s
— missa celebrada nos s. 99
— constituição e finalidade do s. dos bispos 581 1191
~ 355 429
SISTEMAS POLÍTICOS
— a Igreja não mantém ligação alguma com qualquer sistema político 1580; reprova aqueles s. p. que criam obstáculos à liberdade civil ou religiosa 1562-1566; não quer interferir 1115; cf. *Sociedade, Política*

SOCIALIZAÇÃO
— fenômeno moderno 1398 1495 1573-1578; elemento de progresso 1449-1453
— perturbações sociais que dela derivam 1398 1533-1537 1539-1541 1542-1544 1558 1573; perigos e vantagens 1332-1337 1396-1398 1449-1453
— s. e personalização 1336 1397 1495; a Igreja e a sã s. 1451
— fenômeno moderno que, embora não isento de perigos, traz em si muitas vantagens para o ser humano 1397
— a relação entre a socialização, a autonomia e o progresso da pessoa pode ser concebida de maneira diferente nas diversas regiões do mundo 1573
— a Igreja reconhece tudo quanto de bom existe no dinamismo social atual: sobretudo a evolução para a unidade, o processo de uma sã s. econômica 1451
— exigências criadas pela s., entendida como contínuo multiplicar-se das relações do homem com os seus semelhantes 1336

SOCIEDADE
— edificação em Cristo da s. terrestre 412
— os sacerdotes respeitem a liberdade da s. terrestre 1272
— empenho dos leigos na edificação da s. terrena em terra de missão 1151; empenho terreno e escatologismo 1454
— escola católica a serviço da s. terrena 837
— a s. terrestre é regida por princípios próprios 381
— a sua legítima autonomia 381
— a Igreja não se intromete na direção da s. terrestre 1115; relações entre Igreja e s. terrestre 1443s
— colaboração dos leigos com os outros cristãos para a construção da s. terrestre 1239; cf. *Realidades terrestres*
— o homem não é apenas um elemento anônimo da s. humana 1364
— os religiosos não são estranhos à s. terrestre 412
— cf. *Homem, Realidades terrestres, História humana*
~ 62* 194* 484*

SOCIEDADE HUMANA
Condição da vida coletiva
— a vida coletiva não deve sufocar a capacidade de pensar de maneira pessoal 1342
— os contrastes entre as nações surgem também em razão dos egoísmos coletivos 1344
— a ordem social deve sempre deixar prevalecer o bem da pessoa 1401; a organização coletiva da produção não deve sufocar o conceito de liberdade 1540
— a propriedade privada é condição indispensável para a liberdade civil 1555
— entre os deveres do cidadão, ocupam um lugar proeminente as obrigações públicas e as exigências do bem comum 1574
~ 25* j 25* k 25* m 188* 197* 407* 452* 502* 506* 525*

Mundo rural e operário
— operários e camponeses desejam desenvolver a sua personalidade com o trabalho e tomar parte na organização da vida social 1333 1547; na direção das empresas 1548
— difusão da sociedade de tipo industrial 1333 1337 1538; existem, às vezes, condições de vida e de trabalho que impedem o esforço, o interesse pela cultura 1521
— observam-se desequilíbrios entre agricultura e indústria 1536
— as disparidades econômicas e sociais sejam eliminadas 1542; urge eliminar toda discriminação nas condições de remuneração de trabalho 1543; cf.

Economia
— nos países menos desenvolvidos economicamente, sejam superados os desequilíbrios provenientes dos latifúndios 1559; os velhos métodos na agricultura 1625

Interdependência e contrastes entre os vários grupos sociais
— o destino da sociedade torna-se hoje único 1331
— existem contrastes profundos na sociedade 1344; entre nações ricas e menos dotadas e pobres 1344
— o homem é causa e vítima desses contrastes 1345; os homens feridos pela injustiça reivindicam os próprios direitos 1347
— as mulheres reivindicam a igualdade com os homens 1347
— todo grupo deve tomar em consideração as necessidades e as legítimas aspirações dos outros grupos, ou melhor, do bem comum de toda a família humana 1399
— existe um contraste grave entre a riqueza de alguns e a pobreza dos outros 1535; as disparidades econômico-sociais devem ser superadas 1542-1544
— a Igreja reforça os princípios de justiça e de eqüidade 1537
— o homem é artífice do desenvolvimento da sociedade 1539-1541
~ 3* 5*

Pessoa e sociedade humana
— a divisão do homem em si mesmo provoca muitas discórdias para a s. 1350
— interdependência da pessoa e da sociedade humana 1396-1398; deve prevalecer o bem da pessoa 1401
— superar uma ética puramente individualista 1413s; a liberdade humana se enfraquece quando o homem se fecha numa espécie de áurea solidão 1416; o fundamento da sociedade está na ajuda mútua 1486
— sejam estimuladas as nações que oferecem aos cidadãos a possibilidade de participar da gestão da coisa pública 1417
— as pessoas capazes têm o direito de acesso aos estudos superiores 1520
— os leigos, para vir de encontro às necessidades das cidades e das zonas rurais, não limitem a própria cooperação dentro dos limites da paróquia e da diocese 951

— o desenvolvimento das relações já não permitem a qualquer setor da s. permanecer fechado em si mesmo 951
— o direito de reunir-se livremente e dar vida a associações educativas, culturais, caritativas e sociais funda-se no caráter social da natureza humana e da própria religião 1056
— o futuro da sociedade e da Igreja está intimamente ligado ao desenvolvimento intelectual dos jovens que realizam estudos superiores 846
— o desenvolvimento econômico não é guiado somente pela atividade econômica e pela autoridade pública, mas principalmente pelo homem 1539-1541
— a complexidade dos problemas obriga hoje os poderes públicos a intervir mais freqüentemente em matéria social, econômica e cultural 1575; cf. *Homem*

Família e sociedade humana
— toda família tem o direito de organizar livremente a própria vida religiosa 1057; quem tem influência sobre a sociedade deve colaborar para o bem da f. 1486; cf. *Matrimônio, Pais, Família*
— os direitos das f. devem ser reconhecidos, respeitados e promovidos 1574; a família, fundamento da s. 1486

Doutrina da Igreja sobre a sociedade
— os fiéis saibam distinguir entre direitos e deveres, na qualidade de membros da Igreja e membros da sociedade humana 381
— o Concílio lembra apenas algumas verdades mais importantes 1392; é direito da Igreja ensinar a sua doutrina social 1583
— ao longo da história humana, a Igreja ensinou os princípios de justiça e de eqüidade válidos para a vida individual e social 1537; a obrigação de ajudar os pobres e não somente com o supérfluo 1551; todos coloquem à disposição e façam uso útil dos próprios bens 1551
— a Igreja encoraja aqueles que renunciam à violência na reivindicação dos seus direitos 1591
— a doutrina social da Igreja deverá ser continuada e ampliada 1637; cf. *Igreja e comunidade humana, Doutrina*
— os fiéis, mediante a santidade, promovam também na sociedade um teor de vida mais humano 389
~ 3* 5* 25* m 48* 105* 122* 183* 187* 193* 196* 236* 264* 408* 416* 454* 512* 528*

Ordenamento jurídico das instâncias da sociedade
— para a justa colaboração dos cidadãos, requer-se um ordenamento jurídico positivo 1574
— o Concílio e o ordenamento jurídico da sociedade 1044
— o poder civil deve prover a igualdade jurídica dos cidadãos também em matéria religiosa 1061; a proteção contra as desordens que nascem de protestos religiosos 1065

— a liberdade da Igreja é princípio fundamental nas relações entre a Igreja e o ordenamento jurídico da sociedade civil 1075; cf. *Liberdade religiosa*
Sociedade humana a serviço do homem
— a transformação da s. h. a serviço do homem 1326; a humanidade deve servir sempre melhor o homem 1346
— o homem tem razão de considerar-se superior a todo o universo por motivo da sua inteligência 1365; a Igreja reprova as doutrinas que degradam o homem em relação à sua grandeza inata 1378
— o aperfeiçoamento do ser humano e o desenvolvimento da sociedade sejam interdependentes entre si 1396-1398; princípio, sujeito e fim de todas as instituições sociais é e deve ser o ser humano 1396
— cresce cada vez mais a consciência da dignidade do ser humano, cujos direitos e deveres são universais e invioláveis 1400
— a ordem social e o progresso devem deixar prevalecer o bem da pessoa 1401
— os cristãos devem colaborar com todos os homens para a construção de um mundo mais humano 1504; o homem, quando participa da vida dos grupos sociais, realiza o desígnio de Deus 1505
— na vida econômico-social, devem ser promovidas a dignidade e a vocação integral da pessoa 1533; a economia contemporânea é caracterizada por um domínio crescente do homem sobre a natureza 1534; alguns homens são dominados unicamente por uma mentalidade economicista 1535
— o fim último do desenvolvimento econômico é o serviço do homem 1538; o desenvolvimento econômico deve permanecer sob o controle do homem 1539
— salvaguardar, na vida pública, os direitos da pessoa 1563; a tutela dos direitos da pessoa é condição necessária para que os cidadãos possam participar ativamente da vida e do governo da coisa pública 1563
— cresce na sociedade a exigência de respeitar as pessoas que têm outras opiniões 1564; os homens sentem a necessidade de criar uma comunidade mais ampla 1567-1572
— todos devem colaborar na vida pública 1573-1578; incidência sempre maior do homem no progresso social 819

Sociedades de vida comum sem votos
— normas emanadas pelo Concílio para elas 705
SOCIOLOGIA
— contribuição das ciências sociais ao progresso 1495
— pesquisas sobre as instituições sociais 966; centros de estudo de s. 1040
— na pastoral, faça-se uso também da s. 612 1527; são recomendáveis, nas dioceses, os institutos de s. pastoral 616; uso da s. para a procura das vocações 776; a s. nos seminários 815
SOFRIMENTO
— os sofredores, imagem de Cristo 306; com efeito, o s. nos conforma a Cristo 976; s. de Maria com o seu Unigênito 432

— cumprir na própria carne o que falta às tribulações de Cristo 419; de tal maneira que o s. contribua para a salvação do mundo 976
— os incômodos da vida como sacrifício espiritual 373
— sofrer juntamente com todos os membros do corpo místico de Cristo 298
— unidos aos s. de Cristo, para ser com ele glorificados 300
— entre as perseguições, a Igreja anuncia a paixão e a morte do Senhor 307
— a Igreja exorta os enfermos a se unirem espontaneamente à paixão e morte de Cristo, pelo bem do povo de Deus 314
— os sofredores, objeto de solicitude da Igreja 306 314
— os s. presentes são desproporcionais à glória futura 418
— na tribulação do seu caminho, a Igreja é sustentada pela força divina 310
— s. suportados pelas Igrejas orientais para conservar a fé 544
— "os s. do momento presente não são comparáveis à glória futura" 926
— as obras que aliviam o s. humano são muito apreciadas pela Igreja 944 (cf. *Ação caritativa*); participação dos leigos nos s. dos seus irmãos 963
— hoje, muitos perguntam-se: qual é o significado da dor? 855 1350; s. provocado pelo mistério da morte 1371; somente Cristo pode resolver esse enigma 1390
— a Igreja, como Cristo, deve seguir o caminho do sacrifício de si 1097; e, como Cristo, a Igreja une-se principalmente aos pobres e aos s. 1113; cf. *Morte*
— Cristo, através do s., entrou na glória 1283
— os padres do Concílio associam-se aos s. dos mensageiros do Evangelho 1241
— cf. *Doentes, Pobres, Igreja peregrina*
~ 1* 5* 21* 191* 234* 264* 292* 295* 349* 376* 384* 421* 444* 470* 512*; mensagem aos doentes 518*-524*

SOLDADOS
— vicariatos castrenses 697; a assistência aos s. 698; cf. *Exército*

SOLIDÃO
— a s. do sacerdote 1269 1315; danos da s. para o homem 1416
~ 197* 470*

SOLIDARIEDADE
— o Verbo encarnado e a s. humana 943 1418-1422
— a Igreja é solidária com o gênero humano 1319; desaprovação da ética individualista 1413; entre os sinais do nosso tempo e o senso de s. entre os povos 967; cf. *Colaboração, Cooperação, Auxílios, Unidade*
~ 257* 284* 388* 390* 404* 421*

SUBDIACONATO
— nas Igrejas orientais 478

SUBSIDIARIEDADE
— princípio normativo de todo bom governo 1622
— sua importância no setor educativo e escolar 827s

SUICÍDIO
— gravíssimo delito 1405

SUPÉRFLUO
— o povo de Deus deve ajudar os pobres, dando não somente o s., mas também o necessário 1551 1629

SUPERIORES
— cabe às autoridades competentes estabelecer as normas da atualização e fixar as suas leis 716
— deveres do s. dos mosteiro 1347
— os s. consultem e ouçam os membros de seu instituto como convém, em tudo quanto diz respeito aos destinos do instituto 716
— os s. procurem dar aos membros de seu instituto uma instrução espiritual e desenvolver ulteriormente a sua formação 736
— os religiosos prestem humilde obséquio a seus s. 746
— os s. deverão um dia prestar contas a Deus das almas que lhes foram confiadas 748
— na medida do possível, os s. proporcionem aos religiosos os auxílios e o tempo para sua digna formação 758
— é dever dos s. prover a escolha e a preparação dos diretores e professores 759; cf. *Religiosos*
— os s. dos seminários formem entre si e com os alunos uma única família 783; cf. *Seminários*
— educação dos seminaristas sob a guia dos s. 778 793
— os s. dos seminários sejam diligentemente preparados 782
~ 14*

SUPERSTIÇÃO
— vida religiosa e sobrevivências supersticiosas 1340

TABERNÁCULO
— sua disposição e segurança 237

TEATRO
— pode desenvolver o senso humano e moral 271
— cf. *Meios de comunicação social*

TÉCNICA
— sua importância para as múltiplas transformações 1329 1423 1505
— t. e progresso humano 1329 1423 1495 1531 1537-1538
— a t., causa e meio de evolução das estruturas 939 1329
— com a t., o homem aumenta o seu domínio sobre a natureza 1423
— o homem fez muitos progressos na t. 1365; cf. *Progresso*
— excessiva confiança no progresso da t. 939
— a competência dos leigos deve auxiliar um útil desenvolvimento da t. 379; sobretudo considerando o atual progresso t. 913
— o progresso da t. pareceria a favor do ateísmo 1112 1376; as tentativas da t. não conseguem acalmar a ansiedade do homem 1371
— o progresso técnico, fator e problema de evolução cultural 1495 1499

— problema da harmonização do progresso t. com a cultura clássica 1499; cf. *Progresso*
~ 3* 25* s 57* 77* 394* 504*
TELEVISÃO
— manter as emissoras católicas 270
— preparar os leigos incumbidos das programações de t. 273
— as transmissões litúrgicas devem ser organizadas por pessoa competente, destinada pelo bispo 31
~ 205* 358* 399*
TEMPO
— os problemas principais do nosso t. 1373 1466s
— a inteligência humana aumenta o seu domínio também sobre o t. 1330
— cf. *Sinal, Realidades terrestres, Mundo, Problemas*
~ 167* 189* 204* 206* 226* 277* 254*
TEMPO LIVRE
— o emprego do t. l. 1495 1524; sua importância na educação juvenil 262 269 819
— o t. l., campo oportuno para o apostolado dos leigos 962; t. l., necessário aos trabalhadores, para amar a vida familiar, cultural e religiosa 1547
TÊMPORAS
— as t. nas Igrejas orientais católicas 482
TEMPOS LITÚRGICOS
— o dia, a ser santificado com o ofício divino 146
— o ano litúrgico e as suas divisões 183-190
— reforma do ano litúrgico 192s
TEOLOGIA
Escritura, revelação e teologia
— a Escritura é a alma da t. 907
— dado revelado e sua formulação teológica 1527
— diferente interpretação de certas verdades reveladas 559s
— com relação à virgem Maria, o Concílio não pretende dirimir as questões debatidas pelos teólogos 428
— interpretação teológica da *Lumen gentium* 446; da *Dei verbum*: cf. 911 (*Notificatio*)
Teologia e ecumenismo
— t. e ecumenismo 509 530-533
— o ecumenismo diz respeito a todos, tanto na vida cristã quanto nos estudos t. 519
— dogmas fundamentais em comum com as Igrejas do Oriente 544s 547-551 553s
— as questões acerca da validade e da liceidade do poder de fato exercido pelos orientais separados são deixadas à discussão por parte dos teólogos 456

— patrimônio próprio de cada uma das Igrejas particulares 341
— pesquisas comuns a cristãos e hebreus 865
— liberdade e diversidade de elaboração t. 514
Teologia como ciência
— nas universidades católicas, não falte a faculdade de t. 844; formação teológica dos leigos 1021 1040 1532
— o ensino da t. nos seminários 805-810 1138 1229; a liturgia seja ensinada sob o aspecto teológico 27
— os teólogos colaborem com os exegetas 906
— nos institutos superiores 812; cf. *Estudos eclesiásticos*
— atualização teológica dos missionários 1159
— os bispos favoreçam encontros para a atualização teológica dos sacerdotes 611 1309; para dar uma resposta aos problemas do homem de hoje, os sacerdotes consultem também as obras de teólogos sérios 1307
— importância da ciência teológica para o dicastério das missões 1195
— a revisão da liturgia seja precedida também por uma investigação t. 38
~ 16* 54* 147* 156* 249* 282*
Teologia e outras ciências
— a t. e as outras ciências 1526-1532; t. e ciências profanas 1527; t. e filosofia 804
— encontro da t. com a filosofia dos vários povos 1169
— a t. e os homens do nosso tempo 1531s
TERRORISMO
— novo método de guerra 1593
TESTEMUNHO
Testemunho e revelação
— o NT, t. da obra de Cristo e dos apóstolos 898
— o Evangelho é o principal t. relativo ao Salvador 899; os evangelistas inspiram-se também no t. daqueles que "desde o início viram" 901
— os apóstolos, testemunhas de Cristo e do Evangelho 330
— o t. da bondade de Deus estende-se a todos os povos 854
Cristo e testemunho
— Cristo, com o t. da sua vida, proclamou o reino 374
— Cristo dá t. da verdade 1071
— O reino de Cristo não se constrói com a espada, mas somente ouvindo a verdade e dando t. dela 1071
Testemunho do Espírito
— o Espírito, nos fiéis, presta t. da sua adoção filial 287; chama alguns a dar t. da morada celeste 1437
— com a força do Espírito, os apóstolos são t. de Cristo até à extremidade da terra 342

— o Espírito opera a variedade dos dons que dão t. da admirável unidade no corpo de Cristo 366
Igreja e testemunho
— renovação da Igreja, para que renda um t. mais fiel 512
— a atividade missionária, t. da santidade da Igreja 1103; a Igreja, através da pregação, presta t. a Cristo 1107
— mediante o t. prestado pelos cristãos, a Igreja promove também a liberdade religiosa dos cidadãos 1581
~ 33*-34* 81* 515*
Testemunho e evangelização
— aos bispos é confiado o t. do Evangelho 334
— o apostolado não consiste somente no t. da vida, mas urge também anunciar Cristo com a palavra 935 962 973
— manifesta-se, amiúde, o poder do Evangelho na fraqueza de t. daqueles que o anunciam 1582
— o missionário deve prestar t. a Cristo, se necessário, até ao sangue 1174; nos casos em que os missionários são impedidos de anunciar o Evangelho, prestem ao menos o t. da caridade de Cristo 1102
— a divisão dos cristãos é um grave obstáculo à evangelização 494 1103; os cristãos são chamados a unir-se e a dar, assim, t. de Cristo diante dos povos 1103
Testemunho e bispos
— os bispos são t. da verdade divina e católica 344; t. da tradição na função episcopal na Igreja 332
— os bispos usem de todo o empenho para que os cristãos sejam fiéis t. de Cristo 606; os bispos, testemunhas de Cristo 613
— o dever de t. da diocese face aos povos 1216
~ 257* 277*
Sacerdotes e testemunho
— o ministério sacerdotal como t. de verdade e de vida 357
— t. dado pela unidade dos sacerdotes com o bispo 790
— os sacerdotes não poderiam ser ministros de Cristo, se não fossem t. de uma vida diferente da terrena 1249; com a sua vida, dão a todos o t. vivo de Deus 392; t. dos sacerdotes diante dos povos 1250
— o dever de t. da paróquia diante das pessoas 1216
— o celibato sacerdotal como t. da ressurreição 792
Leigos e testemunho
— t. dos leigos no mundo, à guisa de fermento 363; todo leigo rende t. da ressurreição diante do mundo 386
— através dos leigos, Cristo quer continuar o seu t. 372
— o leigo, t. da Igreja, torna-a presente na ordem temporal 1024; os leigos, t. e instrumentos da missão salvífica da Igreja 1234

— t. dos leigos entre os não-cristãos 1240; vida evangélica dos leigos, t. contra o materialismo 1033; t. a Cristo dos leigos empenhados nos meios de comunicação social 267
— associações de leigos que rendem t. a Cristo com as obras de misericórdia 983; a sua incidência apostólica depende do t. cristão por eles prestado 984
Religiosos e testemunho
— os religiosos, t. de que o mundo não pode ser transfigurado sem o espírito das bem-aventuranças 363; a prática dos conselhos evangélicos, esplêndido t. diante do mundo 387 770; e t. da vida nova, trazida por Cristo 406
— t. dos institutos contemplativos nas terras de missão 1231
— os institutos de vida ativa indaguem-se, diante de Deus, se o seu sistema de vida é um t. do Evangelho 1232
— os religiosos dão um t. quase coletivo da pobreza 744
Testemunho de todos os que crêem em Cristo
— também os irmãos separados dão t. da sua fé diante dos povos 560; todos os batizados são chamados a dar, unidos, t. de Cristo diante dos povos 1103; o dever do t. exige a colaboração dos católicos com todos os outros cristãos 1014; cooperando com os irmãos separados, os leigos dão t. de Cristo, salvador do mundo, e à unidade da família humana 1916; o t. dado pelos católicos, juntamente com os irmãos separados, é muito mais eficaz 1212
— os cristãos rendam t. da esperança que não engana 537
— irmãos separados que rendem t. de Cristo até à efusão do sangue 515
— se os cristãos não podem ainda dar t. da plena unidade de fé, sejam ao menos animados por recíproco amor e estima 1103
Testemunho e fé
— o Concílio testemunha a fé de todo o povo de Deus 1322
— as comunidades religiosas têm direito de render t. da sua fé publicamente 1055
— os católicos, mesmo dialogando com os sequazes de outras religiões, devem, porém, dar sempre t. da própria fé 858
— também os irmãos separados dão t. da própria fé junto aos povos 560; os cristãos não podem dar ainda t. pleno da plena unidade de fé 1103
— t. de uma fé madura, como remédio contra o ateísmo 1382
Vida cristã e testemunho
— o cristão, testemunha da esperança 825
— o povo de Deus participa da função profética de Cristo, difundindo o seu t. 316; todo cristão renda t. 1244
— mantendo-se em estreito contato com os homens, os cristãos oferecem-lhes um autêntico t. 1116
— a celebração eucarística, desde que sincera, impele ao t. 1261
— a crisma obriga a ser t. de Cristo 313; os fiéis exercem o real sacerdócio com o t. de uma vida santa 312; os cristãos devem dar t. do homem novo de que foram revestidos no batismo 1111 1165; para dar este t., devem amar os

homens em meio aos quais vivem 1112; o amor eficaz para com os irmãos é um t. à verdade 1643
— as obras de misericórdia, esplêndido t. de vida cristã 1035
— a família cristã, com o seu t., acusa o mundo de pecado 376; mostrando o que é o matrimônio cristão, os cônjuges oferecem ao mundo um precioso t. 956; t. da vida e do amor dos cônjuges cristãos 1476 1487 1491; cf. *Família, Matrimônio*
— professores e alunos que dão t. de uma vida cristã em escolas não-católicas 835; as universidades católicas formem estudantes capazes de dar t. de Cristo diante dos povos 843
— os catecúmenos, com o t. da vida, cooperam para a edificação da Igreja 1124
~ 147* 182* 292* 508*

TOLERÂNCIA
— t. e verdade 1406; t. e senso de justiça 1564
— t. não reconhecida pelos regimes de inspiração atéia 1377
— t. cívica 1564; t. religiosa 1377; cf. *Liberdade religiosa*

TOMÁS (São)
— os alunos tenham-no como guia na especulação teológica 807; sobretudo nos estudos superiores 843

TORTURA
— física ou moral, ofende a honra do Criador 1405

TOTALITARISMO
— não respeita a dignidade humana 1575
— não ajuda o bem comum 1573-1578

TRABALHO
— visão cristã do t. e sua inalienável dignidade 1545-1547 1618; prolonga a obra do Criador 1426 1546; associando à obra redentora de Cristo 1546
— aperfeiçoa o homem 1428 1454 1493 1538 1547; ajuda o progresso humano 379 394; e realiza um serviço social indispensável 1426 1428 1454 1546 1618
— dever e direitos de todos 1544 1546
— obedecendo à lei comum do t., os religiosos provêem os meios para o próprio sustento 742
— a espera escatológica não deve arrefecer, mas sim estimular a solicitude no t. 1440 1454 1504; com o t., o homem põe em prática o desígnio de Deus de sujeitar a terra 1505
— dia de repouso do t. 191
— t. como ocasião em que os leigos realizam a missão da Igreja 963
— o homem tem desejo de saber qual é o significado de seu t. 1446
— a justa remuneração 1546 1559
— conflito de t. 1550; condições de t. indignas do homem 1535; condições de t. e cultura 1521; condições de vida e justiça social 1405 1411
— o t., fonte de riqueza econômica 1546

— e de santificação 394; t. manual de Cristo 394 1386 1419 (cf. *Cristo*); t. apostólico dos religiosos 409; o t. como sacrifício espiritual 373
— competência no t. 1454 1455
— o tempo livre 1495 1524 1547
— no governo da sociedade, leve-se em consideração as exigências familiares no que diz respeito às condições do t. 954
— os leigos tornem-se participantes das condições de t. dos irmãos 963
~ 11* 194* 388* 483*
Trabalhador
— participação dos t. na vida da empresa 1548; hoje, os t. não querem apenas ganhar, mas desenvolver a sua personalidade com o t. e participar da vida social e política 1347
— doutrinas que sacrificam os direitos fundamentais dos t. 1540
— direito dos trabalhadores de fundar livremente as próprias associações 1549
— os párocos dediquem uma especial atenção aos operários 658
— a mobilidade do trabalho não deve prejudicar a segurança do t. 1543
— a organização deve favorecer o seu desenvolvimento 1546s
— o direito ao repouso e ao divertimento 1547; à cultura 1521; participação na gestão da empresa e na direção da economia 1548 1549; tratamento justo aos emigrados 1335 1543
~ 193* 227*; mensagem do Concílio aos t. 511*-517*
TRADIÇÃO
Revelação, Tradição e Escritura
— a pregação apostólica, expressa de modo especial nos livros inspirados, devia ser conservada para sempre, com sucessão contínua 882
— o que foi transmitido pelos apóstolos compreende tudo quanto se refere à conduta e à fé do povo de Deus 882; essa T. de origem apostólica progride na Igreja com a assistência do Espírito S. 883; e aumenta a compreensão das coisas e palavras transmitidas 883
— a T. torna as sagradas letras incessantemente operantes na Igreja 884; assim, Deus não cessa de falar com a Igreja 884
— a T. e a Escritura estão estreitamente ligadas e comunicantes, e brotando ambas da mesma fonte, formam de certo modo uma só unidade 885
— a T. transmite integralmente aos bispos a palavra de Cristo, confiada pelo Espírito aos apóstolos 885; ocorre, assim, que não é somente da Escritura que a Igreja obtém a certeza sobre todas as coisas reveladas 885
— deve ser acolhida com piedade 885; ela é espelho de verdades divinas 881
— a T. dá a conhecer à Igreja todo o cânon 884
— juntamente com a Escritura, constitui um único depósito da Palavra de Deus 886; cf. *Sagrada Escritura, Revelação*
~ 442*
A Tradição como vida da Igreja
— transmite a todas as gerações tudo aquilo em que a Igreja crê 882; tal T. é de origem apostólica 883

— relações entre Escritura, T. e magistério na Igreja 886-888
— as asserções dos padres atestam a vivificante presença da tradição 884
— a T. mostra Maria na economia da salvação 429
~ 10* 153* 165* 221* 280* 416* 477*
Tradição e ecumenismo
— as Igrejas separadas não gozam daquela plena unidade que a Escritura e a T. declaram 507
— estudo aprofundado da T. para um encontro da Igreja com as culturas dos povos 1169
~ 169*
As "tradições"
— a sã t. litúrgica 38 65
— tradições musicais na vida religiosa e social 216
— o patrimônio litúrgico e espiritual dos orientais e a custódia da íntegra t. cristã 551
— a t. apostólica é testemunhada pelas Igrejas orientais 457; a t. com relação aos patriarcados 467 472; e à disciplina dos sacramentos 473-478
— todo homem tem direito a uma educação que responda também à t. do próprio país 822; os jovens apreciem as boas t. 960
— t. de vida ascética e contemplativa anteriores à pregação do Evangelho 1147
— iniciativas tendentes a implantar a t. da própria ordem 1149
— testemunho do cristianismo e respeito às t. nacionais 1165
— assunção das t. particulares na unidade da visão católica 1169
— o missionário saberá adaptar-se à diversidade de costumes dos povos 1176; deve saber estimá-las 1179; deve conhecê-las a fundo 1183; os institutos de vida contemplativa devem adaptar-se às t. autenticamente religiosas dos povos 1231
— antigas t. e busca mais madura da liberdade 1337; os valores tradicionais postos como causa da mudança de mentalidade e de estruturas 1338
— necessidade de conservar o patrimônio da t. 1499 1520; sua prudente adaptação 1532; t. e tesouro espiritual 1624 1641
~ 435* 441* 505*
TRADUÇÕES
— as t. bíblicas sejam apropriadas e feitas de preferência dos textos originais 905; e com notas apropriadas também para os não-cristãos 909; as destinadas aos fiéis sejam guarnecidas de notas 909
— t. do ofício divino em vernáculo 180; cf. *Língua*
— t. litúrgicas a serem aprovadas pela autoridade competente 64
TRANSFORMAÇÕES SOCIAIS
— caracterizam o mundo moderno 1325-1337
— repercutem-se sobre o indivíduo e sobre a sociedade 1325-1345; com reflexos sobre a vida religiosa 1325 1340 1461 1527; causando desequilíbrios porque desordenadamente realizadas 1341-1345 1350

— impõem a renúncia a uma ética individualista 1413s 1551s
TRANSMISSÕES DA REVELAÇÃO
— o Concílio tenciona expor a genuína doutrina e a sua transmissão 872
— os apóstolos transmitem o que receberam 882 901; e o que contribui para a conduta santa do povo de Deus e para o incremento da fé 882
— o magistério ensina somente o que foi transmitido 886s
— o que os apóstolos pregaram foi transmitido por escrito por eles ou por outros autores inspirados 900
— a historicidade dos Evangelhos, garantia da transmissão fiel do ensinamento de Cristo 901; cf. *Tradição, Revelação*
TRANSPORTES AÉREOS
— é dever dos bispos ter cuidado para com os aeroviários 617
TRATADOS INTERNACIONAIS
— seu serviço e importância 1595s 1607 1670; dever de observá-los 1595
TRIBO
— suas profundas mudanças 1332
TRINDADE
— Deus uno e trino 423
— do Pai, Princípio imprincipiado, o Filho é gerado, e o Espírito S. procede através do Filho 1091
— Cristo, enviado pelo Pai, envia, por sua vez, o Espírito S. 8 287 318 330 573 898 1095
— o Pai, em virtude de Cristo, pela ação do Espírito, conduz a família humana à liberdade da glória dos filhos de Deus 1086
— os apóstolos são enviados por Cristo para batizar as pessoas em nome do Pai e do Filho e do Espírito 327 1043 1096 1242
— a Igreja é, por sua natureza, missionária, enquanto da missão da T. provém a sua própria origem 1090
— a Igreja é um povo reunido na unidade do Pai, Filho e Espírito S. 288 423 425
— o Cristo, que com o Pai e o Filho é chamado "o único santo" amou a Igreja até santificá-la 387
— os sacerdotes, por meio de Cristo no Espírito, levam ao Pai os fiéis 354; estes, na unidade da missão da Igreja, estarão unidos a Cristo e por meio dele ao Pai, no Espírito S. 1292
— a Igreja reza para que a inteira plenitude do cosmo se transforme em povo de Deus, corpo do Senhor e templo do Espírito, para glória do Pai 327; cf. *Igreja, Mundo, Homem, História*
— do movimento ecumênico participam todos quantos invocam a T. e crêem em Cristo 495; cf. *Ecumenismo, Unidade*
— o modelo supremo da unidade da Igreja é a T. 502; estejamos unidos aos irmãos na confissão do Pai, do Filho e do Espírito 325 537 1640
— comunhão com a T. e fraternidade entre os cristãos 524

— a T. na fé dos irmãos separados do Ocidente 560 562; e do Oriente 547
— querendo Deus redimir o mundo, enviou o seu Filho que se encarnou por obra do Espírito Santo em Maria virgem 426
— Maria, mãe do Filho, e, portanto, filha predileta do Pai, é templo do Espírito S. 427
— o culto à Virgem difere essencialmente da adoração para com a T. 442; cf. *Maria*
— a liturgia edifica a Igreja na habitação de Deus 2
— T. e culto 424 442 1256; T. e santidade 387s 414 424
— a nossa comunhão com o Pai, Filho e Espírito 788 872; os homens, por meio de Cristo, no Espírito, têm acesso ao Pai 873

TURISMO
— o t. como meio para fortificar a santidade da alma e do corpo 1524; assistência espiritual aos t. 617; os t., arautos itinerantes de Cristo, e comportem-se como tal 968

UNÇÃO DOS ENFERMOS
— como exercício do sacerdócio comum e união a Cristo 314
— nome, tempo, rito da u. dos e. 126-128; ministro da u. dos e. 1252
— u. dos e. e intercomunhão nas Igrejas orientais 488

UNIDADE
— a intenção divina sobre o gênero humano é a sua u. 318; por isso, todos os homens são chamados a formar o povo de Deus uno e único 318 327 365; cf. *Povo de Deus, Igreja e novo povo de Deus*
— a u. que o Senhor nos propõe supera as perspectivas da razão 1395
— a Igreja fundada por Cristo é una e única 494 497; o escândalo das divisões 494; cf. *Igreja una*
— a promoção da u., uma das metas do Concílio 1 494
- a oração pela u. da Igreja 526 572
— a u. católica é obra da Trindade 288; de fato, coloca-se como mistério no Pai, Filho e Espírito S. 502
— a u. da Igreja está em Cristo e por meio de Cristo 284 502; realiza-se sob a ação do Espírito S. 502 (cf. *Ecumenismo, Espírito Santo*), que é princípio da unidade da Igreja 498 500
— o batismo, vínculo sacramental de u. 498 503 517 565s; ordenado à profissão íntegra de fé 566; e à comunhão integral 566
— comunicação nas coisas sacras e u. dos cristãos 528
— a u. da Igreja é significada e levada a efeito pela eucaristia 286 297 313 327 348s 497 547; cf. *Eucaristia*
—na elaboração da verdade revelada, haja u. nas coisas necessárias, liberdade nas outras 514
— a u. das Igrejas é afirmada pela Escritura 507; a Escritura é instrumento de u. 562 564

— o romano pontífice, princípio e fundamento da u. visível 337 338; o bispo, centro da u. da Igreja local 338
— o primado de Pedro e dos seus sucessores instituído por Cristo, a fim de que o episcopado seja uno e indiviso 329 336 (cf. *Episcopado*); e para que apascentasse as ovelhas na perfeita u. 500
— a u. da Igreja, preocupação de todo o colégio episcopal 339; u. entre pastores e fiéis 336
— a u. da Igreja cresça incessantemente 510; ela deve aperfeiçoar-se 500; deve ser promovida 949; por todos 321
— unidade dos sacerdotes no presbitério 1267
— u. de espírito e de ação na vida dos seminários 783
— na sua dimensão escatológica, a Igreja tende para a consumação final 285
— o povo de Deus é caracterizado pela u. e pela universalidade 319
— a u. e particularidades no seio da Igreja 318 341; o que é particular não deve prejudicar, mas servir à u. 320
— na u., várias formas de espiritualidade disciplinares, litúrgicas e teológicas 514; a u. não é uniformidade 458; cf. *Ecumenismo*
~ 5* 8* 22* 25* u 61* 134* 141* 147* 156* 168*-182* 236* 266* 285* 316* 322* 328* 337* 341* 411* 432*

UNIVERSALIDADE
~ 134* 343* 379*

Universalidade da salvação
— Deus quer que todos os homens sejam salvos 6 1092 1104; cf. *História da salvação, Igreja, Sacramento de salvação*
— Cristo fundamento de u. 416; cf. *Cristo no plano da salvação do Pai, Cristo redentor*
— o Espírito de Pentecostes expande-se por todas as nações 1095; o Cristo e o Espírito são vínculo da unidade e fonte da universalidade 284 298 302 309 348 498

Universalidade e valores
— pluralismo teológico, ascético, litúrgico, espiritual, disciplinar, cultural 514; todo valor verdadeiramente humano pode encontrar lugar no âmbito da catolicidade 319 1461 1512
— os valores positivos junto às diversas nações devem ser considerados como preparação ao Evangelho 1109 1112 1147 1152 1168s; as insídias contra a universalidade e a unidade 1113 1130s 1452 1576 1608
exemplo histórico: as Igrejas orientais junto com a Igreja ocidental 458 461; cf. *Igrejas orientais, Ecumenismo*

UNIVERSIDADES
— importância das u. católicas 843-846; desenvolvimento das u. católicas 845; coordenação entre as várias u. 850
— ensino das ciências sacras nas u. eclesiásticas 847s

— nas u. católicas, não falte a cadeira de teologia, com aulas adequadas também aos estudantes leigos 26 844 1532; colaboração com os homens de ciência 1532
— clero das Igrejas missionárias, que aperfeiçoa os estudos nas u. romanas e em outras u. 1139
- pesquisas de caráter histórico ou científico-religioso dos leigos nas u. 1238
~ 14*

URBANISMO
— aumento do gosto e da procura pela sociedade urbana 1333 1495; os bispos devem estar atentos a isso 1156
- no mundo moderno 1156 1333-1337 1495; cf. *Sociedade humana*

VALORES
— é dever dos leigos inculcar os v. humanos e cristãos nos meios de comunicação social 250
— as realidades da ordem temporal têm um "valor" próprio 938; cf. *Realidades terrestres*
— cooperação com os não-cristãos, com base nos "valores" h. comuns 1015
— mudança na hierarquia dos v. comuns 1315; dificuldades de avaliação dos v. 1328; posta na defesa dos v. tradicionais 1338
— v. ótimos em si, que não devem ser distorcidos 1353; foram revolvidos pelo pecado 1433
— v. excelentes na pessoa humana integral 1522
— v. imutáveis do direito natural das gentes 1594
— cf. *História humana e os seus v., História da salvação (Integração...)*
— valores do patrimônio cristão que se encontram nos irmãos separados 515; cf. *A Igreja e as Igrejas*
— necessidade de aprofundá-los 529 533
~ 3* 4* 25* s 212* 457* 461* 477* 498*

VEÍCULOS
— a imprudência na direção dos veículos 1413

VELHICE
— auxiliar os idosos 1404; garantindo a subsistência e a dignidade 1544; na v., os filhos permaneçam próximos aos pais 1474
— no apostolado familiar, prover assistência aos idosos 955
— providencie-se o sustento dos sacerdotes anciãos 1314

VERDADE
Trindade e verdade
— a verdade de Deus resplandece na revelação 873; é testemunhada por Cristo 1071 1323; cf. *Cristo caminho, verdade e vida*
— o Espírito S. guia à verdade 287 884 (cf. *Espírito Santo*); o Espírito S. ajuda a crer nas verdades 877
~ 83* 180* 275* 452* 492* 531*
Escritura e verdade

— a Escritura ensina sem erro a verdade que Deus quis revelar, para a nossa salvação 890; cf. *Sagrada Escritura*
— o Evangelho é fonte de toda verdade salutar 880 (cf. *Evangelho*); os hagiógrafos escreveram para fazer-nos conhecer a v. 901

Verdade na vida da Igreja
— a Igreja tende à plenitude da verdade 883; a Igreja, organismo visível através do qual Cristo difunde a verdade 304; constituída "alicerce e coluna da verdade" 305
— a Igreja, mestra de v., deve ensinar a v. que é Cristo 1080
— todos os cristãos devem praticar a v. no amor 1590
— toda a família cristã é testemunha da verdade 376
— os apóstolos foram as colunas da verdade 305 1072; dever da Igreja de anunciá-la e salvaguardá-la 1407; dos leigos, de aprofundar as verdades reveladas 377
— os bispos, testemunhas da verdade divina 344 883
— todos os cristãos são chamados a praticar a v. no amor 1590
— transmissões que orientam a assimilar as verdades religiosas 270
— os bispos empenhem-se para que surja para todos os homens a luz da plena verdade 339; edificam o próprio rebanho na v. 351
— a família cristã ilumina as que buscam a v. 376
— a verdade esteja sempre unida à caridade 600
— externamente à Igreja, permanecem elementos de v. 305; cf. *Igreja e Espírito Santo, A Igreja e as Igrejas*
~ 1* 32* 49* 59* 149* 154* 166* 196* 214* 225* 251* 294* 333* 426* 444* 484* 488* 514* 521*

Verdade e homem
— a verdade une todos os homens 1395 1590; os quais se sentem chamados a ela 1071s 1079
— dever de procurá-la e segui-la com livre adesão 1043s 1046 1047s 1071; condições e modos 1046 1048 1080
— com muita freqüência, os homens trocaram a verdade divina com a mentira 326
— direito a uma informação veraz 253; o fim principal dos jornais e programas radiofônicos e de televisão católicos é difundir a v. e formar cristãmente a sociedade 275
— o homem, não obstante o progresso alcançado, busca sempre uma v. mais profunda 1365; não se deixa iludir por falazes ficções, mas vai procurar na profundidade a v. das coisas 1364
— na fidelidade à consciência, os cristãos unem-se aos outros homens para buscar a v. 1369
— o progresso da ciência pode favorecer certo agnosticismo se o seu método de investigação for exaltado como norma suprema de busca da v. total 1508
— os padres do Concílio declaram que, quanto ao que lhes diz respeito, o desejo de estabelecer um diálogo inspirado pelo amor à v. não exclui ninguém 1642

~ 25* i 25* o 72* 151* 349* 490* 493* 497* 509*
VÉSPERAS
— hora principal, como oração da tarde 152
— sejam celebradas na Igreja, com participação comum 179
VESTES
— nobreza da v. litúrgica 228; sejam adaptadas de acordo com os legítimos usos locais 238
VESTES SAGRADAS
— normas relativas às v. s. 224 228 233 237s
VIÁTICO
— a eucaristia, v. para o nosso caminho terreno 1438
— quando deve ser administrado 127
— pode ser levado pelo diácono 359
VIDA
— Cristo prega a santidade da v. 388
— força para superar as dificuldades da v. 926
— o homem indaga-se sobre o fim e o sentido da v. 855
— é preciso caminhar na caridade, sobretudo nas circunstâncias ordinárias da v. 1437
~ 31* 391* 461* 477* 492* 531*
Vida humana
— Deus é seu autor e dono 1483
— dever de protegê-la 1481-1484 1486 1509; direito de transmiti-la 1486 1627; delitos contra a vida 1469 1482s 1594; práticas anticoncepcionais 1469
— cf. *Homem, Dignidade humana, Matrimônio*
— a v. h. não termina aqui embaixo 1484; cf. *Imortalidade*
~ 46* 49* 78* 82* 116* 186* 194* 197* 277* 392* 458* 504* 510* 528*
Vida cívica
— participação ativa 1416 1564; transformações em atos 1495 1562-1566
— v. c. e pessoa humana 1396; e direitos dos indivíduos 1563; e informação 1518
— a presença dos cristãos na v. c. 1577 1579-1584
Vida comum
— dos religiosos 750; do clero diocesano 655 1269
— nos institutos femininos 751; nos institutos masculinos 752
Vida contemplativa
— as suas características 727
— parte integrante da plenitude da vida eclesial 1147
— convém estabelecê-la também nas jovens Igrejas de missão 1148s 1231 sua importância nas conversões 1230s
Vida religiosa
— cf. *Religiosos*

Vida nova e divina
— o Pai decide elevar os homens à participação da sua v. d. 285; o trabalho apostólico é ordenado a que todos se tornem filhos de Deus 16; cf. *Filhos*
— os homens vêm de Cristo, para ele vivem 286
— e o Espírito dá a vida aos homens 287; e, no batismo, regenera os que crêem para uma nova vida 1126
— os homens foram tornados participantes da natureza divina 388 873; chamados a participar da v. d. 1091; da v. eterna da Trindade 872; por meio de Cristo 1096; que é a vida 857; que nos merece a v. 1387; que dá a vida a todo o corpo místico 302; por meio dos sacramentos 297; e tornados conformes a Cristo fomos assuntos aos mistérios da sua v. 300; e, através da eucaristia, tornamo-nos participantes da sua v. gloriosa 416; também os irmãos separados professam que na comunhão de Cristo é significada a v. 567; Cristo ressurgido nos doou a v., a fim de que brademos no Espírito: "Abba, Pai" 8 1390
— a Igreja nos gera para uma v. nova e imortal 440; cf. *Igreja mãe*

Vida cristã
— fazer crescer cada dia mais a v. c. é um dos principais escopos do concílio 1
— é participação da vida de Deus 287; na unidade do corpo místico 296-303; gerada em nós pela ação da Igreja 440
— a liturgia dá a possibilidade de santificar todos os acontecimentos da vida 110; alimentada pelos sacramentos 375; cf. *Fiéis*
— a v. c. na vida familiar 376; na vida do leigo 376 970; no estado religioso 406
— é desejável que os cônjuges unam-se em grupos para se ajudarem a viver mais cristãmente 1259
— v. c. dos nossos irmãos separados do Ocidente 568
— a v. c. diante das culturas 1169
— o principal dever, com vistas à difusão da fé, é uma v. profundamente cristã 1212
~ 139* 181*s 212* 280* 294* 331* 376* 428* 442*

Vida interior
— dificuldade dos sacerdotes de harmonizar a v. i. com a ação externa 1290; os religiosos esforcem-se por alimentar a v. escondida com Cristo em Deus 724; a fecundidade do apostolado dos leigos depende da sua vital união com Cristo 922

Vida eterna
— vida cristã e v. e. 415-418
— os cristãos tomem como razão da sua esperança na v. e. e celeste 406 1437
— o Pai manifesta-a a nós por meio de Cristo 872; é-nos doada pelo Cristo 875
— a esperança na v. e. não só não diminui, mas aumenta o empenho do homem nos afazeres terrenos 1380
— o Espírito S. é uma fonte de água que jorra até à v. e. 287; desejo da vida futura 1437; cf. *Futuro*

— os sacerdotes, testemunhas de uma vida diferente da terrena 1249
— por meio dos bispos, Cristo guia o seu povo na sua peregrinação para a eterna beatitude 334
— a atividade missionária é também impelida pelo desejo de que os outros compartilhem conosco os bens da v. futura 1105
— somente Cristo tem palavras de v. e. 898
— cf. *Igreja peregrina, Igreja voltada para a salvação, Testemunho*
Vida pública
— o cidadão deve participar da organização da v. p. 1562-1566
— as suas características no mundo moderno 1562-1566
Vida social
— transformação em ato 1400s; participação ativa 1416
— v. s. e pessoa humana 1396-1398; e o respeito dos outros 1403-1405 1406 1410s 1412
— e comunidade eclesial 1454 1458; e apostolado dos leigos 962-964 1457
~ 25* m 32* 195*
VIGÁRIO
— o sucessor de Pedro, v. de Cristo 329; amor ao v. de Cristo 790
— os bispos governam as suas Igrejas particulares como v. de Cristo 351; e não como v. do romano pontífice 352; cf. *Romano pontífice, Bispos, A Igreja e as Igrejas*
— v. episcopal para fiéis de rito diferente 632, e de língua diferente 633; o v. e. como ajuda ao bispo 638 642
— o v. forâneo em relação aos párocos 653
— função do v. geral 638 640 642
— v. castrense 679; v. paroquial 653 659
VIOLÊNCIA
— ofensa ao direito e à liberdade 1062 1591s 1611 1642
— a v. moral 1053 1055 1062 1405
~ 57* 360* 378* 530*
VIRGINDADE
— vida virginal de Cristo e de Maria 412; o Filho não diminuiu, e sim consagrou a integridade virginal de Maria 431
— a virgindade é dom da graça divina 399; torna mais fácil a consagração a Deus 399; virgindade e fecundidade espiritual 399; superioridade da v. sobre o matrimônio 793; a v. é um bem para o desenvolvimento integral da pessoa 739; cf. *Celibato*
— rito de consagração das virgens 139-141
VIRTUDE
— Espírito S. e v. 919; cf. *Espírito Santo*
— v. de Cristo: pobreza 390; obediência 378; virgindade 412; mansidão 1071; cf. *Virtude, Cristo*
— v. de Maria que a Igreja deve imitar 441 (cf. *Maria, Igreja, Fé*); o amor verdadeiro a Maria consiste na imitação das suas v. 443

— o Espírito S. adorna de v. o povo de Deus 317; a índole sagrada da comunidade sacerdotal efetivada por meio das v. 313
— humanas 1111; religiosas 721; sociais 930; teologais 923; alma do apostolado 918s 973 975
— sua importância na formação sacerdotal 789; e missionária 1177
— v. dos leigos 930; v. e matrimônio 376 1476; cf. *Matrimônio*
— v. e crescimento da caridade 397-401
~ 5* 166* 227* 310*s 383* 477* 512*
Virtudes sacerdotais
— v. do missionário 1174 1176s; v. dos sacerdotes: fé 789 1289 1317; caridade 789 1265 1269 1288s 1293; castidade 1296-1298; desinteresse 1272 1289; confiança 1315-1318
— estima dos valores humanos 1299-1303; constância 1249 1289; obediência 1265 1294s; pobreza e humildade 1293-1295 1302
— união fraterna e colaboração 1264s 1267-1270; compreensão 1270; bondade, constância, gentileza, justiça, sinceridade 1249
VISITA EUCARÍSTICA
— na piedade sacerdotal 1306
VÍTIMA
— Maria consente na imolação da Vítima 432
~ 205 385 388
VITÓRIA
— na eucaristia é representada a v. de Cristo 8
— Cristo não prometeu à Igreja uma v. perfeita sobre esta terra 1318; as v. e os desafios do mundo 1321
~ 25* d
VOCAÇÃO
— todos são chamados à Igreja 285s 297-301 318 415-418
— v. da Igreja à santidade 387-396; variedade de formas e de meios 397-401 412
— v. missionária da Igreja 1135s 1171
— por sua natureza, a v. cristã é também v. ao apostolado 916
— v. humana e vocação cristã 1323 1351 1369 1373 1393 1409 1425 1504 1533; v. cristã e profissão religiosa 404s
— a Igreja e a comunidade política, independentes e autônomas, estão a serviço da v. das próprias pessoas 1581
~ 25* j 284* 335* 381* 458* 489* 502* 506*
Vocações
— a v. dos leigos 363 368-371; dos cônjuges cristãos 376 394
— v. à vida religiosa 463; v. dos clérigos 393; promoção das v. eclesiásticas 1280s; pelas quais a comunidade eclesial inteira é responsável 773
— quando as pessoas idôneas possam ser chamadas pelos bispos para o acerdócio 1280

— meios a serem adotados 772; importância da paróquia e da associação 773; o empenho dos bispos 607 774 768; dos sacerdotes e dos educadores 767 773 1280
Obra das vocações
— obra diocesana e nacional 776 1281
— pense-se nas necessidades da Igreja universal 777
— as v. missionárias 607 1171-1175; iniciativas para promovê-las 1154 1156 1213; cf. *Missionários*
— as v. religiosas 607 767s; cf. *Religiosos, Irmãs*
— as v. sacerdotais 607 773-779 784s 801 1154 1280; como testemunho de amor 1281; as v. adultas 779
VONTADE
— seja estimulada a boa v. de quem busca a paz 1608
— a v. humana é fraca e ferida pelo pecado 1587; cf. *Pecado, Mal, Satanás, Homem*
— Cristo cumpre a v. do Pai 286 1290s
— Deus quer que todos os homens se salvem 6 326 854 1079 1104; e que se reúnam num único povo 318; cf. *História da salvação, Igreja, Deus (Revelação...)*
— a v. de Deus é que nos santifiquemos 387
— v. de Deus e vida cotidiana 389 396
— "não quem diz 'Senhor...', mas quem cumpre a v. de Deus entra no reino dos céus" 1643
— somente na meditação da Palavra de Deus é possível buscar em todo acontecimento a sua v. 924; discernir nos acontecimentos a v. de Deus 1258
— a fé revela as intenções de Deus sobre a vocação integral do homem 1352; por dom do Espírito, o homem pode experimentar o plano divino 1368
— a atividade humana corresponde ao querer de Deus 1429; e assim também a legítima autonomia das realidades terrenas 1431; cf. *Realidades terrestres*
— quem destrói a religião vai contra a v. de Deus 1062
— quem impugna a liberdade religiosa vai contra a v. de Deus 1075
— a paz provém da fidelidade à v. de Deus 1059
— a v. de Deus na vida dos sacerdotes 1290 1292s; a caridade pastoral exige que os sacerdotes façam dom da própria v. no serviço de Deus e dos irmãos 1294
— a obediência une de maneira mais segura à v. salvífica de Deus 746 ~ 335* 477*
VOTO
— mediante os v., doamo-nos completamente a Deus 404; pobreza 740-74! 790 1294s 1299-1303; castidade 737-739 792-794 1296-1298; obediência 746-749 790s
— é a Igreja, com a autoridade de Deus, que recebe os v. 410; cf. *Religiosos*
— componha-se um rito para a renovação dos v. 140
— v. político: direito e dever de todos os cidadãos 1573

VOZ
— o ofício divino, v. da Igreja 146 1288
— cuidado dos sacerdotes para que as ovelhas ouçam a v. de Cristo 1249
— a v. do Senhor que chama para servi-lo 1280
— a v. da consciência 1369
~ 44* 80* 179* 332* 376* 405*

VIUVEZ
— significado da v. cristã 394 928 1474

ZAQUEU
— Cristo entrou na casa de Z., comeu com os pecadores 1419

ZELO
— z. pela salvação dos homens 789 1177; z. pelas missões 1089 1177 1229 1260
— para julgar da idoneidade de um sacerdote para exercer as funções de pároco, leve-se em consideração não somente a sua doutrina, mas também a sua piedade, seus dotes e seu z. 660
— pelas vocações 776; z. apostólico dos jovens 959
— novos problemas que requerem o z. dos leigos 913
— sincero z. religioso dos irmãos separados 325
— z. imprudente que prejudica a unidade dos cristãos 571
~ 280* 339* 433*

Rua Dona Inácia Uchoa, 62
04110-020 – São Paulo – SP (Brasil)
Tel.: (11) 2125-3500
paulinas.com.br – editora@paulinas.com.br
Telemarketing e SAC: 0800-7010081